北京大學《儒藏》編纂與研究中心 編

《儒藏》精華編選刊

揅經室集（上）

〔清〕阮元 撰
沈瑩瑩 校點

北京大學出版社
PEKING UNIVERSITY PRESS

圖書在版編目(CIP)數據

揅經室集：全三册/（清）阮元撰；北京大學《儒藏》編纂與研究中心編. —北京：北京大學出版社，2023.9
（《儒藏》精華編選刊）
ISBN 978-7-301-33794-3

Ⅰ.①揅… Ⅱ.①阮…②北… Ⅲ.①阮元（1764–1849）–文集 Ⅳ.①Z429.49

中國國家版本館CIP數據核字（2023）第035948號

書　　名　揅經室集
YANJINGSHI JI
著作責任者　〔清〕阮元 撰
沈瑩瑩 校點
北京大學《儒藏》編纂與研究中心 編
策劃統籌　馬辛民
責任編輯　吴冰妮　沈瑩瑩
標準書號　ISBN 978-7-301-33794-3
出版發行　北京大學出版社
地　　址　北京市海淀區成府路205號　100871
網　　址　http://www.pup.cn　新浪微博：@北京大學出版社
電子郵箱　編輯部 dj@pup.cn　總編室 zpup@pup.cn
電　　話　郵購部 010-62752015　發行部 010-62750672
編輯部 010-62756449
印 刷 者　三河市北燕印裝有限公司
經 銷 者　新華書店
650毫米×980毫米　16開本　82.5印張　966千字
2023年9月第1版　2023年9月第1次印刷
定　　價　329.00元（全三册）

目録

上册

揅經室二集卷二

揅經室二集卷三

揅經室二集卷四……三八四

揅經室二集卷五……四一七

揅經室二集卷六……四三五

揅經室二集卷七……四五九

揅經室二集卷八……四八一

中册

揅經室三集卷三……

揅經室四集卷一

揅經室四集卷二……六二五

揅經室四集詩卷八　文選樓詩存

揅經室四集詩卷九　文選樓詩存 …… 七四八

揅經室四集詩卷十一　文選樓詩存……七八八

揅經室續一集卷一

揅經室續二集卷二

揅經室續四集卷四……九三八

揅經室續四集卷五　文選樓詩存

揅經室續四集卷六　文選樓詩存

揅經室續四集卷七　文選樓詩存

揅經室續四集卷八　文選樓詩存

揅經室續四集卷九　文選樓詩

揅經室續四集卷十　文選樓詩

揅經室再續一集卷一……一〇五三

揅經室再續二集卷二……一〇五八

揅經室再續集卷六　文選樓詩

揅經室再續集卷七　文選樓詩

四庫未收書提要　揅經室外集

揅經室外集卷二

揅經室外集卷三

揅經室外集卷四

揅經室外集卷五

校點説明

《揅經室集》，清阮元撰。阮元（一七六四—一八四九），字伯元，號芸臺，江蘇揚州人，通籍儀徵。清乾隆五十四年（一七八九）進士，歷仕乾隆、嘉慶、道光三朝，先後任山東、浙江學政，浙江、江西、河南巡撫，漕運總督，湖廣、兩廣、雲貴總督，歷兵部、禮部、户部、工部侍郎，拜體仁閣大學士。長達五十年的仕途生涯，阮元始終堅持學術研究，所到之處提倡經學，獎掖人才，校刻圖書。督學山東，修《山左金石志》；督學浙江，修《經籍籑詁》；撫浙，立詁經精舍，編《十三經注疏校勘記》；任國史館總纂，撰寫《儒林傳》；撫江西，刻《十三經注疏》；總督兩廣，立學海堂，編刻《皇清經解》。《清史稿》本傳稱「身歷乾、嘉文物鼎盛之時，主持風會數十年，海内學者奉爲山斗焉」。

《揅經室集》是阮元自編定稿的個人文集，除了他主編的幾部專書外，一生著述大部分收入集中。文集系統反映了阮元的學術觀點和治學方法。「余之説經，推明古訓，實事求是而已」（《自序》），表明他恪守漢學正統的立場和以古訓求義理的治學方法。

道光三年（一八二三），阮元六十歲時，在兩廣總督任上刻《揅經室集》四十五卷（含《外集》五卷）。道光十年在雲貴總督任上刻《揅經室續集》九卷，成五十四卷本。

道光十九年，《揅經室續集》從九卷增刻至十一卷，其中卷一後增加了「卷一之下卷」，卷九後增加了卷十、卷十一兩卷詩，成五十六卷本。

道光二十三年，刻《揅經室再續集》四卷，由弟子畢光琦校。至此，《揅經室集》成六十卷。

道光二十四年，《揅經室再續集》由四卷增加了卷五、卷六兩卷詩，卷二、卷四的内容有所增删。卷六末有「粤東省城西湖街富文齋承接刊印」的墨記，故又稱之爲富文齋本。《揅經室集》成六十二卷本。

道光二十五年，《再續集》六卷本的卷一和卷三增加了若干篇文章，卷六增加了若干首詩。這是《再續集》的另一個六卷本。《續修四庫全書》所收録的《再續集》即爲此版。

道光二十六年，《揅經室再續集》七卷本刻成。除了增加卷七外，卷二增加了兩篇文章。遺憾的是卷七《京師慈仁寺新立顧亭林先生祠堂碑記》係殘文，後面還有没有别的文章不可考。這個七卷本是《再續集》中内容最多的本子，《揅經室集》成六十三卷。

國家圖書館和北京大學圖書館各藏有一部七集六十三卷的《揅經室集》，兩部書係同一個版本。這次整理以北大圖書館所藏爲底本，以《續修四庫全書》本（簡稱續四庫本）、畢光琦校《再續集》四卷本（簡稱畢校本）、富文齋刊印《再續集》六卷本（簡稱富文齋本）爲校本。考訂文字外的古體字、異體字以及避諱字逕改，不再出校。

校點者　沈瑩瑩

揅經室集總目

❶ 此條今據《肈經室再續集》前目録補。

揅經室集自序

余三十餘年以來，説經記事，不能不筆之于書。然求其如《文選序》所謂「事出沈思，義歸翰藻」者甚鮮，是不得稱之爲文也。今余年屆六十矣，自取舊帙，授兒子輩重編寫之，分爲四集。其一則説經之作，擬于賈、邢義疏，已云僭矣，十四卷。其二則近于史之作，八卷。其三則近于子之作，五卷。凡出于《四庫書》史、子兩途者皆屬之。言之無文，惟紀其事，達其意而已。其四則御試之賦及駢體有韻之作，或有近于古人所謂文者乎！然其格亦已卑矣，凡二卷，又詩十一卷。共四十卷。統名曰集者，非一類也。繼此有作，各以類續也。室名「揅經」者，余幼學以經爲近也。余之説經，推明古訓，實事求是而已，非敢立異也。

道光三年歲在癸未，阮元識。

揅經室一集卷一

易書不盡言言不盡意說

庖犧氏未有文字，始畫八卦。然非畫其卦而已，必有意立乎卦之始，必有言傳乎畫之繼。其意若指此或連或斷之畫，以爲此乾、坎、艮、震、巽、離、坤、兑也，其言遂以音傳之，曰此乾、坎、艮、震、巽、離、坤、兑也。坎則傳爲喁音之言，巽則傳爲唇音之言，而坎、巽等字尚未造也。至黄帝時，始有文字。後人始指八卦之字而讀之以寄其音，合之以成其書，而庖犧八卦命名之意，傳乎其中矣。故六書出于八卦，而指事、象形、形聲、會意、轉注、假借皆出于易，舍易卦無以生六書，非六書無以傳庖犧之意與言。故《傳》曰「書不盡言，言不盡意」者，此也。書乃六書之書，《傳》曰「《易》之爲書也」，亦謂籀篆之著簡策，非如今紙印之書也。《易傳》曰：「聖人立象以盡意，設卦以盡情僞，繫辭焉以盡其言。」此即許叔重所謂「庖犧氏作易八卦，以垂憲象；神農結繩，庶業其繁，飾僞萌生；黄帝之史倉頡，初造書契，以乂以察」也。書契取于夬，是必先有夬卦而後有夬意，先有夬意而後有夬言，先有夬言而後有夬書，先有夬書而後有夬辭也。以此推之，後世之言語文字皆出于易卦也。❶

❶「于易卦也」，續四庫本作「八卦益明矣」。

釋易彖音

《周易》「彖」之爲音，今俗皆讀「團」之去聲，與古音有異。古音當讀若「弛」，音近于「才」，亦與「蠡」字音近。故《繫辭傳》曰：「彖者，材也。」此乃古音訓相兼。是「彖」音必與「才」音同部。「材」字之「才」與「彖」字皆在段氏古音弟一部，由之、咍、止、海、志、代轉而爲十五部脂、微、齊、皆、灰，又轉爲十六部之支、佳、紙、蟹、寘、卦、陌、麥、昔、錫。若讀今音「通貫切」，如劉瓛之訓斷，則在十四部，與「材」字迴不同部，孔子何以「材」字訓之哉？且此非徒孔子之言也，《毛詩》亦有之矣，《廣雅》、《説文》、《玉篇》亦皆證之矣。按：《説文》「彖」、「彖」二字之注，後人亂之。今本「彖，豕走也」，當云：「彖，豕走挩也。讀若弛。」後之淺人疑「弛」字之音與「彖」不合，故仍系「彖」字下，竟妄以「豕走挩也」四字系「彖」字之下，而又刪去「挩」字。《玉篇》引《説文》：「彖，豕走挩也。」案：今本《玉篇》誤「挩」爲「悦」。《説文》：「挩，解挩也。」挩，古之「脱」字。《廣雅》訓「彖」爲「挩」，可證《玉篇》「悦」之誤。脱走之「脱」當从手，「肉曰脱之」之「脱」當从肉，實皆以「兑」爲音意。此從古本《説文》而來。《廣雅·釋言》曰：「彖，挩也。」與《説文》、《玉篇》正合。「挩」字从兑，兑與「彖」聲相近，故彖、彖二字，因錯失互淆，凡从二字偏旁得聲之字皆淆矣。然則「彖」、「彖」二字，分别在多寡一畫之間，「彖」之音當若何？曰此字乃「通貫切」，豕也，音近「緣」，凡緣、篆、瑑等字皆从之，有緣飾隆起之意。「彖」字音近「材」、近「蠡」，凡蠡、喙、㥏、褖字从之，有劙刻分解之意。《詩·大雅·緜》：「柞棫拔矣，行道兑矣。混夷駾矣，維其喙矣。」兑、彖、駾、喙同部，皆十五部之入聲，均由弟一部之「才」聲轉入。弛、施、地等字从「也」得聲，「也」古讀若沱，爲弟十七部之歌、戈。段氏云：「也聲在十七部。」然考「地」字，周、秦人亦入於十六部，如《莊子》接輿歌：「禍重如地，莫之知避。」以此推之，則凡从「也」聲之字皆與支、佳同部矣。《儀禮・喪大記》「褖衣」，鄭注云：「字或作税。」即《雜記》之「税衣」。「褖衣」當从彖，與「兑」同部也。若从彖聲，讀「通貫切」，則在十四部，韻不合矣。由《詩》之「兑」、「彖」相韻觀之，更可見《廣雅》、《玉篇》「挩」字之古。惟其「挩」爲「彖」訓，更可證兑、駾、喙同部相韻之迹之據，斷不與「通貫切」之字相涉。由此知「通貫切」本「彖」字之音，今互相誤也。此乃《詩・大雅》及孔子之音一綫僅存，豈可依劉瓛訓「斷」之誤音耶？又按：段君懋堂《説文注》疑及「橼」、「蠡」二字當从彖，此灼見十五、十四部之不能通合，而未知今《説文》之「讀若弛」爲「豕走挩」下之音，所以餘字尚轇轕不已，而誤以《詩・緜》之「喙」爲合韻也。彖、彖形近，秦、漢間篆、隸已不分矣。所以《説文・豕部》云：「今世字誤目豕爲彖，目彖爲豕。何以明之？爲啄、琢从豕，蠡从彖，皆取其聲，目是明之。」此許氏説。自漢目後又誤寫，莫之是正。今正之，當云：「今世字誤以豕爲豕，以彖爲彖。何以明之？爲啄、琢从豕，蠡从彖，皆取其聲，以是明之。」此秦、漢間彖、彖久訛之證也。此彖、喙等字漢以後并訛其音之證也。今人讀从兑之「脱」字，俗音已訛入十四部，此「彖」音亦相牽而訛之證也。

釋易彖意

「彖」之爲音，既據《繫辭》、《大雅》定之矣，然則其意究如何？孔子「材也」之訓究如何？曰：此但當以「彖」字爲最先之字，但言其音，而意即在其中，即如「蠡」字，加「䖵」與不加「䖵」無異也。《方言》曰：「蠡，分也。」「蠡」尚訓爲分，則「象」字本訓爲分可知也。「家挩」即分也，此即孔子之所以訓「象」爲材也，「材」即「財成天地之道」之「財」，亦即「三才」之「才」，以天、地、人三分分之也。今人但知寫「化而裁之」之「裁」方謂用刀裁物，而不知古人音意相同，字多假借。「材」即「裁」也，「財」亦「裁」也。否則貨財之「財」，安可曰「財成天地」邪？孔子所訓之材，言用此象辭説卦象而分之也。且「説」从兑，「兑」與「象」同意，「兑」者最先之字，「説」者後造之字，即謂「象」爲「説」之假借亦可。明乎此，則「爻者，效也」之意于此更明矣。是故學者以「象者，材也」求孔子之意不能明，以「蠡者，裁也」求之則明矣。若執迂守淺，古音古意終不明矣。

釋心

漢劉熙《釋名》曰：「心，纖也。言纖微無物不貫也。」此訓最合本義。蓋纖細而鋭者皆可名曰心，但言心而其纖鋭纖細之意見矣。《説文》「心」部次於「思」部，「思」部次于「囟」部，「系」部「細」字，即从囟得聲得意。今人俗書「尖」字，古作「鑯」，「鑯」與「纖」同意。《易·説卦》云：「坎，其于木也，爲堅多心。」虞翻云：「堅多心者，棗棘之屬。」桉：棗棘之屬，初生未有不先見尖刺者，尖刺即心也。《説文》「朿」字即今「刺」字，解曰「木芒也」。故重朿爲「棗」，並棘爲「棘」，❶皆歸「朿」部，皆有尖心之木也。《易·坎卦》：「上六，寘于叢棘。」《困卦》：「六三，據于蒺藜。」惟坎爲心而于木多心，故爲叢棘蒺藜之象。叢棘蒺藜，但皆言其鐵鋭而

❶ 上「棘」字，疑當作「朿」。

已。《詩・凱風》「吹彼棘心，棘心夭夭」，皆言棗棘初生有尖刺，故名曰心，非謂其木皮外裹赤心在内也。心果在内，風安得吹之？且《易》曰「堅多心」，《禮記》曰「松柏有心」，皆謂心爲尖刺，故可曰多心、有心，否則除棗棘松柏，皆無心之木耶？棗棘松柏較之他木之内心，又豈獨多耶？《爾雅》曰：「樕樸，心。」《詩》疏引孫炎注云：「樸樕，一名心。」此亦即棘心有刺之木。《禮記》：「如竹箭之有筠也，如松柏之有心也。」凡松柏枝葉初生之年皆有尖刺，至弟二年則刺落而成葉。此言松柏堅木，初生必由心而來，猶竹箭之由筠而來也。「筠」字不見于《説文》，當即是「筍」字。「筍」或爲「笋」，旬、尹、匀皆相通。故《禮記》「孚尹旁達」，鄭注讀「孚尹」爲「浮筠」。此與松柏有心同例。後人不知「筠」爲「笋」字之通借，遂與「心」字並誤解矣。

釋鮮

「鮮」義屬于「魚」，而古音與「斯」近，遂相通藉。顧氏亭林、惠氏定宇已發之矣。如《詩・瓠葉》云「有兔斯首」，箋云：「斯，白也。今俗語斯白之字作鮮，齊、魯之閒聲近斯。」《爾雅・釋詁》曰：「鮮，善也。」《釋文》：「本或作誓。沈旋曰：古斯字。」《説文》「霹」字讀若斯。《左傳》「于思于思」，賈逵曰：「頭白皃。」元謂：「鮮」、「斯」通藉之迹，求諸經傳，多有可稽，釋者少誤，便成舛誼。今試釋之。有以「斯」本語詞，藉聲近之「鮮」爲用者，則有《尚書・無佚》曰文王「懷保小民，惠鮮鰥寡」，「鮮」即「斯」字，言文王惠斯鰥寡，即祖甲「保惠于庶民，不敢侮鰥寡」之義是也。僞孔訓「鮮」爲少，失之。漢《石經》、《漢書・谷永傳》並作「懷保小人，惠于鰥寡」。蓋作「小民惠鮮」者，孔安國之真《古文》，馬、鄭所注，僞孔所襲用者也；作「小人惠于」者，漢初諸儒以説經之字易其本字，如《史記》之以訓詁代經文也。又《立政》曰「知恤鮮哉」，《詩・蓼莪》曰「鮮民之生，不如死之久矣」，「鮮」皆當訓斯字。《立政》之「斯」指王左右，《蓼莪》之「斯」如《論語》「斯民也」之例，而僞孔傳訓「鮮」爲少，毛傳訓「鮮」爲寡，並失之。有以「鮮，魚名」爲本誼，而藉聲近之「斯」爲用者。《詩・閟宮》曰：「奚斯所作。」《春秋》、《左傳》「奚斯」爲公子魚字。《孟子》「庚公之斯」，《左傳》襄十四年作「庚公差，字子魚」，「差」乃「斯」聲近之誤，「斯」乃「鮮」字假藉也。有以語詞之「斯」藉聲同之「思」爲用者，《詩・漢廣》曰「不可休思」是也。有以訓離析之「斯」《爾雅・釋言》：「斯，離也。」《説文》：「斯，析也。析，破木也。」藉聲近之「鮮」爲用者。《爾雅・釋山》曰「小山別大山，鮮」，言小山之別離于大山者名以鮮，「鮮」即「斯」，《釋言》曰「離也」。《儀禮・鄉飲酒禮》、《鄉射禮》並有「兩壺斯禁」之文，鄭注「斯禁」爲禁之切地無足者，即「棜禁」異名。此于古無明驗，弟由《禮器》「天子諸侯之尊廢禁，大夫士棜禁」推之，訓「斯」爲盡，以合其誼耳。元案：此「斯」亦當訓離，言房户之間兩尊，用兩禁，相並而略相離，南向，如人離立然，玄酒在西，醴在東也。《禮記・玉藻》曰：「大夫側尊用棜，士側尊用禁。」棜、禁雖有大夫、士之別，然彼爲側尊言之。側尊者，特尊無偶，非兩尊同設可比，故分別言之。若賓主共尊同飲，則雖卿大夫亦不用棜，專用禁，誼取戒禁。若祭祀之事，誼取飫神，則雖士亦兼用棜，誼取厭飫。故《禮器》曰「天子、諸侯之尊廢禁，大夫、士棜禁」，秖分二等，明棜禁爲士、大夫公共之物，可臨事取誼，相通爲用者也。一證之《特牲饋食禮》，特牲饋食本士禮，當專用禁矣，而經云「壺，棜禁，饌于東序，南順，覆兩壺焉」，鄭注「禁言棜者，祭尚厭飫，得與大夫同器，不爲神戒」是也。言棜禁者，兩壺一棜一禁，不比斯禁爲兩禁相離也。再證之于《少牢饋食禮》曰：「尊兩甒于房户之閒，同棜，皆有冪，甒有玄酒。」此禮言兩甒共一棜，故不言禁，亦不言斯棜，不比斯禁爲兩禁相離也。三證之于《士冠禮》：「側尊一甒醴。」此禮不言禁者，醴賓，無禁戒也。又曰「若不醴，則醮用酒，尊于房户之閒，兩甒，有禁，玄酒在西」，此用禁，有禁戒也。此「禁」字直承「兩甒」，明是兩禁，故徒言禁，省言斯，且易「斯」爲「有」字，以別于醴賓之無禁也。四證之于《士昏禮》：「側尊甒。」不言禁者，賓唯啐醴，不必禁戒也。合觀諸誼，然則「斯禁」之詞與「側尊」相類，明當訓離，非楙之別名也。有以「鮮」、「斯」音通，而又通于音誼相近之「析」字者。《尚書・禹貢》「析支」，《大戴記・五帝德》作「鮮支」，《後漢書・西羌傳》作「賜支」賜，《唐韻》「斯義切」，即「析」之轉聲。是也。有以「獻」爲本字，藉音近之「鮮」爲用者。《禮記・月令》「天子鮮羔開冰」，鄭注云「鮮當爲獻」是也。至于「鮮」之訓善、訓少，及「斯」之轉通于「須」、「西」等音，更不可枚舉矣。

釋磬

《説文》：「磬，樂石也。象懸虡之形，殳擊之。籀文省爲殸，古文作硜，从巠。」元案：「殸」之爲字，「声」象形，「殳」指事，从「石」乃後人所加，其形象石之虛懸。物虛懸未有不空者，故磬又訓空。从「缶」爲「罄」，器中空也。《爾雅・釋詁》：「罄、空，盡也。」《説文》：「窒，空也。从空，❶巠聲。」引《詩》「瓶之窒矣」證之。然則凡物縣空之義，皆從此「殸」字之聲出矣。《左傳》曰「室如縣罄」，《國語》作「縣磬」。正此義也。《文王世子》曰：「公族其有死罪，則磬于甸人。」鄭注：「縣縊殺之曰磬。」磬者經死之，即虛縣之義。然則《文王世子》「磬」字乃虛縣之義，非實字，與《左傳》、《國語》不同。若讀爲「鐘磬」實字，則下「于甸人」「于」字爲不詞矣。《國語》：「申生雉經。」「雉」字與《周官・封人》「絼」字音轉相假借。絼，繩也。《左傳》「都城百雉」，亦以繩爲度之名，與城之以板爲度名同。板度縱、雉度橫也。「經」與「磬」同聲同義，特「殸」、「巠」二字異形耳。猶古文「殸」作「硜」，「瓶之磬

---

❶ 「空」，《四部叢刊》本《説文解字》作「穴」，當從。

矣」又作「窒」也。《爾雅·釋蟲》:「蜆,縊女。」縊女所以名蜆者,「蜆」與「殸」聲相轉相假。《詩》「俔天之妹」,《韓詩》作「磬天」;《詩·杕杜》「睘睘」之假爲「煢煢」,是其類也。縊女縣于樹,所以名蜆。「蜆」聲如「殸」也。《説文》「聲」字所以從殸得音者,「殸」有耳聞之義,聞屬于耳,古人鼻之所得、目之所得,皆可借聲聞以概之。故《詩·大明》曰「俔天之妹」,《説文》「俔」弟二訓曰「一曰聞見」,此訓最確,與毛傳合,毛傳直訓曰:「俔,磬也。」蓋當時《韓詩》作「磬」,訓爲聞見,人人習知,不必多言。若鄭箋以「如」訓「俔」,即《説文》「譬諭也」之弟一訓。此自是漢以來相沿之別解,鄭氏用之以別毛義,然不如毛義遠矣。詩人言「俔天之妹」者,稱后妃爲天妹以神之,文王實有見聞其爲天妹者,故定祥親迎也。禮,娶妻先聘。《説文》:「聘,訪也。从耳,甹聲。」「甹」與「殸」同。義見下。然則「俔天之妹」,「俔」與「聘」義又相近矣。目得者可概以聲聞,鼻得者亦可概以聲聞,故《説文》曰:「馨,香之遠聞者。从香,殸聲。殸,古文磬。」又曰:「𠷎,聲也。从只,甹聲。讀如馨。」案:《詩·椒聊》次章「遠條且」,毛傳曰:「言聲之遠聞也。」聲字與馨字音義相近,漢人每相假借。故漢《衡方碑》亦借聲爲馨矣。海鹽吳東發云:「《衡方碑》云:『克長克君,不虞不陽。維明維允,耀此聲香。』『聲』乃『馨』之假借字,上文既云『有□有聲』,則此義不應重矣。」《逸周書·謚法解》:「不生其國曰聲。」昔人解此多誤。案:此乃生于母家,不在本國,如虛懸然,其義猶在「殸」字,「聲」乃假借耳,猶《史記》所言「贅壻」之義。魯嬰齊謚聲伯,聲伯之母不聘,穆姜不以爲姒,生聲伯而出之,嫁于齊。《左成十一年傳》。然則聲伯必是隨母生長于外,所以卒謚曰「聲」。又齊侯娶魯顔懿姬,無子,其姪鬷聲姬生光。杜注云:「顔、鬷皆二姬母姓。」姬之謚「聲」,必亦育子母鬷姓家之故,故以母姓爲名,而謚曰「聲」,《左襄十九年傳》。與嬰齊聲伯同例。而隱公母謚「聲」,僖公夫人「聲姜」,

齊靈公母「聲孟子」，皆同此例矣。《詩・叔于田》「抑罄控忌」，❶毛傳曰：「騁馬曰罄。」元謂「罄」即「騁」之音近假借字。蓋「甹」、「殸」同韻，《説文》所以讀「䎘」若「馨」也。若離「騁」而別求其訓，則誤矣。《爾雅》：「甹夆，掣曳也。」此專訓《詩・小毖》。今《詩》作「荓蜂」者，異同字。「荓蜂」、「甹夆」無所不可，但爲雙聲耳，其義在音不在字也。故毛、鄭皆據《爾雅》無新説。「甹夆」與《詩・叔于田》「罄控」同義，「殸」與「甹」音義每相通。荓蜂者，如執轡者掣曳馬也。後人因「螫」字而求其義于蠭蜜之「蠭」，則郢書燕説矣。「荓」與「抨」、「伻」同音，亦使義也，「聘」亦使也。凡此毛傳未發之義，證之古皆合，故毛氏經訓可並《爾雅》也。

釋蓋

《爾雅・釋言》：「蓋、割，裂也。」郭璞注未詳。今學者皆以「蓋」、「割」同聲假借，引鄭康成《禮記・緇衣》注明之，則郭所未詳者明矣。元更謂「害」、「曷」、「盍」、「末」、「未」古音皆相近，每加偏旁互相假借，若以爲正字則失之。《書・呂刑》曰「鰥寡無蓋」，「蓋」即「害」字之借，言堯時鰥寡無害也。僞傳云「使鰥寡得所，無有掩蓋」，失之矣。「害」字與「割」音義最近。《詩・生民》曰：「無菑無害。」《釋名》曰：「害，割也。」《書・堯典》「洪水方割」，《大誥》「天降割」之類，皆「害」字之借也。「害」字與「蓋」字亦近。《爾雅釋文》：「蓋，舍人本作害。」《尚書・君奭》「割申勸王之德」，鄭氏《緇衣》注曰「割之言蓋」是也。「盍」與「曷」同音，故《孟子》

---

❶「抑罄控忌」，阮刻本《毛詩正義》在《大叔于田》，是。下同。

「時日害喪」,「害」即「曷」。《吕覽》「葛天氏」即「蓋天氏」也。「盇」與「末」、「未」亦最近。故《春秋》襄二十七年《公羊傳》:「盟曰:昧雉彼視。」何休學:「昧,割也。」邵公之意若曰:有渝盟者,視此割雉也。《孟子》「謀蓋都君」,此兼掩井、焚廩而言之,「蓋」亦當訓爲害也。若專以「謀蓋」爲蓋井而不兼焚廩,則下文「咸我績」「咸」字無所著矣。

釋且

《説文》訓「且」爲「薦」,字屬象形。段若膺大令曰:《儀禮》鄭注、《公羊》何注皆云「且字」,如伯某、仲某,「某」是且字,某以薦伯仲也。《古文尚書》「黎民俎飢」,鄭易「俎」爲「阻」。蓋《尚書》本作「且」,故今文家作「祖」,古文家作「阻」,此皆訓薦之義。元按諸古誼,「且」古「祖」字也。古文「祖」皆「且」字,商文戊祖丁尊作「□」,祖又尊作「□」,孟祖辛彝作「□」,祖乙爵作「□」,祖己爵作「□」,祖丁觚作「□」,瞿祖丁卣作「□」,此文與今「且」字近矣。周齊侯鐘作「□」、作「□」,皆「祖」之古文。小篆始左「示」作「祖」,故《説文·示部》:「祖,始廟也。」今音「祖,則古切」,「且,千也切」,不知古音古誼正相同也。《禮記·檀弓》:「曾子曰:『夫祖者,且也,且胡爲其不可以反宿也?』」鄭注:「且,未定之辭。」可以證矣。又按:且,始也。「且」既與「祖」同字同音,則其誼亦同。《爾雅·釋詁》:「祖,始也。」凡言「祖」皆有始誼。如「祖」訓始廟,「祖祭」爲柩始行。《史記·食貨志》引《書》曰:❶「黎民祖飢。」又《詩》「四月維

---

❶ 「史記」,據文義當作「漢書」。

夏，六月徂暑」，鄭箋云：「徂，猶始也。」言「且」亦即有始誼。經傳中言「既某且某」者，皆言終如此，始又如此。「既」訓「終」，「且」訓「始」。王懷祖給事謂元曰：「《詩》言『終風且暴』、『終和且平』、『終温且惠』，『終』皆當訓既，言『既風且暴』也。」鄭箋訓「終風」爲「終日風」，此望文生誼。《爾雅》偏釋《詩》中風名，獨無「終風」，且「終和」、「終温」又將何説？元爲之加證曰：「終」即「既」。既，終也；且，始也。《詩·鄭風·溱洧》：「女曰觀乎？士曰既且。且往觀乎？」「既且」即終始之誼。「且」讀爲平聲，與「乎」、「乎」字爲韻。「且往觀乎」之「且」即蒙上「既且」爲言，愈見修辭之善。漢《張遷碑》「爰既且于君」，文例可與此相證也。顧寧人以「既且」爲「暨」字之分，疑是碑爲重刻摹勒之誤，非也。

又按：且，粗也、姑也。「且」訓爲始，始有艸創之誼，即爲粗略之誼。《説文》：「粗，疏也。」「粗」从且得聲得誼。「且」又與「鹽」通借，皆不攻緻之誼。《詩·唐風》「王事靡鹽」，毛傳：「鹽，不攻緻也。」孔疏引「蠱」字爲證，誼乖遠不相涉。《漢書·息夫躬傳》曰「器用鹽惡」，鄧展注：「鹽，不堅牢也。」即不攻緻。《吕覽·誣徒》篇「從師苦」，高誘注：「苦，讀如『鹽會』之『鹽』。苦，不精致也。」《方言》曰：「鹽，且也。」郭璞未詳，合經史子數誼，《方言》之訓可識矣。又「沽」音同「鹽」。《儀禮·喪服傳》云「冠者，沽功也」，鄭注：「沽，猶麤也。」又《既夕》注：「沽，今文作古。」又《周禮·司兵》注曰：「功沽上下。」「沽」即麤惡，與「鹽」同。可見漢末猶爲恒語。「麤略」即爲「聊且」之誼，故「且」爲「姑且」之「且」。《廣雅》：「嫴，且也。」其寔「姑」即「且」同音假借字。《詩·周南》「我姑酌彼金罍」，毛傳：「姑，且也。」《説文》：「夃，秦以市買多得爲夃。《詩》：『我夃酌彼金罍。』」段若膺大令曰：「《説文》引《詩》「我夃酌彼金罍」，「夃」本應作「姑」，此許引《詩》説假借，古文以「夃」爲「姑」也。如玫，人姓也，《洪範》以「玫」爲「好」。此亦「且」之假借字。《論語》「沽之哉」，「沽」即「夃」字假借。《禮記·檀弓》「杜橋之母之喪，宮中無相，以爲沽也」，鄭注：「沽，猶略也。」是「沽」即麤略之誼，與「盬」、「姑」同誼，寔皆「且」之假借也。《莊子》「與物且者」，此謂苟且，《漢書·宣帝紀》「莫有苟且之意」同。《廣雅》「聊、苟，且也」，亦其誼也。

又案：「且」字加「口」爲「咀」。《春秋左傳》僖二十八年：「晉侯夢楚子伏己而盬其腦。」「盬」與「咀」同，謂咀唼其腦，故《方言》曰：「盬，且也。」此益明矣。服虔注：「盬，唼也。」杜注沿之。正義云「未見正訓」，此未明古誼也。《左傳》：「吾且柔之矣。」腦能柔物，故《考工記》曰：「近于剉而休于氣。」「且」與「姑」同音，故「姑」亦有咀誼。《孟子·滕文公》「蠅蚋姑嘬之」，「姑」與《方言》「盬」同，即咀也，趙岐「姑」字無解。朱子訓「語助」，固非，至以爲「螻蛄」，則古無分「螻蛄」二字單名爲蛄者，此未明古誼之失也。謂蠅與蚋同咀嘬之也。

又案：「且」有包含大多之意，故《説文》「咀」訓爲「含味」。苴，麻子，包多子者。《禮記·喪服小記》：「苴杖，竹也。」此言以苴麻纏杖如殳然，鄭説非。《詩·鴟鴞》「予所蓄祖」，「祖」讀爲苴。《毛詩》作「祖」，《韓詩》作「租」，《釋文》不誤，今本《毛》誤爲「租」。❶「祖」、「租」無定，其爲「苴」之假借益明。「苴」即陸璣所謂紩巢之麻，與下「捋荼」「荼」字二物相配，非虛字。《禮記》「苞苴」，此誼亦近也。物粗惡未有不大者，故《史記》注「盬」爲「大鹽」，《説文》訓「駔」爲「壯馬」。《爾雅》「奘，駔也」，《釋文》引孫、樊本作「將，且也」。又案：《小雅》「夜如何其，夜未央」，毛傳「央，且也」，《釋文》「七也反」，今訛作「旦也」。又《夏小正》傳嵩卿本「十二月隕麋角」，傳曰「蓋陽氣且覩也」，「且覩」即始覩也；餘本皆訛爲「旦覩」矣。由「且」誼推之，經傳中誼有可識矣。《説文》咀、祖、租、胆、珇、殂、組、苴、祖、虘、狙、伹、岨、詛、租、怚、鉏、豠、沮、姐、粗、坥、狙、罝、

❶「租」，原作「祖」，今據文義改。

䢐、雎、駔、疽、阻、抯、退、徂、宜、助、耝，三十五字皆从「且」得聲，皆有誼可尋。

又案：「且」爲發聲，與「將」同。《詩》「將翺將翔」、「將安將樂」是也。「將恐將懼」，鄭箋：「將，且也。」又案：「且」爲語餘聲。《詩》「乃見狂且」，毛傳：「且，辭也。」「椒聊且」《爾雅》「朻者聊」，即釋「椒聊」。陸璣以「聊」爲語助辭，豈不與「且」字相複？之類誼同此。又案：「且」聲轉「此」。《詩·載芟》「匪且有且」，毛傳「且，此也」是也。

釋黻

「黻」與「黼」同爲畫繢之形。《考工記》「白與黑謂之黼，黑與青謂之黻」，「黼」象斧形明矣。說「黻」者曰：兩已相背戾。《爾雅》孫注，《左桓二年傳》注，《書·益稷》傳。而自古畫象則作「亞」形，明兩弓相背戾，非兩已相背戾也。兩弓相背，義取于物與斧同類，兩已之「已」何物耶？然則各傳注所言「兩已」者，豈非「兩弓」相沿之誤與？《漢書·韋賢傳》，師古注曰：「紱，畫爲『亞』文，『亞』古『弗』字也。」今俗本《漢書》、《文選》皆譌爲「亞」。師古此語必有師傳，非師古所創。經傳中弻、佛、弗，義每相通，字或相假，音亦相轉。《說文》「弻」解曰：「輔也，重也。」輔者，以輔戾弓之不正者，即《考工記·弓人》之「茭」，鄭注所謂「弓檠」者。重者，二弓也。《說文》「弗」字收于「丿」部，解曰「弗，撟也」，《考工記·弓人》曰「撟幹」、「撟角」。❶「从丿，从乀，从韋省。」案：「弗」字明是从「弓」之字，若从「韋」則不知所省，無以下筆，必有後人刪改之誤。「弗」字从丿、从乀、

❶「考工」至「撟角」十字，疑爲小字註。

从弓，「丿」、「乀」者，明是兩弓相背、左右手相戾之義，此會意之恉也。特「丿」、「乀」分背不若「乂」字相交耳。然則「弗」即「弜」字，爲兩弓相背戾之證，師古之説有由來矣。

釋郵表畷

將欲于平坦之地分其間界行列遠近，使人可以準視望、止行步，無尺寸之差而不可逾焉，則必立一木于地，且垂綴他物于木上，以顯明其標志矣，此「郵表畷」之權輿也。則試言「郵」。《説文》：「郵，境上行書舍也。《漢書》各紀、傳「郵亭」注皆同。郵从邑，从垂。垂，遠邊也。垂从土，从𠂹。𠂹，草木華葉垂。象形也。」蓋古者邊垂疆界，其始必正其四至焉。四至之邊必立木爲表，𠂹綴物于上，以準遠近之望而分疆界焉。此「垂」之所以从「𠂹」、「郵」之所以从「垂」也。「垂」之遠近者必分程途里數，故鄭康成注《周禮·掌節》云：「若今郵行有程矣。」《説文》「郵」字乃以「垂」、「邑」二字會成一意，其聲則生之于「斿」，故與「斿」、「流」、「旒」通借。古字義隨音生，「斿」、「郵」是也。《詩·長發》：「受小球大球，爲下國綴旒。」《禮記·郊特牲》曰「饗農，及郵表畷、禽獸」，鄭康成注：「郵表畷，謂田畯所以督約百姓于井間之處也。」引齊、魯、韓三家《詩》作「爲下國畷郵」，三家《詩》乃本字、古字也。按：球，玉磬也。以其直懸求然而名之。莍、梂皆同音義。裘，古文但作「求」，加「衣」爲「裘」，猶「𧘝」之加「衣」于「毛」也。立一木爲標志，綴毛物于上，即球也。《詩》之「球」即「𧘝」同音假借字也。故以「𧘝」爲標志，即以「𧘝」爲標志也。

則試言「表」。表者，裘衣也，柱也，標也，志也，準也，明也。《説文》：「表，上衣也。从衣，从毛。古者衣裘以毛爲表。裘，皮衣也。象形，古文省衣作求。」《荀子・儒效》、《後漢・蓋勳》《馬援傳》注：「表，標也。」《呂覽・慎小》注：「表，柱也。」《禮記・檀弓》《内則》注：「表，明也。」《周禮・大司馬》「爲表」注：「表，所以識正行列也。」《荀子・大略》注：「表，標志也。」《後漢書・劉祐傳》注：「表，標準也。」《管子・君臣上》注：「表，謂以木爲標，有所告示也。」《漢書・淮南厲王傳》注：「表者，樹木爲之，若柱形也。」《呂覽・不屈》云「或操表掇以善睎望」，注：「表掇，儀度。」旗之旒、冕之旒，皆以物相聯綴爲名。《詩・長發》之「球」是乃「表裘」之「裘」。《長發》之「綴旒」，是言受地于天子，爲諸侯之封疆樹立聯綴之裘以定四界也。《春秋》襄十六年《公羊傳》「君若贅旒然」，言臣專政，君不與國事，但若委裘於朝宁之上而已。故《漢書・賈誼傳》曰「植遺腹，朝委裘，而天下不亂」，此言遺腹之主甚幼，不能立朝，但委綴裘衣于朝而天下不亂，即《公羊》「贅旒」之義也。「贅」與「綴」音近義相假。《莊子・大宗師》云「彼以生爲附贅縣疣」，亦取此義也。《史記・滑稽傳》「淳于髡，齊之贅壻」，索隱：「如人贅疣，餘剩物也。」《詩・大雅》「具贅卒荒」，傳：「贅，屬也。」是《郊特牲》之「表義，即「郵」義也。

則試言「畷」。《説文》：「叕，篆作[illegible]，綴聯也。」又：「綴，合著也。畷，兩陌間道也。」按：「綴」爲以物繫屬于物之義，叕、綴、畷、輟義皆通。《檀弓下》、《國語・齊語》注皆曰：「綴，連也。」「綴」又訓「止」，見《樂記》注。故「輟」亦訓「止」，見《呂覽・期賢》《求人》注。《説文》：「輟，車小缺復合。」衆車連行，缺而復合，連義也，即止義也。「綴兆」之「綴」，連也，亦即止也。《尚書・立政》「綴衣」，亦掌連綴衣服之官也。「贅」則同音假借之字。「祋」字亦音義相近，故《詩・候人》：「荷戈與祋。」《説文》：「祋，殳也。」或説城郭市里高縣羊皮，有不當入而欲入者，暫下以驚牛馬曰祋。」此乃以木綴裘之明證，漢時尚有此制。故田陌之間相聯之處以木爲表分其界限則可名曰「表」，以表繫皮則可名曰「綴」，因之兩陌間之道路，亦即別制加田于叕之字，名之曰「畷」。此亦字隨音生，實一義也。揚州古銅盤銘曰：「用大蔽散邑，迺即散用田竟，竟自瀗洮以南至于大沽，一表以降二表。」又曰「表于單道，表于原道，表于周道以東，表于耔東疆右還，表于竟，竟導以南，表于却萊，導以西，至于唯莫竟，竟井邑田」云云。觀此可見古人以表立田地疆界之事。《周禮》：「虞人萊所田之野爲表，百步則一，爲三表。又五十步爲一表。」又曰：「及表乃止。」此可見古人閱軍以表爲界之事。又舞者行列所止，亦立木綴物爲標，名曰「綴」。《禮記·樂記》曰「綴兆」，鄭注：「綴，謂酇舞者之位也。」又曰「其舞行綴遠」、「其舞行綴短」，觀此可見古人凡分行列遠近長短者，皆以表綴爲用。然則《郊特牲》所謂「郵表畷」者，「郵」乃爲井田上道里可以傳書之舍也，「表」乃井田間分界之木也，《左傳》襄二十五年《傳》「表淳鹵」，賈逵注云：「淳鹵之地，九夫爲表。」《國語·周語》：「單襄公云：『周制有之曰：列樹以表道。』」韋注：「表，識也。」「畷」乃田兩陌之間道也。凡此皆古人饗祭之處也。而「郵」、「表」、「畷」之古義皆以立木綴毛裘之物垂之，分間界行列遠近，使人可準視望、止行步而命名者也。

釋頌

《詩》分風、雅、頌。「頌」之訓爲「美盛德」者，餘義也。「頌」之訓爲「形容」者，本義也。且「頌」字即「容」字也。「頌」正字，「容」假借字。《詩譜》「頌之言容」，《釋名》「頌，容也」，並以假借字釋正字。《説文》「容」訓「盛」，與「頌」字義別。後人專以「頌」爲歌功頌德字，而「頌」之本義失矣。故《説文》：「頌，皃也。从頁，公聲。籀文作額。」是「容」即「頌」。《漢書·儒林傳》「魯徐生善爲頌」，即善爲容也。《説文》「皃」下云「頌儀也」，與此「頌」字爲轉注。籀文者，周宣王太史所作。「頌」即容貌字者，《史記·樂書》云：「物之頌也。」❶《漢書·儒林傳》云「頌禮甚嚴」，又云「孝文時徐生以頌爲禮官大夫」，師古注並云：「頌，讀曰容。」容、養、羕一聲之轉，古籍每多通借。今世俗傳之「樣」字始于《唐韻》，即「容」字轉聲所借之「羕」字，不知何時再加「扌」旁以別之，而後人遂絶不知從頌、容、羕轉變而來，豈知所謂商頌、周頌、魯頌者，若曰商之樣子、周之樣子、魯之樣子而已，無深義也。何以三《頌》有樣而《風》、《雅》無樣也？《風》、《雅》但弦歌笙閒，賓主及歌者皆不必因此而爲舞容。凡樂縣並在堂下，惟琴瑟隨工而得升，笙則倚於堂。《大射儀》云：「簜在建鼓之閒。」《禮記·禮器》云：「歌者在上，匏竹在下，貴人聲也。」弦歌閒以笙者，如諸侯燕群臣及聘問之臣，升歌《鹿鳴》、《四牡》、《皇皇者華》，閒歌《魚麗》，笙《由庚》；歌《南有嘉魚》，笙《崇丘》；歌《南山有臺》，笙《由儀》。大夫、士鄉飲酒禮亦如之，並無所爲舞容。他如《周禮》、《左傳》、《國語》所載，亦但曰「歌」、曰「詠歌」。《左傳》季札觀樂，惟使工爲之歌。《國語》叔孫穆子對晉侯云「伶簫詠歌」，而亦絶不及舞容。惟三《頌》各章皆是舞容，故稱爲頌，若元以後戲曲，歌者、舞者與樂器全動作也；《風》、《雅》則但若南宋人之歌詞、彈詞而已，不必鼓舞以應鏗鏘之節也。「頌」之舞容，《禮記·文王世子》「適東序，釋奠於先老。登歌《清廟》，下管《象》，舞《大武》」，注云：「《象》，周武王伐紂之樂也。以管播其聲，又爲之舞。」《明堂位》：「以禘禮祀周公於太廟，升歌《清廟》，下管《象》。」《祭統》：「夫大嘗禘，升歌《清廟》，下而管《象》。」《仲尼燕居》：「升歌《清廟》，示德也；下而管《象》，示事也。」《詩序》「維清，奏《象舞》也」，箋云：「《象舞》，象用兵時刺伐之舞，武王制焉。」又云「武，奏《大武》也」，箋云：「《大武》，周公作樂所爲舞也。」《樂記》：「鍾、鼓、管、磬、羽、籥、干、戚，樂之器也；屈、申、俯、仰、綴、兆、舒、疾，樂之文也。」又云：「執其干戚，習其俯仰、屈伸，容貌得莊焉；行其綴兆，要其節奏，行列得正焉，進退得齊焉。」猶之戲曲執持文武之器，手

❶「物」，武英殿本《史記》作「性」。

舞足蹈而口歌之，以應節奏也。

《仲尼燕居》：「子曰：『大饗有四焉，下管《象》、《武》、《夏》、《籥》，序興。」《象》、《武》，武舞，用干戚也；《夏》、《籥》，文舞，用羽籥也。文舞，武舞，《禮記·内則》「十三舞《勺》，成童舞《象》，二十舞《大夏》」，注謂：「先學《勺》，後學《象》，文武之次。《大夏》，樂之文武備者也。」《勺》即《周頌》「酌」，《象》即《周頌序》云「維清，奏《象舞》也」。《大夏》則夏禹之樂也。《文王世子》「春夏學干戈，秋冬學羽籥」，注云：「干戈，《萬舞》，象舞也。❶羽籥，《籥舞》，象文也。」《樂記》云「干、戚、羽、旄謂之樂」，注云：「干，盾也，戚，斧也，武舞所執；羽，翟羽也，旄，旄牛尾也，文舞所執。」《郊特牲》：「諸侯之宫縣而祭以白牡，擊玉磬，朱干設錫，冕而舞《大武》。」《明堂位》：「禘禮祀周公於太廟，朱干玉戚，冕而舞《大武》。八佾以舞《大夏》。」《公羊宣八年傳》：「夏六月壬午，猶繹，《萬》入去籥。萬者何？干舞也。籥者何？籥舞也。」《左傳襄二十九年傳》：「季札請觀周樂，見舞《象箾》、《南籥》，見舞《大武》，見舞《韶濩》，見舞《大夏》，見舞《韶箾》。」周所存六代之樂，若《大司樂》所云《雲門大卷》、《大咸》、《大磬》、《大夏》、《大濩》、《大武》，皆頌也，魯得其四。《韶箾》、《夏濩》等舞，季札俱及見之。所謂夏者，即《九夏》之義。《說文》：「夏，从夊，从頁，从𦥑。𦥑，兩手。夊，兩足。」與「頌」字義同。周曰「頌」，古曰「夏」而已。故《九夏》皆有鐘鼓等器以爲容節。《詩·時邁》「肆於時夏」，傳云「夏，大也」，箋云：「陳其功，夏而歌之。樂歌大者稱夏。」《禮記》「《夏》、《籥》，序興」，正義云：「《夏》、《籥》，謂大夏文舞之樂，以《象》、《武》次序更遞而興。」鄭氏康成注：「鐘師以《九夏》爲樂之大歌。」《說文》「夓」訓「中國之人也」，从頁，即古文「首」字。頭爲容貌之首，古頌皃字故从頁。「夓」字於六書屬象形。《禮》曰「夏」，《詩》曰「頌」，二而一者也。《九夏》者，《鐘師》所謂《王夏》、《肆夏》、《昭夏》、《納夏》、《章夏》、《齊夏》、《族夏》、《祴夏》、《驁夏》也。杜子春云：「王出入，奏《王夏》；

❶「舞」，阮刻本《禮記正義》作「武」，當從。

尸出入，奏《肆夏》；牲出入，奏《昭夏》；四方賓客來，奏《納夏》；臣有功，奏《章夏》；夫人祭，奏《齊夏》；族人侍，奏《族夏》；客醉而出，奏《祴夏》；公出入，奏《驁夏》。」凡奏《夏》，並以鐘鼓爲行步之節。金奏之例皆在升歌前。如賓入門升堂後，金奏即闋。《九夏》即在頌中。明乎人身手足頭皃之義，而古人名《詩》爲「夏」、爲「頌」之義顯矣。《清廟之什》凡十篇，古登歌用《清廟》，尚餘其九。吕叔玉云：「《肆夏》、《繁遏》、《渠》皆《周頌》也。《肆夏》，《時邁》也；《繁遏》，《執競》也；《渠》，《思文》也。」其餘六夏蓋即《維天之命》等篇爲近之矣。鄭氏康成以「《九夏》皆《詩》篇名，《頌》之族類也」。

《樂記》賓牟賈問答，全是舞頌，即頌即容之實據。《樂記》言《大武》：「先鼓以警戒，三步以見方，再始以著，往復亂以飭歸，奮疾而不拔，極幽而不隱。」又孔子荅賓牟賈云：「夫樂者，象成者也。揔干而山立，武王之事也；發揚蹈厲，太公之志也；《武》亂皆坐，周、召之治也。且夫《武》始而北出，再成而滅商，三成而南，四成而南國是疆，五成而分周公左、召公右，六成復綴以崇。」皆舞頌之實證。按：《左氏宣十二年傳》：「楚莊王曰：『武王克商，又作《武》。其首章曰：❶耆定爾功。其三曰：鋪時繹思，我徂維求定。其六曰：綏萬邦，屢豐年。』」然則《賚》、《桓》二章皆屬於《大武》，猶之《關雎》實兼《葛覃》、《卷耳》，《鵲巢》兼《采蘩》、《采蘋》也。《周禮·大司樂》凡曰「奏」，皆金也；曰「歌」，皆人聲也；曰「舞」，皆頌也，夏也，人身之動容也。《大司樂》：「乃奏黄鍾，歌大吕，舞《雲門》，以祀天神；乃奏大蔟，歌應鍾，舞《咸池》，以祭地示；乃奏姑洗，歌南吕，舞《大磬》，以祀四望；乃奏蕤賓，歌函鍾，舞《大夏》，以祭山川；乃奏夷則，歌小吕，舞《大濩》，以享先妣；乃奏無射，歌夾鍾，舞《大武》，以享先祖。」夏舞者，謂鼓舞以應鏗鏘之節也。武舞曰萬舞者，萬，厲也。蹈厲，武舞也。《公羊宣八年傳》云：「萬者何？干舞也。」《史記·樂書》正義云：「厲，謂顔色勃然如戰色。」《樂記》注云：「蹈厲，所以象威武時。」而《公羊》注以爲「武王以萬人服天下」，故

❶「首」，阮刻本《春秋左傳正義》作「卒」，當從。

民以「萬」名其篇，此漢人望文生義，其實非也。《豳詩》有「頌」者，此必有舞容在後。《籥章》：「國祭蜡，則歛《豳頌》。」桉：豳爲周之舊。商、周皆夏，殷之舊邦，宋有《商頌》，周亦有《豳頌》。既謂之頌，宜有舞容在焉。禮：君子趨行、賓出入、尸出入，皆奏《夏》。《夏》即人容，以金奏爲之節也。《周禮·樂師》：「教樂儀，行以《肆夏》，趨以《采薺》。」《禮記·玉藻》：「古之君子，趨以《采薺》，行以《肆夏》。」《儀禮·燕禮》：「賓及庭，奏《肆夏》。賓醉，奏《陔》。」《大射儀》：「公升，即席，奏《肆夏》。賓醉，奏《陔》。公入，《驁》。」《鄉飲酒禮》：「賓出，奏《陔》。」《禮記·禮器》：「大饗之賓，其出也，《肆夏》而送之。」《郊特牲》：「賓入大門而奏《肆夏》。」又云：「大夫之奏《肆夏》也，由趙文子始也。」《仲尼燕居》：「兩君相見，入門而縣興，升堂而樂闋。」縣興，即金奏也。又云：「金作，示情也。」《國語·魯語》：「叔孫穆子不拜《肆夏》，曰：『先樂金奏《肆夏》、《繁遏》、《渠》，天子所以饗元侯也。非使臣之所敢聞也。』」《大司樂》：「王出入，則令奏《王夏》；尸出入，則令奏《肆夏》；牲出入，則令奏《昭夏》。」凡奏《夏》，皆擊金以爲節，「鍾師掌金奏，以鍾鼓奏《九夏》。鎛師凡祭祀，鼓其金奏之樂」是也。《周禮·鍾師》于二南之《詩》亦稱奏者，彼以弓矢爲舞容，故有金奏，非舞不稱奏也。《鍾師》：「凡射，王奏《騶虞》，諸侯奏《貍首》，卿大夫奏《采蘋》，士奏《采蘩》。」《大司樂》：「及射，令奏《騶虞》，詔諸侯以弓矢舞。」據此，知《貍首》、《采蘋》、《采蘩》皆以弓矢舞。鐘、磬分笙鐘、笙磬、頌鐘、頌磬者，笙在東方，專應《風》、《雅》之歌；頌在西方，專應《夏》、《頌》之舞也。樂縣之位，小胥正之。《大射儀》：「樂人宿縣於阼階東，笙磬西面，其南笙鐘，其南鎛。」《燕禮》鎛之南又有鼓，其南應鼙，皆南陳。笙爲東方，以應《風》、《雅》。《詩·鼓鐘》云「笙磬同音，以《雅》以《南》」，謂諸侯大夫燕時但歌《雅》與二《南》。《左氏襄十一年傳》：「鄭人賂晉侯以歌鐘二肆。」其云「歌鐘」，必是應《風》、《雅》之鐘，然則即笙鐘也。或者笙鐘、笙磬器聲比頌鐘、頌磬爲小，以此爲分別歟？或以笙爲所吹之笙，不知所吹之笙則在兩階建鼓之間，與此絶不相同。西階之西，頌磬東面，其南鐘，其南鎛，其南朔鼙，其南鼓，皆南陳。頌爲西方，以應頌舞。《儀禮·燕禮》、《聘禮》，以及《少牢饋食》、《有司徹》所載，賓、尸入門升堂，莫不由西出入。凡賓、尸出入，皆金奏，金奏必歌《頌》，以應屈申、俯仰、行步之節也。《尚書》「笙鏞以閒」，孔、鄭古文皆作「笙庸」，「庸」即《大射儀》之「頌」，古文頌或爲庸。《大司樂》疏引《書》鄭注云：「東方之樂謂之笙。笙，生也。東方生長之方，故名樂爲笙也。西方之樂謂之庸。庸，功也。西方物孰有成功，亦謂之頌，頌亦是頌其成也。」僞孔解「庸」爲「大鏞」，便昧於笙頌之義矣。此乃古人未發之義，因釋之如此。

釋矢

義从音生也，字从音義造也。試開口直發其聲曰「施」，「尸」爲同音，夷、佚、匜、移爲音近字。《孟子》「孟施舍」，趙岐注：「施，發聲。」重讀之曰「矢」。「屎」爲同音，雉、薙、豸爲音近字。施、矢之音，皆有自此直施而去之彼之義。古人造从㫃、从也「也」即同「匜」。之「施」字，即從音義而生者也。《説文》：「施，旗皃。」齊樂施、鄭豐施、魯巫馬施，皆字子旗。齊弦施，字子多。「多」音義如「西」，故「移」从「多」。旗有自此斜平而去之貌，《史記·屈原賈生列傳》「庚子日施兮」，索隱：「施，猶西斜也。」故義爲施舍。《易·乾卦》「雲行雨施」、「稱物平施」。《左傳》昭五年劉炫注：「施者，舍也。」「舍」爲「施」之重音，「施」之訓展、訓陳、訓布、訓行、訓舒、訓設、訓弛、訓移，皆平直施去之義也。《詩·葛覃》「施于中谷」，《兔罝》「施于中林」，《頍弁》「施于松柏」，《旱麓》「施于條枚」，《禮記·樂記》「施於孫子」，《孔子閒居》「施及四海」，《中庸》「施及蠻貊」，皆重讀之。其實輕重皆同音義也。「尸」與「施」同音，故《禮記》「在牀曰尸」，人死平陳也。《左傳》宣十六年。❶「荆尸而舉」，尸，陳也，即俗「陣」字也。《爾雅》曰：「矢、雉、尸，陳也。平、夷、弟，易也。矢，弛也。弛，易也。」皆此音此義

❶「六」，阮刻本《春秋左傳正義》作「二」，當從。

也。「尸」或爲「侇」。「侇」从夷，與「尸」音義皆相近。《周禮・淩人》「大喪共侇槃冰」，注：「侇之言尸也。」《國語・晉語》「秦人殺冀芮而施之」，注：「陳尸曰施。」《禮記・喪大記》：「奉尸夷於堂。」《詩・草蟲》「我心則夷」，《桑柔》「亂生不夷」。《左氏成十六年傳》「塞井夷竈」，又十七年《傳》「一朝而尸三卿」。皆平義也。《詩・泂酌》「豈弟君子」，豈弟，易直也。弟、易音義近也。「匜」爲注水器，《左氏僖廿三年傳》：「懷嬴奉匜，既而揮之。」水從匜出，平揮而去，故名其器曰匜。「池」之从也，亦同此義。

「矢」爲弓弩之矢，象形字，而義生於音。凡人引弓發矢，未有不平引延陳而去止於彼者。《爾雅》：「矢、雉、引、延，陳也。」此義即此音也。《左傳》隱五年。「公矢魚于棠」，《詩》「矢于牧野」、「無矢我陵」、「以矢其音」、「矢詩不多」，「矢」皆訓陳。又人之所遺曰矢，亦取施舍而去之義。故《史記・廉頗藺相如傳》曰：「三遺矢矣。」《莊子・知北遊》曰：「道在屎溺。」「屎」同「矢」。《左傳》：定三年。「閽曰：『夷射姑旋焉。』」「旋」當爲「施」。施者，謂便溺也。便溺有施舍之義，「旋」乃字形之訛也。

雉，野雞也。其飛形平直而去，每如矢矣，故古人名鳥之音與矢相近，且造一从隹、从矢之字曰「雉」也。「雉」與「豸」、「絼」同音，每相假借。雉有度量之義。凡物自此止彼、平引延陳而度之，約略如矢雉之去曰雉，以繩則曰絼。《左傳》隱元年。「都城過百雉」，杜預説「雉長三丈」，許慎《五經異義》《韓詩》説「雉長四丈」，何休《公羊》學「雉二百尺」，説雖不同，大約皆用長繩平引度物之名。《左傳》襄二十五年。「度山林，鳩藪澤」，「鳩」與「度」對言，「鳩」乃「雉」字之訛，「雉」即「度」也，度以繩尺爲度數也。《左傳》：昭十七年。「五雉爲五工正，利器用、正度量，夷平也。民者也。」工正命官所以名雉者，雉有度義，亦有平義也。《周禮》「薙氏」，書或作「夷」，鄭康成：「讀如鬀小兒頭之『鬀』，書或作夷。」《釋文》：「薙，或作雉。」然則薙、鬀、夷、雉，亦平而去之之義。《周禮・封人》：「封其四疆。造都邑之封域者，亦如之。凡祭祀，置其絼。」司農注：「絼，著牛鼻繩，所以牽牛者。今時謂之雉，與古者名同。」杜子春云：❶「絼，當以豸爲聲。」據此，知封人掌有繩絼，遇城邑則量百雉之絼，遇祭祀則供牛鼻之繩。五雉之爲工正也，義與此同。《國語》《晉語》二。「申生雉經」，乃以繩絼自經，「雉」乃「絼」之假借字。而或以爲如雉鳥之經，自古未見有雉鳥自經於樹者，此不明古義之失也。「絼」从豸得聲，《左傳》：宣十七年。「范武子引《詩》曰：『「君子如怒，亂庶遄沮。君子如祉，亂庶遄已。」余將老，使郤子逞其志，庶有豸乎！』」《釋文》：「豸，本又作雉。」今訛爲「鳩」，與「雉藪澤」之「雉」訛爲「鳩」同。《左傳》襄十六年。又云：「范宣子曰：『匄在此，敢使魯無鳩乎！』」此「鳩」字亦是「雉」字之訛，與「庶有豸乎」詞氣正同。豸者，止也，即阻止之義。平也，解也。解豸，名獸，乃雙聲字。此「雉」亦當訓止也，平也。正所以答《圻父》「無所止居」、《鴻鴈》「哀鳴劬勞」之義，與范武子引《詩·巧言》「亂庶遄沮」、「遄已」義同也。《管子》曰《地員》。「夫管仲之匡天下也，其施七尺」，注：「施者，大尺之名，其長七尺。」然則「施」、「雉」之音皆有長引法度之義。「水」音近「矢」，《說文》：「水，準也。」水之流也，平引而去，義與「矢」、「雉」相同。「準」爲法則，「法」字古文从水、从廌。凡言廌者，皆有直義，有平義。「灋」从「水」者，水至平；从「廌」者，爲平、爲直，皆指事；从「去」者，兩人相違之閒，以水廌平直之，爲會意。廌猶絼繩之直也，《說文·廌部》「灋」字乃以神羊「觸不直」爲解，此由漢時沿楚制爲解豸冠令觸不直，著之國典之故，許氏不能不據以爲解。其實商、周以上制字，未必定主此義。《說文》

❶「杜子春」，阮刻本《周禮正義》作「鄭玄」，當從。

「灋」字似宜收「去」部，未可會意説「廌」爲「解豸觸不直而去之也」。蓋水、廌皆平止義，故今文「廌」字可省。若如神羊之説，今文省一「廌」字，則所餘「去」字會何意耶？ 明乎此，可知古人造字，字出乎音義，而義皆本乎音也。

釋順

有古人不甚稱説之字，而後人標而論之者；有古人最稱説之恒言要義，而後人置之不講者。孔子生春秋時，志在《春秋》，行在《孝經》。其稱「至德要道」之於天下也，不曰「治天下」，不曰「平天下」，但曰「順天下」。「順」之時義大矣哉！何後人置之不講也？《孝經》「順」字凡十見。《開宗明義章》「以順天下」，《士章》「以敬事長則順。忠順不失」，《三才章》「以順天下」，《聖治章》「以順則逆」，《廣要道章》「教民禮順」，《廣至德章》「孰能順民如此其大者乎」，《廣揚名章》「順可移於長」，《感應章》「長幼順」，《事君章》「將順其美」。「順」與「逆」相反。《孝經》之所以推孝弟以治天下者，順而已矣。故曰：「先王有至德要道，以順天下，民用和睦，上下無怨。」又曰：「夫孝，天之經也，地之義也，民之行也。天地之經，而民是則之。則天之明，因地之利，以順天下。」又曰：「教民禮順，莫善於悌。」又曰：「非至德，其孰能順民如此其大者乎？」是以卿、大夫、士本孝弟忠敬，以立身處世，故能保其禄位，守其宗廟；反是，則犯上作亂，身亡祀絶。《春秋》之權所以制天下者，順、逆閒耳。魯臧、齊慶，皆逆者也。此非但孔子之恒言也，列國賢卿、大夫莫不以順、逆二字爲至德要道。是以《春秋》三《傳》、《國語》之稱「順」字者最多，皆孔子《孝經》之義也。《左氏隱三年傳》：「且夫賤妨貴、少陵長、遠閒親、新閒舊、小加大、淫破義，所謂六逆也；君義、臣行、父慈、子孝、兄愛、弟敬，所謂六順也。去順效逆，所以速禍也。」又五年《傳》「順少長」，僖八年《傳》「能以國讓，仁孰大焉？臣不及也，且又不順」，杜預云：「立庶不順禮。」又卅三年《傳》：「文不犯順，武不違敵。」文二年《傳》：「禮無不順。祀，國之大事也，而逆之，可謂禮乎？」又六年《傳》：「事長則順。」又十五年《傳》：「禮以順天，天之道也。」宣四年《傳》：「以順，則公子堅長。」又十二年《傳》：「典從禮順。」成十六年《傳》：「禮以順時。」襄三年《傳》云：「臣聞師衆以順爲武。」又十年《傳》：「大夫諸司門子弗順，將誅之。」又十七年《傳》：「大臣不順，國之恥也。」又廿三年《傳》：「作不順而施不恕也。」又廿五年《傳》：「其辭順，犯順不祥。」昭元年《傳》：「夫夫婦婦，所謂順也。」又十一年《傳》：「蔡小而不順。」又十九年《傳》：「子産憎其爲人也，且以爲不順。」又廿六年《傳》：「奬順天法。」又廿八年《傳》「慈和偏服曰順」，杜預云：「唯順故天下偏服。」哀二年《傳》：「二三子順天明，從君命。」又六年《傳》：「從君之命，順也。」《公羊定八年傳》：「從祀者何？順祀也。文公逆祀。定公順祀。」《穀梁莊六年傳》：「朔入逆則順出矣。」《國語·周語上》：「非禮不順。」又云：「敬王命，順之道也。」《周語中》：「以順及天下。」又云：「奉義順則謂之禮。」《周語下》：「方不順時。」《晉語一》：「敬順所安爲孝。」《晉語二》：「在因民而順之。」《晉語四》：「順以訓之。」《晉語六》：「其辭順。」《晉語七》：「帥衆以順爲武。」《晉語八》：「順其憲則。」《晉語九》：「順德以學子。」又：「行之以順。」《越語下》：「順天地之常。」又：「必順天道。」不第此也，《易》之「坤」爲「順也」。《易》之稱「順」者最多，亦孔子《孝經》、《春秋》之義也。《易·坤》：「乃順承天。」又：「坤道其順乎！承天而時行。」《需》：「順以聽也。」《比》：「下順從也。」《泰》：「内健而外順。」《大有》：「順天休命。」《豫》：「順以動豫。」《臨》：「説而順。」《萃》：「順天命也。」《升》：「巽而順。」《革》：「順乎天而應乎人。」又：「順以從君也。」《漸》：「順相保也。」《繫辭上》：「天之所助者，順也。」《説卦》：「和順於道德而理於義。」又曰：「將以順性命之理。」又曰：「數往者順，知來者逆。」《詩》之稱「順」者最多，亦孔子《孝經》、《春秋》之義也。《詩·女曰雞鳴》：「知子之順之。」《皇矣》「克順克比」，又「順帝之則」。《下武》：「應侯順德。」《公劉》：「既順迺宣。」《抑》：「順德之行。」《桑柔》：「惟彼不順。」禮之稱「順」者最多，亦孔子《孝經》、《春秋》之義也。《周禮·地官·師氏》：「順行以事師長。」《儀禮·士冠禮》：「棄爾幼志，順爾成德。」《禮記·檀弓上》：「頽乎其順也。」《檀弓下》：「節哀順變也。」《王制》：「宗廟有不順者爲不孝。」《月令》「順彼遠方」，鄭康成云：「順，猶服也。」又曰：「必順其時。」《禮運》：「順人情之大竇。」又云：「仁者順之體也。」《禮器》：「禮，時爲大，順次之。」又云：「有順而討也。」又云：「有順而摭也。」又云：「故作大事，必順天時。」《郊特牲》：「年不順成。」《大傳》：「自仁率親等而上之至于禰，名曰輕；自義率祖順而下之至于禰，名曰重。」《樂記》：「正聲感人而順氣應之。」又云：「和順積中。」又云：「天地順而四時當。」又云：「樂極和，禮極順，內和而外順。」又云：「樂在族長鄉里之中，長幼同聽之，則莫不和順。」《祭義》：「立敬自長始，教民順也。」又云：「所以示順也。」《祭統》：「賢者之祭也，必受其福。非世所謂福也，福者，備也。備者，百順之名也，無所不順者之謂備，言內盡於己，而外順於道也。忠臣以事其君，孝子以事其親，其本一也。上則順於鬼神，外則順於君長，內則以孝於親，如此之謂備。唯賢者能備，能備然後能祭。是故賢者之祭也，致其誠信，與其忠敬，奉之以物，道之以禮，安之以樂，參之以時，明薦之而已矣，不求其爲，此孝子之心也。祭者，所以追養繼孝也。孝者，畜也。順於道，不逆於倫，是之謂畜。」又云：「夫祭之爲物大矣，其興物備矣，順以備者也。其教之本與！是故君子之教也，外則教之以尊其君長，內則教之以孝於其親。是故明君在上，則諸臣服從；崇事宗廟社稷，則子孫順孝，盡其道，端其義，而教生焉。是故君子之事君也，必身行之，所不安於上，則不以使下；所惡於下，則不以事上；非諸人，行諸己，非教之道也。是故君子之教也，必由其本，順之至也。祭其是與？故曰：祭者，教之本也已。」又曰：「顯揚先祖，所以崇孝也。身比焉，順也；明示後世，教也。」《中庸》：「父母其順矣乎！」《表記》：「義而順。」又云：「君命順，則臣有順命；君命逆，則臣有逆命。」《冠義》：「順辭令。」《昏禮》：❶「教順成俗，外內和順，國家理治，此之謂盛德。」《大戴禮·主言》：「上順齒，則下益悌。」又云：「立之以義，行之以順。」《哀公問五義》：「言既順之。」《曾子立孝》：「爲人弟而不能承其兄者，不敢言人兄不能訓其弟者。」又云：「未有長而順下可

❶「禮」，阮刻本《禮記正義》作「義」，當從。

知者，弟弟之謂也。」《五帝德》：「以順天地之紀。」又云：「順天之義。」又云：「莫不從順。」《盛德》：「天道不順，生於明堂。」《千乘》：「以順天道。」《誥志》：「以順四時。」《小辨》「士學順」，盧注云：「學順成之道。」

聖人治天下萬世不別立法術，但以天下人情順逆敘而行之而已。《爾雅》：「敘，順也。」故孔子但曰「至德要道以順天下也」。「順」字爲聖經最要之字，曷可不標而論之也。

釋達

「達」之爲義，聖賢道德之始，古人最重之，且恒言之，而後人略之。元按：達也者，士大夫智類通明所行事功及于家國之謂也。《法言·問神》篇：「昔仲尼潛心於文王矣，達之。」《呂覽·誣徒》篇：「況乎達師與道術之言乎！」成公十五年《傳》「前志有之曰：聖達節」，孔氏正義以爲「聖人達於天命」，則「達」即道德之始之證。《禮記》《學記》。曰：「九年知類通達，强立而不反，謂之大成。」故《左傳》：昭公七年。「孟僖子曰：『吾聞將有達者曰孔丘，❶聖人之後也。臧孫紇有言曰：「聖人有明德者若不當世，其後必有達人。」今將在孔丘乎？』」此時孔子年三十五歲矣。杜預集解「僖子卒時，孔子年三十五」，此杜氏用服虔注，見於襄公三十一年疏。而本傳正義云「當言三十四而云五，蓋相傳誤耳」，此孔氏別有所據。世未稱聖，但稱達。《説文》：「聖，通也。」《白虎通》：「聖者，通也，道也。」《荀子·臣道》篇「是聖臣也」，楊倞注：「聖者無所不通之謂。」是「聖」之訓「通」同也。又《廣雅·釋詁》：「達，通也。」《儀禮·士昏禮》「下達」，鄭注：「達，通達

❶「丘」，原作某，避孔子諱，今逕改，下同。

也。」《説文》「達」字下不訓「通」，而於「通」字下注曰「達也」。故昭公十三年《傳》：「晉、楚之從，不聞達者，可謂無人。」《史記・楚世家》引作：「不聞通者，可謂無人。」是「達」可訓「通」，「通」又訓「達」，皆與「聖」義相近。又《禮記・鄉飲酒義》「産萬物者，聖也」，鄭注：「聖之言生也。」是「聖」又得訓生。《詩・生民》「先生如達」，毛傳：「達，生也。」是「達」與「聖」亦同訓。蓋毛公用轉注，謂有生聖之美，義無不通；康成恐後人以「先生」爲「生」不成辭，故又從「達」字本義箋之曰「達，小羊」，蓋小羊生而能行，亦有性成之義，與「聖」字意正相輔。總之，「達」即「聖」之次，「聖」是已成之「達」，「達」是未成之「聖」。猶之皇、公之同訓爲「君」，賚、予之同訓爲「賜」，特有淺深之殊耳。故《莊子・天運》曰：「聖者，達於情而遂於命也。」《左傳》文公十八年《傳》「齊聖廣淵」，杜預集解：「聖者，通也，博達衆務，庶事盡通也。」《禮記・樂記》「作者之謂聖」，賈公彦疏：「聖者，通達物理。」則聖賢道德之始，無不由達而臻者，聖人之名尚矣。古之所謂達人，即今之所謂通人，名異而訓可互證也。

「達」之爲義，春秋時甚重之。「達」之爲義，學者亦多問之。《論語》：「子張問：『士何如斯可謂之達矣？』子曰：『何哉，爾所謂達者？』子張對曰：『在邦必聞，在家必聞。』子曰：『是聞也，非達也。《禮記・禮器》：「君子之人達。」故皇侃義疏以爲「達者，聞之實」。夫達也者，質直而好義，察言而觀色，慮以下人，在邦必達，在家必達；夫聞也者，色取仁而行違，居之不疑，在邦必聞，在家必聞。』」《大戴禮》：「弟子問于曾子曰：『夫士何如，則可以爲達矣？』曾子曰：『不能則學，疑則問，欲行則比賢，雖有險道，循行達矣。』」《説文》「達，行不相遇也」，引《詩》曰「挑兮達兮」，毛傳：「挑達，往來相見之貌。」則「達」本有行義，不相遇者，猶言不相遻也，《吕覽・慎人》篇「達於道之謂達」是也。又曰：「君子進則能達。豈貴其能達哉！貴其有功也。」繹孔、曾此言，知所謂達者，乃士大夫學問明通、思慮不争、言色質直、循行于家國之間無險阻之處也。《禮記》：「知、仁、勇三者，天下之達德也。」《列子》：「端木叔達人也，德過其祖矣。」故《説文》曰：「達，行不相遇也。」遇，遻也。故《論語》「子曰：『賜也達，於從政乎何有』」、「夫仁者己欲達而達人」、王肅作《家語》，襲其語曰「以達而能達人者，欲窮不可得也」，與「窮」字對舉，便非。「不怨天，不尤人，下學而上達」，此「達」之説也。《左傳》宣公四年。曰：「君子曰：仁而不武，無能達也。」《穀梁僖公三年傳》：❶「達心而懦。」此造語之異。《論語》曰：「誦《詩》三百，授之以政，不達。」《孟子》曰：「君子之志於道也，不成章不達。」此「不達」之説也。後儒持明體達用之論，而達專屬用，非孔、曾本義也。張鑑注。

釋門

凡事物有間可進，進而靡已者，其音皆讀若「門」，或轉若「免」、若「每」、若「敏」、若「孟」，而其義皆同；其字則展轉相假，或假之於同部之疊韻，或假之於同紐之雙聲。試論之。凡物中有間隙可進者，莫首於門矣。古人特造二户象形之字，而未顯其聲音。其聲音爲何？則與「虋」同也。「虋」从釁得音，釁、門同部也。因而「釁」又隸變爲亹、爲亹、爲璺，皆非《説文》所有之字，而實皆漢以前隸古字。唐貞觀《等慈寺塔記銘》既有「亹社」字，又有「亹亹」字，皆亹古體之遺也。《周禮·太卜》注：「璺，玉之坼也。」《方言》亦云：「器破而未離，謂之璺。」《釋文》注：「亹，本作璺。」是「璺」與「亹」同音義也。玉中破未有不赤者，故「釁」爲以血塗物之間隙，音轉爲「盟」。盟誓者，亦塗血也。《水經注》「孟津」即「盟津」，《穀梁傳》「盟津」亦即「孟津」。其音亦同也。由是推之，《爾雅》「虋」爲赤苗，《詩》作「穈」，更可證「每」、「門」音轉之蹟。《説文》「璊」爲赤玉，「䊳」爲赤毳，《莊子》「樠」爲門

---

❶ 「三」，阮刻本《春秋穀梁傳註疏》作「二」，當從。

液，《人間世》：「以爲門户則液樠。」皆此音此義也。釁又讀爲興，去聲，轉爲「隙」，轉爲「瑕」，皆物破有間隙、色赤之義。《説文》「瑕」字次於「璊」字者，連類而及之也。又《爾雅》「虋冬」注：「門冬，一名滿冬。」

若夫進而靡已之義之音則爲「勉」，《説文》「勉」从免聲，經籍亦或以「免」爲「勉」。「勉」轉音爲「每」。「亹亹文王」，當讀若「每每文王」，「亹」字或作「斖」。「文」亦音。再轉爲「敏」、《漢書》以「閔勉」爲「敏勉」。爲「黽」，雙其聲則爲「黽勉」，收其聲則爲「蠠没」，《爾雅》：「蠠没，勉也。」又爲「密勿」。《毛詩》「黽勉同心」，《文選》注引《韓詩》作「密勿同心」。揚雄《劇秦美新》云「亹聞汗漫」，「亹」亦聲之轉。没乃「門」之入聲，密乃「敏」之入聲。又《爾雅》：「孟，勉也。」「猛」字从「孟」者以此。《爾雅》「猒曰釁」，亦猛進之氣也。《尚書·洛誥》曰：「汝乃是不蘉。」「蘉」字訛俗，無以下筆。錢辛楣少詹事以爲「㝱」字形近之訛，是也。「夢」與「孟」亦同也。《詩》：「鳧鷖在亹。」《後漢書·馬援傳》注：「亹者，水流夾山間，兩岸深若門也。」《詩》箋：「亹之言門也。」其有間而進之義更顯矣。《鳧鷖》「亹」字與《文王》之「亹亹」及《易·繫辭》、《禮器》之「亹亹」，皆爲一字，特今人讀爲二音耳。「亹亹文王」即「勉勉我王」，「勉」、「亹」同也，進無已也。「河水浼浼」，浼浼即勉勉之義，水之進靡已也。敏勉，猶之勉勉也。「敏」之从「每」，猶「摩」之从「麻」也。推之，勿勿猶亹亹也。「孟」又轉爲「懋」、爲「勱」、爲「勖」。《書》「懋哉懋哉」，即「勉哉勉哉」。「勱」與「邁」同音，又「懋」之轉也。「勖」者，《説文》「冂」音「密」。字之後，次以「冃」，音「卯」。次以「冃」，音「冒」。次以「冒」，此皆一聲之轉。《尚書》「勖哉夫子」之「勖」，其音當讀與「目」同。今人讀若「旭」者，漢以後音之變，猶讀「亹」若「尾」，不爲「每」也。「冒」从目，目亦聲。《説文》：「冒，冢「冢」即同「蒙」。而前也。」「冢」與「門」同，故《荀子》之「逢門」，《孟子》爲「逢蒙」。勖之从力、从冒，冒爲聲而義即寓焉。「勖哉」，即「懋哉」也。「瑇瑁」當讀如「毒目」，疊韻也。又《方言》：「侔莫，强也。」「侔莫」即「黽勉」之轉音。《方言》之「侔莫」，即《論語》之「文莫」。「文莫」二字爲句，與「聽訟，吾猶人也」「聽訟」二字爲句同。劉端臨曰：「『文莫，吾猶人也』，猶曰『黽勉，吾猶人也』。後人不解孔子之語，讀『文』爲句，誤矣。」是故訓詁不明，則聖賢之語必誤。語尚誤，遑言其理乎！又案：「卯」字乃「門」字開兩户，故篆爲「丣」也，「丣」、「門」一聲之轉，觀於此，更見古人聲音文字之精義矣。

釋釋訓

《禮記·王制》曰：「言僞而堅，行僞而辨，學非而博，順非而澤。」此節鄭氏注似以第四句難得其解而略之。按：「順」乃「訓」之假借字，「澤」乃「釋」之假借字，言其所訓説者似是而非，强釋之以惑人也。「順是而澤」者，《爾雅·釋訓》之道也。如此爲解，乃與「學非而博」同類相近，語有倫次。《大戴記·小辨》篇曰：「士學順，辨言以遂志。」此「順」字亦「訓」字之假借。後人昧之，致失其解。《史記·孝武紀》「振兵澤旅」，徐廣云：「古『釋』字作『澤』。」此亦「澤」、「釋」相假之據也。

釋相

自周、秦以來，凡宰輔之臣皆名曰相。相之取名，必是佐助之義。《詩》：「相維辟公。」《論語》：「則將焉用彼相矣。」乃《説文》「相」在「目」部，本義爲「省視」，爲以目觀木，《易》：地可觀者，莫可觀于木。曷嘗有佐助之義？此必是假借之字，其本字爲何？曰襄字也。古人韻緩，平、仄皆可同義，是以輔相之相亦可平聲，贊襄之襄亦可去聲。後人昧此，故不知襄、相音同，可假借矣。《說文・衣部》「襄」字云：「《漢令》：解衣而耕，謂之襄。」凡耕者必有耦，故但言耕而即有佐助之義，即所謂「相人偶」之「偶」也。《儀禮・大射儀》《聘禮》《公食大夫禮》、《禮記・中庸》、《論語》注皆有相人偶之義。非佐助不成耦耕，故事之相佐助者皆曰襄。如《尚書・虞書》「思曰贊贊襄哉」，其最古者也。贊有佐助之義，凡《周禮》「贊王」、「贊命」、「贊工」皆是也。「贊贊」爲疊字，凡疊字皆形容之字，以「贊贊」形容「襄」字，猶「浩浩滔天」以「浩浩」形容「滔」字，「蕩蕩懷山襄陵」以「蕩蕩」形容「懷」字、「襄」字也。自《虞書》以後，襄字不常寫，多假同音之相字寫爲宰相之相，是以相有佐助之訓、輔贊之義，顧名而不知其義矣！至于襄之訓因、訓除，相之訓道、訓勴，皆從人偶耕闢贊助而引申之者也。襄有因訓，謚法：「因事有功曰襄。」則相亦必訓因。凡二人、二事之有因者，必以相字連綴之，如相成、相佐、相偶之類是也。其實相皆借字，本義皆在「解衣而耕」之「襄」字也。《說文》恐後人不解「襄」字收入「衣」部之故，故引《漢令》以明之，而佐助之義即在其中。且《說文》「衣」爲「覆二人」，本有偶並之義，故不再爲訓也。襄又訓除，乃《說文》引申之義，非第一義也。襄又訓駕，《詩・大東》：「兩服上襄。」此兩馬並駕之義，即兩人並耕之義。以襄駕之訓例之，知襄字之義重並耕而不重解衣矣。《詩・棫樸》：「金玉其相。」相亦襄之假借字，言金玉兩並爲追琢之章也。傳訓相爲質，似望「章」字而始生其義，非本義也。至于襄、相假借之見于經籍者，《文選・上林賦》「消搖乎襄羊」，《西京賦》「相羊乎五柞之宮」，《漢書・外戚傳》「惟幼眇之相羊」；《詩・出車》「玁狁于襄」，《釋文》「本或作攘」，《禮記・祭法》「相近於坎壇」，鄭注「相近，當爲攘祈」，皆其跡也。又《詩》曰「誕后稷之穡，有相之道」，此「相道」即「襄道」。襄道者，耦耕也，攘草也。故下直接曰「弗厥豐草」也。

揅經室一集卷二

擬國史儒林傳序

昔周公制禮，太宰九兩繫邦國，三曰師，四曰儒，復於司徒本俗聯以師、儒，師以德行教民，儒以六藝教民。分合同異，周初已然矣。數百年後周禮在魯，儒術爲盛。孔子以王法作述，道與藝合，兼備師、儒，顔、曾所傳以道兼藝，游、夏之徒以藝兼道，定、哀之間，儒術極醇無少差繆者，此也。荀卿著論，儒術已乖，然六經傳説，各有師授。秦弃儒籍，入漢復興。雖黄老、刑名，猶復淆雜。迨孝武盡黜百家，公、卿、大夫、士、吏彬彬多文學矣。東漢以後，學徒數萬，章句漸疏，高名善士，半入黨流。迄乎魏、晉，儒風蓋已衰矣。司馬、班、范皆以《儒林》立傳，敘述經師家法，授受秩然，雖於周禮師教未盡克兼，然名儒大臣，匡時植教，祖述經説，文飾章疏，皆與《儒林傳》相出入。是以朝秉綱常，士敦名節，拯衰銷逆，多歷年所，則周、魯儒學之效也。兩晉玄學盛興，儒道衰弱，南北割據，傳授漸殊。北魏、蕭梁，義疏甚密，北學守舊而疑新，南學喜新而得僞。至隋、唐，《五經正義》成而儒者鮮以專家古學相授受焉。宋初名臣，皆敦道誼，濂洛以後，遂啓紫陽，闡發心性，分析道理，孔、孟學行不明著於天下哉！《宋史》以《道學》、《儒林》分爲二傳，不知此即周禮師、儒之異，後人創分而闇合周道也。元、明之間，守先啓後，在於金華，洎乎河東、姚江，門户分岐，遞興遞滅，然終不出朱、陸而已。終明之世，學案百出，而經訓家法寂然無聞，揆之周禮，有師無儒，空疏甚矣，然其間臺閣風厲，持正扶危，學士名流知能激發，雖多私議，或傷國體，然其正道實拯世心。是故兩漢名教，得儒經之功，宋、明講學，得師道之益，皆於周、孔之道得其分合，未可偏譏而互誚也。

我朝列聖，道德純備，包涵前古，崇宋學之性道，而以漢儒經義實之，聖學所指，海内嚮風，御纂諸經，兼收歷代之説，《四庫》館開，風氣益精博矣。國初講學，如孫奇逢、李容等，沿前明王、薛之派。陸隴其、王懋竑等，始專守朱子，辨僞得真。高愈、應撝謙等，堅苦自持，不愧實踐。閻若璩、胡渭等，卓然不惑，求是辨誣。惠棟、戴震等，精發古義，詁釋聖言。近時孔廣森之於《公羊春秋》，張惠言之於孟、虞《易》説，亦專家孤學也。且我朝諸儒，好古敏求，各造其域，不立門户，不相黨伐，束身踐行，闇然自脩。嗚呼！周、魯師、儒之道，我皇上繼列聖而昌明之，可謂兼古昔所不能兼者矣。綜而論之，聖人之道，譬若宫牆，文字、訓詁其門逕也。門逕苟誤，跬步皆岐，安能升堂入室乎！學人求道太高，卑視章句，譬猶天際之翔出於豐屋之上，高則高矣，户奥之間未實窺也。或者但求名物，不論聖道，又若終年寢饋於門廡之間，無復知有堂室矣。是故正衣尊視，惡難從易，但立宗旨，即居大名，此一蔽也；精校博考，經義確然，雖不踰閑，德便出入，此又一蔽也。臣等備員史職，綜輯儒傳，未敢區分門逕，惟期記述學行。自順治至嘉慶之初，得百數十人，仿《明史》載孔氏於《儒林》之例，别爲《孔氏傳》，以存《史記·孔子世家》之意。至若陸隴其等，國史已入《大臣傳》，兹不載焉。

福謹案：家大人撰《儒林》正傳、附傳，共百數十人，持漢學、宋學之平，群書采集甚博，全是裁綴集句而成，不自加撰一字。因館中修史，例必有據，《儒林》無案據，故百餘年來人不能措手。家大人謂：群書即案據也。故史館賴以進呈。聞家大人出京後，館中無所增改，惟有所删原稿抄存家笥，不應入集，人無由見。然《二集》中有《蔣士銓傳》一篇，集句之式，觀之可想也。

太極乾坤説

天地所共之極，舍北極别無所謂極也。《爾雅》曰：「北極謂之北辰。」《易・繫辭》曰「易有太極」，虞翻注曰：「太極，太一也。」鄭康成注《乾鑿度》曰：「太一者，北辰之神名。」鄭説雖爲太一行九宫之法，然太極即太一，太一即北辰，北辰即北極，則固古説也。《易・繫辭》曰：「易有太極，是生兩儀，兩儀生四象，四象生八卦。」然則八卦本于四時，四時本于天地，天地本于太極，孔子之言，節節明顯，而後儒舍其實以求其虚，何也？實者何？天地之實象也。《虞書》曰：「在璿璣玉衡，以齊七政。」此即渾天以北極定天地之儀，與《周髀》相通。天圓地亦圓，見于《大戴記・曾子天圓》篇，亦孔子言也。天地共以北極爲樞，天之所轉即地之所繫，其爲極心之中，同也。非太極不生兩儀，兩儀謂天地，地圓居中而不墜，天旋包之而有常。兩儀生四象，四象謂四時，天具黄、赤道，與地圓相遊行，以成四時，春夏秋冬即東南西北也。四象生八卦，則因四方以定八卦之位。《説卦傳》「帝出乎震」以下，皆其位也。然則乾坤爲天地，宜居正南北矣，曷由乾居西北、坤居西南也？曰：此正太極即北極之實象也。地體正圓，中國界赤道而居，北極斜倚乎其北，南極入地不能見，以渾圓之體論之，則但於赤道緯線之内外，北極高低有分别耳。至於兩極經線，如瓜之直痕，則處處皆可謂當極之中，本無偏也。然洪荒既闢，及于中古，中國之地，以黄河横亘爲起止，若執洛陽爲地之中，謂其所北之天正當北極，則應以洛陽南北地面一綫之經爲最高之地脊，其水當分東者向東流，西者向西流矣，曷由河與洛皆由西而來復東流也？觀于河、洛之由西而東，則中國之地東與海近，古聖人以爲大勢偏乎東矣。故河源之西，水分東西流處，方許以爲當北極經線之中，爲地之脊。古聖人居中國而考其儀象，則乾居西北，坤居西南，職此之故，《坤卦》之坤，古文作巛。巛，順也。此象大地流形，由西而東，順之至也。否則以洛當北極經線，則由洛而西，皆不順矣。此太極乾坤之實象也。且洛雖居中國之中，然四時之大中則在西南，坤所以位西南也。且乾尊坤卑，乾既在西北，則坤必居西南以應之。《説卦》此節，定八卦方位于西北、正北、東北、正東、東南、正南，皆明言方位，惟于坤、兑不明言西南、正西者，古聖人若謂中國地勢偏于東，河、洛以西不盡其地，若非以乾當北極倚于西北，下臨西南之坤以定地脊，置坎、艮、震、巽、離五卦于偏東，則太極之實象不顯。故曰：北極即太極也。《説文》：「王育説：天屈西北爲无。」此即古聖人置北極乾、兑之西北于虚無不用之精義，故造此奇字專施于易。但「无」者以天之西北爲无，非以太極爲无也。王弼以「无」注太極，虚而不實，乃老、莊之學。故李業興以太極爲有，而斥無極爲玄學也。見《魏書·儒林傳》。《魏書》游雅曰：見《陳喜傳》。❶「《易·訟卦》天與水違行，自葱嶺以西，水皆西流，推此而言，《易》之所及自葱嶺以東耳。」游雅此言闇合河洛之旨，足發天水之義，陳奇之駮，强辭也。

---

❶「陳喜」，百衲本《二十四史》之《魏書》作「陳奇」，本文他處亦作「陳奇」。

儀禮石經校勘記序

乾隆五十六年冬十一月，起居注日講官、文淵閣直閣事、南書房翰林、國史館纂修、詹事府詹事臣阮元奉詔充石經校勘官。臣元校得《儀禮》十七篇。臣謹案：《儀禮》漢石經僅有殘字，難校全經。自鄭康成作注，參用今、古文，後至隋末，陸德明始作《釋文》校其同異。今《釋文》本又多爲唐、宋人所亂。唐《開成石經》所校未盡精審，且多朱梁補刻及明人補字之訛。宋張淳校刻浙本，去取復據臆見。臣今總漢石經殘字、陸德明《釋文》、唐石經、杜佑《通典》、朱熹《經傳通解》、李如圭《集釋》、張淳《識誤》、楊復《圖》、敖繼公《集説》、明監本、欽定義疏、武英殿注疏諸本，以及内廷天禄琳瑯所收諸宋元本、曲阜孔氏宋本綜而核之，經文字體擇善而從，録成四卷，用付經館，以待總裁加勘。時五十七年六月十三日，臣元敬識。

福謹案：《石經儀禮校勘記》一卷，此其序也。在浙定《十三經注疏校勘記》時，此《記》皆采載彼本矣。

儀禮喪服大功章傳注舛誤考

《儀禮喪服》「大功章」經曰「女子子嫁者、未嫁者，爲世父母、叔父母、姑姊妹」，自此以下，子夏傳及鄭康成注皆爲唐以前人寫校舛誤，賈疏不能辨正，遺誤至今矣。何以言之？鄭注云：「舊讀合大夫之妾爲君之庶子、女子子嫁者、未嫁者，言大夫之妾爲此三人之服也。」按：此三十二字乃鄭所引舊讀之文固已，至于「下言爲世父母、叔父母、姑姊妹者，謂妾自服其私親也」二十一字今列爲傳文者，實亦鄭氏所引舊讀之文，與上注三十二字相連，同爲注文，而下與「此不辭」云云相連，皆爲鄭氏注文。此三節注文皆當屬于傳文「與女君同」之下，則文詞一氣相生，豪無疑義矣。鄭引舊讀曰「言大夫之妾」云云，又曰「爲世父母」云云，「下言」即對上「言」字而成文，皆指舊讀也。鄭引舊讀而破之曰「此不辭」，蓋鄭破舊説而欲顛倒傳文也。自寫者誤分注爲兩截，竄舊讀三十二字于「傳曰」之前，而又誤鄭注「下言」二十一字爲傳文，遂爲學者大疑。向使二十一字爲傳文，則舊讀甚是，鄭若破之，是破傳非破舊讀矣。鄭不言傳誤，而但言舊讀誤，是傳必不與舊讀合矣。蓋鄭意謂傳「何以大功也妾爲君之黨服得與女君同」十六字乃前經「大夫之妾爲君之庶子」下之傳文，而誤爛在「女子子」節傳文之下，謂「嫁者，其嫁于大夫者也。未嫁者，成人而未嫁者也」兩句。唐以前人寫校麤淺，因爛下之文遽疑「下言」二十一字爲傳文有爛，而升之爲傳耳。今依舊讀，則少「其」字爲不辭；鄭謂經文「世父母」上若依舊讀當有「其」字。依鄭讀，則顛倒傳文「未嫁」逆降，又招駮議。然不必論此是非，但須論鄭注元本傳注如何分別耳。至于舊、新二説之是非，與此無涉也。元嚮校注疏，有見于此，又合以金輔之説。乾隆五十八年奉詔校勘《儀禮石經》，欲删「下言」至「親也」二十一字，改傳歸注，而未敢遽定。馳書問之劉君端臨，劉君以爲然，乃毅然删之，載其義入《儀禮石經校勘記》中。元旋奉命出督山東學政，刻石經者覆校之，不敢删，復刻二十一字傳文于碑中。繼而程君易田復校《喪服》，謂此二十一字爲傳文，不從鄭説。近時學者又從程説。夫程君不從鄭氏文爛、逆降可也；若不知此二十一字非傳文，則其舛誤終不可明矣。元于《十三經校勘記》中既復列正之，而別爲此篇，考而著之。夫古籍易誤難明，幸有明之者而又屢爲他説所奪，是可慨也。學者平心静審之，當知所從矣。嘉慶十五年夏六月。

刻七經孟子考文並補遺序

《四庫全書》新收日本人山井鼎所譔《七經孟子考文》并物觀《補遺》，共二百卷。元在京師，僅見寫本。及奉使浙江，見揚州江氏隨月讀書樓所藏，乃日本元板菭紙印本，攜至杭州校閲群經，頗多同異。山井鼎所稱「宋本」，往往與漢、晉古籍及《釋文》别本、岳珂諸本合，所稱「古本」及「足利本」以校諸本，竟爲唐以前别行之本。物茂卿《序》所稱唐以前王、段、吉備諸氏所齎來古博士之書，誠非妄語。故經文之存于今者，唐《開成石經》、陸元朗《釋文》、孔沖遠《正義》，三本爲最古。此本經雖不全，然可備唐本之遺，即如《周易·文言傳》「可與幾也」，古本、足利本「幾」上有「言」字，與李鼎祚《集解》及孔疏合，疏中「共論」二字，正釋「言」字也。《尚書·堯典》「敬授人時」，古本、足利本作「民時」，此唐以前未避諱之驗。而《洪範》「無偏無陂」，「陂」仍作「頗」，亦在未經詔改以前。《召誥》「錫周公曰：拜手稽首」，「曰」下有「敦」字，「敦」乃篆文「𠭥」字之譌；「比介于我有周御事」，「介」作「迩」，「迩」爲「邇」字古文，所由誤爲「介」字，皆與傳、疏所解相合。此漢、晉以來僅存古字也。《毛詩·殷其靁》，古本、足利本二章作「莫敢或遑息」，三章作「莫敢或遑處」，此承首章加「息處」二字爲韻極合，而淺人于二章删「或」字，三章删「敢」字以成四言，古人之文不若是纖巧矣。又《椒聊》兩「遠條且」，古本皆作「遠脩」。今案：兩「條」固非，兩「脩」亦誤。蓋首章爲「脩」，次章爲「條」，脩、條皆古韻也。古毛傳離經單行，首章傳曰「脩，長也」，次章傳曰「言聲古聲、馨二字音義可通假。之遠聞也」。若兩章脩、條無别，毛不應次「遠聞」一訓于匊、篤二訓之後，故脩之爲長一訓已明，條爲條鬯，義須再訓，詩人就椒之在「升」、在「匊」者言其香之遠聞，非謂樹之枝條遠揚也。《前漢書・禮樂志》曰「聲氣遠條」，此即漢人襲用《詩》次章語意。《周禮・春官》「鬯人」，後鄭注「鬯，芬香條鬯于上下也」，即毛公訓遠條之意。又案：「椒聊」二字舊訓爲語助，謬矣。毛傳云「椒聊，椒也」，「也」字上必脱「梂」字。鄭箋云「一梂之實」，意實承傳而述言之，緣傳已專訓不必再爲「聊，梂也」之訓矣。《爾雅》云「椒榝醜菉」，「菉」即「梂」也，又曰「朻者聊」，「朻」亦即「梂」也。《詩》之「兕觥其觩」，「觩」每作「觓」，丩、求通也。是《爾雅》此句專爲《唐風》而繹，毛、鄭皆知，而郭璞未詳，陸璣妄爲語助之説，然則斯義自魏、晉以後皆昧之矣。《禮記・檀弓》「宮中無相，以爲沽也」，古本、足利本「相」下有「君子」二字，乃成文。「司徒旅歸四布」作「司徒敬子使旅歸四方布」。案：正義中屢言「敬子」，猶是皇侃、熊安生舊語，設經中無此，則疏豈空言。《喪服小記》「齊衰惡笄以終喪」，「笄」下有「帶」字，乃與注、疏合。《雜記》「其介在其東南，北面，西上，西于門」，古本疊「西上」二字。案：此古本「西上西于門」五字，乃鄭氏注文，古本已誤爲經，淺人以文不類經，復刪疊字，經、注相淆久矣。《春秋經》文公十五年「齊人侵我西鄙」，足利本「齊」上有「秋」字。昭公元年「公子比出奔晉」，「公」上有「楚」字，義並長。《左氏傳》哀公十一年「公孫務人」，「孫」作「叔」，與《檀弓》合，「務」、「禺」乃異同，「孫」字直誤耳。二十六年「乃睦于子矣」、「衛師侵外州」，「矣」字下多杜注「民睦」二字，傳文無「衛」字。案：此義長，蓋越師非衛師也。《論語》異同多出皇侃《義疏》，洵爲六朝真本。《孟子》趙岐《章指》亦勝俗本邵武僞疏。惟《孝經》多據僞孔安國本，爲無足取。僞孔《序》自稱逮從伏生論古文《尚書》，而《史記》稱安國早卒。計安國當生于文帝末年，卒于武帝太初以前，安能逮事伏生？而《尚書》僞孔《序》又稱及見巫蠱，王氏《後案》辨之，《孝經》亦僞。凡以上經文略爲舉證，皆非唐《石經》以下所有，誠古本也。傳注、《釋文》、《正義》三者所校，更爲繁細，助語多寡、偏旁增減，或不足爲重，然精核可采者亦復不少。至于《書·大誥》「肆哉爾庶邦君」，古本、足利本皆作「肆告」，似亦可從。然《漢書·翟方進傳》王莽擬《大誥》此節正作「肆哉」，則作「告」乃形近之譌。若斯之類，宜審辨焉。山井鼎等惟能詳紀同異，未敢決擇是非，皆爲才力所限。然積勤三年，成疾幾死，有功聖經，亦可嘉矣。

我國家文教振興，遠邁千載，七閣所儲書籍，甲于漢、唐，海外軼書，亦加甄録，此書其一也。元督學兩浙，偶于清暑之暇，命工寫刊小板，以便舟車，印成卷帙，諗于同志，用校經疏，可供采擇。至于去非從是，仍在吾徒耳。日本序文、凡例皆依文瀾閣寫本刊列卷首，書中字句盡依元板，有明知其譌者，亦仍之，别爲訂譌數行于每卷之後，示不誣也。助元校字者，爲吴縣友人江鏐、仁和廩生趙魏、錢塘廩生陳文述。

曾子十篇注釋序

元謹案：百世學者皆取法孔子矣，然去孔子漸遠者，其言亦漸異。子思、孟子近孔子而言不異，猶非親受業於孔子者也。然則七十子親受業于孔子，其言之無異於孔子而獨存者，惟《曾子》十篇乎！曾子修身慎行，忠實不欺，而大端本乎孝。孔子以曾子爲能通孝道，故授之業，作《孝經》。今讀《事父母》以上四篇，實與《孝經》相表裏焉。患之小者，豪髮必謹，節之大者，死生不奪，窮極禮經之變，直通天律之本，莫非傳習聖業與年並進而非敢恃機悟也。且其學與顔、閔、游、夏諸賢同，習所傳于孔子者，亦絶無所謂獨得道統之事也。竊以曾子所學，較後儒爲博，而其行較後儒爲庸。顔子曰：「博我以文，約我以禮。」孔子曰：「庸德之行，庸言之謹。」然則魯哀公年閒齊、魯學術可以概見，後世學者當知所取法矣。元不敏，于曾子之學，身體力行未能萬一，惟孰復曾子之書，以爲當與《論語》同，不宜與記書雜録並行。爰順考十篇之文，注而釋之，以就正有道。竊謂從事孔子之學者，當自曾子始。又案：《漢志》載《曾子》十八篇，此先秦古書爲第一本。《隋志》據阮孝緒《七録》稱《曾子》二卷，連目録三卷，爲六朝以前舊本，或十八篇，或十篇，無明文，此第二本。新、舊《唐書》皆作二卷，較《隋志》亡目録一卷，其篇數亦不可考，爲第三本。鼂氏公武據唐本十篇文蓋與《大戴記》同，有題「紹述本」者，紹述即樊宗師字，此昭德所據唐本，爲第四本。昭德之從父詹事公病其文字回舛，以家藏《曾子》與温公所藏《大戴禮》參校是正，并盧辨注，此宋人以單行《曾子》及《大戴》合校本，爲第五本。楊氏簡即十篇之文而注之，此宋人新注，爲第六本。今第一篇爲《立事》，而高氏、王氏所見，首篇皆作《修身》，與今書不同，此第七本。《崇文總目》、《通志略》、《文獻通考》、《山堂考索》、《宋史・藝文志》等書皆載《曾子》二卷，蓋同爲一書，此第八本。周遏《曾子音訓》十篇，此第九本。以上九本惜皆失傳，無從參校。今之所據，惟《大戴記》中十篇耳。其自汪晫以下九家，雜采他書，割裂原文而爲之，今附録於後，不足數也。近時爲大戴之學者，有仁和盧召弓學士文弨校盧雅雨運司見曾刻本，有休寧戴東原吉士震校刻武英殿聚珍板本，有曲阜孔撝約檢討廣森補注本，有高郵王懷祖給事念孫、江都汪容甫拔貢中在朱竹君學使筠署中同校本，有歸安丁小雅教授杰本。元今所注《曾子》，仍據北周盧僕射之書，博考群書，正其文字，參以諸家之説，擇善而從，如有不同，即下己意，稱名以別之。至於文字異同及訓義所本皆釋之，以明從違之意。又嘗博訪友人，商榷疑義，説之善者擇而載之。時嘉慶三年，敘録於浙江使院。

孝經解

《孝經緯》曰：「孔子曰：『吾志在《春秋》，行在《孝經》。』」此八字實爲至聖之微言，實有傳授，非緯書家所能撰托。蓋《春秋》以帝王大法治之于已事之後，《孝經》以帝王大道順之于未事之前，皆所以維持君臣、安輯家邦者也。君臣之道立，上下之分定，于是乎聚天下之士、庶人而屬之君、卿、大夫，聚天下之君、卿、大夫而屬之天子，上下相安，君臣不亂，則世無禍患，民無傷危矣。即如百乘之家不敢上僭千乘，千乘之國不敢上僭萬乘，則天下永安矣。且千乘之國不降爲百乘，百乘之家不降爲庶人，則天下更永安矣。《論語》曰：「其爲人也孝弟，而好犯上者，鮮矣；不好犯上，而好作亂者，未之有也。君子務本，本立而道生。孝弟也者，其爲仁之本與！」《論語》此章，即《孝經》之義也。不孝則不仁，不仁則犯上作亂，無父無君，天下亂，兆民危矣。《春秋》所以誅亂臣賊子者，即此義也。孟子曰：「何必曰利，亦有仁義而已矣。上下交征利，千乘之國、百乘之家，皆弑其君，不奪不厭。」此首章亦即《孝經》之義。孔、孟正傳在此，戰國以後縱横兼并，秦祚不永，由于不仁，不仁本于不孝，故至于此也。賈誼知秦之不施仁義，而不知秦之本于不知《孝經》之道也。

「孝經」二字標題，乃孔子所自名，故孔子曰：「吾行在《孝經》。」《太平御覽》六百十卷引，又《藝文類聚》二十六卷引。《史記》孔子以曾子爲能通孝道，故授之業，作《孝經》。《漢書·藝文志》曰：「夫孝，天之經、地之義、民之行也。舉大者言，故曰《孝經》。」據此諸古籍知「經」之一字，始于此書，自此之後五經、六經、七經、九經、十三經之名皆出于此。釋、道之名其書曰「經」，亦始襲取于此。

子曰：「夫孝，德之本也，教之所由生也。」故《大戴記·曾子大孝》曰：「民之本教曰孝。」此即孔子授曾子之實據，譬如堯、舜峻德本于孝，自親九族至變黎民，其教之所生皆由于孝，周公郊祀、宗祀亦然。《孝經》卿、大夫之孝，以保守其家之宗廟祭祀爲孝，知此爲孝，則不敢作亂，則不敢不忠、不仁、不義、不慈。齊之慶氏，魯之臧氏，皆叛于《孝經》者也。儒者之道，未有不以祖、父廟祀爲首務者也。曾子無廟祀而啟其手足，亦此道也。

論語解

「學而時習之」者，學兼誦之、行之，凡禮樂文藝之繁、倫常之紀、道德之要，載在先王之書者，皆當講習之、貫習之。《爾雅》曰：「貫，習也。」轉注之，習亦貫也。「時習」之「習」，即「一貫」之「貫」。貫主行事，習亦行事，故「時習」者，時誦之、時行之也。《爾雅》又曰：「貫，事也。」聖人之道，未有不於行事見而但于言語見者也。故孔子告曾子曰：「吾道一以貫之。」一貫者，壹是皆行之也。又告子貢曰：「汝以予爲多學而識之者與？予一以貫之。」此義與告曾子同，言聖道壹是貫行，非徒學而識之，兩章對校，其義益顯。此章乃孔子教人之語，實即孔子生平學行之始末也。故學必兼誦之、行之，其義乃全。馬融注專以「習」爲「誦習」，失之矣。朋自遠來者，如孔子道兼師、儒。《周禮·司徒》師以德行教民，儒以六藝教民，各國學者皆來爲弟子從學也。蓋「學而時習」未有不朋來者，聖人之道不見用于世，所恃以傳於天下後世者朋也。「人不知」者，世之天子諸侯皆不知孔子，而道不行也。「不愠」者，不患無位也。學在孔子，位在天命，天命既無位，則世人必不知矣，此何愠之有乎？孔子曰「五十而知天命」者，此也。後世學者於學尚未能時習，而妄欲見知於時，見用於世，或且患得患失，苟患失之，無所不至，君子、小人之别，在乎此矣。《易》曰「遯世无悶，不見是而无悶」，《中庸》曰「遯世不見知而不悔」，即此道也。此章三節皆孔子一生事實，爲《史記·孔子世家》全篇之總論，故弟子論撰之時，以此冠之二十篇之首也。二十篇之終曰「不知命，無以爲君子也」，與此始終相應也。

有子論爲人孝弟者，《論語》孔子稱「子」，此外惟有子、曾子、顔子稱「子」，是明明有異諸賢矣。弟子以有子之言似夫子而欲師之，惟曾子不可强，其餘皆服之矣。故《論語》次章即列有子之語，在曾子之前，此章之言蓋兼乎《孝經》、《春秋》之義也，此即似夫子之言也。孔子之道在於《孝經》。《孝經》取天子、諸侯、卿、大夫、士、庶人最重之一事，順其道而布之天下，封建以固，君臣以嚴，守其髮膚，保其祭祀，永無奔亡弑奪之禍，即有子所云孝弟之人不犯上、不作亂也。使天下庶人、士、大夫、卿、諸侯，人人皆不敢犯上作亂，則天下永治也。惟其不孝、不弟，不能如《孝經》之順道而逆行之，是以子弑父、臣弑君，亡絶奔走，不保宗廟社稷。是以孔子作《春秋》明王道，制叛亂，明褒貶。《春秋》論之於已事之後，《孝經》明之於未事之先，其間所以相通之故，則有子此章實通徹本原之論也。其列之於首篇之次章，固所宜也。

「君子務本，本立而道生」者，「本立而道生」一句乃古逸《詩》句也。「君子務本，本立而道生。孝弟也者，其爲仁之本與。」此一節四句乃孔子語也。劉向《説苑·建本》篇曰：「孔子曰：『君子務本，本立而道生。

夫本不正者末必倚，始不盛者終必衰，《詩》云：「原隰既平，泉流既清。」本立而道生。』」雖漢人引《論語》，往往皆以爲孔子之言，但劉向明以此上二句爲孔子之言，尚是漢人傳《論語》之舊説，而又以爲有子言者，所以似夫子也。劉向在西漢校秘書，見傳記、百家、古説甚多，是以《建本》篇又引孔子曰「立體有義矣，而孝爲本」，觀此益可知《論語》此二句爲孔子語也。又《後漢書·延篤傳》曰：「夫仁人之有孝，猶四體之有心腹、枝葉之有根本也。聖人知之，故曰：『夫孝，天之經也，地之義也，人之行也。君子務本，本立而道生。孝弟也者，其爲人之本與！』」觀此，延篤以此節十九字與《孝經》十四字同引爲孔子之言，其爲兩漢人舊説，皆以爲孔子之言矣。延篤後漢人，博通經傳，寬仁恤民，其論仁孝也，語質而義明，足爲《論語》此章注解，不似後人求之太深，而反失聖人本意。故東漢人經説最爲平正純實，今録之。《後漢書·延篤傳》曰：「篤以病歸，教授家巷。時人或疑仁孝前後之證，篤乃論之曰：『觀夫仁孝之辯，紛然異端，互引典文，代取事據，可謂篤論矣。夫人二致同源，總率百行，非復銖兩輕重必定前後之數也。而如欲分其大較，體而名之，則孝在事親，仁施品物。施物則功濟於時，事親則德歸於己。於己則事寡，濟時則功多。推此以言，仁則遠矣。然物有出微而著，事有由隱而章，近取諸身，則耳有聽受之用，目有察見之明，足有致遠之勞，手有飾衛之功，功雖顯外，本之者心也；遠取諸物，則草木之生始于萌芽，終于彌蔓，枝葉扶疎，榮華紛縟，末雖繁蔚，致之者根也。夫仁人之有孝，猶四體之有心腹，枝葉之有根本也。聖人知之，故曰：「夫孝，天之經也，地之義也，人之行也。君子務本，本立而道生。孝弟也者，其爲人之本與！」然體大難備，物性好偏，故所施不同，事少兩兼者也。如必對其優劣，則仁以枝葉扶疎爲大，孝以心體本根爲先，可無訟也。或謂先孝後仁非仲尼序回、參之意。蓋以爲仁孝同質而生，純體之者，則互以爲稱，虞舜、顔回是也；若偏而體之，則各有其目，公劉、曾參是也。夫曾、閔以孝弟爲至德，管仲以九合爲仁功，未有論德不先回、參，考功不大夷吾，以此而言，各從其稱者也。』」元案：東漢人論孝、論仁，平實如此，故元所撰《論語論仁論》，於管仲之仁尤與之合。

論語一貫説

聖賢之言不但深遠者非訓詁不明，即淺近者亦非訓詁不明也。就聖賢之言而訓之，或有誤焉，聖賢之道亦誤矣，説在《論語》之「一貫」。《論語》「貫」字凡三見，曾子之「一貫」也，子貢之「一貫」也，閔子之言「仍舊貫」也。此三「貫」字其訓不應有異。元按：貫，行也，事也，《爾雅》「貫，事也」，《廣雅》「貫，行也」，《詩・碩鼠》「三歲貫女」，《周禮・職方》「使同貫利」，《論語・先進》「仍舊貫」，傳注皆訓爲事。《漢書・谷永傳》云「以次貫行」，《後漢・光武十五王傳》云「奉承貫行」，❶皆行事之義。三者皆當訓爲行事也。孔子呼曾子告之曰「吾道一以貫之」，此言孔子之道皆于行事見之，非徒以文學爲教也。「一」與「壹」同。「一」與「壹」通，經史中並訓爲專，又並訓爲皆。《後漢・馮緄傳》、《淮南・説山訓》、《管子・心術》篇，皆訓一爲專。《大戴・衛將軍》、《荀子・勸學》《臣道》、《後漢書・順帝紀》皆訓一爲皆。《荀子・大略》、《左》昭廿六年、《穀梁》僖九年、《禮記・表記》《大學》，皆訓壹爲專。至于一、壹二字通用之處，經史中不可勝舉矣。壹以貫之，猶言壹是皆以行事爲教也。弟子不知所行爲何道，故曾子曰：「夫子之道，忠恕而已矣。」此即《中庸》所

---

❶「十五」，百衲本《二十四史》之《後漢書》作「十」，當從。

謂「忠恕違道不遠，施諸己而不願，亦勿施于人。君子之道四，丘未能一」，庸德、庸言、言行相顧之道也。此即《大戴・曾子本孝》篇所謂忠爲「孝之本」，《衛將軍文子》篇孔子所云「曾子中夫孝、弟、信、忠四德之道」也。此皆聖賢極中、極庸、極實之道，亦即天下、古今、極大、極難之道也。若云賢者因聖人一呼之下即一旦豁然貫通焉，此似禪家頓宗冬寒見桶底脱大悟之旨，而非聖賢行事之道也。何者？曾子若因「一貫」而得道統之傳，子貢之「一貫」又何説乎？不知子貢之「一貫」亦當訓爲行事，子告子貢曰：「汝以予爲多學而識之者歟？」子貢曰：「然。非歟？」子曰：「予一以貫之。」此夫子恐子貢但以多學而識學聖人，而不于行事學聖人也。夫子于曾子則直告之，于子貢則略加問難而出之，卒之告子貢曰「予一以貫之」，亦謂壹是皆以行事爲教也，亦即忠恕之道也。閔子曰：「仍舊貫，如之何？」此亦言仍舊行事不必改作也。故以「行事」訓「貫」則聖賢之道歸于儒，以「通徹」訓「貫」則聖賢之道近于禪矣。鄙見如此，未知尚有誤否，敢以質之學古而不持成見之君子。

大學格物説

《禮記・大學》篇曰：「致知在格物。物格而後知至。」此二句雖從身心意知而來，實爲天下國家之事，天下國家以立政行事爲主，《大學》從身心説到意知，已極心思之用矣。恐學者終求之于心學，而不驗之行事也，故終顯之曰：「致知在格物。」物者，事也。格者，至也。事者，家、國、天下之事。即止于五倫之至善，明德、新民皆事也。「格」有至義，即有止意，履而至止於其地，聖賢實踐之道也。凡經傳所云「格于上下」、

「不格姦」、「格于藝祖」、「神之格思」、「孝友時格」、「暴風來格」及古鐘鼎文「格于太廟」、「格于太室」之類，皆訓爲至。蓋「假」爲本字，「格」字同音相借也。《小爾雅·廣詁》曰：「格，止也。」「知止」即知物所當格也。「至善」之「至」、「知止」之「止」皆與「格」義一也。譬如射然，升階登堂，履物而後射也。《儀禮·鄉射禮》曰「物長如笴」，鄭注云：「物，謂射時所立處也。」謂之「物」者，物猶事也。《禮記·仲尼燕居》鄭注：「事之謂立，置于位也。」《釋名·釋言語》曰：「事，傳也。傳，立也。」蓋物字本從勿，勿者，《説文》：「州里所建旗，趣民事，故稱勿勿。」《周禮·鄉大夫》：「五物詢衆庶。」「物」即與「事」同義，而堂上射者所立之位亦名「物」者，古人即通會此意以命名也。《大戴禮·虞戴德》曰：「規鵠竪物，履物以射，其心端，色容正。」《大射儀》曰：「左足履物。」皆此義也。故曰格物者，至止于事物之謂也。凡家、國、天下、五倫之事，無不當以身親至其處而履之以止于至善也。「格物」與「止至善」、「知止」、「止于仁敬」等事，皆是一義，非有二解也。必變其文曰「格物」者，以「格」字兼包「至止」，以「物」字兼包諸事。聖賢之道無非實踐，孔子曰：「吾道一以貫之。」貫者，行事也，即與格物同道也。曾子著書今存十篇，首篇即名「立事」，立事即格物也。先儒論「格物」者多矣，乃多以虚義參之，似非聖人立言之本意。元之論「格物」非敢異也，亦實事求是而已。

又案：此篇本無闕失，自「大學之道」至「先致其知」皆言知止，知者心知之，非身行之也，直到「在格物」三字，方著實在行事矣。既著實行事，復順推其效，自「知至」以至「身修」乃是實行所知、實行所止之效。「格物」二字不待「在格物」句始見，篇首先云「物有本末」，然則離「本末」言「物」字不可也。篇中「本末」凡五見：一則「壹是皆以修身爲本也」，二則「其本亂而末治者，否也」，三則「此謂知本也」，四則「大畏民志，此謂知本」也,五則「德本財末,外本内末,争民施奪」也。凡此五處,「本」、「末」皆不能與「物」字相離爲説,然則物者即身、家、國、天下之事,即五倫之事,即誠正之事,即德財之事,事即物也。「事有終始」即「物有本末」,重言以申之也。「先后」者,兼本末、終始言也。若以「格物」爲心靈窮理,則猶是致知際内之言,非修身際内之事也。要之,「壹是皆以修身爲本」即「物有本末」之「本」,「物有本末」之「物」即「格物」之「物」,不可離不可岐也。《大學集注》「格」亦訓至,「物」亦訓事。惟云「窮至事物之理」,「至」外增「窮」字,「事」外增「理」字,加一轉折,變爲「窮理」二字,遂與實踐迥別。又案:黄宗羲《文定》載與萬充宗論格物,充宗用《大射儀》「物」字之義,黄君舉先儒瞿汝稷元立亦主此説,但元今説與彼不同。

揅經室一集卷三

明堂論

粤惟上古，水土荒沈，橧穴猶在，政教朴略，宫室未興。神農氏作，始爲帝宫，上圜下方，重蓋以茅，外環以水，足以禦寒暑、待風雨，實惟明堂之始。明堂者，天子所居之初名也。是故祀上帝則于是，祭先祖則于是，朝諸侯則于是，養老尊賢、教國子則于是，饗射、獻俘馘則于是，治天文、告朔則于是，抑且天子寢食恒于是，此古之明堂也。黄帝、堯、舜氏作，宫室乃備。洎夏、商、周三代，文治益隆，于是天子所居，在邦畿王城之中，三門三朝，後曰路寢，四時不遷。路寢之制，準郊外明堂四方之一，鄉南而治，故路寢猶襲古號曰明堂。若夫祭昊天上帝，則有圜丘，祭祖考則有應門内左之宗廟，朝諸侯則有朝廷，養老尊賢、教國子、獻俘馘則有辟雍學校。其地既分，其禮益備，故城中無明堂也。然而聖人事必師古，禮不忘本，于近郊東南别建明堂以存古制，藏古帝治法册典于此，或祀五帝，布時令，朝四方諸侯，非常典禮乃于此行之，以繼古帝王之迹。譬之上古衣裳未成，始有韍皮，椎輪初制，惟尚越席，後世聖人采備繪繡，無廢赤芾之垂，車成金玉，不增大輅之飾。此後世之明堂也。自漢以來，儒者惟蔡邕、盧植實知異名同地之制，尚昧上古、中古之分。後之儒者執其一端，以蔽衆説，分合無定，制度鮮通。蓋未能融洽經傳、參驗古今，二千年來遂成絶學。試執吾言以求之經史百家，有相合無相戾者，勒書一卷，以備稽覽。括其大恉，著于斯篇。

神農明堂

《淮南子·主術訓》曰：「昔者神農之治天下也，神不馳于胸中，智不出于四域，懷其仁誠之心，甘雨時降，五穀蕃植，《太平御覽》七十八作「播植」。春生夏長，秋收冬藏，月省時考，歲終獻功，《御覽》「功」作「貢」，《文子》及《北史·宇文愷傳》同。以時嘗穀，祀于明堂。明堂之制，有蓋而無四方，風雨不能襲，寒暑不能傷。《御覽》「寒暑」作「燥濕」。遷延而入之，養民以公。其民樸重端慤，不忿争而財足，不勞形而功成，因天地之資而與之和同。是故威厲而不殺，《御覽》作「不試」，《文子》同。刑錯而不用，法省而不煩，故其化如神。」《御覽》作「教化如神」。

元案：《大戴禮記·盛德》篇云：「明堂者，古有之也。」據《主術訓》云云，是明堂之名始于神農，特無宗廟、郊壇、朝廷、路寢之分，總以明堂爲天子所居，即後世郊外明堂也。其云「以時嘗穀，祀于明堂」，即《月令》「天子居明堂」以時嘗穀之始。

桓譚《新論》曰：「神農氏祀明堂，有蓋而無四方。」《御覽》。

元案：此與《淮南子》同。桓譚時古籍猶多，或不專本《淮南》也。

黄帝明堂

《尸子》曰：「欲觀黄帝之行於合宫。」《文選》注。

《文選》張衡《東京賦》曰：「則是黄帝合宫。」

元案：合宫者，天子所居，各禮皆合行于此，故無宗廟、郊壇、朝廷、路寢之分，亦即後世郊外明堂也。

《管子·桓公問》篇曰：「黄帝立明臺之議者，上觀於賢也。」

元案：此「明臺」當即合宫中南向之堂。

《漢書·郊祀志上》曰：申公曰：「其後黄帝接萬靈明庭。」

成伯璵《禮記外傳》曰「明堂，古者天子布政之宫」，「黄帝享百神于明廷是也」。

元案：明廷猶明臺。其云「接萬靈」、「享百神」即《月令》以時祈祀之始。

《素問·五運行大論》曰：「黄帝坐明堂，始正天綱，臨觀八極，考建五常。」

元案：惠氏士奇云：「五常，謂五氣行天地之中者也。端居正氣，以候天和。」然則明堂五室始于黄帝矣。

《史記·封禪書》曰：「濟南人公玉帶上黄帝時《明堂圖》。《明堂圖》中有一殿，四面無壁，以茅蓋，通水圜宫垣，爲複道，上有樓，從西南入，命曰昆侖。」

元案：後世郊外明堂之制似即放此。其云「四面無壁，以茅蓋」，與神農時明堂有蓋而無四方正同。

堯明堂

《今文尚書·堯典》曰：「正月上日，受終于文祖，在璿璣玉衡，以齊七政。」鄭氏注云：「文祖者，五府之大名，猶周之明堂。」

元案：堯時明堂當已分建，授受大典故在明堂也。

《史記·五帝本紀》曰「舜受終于文祖。文祖者，堯大祖也。」

元案：孫觀察星衍云：「《周書·嘗麥解》：『維四年孟夏，王初祈禱于宗廟，乃嘗麥于大祖。』合之《淮南·主術訓》有『神農以時嘗穀，祀于明堂』之説，則知史所云『大祖』即明堂也。」

桓譚《新論》曰：「明堂，堯謂之五府。府，聚也，言五帝之神聚于此。」《御覽》。

元案：明堂名五府，及祀五帝，實是舊禮。《尚書帝命驗》云：「五府，五帝之廟，蒼曰靈府，赤曰文祖，黄曰神斗，白曰顯紀，黑曰玄矩。」鄭氏注《尚書》云：「文祖者，五府之大名。」《大戴禮記·少閒》篇云武丁「開先祖之府，取其明法」，足證府名甚古。惠徵君棟云：「《周官》有天府，乃明堂掌陳寶之官，取法于唐、虞也。」

《管子·桓公問》篇曰：「堯有衢室之問者，下聽於人也。」

元案：衢室，義取四達，即四面無壁之謂。

《尚書大傳·虞夏傳》曰：「尚考大室之義，唐爲虞賓。」鄭氏注云：「大室，明堂之中央室也。」

元案：據此，明堂五室之制非始于夏。

舜明堂

《今文尚書·堯典》曰：「歸格于藝祖，用特。」鄭氏注云藝祖「猶周之明堂」。馬融注云：「藝，禰也。」

元案：此巡方大典，故歸格郊外明堂也。文祖、藝祖皆指祖考，而即爲明堂大室之名。周公稱文王爲文祖，義同，猶後世稱某帝爲某廟也。

《尸子》曰：「觀堯、舜之行於總章。」《文選》注。

《文選》張衡《東京賦》曰：「有虞總期。」李善注：「章、期一也。」

元案：總章、總期之義皆同合宫。以各禮總于此表章，故名總章；以各禮總于此期會，故名總期，字異而義則同也。

《今文尚書·堯典》曰：「賓于四門，四門穆穆。」又曰：「闢四門。」

元案：城中朝、寢無四門之制，此亦指郊外明堂也。四方諸侯來朝大典，則於明堂中行之。

《禮記·祭法》曰：「有虞氏禘黄帝而郊嚳，祖顓頊而宗堯。」鄭氏注云：「禘、郊、祖、宗謂祭祀以配食也。此禘謂祭昊天於圜丘也。祭上帝於南郊曰郊。祭五帝、五神於明堂曰祖、宗。」

《國語·魯語》曰：展禽曰：「故有虞氏禘黄帝而祖顓頊，郊堯而宗舜。」韋昭注云：《禮·祭法》與此異者，「舜在時則宗堯，舜崩而子孫宗舜，故郊堯也。」

元案：禘、郊、祖、宗四者皆爲配天之祭，鄭注明白可據。總享五帝、五神於明堂，則以顓頊與堯配祭。自王肅有心違鄭，謂祖、宗爲祖有功、宗有德，其廟不毁，誤仞爲宗廟之祭非屬明堂，遂致其義不明也。

夏明堂

《考工記·匠人》曰：「夏后氏世室，五室，三四步，四三尺，九階，四旁兩夾窗，白盛。門堂三之二，室三之一。」鄭氏注云：「世室者，宗廟也。魯廟有世室，牲用白牡，此用先王之禮。」

元案：世室乃明堂五室之中，猶《尚書大傳》所言大室，夏特取此爲名概其餘耳。古字「世」、「大」通，故大子又稱世子，世叔又稱大叔矣。《匠人》言三代明堂之制，皆郊外明堂也。自「室中度以几」以下，乃通言城中王宫之制，非專指明堂。鄭注謂世室爲宗廟，殆以魯世室例之耳。其實夏之名世室，非專爲祀祖，即如《夏小正》爲觀天測時布令之書，禮亦當行于世室，與舜在璿璣玉衡于文祖同。

成伯璵《禮記外傳》曰：「夏謂大廟爲世室。」又曰：「夏后一堂之上爲五室，南面，三階。五室象地載五行，五行生于四時，故每室四達，一室八窗象八節。」

元案：此云「一堂之上爲五室」，世室乃一堂中央之室也，較他室爲尊，故稱之爲世室。「世」與「大」皆尊稱之辭，成氏以大廟擬之是也。

鄭氏《考工記·匠人》注曰：「周堂高九尺，殷三尺，則夏一尺矣，相參之數。禹卑宫室，謂此一尺之堂與。」

元案：此自指郊外明堂而言。

《禮記·祭法》曰：「夏后氏亦禘黄帝而郊鯀，祖顓頊而宗禹。」

《國語·魯語》曰：展禽曰：「夏后氏禘黄帝而祖顓頊，郊鮌而宗禹。」韋昭注云：「虞、夏俱黄帝、顓頊之後，故禘祖之禮同。虞以上尚德，夏以下親親，故夏郊鯀也。」

元案：說見舜明堂下。

殷明堂

《考工記·匠人》曰：「殷人重屋，堂修七尋，堂崇三尺，四阿重屋。」鄭氏注云：「重屋者，王宮正堂若大寢也。」

元案：鄭注以爲王宮正堂，非也。此所言仍是郊外明堂之制。至于國中寢宮之制，止取郊外明堂四面之一，向南爲之，斷非如郊外明堂四面皆有堂也。

《大戴禮記·少閒》篇曰：「成湯卒受天命，發厥明德，順民天心嗇地。作物配天，制典慈民。咸合諸侯，作八政，命於總章。服禹功以脩舜緒，爲副于天。粒食之民昭然明視，民明教，通于四海之外，肅慎、北發、渠搜、氐、羌來服。成湯卒崩，殷德小破。二十有二世，乃有武丁即位，開先祖之府，取其明法，以爲君臣上下之節，殷民更服。」

元案：此總章即襲舜明堂名，謂郊外明堂也。四夷來朝于此者，非常典禮，不於國中朝廷行之，必在明堂，以繼舜、禹之業。周公之明堂，朝四夷同此。其云「先祖之府」，亦指郊外明堂，與《堯典》文祖、藝祖同，蓋先代典册亦藏于明堂也。

《管子·桓公問》篇曰：「湯有總街之庭，以觀人誹也。」

元案：《説文解字》云：「街，四通道也。」此名「總街」者，亦取明堂四達之義。

《尸子》曰：「殷人曰陽館。」《唐會要》「明堂」下，顔師古議引。

元案：孫觀察云：「明堂在國之陽。以此文知夏、商已在東南郊也。」

桓譚《新論》曰：「商人謂路寢爲重屋，商于虞、夏稍文，加以重檐四阿，故取名。」《御覽》。

元案：此誤以國中南面之路寢爲郊外四面堂之路寢也。

《禮記·祭法》曰：「殷人禘嚳而郊冥，祖契而宗湯。」

《國語·魯語》曰：「展禽曰：『商人禘舜而祖契，郊冥而宗湯。』」韋昭注云：「舜當爲嚳字之誤也。」

元案：説見舜明堂下。

鄭氏《考工記·匠人》注曰：「周堂高九尺，殷三尺。」

元案：説見夏明堂下。

周明堂

《考工記·匠人》曰：「周人明堂度九尺之筵，東西九筵，南北七筵，堂崇一筵，五室，凡室二筵。」

元案：此本指郊外明堂，與宫内路寢不同，故《匠人》又曰「宫中度以尋」。

《禮記·明堂位》曰：「昔者周公朝諸侯于明堂之位。天子負斧依南鄉而立。三公，中階之前，北面東上。諸侯之位，阼階之東，西面北上。諸伯之國，西階之西，東面北上。諸子之國，門東，北面東上。諸男之國，門西，北面東上。九夷之國，東門之外，西面北上。八蠻之國，南門之外，北面東上。六戎之國，西門之外，東面南上。五狄之國，北門之外，南面東上。九采之國，應門之外，北面東上。四塞，世告至。此周公明堂之位也。明堂也者，明諸侯之尊卑也。」

元案：《明堂位》雖魯儒傳會，而此段言周公明堂則必是周初相傳舊典。由此知郊外明堂惟向南一面有皐、應、路三重門，其三面惟一門。

《大戴禮記・盛德》篇曰：「凡人民疾、六畜疫、五穀災者，生於天道不順，天道不順生於明堂不飾，故有天災則飾明堂也。」

元案：此篇「飾」字凡六見，皆「飭」字之訛。「飭」字从力，古「力」字作「」，所以訛爲「巾」也。觀篇末曰「則飭司馬」、「則飭司寇」、「則飭司空」皆作「飭」，明此「飾」亦當同此例爲「飭」字也。明堂天法之所在，故天災則于此飭之。

《逸周書・作雒解》曰：「乃位五宫：大廟、宗宫、考宫、路寢、明堂，咸有四阿，反坫，重亢，重郎，常累，復格，藻棁，設移旅楹舂常畫旅，内階玄階，隄唐山廧，應門庫臺玄閫。」

元案：五宫即下五處。前四處皆在城中，惟明堂在郊外也。

《大戴禮記・盛德》篇曰：「或以爲明堂者，文王之廟也。」又曰：「此天子之路寢也，不齊不居其室。」

元案：明堂中大室爲宗祀之所，故以爲文王之廟。路寢亦指明堂而言，「路」與「大」同，故又稱大寢。鄭氏注《月令》以大寢東堂、大寢南堂、大寢西堂、大寢北堂釋之是也。

《孝經》：「孔子曰：『昔者周公宗祀文王于明堂以配上帝。』」

《詩·周頌·我將》：「序曰：『《我將》，祀文王于明堂也。』我將我享，維羊維牛，維天其右之。儀式刑文王之典，日靖四方，伊嘏文王，既右饗之。我其夙夜，畏天之威，于時保之。」孔穎達正義云：「謂祭五帝之於明堂，以文王配而祀之，即《孝經》所謂『宗祀文王于明堂以配上帝』是也。文王之配明堂，其祀非一，此言配文王于明堂，謂大饗五帝于明堂也。」

元案：此郊外明堂祀五帝以文王配也。

《禮記·祭法》曰：「周人禘嚳而郊稷，祖文王而宗武王。」

《國語·魯語》與《祭法》同。韋昭注云：「此與《孝經》異也。商家祖契。周公初時亦祖后稷而宗文王。至武王雖承文王之業，有伐紂定天下之功，其廟不可毁，故先推后稷以配天，而後更祖文王而宗武王也。」

元案：此言行宗祀于郊外明堂。宗祀即《堯典》六宗之祀。

《尚書·洛誥》曰：「承保乃文祖受命民。」鄭氏注云：「文祖者，周曰明堂以稱文王。」又曰：「考朕昭子刑，乃單文祖德。」鄭氏注云：「成我所用明子之法度者，乃盡明堂之德。明堂者，祀五帝太皞之屬，爲用其法度也。周公制禮六典，就其法度而損益用之。」又曰：「予以秬鬯二卣，曰明禋，拜手稽首，休享。予不敢宿，則禋于文王、武王。」鄭氏注云：「明禋者，六典成祭于明堂告五帝太皞之屬也。既告明堂，則復禋于文、武之廟，告成洛邑。」

元案：此以文祖即郊外明堂中太廟是也。其云明堂祀五帝，亦是古禮。唯分告明堂與禋廟爲二，非是，惠徵君曾駁之。

《詩·周頌·清廟》序曰：「《清廟》，祀文王也。周公既成洛邑，朝諸侯，率以祀文王焉。」

元案：此清廟即郊外明堂中央大室也。周公居攝五年，制度大備，朝諸侯于明堂，即率以祀文王于此。此二事顯而易見者。《我將》之祀文王于明堂與此有別者，此率諸侯助祭，禮尤盛也。

《春秋》隱公十一年《左氏傳》曰：「清廟茅屋，昭其儉也。」

元案：此即郊外明堂，明堂以茅蓋屋也。若國中朝左之大廟，未聞以茅蓋屋也。

《尚書·洛誥》曰：「王入大室祼。」王肅注云：「大室，清廟中央之室。」

《樂記》曰：「武王伐殷，薦俘馘于京大室。」《續漢志》注引蔡邕《明堂論》。

元案：此亦指郊外明堂而言。《鐘鼎款識》所載伯姬鼎、師毛父敦、戠敦、牧敦等銘所云大室，蓋皆謂清廟中央之室。❶古者朝諸侯、祀祖考、獻俘馘皆在明堂也。

《逸周書·本典解》曰：「維四月既生霸，王在東宮，告周公曰：『嗚呼！朕聞武考，不知乃問，不得乃學，俾資不肖，永無惑矣。』」

《尸子》曰：「昔武王崩，成王少，周公踐東宮，宗祀明堂。明堂在左，故謂之東宮。」袁準《正論》引。

元案：此東宮亦指郊外明堂。《考工記·匠人》「左祖右社」疏引劉向《別録》云：「左明堂、辟雍，是明堂

---

❶「謂清」，原作「僭謂」，今據續四庫本改。

在左矣。」

《周禮·大宰》曰：「正月之吉始和布治于邦國都鄙。乃縣治象之法于象魏，使萬民觀治象，挾日而斂之。」賈公彦疏云：「縣治象之法于雉門象魏，從甲至甲凡十日，斂藏之明堂，于後月月受而行之，謂之告朔也。」

元案：此雉門乃國中之雉門，蓋以明堂所藏之治象月吉縣之國中，挾日仍藏之郊外明堂也。

《禮記·月令》。

元案：此篇文多，不録，《吕覽》同。以此皆古帝無路寢專居明堂布政之遺制，周時王居城中路寢，此禮未必全行也。

魯明堂

《禮記·明堂位》曰：「大廟，天子明堂。」鄭氏注云：「言廟及門如天子之制也。」孔穎達正義云：「言周公大廟制似天子明堂。」

元案：魯之大廟猶周明堂中之清廟也。故《春秋》桓公二年《左氏傳》：「夏四月，取郜大鼎于宋。戊申，内于大廟。」臧哀伯即以清廟茅屋爲説。魯侯國，不得别立明堂，其一切非常典禮皆于大廟行之。

又曰：「季夏六月，以禘禮祀周公于大廟。」

元案：此禘即祫也。天子禘于明堂，諸侯祫于大廟，一也。惠徵君云：「成王賜魯重祭而有禘祭，止用禘禮、禘樂，魯無明堂、無圜丘之禘，但有吉禘、時禘，皆于宗廟，無配天之典，雖行禘祭，其實祫也。」

《春秋》文公二年《穀梁傳》曰：「八月丁卯，大事于大廟，躋僖公。躋，升也。先親而後祖，逆祀也。逆祀則是無昭穆也，無昭穆則是無祖也，無祖則無天也，故曰文無天。無天者，無天而行也。」

元案：魯大廟猶周明堂。明堂，天法之所在，故曰無天。

《春秋》哀公三年《左氏傳》曰：「季桓子御公立于象魏之外，命藏象魏，曰：『舊章不可忘也。』」

元案：天子藏舊章于明堂，魯無明堂，當藏于大廟。

《春秋》僖公五年《左氏傳》曰：「公既視朔，遂登觀臺以望，而書，禮也。」

元案：天子靈臺在明堂中，諸侯觀臺亦當在大廟。《周禮·春官·大史》云：「頒告朔于邦國。」鄭氏注云：「天子頒朔于諸侯，諸侯藏之祖廟，至朔朝于廟，告而受行之。」故視朔與登觀臺並書也。

泰山下明堂

《孟子·梁惠王》曰：「齊宣王問曰：『人皆謂我毁明堂，毁諸？已乎？』孟子對曰：『夫明堂者，王者之堂也。王欲行王政則勿毁之矣。』」趙岐注云：「謂泰山下明堂。本周天子東巡狩朝諸侯處也，齊侵地而得有之。」

元案：此明堂即壇也，與他處明堂異制。《周禮·春官·司儀》云：「將合諸侯，則令爲壇三成宫旁一門。」《儀禮·覲禮》云：「諸侯覲于天子，爲宫方三百步，四門，壇十有二尋，深四尺，加方明于其上。」鄭氏注云：「王巡守至于方嶽之下，諸侯會之，亦爲此宫以見之。」即指此也。泰山在齊州，齊居天下之中，有王者起，於山下朝諸侯，即於山上刻石紀號行封禪之禮。

《史記·封禪書》曰：「初，天子封泰山，泰山東北址古時有明堂處。」

《漢書·武帝紀》曰：「元封元年夏四月癸卯，登封泰山，降坐明堂。」

元案：泰山下明堂據此西漢時尚存其迹。自元封二年秋武帝因公玉帶所上之圖作明堂于汶上，後王莽又作明堂于長安，泰山下明堂遂不可考矣。

漢明堂

《漢書·河間獻王傳》曰：「武帝時獻王來朝，獻雅樂，對三雍宫。」應劭云：「辟雍、明堂、靈臺也。」又《終軍傳》曰：「建三宫之文質。」服虔云：「三宫，明堂、辟雍、靈臺也。」

元案：武帝明堂在奉高，未嘗立于長安。《禮樂志》言：「武帝即位，進用英儁，議立明堂，制禮服以興太平。」僅議立而已，非實立也。河閒獻王所對《上下三雍宫》三篇，《藝文志》載其目，胡梅磵以爲對三雍宫之制度者是也。

《漢書·平帝紀》曰：「元始四年夏，安漢公奏立明堂、辟雍。」

《後漢書·世祖紀》曰：「是歲初，起明堂、靈臺、辟雍及北郊兆域，宣布圖讖于天下。」

元案：明堂建于長安實始于此，非建于武帝時明矣。

《三輔黄圖》曰：「漢靈臺在長安西北八里，辟廱在長安西北七里，明堂在長安西南七里，太學在長安西北七里。」

元案：「八」當「七」字之誤。蓋靈臺、辟廱、太學三者異名同地，俱在長安西北也。三者在北，明堂在南，則明堂與三者又分建可知。

揅經室一集卷四

禹貢東陵考

余昔在浙已考浙江即《禹貢》「三江」之南江，《禹貢》「東迆北會于匯」，乃自池州石城東迆會于震澤，至餘姚入海。稽之漢以前古籍，無不合者。漢以後各家之誤，可指諸掌矣。嘉慶十一、二年間，予在墓廬，爲卜葬之事西上冶山，見所謂廣陵者矣。十三年，由汴梁過臨淮，踰清流關嶺，更見所謂廣陵者矣。十八年，由江寧溯江至池州、九江，乃曉然于《禹貢》「至于東陵東迆」六字爲確不可易，廣陵即東陵，晉以後人誤之久矣。晉以後人誤解「北會於匯」之「匯」爲彭蠡，勢不得不在湖口、彭澤以上求東迆、求東陵，不知大江之勢自武昌至彭澤皆正東流，惟過彭澤由望江向安慶、池州、蕪湖以至江寧皆東北流，此《禹貢》所以稱爲「北江」也。按：地球度數，由西南向東北斜角，歷南北經度將及三度，非比由武昌至彭澤，自正西至正東緯度平行也。且名曰東陵，自應在九州之東，若在彭蠡以上，則荆州界内不當云東矣。東迆之處即在池州古石城，由石城而趨震澤，實是正東流。由池州至震澤，正循緯度平行而東。《禹貢》于「東迆」之上書曰「至于東陵」，是以東陵定東迆之地。後人既見東迆之地即當于相近之地求所謂東陵者，晉人誤以東迆在彭蠡之上，遂失東陵之名，不知《漢書・地理志》「廬江郡」下班氏自注云：「金蘭西北有東陵鄉，淮水出，屬揚州。廬江出陵陽東南，句。北入江。」由江之北岸入江，故曰北。此乃漢人之説，最爲明白可據者也。

計東陵之大，非一二邑所可盡。陵之爲形，乃長山之形，其脊棱棱然，緜延而行，水分兩地而流，方稱其名。今廬州府舒城縣應即是東陵之首，過此以東，爲滁州清流關，嶺脊最高。再東則六合、天長，以至揚州、甘泉、江都，始爲東陵盡處。試觀此陵，緜延數百里，其脊分南北，脊南之水皆入于江，脊北之水皆入于淮，界限分明。雖起伏高低，或有平衍之處，而以分水之法測之，則瞭然可見者也。予出揚州西門，至古井寺、陳家集、横山、冶山，見一路皆有嶺脊之形。問之農民，皆言嶺脊雨水南則入江，北則入湖。再由冶山至棠山以上，直接滁山皆然。滁之清流，其形最顯。此揚州之所以名曰廣陵也。此江都東鄉所以有漢東陵亭廟也。《後漢書・郡國志》江都廣陵有東陵亭，即此地也。統而言之，皆《禹貢》之東陵也。《禹貢》于「彭蠡」之下書曰「東爲北江入于海」，又書曰「至于東陵東迆」，是明以東陵爲北、中兩江分路之處，而北江千里，僅以「東爲北江入于海」七字畢之，是明以東陵數百里與北江同起止矣。東陵盡處即北江盡處也。或曰：東陵之脊，水分南北流，東陵之尾，將至東陵廟即《後漢書》注之東陵聖母廟，在今張綱溝仙女廟相近之處，約去揚州府城東三十餘里，漢廣陵太守張綱于東陵村開溝，故名。方止，今邵伯湖水曷由過揚州府城而入江也？曰：此陵脊在今府城北灣頭鎮，禪智、山光兩寺之間，爲最低之處，乃吴夫差溝通江淮之故，非《禹貢》東陵本來之形勢也。予嘗讀《爾雅》各陵矣，注者唯以西隃、雁門爲北陵可考，餘皆不能確有所指。予于十七年至山西，稽問西隃、雁門之陵，横亘塞門數百里，是非一、二邑地所可盡，與東陵同。「東陵」二字見于《爾雅》，又見于《禹貢》，必非舒、廬之間一山所能當此。此非今由廬州至滁州、揚州之廣陵而何？《爾雅》曰「東陵阠」，「阠」之一字，迷失數千載，乃吾鄉大山之主名，北江之北、東陵之東，吾所居也，故考定之。

毛詩王欲玉女解

許氏《説文》「金王」之「王」無一點，其加一點者解云：「朽玉也。从王有點。讀若畜牧之畜。」是王與玉音義迥别矣。《毛詩》「玉」字皆金王之王，惟《民勞》篇「王欲玉女」「玉」字專是加點之玉，後人隸字混淆，始無别矣。《詩》言「玉女」者，畜女也。畜女者，好女也。好女者，臣説君也。召穆公言「王乎我正，惟欲好女，畜女不得，不用大諫也。」《孟子》曰：「爲我作君臣相説之樂。其《詩》曰：『畜君何尤。』畜君者，好君也。」《孟子》之「畜君」與《毛詩》召穆公之「玉女」無異也。後人不知「玉」爲假借字，是以鄭箋誤解爲「金王」之「王」矣。蓋玉、畜、好、丂、九古音皆同部相假借。《淮南·説林》篇曰：「白璧有考。」《氾論》篇曰：「夏后氏之璜，不能無考。」考即朽，朽即玉，謂王之舋也。王有舋，即是有孔。故《考工記》、《爾雅》皆以璧之孔爲好，好即玉也。《呂覽·適成》篇「民善之，則畜也」，注：「畜，好也。」《説苑》：「尹逸對成王曰：『民善之，則畜也。』」此「畜」字即玉女「玉」字也。《説文》：「嬪，媚也。」孟康注《漢書·張敞傳》云：「北方人謂媚好爲詡畜。」「畜」與「嬪」通也。《禮記·祭統》云：「孝者，畜也。」《釋名》云：「孝，好也。愛好父母如所説好也。」是愛於君親者，皆可云畜也。畜即好也，好即玉也。畜與旭同音，故《詩》「驕人好好」，《爾雅》作「旭旭」，郭璞讀「旭旭」爲「好好」。凡此，皆「玉」字加點之「玉」字，與「畜」、「好」相通相同之證也。

引書説

《古文尚書》孔傳出于東晉，漸爲世所誦習。其中名言法語以爲出自古聖賢，則聞者尊之。故宇文周主視太學，太傅于謹爲三老，帝北面訪道，謹曰：「木受繩則正，后從諫則聖。」帝再拜受言。唐太宗見太子息于木下，誨之曰：「木受繩則正，后從諫則聖。」據此兩引，皆作「受繩」，今書作「從繩」，當是别本。陸氏《釋文》未載。唐太宗自謂兼將相之事，給事中張行成上書，以爲禹不矜伐而天下莫與之争，上甚善之。唐總章元年，太子上表曰：「《書》曰：『與其殺不辜，寧失不經。』伏願逃亡之家，免其配役。」從之。凡此君臣父子之間，皆得陳善納言之益。唐、宋以後，引經言事，得挽回之力、受講筵之益者，更不可枚舉。學者所當好學深思，心知其意，得古人之益，而不爲古人所愚，則善矣。

天子諸侯大夫士金奏升歌笙歌間歌合樂表説

	天子	諸侯	大夫士
金奏用鐘鎛。	大饗諸侯，入門，金奏《肆夏》、《繁遏》、《渠》，見《魯語》、《周禮・春官》。《禮器》「賓出，奏《肆夏》」，鄭破「肆」爲「陔」，非是。《大司樂》：「大饗出入如尸，奏《肆夏》矣。」	兩君相見及燕勤王事大夫，入門，金奏《肆夏》，見《郊特牲》、《燕禮・記》、《仲尼燕居》。以今推之，出亦當奏《肆夏》。	無金奏。《郊特牲》曰：「大夫奏《肆夏》，自趙文子始也。」言其僭。《鄉飲酒》「賓出，奏《陔夏》」，鄭注：「有鼓無鐘。」

	天子	諸侯	大夫士❶
升歌正歌之始，在堂上，用琴瑟。	大饗諸侯，升歌《清廟》，經無明文。由今推之，當用《清廟》。何以明之？大夫、士鄉飲酒諸禮，升歌用《鹿鳴》，諸侯之燕大夫也，亦即用《鹿鳴》。然則諸侯相見用《清廟》，天子之饗諸侯亦即用《清廟》，同此比例矣。	諸侯相見，升歌《清廟》，見《仲尼燕居》。君燕群臣及聘問之臣，升歌《鹿鳴》、《四牡》、《皇皇者華》，見《儀禮・燕禮》。	大夫、士鄉飲酒，升歌《鹿鳴》、《四牡》、《皇皇者華》，見《儀禮》。
		君燕勤王事大夫，升歌《鹿鳴》、《四牡》、《皇皇者華》，見《燕禮・記》。	鄉射，不升歌，見《鄉射禮》。
		大射，升歌《鹿鳴》、《四牡》、《皇皇者華》，見《大射儀》。	
笙歌			
間歌正歌之中，在階，笙間之。	大饗，間歌，經無明文。或如《仲尼燕居》「下管《象武》」歟？	諸侯相見，下管《象武》，見《仲尼燕居》。此亦當如下管《新宮》，笙入，三成，遂合樂也。	大夫、士鄉飲酒，歌《魚麗》、《南有嘉魚》、《南山有臺》，皆笙間。見《儀禮》，鄉射禮，不笙，不間，見《儀禮》。
		君燕群臣及聘問之臣，歌《魚麗》、《南有嘉魚》、《南山有臺》，皆笙間之，見《燕禮》。	

❶「士」，原無，今據文義補。

笙歌		合樂 正歌之備，堂階合作。
		大饗合樂，經無明文。或如《晉語》用《文王》、《大明》、《緜》歟？
	君燕勤王事大夫，則下管《新宮》，笙入，三成，不間，遂合樂，見《燕禮·記》。 大射，管《新宮》，三終，不笙不間，見《大射儀》。	諸侯相見，合樂《文王》、《大明》、《緜》，見《晉語》。以《仲尼燕居》「《清廟》、下管《象》、《武舞》」遞推知之。《仲尼燕居》又云：「客出以《雍》，徹以《振羽》。」 君燕群臣及聘問之臣，合樂《周南·關雎》、《葛覃》、《卷耳》，《召南·鵲巢》、《采蘩》、《采蘋》，見《儀禮》。 君燕勤王事大夫，合樂《周南·關雎》、《葛覃》、《卷耳》，《召南·鵲巢》、《采蘩》、《采蘋》，見《燕禮·記》。若舞則用《勺》。 大射不合樂，見《儀禮》。
		大夫、士鄉飲酒，合樂《周南·關雎》、《葛覃》、《卷耳》，《召南·鵲巢》、《采蘩》、《采蘋》，見《儀禮》。

說曰：古之歌《詩》成樂，自天子至大夫。其升歌于堂也，笙歌于階也，間歌于堂階也，堂階合作也。《詩》不同，而分爲四節則同也。若夫《詩》之用，于此四節，則有天子饗諸侯、諸侯燕大夫士之别。大夫、士相見之樂爲《鹿鳴》，諸侯之燕大夫也，亦即用《鹿鳴》，然則兩君相見之樂爲《清廟》，天子之饗諸侯也，亦即用《清廟》。兩兩相比，其例相同矣。至于《周南・關雎》《葛覃》《卷耳》、《召南・鵲巢》《采蘩》《采蘋》不在此内者，諸侯、大夫、士或用爲合樂，所謂合鄉樂者是也。天子、諸侯亦或用爲房中之樂矣。見《燕禮》，謂后、夫人弦歌《周南》、《召南》。又有金奏，則《國語》諸書言之極詳，皆是賓入門，奏鐘鎛爲樂，賓升堂之後，金奏即闋，與升歌之用琴瑟、間歌之用笙迥不相涉也。若以鄭氏《詩・小雅譜》論之，其辭曰：「其用于樂，國君以《小雅》，天子以《大雅》。然而饗賓或上取，燕或下就。天子饗元侯，歌《肆夏》，合《文王》。諸侯歌《文王》，合《鹿鳴》。諸侯于鄰國之君，與天子于諸侯同。天子、諸侯燕群臣及聘問之賓，皆歌《鹿鳴》，合鄉樂。」元竊謂鄭説不盡然也。《左傳》襄四年：「叔孫穆子不拜工歌《文王》，穆叔曰：『《文王》，兩君相見之樂也，使臣不敢及。』」《國語》曰：「夫歌《文王》、《大明》、《緜》，則兩君相見之樂也，非使臣之所敢聞也。」此明云諸侯用《大雅》，而鄭云用《小雅》，非矣。《仲尼燕居》曰：「兩君相見，揖讓而入門，入門而縣興。揖讓而升堂，升堂而樂闋。入門而金作，示情也。升歌《清廟》，示德也。」據此，明是金奏《肆夏》與升歌《清廟》區爲二事。升歌者，《頌》之首篇《清廟》也。而鄭云天子用《大雅》，天子饗元侯歌《肆夏》，非矣。諸侯燕群臣及聘問之賓，皆升歌《鹿鳴》，見于《燕禮》。若燕勤王之大夫，始于入門時用金奏《肆夏》，見于《燕禮・記》。若天子燕群臣，天子卿大夫爵與諸侯同，自當用《頌》與《大雅》，而鄭云同諸侯燕群臣歌《鹿鳴》、合鄉樂，非矣。總之，《肆夏》別爲金奏，鄭以天子升歌當之，其下皆取就未合，皇氏、孔氏更多支蔓矣。考《魯語》：「叔孫穆子不拜《肆夏》，曰：『夫先樂金奏曰先樂，明與正樂不同。《肆夏》、《繁遏》、《渠》，天子所以饗元侯也，非使臣之所敢聞也。』」《仲尼燕居》曰：「兩君相見，入門而縣興，升堂而樂闋。」縣即金奏。《郊特牲》：「賓入大門而奏《肆夏》，示易以敬也。卒爵而樂闋。孔子屢歎之。」《周禮・春官・鎛師》：「凡祭祀鼓其金奏之樂，大饗亦如之。」不掌升歌之事。《儀禮・燕禮・記》：「若以樂納賓，此謂諸侯燕勤王事大夫。則賓及庭，奏《肆夏》。賓拜酒，主人答拜而樂闋。公拜受爵而奏《肆夏》。公卒爵，主人升，受爵以下而樂闋。升歌《鹿鳴》，下管《新宮》，笙入三成，此當與《仲尼燕居》「下管《象武》，《夏籥》序興」參觀之。彼管《象武》、《夏籥》，此則管《新宮》，舞《勺》也。遂合鄉樂。若舞則《勺》。」綜此五者觀之，則是金奏在升歌前，用鐘鎛，與琴瑟之升歌異矣。《燕禮・記》、《仲尼燕居》尤其明證也。升歌、笙歌、間歌、合樂，古人皆以爲正歌，故樂正告曰「正歌備」。其分《詩》屬樂，則有諸侯于諸侯，暨天子于諸侯爲一事；大夫于大夫，暨諸侯于大夫爲一事。諸侯于大夫，即用大夫升歌之《鹿鳴》，然則天子于諸侯，即用諸侯升歌之《清廟》可知矣。諸侯燕大夫、大夫相見，其升歌用《鹿鳴》，在《儀禮・燕禮》、《鄉飲酒》諸禮，歷歷可考。諸侯之相見，其升歌用《清廟》，見于《仲尼燕居》，夫子之言又極明白可據，佐之以《左傳》、《晉語》，更皆相合。治經者惟知依據經傳，折衷仲尼之言而已，安用多爲端緒以自紛哉！《清廟之什》凡十篇，除《清廟》尚餘九篇，而《周禮・鐘師》「以鐘鼓奏九夏」，呂叔玉云：「《肆夏》，《時邁》也。《繁遏》，《執競》也。《渠》，《思文》也。」此三篇賴漢人之言以知之，則其餘六夏即《維天之命》等六篇爲近。然先儒無言者，不敢臆斷。又按：《周禮・旄人》「凡賓客舞燕樂」，《籥師》「饗食，鼓羽籥之舞」，《司干》「饗食授舞器」，《鞮鞻氏》「祭祀則龡而舞之，燕亦如之」。此諸舞器，皆爲燕饗。是天子饗諸侯，于下管《象武》，後不間歌者，爲備文、武之舞，其聲容較間歌爲盛，故鄉飲酒間歌無舞者，禮樂不備于大夫也。

又説曰：《虞書》「笙庸以間」，《尚書》今本作「笙鏞」者，僞孔據《商頌》「庸鼓有斁」解「庸」爲「大鏞」之「鏞」，而昧于笙庸之義，唐以後株守僞孔者，據孔義改「庸」成「鏞」，其實僞孔並未作「鏞」也。《周禮》疏兩引鄭注，皆曰「西方之樂謂之庸。庸，功也」，並非「鏞」字。且疊「庸」字爲訓，與「笙，生也」正同。設鄭本爲「鏞」字，鄭必有以破之，不能徑疊「鏞」字成「庸」字也。《大司樂》疏引鄭注云：「東方樂謂之笙。笙，生也。東方長生之方，故名樂爲笙也。西方之樂謂之庸。庸，功也。西方物成熟有成功，亦謂之頌，亦頌其成也。」注《眡瞭》及《儀禮・大射》同。鄭君此説古義也。按：東西階並有鐘磬，在東者名笙，在西者名庸，所吹之笙則在兩階之間，與「笙庸」之「笙」訓爲「生」者不同，故《大射儀》所言宿縣地位明白可案也。大夫、士鄉飲酒縣樂不分東西階，惟一縣在兩階之間，故《儀禮》惟曰「磬階間縮霤，北面鼓之」，不復別笙、頌之名，其明證也。《詩・小雅》「鼓鐘」即金奏也。《序》云：「《鼓鍾》，刺幽王也。」未言所刺何事，而傳有會諸侯于淮上之説。元考幽王實無遠至淮上會諸侯之事，且用樂之節與《燕禮・記》君燕勤王事大夫事事皆合。據經文鼛鼓似淮上諸侯遣大夫勤王役事，然略無佐證，不能臆説。又案：鼓鐘，擊鐘也，非鐘鼓。《詩》云：「笙磬同音，以《雅》以《南》。」此是諸侯燕大夫之禮，惟歌《雅》及二《南》也。云「以《雅》以《南》」者，用《雅》在《南》前，升歌先於合樂也。今《詩》分《南》、《雅》、《頌》雖在周末，而《雅》、《南》之名周初已立，故《鹿鳴》爲《雅》，《關雎》、《鵲巢》爲《南》，載在《儀禮》，即此《詩》所言「以《雅》以《南》」也。《詩》曰「以籥不僭」，此即《燕禮・記》所言「若舞則用《勺》」。《勺》不常用，此用亦不爲僭。「不僭」專言用籥，非總上《雅》、《南》爲言也。此自是諸侯燕勤王事大夫之樂，似非天子饗諸侯之樂，傳説今無證驗也。傳、箋屬樂于王，故毛謂《雅》、《南》舞四夷之樂，鄭謂《雅》爲《萬》

舞，取説皆曲。

詩十月之交四篇屬幽王説

謂《十月之交》四篇屬厲王時詩者，《魯詩》申培公及《中候擿雒貳》、鄭司農《詩箋》之説也。謂屬幽王時者，子夏《詩序》、大毛公《詩傳》之説也。兩漢《毛詩》晚出，其説甚孤，公卿大儒多從魯説。今考毛説之合者有四，魯説之不合者亦有四，試説之。《詩》言：「十月之交，朔月辛卯，日有食之。」交食至梁、隋而漸密，至元而愈精。梁虞劆，隋張胄元，唐傅仁均、一行，元郭守敬，並推定此日食在周幽王六年十月建酉辛卯朔日入食限，載在史志。今以雍正癸卯上推之，幽王六年十月辛卯朔正入食限。推數列後。此合者一也。若厲王在位有十月辛卯朔日食，緣何自古術家無一人言及？此不合者一也。《詩》：「百川沸騰，山冢崒崩。高岸爲谷，深谷爲陵。」此災異之大者。《國語》：「幽王二年，西周三川皆震，岐山崩。十一年，幽王乃滅。」《史記·周本紀》載幽王二年事正相同。此合者二也。若厲王在位，殊無此變，《詩》不應誣言「百川沸騰」諸事。此不合者二也。豔妻實褒姒也。毛傳曰：「豔妻，褒姒。美色曰豔。」此受子夏之説，故毅然斷之如此。曰妻者，此《詩》作於幽王六年未廢申后以前，褒姒尚在御妻之列。且《正月》篇曰「褒姒烕之」，揆之「煽處」，正復同時。子夏以二《詩》相連爲篇弟，非毛公作《訓詁傳》時所得移改，鄭箋説非也。證之《國語》、《史記》，《大雅》時事更朖然可案。其合者三也。若厲王時，惟聞弭謗專利而已，使有豔姓之妻爲内寵熾盛如此，《詩·大雅·板》《蕩》以及《國語》、周、秦諸子史中不容無一語及之者。此不合者三也。皇父卿士乃南仲之裔孫，周宣王時卿士、命征淮徐者。故《大雅·常武》曰：「王命卿士，南仲大祖，大師皇父。」皇父爲老臣，幽王不用之，任尹氏爲大師卿士，任虢石父爲卿，廢申后，去太子宜臼，故詩人雖頌皇父之聖，實怨其安於退居。是尹氏、虢石父不在卿士皇父、司徒番鄭箋以幽王時司徒乃鄭桓公友，非此篇之所謂番，以爲《詩》屬厲王之證。但今以《史記·鄭世家》考之，鄭桓公爲卿士在幽王八年，其六年日食時爲司徒者實番也。諸休退老臣之列。此合者四也。若厲王時用爲卿士專利者，榮夷公也。其爲正臣諫王者，召公、芮良夫也。皇父等七人，考之彼時，無一驗者。其不合者四也。綜而論之，子夏之《序》，親受經於孔子，其説宜從。日食推步既得十月辛卯朔，其説宜從。至於鄭箋，從《魯詩》，非從魯也。東漢《中候》襲用《魯詩》，石渠説經往往稱制臨決，鄭君尊時制也。至于傳、箋訓詁閒有未合詩人本恉者，而皇父七人以正臣蒙權黨之名，所關爲尤巨，元於所箸《詩補箋》中各隨章句辨之。恐元此説不足以振積非，而學者株守鄭義，反執彼一二端爲言，致被以異説也，乃自《節南山》至《小旻》，❶録《補箋》之可發斯義者釋之，以證鄙意焉。

節南山

序：《節南山》，家父刺幽王也。　補箋：自《節南山》至《小明》，序皆曰刺幽王，今以皇父、褒姒人事及《十月之交》術法推驗皆合。

---

❶「旻」，原作「明」，今據阮刻本《毛詩注疏》改。以下逕改，不出校。

序以《節南山》以下皆幽王時詩，《毛詩》説與序同。惟鄭箋據緯書《中候擿雒貳》，以《十月之交》以下四詩爲刺厲王，今推驗皆不合。又謂毛作《訓詁傳》時移其篇第，言亦無徵。此數詩中解詁因厲王而多失，今悉辨正，詳後各「補箋」下。鄭所以用緯説者，後漢世祖尊用圖讖，朝廷引以定禮説經，明帝用禮讖初祀五方帝，光武帝配，鄭司農知禮尊王，故解經多從緯説，尊時制也。後人用是毀鄭，未免誦《詩》而不論其世。兩漢《毛詩》、子夏《序》甚微，未顯于世，故《漢書·劉向傳》、《谷永傳》、《五行志》皆以《十月之交》爲厲王時事者，用《魯詩》説。

赫赫師尹。　補箋：師尹，太師尹氏也，吉甫之族。幽王時不用皇父，任尹氏爲大師，尸位不親民，故詩人刺之。

謂尹氏爲吉甫族者，宣王初年伐玁狁，尹吉甫爲老臣總武事者，故《六月》曰：「文武吉甫，萬邦爲憲。」至征徐戎時，則用卿士皇父總武事，以繼吉甫，故《大雅·常武》章首備言卿士皇父，次章始言王謂尹氏也。此尹氏或是吉甫之子，抑或其族，副于皇父出師者。《春秋》隱公三年「尹氏卒」，《公羊》以爲譏世卿，即此族也。幽王時不用皇父，用尹氏爲太師卿士，尹氏無大惡，而尸位不諫則有之，故詩人曰「尹氏太師，維周之氐」云云，而終曰「以究王訩」，則尹氏尚未如暴公善譖、虢石父巧諛好利，爲詩人所專刺也。迨後尹氏亦退，而暴公代之，當在廢申后時矣。

弗躬弗親，庶民弗信。　補箋：尹氏不躬親教養，民不諒之。

弗問弗仕，勿罔君子。　補箋：尹氏不問察讒言，致誣罔君子。

鄭箋：仕，察也。義本《爾雅》。傳謂庶民之言不可信，箋謂下民勿罔于上，皆非。

式夷式已，無小人殆。　補箋：夷，傷也。王不察讒言，君子之在位者，或傷或已，皆爲小人所危，尹氏當諫。

《易·序卦》曰：「夷，傷也。」箋訓「夷」爲平，言當用平正之人，非是。

瑣瑣姻亞，則無膴仕。　補箋：謂皇父諸臣退居私邑，以昏姻相益，車馬爲富。

詳「昏姻孔云」「擇有車馬」補箋下。

君子如屆，俾民心闋。君子如夷，惡怒是違。　補箋：屆，至也。夷，傷也。君子如至其位，可使民惡怒之心止息；君子如傷廢去位，則民惡怒之心與上相違。

此「夷」字即承上「式夷」夷字爲言。　鄭箋：屆，至也。言君子當行至誠之道，平易之行，非是。

不自爲政，卒勞百姓。　補箋：不自爲政，尹氏弗躬弗親也。

不懲其心，覆怨其正。　補箋：王不自懲其心，反怨大臣而退之。

傳：正，長也。即《雨無正》所謂正大夫，蓋皇父諸人。

家父作誦，以究王訩。　補箋：誦，諷也。大夫自著字諫王，詩人之極忠直也。亂由王興，尹氏尸位，責之猶淺。

《說文》「誦」、「諷」二字轉相爲訓。合《節南山》各章觀之，尹氏無大惡，故責之猶淺。以究王訩，極諫無隱矣。《禮記·大學》引章首四句，復曰：「有國者不可以不慎，辟則爲天下僇矣。」此正言幽王被弑之事也。厲王末僇。

正　月

序：《正月》，大夫刺幽王也。　補箋：此下四詩皆暬御大夫獨勞王事，❶刺幽王嬖褒姒，舉㒓㒓，棄舊臣，舊臣亦相率去王都，自徹其屋，保有私室，暬御獨傷憂勤也。義詳《十月之交》補箋下。《雨無正》曰：「曾是暬御，憯憯日瘁。」詩人官暬御，守王不去，怨友之去也。數詩皆一人所作。

民之訛言，寧莫之懲。召彼故老，訊之占夢。具曰予聖，誰知烏之雌雄？　補箋：故老，謂退居之皇父。占夢，微事也，亦謝不能，其不屑懲小人訛言可知。予，皇父自謂也。《北風》曰：「莫黑匪烏。」以喻君臣同惡。《尚書大傳》曰：「愛人者，兼其屋上之烏。」烏本宜惡也。《左傳》襄二十二年：「臧武仲不知雨，御叔曰『焉用聖人！我將飲酒而已。』」聖人宜多所知也。幽王時，皇父稱聖人，故《十月之交》曰「皇父孔聖」。今退居後，訛言亂興，皇父不之懲，即召之占夢，亦謝曰：「人俱謂予聖，予實不知烏之雌雄。」衰廢而自藏其智也。傳謂幽王君臣俱自謂聖，非是。

燎之方揚，寧或滅之。赫赫宗周，褒姒威之。　補箋：豫決必威周也。威即滅，此義同字變之例也。

---

❶「暬」，原作「㬪」，今據阮刻本《毛詩正義》改。下同。

《説文》：「滅，盡也。盡爲器中空，从皿，从㶳聲。㶳，火餘也。」滅與威義相同，詩人必變「滅」書「威」者，一字分二韻，則別二字書之，義同字變之例也。如《小戎》「龍盾之合」，龍讀爲尨。尨，雜色也。龍、尨古之通借者多矣。「尨盾」乃雜畫之盾，非畫龍于盾。下章「蒙伐有苑」，「蒙伐」即「龍盾」。詩人凡重言者，每變其字，示不相複，其實于事則同。此例學者罕知，求之經傳，往往而是。謂「蒙伐」即「龍盾」者，《詩》「爲下國駿尨」，《荀子》、《大戴禮》並引作「蒙」。「狐裘蒙戎」，《左傳》引作「尨」，是通借也。《説文》：「盾，瞂也。」「瞂，盾也。」「伐」與「瞂」同音假借也。箋、傳之説皆非。《説文》「威」字下引「褒姒威之」，解曰：「从火、戌。火死于戌，陽氣至戌而盡。」案：戌爲九月，陽氣盡于九月，心、火三星亦納于此月，故《説文》「戌」字解曰「滅也」。此《詩》作于幽王未喪之前，直曰「褒姒威之」者，豫決其必威也。如幽王二年，三川震，伯陽父言必有川竭山崩之事，是年果三川竭、岐山崩，見《史記·周本紀》。亦豫決之。

終其永懷，又窘陰雨。　補箋：終，既也。《詩》「終風且暴」、「終温且惠」、「終和且平」，「終」當訓既，與「又」相對爲義，言既如此又如此也。此「終」字詞例相同。箋以爲終王之所行，非是。

乃棄爾輔。　補箋：喻棄皇父諸舊臣，使之退處。

魚在于沼，亦匪克樂。　補箋：喻賢臣雖退處，亦不能安居。

彼有旨酒，又有嘉肴。洽比其鄰，昏姻孔云。念我獨兮，憂心慇慇。　補箋：怨退居者以酒肴洽鄰里、益昏姻，不若我獨憂王事。「云」讀與「員于爾輻」員同，益也。

義與《十月之交》相同。此章語與上章不相屬。「酒」與「肴」相韻，不與上「炤」、「虐」相韻。「孔云」之「云」，《釋文》亦作「員」。云、員古同音，義當與「員于爾輻」之訓爲益者同。傳訓旋，箋訓友，取義皆曲。

佌佌彼有屋，蔌蔌方穀。民今之無禄，天夭是椓。哿矣富人，哀此惸獨。 補箋：怨退居者少有居室車馬，此無禄者終惸獨也。蔡邕《釋誨》曰：「速速方轂。」李賢曰：「方，並也。並轂而行也。」箋謂小人富貴，非是。佌佌，《説文》作「佡佡」，解曰「小也」。《釋文》云：「方穀，本或作方有穀。」非是。陸本作「蔌蔌方穀」，陸本是也。自唐石經以下，皆衍「有」字。此四句「佌佌彼有屋」五字句，與「民今之無禄」相諧；「蔌蔌方穀」四字句，與「天夭是椓」相諧，其無「有」字益明矣。又石經、岳珂本皆作「天夭是椓」，今坊本多訛作「夭夭是椓」。《後漢書·蔡邕傳》曰：「速速方轂，夭夭是加。」彼之「速」、「轂」異《毛詩》者，所傳本異也。以「加」易「椓」者，用「加」以韻枯、辜、邪、牙等字，非「椓」或作「加」也。方轂，章懷太子注爲「並轂」，此爲得之，即「擇有車馬」義。今毛本「穀」爲「轂」假借字。《老子》王弼本，諸侯自稱「不穀」之「穀」作「不轂」。毛不破字，鄭亦沿而未破，訓善非本義也。

十月之交

序：《十月之交》，刺幽王也。 補箋：刺幽王以褒姒爲后，任用小人，退廢諸賢臣，致天變也。

義詳「皇父卿士」補箋下。

十月之交，朔月辛卯，日有食之。 補箋：雍正癸卯上距周幽王六年積二千四百九十八年，依今推日食法推得建酉月辛卯朔太陰交周，初宫一十二度八分三十五秒二十九微入食限。朔月，月朔也。

雍正癸卯距魯僖公五年積二千三百七十八年，算上經史所推，久有定數。今據《史記》，魯僖公五年距周幽王六年積一百二十一年，算外並之，得自雍正元年癸卯距所求之周幽王六年共二千四百九十九年，減一年得積年二千四百九十八。

中積分九十一萬二千三百七十五日三五一三八一一六。以積年與周歲三百六十五日二四二三三四四二相乘，得中積分。

通積分九十一萬二千三百四十三日二二八八四一一六。置中積分減氣應三十二日一二二五四，得通積分。

天正冬至一十六日七七一一五八八四。置通積分其日滿紀法六十去之，餘四十三日二二八八四一一六，轉與紀法相減，餘爲天正冬至日分。

紀日一十七。以天正冬至日數加一日得紀日。

積日九十一萬二千三百七十六日。置中積分減氣應分一二二五四，加本年天正冬至分七七一一五八八四，得積日。

通朔九十一萬二千三百九十一日一二六三三。置積日加朔應一十五日一二六三三，得通朔。

積朔三萬○八百九十六。　首朔一十四日○○一三一五一一。置通朔以朔策二十九日五三○五九○五三除之，得數爲積朔，餘數爲首朔。

積朔太陰交周，一宫一十六度五十分八秒四十微。以積朔與太陰交周朔策一十一萬零四百一十三秒九二四四一三三四相乘，得三十四億一千一百三十四萬八千六百○八秒六七四五五二六四，滿周天一百二十九萬六千秒去之，餘數二十七萬六千六百〇八秒六七四五五二六四，以宫度分收之，爲積朔太陰交周。

首朔太陰交周，四宫六度四十六分四十四秒九微。置首太陰交周應六宫二十三度三十六分五十二秒四十九微，減積朔太陰交周，得首朔太陰交周。

十月朔太陰交周，初宫一十二度八分三十五秒二十九微爲太陰入交有食。置本年首朔太陰交周，以太陰交周朔策一宫零四十分一十三秒五十五微遞加八次，得周正十月朔太陰交周。逐月朔太陰交周，自初宫初度至初宫二十一度一十八分，自五宫八度四十二分至六宫九度一十四分，自十一宫二十度四十六分至十一宫三十度，皆爲太陰入交，今十月入交即十月有食。

十月平朔，辛卯日卯初三刻九分。以太陰入交月數八與朔策相乘，得二百三十六日二四四七二四二四，與本年首朔日分相加，得二百五十日二四六〇三九三六，即平朔距冬至之日數，再加紀日一十七，滿紀法去之，得二十七日二四六〇三九三六，自初日甲子起算，得平朔干支，以周日一千四百四十分通其小餘，得平朔時刻。

案：《大衍術·日蝕議》曰：「《小雅·十月之交》，虞劆以術推之，在幽王六年。《開元術》定交分四萬三千四百二十九入蝕限。」《授時術議》云：「幽王六年十月辛卯朔，泛交十四日五千七百九分入食限。」蓋自來推步家未有不與緯説異者。本朝時憲書密合天行，爲往古所無，今遵後編法推，幽王六年十月朔正得入交。從《魯詩》説謂厲王時事者，斷難執以争矣。

於何不臧。補箋：於讀如粵，發聲也。

《爾雅》「粵」、「於」相轉注。

百川沸騰，山冢崒崩。　補箋：幽王二年，三川震而復竭，岐山崩。《史記》幽王二年云云，是涇、洛、渭三川先震而後竭，岐山亦崩。震與竭爲二事，《周本紀》之言明白可案。此詩因六年日食之變而作，並溯及二年川震之事，故曰沸騰。孔沖遠疏以爲沸騰與竭不同，非是。今本《國語》譌作「幽王三年」，非是。《説苑・辨物》篇亦作「二年」，與《史記》同。

皇父卿士。　補箋：皇父乃南仲之孫，周宣王時卿士，命征淮徐者。故《常武》曰：「王命卿士，南仲大祖，大師皇父。」幽王不用之，任尹氏爲大師，大師尸位，虢石父爲卿，巧諛好利，用是廢申后，去太子宜臼，故詩人頌皇父之聖，復怨其安於退居也。

箋以皇父爲厲王時人，故以司徒番等七子皆厲王妻黨女謁，權寵相連，朋黨於朝。此説固不合。即王肅、皇甫謐以此詩爲幽王時事，亦以皇父等與豔妻同視爲佞嬖，亦不合矣。元案：《大雅・常武》之詩，乃宣王征淮夷時事，其詩曰：「王命卿士，南仲大祖，大師皇父。」是皇父爲大臣之字、南仲之後，宣王時爲大師卿士，命征淮徐，與召虎、尹吉甫同時者明矣。幽王爲宣王子，則皇父爲先朝老臣，宜倚用之，乃幽王嬖褒姒，任尹氏爲大師卿士，虢石父《史記・周世家》云：「幽王以虢石父爲卿用事，國人皆怨。石父爲人佞巧善諛好利，王用之，廢申后，去太子。」是廢后易嫡皆虢石父之惡，尹氏尸位不諫而已。爲卿，而退皇父。故詩人一則曰：「抑此皇父，豈曰不時，胡爲我作，不即我謀。」言告皇父此生尚非不辰，何不就我謀政事。再則曰：「皇父孔聖，作都於向。」言其甚聖哲，今不用之，皇父亦安於退居采邑，不以國家爲憂，怨責之也。三則曰：「不憖遺一老，俾守我王。」言不留此一老成人以衛王。一老，即皇父也。如以皇父與《常武》「皇父」爲兩人，則前後二三十年間不應同官者復同字，其不合一也。如以皇父爲女謁權佞，不應不居王都反退居於向，讓尹氏爲太師卿士，其不合二也。幽王六年，尹氏爲大師卿士，如皇父在朝爲權寵，豈二人並居此一官？其不合三也。詩曰「不憖遺一老」二句在「擇三有事」、「擇有車馬」之間，如是貪淫，則語極不順，其不合四也。《節南山》之「尹氏」，《史記》之「虢石父」，皆不在家伯、仲允之列，忠佞判然，其不合五也。《墨子·所染》篇幽王染於傅公夷、蔡公穀，《吕氏春秋》録《墨子》之説，作染於虢公鼓、祭公敦，而皇父以下七人無一人列名其中，明非佞臣，其不合六也。《大雅·民勞》、《版》、《蕩》、《抑》、《桑柔》，皆刺厲王，反覆於厲階貪人，與《國語》弭謗專利合，無一語及於煽處、權黨；至幽王《大雅·瞻卬》、《召旻》，即極言哲婦傾城，亦無一言及於皇父七人之權黨，其不合七也。據此七事，皇父明是賢臣，而自漢以來皆視爲姦佞之首，徒以此詩與豔妻同舉故耳。其實此章不過臚舉朝臣，末言「豔妻煽方處」，自是貶詞，其曰「皇父卿士，番維司徒，家伯維宰，俗本譌作「冢宰」，因箋中「冢」字而誤。仲允膳夫，聚子内史，蹶維走馬，楀維師氏」，但舉其官爵、名字，未嘗少有褒貶。詩人不言在位之尹氏、石父，而言居向之皇父卿士，則番、家伯等以類相從，是皆賢臣，民所屬望、王所屏弃者可知。詩若曰：雖此老臣賢臣之多，其如褒姒煽方處何也？《君子偕老》前五句與後二句相反，文義與此同。但諸臣退居私邑，保有室家，坐視王室之燬，無箕子、比干之節，不能免詩人怨刺耳。此事端賴《常武》之詩可以表正，並藉《節南山》以下諸篇互相發明。自《魯詩》誤以七人爲女謁權黨，漢儒靡然從之。《漢書·人物表》至列入下下，沈冤經史中數千載矣，不可不力辨之。《竹書紀年》：「王錫大師尹氏皇父命。六年，皇父作都於向。」皆僞説，不可從。又幽王時暴公亦曾爲卿士，故《何人斯》序曰「暴公爲卿士」。彼詩在《小弁》廢太子之後，當是幽王日食以後事，尹氏亦退位，故暴公代之也。

番維司徒。　補箋：幽王八年，始命鄭桓公友爲司徒，在日食之後。《鄭世家》：「宣王二十二年，鄭桓公友始封於鄭，三十三歲，百姓愛之，幽王以爲司徒。」是封後三十三年爲司徒，當幽王八年矣。《國語》韋昭註云：「幽王八年爲司徒。」此詩作於幽王六年，故司徒仍是番。而鄭箋據幽王司徒爲鄭桓公，謂番爲厲王司徒，誤矣。《漢書·人物表》引「番」作「皮」，「中允」作「中術」，「聚」作「掫」，「楀」作「萬」，皆下下。

豔妻煽方處。　補箋：褒姒煽惑處内，賢臣雖多，不居其職。《昏義》曰：「天子八十一御妻。」日食時褒姒未爲后也。稱豔，惡之也。皇父諸臣稱爵，重之也。

毛傳曰：「豔妻，褒姒。美色曰豔。」此依子夏序爲説也。《中候擿雒貳》曰：「昌受符，厲倡嬖，期十之世權在相。」又曰：「剡者配姬，以放賢山崩水潰，納小人家伯罔主，異載震。」據緯書此説，以「豔」爲「剡」，剡爲姓，與姬相對，屬厲王時事。此自是後漢時帝用緯説經，稱制臨決之事，鄭司農遵用之也。豔，《中候》作「剡」，《漢書·谷永傳》作「閻」，皆「美豔」豔字假借也。鹽、淹亦與豔通。《禮記·郊特牲》「鹽諸利」註：「鹽讀爲豔。」古樂府「鹽」皆讀爲豔。《大戴記·官人》篇「淹之以利」，淹與豔同。《逸周書·官人解》「臨之以利」，臨乃鹽字之譌，淹、豔通也。　煽，《説文》作「傓」，在「人」部，今從火作煽者，由俗改也。

抑此皇父，豈曰不時。胡爲我作，不即我謀。　補箋：不時，不辰也。何爲我作而謀王，彼不來就我同謀。《詩·桑柔》：「我生不辰。」《爾雅》：「不辰，不時也。」詩人言國事猶可爲之時也。《小明》曰：「謀夫孔多，是用不集。」集，《韓詩外傳》作「就」。集與就同。《書・顧命》：「克達殷，集大命。」漢石經作「就」。即、集亦同。此詩曰「不即我謀」，義與彼同。

徹我牆屋，田卒汙萊。曰予不臧，禮則然矣。　補箋：言己獨居勤王，牆屋皆徹，田亦不治。友朋謂予自謀不善，不知事王之禮當然。

箋以爲皇父毀徹民之牆屋，不得趨農，邑人怨辭，非也。篇中稱予、稱我，皆暬御自稱，非百姓也。今經文皆作「曰予不戕」。《釋文》曰：「戕，王作臧。孫毓評以爲鄭改字。」陸説是也。蓋此經本爲「臧」字，王肅本如舊，鄭本亦是「臧」字，特破讀爲「戕」字，訓爲殘，非經本「戕」字。後之宗鄭者踵改經文，並刪去箋中「讀爲戕」一句，孫毓猶及見之也。如經中本是「戕」字，字不習見，毛傳亦不容無以訓之。孫毓評多從鄭説，不致反護子雍。其實此處正當以子雍「臧」字義長，不煩破字，不得因王肅攻鄭，其言千慮無一得也。凡此數詩中言「於何不臧」、「庶曰式臧」、「謀臧不從」、「不臧覆用」、「謀之其臧」、「謀之不臧」，皆與此「曰予不臧」詞氣相同，故今改爲「臧」以復其舊。下「亶侯多臧」同。

皇父孔聖，作都于向。　補箋：皇父甚聖哲，今惟作都於向，不居王都。

《雨無正》曰：「謂爾遷于王都，曰予未有室家。」與此相發明。

擇三有事，亶侯多臧。　補箋：三有事，王之三公也。多臧，俗本作「多藏」。字當爲「臧」，善也。詩人怨責皇父與三卿同退居，此三卿皆善謀者，故曰「信維多善」也。

訓三有事爲三公，鄭義也。亶侯爲信維，毛義也。此詩與《雨無正》似皆一人所作。詩人勞於王事，怨諸賢臣去王都、居向邑，不肯留守王也。故《雨無正》曰：「正大夫離居，莫知我勩。三事大夫，莫肯夙夜。邦君諸侯，莫肯朝夕。」又曰：「凡百君子，各敬爾身。胡不相畏，不畏於天。戎成不退，飢成不遂。曾我暬御，憯憯日瘁。凡百君子，莫肯用訊。」又曰：「云不可使，得罪於天子。亦云可使，怨及朋友。謂爾遷于王都，曰予未有室家。」又曰：「昔爾出居，誰從作爾室。」皆足互相發明。蓋王不用皇父，皇父退居於向，新作居室，其三事之同去者亦作居於向，即《正月》之詩所云「佌佌方有屋，蔌蔌方穀，哿矣富人」者也。詩人貧苦勞勩，有與國存亡之義，深責皇父爲先朝老臣不應甘於退位，又斥三事大夫有車馬者亦安居於向，此豈皇父擇之？曰擇之者，所以激勵之使出守王也。合觀詩詞，皇父棄廢就衰，詩人竭忠盡瘁之情，數千載皆可想見。自解者不得其旨，義乃沉晦不可求矣。《雨無正》曰：「三事大夫，莫肯夙夜。」鄭箋彼「三事」爲三公，是也。此「擇三有事」自當同解。乃箋沿傳説以爲國之三卿，又與畿内諸侯二卿不合，遂謂皇父專權，立三卿爲聚斂之臣，故多一卿，取義皆無所依據也。即如箋説三事多財，富民多車馬，皇父擇與同居，於皇父亦何益，於皇父又何罪乎？藏，俗字。《説文》惟有「臧」字，故《漢書》凡「收藏」之「藏」皆作「臧」。此「多臧」亦言三事謀多臧耳。而傳以爲貪淫多藏，《釋文》讀爲「才浪反」，皆誤矣。「寶藏」之「藏」與「臧否」之「臧」，古皆同聲同形，六朝始分平仄。如以爲仄聲，與「向」相韻，則《彤弓》「受言臧之」與貺、饗相韻矣，《頍弁》「庶幾有臧」與上、炳相韻矣，凡此皆訓爲「寶藏」之「藏」乎？信維多善，言謀多臧，即「不即我謀」之義也。此詩多用「臧」字，見上「曰予不臧」補箋下。

不憖遺一老，俾守我王。補箋：憖，讀若靳。《春秋左氏傳》曰「宋公靳之」，一老，謂皇父也。魯哀公誄孔子曰：「不憖遺一老，俾屏予一人以在位。」用此詩也。

鄭箋：憖者，心不欲自彊之辭也。此訓較《説文》明確，以律諸經傳，可得其意焉。《左》哀十六年：「哀公誄孔子曰：『不憖遺一老。』」杜注曰：「憖，且也。」且即心不欲而自彊之意。《晉語》：「憖庇州犂焉。」《左》文十二年：「兩軍之士皆未憖也。」昭二十八年：「憖使吾君聞勝與臧之死也以爲快。」此皆始不願而後願之意，而杜注文十二年爲「傷」、昭二十八年爲「發語之音」，皆失之矣。《説文》「憖」從猌聲，「猌，犬張齗怒也。讀若銀」。故《春秋》昭十一年《左》、《穀》「會於厥憖」，《公羊》作「屈銀」者，銀、憖同音也。銀與斤聲相近。《左》莊十一年「宋人請南宮長萬，宋公靳之」。靳與憖音同，假借字也。靳者亦始不願彊而後可之意，故宋萬怨而弒之。服虔注：「恥而惡之曰靳。」杜注：「戲而相愧曰靳。」皆從下魯囚語望文生義者，非本義也。杜注「憖」爲傷，義本《方言》。《方言》漢人語，義從《詩》及哀公誄而生，爲傷悼之意，非古人本義也。

擇有車馬。　補箋：三事大夫有車馬，重言以激責之。

箋謂擇民之富有車馬者，非是。

我不敢傚，我友自逸。　補箋：友謂皇父及諸大夫。

雨無正

浩浩昊天，不駿其德。降喪饑饉，斬伐四國。上天疾威，弗慮弗圖。　補箋：夏曰昊天，即夏四月繁霜致饑饉也。秋曰上天，即秋八月辛卯朔日食也。

若此無罪，淪胥以鋪。　補箋：順流而風曰淪，言藴淪也。胥，皆也。淪胥猶曰胥淪，與胥靡同意，相隨累皆得罪也。

毛傳：「淪，率也。胥，相也。鋪，徧也。」《爾雅》曰：「淪，率也。」《漢書・敘傳》曰：「烏呼史遷，薰胥以刑。」晉灼曰：「淪，齊、魯、韓《詩》作『薰』。薰，帥也，從人得罪相坐之刑也。」元謂《毛詩》之「淪」本字本義也，三家之「薰」同韻假借也。《爾雅》「小波爲淪」，郭注：「言藴淪。」《釋文》引《韓詩》曰：「順流而風曰淪。」《爾雅》：「胥，皆也。」《吕氏春秋》曰：「傅説，殷之胥靡。」《史記》亦言「傅説胥靡」。是淪胥猶胥淪，胥淪猶胥靡，皆隨累得罪之名也。《史記》曰「從風而靡」，又曰「靡然鄉風」，即《韓詩》「順流而風」之意。故《大雅・抑》曰：「如彼泉流，無淪胥以亡。」《小明》卒章曰：「國雖靡止，民雖靡膴。」即繼之曰：「如彼流泉，無淪胥以敗。」《小雅》兩「淪胥」與《抑》之「淪胥」義同，彼時以爲恒語。至於「流泉」一語，正從「淪」字生義。淪與靡意亦相近，若徒訓爲率，則其義未盡矣。《釋文》引王肅註：「鋪，病也。」是王肅讀「鋪」爲「痡」，王義似較毛、鄭爲長，蓋與敗、亡字一例也。

正大夫離居，莫知我勩。三事大夫，莫肯夙夜。　補箋：皇父居向，不知暬御之勞。三公善謀，亦以車馬而退居於向。

周宗既滅。　補箋：亦豫決其必滅。

邦君諸侯，莫肯朝夕。　補箋：邦君之在王都者，亦不肯朝夕省王。

如鄭桓公既封鄭猶居王都也。

凡百君子，各敬爾身。胡不相畏，不畏于天。補箋：不畏繁霜日食之變。

戎成不退，飢成不遂。曾我暬御，憯憯日瘁。補箋：戎兵成而已不退，飢餓成而已不遂，暬御自盡瘁事國也。

譖言則退。補箋：諸臣被譖即退，不若己雖被讒言猶黽勉從事。

維曰于仕，孔棘且殆。云不可使，得罪于天子。亦云可使，怨及朋友。補箋：于仕者，勸諸友往王都從仕也。明知往仕甚急且危，但君臣之禮則然矣。若曰不可仕，則諸友非禮，得罪天子。若曰可往仕，則朋友皆怨我。

石經、岳本皆作「于仕」，監本譌作「予仕」。

謂爾遷于王都，曰予未有室家。補箋：皇父、三事辭不肯居王都。

小旻

國雖靡止，或聖或否。民雖靡膴，或哲或謀，或肅或艾。補箋：靡之言隨也，累也。止，語辭。膴，大也。國與民雖靡靡然相隨累，尚有敬用五事者。聖，謂皇父諸人。否，則謂虢石父諸人。

《史記·殷本紀》：「説爲胥靡。」靡，隨也，古者相隨坐輕刑之名。《詩·周頌》：「無封靡於爾邦。」傳：「靡，累也。」下曰「無淪胥以敗」，言無相隨累牽率同至敗，即此「靡」字義也。鄭箋以聖、哲、謀、肅、艾爲

《洪範》五事，是也。傳訓「靡止」爲「小」，箋訓「靡」爲「無」，訓「止」爲「禮」，訓「膴」爲「法」，皆義曲，與下二句不相屬矣。訓膴爲大者，《巧言》「亂如此憮」詞氣同此。《爾雅》：「憮，大也。」膴、憮音皆同也。膴，《韓詩》作「腜」，聲尤與止、否、謀相近。至「艾」字始轉其聲，與「敗」字相韻。

如彼泉流，無淪胥以敗。　補箋：國民靡然相從，如泉流順風，戒其無相從皆敗也。詳《雨無正》「淪胥以鋪」補箋下。

進退維谷解

《毛詩·大雅·桑柔》曰：「朋友已譖，不胥以穀。人亦有言，進退維谷。」傳、箋皆訓「谷」爲「窮」。考谷無窮訓，此望文生義也。案：谷乃穀之假借字，本字爲穀。《爾雅·釋天》：「東風謂之谷風。」郭注：「谷之言穀。」《書·堯典》「昧谷」，《周禮·縫人》注作「柳穀」。進退維穀，穀，善也。此乃古語。詩人用之，近在「不胥以穀」之下，嫌其二「穀」相並爲韻，即改一假借之「谷」字當之，此詩人義同字變之例也。此例三百篇中往往有之。元始稱之，前人無言之者。即如《小雅》「褒姒烕之」，近在「寧或滅之」之下，嫌其二「滅」相並，即改「滅」而書爲「烕」。或曰毛公訓《詩》古矣，今訓爲善，有據耶？元曰：漢人訓《詩》，究不如周人訓《詩》之爲有據也。《晏子春秋》：「叔向問晏子曰：『齊國之德衰矣，今子何若？』晏子對曰：『嬰聞事明君者，竭心力以没其身，行不逮則退，不以誣持禄。事惰君者，優游其身以没其世，力不能則去，不以諛持危。且嬰聞君子之事君也，進不失忠，退不失行。不苟合以隱忠，可謂不失忠。不持利以傷廉，可謂不失行。』叔向曰：『善哉！《詩》有之曰：「進退維谷。」其此之謂歟！』」《韓詩外傳》：「田常弑簡公，乃盟于國人曰：『不盟者，死及家。』石他曰：『古之事君者，死其君之事。舍君以全親，非忠也。舍親以死君之事，非孝也。他則不能，然不盟，是殺吾親也；從人而盟，是背吾君也。嗚呼！生亂世不得正行，刼乎暴人不得全義，悲夫！』乃進盟以免父母，退伏劍以死其君。聞之者曰：『君子哉！安之命矣！《詩》曰：「人亦有言，進退維谷。」石先生之謂也。』」此二書，一則叔向之言，一則魯哀公時齊人之言。曲體二人引《詩》之意，皆謂處兩難善全之事而處之皆善也。歎其善，非嗟其窮也。且叔向曰「善哉」，「善」字即明訓「谷」字也。段氏《説文注》謂《詩》「進退維谷」之「谷」字爲「鞫」字之同音假借。《爾雅》曰：「鞫，窮也。」元謂鞫、谷同部，聲相近，究非如谷、穀之同聲。或曰：《左傳》「深山窮谷」，則「谷」亦有「窮」義。元謂「谷」皆通川之名，義近于通，不近于窮。其曰「窮谷」者，言谷之有窮者也，乃變義，非常義也。《爾雅》：「窮瀆，汜。」亦言瀆有窮者，非瀆訓窮也。

揅經室一集卷五

古戟圖考

《説文》曰:「戈,平頭戟也。」然則戟爲不平頭之戈矣。《説文》解「戟」曰:「有枝兵也。」義亦相成也。《考工記》:「戈廣二寸,内倍之,胡三之,援五之,倨句外博。戟廣寸有半寸,内三之,胡四之,援五之,倨句中矩與刺。」是戟之異于戈者以有刺,且「倨句中矩與刺」,是刺同援長,可省言「刺五之」,但曰「與刺」而已。今世所傳周銅戈甚多,而戟則甚鮮,鄭注又多晦誤,于是古戟制不可知。余于伊墨卿太守秉綬。吉金拓本册中見一戟,乃歙程彝齋敦。所手拓,其刺直上出于柲端,與旁出之援絜之正中乎矩,且刺與援長相同。爰圖其形于後,以爲《考工》、《説文》之證。

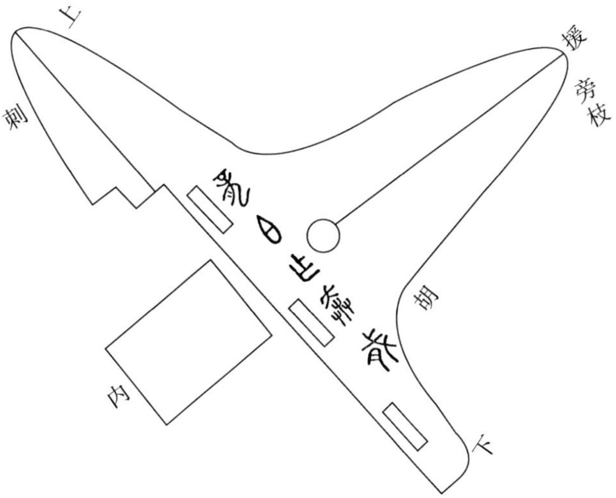

匕圖考

匕所以載鼎中之牲體者。《易·坎》、《詩·大東》匕以棘。《禮記·雜記》匕以桑。《說文》篆作「[illegible]」，亦當象形。然古木匕之形不可見矣。《通俗文》曰：「匕首，劍屬。其頭類匕，故曰匕首，短而便用也。」《文選·

鄒陽獄中上書》注引。然則得見匕首，可知匕形矣。庚午冬，在京師見門下士山西劉師陸所藏古銅匕首。今繪其形于後。其柄上有旁枝，即ㄣ字旁一小枝之所以象形者。古匕以棘、桑爲之，當如此形，特柄長，可以撓于鼎中耳。

銅和考

古銅器中有下半長方形而空其下口以待冒者，上半橢圓，空中如兩輪形，中含銅丸，望之離婁然，摇之，其丸鳴於兩輪中，其聲鶬鶬然。《考古圖》載李氏録云是漢武帝時舞人所執之鐃，遂謂之漢舞鐃，誤矣。鐃者似鈴而無舌，《周禮》所謂以金鐃止鼓，《樂書》所云小者似鈴，執而鳴之以止鼓，大者懸而擊之，象鍾，形薄，旁有二十四銑，非此之謂。此乃古車之和鑾也。鑾亦作鸞。鄭氏注《戴記》云：「鸞、和皆鈴也。」又云：「鸞在衡，和在軾。」此據《大戴》而云然，謂鸞在衡之端，和在軾之前。此器近世流傳甚多，其下方空處應即冒，車前軾兩柱之耑故有旁孔以待横貫，使不致脱。《韓詩傳》云：「升車則馬動，馬動則鸞鳴，鸞鳴則和應。」蓋鸞近馬首，乘則馬動而鸞鳴，和乃應之。《左氏傳》云：「錫鸞和鈴，昭其聲也。」《經解》云：「升車則有鸞、和之音。」皆此物也。鑾者謂橢圜之瘠形。《爾雅》曰：「巒山，墮。」《詩》曰「棘人欒欒兮」、「婉兮孌兮」，皆謂瘦削之形，「執其鸞刀」亦象其形。或以爲象鸞鳥鳴聲者，此又從其聲而生義以名鳥也。「和」字乃「桓」字同音假借字，車前軾兩柱如桓楹和門然，若以爲音聲之和，則誤矣。

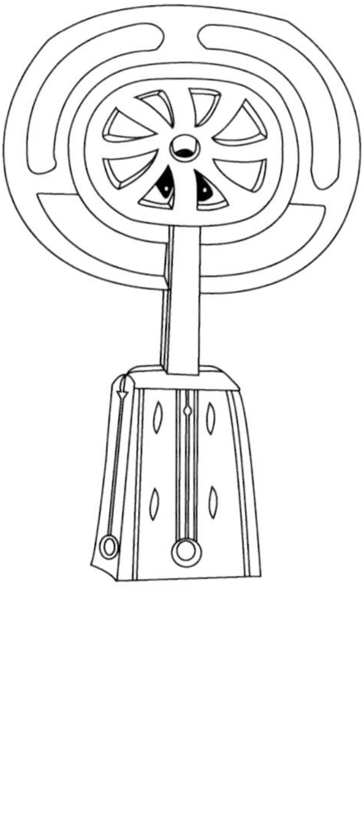

璧羨考

琢玉石爲周尺徑尺之璧，于《周禮》「璧羨」之説考之而有得焉。《春官·典瑞》云：「璧羨以起度。」《考工記·玉人》曰：「璧羨度尺，好三寸以爲度。」《爾雅·釋器》曰：「肉倍好謂之璧。」按：《爾雅》之説，肉倍于好即名爲璧。若中好三寸，則上下之肉各三寸，共成九寸。此璧之常制。故《玉人》曰：「璧琮九寸也。」若謂上下肉各倍于好，則好得肉四分之一，九寸之璧，好一寸八分，畸零不成度數矣。別有盈尺之璧，較之九寸之璧，羨餘一寸，此即名爲璧羨，猶曰羨璧也。此璧于上下肉三寸之外各羨半寸，合成一寸，且是周圍正圜皆羨半寸，合成一寸也。以起度者，以此璧即命爲一尺，凡度量皆可從此推起，猶之《玉人》以鼻琮爲權也。鄭司農之説本不誤，鄭氏康成以羨爲不圜之貌，廣徑八寸，袤一尺，此説非也。璧未有不圜者，若如鄭説，是橢圜形矣，非《周禮》、《爾雅》本義也。

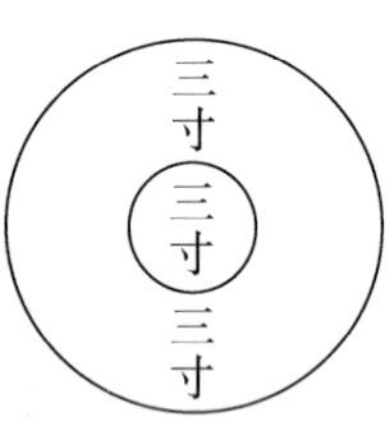

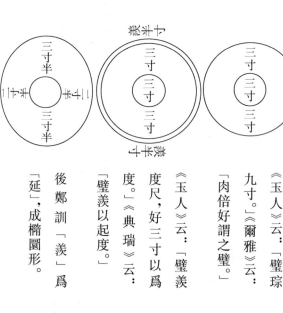

《玉人》云：「璧琮九寸。」《爾雅》云：「肉倍好謂之璧。」

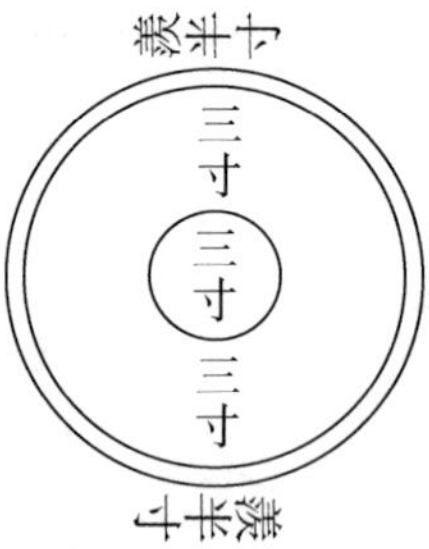

《玉人》云：「璧羨度尺，好三寸以爲度。」《典瑞》云：「璧羨以起度。」

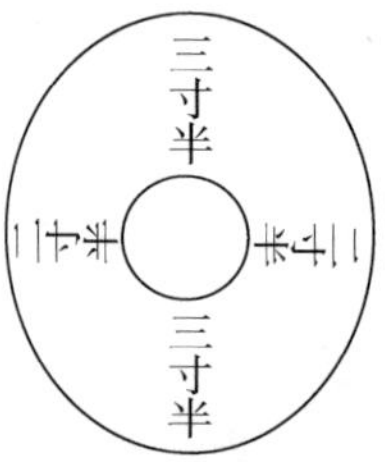

後鄭訓「羨」爲「延」，成橢圜形。

棟梁考

屋材之大者曰棟、曰梁。以今考之，棟者，五架屋由東至西最高中脊下橫木之名也。今俗名中梁。梁者，屋中四柱前二柱曰楹。由北至南縱架柱上之木名也。今俗名駝梁。是以棟宜三，而梁宜二。梁木上受短柱以載棟楣，下架于南北兩楹之上，而更出乎南楹之南、北楹之北，以載南北兩檐霤。自傳、注或以楣冒梁，而今人俗稱或以梁冒棟，於是始相淆矣。今以諸經義考之。《爾雅·釋宮》曰：「杗霤謂之梁。」《説文》：「杗，棟也。」《釋名》：「霤，即廇字。流也。」《楚辭·大招》注：「霤，屋宇也。」據此，知通乎棟與霤之大材始得曰梁矣。棟在南北之中，霤爲南北兩檐，然則架乎其間者，是南北之縱，非東西之横者矣。今人俗名梁曰大駝梁，《爾雅》于「杗霤謂之梁」下，即繼之曰「其上楹謂之梲」。「其」字指梁而言，惟梁之上方可架上楹。上楹即短柱，若楣與棟，安能再加上楹乎？且上楹對下楹而言，下楹即屋中四柱，梁之所加也。古者大梁或作曲形，今江南屋或尚曲之。橋梁之梁、罶梁之梁、梁輈之梁，皆是上曲之形。《説文》以橋梁爲本訓，棟梁之梁無訓。故《西京賦》曰：「亘雄虹之長梁，結棼橑以相接。」《西都賦》曰：「因瓌材而究奇，抗應龍之虹梁。」皆明乎其如虹之曲長也。《列子》曰：「韓娥鬻歌，餘音繞梁。」惟其梁有空虛相架之處，故可云繞。《長門賦》曰：「委差參以棟梁。」棟，虛也。《爾雅》自「柣謂之閾」至「落時謂之戹」，皆專釋門户之名，其間「楣謂之梁」一語，乃專指一門一户上之小横木，亦借梁楣以爲名，所謂門楣非屋楣，不可以此與「杗霤謂之梁」之大梁相混也。古屋五架，正中曰棟，再南一架則稱楣。故《儀禮·鄉射禮·記》曰：「序則物當棟，堂則物當楣。」鄭注曰「正中曰棟，次曰楣，前曰庪」是也。《聘禮》：「公當楣再拜。」《公食大夫禮》：「當楣北鄉。」注此者但當云兩楹之上橫木曰楣，即明矣。今鄭氏乃兩引《爾雅》「楣謂之梁」一語，遂致學者久惑。不知《爾雅》「楣謂之梁」乃專指門户之上而言，不但梁非正梁，即楣亦非正楣，與《儀禮》「當楣」之楣迥别，不然曷重釋梁也。《説文》曰：「楣，門樞之橫梁。從木，冒聲。」《爾雅》：「楣謂之梁。」《釋文》：「楣，亡悲反。或作楣，亡報反。」是陸德明本作「楣」，而或本作「楣」也。許氏則「楣」爲「門樞之橫梁」，與「秦名屋櫋聯」爲「楣」兩物兩名。然鄭氏所見《爾雅》漢本則作「楣」。曷由知梁架楹上更出楹南也？五架之屋，棟次曰楣，楣前曰庪。庪者，懸而出之之名。《爾雅》曰：「祭山曰庪縣。」《儀禮・飲射禮》但曰「鉤楹内」、「由楹外」而已，不聞兩楹前更有兩柱，如今人之屋有檐柱也。既無檐柱，則前霤檐宇何所支庪？是必梁之曲而下者，更出乎兩楹之南橫檐一木，以爲檐霤矣。

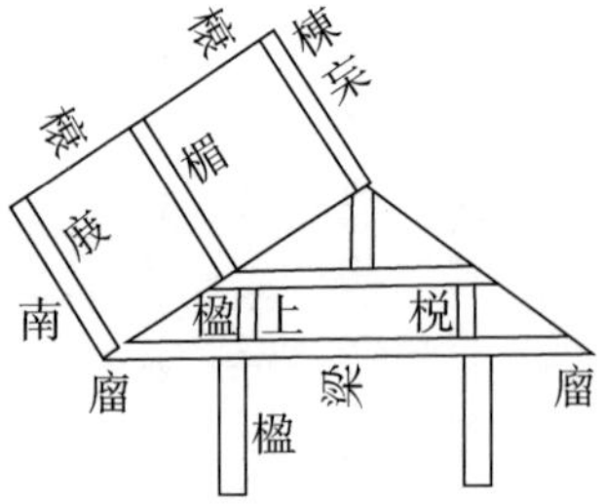

古劍鐔臘圖考

古劍鐔、臘之名之制及古劍之存于今者，已見之歙程氏《通藝録》矣。予在京師又得一古劍，其劍首鐔與《通藝録》同，不過如今胡桃之半殼而已，吹之殊無大聲，《莊子》所謂「吹劍首者，吷而已矣」，尚未合也。余門生錢塘陳均自秦中歸，得古劍柄，其首之鐔乃隆起，空中，旁有一孔如人鼻孔。大吹之，其聲嗷然清高，聞于百步之外。又其莖上之臘作四出長鬛形，如今梔子花蒂。莖上小銅釘周滿，留手不滑，亦不刺手，不必緱纏。特其臘以上之劍身折去耳。必如此，則臘之所以名臘，獵獵然如長鬛者，乃可見也。今程氏及余所藏之劍，其鐔、臘皆僅具其名而簡其形制者也。陳氏劍柄乃《考工》之本制本形也。《莊子》書所謂劍夾即臘也，以其夾劍身也。《戰國策》馮煖所彈之長鋏即夾也、臘也。《左傳》所謂「長鬛者相」，即其義也。爰考之，并圖其形。

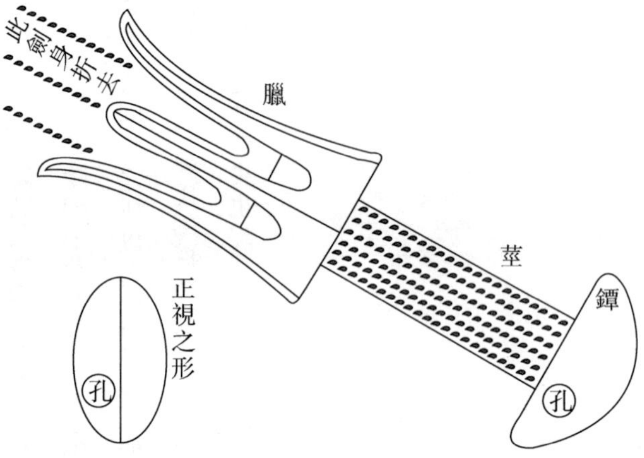

此程氏《通藝録》所載及予所藏之古銅劍形，蓋僅具鐔、臘之名而簡其制，非《考工》鐔、臘命名之本制本形也。

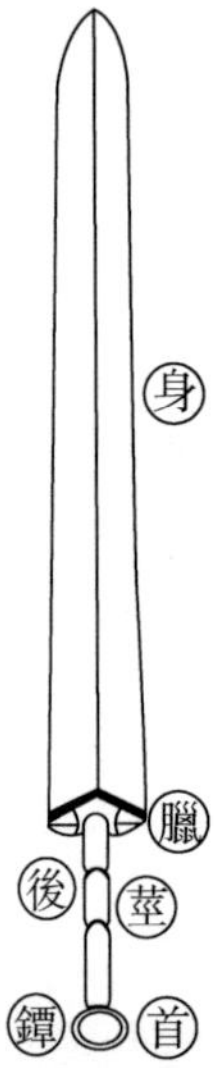

鐘枚説

予所見古鐘甚多，大小不一而皆有乳。乳即《考工記》之所謂枚也。其枚或長而鋭，或短而鈍，或且甚平漫。鐘不一形，竊思古人製器，必有所因，此枚之設，將爲觀美耶？未足觀也。然則欲此纍纍者何用乎？乙丑春，余在杭州鑄學宫之樂鐘，與程氏、瑶田。李氏鋭。共算其律，以定其範。將爲黄鐘者，及鑄成，則失之爲夾鐘矣。鑄工曰：「若不合者，當用銅錫傅其内，可改其音。」余乃令其别擇一鐘，挫其乳之鋭者，乳鈍而音改矣。夫乃知《考工》但著摩磬之法而不著摩鐘之法者，爲其枚之易摩人所共知，不必著於書也。

⿰丯丯字瓦拓本跋

嘉定錢君既勤得古瓦作「⿰丯丯」字，上下左右作四神形，甚奇古可愛，並爲之考曰：「周豐宫之瓦，⿰丯丯即豐聲。」引鄭康成《大射儀》注證之。斯言諒矣。元謂《説文》此卷「豊」、「豐」二字注皆被後人删改，其義久晦。《説文》曰：「豐，豆之豐滿者也。从豆，象形。」此誤矣。當云：「豐，豆之豐滿者也。从豆、凶，象形，⿰丯丯聲。」《説文》曰：「豊，行禮之器也。从豆，象形。」此亦誤矣。當云：「豊，行禮之器也。从豆、凵，象形，拜聲。」二徐尚不知「⿰丯丯」之爲聲，宜更不知「拜」之爲聲，因而删改耳。鄭君《大射儀》注云：「豐字从豆，⿶凵⿰丯丯聲。」此正鄭君精于六書之驗。鄭注三《禮》多用《説文》，此當許君舊説，鄭引之也。何以明⿰丯丯之爲聲也？「丯」字古拜切，古音與「豊」字同一部，古音平聲脂、微、齊、皆、灰，上聲旨、尾、薺、駭、賄，去聲至、未、霽、祭、泰、快、夬、隊、廢，入聲術、物、迄、月、没、曷、末、黠、鎋、薛，皆同爲一部。《詩》三百篇古韻朗然可按。「丯」字雖未見於《詩》，而「害」字從「丯」得聲，如《泉水》三章、《二子乘舟》二章、《蕩》八章、《閟宮》五章，❶其用韻之處皆與上聲禮、體、澧、鱧最近，則豊字之从丯得聲也明矣。不特此也，「耒」部次于「丯」部，許云「从木推丯」，元謂此下亦當有「丯亦聲」三字，徐氏不知而删之耳。耒與豊亦同部相近也。从丯得聲者尚有夆、㓞二字，從㓞得聲者有齧、挈、契、𢍞、絜、恝六字，皆與豊字同部。豐、豐从豆，𡴀、𡴂皆聲，凵、凶爲象形。凵、凶與𡴀、𡴂原可不相聯屬，故古文「豐」字無凵，明可省去。又《説文》「豐」字上六畫皆當左低右高作「𡴀」形，今本作「丰丰」平畫者，訛俗無以下筆。舉此數證，質之既勤審定之，庶無蔡中郎不分豐豊之誚乎！

與程易疇孝廉方正論磬直縣書

《通藝録》論《考工記》磬直縣于鼓上及鼓右之際設孔已明白，大著于儒林無疑義矣。今又得讀汪君孝嬰萊。推算所以中縣之數，以孔爲衡樞而平其衡、直其繩，其理益明。元竊謂磬縣重法如等子法，以遠勝近也。蓋股之所積少而鼓之所積多，以少稱多而縣能直者，鼓下垂而近，股外揚而遠，股如等錘，鼓如等盤與五金，孔其等繫也。磬直縣已見之《通藝録六・證記》矣，元又謂《考工記・磬氏》經文本明言直縣。曷言經文本直縣也？《磬氏》曰：「已上則摩其旁，已下則摩其耑。」所謂摩其耑者，股之上角向天，如圭之耑者也。

❶「閟」，原作「悶」，今據阮刻本《毛詩注疏》改。

圭有耑，故曰瑞。瑞者，上鋭之形也。所謂摩其旁者，鼓之外邊，所以曰旁也。若非直縣，曷曰耑也？「耑」之一字，直縣之確證也。

製磬之工于既設孔之後即不能再改孔矣，于是縣之，而股或昂而上，是鼓少重也，乃摩其鼓之旁；抑股或墜而下，是股少重也，乃摩其股之耑，如此則輕重相稱而縣直矣。二鄭注謂上、下爲聲之清濁，似誤矣。經所謂旁者，乃鼓厚一寸之處。若摩厚爲薄，是摩廣三寸之面，不得云旁矣。且若摩其耑之兩面，則股必減輕，縣者不直矣。

王伯申經義述聞序

昔郢人遺燕相書，夜書，曰「舉燭」，因而過書「舉燭」。燕相受書，説之，曰：「舉燭者，尚明也。尚明者，舉賢也。」國以治。治則治矣，非書意也。鄭人謂玉未理者璞，周人謂鼠未腊者璞。周人曰：「欲買璞乎？」鄭賈曰：「欲之。」出其璞，乃鼠也。夫誤會「舉燭」之義幸而治，誤解鼠、璞則大謬。由是言之，凡誤解古書者，皆舉燭、鼠璞之類也。古書之最重者，莫逾於經。經自漢、晉以及唐、宋，固全賴古儒解注之力，然其間未發明而沿舊誤者尚多，皆由於聲音、文字、假借、轉注未能通徹之故。我朝小學訓詁遠邁前代，至乾隆間，惠氏定宇、戴氏東原大明之。高郵王文肅公以清正立朝，以經義教子，故哲嗣懷祖先生家學特爲精博，又過於惠、戴二家。先生經義之外，兼覈諸古子史。哲嗣伯申繼祖，又居鼎甲，幼奉庭訓，引而申之，所解益多。著《經義述聞》一書，凡古儒所誤解者，無不旁徵曲喻而得其本義之所在。使古聖賢見之，必解頤曰：「吾言固如是。數千年誤解之，今得明矣。」嘉慶二十年，南昌盧氏宣旬讀其書而慕之，既而伯申又從京師以手訂全帙寄余，余授之盧氏。盧氏於刻《十三經注疏》之暇，付之刻工。伯申亦請余言序之。昔余初入京師，嘗問字於懷祖先生，先生頗有所授，既而伯申及余門。余平日説經之意，與王氏喬梓投合無間。是編之出，學者當曉然於古書之本義，庶不至爲成見舊習所膠固矣。雖然，使非究心於聲音文字以通訓詁之本原者，恐終以燕説爲大寶而嚇其腐鼠也。

王伯申經傳釋詞序

經傳中實字易訓，虚詞難釋。《顔氏家訓》雖有《音辭篇》，于古訓罕有發明，所賴《爾雅》、《説文》二書，解説古聖賢經傳之詞氣最爲近古。然《説文》惟解特造之字，如亏、曰。而不及假借之字。如而、雖。《爾雅》所釋未全，讀者多誤。是以但知「攸」訓「所」，而不知同「迪」。攸與由同，由、迪古音相轉，迪音當如滌。滌之从攸，笛之从由，皆是轉音，故迪、攸音近也。《釋名》曰：「笛，滌也。」但見「言」訓「我」，而忘其訓「間」。《爾雅》：「言，間也。」即詞之間也。雖以毛、鄭之精猶多誤解，何況其餘？高郵王氏喬梓，貫通經訓，兼及詞氣。昔聆其「終風」諸説，每爲解頤，乃勸伯申勒成一書。今二十年，伯申侍郎始刻成《釋詞》十卷。元讀之，恨不能起毛、孔、鄭諸儒而共證此快論也。元昔教浙士解經，曾謂《爾雅》「坎、律，銓也」爲「欥、聿，詮也」字之訛。辛楣先生韙之。又謂《詩》「鮮民之生」，《書》「惠鮮鰥寡」，「鮮」皆「斯」之假借字。《詩》「綢直如髮」，「如」當解爲「而」。髮乃實指其髮，與笠同，非比語。傳、箋並誤。《老子》「夫佳兵者，不祥之器」，「佳」爲「佳」同惟。之訛。《老子》「夫佳」二字相連爲辭者甚多，若以爲「佳」，則當云不祥之事，不當云器。若此之疇，學者執是書以求之，當不悖謬於經傳矣。《論語》曰：「出辭氣，斯遠鄙倍。」可見古人甚重詞氣，何況絶代語釋乎？

焦氏雕菰樓易學序

《周易》爲群經之首，古今治此學者獨多，有列國人之《易》，有漢人之《易》，有晉、唐人之《易》，有宋人之《易》。荀、虞之《易》，漢學也，所存古法尚多。自王輔嗣以老、莊言《易》，《易》全空矣。静而思之，推而論之，聖人之造《易》也，象因卦生，辭因象著，大之天地山川，小之井鮒車鬼，豈如詞人屬文隨意掞藻乎？是必有一定不易之辭與字存其中焉。《易》有爻有位，豈如今人并互體亦不論乎？是必有錯綜經緯、千變萬化、極變易之道存其中焉。《易》有吉、凶、悔、吝，豈如今人三錢占蓍者能之乎？是必有不盡之言與意，隨所遇之而取決焉。乃今求之晉以後之《易》，皆不能使《易》之經文語語有因、字字有據，然則空論而已。古聖人造《易》，必不若是。江都焦氏，居北湖之濱，下帷十餘年，足不入城市，尤善於《易》。取《易》之經文與卦爻反覆實測之，得所謂旁通者，得所謂相錯者，得所謂時行者。舉六十四卦三百八十四爻，盡驗其往來之迹于經文之中，而知其所以然。蓋深明乎九數之正負比例，六書之假借、轉注，而後使聖人執筆著書之本義豁然大明於數千年後。聞所未聞者驚其奇，見所未見者服其正，卓然獨闢，確然不磨，雖使義海以下諸賢，衆咻之而不能折其説。此我大清文治之所以軼乎前也，豈焦君一人之所通哉！焦君之《易》之爲書也，曰《章句》十二卷，曰《通釋》二十卷，《易圖略》八卷，其大旨見於《圖略》而旁通三十證尤爲顯據，可例其餘。或曰：「比例爲圖，因其末之同而遡其本，如此，則所通不幾多乎？」元曰：此正可見聖人之《易》錯綜參伍，化裁推行，聖人不能一一悉舉之，特各于相通處偶舉一隅，以示其例而賅其餘。若其因事而揲筮，因卦而求象，必有一定之法，亦必有無盡之言，使各象變適于各事以決吉凶。是以《左傳》筮辭更出于今《易》辭之外。藉曰非也，何以折其三十證之所説哉？或曰：「《通釋》多因假借而引申之，不幾鑿乎？」元曰：古未有字先有言有意，言與意立乎諸字未造以前。伏羲畫☰、☷而定其言與意，至倉頡始造乾坤之字，故徒言「遯」而「遯」與「豚」同意，徒言「疾」而「疾」與「蒺」同意。《傳》謂「書不盡言，言不盡意」即此道也。若立乎其後而分執之，蓋未知聲音文字之本矣。藉曰非也，虞翻何以「豚魚」爲「遯魚」，《韓詩外傳》何以「蒺藜」爲「據疾」哉？元與焦君少同遊，長同學，元以服官，愧荒所學，焦君乃獨致其心與力于學。其初治《易》也，亦不圖至斯，久之，如有所牖而此學竟成。元于嘉慶十九年夏速郵過北湖里中，見君問《易》法，君匆匆于終食間舉三十證語元，元即有聞道之喜。及至江西，時時趣其寫定寄讀，讀竟而敘其本末如此。《傳》曰：「君子居則觀其象而玩其辭，動則觀其變而玩其占。自天祐之，吉無不利。」其是學之謂乎！嘉慶二十一年夏四月。

與郝蘭皋户部論爾雅書

古人字從音出，喉舌之間，音之所通者簡；天下之大，言之所異者繁。爾雅者，近正也。正者，虞、夏、商、周建都之地之正言也。近正者，各國近于王都之正言也。予姻家劉端臨台拱。之言曰：「『子所雅言，《詩》、《書》、執禮。』雅言者，誦《詩》讀《書》從周之正言，不爲魯之方言也。執禮者詔相禮儀，亦以周音説禮儀也。《小雅》、《大雅》皆周詩之正言也。」劉氏此説，足發千古之蒙矣。然則《爾雅》一書，皆引古今天下之異言以近于正言。夫曰近者，明乎其有異也。正言者，猶今官話也。近正者，各省土音近于官話者也。揚雄《方言》自署曰「輶軒使者絶代語釋别國方言」。夫絶代、别國尚釋之，況本近正者乎！言由音聯，音在字前，聯音以爲言，造字以赴音。音簡而字繁，得其簡者以通之，此聲韻、文字、訓詁之要也。《大戴記·小辨》一篇，足明爾雅之學。小辨者，一知半解之俗學也。魯國當時或有此學，猶漢《急就章》、宋王安石《字説》之類，然不可考矣。小辨之學易，爾雅之學難。故孔子曰：「社稷之主愛日。」又曰：「士學順，辨言以遂志。」「順」與「訓」通借，即「訓詁」之「訓」。遂志者，通其意也。不學其訓，則言不辨，意不通矣。又曰：「小辨破言，小言破義，小義破道。道小不通，通道必簡。爾雅以觀于古，足以辨言矣。傳言以象，反舌皆至，可謂簡矣。夫亦固十棋之變，❶由不可既也，而況天下之言乎！」孔子此數言述爾雅之學甚明，何後儒之昧昧也！訓詁錯則言語錯。執古聖之書以小辨破其言而斷斷論之，道義皆錯矣。使古聖人見後人如此錯解之也，必啞然笑曰：「吾所言本不若是也。」是以不明爾雅之學，則五經四書皆鼠璞矣。今子爲爾雅之學，以聲音爲主而通其訓詁，余亟許之，以爲得其簡矣。以簡通繁，古今天下之言皆有部居而不越乎喉舌之地。孔子曰：「辨言之樂不下席。」余與子接席而辨之，其樂何如！

---

❶ 「十棋之變」，原作「十變之棋」，今據文淵閣四庫全書本《大戴禮記注》改。

與高郵宋定之論爾雅書

定之足下，蒙問《爾雅》注義，欲撰《爾雅集注》一書，誠説經之盛心也。元昔亦嘗有志于此，徒以宦轍鮮暇，力有未逮耳。竊謂注《爾雅》者，非若足下之深通乎聲音、文字之本原不能。何也？爲其轉注、假借本有大經大緯之部居，而「初、哉、首、基」，其偶見之蹟也。《山》、《水》、《器》、《樂》、《草》、《木》、《蟲》、《魚》諸篇，亦無不以聲音爲本，特後人不盡知耳。如「巒山，墮」，義與《考工·鳧氏》「兩欒」、《毛詩》「棘人欒欒」義同。「氿泉」，義與《考工》「車軌出兩轂中」義同。槮、洿同音假借，毊、簥從高得聲得義。「虋，赤苗」之與「毳衣如璊」之「璊」，「立死，椔」之與「輪菑」、「接菑」，「蜆，縊女」之與「磬天」、「絸羽」，「蜠，大而險」之與《典同》「險聲」，音義皆相通證。故以聲音、文字爲注《爾雅》之本，則《爾雅》明矣。其引「生明生魄」以證「哉」，引「夏屋」、逸《書》以證「權輿」，多寡有無，無關輕重也。懷祖先生之於《廣雅》，若膺先生之於《説文》，皆注《爾雅》之矩矱。此事足下識超而年富，正宜及早爲之。古注之善者采之，淺者、誤者棄之，其有新義即下己意，不拘郭氏一家之學，兼采友人精確之説。要當以精義古音貫串證發，多其辭説爲第一義，引經傳以證釋爲第二義也。

揅經室一集卷六

考工記車制圖解上

作車以行陸，聖人之事也。至周人上輿，一器而工聚者車爲多。《考工記》注，解釋尚疏，唐以後學者又專守傳、注，罕貫經文。元以《考工》之事，今之二三君子既宣之矣，于車工之事猶闕焉，因玩辭步算，率馮陋識，訂證牙圍、揹藪、輪綆、車耳、陰軓、輈深、任木、衡軶等十餘事，作《輪解》弟一，《輿解》弟二，《輈解》弟三，《革解》弟四，《金解》弟五，《推求車度次弟解》弟六。解所未明，圖以顯之，作《輪圖》弟一，《輿圖》弟二，《輈圖》弟三。

輪解弟一

察車自輪始。所以運車，謂之輪。

車者，輪、輿、輈之總名，故《老子》曰：「致數車無車。」車雖有輪、輿、輈之分，而其用莫先于輪，故《考工記》曰：「凡察車之道，必自載于地者始也。是故察車自輪始。」《説文解字》曰：「有輻曰輪，無輻曰輇。」是輪又爲牙、輻、轂之總名矣。《考工記》曰：「兵車之輪，六尺有六寸。乘車之輪，六尺有六寸。田車之輪，六尺有三寸。」今就兵車、乘車爲解。

輪輞謂之牙。

《考工記》曰：「牙也者，以爲固抱也。」司農云：「牙，讀如『跛者訝跛者』之『訝』。」蓋輞非一木，其曲須揉，《易·說卦》：「坎爲矯揉，爲弓輪。」《急就篇》有「輮」字。或合五而成規，或合六而成規，經無明文。其合抱之處必有牡齒以相交固，爲其象牙，故謂之牙。《說文》曰：「牙，牡齒。象上下相錯之形。」于「車牙」牙字則加木作枒，解曰：「車輞會也。」蓋枒本車輞會合處之名，本義也。因而車輞通謂之枒，此餘義也。《考工記》曰：「察其菑蚤不齵。」《說文》作：「齵，齒蠹也。」此益可證名牙之義。又《春秋左氏傳》曰：「輔車相依。」杜預曰：「車，牙車也。」車牙與輔車互發其義也。若夫牙寬、牙厚之度，則有《記》文可求。《記》曰：「六分其輪崇，以其一爲之牙圍。」是牙圍一尺一寸。所謂牙圍者，乃輞牙周帀之大圜圍。凡物圜者乃謂之圍。牙圍一尺一寸，即牙大圜面寬一尺一寸也。牙寬同輪崇、椁漆內之例，就其身平度之。《記》又曰：「參分其牙圍而漆其二。」是漆其近輻之二分，寬七寸三分三釐三豪，古命分法當云「參分寸之一」，今概用分秒法，寸下設分、釐、豪三位以析之，庶比量明晰，可以閉門而造。不漆其近地之一分，寬三寸六分六釐六豪也。此《記》文本自明確無疑義，再由椁其漆內等度推之，亦無不合。又《車人》大車輪崇三柯，六分輪崇，一爲牙圍，亦如此法可以互證。自鄭康成氏誤註牙圍及漆牙之度，即爲言車制者首加一蔽。注曰：「不漆其踐地者也。漆者七寸參分寸之一，不漆者三寸參分寸之二。令牙厚一寸參分寸之二，則內外面不漆者各一寸也。」繹鄭氏此義，蓋以牙圍一尺一寸爲牙內外二面及建輻一邊、踐地一邊共四面之圍。然上下牙邊之厚及內外牙面之寬，雖同在此一尺一寸之中，而寬厚之數尚無由定，乃令牙厚一寸六分六釐六豪，兩邊得三寸三分三釐三豪，餘七寸六分六釐六豪，内外兩面分之，以爲牙寬之數，是牙寬三寸八分六釐六豪也。復以踐地之邊厚及牙面近地之一寸不漆，是不漆者三寸六分六釐六豪，爲一尺一寸之參分之一也。餘參分之二爲建輻邊厚及近輻之牙面漆也。由今論之，此説不合者有五。《考工記》凡言圍皆指圜者言之，所謂牙圍，實指輪輞大圜而言，平度之得數，不必定即其身而規之也。使必即其身而規之，則牙内外面及上下邊實長方形，不得曰圍。其不合一也。《輪人》以牙在輪外踐地而行必須堅固，故使之寬一尺一寸，乃不匡敝。若以《記》文牙圍一面之一尺一寸爲兩面兩邊之數，則牙寬祇三寸許，太柞，無此理。其不合二也。小車綆參分寸之二，是牙厚二寸，《記》有互文，詳《綆解》條下。今乃令牙厚一寸六分六釐六豪，是以意命之也。豈知《記》於牙寬已明言之，牙厚則存于綆數之中，不啻明言之，寧待後人以意命之曰令牙厚幾許乎？且牙厚一寸許，毋乃太薄。其不合三也。不漆踐地一寸，椁其漆内得六尺四寸，中詘之，三尺二寸爲轂長，轂太長，應門不能容。詳《推求車度次弟解》「軸長」條下。其不合四也。《車人》言大車轂徑一尺五寸，合兩輻長四尺五寸，兩牙圍三尺，共九尺，爲輪崇，與《輪人》相證，其制益明。若以一尺一寸爲牙四面之數，則《車人》所謂「六分其輪崇，一爲牙圍」又將何説？其不合五也。

大車之牙謂之渠。

《考工記·車人》曰：「渠三柯者三。」鄭司農注云：「渠謂車輮，所謂牙。」《尚書大傳》曰：「散宜生之江淮之浦，取大貝，大如大車之渠。」鄭氏注曰：「渠，車輞也。」是渠即牙也。

又案：《車人》大車雖以柯起度，制實相同。今釋其文並附《輪圖》於後，以資牙圍、綆數之互證也。《車人》曰：「柯長三尺。」又曰：「輪崇三柯。」九尺。又曰：「六分其輪崇，以其一爲之牙圍。」牙寬一尺五寸，兩牙共三尺。又曰：「轂長半柯，一尺五寸。其圍一柯有半。」四尺五寸，徑一尺五寸。又曰：「輻長一柯有半。」四尺五寸，兩輻長也。每輻二尺二寸五分。又曰：「其博三寸，厚三之一。」一寸。又曰：「綆寸。」又曰：「渠三柯者三。」輪牙外周二丈七尺也。大車制觕，故轂徑、輪周並用徑一圍三之法，不似《輈人》皆密率也。

轂者輻所湊也。轂中空謂之藪。

《考工記》曰：「椁其漆内而中詘之，以爲轂長。」椁者，横充物内而度之之名也。「椁」與「光」、「廣」二聲同轉。《書·堯典》：「光被四表。」《漢書·王莽傳》及《後漢書·馮異傳》並讀爲「横被四表」。《爾雅》：「桄，充也。」「桄」即與「横」同義，「光」、「黄」聲相近也。「光」轉聲爲「廣」，「廣」從「黄」得聲，亦即有「横」義。故《爾雅》曰：「緇廣充幅。」《方言》曰：「幅廣爲充。」此即横充而度物之義。「光」、「廣」聲再轉即爲「廓」。《方言》曰：「張小使大謂之廓。」《淮南子》曰：「下揆三泉，上尋九天，横廓六合。」並同斯義。「廓」與「擴」聲亦相近。《孟子》曰：「知皆擴而充之矣。」趙岐註曰：「擴，廓也。」然則《考工記》「椁其漆内」之「椁」即與「光」、「廣」一聲之轉，知其爲横充物内而度之之名矣。今案：六尺有六寸之輪，除去牙上下兩面不漆之三寸六分六釐六豪，椁之得五尺八寸六分六釐六豪，又中詘之，即爲轂長。是轂長二尺九寸三分三釐三豪。此兵車之轂，至長者也。故《司馬灋》曰：「成方十里，出長轂一乘。」《詩·小戎》曰：「文茵暢轂。」毛傳曰：「暢轂，長轂也。」《記》又曰：「以其長爲之圍。」是轂長即轂圍也。《淮南子》曰：「郢人有買棟者，求大三圍之木，而人予車轂。跪而度之，巨雖可，而長不足。」考《儀禮》註「中人扼圍九寸」，三圍二尺七寸，今轂巨，圍二尺九寸三分三釐三豪，故曰可也。若其轂中空處所以貫軸者，則名曰藪。藪，《説文》作「椮」，解曰：「車轂中空也。」《急就篇》作「輮」。「藪」、「椮」、「輮」聲之轉也。藪爲中空之物，故量亦名之。《儀禮·聘禮·記》「十六斗曰藪」是也。觀《記》曰「量其藪以黍」，是轂藪雖不必定如十六斗之多，而要爲物中空受物者之名可知。先、後鄭氏亦並以藪爲轂中空，但司農讀「藪」爲「蜂藪」之「藪」，康成氏訓爲「衆輻所趨」，皆指轂外建輻之鑿爲言，非轂中空之謂矣。《記》又曰：「以其圍之防捎其藪。」鄭康成氏註訓「防」爲「參分之一」，此以圍防爲藪圍，誤以。❶ 藪爲轂中空處，實大穿、小穿之通名。大穿曰賢，小穿曰軹，其圍度則《記》所謂「五分轂長，去一以爲賢，去三以爲軹」者也。是賢、軹之圍即藪圍，安得別出藪圍大於軹而小於賢乎？且「防」從阜，力聲，《説文》解爲「地理」。若《易·繫辭》之「扐」、《王制》之「仂」，並當訓「餘」，未嘗有「參分之一」之訓也。使果參分之一爲藪圍，《記》何不曰「參分轂圍，以其一爲藪圍」，而必變其文曰「以其圍之防捎其藪」乎？元案：「防」當依《説文》作「朸」，木理也。今從「阜」作「防」，字相假借。「理」、「防」一聲之轉，物皆有理，木亦宜然。《輪人》曰：「稹理而堅，疏理而柔。」此車工之木必須順理之明證。《記》曰「以其圍之防捎其藪」者，此言順轂木中直理除去轂中心木而爲藪，非言其圍也。鄭康成氏註：「捎，除也。」「捎」有除去之義。《史記·龜策列傳》「捎菟絲而去之」是也。元案：捎其藪者，乃抽拔去轂木中心以爲藪也。《輪人》「捎藪」，《匠人》「梢溝」，《上林賦》「捎鳳皇」，《甘

❶「以」，依文義疑當作「矣」。

泉賦》「梢夔魖」，「捎」、「梢」同義。《爾雅・釋木》曰：「梢，梢櫂。」《方言》曰：「櫂，拔也。」《文選》註引《蒼頡篇》曰：「櫂，抽也。」「捎藪」之「捎」當訓爲「櫂」也。何以明之？《匠人》：「爲溝洫，凡溝逆地防，地理也。謂之不行。水屬不理孫，謂之不行。梢溝三十里而廣倍。」此文正與《輪人》文一例。《匠人》言爲溝必順地理，除去其土而爲之，猶《輪人》言爲藪必順木理除去其木而爲之也。《考工記》出一人之手，其文既已相同，其説安可以互異？且細繹經文，其曰「以其長爲之圍」，此由直理而言及横理也。曰「以其圍之防捎其藪」，此又由横理而言及直理也。曰「五分其轂之長，去一以爲賢，去三以爲軹」，此又由直理而言及横理也。展轉相因，益知古人修辭之妙。若下文明言賢、軹之圍，而先又别出藪圍，古人斷不若是謬戾。惟後人誤解其義，故於文體、訓詁、度數三者皆不合也。

繇輻以内爲大穿，繇輻以外爲小穿，大穿賢，小穿軹。

穿者，軸所貫也。大穿者，在輻内近輿之藪名。小穿者，在輻外近轄之藪名。大穿圍大，小穿圍小。蓋輻内之軸任重，故不可殺，使其穿大而轂弱。輻外之軸任輕，可以殺，使其穿小而轂强。且殺軸亦所以限轂，使不致内侵也。《記》曰：「五分其轂之長，去一以爲賢，去三以爲軹。」賢，大穿金釭。軹，小穿金釭。詳見《金解》。是賢圍當一尺三寸三分零七豪也。此轂太薄，穿太大，無此理。故鄭康成氏曰：「大穿甚大，佀誤矣。大穿實五分轂長去二也。」反覆此説，實爲可據。蓋五分去二，其圍一尺七寸六分也。此圍不過大，轂厚亦不易破矣。軸圍一尺三寸二分，小於賢圍，數不相當者，其中爲鐗厚也。其謂「去二」爲「去一」者，蓋《記》文偶有缺筆耳，理無可疑，故從鄭説。但鄭氏知「一」爲「二」之誤矣，而既以防圍爲藪圍，因又有賢、軹之圍，毋乃岐錯，因遷就爲金厚一寸之説，蓋非。豈知賢、軹之金不滿穿中，剡藪兩末以容金厚，而金釭之圍與大小穿之圍同徑，其中相平乎？

又案：小穿之軹，即《周禮・大馭》「祭兩軹」之「軹」，不嫌與輿内之軹同名。戴君東原《考工記圖》據司農「大馭」注曰「故書『軹』爲『軒』」，謂《考工記》「軹」字當依此改爲「軒」字，爲其與輿内之「軹」溷淆。元案：「軹」名有二，在輿、在轂本殊，《大馭》之「軹」故書作「軒」，杜子春云「軒當爲軹」，已正其誤，似未可以故書一「軒」字略爲新奇，而遽改《周禮》、《大馭》：「祭兩軹。」《考工記》《記》曰：「軹崇三尺有三寸。」又曰：「去三以爲軹。」三處之明文也。若以爲與輿内之軹溷淆，試思輪輻名「轑」，蓋弓亦名「轑」，輻有「菑」、「蚤」，蓋弓亦有「菑」、「蚤」，車徹名「軌」，轊頭亦名「軌」，車轄木名「軨」，車轄亦名「軨」，皆是一名兩處，無慮溷淆也。綜貫諸義，似以作「軹」爲安。

輪轑謂之輻。

《考工記》曰：「輻也者，以爲直指也。」古者一輪三十輻。《老子》曰：「三十輻共一轂。」《淮南・泰族訓》曰：「輪不運而三十輻各以其力。」《大戴禮・保傅篇》曰：「三十輻以象月。」説並與《考工記》同。《記》曰：「輪輻三十以象日月。」日月三十日合朔遷一舍，輪周三十輻在地遷一巂，似之。

輻入轂謂之菑，入牙謂之蚤。

何以謂之菑、蚤也？菑、蚤皆指名也。《公羊傳》曰：文十四年。「如以指，則接菑也四。」接菑即駢指也。《禮儀》：「巾柶鬊蚤。」蚤即爪也。古人命物多就人身體名之也。如牙、股、骹、胡、頸、踵、輹等皆是。菑又謂之弱者，菑藏不見，有似蒲在水中之弱，故鄭氏曰：「今人謂蒲本在水中者爲弱也。」輻廣當與牙廣同。見《緛解》下。若其厚則六分六釐六豪。何以明之？大車輻博三寸，厚三之一，是小車之輻博二寸，厚當參分寸之二矣。三十輻共厚一尺九寸九分九釐九豪，周遭建於轂圍，其兩輻之閒不寬不柞也。若入轂之菑自當更薄，而菑末又當削鋭之。蓋以三十輻共趨藪心，若菑厚而豐末，轂心不堅而鑿亦相通。故《淮南·説山訓》曰：「轂强必以弱輻，兩强不能相服。」又《説林訓》曰：「輻之入轂各值其鑿，不得相通。」《荀子》引《詩》曰：「轂既破碎，乃大其輻。」此皆强有餘而固不足也。

輻近轂謂之股，近牙謂之骹。

《説文》曰：「股，髀也。骹，脛也。」《考工記》曰：「參分其股圍，去一以爲骹圍。」司農云：「言股以喻其豐，言骹以喻其細。」《記》又曰：「參分輻長而殺其一。」蓋人股本豐，自膝以下則向内削而細，今輻形正似之也。參分輻長，股不殺者二分，骹殺者一分也。但所殺之圍，衹參分輻博殺其向外之一分，非周圍殺之也。此在外所殺參分之一即緛也。所以殺之，爲溓泥也。

輻骹不滿牙曰緛。

《考工記》曰：「眡其緛，欲其蚤之正也。」又曰：「六尺有六寸之輪，緛參分寸之二，謂之輪之固。」鄭康成氏注此謂緛爲出於輻股鑿之數也。又每計徹廣必加緛數。賈公彦鑿孔外侵之説誤，不足辯。近江君慎修目驗今時不殺之輻，繹鄭義以爲牙上之鑿不偏，但輻用偏，蚤入正鑿向内，則輻乃外出參分寸之二，所以計徹廣必加緛數。元案：鄭氏此説非是。《記》曰「緛參分寸之二謂之輪之固」者，其意以爲緛參分寸之二，則牙厚二寸，輪乃固，少薄即不固矣。牙厚二寸，試三分分之，每分得六分六釐六豪，內一分與輻蚤曲剡處相齊，中一分爲蚤鑿，外一分當輻骹殺處，是曰綆也。綆寬六分六釐六豪也。輻所殺之骹既與牙邊不相當，似乎牙向外出，其實合股之不殺者視之正與牙平，並不外出也。且所以必殺爲綆者，不過爲溓泥之故，《記》曰：「參分其輻之長而殺其一，則雖有深泥亦弗之溓也。」並無別事謬巧。而戴君東原又繹鄭氏輪箅不掉之義，以爲輪不綆必左右佹摇，綆則重勢注於內，無傾掉之患，此益非《記》者之本意。大凡轂長穿軸相得者則安，轂短而穿軸內寬者則掉，若令牙厚出輪外，絶無關於掉不掉也。再案：大車、小車皆輻廣同牙厚，綆數居牙厚參分之一。何以明之？《車人》曰「輻博三寸」，此則大車牙厚三寸可知。又曰「綆寸」，則綆居牙厚參分之一可知。今《輪人》惟舉綆數不言牙厚，以有《車人》之例可互見也。且以此制人人皆知，可以省文，初不料後人如是誤解之也。故不細繹《車人》牙綆之義及《輪人》輻骹外殺之制，則輪綆之説不明，而牙厚亦無從起度矣。鄭司農讀「綆」爲關東言餅之「餅」，謂輪箅也。蓋漢人呼「綆」如「箅」，故鄭司農假借「箅」字以定其聲。若《説文》「甑箅」之義，迥不相涉也。

車徹謂之軌。

古者經涂九軌，軌廣八尺，《匠人》以爲度，軌自爲徹迹之名。《説文》曰：「軌，車徹也。从車，九聲。」蓋乘車、兵車、田車等崇卑雖不同，而兩輪則同廣八尺，不如此，出門不合徹，故《禮記·中庸》曰「今天下車同軌」是也。《孟子》曰：「城門之軌。」《莊子》曰：「車徹中有鮒魚焉。」亦並指車迹。軌寬八尺，比輿兩旁各寬七寸者，輪必少遠于輢，且以爲輢外設扃建兵地也。輻內大穿之轂長九寸一分一釐一豪，除去在外七寸，餘二寸許藏入輿底。鄭氏以輻內二寸半、輻廣三寸半、綆参分寸之二湊足其數，非也。小穿轂厚二寸八分，若竑其輻廣以爲之弱，弱長三寸，有是事乎？ 又兩轛頭亦名軌，詳見《軸解》條下。

又案：《輪人》爲蓋，其部斗、枚鑿、宇曲、句股舊説皆不誤，故不爲蓋立圖解。

輪圖

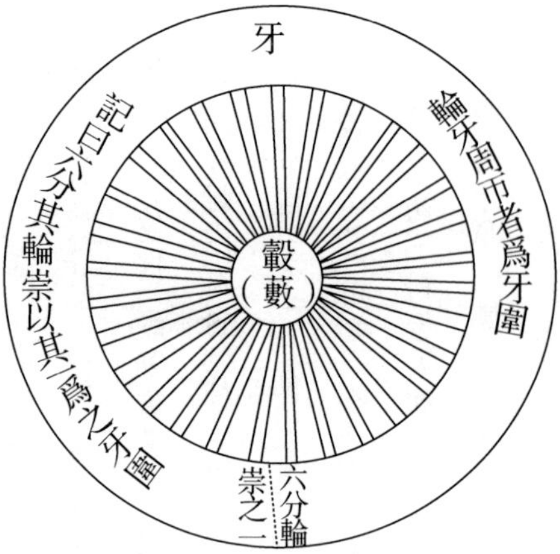

漆輪牙桲漆内圖

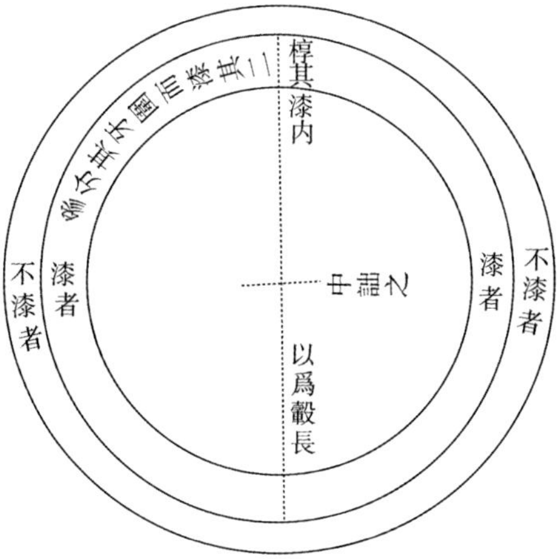

輻圖

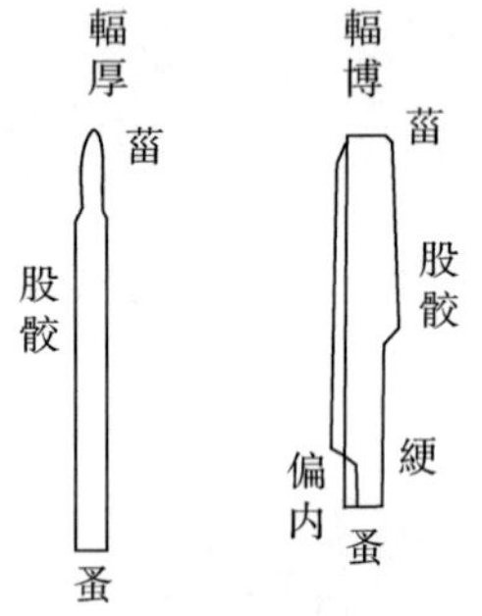
輻博
菑
股
骹
綆
偏內
蚤
輻厚
菑
股
骹
蚤

綆圖

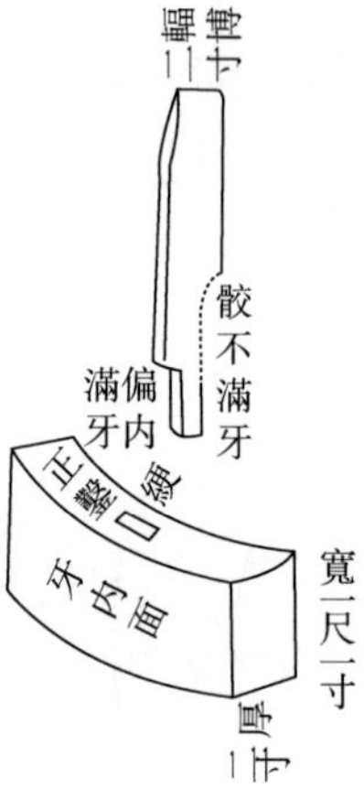
骹不滿牙
偏內滿牙
正鑿
綆
牙內面
寬一尺一寸
厚一寸

轂圖

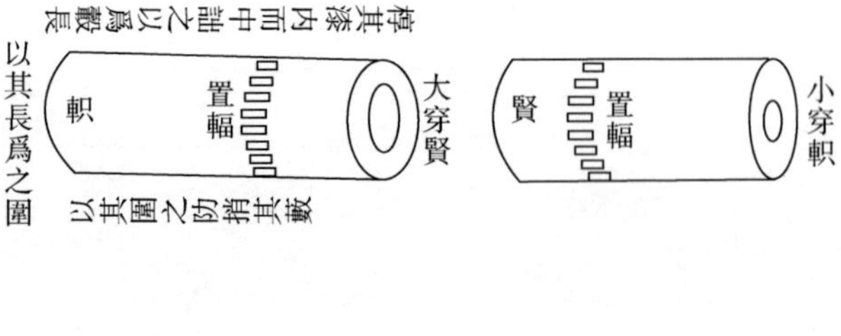
小穿軹
置輻
賢
大穿賢
置輻
軹
椁其漆內而中詘之以爲轂長
以其圍之阞捎其藪
以其長爲之圍

鄭注牙圍漆牙椁漆内圖

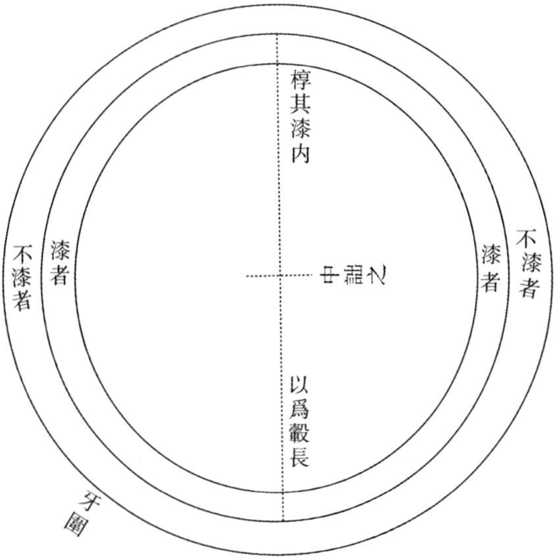

大車輪圖

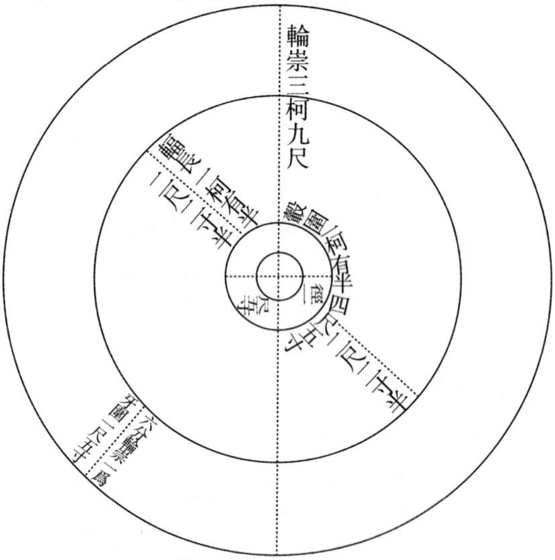

輿解弟二

車上受物曰輿。

《説文》曰：「輿，車底也。」《續漢書·輿服志》曰：「上古聖人觀轉蓬爲輪。行不可載，因物生智，後爲之輿。」故輿後于輪。輿者，軫、輢、軹、轛之總名。專謂較式内爲輿者非。《考工記》曰：「輿人爲車，輪崇、車廣、衡長，參如一。」是輿廣六尺六寸也。又曰：「參分車廣去一以爲隧。」是隧深四尺四寸也。謂之隧者，康成氏以爲深如隧宇也。車廣橫而兩輪縱，故廣輪爲橫縱之名。《儀禮・士喪禮・記》「掘坎廣尺輪二尺」，《周禮・大司徒》「周知九州之地域廣輪之數」，《禮記・檀弓》「廣輪揜坎」，皆此義也。

輿下四面材謂之軫，軫謂之收。

輿下四面木材爲軫，是説戴侗《六書故》首正之，其説曰：「軫，輿下四面木匡合成輿者也。《考工記》曰：『軫之方也，㠯象地也。』元案：《大戴禮・保傅》篇説同。又曰：『六尺有六寸之輪，軹崇三尺有三寸，加軫與轐焉四尺也。』又曰：『輪人爲蓋，弓四尺謂之庇軫。』又曰：『五分其軫間，以其一爲之軸圍。』按：軫乃四面木，獨以爲輿後橫木者非也。使軫獨爲輿後橫木，則不得言『方㠯象地』。且軫之兩旁木加于軸，故曰『加軫與轐爲四尺』。若輿後橫木，安能加轐軸之上乎？且庇軫、庇輿、庇軹皆指左右兩旁而言，非指輿後明矣。況《記》言『五分其軫間，以其一爲之軸圍』，若獨爲輿後橫木，則不得言間矣。康成於『軫圍』既謂『輿後橫木』，于『加軫與轐』則又通謂之輿，未免自變其説。蓋由不察任正、衡任之名，以任正爲輿下三面材持車正者，故獨以軫爲輿後橫木也。」戴氏此説極確，實發漢、唐以來之蒙蔽。元又案：《史記・天官書》曰：「軫爲車，主風。」索隱引宋均説：「軫四星居中，又有二星爲左右轄，車之象也。」此亦四面爲軫之明證。軫木最大，輿底木板、兩輢板皆賴軫相收以爲固，而輢、較、軹亦將就軫爲鑿以樹之也。蓋軫所以收衆材者，故又謂之收。《詩・秦風・小戎》「俴收」，傳曰：「俴收，淺軫也。」《中庸》「振河海而不洩」，注：「振，收也。」「軫」、「振」音義同。《晏子春秋》曰：「棧軫之車而牝馬。」即《小戎》義也。又案：車後橫木曰任正，自漢以後冒軫之名，二物溷淆，詳辯《輈解》。

輿前衡木謂之式，左右板謂之輢。

《釋名》曰：「軾，式也。所伏以式敬者也。」《考工記》曰：「三分其隧，一在前，二在後，以揉其式。」又曰：「以其廣之半爲之式崇。」是式長與輿廣等，崇于軫三尺三寸。其兩旁居輢板上，則須揉治而詘之，一在前，即式深，二在後，則輢深也。《說文》曰：「輢，車旁也。」《毛詩》作「猗」。蓋輿左右木板通謂之輢。式下板亦名輢。參分輢隧，一在前，二在後，後高出于前式二尺二寸，《記》曰「以車隧之半爲較崇」是也。輢通高五尺五寸也。

輢上反出謂之輒，輢立木達輒謂之較。

言車制者皆以爲直輢，由不解車之有耳也。《說文》曰：「較，即「較」字。車輢上曲鉤也。」鉤，今本訛作「銅」。《文選・西京賦》、《七啟》注兩引並作「鉤」。又曰：「輒，車兩輢也。从車，耴聲。」又曰：「耴，耳下垂也。象形。《春秋傳》曰秦公子耴者，其耳下垂，故以爲名。」又曰：「皈，車耳反出也。」合此四者，可知車耳之反出矣。蓋車輢板通高五尺五寸，其下三尺三寸直立軫上，軫上之輪崇三尺三寸，與直輢前式同高。若過此三尺三寸之上，則漸向外曲，勢反出乎輪之上，象耳之耴，故謂之輒。以其反出，又謂之皈。至其直立軫上，上曲如兩角之木，則謂之較。重出式上，故名重較。崔豹《古今注》曰：「車較，重耳也。在車轝上，重起如兩角然。」「角」、「較」通借。此固謂車耳重出式上，如兩角之觭勢也。重耳即垂耴之義，秦公子名耴，衛公子名輒，晉公子名重耳，魯叔孫名輒字子張，鄭公孫輒字子耳，皆此義也。《詩》曰：「寬兮綍兮，猗重較兮。」「重較」即重耳之義，以喻武公之開張寬廣也。《記・輿人》曰：「棧車欲弇，飾車欲侈。」「侈」即兩耳侈張，古制可尋。若此輒所以必反出者，應劭《漢書注》曰：「車耳反出，屏翳塵泥。」蓋輪在輢外，車驅疾則塵隨而上，有輒屏之，則塵不及人。又考建兵之扃在輢外，五兵本可直建，因有輒所以迆建。《記》曰：「戈秘六尺有六寸，既建而迆，崇于軫四尺。」則迆而適出于車耳之外矣，故曰輒爲車耳，較爲兩車耳立木也。大約古人重較，惟卿大夫之車有之，至漢猶然。《禮》：「士乘棧車。」棧車者，木立軫上不曲如棧也。若大夫墨車、卿夏縵以上，則並名軒，有車耳。《説文》：「軒，曲輈轓車。」《左傳》：「鶴有乘軒者。」三代法物，以別等衰，端在乎此，豈容鶻突。毛傳以重較爲卿士之車，此實當時禮制。戴君東原譏其傅會者，非也。錢氏坫《車制考》曰：「輒上縮謂之較。」此似猶沿舊説。至所引《漢官儀》曰：「孝景帝六年，令千石、六百石朱轓。」「轓」即「軓」。《太玄・積首》：「君子積善，至于車耳。」《測》曰：「至于轓也。」此皆可爲「軓」字加證。元又案：「蕃」與「藩」同，乃車前後之有蔽者，如《爾雅》之「竹前簟」、《詩》之「簟茀」是也。此字與車耳之「轓」迥別，俗書多誤。今《太玄》「轓」字實當作「轓」，俗本有誤作「蕃」者。又案：漢《仙人唐公房碑》「鼠齧軓車被具」，「轓」猶作「軓」。

車轖謂之軨。轛，横軨也。軹，直軨也。

《説文》曰：「轖，車籍交錯也。軨，車轖間横木。司馬相如説。軨或從霝。」蓋輢内轖木縱横相結如轖也。軨如窗櫺。《左傳》：「陽虎載葱靈以逃。」賈逵注曰：「葱靈，衣車也。有葱有靈。」軨所以固輢，亦交于較。《楚辭・九辯》曰：「倚結軨兮長太息，涕潺湲兮下霑軾。」揚雄《甘泉賦》曰：「據軨軒而周流兮。」皆謂此也。又轛末亦名軨，詳《輈解》。蓋軨爲軹、轛之總名。軹，枝也，如枝相交也。轛者，對也，對于人也。轛横交於軹，故《説文》曰：「轛，車横軨也。」轛爲横軨，軹直軨可知。

輿下鉤軸者爲轐，轐謂之輹，輹謂之伏兔。

轐在輿底而銜于軸上，其居軸上之高當與輈圜徑同。至其兩旁，則作半規形與軸相合，而更有二長足少鍥其軸而夾鉤之，使軸不轉，鉤軸後又有革以固之。見《革解》。輿底有轐，則不致與軸説離矣。《易》曰：「輿説腹。」俗訛作「輻」。虞翻曰：「腹，或作輹。」盧氏曰：「輹，車之鉤心夾軸之物。」是輹即轐也。或謂之伏兔者，以伏於軸上似之也。又謂之屐，象屐之形。

當式下圍輈者曰軓。

軓之爲物，蓋在輿之前軫下正中，略如伏兔，爲半規形以圍輈身。輈與輿之力在後軫則有任正以持之，在前軫則有軓以銜之，故左右轉戾不致敗折。漢制輿底有繼車索，《方言》亦名「畢」、名「綦」。古車制成器堅固，無須乎此。軓從車，凡聲，與「笵」、「範」字通借。《易·繫辭》曰：「範圍天地而不過。」《禮運》曰：「范金合土。」《法言》曰：「模不模，範不範。」《通俗文》曰：「規模曰範。」《廣韻》曰：「範，模也。」繹此諸義，自是半規而可模範物使不過者之名。軓在前軫下，所以範圍輈身使不過也。故《記》曰：「環灂，自伏兔不至軓七寸。」考伏兔至軫一尺四寸許，環灂七寸居其半，餘七寸始至軫。軓當與軫寬等三寸許，與環灂尚離三寸許，故曰「不至軓」。此由内而數至外也。《記》又曰：「軓中有灂，謂之國輈。」案：軓在輿前，人目及見，若環灂則在輿底，目不及見，故須察之。此由外以觀其内也。合此二者，其地確不可易如此。《記》又曰：「軓前十尺而策半之。」此正爲輈身起度。試略移其處，亦即不合。此經文之可參考而知者。至傳説家若鄭司農、杜子春、許叔重並曰「軓，車式前也」，其意謂軓當式前下耳，非式上之前別有軓也。特以訓辭少晦，軓之爲物亦將與任正之木同歸湮失，而車不可行矣。又《周禮・夏官・大馭》：「祭兩軹。祭軌。」杜子春云：「軌當爲軓。」《少儀》：「祭左右軌范。」注：「范與軓聲同。」軓之物小而必祭之者，因輈身不掉全恃乎此，與軹共爲關要，故孔穎達曰：「祭之，爲其神助己，不使傾危也。」使渾稱軓爲車式，前並無其物，則將祭于式上乎？抑輿下乎？抑輈上乎？斯不然矣。

又案：記者于車工之木中乎度數有定法者必詳言之，若轐、軓及輢板、輿底横木、陰板、軨等，工人皆可以意爲之，惟取堅固，故不言其制，非無其物也。

所以揜軓謂之陰。

陰者，輿前式下板也。《詩・小戎》曰：「陰靷鋈續。」毛傳曰：「陰，揜軓也。」箋曰：「揜軓在式前垂輈上。」《釋名》亦曰：「陰，蔭也。」横側車前所以蔭笒也。蓋輿前後皆空，又前軫下有軓以銜輈身，此陰板揜乎輈前，空虚下垂至輈上，并軓亦揜之使不見，故陰即名揜軓，且爲輿前容飾也。或直命揜軓爲軓者，誤矣。

輿圖一

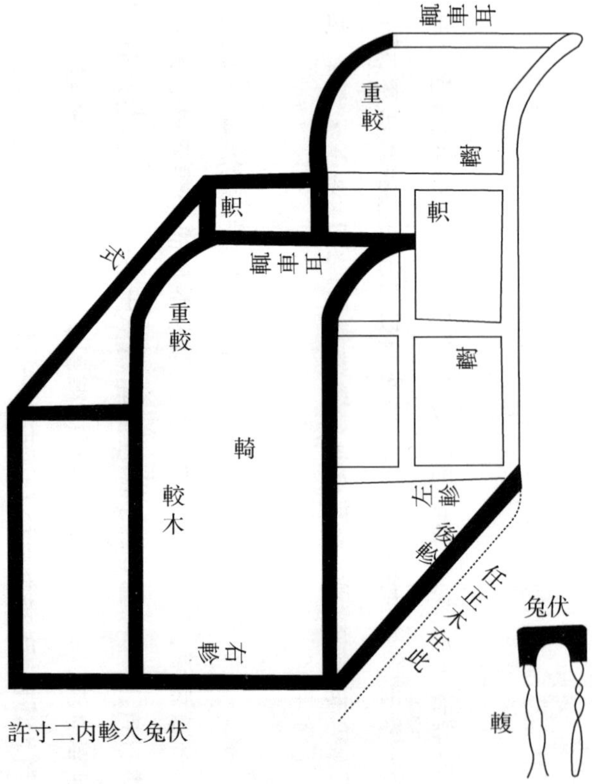

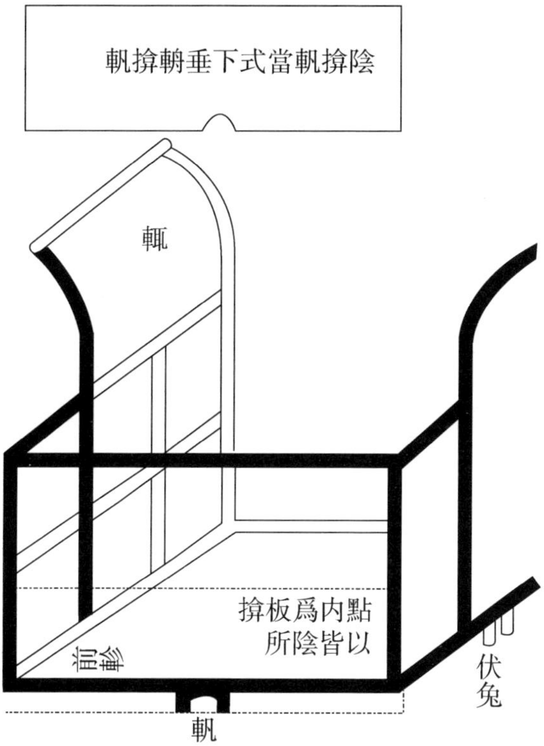
軓揜軨垂下式當軓揜陰
輒
揜板爲内點
所陰皆以
前軫
伏兔
軓

揅經室一集卷七

考工記車制圖解下

輈解弟三

曲轅輈。

輈者，曲轅駕馬者也。以其形曲，故與舟同聲曰輈。輈身通長一丈九尺餘，車之材莫大于此。木之中輈者少，故必須揉治乃中軓前上曲及弧深之度。《禮運》曰：「山出器車。」《禮斗威儀》曰：「山車垂句。」《孝經援神契》曰：「德至山陵則出木根車。」皆言瑞運之應，山木自生垂鉤之形，中乎輈度，不須揉治也。輈所以必撓曲之者，爲登降均馬力也。《輈人》言直轅無撓之弊者三，皆所以發明輈不可不撓之義。觀直轅之弊，可知曲輈之和矣。輈身在輿下者正平，長與輿隧等，四尺四寸。若夫出軓以前輈身之長及所撓深淺等度，則舊説甚多蒙蔽。輈身者，任正、當兔等圍所據以起度者也。《考工記》雖無明文，必有互文見義之處。且軓前至輈端之長不定，則輿前駕馬之地長短無憑。揉輈深淺之度不定，則又有深則折、淺則負之弊。記者安得不示人以定法乎？要知《記》文本自簡明可據，自鄭康成氏失解之而其度不可求矣。今且依鄭注述之，其誤可見。《記》曰：「國馬之輈，深四尺有七寸。」鄭注曰：「衡高八尺七寸，除馬之高八尺。則餘七寸爲衡頸間也。」《記》又曰：「軓前十尺而策半之。」鄭注曰：「謂輈軓以前之長也。」據此，則鄭意以輈深四尺七寸爲輈端直垂下至與軓平處之高，得四尺七寸，除輪半崇及加軫與轐之四尺不入筭也，且以軓前十尺爲輈身之長也。後當免諸圍鄭皆以爲一尺。夫使軓前十尺爲輈身，則輈身不能無撓，其撓之數，經無明文，于是又意爲解曰：「凡弓引之中參，揉輈之倨句中二可也。」「中二」則參分損一耳，即十尺之曲輈，參分損一，得六尺六寸六分之直弦，再以輈深之四尺七寸爲句以求其股，則股長四尺三寸三分有奇。即使服馬尾近著陰板之前，而輈端之衡已近居馬脊中矣，有是理乎？且國馬高八尺，亦就昂首者言之耳。中人皆長八尺，若馬頸壓衡處高八尺，是與人頂同高，馬再昂首，高一丈餘矣。古馬猶今馬，安有如此高者？馬頸至高不過六尺，與人胸齊。且《記》明言輈深，今解爲輈高，于字義亦遠失之。又案：鄭注曰：「軓前十尺，十或作七。」令七爲弦，四尺七寸爲句以求股，股則短矣，七非也。」鄭此注亦自知股太短，不足容服馬，訂「七」爲訛字。但以七尺之弦爲非，固以十尺之弦爲是矣。若以十尺爲弦，則輈身絶無撓矣。且即以十爲弦，四尺七寸爲句，得八尺零八分有奇之股，亦尚不足爲驂馬地也。由前之説，則輿前短縮，衡亦太高；由後之説，則輿前略寬，輈又無撓。舛誤至此，皆由誤解《記》文之故。然則《記》文果何解耶？元案：《記》曰「軓前十尺」，此自軓前直引至輈端長十尺也。《記》曰：「國馬之輈，深四尺有七寸。」鄭司農注云：「深，謂輈曲中。」此解極精確不刊。觀《記》文一曰「凡輮輈欲其孫而無弧深」，再曰「輈深則折，淺則負」。「深」字皆指曲中者爲言。是所謂深四尺有七寸者，乃曲中之度，必非輈端下垂之高明矣。今以通徑求外周，以定輈身中心之長。考輈身有圜即有徑，求記者之意，其輈身當以徑三寸入筭。何也？蓋以此三寸合之四尺七寸，共深五尺爲半徑，合通徑十尺，適得平圜之半圜形，不差分釐也。又輈身既有圜徑之三寸，則當有朒有贏。今以軓前十尺内減兩端輈身徑共六寸，餘九尺四寸之通徑，合四尺七寸之半徑，求平圜半周，得十四尺七寸六分五釐四豪。此輈身朒數也。若並輈兩端身徑在内，爲軓前十尺之通徑，合輈身三寸于深四尺七寸，爲五尺半徑，求平圜半周，得十五尺七寸零七釐九豪。此輈身外背之贏數也。既得贏、朒二數，再以二數通徑相減，爲九尺七寸之通徑，合四尺八寸五分之半徑，適當輈圜徑中心。得平圜半周一丈五尺二寸三分六釐六毫。此輈身中心之長也。據今所推，則輈身之長，實定于「輈深四尺七寸」及「軓前十尺」二語之中。《記》文本自簡明可據，鄭司農説亦不誤。今密推之，亦適得平圜中規如此。不知康成氏何以必變其説，致一往皆謬也。又案：《考工記・車人》曰：「凡爲轅，三其輪崇。」此雖爲大車直轅起度，而小車曲輈亦同此法。「凡」字所括正多也。特以《輈人》既有明文，本不必遠據《車人》之文以爲典要，然恐輈深、軓前等所推之數未足深據，則試再以《車人》之文證之，乃益知記者省文互義無不密合也。《記》曰「兵車、乘車，輪崇六尺有六寸」。三其輪崇，得一丈九尺八寸。今以所得輈心長一丈五尺二寸三分六釐六豪，加輿下輈身四尺四寸，共長一丈九尺六寸三分六釐六豪。兩數比例，差一寸六分三釐四豪，但輈身朒數與軓底曲處相齊，若輈中心則已占入輿下輈身一寸五分，是所差實一分三釐四豪耳。制作之密至于如此，古人精心，非後人可及也。至于輈身之衡去地之高，則約六尺。何以明之？國馬高八尺，就昂首者言之耳。若其頸脊之間服軛之處至高不過六尺，中人皆長八尺，此與人胸相齊。今試擇馬之至高者驗之，皆如此也。《漢書・景帝紀》「衛綰奏『馬高五尺九寸，齒未平，馬正壯也。馬十歲外齒平。不得出關』」。此實就頸脊之間高者言之，故五尺九寸爲極高。西漢初較周尺已差大，若建初慮俿銅尺，則比周尺又大矣。

又案《記》曰：「田馬之輈，深四尺。田車之輪，六尺有三寸。」此爲半橢圜形，與國馬之輈爲正圜者不同，故恐「輈長三其輪崇」或有不合，試再推之。以軓前爲通徑，輈深爲小半徑，求橢圜積，得橢圜半周嬴、朒二數，相減得田馬輈心長一丈四尺三寸四分四釐一豪，法詳《推求車度次弟解》。再加輿下四尺四寸，共長一丈八尺七寸四分四釐一豪，三其輪崇，得一丈八尺九寸，差一寸五分五釐九豪，復除輈中心占入輿底輈一寸五分，亦僅差五釐九豪耳。是田馬之輈亦密合也。又《記》曰：「駑馬之輈，深三尺有三寸。」《記》不言駑馬輪崇，❶然輈深既以七寸遞減，輪數亦必以三寸遞減。田車輪崇減于兵車三寸。竊訂駑馬輪崇當六尺也，今亦以軓前爲通徑，輈深爲小半徑，求橢圜積，得橢圜半周嬴、朒二數，相減得駑馬輈心長一丈二尺八寸零零一豪，再加輿下四尺四寸，共長一丈七尺二寸零零一豪，三其輪崇，得一丈八尺，差二寸零零一豪，再除輈心占入輿底輈一寸五分，所差亦僅五分零一豪耳。是駑馬之輈亦密合也。由此數者求之，可益證軓前、輈深之説之非誤，而訂駑馬之輪崇六尺，得數于《記》文所未及者，亦不爲

❶ 「輪」，原作「輪」，今據阮刻本《周禮註疏》改。

無據矣。

又案：漢石刻《武梁祠像》及《孔子見老子畫像》搨本皆有二馬車，石雖殘闕，形尚可辨，其車輈出輿下平，至馬尾始昂而上，與古輮輈法已不能盡合矣。

輈縣軓以上爲侯，侯謂之頸。

《秋官・大行人》：「立當前疾。」司農云：「疾，轅前胡，下垂拄地。」惠君定宇曰：「『疾』乃『侯』之訛，唐石經已然。《禮説》曰：『侯伯立當前疾，《論語》疏、《小雅・蓼蕭》疏引作「侯」，尚不誤。』」元案：惠説是也。「胡」、「侯」一聲之轉。凡物下垂如人喉者皆曰胡，故戈援之下亦名胡也。侯謂之頸者，《秋官》之「侯」即《考工》之「頸」，同處異名，亦異名同實，蓋輈縣侯以上其圍漸殺矣。

輈後投任正謂之踵，當伏兔者爲當兔。

踵者，投任正之中者也。《記》言「十分輈長，以一爲當兔之圍」，是當兔圍最大，與任正同。《記》又言「五分頸圍，去一爲踵圍」者，以踵投任正鑿中，故殺之也。

輈兩端木爲任木，前端駕馬爲衡任，後端持輿爲任正。

《考工記》于《輈人》特出任木之名，又言衡任、任正之制，漢以來説者多誤。鄭康成氏以任正爲輿下三面材，戴侗已辨其爲軫矣，而任正之制尚然未覩。元案：任木者，輈兩端木名。衡任者，即輈前端之衡駕馬者也。任正者，軸後端之横木，當車後持輿之後軫底者也。任木最關重要，故《考工記》于《輈人》特曰：「凡任木，「凡」字意括兩端而言。任正者，十分其輈之長，以其一爲之圍；衡任者，五分其長，以其一爲之圍。」又恐拙工之鑿小之，故終警之曰：「小于度謂之無任。」此聖人制作之精意也。《匠人》：「凡任索約大汲其版，謂之無任。」文意同此。任正木最大，長應與輿廣等，横安車後，與輈踵爲内鑿之投作「丅」形，因而加輈于軸作「卄」形，又加輿于輈軸上作「冊」形。輿後軫與任正交固若一，前軫下之軓規定輈身，是輿已安置輈上不傾仄矣。而輿底與軸猶相離也，于是左右軫内有伏兔者下鉤乎軸，是輿又得左右銜制之力，不動掉傾脱矣。故輈與輿、軸三物合一，堅固不離，全賴此任正之力。試以馬引輈，輈與任正并力載輿以行，而輿下伏兔又夾軸以行，輿下之輈欲左右動移，而輿底伏兔及軓之力制之，軓上輈身欲反側紐戾，而輿與任正相合之力又制之，此任正之所以爲正也。自解者不識車後有任正之木，而《記》又明有任正之名，遂以任正歸之軫。試思輈别爲一直木，軸别爲一直木，縱横交處非有内鑿之投、金革之固也，因而加輿于輈，加轐于軸，無論輈身與轐不足以安輿，即輈在輿之下軸之上，兩無關繫直可抽出矣，縱令有金革以固之，百步之中未有不敗折者也。以有任正之堅固如彼，無任正之舛謬若此，究其名物致誤之由，總由于輿後横木爲軫之一訓也。《考工記》「軫」屬于《輿人》，「任正」屬《輈人》，本不相涉，特以加輿于輈，其後軫與任正相合若一，又以輿左、右、前三面皆有板，人所不常指名，所指名爲軫者惟輿後耳。故《左》昭二十一年：「張匄抽殳而下，子城射之，折股，匄扶服而擊之，折軫。」《襄二十四年》：「踞轉而鼓琴。」服虔曰：「轉，軫也。」此皆獨指輿後之軫爲言，世因有車後横木爲軫之訓，遷軫之名于任正矣。但考《方言》曰：「軫謂之枕。」郭璞注：「車後横木。」《説文》曰：「軫，車後横木也。」《釋名》曰：「軫，枕車前，若卧牀之有枕。」就「枕」生義，故變「車後」言「車前」。是揚、許、劉三君雖以「任正」冒「軫」之名，而任正之木尚在，故或曰「車後横木」，或曰「如牀有枕」，皆見其物指其處，且象其形也。至鄭氏注《周禮》，知軫屬輿不屬輈，因舉而歸之輿後，而于所謂任正者，竟以輿下前三面材當之，于是車後絶無此任正之横木矣。總之，漢以前任正因近軫而冒軫之名，漢以後歸軫于輿而失任正之木，誤之又誤，鮮辯久矣。

又案：近戴君東原謂任正爲輈，衡任爲衡與軸，《考工記》「凡任木」以下三十八字先發下文之意，下文乃舉其制，故重言衡與當兔之圍。此説亦誤。以今考之，其不合者有四。《考工記》屬文最省，至車工之事尤爲簡潔，容有事當明言而省文互見者，斷未有先已明言其圍後又重複言之者，細檢《記》中無此文體。其不合一也。《記》以衡圍即起于衡長，故惟曰：「衡任者，五分其長，以其一爲之圍。」「其」字下不必加「衡」字。而任正之圍則起度于輈，故曰：「十分其輈之長，以其一爲之圍。」於「其」字下特著「輈」字以别之。若任正即輈身，則「其」下「輈」字爲贅疣矣。其不合二也。設使任正爲輈，衡任爲衡與軸，先言其圍，下文不妨再言，何以下文惟言軸圍及輈當兔圍，獨置衡圍於不論乎？其不合三也。軸之通長一丈二尺，斷不得以當輿下之六尺六寸指名爲軸，其兩端之長置不入筭，果軸爲五分其長之一，則圍當二尺有餘，即與下「五分軫間，一爲軸圍」大相矛盾。其不合四也。

小車衡，大車鬲。所以鍵衡謂之軏。所以鍵鬲謂之輗。

衡即衡任也。鬲者，大車衡名。《説文》曰：「輗，大車轅端持衡者。軏，車轅端持衡者。」《論語》曰：「大車無輗，小車無軏。」包咸注：「輗者，轅端横木以縛軛。軏者，轅端上曲鉤衡。」其説非是。戴侗《六書故》曰：「轅端橫木即衡也。輗乃持衡者。」此已足正舊説之謬。戴君東原又爲之證曰：「《韓非子·外儲説》墨子曰：『吾不如爲車輗者巧也，用咫尺之木，不費一朝之事，而引三十石之任。』元案：《墨子·魯問篇》曰：❶「子墨子謂公輸子曰：『子之爲鵲，不如翟之爲車轄，須臾斲三寸之木，而引三十石之任。』」與《韓非子》所引不同。按：大車鬲以駕牛，小車衡以駕馬，其關鍵則名輗、軏。轅所以引車，必施輗、軏然後行。伸之在人，亦交接相持之關鍵，故以輗、軏喻伸。包氏以踰丈之輈、六尺之鬲，而當咫尺之輗、軏，疏矣。」據戴氏説，則包説謬矣。元又案：皇侃《論語疏》引鄭康成氏注曰：「輗穿轅端著之，軏因轅端著之。」鄭氏説本不誤，《集解》棄鄭取包，可謂無識。揚雄《太玄經》曰：「閑，次三，關無鍵，盜入門也。拔我輗、軏，貴以伸也。」此即子雲用《論語》之義。其曰「拔」，則爲衡上之鍵可知，且與上「關鍵」同一義也。此皆輗、軏爲衡、鬲鍵之證也。

衡鬲下扼馬牛者軶，軶謂之烏啄，衡下兩軶曰兩軥。

衡與車廣等，長六尺六寸，平橫輈端直木也。《車人》曰：「鬲長六尺。」亦直木也。若其壓馬牛頸處，則別有曲木縛於衡鬲之下，以下扼馬牛之頸。包咸《論語注》曰：「輗者，轅端橫木以縛軶。」此雖誤解輗爲鬲，而其言軶縛於橫木之下，則漢時目驗猶然。皇侃疏曰：「古作牛車二轅，不異即時車，但轅頭安枙，與今異也。即時車枙用曲木，駕於牛脰，仍縛枙兩頭著兩轅。古時則先取一橫木縛著兩轅頭，又別

❶「問」，原作「間」，今據明正統道藏本《墨子》改。

取曲木爲枙縛著横木以駕牛脰也。即時一馬牽車，猶如此也。」據皇氏説，則枙别爲衡鬲下曲木甚明。至梁時此制尚存，故得以目驗而知。由此説驗之諸書，無不合者。《急就篇》既言「軥衡」，又言「軶縛」。《莊子·馬蹄》篇曰：「加之以衡枙。」衡、軶爲二物甚明。《儀禮·既夕》曰：「楔貌如軶上兩末。」楔乃未含飯置尸口中者，爲半規形，末向上。據此，可知軶曲半規，特末向下耳。軶又名烏啄者，「烏啄」合聲爲「握」，凡以手扼物曰握，「握」、「扼」聲轉，皆半規曲形之名，故《詩·韓奕》曰：「鞗革金厄。」「厄」即「軶」，毛傳訓爲「烏蠋也」。鄭箋説非。《爾雅》：「蚅，烏蠋。」即《詩》所謂「蜎蜎者蠋」。蟲行屈中即名厄也。蜎蜎，蠋曲貌。《考工記·廬人》「刺兵欲無蜎」，亦此義也。《釋名》曰：「烏啄，向下叉馬頸，似烏開口向下啄物時也。」此象形則得矣，釋義則甚謬也。鬲下駕牛衹用一軶，若衡下駕馬，則用兩軶，故兩軶又名兩軥。軥亦以其曲句名之也。《左》襄十四年：「射兩軥而還。」昭二十六年：「中楯瓦，繇朐汰輈。」服虔曰：「軥，車軶兩邊叉馬頸者。」

所以貫轂謂之軸。軸末謂之軎，軎謂之軌，軌謂之軹。軎上鍵謂之舝，舝謂之軨。

《釋名》曰：「軸，抽也。入轂可抽出也。」《説文》曰：「軸，持輪也。」《史記·淳于髡傳》曰：「豨膏棘軸，所以爲滑也。然而不能運方穿。」蓋軸横輿底穿兩輪，運於穿中，膏之乃滑也。謂軸末出轂外爲軎者，《説文》曰：「軎，車軸耑。象形。或從彗作轊。」軎長而細，又在轂外，最易相鼓，故「鼓」從「軎」。《晏子春秋》曰：「齊人好鼓轂相犯以爲樂。」《史記》：「齊田單宗人盡斷其車軸末而傅鐵籠。」皆謂此也。軎又爲軌、爲軹者，王先生懷祖曰：「《詩》『濟盈不濡軌』，此『軌』字與《少儀》同。《少儀》曰『祭左右軌』，鄭氏注曰：『軏與軹於事同，謂轊頭也。』今本「事」訛「車」，據正義較改。讀「事同」爲句。《周禮·大馭》『祭兩軹』與《少儀》『兩軌』同處，是軌即軹也。輪半崇三尺三寸當軌，《詩》曰『不濡軌』，言其淺也。」王給諫云：「毛傳『緜輈以上爲軌』，『上』乃『下』之訛。孔穎達等改『軌』爲『軓』，即惑于『上』字也。此詩『有有』、『瀰鷕』、『濟雉』、『盈鳴』、『不求』、『濡其』、『軌牡』，皆字字相對，爲韻極密。若改『軌』爲『軓』爲合韻，則求聲太遠矣。」元又案：《曲禮》曰：「國中以策彗卹勿驅，塵不出軌。」此言國中不疾馳，塵高不過三尺以上。若道上之軌即塵也，安得不出乎？《爾雅》曰：「氿泉穴出。穴出，仄出也。」李巡注：「水從旁出爲氿。」此甚肖車兩軌之形，故名同矣。《晏子春秋》：「景公爲西曲潢，其深滅軌。」軹本轂末之名，今軸末亦名軹者，二物相近，名即相移。《釋名》曰：「軹，指也。如指而見於轂頭。」即謂此也。謂軎鍵爲牽者，《說文》曰「牽，車軸耑鍵也。象兩穿相背，从舛、㒞省聲」。又「轄，从車，害聲」，同牽。《詩》曰「間關車之牽兮」是也。間關，設牽也，非聲。詩人從不以雙聲疊韻象聲，故「睍睆」、「緜蠻」皆非聲。牽之長，三寸四寸惟所便。故《淮南子》曰：「夫車之能轉千里所者，其要在三寸轄。」《尸子》曰：「文軒六駃題，無四寸之牽，則車不行。」是其證也。牽又爲軨者，《曲禮》曰「僕展軨効駕」是也。桐城馬宗璉曰：「禮先言『展軨』，次言『奮衣由右上』，則軨爲軎末之軨，非輿中之軨可知。《曲禮》疏引盧植注曰『軨謂轄頭也』，不誤；《釋文》引盧植注曰『謂轄頭靼』，則誤矣。」

鄭注輈人二說圖

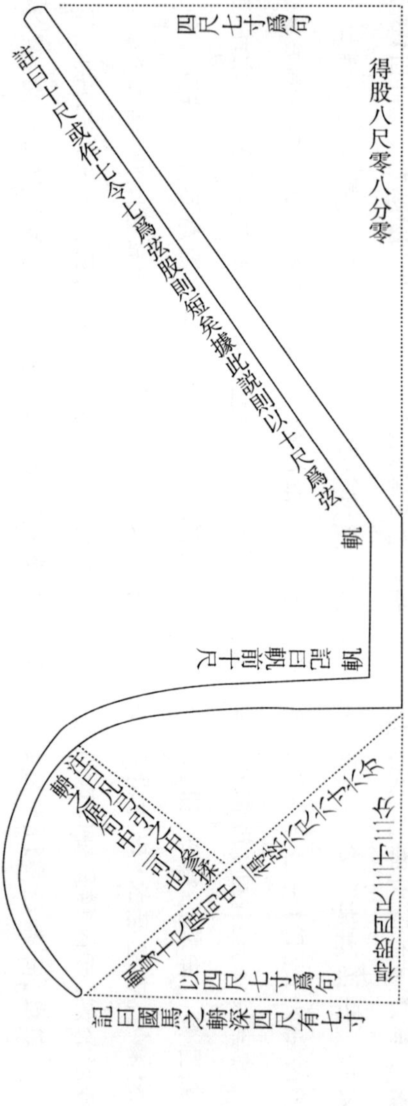
四尺七寸爲句
得股八尺零八分零
注曰十尺或作七今七爲弦股則短矣據此說則以十尺爲弦
軓
記曰軓前十尺
以四尺七寸爲句
記曰國馬之輈深四尺有七寸

輈圖

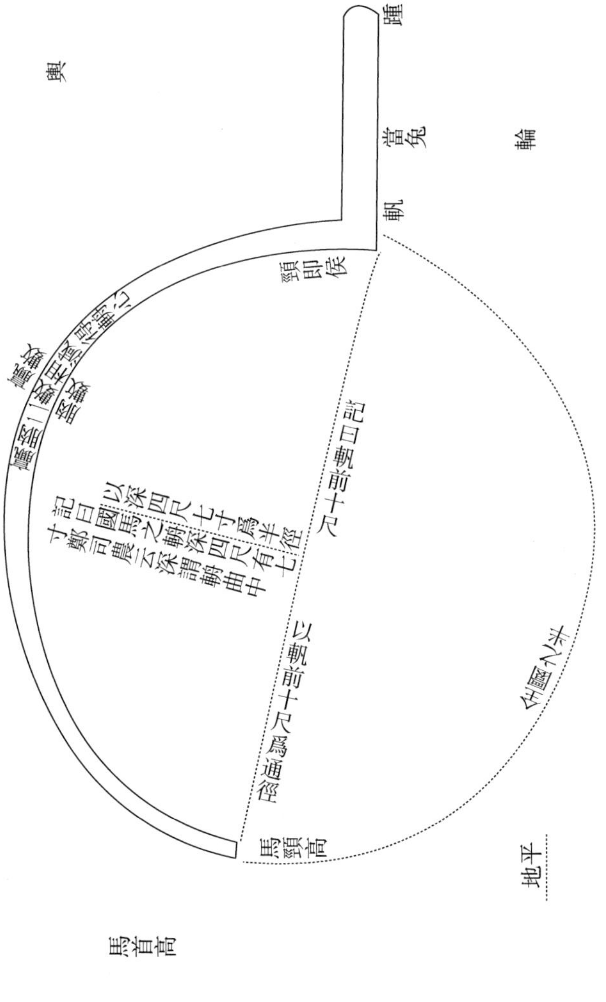
踵
當兔
輪
軓
輿
記曰國馬之輈深四尺有七寸鄭司農云深謂輈曲中
以深四尺七寸爲半徑
記曰輈前十尺
以軓前十尺爲通徑
馬頸高
地平
馬首高

田馬輈圖

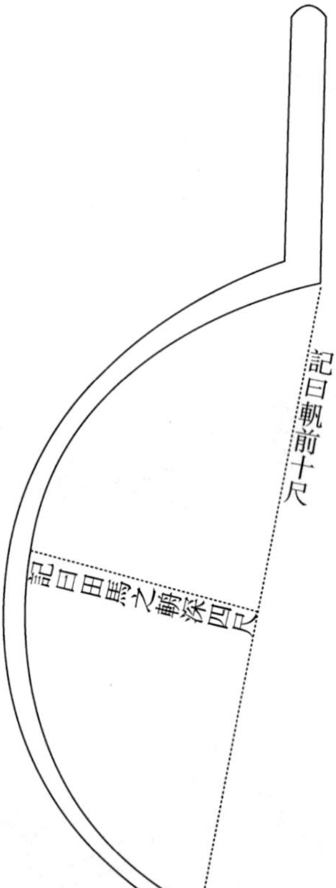

駑馬輈圖

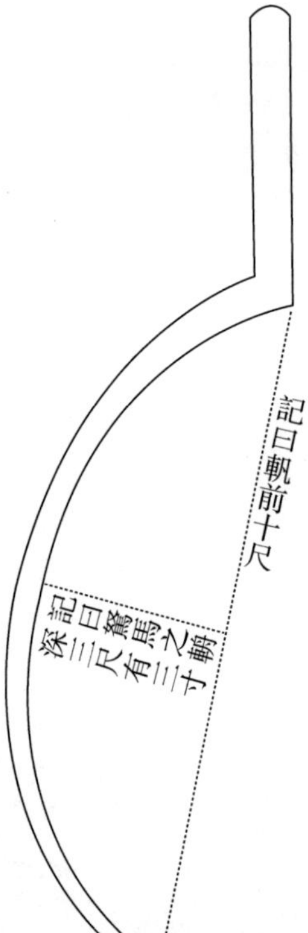

任木軸圖

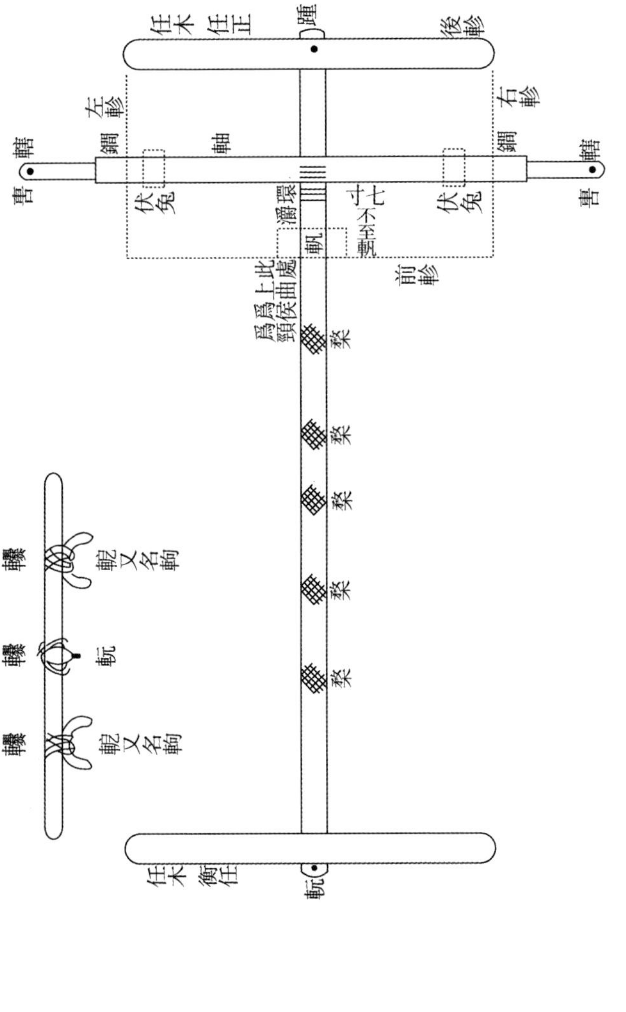

革解弟四

革漆在轂謂之幬。幬謂之縵。縵上篆謂之約軝。漆在當兔爲環灂。輿革前謂之鞎，後謂之第。革在式謂之鞃，在輹謂之轐，在輈謂之桼，衡束謂之鞻，鬲縛謂之鞙。

謂革漆在轂謂之幬者，《考工記》曰：「進而眡之，欲其幬之廉也。」後鄭注曰：「幬，縵轂之革也。革急則裹木廉隅見。」蓋轂外有急革裹之以爲固也。謂幬謂之縵者，《周禮・春官・巾車》曰「卿乘夏縵」是也。謂縵上篆謂之約軝者，《巾車》曰「孤乘夏篆」《說文》引作「軔」。是也。車有縵、篆，孤、卿又爲夏采也。《詩・小雅》曰：「約軝錯衡。」「約軝」即篆也。謂在當兔爲環灂者，《記》曰：「良輈環灂，自伏兔不至軓七寸。❶軓中有灂，謂之國輈。」案：自伏兔不至軓七寸，是漆伏兔至軓，輈身之半也。司農：「讀爲灂酒之灂。環灂謂漆沂鄂如環。」《弓人》曰：「寒奠體，冰析灂。冰析灂則審環。」又曰：「角環灂。」據此，則環灂者膠漆周裹如積環矣。謂輿革前鞎後爲第《集韻》作「𩊱」。者，《爾雅・釋器》文，郭璞曰「鞎以韋輓車式，第以韋輓車後」也。《詩・韓奕》：「鞹鞃淺幭。」毛傳：「鞹，革也。鞃，式中也。」是「鞃」即「鞎」也。淺幭乃以淺毛虎皮覆式，與輓式之鞹不同。謂在輹謂之轐者，《說文》曰：「轐者，伏兔下革也。讀若閔。」蓋加輹軸上，又以革縛之使不脫也。謂在輈爲桼者，《詩・小戎》曰：「五桼梁輈。」毛傳曰：「一

❶「伏兔」，原作「環灂」，今據阮刻本《周禮註疏》改。

軜五束。桼，歷碌也。」《説文》曰：「歷碌，束交也。」謂衡束爲䡶、鬲縛爲䩭者，《説文》曰：「䡶，衡三束也。或作「䡴」。䩭，大車縛軛也。」

金解弟五

金在輪轊謂之錫，在穿曰釭。大穿釭賢，小穿釭軹。軹謂之錧，錧謂之軑。在軸閒釭謂之鐧，在軎鍵輪謂之轄，車環謂之捐，衡上環謂之轙。

謂在輪轊謂之錫者，《説文》曰：「錫，鍱車輪鐵也。」蓋輪轊雖是堅木，終易敝于沙石，故有金以傅其外。錫讀如「朱干設錫」之「錫」。大抵金之緣物而傅其外者，皆謂之錫。《郊特牲》「朱干設錫」，謂以金傅干背。《詩·韓奕》「鉤膺鏤錫」，謂金傅馬當盧也。謂在穿釭、大穿釭賢、小穿釭軹者，《説文》曰：「釭，車轂口鐵也。」今「口」訛作「中」。《衆經音義》兩引並作「口」。《釋名》曰：「釭，空也。其中空也。」釭又爲賢、軹之總名。謂之賢者，《説文》曰：「臤，堅也。讀如鏗鏘之鏗。古文以爲賢字。」是賢有堅義也。《公羊》成四年「伯臤卒」，《左氏》作「堅」，《穀梁》作「賢」。又《漢校官袁良碑》「賢」皆作「臤」。《群經音辨》引鄭衆音，讀「賢」爲「胡甸切」。謂軹即輨、輨即軑者，《説文》曰：「輨，轂端沓也。」顔師古《急就篇》注曰：「錧，轂耑之鐵也。」趙岐《孟子題辭》亦曰：「五經之輨轄。」《説文》曰：「軑，車錧也。」《方言》曰：「關之東西曰輨，南楚曰軑。」《離騷》曰：「齊玉軑而並馳。」《漢書·揚雄傳》曰：「肆玉軑而下馳。」並謂此也。古車轂中軹以金爲之，其形内外周皆圜而薄，其長不過四寸許，至周末以後乃有以玉爲之者，《離騷》、《漢書》之「玉軑」是也。玉雖堅而易碎，如金之内外皆圜則薄矣，故琢玉爲外方内圜形，今時舊玉中每每有此物，俗即稱爲釭頭也。戴東原氏謂輨、軑爲約轂外端者，非。謂在軸爲鐧者，《説文》曰：「鐧，車軸鐵也。」《釋名》曰：「鐧，間也。間釭軸之間使不相摩也。」《吴子兵法》曰：「膏鐧有餘，則車輕人。」《方言》曰：「錧、軑，鍊鐪也。」《廣雅》同。《太平御覽》引《釋名》「鐧」作「鍊」。元案：鍊，《説文》曰：「冶金也。」鐪爲「鈐鐪」，耕器。皆非車上之金。蓋「鍊」即「鐧」字，「鐪」即「軑」字，音同而俗相假耳。據此，則鐪、軑、輨一物，穿内金也。鐧、鍊一物，軸上金也。《方言》以「鍊鐪」訓「錧」、「軑」，隨俗相假也。謂在軎謂之轄者，《儀禮·既夕·記》曰：「犬服，木錧。」錧，今文爲「轄」。喪用木轄，平日用金可知。謂車環爲捐者，《爾雅·釋器》曰：「環謂之捐。」郭璞注曰：「著車衆環。」謂衡上環爲钀者，《爾雅·釋器》曰：「載轡謂之钀。」郭璞注曰：「車軶上環轡所貫也。」《説文》亦曰：「钀，車衡載轡者。」高誘《淮南子》注曰：「钀所以縛衡。」義未確。元案：金革之事，《考工》不詳，而鞻、桼、鍚、捐等並爲至要，故詳解之。

推求車度次弟解弟六

案：《考工記》車工之事，文省事該，其言度數，每建首一物明言其度，其後或多或少，分析推之，或略或闕，交互求之，加減比例豪釐不差。元既因其度數之闕于大體者，考于《解》中矣，復類其次弟相求之故及未推之事，步算如左。

《記》曰：「兵車、乘車之輪崇六尺六寸。」得：

輪崇六尺六寸。

《記》不言輪周，然以輪徑求輪周，其數可得。古法徑一圍三，皆是疏率。徑一圍三，乃六等邊形每弦與圍半徑相等者。《考工》于大車則用疏率約計之，觀《車人》「渠三柯者三」可見。《輪人》不言牙周，密率故也。《隋志》載祖沖之所開密率，實得古法。觀輈弦矢求弧背，得數與三其輪崇説合，知古人本有密率，後人失之耳。其率徑一者，圍三一四一五九二七。今用此求得：

輪周二丈零七寸三分四釐零。

《記》曰：「六分輪崇，以其一爲之牙圍。」今推得：

牙面寬一尺一寸。

《記》曰：「參分其牙圍而漆其二。」推得：

牙面漆者七寸三分三釐三豪。

不漆者三寸六分六釐六豪。

《記》不言牙厚，今以《車人》文互校，求得：

牙厚二寸。

《記》曰：「椁其漆内而中詘之，以爲轂長。」推得：

轂長二尺九寸三分三釐三豪。

《記》曰：「以其長爲之圍。」推得：

轂圍二尺九寸三分三釐三豪。

《記》不言轂徑，蓋有圍即有徑也。密率圍周一零零零零零，其徑當零三一八三零，今用此求得：

轂徑九寸三分三釐七豪。

《記》曰：「五分其轂長，去一以爲賢，去三以爲軹。」今依鄭注訂「去一」爲「去二」推得：

賢圍一尺七寸六分。

軹圍一尺一寸七分三釐三豪。

《記》不言賢、軹徑，今以密率求得：

賢徑五寸七分零四豪。

軹徑三寸七分三釐四豪。

《記》曰：「參分轂長，二在外，一在內，置其輻。」「置」讀如「植」，立之也。置、植古同。《詩・商頌》：「置我鞉鼓。」箋曰：「置讀曰植。」《論語》「植其杖而耘」，漢石經作「置其杖而耘」。輻博同牙厚二寸，除輻博，推得：

小穿長一尺八寸二分二釐二豪。「二在外」即軹。

大穿長九寸一分一釐一豪。「一在內」即賢。

《記》不言輻長，今以輪半崇除去牙面寬及減轂半徑，求得：

輻長一尺七寸三分三釐一豪。菑、蚤未入筭。

《記》不言輻博、輻厚，今以《車人》校之，求得：

輻博二寸。

輻厚六分六釐六豪。

《記》曰：「參分輻長，殺其一。」「其一」即骹也。推得：

輻股長一尺一寸八分八釐四豪。

輻骹長五寸七分七釐七豪。

《記》曰：「參分其股圍，去一以爲骹圍。」今以股博、股厚二數推得橢圜圍：

股圍五寸一分四釐一豪。

骹圍三寸四分二釐六豪。

《記》曰：「綆參分寸之二。」今所殺輻博外三分寸之二爲骹不滿牙，外邊即綆也，推得：

綆六分六釐六豪。

《記》曰：「竑其輻廣以爲之弱。」推得：

弱長三寸。

《記》不言蚤長，今求蚤長約與菑等，得：

蚤長三寸。舊説蚤長同牙面寬，蚤穿牙外出之，加槷，非是。槷乃横貫牙面制蚤使不脱者，若以「有槷必足見」「足」字解爲「牙足」之「足」，則大謬矣。

右輪

《記》曰：「輿崇、車廣如一。」推得：

輿廣六尺六寸。《記》曰：「參分車廣去一以爲隧。」推得：

隧深四尺四寸。

《記》曰：「參分其隧，一在前，二在後，揉其式。」推得：

式深一尺四寸六分六釐六豪。

《記》不言輢較深，今除去式深，求得：

輢較深二尺九寸三分三釐三豪。

《記》不言式長，今求式長與輿廣等，得：

式長六尺六寸。

《記》曰：「以車廣半爲式崇。」推得：

式崇三尺三寸。

《記》曰：「以隧半爲較崇。」推得：

較崇于式二尺二寸。較通高五尺五寸。

《記》曰：「六分車廣以一爲軫圍。」推得：

四軫圍一尺一寸。

《記》曰：「參分軫圍，去一爲式圍。」推得：

式圍七寸三分三釐三豪。

《記》曰：「參分式圍，去一爲較圍。」推得：

較圍四寸八分八釐八豪。

《記》曰：「參分較圍，去一爲軹圍。」推得：

軹圍三寸二分五釐九豪。

《記》曰：「參分軹圍，去一爲轛圍。」推得：

轛圍二寸一分七釐二豪。

右輿

《記》不言國馬輈長。案：《記》曰：「軓前十尺。輈深四尺有七寸。」由此求正圜半周爲輈身，得：

輈身中心長一丈五尺二寸三分六釐六豪。朒十四尺七寸六分五釐四豪，贏十五尺七寸零七釐九豪。

《記》不言田馬輈長。案：《記》曰：「田馬之輈，深四尺。」今以軓前十尺内減輈身兩端六寸，餘九尺四寸爲大通徑，輈深四尺爲小半徑，爲半橢圜形，求其積，當二十九尺五十三寸九分七十釐八十一豪，半橢圜周十三尺六寸二分一釐三豪，此朒數也。再以軓前十尺爲大通徑，加輈身徑三寸于四尺共深四尺三寸爲小半徑，爲半橢圜形，求其積，當三十三尺七十七寸二十一分二十釐八十八豪，半橢圜周十四尺五寸六分六釐九豪，此贏數也。以贏、朒二數相減，得：

田馬輈身中心長一丈四尺三寸四分四釐一豪。

《記》不言駑馬輈長。案：《記》曰：「駑馬之輈，深三尺有三寸。」今以軓前十尺内減輈深兩端六寸，餘九尺四寸爲大通徑，輈深三尺三寸爲小半徑，爲半橢圜形，求其積，當二十四尺三十六寸三十分五十釐九十二豪，半橢圜周十二尺三寸七分二釐二豪，此朒數也。再以軓前十尺爲大通徑，加輈身徑三寸于三尺三寸共深三尺六寸爲小半徑，爲半橢圜形，求其積，當二十八尺二十七寸四十三分三十三釐七十六豪，半橢圜周十三尺三寸二分八釐五豪，此贏數也。以贏、朒二數相減，得：

駑馬輈身中心長一丈二尺八寸零零一豪。

《記》曰：「十分其輈國馬之輈。之長，以一爲當兔之圍。」推得：

當兔圍一尺五寸二分三釐六豪。

《記》曰：「參分兔圍，去一以爲頸圍。」推得：

頸圍一尺零一分五釐零。

《記》曰：「五分頸圍，去一以爲踵圍。」推得：

踵圍八寸一分二釐零。

《記》曰：「衡長、車廣如一。」推得：

衡長六尺六寸。

《記》曰：「衡任者，五分其長，以其一爲之圍。」推得：

衡圍一尺三寸二分。

《記》不言任正長，今求任正長與輿廣等，得：

任正長六尺六寸。

《記》曰：「任正者，十分其輈之長，以其一爲之圍。」推得：

任正圍一尺五寸二分三釐六豪。

《記》不言軸長，今求兩輪相去八尺爲軓，兩輪加小穿各長一尺八寸二分二釐二豪，再約以一寸六分一釐一豪爲出轂設牽之地，求得：

軸長一丈二尺。《匠人》：「應門二徹參个。」注曰：「二徹之内八尺，三个二丈四尺。」半之爲一丈二尺，與今所求相合，蓋應門容二車也。依鄭氏漆輪法，則徹廣八尺外，小穿各長二尺六寸，軸通長一丈三尺四寸，應門棖臬間不能容車矣。

《記》曰：「五分其軫間，以其一爲之軸圍。」推得：

軸圍一尺三寸二分。

軸徑與大穿徑不相當，其中爲鐧厚也。今以兩徑數相減，求得：

鐧金厚七分四釐九毫。

右輈

右《車制圖解》，元二十四歲寓京師時所撰。撰成即栞之。其間重較、軓前十尺、後軫諸義，實可辯正鄭注，爲江慎修、戴東原諸家所未發。且以此立法，實可閉門而造，駕而行之。此後金輔之、程易田兩先生亦言車制，書出元後，其于任木、梢、藪等義，頗與鄙説不同，其説亦有是者。元之説亦姑與江、戴諸説並存之，以待學者精益求精焉。嘉慶八年阮元識於浙江節院，時年四十。

揅經室一集卷八

論語論仁論

孔子爲百世師，孔子之言，著於《論語》爲多。《論語》言五常之事詳矣，惟論「仁」者凡五十有八章，「仁」字之見於《論語》者凡百有五，爲尤詳。若於聖門最詳切之事，論之尚不得其傳而失其旨，又何暇別取《論語》所無之字標而論之邪？今綜論《論語》論「仁」諸章，而分證其説於後。謹先爲之發其凡曰：元竊謂詮解「仁」字，不必煩稱遠引，但舉《曾子制言》篇「人之相與也，譬如舟車然，相濟達也。人非人不濟，馬非馬不走，水非水不流」及《中庸》篇「仁者，人也」鄭康成注「讀如相人偶之人」數語，足㠯明之矣。春秋時，孔門所謂仁也者，㠯此一人與彼一人相人偶而盡其敬禮忠恕等事之謂也。相人偶者，謂人之偶之也。凡仁必於身所行者驗之而始見，亦必有二人而仁乃見。若一人閉户齊居，瞑目静坐，雖有德理在心，終不得指爲聖門所謂之仁矣。蓋士、庶人之仁，見於宗族鄉黨；天子、諸侯、卿大夫之仁，見於國家臣民。同一相人偶之道，是必人與人相偶而仁乃見也。鄭君「相人偶」之注，即《曾子》「人非人不濟」、《中庸》「仁者，人也」、《論語》「己立立人，己達達人」之旨。「能近取譬」，即「馬走」、「水流」之意。曰「近取」者，即子夏「切問近思」之説也。蓋孔門諸賢已有「未仁」、「難並」之論。慮及後世言仁之務爲高遠矣，孔子答司馬牛曰：「仁者，其言也訒。」

夫言訒於仁何涉？不知浮薄之人，語易侵暴，侵暴則不能與人相人偶，是不訒，即不仁矣。所以「木訥近仁」也。仲弓問仁，孔子答㠯「見大賓，承大祭」諸語，㠯言敬恕之道，於仁無涉。不知天子、諸侯不體群臣，不卹民時，則爲政不仁；極之，視臣草芥，使民糜爛，家國怨而畔之，亦不過不能與人相人偶而已，秦、隋是也。其餘聖門論仁，以類推之，五十八章之旨，有相合而無相戾者。即推之諸經之旨，亦莫不相合而無相戾者。自「博愛謂仁」立説㠯來，歧中歧矣。吾固曰：孔子之道，當於實者、近者、庸者論之，則春秋時學問之道，顯然大明於世而不入於二氏之塗。吾但舉其是者，而非者自見，不必多其辭説也。

子貢曰：「如有博施於民而能濟衆，何如？可謂仁乎？」子曰：「何事於仁，必也聖乎！堯、舜其猶病諸！夫仁者，己欲立而立人，己欲達而達人。能近取譬，可謂仁之方也已。」

子曰：「若聖與仁，則吾豈敢？抑爲之不厭，誨人不倦，則可謂云爾已矣。」公西華曰：「正唯弟子不能學也。」

元謂：孔子論人，㠯聖爲第一，仁即次之，仁固甚難能矣！「聖」、「仁」二字，孔子皆謙不敢當。子貢視仁過高，誤入聖域，故孔子分別「聖」字，將「仁」字降一等論之曰：所謂仁者，己之身欲立則亦立人，己之身欲達則亦達人。所以必兩人相人偶而仁始見也。即如己欲立孝道，亦必使人立孝道，所謂「不匱錫類」也；己欲達德行，亦必使人達德行，所謂「愛人以德」也。《曾子》所謂「人非人不濟」正是立人、達人之道也，亦即「近取譬」之道也。此皆不視仁太高，誤入「聖」字也。「爲之不厭」，己立、己達也；「誨人不倦」，立人、達人也。立者如「三十而立」之「立」，達者如「在邦必達、在家必達」之「達」。

元又謂：《孟子》：「仁，人心也。義，人路也。」此謂仁猶人之所以爲心，義猶人之所以爲路，非謂即心即仁也。若云此仁即真是心，斷不可云此義即真是路也。總之，聖賢之仁必偶於人而始可見。故孔子之仁，必待老少始見安懷。若心無所著，便可言仁，是老僧面壁多年，但有一片慈悲心，便可畢仁之事，有是道乎？

許叔重《説文解字》：「仁，親也。从人、二。」段若膺大令注曰：「《見部》曰：『親者，密至也。』會意。《中庸》曰：『仁者，人也。』注：『人也讀如相人偶之人。』以人意相存問之言。《大射儀》『揖㠯耦』，注：『言㠯者，耦之事成於此，意相人耦也。』《聘禮》『每曲揖』，注：『㠯人相人耦爲敬也。』《公食大夫禮》『賓入三揖』，注：『相人耦。』《詩·匪風》箋云：『人偶能烹魚者。人偶能輔周道治民者。』」元謂賈誼《新書·匈奴》篇曰：「胡嬰兒得近侍側，胡貴人更進得佐酒前，上時人偶之。」以上諸義，是古所謂人耦，猶言爾我親愛之辭。獨則無耦，耦則相親，故其字从人、二。《孟子》曰：「仁也者，人也。」謂仁之意即人之也。元案：《論語》：「問管仲，曰：『人也。』」《詩·匪風》疏引鄭氏注曰：「人偶，同位之辭。」此乃直以「人也」爲「仁也」，意更顯矣。又案：「仁」字不見於虞、夏、商《書》及《詩》三《頌》、《易》卦爻辭之内，似周初有此言而尚無此字。其見于《毛詩》者，則始自《詩·國風》「洵美且仁」。再溯而上，則《小雅·四月》「先祖匪人，胡寧忍予」，此「匪人」「人」字實是「仁」字，即人偶之意，與《論語》「人也，奪伯氏邑」相同。蓋周初但寫「人」字，《周官》禮後始造「仁」字也。鄭箋解「匪人」爲「非人」，孔疏疑其言之悖慢，皆不知人即仁也。

陽貨謂孔子曰：「懷其寶而迷其邦，可謂仁乎？」曰：「不可。」「好從事而亟失時，可謂知乎？」曰：「不可。」「日月逝矣，歲不我與。」孔子曰：「諾，吾將仕矣。」

元謂：魯國時人之論已皆以聖、仁尊孔子，故孔子曰：「則吾豈敢。」陽貨之言亦因時論而難之也。又智者，仁之次。《漢書・古今人表》敘論九等，列智人於仁人下。子張以仁推令尹子文及陳文子，孔子皆答以「未智，焉得仁」，明乎必先智而後能仁也。故陽貨諷孔子仁智並稱，孔子謙不敢當，非特不居仁，且不居智。孔子又言「仁者安仁，智者利仁」，此可驗聖、仁、智三者之次矣。

子夏曰：「博學而篤志，切問而近思，仁在其中矣。」

子游曰：「吾友張也，爲難能也，然而未仁。」

曾子曰：「堂堂乎張也，難與並爲仁矣。」

元謂：㠯上三章，孔門論仁，近譬之道。子夏恐學者視仁過高，將流爲虛悟遠求也，故曰：勿謂仁不易知，但博學篤志，切問近思，仁道即可近譬而知。此數語將晉、宋㠯後一切異端空虛玄妙之學、晉人玄學最重清遠。遠與近譬、近思相反。儒家學案標新競勝之派皆預爲括定。曾子、子游慮子張於人無所不容，過於高大，不能就切近之事與人爲仁，亦同此説也。其曰「爲仁」，可見仁必須爲，非端坐靜觀即可曰仁也。曰「並爲」，「並」即相人偶之説也。

顏淵問仁。子曰：「克己復禮爲仁。一日克己復禮，天下歸仁焉。爲仁由己，而由人乎哉！」顏淵曰：「請問其目。」子曰：「非禮勿視，非禮勿聽，非禮勿言，非禮勿動。」顏淵曰：「回雖不敏，請事斯語矣。」

仲弓問仁，子曰：「出門如見大賓，使民如承大祭。己所不欲，勿施於人。在邦無怨，在家無怨。」仲弓曰：「雍雖不敏，請事斯語矣。」

樊遲問仁。子曰：「愛人。」問知。子曰：「知人。」樊遲未達。子曰：「舉直錯諸枉，能使枉者直。」樊遲退，見子夏曰：「鄉也，吾見於夫子而問知，子曰『舉直錯諸枉，能使枉者直』，何謂也？」子夏曰：「富哉言乎！舜有天下，選於衆，舉皋陶，不仁者遠矣。湯有天下，選於衆，舉伊尹，不仁者遠矣。」

元謂：右三章皆言王者以仁治天下之道。顏子克己，「己」字即「自己」之「己」，與下「爲仁由己」相同。言能克己復禮，即可並人爲仁，一日克己復禮而天下歸仁。此即「己欲立而立人，己欲達而達人」之道。仁雖由人而成，其實當自己始。若但知有己，不知有人，即不仁矣。孔子曰：勿謂仁者人也，必待人而後並爲仁，爲仁當由克己始。且即繼上二「克己」字疊而申之曰：爲仁由己，而由人乎哉！亦可謂大聲疾呼，明白曉暢矣。若以「克己」字解爲私欲，則下文「爲仁由己」之「己」斷不能再解爲私，而由己不由人反詰辭氣與上文不相屬矣。顏子請問其目，孔子答以「四勿」。「勿」即克之謂也。視、聽、言、動，專就己身而言，若克己而能非禮勿視、勿聽、勿言、勿動，斷無不愛人，斷無與人不相人偶者，人必與己並爲仁矣。俚言之，若曰：我先自己好，自然要人好；我要人好，人自與我同作好人也。一介之士處世，天子治天下，胥是道也。視、聽、言、動不涉家、國、天下一字，而齊、治、平之道具在。孔子恐學者爲仁，專待人而後並爲之，故收向内言。孟子曰「仁，内也」，即此説也。然收至視、聽、言、動，亦内之至矣。一部《論語》，孔子絶未嘗於不視、不聽、不言、不動處言仁也。顏子三月不違仁，而孔子向内指之曰「其心不違」，可見心與仁究不能使之渾而爲一，曰即仁即心也，此儒與釋之分也。又《左傳》昭公十二年，楚靈王聞右尹子革諷《祈招》之詩而不能自克，以及於難。仲尼曰：「古也有志，克己復禮，仁也。楚靈王若能如是，豈其辱於乾谿！」據此，可見「克己復禮」本是古語，而孔子嘗引之。且觀楚靈王之事，可知克己復禮則家國必仁，不能克己復禮則國破身亡。夫求鼎、詬天，豈止不能克己，究其始，亦不過因不能克己充之至於如此耳。

毛西河檢討《四書改錯》曰：「馬融以約身爲克己，從來説如此。惟劉炫曰：『克者，勝也。』此本揚子雲『勝己之私之謂克』語。然『己』不是私，必從『己』字下添『之私』二字，原是不安。至程氏直以『己』爲私，稱曰『己私』，致《集注》謂『身之私欲』，别以『己』上添『身』字，而專以『己』字屬私欲。於是宋後字書皆注『己』作『私』，引《論語》『克己復禮』爲證，則誣甚矣。毋論字義無此，即以本文言，現有『爲仁由己』，『己』字在下，而一作『身』解，一作『私』解，其可通乎？且克己不是勝己私也。『克己復禮』本是成語。《春秋》昭十二年楚靈王聞《祈招》之詩，不能自克，以及於難，夫子聞之，歎曰：『古也有志，克己復禮，仁也。楚靈王若能如是，豈其辱於乾谿！』是夫子既引此語以歎楚靈，今又引以告顔子。雖此問無解，而在《左傳》則明有『不能自克』作『克己』對解。克者，約也，抑也。己者，自也。何嘗有己身私欲重煩戰勝之説？故《春秋》莊八年書『師還』，杜預以爲『善公克己復禮』。而後漢元和五年平望侯劉毅上書云『克己引愆，顯揚側陋』，謂能抑己以用人。即《北史》稱馮元興『卑身克己，人無恨者』，唐韓愈與馮宿書『故至此㠯來，克己自下』，直作卑身自下解。若後漢陳仲弓誨盜曰：『觀君狀貌，不佀惡人。宜深剋己反善。」別以『克』字作『剋』字，正以掊剋損削皆深自貶抑之義故云。則是約己自剋，不必戰勝，況可詁『私』字也。」

淩次仲教授曰：「即以《論語》『克己』章而論，下文云『爲仁由己，而由人乎哉』，『人』、『己』對稱，正是鄭氏相人偶之説。若如《集注》所云，豈可曰『爲仁由私欲乎』？再以《論語》全書而論，如『不患人之不己知』，見《學而》及《憲問》篇。又《里仁》作「不患莫己知」，《衛靈公》作「不病人之不己知」。『夫仁者己欲立而立人，己欲達而達人』，『己所不欲，勿施於人』，「仲弓問仁」、「子貢問一言」章皆有此語。『古之學者爲己，今之學者爲人』，『修己以安人』，『君子求諸己，小人求諸人』，皆『人』、『己』對稱。此外之『己』字，如『無友不如己者』，『人潔己以進』，『仁以爲己任』，『行己有耻』，『莫己知也』，『恭己正南面』，『以爲厲己』，『以爲謗己』，若作私欲解，則舉不可通矣。馬注以『克己』爲『約身』，最得經意。邢叔明忽援劉光伯之言，謂嗜欲與禮義交戰，蓋剿襲《春秋正義》所述者。不知劉氏因上文有楚靈王『不能自克』之語，故望文生義耳，與《論語》何涉？竊以馬注申之：克己即修身也。❶故『修己以敬』、『修己以安人』、『修己以安百姓』，直云『修』不云『克』。《中庸》云：『非禮不動，所以修身。』『動』實兼視、聽、言三者，與下文答顔淵『請問其目』正相合，辭意尤明顯也。」

臧用中太學曰：「桉：《左氏》『克己復禮，仁也』，即《論語》『克己復禮爲仁』。古志本有是語，孔子嘗稱

❶ 「己」，原重文，今據嘉慶十八年刻本《校禮堂文集》删。

之。《左氏》引以論楚子，《論語》引以答顏淵。注疏家各望文生義，《爾雅·釋詁》「克，勝也」，又「勝，克也」，展轉相訓，杜元凱本之。楚靈王誇功伐，多嗜慾，不能修身自勝以歸於禮，故劉光伯疏有「嗜慾與禮義交戰」之説。此以釋《左氏》，而非以釋《論語》也。馬季長以「克己」爲「約身」者，能修己自勝，約儉其身，即下文「非禮勿動」四者。是范武子訓「克」爲責，責己失禮而復之，與下文「四勿」義亦通。馬氏「約身」之訓，即《論語》「以約失之者鮮矣」之「約」。約身則非禮勿視、聽、言、動，故「克己復禮」連文。《左傳》、《論語》、馬、杜、范、劉等説，義本互通，惟劉光伯「嗜慾」之言意主楚靈王，而邢叔明襲之以釋《論語》，遂開《集注》訓「己」爲「私欲」之端，與全部《論語》「人」、「己」對舉之文方鑿員枘之不合矣。」

元謂：仲弓問仁，孔子告以「如見大賓」諸語，似敬恕之道，與仁無涉。不知古天子、諸侯之不仁者，始於不敬大臣、不體群臣、使民不以時，漸至離心離德，甚至視臣如草芥，糜爛其民而戰之。若秦、隋之殺害群臣，酷虐百姓，行不順，施不惠，家邦皆怨，是不仁之至也。究其始，不過由不敬不恕充之以至於此。淺而言之，不愛人，不人偶人而已。若有見大賓、承大祭之心，行恕而帥天下以仁者，豈肯少爲輕忽哉！此所以爲孔門之仁也。又子夏論舉皋陶、伊尹而不仁者遠，此亦爲邦之道。不仁者遠，「能使枉者直」。此即「己立立人」、「己達達人」之道，亦即「天下歸仁」之道也。

又案：孔子惟與顏子、仲弓論南面爲邦之道。此章「大賓」、「大祭」專指天子而言，《周禮》凡言「大賓客」皆諸侯朝覲之禮。《爾雅》曰：「禘，大祭也。」可見非朝覲非禘祫不得稱「大賓」、「大祭」，此與「夏時」、「殷輅」之例同。

又案：僖三十三年《左傳》晉臼季之言曰：「臣聞之：『出門如賓，承事如祭，仁之則也。』」孔子語本此。孔門師弟所述半爲古人之恒言，故《孝經》中語每見於《左傳》。世人以其出於孔子則重之，出於子革、胥臣則忽之，豈知此皆夏、商以來相傳之言，孔子且奉爲準繩，所以春秋時學行爲至中庸也。顔子、仲弓所謂「請事斯語」，乃有事於孔子所舉之古語也。

子曰：「仁遠乎哉？我欲仁，斯仁至矣。」

元謂：此章即「一日克己復禮，天下歸仁」之説。

子張問仁於孔子。孔子曰：「能行五者於天下，爲仁矣。」請問之。曰：「恭、寬、信、敏、惠。恭則不侮，寬則得衆，信則人任焉，敏則有功，惠則足以使人。」

元謂：兼五者之長，行之天下，始可謂仁。必如此，始能愛及天下臣民也，又何疑於敬恕之非仁乎！大約聖、仁二字所包甚廣。

子曰：「知及之，仁不能守之，雖得之，必失之。知及之，仁能守之。不莊以涖之，則民不敬。知及之，仁能守之，莊以涖之，動之不以禮，未善也。」

元謂：此章亦論治天下國家之道。「動之不以禮」，謂不動民以禮也。

子曰：「如有王者，必世而後仁。」

元謂：此章論王者化民成俗，使天下不仁者盡改而爲仁，非三十年之久不可，所謂「先難而後獲」也。

孟武伯問：「子路仁乎？」子曰：「不知也。」又問。子曰：「由也，千乘之國，可使治其賦也，不知其仁也。」

「求也何如？」子曰：「求也，千室之邑，百乘之家，可使爲之宰也，不知其仁也。」「赤也何如？」子曰：「赤也，束帶立於朝，可使與賓客言也，不知其仁也。」

子張問曰：「令尹子文三仕爲令尹，無喜色；三已之，無慍色。舊令尹之政，必以告新令尹。何如？」子曰：「忠矣。」曰：「仁矣乎？」曰：「未知，焉得仁？」「崔子弑齊君，陳文子有馬十乘，棄而違之。至於他邦，則曰：『猶吾大夫崔子也。』違之。之一邦，則又曰：『猶吾大夫崔子也。』違之。何如？」子曰：「清矣。」曰：「仁矣乎？」曰：「未知。焉得仁？」

元謂：仁之有益於人民者甚大，孔子尚不敢當，故但以治賦、爲宰、與賓客言、忠、清許人，而不許以仁。

子貢視仁過高遠，故孔子近而易之。孟武伯、子張視仁太易，故孔子難之。

憲問恥。子曰：「邦有道，穀；邦無道，穀，恥也。」「克、伐、怨、欲不行焉，可以爲仁矣？」子曰：「可以爲難矣，仁則吾不知也。」臧庸案：皇侃《義疏》、邢昺《正義》皆一章。《集注》本自「克伐怨欲」以下分别章，誤。

元謂：此但能無損於人，不能有益於人，未能立人、達人，所以孔子不許爲仁。

有子曰：「其爲人也孝弟，而好犯上者，鮮矣；不好犯上，而好作亂者，未之有也。君子務本，本立而道生。孝弟也者，其爲仁之本與！」

宰我問：「三年之喪，期已久矣。君子三年不爲禮，禮必壞；三年不爲樂，樂必崩。舊穀既没，新穀既升，鑽燧改火，期已可矣。」子曰：「食夫稻，衣夫錦，於女安乎？」曰：「安。」「女安則爲之！夫君子之居喪，食旨不甘，聞樂不樂，居處不安，故不爲也。今女安，則爲之！」宰我出。子曰：「予之不仁也！子生三年，然後免於父母之懷。夫三年之喪，天下之通喪也。予也有三年之愛於其父母乎？」

子曰：「君子篤於親，則民興於仁；故舊不遺，則民不偷。」

元謂：右三章可見「親親而仁民，仁民而愛物」之序。孝弟爲仁之本，即孟子所謂「未有仁而遺其親者也」。所以《堯典》必由「親九族」而推至「民雍」也。博愛平等之説，不必辯而知其誤矣。爲仁爲孝弟之本，故孔子謂宰我欲短喪爲「不仁」也。

微子去之，箕子爲之奴，比干諫而死。孔子曰：「殷有三仁焉。」

元謂：三人之行不同，而孔子皆以仁許之，愛人之道也。愛人尚謂之仁，況愛君至於如是乎！

冉有曰：「夫子爲衛君乎？」子貢曰：「諾。吾將問之。」入，曰：「伯夷、叔齊何人也？」曰：「古之賢人也。」曰：「怨乎？」曰：「求仁而得仁，又何怨？」出，曰：「夫子不爲也。」

元謂：夷、齊讓國，相偶而爲仁，正是己立立人、己達達人之道。諫而餓死，與比干同，愛君之至也。衛君反是，不仁可知。

子曰：「志士仁人，無求生以害仁，有殺身以成仁。」

曾子曰：「士不可以不弘毅，任重而道遠，仁以爲己任，不亦重乎！死而後已，不亦遠乎！」

子曰：「富與貴是人之所欲也，不以其道得之，不處也；貧與賤是人之所惡也，不以其道得之，不去也。君子去仁，惡乎成名？君子無終食之閒違仁，造次必於是，顛沛必於是。」

子張問於孔子曰：「何如斯可以從政矣？」子曰：「君子惠而不費，勞而不怨，欲而不貪，泰而不驕，威而不猛。」子張曰：「何謂惠而不費？」子曰：「因民之所利而利之，斯不亦惠而不費乎？擇可勞而勞之，又誰怨？欲仁而得仁，又焉貪？君子無衆寡，無小大，無敢慢，斯不亦泰而不驕乎？君子正其衣冠，尊其瞻視，儼然人望而畏之，斯不亦威而不猛乎？」

元謂：以上四章，以比干、夷齊證之，其説更明。聖門論仁，爲富貴、生死所不能奪，所以聖人之言，反正經權，行之百世而無弊。

子貢曰：「管仲非仁者與？桓公殺公子糾，不能死，又相之。」子曰：「管仲相桓公，霸諸侯，一匡天下，民到於今受其賜。微管仲，吾其被髮左衽矣。豈若匹夫匹婦之爲諒也，自經於溝瀆而莫之知也。」

子路曰：「桓公殺公子糾，召忽死之，管仲不死。」曰：「未仁乎？」子曰：「桓公九合諸侯，不以兵車，管仲之力也。如其仁！如其仁！」

元謂：此二章論管仲，不必以死子糾爲仁，而以匡天下爲仁。蓋管仲不以兵車會諸侯，使天下之民無兵革之災，保全生民性命極多。仁道以愛人爲主，若能保全千萬生民，其仁大矣！故孔子極許管仲之仁，而略其不死公子糾之小節也。

司馬牛問仁。子曰：「仁者，其言也訒。」曰：「其言也訒，斯謂之仁矣乎？」子曰：「爲之難，言之得無訒乎？」

或曰：「雍也仁而不佞。」子曰：「焉用佞？禦人以口給，屢憎於人。不知其仁，焉用佞？」

元謂：未有佞人禦人以口給，而能愛人與人相人偶者。所以仁道貴訒訥也。

子曰：「剛毅木訥近仁。」

子曰：「知者不惑，仁者不憂，勇者不懼。」

子曰：「君子道者三，我無能焉：仁者不憂，知者不惑，勇者不懼。」子貢曰：「夫子自道也。」

子曰：「民之於仁也，甚於水火。水火，吾見蹈而死者矣，未見蹈仁而死者也。」

子曰：「有德者必有言，有言者不必有德；仁者必有勇，勇者不必有仁。」

樊遲問仁。子曰：「居處恭，執事敬，與人忠，雖之夷狄，不可棄也。」

元謂：以上六章，由司馬牛問君子及憂無兄弟推之，可見爲仁須訥言、修行、恭敬、忠勇，自然四海之人各以仁應，雖之絶域而不可棄，無兄弟亦無害也。亦即顔子「天下歸仁」之道也。

子曰：「當仁，不讓於師。」

子曰：「苟志於仁矣，無惡也。」

元謂：以上二章，可見爲仁須剛勇也。

子張問：「士何如斯可謂之達矣？」子曰：「何哉，爾所謂達者？」子張對曰：「在邦必聞，在家必聞。」子曰：「是聞也，非達也。夫達也者，質直而好義，察言而觀色，慮以下人，在邦必達，在家必達。夫聞也者，色取仁而行違，居之不疑。在邦必聞，在家必聞。」

子曰：「巧言令色，鮮矣仁。」

元謂：上二章所言，乃「剛毅木訥」之反。

子曰：「弟子入則孝，出則弟，謹而信，汎愛衆，而親仁。行有餘力，則以學文。」

子貢問爲仁。子曰：「工欲善其事，必先利其器。居是邦也，事其大夫之賢者，友其士之仁者。」

曾子曰：「君子以文會友，以友輔仁。」

樊遲問知。子曰：「務民之義，敬鬼神而遠之，可謂知矣。」問仁。曰：「仁者，先難而後獲，可謂仁矣。」

周有大賚，善人是富。雖有周親，不如仁人。

子曰：「里仁爲美，擇不處仁，焉得知？」

元謂：以上六章，皆言爲仁須擇仁人與我相助。觀此，則相人偶之説益明矣。

子曰：「人而不仁，如禮何？人而不仁，如樂何？」

子曰：「君子而不仁者有矣夫，未有小人而仁者也。」

子曰：「我未見好仁者，惡不仁者。好仁者，無以尚之；惡不仁者，其爲仁矣，不使不仁者加乎其身。有能一日用其力於仁矣乎？我未見力不足者。蓋有之矣，我未之見也。」

子曰：「好勇疾貧，亂也。人而不仁，疾之已甚，亂也。」

子曰：「惟仁者能好人，能惡人。」

元謂：以上五章言不仁之人當惡之，若不能分別之，必自己爲仁之道有未至也。不仁雖當疾惡之，然已甚則足以召亂，故曰：「惟仁者能惡人。」「不使不仁者加身」，此剛毅之至，不與不仁者相偶也。一日用力無不足，即「一日克己復禮」之説。又：禮樂亦惟仁者始能行之，如春秋之世，列國尚行禮樂，覲、饗、朝、會皆禮樂也。若觀兵滅國，仇殺相尋，何必揖讓於《陔》、《肆》間哉！

子曰：「好仁不好學，其蔽也愚。」

宰我問曰：「仁者雖告之曰：『井有仁焉。』其從之也？」子曰：「何爲其然也！君子可逝也，不可陷也；可欺也，不可罔也。」

子曰：「人之過也，各於其黨。觀過，斯知仁矣。」

元謂：右三章可見爲仁之道，若不明其過，必失之愚。有此不可陷及惡不仁兩事，始見孔子論仁之全道，不應更有一豪流弊。其有弊者，因不能證明聖言而失其本旨也。

子曰：「回也，其心三月不違仁。其餘則日月至焉而已矣。」

子曰：「不仁者不可以久處約，不可以長處樂。仁者安仁，知者利仁。」

子曰：「志於道，據於德，依於仁，游於藝。」

子曰：「知者樂水，仁者樂山。知者動，仁者静。知者樂，仁者壽。」

元謂：以上四章言爲仁之道在於悠久。顔子但許三月不違，可見爲仁之難。心與仁不違，可見仁與人心究不能渾而爲一。若直號仁爲本心之德，則是渾成之物，無庸用力爲之矣。

子罕言利與命與仁。

元謂：孔子言仁者詳矣，曷爲曰「罕言」也？所謂罕言者，孔子每謙不敢自居於仁，亦不輕以仁許人也。

又案：元此論乃由漢鄭氏相人偶之説序入，學者或致新僻之疑，不知「仁」字之訓爲人也，乃周、秦以來相傳未失之故訓，東漢之末猶人人皆知，並無異説。康成氏所舉相人偶之言，亦是秦、漢以來民間恒言，人人在口，是以舉以爲訓。初不料晉以後此語失傳也。大約晉以後異説紛岐，狂禪迷惑，實非漢人所能預料。使其預料及此，鄭氏等必詳爲之説，不僅以相人偶一言以爲能近取譬而已。

揅經室一集卷九

孟子論仁論

孟子之學，純於孔子、堯、舜之道，漢、唐、宋以來儒者無間言也。今七篇之文具在，試總而論之。孟子於孔子、堯、舜之道，至極推尊、反覆論説者，仁也。元於《論語》之仁，已著論矣。由是再論孟子之論仁。孟子論仁無二道，君治天下之仁，士充本心之仁，無異也。治天下非仁不可，故述孔子之言曰：「道二：仁與不仁而已矣。」又曰：「君不行仁政而富之，皆棄於孔子者也。」又曰：「齊人無以仁義與王言者，我非堯、舜之道不敢以陳於王前。」蓋孟子時各國皆爭戰不愛民，專欲以利得天下，孟子反之，一則曰「仁者無敵」，再則曰「國君好仁，天下無敵」，反覆於愛民、行仁政、不尚利，以勉齊、梁之君。且曰：「三代之得天下也，以仁；其失天下也，以不仁。」此後韓非、李斯之徒，專欲以不仁利其國，而秦之亡不旋踵矣。孟子論仁至顯明至誠實，未嘗有一豪流弊貽誤後人也。一介之士，仁具於心。然具心者，仁之端也。必擴而充之，著於行事，始可稱仁。孟子雖以「惻隱」爲仁，然所謂「惻隱之心」，乃「仁之端」，非謂仁之實事也。孟子又曰：「仁之實，事親是也。」是充此心，始足以事親、保四海也。若齊王但以羊易牛而不推恩，孝子但顙有泚而不掩父母，乍見孺子將入井而不拯救，是皆失其仁之本心，不能充仁之實事，不得謂之爲仁也。孟子論良能、良知，良知即心端也，良能實事也。舍事實而專言心，非孟子本指也。孟子論仁至顯明至誠實，亦未嘗舉心性而空之迷惑後人也。然而君治天下之仁，有韓非之徒亂之；士充本心之仁，有釋氏之徒亂之。韓非之説，其謬顯；釋氏之説，其迷深。尋其源，皆出於老子之説，韓非託之而遽至於大壞，釋氏襲之而昧其所從來，是不可以不論。爰綜《孟子》各章，以類相從，以次相序，仿臺卿《章指》之意，各加按語，可見孟子之仁與孔子、堯、舜之仁無少差異，分之則習而不察，合之則章指並明。聖賢大道，朗然若日月之明，浩然若江河之行，判別若水火，而堅實如金石。刻薄寡恩之士，靈明太過之人，皆棄於孟子者也。

孟子曰：「規矩，方員之至也至在夏后之世。此之謂也。」

按：此章專論仁爲堯、舜之道，君臣當法堯、舜。孔子曰：「仁與不仁而已矣。」可見治民者必以仁，暴民者必致亡，爲七篇之綱領。下二章亦同此指。此孟子傳孔子、堯、舜之道之據也。

孟子見梁惠王至何必曰利？

按：此章仁義即所謂堯、舜之道，陳於王前即所謂格君心之非。

宋牼將之楚至然而不王者未之有也。何必曰利？

按：此章言懷仁義必王，懷利必亡，利與仁義相反，君臣、父子、兄弟非仁不行，與前章指同。又按：「利」爲《周易》四德之一，故曰「義之和」。然《周易》之「利」專言利物，梁惠王時之言利者，則專言利己，故矢口曰「利吾國」，而孟子所闢之「利」皆「利己」之「利」也。

孟子將朝王至以慢其二哉？

孟子曰：「欲貴者，人之同心也至所以不願人之文繡也。」

孟子曰：「有天爵者，有人爵者至終亦必亡而已矣。」

按：以上三章言仁義爲堯、舜之道，非此不陳於王前。在國君當專以此行政，士人亦以仁義爲天爵，不可貶道而要人爵。

孟子曰：「人不足與適也至一正君而國定矣。」

按：此章言君仁莫不仁，與非堯、舜之道不陳相發明。

孟子曰：「不仁而得國者有之矣，不仁而得天下未之有也。」

孟子曰：「以力假仁者霸至無思不服。此之謂也。」

按：以上二章決言不仁不得天下，而秦旋以不仁得之。然孟子曰：「以力服人者，非心服也。」又曰：「得其民者，得其心也。」不得心不可云得民，不得民不可云得天下，是以二世即亡也，故孟子曰：「雖與之天下，不能一朝居也。」

孟子曰：「三代之得天下也以仁，其失天下也以不仁至是猶惡醉而强酒。」

按：此章言仁得天下，不仁失天下。自天子及士、庶人皆以仁保之，與孔子《孝經》相發明。

孟子曰：「仁則榮，不仁則辱至自作孽不可活。此之謂也。」

公孫丑問曰：夫子當路於齊至惟此時爲然。

孟子曰：「仁言不如至得民心。」

滕文公問爲國。孟子曰：民事不可緩也至若夫潤澤之，則在君與子矣。

孟子曰：「易其田疇，薄其稅斂至不仁者乎？」

孟子曰：「離婁之明至吾君不能，謂之賊。」

按：以上六章言爲政者必以仁。仁者，三代先王之道。正經界，薄稅斂，不罔民，久行而待時，民之受虐政者必歸之，莫之能禦，是以大國畏之。與急功近利之術全相反，蓋大指全在仁也。

孟子曰：「盡信書，則不如無書至而何其血之流杵也？」

孟子曰：「仁之勝不仁也，猶水勝火至亦終必亡而已矣。」

齊宣王問曰：湯放桀，武王伐紂至未聞弒君也。

梁惠王曰：晉國天下莫强焉至故曰「仁者無敵」。王請勿疑。

孟子曰：「有人曰：『我善爲陳，我善爲戰。』大罪也至各欲正己也。焉用戰？」

按：以上五章皆言以仁伐不仁必無敵，不可以善戰爲無敵。

齊宣王問曰：交鄰國有道乎至民惟恐王之不好勇也。

滕文公問曰：滕小國也，竭力以事大國至君請擇於斯二者。

孟子曰：「天下有道，小德役大德至逝不以濯。」

按：以上三章皆言以小國事大國，乃保國愛民之道，不可窮兵求勝以害民，皆仁道也。

孟子曰：「不仁哉，梁惠王也至及其所愛也。」

孟子曰：「今之事君者曰：我能爲君辟土地至不能一朝居也。」

孟子曰：「求也爲季氏宰至辟草萊、任土地者次之。」

孟子曰：「桀、紂之失天下也，失其民也至載胥及溺。此之謂也。」

鄒與魯鬨至君行仁政，斯民親其上，死其長矣。

孟子曰：「不仁者可與言哉至自作孽，不可活。」

按：以上六章皆言不仁之君重賦斂，好戰陳，糜爛其民，凶年不救民，不得民心，必致菑危憂辱，陷於死亡。六國、亡秦，皆不逃乎此言。可見堯、舜、孔子三代之仁政，「百世以俟聖人而不惑」。

又按：司馬遷以老子、韓非同傳，誠有見其清静流爲法術也。《老子》曰：「失道而後德，失德而後仁，失仁而後義，失義而後禮。夫禮者，忠信之薄而亂之首也。」《韓非子・解老》篇解之曰：「失道而後失德，失德而後失仁，失仁而後失義，失義而後失禮。禮爲情貌者也。禮繁者，實心衰也。今爲禮者能無争乎？有争則亂。故曰：夫禮者，忠信之薄也而亂之首乎！」按：此乃老、韓之原委也。故韓非曰：「今世皆曰『尊主安國者必以仁義智能』，而不知卑主危國者必以仁義智能也。故有道之主，遠仁義、去智能，服之以法，是以譽廣而國威，民治而國安。凡術也者，主之所以執也。法也者，官之所以師也。」又曰：「仁暴者，皆亡國者也。」又引「成驩曰：『齊王太仁，太不忍人。』則政亂於内，兵弱於外，此亡國之本也」。按：《老子》謂清静而天下自正，究之天下必不能自正於清静，故韓非等欲以法術治之。韓非謂仁暴皆亡國，而不知法術之即暴也。孔、孟之後，惟韓非全反仁義之說。秦李斯殺韓非而用其說，不旋踵而秦以暴亡矣。然老子之流爲「五蠹」，人知之；老子之流爲蓮社，則人不知也。

孟子曰：「仁也者，人也。合而言之，道也。」

孟子曰：「人皆有不忍人之心至苟不充之，不足以事父母。」

齊宣王問曰：齊桓、晉文之事可得聞乎至然而不王者未之有也。

按：以上三章大指相同。仁之篆體从人、二，訓爲相人偶，《論語》中已備論之矣。孟子曰：「仁也者，人也。」此孟子學於子思，得《中庸》之傳也。《中庸》曰：「仁者，人也。」鄭康成氏以「相人偶」注之。《孟子》此章「人也」「人」字亦當讀如「相人偶」之「人」。「合而言之」，謂合人與仁言之，即聖人之大道也。孟子曰：「人皆有不忍人之心。」以此一人不忍彼一人，即二人相人偶之實據也。今人見孺子尚不忍，王見牛尚不忍，況相並之二人哉！前章謂惻隱之心仁之端，有仁之端而自謂不能充，謂其君不能充，此兩「能」字即後章折枝「是不爲，非不能」之「能」。後章推愛牛之恩，即前章充見孺子之心。苟能充之、推之足以保四海，苟不能充之、推之不足以事父母、保妻子。相合而觀之，更深切著明矣。後儒謂孟子並重仁義，不知孟子大指以仁爲重，義、禮、智但因「四端」而並言之。即如此章言「四端」，皆因不忍人之心而發也。

公都子曰：告子曰：性無善無不善也至故好是懿德。

按：此章言性善，惟其性善，所以仁爲人心也。仁之端於乍見孺子將入井時覘之，皆有怵惕惻隱之心，盡人所同，而物所無也。此孟子所舉性善最確實之據。象、紂、幽、厲縱習爲惡，但於乍見之時，未必無此心。是以孟子決其爲善者，全以「乍」字爲憑。仁非外鑠，求之則得，況《蒸民》之詩，足爲先聖相傳仁道之實證哉！

孟子曰：「五穀者，種之美者也至亦在乎熟之而已矣。」

按：此章言仁具於人心性，猶五穀之種。穀種須種之方熟，仁須爲之方成。「乍見」即穀初生也。穀乃美種，可比人之性善，荑稗則牛羊之比矣。

孟子曰：「人之所不學而能者，其良能也至達之天下也。」

按：良能、良知「良」字，與「趙孟之所貴，非良貴也」「良」字同。良，實也，見《漢書》注。無奧旨也。此「良知」二字不過孟子偶然及之，與「良貴」相同，殊非七篇中最關緊要之言。且即爲要言，亦應「良能」二字重於「良知」，方是充仁推恩之道。不解王文成何所取，而以爲聖賢傳心之秘也？陽明謂學不資於外求，但當反觀内省，聖人致知之功，至誠無息，其良知之體，皦如明鏡，妍媸之來，隨物見形，而明鏡曾無留染，所謂情順萬事而無情也。無所住以生其心，佛氏曾有是言，未爲非也。明鏡之應，一照皆真，是生其心處，妍者妍，媸者媸，一過而不留，即無所住處。陽明之言如此。學者試舉以求之《孟子》七篇中，有此境否？此境可以論孩提愛親之仁否？陽明直以爲佛氏之言而不之諱，且此儒、佛相附亦不始於陽明，本可不深辯。但此命意造語之超妙，尚非全是佛氏之言，此乃晉、宋間談老、莊者無可再談之時，亦雷次宗一流人講禮厭繁之後，慧遠、次宗精講《喪服》諸禮。乃走老聃厭棄周禮據《曾子問》，博習周禮者，莫如老子。據《道德經》，厭棄周禮者，莫如老子。而歸於玄妙之故轍，復擇取清言中自然神理最清遠超妙者，與白蓮社諸人，合西僧之説相近相似者，傅會之，恣縱之，譯爲釋言而昧所從來。由此傳流南北，遂成風尚。再成禪學，其風愈狂。蓋老、莊之書具在，止於此而已，不能以其本無者託之。至於釋氏梵書，則非譯不明。慧業文人縱筆所之，無所不可，無從驗證。故晉會稽王道子傳曰：「佛者，清遠无虚之神。」夫清遠无虚，非老、莊清言而何？陽明宗旨直是禪學，尚非釋學也。

又按：佛經大指，具見漢《四十二章》、《遺教》等經，不過如此，無大玄妙。自晉常山衛道安以彌天俊辯之高才，獨坐静室十二年，構精神悟，始謂舊經爲舛。道安乃第一次静坐，達磨爲第二次静坐。此以晉人玄學入釋學之始。蓋舊經本非舛，然必以爲舛，方能以玄學羼入變易之也。故蓮社魏道生曰：「自經典東流，譯人重阻，多滯權文，鮮通圓義。❶若忘筌得魚，始可言道矣。舊學僧徒以爲背經。」據此，可見晉、宋人以老、莊玄學改增佛説之實據。舊學僧徒拙守本經者，見其相背矣。道安既與佛圖澄合，互相標榜，符會如一。復令玄宗流布，分遣弟子四出，道安與慧遠入襄陽。慧遠又入廬山，與雷次宗、周續之、宗炳等合。雷次宗、周續之、宗炳與賈慧遠本皆通儒才士。慧遠少隨舅令狐氏遊學許、洛，博綜六經，尤善莊、老，從釋道安受業。周續之少從范甯通經，窮研《老》、《易》，預蓮社。宗炳富於學識，尤精玄理，入蓮社。雷次宗博學明《詩》、《禮》，入蓮社。以上見《宋書》、《北魏書》及《蓮社高賢傳》，此《傳》宋以前名「蓮社十八賢行狀」。周續之、雷次宗又同受《詩》義於慧遠法師。見陸德明《毛詩音義》。謝靈運亦慧業文人。故

---

❶「鮮」，原作「解」，今據日本大正新脩《大正藏》本《佛祖統記》改。

晉、宋以後，西僧如佛圖澄、鳩摩羅什等，多以神驗見異於世。至於翻經著論，非藉名儒文人之筆不能。踵事變本，引人喜入彼道如此。此以玄學入釋學，而昧所從來之蹤跡也。至于梁達磨，直指本心，不立文字，大興禪宗，則是西域人來中土，不耐經卷，不如全埽一切，更爲直捷。此又遠不及慧遠翻經之時，在彼教中又下一等矣。達磨入中土，言語難通，亦慧能等傅會而成也。故由儒而玄，由玄而釋，其樞紐總在道安、慧遠之間。由釋而禪，其樞紐又在達磨、慧能之間。後儒不溯而察之，所以象山、陽明、白沙受蓮社、少林之紿而不悟矣。

孟子曰：「仁，人心也至求其放心而已矣。」

孟子曰：「自暴者，不可與有言也至哀哉！」

孟子曰：「人皆有所不忍至勝用也。」

王子墊問曰：士何事至備矣。

按：以上四章皆本孔子之言，爲居仁由義之訓。不忍人、不害人、不殺一無罪，仁之至也。

孟子曰：❶「牛山之木嘗美矣至惟心之謂與？」

按：此章即上章求放心之道，大指謂仁義爲本心，故曰：「仁，人心也。」若失其本心，害人、忍人、無恥、無禮，則不成爲人，與禽獸無異，與「仁，人也」之説不合矣。所以言及於操心與存夜氣者，仍是責之以

---

❶「孟子」，原作「萬章」，今據阮刻本《孟子正義》改。

仁，非令其於空寂處觀本來面目，如釋氏之明心見性也。下章言賢者勿喪心在甚於生死之事，失其本心在身死不受之事，皆非事物未來處也。凡此，皆以仁義禮智求於心，不使放失。故離仁義禮智，以明心於寂然不動之初，《孟子》七篇中無此説也。

孟子曰：「君子之於物也至仁民而愛物。」

孟子曰：「知者無不知也至是之謂不知務。」

孟子曰：「人之所以異於禽獸者幾希至由仁義行，非行仁義也。」

按：孟子言仁，上承堯、舜，其淵源在此三章。《虞書》曰：「克明峻德，以親九族。九族既睦，平章百姓。百姓昭明，協和萬邦。黎民於變時雍。」此即全是仁道。孟子所言親親、仁民、愛物、急先務、明庶物、察人倫，是皆推己及物，由近及遠。聖賢言仁，既非楊氏之爲我，亦非墨氏之兼愛，亦非釋氏之慈悲。

又按：夏、商以前無「仁」字。《虞書》「德」字、「惠」字即包「仁」字在内。《虞書》「克明峻德」，即與《孟子》「仁」字無異，故「仁」字不見於《尚書》虞、夏、商《書》，《仲虺之誥》「克寬克仁」，《太甲》「懷於有仁」，皆《古文尚書》。《詩》《雅》《頌》、《易》卦爻辭之中，此字明是周人始因相人偶之恒言而造爲「仁」字。孔子《易·文言》曰：「君子體仁，足以長人。」《論語》曰：「雖有周親，不如仁人。」著於經矣。然非始於孔子也。「元者，善之長也」一節，《春秋左傳》以爲穆姜之言。《論語》「周親仁人」，亦《書》之逸文。今在古文《泰誓》。惟《周禮·大司徒》「六德：知、仁、聖、義、中、和」，爲「仁」字初見最古者。然則，「仁」字之行，其在成、康以後乎！而其原，則分於《虞書》之「德」字、「惠」字也。

孟子曰：「仁之實，事親是也至手之舞之。」

按：此章言仁事親而加以「實」字。實者，對「端」字爲言。蓋惻隱爲仁之端，充此端以行仁則孝。孝弟爲仁之本，君子務本爲急。自天子至庶人，莫不以事親爲首務。舜之事親，孔子言孝爲仁本，皆是道也。實者，實事也。聖賢講學不在空言，實而已矣。故孔子曰：「吾道一以貫之。」貫者，行之於實事，非通悟也。通悟則良知之説緣之而起矣。故此「實」字最顯、最重，而歷代儒者忽之。惟漢趙岐見之最顯，故於《孟子》「言無實不祥」特注之曰：「孝子之實，養親是也。」

孟子曰：「口之於味也至有性焉，君子不謂命也。」

按：此章趙岐注最爲詳明質實。漢以前直至三代，所謂性命者，不過如此。若謂性命之道過于精微，是舍質實而蹈虚玄也。《論語》「夫子言性與天道，不可得而聞」，即《孟子》所謂「聖人之於天道也」，此言王者受命等事，故不可得聞。趙注曰：「口之甘美味，目之好美色，耳之樂音聲，鼻之喜芬香。臭，香也。《易》曰：『其臭如蘭。』四體謂之四肢。四肢解倦，則思安佚、不勞苦，此皆人性之所欲也。得居此樂者有命禄，人不能如其願也。凡人則觸情從欲而求可樂，君子之道，則以仁義爲先，禮節爲制，不以性欲而苟求之也，故君子不謂性也。仁者得以恩愛施於父子，義者得以義理施於君臣，好禮者得以禮敬施於賓主，知者得以明智知賢達善，聖人得以天道王於天下，此皆命禄遭遇乃得居而行之，不遇者不得施行。然亦才性有之，故可用也。凡人則歸之命禄，任天而已，不復治性。以君子之道，則修仁行義，修禮學知，庶幾聖人，亹亹不倦，不但坐而聽命，故曰君子不謂命也。」又：孟子直謂形色爲天性，殀壽爲天命，更明白矣。如舍此以别求精微，則入於老、釋之趣矣。

又按：仁於父子爲命者，如瞽瞍使舜完廩浚井，此舜之命也。然而舜不謂之命以自諉，必盡心知性以盡事親之道，必至底豫而後已，所以謂之有性也。言性命者，守定《孟子》此章及《蒸民》之詩、《左傳》劉康公之説，則質實可據，不必索奧妙於不可詰之鄉也。

告子曰：性猶杞柳也至率天下之人而禍仁義者，必子之言夫。

按：此章告子專以義爲外，而於仁帶説。孟子闢之之後，知仁爲内矣，猶執義外之説。

告子曰：食色，性也。仁，内也，非外也至然則耆炙亦有外與？

按：《孟子》各章，離之不察，互校便明，今以此章次於上二章之後可見矣。仁之實爲事親，仁必内矣。義之實爲從兄，義亦必内也。味、色、聲、臭、安佚五者，孟子明明斷之曰「性也」。既曰性，則明是内也。安得以爲外？君子不謂性也，不過勉人安命，非真謂非性。此章告子首曰「食色，性也」，此四字原不錯，其錯在「義，外也，非内也」六字。故孟子但力闢義之非外，使與仁之實爲事親、義之實爲從兄較若畫一。告子「食色，性也」之説，亦與孟子味色聲臭安佚性也之説較若畫一，未之闢也。孟子以味色聲臭安佚爲性者，乃聖賢之常道，人世之恒情。聖賢之甘淡泊者，乃是知命。後儒皆以告子食色爲性之説爲非而攻之，其如與《孟子》前章相刺謬何？若必以告子之言無一是，則「仁，内也，非外也」六字，亦非耶？況此章章末孟子詰之曰：「然則耆炙亦有外與？」是明明以口之於味爲内，即執告子「食色，性也」四字之矛，以刺「義，外也，非内也」六字之盾，曷嘗謂甘食悦色爲非性哉？趙岐注本未錯也。又孟子曰：「形色，天性也。」形與色尚直謂之性，何況味色聲臭安佚也。孟子曰：「如使口之於味也，其性與人殊，若犬馬之與我不同類也，則天下何耆易牙之於味也？」此一節更爲明顯，與告子「食色，性也」四字無異也。

孟子曰：「廣土衆民至四體不言而喻。」

按：此章可見仁之根於心，孟子即以爲性，即所謂「有性焉，不謂命也」。

孟子曰：「愛人不親反其仁至自求多福。」

孟子曰：「矢人豈不仁於函人哉至反求諸己而已矣。」

孟子曰：「君子所以異於人者至不患矣。」

孟子曰：「萬物皆備至近焉。」

按：上四章言仁爲人之心術，加一「禮」字爲反求諸己、不怨人之説，實《論語》「克己復禮爲仁」之正傳也。

墨者夷之至夷子憮然爲間，曰：「命之矣！」

孟子曰：「予豈好辯哉至能言距楊墨者，聖人之徒也。」

有爲神農之言者許行至惡能治國家？

按：以上三章皆孟子闢異端之説充塞仁道也。即農家者流如許行者，尚必置辯。此時韓非、老、莊之説尚未興，釋氏之言更未起，若孟子親見其説之害仁，其闢之更當何如！

公孫丑問曰：夫子加齊之卿相至未有盛於孔子也。

按：此章所言，殺一不辜即不仁也。

又按：古人論上等之人又分三等，曰聖人、仁人、智人。《論語》曰：「何事於仁，必也聖乎！」又曰：「未智，焉得仁！」又曰：「若聖與仁，則吾豈敢！」又陽貨曰：「可謂仁乎？可謂智乎？」合之《孟子》此章「仁且智，夫子既聖矣」，則聖、仁、智三等分明之至矣。又孟子曰：「孔子之謂集大成。集大成也者，金聲而玉振之也。金聲也者，始條理也。玉振之也者，終條理也。始條理者，智之事也。終條理者，聖之事也。」此章但言始智終聖，中間尚有仁之一等，孟子雖未言及，而實包舉在內。蓋有仁而未聖者矣，未有未仁而聖者也。此章定是始智、中仁、終聖也。《孝經》曰：「夫孝，始於事親，中於事君，終於立身。」始終之間，原有中之一層。

淳于髡曰：先名實者，爲人也至衆人固不識也。

按：此節論伯夷、伊尹、柳下惠皆爲仁，孟子又許伯夷、伊尹爲聖，是古者皆以仁爲聖之次也。

公孫丑曰：高子曰：《小弁》至五十而慕。

萬章問曰：象日以殺舜爲事至可謂親愛之乎？

燕人畔至又從而爲之辭。

按：以上三章皆言善處仁道之變，而不失爲仁道。

揅經室一集卷十

性命古訓

性、命之訓，起於後世者，且勿説之，先説其古者。古性、命之訓雖多，而大指相同，試先舉《尚書・召誥》、《孟子・盡心》二説以建首，可以明其餘矣。《召誥》曰：「節性，惟日其邁。王敬作所，不可不敬德。」又曰：「若生子，罔不在厥初生，自貽哲命。今天其命哲，命吉凶，命歷年。」又曰：「王其德之用，祈天永命。」按：《召誥》所謂命，即天命也。若子初生，即禄命福極也。哲與愚、吉與凶、歷年長短，皆命也。哲愚授於天爲命，受於人爲性，君子祈命而節性，盡性而知命。故《孟子・盡心》亦謂口、目、耳、鼻、四肢爲性也，性中有味、色、聲、臭、安佚之欲，是以必當節之。古人但言節性，不言復性也。「王敬作所，不可不敬德」，即性之所以節也。孟子曰：「口之於味也，目之於色也，耳之於聲也，鼻之於臭也，四肢之於安佚也，性也。有命焉，君子不謂性也。仁之於父子也，義之於君臣也，禮之於賓主也，知之於賢者也，聖人之於天道也，命也。有性焉，君子不謂命也。」趙岐注曰：「口之甘美味，目之好美色，耳之樂音聲，鼻之喜芬香，四體謂之四肢，四肢懈倦則思安佚不勞苦，此皆人性之所欲也。得居此樂者有命禄，人不能皆如其願也。凡人則任情從欲而求可樂。君子之道，則以仁義爲先，禮節爲制，不以性欲而苟求之也，故君子不謂之性也。仁者得以恩愛施於父子，義者得以理義施於君臣，好禮者得以禮敬施於賓主，知者得以明智知賢達善，聖人得以天道王於天下，此皆命禄，遭遇乃得居而行之，不遇者不得施行。然亦才性有之，故可用也。凡人則歸之命禄，任天而已，不復治性。以君子之道，則修仁行義，修禮學知，庶幾聖人，亹亹不倦，不但坐而聽命，故曰君子不謂命也。」按：《孟子》此章，「性」與「命」相互而爲文，性、命之訓，最爲明顯。趙氏注亦甚質實周密，豪無虚障。若與《召誥》相並而説之，則更明顯。惟其味、色、聲、臭、安佚爲性，所以性必須節，不節則性中之情欲縱矣。惟其仁義禮知聖爲命，所以命必須敬德。德即仁義禮知聖也。且知與聖即哲也，天道即吉凶、歷年也。今以此二經之説建首，而次以諸經，再隨諸經古訓比而説之，可以見漢以前性命之説，未嘗少晦。《詩》曰：「古訓是式，威儀是力。」此之謂也。唐李習之復性之説，雜於二氏，不可不辨也。

《尚書·皋陶謨》皋陶曰：「慎厥身修，思永，惇敘九族。」禹曰：「知人則哲，能官人。安民則惠，黎民懷之。」皋陶曰：「亦行有九德。寬而栗，柔而立，愿而恭，亂而敬，擾而毅，直而温，簡而廉，剛而塞，彊而義，彰厥有常，吉哉！日宣三德，夙夜浚明有家。日嚴祗敬六德，亮采有邦。無教逸欲有邦，兢兢業業，一日二日萬幾。天叙有典，勑我五典五惇哉！天秩有禮，自我五禮有庸哉！同寅協恭，和衷哉！天命有德，五服五章哉！天討有罪，五刑五用哉！政事懋哉懋哉！」

按：《尚書》此篇，爲禹、皋之訓，最古。凡商、周經義，皆從此出。「慎修身」者，即節性之訓所由來。「思永」者，即祈天永命之訓所由來。「知人則哲」者，即今天其命哲之訓所由來。「無教逸欲有邦」，即《孟子》不謂安佚爲性所由來。「五典」，即《孟子》仁義禮智之訓所由來。「能官人」、「能安民」，即《孟子》知之於賢者、聖人於天道之訓所由來。「天命有德」，即命哲、命吉凶、命歷年之訓所由來。「日嚴敬德」，即王敬作所、不可不敬德之訓所由來。堯、舜、禹、皋陶、文、武、周、召、孔、孟未嘗少有歧異虚高之説出於其間。九德凡十八字，古訓多矣，本無「静」、「寂」、「覺」、「照」等字雜於其間。

《尚書·西伯戡黎》祖伊曰：「天既訖我殷命。故天棄我，不有康食。不虞天性，不迪率典。」王曰：「嗚呼！我生不有命在天？」祖伊反曰：「嗚呼！乃罪多，參在上，乃能責命于天？」

按：以虞、夏、商、周四代次之，「性」字始見於此。《周易》卦辭、爻辭但有「命」字，無「性」字，明是「性」字包括於「命」字之内也。此篇「性」字上加以「天」字，明是性受於天，孟子所謂「有性焉，君子不謂命也」。鄭康成注曰：「王逆亂陰陽，不度天性，傲狠明德，不修教法。」鄭氏以「度」訓「虞」，以「修教法」訓「迪率典」是也。「度性」與「節性」同意，言節度之也。「迪率典」，即《中庸》所説「率性之謂道，修道之謂教」，「典」即《虞書》之「五典」也。紂自恃有天命，逸欲，不修身敬德以祈永命，所以祖伊言：惟王自絶天命也。蓋罪多者，天以永命改爲不永，不能向天責命，此祈命之反也。性、命二字相關，始見於此，質實明顯，曷嘗如李習之復性之説？自昌黎、習之，言性道者幾欲自成一子，接跡孔、孟，此則太過。故元但舉《詩》、《書》各經古訓，尊而列之，比而讀之，略加按語，便可共見。擬於諸經之義疏，已爲僭矣。

又按：周以前聖賢之言，皆質實無高妙之旨。「性」之一字，始見於此，次見於《召誥》、《詩·卷阿》。宋王應麟以爲言性始於《湯誥》，此由不知「降衷恒性」乃古文《尚書》也。

《尚書·召誥》周公曰：「節性，惟日其邁。王敬作所，不可不敬德。若生子，罔不在厥初生，自貽哲命。

今天其命哲，命吉凶，命歷年。　王其德之用，祈天永命。」

按：《尚書》之「虞性」、「節性」，《毛詩》之「彌性」，言性者所當首舉而尊式之，蓋最古之訓也。學者遠涉二氏，而近忘聖經，何也？《樂記》曰「好惡無節」，《王制》曰「節民性」，皆式《尚書》「節性」之古訓也。哲愚、吉凶、永不永，皆命於天，然敬德修身，可祈永命，不率典者，自棄其命，孟子所謂「命也，有性焉」是也。若諉之命而不可祈，豈周公《金縢》皆作僞哉！

《尚書·洪範》箕子曰：「九，五福：一曰壽，二曰富，三曰康寧，四曰攸好德，五曰考終命。六極：一曰凶短折，二曰疾，三曰憂，四曰貧，五曰惡，六曰弱。」

按：福、極皆通天下臣民言之，天下人之福、極皆由君身所致，皆天性、天命也。

《詩·大雅·文王》：「無念爾祖，聿修厥德。永言配命，自求多福。殷之未喪師，克配上帝。宜鑒于殷，駿命不易。」

按：此所謂命，皆《孟子》「聖人之於天道也」之天命。修德，即《召誥》「不可不敬德」之「德」。命雖自天，而修德可求，故《召誥》曰：「王其德之用，祈天永命。」蓋《文王》之詩與《召誥》句句相同，皆反覆於殷、周之天命也。

《詩·大雅·卷阿》：「泮奂爾游矣，優游爾休矣。豈弟君子，俾爾彌爾性，似先公酋矣。爾土宇昄章，亦孔之厚矣。豈弟君子，俾爾彌爾性，百神爾主矣。爾受命長矣，茀禄爾康矣。豈弟君子，俾爾彌爾性，純嘏爾常矣。」毛傳云：「彌，終也。」鄭箋云：「終女之性命，無困病之憂。」

按：《詩》三百篇，惟此詩三見「性」字，與「命」字相連爲文。且《周易》卦爻全無「性」字，可見周初古人亦不必定於多説「性」字。此詩「俾爾」云云之文法，與「天保定爾」之「俾爾單厚，何福不除」等句相同，雖言性而有命在内，故鄭箋兼性命言之，且但言無困病之憂，即是考終福命。蓋彌性如《洪範》之五福，反之即是六極。此周時人所説之性，非李習之所復之性。如果李習之所説者爲是，何以《三百篇》及今文《尚書》皆絶無其説也？

《詩·大雅》：「抑抑威儀，維德之隅。人亦有言，靡哲不愚。訏謨定命，遠猷辰告。敬慎威儀，維民之則。慎爾出話，敬爾威儀，無不柔嘉。淑慎爾止，不愆于儀。不僭不賊，鮮不爲則。」

古人但説威儀，而威儀乃爲性命所關，乃包言行在内，言行即德之所以修也。於此詩可見其概德在内，而威儀在外，故鄭氏箋云：「賢者道行心平，可外占而知内，如宫室之制，内有繩直則外有廉隅。」「訏謨定命」，即《春秋左氏傳》「以定命也」之「定命」，所以當敬慎威儀也。出話有玷，不輯柔其顔，則愆于威儀矣。不淑慎其行止，即愆于威儀矣。是以威儀如宫室之隅包於外，德命在于内，言行亦即在威儀之内。行止之不愆，在於不僭不賊而可以爲法也。古人説修身之道如此。《尚書》：「禹曰：『慎乃在位。安汝止。』」即「淑慎爾止」、「在止於至善」之「止」。

《詩·周頌》：「昊天有成命，二后受之。成王不敢康，夙夜基命宥密。」毛傳云：「宥，寬；密，安也。」

按：此即敬天命之義，寬安非秘密也。

《春秋》成公十三年《左傳》：「成子受脤于社，不敬。劉子曰：『吾聞之：民受天地之中以生，所謂命也。是以有動作、禮義、威儀之則，以定命也。能者養以之福，各本皆誤作「養之以福」。惟《漢書·律志》《五行志》、《漢劉熊碑》皆作「養以之福」。顔氏《漢書注》云：「之，往也，往就福也。」不能者敗以取禍。是故君子勤禮，小人盡力。勤禮莫如致敬，盡力莫如敦篤。敬在養神，篤在守業。國之大事，在祀與戎。祀有執膰，戎有受脤，神之大節也。今成子惰，弃其命矣。其不反乎！』」

按：此「中」乃陰陽剛柔之中，即性也，即所謂命也。「性」字从心，即血氣心知也。有血氣無心知，非性也。有心知無血氣，非性也。血氣心知皆天所命、人所受也。人既有血氣心知之性，即有九德、五典、五禮、七情、十義，故聖人作禮樂以節之，修道以教之，因其動作，以禮義爲威儀。威儀所以定命，「定」如《詩》「天保定爾，亦孔之固」之「定」。能者勤於禮樂、威儀，以就彌性之福祿；不能者惰於禮樂、威儀，以取弃命之禍亂。是以周以前聖經古訓皆言勤威儀以保定性命，未聞如李習之之説，以寂明通照復性也。威儀者，人之體貌，後人所藐視，爲在外最粗淺之事。然此二字，古人最重之，竊别撰《威儀説》以明之。

威儀説

晉、唐人言性命者，欲推之於身心最先之天；商、周人言性命者，祇範之於容貌最近之地，所謂威儀也。《春秋左傳》襄公三十一年：「衛北宫文子見令尹圍之威儀，言於衛侯曰：『令尹似君矣，將有他志。雖獲其志，不能終也。《詩》曰：「靡不有初，鮮克有終。」終之實難，令尹其將不免。』公曰：『子何以知之？』對曰：『《詩》云：「敬慎威儀，維民之則。」令尹無威儀，民無則焉。民所不則，以在民上，不可以終。』公曰：『善哉！何謂威儀？』對曰：『有威而可畏謂之威，有儀而可象謂之儀。君有君之威儀，其臣畏而愛之，則而象之，故能有其國家，令聞長世。臣有臣之威儀，其下畏而愛之，故能守其官職，保族宜家。順是以下皆如是，是以上下能相固也。《衛詩》曰：「威儀棣棣，不可選也。」言君臣上下、父子兄弟、内外大小，皆有威儀也。《周詩》曰：「朋友攸攝，攝以威儀。」言朋友之道，必相教訓以威儀也。《周書》數文王之德曰：「大國畏其力，小國懷其德。」言畏而愛之也。《詩》云：「不識不知，順帝之則。」言則而象之也。紂囚文王七年，諸侯皆從之囚。紂於是乎懼而歸之，可謂愛之。文王伐崇，再駕而降爲臣，蠻夷帥服，可謂畏之。文王之功，天下誦而歌舞之，可謂則之；文王之行，至今爲法，可謂象之，有威儀也。故君子在位可畏，施舍可愛，進退可度，周旋可則，容止可觀，作事可法，德行可象，聲氣可樂，動作有文，言語有章，以臨其下，謂之有威儀也。』」又成公十三年曰：「成子受脤于社，不敬。劉子曰：『吾聞之：民受天地之中以生，所謂命也。是以有動作、禮義、威儀之則，以定命也。能者養以之福，不能者敗以取禍。是故君子勤禮，小人盡力。勤禮莫如致敬，盡力莫如敦篤。敬在養神，篤在守業。國之大事，在祀與戎。祀有執膰，戎有受脤，神之大節也。今成子惰，弃其命矣。其不反乎！』」觀此二節，其言最爲明顯矣。初未嘗求德行、言語、性命於虚静不易思索之境也。或左氏之言，少有浮誇乎？試再稽之《尚書》，《書》言威儀者二。《顧命》：「自亂于威儀。」《酒誥》：「用燕喪威儀。」再稽之《詩》，《詩》三百篇中言威儀者十有七。「汎彼柏舟」一見，「賓之初筵」四見，「既醉以酒」兩見，「鳧鷖在涇」一見，「民亦勞止」一見，「上帝板板」一見，「抑抑威儀」三見，「天生蒸民」一見，「瞻仰昊天」一見，「時邁其邦」一見，「思樂泮水」一見。朋友相攝以威儀，已見於左氏所引。此外「敬慎威儀，惟民之則」，「威儀抑抑，德音秩秩。受福無疆，四方之綱」，「抑抑威儀，維德之隅」，「敬慎威儀，以近有德」，則皆同乎北宫文子、劉子之説也。威儀者，言行所自出，故曰：「慎爾出話，無不柔嘉。淑慎爾止，不愆于儀。」此謂謹慎言行、柔嘉容色之人，即力威儀也。是以仲山甫之德，則「柔嘉維則，令儀令色。小心翼翼，古訓是式，威儀是力」矣。魯侯之德，則「穆穆敬明，敬慎威儀，維民之則」矣。成王之德，則「有孝有德，四方爲則。永永卬卬，四方爲綱」矣。且百行莫大於孝，孝不可以情貌言也。然《詩》曰「敬慎威儀，維民之則」、「靡不有孝，自求伊祜」矣。又言「威儀孔時，君子有孝子」矣。且力於威儀者，可祈天命之福，故威儀抑抑爲四方之綱者，受福無疆也。威儀反反者，降福簡簡，福禄來反也。此能者養以之福也。反是，則威儀不類者，人之云亡矣。威儀卒迷者，喪亂蔑資矣。且定命即所以保性。《卷阿》之詩言性者三，而繼之曰「如圭如璋，令聞令望，四方爲綱」，此亦即《假樂》威儀爲四方綱之義也。凡此，威儀爲德之隅，性命所以各正也。匪特《詩》也，孔子實式威儀定命之古訓矣。故《孝經》曰：「君子言思可道，行思可樂，德義可尊，作事可法，容止可觀，進退可度，以臨其民。是以其民畏而愛之，則而象之，故能成其德教，而行其政令。《詩》云：『淑人君子，其儀不忒。』」《論語》曰：「君子不重則不威，學則不固。」此與《詩》、《左傳》之大義無豪釐之差。孔子之言，似未嘗推德行、言語、性命於虛靜不易思索之地也。

《春秋》文公十三年《左傳》：「邾子曰：『天生民而樹之君，以利之也。命在養民。死之短長，時也。民苟利矣，遷也，吉莫如之。』遂遷於繹。五月，邾文公卒。君子曰：『知命。』」

按：此言知天命在利民爲大，不以一己吉凶之命不利民。

《春秋》莊公元年《穀梁傳》：「人之於天也，以道受命；於人也，以言受命。不若於道者，天絶之也；不若於言者，人絶之也。臣子大受命。」

按：「以道」者，天道也。

《周易·文言》曰：「利貞者，情性也。」

按：情發於性，故《說文》曰：「性，人之陽氣性善者也。情，人之陰氣有欲者也。」許氏之說，古訓也。味色聲臭、喜怒哀樂，皆本於性、發於情者也。情括於性，非别有一事與性相分而爲對。故《詩·蒸民》鄭箋曰：「其性有物象，其情有法則。」情法性，陰承陽也。鄭氏解《詩》之「物」、「則」，蓋言性而兼括情也。鄭氏之說，亦漢以前古訓也。《易》曰：「旁通情也。」《禮運》曰：「講信脩睦，謂之人利。」《易》曰：「利者，義之和。」故《文言》以「利」屬情，以「貞」屬性也。

《周易·乾》：「彖曰：乾道變化，各正性命。」

按：此即所謂天道也。性命皆由天道而出，出之者天也。王者受天命而正性，臣民庶物亦各正性命也。《周易》於「命」字内加出「性」字，自此彖始。荀悅《申鑒·雜言》篇曰：「《易》稱『乾道變化，各正性命』，是言萬物各有性也。觀其所感，而天地萬物之情可見矣。是言情者應感而動者也。昆蟲草木皆有性焉，不盡善也。天地聖人皆稱情焉，不主惡也。」按：荀氏之說，漢以前古訓也。

《周易・萃》：「彖曰：用大牲，吉，利有攸往，順天命也。」

按：此即孟子所説聖人之得天道王天下也。

《周易・繫辭傳》：「樂天知命，故不憂。」

按：此言《易》筮至神，筮者樂天知命，無六極之憂，即孟子所説「性也，有命焉，君子不謂性也」。《論語》孔子曰「五十而知天命」、「不知命，無以爲君子也」，與此道同。

《周易・繫辭傳》：「一陰一陽之謂道。繼之者善也，成之者性也。」

按：善即元也。故《尚書》曰：「惇德允元。」「成之者性」，即孟子所説「命也，有性焉，君子不謂命也」。

《周易・繫辭傳》：「成性存存，道義之門。」

按：此言易行乎天地之中，天地能成人與萬物之性，人能自成以性，即所謂「成之者性也」。存存，在在也。如孟子所説「存其心，養其性也」。道義由此而入，故曰門也。此與《老子》「衆妙之門」不同。

《周易・説卦傳》：「窮理盡性，以至於命。將以順性命之理。」

按：理即《禮記・樂記》「天理滅矣」之「理」。性命即《孟子》「性也，有命焉。命也，有性焉」之「性命」。聖人作《易》通天道，故窮理盡性以至命也。

《孝經》：「天地之性，人爲貴。人之行，莫大於孝。孝莫大於嚴父，嚴父莫大於配天，則周公其人也。父子之道，天性也。」

按：此經言天地之性，可見性必命於天也。言人爲貴，可見人與物同受天性，惟人有德行。行首於孝，所以爲貴，而物則無之也。所以孟子曰：「仁之於父子也，命也。有性焉，君子不謂命也。」《孝經》孔子言性，祇此二「性」字；《論語》孔子言性，祇「性相近也」一「性」字，共三字而已。如果李習之所説復性爲是，何以孔子《孝經》、《論語》中無此説也？孔子教顔子，惟聞「復禮」，未聞「復性」也。

《論語》：「子曰：『五十而知天命。』『不知命，無以爲君子也。』」

按：孔子最重知天命，知天命無所不包，《孟子》「性也」、「命也」兩節，即知命之傳也。孔子所知之天命，即孟子所説之命也。孔子不得位，不能以禮義施於君臣，且不得久居人國，以禮敬施於賓主，能知賢而不能達善，不能得天道，故世無用孔子者，孔子所以不能爲東周。孔子年至五十，知之定矣。

又：《韓詩外傳》曰：「子曰：『不知命，無以爲君子。』言天之所生，皆有仁義禮智順善之心，不知天之所以命生，則無仁義禮智順善之心，謂之小人，故曰『不知命，無以爲君子』。《小雅》曰：『天保定爾，亦孔之固。』言天之所以仁義禮智保定人之甚固也。《大雅》曰：『天生蒸民，有物有則。民之秉彝，好是懿德。』言民之秉德以則天也。不知所以則天，又焉得爲君子乎？」按：此亦漢人之説，專言德命，未言禄命，然皆爲《孟子》兩節所包矣。又孔子曰「畏天命」，亦此義也。

《論語》：「子貢曰：『夫子之文章，可得而聞也。夫子之言性與天道，不可得而聞也。』」

按：《史記·世家》作「夫子之言天道與性命，不可得而聞」。所以與今《論語》不同者，非所見本有異，此乃太史公傳真孔安國之學以説《論語》，加一「命」字更顯明也。此「性」字連「命」字爲言，更見性命即關乎天道。此天道即孟子所説「聖人之於天道」之「天道」也，即孔子五十所知之天命也。天道非聖人所能逆知，故曰「不可得而聞」。孟子以性命多互説之，其道乃顯。孟子受業於子思，所謂微言大義者其在斯乎！子貢曰「不可得而聞」，乃歎學者不能盡人而皆得聞之，非子貢亦真不聞也。

《論語》：「子曰：『性相近也，習相遠也。』子曰：『唯上智與下愚不移。』」

按：性中雖有秉彝，而才性必有智、愚之别。然愚也，非惡也。智者善，愚者亦善也。古人每言才性，即孟子所謂「非才之罪也」。《詩》：「深則厲，淺則揭。」鄭箋云：「以水深淺喻男女之才性。」韓文公《原性》因此孔子之言爲三品之説，雖不似李習之之悖於諸經，然以下愚爲惡，誤矣。或者更欲以性爲至静至明，幾疑孔子下愚之言爲有礙，則更誤矣。《尚書·召誥》曰：「今天其命哲。」此言甚顯，「哲」與「愚」相對，哲即智也。有吉必有凶，有智必有愚。周公曰「既命哲」者，言所命非愚。然則愚亦命之所有，下愚亦命之所有，但今若生子，在厥初生，自貽哲命耳。孔子之言與《召誥》之言無少差謬，學者曷不引以證之？古人言人性之上者曰哲曰智，皆與「愚」字相對相反，絶未言及「靈」字。言靈者，道家之説也。《説文》「靈」爲「以玉事神」，或从巫，故「靈」爲神靈之稱。在神則是美稱，在人則是惡稱，故曾子曰：「神靈者，品物之本也。陽之精氣曰神，陰之精氣曰靈。」《楚辭》曰「横大江兮揚靈」、「夫惟靈修之故也」。《毛詩》之「靈臺」、「靈沼」、「靈雨」，《禮記》之「四靈」，皆兼神靈之義。《周書·謚法》：「極知鬼神曰靈。」故《莊子·則陽》注曰：「『靈』即是無道之謚也。」自《莊子·天地》始有「大愚者，終身不靈」之語，使「靈」字與「愚」字相對而相反。晉人談玄者，喜此字虚明妙覺，勝于言哲言智，于是古文《尚書·泰誓》始有「惟人萬物之靈」之語。自有此語，學者幼而讀之，長而習之，忘其本矣。是以劉孝標《辨命論》全是玄學，有聖人「言命以窮性靈」之語。不知《莊子》心靈本是玄學，故《莊子·德充符》曰：「不可入于靈府。」《庚桑楚》曰：「不可内于靈臺。」注曰：「靈臺者，心也。」故以心靈爲學者，自《莊子》始，而釋家明鏡心臺之論，實襲之于《莊子》。釋襲于《莊》可也，儒轉襲于釋不可也。又按：韓文公《原性》篇謂孟子性善之説得上而遺下，蓋文公以子魚、楊食我等爲性惡也。然此正是孔子所謂「不移」之「下愚」也，非惡也。如以性善爲非，則《蒸民》之詩「物則」、「秉彝」之古訓不足式矣。況《召誥》所謂「若生子，罔不在厥初生。今天其命哲」，正是孔子上智、下愚之分。有哲即有愚，哲者愚之對，子魚、楊食我等天命下愚而更習惡也。

《論語》曰：「死生有命，富貴在天。不幸短命死矣。亡之，命矣夫！」

按：此皆明以生死富貴爲天命。以《孟子》「性也」、「命也」兩節合之，則正變各義無不備矣。

《禮記·中庸》：「天命之謂性，率性之謂道，修道之謂教。道也者，不可須臾離也，可離非道也。是故君子戒慎乎其所不覩，恐懼乎其所不聞，莫見乎隱，莫顯乎微。故君子必慎其獨也。喜怒哀樂之未發謂之中，發而皆中節謂之和。中也者，天下之大本也。和也者，天下之達道也。致中和，天地位焉，萬物育焉。」

按：「性」與「命」今分兩事、兩字，而《中庸》曰「天命之謂性」，是命即所以爲性，性即所以爲命，與《孟子》所説「不謂性」、「不謂命」若合符節，子思之學傳於孟子，一步不失也。修道之教即《禮運》之禮，禮治七情十義者也。七情乃盡人所有，但須治以禮而已，即《召誥》所謂「節性」也。若以性本光明，受情之昏，必去情而始復性，此李習之惑於釋、老之説也。不覩不聞，即不愧屋漏之説也，非如釋氏寂静無眼耳鼻舌身意也。未發之中，即《禮記·樂記》所謂「人生而静，天之性也」。中即《左傳》所謂「民受天地之中以生」之「中」。中者，有形有質，有血氣心知，特未至喜怒哀樂時耳。發而中節，即節性之説也。

有禮有樂，所以既節且和也。天地位，萬物育，即《周易》所謂「各正性命」也。

《禮記·中庸》：「自誠明，謂之性。自明誠，謂之教。誠則明矣，明則誠矣。惟天下至誠，爲能盡其性。能盡其性，則能盡人之性。能盡人之性，則能盡物之性。能盡物之性，則可以贊天地之化育。可以贊天地之化育，則可以與天地參矣。」

按：《中庸》此節「性教」，即申言首節之「性教」也。所謂至誠者，祇是由治民、獲上、信朋友、順親以至反身明善而已，所謂「繼之者善也，成之者性也」，非有玄妙静明之道也。所謂明善者，則祇自博學、審問、慎思、明辨、篤行五事，事事著力實地而來，一事不實弗措，非虚静而專明心也。雖愚必明，言明善也。「自誠明，謂之性」，言智人率性不待教也，即孟子所謂「有性焉」之命也。「自明誠，謂之教」，言愚人受教，能節性也，即孟子所謂「有命焉」之性也。非如李習之所説「覺照而復性」也。儒、釋之分在乎此。

《禮記·中庸》：「故君子尊德性而道問學。」

按：鄭氏注曰：「德性謂性至誠者。」即孟子所説「有性焉」之性，《召誥》「既哲又節」之性也。「道問學」，即修道之教，即學問思辨行也。

《禮記·禮運》：「何謂人情？喜、怒、哀、樂、愛、惡、欲，七者弗學而能。何謂人義？父慈、子孝、兄良、弟弟、夫義、婦聽、長惠、幼順、君仁、臣忠，十者謂之人義。講信修睦，謂之人利。争奪相殺，謂之人患。故聖人之所以治人七情，修十義，講信修睦，尚辭讓，去争奪，舍禮何以治之？飲食男女，人之大欲存焉。死亡貧苦，人之大惡存焉。故欲惡者，心之大端也。人藏其心，不可測度也。美惡皆在其心，不見其色也。欲一以窮之，舍禮何以哉！」

按：此所謂七情，即包在孟子所説「性也」之中。所謂十義，即包在孟子所説「命也」之中。而孟子所説「君子不謂性」、「不謂命」，即是此篇以禮治之之道。心之大端，治之必以禮，「禮儀三百，威儀三千」，非可以静觀寂守者也。

《禮記·樂記》：「人生而静，天之性也。感於物而動，性之欲也。物至知知，然後好惡形焉。好惡無節於内，知誘於外，不能反躬，天理滅矣。夫物之感人無窮，而人之好惡無節，則是物至而人化物也。人化物也者，滅天理而窮人欲者也。」

按：《樂記》「人生而静，天之性也」二句，就外感未至時言之。樂即外感之至易者也，即孟子所説「耳之於聲也，性也」。孟子所説「有命焉，君子不謂性也」，即《樂記》反躬節人欲之説也。欲生於情，在性之内，不能言性内無欲，欲不是善惡之惡。天既生人以血氣心知，則不能無欲。惟佛教始言絶欲，若天下人皆如佛絶欲，則舉世無生人，禽獸繁矣。此孟子所以説味、色、聲、臭、安佚爲性也。欲在有節，不可縱，不可窮。若惟以静明屬之於性，必使説性中本無欲而後快，則此經文明云「性之欲也」，欲固不能離性而自成爲欲也。《記》又曰：「六者非性也，感於物而后動。」此亦言哀、樂、喜、怒、愛、敬乃樂音之哀、樂、喜、怒、愛、敬，非人性之哀、樂、喜、怒、愛、敬，先王以樂之哀、樂、喜、怒、愛、敬，感人性情之哀、樂、喜、怒、愛、敬也。竊釋氏之言者，必願拒六者於性之外，尊性爲至静、至明、至覺、無情、無欲，其如與《禮記》、孟子之言不合何？又按：《周易·繫辭傳》曰：「易无思也，无爲也，寂然不動，感而遂通天下之故。」此節所言，乃卜筮之鬼神處於无思、无爲、寂然不動之處，因人來卜筮，感而遂通，非言人无思、无爲，寂然不動，物來感之而通也，與《禮記·樂記》「人生而静，感於物而動，性之欲也」爲音樂言之者不相牽涉。而佛書内有言佛以寂静明覺爲主者，晉、唐人樂從其言，返而索之於儒書之中，得《樂記》斯言及《周易》「寂然不動」之言，以爲相似，遂傅會之以爲孔、孟之道本如此，恐未然也。

又按：《易》此節曰：「寂然不動，感而遂通天下之故。非天下之至神，其孰能與於此！」此言神道在《易》筮之内，寂然不動，凡有人來筮者，能因人感而知天下之故，所以易道爲天下之至神，非説儒者之身心寂然不動，有感遂通也。否則天下至神，雖周、孔不能，況一介儒士乎！李習之之言性以静而通照，物來皆應，試問：忠孝不能説在性之外，若然，則是臣子但静坐無端倪，君來則我以忠照之，父母來則我以孝照之，而我於忠孝過而曾無留滯，試思九經中，有此説否？

《禮記·樂記》：「則性命不同矣。」

按：此言君臣、貴賤群類不同，各有性命，即《召誥》所説「罔不在厥初生」，亦即《詩》所謂「實命不同」也。

《禮記·樂記》：「夫民有血氣心知之性，而無喜怒哀樂之常，應感起物而動，然後心術形焉。」

按：此血氣心知即孟子所謂「性也，有命焉。命也，有性焉」。「應感起物而動」，即《中庸》喜怒哀樂之既發也。有血氣無心知，非性也。有心知無血氣，非性也。

《禮記·王制》：「司徒修六禮，以節民性。」

按：此「節性」即《書·召誥》所説之「節性」，亦即《中庸》「修道之謂教」也。

《孟子》：「告子曰：『生之謂性。』孟子曰：『生之謂性也，猶白之謂白與？』」

按：「性」字本從心、從生，先有「生」字，後造「性」字。商、周古人造此字時，即已諧聲，聲亦意也。然則告子「生之謂性」一言，本不爲誤，故孟子不驟闢之，而先以言問之曰：「生之謂性也，猶白之謂白與？」蓋「生之謂性」一句爲古訓，而告子誤解古訓，竟無人物善惡之分，其意中竟欲以禽獸之生與人之生同論，與《孝經》「人爲貴」之言大悖，是以孟子據其答應之「然」字，而以羽、雪至犬、牛、人之性不同闢之。蓋人性雖有智愚，然皆善者也，所謂「有命焉，君子不謂性也」。孟子非闢其「生之謂性」之古説也。釋氏視人性太過，竟欲歸於寂静，告子視人性不及，幾欲儕於蠢動，惟《詩》、《書》、孔、孟之言得其中。

《孟子》：「告子曰：『食色，性也。仁，内也，非外也。義，外也，非内也。』」

按：告子言性，「杞柳」、「湍水」，矢口即誤者，因不能得《詩》、《書》言性之傳，而但習滑稽之辨也。孟子最深於《詩》、《書》，得孔子、子思之教，故言之最質實無差謬也。告子此章「食色，性也」四字本不誤，其誤在以義爲外，故孟子此章惟闢其義外之説，而絶未闢其「食色，性也」之説。若以告子「食色，性也」之説爲非，然則孟子明明自言口之於味、目之於色爲性矣，同在七篇之中，豈自相矛盾乎！

《孟子》：「公都子曰：『告子曰：性無善無不善也。或曰：性可以爲善，可以爲不善，是故文、武興，則民好善；幽、厲興，則民好暴。或曰：有性善，有性不善，是故以堯爲君而有象，以瞽瞍爲父而有舜，以紂爲兄之子且以爲君而有微子啓、王子比干。今曰性善，然則彼皆非與？』孟子曰：『乃若其情，則可以爲善矣，乃所謂善也。若夫爲不善，非才之罪也。惻隱之心，人皆有之；羞惡之心，人皆有之；恭敬之心，人皆有之；是非之心，人皆有之。惻隱之心，仁也；羞惡之心，義也；恭敬之心，禮也；是非之心，智也。仁義禮智，非由外鑠我也，我固有之也，弗思耳矣。故曰：「求則得之，舍則失之。」或相倍蓰而無算者，不能盡其才者也。《詩》曰：「天生蒸民，有物有則。民之秉夷，好是懿德。」孔子曰：「爲此詩者，其知道乎！故有物必有則，民之秉夷也，故好是懿德。」』」

按：天生民，有物有則，即「天命之謂性」也。民之秉夷，好是懿德，即性善也。孟子性善之說，以此詩爲據，故如山嶽之不可撼摇。性善之說，始於《詩》，不始于孟子，告子等坐不習《詩》教耳。凡言性命者，舍五經質實之言而別求高妙，未有不誤者。好是懿德，即《洪範》所說「攸好德」。有物有則，即《春秋左傳》劉子所説「動作禮義威儀之則」。

《孟子》：「孟子曰：『盡其心者，知其性也。存其心，養其性，所以事天也。殀壽不貳，修身以俟之。』」

按：聖賢言天命有一定者，不貳即一定也。然命雖不貳，而可修可祈。修身之説，即《召誥》所説「德之用，祈天永命」也。修身即孟子所説「君子不謂性，不謂命」也。養其性，即《召誥》所説「節性」也。

《孟子》：「孟子曰：『莫非命也，順受其正。是故知命者不立乎巖牆之下。盡其道而死者，正命也。桎梏死者，非正命也。』」

按：《孟子》此節言性命乃聖賢至周密至質實之道。《易》曰：「各正性命。」天正性命以與人，人必正性命以事天，乃所謂知命，乃所謂盡性。《卷阿》、《天保》保定福禄，固正命也。然邾子利民而卒，亦知命、正命也；比干諫而死，伯夷、叔齊餓而死，亦正命也；顔子短命，曾子啓手足，亦正命也，皆盡道者也。《中庸》「天命之謂性，率性之謂道」，即此道也。道以忠孝爲本，比干、夷、齊不死，是不忠；曾子手足有傷，是不孝。盡其道則盡忠孝，秉夷物則之道也。曾子曰：「吾知免夫！」謂免桎梏、巖牆之類也。

《孟子》：「孟子曰：『形色，天性也。惟聖人然後可以踐形。』」

按：此「形色」，趙岐注以體貌言之。《尚書・洪範》「五曰考終命」、「五曰惡」。鄭康成亦如此以形色言之，此漢以前經師相傳之舊説也。

《孟子》：「孟子曰：『堯、舜，性之也。湯、武，身之也。五霸，假之也。』」

按：趙岐曰：「性之，性好仁，自然也。」

《孟子》：「孟子曰：『口之於味也，目之於色也，耳之於聲也，鼻之於臭也，四肢之於安佚也，性也，有命焉，君子不謂性也。仁之於父子也，義之於君臣也，禮之於賓主也，智之於賢者也，聖人之於天道也，命也，有性焉，君子不謂命也。』」漢趙岐注曰：「口之甘美味，目之好美色，耳之樂音聲，鼻之喜芬香。四體，謂之四肢。四肢懈倦，則思安佚不勞苦。此皆人性之所欲也。得居此樂者，有命祿，人不能皆如其願也。凡人則任情從欲而求可樂。君子之道，則以仁義爲先，禮節爲制，不以性欲而苟求之也，故君子不謂之性也。仁者得以恩愛施於父子，義者得以理義施於君臣，好禮者得以禮敬施於賓主，知者得以明智知賢達善，聖人得以天道王於天下，此皆命祿，遭遇乃得居而行之，不遇者不得施行。然亦才性有之，故可用也。凡人則歸之命祿，任天而已，不復治性。以君子之道，則修仁行義，修禮學智，庶幾聖人，亹亹不倦，不但坐而聽命，故曰君子不謂命也。」

《孟子》：「孟子曰：『動心忍性，增益其所不能。』」❶

按：此章乃孔子言性與天道之大義，必得此性命兩節相通相互而言之，則五經性命之古訓無不合矣。晉、唐人嫌味、色、聲、臭、安佚爲欲，必欲别之於性之外，此釋氏所謂佛性，非聖經所言天性。梁以後，言禪宗者以爲「不立文字，直指人心」乃見性成佛，明頓了無生。試思以此言性，豈有味色？此與李習之寂照復性之説又遠，與孟子之言更遠。惟孟子直斷之曰「性也」，且曰「君子不謂性」，則《召誥》之「節性」，《卷阿》之「彌性」，《西伯戡黎》之「虞天性」，《周易》之「盡性」，《禮記·中庸》之「率性」，皆範圍曲成，無不合矣。趙岐謂仁施父子、義施君臣者，如武王、周公爲子，周公、召公爲臣，此命之得以仁義施者也，命也，亦性也。若以舜爲瞽瞍之子，比干爲紂之臣，此處變不得以仁義施者也，亦命也，然有性焉。仁義存乎性，舜必以底豫而修仁，比干必以諫死而行義，舜與比干不諉父頑君虐於命也。禮敬施於賓主，如孔、孟適各國，終無所遇。聖人得天道王天下，如武王滅商，有天下。孔子不得爲東周，衰不夢周公，此各正其道以盡性也，窮理盡性以至於命。正者，正命，即變者，亦正命也，皆所以事天也。忍性者，忍食色等欲也。忍性比節性更爲用力堅苦矣，豈静復乎！❷

❶「孟子曰」至「不能」十三字，續四庫本缺。

❷「忍性者」至「復乎」二十五字，續四庫本無。

按：唐李翺《復性書》曰：「情之動静弗息，則不能復其性而燭天地，爲不極之明。故聖人者，人之先覺者也。覺則明，否則惑，惑則昏。　明與昏，性本無有。　誠者，聖人性之也。寂然不動，廣大清明，照乎天地，感而遂通天下之故。　弗慮弗思，情則不生。情既不生，乃爲正思。正思者，無慮無思也。《易》曰：『天下何思何慮？』　寂然不動，邪思自息。惟性明照，情何所生？　其心寂然，光照天地，是誠之明也。　誠者，定也，不動也。　昔之注解《中庸》者與生之言皆不同，何也？曰：彼以事解者也，我以心通者也。　本性清明，周流六虚，所以謂之能復其性也。　夫子復生，不廢吾言矣。」按：商、周人言性命多在事，在事故實而易於率循。晉、唐人言性命多在心，在心故虚而易於傅會，習之此書是也。《尚書》、《毛詩》無言不實，惟《周易》間有虚高者，然彼因言神明、陰陽、卜筮之事，是以聖人繫辭，不得不就易道以言之。《中庸》一篇，爲子思微言，故言亦或及於幽明高大之處，❶然無言不由實事而起，與老、釋迥殊。樂於虚者，見《易》、《中庸》之内「寂然不動」、「誠則明」等語喜之，遂引之以爲證。又因《禮記》「人生而静」、《孟子》「先覺」等語，喜之，遂亦引之爲證，不知已入老、釋之域矣。按：《周易》「寂然不動」乃言卦爻未揲之先，非言人之心學也。　誠則明者，乃治民、獲上、信友、順親之事。明善者，乃學、問、思、辨、行之事，亦非言静寂覺照也。　人生而静，言尚未感物，非專於静也。　先覺覺民，如《詩》之「牖民孔易」，非性光明照也。　此不可誣改聖經以飾釋典者也。　至於釋典内有云：佛者，

❶「爲子思微言」至「之處」十七字，續四庫本作「與易道相關者多惠氏定宇中庸注全歸入周易」十九字。

何也？蓋窮理盡性大覺之稱也。其道虚玄，固已妙絶常境，心不可以智知，形不可以象測，同萬物之爲而居不爲之域，處言教之内而止無言之鄉，寂寞虚曠，强名曰覺。《翻譯大論》。佛蠲嗜欲、習虚静而成通照也。有感斯應，體常湛然，形由感生，體非實有。《魏書·釋老志》。自性本覺，詳見於《實相經》。白居易文。有生皆有情，菩薩乃有情中之覺者耳，佛有覺性而無情。《翻譯名義》。佛者，西天之語，唐言覺，謂人有智慧，覺照爲佛心。《傳鐙録》。以上各釋氏之説，皆李習之復性之説所由來，相比而觀，其迹自見。蓋釋氏見性，祗是明心，不但不容味、色、聲、臭、安佚存於性内，即喜、怒、哀、樂亦不容於性内，甚至以不生情爲正覺，性明照則情不生。然而《易·文言》明以「利貞」爲「情性」矣，又言「六爻發揮，旁通情矣」。然則情可絶乎？性待復乎？恐未然矣。

又案：釋氏所説「直指人心，見性成佛」之「性」字，似具虚寂明照淨覺之妙，此在梵書之中，本不知是何稱名，是何字樣。自晉、魏翻譯之人，求之儒書文字之内，無一字相合足以當之者，遂拈出「性」字，遷就假借以當之。彼時已在老、莊清言之後。蓋世之視「性」字者，已近於釋、老而離於儒矣。晉謝靈運詩云：「偃卧任縱誕，得性非外求。」王康琚詩云：「矯性失至理。」六朝人不諱言釋，不陰釋而陽儒。陰釋而陽儒，唐李翺爲始。魏收所云「虚静通照，湛然感應」者，此明説是佛性，不言是孔、孟之性，不必辯也。李翺所言「寂然静明，感照通復」者，此直指爲孔、孟之性，斷斷不然，❶不得已不辯也。象山、陽明更多染梁以後禪

❶「斷斷不然」，續四庫本無。

學矣。❶

福謹案：家大人另有《塔性説》一篇，因其言似近于諧，故不刻入此卷之内。然發明「性」字誤入老、釋之故，則明暢之至，❷後刻入《續三集》内，近于子部也。❸

---

❶ 「矣」下，續四庫本有「又案：寂然静明，感照通復，以此爲事，可以鍊身體，可以生神智，可以爲君子，可以爲高士，可以爲名臣，可以守廉介，可以蠲嗜欲，可以澹榮利，亦有用有益也。然以爲堯舜孔孟相傳之心性，則斷斷不然」七十七字。

❷ 「則明」，原誤作「明則」，今據文義乙正。

❸ 「福謹案」至「子部也」五十六字，續四庫本無。

揅經室一集卷十一

詁經精舍策問

兩漢學行醇實，尚近于春秋列國之時。漢末氣節甚高，黨禍横決，激而爲放達，流而爲老莊、爲禪釋。宋儒救之，取學術中最尊者爲性理。至明儒，學案紛紛矣。惟考列國時，孔、曾、游、夏諸聖賢，及各國君、卿、大夫之德行名言，載在三《傳》、《國語》、《孝經》、《論語》者，皆爲處世接物之庸行，非如禪家遁于虚無也。即如仁義禮讓孝弟忠順等語，與《孝經》各章，事事相通，語語相合。孔子曰：「吾志在《春秋》，行在《孝經》。」此二語實爲聖門微言。蓋春秋時，學行惟《孝經》、《春秋》最爲切實正傳。近時學者發明三代書、數等事，遠過古人，于春秋學行尚未大爲發明，本部院拙識所及，首爲提倡，諸生如不鄙其庸近，試發明之，以成精舍學業焉。

石刻孝經論語記

六經皆周、魯所遺古典，而孔子述之，傳於後世。孔子集古帝王聖賢之學之大成，而爲孔子之學。孔子之學，於何書見之最爲醇備歟？則《孝經》、《論語》是也。《孝經》、《論語》之學，窮極性與天道，而不涉於虚；推極帝王治法，而皆用乎中；詳論子臣弟友之庸行，而皆歸於實。所以周、秦以來，子家各流皆不能及，而爲萬世之極則也。《孝經》、《論語》皆孔門弟子所譔，而弟子之首推者，曰顔、曰曾。顔子之學，曰「夫子循循然善誘人，博我以文，約我以禮」，故曰「一日克己復禮，天下歸仁焉」，「非禮勿視，非禮勿聽，非禮勿言，非禮勿動」。禮者何？朝覲聘射，冠昏喪祭，凡子臣弟友之庸行，帝王治法，性與天道，皆在其中。《詩》、《書》即文也，禮也。《易》象、《春秋》，亦文也，禮也。其餘言存乎《大學》、《中庸》諸篇。《大學》、《中庸》所由載入禮經者以此。其事皆歸實踐，非高言頓悟所可掩襲而得者也。曾子之學，孔子曰：「吾道一以貫之。」曾子曰：「夫子之道，忠恕而已矣。」忠恕者，子臣弟友自天子至於庶人之實政實行。故曾子曰：「忠者，其孝之本歟！」《孝經》之學，兼乎君卿士庶，以及天下國家。《曾子》十篇，皆由此出，其實皆盡人所同之庸行忠恕而已。故孔子曰：「忠恕違道不遠。君子之道四，丘未能一焉。」所謂一貫者：貫者，行也，事也，言壹是皆身體力行見諸實行實事也。初非有獨傳之心、頓悟之道也。「貫」之訓「行事」，見于《爾雅》、《漢書》與「仍舊貫」無二解也。若謂性道之學，必積久之後而頓悟通之，則孔子十五志學，以後學與年進，未聞有不悟之時，亦未聞有頓悟之日也。顔、曾所學於孔子者如此，其餘諸賢可以類推之。然則集古聖大成之道者，莫如孔子。傳孔子之道最近，而無偏無弊者，莫如諸賢。孔子、諸賢之言所載之書，莫如《孝經》、《論語》。然則今之《孝經》、《論語》，儒者終身學之不盡。太極之有無，良知之是非，何暇論之！古本《孝經》不可見，惟漢石經《論語》殘字厪有存者。金匱國子監學生錢泳，好學善隸書，敬書《孝經》、《論語》二經刻之石，且博訪通人，定其隸法文字。泳刻將成，欲歸其石於曲阜孔子宅，樹石於壁，以貽後之學者，屬元記之。

惠半農先生禮説序

十三經義疏，《周禮》可謂詳善矣。賈公彦所疏者，半用六朝禮例，于禮樂、軍賦諸大端，皆能引據明贍，所考證者，多在九經、諸緯，而于諸子百家之單詞精義，以及文字之假借，音讀之異同，漢制之存亡，漢注之奥義，皆未能疏證發明之。我朝惠半農先生，家傳漢學，所著《禮説》十四卷，實足補賈氏之所未及。此書雖經鏤板，而行世甚少。余于丁未年在京師厰肆購得一帙，反覆讀之，服其精博無比，後爲友人借去未歸，至今深憶之。戊午夏，吴縣友人江貢廷持一帙見示，則上海彭純甫所新刻本。余喜插架之可備，且一時同學皆得讀之也。因爲序之。余昔有志于撰《周禮義疏》，以補賈所未及。今宦轍鮮暇，惜難卒業。如有好學深思之士，據賈氏爲本，去其謬誤及僞緯書，擇唐、宋人説禮之可從者，加以惠氏此説，兼引近時惠定宇、江慎修、程易田、金輔之、段若膺、任子田諸君子之説，勿拘疏不破注之例，博考而詳辨之，則此書之成，似可勝于賈氏，是所望于起而任之者。彭君家貧，好古多讀書。聞此書之刻貲，皆出館穀，何其賢也！

胡朏明先生易圖明辨序

元幼學《易》，心疑先、後天諸圖之説。庚子，得毛西河先生全集中《河圖洛書原舛篇》讀之，豁然得其源委。友人歙淩次仲廷堪謂元曰：「子知西河之辯《易》，未見吴興胡朏明先生《易圖明辨》，尤詳備也。」元識之，求其書不可得。繼在京師，見《四庫館書目》録之曰：「其書一卷辨《河圖》、《洛書》，二卷辨五行、九宫，三卷辨《參同契》、《先天圖》、《太極圖》，四卷辨《龍圖》、《易數鈎隱圖》，五卷辨《啟蒙》圖書，六卷、七卷辨先天古《易》，八卷辨後天之學，九卷辨卦變，十卷辨象數流弊，引據經典，原原本本，于《易》學深爲有功。」元向往益切。丙辰，視學至吴興，始求得讀之，蓋距所聞已十六年矣。媿聞道之甚遲，喜斯編之未泯，亟命其家修板刷印，廣爲流傳，以貽學者，因並識其事于篇首。至其辨圖大略，則萬季野先生敘言之已盡，兹不贅論。

漢讀考周禮六卷序

稽古之學，必確得古人之義例，執其正，窮其變，而後其説之也不誣。政事之學，必審知利弊之所從生，與後日所終極，而立之法，使其弊不勝利，可持久不變。蓋未有不精於稽古而能精於政事者也。言韻者多矣，顧《詩》三百篇，人人讀之，而能知三百篇之韻者，或未之有也。《説文解字》一書，人人讀之，而許氏全書之例未之知，則許之可疑者多矣。訓詁必宗漢人，漢人之説經傳也，或言「讀爲」、「讀曰」，或言「讀如」、「讀若」，或言「當爲」，作義疏者一切視之，學者概謂若今之音切而已，其誣古不亦甚哉！聖朝右文，超軼前古，淳氣鬱積。金壇段若膺先生，生於其間，揅摩經籍，甄綜百氏，聰可以辨牛鐸，舌可以别淄、澠，巧可以分風擘流，其書有功於天下後世者，可得而言也。其言古音也，别支、佳爲一，脂、微、齊、皆、灰爲一，之、哈爲一；職、德者，之之入；術、物、迄、月、没、曷、末、黠、鎋、薛者，脂之入；陌、麥、昔、錫者，支之入。自唐、虞至陳、隋，有韻之文無不印合；而歌、麻近支，文、元、寒、删近脂，尤、幽近之，古音、今音皆可得其條貫。此先生之功一也。其言《説文》也，謂《説文》五百四十部，次第以形相聯，每部之中，次第以義相屬，每字之下，兼說其古義、古形、古音。訓釋者，古義也；象某形，從某某聲者，古形也；云某聲，云讀若某者，古音也，三者合而一，篆乃完也。其引經傳，有引以說古義者，以轉注、假借分觀之，如《尚書》曰「至於岱宗，柴」，《詩》曰「祝祭于鬃」，說字之本義也。❶如《商書》曰「無有作玫」，《周書》曰「布重莫席」，說假借此字之義也。有引以說古形者，如《易》曰「百穀艸木麗于地」，說蘺從艸、麗之意；《易》曰「豐其屋」，說寷從宀、豐之意；《易》曰「突如其來如」，說𠫓從倒子之意；《易》曰「先庚三日」，說庸從庚之意是也。有引以說古音者，如「𧍨」讀若《詩》「施罛濊濊」，「𢍰」讀若「予違汝弼」是也。學者以其說求之，斯《說文》無不可通之處，《說文》無不可通之處，斯經傳無不可通之處矣。此先生之功二也。至若《漢讀考》敘例謂「讀如」主於說音，「讀爲」主於更字說義，「當爲」主於糾正誤字。如者，比方之詞。爲者，變化之詞。當爲者，糾正之詞。「讀如」不易其字，故下文仍用經之本字。「讀爲」必易其字，故下文乃用所易之字。《說文》者，說字之書，故有「讀如」無「讀爲」。說經傳之書，則必兼是二者。自先生此言出，學者凡讀漢儒經子、《漢書》之注，如夢得覺，如醉得醒，不至如冥行擿埴。此先生之功三也。蓋先生於語言文字剖析如是，則於經傳之大義必能互勘而得其不易之理可知，其爲政亦必能剖析利弊源流善爲之法又可知，而一行作吏，即引疾養親，食貧樂道，二十年所矣，其諸所得於己者深歟！先生說經之書，尚有《毛詩訓故傳徵》、《毛詩小學》、《古文尚書撰異》，皆深識大源，不爲億必之言，行將盡以餉學者云。

❶「字」，原作「之」，今據清嘉慶刻本《周禮漢讀考》文前序改。

任子田侍御弁服釋例序

元居在江淮閒，鄉里先進多治經之儒，若興化顧進士文子、九苞。李進士成裕、惇。劉廣文端臨、台拱。任侍御子田、大椿。王黄門石臞、念孫。汪明經容甫，中。皆耳目所及，或奉手有所受。丁未、戊申閒，元在京師，見任侍御，相問難爲尤多。侍御卒後，所著《弁服釋例》傳之弟子山陽汪祭酒瑟菴。廷珍。蕭山王進士畹馨，紹蘭。從祭酒手録以歸。其兄進士穀塍宗炎。亦邃於經，爲吴會宿儒，乃手校訛舛，寫以付梓，問序于元。元謂侍御早年以詞學名世，繼乃專研經史，與修《四庫書》，書之提要多出其手，所輯吕忱《字林》、《深衣釋例》諸書已付刻。兹帙釋弁服所用之例，以五禮區之，凡百四十餘事。綜覽經疏史志，發微訂訛，燦然經緯畢著矣。侍御吾鄉先進也，瑟菴、畹馨吾友也，今得穀塍校成之，學者傳習不墜，元序之奚敢辭。

張臯文儀禮圖序

《儀禮圖》六卷，張編修惠言之所述也。編修字臯文，武進人，乾隆丙午中式舉人，嘉慶己未進士，改庶吉士，充實録館纂修官、武英殿協修官。辛酉散館，授翰林院編修，方以學問文章受知于朝，不幸早卒。予舉于鄉，與編修爲同榜，其舉進士，乃予總裁會試所取，予知之也久，故序而論之。編修幼孤，家至貧，母姜孺人撫以成立。及長，修學立行，敦禮自守，性剛而廉，貌若和易而中不可干。其爲人勤于事親，友于弟，睦于族婣，鄉之善士，無勿友也，與人審而後交，交者必端，凡爲其友者，無不稱之敬之。其爲學博而精，旁探百氏，要歸六經，而尤深《易》、《禮》。居母孺人憂，喪祭法《儀禮》，爲時所推。嘗遊京師、大名、杭、歙間，及官京師，弟子先後從受《易》、《禮》者以十數。其所著有《周易虞氏義》、《虞氏消息》、《虞氏易禮》、《易事》、《易候》、《易言》、《周易鄭荀義》、《易義別録》、《易圖條辯》、《儀禮圖》、《説文諧聲譜》、《墨子經解》、《握奇經正義》、《青囊天玉通解》及《文集》四編、《詞》一編，凡十六種。編修既精治《易》、《禮》，所著以《周易虞氏義》、《儀禮圖》爲最。《周易虞氏義》、《虞氏消息》，予已刊行之。惟《儀禮圖》六卷，今年春始得于武進董君處見其手録本。董君名士錫，編修之高弟子，即編修之女夫也。因屬董君校寫，刻之于板。昔漢儒習《儀禮》者，必爲容，故高堂生傳《禮》十七篇，而徐生善爲頌，禮家爲頌皆宗之。頌即容也。後儒以進退揖讓爲末節，薄之不講，故言「朝」則昧于三朝、三門，言「廟」則闇于門揖、曲揖，言「寢」則眩于房、室、階、夾，言「堂」則誤于楹閒、階上。辨之不精，儀節皆由之舛錯而不可究，非其蔽歟？宋楊復作《儀禮圖》，雖禮文完具，而位地或淆。編修則以爲治《儀禮》者，當先明宮室，故兼采唐、宋、元及本朝諸儒之義，斷以經注，首述《宮室圖》，而後依圖比事，按而讀之，步武朗然。又詳考吉凶、冠服之制，爲之圖表。又其論喪服由至親期斷之説，爲《六服加降表》，貫穿禮經，尤爲明著。予嘗以爲讀《禮》者當先爲頌，昔叔孫通爲綿蕝以習儀，他日亦欲使家塾子弟畫地以肄禮，庶于治經之道事半而功倍也。然則編修之書，非即徐生之頌乎？

王實齋大戴禮記解詁序

南城王君實齋，聘珍。著《大戴禮記解詁》十三卷，《目録》一卷，其言曰：「大戴與小戴同受業于后倉，各取孔壁古文《記》，非小戴删大戴，馬融足小戴也。《禮察》、《保傅》語及秦亡，乃孔襄等所合藏，是賈誼有取于古《記》，非古《記》采及《新書》也。《三朝記》、《曾子》乃劉氏分屬九流，非大戴所裒集也。」其校經文也，專守古本爲家法，有懲于近日諸儒妄據他書徑改經文之失。其爲解詁也，義精語潔，恪守漢法，多所發明，爲孔撝約諸家所未及，能使三千年孔壁古文無隱滯之義，無虚造之文，用力勤而爲功鉅矣。元從北平翁覃溪先生得識王君，王君厚重誠篤，先大夫敬之，以爲有古人風，無南人浮競之習，延教家塾子弟者有年。王君書成，屬序于元。元更出元素校大戴本付王君。王君或以己所校者衡量之，加以弃取，别爲《大戴記》作釋文數卷，不更善乎！

春秋公羊通義序

昔孔子成《春秋》，授於子夏，所謂「以《春秋》屬商」是也。子夏口説以授公羊高，高五傳，至漢景帝時，乃與齊人胡毋生，始著竹帛。其後有嚴彭祖、顔安樂兩家之學，宣帝爲之立博士，故《公羊》之學兩漢最勝。雖劉歆、鄭衆、賈逵謂「《公羊》可奪，《左氏》可興」，而終不能廢也。然説者既多，至有倍經任意者。任城何君起而修之，覃精竭思，閉門十有七年，乃有成書，略依胡毋生條例而作《解詁》，學者稱精奥焉。六朝時，何休之學猶盛行於河北。厥後《左氏》大行，《公羊》幾成絶學矣。我朝經術昌明，超軼前代，諸儒振興，皆能表章六經，修復古學。而曲阜聖裔孔顨軒先生，思述祖志，則從事於《公羊春秋》者也。先生幼秉異資，長通絶學，凡漢、晉以來之治《春秋》者不下數百家，靡不綜覽，嘗謂：「《左氏》舊學，湮於征南；《穀梁》本義，汩於武子；王祖游謂何休志通《公羊》，往往爲《公羊》疚病；其餘啖助、趙匡之徒，又横生義例，無當於經，唯趙汸最爲近正；何氏體大思精，然不無承訛率臆。」於是旁通諸家，兼采《左》、《穀》，擇善而從，撰《春秋公羊通義》十一卷、《序》一卷。凡諸經籍，義有可通於《公羊》者，多著録之。其不同於《解詁》者，大端有數事焉。謂古者諸侯分土而守，分民而治，有不純臣之義，故各得紀年於其境内，而何邵公猥謂唯王者然後改元立號，經書元年爲託王於魯，則自蹈所云反傳違戾之失矣，其不同一也。謂《春秋》分十二公而爲三世，舊説所傳聞之世，隱、桓、莊、閔、僖也；所聞之世，文、宣、成、襄也；所見之世，昭、定、哀也。顔安樂以爲襄公二十三年，「邾婁鼻我來奔」，云「邾婁無大夫，此何以書？以近書也」；又昭公二十七年，「邾婁快來奔」，傳云「邾婁無大夫，此何以書？以近書也」。二文不異，同宜一世，故斷自孔子生後，即爲所見之世，從之，其不同二也。謂桓十七年經無夏，二家經皆有夏，獨《公羊》脱耳。何氏謂：「夏者，陽也。月者，陰也。去夏者，明夫人不繫於公也。」所不敢言，其不同三也。謂《春秋》上本天道，中用王法，而下理人情。天道者，一曰時，二曰月，三曰日。王法者，一曰譏，二曰貶，三曰絶。人情者，一曰尊，二曰親，三曰賢。此三科九旨。而何氏《文謚例》云「三科九旨者，新周，故宋，以《春秋》當新王」，此一科三旨也；又云「所見異辭，所聞異辭，所傳聞又異辭」，二科六旨也；又「内其國而外諸夏，内諸夏而外夷狄」，是三科九旨也。其不同四也。他如何氏所據，閒有失者，多所裨損，以成一家之言。又謂「《左氏》之事詳，《公羊》之義長，《春秋》重義不重事」，是可謂好學深思，心知其意者矣。故能醇會貫通，使是非之旨不謬於聖人。豈非至聖在天之靈，懼《春秋》之失恉，篤生文孫，使明絶學哉！元爲聖門之甥，陋無學術，讀先生此書，始知聖志之所在，因敬敘之。

國朝漢學師承記序

兩漢經學所以當尊行者，爲其去聖賢最近，而二氏之説尚未起也。老、莊之説，盛於兩晉，然《道德》、《莊》、《列》本書具在，其義止於此而已。後人不能以己之文字飾而改之，是以晉以後鮮樂言之者。浮屠之書，語言文字非譯不明，北朝淵博高明之學士，宋、齊聰穎特達之文人，以己之説，傅會其意，以致後之學者繹之彌悦，改而必從，非釋之亂儒，乃儒之亂釋。魏收作《釋老志》後，踪跡可見矣。吾固曰兩漢之學純粹以精者，在二氏未起之前也。我朝儒學篤實，務爲其難，務求其是，是以通儒碩學束髮研經，白首而不能究。豈如朝立一旨，暮即成宗者哉！甘泉江君子屏，得師傳于紅豆惠氏，博聞强記，無所不通，心貫群經，折衷兩漢。元幼與君同里同學，竊聞論説三十餘年。江君所纂《國朝漢學師承記》八卷，嘉慶二十三年居元廣州節院時刻之，讀此可知漢世儒林家法之承授，國朝學者經學之淵源，大義微言不乖不絶，而二氏之説不攻自破矣。元又嘗思國朝諸儒説經之書甚多，以及文集説部，皆有可采，竊欲析縷分條，加以翦截，引繫於群經各章句之下。譬如休寧戴氏解《尚書》「光被四表」爲「横被」，則繫之《堯典》；寶應劉氏解《論語》「哀而不傷」，即《詩》「惟以不永傷」之「傷」，則繫之《論語·八佾》篇，而互見《周南》。如此勒成一書，名曰「大清經解」。徒以學力日荒，政事無暇，而能總此事審是非、定去取者，海内學友惟江君暨顧君千里二三人。他年各家所著之書，或不盡傳，奥義單辭，淪替可惜，若之何哉！歲戊寅除夕，序于桂林行館。

孔檢討廣森大戴禮記補注序

今學者皆治十三經，至兼舉十四經之目，則《大戴禮記》宜急治矣。《夏小正》爲夏時書，《禹貢》惟言地理，兹則言天象，與《堯典》合；《公冠》、《諸侯遷廟》、《釁廟》、《朝事》等篇，足補《儀禮》十七篇之遺；《盛德》、《明堂》之制，爲《考工記》所未備；《孔子三朝記》、《論語》之外，兹爲極重；《曾子》十篇，儒言純粹，在《孟子》之上；《投壺》儀節，較《小戴》爲詳；《哀公問》字句，較《小戴》爲確，然則此經宜急治審矣。顧自漢至今，惟北周盧僕射爲之注，且未能精備。自是以來，章句溷淆，古字更舛，良可慨歎。近時戴東原庶常、盧紹弓學士，相繼校訂，蹊逕漸闢。曲阜孔編修㢠軒，乃博稽群書，參會衆説，爲注十三卷，使二千餘年古經傳復明於世，用力勤而爲功鉅矣。元從編修之嗣昭虔得觀是書，編修之弟廣廉付刻，元爲序之。元鄉亦曾治是經，有注有釋，鄙陋之見與編修間有異同。今編修書先行，元寫定後再以質之當世治經者。

焦里堂循群經宫室圖序

焦君里堂作《群經宫室圖》二卷，凡九類：曰城，曰宫，曰門，曰屋，曰社稷，曰宗廟，曰明堂，曰壇，曰學，爲圖五十篇，皆于衆説分賾、群言岨峿之際，尋繹經文而折衷之，圖所不能詳者，復因圖爲説以附于後。其所見似創而適得夫經之意也，其所解似新而適符乎古之制也。嗚呼，用力可謂勤矣！顧其書往往異于先儒之舊，學侶或致疑焉。余以爲儒者之于經，但求其是而已矣，是之所在，從注可，違注亦可，不必定如孔、賈義疏之例也。歙程易田孝廉，近之善説經者也。其説《考工》戈、戟、鐘、磬等篇，率皆與鄭注相違，而證之於古器之僅存者，無有不合，通儒碩學咸以爲不刊之論，未聞以違注見譏。蓋株守傳注、曲爲附會，其弊與不從傳注、憑臆空談者等。夫不從傳注、憑臆空談之弊，近人類能言之，而株守傳注、曲爲附會之弊，非心知其意者未必能言之也。元向有《考工記車制圖解》，其説亦頗異于鄭君。今得里堂此書，而鄙見爲不孤矣。圖中新定路寢之制，吾友淩次仲移書争之。元謂里堂所抒者，心得也；次仲所持者，舊説也。昔許氏爲《五經異義》而鄭君駁之，何氏爲《公羊墨守》而鄭君發之，究之各成其是，於叔重、邵公無損也。里堂以稾本寄都示元，元學殖甚荒落，無以益里堂，聊書平昔之所見者而歸之里堂，其以余説爲然乎，否耶？

與臧拜經庸書

《皋陶謨》「撻以記之」以下七十四字，或疑亦僞孔所增，由淵如觀察暨足下所説推之，元竊未敢定也。蓋所以疑之者，其大端有五：一則《史記·夏本紀》敘此經文于「侯以明之」下直接「禹曰俞」，無此七十四字也；一則馬、鄭逸經注絶無此七十四字注也；一則《説文》引「撻以記之」爲《周書》也；一則鄭注《鄉射》「取扑」但引《尚書》「扑作教刑」，不引「撻以記之」也；一則《公羊疏》稱「敷奏以言」三句爲逸書也。按：《史記》引《尚書》本有删節之處，不獨此七十四字爲然，即如《皋陶謨》「一日二日萬幾」、「天敘有典」等二十餘句，亦未引之，故《史記》所未引未可以爲本無此七十四字之確據。僞孔但能割《堯典》爲《舜典》，割《皋陶謨》爲《益稷》，無他技也。《舜典》首二十八字，并僞孔亦不能造，直至姚方興始僞獻于朝，舉朝集議，咸以爲非。

如果僞孔增出七十四字，當年朝議無論是之非之，但必有及之者。六朝以來，不容絶無一語及之也。馬、鄭逸注或有或無，本難深據，況其存者多出《史記》注中，今《史記》既無此段書文，則注亦因之而佚矣。《説文》「撻」，古文「遽」，引《周書》「遽以記之」，段氏若膺已謂从「虍」乃从「攴」之訛，「周」乃「虞」之訛，既可訛「攴」爲「虍」，寧不容訛「虞」爲「周」也？元且謂「虖」即「虞」字上半所由致誤也。《儀禮·鄉射》經文但有「扑」字，本無「撻」字，鄭之但引「扑作教刑」，不引「撻以記之」，宜也。《公羊》何休學引《尚書》曰「群后四朝，敷奏以言。明試以功，車服以庸」，明是《虞書》，而徐彦疏誤爲逸《書》。如果「逸《書》」一語出自何氏，尚有可疑，若徐氏，直刊本之誤耳。《春秋繁露》、《潛夫論》皆漢人之書，其引「車服有庸」皆連「誰敢不讓，敢不敬應」二句，若以此二語爲説《堯典》者之詞，亦無確據。且僞孔苟作僞，則羣服賦納頗見新異，曷不用之而反用「誰」代「疇」、用「庶」代「試」也。其餘小節，不必置詞，惟此五疑，究無確據。經文至重，未敢輕議，且俟異日，或者再有所考見，何如？

與洪筠軒頤暄論三朝記書

《孔子三朝記》七篇，與《論語》並重，今世以其文字艱深，莫之學。夫孔子之言之存于世者無多，豈可不發明以觀聖道哉！今子注之，甚善。余紬繹之，有疑而爲解之者，爲子列之。《千乘》篇記曰：「卿設如四體，毋易事，毋假名，毋重食。」元謂「易事」謂變易政事，「假名」謂假人名器，「重食」謂增食采邑，此皆指魯三家之弊。《記》曰：「立有神，則國家敬。」此仍是鬼神之神，與《四代》篇「昭有神明」之義同。《記》曰：「誘居家室，有君子曰義，子女專曰媄。」元謂「誘」讀如「吉士誘」之「誘」，誘，進也。君子，即《詩》「吉士」，謂主其婚者，故曰義。若子女自專，則爲姦。此《記》文八節與《周禮・秋官・士師》「八成」相應，此一節屬《周禮》「邦汋」。「汋」當讀爲「媒妁」之「妁」，由《記》文推之，可見鄭司農注《周禮》爲「斟酌刺探尚書事」之誤。此「邦汋」如今律之姦律，《周禮》列在賊盜之前，《三朝記》列在盜之後賊之前，甚明晰也。《四代》篇記曰：「如艾而夷之。」「艾」讀如刈，斷草也。夷，平也。《虞戴德》篇記曰：「黄帝慕修之。」「慕」乃「纂」字之訛。纂，繼也。《記》曰：「開施教于民。」由《記》中「東有開明」推之，凡《記》中「開」字屢見皆「啟」字，漢人避諱所改也。《小辨》篇記曰：「士學順，辨言以遂志。」元謂「順」與「訓」通，即《爾雅・釋訓》之「訓」。遂志，通意也。學訓詁方能通絶代别國之言之意也。《少閒》篇記曰：「不忍天下粒食之民刈戮。」「戮」當爲句。「不得以疾死」，「死」當爲句，「故」字屬下，以《千乘》篇亦有「民不得以疾死」之文，下亦有「故」字也。凡此數事致之，子以爲何如？

十三經注疏校勘記序 十三篇

古《周易》十二篇，漢後至宋晁以道、朱子始復其舊。自晁以道、朱子以前，皆彖、象、《文言》分入上下經卦中，别爲《繫辭》上下、《説卦》、《序卦》、《雜卦》五篇。鄭玄、王弼之書業已如是，此學者所共知，無庸覶縷者也。《易》之爲書最古，而文多異字，宋晁以道古文《易》撏撦爲之，如郭忠恕、薛季宣《古文尚書》之比。國朝之治《周易》者，未有過於徵士惠棟者也，而其校刊雅雨堂李鼎祚《周易集解》與自著《周易述》，其改字多有似是而非者。蓋經典相沿已久之本，無庸突爲擅易，況師説之不同，他書之引用未便據以改久沿之本也，但當録其説於考證而已。臣元於《周易注疏》舊有校正各本，今更取唐、宋、元、明經本、經注本、單疏本、經注疏合本，讎校各刻同異，屬元和生員李鋭筆之，爲書九卷，别校《略例》一卷、陸氏《釋文》一卷，而不取他書妄改經文，以還王弼、孔穎達、陸德明之舊。

自梅賾獻孔《傳》，而漢之真古文與今文皆亡，乃梅本又有今文、古文之别。《新唐書·藝文志》云：「天寶三載，詔集賢學士衛包改古文從今文。」説者謂今文從此始，古文從此絶。殊不知衛包以前未嘗無今文，衛包以後又别有古文也。《隋書·經籍志》有《古文尚書》十五卷，《今字尚書》十四卷，又顧彪《今文尚書音》一卷，是隋以前已有今文矣。蓋變古文爲今文，實自范甯始。甯自爲《集注》，成一家言，後之傳寫孔《傳》者，從而效之，此所以有今文也。六朝之儒傳古文者多，傳今文者少。今文自顧彪而外，不少概見。李巡、徐邈、陸德明，皆爲古文作音。孔穎達《正義》，出於二劉，蓋亦用古文本，如「塗」之爲「斁」、「云」之爲「員」是也。然疏内不數數覯，殆爲後人竄改，如陳鄂等之於《釋文》歟？然則衛包之改古從今，乃改陸、孔而從范、顧，非倡始爲之也。乃若天寶既改古文，其舊本藏書府，民間不復有之，更經喪亂，即書府所藏，亦不可問矣。開成初，鄭覃進石經，悉用今文。前此張參之壁經，後此長興之板本、廣政之石本，當無不用今文者。乃後周顯德六年，郭忠恕獨校《古文尚書》上之，上距天寶三載已二百餘年，不知郭氏從何而得其本。宋初仍不甚行，至吕大防得於宋次道、王仲至家，而晁公武取以刻石，薛季宣據以作訓，然後大顯。今桉：《釋文·序録》云「《尚書》之字，本爲隸古」。既是隸寫古文，則不全爲古字。今宋、齊舊本及徐、李等音所有古字，蓋亦無幾。穿鑿之徒，務欲立異，依傍字部，改變經文，疑惑後生，不可寫用。是所謂古文，不過如《周禮》、《漢書》，略有古體及假借通用之字而已。晁氏《讀書志》云「陸德明獨存一二於《釋文》」，此正與古字無幾之説相合。若連篇累牘悉是奇字，則陸氏豈得或釋或不釋哉？晁氏又云：「以《古文尚書》校《釋文》，雖小有異同，而大體相類。」夫《釋文》所存，僅止一二，就此一二之中，復小有異同，則全經不合者必十之九，其爲贋本無疑。然觀陸氏之言，則穿鑿立異，自古而然，不獨郭氏也。臣於《尚書注疏》舊有校本，茲以各本授德清貢生徐養原校之，并及《釋文》。臣復定其是非，且考其顛末，著於簡首。

考異於《毛詩》，經有齊、魯、韓三家之異。《齊》、《魯詩》久亡，《韓詩》則宋以前尚存，其異字之見於諸書可考者，大約毛多古字，韓多今字，有時必互相證而後可以得毛義也。毛公之傳《詩》也，同一字而各篇訓釋不同，大抵依文以立解，不依字以求訓，非執於《周官》之假借者，不可以讀毛傳也。毛不易字，鄭箋始有易字之例。顧注《禮》則立説以改其字，而《詩》則多不欲顯言之，亦或有顯言之者，毛以假借立説，則不言易字，而易字在其中。鄭又於傳外研尋，往往傳所不易者而易之，非好異也，亦所謂依文立解，不如此，則文有未適也。孟子曰：「不以文害辭，不以辭害志。」孟子所謂文者，今所謂字，言不可泥於字，而必使作者之志昭著顯白於後世。毛、鄭之於《詩》，其用意同也。傳、箋分而同一，《毛詩》字有各異矣。自漢以後，轉寫滋異，莫能枚數。至唐初，而陸氏《釋文》、顏氏定本、孔氏《正義》，先後出焉，其所遵用之本，不能畫一。自唐後至今，鋟版盛行，於經、於傳箋、於疏，或有意妄更，或無意譌脱，於是繆盭莫可究詰。因以臣舊校本授元和生員顧廣圻，取各本校之，臣復定是非，於以知經有經之例，傳有傳之例，箋有箋之例，疏有疏之例，通乎諸例，而折衷於孟子「不以辭害志」，而後諸家之本可以知其分，亦可以知其一定不可易者矣。

有杜子春之《周禮》，有二鄭之《周禮》，有後鄭之《周禮》。《周禮》出山巖屋壁間，劉歆始知爲周公之書而讀之，其徒杜子春乃能略識其字。建武以後，大中大夫鄭興、大司農鄭衆，皆以《周禮》解詁著，而大司農鄭康成乃集諸儒之成爲《周禮注》。蓋經文古字不可讀，故四家之學皆主於正字。其云「故書」者，謂初獻於祕府所藏之本也。其民間傳寫不同者，則爲今書。有云「讀如」者，比擬其音也。有云「讀爲」者，就其音以易其字也。有云「當爲」者，定其字之誤也。三例既定，而大義乃可言矣，説皆在後鄭之注。唐賈公彦等作疏，發揮殊未得其肯綮。臣元於此經舊有校本，且合經注疏讀之，時闕見其一二。因通校經注疏之譌字，更屬武進監生臧庸蒐校各本并及陸氏《釋文》，臣復定其是非。凡言周制言漢學者，容有藉於此。

《儀禮》最爲難讀。昔顧炎武以唐石刻九經校明監本，惟《儀禮》譌脱尤甚。經文且然，况注疏乎？賈疏文筆冗蔓，詞意轇轕，不若孔氏《五經正義》之條暢，傳寫者不得其意，脱文誤句，往往有之。宋世注、疏各爲一書，疏自咸平校勘之後，更無別本，誤謬相沿，迄今已無從一一釐正。朱子作《通解》，於疏之文義未安者，多爲删潤。在朱子自成一家之書，未爲不可，而明之刻注疏者，一切惟《通解》之從，遂盡失賈氏之舊。臣於《儀禮注疏》舊有校本，奉旨充石經校勘官，曾校經文上石。今合諸本，屬德清貢生徐養原詳列異同，臣復定其是非。大約經注則以唐石經及宋嚴州單注本爲主，疏則以宋單行本爲主，參以《釋文》、《識誤》諸書，於以正明刻之譌。雖未克盡得鄭、賈面目，亦庶還唐、宋之舊觀。鄭注疊古今文，最爲詳覈，語助多寡，靡不悉紀，今校是經，寧詳毋略，用鄭氏家法也。

《小戴禮記》，隋、唐《志》並二十卷，唐石經所分是也。貞觀中，孔穎達等爲《正義》，舊、新《唐志》皆云七十卷。晁氏《讀書志》、陳氏《書録解題》皆同。案：古人義疏皆不附於經注而單行，猶古《春秋》三《傳》、《詩》毛傳不附於經而單行也。單行之疏，北宋皆有鐫本，今僅有存者。《儀禮》、《穀梁》、《爾雅》間存藏書家，而他經多亡。正義多附載經注之下，其始謂之「兼義」，其後直謂之「某經注疏」。其始本無《釋文》，其後又附以《釋文》，謂之「附釋音某經注疏」，最後又去「附釋音」三字。蓋皆紹興以後所爲，而北宋無此也。有在兼義之先爲之者，今所見吴中藏本有《春秋》、《禮記》二種，《春秋》曰「《春秋正義》卷第幾」，《禮記》曰「《禮記正義》卷第幾」，皆不標爲「某經注疏」。其卷數則《春秋》三十六卷，《禮記》七十卷，皆與《唐志》、《正義》卷數合。蓋以單行《正義》爲主，而以經注分置之，此紹興初年所爲。非如兼義注疏之以經注爲主，而以疏附之，既不用經注之卷數，又不用正義之卷數，《春秋》爲六十卷，《禮記》爲六十三卷，遂使唐人正義之卷次不可知。蓋古今之遷變如此。《禮記》七十卷之本，出於吴中吴泰來家。乾隆間，惠棟用以校汲古閣本，識之云：「譌字四千七百有四，脱字一千一百四十有五，闕文二千二百一十有七，文字異者二千六百二十有五，羨文九百七十有一，點勘是正。四百年來闕誤之書，犂然備具，爲之稱快。」今《記》中所云「惠棟校宋本」者是也。其真本今藏曲阜孔氏。近年有巧僞之書賈，取六十三卷舊刻，添注塗改，綴以惠棟跋語，鬻於人，鏤板京師者，乃贋本耳。今屬臨海生員洪震煊，以惠棟本爲主，並合臣舊校本及新得各本，考其異同，臣復定其是非，爲《校勘記》六十有三卷，《釋文》則别爲四卷。後之爲小戴學者，庶幾有取於是。

《春秋左氏傳》漢初未審獻於何時，《漢・藝文志》説孔壁事祇云「得古文《尚書》及《禮記》、《論語》、《孝經》」，不言《左氏》經傳也。《景十三王傳》亦但云「得古文經傳」，所謂傳者，即《禮》之《記》及《論語》，亦未言有《左氏》也。《楚元王傳》劉歆讓太常博士，亦以逸《禮》三十有九、《書》十六篇系之魯恭王所得、孔安國所獻，而於《春秋左氏》所修二十餘通則但云「藏於祕府」，不言獻自何人。惟《説文解字·序》分别言之曰：「魯恭王壞孔子宅，得《禮記》、《尚書》、《春秋》、《論語》、《孝經》。又北平侯張蒼獻《春秋左氏傳》。」然後《左氏》經傳所自出始大白於世。顧許言恭王所得有《春秋》，豈孔壁中有《春秋》經文，爲孔子手定者與？北平侯所獻，蓋必有經有傳，度其經，必與孔壁經大同。然則班《志》所云「古經十二篇」者，指恭王所得與，抑指北平所獻與？《左氏傳》之學，興於賈逵、服虔、董遇、鄭衆、潁容諸家，杜預因之，分經比傳，爲之《集解》。今諸家全書不可見，而流傳間見者，往往與杜本乖異。古有吴皇象所書本，宋臧榮緒、梁岑之敬所校本，今皆不可得，蓋傳文異同可考者，亦僅矣。唐人專宗杜注，惟蜀石經兼刻經傳杜注文。而蜀石盡亡，世間搨本僅存數百字。後唐詔儒臣田敏等校九經，鏤本於國子監，此亦經、傳、注兼刻者，而今多不存。至於孔穎達等依經、傳、杜注爲《正義》三十六卷，本自單行，宋淳化元年有刻本。至慶元間，吴興沈中賓分系諸經注本合刻之，其跋云：「踵給事中汪公之後，取國子監《春秋》經、傳、集解、正義精校，萃爲一書。」蓋田敏等所鏤，淳化元年所頒，皆最爲善本，而畢集於是。後此附以《釋文》之本，未有能及此者。元和陳樹華即以此本徧考諸書，凡與《左氏傳》經文有異同可備參考者，撰成《春秋内傳考證》一書。考證所載之同異，雖與正義本敻然不同，然亦間有可采者。臣更病今日各本之踳駮，思爲諟正。錢塘監生嚴杰熟於經疏，因授以舊日手校本又慶元間所刻之本并陳樹華《考證》及唐石經以下各本及《釋文》各本，精詳捃摭，共爲《校勘記》四十二卷。雖班孟堅所謂「多古字古言」，許叔重所謂述《春秋傳》用古文者年代緜邈不可究悉，亦庶幾網羅放佚，冀成注疏善本，用裨學者矣。

漢武帝好《公羊》，治其學者，胡毋子都、董膠西爲最著。膠西下帷講誦，著書十餘萬言，皆明經術之意，至於今傳焉。子都爲景帝時博士，後年老歸教於齊，齊之言《春秋》者，莫不宗事之。《公羊》之著竹帛，自子都始。戴宏《序》偁子夏傳與公羊高，高傳其子平，平傳其子地，地傳其子敢，敢傳其子壽，壽與弟子胡毋子都著於竹帛是也。何休爲膠西四傳弟子，本子都條例，以作注，著《公羊墨守》、《公羊文謚例》、《公羊傳條例》，尤邃於陰陽五行之學，多以讖緯釋《傳》，惟黜周王魯，《傳》無明文，晉王接以爲乖硋大體，非過毀也。《公羊》傳文初不與經相連綴，《漢志》各自爲卷。孔穎達《詩》正義云：「漢世爲傳訓者，皆與經別行。」故蔡邕石經，《公羊》殘碑無經，《解詁》亦但釋《傳》也。分經附《傳》，大氐漢後人爲之，而唐開成始取而刻石。徐彦疏，《唐志》不載，《崇文總目》始著録，亦無撰人名氏。宋董逌云：「世傳徐彦所作，其時代里居不可得而詳矣。」光禄寺卿王鳴盛云：「即《北史》之徐遵明。」不爲無見也。蓋其文章似六朝人，不似唐人所爲者。《郡齋讀書志》、《書録解題》並作三十卷，世所傳本乃止二十八卷，其參差之由，亦無可考也。臣舊有校本，今更以何煌所校蜀大字本、宋鄂州官本及唐石經本，宋、元以來各注疏本，屬武進監生臧庸臚其同異之字，臣爲訂其是非，成《公羊注疏校勘記》十一卷、《釋文校勘記》一卷。後之爲是學者，俾得有所考焉。

《六藝論》云：「穀梁善于經。」豈以其親炙於子夏，所傳爲得其實與？公羊同師子夏，而鄭氏《起癈疾》則以穀梁爲近孔子，公羊爲六國時人，又云：「傳有先後。」然則《穀梁》實先於《公羊》矣。今觀其書，非出一人之手，如隱五年、桓六年並引《尸子》，説者謂即尸佼，佼爲秦相商鞅客，鞅被刑後遂亡逃入蜀，而預爲徵引，必無是事，或《傳》中所言者，非尸佼也。自漢宣帝善《穀梁》，於是千秋之學起，劉向之義存。若更始、唐固、麋信、孔衍、徐乾皆治其學，而范甯以未有善釋，遂沈思積年，著爲《集解》。《晉書》范傳云：「徐邈復爲之注，世亦偁之。」似徐在范後，而書中乃引邈注一十有七，可知邈成書於前，范甯得以捃拾也。讀《釋文》所列經解傳述人，亦可得其後先矣。《漢志》經、傳各自爲帙，今所傳本未審合并於何時也。《集解》則經、傳並釋，豈即范氏之所合與？范注援漢、魏、晉各家之説甚詳。唐楊士勛疏，分肌擘理，爲《穀梁》學者，未有能過之者也。但晉豕魯魚，紛綸錯出，學者患焉。康熙間，長洲何煌者，焯之弟，其所據宋槧經注殘本、宋單疏殘本，並希世之珍，雖殘編斷簡，亦足寶貴，臣曾校録。今更屬元和生員李鋭，合唐石經、元版注疏本及閩本、監本、毛本，以校宋十行本之譌，臣復定其是非，成《穀梁注疏校勘記》十二卷、《釋文校勘記》一卷。

《春秋》、《易大傳》，聖人自作之文也。《論語》，門弟子所以記載聖言之文也。凡記言之書，未有不宗之者也。魯、齊古本異同，今不可詳。今所習者，則何晏本也。臣元於《論語注疏》舊有校本，且有箋識，又屬仁和生員孫同元推而廣之，於經、注、疏、《釋文》，皆據善本讎其同異，暇輒親訂成書，以詒學者云爾。

《孝經》有古文，有今文，有鄭注，有孔注。孔注今不傳，近出於日本國者，誕妄不可據。要之孔注即存，不過如《尚書》之僞《傳》，決非真也。鄭注之僞，唐劉知幾辨之甚詳，而其書久不存。近日本國又撰一本，流入中國，此僞中之僞，尤不可據者。《孝經》注之列於學宫者，係唐玄宗御注，唐以前諸儒之説，因藉捃摭以僅存，而當時元行沖《義疏》，經宋邢昺删改，亦尚未失其真，學者舍是固無繇闚《孝經》之門徑也。惟其譌字實繁。臣元舊有校本，因更屬錢塘監生嚴杰旁披各本，並《文苑英華》、《唐會要》諸書，或讎或校，務求其是，臣復親酌定之，爲《孝經校勘記》三卷、《釋文校勘記》一卷。

《爾雅》一書，舊時學者苦其難讀，今則三家邨書塾尟不讀者，文教之盛，可云至矣。《爾雅注》郭氏後出，不必精審。而從前古注之散見者，通儒多愛惜攟拾之。若近日寶應劉玉麐、武進臧庸，皆采輯成書可讀。邢昺作疏，在唐以後，不得不綷唐人語爲之。近者翰林學士邵晉涵改弦更張，別爲一疏，與邢並行，時出其上。顧邢書列學官已久，士所共習，而經、注、疏三者皆譌舛日多，俗間多用汲古閣本，近年蘇州翻版尤劣。臣元搜訪舊本，於唐石經外，得明吴元恭仿宋刻《爾雅》經注三卷、元槧雪窗書院《爾雅》經注三卷、宋槧《爾雅》邢疏未附合經注者十卷，皆極可貴，授武進監生臧庸，取以正俗本之失，條其異同，纖悉畢備，臣復定其是非，爲《爾雅注疏校勘記》六卷。上、中、下三卷，各分上、下卷。後之讀是經者，於此不無津梁之益。陸德明《經典釋文》，此經爲最詳，仍別爲校訂譌字，不依注疏本與經注相淆。若夫《爾雅》經文之字，有不與經典合者，轉寫多岐之故也。有不與《説文解字》合者，《説文》於形得義，皆本字本義；《爾雅》釋經，則假借特多，其用本字本義少也。此必治經者深思而得其意，固非校勘之餘所能盡載矣。

漢人《孟子》注存於今者，惟趙岐一家。趙岐之學，以較馬、鄭、許、服諸儒，稍爲固陋，然屬書離辭，指事類情，於詁訓無所戾，七篇之微言大義，藉是可推，且章別爲指，令學者可分章尋求，於漢傳注別開一例，功亦勤矣。唐之張鎰、丁公著始爲之音，宋孫奭采二家之善，補其闕遺，成《音義》二卷，本未嘗作正義也。未詳何人擬他經爲《正義》十四卷，於注義多所未解，而妄説之處，全鈔孫奭《音義》，略加數語，署曰「孫奭疏」，朱子所云「邵武一士人爲之」者，是也。又盡删章指矣，而疏内又往往詮釋其所削，於十三卷自偁其例曰「凡於趙注有所要者，雖於文段不録，然於事未嘗敢弃之而不明」，其可議有如此者。自明以來，學官所貯注疏本而已，疏之悠繆不待言，而經注之譌舛闕逸，莫能諟正。吴中舊有北宋蜀大字本、宋劉氏丹桂堂巾箱本、相州岳氏本、盱郡重刊廖瑩中世綵堂本，皆經注善本也。賴吴寬、毛扆、何焯、何煌、朱奂、余蕭客先後傳校，迄休寧戴震授曲阜孔繼涵、安邱韓岱雲鋟版，於是經注譌可正，闕可補，而注疏本有十行者，亦較它注疏本爲善。今屬元和生員李鋭合諸本，臚其同異，臣爲辨其是非，以經注本正注疏本，以注疏十行本正明之閩本、北監本、汲古閣本，爲《校勘記》十四卷，章指及篇叙既學者所罕見，則備載之，《音義》亦校訂附後，俾爲趙氏之學者得有所參考折衷。日本《孟子考文》所據，僅足利本、古本二種，今則所據差廣，考《孟子》者，殆莫能舍是矣。

福謹案：是書及序皆呈進，蒙收覽，尚有進呈摺子，見二集。❶

❶ 「見二集」，續四庫本作「失其藁」。

揅經室一集卷十二

浙江圖考上

古今水道，變遷極多，小水支流，混淆不免，然未有一省主名之大川，定自禹迹，而後人亂之，若今不知浙江爲岷江，以漸江、穀水冒浙江者也。元家在揚州府，處北江之北。督學浙省，往來吴越閒者屢矣。參稽經史，測量水土，而得江、浙本爲一水之迹，浙江實《禹貢》「南江」之據。近儒箸述，多考三江，而終未實發之，予乃博引群書，爲《圖説》一卷。綜其大旨而考之曰：江者，發原岷山者也。《禹貢》「三江」有北江、中江、南江。北江者，岷江由江寧、鎮江、丹徒、常州之北入海，即今揚州南之大江也。中江者，岷江由高淳過五壩，至常州府宜興縣入海者也。南江者，岷江由安徽池州府過寧國府，會太湖，過吴江、石門，出仁和縣臨平半山之西南，今塘棲。折而東而北，由餘姚北入海者也。《禹貢》不出南江之名者，爲江之正流不比北、中也。中江自楊行密築五堰，其流始絶，永樂時設三壩，陸行十八里矣。南江自北魏時石門、仁和流塞，唐初築海塘以捍潮，其流始絶。今吴江、石門、仁和數百里内皆爲沃土，惟一綫清流自北新關通漕達於吴江，猶是浙江故道。然則浙江者，乃岷山導江之委，即由吴江、石門、仁和、海寧至餘姚入海，數百里内之地之專名也。若以今富陽江論之，乃《漢書》、《説文》、《水經》之漸江水、穀水，與《説文》「江」、「浙」相連之「浙水」迥不相同，特自杭州府城東北爲浙水之故道，其自杭州城隍山西南上達富陽，斷不能名之爲浙江也。今之海塘所以捍潮，元撫浙修塘，月必至焉。自尖山至海寧州以西，隄雖險而地勢高，惟老鹽倉西南至杭州府城東北數十里中，地勢低平，潮汐往來，活沙無定，有朝爲桑田莫成滄海者。且加築隄塘，難施樁石，濬之愈深，則沙性愈散，不如老鹽倉東北鐵板沙之堅固，然則此數十里中，非古浙江沙淤故道之明證乎？非即《禹貢》南江乎？且潮水最高時，較之北新關、塘棲一帶，水面高至七八尺，設無海塘，則海潮必北注嘉興，所以西塘柴工尤爲要計也。班孟堅《漢書》、許叔重《說文》、孔疏所引真鄭康成《書注》、桑欽《水經》諸說是也。《初學記》引僞鄭康成《書注》、韋昭《國語注》、酈道元《水經注》、庾仲初《吴都賦注》諸說非也。以其說之是者，證之《禹貢》、《周禮》、《左傳》、《國語》、《越絶》、《史記》諸書，及今各府縣地勢，無不合也。以其說之非者，證之諸書及今地勢，無不謬也。元嘗立詁經精舍於西湖孤山之麓，諸生議奉許叔重、鄭康成二君木主於舍中而祀之。二君說經之功，人罕見者。然浙省讀經之士，奚翅數萬人，問以所居之省，莫不曰「浙江」也。問以浙江究爲何水，鮮不誤舉也。若非許氏《說文》「浙」、「漸」二字相别爲解，鄭氏《尚書·禹貢》注讀「東迆」爲斷句，與《漢書》、《說文》相發明，則必爲酈道元諸說所誤。浙江禹迹及古吴越之界，皆不可復求。然則許、鄭之爲功，豈不甚鉅！固宜爲潛學之士所中心說而誠服者哉！元七八年來，博稽古籍，親履今地，引證諸說，圖以明之，用告學者，請勿復疑。嘉慶七年撰于杭州使院。

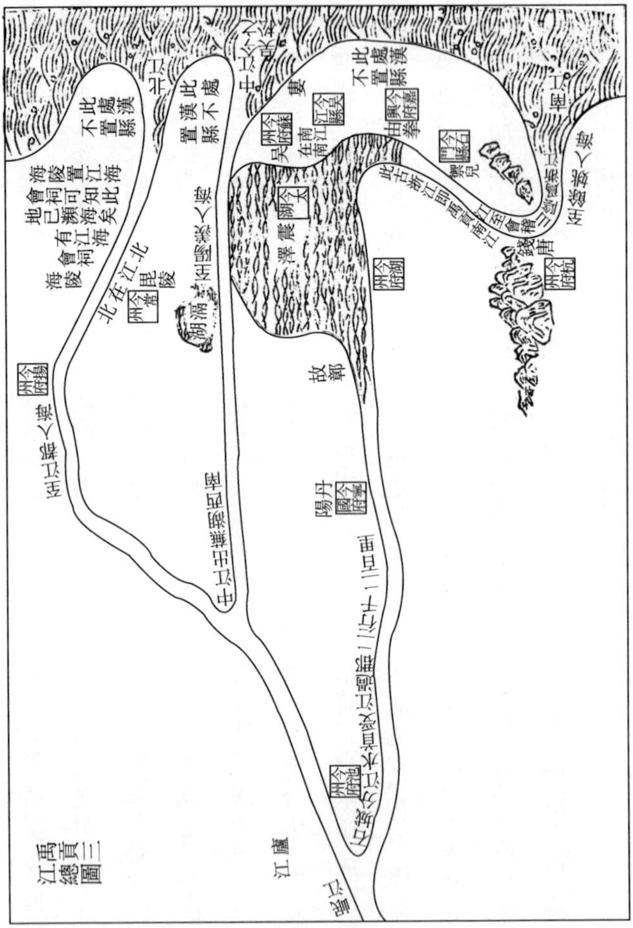
禹貢三江總圖

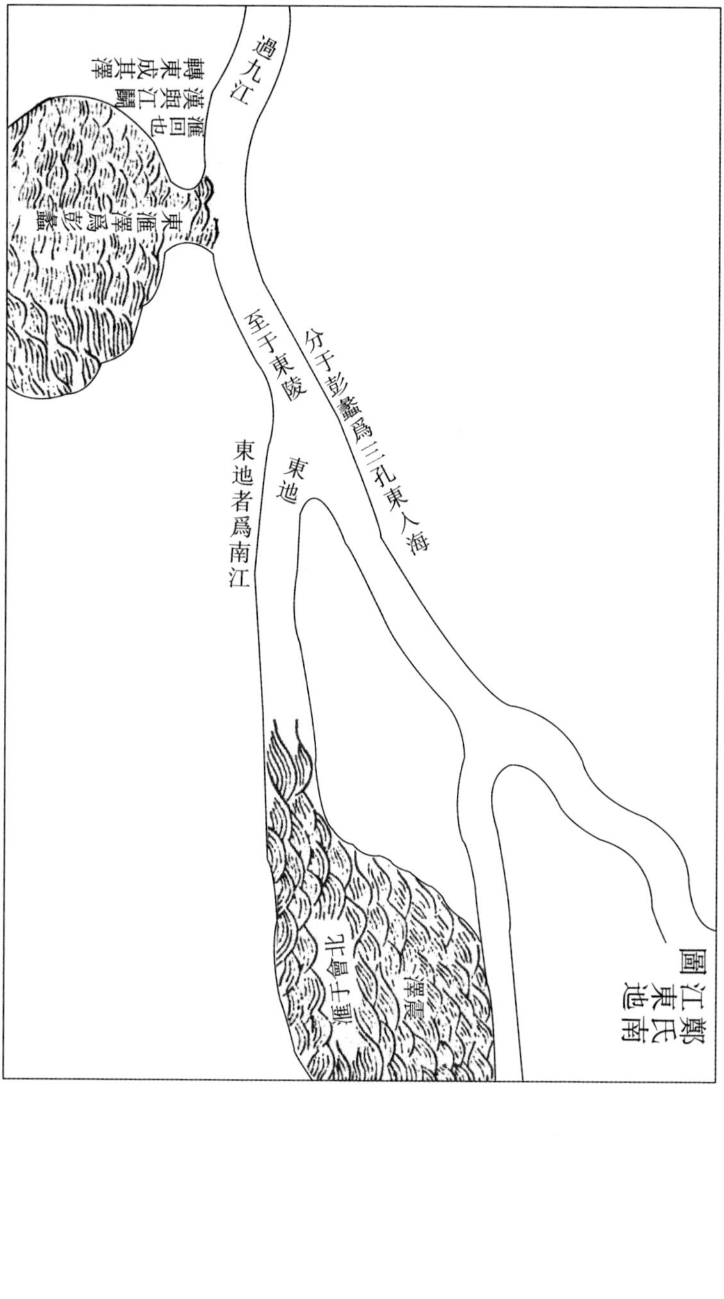
鄭氏南江東迆圖
過九江
匯回也
漢與江鬭
轉東成其澤
東匯澤爲彭蠡
至于東陵
分于彭蠡爲三孔東入海
東迆
東迆者爲南江
北會于滙
震澤

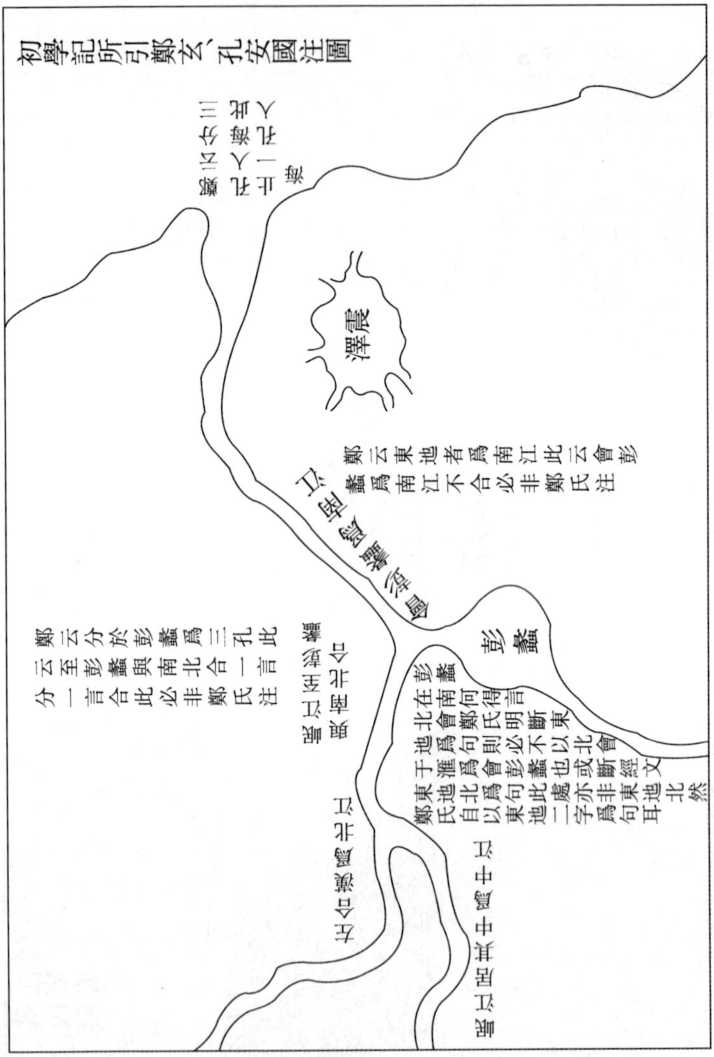
初學記所引鄭玄、孔安國注圖
震澤
彭蠡
鄭云東迆者爲南江此云會彭
蠡爲南江不合必非鄭氏注
鄭云分於彭蠡爲二孔此
云至彭蠡與南北合一言
分一言合此必非鄭氏注

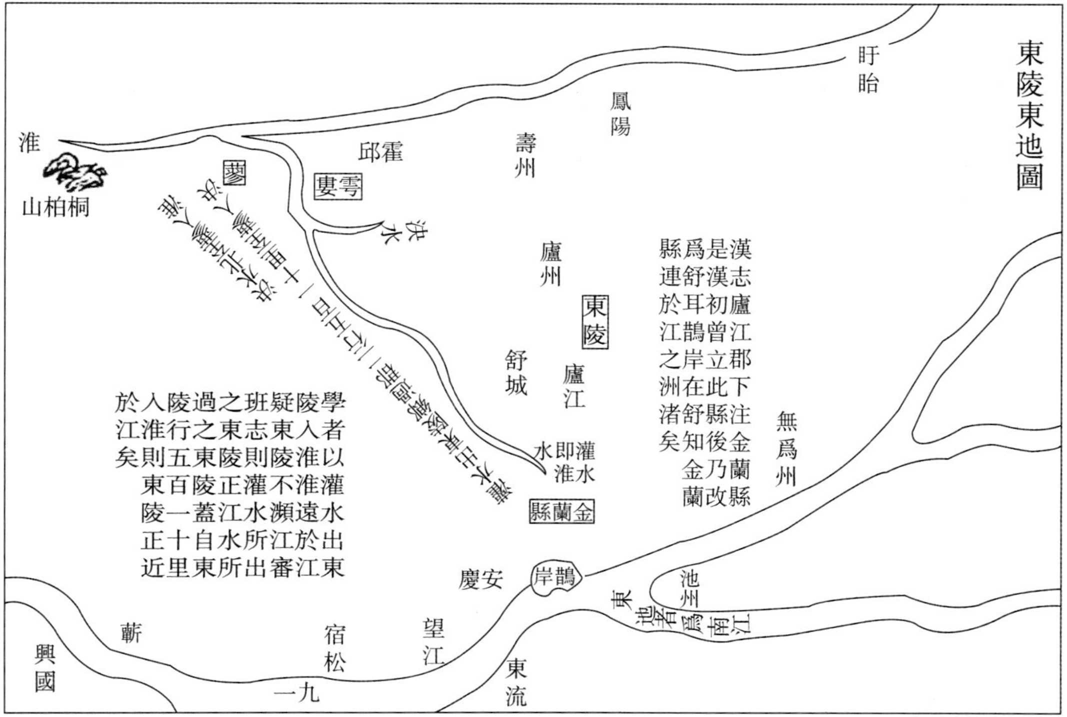
東陵東迆圖
淮
桐柏山
盱眙
鳳陽
壽州
霍邱
雩婁
蓼
決水
廬州
東陵
舒城
廬江
灌水即淮水
金蘭縣
漢志廬江郡下注金蘭縣是漢初曾立此縣後乃改爲舒耳鵲岸在舒知金蘭縣連於江之洲渚矣
無爲州
學者以灌水出東陵入淮淮遠於江審疑東陵不瀕江審班志則灌水所出之東陵正江水所過之東陵蓋自東陵行五百一十里入淮則東陵正近於江矣
鵲岸
慶安
池州
東迆者爲南江
蘄
興國
宿松
望江
東流
一九

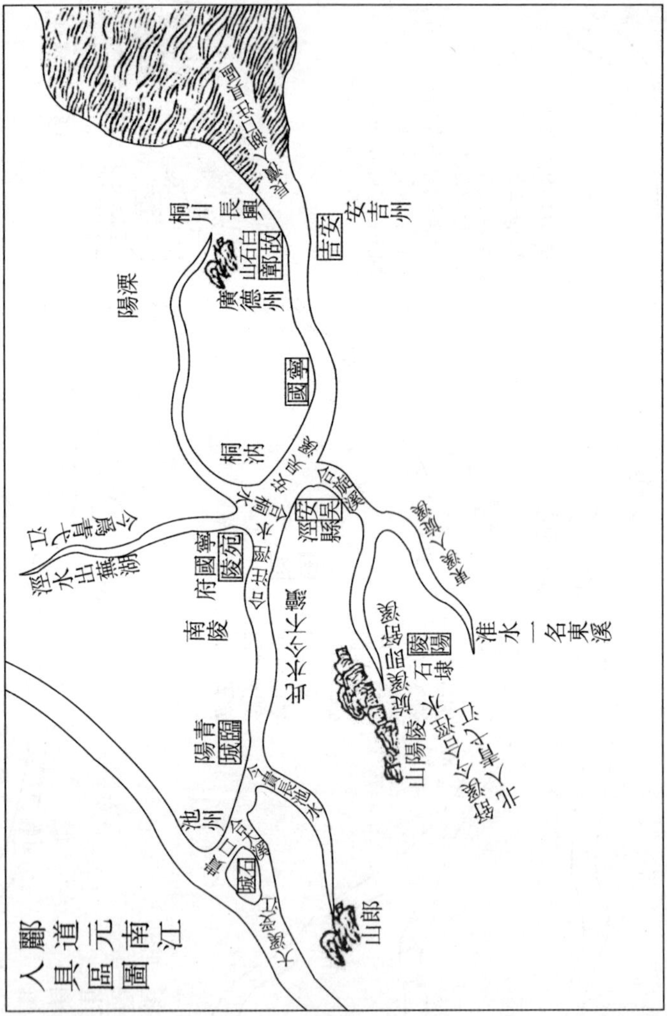
桐川
長興
安吉州
溧陽
廣德州
池州
南陵
淮水一名東溪

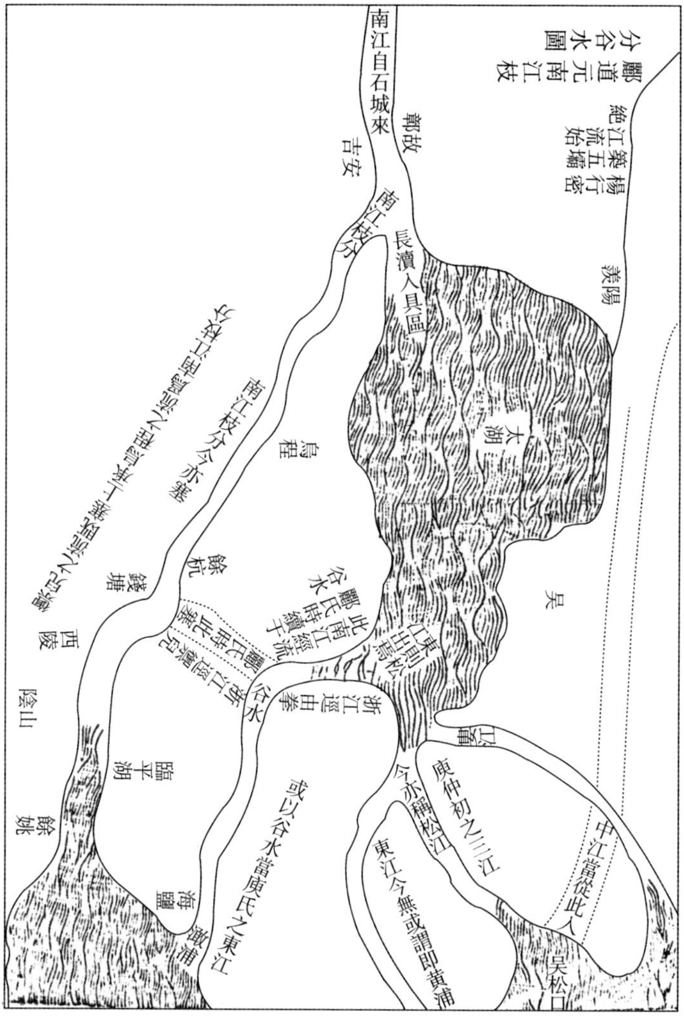
酈道元南江枝分谷水圖
南江自石城來
故鄣
安吉
南江枝分
長瀆入具區
太湖
烏程
餘杭
錢塘
西陵
陰山
臨平湖
海鹽
澉浦
餘姚
吳
浙江逕由拳
谷水
庾仲初之三江
今亦稱松江
中江當從此入
吳松口
東江今無或謂即黃浦
或以谷水當庾氏之東江

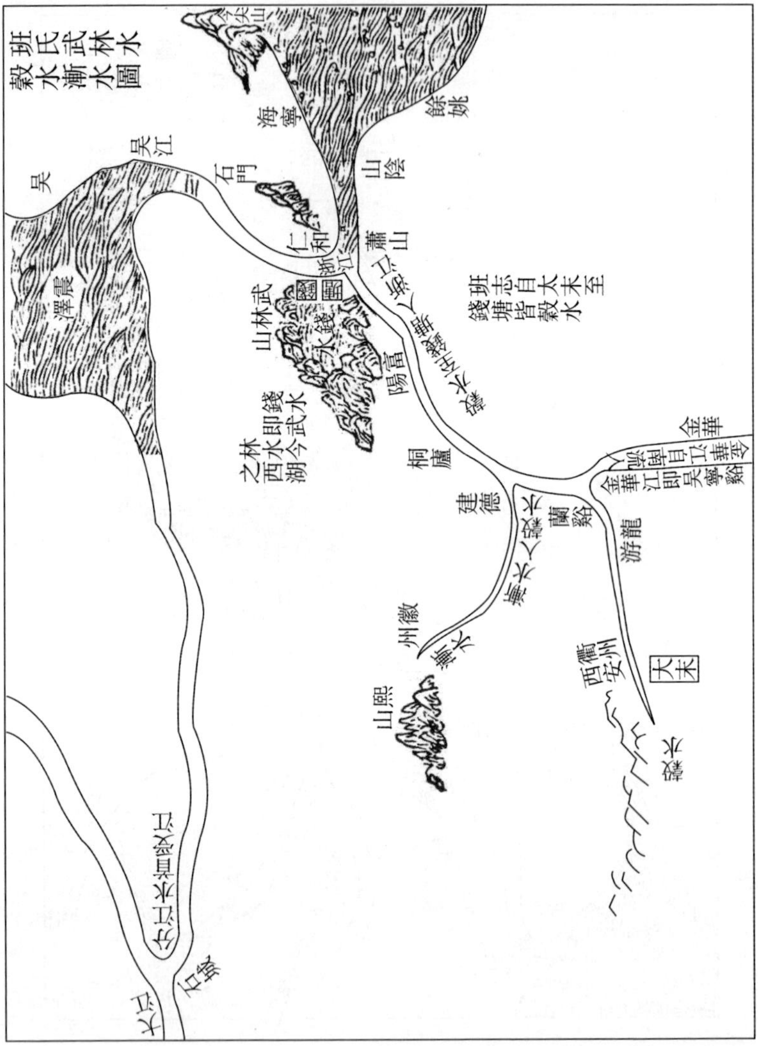
班氏穀水漸水武林水圖
吳
吳江
震澤
海寧
餘姚
山陰
石門
蕭山
仁和
浙江
錢塘
富陽
桐廬
建德
蘭谿
徽州
龍游
西安衢州
大末
金華

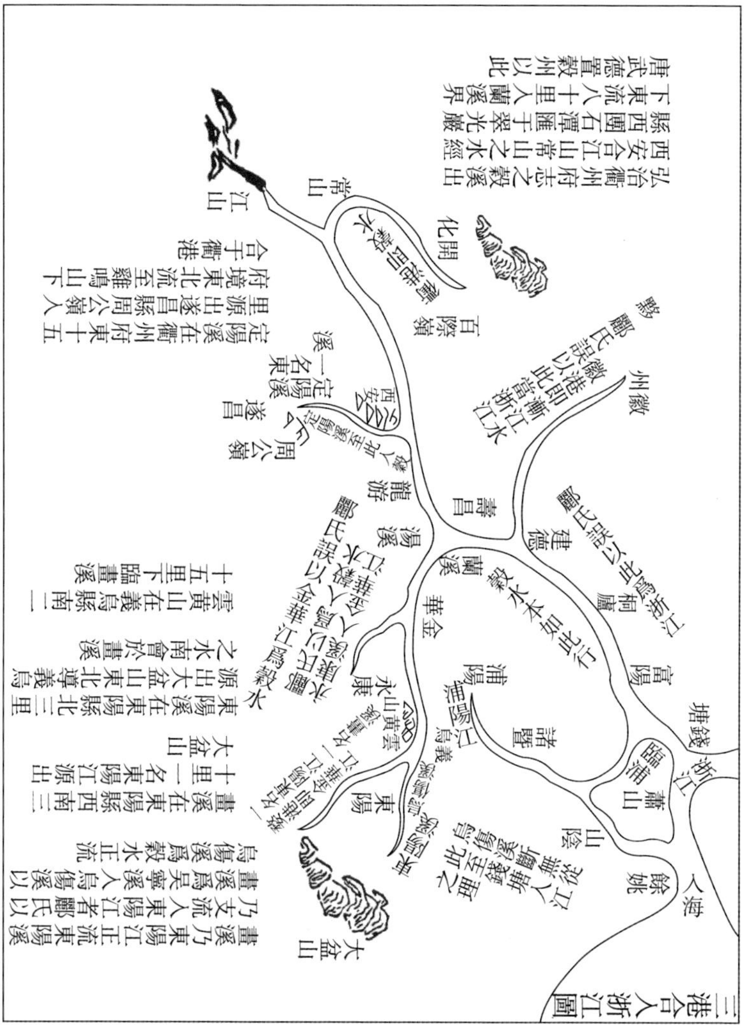
三港合入浙江圖
入海
浙江
錢塘
富陽
蕭山
山陰
餘姚
諸暨
浦陽
桐廬
建德
壽昌
蘭溪
金華
龍游
湯溪
永康
東陽
大盆山
周公嶺
遂昌
百際嶺
化開
常山
江山
徽州

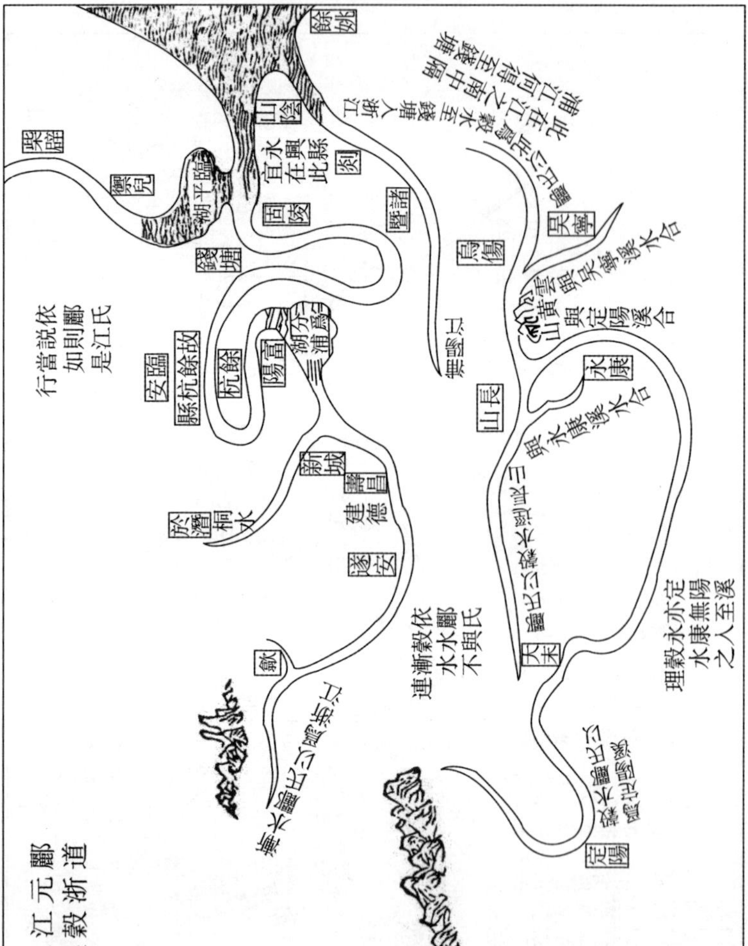
酈道元浙江穀水誤注圖
依酈氏說則江當如是行
依酈氏穀水與漸水不連
定陽溪亦無至永康入穀水之理
柴辟
禦兒
臨平湖
錢塘
故餘杭縣
臨安
餘杭
富陽
分爲湖浦
山陰
餘姚
永興縣宜在此
固陵
剡
諸暨
浦陽江
於潛
桐水
新城
壽昌
建德
遂安
歙
烏傷
長山
太末
永康
吳寧
定陽
與永康溪水合
與吳寧溪水合
與定陽溪合

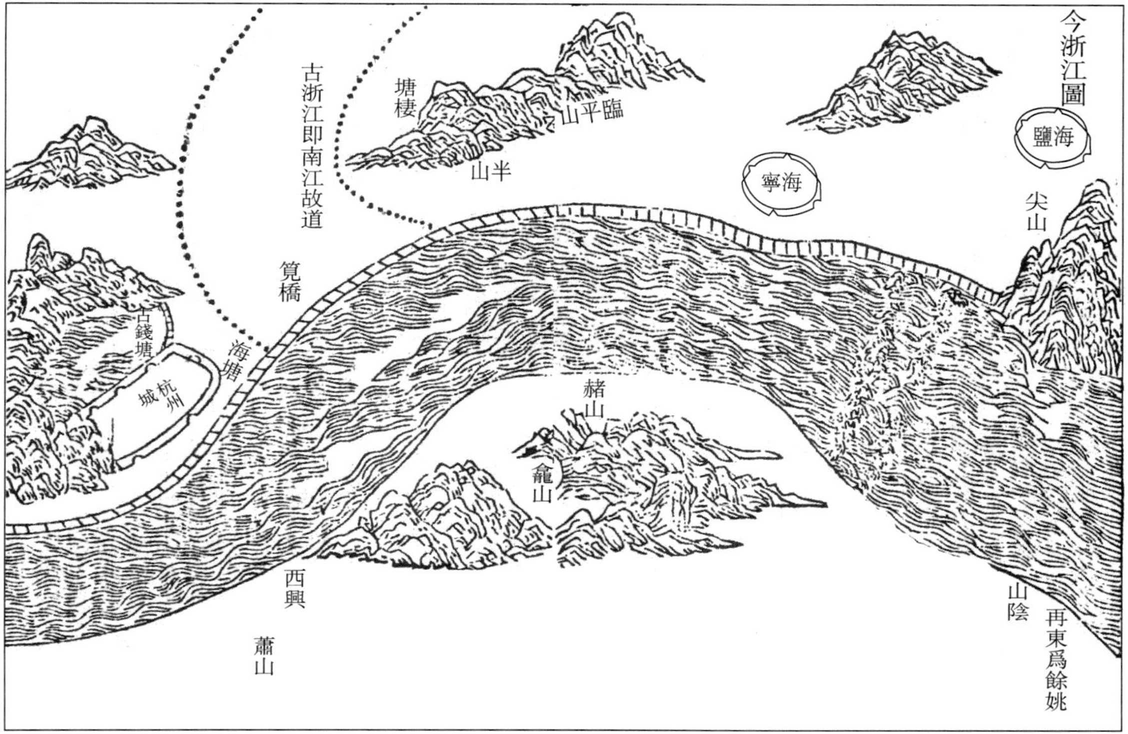
今浙江圖
海鹽
尖山
海寧
臨平山
半山
塘棲
古浙江即南江故道
筧橋
古錢塘
海塘
杭州城
赭山
龕山
西興
蕭山
山陰
再東爲餘姚

禹　貢

淮、海惟揚州，彭蠡既豬，陽鳥攸居，三江既入，震澤底定。

正義曰：「鄭云：『三江分於彭蠡，爲三孔，東入海。』其意言三江既入，入海耳，不入震澤也。」

嶓冢導漾，東流爲漢，又東爲滄浪之水，過三澨，至于大別，南入于江，東匯澤爲彭蠡，東爲北江，入于海。岷山導江，東別爲沱，又東至于澧，過九江，至于東陵，東迆，北會于匯，東爲中江，入于海。

正義曰：「鄭云：『東迆者爲南江。』《地理志》云：『南江從會稽吴縣南東入海，中江從丹陽蕪湖縣西東至會稽陽羨縣東入海，北江從會稽毗陵縣北東入海。』」

元案：「三江」之名，自《禹貢》始。《職方氏》、《國語》之「三江」，即《禹貢》之「三江」也。兩漢之解「三江」者，若班氏《漢書·地理志》、桑氏《水經》、許氏《説文解字》皆合。以《左氏傳》、《史記》諸書證之，亦無不合。鄭氏《尚書注》，世已殘闕，見諸正義所引者，正合於班氏之説。其注「三江既入」云：「三江分於彭蠡，爲三孔，東入海。」云「分於彭蠡」，則非分於震澤；後之以松江、婁江、東江爲「三江」者，不得附之也。且云「分於彭蠡，爲三孔」，則非合於彭蠡而爲一孔；後之以合漢爲北江、合彭蠡爲南江者，不得托之也。且云「東入海」，則非三江入震澤，亦非彭蠡與漢入三江。僞孔傳以「既入」爲入震澤，固殊鄭氏之恉；蘇軾以豫章江入彭蠡，入海爲南江，尤非鄭氏之恉也。又鄭氏注「東迆北會于匯」云「東迆者爲南江」，言東迆者，則鄭氏讀《禹貢》「東迆」爲句也。三江之中，惟南江之勢，北會于具區，所謂「北會于匯」也。若彭蠡，則在江之南，無所謂北匯矣。鄭氏注《禹貢》，一本班《志》，明標《地理志》者甚多，閒有依《地説》不用班《志》者，必明言其故，亦或於班《志》所記，擇善而從，如「沱水」是也，未有憑空説以異班氏者。竊意「三江」之注，亦必明引《地理志》而後言自彭蠡分三孔，惜乎殘闕不備耳。《禹貢》有「中江」、「北江」，無「南江」之名。「南江」始見於班《志》，鄭注「東迆者爲南江」，用班氏「南江」之名，與中江、北江爲三江也。班《志》「南江」分自石城，「中江」分自蕪湖，石城、蕪湖在彭蠡東，故曰分自彭蠡，亦所以釋經言三江於「彭蠡既豬」之下也。分自彭蠡，則彭蠡以西猶未分，知以漢入江爲北江，鄭必不作此説也。江水自石城分爲南江，正是東迆。「迆」字解見《説文》。南江至吴縣南入具區，具區在北，正是「北會于匯」。班《志》曰：「南江在南。」鄭注云：「東迆者爲南江。」其義一也。班《志》言北江至江都入海，中江至陽羨入海，南江至餘姚入海，即鄭云「爲三孔，入於海」也。鄭解「九江孔殷」云：「從山谿所出，其孔衆多。」「三孔」據「孔殷」爲説也。孔，《爾雅》訓爲「閒」，與「空」相通。水之分出，如器之有孔，故亦謂之孔也。正義雖主僞孔傳，乃引《地理志》以證三江，與漢儒所説固無悖耳。

《經典釋文》曰：「三江，韋昭云：『謂吴松江、錢塘江、浦陽江也。』《吴地記》云：『松江東北行七十里得三江口，東北入海爲婁江，東南入海爲東江，並松江爲三江。』」正義曰：「今南人以大江不入震澤，震澤之東别有松江等三江。案《職方》揚州，其川曰三江，宜舉州内大川，其松江等雖出震澤，入海既近，《周禮》不應舍岷山大江之名而記松江等小江之説。山水古今變易，故鄭云既知今亦當知古，是古今同「同」上蓋脱「不」字。之驗也。」

元案：兩漢之説三江者無有異，惟三國時吴韋昭注《國語》「三江環之」，以「三江」爲松江、浙江、浦陽江，《水經注》及宋庠《補音》本皆作「浙江」。此《釋文》及《史記索隱》引作「錢塘江」，蓋唐初人已不辨「浙」之非「漸」，因其時稱錢塘江爲浙江，遂改稱錢塘耳。顧夷與庾仲初同爲晉人，其説同，酈道元已駁破之。郭景純雖生韋昭之後，而其説三江則仍班氏舊説，以爲岷江、松江、浙江，惜其書不存，不知其詳耳。庾仲初、郭景純之説並見《水經注》，詳在後。韋昭雖分浦陽江於浙江而舍岷江，蓋以岷江不入震澤，且三者大小不配也。正義所謂「南人」，正指韋昭、庾仲初之流，則正義亦駁之明矣。乃韋昭不以大江爲北江，而以松江爲北江，浙江爲中江，郭氏即以實《禹貢》之「三江」，而以岷江爲北江，松江爲中江，浙江爲南江，説雖有異，大致尚同。蓋兩漢之後，晉之郭璞、魏之酈道元、唐之孔穎達，皆本班《志》，其韋昭、庾仲初之異説，則學者所不用耳。

唐邱光庭《兼明書》云：「『三江既入，震澤底定』，鄭康成曰：『江自彭蠡分爲三，既入者，入海也。』案：洪水之時，包山襄陵，震澤不見，三江之水既入，然後方爲震澤。康成以既入爲海，可謂得之。」

元案：邱氏所引，同於正義。

《初學記》卷六《地部》曰：「案：『三江』，《漢書·地理志》注：『岷江爲大江，至九江爲中江，至徐陵爲北江。』蓋一源而三目。鄭玄、孔安國注云：左合漢爲北江，會彭蠡爲南江，岷江居其中則爲中江。故《書》稱東爲中江者，明岷江至彭蠡與南北合，始得稱中也。」

蘇氏軾《書傳》曰：「三江之入，古今皆不明。予以所見考之，自豫章而下，入於彭蠡而東至海爲南江；自蜀岷山至於九江、彭蠡，以入於海爲中江；自嶓冢導漾東流爲漢，過三澨、大别以入於江，東匯澤爲彭蠡，以入於海爲北江。此三江自彭蠡以上爲二，自夏口以上爲三，江、漢合於夏口，而與豫章之江皆匯於彭蠡，則三江爲一，過秣陵、京口以入於海，不復三矣。然《禹貢》猶有三江之名，曰北曰中者，以味别也。蓋此三水，性不相入，江雖合而水則異，故至於今而有三泠之説。禹之敘漢水也，曰：『嶓冢導漾，東流爲漢，又東爲滄浪之水，過三澨，至于大别，南入於江，至於東匯澤爲彭蠡，東爲北江，入於海。』夫漢既已入江且匯爲彭蠡矣，安能復出爲北江以入於海乎？知其以味别也。禹之敘江水也，曰：『岷山導江，東别爲沱，又東至于澧，過九江至于東陵，東迆北會于匯，東爲中江，入于海。』夫江既與漢合且匯爲彭蠡矣，安能自别爲中江以入於海乎？知其以味别也。漢爲北江，岷山之江爲中江，則豫章之江爲南江，不言而可知矣。禹以味别，信乎！班固曰：『南江從會稽陽羨東入海，此引錯，陽羨入海爲中江。北江從會稽毗陵縣北東入海。』會稽、丹陽容有此三江，然皆是東南枝流小水，自相派别而入海者，非《禹貢》所謂中江、北江自彭蠡出者也。徒見《禹貢》有南、北、中三江之名，而不悟一江三泠合流而異味也。」

元案：自蔡沈宗庾仲初之「三江」，而班《志》之「三江」晦矣。近世胡朏明諸君，用蘇氏之説以破庾仲初之「三江」。夫庾氏之説「三江」無足破也，取蘇氏何也？以其説與鄭氏説相近。百餘年來，學者知守鄭氏之學，見其説鄭氏有之，於是以遵鄭者推而尊蘇，不復詳其説之真僞是非，惟鄭之説是師，莫敢異者。不知鄭氏注《禹貢》專宗班《志》，大之如「九河」、「九江」、「雲夢」，無不皆然，何「三江」而頓異？且他注或有疑義，亦必依據《地説》等書以明析其是非，未有鑿空如此「三江」之注者也。及考《正義》所引之鄭注，細爲審度，知其仍本於班《志》，未嘗有異，但殘闕不詳備而已。又考蘇氏所同之鄭注，僅出於《初學記》。唐人類書本不足爲典要，而《初學記》譌舛尤甚，並非徐堅元本。蓋詩賦家傳寫販用，久失其真。即令專指鄭氏一人之注，已宜從傳聞異詞之例，乃其所標云「鄭玄、孔安國注」，夫僞孔傳見在，絕無此説。鄭注不完，無從檢核，竟舍孔而專歸諸鄭氏一人。此注既歸於鄭，於是據此以駁班《志》，且不顧正義所引之真鄭注，務强而鳩合於一。如真鄭注云：「三江分於彭蠡，爲三孔，入於海。」僞鄭注云：「岷江至彭蠡與南北合。」必不同之説也，必爲之詞曰：「三孔即指南、北、中之三江，非彭蠡之下又有三孔。」是以合爲分矣。真鄭注云：「東池者爲南江。」僞鄭注云：「會彭蠡爲南江。」必不同之説也，必爲之詞曰：「猶言東池北，經非以東池爲句也。」蓋斷「東池」爲句，則必北會，連「東池北」爲句，乃可牽於「南會」，是以北爲南矣。夫正義所引，其真爲鄭注可據也。彼以爲分，此以爲合。彼以爲北，此以爲南。無論「東池北」爲句不詞，鄭氏必不如此章句，即令經文可如此讀，而鄭氏則明明曰「東池」者，不曰「東池北」者，於此而仍據爲真鄭注，不亦傎乎！然則可斷之爲僞者，其證有五：分於彭蠡與合於彭蠡不同，一也；北會於匯，必非彭蠡，二也；《初學記》而外，別無所見，三也；《初學記》並稱鄭、孔注，四也；《初學記》所引《漢書·地理志》亦同此説，五也。有此五證，可決其非鄭注。鄭注之真僞辨，則蘇氏之説不必尊，班氏之《志》不必破，經文「東池」爲句不必改，如是乃鄭學明，漢學明，經文明，三江之故迹明，禹之功亦從而明。觀其所引《地理志》，而鄭、孔注並稱者，可知其不足據矣。

唐張氏守節《史記正義》曰：「《括地志》云：『《禹貢》三江俱會於彭蠡，合爲一江，入於海。』」

元案：此即蘇氏之説所本也，與徐堅《初學記》所引同，蓋唐初有此説耳。標以「鄭玄、孔安國注」，則誤也。

宋程氏大昌《禹貢山川地理圖》曰：「經謂岷山江之入海者爲中江，漢水自北來注岷江而同流分邊在北者爲北江，孔安國所謂漢水入震澤者爲北江，而皆不言所注何地，弟云有中、有北，則有南可知。徐堅援鄭玄《書傳》以證『三江』曰：『左合漢爲北江，右會彭蠡爲南江，岷江居中則爲中江。故《書》稱東爲中江者，明岷江至彭蠡與南北合，始得稱中也。』堅引鄭語如此，知一江爲三，非出孔氏一家肊度也。」

元案：通志堂所刻程氏《禹貢山川地理圖》僅存《敘説》，惟《永樂大典》尚具有二十八圖，内孔安國《三江圖》載此説，稱「徐堅引鄭」云云，是爲稱引鄭説之始。然堅所引鄭説，同於蘇氏，不同於孔。此引以爲孔傳之證，其因《初學記》所引本鄭、孔並舉耶？抑未嘗細案之，而以其説同於蘇也？程氏固以蘇説爲是者也。見鄭此説，寧不引爲己證，而轉推而遠之，誠不可解。又有疑者：宋、元以來，説「三江」者皆言蘇氏。黄度云：「近世蘇文忠之説，經本具之，自昔諸家皆未嘗言。」林之奇云：「鄭氏以東池爲南江，是自東陵而下，已分爲三矣。而蘇氏乃以古之彭蠡東合爲一江者，以爲今之三江。」王應麟最好采掇遺文，而《玉海》言「三江」，惟舉蘇氏、曾氏之説云：「諸家各指近震澤諸江爲三江，蘇氏指秣陵京口一江爲三江。」若絶未見《初學記》者。即以程大昌《禹貢論》及《山川地理圖敘》考之，一則曰「合孔安國、蘇軾所長」，一則曰「近世惟蘇氏即中北二江之文以求『三江』」，一則曰「『三江』緣經生文，蘇氏不主經文以實之，乃疑實合爲一而名別爲三，無所執據」，若全不知有鄭氏説，若全未理會鄭説之合於蘇者。然則《永樂大典》所補諸圖舉堅引鄭注以證孔傳者，恐非程氏之本文也，閲者察焉。

胡氏渭《禹貢錐指》曰：「諸説爲蘇軾同鄭康成爲無病，徐堅《初學記》引鄭康成《書注》以證『三江』曰：『左合漢爲北江，右會彭蠡爲南江，岷江居其中則爲中江。故《書》稱東爲中江者，明岷江至彭蠡與南北合，始得稱中也。』始知蘇氏所説，東漢時固已有之。」

元案：取僞鄭注以證蘇氏之説，實始於此。《初學記》並稱「鄭玄、孔安國注」，腊明則專稱「鄭康成注」，後人不深考，遂以爲真鄭注矣。《初學記》所引《漢書·地理志》，與今《漢書·志》全異，其説以岷江爲大江，至九江爲中江，至徐陵爲北江，徐陵當是廣陵，亦合三江爲一江，是班《志》、鄭注、孔注皆同於蘇氏之説矣。幸而班《志》全在，不然不亦將與鄭氏同枉乎？知引班《志》之非班，即知引鄭注之非鄭矣。

王氏鳴盛《尚書後案》曰：「鄭解『導江』、『中江』之義，以證此節『三江』實一江也。又云『三江分於彭蠡，爲三孔，東入海』者，據文似彭蠡以下又有三孔，詳繹其義，則『三孔』實即指南、北、中三江也。鄭此注『左合漢』云云出《初學記》，『三江分』云云出本疏，今并合爲一條。《初學記》引稱爲『鄭玄、孔安國注』，殊不可解。予據紹興四年東陽麻沙劉朝宗宅刻有右修職郎建陽縣丞福唐劉本敘，雖宋板下品，究勝俗刻，當無誤。但徐堅不通經，稱引舛錯，不足怪，而其爲此節之注，則無可疑。鄭云『東迆者爲南江』者，猶云『東迆北而會於匯者爲南江也』。彭蠡在江之南，『北』字句絶。若傳及疏以『北』屬下句，似反以彭蠡爲在北矣。」

元案：僞鄭注與真鄭注斷難合一。王氏篤守鄭氏，故不暇辨其僞耳。其謂徐堅「稱引舛錯」，疑《初學記》孔、鄭並稱爲「殊不可解」，是也。

金氏榜《禮箋》云：「南江不見於經，彭蠡以下首受江者是也。故注云『東迆者爲南江』，言『東迆北會於匯』，即東出爲南江矣。此鄭君之説。賈氏疏《職方》揚州『三江』，顔氏注《地理志》『北江』、『中江』，皆本其義者也。孔傳言『自彭蠡江分爲三』，則與鄭注不殊。故徐堅《初學記》併言『鄭玄、孔安國注』云：『左合漢爲北江，會彭蠡爲南江，岷江居其中則爲中江。故《書》稱東爲中江者，明岷江至彭蠡與南北合，始得稱中也。』此謂南、北、中三江分於彭蠡以下，鄭、孔二注大意相同，非具録注文之舊也。蘇子瞻《書傳》漢水謂之北江，豫章江謂之南江，與岷江爲三，説本《括地志》。《禹貢》『三江』俱會於彭蠡，合爲一江入於海。如其説，則『三江』皆在彭蠡西，乖於東爲北江、中江之文，乃復申其説云：『三江匯於彭蠡，則三江爲一以入海。《禹貢》猶有三江之名，曰北曰中者，以味别也。』是子瞻亦知『三江』之名不得移之彭蠡上，顧以一江兼受南、北、中之名，與《初學記》所述鄭、孔之説分爲三江入海者截然殊異。或謂蘇説上與《初學記》合，並以《初學記》兼載鄭、孔二説爲鄭君注文者，皆失考。」

元案：金氏辨《初學記》所引非鄭君注文，識過胡朏明遠矣。然《初學記》自本《括地志》之説，與蘇氏合，今以爲撮述鄭、孔二注大意，則非也。《初學記》明言「合漢」、「會彭蠡」、「與南北合」，金氏强解之曰：「此謂南、北、中分於彭蠡以下。」天下固無以分爲合者矣。徐堅所引，直是譌文，不必牽合。

漢書地理志

會稽郡　吴

故國，周大伯所邑。具區澤在西，揚州藪，古文以爲震澤。南江在南，東入海。揚州川。

毗陵

季札所居。北江在北，東入海，揚州川。

丹陽郡　石城

分江水首受江，東至餘姚入海，過郡二，行千二百里。

蕪湖

中江出西南，東至陽羨入海，揚州川。

蜀郡　湔氐道

《禹貢》嶓山在西徼外，江水所出，東南至江都入海，過郡七，行二千六百六十里。《説文繫傳》引作「過郡九，行七千六百六十里」。

元案：三江原委，莫詳於班《志》。所云「揚州川」，即用《職方氏》之説，亦即《禹貢》揚州「三江既入」也。胡朏明《禹貢錐指》謂「南江在吴縣南」者，自爲松江之下流，與分江水由餘姚入海者爲二。又謂「分江水爲南江，在吴南者爲中江」，斥班氏爲誤。朏明所謂「分江水」者，乃據《水經注》所云「由烏程合浙江之枝流」。然酈氏引《地理志》則通之云：「江水自石城東出，逕吴國南爲南江。」是謂石城之水即吴南之水，而不以歷烏程之水爲南江之水，柰何拾酈氏所謂「南江枝流」者而以爲南江，且據以詆酈氏而斥班氏耶？夫班氏於「湔氐道」記「江水所出，至江都入海」，與記「分江水受江於石城至餘姚入海」之文同；於江水詳過郡里數，與分江水詳過郡里數之文同。於「毗陵」曰「北江在北，東入海」，於「吴」云「南江在南，東入海」，其例亦同也。岷江自九江至江寧，爲自西南至東北；自江都至海門入海，又爲自西北至東南。廣陵國江都地接高郵，疆界甚廣，故於「毗陵」記「北江在北」，所以明江至江都曲而東南，非由江都直而東北也。南江自石城至安吉，爲由西而少東北；自太湖至錢塘，爲自北而少西南；由錢塘至餘姚入海，又爲自西至東。石城水原可直至餘姚入海，如酈氏所敘「南江支流」徑由烏程、餘杭，故於「吴」記「南江在南」，所以明江至餘姚入海者，爲由太湖折而西南，又由錢塘折而東南，非自石城直注錢塘也。惟江至江都而曲，故廣陵之江曰曲江。惟江至吴南而折，故餘姚入海之江曰浙江。「曲」猶環曲之義，「折」則方折矣。《太平寰宇記》引虞喜《志林》曰：「今錢塘江口浙山正居江中，潮水投山下折而曲。一云江有反濤，水勢折歸，故曰折江。」《元和郡縣志》云：「《莊子》云『浙河』，即謂浙江，蓋取其曲折爲名。」盧肇《海潮賦》云：「浙者，折也，潮出海屈折而倒流也。」諸説知「浙」之取義於「折」，而不知「折」之取義於吴南之江。試思黟中漸水，自西而東南至錢塘，雖非直注，何有於折？惟石城之水由吴縣南折而錢塘，又由錢塘折而餘姚，乃可謂之折。江之義不明，即浙之義亦未當。或又假借於海濤之回旋，尤非其義也。班《志》詳於南江、北江，而於中江則僅云「陽羡入海」，何也？漢廣陵國江都以東有臨淮郡之海陵，故《志》記之曰：「有江海會祠。」言江至此而會海也。會稽郡吴、毗陵、無錫、陽羨、丹徒、婁爲今鎮江、常州、蘇州地，婁在今崑山，而太倉、松江、海門及江北之通州皆不置縣，然則太湖以東，至漢猶荒斥爲海潮之所往來，故敘「北江」止於「毗陵」，敘「中江」止於「陽羨」。且曰「南江在南」，則中江必不在吴縣之南，曰「北江在北」，則中江必不在毗陵之北，而中江必在毗陵之南、吴之北。可知北江以曲而詳，南江以折而詳，則中江必自陽羨直貫太湖，由婁縣之地入海，又可知此班氏之不詳而詳者也。漢時去禹二千年，太湖以東尚荒斥如此，在禹之初，三江未入湖海之交，可想而知也。自湖水北洩於北江，南歸於南江，中注於中江，而後湖水底定，讀班氏之書，而禹功益彰。胡朏明謂：「三江」之不明，誤自班固始。余謂：「三江」得班氏而明，班《志》之不明，則誤自朏明始也。

丹陽郡　黟

漸江水出南蠻夷中，東入海。

元案：監本《漢書·地理志》「漸江」誤作「浙江」。《高惠高后文功臣表》：「堂邑安侯陳嬰定豫章、浙江，都漸。」師古曰：「漸，水名，在丹陽黟縣南蠻中。」師古注《漢書》，即以《地理志》之「漸江」解《表》之「漸」，則《地理志》正作「漸江」，與《水經》、《説文》合。王應麟《通鑑地理通釋》云：「《地理志》、《水經》皆作『漸江』。」汲古閣《漢書》「漸」字猶未譌成「浙」也。

會稽郡　大末

穀水東北至錢塘入浙江。

元案：近本《地理志》無「浙」字，《水經注》所引有之。班《志》既於「黟」記「漸江水」所出，「東入海」，又於「大末」記「穀水東北至錢塘入浙江」。「大末」即「姑蔑」，今衢州府西安、龍游地也。顧祖禹《讀史方輿紀要》謂：「浙江三源：一曰新安江，班《志》謂之漸江，源出徽州府西北黟山，今名黄山，至嚴州府城東九十里與東陽江合。一曰東陽江，《水經》謂之吴寧溪，源出金華府東陽縣東南之大盆山，西流至蘭溪縣西南，與信安江合。一曰信安江，亦曰穀水，源出衢州府開化縣東北之百際嶺，東北經金華府蘭溪縣城西，與東陽江合，三源同流。」顧氏此説以今錢塘江水爲漸水、穀水、吴寧溪水之合流，依漢《志》言「穀水自大末東北至錢塘入江」，則自大末至于錢塘，皆爲穀水，而漸江水弟從建德入於穀，隨穀水東入於海，是穀水在中爲經流，漸水在西北流入，吴寧溪水自南流入，今爲金華江。不能奪穀水之名，直至錢塘穀水入江，而後不名穀水而名浙江。是嚴州以東且不得名之爲「漸」，豈嚴州以西轉得冒之爲「浙」乎？顧氏謂穀水與吴寧溪水合，吴寧溪水與漸江水合，尚非班義也。若果漸江即浙江，則穀水入浙江宜在嚴州，不當云在錢塘。豈自嚴至杭，並流已數百里，至錢塘乃云入乎？惟班《志》云：「穀水東北至錢塘入浙江。」可見「穀」與「浙」非一水，即可見吴南之江從錢塘東折爲「浙江」，而穀水從開化、常山麻龍游、建德、桐廬、富陽至此入之，不然而曷云「入」也？班氏所記，數千年至今，朗然如繪，而後人昧之，何也？

會稽郡　錢塘

西部都尉治。武林山，武林水所出，東入海，行八百三十里。莽曰泉亭。

元案：「武林水」即闞駰所云「錢水東入海」也。東入海，亦先入江而後東入海，猶漸江水之入穀也。班《志》凡記餘暨潘水、句章渠水、上虞柯水、鄞天門山水，皆但云「東入海」，不言所至，不言里數。皆先有所入，而後入海，武林水、漸江水即其例也。行八百三十里，語有譌誤，錢塘至海止百數十里耳，詳見後。又案：錢水即今西湖水。古錢塘當爲昭慶寺及錢塘湧金、清波一帶之地，所以外禦鹹潮、内瀦錢水也。古杭城尚在西湖之西南也。

說文解字

江　水出蜀湔氐徼外崏山，入海。从水，工聲。

浙　江水東至會稽山陰爲浙江。从水，折聲。

元案：《說文·水部》「江」字下次「沱」字云：「江别流也。出崏山東，别爲沱。」「沱」字下即次「浙」字云：「江水東至會稽山陰爲浙江。」「江水」即從上「江」字連屬而下，即指岷江也。東至會稽山陰爲浙江，蓋江自吴縣南麻石門而來，至錢塘折向山陰，江至此而折，故至此名「浙」。惟其至山陰而後名「浙」，則山陰以西不名爲「浙」矣。《史記集解》引晉灼云：「江水至會稽山陰爲浙江。」與《說文》同。《索隱》引韋昭言：「浙江在錢塘。」意亦近是。其折處西指錢塘，南指山陰，《說文》言「至山陰爲浙江」，以折處言之也。班《志》言「至餘姚入海」，以入處言之也。又案：《文選·北山移文》注引字書曰：「江水東至會稽山陰爲浙右。」此言亦本於《説文》。

漸

水出丹陽黟南蠻中，東入海。从水，斬聲。

元案：「浙」字下越四十二字始次「漸」字。「浙」之次於「江」，猶「沕」之次「河」，「漢」之次「漾」也。「浙」次於「江」，明其爲江之正流；「漸」不次於「江」，明其與岷江無涉。於此見「浙」之非「漸」，而《説文》與班《志》實相表裏，相證益明矣。

迆

衺行也。从辵，也聲。《夏書》曰：「東迆，北會于匯。」

元案：許、鄭解經不必悉同，而解「東迆」則同。鄭訓「迆」字，注已不備；《説文》訓「衺行」，正足以相成也。《禹貢》之例，凡兩水相合爲「入」，此水經於彼水爲「會」，無所入無所會弟曰「至於某」而已。若九河曰「播」，沱曰「别」，彭蠡曰「匯澤」，滎曰「溢」，南江曰「迆」，皆獨出一例，以形容之。九河有分散之狀，故爲播；沱出而復入，則爲别；澤之水溢而回旋如器之受水，故爲匯；滎從地而上出，故爲溢。江至石城分而斜行，自爲一支，非别，非匯，非溢，惟「迆」足以當之。下文「東爲中江」，亦是「東迆」相連屬以爲文也。若謂「南江」即「彭蠡」，無論江會彭蠡並非斜行向東北，即是斜行，則河之自積石至龍門，自孟津至逆河，即漢之自嶓冢至大别，江之自岷山至於澧，其爲斜行者多矣，何獨於會東陵之後始云「東迆」乎？且「導漾」既云「東匯澤爲彭蠡」，則彭蠡之水明是江、漢所溢而成者，故鄭注云：「匯，回也。」漢與江鬬，轉東成其澤，緣漢入江而始有此澤，故於「導漾」屬之。既屬於「導漾」，不必又復敘於「導江」。沇之會於汶，淮之會於泗，沂、渭之會於澧、會於涇，汶非沇所成，泗非淮所成，澧與涇非沂、渭所成，故曰「會」。彭蠡由江、漢而成，謂之「匯」矣，不得復謂之「會」。會者，兩相遇也。匯者，己所出也。惟其匯而回旋，則謂之「澤」，既謂之「澤」，不復可謂之「江」。「東迆」同於「東匯」，所異者：「迆」則形容其分而斜出之勢，「匯」則形容其聚而瀦蓄之狀。此經文所以妙也。「會」之不可爲「匯」，猶「會」之不可爲「迆」。今以「東匯澤爲彭蠡」即是「東迆，北會於匯」，是以「東匯」爲「北會」矣，必不然也。曰「會于匯」，明是别有一匯，而此往會之。曰「東匯澤」，明是本無此匯，因此而有之。「匯」字雖同，而指趣各别。《禹貢》有兩「潛」、「沱」，且不得混爲一，況「匯」爲回旋之名，本非實地乎？「匯」猶「豬」，彭蠡可爲豬，大野亦可爲豬；彭蠡可爲匯，具區亦可爲匯也。知「匯」之爲「匯」，成於江、漢之鬬，則《禹貢》分敘之妙，可體會而得焉。江雖巨，所以分爲三者，由漢水南入於江，一江不足以受，故東匯爲彭蠡，又東爲北江；江則東迆爲南江，又東爲中江。此中江、北江所以分敘於「導江」、「導漢」，而彭蠡自屬於漢，南江自屬於江，從可知矣。鄭氏恐學者誤以「東迆」句連「東爲中江」，特注曰：「東迆者爲南江。」夫江、漢同其大矣，漢匯爲澤爲北江，而江止一流入海乎？「東匯澤爲彭蠡」不連「東爲北江」，則「東迆，北會于匯」豈連「東爲中江」乎？鄭氏注「東迆者爲南江」，解經造微之學也。

續漢書郡國志

丹陽郡　蕪湖。中江在西。

會稽郡　山陰。會稽山在南，上有禹冢。有浙江。

吳郡　毗陵。季札所居。北江在北。

元案：司馬彪，晉人，所舉「三江」同於班《志》，於「山陰」云「有浙江」，即《說文》「江至山陰爲浙江」也。

揅經室一集卷十三

浙江圖考中

山海經

岷三江，首大江出汶山，北江出曼山，南江出高山。高山在成都西。入海在長州南。

元案：此經以「三江」首大江，明三江皆大江所分也。長州今屬蘇州，蘇州之南，正今浙江地也。

浙江出三天子都，在蠻東，在閩西北，入海餘暨南。

郭氏注曰：「《地理志》『浙江』出新安黟縣南蠻中，東入海，今錢塘浙江是也。蠻即歙也。」

元案：《地理志》本是「漸」字，「浙」字後人所改，此「浙」字亦後人所改也。

論衡書虚篇

有丹徒大江，有錢唐浙江，有吴通陵江。吴、越在時，分會稽郡，越治山陰，吴都今吴，餘暨以南屬越，錢塘以北屬吴，錢塘之江，兩國界也。山陰、上虞在越界中，子胥入吴之江爲濤，當自上吴界中，何爲入越之地，發怒越江?

元案:王充所舉,即《漢書》之「三江」也。充言子胥不應發怒越江,若吴、越之江如今不相通,充必以此爲言,此後漢時南江之流尚未斷也。

水經注禹貢山水澤地所在篇

中江在丹陽蕪湖縣西南,東至會稽陽羨縣入于海。震澤在吴縣南五十里。北江在毗陵北界,東入于海。

元案:《水經》,《唐書·藝文志》以爲桑欽撰,王應麟疑其多東漢後地名。姚寬謂酈注引桑欽説,則書非桑欽作。欽,漢成帝時人,《漢書·地理志》引其言,則在班氏前。以王氏所疑,則在班氏後。然其言與班氏相表裏,二書實可相證也。班氏謂「蕪湖,中江出西南,東至陽羨入海」;《水經》釋《禹貢》「中江」則云:「在丹陽蕪湖縣西南,東至會稽陽羨縣入海。」班《志》謂「毗陵,北江在北,東入海」,《水經》釋《禹貢》「北江」則云:「在毗陵北界,東入於海。」可知班氏之「中江」、「北江」即《禹貢》之「中江」、「北江」。班氏之「南江」,《禹貢》無文,《水經》於《沔水》篇見之。

東陵,地在廬江金蘭縣西北。

元案:解見下。

江水篇

江水東過蘄春縣南，又東過下雉縣北，利水從東陵西南注之。

元案：酈氏又注「決水」云：「決水自雩婁縣北逕雞備亭。決水自縣西北流逕蓼縣故城東，又逕其北，世謂之『史水』。決水又西北，灌水注之，其水導源廬江金蘭縣西北東陵鄉大蘇山，即淮水也。」此「灌水」所出之廬江金蘭縣東陵鄉，即「利水」之廬江郡東陵鄉也。《漢志》「金蘭西北東陵鄉」附注「廬江郡」下，則金蘭在郡治矣。漢廬江郡治在舒，《續漢志》舒縣有「桐鄉」，劉昭補注云：「古桐國。《左傳》昭五年『吳敗楚鵲岸』，杜預曰：『縣有鵲尾渚。』」然則今桐城縣在漢時屬舒。《通典》「宣城郡南陵」有「鵲州」，即「鵲岸」，是漢之舒地，直達大江洲渚。《禹貢》「過九江，至于東陵，東迆」，正實指至此東迆爲南江也。「導漾」云：「過三澨，至于大別，南入于江。」漾之入江，在大別也。「導河」云：「北過降水，至于大陸。又北播爲九河。」九河之播，在大陸也，其例正同。南江東迆在廬江郡之東陵，其南岸正丹陽郡之石城，與班《志》「石城受江」，其義一也。《漢志》：「廬江郡雩婁，決水北至蓼入淮，又有灌水，北至蓼入決，過郡二，行五百一十里。」雩婁在霍邱縣西南，蓼在霍邱縣西北，《水經》言決水出雩婁縣南大別山，則《漢志》所謂「過郡二，行五百一十里」者，非指決水，乃指灌水也。「郡」下言淮水「出金蘭東陵鄉」，酈氏以淮水即灌水，灌水自東陵至蓼，是自桐城、廬江至霍邱，正合五百里。至東陵東迆，即石城分水，何疑。

沔水篇

沔水與江合流，又東過彭蠡澤，又東北出居巢縣南，又東過牛渚縣南，又東至石城縣。

注曰：經所謂石城縣者，即宣城之石城縣也。牛渚在姑孰、烏江兩縣界中也。於石城東北減五百許里，安得逕牛渚而方届石城也？蓋經之謬誤也。

元案：石城，漢屬丹陽，晉屬宣城，宋、齊仍之。酈氏稱宣城之石城縣，本其時言之也。姑孰，漢蕪湖地，今之當塗。烏江，漢九江郡厤陽地，今之和州。蓋以吴周瑜所屯之牛渚在今采石者當之也。不知此「牛渚」即秦皇所渡之「海渚」，見《越絶書》，正在石城之西岸也。

分爲二，其一東北流，其一又過毗陵縣爲大江。

注曰：江即北江也。經書「在北」則可，又言「東至餘姚」則非，考其逕流，知經之誤矣。

元案：此非經誤，乃傳寫之誤也。當云：「分爲二，其一東北流，又過毗陵縣北爲大江；其一又東至會稽餘姚縣，東入於海。」

《地理志》曰：「江水自石城東出，逕吴國南爲南江。」

元案：班《志》於「石城」注：「分江水首受江，至餘姚入海。」於「吴」注：「南江在南。」本是兩條。酈氏知分江水即是南江，故合而言之，智足以知班氏矣。趙氏一清謂其改竄班書，不知古人訓解之體如此，貫而通之，非改而竄之也。

江水自石城東入爲貴口，東逕石城縣北。

元案：《江南通志》曰：「池口河在府西五里，古稱貴口，亦稱鱝口，宋時始稱池口。《齊書》：『沈仲玉自鱝口欲斷江。』胡三省《通鑑注》云：『即今之池州貴池口也。』」顧氏《方輿紀要》曰：「石城廢縣在貴池縣西七十里，古之貴口在石城縣東，今縣在古縣西，故貴口又在今縣西也。」

東合大谿，谿水首受江，北逕其縣故城東，又北入南江。

元案：《江南通志》稱「清谿河在府東北五里入江」，即清谿口。酈注言「谿水受江」，蓋即此水。

南江又東，與貴長池水合。水出縣南郎山，北流爲貴長池。池水又北注於南江。

元案：《江南通志》：「郎山在府西南七十里，有玉鏡潭。」顧氏《方輿紀要》曰：「池口即貴池，水有五源：一出石埭縣西之櫟山，一出府西南一百八十里之古源山，一出考溪，一出石嶺，一出東源。會於秋浦，匯於玉鏡潭，入池口，達大江。」秋浦、玉鏡潭所匯，正古之貴長池也。

南江又東逕宣城之臨城縣南，又東合注涇水。

元案：晉、宋之臨城屬宣城郡，今池州青陽縣也。《江南通志》：「青陽縣有臨城河在縣南，會大通河入江。」此河已不與貴池水相連。又池口河之源自石埭出者，亦至秋浦而合，其會秋浦處尚屬南江之遺。蓋既與逕臨城南者中絶，而一爲臨城河，附於大通河北行，一通於石埭櫟山之源也。《漢書・地理志》「丹陽郡：句、涇」，韋昭曰：「涇水出蕪湖。」然則涇水自蕪湖南至今寧國府涇縣入於南江耳。《江南通志》：「賞谿在涇縣西南一里，涇水流至縣西爲賞谿，北入於青弋江。」又：「青弋江在寧國府西六十里，發源黄山，會石埭、太平、旌德諸水，下流漸廣，遂爲通津，北至蕪湖入江。」又：「舒谿在太平縣西六十里，源出歙縣，逕石埭，東北至涇陽受湊、瀼二谿水，入涇縣界爲賞谿。」顧氏《方輿紀要》云：「賞谿一名涇谿，其上流即石埭縣之舒谿。」然則賞谿上連青弋江，下接舒谿，中間正是南江故道，但與青陽之水不續，遂合舒谿、青弋江而北向矣。《通志》言：「宋崇慶中縣尉劉誼以谿流東徙，於賞谿西鑿新河欲挽之使西，而卒無成。」可見池、寧之水皆東流，非西流也。

南江又東與桐水合。

元案：哀公十五年，楚伐吴，「及桐汭」。杜氏注曰：「宣城廣德縣西南有桐水，西北入丹陽湖。」顧氏《方輿紀要》曰：「廣德州西北二十五里亦曰桐川，桐汭之名因此。源出州南白石山，西北流經建平縣界，又西入宣城縣界，爲白沙川，亦曰綏谿，匯於丹陽湖，入大江。」又曰：「宣城東北四十里有南崎湖，其北爲北崎湖，今總謂之南湖。周四十餘里，其東北百里有綏谿，一名白沙谿，廣德、建平諸水由此入於南湖，府東境諸川亦悉匯入。北達固城丹陽諸湖，會於黄池而達大江。」又：「靈山在廣德州南七十里，又南十里曰桐山，亦曰桐源山，一名白石山，桐水發源於此。」謂之桐汭，正桐水入江之處。酈氏未言其方向，蓋桐水自北來南注於江也。晉時已北流於湖，酈氏所敘，蓋猶古迹矣。

又東逕安吴縣，號曰「安吴谿」。又東，旋谿水注之，水出陵陽山下，逕陵陽縣西爲旋谿水。谿水又北，合東谿水，水出南里山北，逕其縣東。桑欽曰：「淮水出縣之東南，北入大江。」其水又北麻蜀由山，又北，左合旋谿，北逕安吴縣。東晉太康元年，分宛陵立縣。南有落星山，山有懸水五十餘丈，下爲深潭，潭水東北流，左入旋谿而同注南江。江之北即宛陵縣界也。

元案：陵陽廢縣在青陽縣南六十里，今爲陵陽鎮。《漢書·地理志》：「丹陽郡：陵陽。桑欽言：『淮水出東南，北入大江。』」此大江即南江也。《江南通志》曰：「舒谿在石埭縣，《續文獻通考》謂之『旋谿』，本陵陽子明垂釣處。谿源一出太平縣之弦歌鄉，一出縣之舒泉鄉，經城南合佘谿、嶽谿諸水，下涇縣，至蕪湖入江。」然則舒谿即旋谿也。顧氏《方輿紀要》曰：「淮水出吕山，徑南陵縣南五十里孔鎮浦，合漳水爲澄清河，繞縣東門，謂之東谿。又北受籍山諸水，匯於蕪湖之石硊渡，入青弋江。」又云：「吕山在南陵縣南六十里，其南爲石竇，有泉涌出，即淮水之源。」據此，淮水即東谿，入舒谿，即入旋谿，旋谿水北注於南江，與涇水南注者迴然各判。今則南江既湮，而旋谿北合涇水爲青弋江。然舒谿、涇水之閒，南江故道尚可迹而求之也。

南江又東逕寧國縣南，晉太康元年，分宛陵置。

元案：即今寧國縣。

南江又東逕故鄣南、安吉縣北。中平二年，分故鄣之南鄉以爲安吉縣。縣南有釣頭泉，懸涌一仞，乃流於川，川水下合南江。

元案：顧氏《方輿紀要》曰：「故鄣城在廣德州東南九十里，入湖州府長興縣界，長興縣西南八十里，舊安吉縣城，在今州治西南三十里。」《弘治湖州志》曰：「故鄣城在安吉西北十五里。《太平寰宇記》：『今俗號府頭是也。』」

南江又東北爲長瀆，麻湖口，南江東注於具區，謂之「五湖口」。

元案：《太平寰宇記》言「箬谿在縣南五十步，一名顧渚口，一名趙瀆，注於湖」。「趙瀆」當即「長瀆」之故迹。全氏祖望謂「酈氏以南江當具區」。然南江注具區而復出爲南江，非以南江即具區也。贛水入彭蠡而後入江，不聞以彭蠡爲贛水也。

東則松江出焉。上承太湖，更逕笠澤，在吴南、松江左右也。《國語》曰：「越伐吴，吴禦之笠澤。」越軍江南，吴軍江北者也。虞氏曰：「松江北去吴國南五十里。」

元案：酈氏以松江爲南江東出之流，非以爲中江也。班《志》於「會稽吴縣」注曰：「吴江在南。」則中江之不在南可知。且於「吴」曰「南江在南」，於「毗陵」曰「北江在北」，則中江必在吴縣之北、毗陵之南可知。此言之可尋味而出者也。《文選·江賦》李善注引《水經注》云：「中江東南左會滆湖。」今《水經注》無此語。滆湖在常州府西南三十五里，半入宜興，當太湖北，正漢陽羡地。會於滆湖，由滆湖而東出，仍在太湖之北，不必出自太湖東南也。然則中江非松江乎？曰必松江也。吴松江口正中江入海之處，但中江由陽羡入海，正在吴之北，其趨海也，必麻崑山而至嘉定、上海之閒。蓋中江出滆湖之口，既湮南江，逕禦兒之流亦塞，浙江逕禦兒，詳見後。而中江入海之委，轉與南江出湖之條兩相接續，於是曰「松江」，曰「婁江」，曰「三江口」，支派紛繁，莫可究問，而庾氏「三江」之説起矣。今吴松海口在嘉定縣東，彼入滆湖而出滆湖直趨於此可也，何至入滆湖者南出吴江復北注耶？酈氏敘南江注具區，東出爲松江，明以東出者爲南江。郭氏以松江當中江，蓋指吴松口而言爾。

松江自湖東北流，逕七十里，江水奇分，謂之「三江口」。此亦别爲「三江」，雖稱相亂，不與《職方》同。庾仲初《揚都賦》注曰：「今太湖東注爲松江，下七十里有水口分流，東北入海爲婁江，東南入海爲東江，與松江而三。」此非《禹貢》之「三江」也。

元案：庾氏「三江」之説，酈氏已駁破之。趙氏一清曰：「明此，可以辨正蔡九峰《書傳》之謬。」《吴記》曰：「一江東南行七十里入小湖爲次谿。自湖東南出謂之谷水。」《吴記》曰：「谷水出吴小湖，逕由卷縣故城下。谷水又東南逕嘉興縣城西，谷水又東南逕鹽官縣故城南。」《地理志》曰：「縣故武原鄉也。」後縣淪爲柘湖，又徙治武原鄉，改曰「武原縣」，王莽名之「展武」。漢安帝時，武原之地又淪爲湖，今之當湖也。後乃移此谷水於縣，出爲澉浦，以通巨海。

元案：由太湖至嘉興，乃南江故道，由嘉興至澉浦，則非南江矣。又案：今海寧、海鹽、平湖三縣沿海之地，皆較嘉興地勢爲高，澉浦之水皆西流，與海不通。所以古江水于出太湖後，不由海鹽入海，折而由杭州入海也。此注言谷水「出爲澉浦，以通巨海」，是澉水東流矣。此亦未確。蓋自海寧、海鹽、平湖接松江，皆無内水與海相通者，直至上海吴松口始通海也。平湖之乍浦，名爲海口，實無内水與海潮相通，此予目驗者。

又東至會稽餘姚縣，東入于海。

注曰：「謝靈運云：『具區在餘姚。』然則餘暨是餘姚之别名也。今餘暨之南，餘姚西北，浙江與浦陽江同會歸海，但水名已殊，非班固所謂南江也。」

元案：此文有譌誤。餘姚非餘暨，酈氏當知之。

郭景純曰：「三江者，岷江、松江、浙江也。」然浙江出南蠻中，不與岷江同。作者述志，多言江水至山陰爲浙江。

元案：以「漸」爲「浙」，自酈道元始。酈氏敘南江與兩漢説三江者無異辭，惟誤「浙」爲「漸」，遂疑郭景純之説，且疑述志者多言江水至山陰爲浙江。自有酈氏此誤，「漸」、「浙」二字雖明晰於《説文》，而莫有能詳者矣。

今南江枝分厤烏程縣，南通餘杭縣，則與浙江合。故闞駰《十三州志》曰：「江水至會稽與浙江合。」

元案：此水不經吴縣之南，從長興、安吉即注錢塘，殊於班《志》吴縣「南江在南」之説，故酈氏以爲枝分。然從錢塘至餘姚之道未湮也，其正流從長瀆注太湖，東出爲松江，南逕嘉興、石門至錢塘，是時石門之流中斷，嘉興之江從谷水而注澉浦矣。於是錢塘東折之南江，且西續於烏程，上承安吉，而南江之流奪於枝分。蓋谷水自嘉興而北以至太湖，南江也；自嘉興至澉浦，非南江也。枝分自錢塘入海，南江也；自餘杭上承烏程之流，非南江也。安吉而西，又南江之上流矣。酈氏時之南江，已異於班《志》。今則谷水及南江枝分均不可見，而浙江且續漸江而爲漸所冒矣。下塘運道由石門、嘉興上泝吴江，蓋古南江之正流。西湖保叔塔後西谿一帶，有古蕩等地，窪下積水，揆其形勢，猶見南江之遺迹。胡朏明謂「餘杭即餘姚之誤」，其説非也。

浙江自臨平湖南通浦陽江。

元案：臨平湖在江之西岸，浦陽江在江之東。此文有誤也，辨見後。

又於餘暨東合浦陽江，自秦望分派，東至餘姚縣又爲江也。江水又東逕赭山南。江水又逕官倉。江水又東逕餘姚縣故城南。江水又東逕穴湖塘。江水又東注于海。是所謂「三江」者也。故子胥曰：「吴、越之國，三江環之，民無所移矣。」但東南地卑，萬流所湊，濤湖泛決，觸地成川，枝津交渠，世家分夥，故川舊瀆，難以取悉，雖粗依縣地，緝綜所纏，亦未必一得其實也。

元案：酈氏敘南江自石城至餘姚，歷歷如繪，雖混「漸」、「浙」之名，而南江則未混也。

漸江水篇

漸江水出三天子都。

元案：此本《山經》，可證《山經》本作「漸水」。

注曰：《山海經》謂之「浙江」也。《地理志》云：水出丹陽黟縣南蠻夷中。

元案：酈氏時《山經》本已誤「漸」爲「浙」，道元未加深考，遂仞「浙水」即「漸水」。《文選》沈休文詩李善注引《十洲記》云：「桐廬，新安、東陽二水合於此，仍東流爲浙江。」此《十洲記》當是闞駰《十三洲記》。以新安江水東流爲浙，則誤「漸」爲「浙」，不始於道元矣。

北逕其縣南。浙江又北麻黟山。浙江又北逕歙縣，東與一小谿合。又東逕遂安縣南，谿廣二百步。浙江又左合絶谿。浙江又東北逕建德縣南。

元案：此新安江即漸水也，酈氏誤爲浙江。水自徽州歙縣流入嚴州府境，經淳安縣南，又東流至府城東南，與穀水合，一名徽港。

浙江又東逕壽昌縣南，自建德至此八十里，中有十二瀨，瀨皆峻嶮，行旅所難。浙江又北逕新城縣，桐谿水注之，水出吴興郡於潛縣北天目山。又東南流逕桐廬縣東爲桐谿。自縣至於潛，凡十有六瀨，弟二是嚴陵瀨。桐谿又東北逕新城縣入浙江。

元案：今壽昌縣在嚴州之西南，漸水既至建德，則東逕桐廬，不逕壽昌矣。壽昌，穀水所經也。

浙江又東北入富陽縣，故富春也。晉后名春，改曰富陽也。東分爲湖浦。浙江又東北逕富春縣南。浙江又東北逕亭山西。

元案：入者，入其境。逕者，逕其城。故兩言富春。富春，今建德、壽昌、桐廬皆是。

北過餘杭，東入于海。

元案：依班《志》，自建德至海，皆穀水也。《水經》皆屬漸江，不敘穀水，然與浙江絶不相混。今餘杭縣不臨水，非漸水所經。此經文言「北過餘杭」者，漢會稽郡海鹽、餘杭、錢塘、富春四縣，富春在西，爲今桐廬、壽昌地；海鹽在東，爲今平湖地；中閒在今爲海寧、仁和、錢塘以至富陽者，在當時爲錢塘、餘杭兩縣。蓋錢水之東爲錢塘，西爲餘杭。餘杭之地，直至穀水之濱，故秦皇從狹中渡，徐廣以爲餘杭。《元和郡縣志》引《吴興記》云：「餘杭，秦始皇將上會稽，舍舟航於此。」後漢省錢塘縣，則其地必分隸海鹽、餘杭。是今爲錢塘地者，在漢爲餘杭地。吴復置錢塘，又分海鹽地置鹽官縣，又分富春地置桐廬、壽昌、建德三縣。而富春既移而東，錢塘則移而西，於是錢塘界接富陽，而餘杭不復臨江矣。劉昭補注以狹中在錢塘、富春之界，未足以駁徐廣也。今富陽縣西，江水最狹處曰「窄谿」，其古「狹中」乎？

浙江逕縣左合餘杭大谿。江北即臨安縣界，孫權分餘杭立臨水縣，晉改曰「臨安縣」。

元案：此誤也。謂「江北即臨安」，將餘杭在江之南矣。

浙江又東逕餘杭故縣南、新縣北。秦始皇南游會稽，途出是地，因立爲縣。漢末陳渾移築南城縣。

元案：《咸淳臨安志》言：「漢熹平二年，餘杭縣令陳渾徙城於谿北，後復治於谿南。」此谿即苕谿。酈氏既誤以「浙江」當「漸江」，又誤以「苕谿」當「浙江」，故言「故縣南、新縣北」也。其時餘杭已不臨江水，而經云「北過餘杭」不可以通，遂以當時之形勢解兩漢之餘杭，而以苕谿當江水，其傳聞所誤與？

浙江又東逕烏傷縣北。

元案：烏傷，今義烏縣，閒於諸暨之南。此云「東逕烏傷北」，蓋誤浦陽江爲浙江也。

浙江又東北流至錢塘縣，穀水入焉。

元案：穀水至錢塘入浙江，酈氏所云「浙江」正穀水也。

穀水源西出太末縣。縣是越之西部姑蔑之地也。吴寶鼎中，分會稽立，隸東陽郡。

元案：太末，今衢州府西安、龍游等地。

穀水又東逕長山縣南，與永康谿水合，縣即東陽郡治也。

元案：衢州之水，古稱「穀水」，今謂「信安江」，由蘭谿、建德、桐廬、富陽、錢塘與浙江合。其自東陽西逕金華至蘭谿與衢州水合者，今稱「金華江」，一稱「東陽江」，即婺港，在浦陽江之南，斷無北入錢塘之理。酈氏不知「浙」之非「漸」，既以「穀水」當「浙江」，而班《志》「穀水至錢塘入浙江」之説不能貫通，於是以穀水至蘭谿南逕金華，而金華江遂爲穀水之流矣。長山即今金華。永康谿水自入東陽江，非入浙江也。《金華府志》稱：「衢港、婺港二水匯於蘭谿縣之西南，類羅縠文，因號『縠水』。」是猶穀水之遺稱，柰何以婺港當之也？

穀水又東，定陽谿水注之。水上承信安縣之蘇姥布。縣本新安縣，晉武帝太康三年改曰「信安」。水懸百餘丈，瀨勢飛注，狀如瀑布。其水分納衆流，混波東逝，逕定陽縣。谿水又東逕長山縣北。谿水又東入於穀水。

元案：定陽谿在衢州府東十五里，一名東谿，源出遂昌縣周公嶺，入府境東北流，至雞鳴山下合於衢江。定陽故城在今常山縣東南三十里，常山縣在衢州府之西，信安縣即今西安，衢江即穀水也。衢江源出衢州府開化縣東北六十里，經縣城東，謂之金谿。又東南入常山縣境而爲金川。至縣城東，則江山縣大谿之水流合焉。又東南經府城北，而江山縣南、仙霞嶺北諸谿谷之水皆流合焉。又至府城東下五里，而定陽谿流合焉。又東北經龍游縣北四里，而爲盈川谿，亦曰穀谿。又東北麻湯谿縣北至蘭谿城西，金華江入之。酈氏既以穀水出太末，又以定陵谿逕長山注於穀水，案之形勢，均有未合。

穀水又東逕烏傷縣之雲黄山。❶又與吳寧谿水合。水出吳寧縣，下逕烏傷縣入穀，謂之「烏傷谿水」。

---

❶「雲黄」，原倒乙，今據清武英殿本《水經注》乙正。

元案：吴寧縣在今東陽縣東二十七里。吴寧谿水即金華江。東陽谿導義烏之水爲烏傷谿，入於東陽江，永康之水又入之，乃西至蘭谿入穀水。此今之形勢也。酈氏以穀水至蘭谿逕金華、義烏、東陽，既誤金華江爲穀水，故永康谿水入金華江而以爲入穀水，烏傷谿入金華江而以爲吴寧谿入穀水，又以吴寧谿水入穀水謂之烏傷谿水，然則至錢塘入浙江者，即此烏傷谿水矣。烏傷谿源出大盆山西流，而以爲是穀水東注，是今爲源而古爲委矣。自此北及錢塘，既隔紹興諸山，而浦陽一江，酈氏敘之又由烏傷麻諸暨，始寧爲曹娥江入海，此烏傷谿何由入浙江乎？錢塘在北岸，此從烏傷來，即入江亦在南岸，何由至錢塘乎？其誤無疑也。

穀水又東入錢塘縣，而左入浙江。故《地理志》曰「穀水自太末東北至錢塘入浙江」是也。

元案：班《志》「穀水」即酈氏之「浙江」。酈氏不明「漸江」非「浙」，遂莫能辨穀水矣。

浙江又東逕靈隱山。山下有錢塘故縣，浙江逕其南。縣南江側有明聖湖。縣有武林山，武林水所出也。闞駰云：「山出錢水，東入海。」《吴地記》言：「縣惟浙江。」今無此水。

元案：武林水即錢水，詳見後。

浙江北合詔息湖。湖本名「阼湖」，因秦始皇帝巡狩所憩，故有「詔息」之名也。

元案：《志》稱「御息湖」。《咸淳臨安志》言：「在東北一十八里。」

浙江又東合臨平湖。湖水上通浦陽江，下注浙江，名曰「東江」，行旅所從，以出浙江也。

元案：臨平湖在今上塘臨平山之西南，地高於下塘，故舊有四壩，以蓄其水。其水或西北洩於南江之逕石門者，謂之「下注浙江」可也，浦陽則必不可以「上通」。毛檢討大可謂：「臨平湖乃臨湖之誤。」臨湖即今臨浦，在蕭山南三十里，橫亘於浦、浙之閒。

浙江又東逕禦兒鄉。《國語》曰「句踐之地，北至禦兒」是也。浙江又東逕柴辟南，舊吴、楚之戰地矣。備候於此，故謂之辟塞。是以《越絶》稱「吴故從由拳、辟塞渡會稽湊山陰」是也。

元案：此條可爲南江即浙江之證，可爲南江由吴江、嘉興、石門、錢塘、餘姚入海之證，可爲南江由吴江、嘉興、石門、錢塘通名「浙江」之證。酈氏北人，未嘗身厤江南，所注江南之水，非得諸傳聞，即原於故籍，而浙江逕禦兒、柴辟兩言，知其傳之舊也。惜酈氏惑於「漸江」即「浙江」，而莫能分别。見此逕禦兒、柴辟之浙江，不敢注入「沔水」下之南江，而羼入「漸江水」下之敘浙江，肊謂江水自臨平湖上通禦兒至於柴辟，一似漸江之枝分由臨平而入正流者，又似水由正流而倒上亦可名以浙江者，於是於「沔水」注中亦微及之，云：「浙江自臨平湖南通浦陽江。」南江故道、浙江舊名，賴此而存。夫南江上自嘉興爲轂水，下自餘杭爲南江枝分，此逕禦兒、柴辟者，正嘉興至錢塘之正流，而酈氏時已中塞爾。

浙江又逕固陵城北。今之西陵也。浙江又東逕柤塘，謂之「柤瀆」。浙江又逕會稽山陰縣。浙江又東與蘭谿合。浙江又逕越王允常冢北。浙江又東北得長湖口。浙江又北逕山陰縣西。《吕氏春秋》曰：「越王之栖于會稽也，有酒投江，民飲其流而戰氣自倍。」所投即浙江也。許慎、晉灼並言：「江水至山陰爲浙江。」

元案：固陵以東乃正浙江，酈氏至此稱浙江不誤。宜云浙江南逕柴辟，南又逕禦兒鄉，又逕固陵城北。

浙江又東北逕種山西。又逕永興縣南。又東合浦陽江。

元案：永興，今蕭山縣。

浦陽江導源烏傷縣。又東逕諸暨縣南。又東南逕剡縣。又東回北轉逕剡縣東。又東逕石橋。又東北逕始寧縣嵊山之成功橋。又東北逕始寧縣西。又東北逕永興縣東與浙江合。

元案：此敘浦陽江與今合。前敘烏傷谿水爲穀水，可明其誤矣。宋程泰之謂「浦陽江即錢塘江」，何也？

浙江又東注于海。

周禮職方氏

東南曰揚州，其山鎮曰會稽，其澤藪曰具區，其川三江，其浸五湖。

鄭氏注曰：「會稽在山陰。大澤曰藪。具區、五湖在吳南。」

賈氏疏曰：「會稽在山陰。自此已下所説山川之等，一則目驗而知，二則依《地理志》而説。吳南，郡名，依《地理志》。南江自吳南，震澤在西，通而言之，亦得在吳南。具區即震澤，一也。揚州所以得有三江者，江至尋陽南合爲一，東行至揚州入彭蠡，復分爲三道而入海，故得有三江也。」

元案：賈公彦謂「鄭依《地理志》」，是也。注不詳「三江」，亦依《地理志》可知。《地理志》：「會稽郡。山陰，會稽山在南，上有禹冢、禹井、揚州山。」鄭云「會稽在山陰」，亦依此也。疏言至揚州「復分爲三道而入海」，正用鄭氏《禹貢》注「分爲三孔」之義。蓋自漢至唐，未有以《職方》之「三江」與《禹貢》之「三江」異者也。

左氏春秋傳

定公十四年，吴伐越，越子句踐禦之，陳于檇李。闔閭傷將指，還，卒于陘，去檇李七里。

杜預注曰：「檇李，吴郡嘉興縣南醉李城。」

《史記集解》：「賈逵曰：『檇李，越地。』」

哀公元年，吴王夫差敗越于夫椒。

杜預注曰：「夫椒，吴郡吴縣西南太湖中椒山。」

《史記集解》：「賈逵曰：『夫椒，越地。』」

十七年三月，越子伐吴，吴子禦之笠澤，夾水而陳。越子爲左右句卒，使夜，或左或右，鼓譟而進，吴師分以御之。越子以三軍潛涉，當吴中軍而鼓之，吴師大亂，遂敗之。

國　語

吴王夫差起師伐越，越王句踐起師逆之。

韋昭注曰：「越逆之，自江至於五湖，吴人大敗之于夫椒。」

越王句踐乃率中軍泝江以襲吴。

韋昭注曰：「江，吴江。」

吾用禦兒臨之。

韋昭注曰：「禦兒，越北鄙，在今嘉興。言吴邊兵若至，吾以禦兒之民臨敵。」

於是吴王起師，軍于江北，越王軍于江南。王乃中分其師，以爲左、右軍，以其私卒君子六千人爲中軍。明日將舟戰于江，及昏，乃令左軍銜枚泝江五里以須，亦令右軍銜枚踰江五里以須。夜中，乃命左軍、右軍涉江，鳴鼓中水以須。吴師聞之，大駭曰：「越人分爲二師，將以夾攻我師。」乃不待旦，且亦中分其師，將以禦越。越王乃令其中軍銜枚潛涉，不鼓不譟，以襲攻之。吴師大北。越之左軍、右軍乃遂涉而從之，又大敗之于没。以上皆《吴語》。

韋昭注曰：「江，松江。去吴五十里。没，地名。」

子胥諫曰：「不可。夫吴之與越也，仇讎敵戰之國也。三江環之，民無所移。」

韋昭注曰：「環，繞也。三江，吴江、浙江、浦陽江。此言二國之民，三江繞也，遷徙非吴則越也。」

句踐之地，南至于句無，北至于禦兒，東至于鄞，西至于姑蔑。

韋昭注曰：「禦兒，今嘉興禦兒鄉是也。姑蔑，今太湖是也。」「湖」乃「末」字之訛。

是故敗吴于囿，又敗之于没。

韋昭注曰：「囿，笠澤也，在魯哀十七年。没，地名。」

元案：自南江之道不明，而吴、越之境因之不定。今核班氏《地理志》，既定爲自吴江厤嘉興、石門矣。

吴、越之疆界既明，内、外《傳》之文，亦無不貫通。蓋吴、越以南江分界。吴江而西，分太湖各半之，湖以北屬吴，湖以南屬越。南江以西，若湖州、杭州、金華、嚴州，皆越地也。南江以東，則嘉興以南爲越，嘉興以北爲吴，蘇、松、太倉，皆吴地也。定十四年，「吴伐越，越禦之，陳于檇李」。伐越則至越之界，越陳于檇李，是檇李越地也。《通典》云「蘇州南百四十里與越分境。昔吴伐越，越子禦之于檇李，則今嘉興之地。檇李城在今嘉興縣南三十七里」是也。闔廬傷足，卒于陘，去檇李七里，此已爲吴境。闔廬卒于境内，故杜預以爲傳釋經，不書滅之。故哀元年夫椒之戰，《吴語》謂吴伐越，越逆之。是則伐之于吴江界上，故越逆之于江而轉戰于五湖，敗于夫椒。逆之，即逆于吴江也。吴不遠至檇李而近至吴江者，蓋欲致越于湖以敗之也。十二年於越入吴，《吴語》謂越王率中軍泝江襲吴，自山陰泝江北，麻石門、嘉興而至吴江也。十七年笠澤之戰，吴軍江北，越軍江南。《吴越春秋》言其由境上而檇李，亦由南江上泝至于吴江之南也。是地曰笠澤，曰松陵，曰吴江，曰松江，正南江出湖南折趨杭之水。韋昭以吴江、松江注之，可也。非後之由夏駕浦而入吴松海口之松江也。笠澤地連于震澤，故亦謂之五湖，因而亦稱太湖，而笠澤固名之可通者耳。《漢志》「會稽郡婁縣」有「南武城，闔閭所起以候越」。《越絶書》謂辟塞爲「吴備候塞」。漢之婁縣城在今崑山縣治東，崑山以南合太倉州、松江府地皆婁縣所轄。南武城在今華亭縣。顧祖禹《讀史方輿紀要》云：「松江府東夾江有二城，相傳闔閭所築以備越。婁縣南武城即此城矣。」是地南接海鹽。《漢書·地理志》：「海鹽，故武原。」正與《吴越春秋》越境「北至平原」相抵。平原，《越絶書》作「武原」也。《後漢書·郡國志》「海鹽縣」劉昭注云：「故治順帝時陷爲湖，今謂爲當湖。」然則由嘉興而東至平湖、華亭之間，爲吳、越分疆，可以厤厤考見。吳仁傑《兩漢刊誤補遺》説「三江」云：「凡今嘉興、華亭、吳江、崑山瀕江一帶之地，其南則越之北鄙，其北則吳之南鄙。」又説《漢志》云：「會稽之吳、曲阿、毗陵、丹徒、婁、無錫、陽羨，此吳地也。烏傷、餘暨、諸暨、山陰、餘姚、上虞、海鹽、剡、由拳、大末、烏程、句章、餘杭、鄞、錢塘、鄮、富春、冶、回浦，則盡越地耳。」此説《漢志》則是，本其當時言之則非。仁傑時，崑山之南已置松江府華亭縣，非如漢時婁縣直接海鹽。而以越地得至華亭、崑山者，不知吳、越之松江即南江，而誤以東北入吳松口之松江爲吳越之松江。《兩漢刊誤》作於淳熙以前，嘉定縣分於寧宗時，其謂「崑山」者，是時吳松口屬松江境内也。

范蠡諫曰：「與我争三江五湖之利者，非吳耶？」以上皆《越語》。

元案：昭公二十四年《傳》：「越大夫胥犴勞王于豫章之汭，越公子倉歸王乘舟。倉及壽夢帥師從王，王及圉陽而還。」哀公十九年《傳》：「越人侵楚，以誤吳也。夏，楚公子慶、公孫寬追越師，至冥，不及，乃還。」顧氏棟高《春秋大事表》云：「豫章之汭，實在今鄱陽湖。蓋鄱陽爲楚，餘干爲越，分峙湖之兩岸。楚、越相結，歸王乘舟，應在於此。若北出，則千餘里皆吳地。越方仇吳，豈能以孤軍徑行其地而與楚會？」其説是也。考春秋諸國疆界，大江以北，若廬州、和州、無爲州、六合縣等處均楚地；大江以南，則吳、越所有。具區以西，分界可考矣。具區以東，若廣德州、寧國府、池州府則吳、越之地交相錯處，楚於此侵吳，亦於此追越，惜圉陽、冥等地不可考耳。夫椒近太湖之北，已爲越地，則廣德、寧國宜亦有之。三江之内，吳、越所據，所謂「三江環之」也。

墨子兼愛篇

南爲江、漢、淮、汝，東流之，注五湖之處，以利荆楚、于越、南夷之民。

元案：此亦古之江通于湖之證。

越　絶　書

吴古故從由拳、辟塞度會夷，奏山陰。辟塞者，吴備候塞也。

元案：《漢書·地理志》「會稽郡」有：「由拳縣，柴辟故就李卿，吴越戰地。」應劭曰：「古之槜李也。」《後漢書·郡國志》由拳屬吴郡，劉昭注云：「《左傳》曰：『越敗吴于槜李。』杜預曰：『縣南醉李城也。』」槜李今爲嘉興。《越絶書》此言可爲班《志》「南江在吴縣南」之證。酈道元《水經注》敘浙江逕禦兒、柴辟，亦引此。

吴　越　春　秋

越明日，徙軍于境上。後三日，復徙軍于檇李。于是吴悉兵屯于江北，越軍于江南。越王中分其師，以爲左、右軍，躬率君子之軍六千人以爲中陳。明日，將戰于江，乃令于中軍，銜枚遡江而上五里以須吴兵，復令于右軍，銜枚遡江十里復須吴兵，于夜半使左軍涉江，鳴鼓中水，以待吴發，大敗之于囿。

元案：此與內、外《傳》合。徙軍境上，當是禦兒。從此進至檇李，則吳、越分疆處也。軍于江南，則又進而與吳夾水而陳也。越所由之水道，即《越絶書》所敘吳奏山陰之道，可參究而得之。

句踐入臣于吳，群臣送至浙江之上，臨水祖道。

赦越王歸國，送于蛇門之外。遂去，至三津之上，仰天嘆曰：「嗟乎！孤之屯厄，誰念復生渡此津也？」至浙江之上，望見大越，山川重秀，天地再清。

元案：此「浙江」即指自吳縣至錢塘之水。若指錢塘江，則禦兒已爲越竟，何至此始望見大越耶？

句踐既臣于吳，夫差增其封，東至句甬，西至檇李，南至姑末，北至平原。

注曰：「平原，《越絶》作『武原』，今海鹽縣。」

吳王取伍子胥投之江中，因隨流揚波，依潮往來。越王葬大夫種于國之西山。子胥從海穿山，脅持種而去，與之俱浮于海。故前潮水潘侯者，伍子胥也；後重水者，大夫種也。

元案：《吳語》云：「取申胥之尸，盛以鴟夷而投之于江。」吳殺子胥，自投之吳地之江，非越地之江可知也。云「隨流揚波，依潮往來」，則當時浙江之潮直北至吳閶，故相傳以爲子胥所爲也。事雖涉于神怪，而潮之自越至吳，則正于此可見。

史記秦始皇本紀

三十七年十一月，行至雲夢，望祀虞舜于九疑山，浮江下，觀籍柯，渡海渚。

正義曰：「《括地志》云：『舒州周安縣東。』案：舒州在江中，疑『海』字誤，即此州也。」

元案：「周安」誤，宜爲「同安」。

過丹陽。

正義曰：「《括地志》云：『丹陽郡，故在潤州江寧縣東南五里。秦兼并天下，以爲鄣郡。』」

至錢塘臨浙江。

晉灼曰：「江水至會稽山陰爲浙江。」

水波惡，乃西百二十里從狹中渡。

徐廣曰：「蓋在餘杭也。」顧夷曰：「餘杭者，秦始皇至會稽，經此立爲縣。」

元案：浙江潮大，天下所無。《吴語》「隨流揚波」及《史記》「水波惡」皆是也。又《論衡·實知》篇所述秦始皇所行與《史記》同，其由丹陽至錢塘，即南江故道也。

上會稽，祭大禹。

正義曰：「越州會稽山上有夏禹穴及廟。」

元案：秦始皇所行之地，均與班《志》合，與《水經注》亦合。云「行至雲夢，望祀虞舜于九疑山」，雲夢澤在荆州、安陸等府，跨江南、北。九疑山在衡、永間。「至雲夢望祀」與漢武帝「至盛唐望祀九疑」同也。自雲夢下，「觀籍柯」，蓋由漢水下浮于江，故曰「浮江下」也。「海渚」在舒州同安。同安，隨縣，唐至德三載更名「桐城」，在漢爲樅陽，今爲安慶府桐城縣地，在江北岸。石城在江南岸，石城今池州貴池縣，江至此東北行爲北江，分而東池爲南江。秦皇于此亦東池入南江，故過丹陽。丹陽，舊爲鄣郡，武帝時改丹陽郡，治宛陵。晉平吴，始分丹陽爲宣城郡，理宛陵而移丹陽于建業。《晉書·地理志》言之極明。唐潤州之丹陽，在秦、漢爲會稽郡之雲陽、曲阿，不名丹陽也。《越絶書》云：「秦始皇帝三十七年，東游，之會稽，道度牛渚，奏東安。東安，今富春。丹陽，溧陽。」漢富春縣在會稽郡，溧陽縣在丹陽郡。「牛渚」見《水經》。江水逕此始至石城，則非後世采石之「牛渚」。正義引《括地志》以在「舒州」，是也。《越絶書》以「溧陽」釋「丹陽」者，蓋以秦之丹陽爲漢溧陽地。溧陽南連廣德，則丹陽當在今廣德之地，于此立鄣郡，後又改鄣爲丹陽，移治宛陵，亦由秦之舊名耳。漢丹陽郡丹陽縣與故鄣、句、涇相次，其近宛陵，故鄣可知，非唐縣之丹陽也。張守節《正義》知丹陽爲鄣郡，又舉潤州屬之，失之矣。漢之丹陽爲今寧國府廣德州之地，故自桐城渡至貴池而入南江，即過寧國。《水經注》所謂「南江自石城東入貴口，又東逕寧國縣南」也。過丹陽而至錢塘，即由吴縣南而麻由拳、禦兒之道可知也。始皇至錢塘，臨浙江，而見水波惡，「臨浙江」即臨南江東折之處。隨江而東，乃達會稽山陰，怯于水波，「西百二十里」則遡縠而西也。「錢水」見《水經注》。「錢」通于「泉」，即武林諸山之泉水下積，故莽改「錢塘縣」曰「泉亭」，亦以「錢」即「泉」耳。南江行于武林山、皋亭山之閒，錢水自西來入之。錢水高于江，故設塘，因謂之「錢塘」。今杭州城以近西湖者名「錢塘門」。又《咸淳臨安志》云：「秦皇纜船石在錢塘門外，相傳秦始皇東游泛海艤舟于此。舊云西湖本通海，東至沙河塘向南皆大江也。故始皇于此纜舟。」《夢粱録》謂：「斷橋裹大佛頭正在秦皇纜船石山上。」邇言可察，故迹可尋也。

河渠書

《夏書》曰：「禹抑鴻水，于吴則通渠三江、五湖。」

索隱曰：「三江，案《地理志》：『北江從會稽毗陵縣北東入海。中江從丹陽蕪湖縣東北至會稽陽羡縣東入海。南江從會稽吴縣南東入海。』故《禹貢》有『北江』、『中江』也。」

元案：太史公明以通渠三江、五湖爲禹迹，云「于吴」者，毗陵、陽羡、餘姚皆隸會稽郡，漢初爲吴郡，本初名言之也。小司馬以《漢志》之「三江」當禹治之「三江」，亦無異説。

越王句踐世家

楚威王興兵而伐之，大敗越，殺王無彊，盡取故吴地，至浙江。

貨殖傳

浙江南則越。

潛説友《咸淳臨安志》曰：「杭城屬吴、屬越，諸家爲説不同。以爲屬吴者，晏公《類要》、《括地志》而不著其説。惟《淳祐志》引《吴越春秋》所載『越王句踐入臣于吴，群臣送至浙江，臨水祖道』，又載吴王夫差爲越所敗而走，『止秦餘杭山』。又《史記》：『楚威王伐越，盡取故吴地，至浙江。』遂謂吴、越必以浙江爲分界。以爲屬越者，杜佑《通典》、歐陽忞《輿地廣記》皆云：『春秋時屬越，越敗屬吴。』《太平寰宇記》引《吴地記》云：『越國西界至禦兒，今嘉興崇德縣有禦兒鄉，則吴、越以此爲分界。』各有所據。今精考之，當以後説爲是。《淳祐志》所引三説，皆有可辨。其一謂越群臣祖句踐于浙江，則是吴、越以浙江爲界，殊不知是時句踐方保棲會稽之山，浙江以西皆爲吴有，宜其祖道止此，況又未嘗曰『送之境上』耶？其一謂夫差走餘杭山，則餘杭在吴境内，殊不知吴自有秦餘杭山，《姑蘇志》『陽山』又名『秦餘杭山』，在長洲西北三十里。夫差棲于此而死，因葬焉。又《越絶書・吴地傳》云：『秦餘杭山近太湖。』今餘杭去太湖遠甚，豈可以名之偶同强合爲一？其一謂『楚伐越，盡取吴故地，至浙江』，則浙江之西乃吴地。殊不知此句自是兩義：所謂『吴故地』者，言越故取于吴者也。所謂『至浙江』，言併越原有之地盡取之也。豈可概以爲吴地乎？」《杭州府志》曰：「《咸淳志》之説可謂辨矣。然亦有不盡然者。《淳祐志》所引三説，惟『秦餘杭山』一説誠誤，其二説則潛氏所駁亦未能折其喙。君將去國，群臣送之，未及境而遽然盡返，可斷其必無。記事者不言『境上』而言『送至』，渾言之以見不能踰境耳。後句踐歸國，望見大越山川，歎曰：『吾豈料重復鄉國！』必至浙江而始見越山，始云『鄉國』，則未至浙江不爲越之鄉國明甚。《史記》云『楚盡取故吴地，至浙江』，其不言『越地』，蓋滅越則越地自盡取之，詞已無所不足，未必一句分爲兩義。此駁尤爲未覈。平情論之，杭不專爲越地，亦不專爲吴地。」

元案：吴、越分境，《史記》以浙江南爲越，又謂：「故吴地至浙江。」《國語》言：「越境北至禦兒、平原。」韋昭言：「夫椒、檇李皆越地。」于是主《史記》者，則不以禦兒爲越境；主《國語》者，則以吴國之境不至浙江。此《咸淳志》所以駁《淳祐志》，而《杭州府志》又伸《淳祐》而駁《咸淳》也。若依《漢志》、《説文》，自吴江、嘉興、石門、錢塘皆得爲浙江。則以禦兒爲越境者，正以浙江爲越境也。以吴故地至浙江者，原未嘗踰于禦兒以南也。《國語》、《史記》正可會而通之，不相背而實相成。自不識「浙江」即「南江」，乃參差不協矣。

揅經室一集卷十四

浙江圖考下

唐書地理志

杭州餘杭郡　鹽官

有捍海塘。隄長百二十四里，開元元年重築。

元案：海塘始見於此。是時海塘止在鹽官一帶。鹽官，今海寧州海鹽縣地也。所云「百二十四里」，蓋即今海寧城外一帶之海塘也。

富陽

有隄。登封元年令李濬時築。東自海、西至筧浦，以捍水患。

明陳觀《吴公隄記》曰：「富春居杭上游，下通錢塘，上接衢、婺、睦、歙，諸水會流。𠛬自觀山起，至筧浦橋止，三百餘丈，適當邑城之南，其捍潮禦浪，惟築隄爲可備。自唐萬歲登封六年縣令李濬所築者，去舊城一百步許，迄今數百年，雨洗風淘，隄因以壞。」

萬曆舊《志》曰：「李濬，萬歲登封六年爲富陽令。嘗築捍江隄，自筧浦至東觀山，計三百餘丈。」元案：「東至海」蓋即尖山一帶，「西至筧浦」即今筧橋。筧橋在艮山門北十餘里，恰合百二十里耳。南江絶流，蓋由於此。

通　鑑

唐乾寧三年辛未，安仁義以舟師至湖州，欲渡江應董昌。

胡氏三省注曰：「安仁義自潤州以舟師至湖州，何從而渡江哉？蓋欲自湖州舟行入柳浦而渡西陵耳。」

胡氏渭《禹貢錐指》曰：「江水自湖口以東，厤烏程，南通餘姚，與浙江合者，其故道無可考。蓋從烏程南以東達于餘姚，必經歸安、德清、石門界中，至海寧，由浙江以入海。海寧地獨高，境内諸水皆北流，故宋元嘉及梁大通中，以滬瀆不通，嘗欲穿渠引吴興之水以瀉浙江，而功卒不立。蓋水性就下，地勢有所阻也。」

趙氏一清《水經注釋》曰：「東樵之言非也。南江與浙江合，由太湖長瀆口上通臨平湖以合，浙江自有纏絡，何必載之高地乎？《通鑑》：『唐乾寧三年，楊行密遣安仁義以舟師至湖州，欲渡江應董昌。錢鏐遣顧全武守西陵，仁義不得渡。』胡三省曰：『自湖州舟行入柳浦，可渡西陵。又柳浦即今浙江亭，東跨浦橋之浦也。』劉昫《唐書》曰：『隋于餘杭縣置杭州，又自餘杭移治錢塘，又移于柳浦，今州城是。』又曰：『柳浦埭即今杭州江干浙江亭北跨浦橋埭。』則其時水道尚未盡湮也。」

顧氏祖禹《讀史方輿紀要》曰：「柳浦在府城東南五里候潮門外，江干有浙江亭，亭北有跨浦橋，六朝謂之柳浦埭。劉宋泰始二年，遣吴喜擊孔覬于會稽，喜自柳浦渡，取西陵。齊永明二年，富陽民唐寓之作亂，進至錢塘。錢塘令劉彪遣將張玗禦之，敗于小山，寓之進至柳浦，彪棄城走。」

元案：安仁義自湖州由柳浦渡西陵，此正合酈注「南江枝流」自烏程、餘杭之道也。然則六朝以來至于唐末，其迹尚有可尋者。

咸淳臨安志

梁開平四年八月，錢武肅始築捍海塘，在候潮、通江門之外。潮水晝夜衝激，板築不就。因命强弩數百以射潮頭，又致于胥山祠，仍爲詩一章，函鑰海門山。既而潮水避錢塘，東擊西陵。遂造竹落積巨石，植以大木，隄岸既成。久之，乃爲城邑聚落。凡今之平陸，皆昔時江也。

元案：自杭南有山處至海寧州築塘，永絶南江之流，當是開元、登封之年。度此時浙流已極小弱，故能絶之，至於吴越時加修耳。柳浦之地，甚高於艮山門外，所云「自柳浦渡」者，於此略狹處渡江，非真以内江之舟直渡至西興也。❶大約南江之正流總在筧橋一帶，不在柳浦以上。

宋王氏安石曰：此見傅氏《禹貢集解》所引，蓋其所撰《新經書義》。「一江自義興，一江自毗陵，一江自吴縣，皆入

❶「興」，據文義當作「陵」。

海。二江在震澤之上，一江在震澤之下。震澤水有所洩，故底定也。上二江，今中絶，故震澤有水災。於是見此書所記禹迹，尚足用以知水也。」

元案：唐省陽羨置義興，宋太平興國改宜興，王氏以宋初縣名釋班《志》之「陽羨」，而毗陵、吴縣則仍班氏。此以班《志》之「三江」爲《禹貢》之「三江」，是也。但不知班《志》分江水爲南江，又不知岷江自江都入海之江即毗陵以北之北江，故曰「上二江，今中絶」也。

毛氏晃《禹貢指南》曰：「王荆公謂以『一江自義興，一江自毗陵，一江自吴縣』。義興，古之陽羨。毗陵，今之丹徒，《春秋》所謂延陵季札所居之地。吴縣，今之吴江。三江介于蘇、常、潤三州之閒，而震澤瞰乎三州之界，尾通吴興，苕、霅之水出焉。此言殆與班固相表裹，然雖詳而無統。」

元案：此知王氏之説出于班《志》而斥爲「詳而無統」，亦不足以知王氏。

林氏之奇《尚書全解》曰：「經既有北江、中江，必有南江。顔師古注《漢書·志》亦曰：『三江謂中江、南江、北江也。』師古此説必有所據而云爾。如郭景純以爲岷江、松江、浙江，王介甫以爲一江自義興、一江自毗陵、一江自吴縣，此説皆據其所見之江而爲言，非禹之舊迹也。」

元案：顔師古注《漢志》，三江爲南江、中江、北江，即本班《志》之南江、中江、北江也。以班氏自注于郡縣之下，故不復實指何地。郭景純、王介甫皆本班《志》，林氏取師古而斥郭景純、王介甫，非也。

薛氏季宣《書古文訓》曰：「《職方》『揚州三江』，即大江、吴江、浙江。《禹貢》『三江』，震澤下流自爲三江耳。《吴地記》『東江東南爲谷水』，即今松江東蘆、瀝浦至秀州鹽官界入浙。」

元案：此以郭景純所謂「三江」專屬《職方》，而以《禹貢》之「三江」爲庾仲初之「三江」，而以酈氏所稱之「谷水」爲庾氏三江之「東江」。

傅氏寅《禹貢集解》曰：「班氏所指南江，今吴江也；所指中江，今蕪湖斷港也；所指北江，今京口江也。古毗陵疆界廣，京口江東行，正在京口北也。自宜興縣航太湖，逕溧陽至鄧步，凡兩日水路。自鄧步登岸，岸上小市名東壩。自東壩陸行十八里至銀林，復行水路，繫大江之支港。自支港行百餘里，乃至蕪湖界，即入大江也。銀林之港，鄧步之湖，止隔陸路一十八里耳。故老相傳，謂：『大江此港本入震澤，禹塞之。』愚得此説于友人王益之，再得于孟達甫，猶未詳也。三山陳子禮，聞其往還宜興、蕪湖，道甚熟，諏之，遂得其詳，因圖之于此。用以知班氏所説『中江』，古蓋有之。堯水横流爲震澤害，禹因塞之也。」

元案：傅氏説中江最詳，然不知蕪湖斷港塞于漢以後，乃信傳言，以爲禹塞，則迂矣。知南江即吴江，尚未知吴江之上流本于石城，下流入于餘姚，故其爲《三江圖》，亦未盡善。

程氏大昌《禹貢山川地理圖敘説》曰：「班固謂蕪湖有水，東至陽羨入海，以爲中江，則不習地勢甚矣。陽羨者，今常州宜興縣也。與建康、溧陽接境。兩境中高，又皆有堆阜間之，其兩邑水分東西流。其東流而下陽羨者，固可通海，而蕪湖之水乃皆西北流，合寧國、廣德、建康南境之水，北向以入大江，元非蕪湖之水可以分江派而南流以上陽羨也。班固必詢之嘗行溧陽者，謂有水道可以入海，遂數之以爲中派一江。不知溧陽之水不與宜興通也。桑欽所著『北江』，與班固正同，其敘『南江』乃謂『自牛渚上桐水，今廣德。過安吉縣，麻長瀆，今太湖。出松江，入海』，不知桐水、安吉中高，水不相通，亦猶溧陽之與陽羨也。」

元案：中江、南江上流中塞，故各水分入耳。程氏據目前以測三代、秦、漢之迹，豈然也哉！中江自蕪湖至陽羡者，自緣築五壩而斷，其迹尚有可尋，則南江亦如是也。九河北播，明見于經，而今則江合于淮，故瀆已成陸地，向非經有明文，將亦謂禹治之河本爲南注乎？古今之事，不可以形迹求也。蓋亦多矣。

又《演緐露》曰：「《説文》釋『浙江』云『江水東至會稽山陰爲浙江』，又『漸水出丹陽黟縣東入海』，皆今錢塘浙江也。秦始皇『渡浙至會稽』，又《莊子》有『淛河』，則『浙』名舊矣。桑欽載漸水所逕、所入，正今浙江，而不名爲『浙』，若謂『浙』、『漸』字近，久而相變，如『邾』、『鄒』之類，則『浙』之得名既見先秦，而桑欽更以爲『漸』，何也？許氏『浙水』、『漸水』，又復兩出，皆不可曉。黟縣，今徽州也。休寧縣有浙溪，溪上有漸嶺，而婺州亦有浙溪，二州水皆會桐廬，而遂從杭、越間入海，則本其發源，各名爲『浙』，未有牴牾。第以古語爲證，則出歙者正也。」

元案：程氏謂《説文》「漸」、「浙」兩出爲「不可曉」，蓋不明南江爲浙江，與漸本屬兩水也。謂「休寧有漸嶺」，此正漸水所由名。又謂「徽州、婺州俱有浙谿」，此則後人名稱之譌，所謂徽州之浙谿即漸水，所謂婺州之浙谿即穀水。程氏不信班氏之説，而不暇深求，故「浙」、「漸」終于莫解耳。

元陳氏師凱《書傳旁通》曰：「若以漢江在荆州之域不當如東坡三江之説，而又不必涉中江、北江之文，而止求其利病之在揚州之域者，則水勢之大者，莫若揚子大江、松江、浙江三者耳。」

元案：此所取三江同于郭景純，即同于班孟堅。但以揚州之三江不必涉于「導江」、「導漾」之中江、北江，則非也。

王氏天與《尚書纂傳》曰：「今吾邑耕齋劉氏嘗見諭云：『頃年之官吴門，郡遣舟來迓。一夕，問所宜宿，舟子曰：晚宿震澤。洎至其所，屋室綿亘，里門扁以「震澤」二字，且有底定橋。登岸，問塗之人曰：此去太湖近耶？曰：近矣。又問：三江何在？曰：此去不遠，有三江口。又問：三江曷謂？曰：浙江、吴江、松江也。』耕齋所言與朱子所問吴人合。」

元案：以古言之，吴江即浙江。以今言之，吴江即松江。耕齋問諸塗人，自不足爲典要。然問三江而舉浙江以對，其故老相傳之説尚有存于里巷之口者耶？

明歸氏有光《三江圖説》曰：「古今論三江者，班固、韋昭、桑欽之説近之。但固以『蕪湖東至陽羨入海』，昭分錢塘江、浦陽江爲二，桑欽謂『南江自牛渚上桐上，❶過安吉，庥長瀆』，爲不習地勢，程大昌辨之詳矣。然孔安國、蘇氏所論，亦未必然也。今從郭璞，以岷江、松江、浙江爲三江。蓋自揚州斜轉東南，揚子江、吴松江、錢唐江三處入海，而皆以江名，其爲三江無疑。直學邊實修《崑山志》言大海自西沺分南北，由轉斜而西，朱陳沙謂之揚子口；由徘徊頭而北，黄魚垜謂之吴松江口；浮子門而上，謂之錢塘江口。以此驗之，禹迹無改。」

元案：歸氏從郭氏之三江而疑班氏之三江者，蓋以上流一自蕪湖至陽羨，一自石城至安吉，其水道多

---

❶ 下「上」字，清咸豐《涉聞梓舊》本《三吴水利録》作「水」。

湮也。然以浙江、松江、岷江爲「禹迹無改」，識過于宋、元諸儒遠矣。
胡氏渭《禹貢錐指》曰：「《漢志》『丹陽石城縣』下云：『分江水首受江，東至餘姚入海。過郡二，行千二百里。』此即南江之原委。過郡二，謂丹陽、會稽也。其在吴縣南者，即吴松江，乃中江之下流。班氏不知分江水至餘姚入海者即古之南江，遂誤以松江當之耳。《水經》：『沔水與江合流，又東過彭蠡澤。又東至石城縣。分爲二：其一過毗陵縣北，爲北江；其一爲南江，東至會稽餘姚縣入海。』今案：大江自西南來，至石城枝分爲分江水，至餘姚入海；又東北流至蕪湖，枝分爲永陽江，由吴松入海；其經流則東逕毗陵，至江都入海。毗陵、江都最北，故謂之北江。石城、餘姚最南，故謂之南江。蕪湖、吴縣居二江之中，故謂之中江。雖與《禹貢》『導江』不合，而辨方命名，次弟秩然，與郭景純之松江、浙江，源異而流則同也。蓋中江貫震澤，松江即其下流，不得復析爲南江。南江首受石城之大江，其自湖口洩入具區者，乃枝流；而東至餘姚入海者，其正流也。酈氏恐違《漢志》，反以歷烏程縣南者爲枝流，而中江盡于荆谿，南江即是吴松矣，非古人命名之本意也。」

元案：胡氏敘班氏「三江」，極爲明晰。惟惑于《初學記》所引鄭注，而不能辨其僞，故以爲與《禹貢》「導江」不合。至班《志》所記吴南之南江，即石城之分江水，所經未嘗錯誤。酈氏《水經注》謂長瀆入具區者爲南江，由烏程者爲南江支流，蓋據班《志》三江，確爲禹迹。胡氏駁之，未足以知班《志》也。

又曰：「酈道元云：『江水自石城東入爲貴口，東逕石城縣北。』今考《池州府志》，分江水、貴池水皆在貴池縣西，貴池水入江處名曰貴口。蓋分江之流久已中絶，故其水還注于江，南江必衰。周時吴、越以人力爲之，易至壅塞，麻世久遠，不可得詳，而南江即分江水與松江之非南江，則固可以理斷也。」

元案：此云「分江之流中絶，其水還注于江」，極爲精確。又必以「南江爲衰。周吴、越以人力爲之」者，惑于僞鄭注而不能與班《志》合也。

又云：「《禹貢》『三江』之不明，誤自班固始。《漢志》『會稽吴縣』下云：『南江在南，東入海。』『毗陵縣』下云：『北江在北，東入海。』今本《漢書》脱上「北」字，今據宋本增入。『丹陽蕪湖縣』下云：『中江出西南，東至陽羨入海。』皆『揚州川』也。蓋北江爲經流，至江都入海。中江由吴松入海，南江合浙江入海，皆北江之枝瀆也。『導水』明言『漢自彭蠡東爲北江。江自彭蠡東爲中江』。誠如班氏所言，則蕪湖之中江，何以知爲江水之所分？毗陵之北江，何以定爲漢水之所獨乎？以此當《禹貢》『三江』之二，雖愚者亦知其非矣。」

元案：胡氏誤仞鄭注，而不能辨其真僞，遂至詆班《志》「三江」，而以爲皆北江之枝流。南江、中江在南，彭蠡、北江在北，江、漢由分而合，由合而分。《禹貢》分應之，確有精義。胡氏以此駁班《志》「三江」非禹迹，不亦拘乎？詳見前。

顧氏炎武《日知録》曰：「北江，今之揚子江也。中江，今之吴淞江也。「東迆，北會于匯」，蓋指固城、石臼等湖。不言南江，而以三江見之。南江，今之錢塘江也。本郭璞記。《禹貢》該括衆流，無獨遺浙江之理，而會稽又他日合諸侯計功之地也，特以施功少，故不言于『導水』爾。『三江既入』，一事也。『震澤底定』，又一事也。後之解《書》者，必謂三江之皆由震澤，以二句相蒙爲文，而其説始紛紜矣。」

元案：顧氏此説，本于郭景純，同于歸熙甫，謂「《禹貢》該括衆流，無獨遺浙江之理」，極爲精確。乃以

「東池，北會于匯」爲中江，會于石臼諸湖，異于鄭氏以東池者爲南江，而錢塘江之達于吳南亦未詳。

閻氏若璩《古文尚書疏證》曰：「或又問：《職方氏》『揚州，其川三江』，解孰爲定？余曰：鄭無注，賈疏非當，郭景純解『三江者，岷江、松江、浙江也』以當之，斯爲定。一州之内，其山鎮、澤藪、川浸至多，選取最大者而言，揚州之最大川，孰有過岷、浙二江者？即松江之在當時，與揚子、錢塘相雄長，而後可以稱禹迹，非如今所見之淺狹。此豈專指洩震澤之下流者之江？《國語》申胥曰：『吳與越，三江環之。』范蠡曰：『我與吳爭三江、五湖之利。』夫環二國之境而食其利，正《職方》之『三江』，我故曰：《周禮》一『三江』，《禹貢》又一『三江』也。」

元案：閻氏于地理之學最精，謂《周禮》「三江」即《國語》之「三江」是也。惟其解《禹貢》「三江」，則專取庾仲初之説，尚未盡合耳。

全氏祖望《水經注》七校本曰：「葉夢得《避暑録話》曰：『《水經》謂「漸江出三天子都」，取《山海經》爲證。三天子都在彭澤西，安得至此？今錢塘江乃北江下流，雖自彭澤來，蓋衆江所會，不應獨取此一水。予意「漸」字即「浙」字，《水經》誤分爲二名，注引《漢志》「浙江」者是已。今自分水縣出桐廬號歙港者，與衢、婺之谿合而過富陽以入大江。大江自西來，此江自東來，皆會于錢塘。』案：《山海經》三天子都有三：一曰在閩西海北，即浙江之源也；一曰在衡山，即廬江之源也；一曰在海中，則不知其處。石林謂但在彭澤，則謬矣。又謂『錢塘乃北江下流，來自彭澤』，是仍《水經·沔水》篇以立文者。」

元案：葉石林言「錢塘江爲北江下流」是也。識見出王安石、傅同叔之上，惟以「浙」爲「漸」則非耳。又云「歙港合衢、婺之谿過富陽入大江」，大江指北江也。又云「大江自西來，此江自東來，會于錢塘」，此有譌誤，當是「大江自北來，此江自西來」。蓋體會于班《志》「分江水逕吴南至餘姚入海」之説，爲趙宋諸儒之所莫及。全氏以爲「仍《沔水》篇以立文」，其駁非也。

趙氏一清《水經注釋》曰：「胡東樵云：『北江爲經流，中江由吴松入海，南江合浙江入海。』今據班《志》而言，實則班《志》『蜀郡湔氏道』下云：『《禹貢》㟭山在西徼外，江水所出，東南至江都入海。』而『廣陵國江都』下急著『江水祠』以應之，又于『臨淮郡海陵』下復云『有江海會祠』以明之。海陵、江都非揚域乎？非中江入海之道乎？其于會稽郡之吴、毗陵，丹陽郡之蕪湖，雖列南、北、中之名而無『禹貢』字，則亦可知是秦、漢以來見行之川，作《志》者自不關禹迹也。後人乃欲據《志》以釋經，反謂《志》與經不合，則亦誣矣。」

元案：趙氏説班《志》極精密，乃以無「禹貢」字斷爲「不關禹迹」，則非也。秦、漢時見行之川既如是，則班氏用以作《地志》，鄭氏即本以注《禹貢》，何得如蘇氏時三江合而爲一，遂以合漢彭蠡爲三江耶？

又曰：「《説文》有『漸江』，又有『浙江』，云『江水東至山陰爲浙江』，則黟縣之『漸江』至錢塘乃有『浙』名。班《志》有『浙江』無『漸江』。『浙江』下但云『東入海』，不計道里之數。至『錢塘武林水』亦云：『東入海，行八百三十里。』補此一句，以見『浙江』之即『漸江』也。」

元案：趙氏知《説文》「漸」、「浙」分兩字矣，又拘于《漢志》「八百三十里」一語，以「浙江」即「漸江」，非也。漸江自是歙港，浙江自是南江。《漢志》「八百三十里」，自是譌文，疑屬「穀水」下，誤寫于「武林水」

下也。

錢氏塘《三江辯》曰：「《禹貢》之『三江』，《職方》之『三江』也。班孟堅《地理志》謂『南江在吴縣南入海，北江在毗陵縣北入海，中江出蕪湖縣西南，東至陽羨入海，皆揚州川』，此釋《職方》也，即釋《禹貢》矣。自鄭康成注《尚書》，始别爲之説曰：『左合漢爲北江，右會彭蠡爲南江，岷江居其中爲中江。』若然，則自夏口以北者，北江也；湖口以南者，南江也；夏口以至湖口者，中江也。而自湖口以下，惟有一江，以《禹貢》『導水』經文質之，于漢曰『東匯澤爲彭蠡，東爲北江入于海』，于江曰『東迆北會于匯，東爲中江入于海』。則自湖口而下分爲三江，殆不如康成之説矣。」

元案：錢氏辯「三江」，一依班孟堅、郭景純爲説。惟未辯《初學記》所引之鄭注非真鄭注，故駁鄭耳。蓋鄭注云「自彭蠡分爲三孔」，正是謂「自湖口而下分爲三江」矣。

「揆孟堅所言，江過湖口實分爲三，而以行南道者爲南江，行北道者爲北江，行中江者爲中江，合乎《禹貢》『導水』之經，誠不易之論也。」

元案：班氏《地志》，最爲精密，考古地理者，舍此莫有所主也。故鄭注《禹貢》、《職方》專本之，得錢氏此説，可辟駮班《志》者之非。

「考之《水經》，沔水自沙羨縣北，南入于江，合流至居巢縣南，東至石城縣分爲二，其一東北流過牛渚、毗陵以入海者爲北江，自石城東入貴口至餘姚入海者爲南江，自丹陽蕪湖縣東至會稽陽羨入海者爲中江，具載《沔水》經文及附記中，皆與孟堅合。惟孟堅謂『南江從吴縣南入海』耳。然孟堅又謂『石城分江水首受江，東至餘姚入海」，酈道元引桑欽、《地理志》，亦謂『江水自石城東出，逕吴國南爲南江』，蓋餘姚入海之江即吴縣南入海之江也。餘姚、吴縣之閒，爲由拳、海鹽、烏程、餘杭、錢塘諸縣，南江由之入海，固在吴國之南，國後爲縣，是以孟堅《志》南江入海處，既系之『餘姚』，又系之『吴縣』也。」

元案：此可見班《志》、《水經》相合。「分江水至餘姚入海」即「南江至餘姚入海」。

「《水經》附記不詳中江所由，而今尚有其迹。自楊行密築五堰，江流始絶。永樂時，設三壩，則陸行者十八里矣。然自銀林以西、鄧步以東，其流固在也。可知二江雖自石城、蕪湖分行，而同會具區。故酈道元以南江即合于浙江、浦陽江之谷水。而《咸淳毗陵志》以荆谿爲中江，惟北江自從毗陵入海耳。此足以證三江之實有其三，非如康成之合爲一江也。」

元案：此可破程大昌陽羨、安吉高隔之説，惟不辨鄭注爲僞，故駁之。然鄭氏自謂「分爲三孔」，未嘗言「合爲一江」也。

「且二家之是非，愚請以左氏内、外《傳》折之。《吴語》云『吴王夫差起師伐越，越王句踐起師逆之江』，即《内傳》哀公元年之『敗越于夫椒』也。又曰『越王句踐乃率中軍泝江以襲吴，入其郛』，即《經》書『十二年，於越入吴』也。又曰『吴王軍于江北，越王軍于江南』，即《内傳》『十七年，越子伐吴』也。十七年之《内傳》以爲『笠澤』，而《外傳》以爲『江』，則笠澤即江矣。其元年、十二年之《外傳》以爲『江』者，亦即此江矣。韋昭曰：『江，吴江也。』又曰：『江，松江，去吴五十里。』是已。笠澤也，吴江也，松江也，實出自具區之一江。左氏謂之江，則中江之自陽羨入海明矣。是故今之松江，即古之中江也。若夫《外傳》之名南江爲『江』

也，則伍員、范蠡之言『三江』，舉之矣。員謂：『吴、越之國，三江環之。』蠡謂：『吴與越争三江五湖之利。』以二國在江湖閒也。許慎謂：『江水東至會稽山陰爲浙江。』闞駰謂：『江水至會稽與浙江合。』酈道元謂：『南江于海鹽縣秦望山東出爲澉浦，其枝分麻烏程、餘杭二縣與浙江合。浙江于餘暨東合浦陽江，自秦望分派，東至餘姚又爲江。』此南江與浙江、浦陽分合之迹也。」

元案：此言南江即浙江，極明晰，可破謂吴、越「三江」非《禹貢》「三江」之謬。

「《越語》言：『句踐之地，南至于句無，北至于禦兒，東至于鄞，西至于姑蔑。』韋昭以爲今諸暨、嘉興、鄞縣、太末之地。然則中江以南爲越，中江以北爲吴，而南、北二江分行二國王都之北，是爲『三江環之』，而二國之必争其利，不待言矣。」

元案：此仍吴仁傑之説，辨見前。

「韋昭以松江、錢塘、浦陽爲三江。然錢塘何江乎？即浙江也。浙江從餘姚入海，南江既先後合于浦陽，浙江則止一江耳，烏得而二之？是故今之錢塘江，即古之南江也。可知孟堅之説與左氏内、外《傳》合，而康成則否，即二家之是非判然矣。」

元案：康成本班《志》立言，原無異同。異于班《志》者，《初學記》之譌文也。

「宗康成者曰：《漢志》所謂中江、南江，皆吴通江于湖之道耳，不得爲《禹貢》之『三江』。然我聞吴嘗溝通江、淮矣，不聞其溝通江、湖也。説者皆援《史記·河渠書》爲據，不知《史記》固言『通渠三江、五湖』，未嘗謂『通江于湖』也。今江、湖之閒，枝渠相通者甚多，安知非吴人所爲而可以爲即此二江乎？使吴果通此二江，曷爲《記》無明文，若左氏所云『掘深溝于商、魯之閒，北屬之沂，西屬之濟』也？」

元案：此破謂南江爲衰周時人力所爲之謬。

「況三江上流，《内傳》亦有可考者。襄公三年，『楚子重伐吴，克鳩茲』，杜預謂『在丹陽蕪湖縣東』，劉昭據以注《郡國志》『蕪湖中江在西』之文。是楚克吴中江以東邑也。哀公十三年，❶『楚子西、子期伐吴，至于桐汭』，杜預謂『宣城廣德縣西南有桐水』，此即酈道元所謂『南江逕宣城之臨城縣南，又東與桐水合』者。是楚又越南江而東矣。此必二江當吴、楚之交，故楚之伐吴，皆越二江，足以明非吴人始爲之也。《地志》目高淳之中江爲胥谿，謂『伍員伐楚時所鑿』，此傅會之説耳。《内傳》『定公四年，蔡侯、吴子、唐侯伐楚，舍舟于淮汭，自豫章與楚夾漢』，不聞由胥谿也。其地有伍牙山，即《魏氏春秋》所謂『烏邪山』者，而今謂之『伍員山』。此名中江爲胥谿之所由來矣。」

元案：以中江爲胥谿，明韓邦憲《廣通壩考》之説也。此可破其謬。

「然則江、漢既合，後之分而爲三也，孰從辨之？曰：漢源于北，故以北江屬之。江源于南，故以中江、南江屬之。江、漢各爲瀆，故各自入海，所謂『江、漢朝宗』也。使合而爲一，漢安得有入海處耶？」

元案：此解《禹貢》北江、中江分屬江、漢極精，可破從前諸説之謬。

「曰：孟堅于『滷氏道』何以言『江水至江都入海』？曰：北江、中江，《禹貢》雖分屬江、漢，已同謂之『江』

❶「三」，據阮刻本十三經註疏本《左傳正義》當作「五」。

矣。孟堅烏得不謂之『江』？夫以北江爲江可也，以爲無南江、中江不可也。如此而已矣。江既有三，《禹貢》何以僅書其二？曰：『北江』固宜書，書『中江』者，舉中以見南也。言中江而南江見，言南江而中江不見，故舉中焉耳。」

元案：鄭氏特注「東迆者爲南江」，所以爲解經之妙。

「曰：康成之説，經學之宗也。子柰何非之？曰：予豈不宗康成，顧質之經傳而不合，故不敢從焉耳。《禹貢》『三江』之注，不復見于《職方》，安知非康成已自悟其失歟？然則予之不從康成，未必非康成之意也。」

元案：説經惟求其是，雖康成何可執之？錢氏此言，真可爲學者法。余既辨鄭注之僞，復有取乎錢氏此言者，明非曲爲鄭解也。鄭氏果非，何妨違之？鄭氏果是，又何可違？惟其本非鄭注，而傳寫者譌以誣之，則正宜爲鄭氏白，非深求乎鄭氏不能知其是非，亦不能明其真僞也。

「郭景純、庾仲初何如？曰：景純之説，孟堅之説也。孟堅志其地，景純述其名。仲初則一隅之見耳，我無取焉。」

元案：郭景純所謂「浙江」，即班氏分江水至餘姚之「浙江」也。學者不知「浙」之非「漸」，而疑郭氏之説殊于班氏。錢氏此言明班、郭無異，不易之説也。錢氏説「三江」極詳明，一滌唐、宋以來諸謬説。故備録于末，以爲百川之海云。

揅經室二集卷一

皇上八旬萬壽宗經徵壽説

臣聞三極彝訓，其書言經。經者，堯、舜、禹、湯、文、武、周公、孔、孟之説。帝王稽古同天，聖德備焉。欽惟乾隆五十五年，皇上八旬萬壽萬萬壽。臣仰思盛德大業，非三代以下史册所可擬萬一。惟宗諸經傳，以徵聖壽，或管窺而得其詞焉。臣謹案：《尚書・洪範》：「九，五福，一曰壽。」壽者，福之初詁。福者，德所致也。恭讀《五福頌》，以爲壽、富諸事，皆受於天，惟好德修于人。「五皇極。曰：予攸好德，女則錫之福。」皆五福主德之證。至哉！聖人之德，即福之基，聖人之所以壽也。

帝王之壽，必本於天。《書》曰：「天壽平格。」孔安國傳曰：「言天壽有平至之君。」《禮記・中庸》謂「大德必得其壽」，徵諸《詩》曰：「保右命之，自天申之。」我皇上昭事惟敬。《書》曰：「敕天之命，惟時惟幾。」恭繹讀《召誥》篇，一言以蔽之，曰：「曷其奈何弗敬？」以誠民爲祈天之本，以敬德爲誠民之本，其理益明焉。《大戴禮》曰：「戒慎必恭，恭則壽。」又引《丹書》曰：「敬勝怠者吉。」亦其義也。

皇上躬親郊壇大祀，極致精虔。其在《周禮》曰：「大司樂。冬日至，地上圜丘。夏日至，澤中方丘。」《祭法》：「燔柴於太壇，祭天也。瘞埋於泰折，祭地也。」又以正月上辛祈穀、孟夏常雩者，《公羊春秋》曰「郊用正月上辛」，《月令》「天子乃以元日祈穀於上帝」，《左氏春秋》曰「龍見而雩」，《月令》「大雩，帝用盛樂」，是也。社稷壇加玉者，祈農事也。《周禮》：「小宗伯。掌建國之神位，右社稷。」《春秋外傳》曰：「玉足以庇蔭嘉穀。」朝日、夕月諸中祀，茲復躬親一週。及於岳、瀆，咸命使祭告。《禮記·祭義》曰：「祭日於東，祭月於西，以別外内。」《周禮·大宗伯》：「以實柴祀日月星辰。以槱燎祀司中、司命、飌師、雨師。」《公羊春秋》曰：「祭大山、河海、山川有能潤於百里者，天子秩而祭之。」《禮記·王制》：「天子祭天下名山大川，五岳視三公，四瀆視諸侯。」是也。定壇、廟祭器者。《周禮》：「司尊彝，掌六尊六彝之位。」《禮記·郊特牲》曰：「鼎俎奇而籩豆偶，法古制也。」

我朝聖聖相承，重熙累洽，百有餘年。皇上寅承丕基，無事不敬法列祖。《詩》曰：「下武維周，世有哲王。三后在天，王配于京。」我國家創業東土，締造維勤。皇上編《開國方略》，以闡功德。《書》曰：「惟先王建邦啟土。公劉克篤前烈。至於太王，肇基王跡。」書薩爾滸戰事者，仁者無敵，受命伊始。《書》曰：「壹戎衣，天下大定。」諭立卧碑，述太宗訓，守冠服騎射者，遵成憲也。《詩》曰：「思輯用光，弓矢斯張，干戈戚揚。」又曰：「率由舊章。」作《紀恩堂前後記》，敬誦實録者，逮事聖祖，不忘恩教也。《皇矣》之詩，述文王逮事大王，大王受天命，及王季、文王。其《詩》曰：「維此王季，帝度其心。」又曰：「克順克比，比於文王。」四巡盛京，親製詩賦，以彰謨烈。《詩》曰：「天作高山，大王荒之。彼作矣，文王康之。」又曰：「昭茲來許，繩其祖武。於萬斯年，受天之祜。」

皇上上繩祖武，下詒孫謀，五代一堂，古今未見，復致玉牒十一世之慶。《爾雅》曰：「子之子爲孫。孫之子爲曾孫。曾孫之子爲玄孫。玄孫之子爲來孫。來孫之子爲晜孫。晜孫之子爲仍孫。仍孫之子爲雲孫。」

皇上明俊德以親九族，恩澤深厚。《禮記・大傳》曰：「尊祖故敬宗。敬宗故收族。」《詩序》曰：「《行葦》，忠厚也。」

皇上勤於庶政，睿思所周，事立必豫。《易・乾》象曰：「天行健，君子以自強不息。」《書》曰：「一日二日萬幾。」御書《無逸》篇，揭爲座銘。臣伏讀經筵御論「君子所其無逸」，訓「所」爲「處」，與《召誥》「王敬作所」相發明。聖人之言，經訓所折衷也。法宮行在，皆秉燭待章。《孟子》曰：「坐以待旦。」視事移晷，傳餐嚮午。《書》曰：「自朝至于日中昃，不遑暇食。」内外奏章，皆丹毫親批，日數十事。《周禮・内史》：「凡四方之事書，内史讀之。」皇上猶無須内史之讀也。内外臣工日有召對，下至一命，亦無遺焉。《周禮》：「小臣掌三公及孤卿之復逆，大僕掌諸侯之復逆，宰夫敘群吏之治，以待諸臣之復，萬民之逆。」是也。瀍祖六巡江浙，觀民察吏，不自暇逸。岱岳、五臺、豫河皆親駐蹕。《易》曰：「省方觀民設教。」《孟子》曰：「天子適諸侯曰巡狩。巡狩者，巡所守也。」《禮記・禮器》曰：「因名山，升中于天。」《詩・般》序曰：「巡狩而祀四岳河海也。」

天下庶獄，事必親覽，兹復恩詔減等。《王制》曰：「刑者，侀也。侀者，成也。一成而不可變，故君子盡心焉。」《易》曰：「雷雨作解，君子以赦過宥罪。」耕耤之禮，必躬親者。《禮記・月令》：「天子乃擇元辰，躬耕帝籍。」《春秋外傳》曰：「民之大事在農，上帝之粢盛於是乎出。食爲民天，民爲國本。」皇上愛民重農，民數穀數，要會時聞。《周禮・小司寇》：「大比，登民數，自生齒以上，登于天府。」《禮記・王制》：「五穀皆入，然後制國用。」《周禮・天府》：「若祭天之司民司禄而獻民數穀數，則受而藏之。」至於祈謝雨澤，驛詢天下雨暘收穫，每霑足豐稔，必詩以誌喜。《爾雅》曰：「四時和謂之玉燭。甘雨時降，萬物以嘉，謂之醴泉。」《穀梁春秋》曰：「五穀大熟爲大有年。」又曰：「閔雨者，有志乎民者也。喜雨者，有志乎民者也。」正賦漕運，歲千萬計。皇上臨御以來，免賦者三，免漕者再，兹復恩蠲天下正供。臣謹案：《周禮・小司徒》、《鄉師》、《遂人》、《遂師》、《遂大夫》，皆有辨其施舍之事。鄭康成讀「施」爲「弛」。蓋周時什一雖輕，皆無普免之事，豈若我皇上蠲貸至二千萬萬乎？臣伏讀經筵御論「有孚惠我德」，以九五君位，惠即我德，當置惠心于勿問。聖謨洋洋，所以損上益下，有孚元吉，而説无疆也。偏隅偶歉，恩加蠲賑，截漕平糶，以劑盈虚，卹民也。《周禮・司稼》：「以年之上下出斂法，均萬民之食，而賙其急，平其興。」

河防者，民生所關。皇上命濬陶莊、六塘、伊家諸河，清黄交匯，誌水宣洩。海塘建石，重隄保障。《書》曰：「予決九川，距四海，濬畎澮，距川。」《考工記》曰：「以防止水。」《禮記・月令》曰：「完隄防。」《春秋外傳》曰：「陂障九澤。」

民閒五世同堂二百餘家，壽逾百齡，同居十世，皆壽世人瑞也。《爾雅》曰：「子子孫孫，引無極也。」《禮記・曲禮》曰：「百年曰期頤。」《孝經》曰：「示之以禮樂，而民和睦。」命重舉千叟宴者，皇建有極，斂福以錫庶民也。《禮記・王制》曰：「凡三王養老皆引年。」《周禮》：「伊耆氏共王之齒杖。」《爾雅》曰：「黄髮、齯齒、鮐背，壽也。」

皇上典學高深，文德淳懋，每歲必御經筵宣講。《書》曰：「念終始典于學。」《抑》戒之詩曰：「抑抑威儀，維德之隅。」臨雍講學，釋奠幸魯，崇儒重道也。《禮記·王制》曰：「天子曰辟廱。」《詩》曰：「於論鼓鍾，於樂辟廱。」《文王世子》曰：「天子視學，大昕鼓徵。乃命有司行事，興秩節，祭先師先聖焉。」御製《三老五更説》，證以《左氏》、《孟子》，其義乃明。重排《石鼓文》者，存周法物，用光我文治武功也。《詩·車攻》序曰：「宣王復古也。」《吉日》序曰：「美宣王田也。」

御製詩五萬餘篇，文千餘篇。《尚書》：「帝庸作歌。」《易》伏羲畫卦，文王作卦辭。《大戴禮》曰：「武王作機、鑑、楹、帶十七銘。」庶足擬焉。御書寶繪，咸臻極詣。《論語》曰：「固天縱之將聖，又多能也。」親定祭祀朝饗樂章及《詩經》樂譜。其在《周禮·大司樂》，大吕、應鍾、小吕、夾鍾，皆歌以祀享。《詩·鹿鳴》以燕群臣。《書》曰：「詩言志，歌永言，聲依永，律和聲。」即其義也。鎛鐘特磬，列於大樂。御製笙詩，依義補辭。其在《爾雅》曰：「大磬謂之毊。大鐘謂之鏞。」《儀禮》鄉飲酒、燕禮諸儀，皆笙《南陔》、《華黍》、《白華》、《由庚》諸篇，即其義也。河源淮、濟、涇、渭諸水，考厥源委。其在《爾雅》曰：「河出崑崙虚。」《書》曰：「導淮自桐柏。導沇水，東流爲濟。」《詩》曰：「涇以渭濁。」即其義也。詔收天下遺書，分爲四庫，儲以七閣。其在《周禮·外史》：「掌三皇五帝之書。」鄭注「所謂三墳五典」也。

皇上闢門籲俊，正科之外，六開恩榜，再舉制科。《書·洪範》曰：「俊民用章。」《詩·卷阿》序曰：「言求賢用吉士也。」

皇上神武邁倫，嘗發廿矢中十九。《周禮·射人》：「王以六耦射三侯，三獲三容也。」每歲秋，行圍木蘭，蒙古進宴，所以詰武綏遠也。《穀梁春秋》曰：「因蒐狩以習用武事，禮之大者也。」《詩·時邁》曰：「薄言震之，莫不震疊。」

皇上奮武開疆，戡暴柔遠，蕩伊犂，平回部，收金川，定臺灣，爲亘古未有之功業。《書序》稱湯伐三朡，成王踐奄，皆不足比數。《左氏春秋》以禁暴、戢兵、保大、定功、安民、和衆、豐財爲七德，惟皇上武功備焉。至於先征而後歸服者，謂之歸降，回部、緬甸是也。《書》曰：「帝乃誕敷文德，舞干羽於兩階，七旬，有苗格也。」不加征而自來歸者，謂之歸順，土爾扈特、拔達山、安集延、痕都斯坦、布魯特、哈薩克、巴勒布是也。《書序》曰：「巢伯來朝，芮伯作《旅巢命》。」巢，遠國自來也。邇者，安南王阮光平入覲祝釐，則我皇上推亡固存，承天時行之道。《大戴禮》曰：「重華南撫交阯。」《中庸》曰：「栽者培之，傾者覆之。」海外遠國，若高麗、暹羅、琉球、南掌，皆入貢壽宇，不可縷計。《爾雅》曰：「距齊州以南，戴日爲丹穴，北戴斗極爲空桐，東至日所出爲太平，西至日所入爲大蒙。」《大戴禮》曰：「海外肅慎、北發、渠搜、氐羌來服。」是也。

是惟我皇上大聖大仁，允文允武，用是承天純佑，盛德日新，登八衍範，念用庶徵，嚮用五福。臣仰見庶徵之應，本於五事。

寅恭對越，爲壽之基，此貌之「恭作肅」也。惠澤優渥，是可徵曰「肅時雨若」矣。王言作則，臣下禀令，此言之「從作乂」也。當陽用命，是可徵曰「乂時暘若」矣。克知灼見，照督幾先，此視之「明作哲」也。德化如春，是可徵曰「哲時燠若」矣。達聰兼聽，發慮出謀，此聽之「聰作謀」也。凝成萬物，是可徵曰「謀時寒若」矣。精一執中，廣淵齊聖，此思之「睿作聖」也。從欲風動，是可徵曰「聖時風若」矣。

皇上臨御五十五年，慶壽八旬，由是推之萬萬年，爲萬萬旬。《易》策天數二十有五，地數三十，凡天地之數五十有五。經卦皆八，因而重之，爻在其中。二篇之策，萬有一千五百二十，自然之數也。又萬壽年幹在庚。《爾雅》曰：「太歲在庚曰上章。」庚猶堅强也。章，明也。月躔在酉，酉爲壽星之次。《爾雅》曰：「壽星，角、亢也。」是生成推衍，皆與苞符象曜相應，故曰：聖人之壽，皆本於天。錫羨延洪，惟億萬年。《天保》之詩，臣下歸美崇尊，頌福禄也。曰「詒爾多福」，曰「受天百禄」，曰「萬壽無疆」，猗歟盛哉！聖壽之徵諸經者，蓋遠邁皇王哉。翰林編修臣阮元恭紀。

御試擬劉向請封甘延壽陳湯疏并陳今日同不同

臣向疏：郅支單于兼并外國，日益强大，數辱漢使者，在廷諸臣，未有爲陛下畫一策者。都護延壽、副校尉湯遠戍西域，特發符節，勒師旅直逼康居，破其重城，馘名王，斬閼支氏，請縣首槀街夷邸，以威遠服。是沈謀重慮，制勝萬里，師徒不勞，兵矢未折，功莫偉焉。而議者徒以湯矯制，不論其功，反欲文致之，是臣所未喻也。夫將在外，有可以振國威制敵命者，專之可也。今延壽、湯不避死難，爲國雪恥，而竟無尺寸之封，其何以勸帥兵絶域者？昔李廣利之于大宛，曠日持久，靡敝師旅，僅獲數馬，功不敵罪，孝武猶且侯之。今郅支之功，當十倍于大宛，竟使致身之臣未得封爵，且不免吏議，臣竊惜之。宜請釋其矯制之罪，賞其克敵之功，加以高爵。惟陛下察之。此劉向之疏意也。

臣伏見我皇上奮武開疆，平定西域，拓地二萬餘里。凡漢、唐以來，羈縻未服之地，盡入版圖。開屯置驛，中外一家。豈如郅支、呼韓叛服靡常殺辱漢使哉！此其不同一也。我皇上自用武以來，出力大臣無不加賞高爵，或有微罪，斷不使揜其大功，下至末弁微勞，亦無遺焉。絶未有若延壽等之有功而不封者。此其不同二也。我皇上運籌九重之上，決勝萬里之外，領兵大臣莫不仰稟聖謨。指授機宜，有戰必克。閒有偶違廟算者，即不能速藏豐功，又孰能于睿慮所未及之處自出奇謀徼幸立功者耶？此其不同者三也。

誥授昭勇將軍廣東欽州營遊擊誥贈資政大夫晉光禄大夫户部侍郎王考琢庵太府君行狀

年家子胡長齡填諱

太府君諱玉堂，字履庭，號琢庵。始祖諱巖，當明神宗時，由江南淮安山陽遷揚州江都，明末遷居城北四十里湖中公道橋。二世祖諱國祥，例贈明威將軍。高祖諱文廣，任榆林衛正兵千户。曾祖諱秉謙，以孫諱匡衡公官，貤贈武德將軍。祖諱樞良，晉贈昭勇將軍。父諱時衡，誥封奉政大夫，晉贈昭勇將軍。凡五世，皆有隱德。

至太府君，生而倜儻有志概，長身健臂，行止偉岸，與中人立，面僅及胸。少能挽强馳射，矢無虛發。尤喜讀書，爲古文詞詩歌援筆立就。康熙五十年辛卯，占籍儀徵鄉試，中式武舉人，主試者爲江蘇巡撫儀封張清恪公伯行。會劾奏本科文鄉試交通關節事，總督反奏，解巡撫職，遷之揚州館舍。太府君於是佩刀挾矢護左右，同寢食數月。及奉旨昭雪，復巡撫職。清恪公極感太府君之義，而太府君讀書勵行，一生清介，所以深得清恪公教者，亦多在此時矣。五十四年乙未，武會試中式，殿試三甲，賜同進士出身。分鑲藍旗教習。五十六年、五十七年，聖祖仁皇帝駕幸熱河，兩次隨扈。五十八年，授藍翎侍衛。雍正元年二月，蒙世宗憲皇帝賞緞三疋。三月，送聖祖仁皇帝梓宮，賞銀四十兩。八月，送太皇太后梓宮，加一級。本年癸卯科殿試武進士，詔舉技勇、馬箭、步箭皆稱旨，賞緞三疋，銀五十兩。十二月十三日，奉旨授三等侍衛，賞戴花翎。三年五月十八日，引見，外放湖北撫標中軍遊擊，兵部給都司簽書，管湖北撫標中軍遊擊，兼管左營事。及涖任，兼署右營，馭士嚴整有律。五年八月，遭父喪，遵例在任奉諱。服除，十年三月，部議改設撫標中軍遊擊員缺爲參將，經大將軍岳鍾琪以軍前才能之員揀補，仍留軍前効力。太府君署理參將印務十月，軍政卓異。十一年六月，引見，奉旨：「准其卓異，交部照例陞用。欽此。」四月，以都司銜陞銜調補廣東提標後營遊擊。時巡撫德齡奏請以陞銜仍留湖北署撫標中軍印務，奉旨：「著照該撫所請行。欽此。」雍正十三年十一月，恭逢恩詔，加一級。乾隆元年正月，兼署右營遊擊。三月，中軍參將到任，交印卸事，旋署興國營參將。七月，改署苗疆九谿營遊擊。二年，奉旨諭：「督撫各據所知之人秉公保舉。」湖廣總督史貽直保舉阮某才守兼優，奏準紀録一次注册。」

五年五月，湖南城步、綏寧兩縣山内苗民數萬人盤踞山谷，接辰州數百里，殺傷官兵，肆出劫掠，道路不通。奉檄領九谿、澧州、洞庭、常德共四協營官兵，隨鎮筸鎮總兵劉策名夤夜掩勦，兵駐三界溪。苗悉精鋭，屯山口。因即相度地勢，偵探賊情。六月六日，進攻薄賊寨。太府君身先士卒，遠施鎗礮，近接刀矢，斃賊甚多。賊大潰，遂乘勝奮殺，焚燒山寨，奪獲糧草、器械。三界溪爲賊門户，賊屯此爲最勍。自官兵大捷後，賊退保各寨，其勢遂分。提督軍門杜凱報捷，奉硃批：「這所奏欣悦覽之。將士奮勇争先，甚爲可嘉。俟事竣之日，從優議敘。欽此。」閏六月初四日，攻八樹寨，克之。追殺數里，巢穴焚燬殆盡。七月二十二日，攻長安、鹽井口客寨、飛毛坪、龍家溪、竹林各寨，皆次弟克之。此五寨地勢險隘，林箐深密，太府君步行率士卒冒矢石敗其伏兵，鼓鋭力戰，遂於一日中連克之。賊勢已大潰，因駐兵搜捕山箐逸伏，焚燬茅蓬，發獲糧米甚多。是時，上慮兵權未一，命貴州總督張廣泗來湖南總制全軍。甫到城步，即察知謀勇最著，賫緞二聯，勞奬極力。南山大箐屯賊正多，屢攻未克。張公令督各營兵進勦，賊積木石斷山路，兵不能入。太府君日率兵佯攻正道，探知間道，夜率健卒五百，攀藤越嶺而入，誤墜阬傷膝，流血滿足，以布縛膝，進益力。夜半及正道，徹開木石。是時賊數千人已覺來拒，鳥鎗繩火，紛如亂螢。太府君命兵負嵎偃伏，藤牌護前。賊至，鎗齊發，我兵寂不動，賊易之。久乃鳴一大礮，鼓兵直下如建瓴，賊衆敗散。而正道兵無木石阻，亦大進合勦，殺獲甚多。及曉，搜獲龍褲刀、欓刀、標槍等器械及糧草無算，又搜得前被賊殺之巡檢官印一顆。賊餘黨共八百户，退據南嶺，糧盡不支，間出數十人，近營跪哭乞降。太府君察其誠，爲請於張公。張公云：「設賊詐，汝當此咎耶？」太府君以死任之。次日，率賊衆近大營，跪乞降。張公云：「發三礮不畔去，乃真降耳。」即對衆發三大礮，斃數十人。餘衆股栗，莫敢轉側，蓋感太府君拯護之恩，故忍死無負如此。張公於是始受降。是時，各山賊寨亦並破，老幼退保入横坡。八月二十二日，奉令領各營官兵相機督勦。張公又令遊擊區明、李登華帶兵隨太府君進勦横坡。山梁險隘，正路不能攻。九月二十八日，率官兵由左路奮登奪殺前進，遂入寨中。鎗礮齊發，賊精鋭殆盡，遂大敗。焚燬居室一空，生擒男婦子女二千餘人，賊寨盡平。十月初三、初四日，復親督各營官兵，于横坡各山箐四面搜捕，生擒男婦子女千餘人，又搜獲窟室男婦數百人，刀杖銀帛無算，皆親解赴張公所。張公欲盡誅其生口，太府君再四諫阻，不從。不得已，乃請曰：「壯夫能執兵抗師者，當殺之。其婦女及男子十六歲以下者，必宜赦免。」張公始如所請。太府君出營，分別男女年歲，苗人環跪，哭聲震山谷。先擇壯年有須者斬之，其餘全活，薙髮給以口糧。張公雅知賢能，不深求，仍獎勵有逾諸將。太府君奉令所剿之賊寨前後十餘戰，皆謀勇並著，兵無少挫，功爲諸將最。攻戰少暇，即賦詩校射以爲樂。各寨平後，徹兵回九谿營，總督班第具題，奉旨：「分別等次，交部議敘。」十一年，兵部議敘頭等軍功，加銜一等，隨帶軍功紀録二次。八月，爲苗疆事，宜保舉。十三年，推陞河南衛輝營參將，九月涖任。太府君之在九谿也，訓練勤而兵無虛額，賞重而罰嚴，故湖南勁旅以九谿爲最。城、綏之役，有兄弟皆爲兵，因母老，例汰一人。兄弟争出，母亦請二人皆從而自役於署中，其有勇知方如此。及至衛輝，營務廢壞已極，兵貧而惰，弓矢朽折不可用。太府君涖事，限期操練。兵本市中無賴子，素不習武，詫步伐爲怪事，十四年十月相率辭糧罷去。大吏以操兵過嚴舉劾，奉旨「交部議處」，部議革職回籍。家無一畝田，蕭然僦居郡城，而湖山寄興，詩酒頗自娱也。

十六年，聖駕南巡，跪迎於高明寺。甫奏名，上在舟中，問曰：「可是鄂容安所參者？」謹對曰：「是。」旋奉旨以都司録用。以微臣姓名，聖心不忘於數年之後，由此見皇上愛惜人材，神慮周密，纖細不遺。太府君每言之，未嘗不感恩泣下也。十七年四月，補放廣東羅定協都司。二十一年，陞廣東欽州營遊擊。太府君之往嶺南也，以卑濕故，未奉母周太淑人之任。及至欽州，多受嶂氣，病足，夢寐中語多念慈闈，屢欲告養歸。周太淑人諭止之，未果。於二十四年十月十六日，卒於任所，兵民哭之失聲。

太府君性剛介，接奉各督撫，尊卑盡禮之外，言語辭色無少附屈。於僚屬事多爲保全，不以告人，受者久而知感。所至凡鹽榷一切陋習皆裁汰，懷金者不敢造門。太府君未第時，家素裕。備宿衛後將十年，田舍鬻盡，及外遷，愈廉介自矢，家無一日儲，不計也。九谿城有北山，周數十里，兵民皆仰給此山。有明季指揮豪姓之子孫，訟言山本指揮舊地，總督委官勘審，將爲所奪矣。公慨然入省申辨，過洞庭湖，舟覆，賴商船救，得出。至省，力言地即豪姓地，亦明代事，且絶數萬家之葬窆、樵蘇、芻牧而以資豪姓爲利藪，大不便。總督即違前議，從太府君議。九谿兵民大感悦。偶騎而出，見木石委積，詢知將謀建生祠，太府君立斥徹之。兵民不得已，家祀一主，書「長生」等字。乾隆四十三四年間，元父客漢上，遇九谿老兵，爲言太府君去後，此祠旋立，歲時祝之不衰。所著有《珠湖草堂詩集》三卷、《瑑菴詞》一卷、《箭譜》一卷、《陣法》二卷。

太府君生康熙三十四年六月初五日，距卒得年六十有五。康熙六十一年，覃恩授階奉政大夫。乾隆元年，覃恩授階昭勇將軍。卒後，櫬歸自欽州，入城治喪。乾隆二十五年，葬於揚州府城北中雷塘，以元配汪淑人、繼配江淑人合祔。嘉慶元年，以孫元官，誥贈資政大夫。嘉慶四年，贈光禄大夫。汪宜人贈淑人、一品夫人，候選州同知諱浩公女，生於康熙三十二年十月二十八日，卒於康熙五十七年二月十一日。江宜人封淑人、一品夫人，歙縣誥贈資政大夫諱承瑞公女，生於康熙三十二年四月八日，卒於乾隆二十一年九月四日。子四，長爲元伯父承德，汪太夫人出，娶李氏；次伯父承義，以元官貤贈儒林郎、翰林院庶吉士，娶江氏，貤封孺人；次伯父承仁，未娶卒，並庶祖妣吉孺人出；又次即元父承信，江太夫人出，敕封儒林郎、翰林院庶吉士，誥封資政大夫、内閣學士兼禮部侍郎，晉封光禄大夫、户部侍郎，配妣林夫人，敕贈安人，晉贈夫人，晉贈一品夫人。女三，長適太醫院吏目江都鮑雲書，次適江都耿鶴齡，次適儀徵生員賈天凝。孫三人，長兆麟，長伯父生，原官揚州高郵營汎千總；次元，乾隆己酉賜進士出身，改翰林院庶吉士，授職編修，補詹事府少詹事、正詹事，南書房行走，內閣學士兼禮部侍郎，授兵部、禮部、户部侍郎，誥授光禄大夫；次亨，元次伯父承義子。曾孫一人，常生，元之子，二品廕生。

按：吾阮氏世以武起家，自元之生獨弱，習馳射，力輒不支。父固憐之，命改就經業。暇時爲元述太府君平苗之捷，曰：「是役也，奇績聞當世。然妣江太夫人寢食不安者十閱月，故予弛騎射不事。今命汝讀書，成江太夫人志也。」比元入翰林，充國史館纂修官，檢閱《長編》，太府君官階、戰績稍具其略。乾隆乙卯、嘉慶己未間，復以趨庭之訓，比次追述，用紀梗概。託立言之君子，圖不朽焉。孫元謹狀。

此乃嘉慶五年所撰。二十五年，晉贈太子少保、兵部尚書、右都御史、兩廣總督。次曾孫福謹識。

誥封光禄大夫户部左侍郎顯考湘圃府君顯妣一品夫人林夫人行狀

嗚呼，痛哉！不孝皋釁至重，奉職無狀，於嘉慶十年閏六月十五日酉時，府君考終於浙江撫署正寢。由四百里馳驛奏聞，即於十五日交代巡撫暨南北關關防，七月初二日奉柩登舟候旨。初三日，由四百里驛奉上諭：「阮元現丁父憂，所遺浙江巡撫員缺，著清安泰調補。欽此。」不孝即於是日解維歸里，入城治喪。不孝伏念府君仁厚孝慈，懿行直節，彰著人耳目，無待不孝闡揚而後顯。然不孝負慝深重，靦然苦凷之閒。仰呼高天，此慟何極！若不亟以狀呈當代公卿、史職、通儒、文人以乞表章，則罪戾滋重矣。

府君諱承信，字得中，號湘圃。雍正十二年二月二十六日，生於太府君琢菴公湖北撫標中營參將官署。

乾隆元年，府君年三歲，隨太府君移任湖南澧州之九谿營。乾隆五年，時太府君有征苗之捷，戮逆受降，多所全活。府君年七歲，每言凱旋之日，迎太府君於十里外，遥見旗纛甲騎飛揚迤邐，過山而來，光景猶能記憶。十一年，太府君以母周太夫人春秋高，不宜居谿山深濕地，命世父健齋公偕府君奉周太夫人歸揚州，諭以「毋出遊，毋就試」，俾壹意侍奉周太夫人。府君事祖母盡孝，日定省，問寢膳，跬步不少離。十三年，祖母江太夫人卒於揚州，府君柴毁骨立，致疾經年。十四年，太府君自河南衛輝營參將罷歸揚州。二十一年，復任廣東欽州營遊擊，時府君年二十三，仍侍周太夫人居揚州。二十二年，周太夫人命府君赴廣東見太府君計家事。二十四年，府君年二十六，太府君諭令歸娶，且曰：「吾亦即欲告歸耳。」府君乃歸娶先妣林夫人於揚州。是年冬，太府君以疾終於欽州。明年春，府君聞訃，慟不欲生，亟欲戴星奔。時周太夫人悲甚，伯父健齋公曰：「吾必當赴粤扶柩歸。若弟亦往，孰安祖母？」府君乃留揚州。是年五月，周太夫人以壽終。秋，太府君柩歸。府君遭重喪，哀慟擗踴，與伯父竭力盡心，附身附棺無少悔。二十九年甲申，府君年三十一，正月二十日，生不孝元於西門白瓦巷舊第之南宅，即今所建之海岱菴也。自後十餘年，府君皆在揚州。

府君幼讀書，治《左氏春秋》，爲古文辭。生長行閒，嫻習騎射。每較射，挽强洞堅，善射者皆謝不及。喜乘馬，善相馬法，馳千里不以爲勞。以侍養未與試，及是年逾三十，決意不求仕進。補國子生，閉户守貧，家無儋石儲，澹如也。嘗暮行，蹴得囊金數鎰，坐其地至夜半，果有返而求者，立付之。教不孝讀書，訓誨諄切。府君熟於司馬公《資治通鑑》，于成敗治亂、戰陣謀略輒縱横辨論，隨方指授，期不孝以有成。不孝侍立傾聽，警心壹志，實從此始。嘗以歐陽文忠《縱囚論》、蘇文忠《代張方平諫用兵書》等篇，口講指畫，次第授不孝，曰：「讀書當明體達用。徒鑽時藝，無益也。」又嘗教不孝射，曰：「射須沈其氣。氣不沈，志不能正，體不能直。杜詩云『顧視清高氣深穩』，乃射之祕訣。」家雖貧，爲不孝擇師，敬禮備至。不孝就小試時，府君親挈行。不孝幼弱，試畢出，府君一手障叢人，一手挈不孝出闈外。四十四年，府君年四十六，從舅氏江橙里先生客漢陽，先妣林太夫人檢治家事，並督不孝誦讀，慈以兼嚴。四十六年秋八月，先妣以疾終，府君自漢陽扁舟冒風波十日達揚州，傷悼甚摯。葬畢，客遊宣城。貧民有除夕不戒於火者數十家，府君往視之，罄所蓄資給之，使結舍。四十八年，府君年五十。季冬，命元娶婦江氏。四十九年，不孝入學，補附生。五十年，不孝補廩生。五十一年，府君復從舅氏江橙里先生客漢陽。秋，不孝江南鄉試中式舉人，會試未第，府君命留京師。五十四年，府君年五十六，歸自漢陽。不孝中式進士，改翰林院庶吉士。五十五年，恭遇萬壽覃恩，府君得敕封儒林郎、翰林院庶吉士。是年，不孝散館一等第一名，授編修。五十六年，不孝乞歸省，掌院大學士阿文成公不允所請。二月，恭遇大考，閱卷大臣置元文一等第二名，高宗純皇帝親覽，嘉獎曰：「此卷詩文皆佳，擢置一等第一名。」補少詹事，命在南書房行走。五月，府君挈不孝婦江氏至京師。是日，不孝自御園回城，得羽扇、香葛之賜，迎奉膝前，府君被恩感遇，喜動顔色。元嘗召對及迎養事，純皇帝問曰：「汝父多少年紀？」元對曰：「臣父年五十八。」純皇帝曰：「年紀甚小。」時聖壽八十餘，故云然。歸，爲府君敬述之，感甚懽甚。嗚呼，慟哉！此不孝在京迎養之始，如在目前，而府君今竟棄不孝而長逝也耶！十月，府君由京師歸揚州，不孝陞掌詹事。五十七年冬，不孝婦江氏卒於京邸，幼女荃亦殤。五十八年春，府君年六十，復至京師。五月，出京師，復歸揚州。六月，不孝蒙簡放山東學政。十一月，試沂州府畢，府君方自南來，不孝出迎沂州南門之外，琅邪古道，八騶安綏，不孝先馬入城。嗚呼，慟哉！此不孝山東迎養之事如在目前，而府君今竟棄不孝而長逝也耶！

六十年，不孝蒙恩陞內閣學士兼禮部侍郎，調任浙江學政。不孝奉府君由揚州至杭州。府君念不孝婦江氏無子，以族孫常生爲元子。明年，入國學，補六品蔭生。嘉慶元年，府君年六十三，恭遇覃恩，加一級，誥封資政大夫、內閣學士兼禮部侍郎。嘉慶元年，府君爲不孝聘婦于曲阜孔氏。五月，于歸杭州。嘉慶三年八月，不孝陞兵部右侍郎轉禮部右侍郎。九月，不孝任滿，奉府君入京師。嘉慶四年正月，高宗純皇帝龍馭上賓，府君跪哭甚慟，勖元在禮部敬襄大禮。皇上親政伊始，命元仍在南書房行走，旋補經筵講官，調補户部左侍郎兼署禮部、兵部侍郎，總裁會試，恩遇稠疊。府君語不孝曰：「汝受知先皇，復受今上重恩如此。矢勤矢慎，庶可報效萬一。」不孝謹識嚴命，凡內廷禁近之事，加意慎密。各部籌兵餉、算軍需、奏宗廟、山陵諸事，日不暇給，未、申時始退直，府君必曰：「爾少息，毋侍我前也。」四月，覃恩，府君得誥封榮禄大夫、户部左侍郎加一級。冬十月，不孝奉署理浙江巡撫之命，府君瞿然，謂封疆重任，懼不孝不能勝，辜負聖恩。元於召對時，叩頭固辭。上不允，乃就道。是年秋，高宗純皇帝諸大禮成。元以兼禮部，奉特恩加隨帶二級，府君受誥封光禄大夫，制曰：「華胄清資，佑啟必原於嚴父；令儀碩望，蕃昌聿振於名門。爰涣國恩，用彰家訓。爾阮承信，乃經筵講官、户部左侍郎加三級，今授浙江巡撫阮元之父，操修醇粹，啟迪勤劬。儒席傳珍，琢就珪璋之器；良材肯構，蔚爲臺閣之英。門祚方新，寵章洊被。兹以覃恩，封爾爲光禄大夫、户部左侍郎加三級，錫之誥命。於戲！承家有子，聿昭孝治之風；被命自天，用作義方之訓。式承茂獎，勉副休光。」五年，府君年六十七。正月，元奉實受浙江巡撫之命。府君至浙江，不孝率兩軍擐甲奉輿於武林門外，慈顔怡悦，士民具瞻。嗚呼，慟哉！此不孝復在浙迎養之事，更在目前，而府君今竟棄不孝而長逝也耶！

是時，閩、浙海盜有鳳尾、箬横、水澳、蔡牽四幫，各五六十船，安南夷盜三十餘船，船高礮大，爲患尤劇，肆劫商船，擄略子女。不孝奏置巨艦大礮，增兵設防，寧、台、温分設船廠，檄道府董之，杭州鑄礮局則中軍參將等主其事。府君日冒暑赴礮局，督促速成，俾濟軍前之用。且隨時寄示不孝指畫機宜，不孝在台州，得有所禀受。六月二十二日，盜在台州松門時，三鎮總兵皆到，將進擊之。是夜，海上大風雨，安南、鳳尾盜船蕩覆數千人，不孝檄水陸各路兵赴海山，獲數百人，追勦餘盜，並獲僞安南大統兵進禄侯倫貴利。自夷匪入浙五六年，至是敗衄，始不敢復入浙海。府君先憂後喜，曰：「神風助順，乃天子威靈，非爾及將士力也。」故不孝報摺，敬陳風雨破賊事，皇上有「誠感神祐」之諭。此後，水澳、箬横兩幫亦疊被浙師勦滅，惟蔡牽今尚竄於閩、浙間。冬，府君聚同族謀曰：「我阮氏明季自淮安遷揚州，聚族於城北之公道橋，甲科世衍，世系日繁。今無祭祠，非禮也。」乃獨捐俸購地，建阮氏宗祠於公道橋鎮之南，購田爲祭産，俾族姓春秋祀焉。更延名師在祠側，設塾教族中子弟之能讀書者。又於太府君雷塘墓側建墓廬十餘楹，每展墓止宿，深寓哀慕。八年二月，爲府君七十壽辰。不孝偁觴上壽，時恩賜「壽」字玉如意適至。不孝鑄鎛鍾以蘄眉壽。歙程易疇孝廉考之，中二月夾鍾之律，以爲奇應。不孝又與諸友選商、周十三吉金酒器，酌酒上壽，各賦詩一篇，門下士陳壽祺、吴鼒、姚文田、鮑桂星、查揆、顧廷綸等以詩文介壽者甚多。名篇鉅製，傳誦一時。府君感諸君子之懽心，顧而樂之。九年春二月，不孝復集諸友，別選商、周十三酒器，賦詩爲壽。府君呼元語曰：「築園池、美居室，吾不爲也。《孝經》謂『守其宗廟』爲『卿大夫之孝』。《禮》：『君子將營宫室，宗廟爲先，居室爲後。』故卿大夫士皆有廟以祭其先祖，此古禮也。我《大清會典》載品官皆有家廟，一品，廟五閒，兩室，階五級，兩廡三門，以朝服、少牢、俎豆、鉶爵祀高曾祖禰四世，祧者藏夾室，此今制也。今吾家惟公道橋有族祠，在城無家廟，非禮制也。卿大夫受禄於朝，恩及先世至正一品，乃猶若庶人祭于寢，可乎？今年京察，諭旨謂汝『有守有爲，清儉持躬』。汝奉職無微勞，何能當此？顧儉於躬，勿儉於先祖。其遵《會典》立阮氏家廟，吾將敬奉祀事。」元受命，卜地於揚州府舊城文選樓北興仁街，即隨曹憲文選巷故址。鳩工庀材，秋，廟成，祭服、祭器咸備。府君喜遂素志，將擇日歸揚州，奉栗主入廟矣。八月二十六日，府君晨興，將就盥盤，忽頭眩目昏，棄水傾仆。不孝時祭吴山神祠，亟歸省，知左股外之筋絡有阻，不便行步，即延吴下各良醫，内外調治。入冬，漸愈，猶不良于行。府君自五十歲後，患濕熱之疾，六十以後加重，膚肌時作癬瘢，或侵脾胃，則食減神疲，然尚能騎馬。至是濕病與左股筋絡爲痼，閒形痛楚。今年入春，猶未愈。府君念家廟既成，必欲親奉栗主入廟。兼以夏初往，可避杭州黴濕。且吴下名醫不能棄其恒業久客杭州，擬於途次就之。乃挈孫輩及家屬，奉廟主自杭登舟，道出姑蘇，僦屋暫居爲就醫計，本意實在奉廟主至揚州也。夏至後，服藥無大效，不孝請府君勿往揚州歸杭州。府君淒然淚下，曰：「吾竟不能奉神主入廟耶？」大暑時，天氣暢晴，服蓡朮，復少差。醫者猶謂脈甚健，可待秋涼歸杭州。繼復骽腹浮腫，夜眠不安，府君始決計歸杭州矣。不孝遣長子常生代奉栗主，由蘇歸揚入廟。不孝在嘉興查災賑，迎於平望，拜見舟中，悲喜交集。府君神明不衰，歷問海洋盜船、浙西賑濟、川米平糶諸事，皆盡委曲，猶以不克親奉廟主歸揚州爲憾。迨抵署，以病久氣虚，蓡桂不能見功，又忽腹瀉不可止。閏六月十五日，不能食飲，氣息漸微，以酉時遽爾棄養，春秋七十有二。嗚呼，慟哉！不孝侍奉無狀，且以未諳醫理，調治失宜，負罪深重，百身莫贖，今而後長爲失怙人矣！終天抱慟，尚何言耶？

府君性正直剛毅，心事光明，復忠厚仁慈，生平不爲欺人之語，不爲刻覈之事。凡年家子、門下士見者，藹然如坐春風中。每於戚黨故友，無不加意惠愛。《禮》曰：「孝、友、睦、婣、任、恤。」府君實當之無愧，此桑梓之公論也。且智識明決，每論人料事，纖悉不爽。早年往來楚、粤江湖間，帆背驚風，篷窗夜雨，與榜人舟子共之。性喜游覽，嘗侵曉登廬山，徘徊移日。京師之涼水河、飛放泊，山東之泰岱、大明湖、鵲華、佛峪、龍洞、靈巖，浙江之桐廬、九里洲、半山、西湖、靈隱、龍井諸山寺，莫不棹舟策騎，減僕從，探幽勝，留連忘返。或爲圖畫，屬諸友、門下士題咏之。不孝視學政時，每教曰：「取士當先器識，取文亦當無所不收。若以一隅之見爲去取，必有棄材矣。」及不孝爲巡撫，府君于兵刑之事，時切于懷，每盜艘往來，兵船追獲，必一一記之。閩盜黄葵等全幫投降，放出難民，府君深喜曰：「此活數百人，勝于礮火中擒獲者遠矣！」每秋讞及審重囚時，府君每於屏後坐聽，冀得其情，有所平反。不孝兼司杭州關榷，府君曰：「吾早歲涉歷江湖，深惡關吏苛横，爾可使行旅受困耶？寬以惠商，嚴以御下，治榷之道也。」有司關人入署者，府君詰之，對曰：「惟聞司關人斥行旅，行旅不敢忤者；今乃行旅斥司關人，司關人不敢忤之矣。」府君笑而頷之曰：「可矣。」武林門普濟堂，不孝所創建，嚴冬賑粥，府君親視頒粥，歸而喜曰：「吾見老稚貧民可以卒歲，即小人亦有聊賴矣。」府君治家事性儉約，嘉慶六年，諸暨縣水災，府君出銀四千兩助賑。九年，浙西水災，復出銀一萬兩助賑，曰：

「此吾爲汝儉省廉俸而積之者。今用以賑饑民，得用之之道矣。」不孝整飭育嬰堂，收養棄孩，較前倍增；禁金華府溺女，賞喜銀，籍存之；貢院號舍素泥濘，全甃石版，亦皆府君教也。府君惟不孝一子，未冠失母，府君嚴慈交至，鞠育訓誨，迄於成人，愛子之心，無所不至。府君蒙太府君清白之業，秉孝慈之德，具文武之材，弢光積善，以貽于不孝之身。不孝備位卿貳，府君每勖以矢清矢忠，勤職業，毋失祖志。今年夏初，浙西復災，猶訓不孝亟請賑恤，以仰體皇上子惠元元之意。嘉興歸途，見領賑者舟載而歸，絡繹不絶，心乃喜。不孝德薄材短，獲從君子之後，罔致失墜，皆府君所以策勵而董教之者，不少疎也。禄養未久，遽遘慘酷。不可以爲子，不可以爲人，又何以偷生視息爲哉！嗚呼，慟哉！

吾阮氏系出陳留，南宋以後遷江西之清江縣，元末以武功顯，明初徙豪傑實江南，乃居於淮安府。明神宗時，小槐公諱巖，自淮遷揚，爲遷揚始祖。崇禎時，遷居城北四十里公道橋。二世祖諱國祥，例贈明威將軍，官榆林衛正兵千户。三世祖諱文廣，四世祖爲府君之高祖，諱秉謙，以孫匡衡公官，貤贈武德將軍，高祖妣厲恭人，貤封恭人，節著《揚州府志》。曾祖諱樞良，贈昭勇將軍，曾祖妣蔣淑人，誥贈淑人。祖諱時衡，封奉政大夫，晉贈昭勇將軍，累贈榮禄大夫、光禄大夫，祖妣周夫人，誥封宜人，晉封太淑人，贈一品夫人。父諱玉堂，號琢菴，遷居揚州府城，儀徵縣籍，康熙乙未科武進士，三等侍衛，賞戴花翎，歷官參將，誥授昭勇將軍，議敘頭等軍功，贈資政大夫，累贈榮禄大夫、光禄大夫，事見元所撰《行狀》。琢菴公元配汪淑人，贈一品夫人，候選州同知江都浩公女；繼配江淑人，贈一品夫人，歙縣誥贈資政大夫承瑞公女；側室吉氏，以元官，貤贈夫人。府君兄弟四人。長伯父諱承德，汪太夫人以姪爲己子。次伯父諱承義，早卒，以元官，貤贈儒林郎、翰林院庶吉士，府君以族姪亨爲之後，娶於松江王氏，生子禄。次伯父諱承仁，爲長殤，並側室吉夫人出。次府君，江太夫人出，府君配先妣林夫人，勅贈安人，誥贈夫人、一品夫人。不孝元，林夫人出，娶江氏，歙縣候選州同知振箕公女，即祖妣之孫姪也。繼娶孔氏，曲阜衍聖公昭煥公孫女，誥封衍聖公世襲翰林院五經博士憲增公女。不孝四子。長子常生，聘寶應劉氏原任丹徒縣教諭台拱公女。次子福，妾謝氏出。先是，府君於五十二歲時，納側室張氏，及福生，撫育於襁褓中，甚慈愛，不孝命福事之爲慈祖母如祖母。次子祜，妾劉氏出。次子孔厚，孔氏出。女一，亦孔氏出。不孝素有記册，復舉大略，命子弟執筆爲狀，伏冀當代公卿、史職、通儒、文人錫之傳誌誄詞，藉以不朽。不孝世世子孫感且不朽。

先妣林太夫人，系出閩之莆田，明天啟中，避倭遷江南鳳陽，復遷揚州甘泉縣西山陳家集。祖得齋公諱文連，積學有德望於鄉里，不仕。父梅谿公諱廷和，乾隆癸酉舉人，福建大田縣知縣，以不孝官貤贈榮禄大夫、户部侍郎。先妣通書史，明古今大誼，閒爲韻語，輒焚不存稿。年二十五，于歸於府城西門舊第。逮事祖姑，克盡孝養，舉止言論，必以禮法。戚黨有識者，咸嗟敬焉。丁太府君棄世，祖姑周太夫人亦繼棄世，先妣操持閫内，禮無不舉，獨不令釋道治懺醮。或曰：「太夫人不受一卷經耶？」先妣曰：「吾阮氏、林氏皆儒家，無庸此。」太府君清宦歸，無産可析，且食指多，先妣曰：「不及早汰冗食者，後此更不支矣。」乃裁減僕婢若干人，自取翦刀翦指爪，親浣濯爲諸人先。府君同産妹許于賈，及嫁，先妣力治奩具，曰：「當無減於先姑江太夫人在日也。」乾隆歲甲申，不孝元生，先妣自乳之，五歲教識字，六歲就外傅。不孝口吃，讀《孟子》「孟施舍守氣」等章，期期不能上口，從塾歸，自憤泣。先妣置低几於簷前，教不孝曰：「爾坐，毋急遽。爾姑從我口，緩緩讀之。」一夕得其理，迺背誦如流水。嘗以外曾祖所選王維、孟浩然、高適、岑參四家詩付不孝讀之。先妣又手寫白居易《燕詩示劉叟》等篇授讀之，并教以四聲屬對之法，故不孝八九歲即能作詩，非塾師教也。不孝十五六歲與考試，漸有交遊，每從外歸，先妣必反覆詰問：「今日見何人？言何事？」不孝具以對。先妣曰：「某之言，益者也。某之言，損者也。爾，某言是也，某言非也。」是以不孝雖有交遊，無損友。鉛山蔣心餘編修奉其太夫人居揚州安定書院，太夫人與先妣常過從。先妣語不孝曰：「讀書做官當爲翰林，若蔣太夫人教子乃可矣。」不孝謹識之，未敢忘。不孝年十七，府君客漢陽，先妣曰：「爾學識日加，益當求名師之更能擴充爾學識者。」遂訪於外祖梅溪公之執友胡西琴先生，先生言進士李晴山先生可從遊，先妣趣命執贄焉。府君性正直，待人不逆詐，先妣每問外事，測情僞如目見，婉致言説，府君獲益亦多。治家事不動聲色，府君或量計家事曰：「如何？」先妣必曰：「無慮，此已辦矣。」以故府君無内顧憂。西琴先生深於學問，佐大府幕，閲歷老矣，每聞先妣辨論事理，嘆曰：「真女中丈夫，且世之丈夫亦不及也！」先妣性嗜圖籍，亦愛山林。早歲從外祖之官福建，曾攬西湖、嚴瀨、仙霞嶺諸勝，歷黯淡灘之險。尤喜西湖南屏山園幽静，常常言之，故不孝在杭州九年，不忍履小有天園之山徑。乾隆辛丑，不孝同學友天津張賜凝善畫，先妣曰：「曷爲吾繪石室藏書圖？」賜凝升堂拜母，申紙舐筆，並繪不孝侍讀于側。七月，先妣以徙宅勞苦，猝中重暑，以八月初二日遽棄世。嗚呼，慟哉！

先妣生於雍正十三年二月初四日，得年廑四十有七。葬於揚州城北中雷塘祖墓之側。乾隆五十五年，敕贈安人。嘉慶元年，晉贈夫人。嘉慶四年四月，晉贈一品夫人。九月，覃恩，累贈一品夫人。制曰：「推恩溯本，爰賜慶于親闈；禀訓入官，並歸功於母教。式頒渥典，用播嘉聲。爾林氏，乃經筵講官、户部左侍郎加三級今授浙江巡撫阮元之母，順以承夫，勤於課子。宅能三徙，夙成俎豆之容；織就七襄，早振文章之緒。徽音久著，寵命宜加。兹以覃恩，贈爾爲一品夫人。於戲！鴻章疊布，尚伸慈孝之思；閫澤長流，彌篤令共之誼。廣宣休問，遠樹芳儀。」

先妣四奉恩綸，未受一日之禄養。嗚呼，慟哉！先妣棄不孝而逝者，二十四年於兹矣。不孝尚未以生平懿行告諸當世，不孝罪也。顧府君每言及先妣輒淚下，不孝亦不敢頻言及之。今府君亦永逝矣！而今而後，不孝長爲失父母之人矣！「哀哀父母，生我劬勞。欲報之德，昊天罔極。」斯之謂矣。不孝遺恨終天，懼湮母德，用是追憶生平，粗陳梗概，呈之立言君子，冀並傳焉。

賜進士及第詹事府右春坊右庶子門下晚生王引之填諱。

案：古者，子不自狀其親，狀者自元郝文忠始。國朝之制，大臣卒後，國史館行文取其家狀于其子孫，故不能盡拘古制也。

又案：此乃嘉慶十年所撰。二十五年，晉贈太子少保、兵部尚書、右都御史、兩廣總督。道光十六年，晉贈大學士。次孫福謹識。

誥贈昭勇將軍高祖孚循太府君行述

高祖孚循公之喪，叔高祖諱樞忠者爲之行述，刊本厘有存者。元求得之，删節之，爲述曰：公諱樞良，字孚循。祖諱文廣，明神宗時官榆林衛正兵千户。父諱秉謙，母厲氏，生子四，伯樞敬，叔樞忠，季樞恭，公其仲也。公幼孤，崇禎末年兵亂，厲太恭人率四子避兵於北湖之公道橋，因家焉。公隨伯兄治田宅致富，事節母以孝聞，敬兄友弟，閭黨稱之。讀書過目輒識大意，性恬退，不樂仕進。督叔弟習武，成武進士。伯兄歿，公總家事，不析産，不異爨，以儉治家，以豐蓄德，一絲半粟，不爲己私，坦白之懷，無慚衾影。撫兄弟子如己子，凡兄弟之子孫女子子等婚嫁，皆自經畫之。兄弟間情性甚篤，出必刻期，入必握手，數十年如一日，門内外無間言。公好施予，嘗置義塚數十畝，以濟貧者。鎮南石橋長數里，久圮，民病涉，公欲新之而力不給，乃造舟以濟往來。鄉人貧病者施以粥食衣藥，歿爲之棺。每歉歲，行之益力。公爲人和平樂易，與世無忤。其持己也廉謹不肆，其接人也無長幼貴賤，咸以誠。色温氣和，藹然如春風，下至奴僕，亦不加以疾言遽色。故知與不知，人皆稱爲長者。一朝投合，此肺腑也。十年重見，此面目也。鄉人事有未平，皆就公決，公從容出一言，莫不釋然。邑行鄉飲酒禮，衆皆舉公爲大賓，公避不之應。歿之日，鄉人多爲之泣下者。公生于明天啟六年十二月十七日，卒于康熙四十二年五月十二日，以孫官贈昭勇將軍。娶蔣氏，贈淑人。子二，長諱時衡，字宗尹，次藻衡。

宗尹公，元曾祖也，忠厚仁謹，好善樂施，一秉父教無少異。孚循公兄弟四房未分爨，而家事一秉于孚循公。公歿，宗尹公從兄弟九房，家事亦皆秉于公，公亦無一絲一粟之私，兄弟娣姒無間言。公歿，乃析産。公教子成進士，以子官，誥封奉政大夫，誥贈昭勇將軍、侍衛、參將，以曾孫官誥贈光禄大夫、户部侍郎。娶周氏，誥封淑人，誥贈一品夫人。公生于康熙七年九月初五日，卒于雍正五年八月二十一日。子二，長諱玉堂，元祖也，次錦堂。其先世世族諸語，詳元所撰《厲太恭人傳》暨《祖昭勇將軍行狀》。門下士烏程張鑑填諱。

四世祖妣厲太恭人傳

恭人姓厲氏，江都人。吾阮氏自淮安遷揚州，三世祖諱文廣，當明萬曆時官榆林衛正兵千户，罷官，歸居郡城，今舊城阮千户巷是也。生四世祖諱秉謙，娶恭人，生四子，伯樞敬，仲即元高祖諱樞良，叔樞忠，季樞恭，皆幼。四世祖早卒，恭人守其節，上孝于翁，下慈于子。崇禎末，黄得功駐儀徵，高傑駐揚州城外，兩鎮搆兵之後，城危民懼。恭人請于翁曰：「兵事如此，諸子皆幼，不可居，宜早避之。」乃懷白金五十兩，隨翁挈四子出北門四十里，止於北湖之僧道橋居焉。路遇亂兵，身衛翁、子，面被刀傷，卒逃免。三世祖卒後，國朝收揚州。恭人以勤儉治家，教四子成立，治田宅致富。樞忠中康熙庚戌科武進士，得誥贈爲太恭人。樞忠子匡衡武德將軍及元祖昭勇將軍，亦皆以武進士起家，孫、曾中式武舉人者六人。太恭人生于明神宗三十三年，卒于康熙六年，節行載《揚州府志》，粟主祀江都縣節孝祠。家藏遺像，鼻左刀痕尚紅色。夫事衰翁以禮，孝也。撫幼子有成，慈也。守貞三十年，節也。知變避兵保其宗，今北湖阮氏成大族，智也。漢劉向傳古列女有「賢明智節」之目，若太恭人者，比于諸傳無媿也。

雷塘阮氏墓圖記

雷塘在揚州宋寶祐廢城之北，漢謂之「雷波」，亦謂之「雷陂」，六朝後稱「雷塘」。有上、中、下三塘之分。中塘最大，長亘東南，形如連阜，築其缺處可瀦水千畝，今惟田中一澗，寬數丈，出其巽方缺處而已。雷塘水源從西北甘泉山來，行十餘里，入秦九女澗，又十餘里，入上雷塘、中雷塘，又五六里，入下東塘，由槐子河入運河。別有煬帝溝，水出上雷塘之後，由中塘之北而東至辰方，交于中雷塘之水，其迤南之巽方即元祖昭勇將軍墓所向也。元考光禄公墓在祖墓之昭，爲子午兼壬丙向，刻立阡表，阡中灰隔深八尺，圍四丈，墓銘在灰隔中，墓中不藏寸金片玉。今以弟八世光禄公墓起算，由墓向西北爲酉辛閒線長一丈五尺，爲叔祖愷聞公墓。由墓向西北爲酉辛閒線長四丈，爲祖昭勇將軍墓。爲坤申閒線十六丈，爲高祖妣蔣太淑人墓，爲曾祖光禄大夫宗尹公暨曾祖妣周太夫人墓，爲叔曾祖發庵公之配秦太安人墓。爲亥線十八丈，爲庶祖妣吉夫人墓，二十一丈，爲二伯父庶吉士方訓公暨配江安人墓，爲四伯父長殤端四公墓。爲寅線六丈五尺，爲四世祖武德將軍尊光公墓。爲辰巽閒線十九丈五尺，乃至神道碑下。爲坤線一百二十丈，乃至墓道石坊及墓廬阮公樓下。爲辰線二百三十四丈，爲雷塘出水之巽方。煬帝溝，今俗名「楊家澗」，在煬帝墓南一里許。此雷塘阮氏墓之大略也。別爲圖以明之。嗚呼，佳城何常，惟德是依耳。祖父以德居此，子孫不以積善行德永保之，是不孝矣。書此刻於神道碑陰，子姓讀者，其敬凜之。

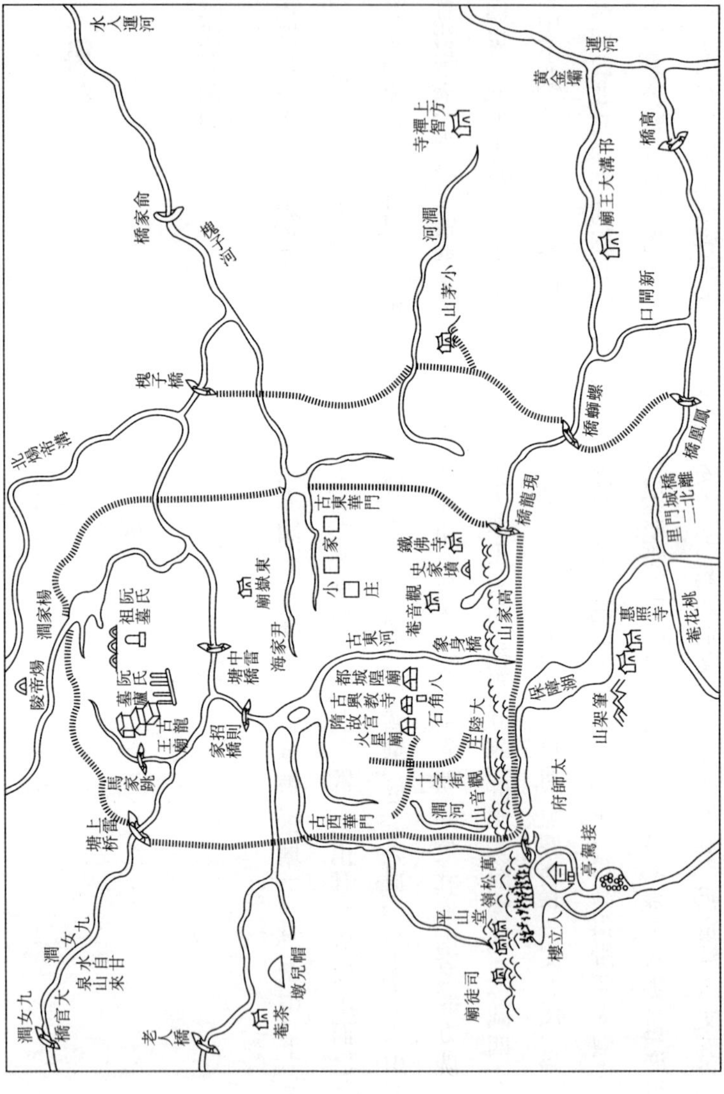

北湖公道橋阮氏墓圖記

揚州府西北三十里之大儀鎮，地勢甚高，其脈自其西南横山來，至大儀特起，復東北行二十里，至黄子湖湑爲九龍岡，即今公道橋鎮也。本名「僧度橋」，官名「僧道橋」。橋鎮距府城四十五里，出府城北門北行，過上雷塘橋、方家巷、雨膏橋、一名「火燒橋」。避風菴渡湖，始達于橋鎮。鎮居民千餘家，有關帝、司徒諸廟。明末，予三世祖奉軒公、四世祖妣厲太恭人挈四子避高傑兵亂，自城逃止於此，因聚族居之。去鎮西南二里許，有小橋曰「陳家橋」。大儀以南、甘泉山以北之水，東匯于荒湖北，流經橋南，繞鎮而東而北，爲黄子湖矣。陳家橋之北，百步内之平岡，即予三世祖、四世祖妣、高祖孚循公墓所在也。予妻江夫人舊殯雷塘，嘉慶二年，奉光禄公命卜葬于四世祖妣墓之西北，向西兼南。以予視之，其所謂樂哉瑕邱者乎！阮氏宗祠及樓則在鎮市之南，面臨湖水，西望墓田近在目前也。因記雷塘墓，遂并圖記之。

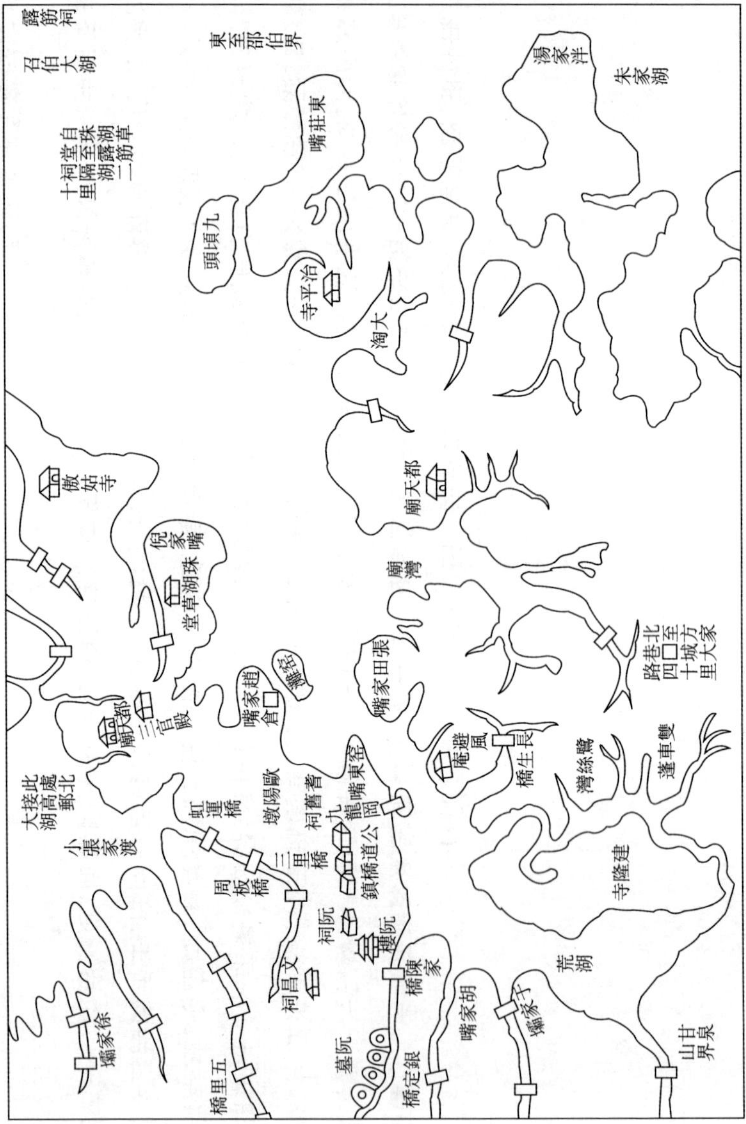

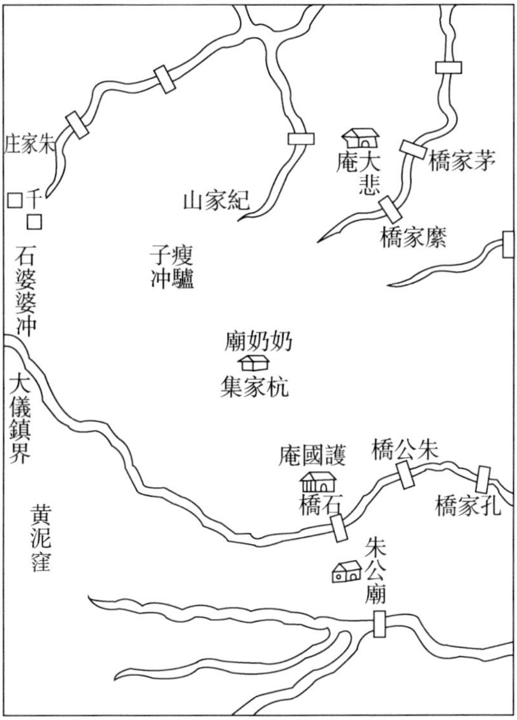

今甘泉縣官册地名曰「公道橋」，而舊時之寫者、呼者則或曰「僧道橋」、「僧度橋」、「孫大橋」。以余論之，以「僧度橋」爲近是。此地乾隆乙巳大旱，水涸，湖底多古石，當是宋時物。宋時橋梁等工，每用度僧牒銀爲之，蘇州度僧橋即其遺制。此橋不及蘇州之高，但其用度僧牒銀造之，諒亦相同，特無碑記可考耳。附記於此。

雷塘阡表

嘉慶十年冬十有二月乙酉，葬我顯考湘圃府君於揚州城北中雷塘祖墓之側。顯妣林太夫人先以乾隆四十六年卒，葬於此，遂祔焉。既乞銘，刻納墓中。越既祥，子元乃表於墓曰：我府君於雍正十二年二月二十六日，生于祖考琢菴府君湖北官署。三歲，隨之湖南。七歲，祖考有征苗之捷，受降止殺，全活甚多。凱旋之日，旌旗蔽山，府君憶及，恒言之。祖考復任廣東，命府君歸奉大母周太夫人於揚州。府君年二十六，娶顯妣林夫人。明年，丁祖考喪暨周太夫人喪，致哀毀，禮無不舉。顯妣主閫内，不令釋、道與喪事，曰：「非禮也。」府君年三十一生元，時家益中落，府君耿介守貧，暮行，蹴地得金數鎰，坐待覓者，問而歸之。以奉大母且遭喪，未就試，及是補國學生。讀書治《左氏春秋》，爲古文辭。生長行閒，耐騎馬，善射。熟復司馬公《資治通鑑》，於成敗治亂、戰陣謀略多辨論，舉以教元。嘗教元射，曰：「此儒者事，亦吾家學也。」顯妣生于雍正十三年二月四日，考諱廷和，癸酉江都縣舉人，官福建大田縣知縣。顯妣通書史，明古今大誼。逮事祖姑，盡孝養，舉止必衷於禮法。于歸次年，丁重喪，乃減食指，遣僕婦，自蒴指爪，親澣濯。元七八歲，口吃，讀《孟子》「孟施舍守氣」章，不上口，塾師莫能爲力，顯妣曰：「爾姑從我緩緩讀。」已而，乃成誦。復手寫白居易諸詩，授元讀之，教以四聲屬對之法，元於是能作詩。及爲成童，於親師取友、謹言慎行之道，誨尤切。府君壯歲游楚中。乾隆五十六年，元官詹事，在南書房行走，就養京師。元官山東學政、浙江學政、浙江巡撫，皆迎養。嘉慶五年夏，安南僞總兵盜船及閩盜鳳尾等船，勾結數千人，闖浙之松門。元會水陸兵於台州禦擊之。府君在杭州，冒暑䟍鑄大礮工，濟軍前之用；時時寄示機宜，元得所受。六月廿二日大風雨，盜船蕩覆，元乘風擊之，獲其餘盜及安南僞總兵僞爵侯，府君教也。杭州創建普濟堂，冬賑粥，貢院士子萬舍皆甃石版，若兹事亦府君教也。府君教元練兵省刑，毋諱灾。嘉慶五年、六年，金華、諸暨等縣灾，九年、十年，浙西灾，府君教元請振卹，以體皇上愛民之心，前後凡蒙恩賑二百數十萬口。府君自出俸銀一萬四千兩以助賑，曰：「此我數年來儉積之廉俸，今用以捄饑民，得用之之道矣。」我阮氏聚族于府城北四十里之公道橋，族姓繁，未有祖祠。府君獨出俸錢建祠，置祭田，合族春秋祀焉。祠側設塾，延師教子弟，使之讀書知學。又於府城文選樓後街建阮氏家廟，遵《大清會典》一品官制，廟五間、兩廡、三門，以少牢祀高、曾、祖、禰四室及東、西祔，曰：「受封贈於朝爲正一品，猶若庶人祭於寢，可乎？」兹所立廟，爲古禮，亦國制也。府君性正直剛毅，仁厚忠誠，生平不爲欺人之語，不爲刻覈之事，與顯妣相敬如賓。顯妣治家事不動聲色，皆就理，故府君出遊無内顧憂。族戚中有學識者，聞顯妣論事理，歎曰：「真女中丈夫，且世之丈夫猶不及也。」顯妣性嗜圖籍，亦愛山林。蚤歲從父之官福建，攬西湖、嚴瀨、仙霞嶺諸勝，常常言之。乾隆辛丑八月二日，以暑疾卒于揚州。府君於嘉慶十年閏六月十五日，以濕熱之疾卒于杭州巡撫署中。以元官，封儒林郎、翰林院庶吉士，累封資政大夫、内閣學士兼禮部侍郎加一級、榮禄大夫、户部左侍郎加一級、光禄大夫、户部左侍郎加三級。顯妣初贈安人，累贈夫人、一品夫人。嗚呼！吾顯考蒙祖考清白之業，秉孝慈之德，兼文武之材，韜光積善以貽於元之身。且考妣惟生元一人，撫之育之，教之勖之，凡元之學有所進，識有所明，少備國家任使者，皆數十年義方之訓，劬勞罔極之恩也。兹以合葬，刻石於阡，以表我二親之德。爰出家牒，乞翰林前輩奉賢陳先生廷慶書石并填諱書先世。男元表。

湘圃公諱承信，字得中。曾祖諱樞良，贈昭勇將軍，配蔣淑人，贈淑人。祖諱時衡，封奉政大夫，贈昭勇將軍，累贈榮禄大夫、光禄大夫、户部左侍郎，配周太夫人，封宜人、太淑人，贈夫人、一品夫人。父諱玉堂，康熙乙未進士，三等侍衛，賞戴花翎，湖北撫標、湖南九谿、河南衛輝參將，廣東欽州遊擊，議敘頭等軍功，誥授昭勇將軍，累贈資政大夫、榮禄大夫、光禄大夫、户部左侍郎，配汪夫人、繼配江夫人，贈封淑人，累贈夫人、一品夫人。湘圃公，江夫人出。湘圃公生子一，孫四，曰常生，曰福，曰祜，曰孔厚。

奉賢陳廷慶書石填諱

雷塘阮公樓石刻象記

揚州城北中雷塘，即隋之大雷，《漢書》所謂「雷波」也。其地勢自甘泉山來，兩水夾地而行數十里，會於塘之東南。元四世祖武德將軍尊光公，明天啟閒，實始葬於此。六世祖曾祖考光禄贈君宗尹公、七世祖考昭勇將軍琢庵公、八世考光禄封君湘圃公，皆以昭穆附葬焉。墓西南半里許，有墓廬，廬北有樓三楹，高二丈許。東望松楸、碑石，皆在目前。每當霜草風木，寒雪夜月，噭然以號，曷可言已。樓中繪四世象，刻於石。焦君循書扁，質言之曰「阮公樓」。庶幾先世靈神棲降於此，顧視子孫丙舍無恙，罔所恫也。爰記此，命子常生書石之後，俾子姓世守葺新之。九世孫元敬記，十世孫常生、福、祜、孔厚侍。

揚州阮氏家廟碑

嘉慶九年，歲星次甲子，元撫浙五年矣。父呼元于庭，語元曰：「元，汝知古禮乎？知今制乎？《孝經》謂『守其宗廟』爲『卿大夫之孝』。《禮》：『君子營宮室，宗廟爲先，居室爲後。』故古卿大夫、士，皆有廟以祭其先祖，此古禮也。我《大清會典》載品官皆有家廟，一、二、三品官，廟五間、兩室、階五級、兩廡、三門，以朝服、少牢、俎豆、鉶爵，祀高、曾、祖、禰四世，祧者以昭穆藏于夾室，此今制也。我顯考琢庵府君以武功貴，雍正十三年，受恩贈，封祖、父皆昭勇將軍，妣皆淑人。吾教汝學，汝貴，嘉慶四年，受恩贈，封曾祖、祖、父皆光禄大夫，妣皆一品夫人。今吾家惟北湖公道橋有族祠，在城無家廟，非禮制也。卿大夫受禄于朝，恩及先世至正一品，崇矣，乃猶若庶人祭于寢，可乎？今年，帝考岳牧之績，帝曰：『汝元有守有爲，清儉持躬。敕部臣加一級。』汝奉職無微勞，恩至重，褒至榮，曷克稱此？顧儉于躬，勿儉于乃先祖。其遵《會典》，立阮氏家廟，吾將敬奉祀事。」元拜受命，曰：「唯。」迺卜地于揚州府舊城文選樓北興仁街，鳩工庀材，越九月，廟成。奉高、曾、祖、禰四室木主及祔位主入廟，祭田、祭器、祭服咸備，以成禮制，以致孝敬。樹碑于外東階，與文選泉東西相直，銘曰：

阮氏偃姓，肇受商、周。晉、宋之閒，著望陳留。唐、宋乃南，臨江分流。元末江右，武功以顯。明徙豪傑，江淮運轉。大河阮氏，族姓乃衍。明季徭頻，脱籍于揚。崇禎之終，遷于北鄉。我朝選材，甲科騰驤。匪曰甲科，實有隱德。歷世仁厚，節儉正直。内備宿衛，在帝之側。出將楚兵，南征有苗。十戰皆捷，受降于郊。碑題綬帶，家藏佩刀。帝錫四世，階如孫秩。作廟揚州，得祀四室。非敢後也，有待今日。祖德蔭後，後嗣奉先。隆厥棟梁，潔我豆籩。子子孫孫，保之萬年。萬年永保，作善降祥。報國之恩，衍家之慶。文武孝慈，世系繁昌。

揚州隋文選樓記

揚州舊城文選樓文樓巷，考古者以爲即曹憲故宅，《嘉靖圖志》所稱「文選巷」者也。宋王象之《輿地紀勝》於「揚州」載「文選樓」，注引舊《圖經》云：「文選巷即其處也。煬帝嘗幸焉。」元案：新、舊《唐書》，曹憲，江都人，仕隋爲祕書學士，聚徒教授，凡數百人，公卿多從之遊。於小學尤邃，自漢杜林、衛宏以後，古文亡絶，至憲復興。煬帝令與諸儒譔《桂苑珠叢》，規正文字。又注《博雅》。貞觀中，以宏文館學士召，不至，即家拜朝散大夫。卒，年百五歲。憲始以梁《昭明文選》授諸生，而同郡魏模、公孫羅、江都李善，相繼傳授，于是其學大興。羅官沛王府參軍事、無錫丞，模武后時爲左拾遺。模子景倩，官度支郎，及曹君門人句容處士許淹，皆世傳其學。善，見子邕傳。又《李邕傳》云：「江都人。父善，有雅行，淹貫古今，不能屬辭，人號書簏，官太子内府録事參軍。顯慶中，累擢崇賢館直學士，轉蘭臺郎，兼沛王侍讀。爲《文選注》，敷析淵洽，表上之，賜賚頗渥。除潞王記室參軍，爲涇城令。坐與賀蘭敏之善，流姚州，遇赦還，居汴、鄭閒講授，諸生四遠至，傳其業，號文選學。善又嘗命子邕北海太守贈祕書監補益《文選注》，與善書並行。」又《藝文志》載曹憲《爾雅音義》二卷、《博雅》十卷、《文字指歸》四卷、《桂苑珠叢》一百卷，李善注《文選》六十卷、《文選辨惑》

十卷，公孫羅注《文選》六十卷又《音義》十卷，曹憲《文選音義》幾卷。元謂：古人古文小學與詞賦同源共流，漢之相如、子雲，無不深通古文雅訓。至隋時，曹憲在江、淮閒，其道大明。馬、揚之學傳於《文選》，故曹憲既精雅訓，又精《選》學，傳於一郡。公孫羅等皆有《選》注，至李善集其成。然則曹、魏、公孫之注，半存李善注中矣。憲于貞觀中年百五歲，度生于梁大同時，爾時揚州稱「揚一益二」，最殷盛。文選巷當是曹氏故居，即今舊城旌忠寺文選樓西北之街也。今樓中但奉昭明栗主。元以爲昭明不在揚州，揚州選樓因曹氏得名，當祀曹憲主，以魏模、公孫羅、李善、魏景倩、李邕、許淹配之。《唐書》於李善稱「江夏人」，而《李邕傳》則曰「江都人」，蓋「江夏」乃李氏郡望。《唐韻》載李氏有江夏望，《大唐新語》亦稱「江夏李善」，李白詩亦稱「江夏李邕」，是善、邕實江都人，爲曹、魏諸君同郡也。唐人屬文，尚精《選》學，五代後，乃廢棄之。昭明選例，以「沈思翰藻」爲主，經、史、子三者皆所不選。唐、宋古文，以經、史、子三者爲本。然則韓昌黎諸人之所取，乃昭明之所不選，其例已明著于《文選序》者也。《桂苑珠叢》久亡佚，閒見引于他書，其書諒有部居，爲小學訓詁之淵海，故隋、唐閒人注書引據便而博。元幼時，即爲《文選》學，既而爲《經籍纂詁》二百十二卷，猶此志也。此元曩日之所考也。

嘉慶九年，元既奉先大夫命，遵國制立阮氏家廟。廟在文選樓、文選巷之閒，廟西餘地，先大夫諭構西塾，以爲子姓齋宿飲餕之所。元因請爲樓五楹，題曰「隋文選樓」。樓之上，奉曹君及魏君、公孫君、李君、許君七栗主。樓之下，爲西塾。經營方始，先大夫慟捐館舍。元于十年冬，哀敬肯構之。越既祥，書此以示子孫，俾知先大夫存古蹟、祀鄉賢、展廟祀之盛心也。元謹記。

揚州文樓巷墨莊考

揚州文樓巷墨莊者，宋劉斅、武賢、滁三世之所居也。劉式者，李唐新喻人，生五子，其第四子立德，立德生斅，斅生武賢，武賢生滁，滁生靖之、清之。式字叔度，開寶中，隨李氏入宋，官工部員外郎，判三司磨勘司，贈太保、禮部尚書。妻陳夫人既寡，以遺書教諸子曰：「先大夫秉行清潔，有書數千卷以遺後，是墨莊也，安事畝隴？」諸子怠于學者，則爲之不食。由是諸子皆以學爲郎官，孫廿五人，世稱「墨莊夫人」。此宋初墨莊之在江西者也。立德官祕書監，贈太尉。斅官太中大夫，歷守淮、揚、池、睦、温，始遷居于揚州文樓巷。武賢官承議郎，知盱眙縣，生滁于全椒。滁字全因，兩監潭州南嶽廟，以通直郎致仕。武賢没，妻李氏當建炎時，識揚州將亂，與滁避地江西，故兵戈不能害之。滁妻趙氏賢而文，夫婦手寫經以課子。靖之子和，官贛州教授。清之子澄，判鄂州，與朱子、羅願相友善。滁請徐兢、吴説各以所善篆楷書「墨莊」字，此墨莊之在北宋及南宋初，而羅願《鄂州集》所謂「太中以來居揚州文樓巷」者也。外此，則集賢公是先生敞、舍人公非先生攽，皆立德仲兄之子，居撫之金谿，其八世孫與吴草廬、虞道園相友善。滁爲武賢第四子，其第三子沂，亦奉母命由揚州避地豫章之新吴。沂生蕭，羅願代陳臯爲蕭傳。岳鄂王紹興六年曾爲新喻劉氏寫「墨莊」二字。此墨莊之在南宋江西者也。海陵胡安定先生載陳墨莊夫人事入《賢惠録》，此在揚州之事也。朱子《墨莊五詠》，一曰《墨莊》，二曰《冽軒》，三曰《静春堂》，四曰《玩易齋》，五曰《君子亭》。明楊廉和朱子五詠詩，《序》曰：「劉氏静春與集賢舍人，各自爲派。」蓋静春堂爲劉斅專派，斅與敞、攽爲從兄弟，故其孫曾清之等皆以「静春」自稱。金谿公是先生等派，不襲「静春」之名。然則静春等堂軒五名，亦皆宜在揚州矣。元居揚州文樓巷文選樓側時，方纂《揚州圖經》，檢舊志，但知有文樓巷，不知巷有墨莊事。乃旁考《宋史》、朱子、羅鄂州、劉公是、吴草廬、虞道園等集，及《江西地志》、朱高安《墨莊石刻跋》而述之如此。

夫劉氏自南唐入宋，以至元、明，代有聞人，皆讀書爲義理之學，所交遊者，則有歐陽永叔、曾子固、胡安定、朱子、羅鄂州、吴草廬、虞道園諸人，故其家世、言行、官階多見于諸集。以忠厚大其族，以文學啟其後，而又世有賢母教子亢宗。墨之爲物，貫金石而不朽，莊云乎哉！

揚州北湖小志序

元但通籍儀徵而已，實揚州郡城北湖人也。元家在北湖九龍岡，族姊夫焦里堂孝廉家在黄玨橋，相隔一湖，幼，同學往來湖中者屢矣。嘉慶丙寅、丁卯間，奉諱家居，亦常至北湖。孝廉出《北湖小志》稿示余，余讀而韙之。孝廉學識精博，著作等身，此書數卷，足覘史才。夫以北湖周回百里中水地、古蹟、忠孝、節義、文學、武事悉載于是，是地出靈秀，特藉孝廉之筆以傳斯地之事也。使各郡縣數十里中皆有一人載筆以志其事，則郡縣之志不勞而成矣。亟索其稿，栞于板，以貽鄉人觀覽，以待長官采摘焉。

淮安大河阮氏世系記

予族自明季由淮遷揚，皆始祖諱巖所産也。歲壬申，予奉命總督淮、揚，駐淮安府，從阮庴山少司寇葵生。家取其山陽族譜考之，因記其略曰：始祖諱武德，字再二，世爲江西臨江府清江縣人，居十九都，時稱棗兒村。阮家元末以武功顯，明鼎定，徙豪傑實江南，遂隸鷹揚衛，既改大河衛，墓在今淵河南岸三里塘之南。洪武十六年，武德産敬，敬妻孫氏産嵩。正統十三年，嵩妻馬氏産連。成化十一年，連妻瞿氏産鑒，鑒號「月窗老人」，始讀書爲諸生。正德元年，鑒妻陳氏産淳，淳多隱德，練鄉兵備倭，以所儲粟餉軍。妻袁氏，妾方氏。嘉靖十二年，淳生嘉林。嘉林字仲立，號鳳居，嘉靖辛酉舉人，隆慶戊辰會試，副榜第一，官湖廣益陽縣知縣，舉天下第一清官，行取御史，年七十二，葬七里塘之原。嘉林妻裴氏産世勳，爲淮安族所自出。嘉靖三十五年，裴氏産世美爲次子。世美妻盧氏生子三：大福、泰福、仝福。萬曆、天啟間，徭役繁興，民不堪命，衛所之中，官盡欄牛，吏同冠虎，遂攜家南徙，脱衛籍。此山陽族譜之大略也。余家揚州舊譜，諱巖公於明萬曆中由淮安遷揚州，似相合矣。惟是諱字不合，慦焉傷心，安敢於世系所從來傅會臆斷之耶？然淮安大河阮氏之世系，實不可不知，故書此闕疑以示後人。

再：淮阮氏皆裴孺人出，《淮譜》舊記云：裴孺人，贛榆縣人，光禄卿裴公天祐之女。隆慶初元，鳳居公偕計入都，至山東某縣，負襆被宿逆旅中。少頃，遇褐父頒白者，叩公名氏，色甚駭，略詢家世姻族，急索制舉藝觀之，遂奔去，公亦不置意。比夜，則市中人語喧豗，車馬馳驟，聲聒耳不能眠，第聞曰：「新巡方至矣。」厥明，公將戒途，有騎而至者，持刺邀公去，方詫何間，已挾之而騁。及堂皇，則疇昔所遇者，盛服拱立以竢，延就賓館，極燕衎之盛。居數日，郡邑有司頻煩將命而至，議館甥焉。蓋裴公以繡衣巡按山東，偶宿神廟中，夢觀天榜，其第一人爲阮某。裴時有愛女及笄，擇壻無當意者。得是夢，輒心動。微行時，潛物色之。忽於逆旅得公，以爲天作之合也。公承命，殊不自得，再三辭，不獲命，遂於行臺結褵焉。明歲戰南宫，已在魁選，主者以策語觸時忌，改置副榜第一。旋注銓籍授官，非公所樂也。裴孺人歸後，舅姑安其養，益陽惠政亦多裨助。吾宗生齒不繁，至鳳居公始昌。越數十年，小宗又復衰落。今之聚族於淮，奉蘋藻而衍箕裘者，皆裴孺人所出也。嗚呼！神庥一夢，豈偶然哉？孺人卒於萬曆庚子年，年五十三，封孺人。

林清泉公傳

公諱廷岳，字詢四，號清泉，姓林氏。晉愍帝時，黄門侍郎穎，從元帝渡江入閩。四十六世顯，當明天啟，因倭變遷江南鳳陽之桐城鎮，復遷揚州府甘泉縣陳家集。自顯至公，復九世。公爲得齋公之季子，梅谿公之弟。公天性淳正忠厚，篤于孝弟，里閭戚黨皆稱敬之。得齋公年六十有四，病，公籲于天，以身代，刲臂肉，祕以入藥，病遂愈。後二十年，得齋公再病，再刲之，病亟，不能食藥而卒。今臂瘢纍纍然。奉母王太夫人亦竭力，致壽九十。公以梅谿公服官，遂不求仕，以養親爲己職。梅谿公清宦，有貸尚有未償者，公或代償之，集諸子及梅谿公諸孫，焚其書券曰：「吾受伯兄教，昔代償者，今忍言乎？」諸從孫皆拜泣，各出錢以奉甘旨，公受之曰：「使爾等心安，亦一道也。」公幼篤學，治《周易》，著詩古文詞，精於醫，尤善治目，賴不失明者千百人。爲閩、越、齊、魯之遊，以山水自娱。善鼓琴，善弈，習鎗槊。性嗜茶，于屋内壁間置茶竈，泉必自瀹，薪必自爇，具各種茗葉壺盞，烹而奉客，有玉川之風。公生平無惡念，無俗情，無不可對人之事。卒于嘉慶八年十二月四日，年八十一。太學生，敕封承德郎。子三，長蘇門公，衍聖公府辟佐府事，乃爲其掾，次稼門、禹門。孫念曾。曾孫續祖。

論曰：縣舉孝廉方正一人，嘉慶元年恩詔也。大吏以名不易稱，難其選而靳之。夫大吏之有封蔭，亦恩詔也。未聞有以祖德不立子不才而辭者，何獨于民之賢者而靳之？十步之内，必有芳草；十室之邑，必有賢士。若公者，或所謂孝廉方正者乎？元，梅谿公外孫也。知公深，無虚詞，無溢美也。

節孝林母傳

節孝，高夢輝之女，年十九，歸揚州甘泉梅谿林公爲側室。林公，元外祖父也，以舉人選授大田縣知縣。外曾大父、母年老，畏遠涉，留外大母俞夫人奉養。公涖大田，無以襄内政，乃以節孝隨。節孝綜理諸内事，能代公勞。公潔己愛民，官齋蕭然無兼味，節孝曲體公意，儉以律身，勤以率衆，邑人翕然稱之。越三年，外曾大父病終於家，公性至孝，哀甚毁，疾遂不起。時嫡出四子皆在揚州，節孝甫生庶子名闓，慟不欲生，親黨之在閩者，以扶櫬撫孤勸，乃强食粥。及扶櫬杭海，由乍浦抵家，元外大母俞夫人亦前卒，一歲之中遭三喪，外曾大母日在涕淚中。節孝茹哀侍奉，能得老人心，戚族嘆美以爲難。元舅氏四人，年皆長，名闓者又夭折，節孝傷之。大舅氏以次子跂曾爲闓後，所以慰節孝也。諸舅氏皆館於外，復相繼卒，所遺孤皆幼。節孝偕諸嫡子婦操作，教諸孫力學，書聲與紡聲恒相和，如是者十餘年，諸孫乃屹然有成立者。嘉慶七年，族黨共列其行，請於朝，得旌表節孝，建坊于門。嘉慶十九年卒，年七十有七。元母林太夫人感庶母之孝節也，事之甚恭，且禮法性情若契而合。元幼隨先妣住外家，嬰病，節孝助先妣撫元者備至，故知其行，爲傳焉。

李晴山喬書酉二先生合傳

李先生諱道南，字景山，號晴山。先世由丹徒遷江都，富于貲。父敬修，光禄寺典簿，和而介，疏於持籌，好施與，家遂貧。母早卒，無子，先生與兄雷皆側室胡氏出。先生既孤，胡太孺人以女紅撫之讀，或勸理舊業，太孺人曰：「吾將以貧勵子學，不願使從富家子遊。」先生既補儒學生員，以學行高于時。所居草屋數間，冬衣葛，行者夜分猶聞讀書聲。學使者重之，有「寒氣逼人」之歎。學官吴鋭，李安溪高弟子，嘗偕客過其廬，講學逾時，太孺人解敝衣、穴屋後席壁，屬鄰媪質錢市盤飧享之。遇斷炊，輒貰市餅以爲食。先生屬文，必以微言發經義，耻爲華靡，常曰：「文以勵行，若視爲科第之階，末矣。」故試屢不中式，貧益甚，然雖餒卧，不妄受一錢。乾隆己卯省試，以第八人貢于禮部，辛卯會試，中式第二榜。初發，總裁、同考官知先生名，願早見，且招致之，先生不往。既殿試，賜同進士出身，始謁座師，是以名益重。總裁莊方畊閣學士以柬獨招先生往論學術，相契愈深，謂先生曰：「子之學問人品，予知之矣。顧甚貧，何以歸？予將命同人賮子。」先生固辭。既而車馬至先生館舍致賮者甚衆，先生知其意，概謝之。閣學士聞而歎曰：「介至此乎！」先生例選知縣，不赴選。設教鄉里，生徒數百人，雖宿儒皆執贄受業，嘗主泰州、通州、淮安書院講席。先生穎敏過人而操行剛正，以古名儒自勵，對策剴切詳盡，事母孝，事兄悌，所著有《四書集説》十二卷。太孺人將卒，執先生手曰：「還是讀書。」先生以是語名其堂。太孺人鍼黹數十年，遺斷鍼盈篋，先生每撫之泣，海内通人名士爲詠其事，先生録爲《斷鋮吟》一卷。兄雷亦善屬文。既没，先生輯兄文及先生文，爲《同懷寸草録》四卷。乾隆五十二年，卒於家，年七十有六。子二，本善，元善。

喬先生諱椿齡，字書酉，甘泉人。性穎悟，勤學，通諸經義，涉獵百家子史，尤深于《易》，揲蓍屢有驗，善屬文，以漢、魏爲法。補儒學生員，試輒高等，而未嘗食廩餼，省試亦不中式。先生性剛直廉介，跬步必以禮，交游皆擇正士，友有過，相規無隱，一時倜儻之士見先生，皆深自斂抑。居陋室，甚貧，枕席皆書，苟非義，雖周之不受。體羸多病，不婚娶。元幼受業于先生。乾隆癸丑，元督學山東，迎先生。冬十一月，相見於曲阜，衡量孔、顔、曾、孟四氏子弟之文，謁至聖林廟，觀禮器，先生欣然，躊躇若滿志焉。明年春，至登州，道病，返至青州，卒于試院，年四十三。野有古木，元伐之，爲先生棺，歸葬揚州。

論曰：吾年九歲，從喬先生學。年十七，從李先生學。兩先生爲吾鄉特立獨行之儒，而吾皆師之，吾所幸也。兩先生績學砥行，深自韜隱，而元竊高位厚禄過于師，吾所愧也。嗚呼！吾幼年見許于兩先生，使先生今尚在，許吾耶，抑責吾耶？是以每念先生，深自省也。

胡西棽先生墓誌銘

先生姓胡，諱曰廷森，字衡之，號西棽。先世唐宣歙節度使、常侍學之後。十五世，當元時，祖大中籍饒州，官休寧，遂遷焉。高祖學龍遷江都。父濤齡，國學生。先生身長體腴，事父孝，年逾三十，猶引過受杖。侍母疾，雪夜長跽呼天，疾爲痊。幼讀書，試未第，乃以文學佐大吏幕府之奏章，通達治體，所繕奏皆稱旨。

兩江總督薩公載等交聘延致之。先生兼精刑律，年五十，無子，或曰：「掌刑者艱於嗣。」先生曰：「吾儒生，欲活人無尺寸權，正欲佐人，于刑中求嗣也。」故其治刑也，以仁輔義，有合于歐公求生不得之指，所全實多，卒舉丈夫子。遂杜門却聘，謝外交，與里中秦序堂、沈既堂諸先生爲湖山遊，杖履吟詠，有香山之風。元初任巡撫時，先生至杭，爲擘畫一切，元以政事切問之，悉其情。逾月，兵刑漕賦事略定，先生曰：「可矣。」乃返揚州。嘉慶元年，恩詔縣舉孝廉方正一人，里中搢紳皆以先生應舉。具牘達之官矣，而史胥慗之，先生曰：「搢紳勿與史胥言，言則不廉不正矣。」以是卒未達大府。嘉慶八年，先生卒于家，年八十有五。先生工詩，善於言情，其佳處極似放翁，著《西芩詩草》一卷。授職州吏目。配李安人，子德生，職州同知，側室劉安人出。冬十一月，葬揚州西門外老人橋之右。元幼時以韻語受知于先生，先生授元以《文選》之學，導元從李晴山先生遊。先生于元外祖林公爲執友，公子婦林氏，元母之姪也。元入覲返，過揚州，哭先生。乃爲銘曰：

先生之行，在孝與慈。先生之學，在書與詩。先生之才，經濟匡時。弢晦恬退，世莫之知。知之深者，非元伊誰？丸丸宰木，岡道具宜。爰伐樂石，載此銘詞。

劉端臨先生墓表

劉先生諱台拱，字端臨。其先世由江南蘇州遷揚州寶應。六世祖永澄，萬曆辛丑進士，與高忠憲、顧端文、劉忠端諸公講學東林。曾祖中從，康熙戊子舉人，石埭縣教諭。祖家昇，甲午副貢。父世謩，貢生，靖江縣訓導。靖江君五子，先生居長。先生幼不好戲，六歲，母朱安人歿，哀毁如成人。既而事繼母鍾安人，亦盡孝。入家塾，終日端坐，未嘗離席。獨處一室，亦必以正。九歲，作《顔子贊》。十歲，心慕理學，嘗於其居設宋五子位，朝夕禮之。出入里閈，目不旁睞，時有「小朱子」之目。年十五，從同里王君雒師學，及見王予中、朱止泉兩先生書，遂篤志程、朱之學。

十六，補縣學生。二十一，中式舉人。試禮部，大興朱文正公時以翰林分校，得先生經義用古注，識爲積學之士，亟呈薦，已中式矣。以次藝偶疵，被放，文正惜之終其身。是時，朝廷開四庫館，海内方聞綴學之士雲集。先生所交遊，自大興朱學士筠、歙程編修晉芳外，休寧戴庶常震、餘姚邵學士晉涵、同郡任御史大椿、王給事念孫並爲昆弟交。稽經考古，旦夕講論。先生齒最少，每發一議，諸老先生莫不折服。先生之學，自天文、律吕、六書、九數、聲韻等事靡不貫洽，諸經中于三禮尤精研之，不爲虚詞穿鑿，故能發先儒所未發，當世儒者撰書，多采其説。乾隆五十年，授丹徒縣訓導。先生勤于職，月必考課，其教以敦行立品爲先，而能以身示之。嘗謂校官不常接士子，則術業無由聞知，故諸生以時進見者，必以廉耻氣節爲敦勉。暇則誦習古訓，親爲講晝。境内饑，大吏以賑事委先生，先生慨然曰：「校官無事可自効于國，此我職也。」乃親歷窮巷，俾胥吏無侵刻，一邑感之。

生平無嗜好，唯聚書數萬卷及金石文字而已。齏鹽淡泊，晏如也。先生慎于接物，尤廉于取，交遊如段茂堂、王懷祖、汪容甫諸先生，尤莫逆。朱學士曰：「劉君大賢也，豈獨學問過人？」邵學士曰：「予遊京師，交友中淵通静遠、造次必儒者。端臨一人而已。」汪容甫曰：「吾心折劉君者，劉君欲吾養德性而無騁乎血氣，此吾所以服也。」靖江君疾，先生辭官歸，日侍湯藥，晝夜不倦。及靖江君、鍾安人相繼卒，先生水漿不入口，出就外寢，蔬食五年之久。青浦王侍郎昶以爲有曾、閔之孝。歲時祭祀，齋戒哭泣，戚戚者數日。居家，教諸弟雖嚴，然怡怡和悦，人皆歎羨之。宗族有少孤不能讀書及困苦不能自振者，皆賙給之。先生德盛禮恭，人有所長，必誘掖之使進；若有短，則絶口不言，但勸勉之，使自媿悔。終身無疾言遽色，故其爲校官也，上官待以殊禮，至于頑夫驕子對之，無不抑然自下。

體素羸，疊遭大故，益衰弱。嘉慶十年五月廿二日，以疾卒，距生于乾隆十六年閏五月初二日，年五十有五。娶山陽曹氏，無子。妾夏氏，生子二，源岷，源嶓，源岷早卒。女三，長適余長子常生，二品廕生；次字溧陽史氏，殤；幼許字同邑增貢生朱聯奎子仕禄。所著文集及《論語駢枝》、《荀子補注》、《漢學拾遺》、《儀禮補注》、《經傳小記》，惟稿多零落，釐輯成七卷。《淮南子定本》諸書亦未卒業。先生葬於寶應某某之原。同鄉儒者皆欲列事實，請祀鄉賢祠。元與先生友學最深，且爲姻家，乃紀其學行，揭于阡。

浙儒許君積卿傳

許君名宗彦，字積卿，又字周生，浙江德清人，《明史·儒林傳》許孚遠之後。曾祖鎮，康熙壬辰翰林院編修，江西南昌府知府。祖家駒，乾隆丁卯舉人，西安學教諭。父祖京，己丑進士，内閣中書，廣東布政使。母胡氏。君生有異質，九歲能讀經史，善屬文。時中書君主劉文正公家，文正公見君，甚器之。青浦王公昶愛其才，作《積卿字説》，載《春融堂集》。君十歲，即不從師，經史文章皆自習之。乾隆丙午，舉于鄉，嘉慶己未，成進士，授兵部車駕司主事。是科得人最盛，朱文正公曰：「經學則有張惠言等，小學則有王引之等，詞章則有吴鼒等，兼之者宗彦乎？」君性孝友，偶以禮部試離親左右，即泣不忍别。隨父任，先意承志，曲盡孝力。事兄、事女兄，皆悌愛肫摯。雖性情和平，神理澄淡，然見者皆肅然敬之。嘗訓諸子曰：「讀書人第一須使此心光明正大，澄清如止水，無絲毫苟且私曲不可對人處。」故名所居曰「鑑止水齋」。君自入兵部後，兩月，即以親老引病歸。丁母憂，復丁父憂，既免喪，猶欒欒然惡衣疏食，恬淡無宦情，遂不復仕。居杭州，杜門以讀書爲事。

君于學無所不通，探賾索隱，識力卓然，發千年儒者所未發，是爲通儒。所著有《鑑止水齋文集》十二卷，詩八卷。集多説經之文，其學説能持漢、宋儒者之平。其辭曰：學者何？子曰：「行有餘力，則以學文。」又曰：「十室之邑，必有忠信如吾者焉，不如吾之好學也。」子路言：「何必讀書，然後爲學？」是聖門本以讀書爲學。雅言、《詩》、《書》、執禮，學之事也。所以學者何？子曰：「生而知之者，上也。學而知之者，次也。」又曰：「我非生而知之者，好古，敏以求之者也。」又曰：「多聞，擇其善者而從之，多見而識之，知之次也。」是則學也者，所以求之也。知者何？子曰：「不知命，無以爲君子也。不知禮，無以立也。不知言，無以知人也。」又自言「五十而知天命」。始于「知言」、「知禮」，終於「知天命」，知之事也。所謂下學而上達者，《詩》、《書》、執禮，則下學也；知天命，則上達也。後之儒者，研窮心性而忽略庸近，是知有上達而不知由于下學，必且虚無惝怳而無所歸；考證訓詁名物，不務高遠，是知有下學不知有上達，其究瑣屑散亂，無所統紀，聖賢之學，不若是矣。夫《詩》以治性情，治性情者，明德之學也。《書》以達政事，達政事者，新民之學也。《禮》以範視聽言動，克己復禮者，止至善之學也。禮者，止也。思無邪，則心正矣。允執其中，則天下平矣。動容周旋中禮，則盛德之至矣。然則大學之道，亦豈有外於《詩》、《書》、執禮歟？始乎爲士，終乎爲聖人，此學所以爲大也。

其《周廟祧考世室考·敘》，能發韋玄成、劉歆、鄭康成、王肅所未能明。其辭曰：唐、虞廟制，書缺有間。夏五殷六，緯書未可據。《周禮》雖殘缺，遺説猶存。五廟二祧，略可考見。五者，一祖四親，服止五，廟亦止五。先王制禮有節，仁孝無窮，於親盡之祖，限於禮不得不毀，而又不忍遽毀，故五廟外建二祧，使親盡者遷焉，行享嘗之禮，由遷而毀去，事有漸而仁人孝子之心亦庶乎可已。故五廟，禮之正，二祧，仁之至，此周人宗廟之大法也。若夫聖人御世，功德廣遠，天下後世蒙其德澤，則必有崇祀以爲大報，故有祖宗之祭。周公營洛，建明堂，大合諸侯，祀於太室，所以顯明文、武之功德於天下，此周人祖宗之鉅典也。義則親親與尊尊各殊，地則廟祧與明堂又別。自漢承秦後，因陋就簡，禮之大者，未暇講明。迭毀之議，元帝時乃發其端，而合祖、宗于宗廟之中，則在當世無知其非者，上自詔書，下至臣僚建議，皆以祖宗爲不毀之廟。夫周人以后稷爲太祖而復祖文王者，后稷，宗廟之祖，文王，明堂之祖，故不嫌二祖。漢以高帝爲太祖，孝文、孝武爲世宗，則止一祖。將以高帝準周稷，則祖宗之典仍有宗而無祖，合並之誤顯矣。論者乃據漢制以揣周制，祖宗之禮不明，廟祧之數亦輾轉不合，後人不求致誤之由，但以五廟、七廟依文發難。夫五廟二祧，禮有正文，不容增減。《王制》、《曾子問》通稱「七廟」，非必遂具異義。執此相攻，是知二五而不知十也。五七之數既歧，并牽合廟祧爲一。夫祧爲遷廟，必非與寢廟同制。若祧猶是廟，何爲别立此名？循其通稱，忘其殊義。親親之殺，追遠之意，胥失之矣。至乃列世室于昭穆，忘其爲明堂之名；藏遷主于二祧，非太廟合祭之旨。循誦舊説，私心未安，輒伸管穴爲《五廟二祧考》，以明周人宗廟之法。爲《文武世室考》，以明周人祖宗之典。凡舊説之不合者，頗致辯焉。

其他如日行諸解，辦王寅旭、戴震之誤。《禮論》、《治論》諸篇，稽古證今，通達政體。文雖不多，然皆獨具神識，未經人道，有補於聖賢經義者，始著於篇。異乎俗儒之連篇累牘，卑庸無裨於世者。

君以嘉慶二十三年十二月二十二日卒於杭州，年五十有一。妻梁氏，子六，兆奎，延宷，延澤，延敬，延凱，延轂。女子子三，延錦，適元之子福。元與君丙午同舉于鄉，己未會試，元副朱文正公，爲君座主，又以子女爲姻家，學術行誼，相契最深，故爲傳焉。

安徽巡撫裴山錢公傳

公姓錢，諱楷，浙江嘉興人。生少器宇凝重，伯曾祖文端公見之曰：「子其爲我宗之範乎！」遂字宗範。後又字裴山。先世本何氏。始祖貴四，于明初坐事戍黔，屬其子裕於錢翁，遂從其姓。四傳至薇，嘉靖朝官禮科給事中，以星變陳言請斥方士削職，後贈太常寺卿，事載《明史》。又四傳至贈光禄大夫綸光，爲公高祖。子長即文端公。次峰，廩貢生，候選訓導，爲公曾祖，以居父喪，哀毁卒，旌表節孝。任太夫人撫八歲孤子汝鼎，以文端公蔭監生，需次州同知，爲公祖。生子濬，爲公考，亦以居父喪哀毁卒。是時，公八歲，妣程太夫人上事姑，下育孤，貧不繼薪米，質釵珥盡，乃鬻屋賃廡以居。親授公讀，大風雪夜，紡聲書聲申旦相答也。三世皆以公貴，贈資政大夫。

公幼秉母教，勤學不倦。年十二，補縣學生。乾隆四十二年，選貢入成均，充四庫館謄録。四十五年，應召試，列二等。四十八年癸卯，順天鄉試舉人。四庫書成，議敘知縣，不謁選。五十四年己酉恩科，禮部會試第一，殿試二甲進士第一，選庶吉士，習國書。明年散館。改主事，軍機處行走，補户部福建司。公性本明敏，鋭志精勤，入直常早，散直常遲。承旨撰擬，無不曲當軍機大臣所傳述者，以故軍機多倚重之。六十年乙卯，充會試同考官，京察一等記名，升江南司員外郎。祖妣屠太夫人卒，以承重憂歸。服除，供職。

嘉慶三年戊午，充四川鄉試正考官，得士廖宗驌等。秋，命提督廣西學政。泗城、鎮安二府極邊，例令赴南寧就提學試，遠者行二千餘里，士勞而費重，公奏請歲科連考，以惠貧士，得旨允行，粵士便之。五年，升禮部祠祭司郎中，仍留學政任。任滿，復命仍直軍機。逾二年，調刑部安徽司郎中，截取繁缺知府，引見記名，賞四品頂戴。九年，京察一等記名，以四、五品京堂用。十一年，補太常寺少卿，命偕侍郎吴公璥按事河南。十三年，又命偕侍郎文公孚按事山西。公遇事鎮静，而決獄尤不敢忽，不輕用刑。因或不輸實，跪之庭，連日夜危坐鞫之，卒得其情，歷數省皆然。是年閏五月，授河南布政使，陛辭，上諭以「寬嚴相濟，勤慎辦事，勿效近時習尚」，因詢家世，公備對陳敘母教，伏地感泣，上爲動容曰：「此賢母也。」于是，太夫人時倆優諭，以勵公焉。既到官，每昧爽起謁巡撫白事，還接見屬吏，退坐小室，治文書，紙窗布簾，無器玩之設，食惟一殺，雖一紙一薪，不取給州縣。官核各州縣虧欠銀九十餘萬兩，量爲限制，令分季解司，官民無擾。累兼護河南巡撫署河東河道總督。河南食河東鹽者，三十二州縣。自嘉慶十一年，山西鹽歸地丁者復歸商運，限試三年，至限滿而河南鹽價日增。山西巡撫初公彭齡以河東鹽價隨時低昂，請無庸定價，公奏河南民苦鹽價之增，特待三年滿限，減價食賤，今若不定價，恐奸商藉詞增長，訐訟滋紛，請勅令山西撫臣按乾隆間舊價酌定限制，違者罪之，庶於不定之中仍示裁抑之意。十四年十二月，擢廣西巡撫。十五年二月，抵任。廣西多客民，依山爲寮，誘土民爲盜，事發遁去，土民獨罹重法。公謂弭盜莫善于保甲，乃酌行舊章，令客户一體編列，設巡船哨卡，嚴密偵察，委官給以資斧，易服至各要險訪緝，懸重賞爲勸。于是獲逸盜甚衆。弊群吏先操守後才能，顧嘗謂人才難得，應劾者不少恕而時存愛惜造就之意，其才識未充者，隨事教勖，若師弟子然。重刻陳文恭公《從政遺規》，以爲僚屬法。凡所設施，必陳奏，上嘉勉焉。十二月，調湖北巡撫。十六年二月，抵任。會上巡幸五臺，公請陛見，至山西，命閲士子所獻詩賦册，扈蹕還至正定，召對十六次，賜賚無算。四月，還武昌，有旨「來京以侍郎用」，尋諭兼程來京供職，補户部右侍郎，兼管錢法堂事務。時南陽盜王胯子等，所過刦掠，襄陽毗連南陽，公飭地方文武豫防之。總督馬公慧裕奏請少留巡撫，張公映漢至湖北，公乃交印。公在任兩月，途中奏湖北利弊四事，曰：「漕米之運，荆州滿營兵食者，宜就近地撥定。沿江洲地，宜悉立契，坍卸報豁，以杜争端。提督署宜移駐襄陽府。淮鹽價昂，川鹽、潞鹽價皆賤，宜減淮鹽價，以杜私販。」奉旨命湖廣總督等議奏。行至孝感，奉旨署河南巡撫，並諭嚴捕王胯子等。王胯子者，山東人，與裕州民常幅等乘饑掠人銀米，黨七十餘人，已獲五十二人，而山東亦獲王胯子，解河南。公訊治，據實奏。奉上諭：「錢楷奏恩長於南陽匪徒一案，前後具奏情節與原報不甚相符，辦理亦覺過當等語，所見非是。錢楷著調補工部左侍郎，仍交部察議。」

旋命巡撫安徽，兼提督銜，例戴花翎。離汴之日，百姓老幼遮道送，公諭以循分安業，有泣下者。八月，抵安慶。時碭山李家樓河決，宿州當其衝，靈璧界宿，亦被災，泗州當下游，漲不能洩，患尤甚。公乘小舟，行巨浸中以察水勢，攜餅餌飼災民，支席爲廬，凡二千餘所，俾民棲止，先給一月之食。前署河南巡撫時，於孟津諸縣災，飭各屬吏勘明災户數後具奏，得即發帑，兹亦如之。奉旨發銀，凡四十餘萬兩。公復率僚屬捐養廉爲倡，紳士繼之，或平糶，或賑粥，司事者無剋減冒漏諸弊。所奏正賑、加賑日期及分別被災輕重蠲緩錢糧，皆荷允行。上復以「黄河漫口，應如何設法疏導，俾順流入湖」爲詢，公復奏：「宿州、靈璧、泗州境内，惟濉河爲減黄總路，然不能容全河之水。李家樓奪溜至七八分，横流四溢，高出平地，舊河雖深，通亦無益，其入湖處未嘗不順，恐洪湖尚不能容。今漫口未築，水勢未減，各境舊河皆在釜底，固無從疏導，且亦窮於尋探。」批答韙之。明年春，決口合，積水漸退，民得安宅，如公所云。歙縣人張良璧採生，斃嬰女多人。守令前鞫未明，御史入告，命公鞫之。良璧年七十餘，恃無證，陽聾聵不服。公晝夜親訊，幾二十日，太夫人命禱於城隍神。翌日，情盡吐無隱，若有使之者。蒙城人張萬倉子，以父死非罪，入京訴冤，上命公鞫之。原讞張山、杜魁等爲盜，山叔父萬倉以拒捕死，山、魁等皆獲，服爲盜，贓證備具，贓止袍一、裘一、布二疋，而裘故非實，公委曲于典裘券册内察得其情與證，則皆平民，或嘗爲竊者，實非盜，立釋之。其平反活人多類此。安徽潁、亳、壽、鳳等處，俗悍多訟，莠民傳邪教，習拳勇以脅衆，若無爲齋、龍華會、顯聖義和拳等，公悉禽治。每決囚，終日不樂，食爲之減。

視學廣西，病瘍，後體稍勞輒作。使山西，在途，背生癰，氣益耗。歷官數省，釐治煩劇，心力日衰。已復得胃疾，漸以不起。嘉慶十七年八月十七日，卒于官舍，年五十三。遺疏入，上諭：「安徽巡撫錢楷，前在軍機章京上行走多年，供職勤慎。自簡任封圻，歷更數省，辦理地方公務，均能安静妥協。兹因病溘逝。伊本係孤子，孀母程氏，年逾七旬，其嗣子僅止十歲，深爲可憫。著加恩照巡撫例賞給卹典，該部察例具奏。所有任内一切處分，悉予開復。欽此。」尋復諭祭，特賜全葬銀。

公奮自孤苦，力學敦行，每念殊眷，不恤勞瘁。僕直機密，筆不輟書。退直讀史賦詩，不自暇逸。莅外職，益勤案牘。每吉旦，焚香告天，願賜豐歲，若將降咎于民者，願降咎于某身。祈晴、祈雨雪皆應，所至有秋。生平無疾言遽色，跬步不失矩矱。欵曲喻人，不欲立崖岸，意或不同，但陳己見，不輕斥人非。行不效，益自克。服官二十餘年，不親家事。家事則程太夫人自治之，曰：「不使兒分心誤國事也。」事程太夫人至孝，迎養官署，慕若孺子。所著有《緑天書舍詩草》六卷。善書，兼工篆隸，又能繪事。蓋公五世祖鶴庵公瑞徵善畫松石，而高祖妣陳太夫人南樓老人工寫生兼善山水，故公畫有家法。恭繪御製詩意及《五臺山圖》、寫《文殊師利所説經》以進，皆蒙睿賞。配陶夫人，側室吴氏、梁氏，皆無子。以同祖弟棫之子承志爲後。女一，德容，梁氏出。公卒後，太夫人命字元之子祜。太夫人卒于公卒後四年。元與公未第時即相友善，復以同榜成進士，登堂拜母，知母教及宦跡甚詳，于公殁後，屬姻家，故爲傳焉。

揅經室二集卷三

太傅體仁閣大學士大興朱文正公神道碑

懿夫！唐、虞之際，仲尼致歎；堯、舜之道，孟氏所陳。然則際兩朝授受之盛，備元輔公孤之隆，謨明弼諧，非道不言，聖天子納所啟沃，以爲帝德，且極尊師重道之誠，徹乎始終，孚于中外者，非太傅朱文正公，曷克膺此！公諱珪，字石君，號南厓，晚號盤陀老人。元至元閒，遠祖福三居浙東。明洪武閒，德三遷蕭山黃閣河，遂爲黃閣河朱氏。八傳至公高祖尚絅，明末官游擊。曾祖必名。祖登俊，我朝官湖北長陽縣知縣，中書科中書。父文炳，陝西盩厔縣知縣，始遷籍于順天大興。三世皆以公貴，贈光禄大夫、太子少保、户部尚書。曾祖母白，祖母何、馮，母徐，皆一品夫人。

公以雍正九年正月十二日生于盩厔縣，有兄三，堂、垣、筠。公祖與高安朱文端公同省爲知縣，相友善，清名亦相埒。公父受經于高安，故公十一歲即傳高安之學。年十三，丁母艱，孺哀毁瘠。服除，補附學生。年十七，科試第一，舉于鄉。與叔兄齊名，震都下，公卿争延之。次年會試，中式，賜梁國治榜進士出身，改庶吉士，習國書。座師阿文勤公、劉文正公、鄂剛烈公，皆以學行重之。乾隆十六年，散館第一，授編修。明年，大考二等，授侍講。二十三年，大考二等，授侍讀學士。公所撰進文册，陳宫中，高宗純皇帝亟賞異之，特達之知，實始于此。二十四年，主河南鄉試，復命，旋奉使告祭南嶽，登祝融峰。明年，充會試同考官。秋，授福建糧驛分巡道。抵閩，兼攝福州府事，毁和合等諸淫祠，民大驚服。二十八年，特旨擢福建按察使兼署布政司。閩人裘自位，假平臺灣功竄武職，獄連數十人。公誅正犯一人，諸受欺者皆不坐。有告家譜妄逆者，讞之，僅戮一撰譜者屍，不坐其子孫。二十九年秋，丁父憂，戴星奔，至京口阻風，哀號祭，江風驟轉，抵京，治葬于二老莊阡。三十二年，服除，補湖北按察使。時緬甸用兵，公司驛務無遲誤，無擾累。楚北亂民聚衆，公鞫之不少縱，然脅從者皆得免。三十三年，調山西按察使。明年，授山西布政司。秋，奏立保固城工法，令後任隨時修護，如隤，在三十年内與原築官分賠，下部議行。三十六年，暫代巡撫事，奏改吉州爲散州，與鄉寧并隸平陽府；改霍州爲直隸州，以趙城、靈石隸之。又奏撥歸化、綏遠二城穀十萬餘石，配放兵糧，以省採買而免紅朽。奏免土默特蒙古私墾之罪，以所墾無礙牧地三千一百餘頃，許附近貧苦兵民認耕納租，歲六千餘兩，增官兵盤費。奏太僕寺牧地苦寒，宜改徵本色爲折色，以便民除弊。皆下部議行。三十八年，勘歸化城水災，奏撫卹之，且予修費，借穀種，其民種蒙古之地，并請卹之。三十九年，按察司黄檢奏公終日讀書，于地方事無整頓。明年，入覲，授翰林院侍講學士。四十一年，命尚書房行走，侍今皇帝學。時初置文淵閣官，特授公直閣事。主福建己亥鄉試。四十五年，督福建學政，將行，上五箴于今皇帝藩邸，曰養心，曰敬身，曰勤業，曰虚己，曰致誠。上力行之，及親政，亦常置座右。四十八年冬，還朝。明年，扈蹕南巡，授内閣學士兼禮部侍郎，閱浙江、江蘇召試卷。五十一年，授禮部侍郎，主江南鄉試，督浙江學政。五十四年，置蕭山祭田百畝，作《圭田記》。冬，還朝，充經筵講官。五十五年，經筵進講，時諸皇子侍班聽講，高宗純皇帝顧今上曰：「此汝師傅講之善。」春，總裁會試。秋，授安徽巡撫，命馳驛賑水災。乃攜僕五人乘小舟，與郡民同渡，賑宿、碭山、靈璧、泗、五河、盱眙民以糧，借懷遠、鳳台、壽民以糧及種，築決隄六十餘丈，民乃安。復請展春賑，分廠親給于民。五十七年，奏鳳、潁水災，恩賞糧種，免民欠萬五千兩。祁門縣築城成，輕騎往驗之。至新嶺，有欲巡撫怒其歙縣令，屬掌亭人以饐餲進者，公恬然飽之。五十九年，調廣東巡撫。六十年，兼署兩廣總督，旋授都察院左都御史、兵部尚書，皆留巡撫任。暎咭唎國入貢，呈土物于總督，卻之。嘉慶元年，征苗，調兩廣兵萬二千，親調遣之。夏，授兩廣總督兼署巡撫。六月，降旨內召，曰將欲用爲大學士也。俄以閩浙總督魁倫奏粵東艇匪駛至閩、浙，乃公總督任內不能緝捕之咎，寢前命，仍加恩補安徽巡撫。鳳陽等州有水災，蒙恩賑，親給之，官吏無敢侵者。時楚、豫多邪教，流言安徽有隱伏者，公曰：「疑而索之，是激之變也。」乃親赴界上籌防禦，徧莅潁、亳等州城鄉，聚長老教勸之，徧張告示，簡明諄切，民大感化，故數年閒，安徽無以邪教倡亂者。明年，授兵部尚書，調吏部尚書，皆留巡撫任。宿、靈璧水，合肥、定遠、巢、來安、全椒旱，親賑之，民無逃亡凍餒之苦。明年，蒙、亳復水，卹賑如之。

高宗純皇帝上賓于天，今皇帝初親政，即馳驛召公。公哭且奔，先上奏曰：「聞太上皇帝龍馭上昇，瞻裂呼天，角崩投地。欽惟大行皇帝十全功德，五福考終，傳器愜心，於昭在上。我皇上純性超倫，報天罔極。竊聞定欲躬行三年之喪，此舉邁千古而欽萬世。然而天子之孝，不以毀形滅性爲奇，以繼志述事爲大。親政伊始，遠聽近瞻，默運乾綱，霶施渙號，陽剛之氣，如日重光，惻怛之仁，無幽不浹。思修身，嚴誠欺之介；於觀人，辨義利之防。君心正而四維張，朝廷清而九牧肅。身先節儉，崇獎清廉，自然盜賊不足平，財用不足阜。惟願我皇上恒久不忘堯、舜自任之心，臣敢不隨時勉行仁義事君之道。」上嘉納之。及至京，哭臨，上執公手，哭失聲。旋命直南書房，管户部三庫。自是，凡國家大政有所咨詢，皆造膝自陳，不草一疏，不沽直，不市恩，軍機大臣不相關白。公第在外城，遠且隘，賜第西華門，紫禁城騎馬，加太子少保，充實録館總裁，國史館總裁，己未會試總裁。冬，調户部尚書。時，上禁浮收漕米之弊，外省以運丁貧，仰資州縣，州縣取民，不得不浮。于是安徽有加贈銀、江蘇有加耗米之請，部議將擬行矣。公思之不寐，綜其數，較原徵加倍，乃決計駁曰：「小民未見清漕之益，先受加賦之害，不可行。並令漕司以後凡事近加賦，皆議駁，以體皇上損上益下之意。」長蘆鹽政奏鹽價一斤加錢二文，公駁曰：「前蘆東因錢價過賤，已三加價，又免積欠二百六十萬兩，餘欠展三年，商力自寬，且今錢價漸貴，所奏應毋庸議。」廣東布政司奏陞濱海沙地賦，公駁曰：「海沙淤地，坍漲靡常，是以照下則田減半賦之。今依上、中田增賦，是與沿海民計微利，非政體。且民苦加賦，必多坍豁，別有漲地，亦不肯墾，不可行。」後倉場衙門復請預納錢糧四五十倍，準作義監生，公駁曰：「國家正供有常經，而名實關體要。于名不正，于實有傷，斷不可行。」凡駁議，皆親屬藁奏，上皆韙之。五年秋，兼署吏部尚書。公之輿夫毆傷禁門兵，免太子少保，解三庫事。復以彭文勤公墮馬西華門内，公呼其輿入門舁之，違例，議降二級，仍留任。六年，陪祀祈穀壇，未曙，誤行墜甬道下，傷左胯，賜醫賜食，絡繹于道，遣内監賚硃諭至第視病詢事，公隨時覆奏。三月，小愈，即趨朝。夏，充會典館總裁，閲殿試卷。七年秋，扈蹕灤陽，宣制：「以户部尚書拜協辦大學士，仍加太子少保銜。」公謝摺云：「豈有嘉謨嘉猷，入告我后于内；勉期無欺無隱，仰惟上質于天。」八年，兼翰林院掌院學士，以原銜充日講起居注官。春、夏皆爲留京辦事大臣，閲大考翰詹卷。九年春，用乾隆九年故事，幸翰林院，先期晉公太子太傅，及幸院，賜宴聯句，御書「天禄儲才」扁，摹刻院堂，以墨蹟賜公第。公在翰林爲二十四科前輩，資最深，且掌院事，領袖清班，瀛洲典故，盛且榮焉。十年正月，宣制拜體仁閣大學士，管理工部事，上以是命爲遵先帝遺詔也，命詣裕陵謝。明年春，公感寒多痰嗽，步遲蹇，肝火觸右目，微眚。上曰：「此火盛也，可以游覽散之。」乃赴西山吕邨二老莊祭墓，過戒壇、潭柘諸寺。秋，復祭墓，游西山。時公年七十六矣。九月，奏乞休，上曰：「待八十，當爲壽。」旋命户部尚書戴公衢亨賫賜詩十韻及玉鳩杖，諭：「天寒，閒二三日入直，且俟日出後至南書房候召對。」每召對，則預定召對後期。十一月庚午，寒甚，乾清宫召對畢，降階，忽痰壅。歸第，上遣侍衛領醫官來視疾。疾少差，賜假兩月。十二月乙亥，坐外軒作《芻獻》詩，有云：「天道神難測，民心惟一中。知人可安衆，居所自持公。」上將親臨公第，丁卯，復命户部尚書戴公來。夜逾子，痰盛氣微，遽薨，是五日戊寅也。

報聞，上震悼，泣諭朝臣，降制曰：「大學士朱珪，持躬正直，砥節清廉，經術淹通，器宇醇厚。蒙高宗純皇帝特達之知，由詞垣擢補道員，洊歷兩司，内用爲翰林學士，特命入直上書房。朕講貫詩文，深得其益。嗣以卿貳，出任封圻。有守有爲，賢聲益懋。洎擢至正卿，皇考即欲用爲大學士。朕親政後，召令還朝，在南書房儤直有年。簡任綸扉，深資啟沃。凡所陳奏，均得大體。服官五十餘年，依然寒素，家庭敦睦，動循禮法，洵不愧爲端人正士。畀倚方殷，本年入秋以來，因患病稍久，氣體就衰，朕優加眷念，賜杖賜輿，時加存問。朱珪感戀彌殷，時時力疾進内。朕鑒其誠悃，特行給假兩月，俾得安心調養，疊遣御醫診視，冀得就痊。正擬日内親至伊邸宅視疾，兹遽聞溘逝，深爲悼惜。于初六日親臨賜奠，已派總管内務府大臣阿明阿賫賜陀羅經被，並著先派慶郡王永璘帶領侍衛十員前往奠醊。追維舊學，良用軫懷。著晉贈太傅，入祀賢良祠，賞給内庫銀二千五百兩，經理喪事。其任内一切降革處分，悉予開復。所有應得卹典，著該部察例具奏。」己卯，上親臨奠三爵，哭不止。回宫，不待内閣擬謚，特賜謚曰「文正」。復降制曰：「昨因大學士朱珪溘逝，業經降旨加恩。因思乾隆年閒，惟故大學士劉統勳蒙皇考高宗純皇帝鑒其品節，賜謚『文正』，易名之典，備極優隆。顧劉統勳于署總督任内，曾經獲咎褫職，復蒙皇考施恩録用。至朱珪立朝五十餘年，外而歇歷督撫，内而洊直綸扉，身躋崇要，從未稍蹈愆尤，絶無瑕玷，靖恭正直，歷久不渝。猶憶伊官翰林時，皇考簡爲朕師傅，爾時朕于經書已皆竟業，而史、《鑑》事蹟均資講貫。其所陳説，無非唐、虞、三代之言，不特非法弗道，即稍涉時趨之論，亦從不出諸口，啟沃良多。揆諸謚法，實足以當『正』字而無愧。毋庸内閣擬請，著即賜謚『文正』。本日朕親臨奠醊，見其門庭卑隘，清寒之況不異儒素。睠念遺風，愴懷未已。著于本月初九日，由内務府辦飯一桌，派二阿哥前往代朕賜奠。俟殯送時，派慶郡王永璘前往祖奠目送，以示朕眷懷舊學、哀榮備至之至意。」復撰《抒痛》詩十二韻，命南書房翰林黄公鉞于殯前焚之。壬辰，命禮部尚書承恩恭侯阿拉諭祭。公第距内西華門僅半里許，御蹕時出入。禮不久殯，乃以甲午啟殯，庚子葬于二老莊吕邨舊阡，陳夫人祔焉。明年，御製碑文刻石阡門。上巳日，上謁西陵，蹕路距公墓數里，上遠眺松楸，追懷愴惻，命工部侍郎英公和詣墓賜奠。《高宗純皇帝實録》成，以公總修八年，賜祭一壇。長子錫經，服滿以京卿用。禕哉，上之重賢傅、任名臣，納哲輔之益，隆飾終之典至矣！非公之清介忠正，師表人倫，上致君下澤民，曷克膺乎此哉！

公豐厚端凝，中和醇粹，爲仁若渴，抗義不撓，坦白公誠，絶無城府。于經術無所不通，漢儒之傳注氣節，宋儒之性道實踐，蓋兼而有之。取士務以經策較四書文，誠心鋭力，以求樸學，經生名士，一覽無遺，海内士心向往悦服。佳士之文未薦被落者，讀而泣之。才士黄景仁、張騰蛟死，稱悼之。通人寒士，必揚其名于朝。《秦誓》「一个臣」之心，公斷斷有之。公領試事，不受外僚贈遺，不留貧生銀。布政數省，平餘銀鉅萬，悉不取。撫安徽，裁蕪湖關陋規。閩省洋商陋規事發，欽使蒞治，獨公實不受一錢。公官于外，厓岸廉峻，中朝大官絶無所援。管部事，持大端，不親細事。數十年清操亮節，人皆仰之。公以孝弟爲仁之本，事父愛敬，本于天性。父杖兄，跪而以身蔽受之。慟母氏早殁，事庶母謝幾如母，語子輩曰：「古人祭必有尸，仿之以申吾慕，非過禮也。」庶祖母李，撫公有恩，貤贈一品夫人。事諸兄悲愉如一體，别則夢見，聚則聯牀。兄之喪，哭之咯血，幾致毁。事寡嫂盡敬，撫諸兄子如己子。三黨故交，靡不周卹。教子孫讀書敦行，皆誠篤有公之風。公嘗曰：「吾三十九歲，夜坐，忽腹閒自暖，由脊上貫于頂，甘液自咢下注，由是流轉，至老不絶。實因自致，非關學力。乃知朱子注《參同契》，本非虚語。」公年四十餘，即獨居，迄無一妾。御製《抒痛》詩有云：「半生惟獨宿，一世不貪錢。」知之深也。公爲文筆，奥博沈雄。國家有大典禮，撰進雅頌詩册文跋，高宗純皇帝必親覽之，以爲能見其大，頌不忘規。或陳坐隅，或命諸皇子、皇孫寫爲副。聖製詩或寄示命和。公官撫督時，上在書房常頒手札，積一百三十九函，裝六卷，歸朝繳進。上亦書數年懷公詩數十首，爲二册，上册題曰「兼葭遠目」，下册題曰「山海遥思」，以示公。公跋曰：「臣之蕪陋，何足以當非常眷注？惟有此心，不敢欺耳。」於《大學》義利之辨、《通鑑》治亂之由，天命呼吸可通，民情憂樂無閒，反覆敷宣，不以爲迂闊而遠于事情也。公文集□□卷，《知足齋詩集》三十餘卷。元請刻公詩，公命元選爲二十四卷。上命以刻本進，賜題七言律詩四首于卷首。公被先帝特賜蟒袍、筆墨、荷包等物，今上賜大珠、緑縫韡、黑狐毳袍，先帝御用四團龍卦、四開襯袍等物，其餘恩賚，多不具書。

公配陳夫人，宛平人，思南府知府邦勳女。乾隆十四年來歸，有婦德。四十年八月以疾卒，贈一品夫人。生二子，錫經，己亥舉人，一品蔭生，官刑部員外郎，遷户部郎中；次錫緯，附學生，先公卒。女子子一，適通州馮秉驄，秉驄官張掖縣知縣。孫淦，庚申欽賜舉人。錫緯生女孫一，適萍鄉劉元恩，吏部侍郎劉公鳳誥子也。錫經生曾孫三，甘霖，香霖，貫霖。元不才，爲公門生，受知二十餘年矣。會持父服居鄉，公之子書來，命爲碑文，不敢辭。秋，免衰服，當執心喪，敬按年譜及平日所知者，泣爲敘。銘曰：

星精嶽神，蔚爲帝傅。學正文明，道深性固。先帝任公，決于一顧。授鉞卜甌，久隆知遇。公遇盛時，佐祁輔嬀。君爲堯、舜，臣爲皋、夔。經邦之道，坐而論之。非帝宣綸，世祕未知。帝曰調元，資于師相。舊學交修，天工寅亮。温樹之閒，青蒲之上，蒼生被澤，黄扉孚望。公之保民，敷政優優。公之儲材，其心休休。德如霖雨，清比江流。庭不旋馬，路無喘牛。公有恒言，並舉二事。曰不嗜殺，曰不言利。公之講史，長編《資治》。公之執經，十章《衍義》。皤然三公，邁榮軼光。乃不憖遺，而覲先皇。帝憑和軾，愴眺阡岡。勒碑墮淚，西山蒼蒼。

常生謹案：文正公子屬家大人撰碑文，磨石以待。家大人以未大祥，不爲韻語之文，遲寄數十日。公子迫不及待，屬吴學士鼒代家大人爲文刊石。及此文到京，而碑已刊矣。

誥授光禄大夫刑部右侍郎述庵王公神道碑

公姓王，諱昶，字德甫，號述庵。以居蘭泉書屋，學者稱蘭泉先生。先世居浙江蘭谿縣，高祖懋忠，遷江南青浦縣，名在幾社。曾祖之輔，祖璵，父士毅，皆以公官累贈至光禄大夫、刑部右侍郎。母錢太夫人，以雍正二年十一月二十二日生公。公少穎異，博學善屬文，體貌修偉。弱冠，爲名諸生。侍父疾，居喪盡禮。服除，家益貧，作《固窮賦》以見志。

乾隆癸酉，舉于鄉，甲戌，成進士，歸選班。二十二年南巡，召試一等第一，賜内閣中書、協辦侍讀，直軍機房。洊陞刑部主事、員外郎、郎中。三十三年，以言兩淮鹽運提引事不密，罷職。時緬甸未靖，阿文成公以定邊右副將軍總督雲、貴，請公佐軍事，遂至騰越。出銅壁關，擊賊江中，勝之。緬酋乞降，阿公屬公草檄允其降。班師旋永昌，緬甸貢表久未至，復從阿公如騰越。三十六年，温公福代阿公，移師四川辦金川事。奉旨授吏部主事，從温公西路軍進討。温公屬公作檄，斥僧克桑罪，遂克斑爛山，進攻日耳寨。阿公奉詔由北路進兵兼督南路，公復從阿公軍攻克美美卡，以皮船渡水，克小金川，僧克桑遁，澤旺降。進討大金川，阿公奏公無兄弟，母年七十餘，明大義，勖以殫心軍事，今從軍五年矣。得旨陞員外郎。三十八年，至當噶山，山脊絶險，官兵營壘與賊錯處，且雨雪甚。夏，温公兵潰木果木，阿公亦退兵至翁古爾壟。時警報絡繹，詔旨疊至，公力疾叱馬懸厓，日行數百里，夜治章奏文書于礮火矢石之中，無誤無畏。冬，大兵復進據美美卡，攻大板昭，小金川平。補員外郎，擢郎中。復從討大金川，克勒烏圍、刮耳崖。四十一年，三路兵合攻益急，索諾木等率衆投罪，公草露布告捷。于是兩金川地悉平。公在軍中前後九年，每有所攻克輒議敘，凡加軍功十三級，紀録八次。凱旋之日，以戎服行禮，賜宴紫光閣，賞賚優渥。奉旨：「王昶久在軍營，著有勞績，陞鴻臚寺卿，賞戴花翎，在軍機處行走。」秋，擢通政司副使。四十二年三月，擢大理寺卿。四十四年，乞歸，改葬光禄公暨嫡母陸太夫人，依遷葬禮服緦。秋，赴京。冬，授都察院左副都御史。四十五年，授江西按察使，檄府縣力行保甲，禁族祠訟鬥之習。坐堂皇六十餘日，決獄百餘案。秋，丁母憂，哀毁盡禮。服除，補直隸按察使，調陝西按察使。奏命盗逃犯宜于定案時速通緝，議行之。逆回田五倡亂，奉命備兵長武。時賊勢張，兵少，公試礟巡城，籍强壯，繕守具，民以無恐。京外大兵皆過長武，用車馬以萬計，公飛書草檄，立辦之。暨乎班師，迄無一誤。河南亂民秦國棟等戕官，奉旨督緝，獲之。五十一年，授雲南布政使。雲南銅政繁，公盡發故籍，著《銅政全書》，示補救調劑之術。五十三年，調江西布政使。五十四年，擢刑部右侍郎。五十八年，乞歸修墓，冬，還京。

以病乞休，上鑒其老，允之，諭以「歲暮寒，俟春融歸」。明年歸，名其堂曰「春融堂」。嘉慶元年，以授受大典至京，與千叟宴。四年，純皇帝升遐，復至京，謁梓宫。蒙召見，敕建言，公密封以進，不留草。夏，歸青浦，分賠滇銅，鬻田宅以入官，居于廟廡。朋舊贈遺，盡以刻書。五年，年七十有七，重游泮宫。十一年，年八十有三。五月病瘧，六月初六日病甚，口授《謝恩表》，自定喪禮，屬元撰神道碑文。初七日，雞初鳴，公曰：「時至矣。」遂卒。子肇和，以嘉慶十二年春葬公于崑山縣雪葭灣年字圩，即公所自營生壙也。公妻鄒夫人祔焉。側室許、陸、黄三孺人亦從葬焉。

公之扈駕巡山東、江浙也，古帝王、聖賢、名臣陵墓祠廟嘗分遣致祭。己卯、庚辰、壬午順天鄉試，辛巳、癸未會試，五爲同考官，壬子主順天鄉試，皆以經術取士，士之出門下爲小門生及從游受業者二千餘人。又嘗主婁東、敷文兩書院。《欽定通鑑輯覽》、《同文志》、《大清一統志》、《續三通》等書，奉敕與纂修事。又奉敕删定三藏聖教經咒，徧譯佛典，深于禪理者不及也。前後奉使鞫奏高郵州假印、重徵江陵縣偷減隄工等七案，公正研求，分别虚實。高郵州案，巡撫、府、州並擬罪。隄工案以知府草率揑飾，劾落其職。公之爲學也，無所不通。早年以詩列吴中七子，名傳海外。初學六朝、初唐，後宗杜、韓、蘇、陸。侍讌賡歌，賜賚稠疊。詞擬姜夔、張炎，古文力追韓、蘇。碑版之文，照于四裔。積金石文字數千通，書五萬卷，所至朋舊文讌，提倡風雅。後進才學之士，執經請業，舟車錯互，屨滿户外，士藉品藻以成名致通顯者甚衆。公治經與惠棟同，深漢儒之學，《詩》、《禮》宗毛、鄭，《易》學荀、虞。言性道則尊朱子，下及薛河津、王陽明諸家。居憂不爲詩文，不就徵聘。生平重倫紀，尚名節，篤棐之誠，本于天性。在軍營，和平簡易。自科爾沁王以下，皆親重之。爲司寇時，與阿文成公爲舊識，他非所契。嘗訓子曰：「《易》言『比之匪人，不亦傷乎』，非匪人之能傷，比者自重其傷也。」公所著書，春融堂詩、文兩集，宏博淵雅，有關于經史文獻，《金石萃編》、《青浦詩傳》、《湖海詩傳》、《琴畫樓詞》、《續詞綜》等書，皆刊成。餘若《天下書院志》、《征緬紀聞》、《屬車雜志》、《朝聞録》等書四十餘種，尚待次第校刊之。

元居憂，受公遺言撰碑銘，不敢辭。既除服，乃爲銘曰：

恂于儒者，不達政事。習尉律者，迷誤文字。惟公兼之，經術爲治。荏弱于文，無能即戎。折衝千里，于經鮮通。惟公兼之，乃多戰功。尊漢學者，或昧言性。悟性道者，妄斥許、鄭。公兼通之，履蹈賢聖。皇、熊疏義，拙于文詞。陸、沈藻績，樸學不知。華實並茂，公亦兼之。公爲君子，筮匪不比。沖澹其神，靖共其位。敭歷中外，進退禮義。公爲名臣，帝嘉厥功。金川磨盾，紫閣弢弓。獄平政飭，本孝于忠。瞻彼中江，秀鍾峰泖。海内清望，雲間大老。雖不慭遺，亦畂壽考。佳城鬱鬱，葭灣之中。杏歸春雨，蒓起秋風。勒銘無媿，碑樹桓豐。

吏部左侍郎謝公墓誌銘

公姓謝，諱墉，字崑城，號金圃，又號東墅。先世會稽郡人，系出晉太傅廬陵郡公後，遠祖諱琛一，遷嘉善縣之楓涇鎮。曾祖諱元一，祖諱春芳，父諱永煇，皆以孝友文學傳其家，並因公貴，累贈封爲光禄大夫、吏部左侍郎。

公少穎異，舉止端雅如成人。讀書不忘，究心實學，經史百家，靡不綜覽。乾隆十五年，以優行貢太學。十六年，南巡，召試弟一，賜舉人，授内閣中書。十七年，賜進士出身，改翰林院庶吉士，授編修，辦翰林院事。譔翰林院文，與繙書房措詞並誤落職。廿四年，獻《平定回部鐃歌》，復原官，在尚書房行走，充起居注日講官。丙子、庚辰順天鄉試，癸未會試，皆同考官，乙酉福建鄉試正考官。洊陞授翰林院侍講，右春坊右庶子，翰林院侍讀學士，内閣學士兼禮部侍郎。以父憂去官。起復，拜前官，授工部侍郎，充經筵講官。卅九年，提督江蘇學政。上東巡狩，時兩金川蕩平，御製告成太學碑文，特賜先睹。于是譔《平定金川説》，得旨嘉獎。四十三年春，調禮部左侍郎，會試知貢舉，吏不敢欺，士皆稱便。秋，充江南鄉試正考官。四十五年，復充知貢舉。調吏部右侍郎，國史館副總裁。冬，吏部有捐復事，公議與大學士阿公不同，上從公議。四十六年，充會試正總裁，殿試讀卷，上擢錢棨爲一甲第一。錢公鄉、會兩元，皆出公門，至是成三元，稱盛事。四十七年，轉吏部左侍郎。四十八年，充江南鄉試正考官，即授江蘇學政。五十一年，旋京，召問時政，公疏言「洪澤湖形勢日淺，昔如釜，今如槃。偏災賑恤，請改本色爲折色銀，由藩司印封給發，以防吏弊」，上諭以「折色不能應饑民之急」。河務命公親往履勘，勘知前奏誤，請議處，奉旨寬免。先是，大學士阿公以公被江南傳聞考試不公，對語嘲誚入告，至是召對訓飭，降補內閣學士兼禮部侍郎。五十四年，京察以前事革職留任。尚書房各官曠課，上以公在內廷久，尤切責，降補翰林院編修。冬，復命在尚書房行走。和詩賜「福」字，恩遇如前。公病濕，上遣太醫院堂官臨治。六十年，得旨「以原品休致」。時公疾日篤，今皇帝暨皇子、皇孫遣中使存問，公尚敬詢起居，伏牀叩首稱謝。四月卒，距生于康熙五十八年九月春秋七十有七，累階至光禄大夫。

公至性孝弟，居親喪，哀毀骨立。及通顯，每遇晉階，輒以悲繼喜。逢諱日，未嘗不涕泗交頤也。公事貴以禮，待下不驕。大學士傅文忠公以禮聘授館，額駙尚書忠勇公暨文襄王皆沖齡請業。公九掌文衡，而江南典試者再，督學者再。論文不拘一格，皆衷于典雅，經義策問，尤急甄拔。丁酉拔貢科，所選皆孤寒，尤重江都汪中容甫。汪强記博聞，才氣横發，貧困未知名于時，公語人曰：「予之上容甫，爵也。如以學，予于容甫北面矣。」其不惜自貶以成人名如此。公再督學，元始應童子試。公獎勵極力，居公第讀書數年。高郵李進士惇、嘉定錢進士唐、山陽汪侍講廷珍、儀徵江侍御德量、通州胡學士長齡、陽湖孫觀察星衍、甘泉焦明經循、金匱徐孝廉嵩等，識拔不可勝數。是以江淮南北懷經握槧者，靡不服公之學，願得若公其人者再涖爲幸。公所著《安雅堂文集》十二卷，以經史小學爲本。雖心好沈博絶麗之文，而擇言必雅，國家有大慶大功，雍容揄揚，擬諸《雅》、《頌》。《安雅堂詩集》十卷，格律凝重，直溯盛唐。東墅少作及存稿《四書義》二卷，典麗獨絶，尤深文律。《六書正説》四卷，發明三代造字本義，詮證秦、漢諸儒之説，刊正二徐、鄭樵、戴侗、楊桓、周伯琦等謬誤。尤好鐘鼎古文。獨追象形、象事、象意之本，謂許慎篆文乃沿秦石刻結體，校以商、周尊彝、岐陽石鼓，則形、事、意三者皆所不及，指微抉奧，令人解頤。形聲、轉注、假借三事，亦博探《倉》、《雅》，出入經訓。故公之爲小學也，依據許氏而更溯其本。又嘗校正《荀子》楊倞注、《逸周書》孔晁注，合之盧學士文弨所校，鋟板貽學者。

公初娶費夫人，贈一品夫人。繼娶金夫人，封一品夫人。子五：昌鑒，庚寅舉人，蚤卒；恭銘，庚子舉人，丁未進士，改翰林院庶吉士，候選八品京官；揚鎮，欽賜舉人；應鏘，捐職州同知，卒；慶鍾，太學生。女二。孫八，江、宇、澄、淮、河、漢、濟、泗。伏保乾隆六十年十二月二十日，公子恭銘等葬公于嘉善縣四中區藏字圩，夫人祔焉。時元督學浙江，敬勒銘曰：

吴越之間，靈秀所鍾。仁𢡱之後，必大厥宗。懷毓純篤，實生我公。我公孝弟，禀于幼沖。推以事君，迺克竭忠。帝曰汝才，既博且鴻。用汝于文，黼黻郅隆。臣殫厥學，賡拜禁中。五花書鳳，九章繪龍。其文穢穢，其光熊熊。秉鑑景徹，物無遁容。氣伸雋異，淚感孤窮。士敦經術，皆公之功。惟帝育臣，千石代農。

惟帝教臣，協恭和衷。惟帝愛臣，恩周始終。臣形雖阻，精誠尚充。詩書雒誦，子孫其逢。林泉岡道，佳城穹窿。雲飛桓表，日冷高松。蠹書漆簡，題湊共封。敬勒貞石，納諸幽宫。

刑部侍郎厝山阮公傳

阮公諱葵生，字寶誠，號厝山，淮安山陽人。先世自明初由清江以武功隸大河衛。七世祖嘉林，宰益陽，舉循吏第一，擢監察御史。曾祖晉，縣學生，與同邑閻百詩應鴻詞徵。祖應詔，監生。父學浩，翰林檢討。兩世皆以公贈通政司參議。公生之夕，父夢客以寶石贈，故小字寶石。六歲就外傅，不好弄。七歲，《孝經》、《周易》諸經已成誦。隨父入京師，與弟芝生齊名，有「淮南二阮」之目。

乾隆壬申，舉於鄉，偕弟就學於天台齊宗伯息園。辛巳會試，取中正榜，授内閣中書，充《方略》、《通鑑輯覽》兩館纂修官，軍機司員處行走。緬甸不靖，軍書旁午，公入直甚勤。秋，扈蹕木蘭，會京師割辮案起，蔓延各省。公虛心推鞫，日一具奏，大端以爲本無其事，妖言由是漸息。三十六年，補刑部主事。時總理刑部者爲諸城劉文正公，久於樞廷，識公才，告同列曰：「阮某選西曹，總讞事有人矣。」明年，兼雲南司，總辦秋審。三十九年，鞫山東亂民王倫脅從至部者，無枉縱，升員外郎。四十一年，升郎中。時有弟殺兄牛，而兄故殺弟者，議者以爲弟是罪人，兄爲尊長，公判曰：「弟殺兄牛，本非盜賊，兄刃弟頸，實喪天良。」竟抵罪。浙江捕盜船事，有以「内洋」改「外洋」者，大吏均擬絞，公判曰：「法嚴首惡，律重誅心。千總據實報聞，其情輕。都司代改招詳，其情重。概擬絞不可，且非稱與同罪律義。」千總改擬流。又有兄被殺，而父受賂私和，弟首其事，證父以賄，擬徒，公判曰：「爲兄洩憤，手足之誼雖全，陷父充徒，恩義所傷實重。使依前擬，不特父不能無憾於子，子亦何能一息自安？應改子首如父自首例，令其弟代父充徒，則無媿兄弟之義，亦不賊父子之恩矣。」會有議復讎例宜刪除者，軍機大臣集議，公撰議稿曰：「查律載：父母、祖父母爲人所殺，子孫不告官而擅殺行兇人者，杖六十；其即時殺死者，勿論，少遲即以擅殺論。細繹律意，登時殺死勿論者，蓋子孫當場目擊怨憤，不惟不暇告官，並不及慮己擅殺，故得勿論。至少遲，則仍是登場目擊怨憤，故予以杖六十。皆原其倉卒不告擅殺之罪也。若既逾時到官，有司不爲昭雪，或勢豪稽誅，兇手詭脱，子孫含憤操戈，乘隙刺殺，則所仇者實爲應抵之人，其所復者，亦有應得之罪。但國家明罰敕法，冤無不伸。律文雖載，引此者稀。縱有一二藉口報仇者，然國法已彰，私仇即泯。假如其父之冤既伸，其子即無仇可復，所殺非應抵之人，則於法無可寬之律，擬以謀殺定人情實，原爲罪所應得。至於律文相沿已久，自當仍舊以俟法外之仁，庶幾情與律兩得其平矣。」卒如其議。公之理刑允正，類若此。四十五年，京察一等，改監察御史。部臣以刑名諳習，請留部。會有疾，請假南歸。四十七年冬，入都。先是部臣奏公名，上曰：「秋審近，當促之來。」及至，補監察御史。十二月，特旨以四五品京堂用，擢通政司參議。五十年，審釋監禁待質之犯，特命專其成。四月，超擢刑部右侍郎。九月，辦秋審平允，復邀褒獎。五十二年，扈從灤河，覆校文津閣《四庫全書》，命和詩三十餘首。時臺灣逆首林爽文執至部，公侍廷鞫，晝夜無少閒，而校書和詩如常。五十四年二月二十一日，以疾卒，年六十有三。

先是，公父修淮安學廟畢，設灑埽，會諸生日聚一錢，爲修廟資。至公時，錢有餘，公爲置田，名一錢莊，立規條二十，以期久遠。在京師，建淮安西館於横街。居鄉，修勺湖草堂，汎舟湖上，歌誦先芬。總漕楊清恪公改置麗正書院於城東，屬公董其事，院成，出藏書數百種，畀諸生讀焉。公性孝友，篤於宗族，尤好奬掖後進。與錢辛楣、程魚門諸君交，京邸設消寒、吟秋兩會，爲詩酒社。平居廉介清潔，門無雜賓。退直後，青鞵布韈，如諸生時。暇則讀書自娱，古文章疏於宣公、温公、韓、范諸公外，尤愛范忠宣、胡文恭。詩賦出入漢、魏、六朝，而以流麗爲主。晚乃訂其詩文爲《七録齋集》二十四卷，《茶餘客話》三十卷，《阮氏筆訓》、《族譜》若干卷。子鍾琦，鍾璟，孫以立，以言。

論曰：公治刑，以明察平允見稱於時。然其神智所開，乃自唐、宋諸賢奏議而來。故能持大體，不爲苛細，公卿之異於刀筆吏者在此。

山東糧道淵如孫君傳

孫君諱星衍，字淵如，江蘇陽湖人。明功臣燕山侯興祖謚忠愍、禮部尚書慎行謚文介之後。曾祖謀，康熙辛未進士，禮部郎中。祖枝生。父勳，乾隆丙子科舉人，官山西河曲縣知縣。君，河曲長子也。君生時，大母許大夫人夢星墜於懷，舉以授母金夫人，比旦而君生。君幼有異禀，讀書過目成誦。河曲授以《文選》，君全誦之。及長，補學生員，與同里楊君芳燦、洪君亮吉、黄君景仁文學相齊。袁君枚品其詩曰：「天下清才多，奇才少。讀足下之詩，天下之奇才也。」遂相與爲忘年交。君雅不欲以詩名，深究經史文字音訓之學，旁及諸子百家，皆心通其義。錢少詹事大昕主鍾山書院，與君講學，又極相重。會陝西巡撫畢公沅以母憂居吴門，起復，聞君名，遂同入關。西安幕府初開，好賢禮士，一時才人名宿踵至，君譽最高。畢公撰《關中勝蹟志》、《山海經注校正》、《晏子春秋》，皆屬君手定。

乾隆丙午科，大興朱文正公典試江南，文正在都與彭文勤公約曰：「吾此行，必得汪中、孫星衍。」公搜落卷，得其經文策曰：「此必汪中也。」及拆卷，得君名，而汪實未就試。丁未，以一甲第二賜進士及第，授翰林院編修，充三通館校理。己酉，散館，君試《厲志賦》，用《史記》「鮑鮑如畏」，和相國珅疑爲别字，置二等，引見，奉旨以部員用。故事，一甲進士改部或奏請留館。時相國知君名，欲君屈節一見。君卒不往，曰：「吾寧得上所改官，不受人惠也。」遂就職。又編修改官可得員外，前此吴文煥有成案，或謂君一見相即得之，君曰：「主事終擢員外，何汲汲求人爲？」自是編修改主事，遂爲成例。補刑部直隸司主事，總辦秋審。君所居，埽室焚香，爲諸名士燕集之所。高麗使臣朴齊家入貢，在書肆見君所校古書，特謁君，爲君書「問字堂」扁，賦詩以贈。乾隆五十六年，轉員外。次年春，扈蹕五臺。越年，扈蹕天津。會大風，御舟阻，上改肩輿至行宫。君約同僚步行卅里，赴宫門辦事，上特賜緞。

五十九年，陞廣東司郎中。相國阿文成公、大司寇胡莊敏公皆器重君，每有疑獄，輒令君依古義平議行。君執法求平，所平反全活甚多。甲有竊主財逾貫，詣其友乙，匿其數以告分金而逸。事發，乙得知情藏匿罪人減等，罪應流。君以爲律稱知情則坐，乙不知滿貫也，應以所知數坐，減問徒。大司寇詰以「乙所言無質証，如獲甲言實告以逾貫，奈何？」君言：「此《名例》所謂『通計前罪以充後數也』。」乙卒減徒。君又言：「《律文》稱囚者，在繫之名；稱罪人者，犯事在官之名。今或未到官，名之罪人，或藏匿罪人，問擬縱囚，非正名之義。」湖廣有子護嫁母傷人至死獄，勑下法司議。或以嫁母期服，減于母，則護嫁母不得與母同科。君以古者父在爲母亦期，屈于所尊，嫁母服期，因宗子主祭，非謂情當殺也。引宋王博文請封嫁母，又爲行服，謂子無絶母禮。又引唐八座議，凡父卒母嫁，有心喪三年之制，子無絶道故也。護嫁母、出母俱當與母同，議減鬭殺罪。甲有馳車犯乙死者，已當過失殺罪，甲恐以無故馳驟車馬獲重罪，介所知以兼金求免。君曰：「吾不受暮夜金。君罪止過失殺，無爲人所誑也。」甲慚謝去。有孝子爲父報仇，殺縣役，坐死，其父姊控部弟實爲縣役逼斃，請檢尸傷。當道某屬託君，君曰：「吾豈能枉法殺孝子哉！」其持正類此。

五十九年，京察一等。次年五月，奉旨授山東兖沂曹濟道。君以濟陰湯陵《書》傳所傳，即在曹南，其山西榮河湯陵雖列祀典，實宋以來傳譌之迹。因徧考諸書，據漢崔駰、魏皇覽、晉伏滔「湯陵在濟陰」之説，移山西布政司。並考榮河之陵出後魏小説家言「張恩破陵得銘」，附會殷湯，未爲典要，宜改正，申大府。後君再官東省曹縣，令卒爲修整湯陵廟屋，以祭田奉祀，立碑紀事。嘉慶元年七月，曹南水漫灘潰決單縣地，君偕按察使康公基田築塞之。君鳩工集夫五日夜，從上游築堤遏禦之，溜歸中泓，不果横決。康公語君曰：「吾治河數十年，未見以決口能即堵閉者。惟曹南之役，吾與君成之。省國家數百萬帑金矣。」時巡撫玉德公調任浙江，上以山東新任按察使張長庚在軍營不能來東，命新撫伊江阿會同舊撫舉道員中能勝臬事者以聞，兩撫以君名入奏，奉旨署按察司事。君下車日，以整肅吏治爲己任，親問囚，定爰書，矜慎庶獄。甲與乙有姻，共飲，乙醉，墜火炕，吐燒酒引火燄灼爛至死，甲醉卧不知。鞫獄，甲以奪壺斟酒，有争鬭形，擬鬭殺罪。君曰：「甲主乙賓，奪乙壺勸之飲，名奪實讓也。」改甲坐過失殺，出其罪。有婦因姦謀命獄，其婦某家妾，夫遠出，主母惡之，會僕婦死，誣以謀毒，問官，又實以姦夫，言婦淫，主婦令僕婦守之，惡而行毒，已具獄。君鞫婦以某日歸寧，僕婦後二日以子殤，與夫争忿自盡，出冤婦於獄。因有共毆人至死過堂呼冤者，自言本縴夫，見所過有衆共毆人，勸止之，不從而去，越數月，邑令始拘訊之，酷刑誣服下手毆人。君詰以「衆中有相識者否？」答以「有舅氏某，爲縣役，在旁知狀」。密拘縣役詰之，乃因姦殺人，縣令回護，聽其屬甥認罪，始以鬬殺傷輕，緩其死。上司駁詰，改擬傷重入實。因知死，乃不承。君告縣官「乃以失察處分枉人命，吾爲子救正陰禍也」。有詬詈婦女致死獄，君以事在一月前，不得謂之忿激，鞫得婦自與夫毆詈自經狀，出生罪。凡權臬七越月，平反數十百條，活死罪誣服者十餘獄，亦不以之罪縣官，云：「縣官實不盡明刑律，皆幕僚誤之也。」山左風氣爲之一變。君又以先儒伏生承秦蔑學之後，壁藏《尚書》，唐、虞、三代載道之文得以不絕，鄭司農康成箋注《易》、《詩》、《書》、《禮》、《論語》、《孝經》，可比七十子身通六藝，皆宜建立五經博士。後大吏奏請，鄭被駁，而伏準行其議，實自君發也。濰縣有武人犯法，挾厚力求脱，令不可干，因賄通和門屬託大府。君訪捕鞫之，械和門來者於衢。巡撫奏言河防任重，宜令君回本任，上俞之。君回兖沂曹濟道任時，各屬感君廉正却陋規，相率斂費贈君，君不納。五月，赴工。秋，江南豐工及山東曹工同時漫溢，君以無工處所得疏防咎，大府加之嚴議，上以兼管官，特予留任。君外補時，有勸加級以防降調者，君曰：「吾安命。」故事，道員嚴議無特旨予留者，蓋異數云。曹工分治，引河三道，君與濟東道署登萊道，各治二十里，君所治中段廣深中程。君察弊嚴，不煩擾，不染指，畢工，校上下段引河共省三十餘萬兩，官民比他處得蘇息。凡河工堵築決口，須于將合龍時放引河，則水疾下而無停淤。時隄未大塞，而巡撫欲放引河，康河帥力止之，不得。既放水，河盡填淤，于是又抽溝而曹工遂不能合矣。四年二月，大府奏稱君「熟習刑名，操守廉潔，辦理地方事務皆裕如，惟河務非其所長」，請以君留補地方道，奉旨允準。先是，河工分賠之員，或得羨餘，謂之扣費。君不取，悉以給引河工費，仍取領結存庫。是時曹工尚未合，河道總督、巡撫亟奏合龍，移君任，尋又奏稱合而復開，開則分賠，兩次壩工，銀九萬兩，當半屬後任，而司事者并以歸君。君亦任之，曰：「吾無寸椽尺土，然既兼河務，不能不爲人受過也。」六月，君丁母金夫人憂，歸里，僑居金陵祠屋。六年四月，元撫浙建詁經精舍於西湖之濱，選督學時所知文行兼長之士讀書其中，與君及王少司寇昶迭主講，命題課業，問以經史疑義，旁及小學、天部、地里、筭法、詞章，各聽搜討書傳，條對以覲其器識。諸生執經問字者盈門。未及十年，而舍中士登巍科、入館閣及選述成一家言者，不可勝數。君澹於宦情，又以大母老，是以服闋後遊吴、越間數年，終以追河工賠項急，不得已，再出。

九年，至都，吏部奏請，奉旨仍發山東，以道員用。十年，委署登萊青道，補山東督糧道。十一年，許太夫人卒，君哀慟過禮，乞假三月，委知州代行公事。山東衛河經臨清閘口，夏秋水漲，高於閘内之汶水即閉閘，謂之悶口，糧艘阻滯。君知德州哨馬營及恩縣四女寺舊有兩支河合流入老黄河，即鈎盤鬲津故道經樂陵至海豐入海，請開濬以洩衛水異漲。德州舊設滿營駐防官兵五百口，一口爲一户，增至二千七百餘口，而額餉無可加。每年例支道倉米七千八百餘石，内有折色米三千餘石，每石支銀一兩，糧價昔賤今貴，折色不敷半石之數，官兵日苦累。道倉支剩餘米歷年運交通倉者，官丁運費共需米銀二千餘兩。君請以存給官兵本色，除折色，不獨恤滿兵，又省運費，皆準行。十二年六月，署布政司印，值部使廣、少司寇興在省按章，供張煩擾，君慎守帑項，不肯妄支。事竣北行，君獨無所餽。後廣以賄敗，豫、東兩省以支庫獲罪者衆，君不與焉。十三年，君督運北上，隨漕入覲，請訓。上知君甲第，及詢在部在東年月畢，面陳乞假三月，省迎老父于江南，上允行。秋至江寧，與族人置田爲孫子祠，肖孫子及齊將臏象，又擇祠西鐵佛庵廢屋故阯，爲許太夫人建旌節專祠。十月，始回任。自郯城取道費縣，訪季桓子得羵羊井銘於縣署，又屬縣令訪曾點南城葬處及澹臺子羽墓，立碑季桓子井上。君官兖沂道暨權按察時，嘗考《太平寰宇記》先賢閔子墓在范縣東，知今所傳在歷城者爲後世之誤，曾檄縣令訪求遺墓。迨嘉慶八年，再至東省，以察賑按行范縣之墓所在，會河溢，不能詣謁。及官糧道，忽夢浚井出古丈夫，布衣泥塗狀，自稱閔子，覺而異之。因出貲屬縣令訪視廢墓，申禁採樵。華亭唐晟宰是縣，以修祠堂門垣栽種柏樹申報，乞君爲文紀事，並訪義士左伯桃、羊角哀墓於縣之義城寺東，乞君考其事以存志乘。十六年七月，君引疾歸。

十九年，應揚州阿鹽使聘校刊《全唐文》。二十一年，主講鍾山書院。先是，君父陽曲以君貴，封中憲大夫，又加封通奉大夫。君早年文辭華麗，繼乃沈潛經術，博極群書，勤於著述。性喜獎借後進，所至之地，士爭附之。又好聚書，聞人家藏有善本，借鈔無虛日。金石文字搨本、古鼎彝、書畫靡不考其源委。其所爲文，在漢、魏、六朝之間，不欲似唐、宋八家，海内翕然稱之。君嘗病《古文尚書》爲東晉梅賾所亂，官刑曹時即撰集《古文尚書》馬、鄭、王注十卷及逸文三篇。歸田後，又爲《尚書今古文注疏》卅卷，蓋積二十餘年而後成，其精專如此。其餘撰集有《周易集解》十卷、《夏小正傳校正》三卷、《魏三體石經殘字考》一卷、《倉頡篇》三卷、《孔子集語》若干卷、《史記天官書考証》十卷、《寰宇訪碑録》十二卷、《平津館金石萃編》二十卷、《孫氏家藏書目内編》四卷、《外編》三卷、《續古文苑》二十卷、《問字堂文稿》五卷、《岱南閣文稿》五卷、《五松園文稿》一卷、《平津館文稿》二卷、《古今體詩》若干卷，其所校刊者有《周易口訣義》六卷、《尚書考異》五卷、《春秋釋例》十五卷、《孫子十家注》十三卷、《元和郡縣志》四十卷、《景定建康志》五十卷、《唐律疏議》三十卷，其餘篇簡小者，不可勝數。

君以嘉慶二十三年正月十二日卒於江寧，距生於乾隆十八年九月初二得年六十有六。君妻王夫人，名采薇，工詩善書，早卒。君訂其詩爲《長離閣集》。君初以弟星衡子籛爲子，後君側室金氏又生子廞，俱幼。元與君丙午同出朱文正公之門，學問相長，交最密。知君性誠正，無僞言僞行，立身行事皆以儒術，廉而不刻，和而介，屢以謭謭者不獲乎大府。于其卒也，海内學者皆悼慕之。元爰爲傳，且贊曰：

君爲儒者，亦爲文人。以廉爲孝，以直爲仁。執法在平，布治以循。測學之海，得經之神。人亡書在，千載常新。

循吏汪輝祖傳

君姓汪，名輝祖，字焕曾，號龍莊，晚號歸廬，浙江蕭山人。父楷，官河南淇縣典史，娶方氏，無子，側室徐生君。方卒，繼娶王。君生十一年而孤，王與徐撫且教，世稱汪氏兩節母。君才識開敏，年十七，補縣學生員。練習吏事，前後入諸州縣幕，佐人爲治，疑難紛淆，一覽得要領。尤善治獄，平情静慮，侔境揣形，多所全活，以其暇讀書。

年三十九，舉於鄉，又七年，成進士。需次謁選，得湖南永州府寧遠縣知縣。縣雜猺，俗積逋而多訟，前令被訐去，攝者政姑息，黠者益伺間爲挾持地，流丐强横勢洶洶。君下車，即掩捕其尤，而驅餘黨出境。徵賦期迫，君用書告民，剴切誠至，民讀之，慚且感，相戒無負好官，不逾月而輸賦足額。治事廉平，尤善色聽，剖條發蘊，不爽輕重。及其援据比傅，惟義所適。律之所窮，通以經術。所決獄辭，不可殫述。人藉藉頌神明，而君益欿然。聽辭畢，輒問堂下觀者曰：「允乎？」僉曰：「允矣。」遇罪人當予杖，呼之前曰：「若律不可道，然若受父母膚體，奈何行不肖虧辱之？」再三語，罪人泣，君亦泣，或對簿者反代請，得保全去，卒改行爲善。延見紳耆，問民疾苦，四鄉廣狹肥瘠，人情良莠，皆籍記之，然後教民多種殖、知禮讓、惜廉恥。誠昏禮之費，而民知儉；禁喪禮之酒，而民知哀。鄙僿之俗，翕然丕變。歲以大稔，復行鄉飲酒賓興禮，祭建節孝祠，行保甲，政聲大播。他邑有訟，聞移君鞫之則喜。寧遠當食淮鹽，而鄰境多食粤鹽，淮鹽直數倍于粤，民多食粤私。大府遣營弁微服偵捕，人情惶擾，君爲帖白上官，請改淮引爲粤引，久之未報，君引例張示諭民「零鹽不及十斤者聽」。偵弁謂君故縱私，聞於總督。君復揭辨，謂縣官當綏靖地方，張示諭民，勢非得已。揭上，總督鎮洋畢公沅大嘉賞，立弛零鹽之禁。時偉其議，稱「莽知縣」云。官寧遠未及四年，以足疾自劾免。時大吏已疏調君善化，疑君詭疾有所避，竟坐是奪職歸。民空邑走送境上，老幼泣擁輿不得行。

君歸里，值西江塘告險，塘關數邑田利，巡撫覺羅公長麟、吉慶，先後遣官勸君董其事，不獲辭。興事任工，初定費錢二萬八千九百緡，用君議，增工倍之，而省錢六千三百餘緡，工用堅實。君一渡江謝巡撫，歸而閉户積書數萬卷，不問外事。暇輒手自讎校，以譔述課子孫。嘉慶元年，詔舉孝廉方正，邑人以君應，君辭。君少尚志節，老而愈厲，持論挺特，不可屈撼，而從善如轉圜。嘗自謂生平得力在「喫緊爲人」四字，故其自治汲汲孳孳，不予以暇。性至孝，痛父早歿，兩母孤苦，撫己成立，撰父母行狀，乞天下能文章者，以没身爲期，凡傳、誌、銘、誄、賦、詩數千百篇，彙爲《雙節堂贈言集》，多至六十二卷。自以孤子所繫甚重，故終身於守身之義凛凛自防，罔敢隕越。官私一介不取，而不以所守自矜。有譽之者，君怫然曰：「爲淑女蹇修而稱其不淫，可乎？」爲文質而有法，詩寄興深遠。尤邃於史，留意名姓之學。讀書貴通大義，凡所論述，期實有濟於用。所交多老宿，以道誼文章相切劘。所著書有《元史本証》五十卷、《讀史掌録》十二卷、《史姓韻編》六十四卷、《九史同姓名略》七十二卷、《二十四史同姓名録》一百六十卷、《二十四史希姓録》四卷、《遼金元三史同名録》四十卷、《龍莊四六稿》二卷、《紀年草》一卷、《獨吟草》一卷、《題衫集》三卷、《辛辛草》四卷、《岫雲初筆》二卷、《楚中雜詠》四卷、《歸廬晚稿》六卷、《汪氏追遠録》八卷、《越女表微録》七卷、《善俗書》一卷、《庸訓》六卷、《過眼録》二卷、《詒穀燕談》三卷。其尤著者，有《學治臆説》四卷、《佐治藥言》二卷。

嘉慶十二年，年七十有八卒。子五人：長繼芳，丙午舉人；第四子繼培，乙丑進士，吏部主事。

論曰：天下雖大，州縣之積也。州縣盡得孝廉者治之，則永治矣。余讀《學治臆説》、《佐治藥言》，未嘗不掩卷太息，願有司之治若汪君也。余撫浙，嘗行其書于有司。權撫河南，復刊布之。士人初領州縣，持此以爲治，雖愚必明，雖柔必强。是故學與仕合濟于實用，其道易知，其迹易由，其事盡人能之，而其業亦終身莫能竟。君，循吏也，然孝子也，廉士也。嗚呼，良吏之所以必舉于孝廉者，覿于汪君，其效不益可覩哉！

蔣士銓傳子知廉

蔣士銓，字心餘，一字苕生，號清容。王昶《蔣君墓志》。其先爲錢氏，自浙江長興遷江西鉛山，始姓蔣。翁方綱《蔣君墓志》。父堅，有奇節。袁枚《蔣君墓志》。士銓生四歲，母鍾授以四子書及唐人詩，王昶《蔣君墓志》。斷竹篾爲波磔點畫，攢簇成字教之。十一，父縛之馬背，遊太行。金德瑛《忠雅堂文集序》。讀鳳臺王氏藏書，王昶《蔣君墓志》。冠而歸。金德瑛《忠雅堂文集序》。補縣學生，學政以「孤鳳皇」稱之。王昶《蔣君墓志》。士銓天稟英絶，有覽輒記，握筆如天馬怒馳，超塵絶迹。

丁卯，舉於鄉。甲戌，考授中書。丁丑，成進士。入翰林，散館第一，授編修。居官八年，乞假養母。歷主講蕺山、崇文、安定三書院，灑然有終焉之志。士銓初入京師，才名藉甚。裘文達薦士銓與彭文勤江右兩名士，以故上屢問士銓，賜文勤詩并及士銓名。士銓感上恩，袁枚《蔣君墓志》。母没服終，入京引見，以御史用。旋患風痺，還南昌。士銓長身玉立，眉目朗然，嶔崎磊落，遇忠孝節烈事輒長歌紀之，淒鏘激楚，使人雪涕。王昶《詩話》。生平無遺行，志節凜凜，以古丈夫自礪。金德瑛《忠雅堂文集序》。遇不可於意，雖權貴，幾微不能容。其胸中非一刻忘世者，趨人之急，若鷙鳥之發，恩鰥寡耆艾無所靳。袁枚《蔣君墓志》、《藏園詩序》。詩古文詞負海内盛名，王豫《群雅集小序》。而最擅長者莫如詩。當其意緒觸發，如雷奮地，如風挾土，如熊咆虎嘷，鯨呿鰲擲，山負海涵，莫可窮詰。古詩勝於近體，七古又勝於五古，蒼蒼莽莽，不主故常。如昆陽大戰，雷雨交作，又如洞庭君吹笛，海立雲垂，實足開拓心胸，推倒豪傑。王昶《蔣君墓志》。高麗使臣餉墨四笏，求其樂府以歸。袁枚《蔣君墓志》。卒年六十一，王昶《蔣君墓志》。所著古文詩若干卷、《銅絃詞》二卷、填詞九卷。袁枚《蔣君墓志》。

士銓長子知廉，字修隅，由拔貢生就四庫館謄録，議敘州同知，署山東臨清州州同。遇秋雨水灾，奉旨振濟。知廉親履勘，乘小艇，霜行草宿者三旬，得水腫疾，吟五言絶句四章而卒，年四十。有《弗如室詩集》，梁同書《蔣修隅墓志》。詩得家法。吴照《樂府》。

常生按：此用國史《儒林傳》集句之法纂之，以備編《文苑傳》料者也。

揅經室二集卷四

壯烈伯李忠毅公傳

李忠毅公名長庚，字西巖，福建同安人。曾祖思拔，祖宗德，父希岸。公生而倜儻警敏，甫入塾，即弄筆書「天生我材必有用」七字。性至孝，母喪既除，益讀書習騎射。

乾隆辛卯科武進士，藍翎侍衛，屢扈蹕。乾隆四十一年，年二十六，補浙江衢州都司，累遷提標遊擊、太平參將、樂清副將。林爽文亂臺灣，閩中求良將於浙，提督陳大用以忠毅應，遂入閩。護海壇鎮總兵掩捕南日湄洲之賊數十人，餘黨解散。會鄰海有民船被盜，誤指海壇者，被參革職。忠毅出家財募鄉勇，率子弟操舟出擒盜首林權等數十人，又擊盜陳營於大岞。盜善火器，忠毅迴舟據上風，以長竿繫月鎌，斷其帆繚，須眉皆燎，躍入盜船斬獲以歸。福郡王平臺灣歸，加禮善遇之，檄郡縣曰：「李某用火藥，所在支與之。」海盜林明灼、陳禮禮等入浙，戕參將張殿魁，總督屬忠毅捕之，遂獲之。奏功，以遊擊起用。五十五年，署銅山參將，選鋒自隨，作商人裝，屢獲賊。明年，丁父憂去官。五十九年，補海壇遊擊，仍留銅山。六十年，安南夷艇始入閩，閩人驟駭。忠毅以小船入擊，之三澎救商船，賊舍商拒兵，忠毅麾兵伏船内，待賊礮盡，過賊，東發一礮，碎其舟。餘盜夜相逼，公計寡不敵，乃以八船首尾緪爲一，詰旦，賊東來，則以東一舟應之，至八，西來亦如之，迴環至暮，賊乃去。嘉慶二年，授澎湖副將、定海鎮總兵。純皇帝召見，諭曰：「汝勤于捕盜，故有此授。」三年，至定海，時定海累更盜患，艇夷登岸，劫擄婦女。官士嬰城，至是始有所恃。夏，擊盜于衢港，窮追入山東界，獲之。秋，攻盜于普陀。明年秋，擊盜于潭頭，皆斬獲無算。秋，閩盜鳳尾引夷艇入浙，共百餘艘。忠毅追擊至温州，沈其一艇。守備許松年等三船困于賊，忠毅返舟入賊圍，救出之，窮追至廣東甲子洋，遇蔡牽，再擊之。

總督玉德、巡撫阮元奏其事，奉旨：「李長庚奮勇，爲賊所畏懼。此次追勦，洋面風濤亦不得不稍爲持重。李長庚爲傑出之員，總宜用于要處，弗令往返奔波，徒勞無益。」復奉旨賞戴花翎。五年五月，至寧波，與巡撫阮元、提督蒼保議造大艇船三十，以攻夷盜。六月，夷盜大小七十船復入浙。阮元謂：「賊多，非會勦不可。會勦，非有謀勇者爲統帥不可。」于是奏以忠毅爲總統，得旨允行。忠毅既統水師，遂條申軍令曰：「一，定海鎮船居中軍，用黄旗，總領用五色方旗；黄、温二鎮居左，用紅旗，總領用五色尖旗；閩鎮居右，用白旗，總領用五色尖旗。一，中軍船晝行插五色旗，夜懸三燈，將領二燈，弁兵一燈。中軍船起頭篷之後掌進號一次者紅旗，行二次者白旗，行三次者黄旗，行一遇賊船，無論何鎮，先見者即插本色旗，使後船見之，仍視中軍所持五色方旗所指，前後四方隨指追攻，若中軍掛五色旗于大篷者收兵。一，各鎮雖分三色旗，又于本色旗心黏他色，以別其隊，何隊犯令，即罪其領隊者。一，中軍船高插五色旗者收罟。夜，中軍船放火號三枝，各總領二，弁兵一，亦收罟。支更譙警，夜見有外船近者鳴金一陣，各船互傳，見盜近，乃擊之，毋遠而亂。若收罟旋須行者，中軍插三色旗，各船毋放杉板。船入海，一遇大盜，宜安静，前後左右以旗進退之，遲者、亂者按以軍法。既追盜，盜返篷擊我，我毋避。如有船陷賊，本隊遲救者罪其長。一，追捕遇無風時，必加櫓，若心怯將篷或鬆或緊者罪之。前船若速，必回待後船，後船不加速，而亦回住者罪之。一，泊舟，各總領船插黑旗，禁縱兵上岸。一，中軍傳將、備出黃旗，傳千把、外委出藍旗，傳隊目、柁工出紅旗。一，兵船獲盜船。以盜賊物爲賞。兵船過礁門必魚貫，争先者罪舵工。」

六月，安南夷艇、鳳尾盜六七千過閩入浙，逼台州、松門，將登岸。巡撫阮元勒兵于太平松門擊之。二十二日，忠毅率師至海門，將會黄巖鎮，謀攻取。夜颶風起，明日風益甚，盜船覆溺于松門外，僅餘二三船漂出外海，海門兵船亦多損。忠毅船隨潮溢入田挂木而止。賊在松門據破船及泅水登岸者，黄巖鎮率松門兵縛桴合水陸悉攻俘之，獲安南四總兵印及僞爵侯倫貴利，磔之。又獲安南王勅，擲還安南，自是夷艇不復入浙海。

秋，忠毅以夷寇雖滅，閩盜尚有水澳蔡牽，乃修船往來閩、浙閒，屢獲劇盜李出、丁郭、林俊新、楊烏、李車黑、陳帖、李廣、高英等船。冬，擢福建水師提督。總督玉德以忠毅福建人，奏請迴避，奉旨調浙江提督。六年，新艇成，忠毅入閩駕歸浙。初，阮元以造艇銀鉅萬全付忠毅曰：「船乃兵將所寄命，文官不善于工，請公自造之。」忠毅曰：「公不疑我，我當任之。」命守備黄飛鵬及族人賫銀入閩造艇。至是艇成，名曰「霆船」，最堅壯，加以大礮，兵威大振。夏，擊蔡牽于岐頭、東霍等洋，擒獲甚夥。七年春，獲盜張如茂船于浙潭頭，獲徐業船于閩東滬。是時水澳等賊以次殄滅，海盜畏霆船，勢頗戢。八年正月，蔡牽匿定海北，忠毅以舟師掩至，牽僅以身免，追至閩，糧藥盡，篷索朽，遣其黨干道員慶徠乞降于總督。總督不虞其詐，招撫之。牽又言：「果許降，勿令浙兵由上風來逼我。」總督調浙兵居下風，牽以其間，繕器備物，揚帆去。總督大怒，趣浙兵擊之，已無及矣。十一月，擊牽于三沙，沈其船一，牽北竄，躡之于温州南麂，奪其船二，沈其一，焚其一，斬獲無算。是年，兼攝定海鎮，凡十閱月。蔡牽畏霆船，厚賂閩商，更造船之大于霆者，令商載貨出海濟牽用，商歸岸，僞報被刧。牽得大船，遂能渡横洋，渡臺灣。九年夏，刧臺灣米數千石。及大横洋，臺灣船會閩、粤間，盜朱濆斷糧，牽分米餉之，遂與濆合，八十餘大船，猝入閩海。温州總兵胡振聲以二十四船入閩運船工木，總督遽檄振聲擊之。振聲陷于濆，死之，賊勢甚熾。六月，玉德、阮元會奏，請忠毅總統閩、浙水師，以温州、海壇二鎮爲左右翼，專捕蔡牽。秋，牽、濆同入浙。八月，追及之于馬蹟。牽、濆結爲一陣，忠毅督兵衝貫其中，盜分東西竄，逐至盡山，沈其二船，斃牽船，盜數十人俘。餘船五十餘人，終以牽船高未獲，遁去。牽責濆不用命，濆怒先返，自是牽、濆始分，牽亦少衰。忠毅建議禁商造大船，無爲盜賫。十二月，濆結粤盜伺金、厦，忠毅擊走之，奪其船二於甲子洋。牽擾臺灣，奉旨調福建水師提督，責捕牽。十年夏，牽由臺入浙，忠毅擊之於青龍港。阮元奏浙江提督孫廷壁不諳水師，奉旨復調忠毅爲浙江提督。九月，被風于盡山，所部船多損。冬，牽聚船百餘，復擾臺灣，結陸路無賴萬餘人屯洲仔尾，沈舟塞鹿耳門，阻官兵。十二月，忠毅至臺，不得入，然分力回拒忠毅，以故臺灣府城得不破。時南北汕、安平、大港門三處尚通小船，忠毅扼之，别以小澎船五十，令金門總兵許松年、澎湖副將王得禄進攻之，焚獲三十餘船，盜千餘人。十一年正月，忠毅令許松年進柴頭港，自領兵截港外，松年、得禄水陸夾擊之，焚獲甚夥。二月朔，令松年夜入洲仔尾，登山焚其寮，大船盜至鹿耳門者掩至，忠毅别遣將以火攻船，從南汕出其後燒之，松年進蹴之，焚斬無算。二日，復登岸擊陸賊，以火焚其小船，尸橫七八里。賊大敗，棄洲仔尾，困守北汕，内僅餘五六十船。七日，東風大潮驟漲鹿耳門，所沈舟漂去，賊奪門出。忠毅追擊之，奪其船十餘，而牽竟遁去。詔奪公翎頂，立功自贖。四月，牽、濆在福寧，追擊之。牽入浙，又擊之于台州。八月，擊之于定海漁山。忠毅專擊牽舟，牽瓦石火器雨下，公頷身皆受傷，牽復遁去。詔：「賜還頂戴，果擒渠，許錫世職。」九月，擊牽於閩之竿塘，獲牽姪蔡添來。十二月，擊牽于温之三盤，多所斬獲。初，忠毅與阮元同志氣，十年，元欲造更大于霆船之大船，寓書忠毅，旋以父喪去官。忠毅言于總督，請造之，總督阻之。牽自鹿耳門遁入内海，甚狼狽，篷柁皆毀。四月，至福寧得岸奸接濟，易新篷，勢復張。忠毅皆列狀奏聞，上切責閩文武官，逮總督，以阿林保爲總督。

阿林保初至閩，閩官交譖公，阿林保密劾公因循逗遛捏報斬獲，奏五上。上以問浙江巡撫清安泰，清安泰辨之。九月，奉上諭云：「本日清安泰奏到『查明李長庚在洋捕盜並無因循懈玩』一摺，所奏甚屬公正。阿林保前此密參李長庚『因循怠玩種種貽誤，請將伊革職治罪』，朕覽該督所奏，即覺不愜。阿林保身任總督，原不能無參劾之舉，但伊到任不過旬月，地方公事一切未辦，海洋情形素未熟悉，而于李長庚更從未謀面，輒行連次參奏，專以去李長庚爲事，殊屬冒昧。是以降旨，令清安泰秉公詳查，俟奏到時，再行核辦。而本日據清安泰覆奏，則稱李長庚帶領兵船經過海口，並未回署。清安泰曾于致阿林保信中將其兩年在外公爾忘私之處敘及，特阿林保尚未接到耳。又據稱海船若不勤加燂洗，則船底苔草蠻蟲粘結，輒駕駛不靈，故隔越兩三旬，即須傍岸燂洗。李長庚收船進港，委非無故逗遛，而李長庚所獲李按，實係蔡牽夥黨，俱經審明確鑿，並無捏報斬獲情弊。並據另片奏稱，八月十六日李長庚帶兵圍攻蔡逆坐船一事，將盜船燒沈二隻，斃賊無算，生擒七名。不但李長庚身受多傷，即黄飛鵬亦被砲彈擲傷腰腿，又官兵受傷者一百四十餘人。清安泰又轉詢黄飛鵬、何定江二人，亦均稱李長庚實在奮勇，並無怠玩等語。是阿林保前此參奏李長庚之處，均係捕風捉影，全屬子虚。設朕誤信其言，不加詳察，即照阿林保所奏辦理，則李長庚正當奮不顧身爲國殄賊之際，忽將伊革職拏問，成何事體？豈不令水師將弁寒心！試問水師中有過於李長庚者乎？阿林保未見確實，任意糾彈，殊屬冒昧。朕又不昏憒糊塗，豈受汝蠱惑，自失良將耶？李長庚平日既無逗遛恇怯情事，此次在長途洋面痛剿蔡逆，身先士卒，躬受多傷，實爲認真出力。朕已特降恩旨，先行賞還頂戴，以示獎勵，并將勦辦蔡逆一事，責成該提督勉以成功。李長庚感激朕恩，既知責無旁貸，自必倍加奮勉。兵船在洋捕盜，全在地方官協力幫助，文武和衷，方克有濟。從前玉德在閩浙總督任多年，于李長庚兵船勦賊之時，事事掣肘，如所需火藥、砲位、船隻、兵米等事，不能應手，而于盜船接濟之路，又不爲之嚴行杜絶，以致兵船日形匱乏，盜船駛竄自如，追捕不能得力。此等實在情形，朕皆洞悉，是以將玉德革職逮問。今兵船正當勦捕喫緊之際，若阿林保尚不知以公事爲重，屏除私見，猶復輕聽人言，罔恤公論，甚至因此次參奏李長庚不能遂意，因而挾私逞忿，心存嫉忌，遇事掣肘，使其不能成功，以致蔡逆逋誅，海疆貽誤，則阿林保之罪甚大，玉德即伊前車之鑒。朕惟執法懲辦。是此時李長庚不至革職治罪，而阿林保不知改悔，轉恐不免矣。阿林保著傳旨嚴行申飭，並諭温承惠、清安泰知之。」

十二年春，忠毅追牽入粤，擊之于大星嶼。四月，擊粤盜鄭一于佛堂洋，獲其二艇。七月，請回寧波辦軍政，詔飭之。八月，即出海。十一月，擊牽于閩之浮鷹。十二月，率福建水師提督張見陞等追牽入粤海。廿五日質明，至黑水外洋，牽僅存三舟。忠毅以浙江親軍專擊牽一舟，斃賊甚夥。又自以火攻船挂牽船，將成擒，忽賊發一小礮，適中忠毅喉，忠毅遽殞。閩帥張見陞本庸懦，又窺總督意，頗不受提挈，及是遠見總帥船亂，遽率舟師退。牽乃遁入安南夷海中。阿林保以其事聞，上震悼哭之，廷臣亦哭。詔曰：「浙江提督李長庚宣力海洋，忠勤勇幹，不辭勞悴，懋著威聲。數年以來，因閩、浙一帶洋盜滋事，經朕特命爲總統大員，督率各鎮舟師在洋勦捕。李長庚身先士卒，鋭意擒渠統兵，在閩、浙、臺灣及粤省洋面往來跟勦，艱苦備嘗，破浪沖風，實已數歷寒暑。每次趕上賊船，無不痛加勦殺，前後殲斃無數，擒獲盜船多隻。蔡牽亡魂喪膽，畏懼已極，聞李長庚兵船所至，四處奔逃。正在盼望大捷之際，乃昨據阿林保等奏到：『李長庚于上年十二月二十四日，由南澳洋面駛入粤洋追捕蔡牽，望見賊船衹剩三隻，窮蹙已甚。官兵專注蔡逆，窮其所向，追至黑水洋面，已將蔡逆本船擊壞。李長庚又用火攻船一隻，乘風駛近，維住賊船後艄，正可上前擒獲。忽暴風陡作，兵船上下顛播，李長庚奮勇攻捕，被賊船礮子中傷咽喉額角，竟于二十五日未時身故。』覽奏爲之心摇手戰，震悼之至。朕于李長庚素未識面，因其在洋出力，疊經降旨褒嘉，並許以奏報擒獲巨魁之時優予世職。李長庚感激朕恩，倍矢忠藎。不意其功届垂成之際，臨陣捐軀。朕披閲奏章，不禁爲之墮淚。李長庚辦賊有年，所向克捷，必能擒獲巨憝。朕原欲俟捷音奏到時，將伊封授伯爵。此時李長庚雖已身故，而賊匪經伊連年痛勦之後，殘敗已極，勢不能再延殘喘，指日舟師緊捕，自當縛致巨魁。況李長庚以提督大員總統各路舟師，今歿于王事，必當優加懋賞，用示酬庸。李長庚著加恩追封伯爵，賞銀一千兩經理喪事，並著于伊原籍同安縣地方官爲建立祠宇，春秋祭祀。其靈柩護送到日，著派巡撫張師誠親往同安，代朕賜奠，并查明伊子現有幾人，其應襲封爵，候伊子服闋之日，交該督撫照例送部引見承襲。其李長庚任内各處分，著悉予開復，所有應得卹典，仍著該部察例具奏，以示朕篤念勞臣恩施無已至意。」部臣以伯爵請，得旨：「李長庚著封三等壯烈伯，承襲十六次，襲次完時，給予恩騎尉，罔替。其卹賞銀，著再給四百兩，全祭葬。賜謚忠毅。」忠毅無子，以族子廷鈺爲後，襲爵。

忠毅治兵有紀律，恩威兼施，諸盜皆畏之，爲之語曰：「不怕千萬兵，但怕李長庚。」海盜沈振元自言爲盜時，泊浙海，夜夢公至，一夜數驚，遂革心投誠，爲水師健弁。公家故豐，悉毁于兵事。好讀書，究韜略，爲詩古文。修寧波學宫，置義塚，爲粥食餓民，士民皆感之。忠毅舉武科會試，即航海入天津，識海中形勢。及在水師，識風雲沙線，自持柁，老于操舟者不及之。在兵船，緘所落齒寄其妻吴，蓋以身許國，慮無歸櫬也。閩健將許松年、王得禄等皆公所薦拔者。朱濆後爲許松年礮所斃，其弟渥率衆降于閩。十四年，阮元復任浙撫。八月十八日，福建提督王得禄、浙江提督邱良功始共殲蔡牽于温州黑水洋。

朱勇烈公傳

公姓朱，諱射斗，字文光，先世居山西洪洞。曾祖鴻應，徙貴州貴筑，家焉。祖繼昌，諸生。父成林，貴州荔波營把總。皆以公貴，贈武顯將軍。荔波殁，兄弟三人奉母歸貴筑。公就傅讀書，復棄學入營伍以孝養，且自樵采以佐甘旨。

乾隆三十二年，以安順府提標後營從征緬甸功，拔外委，從征小金川、大金川、古噶密拉噶等處，屢立戰功。歷官川北平遠協把總，貴州新添營千總，賞戴藍翎，荔波營守備，湖北施南協都司，襄陽鎮右營遊擊，廣西賓州營參將，貴州平遠協副將，賞戴花翎。公沈毅果決，臨陣敢戰。自初隨征，即爲阿文成公所識拔。計金川平，經大小一百八十八戰，身帶九傷，殺賊無算，敓碉樓十二所，器械無算，領積功劄十三次，傷賞銀百六十兩。五十年，簡授湖南鎮筸鎮總兵，調雲南。普洱鎮爲極邊要隘，民苗雜處，私販偷越，最爲邊害。公按時巡察，撫綏得宜，民無越畔。五十七年，從征廓爾喀。冬，奉旨補授福建福寧鎮總兵。明年，調四川川北鎮。六十年，征苗，攻黨槽三家廟，多斬獲，克龍角硐北面山梁。嘉慶元年，克火蘇營大山，克黄土坡，賞蟒袍一襲。又克平隴，破貴魚坡，斷首逆巢穴石隆寨要路，梟首逆石柳鄧，賞幹勇巴圖魯名號。

明年，苗疆平，撤師回川北達州。邪匪王三槐滋事，冉文儔、羅其清、蕭占國、張長庚、包正洪、卜三聘、張添倫、辛聰、張世隴等先後應之，川東擾亂，官兵四擊，賊衆分竄。自達州、巴州、儀隴、大竹、鄰水、開萬、通江、南江諸縣，大爲賊窟。公既回川北，先破王三槐于金峩寺，得旨議敘。既焚金峩賊巢，進克茨菇梁商成寨，殲賊盈萬。轉戰至黄家山山後，三槐中鎗遁。破重石香鑪坪，迎擊秋波梁竄匪，擊退巴州賊屯，領兵守保寧。先是，圍剿方山坪首逆冉文儔、羅其清未獲，而方山坪即保寧所轄也，奉嚴旨責以奮勉立功。三槐竄望溪，邀擊之，擒苟文宰等三十七名。復馳擊三槐、徐添德風門鋪角山茶店，殺賊四百餘人，得旨褒奬。明年，偕副將穆克登布擊羅其清于儀隴雙路場，追擊之四十餘里，殺賊千餘人，復擊退濟川橋賊，擒張碎滕等九人，斬首五百餘級。賊圍儀隴，馳應之，賊潰。進攻其清大鵬寨，擒楊正富等三百餘人。明年，破冉文儔麻壩寨，鎗殺之。蕭占國、張長庚亦俱歿。得旨議敘。包正洪踞鄰水，公督兵自萬縣馳赴賊屯，戰康家坪、趙家場，擒李有隴、孫成，追逐之至開縣九龍山，擒馬官成，至厚葉溝，擒莫以才，復及之小毛坪。賊踞山，公鼓兵直上，正洪被鎗死，賊大潰。得旨褒獎，賜騎都尉世職。卜三聘踞八石坪，破之。張添倫、辛聰竄湖北巴東，已，復竄房縣。遇竄匪高二、馬五，公率兵迎，擊斃百餘人。高二、馬五潛襲我營，擊却之，擒潘受榮等。時公感冒風寒，病幾危，以兵授提督七十五，就醫夔州。甫浹旬，陝西竄回各賊滋擾通江、南江。經略額公檄公剿捕，公力疾馳往，大破之通江，追擊至竹峪關，復破之德漢城，追擊至朱家壩，賊望風遁。由是經略奏公分剿通南。明年，張世隴屯聚草廟，公領衆截殺，多所斬獲。而經略將赴陝西，復調公至達州，與總督魁倫會剿。公從南江雷音鋪至達州，賊乘隙自定遠潛渡嘉陵江。官兵自順慶渡河迎截，賊走西充文井場，比追及，賊已夜遁。公急馳十餘里，及賊後隊，追戰越三十餘里，殺賊四五百人，生擒百餘人。乘勝追至蓬溪高院場，賊分奔上山，公督兵直上，突有賊七八千人來拒，衆寡不敵，公猶手刃十餘人，遇坎墜馬，歿于陣事。聞，照提督例議卹，賜二等輕車都尉世職，子樹承襲，蔭户部主事，予祭葬。七年，陝西獲戕公者賊目李目剛，上命磔之，設公靈致祭，復傳首祭于公墓。八年，入祀昭忠祠，賜謚勇烈公。

自乾隆三十二年隨征至授命之日，凡三十四年。初，受高宗純皇帝恩遇，由行伍拔擢至副將，又專閫五省。每入覲，以老臣目之。于請賀萬壽聖節，奉有「汝舊人也，不必來」之諭。皇上御極，復蒙異數，錫賚便蕃。凡有微功，必邀甄録。公感兩朝知遇，臨陣奮勇，賊畏之，有「朱虎」之號。雖被創嬰疾，一聞賊即抽戈而起。嘗慨然曰：「某受恩深重，即效命疆場，尚不足以仰報萬一。」其感奮如此。其在軍，恩威兼濟，軍容整飭，訓練有方，民不騷擾，士皆用命。尤軫卹難民，拯濟者不下萬人。公死，兵民皆流涕。賊既退，營卒倉卒收公骸歸葬，遺其左足。明日，川民于戰處得之，别葬于潼川府鳳皇山仙人掌。子樹欲奉足歸葬，川民哀留之，遂别爲墓，建祠思祀之，弗能歸也。

大竹縣知縣死事張君傳

張君位中，字立人，江蘇上海縣人。乾隆五十四年進士，改知縣，歷署四川射洪、遂寧、中江。所至，與民敦禮義，重廉恥，民以此樂之。嘉慶二年，調署大竹。是時，白蓮教擾川北，由營山竄渠縣，與大竹近。君調練鄉勇，爲堵截計。十月，遇於礁洞門，殺賊三，生擒三，割首級三。十一月，賊犯石埡口，殺賊八。賊趨柑子鋪，率官弁禦之，殺賊一，再遇河灘，殺賊二十三。賊窺觀音橋，鄉勇夾擊，斃賊甚衆。薄暮雨甚乃逸。既而賊犯天華山，君會官兵擊之，殺二百餘，生擒三，首級二十六。賊竄鄰水，君分路截之，殺賊八十，騎賊一。賊勢衆，君堅立木寨，設滚木礧石以禦。十二月，賊由興仁、王家二場竄入境，君禦之，殺賊三百。賊分在鄰水者萬餘至，鄉勇不能禦，退保周家場。賊焚大安壇，君馳禦之，殺二十餘，生擒賊易文祥。次日，遇七碑石及大安壇，斃賊五十餘。賊屯周家場，縱火將遁，擊之，斃二百餘。復分領首繞賊後夾擊，賊潰，由鎖石橋攻各卡，木石擊斃五十餘，乃退。君分率鄉勇追剿，殺賊五，騎賊三。三年正月，賊徐添德擾運道，與張瓏登合，遂圍城，焚南、北、西三門。君率縣丞熊泗、教諭馮灼、外委王耀龍分門奮擊，復縋鄉勇出城，斃賊甚多，騎賊十餘戴花翎者中鎗落馬，爲賊衆挾去，又傷賊一，皆曰雷元帥也。次日，圍益急，復殺賊百。適副都統至，圍乃解。四月，賊王三槐由達州至墩子河，分兩隊，君鼓鄉勇截殺。越二日，賊又分五隊，君亦分鄉勇爲五，殺賊二十，又獲執大旗賊目、掌號賊目各一。明日復集，斃賊三十餘，生擒三，而鄉勇殲賊於石橋鋪者，亦獲首級十二。五月，賊撲柑子鋪，斃百餘。徐添德等乃復由堡子埡趨城，君率鄉勇迎擊，生擒四，再遇踏水橋，領首等鎗矛並舉，斃賊百餘，賊潰，北遁。七月，賊竄月漢坪，分隊至雙河及楊通廟，而陝賊阮正隆、張漢潮闌入川，與冉文儔合踞大神山，將渡河，君沿岸堵禦。八月，賊攻義門關，趨李家場，擊卻之。賊越山，鄉勇黄瑄殺騎賊一，團練首周發遠殺賊十餘，獲白旗一，賊乃東南分竄。九月，媽媽場殲賊五十，賊由土地埡向磋門洞縱火，兵勇各路奮擊，殲七十餘。十月，徐添德等偪茅峰埡，竄入永興場，鎗斃十餘賊。分隊從波漩河至石橋鋪，復殺二十餘賊，乃由鎖石橋潛至木魚池，遇伏，殺賊三十餘，各團領復斃四十餘，騎賊一。其撲石門口等隘者乃不能踰，賊趨鄰水，追擊之，殺賊八。十一月，賊王光祖四出焚掠，去城僅十里，鄉勇并力衝擊，斃五十三，生擒二。君告諭居民，無不奮勉，殺賊二百餘。十二月，賊攻月城寨，斃賊無算，而堡子埡亦殺賊三十二。賊徐添德乃由渠縣趨磋洞門，軍功張岱等殺六十餘。賊欲爲久持計，因縱火焚其巢，殺二百餘乃退。四年正月，賊繞烏木灘薄城，君約鄉勇三路進剿，以白布印「義勝」字，注名姓其上，賊望氣慴，由黄泥扁遁去，追殺二十餘。次日，復殺執旗賊一，旗書「黄將軍」字，又獲賊目文添富、林萬氏，磔之。賊越李家埡山，鄉勇出其背，斃二十餘。八日，徐添德從渠縣闌入，圍城。三月，賊王登廷挾衆出山，殺賊四。是役也，賊自斃及墜澗死者四十餘，生擒一，拔出男婦三百餘。四月，賊衆由蚊蟲溪渡達河，鄉勇蹴之，鎗斃賊四。賊由涼風埡、周家場連結，擊卻之。五月，賊包正洪與王光祖合，約萬五千人，往來靡定。六月，竄東嶽廟，去城甚近，官兵殺騎賊三。七月，賊張子聰、包正洪黨復至，擊殺賊九，騎賊二，由鄰水而遁。自是連月堵禦，民力凋瘵。君設賑三月，活九萬餘口。釐定規約：一，歸遠方被脅男婦，資糧護送；一，被脅歸業者，補入保甲；一，歸業者分别給與籽種；一，散給口糧，責寨長約保；一，被圍之户遺産清查。居民由是帖然。五年正月，賊由墊江擾龍門寨，殺賊四十。賊或聚或散，跡頗詭祕。三月，賊二千竄永興場及山梁寨，直趨東流橋，去城十里，勢益張。十四日，大隊由新寧竄入境，與徐萬富合，君率官兵進禦。十五日旦，君率外委王耀龍至城外東嶽廟，與賊相拒。君鼓衆進戰，殺賊數十。賊衆，鄉勇不能支。君馬上發四矢，斃騎賊一，傷賊二。賊冒矢合圍，一賊以矛衝入，君拔腰刃擊之，賊傷。衆賊争進，君力竭，死之。左巨指爲矛所折，身被八創。外委王耀龍及家丁差役皆死。先一日，廟中地忽生一蓮，光采甚耀，人以爲君之祥也。是日，賊屯王家壩，至十九日乃遁。然城所以不破者，君之功也。

大吏上其事，奉旨：「禦賊陣亡之大竹縣知縣張位中，交部議卹。」君當縣多事時，興利除弊，籌畫無遺，勸里甲互團練，諭鄉村修寨，遇警則親督戰，死事者捐俸撫卹。平居勸民息訟耕作，以裕其食。著《萬竹居詩》一卷。父泰源，生員。祖成，舉人。曾祖麟。子一，惇誼，襲雲騎尉。

論曰：君生沃土，貌清臞，書生也。乃馬上殺賊，衛民存城，得死所。偉矣哉！

福建布政使良吏李君傳

李賡芸字生甫，江蘇嘉定人。祖芳，父夢璁，乾隆壬戌進士，江西寧都、直隸知州。君少從錢辛楣先生學，孝於繼母，敦品節，礪廉隅，爲時所稱。通六書、《蒼》、《雅》、三《禮》。善屬文，以禮經史志爲根柢，在文家别開一徑。慕許叔重之學，故又字許齋。

乾隆庚戌，以二甲進士用知縣，發補浙江孝豐縣。五十九年，調德清縣。嘉慶元年，調平湖縣。二年，卓異，候陞。三年冬，九卿中有密薦君者，特旨問巡撫阮元。元以「賡芸爲浙省第一賢員，守潔才優」覆奏，奉旨送部引見，以同知用。尋陞處州府同知，調嘉興府海防同知。八年三月，奏委署台州府知府，奉硃批「此人可用」。閏六月，陞授嘉興府知府。十四年，丁繼母憂歸。十六年，服闋，補福建汀州府知府。十九年，調漳州府知府。秋，擢汀漳龍道。二十年秋，擢福建按察使，署布政司。十二月卸事，陛見，回閩。九月，旋擢福建布政使。

君性廉正，敝衣疏食，率以爲常。任監司，無異寒儒。自爲縣令至藩臬，所在皆有惠政。得民心，感民以誠，久而益篤。其治平湖也，承前令廢弛之後，盡心撫字，訓士除姦，邑中稱神明。下車之日，以陸清獻曾官嘉定，而已以嘉定人官平湖，首謁其祠。爲治勉法清獻，其守嘉興也，正己率屬，莫敢以苞苴進者。生辰令節，閉户却埽。元理浙漕，持官、民、軍三者之平，多用君之言，至今沿其法。五年，金華處州水灾，元已馳奏恩賑矣。金華民苦無錢，錢價大貴。處州苦無米，米亦貴。元加銀二萬兩，付君曰：「惟惠于民，任便宜爲之。」君以銀之半易錢，載至金華，加賑民百錢，民益安而錢價頓平。又以銀之半買米於温州，運處州，減價糶之，復以糶錢轆轤運米，而米亦賤。十年，嘉興水灾，君奉檄減糶，實惠及民。復分廠賑民以粥，食數十萬人，粥厚而吏不侵，全活者衆。

及莅閩，亦多惠政。任漳州時，漳俗獷悍，睚眦小怨，兩族聚衆，持兵械相攻撞，甚則施鎗礮殺傷人，名曰「械鬬」。其負者輒告諸官，官拘犯則又匿而抗，故縣令必會營兵以往。糗糧之費，獨責之縣，以故縣皆困。君初至，有歸德堡某姓械鬬，龍溪令黄懋修束手無所施，君亦未有策。朱履中者，内狡肆而外樸誠，攝平和縣事，受代來謁君。詢曰：「平和亦械鬬乎？」曰：「有之。」「擒渠必以兵乎？」對曰：「爲民上者，平日不以徭訟擾民，遇有應捕主名，飭里長縛以獻，無不如指。兵則多費矣，安可用乎？」君諦之，愿人也，視爲真能感民者，乃請於督撫，以朱代黄。逾月不辦，督之，朱曰：「莅事新，民未孚也。」又久之，知其終不辦也。親率兵往治，無所得，乃費帑七百兩。既訖事，與朱分任之。數月，遷汀漳龍道。未幾，又遷按察使，署布政使。會甄別未爲教職，朱虧鹽課五千餘兩，抵以他欵數相當，代者張均不聽，抵漳守畢所讜，昔納朱賄而今苛督之，朱窮且憤，具揭督撫，謂虧帑由道府婪索。督撫合詞密奏，君遷布政使甫二旬而解任矣。君之在漳也，有監造戰船不如式，被駁重修。君已去任，家人稱貸於朱以竣事，而君不知也。質訊時，朱摭前二事指爲贓私，家人自承稱貸事實有之，而君惝不知。總督桐城汪志伊益疑之，飭兩司及福州府必欲窮其獄。歲除至漏盡，乃罷。正月四日，復促君對簿，君終不肯誣服。十八日，總督謂獄不成，將并罪案事者。福州知府索詞急，聲色益厲。君恐爲獄吏所挫辱，夜縊於床以歿。寮屬相與泣，士民數千人走數百里號哭於門，累月不絶。事聞，上使吏部侍郎熙昌、副都御史王引之理其獄，乃抵朱履中等罪，督撫皆罷斥。

閩士民林光天等公呈於使者云：「故藩李公學殫經術，才裕藩宣，簡在天心，惠孚民望。歷宦卅載，居閩五年，先綰郡符，洊躋方伯。持躬謹飭，蒞事精勤，抱慤依忠，安良戢暴。其平反疑獄，囹圄無冤，禮士愛民，窮黎存活。蒞漳時，首械書役，蠹風斂迹，闔郡稱神。其止息鬭爭，則如龍溪縣屬之歸德堡鄒蘇滿，巨族仇殺多年，公察知緣争佔祠墓起衅，親詣秉公勘斷，兩造冰釋，相安無事。其禁戢萑苻，則如漳屬九龍嶺扼要處所，設立堆房，兵役防守，商旅坦行。土盜蔡可、黄鐘在海伺刼，勢漸鴟張，公移行沿海廳縣，嚴查口岸，匪船逃竄。隨後督飭漳浦、詔安等縣拏獲盜首。所有議敘，仍歸各屬，不自居功。此仁教最鉅，傳頌至今。其他善績，不能殫述。詎意本年正月卸事身故。部民同聲嗟悼，雖荒村僻里，婦人童子，亦知歎惜。公館臨終，景況淒涼，不可言狀。質衣買棺，殮具儉陋。零丁孤寡，幾至停炊。行道聞之，莫不感泣。省會士庶拈香拜靈者，風馳雲集。汀漳憲轄人民，咸爲設位弔祭，誦經禮懺，共抒哀思，猶恨無以爲報。伏念生而澤被閭閻，歿而貧逾韋布。義有必勸，德無不酬。林光天等泣號旻天，若半途而失父母。尸祝飲食，宜百世以祀春秋。在朝廷議禮秩宗，且俟馨香於名宦；在草野報恩身後，非同違禁之生祠。現今闔省士民捐貲建李公遺愛專祠，以慰輿情而存公義。」得旨允行之，且諭曰：「斯民直道之公也。」祠今建於懷德坊。鹽法道孫爾準素與李君善，經紀其喪。君歿後，家無以爲炊。柩之歸也，士民僚友頗多賻贈。君之子卣尚幼，幸以餬饘粥居於嘉興。

評曰：元在史館，欲纂《儒林》、《文苑》、《循吏》三傳。《儒林》甫脱稿，俄奉使出都。《文苑》、《循吏》未之纂也。李君之事既論定，上硃書使者奏中曰「良吏」，洵榮褒也。元故以「良吏」名此傳，以貽史館之纂《循吏》者。

次仲淩君傳

淩君諱廷堪，字次仲，安徽歙縣人。遠祖安唐，顯慶中任歙州州判，遂家于歙。父文焻，業賈于海州。君生海州，六歲而孤，困苦窮巷中。母王氏鬻簪珥就塾師，纔記姓名而已。去學賈，不成，年二十餘，始復讀書嚮學。能屬文，懼時過難成也，著《辨志賦》以見志。乾隆四十六年，遊揚州，慕其鄉江慎修、戴東原兩先生之學。四十八年，至京師，始多交游。大興翁覃溪先生見君所撰述，大嗟異，始導之爲四書文，應順天鄉試，不中。明年，復遊揚州，見元，以學問相益。君乃擬李白《大鵬見希有鳥賦》以見意。五十一年，復入都應試，不中。明年，從翁先生于江西。又明年，客河南。秋，三應順天鄉試，始中副榜，南歸。

五十四年，應江南鄉試，中式。明年，成進士。出朱文正、王文端二公之門，蓋與洪君亮吉等皆以宏博見拔者也。殿試三甲，例授知縣。君投牒吏部，自改教授，曰：「必如此，吾乃可養母治經。」文端曰：「吾不强子改冷官，子願之，甚善。」文正題其《校禮圖》曰：「君才富江、戴。」又曰：「遠利就冷官。」蓋甚重之。既選寧國府學教授，乃奉母暨兄嫂之官。孝弟安貧，謹身節用，畢力著述。

君之學，博覽强記，識力精卓，貫通群經，而尤深于禮經，著《禮經釋例》十三卷。君謂禮儀委曲繁重，不得其經緯塗徑，雖上哲亦苦其難。苟得之，中材可勉赴焉。經緯塗徑之謂何？例而已矣。如鄉飲酒，此飲食之禮也。而《有司徹》祭畢飲酒，其例亦與之同。尸即鄉飲酒之賓也。侑即鄉飲酒之介也。主人獻尸、主人獻侑、主人受尸酢，即鄉飲酒之主人獻賓、主人獻介、賓酢主人也。主人酬尸，奠而不舉，即鄉飲酒之主人酬賓，奠而不舉也。旅酬無算爵，即鄉飲酒之旅酬無算爵也。此異中之同也。《有司徹》獻尸、獻侑及受尸酢，有豆籩、牢俎、七湇、肉湇、燔從諸節，鄉飲酒獻賓、獻介及酢主人，但薦與俎而已。《有司徹》獻尸、獻侑之禮，主人、主婦、上賓凡三獻，鄉飲酒但主人一獻而已。《有司徹》獻尸、侑畢，復有獻長賓、主人自酢及酬賓之儀，鄉飲酒但獻衆賓而已。《有司徹》旅酬使二人舉觶于尸、侑以發端，鄉飲酒但使一人舉觶于賓而已。《有司徹》無算爵，賓黨則用主酬賓之觶，主人黨則用兄弟後生所舉之觶以發端，鄉飲酒則但使二人舉觶于賓與介而已。此同中之異也。推之于士冠禮，冠畢醴賓以一獻之禮，鄉飲酒、鄉射明日息司正，特牲饋食禮祭畢獻賓，其例皆大約相同，而鄉射之同于鄉飲酒者更無論也。

又如聘禮之聘、享、覿，此賓客之禮也。而聘畢問卿、面卿及士昏禮納采、納徵之屬，其例亦與之同。問卿授束帛，昏禮授雁，即享禮之授璧也。問卿及昏禮納徵，庭實用皮，即享禮之庭實用皮也。昏禮，使者禮畢，主人禮賓，即聘禮之聘賓禮畢，主國之君禮賓也。面卿，幣用束錦，庭實用馬，即私覿之幣用束錦，庭實用馬也。聘賓面卿畢，介面、衆介面，即聘賓之私覿畢，介覿、衆介覿也。此異中之同也。聘用圭，享用璧，面卿及昏禮無授玉之事，但用束帛及雁，如享禮而已。聘禮聘賓至，昏禮使者至，皆設几筵；問卿賓及廟門，不几筵，但擯者請命而已。聘禮，既享未覿之際則禮賓，問卿畢不儐，但行面卿之禮而已。聘禮禮賓，侑醴以幣；昏禮禮賓，但酌醴禮之而已。聘享，聘賓、主國之君皆皮弁，服有襲裼之殊；問卿，聘賓、主人但朝服；昏禮，使者、主人但玄端而已。聘禮，受玉于中堂與東楹之間，問卿則受幣于堂中西，昏禮則受雁于楹間而已。此同中之異也。推之于士相見禮及聘禮郊勞、致館、歸饔餼，其例皆大約相同，而聘禮之同于覲禮者更無論也。是故鄉飲酒、鄉射、燕禮、大射不同也，而其爲獻酢酬、旅酬、無算爵之例則同也。聘禮、覲禮不同也，而其爲郊勞、執玉、行享、庭實之例則同也。特牲饋食、少牢饋食不同也，而其爲尸飯、主人初獻、主婦亞獻、賓長三獻、祭畢飲酒之例則同也。鄉射、大射不同也，而其爲司射誘射、初射不釋獲、再射釋獲飲不勝者、三射以樂節射飲不勝者之例則同也。不會通其例，一以貫之，祇厭其膠葛重複而已耳，烏覩所謂經緯塗徑者哉！

於是區爲八類：曰「通例」上、下二卷，曰「飲食之例」上、中、下三卷，曰「賓客之例」一卷，曰「射例」一卷，曰「變例」一卷，曰「祭例」上、下二卷，曰「器服之例」上、下二卷，曰「雜例」一卷，共爲卷十三。至于弟十一篇，自漢以來説者雖多，由不明尊尊之旨，故罕得經意，乃爲《封建尊尊服制考》一篇，附於「變例」之後，不別立宫室之例者，宋李氏如圭等已詳故也。

君又著《燕樂考源》、《元遺山年譜》、《校禮堂集》。又著《魏書音義》，未成。君雄于文，《九慰》、《七戒》、《兩晉辨亡論》、《十六國名臣序贊》諸篇，上擬《騷》、《選》。《鄉射五物考》、《九拜解》、《九祭解》、《釋牲》、《詩楚茨考》、《旅酬下爲上解》諸篇，皆説經之文，發古人所未發。其尤卓然可傳者，則有《復禮》三篇，唐、宋以來儒者所未有也。

《復禮》上曰：「夫人之所受於天者，性也。性之所固有者，善也。所以復其善者，學也。所以貫其學者，禮也。是故聖人之道一，禮而已矣。孟子曰：『契爲司徒，教以人倫，父子有親，君臣有義，夫婦有別，長幼有序，朋友有信。』此五者皆吾性之所固有者也。聖人知其然也。因父子之道而制爲士冠之禮，因君臣之道而制爲聘、覲之禮，因夫婦之道而制爲士昏之禮，因長幼之道而制爲鄉飲酒之禮，因朋友之道而制爲士相見之禮，自元子以至於庶人，少而習焉，長而安焉，禮之外別無所謂學也。夫性具於生初，而情則緣性而有者也。性本至中，而情則不能無過不及之偏，非禮以節之，則何以復其性焉？父子當親也，君臣當義也，夫婦當別也，長幼當序也，朋友當信也。五者根於性者也，所謂人倫也。而其所以親之、義之、別之、序之、信之，則必由乎情以達焉者也。非禮以節之，則過者或溢於情，而不及者則漠焉遇之，故曰：『喜怒哀樂之未發，謂之中。發而皆中節，謂之和。』其中節也，非自能中節也，必有禮以節之，故曰：非禮，何以復其性焉？是故知父子之當親也，則爲醴、醮、祝、字之文以達焉，其禮非士冠可賅也，而於士冠焉始之；知君臣之當義也，則爲堂、廉、拜、稽之文以達焉，其禮非聘、覲可賅也，而於聘、覲焉始之；知夫婦之當別也，則爲笄、次、帨、鞶之文以達焉，其禮非士昏可賅也，而於士昏焉始之；知長幼之當序也，則爲盥、洗、酬、酢之文以達焉，其禮非鄉飲酒可賅也，而於鄉飲酒焉始之；知朋友之當信也，則爲雉、腒、奠、授之文以達焉，其禮非士相見可賅也，而於士相見焉始之。《記》曰：『禮儀三百，威儀三千。』其事蓋不僅父子、君臣、夫婦、長幼、朋友也。即其大者而推之，而百行舉不外乎是矣。其篇亦不僅士冠、聘、覲、士昏、鄉飲酒、士相見也。即其存者而推之，而五禮舉不外乎是矣。良金之在卝也，非㮚氏之模笵不能爲量焉；良材之在山也，非輪人之規矩不能爲車焉。禮之於性也，亦猶是而已矣。如曰舍禮而可以復性也，是金之爲量不必待模笵也，材之爲車不必待規矩也；如曰舍禮而可以復性也，必如釋氏之幽深微渺而後可，若猶是聖人之道也，則舍禮奚由哉！蓋性至隱也，而禮則見焉者也。性至微也，而禮則顯焉者也。故曰：『莫見乎隱，莫顯乎微，故君子慎其獨也。』三代盛王之時，上以禮爲教也，下以禮爲學也。君子學士冠之禮，自三加以至於受醴，而父子之親油然矣；學聘、覲之禮，自受玉以至於親勞，而君臣之義秩然矣；學士昏之禮，自親迎以至於徹饌成禮，而夫婦之別判然矣；學鄉飲酒之禮，自始獻以至於無算爵，而長幼之序井然矣；學士相見之禮，自初見執贄以至於既見還贄，而朋友之信昭然矣。蓋至天下無一人不囿於禮，無一事不依於禮，循循焉，日以復其性於禮，而不自知也。劉康公曰：『民受天地之中以生，所謂命也。是以有動作禮義威儀之則，以定命也。』故曰：『天命之謂性，率性之謂道，修道之謂教。』夫其所謂教者，禮也，即父子有親、君臣有義、夫婦有別、長幼有序、朋友有信是也。故曰：『學則三代共之，皆所以明人倫也。』」

《復禮》中曰：「《記》曰：『仁者，人也，親親爲大。義者，宜也，尊賢爲大。親親之殺，尊賢之等，禮所生也。』此仁與義不易之解也。又曰：『君臣也，父子也，夫婦也，昆弟也，朋友之交也，五者，天下之達道也。知、仁、勇三者，天下之達德也。』此道與德不易之解也。不必舍此而別求新説也。夫人之所以爲人者，仁而已矣。凡天屬之親則親之，從其本也。故曰：『仁者，人也，親親爲大。』亦有非天屬之親，而其人爲賢者則尊之，從其宜也。故曰：『義者，宜也，尊賢爲大。』以喪服之制論之，昆弟，親也；從父昆弟，則次之；從祖昆弟，又次之。故昆弟之服則疏衰裳齊期，從父昆弟之服則大功布衰裳九月，從祖昆弟之服則小功布衰裳五月，所謂『親親之殺』也。以鄉飲酒之制論之，其賓賢也，其介則次之，其衆賓又次之。故獻賓則分階，其俎用肩；獻介則共階，其俎用肫胳；獻衆賓則其長升受有薦而無俎，所謂『尊賢之等』也。皆聖人所制之禮也。故曰：『親親之殺，尊賢之等，禮所生也。』親親之殺，仁中之義也；尊賢之等，義中之義也。是故義因仁而後生，禮因義而後生。故曰：『君子義以爲質，禮以行之，孫以出之，信以成之。』《禮運》曰：『禮也者，義之實也。協諸義而協，則禮雖先王未之有，可以義起也。』《郊特牲》曰：『父子親，然後義生，義生，然後禮作。』董子曰：『漸民以仁，摩民以義，節民以禮。』然則禮也者，所以制仁義之中也。故至親可以揜義，而大義亦可以滅親。後儒不知，往往於仁外求義，復於義外求禮，是不識仁，且不識義矣。烏覩先王制禮之大原哉！是故以昆弟之服服從父昆弟、從祖昆弟，以獻賓之禮獻介、獻衆賓，則謂之過；以從祖昆弟、從父昆弟之服服昆弟，以獻介、獻衆賓之禮獻賓，則謂之不及。蓋聖人制之而執其中，君子行之而協于中，庶幾無過不及之差焉。夫聖人之制禮也，本於君臣、父子、夫婦、昆弟、朋友，五者皆爲斯人所共由，故曰：『道者，所由適於治之路也。』天下之達道是也。若舍禮而別求所謂道者，則杳渺而不可憑矣。而君子之行禮也，本之知、仁、勇三者，皆爲斯人所同得，故曰：『德者，得也。』天下之達德是也。若舍禮而別求所謂德者，則虛懸而無所薄矣。蓋道無跡也，必緣禮而著見，而制禮者以之；德無象也，必藉禮爲依歸，而行禮者以之，故曰：『苟不至德，至道不凝焉。』是故禮也者，不獨大經大法，悉本夫天命民彝而出之。即一器數之微，一儀節之細，莫不各有精義彌綸於其間，所謂『物有本末，事有終始』是也。格物者，格此也。《禮器》一篇，皆格物之學也。若泛指天下之物，有終身不能盡識者矣。蓋必先習其器數、儀節，然後知禮之原於性，所謂『致知』也。知其原於性，然後行之出於誠，所謂『誠意』也。若舍禮而言誠意，則正心不當在誠意之後矣。《記》曰：『自天子以至於庶人，壹是皆以修身爲本。』又曰：『非禮不動，所以修身也。』又曰：『修身以道，修道以仁。』即就仁義而申言之曰禮所生也，是道實禮也。然則修身爲本者，禮而已矣。蓋修身爲平天下之本，而禮又爲修身之本也。後儒置子思之言不問，乃别求所謂仁義道德者，於禮則視爲末務，而臨時以一『理』衡量之，則所言、所行不失其中者鮮矣。《曲禮》曰：『道德仁義，非禮不成。』此之謂也。」

《復禮》下曰：「聖人之道，至平且易也。《論語》記孔子之言備矣，但恒言『禮』，未嘗一言及『理』也。《記》曰：『道之不行也，我知之矣。知者過之，愚者不及也。道之不明也，我知之矣。賢者過之，不肖者不及也。』彼釋氏者流，言心言性，極於幽深微眇，適成其爲賢知之過。聖人之道，不如是也。其所以節心者，禮焉爾，不遠尋夫天地之先也。其所以節性者，亦禮焉爾，不侈談夫理氣之辨也。是故冠、昏、飲、射，有事可循也；揖、讓、升、降，有儀可按也；豆、籩、鼎、俎，有物可稽也。使天下之人，少而習焉，長而安焉。其秀者有所憑而入於善，頑者有所撿束而不敢爲惡。上者陶淑而底於成，下者亦漸漬而可以勉而至。聖人之道，所以萬世不易者，此也；聖人之道，所以别於異端者，亦此也。後儒熟聞夫釋氏之言心言性，極其幽深微眇也，往往怖之，愧聖人之道以爲弗如，於是竊取其理氣之説而小變之，以鑿聖人之遺言曰：『吾聖人固已有此幽深微眇之一境也。』復從而闢之曰：『彼之以心爲性，不如我之以理爲性也。』嗚呼！以是爲尊聖人之道，而不知適所以小聖人也。以是爲闢異端，而不知陰入於異端也。誠如是也，吾聖人之於彼教，僅如彼教性相之不同而已矣，烏足大異乎彼教哉？儒、釋之互援，實始於此矣。《詩》曰：『鳶飛戾天，魚躍于淵。』説者以爲喻惡人遠去，民得其所，即《中庸》引而伸之，亦不過謂聖人之德明著於天地而已，曷嘗有化機也？子在川上曰：『逝者如斯夫，不舍晝夜。』説者以爲感嘆時往不可復追，即孟子推而極之，亦不過謂『放乎四海，有本者如是』而已，曷嘗有悟境也？蓋聖人之言淺求之，其義顯然，此所以無過不及，爲萬世不易之經也；深求之，流入於幽深微眇，則爲賢知之過，以争勝於異端而已矣。何也？聖人之道，本乎禮而言者也，實有所見也。異端之道，外乎禮而言者也，空無所依也。『子所雅言，《詩》、《書》、執禮。』顔淵問仁，子曰：『克己復禮爲仁。』請問其目，曰：『非禮勿視，非禮勿聽，非禮勿言，非禮勿動。』顔淵曰：『夫子循循然善誘人，博我以文，約我以禮。』聖人舍禮無以爲教也，賢人舍禮無以爲學也。《詩》、《書》，博文也，執禮，約禮也，孔子所雅言者也。仁者行之盛也，孔子所罕言者也。顔淵大賢，具體而微，其問仁與孔子告之爲仁者，惟禮焉爾。仁不能舍禮但求諸理也。子貢曰：『夫子之文章，可得而聞也。夫子之言性與天道，不可得而聞也。』文章，《詩》、《書》、執禮也。性與天道，非不可得而聞，即具於《詩》、《書》、執禮之中，不能託諸空言也。夫仁根於性，而視、聽、言、動則生於情者也。聖人不求諸理而求諸禮，蓋求諸理，必至於師心；求諸禮，始可以復性也。顔淵見道之高堅，前後幾於杳渺而不可憑，迨至博文約禮，然後曰：『如有所立卓爾。』即『立於禮』之『立』也。故曰：『不學禮，無以立。』又曰：『不知禮，無以立也。』其言之明顯如此。後儒不察，乃舍禮而論立，縱極幽深微眇，皆釋氏之學，非聖學也。顔子由學禮而後有所立，於是馴而致之，『其心三月不違仁』。其所以不違者，復其性也。其所以復性者，復於禮也。故曰：『一日克己復禮，天下歸仁焉。』夫《論語》，聖人之遺書也。説聖人之遺書，必欲舍其所恒言之禮，而事事附會於其所未言之理，是果聖人之意邪？後儒之學，或出釋氏，故謂其言之彌近理而大亂真。不然，聖學，禮也，不云理也。其道正相反，何近而亂真之有哉？』

《燕樂考原》以隋沛公鄭譯五旦七調之説爲燕樂之本，❶又參以段安節《琵琶録》、張叔夏《詞原》、《遼史・樂志》諸書，考之琴與琵琶之弦音，從《遼史》四旦定四均二十八調。四旦者，華言四均。琵琶四弦，故有四均。七弦七調，故有二十八調。燕樂比雅樂高二律，不用黄鍾濁聲，用夾鍾清聲，蔡元定所謂「燕樂用夾鍾爲律本」也。琵琶之七調即三弦與笛之七調，是即今之《伶工字譜》之「合四乙上尺工凡六五亿仕伬仜」也。宋燕樂本十五字，今祇用此十三字矣。二十八調之中，今祇用七商，而七角、七羽亦不用矣。江君鄭堂謂其由燕樂通古樂，思通鬼神矣。

嘉慶十一年，君以母喪去官，兄嫂相繼殁，哀且病。十三年，元復任浙江巡撫，君免喪來游杭州，出所著各書相示。元命子常生從君學。明年歸歙，病卒，年五十有五。

通儒揚州焦君傳

焦君名循，字里堂。世居江都北湖黄珏橋，分縣爲甘泉人。曾祖源，江都縣學生，爲《周易》之學。祖鏡，父葱，皆方正有隱德，傳《易》學。

君生三四歲，即穎異。八歲，至公道橋阮氏家，與賓客辨壁上「馮夷」字曰：「此當如《楚辭》讀『皮冰切』，不當讀如『縫』。」阮公賡堯大奇之，遂以女字之。年十七，劉文清公取補學生員。年二十，補廩膳生。

❶「譯」，原作「澤」，今據清武英殿本《隋書・鄭譯傳》改。

次年，丁父及嫡母謝艱，自殮及葬八閱月未櫛沐，食卧不離喪次，甚哀毀。弟徵讀書，自教之。興化顧超宗傳其父文子之經學，超宗與君幼同學，君始用力於經。超宗殁，君理其喪，作《招亡友賦》哭之。歲乙卯，元督學山東，招君往遊，遂自東昌至登州，有《山左詩鈔》一卷。嘉慶歲丙辰，元督學於浙，復招君遊浙東，有《浙江詩鈔》一卷。歲庚申，元撫浙，招君復遊浙。辛酉春，歸揚州，秋，應鄉試，中式舉人。入都謁座師英煦齋先生，先生曰：「吾知子之字曰里堂，江南老名士屈久矣！」歲壬戌，復招君遊浙，冬，歸揚州。歲乙丑，有勸君應禮部試且資之者，君以書辭之曰：「生母殷病，雖愈而神未健，此不北行之苦心，非樂安佚輕仕進也。」殷竟以夏病冬卒，君毁如初，克盡其孝。除喪後，小有足疾，遂託疾居黄珏橋村舍，閉户著書。葺其老屋曰「半九書塾」，復構一樓曰「雕菰樓」，有湖光山色之勝，讀書、著書恒在樓，足不入城市者十餘年矣。歲庚辰夏，足疾甚，且病瘧，以七月二十七日卒，距生於乾隆癸未二月三日得年五十有八。妻阮氏。子琥，廪生。孫三，授易、授書、授詩。

君善讀書，博聞强記，識力精卓，於學無所不通，著書數百卷。尤邃於經，於經無所不治，而於《周易》、《孟子》專勒成書。君於《易》本有家學。嘗疑一「號咷」也，何以既見於《旅》，又見於《同人》？一「拯馬壯」也，何以既見於《復》，又見於《明夷》？「密雲不雨」之象，何以《小畜》與《小過》同辭？「甲庚三日」之占，何以《蠱》象與《巽》象相例？丁父憂後，乃徧求説《易》之書閲之，撰述成帙。甲子後，復精研舊稿，悟得洞淵九容之術實通於《易》，乃以數之比例求《易》之比例，於是擬撰《通釋》一書。丁卯病危，以《易》未成爲憾。病瘳，誓於先聖先師，盡屏他務，專治此經，遂成《易通釋》二十卷。自謂所悟得者，一曰旁通，二曰相錯，三曰時行。旁通者，在本卦初與四易，二與五易，三與上易，本卦無可易，則旁通於他卦，亦初通於四，二通於五，三通於上，先二五後初四、三上爲當位，不俟二五而初四、三上先行爲失道。《易》之道惟在變通，二五先行，而上下應之，此變通不窮者也。或初四先行、三上先行，則上下不能應，然能變而通之，仍大中而上下應。如《乾》四之《坤》而成《小畜》、《復》，失道矣；變通之，《小畜》二之《豫》五，《姤》二之《復》五，《復》初不能應，《姤》初則能應，《小畜》四不能應，《豫》四則能應。《坎》四之《離》上成《井》、《豐》，失道矣；變通之，《井》二之《噬嗑》五，《豐》五之《渙》二，《豐》上不能應，《渙》上則能應，《井》三不能應，《噬嗑》三則能應。此所謂時行也。比例之義，出於相錯。如《睽》二之五爲《无妄》，《井》二之《噬嗑》五亦爲《无妄》，故《睽》之「噬膚」即《噬嗑》之「噬膚」。《坎》三之《離》上成《豐》，《噬嗑》上之三亦成《豐》，故《豐》之「日昃」即《離》之「日昃」，《豐》之「日中」即《噬嗑》之「日中」。《漸》上之《歸妹》三，《歸妹》成《大壯》，《漸》成《蹇》，《蹇》、《大壯》相錯成《需》，故「歸妹以須」之即《需》也。❶《歸妹》四之《漸》初，《漸》成《家人》，《歸妹》成《臨》，《臨》通《遯》，相錯爲《謙》、《履》，故眇能視，跛能履，《臨》二之五，即《履》二之《謙》五之比例也。

《易通釋》既成，復提其要爲《圖略》八卷，凡圖五篇，原八篇，發明旁通、相錯、時行之義，論十篇，破舊説之非。復成《章句》十二卷。總稱《雕菰樓易學三書》，共四十卷。君《易》學既成，數年中有隨筆記録之書，編次之，得二十卷，曰《易餘籥録》。凡友朋、門弟子所問答及於《易》者，取入《三書》外，多有所餘，復録而存

❶「之」下，依文義疑脱「須」字。

之，得二卷，曰《易話》。自癸酉立一簿，自稽所業，得三卷，曰《注易日記》。又有《易廣記》三卷。君之《易》學，不拘守漢、魏各師法，惟以卦爻經文比例爲主，號咷密雲，蹤跡甚顯，蒺藜樽酒，假借可據，如郭守敬之以實測得天行也。

既又著《孟子正義》三十卷，疏趙岐之注，兼採近儒數十家之説，而多下己意，合孔、孟相傳之正指。

君又著《六經補疏》，説曰：説漢《易》者，每屏王弼之説。然弼之解「箕子」，乃用趙賓説，孔穎達不能申明之。他如讀「彭」爲「旁」，借「雍」爲「甕」，通「孚」爲「浮」而訓爲「務躁」，解「斯」爲「廝」而釋爲「賤役」。蓋以六書通借解經之法尚未遠於馬、鄭諸儒，惟貌爲高簡，故疏者視爲空論耳。因作《周易王氏注補疏》二卷。説《尚書》者，多以孔傳爲僞。然《堯典》以下至《秦誓》，其篇固不僞也。即魏、晉人作傳，亦何不可存？因舉其説之善者，如《金縢》「我之不辟」，訓「辟」爲「法」，「居東」即「東征」，「罪人」即管、蔡。《大誥》周公不自稱王，而稱成王之命，皆非馬、鄭所能及。作《尚書孔氏傳補疏》二卷。毛、鄭義有異同，然《正義》往往雜鄭於毛，比毛於鄭，而聲音訓詁疏略亦多，因撰《毛詩鄭氏箋補疏》五卷。《春秋》成而亂臣賊子懼，《左氏傳》云：「稱君，君無道。稱臣，臣之罪。」杜預且揚其詞而暢衍之，與孟子之説大悖。預爲司馬懿女婿，目見成濟之事，將有以爲昭飾，且有以爲懿、師飾，即用以爲己飾，此《左氏春秋集解》所以作也。萬氏充宗斥左氏之頗，惠氏半農、顧氏棟高糾杜氏之失，然未有摘其姦而發其覆者，撰《左氏春秋傳杜氏集解補疏》五卷。謂《禮》以時爲大，蔽千萬世制禮之法，而訓詁名物亦所宜究，撰《禮記鄭氏注補疏》三卷。《論語》一書，所以發明伏羲、文王、周公之恉，其文簡奧，惟《孟子》闡發最詳最鬯。《論語》一書之中，參伍錯綜，引申觸類，其互相發明者，亦與《易》例同。撰《論語何氏集解補疏》二卷。合之爲《六經補疏》二十卷。

君游浙，因元考浙江原委以證《禹貢》三江歸揚州，撰《禹貢鄭注釋》一卷，專明班氏、鄭氏之學。君謂王伯厚《詩地理考》繁雜無所融貫，作《毛詩地理釋》四卷。君又仿東原戴氏《孟子字義疏證》，撰《論語通釋》一卷，凡十二篇，曰聖，曰大，曰仁，曰一貫忠恕，曰學，曰知，曰能，曰權，曰義，曰禮，曰仕，曰君子小人。君又撰《群經宫室圖》二卷，爲圖五十篇。《毛詩鳥獸草木蟲魚釋》十一卷，《陸璣疏考證》一卷。君録當世通儒説《尚書》者四十一家，書五十七部，仿衛湜《禮記》之例，以時之先後爲序，得四十卷，曰《書義叢鈔》。

君思深悟鋭，尤精於天學算術。謂梅徵君《弧三角舉要》環中黍尺，撰非一時，繁複無次，戴庶常《勾股割圜記》務爲簡奥，變易舊名，撰《釋弧》三卷。錢辛楣先生稱「是書於正弧、斜弧、次形、矢較之用，理無不包，法無不備」。君上書於錢辛楣先生論「七政」諸輪，辛楣先生復書云：「推闡入微，以實測之數假立法象以求其合，尤爲洞徹根原。」君以弧線之生緣於諸輪，輪徑相交，乃成三角，輪之弗明，法無從附也，撰《釋輪》二卷。君又謂康熙《甲子律書》用諸輪法，雍正《癸卯律書》用橢圓法，實測隨時而差，則立法亦隨時而改，撰《釋橢》一卷。君又謂劉徽之注《九章算術》猶許氏慎之撰《説文解字》，講六書者不能舍許氏之書，講《九章》者亦不能舍劉氏之書。《九章》不能盡加減乘除之用，而加減乘除可以通《九章》之窮，作《加減乘除釋》八卷。君與吴縣李君尚之、歙汪君孝嬰商論算學，是時李仁卿、秦道古之書，兩君未之見也。乙卯，君在元署中，得《益古演段》、《測圓海鏡》二書，急寄尚之。尚之爲之疏通證明。君又得秦氏所爲《數學大略》，因撰《天元一釋》二卷、《開方通釋》一卷，以述兩家之學。尚之敘云：「此書於帶分寄母同數相消之故，條分縷析，發揮無餘藴。自李欒城、郭邢臺之後，爲此學者，未如此妙也。」又教子琥曰：「李欒城之學，余既撰《天元一釋》以闡明之，而《測圓海鏡》、《益古演段》兩書，不詳開方之法，以常法推之不合，讀者依然溟涬黯黮。余得秦道古《數學九章》，有正負開方法，因作《開方通釋》，詳述其義，汝可列《益古演段》六十四問，用正負開方法推算之。」因以同名相加、異名相消用超用變之法詳示琥。琥乃知以秦氏之法讀李氏之書，布策推算，一一符合，六十四問，每問皆詳畫其式。君喜曰：「得此而《演段》可以讀矣。」即命名曰《益古演段開方補》，且曰：「可附《里堂學算記》之末。」

君又善屬文，最愛柳柳州文，習之不倦，謂唐、宋以來一人而已。後人多斥柳州爲王叔文黨，君爲雪之，且曰：「田山薑《古歡集》，馮山公、王西莊兩先生於叔文事皆立論平允，足洗不讀書者隨聲附和之陋習。」

君於治經之外，如詩詞、醫學、形家、九流之書，無不通貫。又力彰家鄉先哲，勤求故友遺書，孜孜不倦。黄珏橋有老屋一區，爲前明忠臣梁公于涘之故宅，君買修之，扁曰「北湖耆舊祠」，設木主三十位，祀嘗居北湖忠孝行誼載于史志足爲鄉人表率者，復揭三十人事實于壁，里人頗觀感焉。復理採舊聞，搜訪遺籍，成《北湖小志》六卷。又因分撰《揚州府志》，收拾雜文舊事，次第爲目録一卷，名曰《揚州足徵録》。又以隨筆考録揚事者，成《邗記》六卷。君每得一書，必識其顛末，或朋友之書，無慮經史子集，即小説詞曲，亦必讀之至再，心有所契則手録之。如是者三十年，命子琥編寫成《里堂道聽録》五十卷。又舉國朝人著述三十二家，作《讀書三十二贊》。又著《貞女論》二篇，《愚孝論》一篇，皆有補于世教。君之文集手自訂者，曰《雕菰集》二十四卷，《詞》三卷，《詩話》一卷，種痘醫説等書不具録。

君性誠篤直樸，孝友最著，恬淡寡欲，不干仕禄。居恒布衣蔬食，不入城市，惟以著書爲事，湖山爲娱。壯年即名重海内，先輩中如錢辛楣、王西莊、程易田諸先生，皆推敬之。晌齋冢宰見君《易》學叙之，以爲發千古未發之藴，且集蘇文忠句書贈之曰：「手植數松今偃蓋，夢吞三畫舊通靈。」子琥，能讀書傳父學，端士也。

評曰：焦君與元年相若，且元族姊夫也。弱冠與元齊名，自元服官後，君學乃精深博大，遠邁于元矣。今君雖殂，而學不朽，元哀之切，知之深，綜其學之大指而爲之傳，且名之爲「通儒」，諗之史館之傳儒林者曰：「斯一大家，曷可遺也！」

李尚之傳

李鋭，字尚之，一字四香，元和縣學生員。幼開敏，有過人之資，從書塾中撿得《算法統宗》，心通其義，遂爲九章八綫之學。

古算術至唐以後幾於亡，明泰西利瑪竇入中國，有《幾何原本》一書，徐光啟、李之藻之徒從而演繹之，《周官・保氏》、《九章》之遺法不能燭照數計也。李之藻《同文算指》以西術易《九章》盈朒方程之説，梅宣城定九謂非利氏本意。蓋中西術其理則同，而立法則異，三率比例較古法方田粟米差分爲密，而少廣爲西法所無，是略而不備矣。宣城梅氏，近世推絶學，以梅氏智計，豈有不知古法與西法不同者？第囿於西術，而《九章算經》諸書皆未之見，所見者惟《周髀》勾股之法，雖欲深求古術，然苦無古籍，出於意測耳。

李君起而振之，力求古學。王孝通《緝古算經》，詞隱理奥，無能通之者。君與陽城張君古餘共著《細草》，詳論二十術，而商功之平地役功廣袤之術，較若列眉矣。又於同邑顧君千里得秦九韶《九章算經》，乃窮究天元一術，論其法與借根方不同，於是郭守敬、李冶之説始明，知唐順之、顧應祥之書甚無謂也。君嘗謂四時成歲，首載《虞書》，五紀明曆，見於《洪範》，曆學乃致治之要，爲政之本，《通典》、《通考》置而不録，不亦傎乎？因著《曆法通考》。其書體例大略以顓頊、夏、殷六曆久矣隙亡，記載咸缺。《太初術》本之殷曆，立法疎濶，《三統術》雖推法較密，然亦用《太初》四年增一日之術，是《四分術》無異於《太初》也，故斷自《三統術》始，至國朝之橢圜法止。唐瞿曇悉達《九執曆》、宋荆執禮《會天曆》，史志佚其法，乃於《開元占經》、寶祐四年《會天曆》中求其術，而爲之説焉，惜未成書。惟《三統術注》、《四分術注》、《乾象術注》、《奉元術注》、《占天術注》、《日法朔餘强弱考》六科而已。又有《召誥日名考》、《方程新術草》、《勾股算術細草》、《弧矢算術細草》、《開方説》，皆藏於家。

君天稟高明，潛心經史，以唐、宋人詩文爲雕蟲小技，不足觀也，然工四書之文。家居教學，從游者多登第，君則屢不得中。且蘭草未徵，臼炊頻夢，行自傷，得咯血疾，戚戚少歡悰。猶復静心調攝，力疾著書，卒以此歿矣。

元昔在浙，延君至西湖校《禮記正義》。予所輯《疇人傳》，亦與君共商榷，君之力爲多。嘉慶二十三年夏，江君子屏來嶺表，謂予曰：「尚之歿矣。」并述陽城張君之言云：「元朱世傑《四元玉鑑》，雖用天元一術，然茭草形正負之法猝讀難通，因寄尚之，俾爲推究。二十一年，演成數段，寄至豫章，尋根推密，極爲精審。

越兩月而凶問至，良可哀也。」《四元玉鑑》乃予藏本録以贈張君者。惜乎！李君《細草》未成，遂無能讀是書者矣。君之子繼淑書來，求作傳，書中于君之世系行事及生卒年月不具，但云終於六月而已。今與江君共論之，姑舉所知者而爲之傳。君中年無子，以兄之子繼淑爲子。及三娶薛氏，始生一子，今尚在襁褓中也。悲夫！

揅經室二集卷五

嚴忍公子餐方貽傳

錢塘嚴杰，通經術，余詁經精舍翹材生也。爲忍公先生之八世孫，子餐先生之七世孫，方貽先生之六世姪孫。生以其家狀請爲傳，遂合傳之曰：

嚴武順，字忍公，明餘杭人。父大紀，嘉靖乙未進士，官太常寺正卿。公補增生，入南京國子監。生而穎異，七歲爲《詠蝨》詩，輒驚人。及壯，與兄調御、弟勑相師爲學，海内偁「三嚴先生」。武順學以正誼明道爲宗，尤究心於經世之務，諸史傳志，得失成敗，制度沿革，靡不通其源委。善古文詩詞、篆隸行草，亦善鑒別尊彝書畫。生平坦直，勇於赴人之急，守己嚴義利之辨，動以古人爲師。所著有《古秋堂詩文集》十二卷、《鑑閣集》四卷、《讀史質疑》二十卷。子沆。

沆字子餐。幼讀書，以孝聞，爲詩古文，浸沈六經、《史》、《漢》，爲西泠十子之冠。善射，命中無虛發。順治十二年進士，改庶吉士，御試第一。十三年，帝諭吏部：「庶吉士教習已一年，授爲科道，果有忠言讜論，始不負所學。」沆授兵科給事中。沆疏言：「臣蒙恩簡庶常，特授言職，正矢忠報效之日。伏念皇上側席焦勞，求治甚切，而諸臣習爲故常，因循諉卸，積弊不除。六部大臣總司政紀，近遇大政會議，皆借端推諉，稽時廢事。請以後事在某部，滿、漢堂官先盡心參酌，詳列上陳，勅下廷議可否，裁定請旨。即關地方利病，亦不得輒諉督撫查議，致延時日而卸職任。至諸臣條奏，因時變通，豈無足録，亦當虚公酌量，不得執泥成規，止以無庸再議塞進言路。」得旨：「所言是。嚴沆可謂不負作養。所疏議行。」旋歷吏科、户科、刑科、禮科給事中，太僕寺少卿，僉都御史，宗人府府丞，左副都御史。沆在臺省，先後疏言：「各省皆有經制額兵，又諸路遣滿兵駐防，互爲犄角。今遇警即請禁兵，以致勞師靡餉。宜專責成各督撫提鎮標兵，精加選鍊，與駐防兵同心協勦，不得專藉請援，自踈職守。各省廢弁，宜令回籍，不得仍留舊地，蓄丁製械。南北水驛，不得借起運官物名色，横索牽夫，攔截鄉民，充夫解役。僉解逃人，途次强住民房，需索搆釁，請嚴行禁止，立限舖遞，刊榜懸示。户部各差回部，例應考核，再准掣差，今往往惜掛欠之名，遲年餘未考核者，宜立限掣差，堂官親注册。督撫請告，理宜候代，乃具疏後，閉門養安，曠廢數月，宜嚴申飭。吏部文選、考功二司，宜擇有才望者調用。」皆議行。十三年疏云：「大軍進征湖廣、川湖，總督不能兼制，請專設四川總督。」從之。十月，授倉場侍郎。公試士，以公明著。康熙丁酉，江南科場舞弊，各省舉人皆覆試，惟公所主山東試，奉旨不必覆試。己未，詔舉鴻博科，朱彝尊、方象瑛、魏禧皆公所薦舉也。十七年，卒於官。所著有《北行日録》二卷、《皋園詩文集》四卷、《奏疏》十二卷。子曾榘。

曾榘，字方貽。早傳家學，才識超越，善行楷書。康熙三年進士，由庶吉士授廣西道御史。十一年，補河南道御史，在臺疏言：「刑部民命每奉有所擬太重尚輕之旨，即此類推，凡六部各案，事同罰異，引例不當者更多。地方利病，下部題覆者，動偁毋庸再議。大抵滿、漢司員多而意見不一，始則議論參差，繼且因循推諉，及限期既迫，草率具奏，請嚴申飭。督撫保舉貢監吏員異途出身人，請詳列居官政績，聽部察議，庶庸流不致冒濫。」皆議行。十二年，以父任僉都御史，迴避。十七年，丁父憂。二十一年，補江南道御史。二十八年，補右參議，尋轉遷鴻臚寺卿。三十年，遷通政使。十月，遷太僕寺卿。三十一年，遷副都御史。三十六年，授兵部右侍郎。三十九年，卒於官。公廉謹自厲，居官無所儲。歿之夕，幾無以爲殮。有詩文集四卷。

順昌縣訓導伊君墓表

君諱應聚，字文起，號清泉。爲商阿衡之苗裔，世居汴州陳留，陳留有古莘城。唐末，諱顯者入閩，至寧化居焉。二十世，至清泉君。君，明諸生。君生明季，入本朝，由生員歲貢入成均，選順昌縣訓導。時值耿逆之變，有僞劉將軍者，擾郡縣，劫君使從逆。君誓死不爲動，笞榜極苦，卒不能屈，以免於難。康熙中年，天下無事，有司舉賓筵之典，君三爲鄉飲正賓。卒於康熙辛卯十月二十有六日，年八十有三。葬城西謝家科。娶陰宜人、管宜人。子爲臯。爲臯生經邦，縣學生。經邦生朝棟，乾隆己丑進士，刑部安徽司主事，官至光禄寺正卿，貤贈君奉政大夫。又數十年，朝棟子秉綬，復以己酉進士、刑部郎知揚州府事。於戲！君以校官值變，守正不屈，大節如此，卓然傳矣，細行雖不書，可也。

瑞州府學教授浦亭阮公墓表

公姓阮，諱湖，字少川，號浦亭。先世系出晉陳留阮瑀，瑀後遷巴陵，宋名子宗者始遷新建。名逵者，宋承事郎。名宣、名簡者，皆宋進士。簡官祕書省校書郎。簡七世孫子升，徙忠孝鄉之竹山。又八世，爲公曾祖士藻，績學不仕。祖嗣中，縣學生。父龍光，乾隆庚午舉人，知河南通許縣，擢湖北黄州府同知，有惠政。公幼聰穎，善屬文，試輒高等，以第一人補廩膳生。壬子，中式副榜，就教諭職。歷署餘干縣學教諭，廣信、瑞州府學教授，所至以造士爲己任。慮民閒孝節爲吏所壅，乃親諭各鄉舉報之。餘干之俗，奸民貸錢於生、監之富者不遂，輒摭事訟之學。公曰：「生果惡，當訟之縣令。訟之學，圖傳訊洩忿耳。」擲其詞，俗乃變。廣郡旱，隨知府集紳士減價糶穀，民以安。公子爲暹及兄子爲暄、爲昆、爲景等皆先於公中式舉人，公以甲子科始中式舉人。乙丑，會試不第，閏六月五日卒于京師，年六十。歸葬於新建。

公性孝弟，母丁宜人疾，侍藥，衣不解帶。父卒於官，致哀毁，扶柩歸，伴宿三年。卜葬地，北極西山，南至瑞河，足跡遍百里，跋涉寒暑，蓋其慎也。新建阮氏族譜無專書，公明世系，辨昭穆，支分而總輯之，譜成，曰《松湖族譜》，告之祖考。搆屋於省城，爲試館，名曰「雲溪别墅」，後堂祀同知公象，曰「念德堂」，子孫應試者，咸居讀焉。子姪讀書者，公終年約之在塾，戒毋外遊，毋習浮靡，書馬伏波《誡兄子書》于座右。其視諸兄之子猶子也，嘗語人曰：「吾不愛兄子，是秦、越吾兄也。且自吾父、吾祖視之，皆孫也。疎之，非祖、父志也。」誡子弟曰：「爾曹勿營私，吾兄弟蒙祖、父澤，只知有骨肉，不知有財利。」皆名言也。竹山阮氏無祖祠，公度地興工，構祠堂甚宏敞。祀始祖、始遷祖于寢室，各房小宗以次祔於東西聽事，復立四室，分祀儒學、宦績、孝義、文藝。置田五十畝，爲奉祭祀、課子弟讀書之用。祠右半畝園，建雲溪書院，爲子姓讀書地，名其軒曰「静軒」，取濂溪「主静」之意。撰《鏡心》、《鎔質》二銘，揭于東西廂。諸遠祖墓，皆立碑，時修飭之。輯高祖以上遺文及曾祖老閒居士詩古文、祖六閒子集等，編爲《阮氏流芳集》。老閒居士舊殯于宅前琉璃岡，公于其地建祠，專祀曾祖、祖、父三世，統名曰「司馬祠」。又於父皇封岡墓建廬十餘楹，爲展墓止宿之所。事諸兄盡弟道，手足相依，雖白首如童時。所著有《古今體詩》、《餘干吟》等集十八卷。病于京邸，猶作《文雉賦》以見志。妻唐孺人，生爲暹，嘉慶戊午舉人，揀選知縣。繼妻劉孺人，生爲昇、爲昺，皆幼，讀書。孫一，孺僑，爲暹子也。公蒙先業，飭祠墓，奉祭祀，修譜牒，教子姪讀書，皆有成，可謂孝義矣。偶爲校官，輒盡其職。使治民，當若何？然觀其諸所設施，厚矣！後之子姓，當更有大其宗者。

吾阮氏明季自淮安遷揚州，明初自江西清江遷淮安。溯其始，則自陳留阮瑀。後遷湖廣、巴陵，宋由巴陵遷新建，復遷清江。雖元、明兩遷譜系失考，不可妄續之，然新建阮氏固吾宗也。嘉慶十年冬，同姓孝廉爲暹奉其考浦亭公柩過揚州，相弔焉。明年，孝廉以公狀來乞銘。元方居憂，不爲韻語。十二年，再祥，乃寄文表其墓如右。

翰林編修河東鹽運使司沈公既堂墓志銘

運使沈公，諱業富，字既堂。元代由吴興徙高郵，明代遷貴州普安。官河南按察副使奕琛者，復歸高郵。曾祖弼，官廣東高州府知府，遷儀徵。祖文崶，遷江寧。父之亮，徙揚州府城。公猶以高郵通籍，祖、父皆贈如公官。

公幼穎異好學，雷學使鋐始拔之。年二十二，舉于鄉。次年，成進士，改庶吉士，習國書。有謂公早達爲倖者，里巷擊柝者曰：「吾每當子夜風雪時，過沈氏書樓，未嘗不聞讀書聲。何倖也？」越二年，散館，授編修，撰制誥文，辦院事。庚辰，充江西副考官。壬午，充山西副考官。乙酉，分校順天鄉試。皆以先正法衡文，得士爲盛，尤屏絶聲氣，關節不通，館譽重之。前後充國史館、《續文獻通考》館纂修官。

乙酉冬，補安徽太平府知府。掌院劉文正公曰：「纂書之勤，無如君者。」欲留公京秩，未果。公久于太平府任者十六年，于災眚尤盡職。己丑大水，城野成巨浸，公隨布政司坐浴盆，經行邨落，公曰：「太平昔年賑多者三四萬口，今非五十萬口不可。」賑乃大行。當塗縣大官圩決，公夜半至，見遠邨肆奪，火光銃聲不絶，公自爲密札十，下各官圩，勸富家糶濟曰：「本邨人面相識，鄰邨即路人矣。今當各保各邨，毋轉掠。轉掠，是圩皆路人也。互相殺能保富乎？今密札不顯諭者，别有以靖之也。」有告某富家不糶者，笞械之曰：「汝奉何明文，令富家出粟耶？」民始定，糶濟大行。總督聞之，下其法于他郡。辛卯秋，泗州水，撫部裴公知公賢，檄治其賑。公釐户口之弊，民受其惠。乙未，旱，禱雨無應，爲文哭祀社稷木主，卒得雨。庚寅，大疫，設藥局、瘞局，絶葷祈禳，民乃寧。前後課各邑種柳數百萬株，官路緑陰相接成幄。督理暴露十餘萬棺，有一邨同時舉數百棺前明之棺尚在者，民始而譁，及見其親之骨，感泣曰：「非府君教督，不至此。」戊子，割辮妖妄案起，羽檄紛馳，捕搜徧各郡，獨太平不獲一人。有誣者立出之，上司責公，公曰：「本無奸，曷捕焉？」蕪湖有兄弟訟者，公察其詞出一手，杖主訟者，兄弟悔悟，友善如初。當塗有師弟互以陰事訐者，公取火盆置案前，卷盈尺，遽火之曰：「爾等詞必有稾，可上控，曰郡守焚案，不汝靳也。」師弟皆泣，訟乃息。貴池有以墓地訟于部者，塵案山積。公夜視舊牘，得成化二十一年閏四月官契，公謂愚民安知閏，檢《明史·

七卿表》，得是年閏四月文，遂據以定其讞。公治郡，資最深。每考績，輒有尼之者，或勸赴省，公曰：「求之得，可恥也。不得，更可恥也。」

逮辛丑，始授河東鹽運使，純皇帝所特簡也。河東鹽池受淡水歉産，商運蒙古鹽多勞費，及鹽盛産，而弊益多，商益乏。公曰：「鹽池自古爲利，不當革，若聽民自販，必致蒙古鹽内侵。商人之力不在寡在不均，其弊有三：奸商弃瘠據肥，一也；費浮地遠，火攫其利，二也；簽代之期，貧富倒置，三也。」乃立均引順路之法，總三省引地，以三等均之，復以道路相近者，順配爲五十六路，路各一籤，令各商鬮分籤掣之，於是賂絶而弊不行。洎乾隆六十年後，廢商運，蒙古鹽内侵。嘉慶十一年，復舊制，皆如公所預燭者。

公所涖，皆興學愛士，修書院，習樂舞。運司署西隙地，仿鄉場號舍立四十舍，月課諸生。才人黄景仁殁于山西公署，公經其喪，厚其賻，送其柩歸常州，海内高其義。事母以孝聞。在晉甫一年，以母老宜奉歸，請終養，撫部不許，固請，乃許之。俄而湖北陸撫部有凡官親老者勒令終養之議，撫部曰：「非一月前入奏，今無以對子矣。」公曰：「但得終養，即勒歸無憾也。」母卒，喪以禮。服闋，以溼疾，恬然不復出。居鄉十餘年，多善舉，里黨皆曰：「沈公乃正人。」所著《有味鐙齋詩集》若干卷、文集若干卷。公生于雍正十年五月二十二日，卒于嘉慶十二年八月十五日。公子在廷，以十三年某月干支葬公于某某山之原，配鄭淑人祔焉。子一，在廷，癸卯舉人，内閣中書。女一，適工部郎中裴正文。孫二，勤增，太學生員；次勤埴，元昔以長女荃字之。余女殤，勤埴亦未冠卒。公與先大夫友善，且爲姻家，故公子屬元爲銘。銘曰：

公文在經，公學在性。忠厚其心，砥礪其行。拙于成宦，勤于從政。飽民之饑，療民之病。以史斷獄，以道出令。苦鹽既調，澹泊無競。以孝辭職，壹志温清。既享其壽，乃歸其命。藏此佳城，積善餘慶。鄉里私謚，僉許曰正。

默齋張君誄

詁經精舍生烏程張鑑，通經博覽，善詩古文，佐予書記者有年矣。嘉慶十一年，丁父憂。十二年秋，述其父之言行以示予。予謂立言爲三不朽之一，蹶蔑一言，可知其賢，今張君之言善，是宜傳而爲之誄也。君諱德奎，字聚東，號默齋，國子監生。父元熙，爲長生會、育嬰堂諸善舉。君繼之勿替，每出遊，閒月一歸，鐙下爲鑑講《柳州小記》、馬伏波《誡兄子書》、韓昌黎《寄符城南讀書》詩，談古今忠孝事，至漏三下不止。嘗訓鑑曰：「凡人爲忠孝事，不獨身名俱泰，即祖若父亦蒙其榮。否則里閭恥談其姓氏，而行路之人唾棄之，故心術不可不謹也。」又曰：「爲善之大小有不同，其存乎心者則一。余生平不自知其善與否，然未嘗爲惡。昔范孟博臨終，與子訣曰：『吾欲使汝爲惡，則惡不可爲。吾欲使汝爲善，則吾不爲惡。』此雖有激之言，終與聖人樂善之旨有閒，汝宜思之。」君以同學計魚計學行淵雅，命鑑從之學，學或不進即怒之。嘉慶辛酉，鑑選拔貢生，從諸城劉侍郎入都，君教之曰：「此行遇合有命，任事不可不謹。汝身安，則我心安矣。」鑑試畢旋里，予招入幕，君教之曰：「食焉勿怠其事，汝勉旃。」甲子，鑑中副榜舉人。十一年，從予在揚州。冬，君病，鑑奔歸，得順風，一晝夜行四百里抵家，治湯藥，逾數日乃殁，年七十有八。著《八詠樓吟草》四卷。君善醫，著《桐雷歌訣》二卷。誄曰：

惟忠與孝祖父榮，聖賢樂善有令名。嗚呼張君，言之而能行。

知不足齋鮑君傳

乾隆三十八年，高宗純皇帝詔開四庫館，采訪天下遺書。歙縣學生鮑君廷博，集其家所藏書六百餘種，命其子仁和縣監生士恭由浙江進呈。既著録矣，復奉詔還其原書。其書内《唐闕史》及《武經總要》，皆聖製詩題之。皇上御製《内府知不足齋詩》云：「齋名沿鮑氏，《闕史》御題詩。集書若不足，《千文》以序推。」注云：「齋額沿杭城鮑氏藏書室名。乾隆辛卯壬辰，詔采天下遺書，鮑士恭所獻最爲精夥，内《唐闕史》一書，曾經奎藻題詠。嗣後其家刊刻《知不足齋叢書》，以《唐闕史》冠册，用周興嗣《千文》以次排編，每集八册，今已十八九集，可爲好事之家矣。」

嘉慶十八年，方公受疇巡撫浙江，奉上問鮑氏叢書續刊何種，方公以續刊之弟二十六集進。奉上諭：「生員鮑廷博，於乾隆年間恭進書籍，其藏書之知不足齋，仰蒙高宗純皇帝寵以詩章，朕於幾暇亦曾加題詠。兹復據浙江巡撫方受疇代進所刻《知不足齋叢書》弟二十六集。鮑廷博年逾八旬，好古績學，老而不倦。著加恩賞，給舉人，俾其世衍書香，廣刊祕籍，亦藝林之勝事也。」

元按：君字以文，號渌飲，世爲歙人。父思詡，居于浙，娶于胡。胡卒，又娶於仁和顧，生君。君幼而聰敏，事大父能孝，念父遊四方，恒以孫代子職，得大父歡。大父卒，既葬，君父攜家居杭州。君事父又以孝聞，以父性嗜讀書，乃力購前人書以爲歡。既久，而所得書益多且精，遂裒然爲大藏書家。自乾隆進書後，蒙御賜《古今圖書集成》、《伊犁得勝圖》、《金川圖》。四十五年，南巡狩，迎鑾獻頌，蒙賜大緞二疋。疊膺兩朝異數，褒獎彌隆。君以進書受知，名聞當世。謂諸生無可報稱，乃多刻所藏古書善本，公諸海内。至嘉慶十八年，年八十有六，所刻書至二十七集。未竣，而君以十九年秋卒，遺命子士恭繼志續刊，無負天語之褒。

君勤學躭吟，不求仕進，天趣清遠，嘗作《夕陽》詩甚工，世盛傳之，呼之爲「鮑夕陽」。元在浙，常常見君，從君訪問古籍，凡某書美惡所在，意指所在，見于某代某家目録，經幾家收藏，幾次鈔栞，真僞若何，校誤若何，無不矢口而出，問難不竭。古人云：讀書破萬卷。君所讀破者，奚翅數萬卷哉！

武進臧布衣傳

布衣姓臧，名繼宏，字世景，晚號厚菴。先世山東東莞人，遷浙江長興，復遷江南武進。曾祖琳，祖晉，父兆魁。幼貧困失學，冬寒無厚服，日得四五錢以爲食。及長，助人理業，誠謹勤篤，稍能自給，乃力舉先代五殯卜葬，孺慕以終其身。族之無嗣者繼之，寡者贍之，孤女嫁之，負貸者代償之。嘗旅行遇虎、見覆舟皆無懼色，蓋有以自恃也。生子四，鏞堂、艫堂、禮堂、屺堂。卒于嘉慶元年，春秋六十有九。布衣殆敦孝友篤行于鄉里者歟？然而布衣之曾祖玉林先生，經學大儒也，學與太原閻百詩徵君齊，徵君稱爲隱德君子，所著《經義雜記》三十卷、《尚書集解》一百二十四卷、《大學考異》二卷、《知人編》三卷、《困學鈔》十八卷、《水經注纂》三卷，皆未傳于世，布衣篋藏之，不失片紙。命其子鏞堂、禮堂從餘姚盧召弓學士遊，勗以經術，不期以科名，遂通九經三史，尤明小學。乃命啓其篋，校録之，曰：「四世相傳之業，勿自我而墜，足慰先人于地下矣。」嘉定錢辛楣少詹事、金壇段若膺大令見之，歎曰：「此漢、唐儒者之學，不刊之書也。」然則非布衣能守先緒啓後學不及此，吾是以論而著之。

孫頤谷侍御史傳

孫君名志祖，字詒穀，字或作頤谷，號約齋，仁和人。乾隆丙子舉人，丙戌二甲進士。分刑部，補山東司主事，由員外郎陞雲南司郎中，欽差通州坐糧廳，擢江南道監察御史。乞養父母歸里，復少宦情，不復出，以著書爲事。嘉慶六年，掌紫陽書院教，二月二十九日以疾卒，年六十有五。

侍御性孝友，雅近和平，生而穎悟過人。得《毛西河全集》，鐙下讀之，不寐累夕。凡讀經史，必求釋其疑而後已。同時全謝山、杭堇浦、厲樊榭、張曦亮諸君子，皆相與質難，以益所學。以解經見重於督學汀州雷公，補附學生。其舉于鄉也，禮部侍郎武進莊公策問李鼎祚《周易集解》，惟侍御對最詳。其以第六名中式禮部也，工部尚書新建裘公試《詩》「黍稷與與」文，惟侍御以黍、稷分比，數典不紊，凡此皆稽古之力，無所愧于科名。任刑部時，于庶獄必察至再三，精覈與其治經史同。管糧務，革陋規，以公治之，軍民稱便。居族黨，重然諾，施予無德色，嘗云：「但願一生常助人，不至求人助亦幸矣。」侍御幼寡嬉戲，所樂讀書而已。群經、《文選》成誦，《易》而熟精其理，似素所習者。卒之前歲，病中夢金碧樓殿，牓字非民間所有，又夢見故友趙鹿泉先生握手曰：「來日苦少。」豈非天性和正，讀書多而爲政舉，吴越間固多靈氣，其生也有所秉，其死也有所歸歟？侍御所著書，有《家語疏證》六卷，謂王肅作僞難鄭，誣聖背經，既作《聖證論》以攻康成，又僞撰《家語》飾其説以欺世，因博集群書，凡肅所剿竊者，皆疏通證明之，如鞫盜之獲真藏也，其有功于鄭氏似孫叔然。《文選考異》四卷，據潘稼堂、何義門諸校本，參稽衆説，仿朱子《韓文考異》之例，以正俗本之誤。《文選注補正》四卷，仿吴師道校《國策》之例，輯前賢評論及朋輩商榷之説，以補李注所未及。又輯《風俗通逸文》一卷，又補正姚之駰，輯《謝承後漢書》五卷，《讀書脞録》七卷，考論經子雜家，折中精詳，實事求是，不爲鑿空武斷之論，慤然如其爲人。又謂《孔叢子》亦王肅僞托，其《小爾雅》乃肅借古書以自文，作《疏證》辨其妄，惜未成書。又《脞録續篇》亦未成。侍御無子，以兄景曾子同元爲後。同元好學能文，得侍御教，傳其家法。

四川廣安州知州阮君墓表

君諱和，字煦初，江西新建人。系出晉陳留阮瑀，自陳留徙巴陵，宋徙新建松湖鎮，明遷竹山鎮。父龍光，乾隆庚午舉人，官通許縣知縣，擢黄州府同知，有循聲。

君讀書有才略，少隨父任習民事。甲午，遵川運例爲知州，試用之四川。丙申，署天全州印，又署會理州印。會理居蜀邊，夷獠雜處，土司譎悍互吞并。君以德感之，皆帖服。丁父憂去官，民哭之，爲立碑。辛丑，服闋，仍赴川署天全州事。調署雅州府軍糧同知，統轄漢土官兵兼爐關税務，綏理番夷藏驛事，皆無誤。癸卯，實授廣安州知州。甫下車，即革搶穫、移屍諸惡俗。州城多傾圮，君捐俸倡修之，東南隅當渠水衝，以石隄捍之。城中少水，君浚塘注水，以澹火災。倉穀、書院次弟經營。屢決大獄，無冤縱者。癸丑，調署汶川縣事。又署雲陽縣事。雲陽多險灘，廟溉、東陽尤甚，舟行易溺，君鑿石平之。嘉慶丙辰，大寧邪賊起，廣安民日夜望君回，總督亦以川東北緊要，檄君回廣安。九月，達州邪教王三槐等倡亂，往來鄰界，君獻議大帥曰：「達州邪匪勞動王師，川東北民受害已不小。玆復竄擾嘉陵江以西東鄉、太平等處，賊聚黨横行，隘口、水次更須嚴防。卑州境内現設寨八十四座，大寨約三五千户，小寨五七百户及千餘户不等，卑職傳諭各寨首：聯五六寨爲一團，同團以二十里爲度，按户挑壯丁一名，每月操鎗一次，如有賊圍攻，彼此互援。辦理已有成局。又古制寓兵於農，今似可仿行。查卑州額征糧五千餘石，按糧一石二斗僱募健勇一名，每名全年酌給工價鹽菜錢二十千，著令糧户公捐，每糧一石攤捐錢一千七百，卑州約得鄉勇四千名，遵照兵制操習行伍，慎選舉貢生監爲領隊，逐日操演軍器，由官捐備火藥，赴局支領，並請委武弁六員，來州教習鎗箭。敵愾禦侮，事竣論功行賞，文武領隊以爵秩議敘，鄉勇或准作武生，或酌賞銀，自當人人奮勇争先。如此以逸待勞，似可事半功倍。若川北、川東州縣均能一律辦理，則處處有義兵截殺，逆賊無所逃遁。首惡既誅，黨羽必散矣。」奉大帥准行。乙卯，王三槐兩入境，皆以防堵嚴密去。丙辰五月，又來州屬之金山場、青崗場。君率士勇禦之，乃折回大竹、梁山而逸。六月，川賊冉文儔、陝賊張漢潮等，由清溪場逼州境，徐添德又由大竹、鄰水入州焚掠。八月，王光祖由大溪口竄入河東。九月，張添德、張子聰、徐添德、冷添禄各賊分竄州境之河東、河西焚擾。君令寨民竭力防守，城不可攻，野無所掠。賊知廣安嚴，相戒勿犯。州北老鷹巖者，峭壁高州城數倍，中開一竅約十餘里，君曰：「此造物設險以護人，若棄不守，必爲賊據。賊據，則挾建瓴之勢以臨我，州城危矣！」乃亟商之樓尉，集紳耆，召匠築堡。於是鄉民移居者踵相接，爲錫名曰「安居城」，州城由是益固，而民間牛馬、器具、糧食益有所屯積矣。己未四月，冷添禄入境。君督鄉勇對壘三日，賊不退，乃請參贊額侯督兵來州殲冷賊於石笋河，餘黨戮殆盡。大帥入告，額侯復爵，而君名旁奉硃圈「軍功議敘加二級」。自後張子聰、張添禄、包正洪以及各賊竄入境者，不下二十餘次，莫不望風走。自丙辰至庚申，凡五載，廣安獨無恙，皆君設策保護功也。是歲護理順慶府知府事，總督勒公以君團練得法，通飭各州縣遵照辦理，曰：「毋讓阮牧獨爲好官。」辛酉五月，州民張老五、李合等以阻米起衅，聚衆滋事，君率壯丁親往捕治，外委王家元被賊戕，并斃役十餘名。張老五、李合自稱元帥、總督，發兵勦捕，殺賊一百餘名，生擒一百五六十名。張老五、李合藏山林，君懸重賞，鼓厲寨民搜山，親擒首逆張老五，餘悉平。奏上，奉上諭：「知州阮和不能先事防範，本有失察之咎，但首逆張老五係其親自拏獲，功過尚足相抵。加恩，免議處。」君因勞敝，年齒衰邁，遂告退。君治廣安前後十六年，署他州縣六年，一本其父治通許者治之，而在廣安疊遭賊擾，艱難又復過之，乃履險如夷，卒能全城全百姓，皆盡心愛民所致也。去廣安之日，士民如失所怙，送者數百里，始返歸。

祀家廟，垂涕久之。凡祖墓，歲必再三至，視其罅漏，察其燥濕。事父孝，夜嘗爲父煖足。父母遺象，朝夕拜之，有微物必獻，每視象，若有憂喜色者，輒應休咎。素惡分爨，曰：「吾雖不能爲張公藝，姑待吾没世可也。」嘉慶九年夏，病卒，年七十有四。葬于某某之阡。以軍功，遇覃恩，授奉直大夫，父母如其階。妻夏氏，繼妻梁氏。子三，長貽昆，辛未進士，翰林院庶吉士，妾葛氏出；次綬，江都縣丞；次爲昂，國學生，並梁氏出。嘉慶十六年，貽昆在京師，乞元表君墓。元之先，自元末明初系出江西，爲同姓，遂載筆焉。

誥封奉直大夫翰林院編修陳君墓志銘

君諱鶴書,字東麓。先世居閩泉州,曾祖式璜遷福州閩縣。祖應瑞,父起龍,皆以農業佐儒術,起龍補縣學生。君幼穎異,家貧,雄于文,試輒高等。朱文正公、紀文達公、王文端公在閩,皆賞拔之。累不舉于鄉,補歲貢生,教授鄉里,生徒衆多。嘗主講仙遊、龍巖、邵武、漳平、上杭書院,皆有經法,弟子多舉科名者。君恂恂端謹,守身如玉,質直好義,交不逆詐。詩集數卷,古體沖淡近陶、韋,今體綿婉近白、陸。嘉慶十五年七月干支卒,年六十有五。以子壽祺官,得封,妻亦封宜人。子三人,壽祺,己未進士,翰林院編修,文淵閣校理,國史館總纂,京察一等,記名御史;壽□,壽□,皆儒業。壽祺幼被父教,文藻博麗,規畫揚、馬,通達經傳,精究小學。康熙己未、乾隆初年皆有鴻博科,儒術爲盛,嘉慶己未雖非制科,然如張惠言、王引之、壽祺等,擬之前人,似無讓也。顧壽祺之學,皆出于其父之教,然則君之所學可知矣。壽祺爲元門生,在都聞訃,星奔歸葬,來請銘其墓。銘曰:

君行肫誠,君學通明。匪有金在籯,而教子惟經。子顯揚其名,名重者勢輕。山靈氣清,鬱鬱乎佳城。

誥贈中憲大夫山東兖沂曹濟兵備道一鳳孫公暨妻許恭人墓表

公諱枝生,字一鳳,氏曰孫。先世定遠人。明初有諱興祖者,以佐命功封燕山侯。侯之從子諱繼達,以行省都鎮撫守禦常州,賜田宅,是爲武進孫氏。凡二侯三指揮使,登庶司者百人,尚書慎行尤以清望著,其傳世與明相始終。公曾祖餘，封翰林院檢討。祖自儀，桂陽州同知，封翰林院編修。父謀，康熙辛未科進士，禮部主客司郎中。禮部公清宦家貧，既没，公尚幼，其從兄鳳飛官廣西州吏目，公以諸生從之廣西，贅于許氏。公念門户中衰，二親早弃養，綴身妻家，非學無以自立，乃下帷讀書，刻苦無間晨夜。體素羸，遂致疾。雍正九年四月壬子卒，年廑二十有六。嗚呼！公以望族丁衰祚，讀書勵行，天不假以年，無事業著述表見于世，微乎微矣！然公之子若孫，以學行掇科甲，名滿天下，交遊偁之，非公之隱德餘蔭，曷克及此哉！

公妻許太恭人，以嘉慶十年六月辛未卒于其孫山東糧道任所，春秋九十有八，距公之卒，蓋苦節七十五年矣。太恭人以二十三歲而寡，乾隆二十四年，奉旨旌表節孝。今之節母且致上壽，未有如太恭人者也。太恭人父建，宜興人，以舉人官廣西義寧縣知縣。無子，欲爲太恭人擇壻，見公于鳳飛家，器異之，以爲館甥。二年生子。又二年，一鳳公卒，義寧君欲奪太恭人志，而以公之子爲許氏後。太恭人誓且泣曰：「女何不若兒？孫氏一綫不可絶。父無子，我當祀許于孫氏。」義寧君知不可奪，從之，旋卒。太恭人以一婦人自粤西奉父及夫之棺以歸，陟嶺嶠，浮湘湖，山林叢密，風波險惡，猿啼于晝，鬼歗于夜，太恭人抱孤子以泣，顛連修阻，卒達江左。奉義寧君棺葬于宜興，遵公遺言厝棺于夾巷祖墓。母病，侍藥不解帶者五月。喪如父禮。以贈嫁陽羡田易田于常州爲祭田，奉春秋祀事。又以子官俸置祀田于宜興，歸之許氏宗祠。孫氏歲時祭祀，必兼祀義寧君夫婦以至于今。太恭人性矜嚴廉儉，不苟言笑，不拜佛誦經。年近百齡，每奉壽觴，必戒曰：「吾食半盂飯即飽，製一衣著數十年。無受屬吏金幣爲也。」方太恭人之初歸江南也，先人敝廬廑二閒有半，炊烟滿梁，太恭人晨夕操作，紡織鍼黹以易食，夜篝燈課子讀書。子有過，必責之，責必哭。教孫學，亦如之。嘗反鍵書室，自牖納食，故學行迄有所成。嗚呼！方在粤西，孫氏之系不絶如縷，非太恭人矢志撫孤，力貧教學，又曷克及乎此哉！

公子名勳中，乾隆癸酉科舉人，句容縣教諭，截取河曲縣知縣，署渾源州、直隸沁州事。孫三人，長星衍，乾隆丙午舉人，丁未科一甲第二名，賜進士及第，授翰林院編修，改刑部主事，陞郎中，授山東兖沂曹濟兵備道，署山東按察使，今官山東督糧道；次星衡，河南候補縣丞，署洛陽縣典史；次星衢，直隸候補布政司經歷，署安州州判。一鳳公初以子官勅贈修職郎、句容縣教諭。後以孫官誥贈奉直大夫、刑部直隸司主事、前翰林院編修，晉贈中憲大夫、山東兖沂曹濟兵備道。太恭人初勅封太孺人，晉封太宜人、太恭人。嘉慶十年冬，附葬一鳳公墓，墓在常州府某地之原。

誥封奉政大夫掌陝西道監察御史歲貢生游君墓表

君諱晟，字若李，號旭軒。先世出鄭世叔。唐末，邃始自固始從閩王入閩。至宋，文肅孫桂又自建陽至長樂。康熙閒，高祖鍾元爲耿逆所掠，遂家福寧，著籍霞浦。曾祖勝岳，生員，早卒。祖瑨，州鄉飲賓。父煒，生員，以孫貴，誥贈奉政大夫。母程宜人，晚生君，故尤鍾愛。年十八，始鄉學，下筆驚其長老，試輒冠其曹，屢爲學使者所器，然卒不遇，以明經老。君性孝，侍贈公病，無倦容。祭必泣。素不習青烏家言，以葬贈公，遂通其説。母程晚喜飲酒，左右必盡歡。有女弟早寡，割宅宅之，爲之立後。居平課其子，極嚴。光瓚成進士歸，令授徒，禁與外事，將謁選，則教之曰：「吾上世皆積行累善，汝無以吏事害其家聲。」既而選漳州教授，則又諭之曰：「師道立則善人多，汝勉旃。」迨叔子光繹以進士官翰林，歲必以金畀之，曰：「詞臣清貴，毋以貧傍人門户。」及爲御史，以事降官，君乃亟命之歸。晚尤愛交友種花果，坦白無城府，暇則爲文酒之會，談先世勤儉孝弟，則亹亹不倦。年七十有二，自營生壙，時儗之司空表聖。嘉慶十年閏六月五日卒，年七十有九。例授修職郎，勑封儒林郎、翰林院編修，晉封奉政大夫。娶王宜人，繼葉孺人。子四，光纘，庚子進士，福州府學教授；光繼，勑封儒林郎；光繹，己酉進士，翰林院編修，掌陝西道監察御史，皆王出；光縝，葉出。孫六，大釗，大鎔，皆廪生；大銈，大琛，皆附生；大芳，大謨。

揅經室二集卷六

山東分巡兗沂曹濟道唐公神道碑銘

揚州郡城垂三百年之舊家以宦績著者，唐氏其一。唐先世由泰州遷高郵，復遷江都。八世諱虞，明進士。虞生明猷，明猷生之日、之天。之天官靈山縣知縣，生詩。詩爲之日後，詩生六子，紹祖、繼祖皆官翰林，綏祖由舉人知縣歷官江西、湖北巡撫，兩湖總督。綏祖生宸衡、秉衡。宸衡歷官至迤西道，生侍陛。秉衡早卒，總督公命侍陛爲之後，即兗沂曹濟道芝田公也。

公字贊宸，又號悔庵。幼讀書，補恩蔭生，隨總督公任習奏牘文案。屢試未第，乾隆二十六年，蔭生引見，以通判用。二十九年，發南河。三十年，題署山盱通判。三十二年，實授通判事，署宿虹同知。三十六年，調裏河同知，復調銅沛同知，暫署外河同知。三十七年，仍以銅沛管外河事。四十年，以在工屢著勞績，舉卓異。四十二年，陞湖北鄖陽府知府。四十五年，丁本生母劉恭人憂。四十七年，服闋，將入都，時河南青龍岡屢築屢圮，阿文成公特奏公精明强幹，熟悉河務，請旨發河工，途次得旨，逕赴河南。四十八年，以河歸故道，擢授開歸陳許道。四十九年，丁母孔恭人憂。五十一年，奉旨署河南、河北道。五十五年，丁本生父憂。五十七年，補山東運河道。秋，調兗沂曹濟道。五十九年，以失察前曹縣民毆斃饑民案，降級調用，遂以病歸，不復出。嘉慶九年十一月朔日，卒于里第，年七十有二。

公生名門，讀書通治理，服官數十年，有功於河、淮者爲多。洪澤湖五壩龍門水誌舊以上游正陽報水誌長落尺寸爲準。乾隆二十九年，公官山盱通判，湖暴漲而正陽未報長，且亦有正陽報長而湖不漲者，大府委公勘之。公徧歷各縣，歸呈圖説曰：「淮出桐柏，千里至正陽，所并之水已多，正陽長落固可爲誌，但正陽以下潁、肥、洱、洛、天茨諸水雜注之，乃至懷遠縣，又下則有渦、淝、澥、東西南濠、月明湖諸水注之，乃至臨淮縣，又下則有沱、澮、潼、漴四水注之，迄于盱眙縣。所并諸水，潁、渦尤大，若正陽以上水未長而潁、渦諸水驟長，湖必漲，正陽不知也。正陽報長而潁、渦諸水不長，淮至正陽下且將倒盈諸水之科而後進，迨歸湖十僅二三，是以湖不與正陽相應也。宜增設懷遠、臨淮兩誌樁，與正陽相證，乃不僨事。」大府用其言，請以行，故今懷、臨兩誌樁之設自公始。

公赴豫工時，阿文成公與河督議改河之策，決計于公，公曰：「今全河下注，非土埽所能當，欲逆挽歸正道，難矣。今但于南岸上游百里外開引河，則不與急流争，其全勢易掣，以逸代勞，此上計也。」文成公始定計開蘭陽引河，至商邱歸正河，以公總其事。功以成，得旨嘉奬，擢開歸道。公管南岸工時，新引河隄初成，溜逼甚險，乃復請于儀封十六堡增開引河，曰：「史郝歸舊河達大河。」夏水發，果分爲二派，一由新引河，一繞儀封舊城之南達所增引河。又于毛家寨請增築月隄千餘丈，睢汎七堡建挑水壩，溜勢乃暢下，無潰決。自公管南岸，駐工防守，迎溜決幾者二十餘處，皆急護無患。五十三年，官河北道。時屢奏安瀾，公測河勢，知將有變，乃請于銅瓦廂工大隄後增築撐隄二百四十丈，河督蘭公第錫以爲歲修有定款，搶險在臨時，今非時，無故忽興大工，難之。公固請，乃行。次年夏，銅瓦工内塌決不移踵，調任河督李公奉翰初視河，曰：「奈何？」公曰：「若待其塌透，必大決，決則全河頓徙。今當于隄之下口新築撐隄，内掘數丈，使水迴溜而入，入必淤，淤則大隄、撐隄合爲一，是河直注之力已殺，而隄可保。」河督從之，隄合而險平。河督曰：「君之所以出奇制勝者，在前此之預築隄也。」公前官銅沛時，亦決下游使水迴溜停淤，兩隄合一，是公善用放淤平險之策也。又宿虹之夏家馬路，黄、運交偪，公親捍其險，裹河水淺，將漫隄，公住舟中，效黄河清水龍法，疏河底之淤，隄乃安。徐州城外增築石工，石磯嘴增爛石工，城乃無患。衛河水弱，漕艘不利，公請掘地千二百餘丈，引沁挾濟以助衛河。其他畫策弭患者，不可悉數。公嘗論治河之道曰：「河行挾沙，治法宜激之使怒，而直以暢其勢，曲以殺其威，無廢工而不可偪，無争土而不可讓。守此岸則慮彼岸，治上游則防下游。」皆名言也。公官宿虹時，立捕蝗法，率官弁桉鄉搜撲，蝻盡而民不擾。於其去也，民争送者萬人。守鄖，懲鈔關胥吏苛索之弊，嚴申禁令，凡空船皆不征，人載但稽其人，舟載税百錢，舟大者一再倍爲限，商旅便而税亦無缺。觀察河北時，修書院，延師課士，增膏火貲，輯三郡志書，其他諸善政不具書，書其治淮河事之大者。

公元配吴氏，封恭人。子二，長瑩，戊午科舉人，側室劉氏出；次鍌，側室姚氏出。十一年六月十四日，葬於城西卜家墩新塋。元與公弟仁埴爲同年舉人，又與公子瑩爲同學生。瑩請爲碑銘，既葬而瑩卒。十二年秋，乃踐諾爲銘，其辭曰：

浩浩洪河，湯湯淮水。履之測之，知水之理。灑之釁之，曲彼直此。民田民居，河淮之東。決則爲害，治則爲功。受其益者，孰知唐公？公若不歸，將總河政。惜未竟展，居里而病。清白之家，終焉無競。鬱鬱新阡，公所自卜。若斧若房，拱兹宰木。勒碑刻銘，拜者來讀。

賜按察使銜河南開歸陳許兵備道柘田唐君墓志銘

君諱仁埴，字凝厚，號柘田。先世由常州遷泰州，復遷高郵，再遷江都。曾祖詩，康熙甲戌進士，累贈太常寺卿、湖北巡撫，崇祀鄉賢。祖綏祖，康熙丁酉舉人，由河南封邱縣知縣累遷至湖北巡撫，署湖廣總督。父烺衡，由通判歷陞雲南迤西道，生子三。長仕謹，官潮州鹽運司運同；次侍陛，由恩廕生官河南開歸陳許道、彰衛懷道、山東運河道、兖沂曹道；君，其季也。

君生而英敏過人，誦書善記，善屬文。事親孝，家庭有榘度。隨任迤西各郡，讀書之暇，講求吏治，幕中諸老宿僉曰：「此名家千里駒，殆有宿根乎？」乾隆庚子，丁內艱。甲辰，高宗純皇帝南巡，君以國子生獻冊，召試列二等，賞綵緞、荷包。尋中丙午科舉人。丁未，成進士，殿試二甲，授浙江嵊縣知縣。嵊故僻地。君捐俸葺書院，增膏火，講明禮教，修節孝祠以彰風化，仁聲洋溢，治行稱最。調任仁和，爲省會首邑，君審案定讞，士庶之畏懷者一如在嵊時，有「唐青天」之稱。尋丁外艱，服闋入都，簡發江西，補樂安縣，調豐城縣。豐城濱大江，多水患，君修堤以資捍衛。歲甲寅，以失察事落職。家居數年。庚申，就教職，選全椒教諭。俄值江南高家堰及山盱五壩役工起，遂以通判投効南河出力，加同知銜。乙丑，安東縣陳家浦工起，君以熟諳修防，留工遣用，工竣，授通判。戊辰，署商虞通判。時桑家堤、馬家坊險工屢出，君晝夜築護，得無決。踰年，實授，尋署懷慶府黄沁同知。沁水瀑漲，武陟埝幾破刷，君率兵夫馳救，得無決，加知府銜。壬申，實授黄沁同知。十月，調開封下北河同知，復保蘭陽十五堡之險，護河北道印務，擢署開歸陳許道。戚友有以君之伯兄曾任此官爲言者，君謂今昔情形不同，河工全在應變，非若地方事有一定準繩也。是年下南廳之黑岡工甚危，君晝夜防堵，于烈日寒雨中屢枵腹不得食，險始定。洎睢州決，大工興，舉君總稽，出入往來兩壩，積半年之久，眠食幾廢。合龍後，蒙恩賜按察使銜，而君力亦既瘁矣。丙子，署河南按察使。君素有痰症，至是感冒加劇，遂請解職。丁丑，蒙諭旨回籍調養，歸江都。是年，長子鑄捧檄至豫，君誡之曰：「吾家世受國恩，祖孫父子皆蒙祿養。今年力衰，未能報，汝其勉之。且汝曾祖任封邱時，上邀世宗憲皇帝特達之知，超顯秩。汝初膺民社，適亦茲邑，當秉承遺緒，毋墜家聲。」觀君之言，可以爲世家教子弟之法。君生于乾隆十七年五月二十日卯時，卒于嘉慶二十五年四月十二日子時，年六十有九。

元配宋，誥贈淑人。繼配李，誥封淑人。側室錢。君生四子，長鑄，河南通許縣知縣；次鏞，國學生，早卒；次錡，國學生；次鐘，候選知縣。女子子二，長適同里試用縣丞秦嶧，次適紹興候選鹽場大使陶德華。孫二，女孫三。君與余同年舉于鄉，余撫河南時，奏君權臬事，且訪輿論，知商虞、蘭陽、武陟、黑岡之不決者，君之力爲多。嗟乎！洪河浩瀚，障之極難，其決也，下傷民生，上勞國計。余過睢州，見決堤跡，心傷之。然則于將決未決時，能屢保之勿決者，其力巨矣。君之可傳者在乎此。余知君，故爲銘曰：

君之兄弟，皆治河渠。功留保障，法密釐疏。君于豫岸，捍之無虞。非君之力，大梁其魚。曲突焦頭，相較何如。德蔭後嗣，封樹待諸。

江西銅鼓營同知劉台斗傳

劉君名台斗，字建臨，星槎其號也。先世繇蘇州遷寶應。曾祖諱中從，康熙戊子舉人，石埭縣教諭。祖家昇，康熙甲午副榜。父世謩，貢生，靖江縣訓導。兄台拱，字端臨，爲世名儒。君少而敏悟，由本縣學生中乾隆丙午科舉人。嘉慶己未會試，成進士，官工部營繕司主事。君傳經學于其父兄，尤究心于水利，凡治河得失，漕輸利弊，無不洞知其源流。通籍後，持服家居，講求尤確。服闋，兩江總督鐵公、河帥徐公奏留南河協塞減壩，工竣，得功，奉旨以同知用。

會黄河南溢入射陽湖，衆議有欲因其勢改建新河由射陽入海者，君作《黄河南趨議》千餘言駁之，上之總督曰：「今歲黄河漫溢，自陳家鋪迤下，漫口數百丈，正河涸成平陸，大溜由射陽湖一帶入海，將有南趨之勢。蓋地勢北高南下，若順其就下之性，則舍舊圖新，似亦因勢利導之機也。然竊見新河有難成者五，有不可不慮者四。夫現在之漫口，數百丈之口也，而口門以下愈遠愈闊，至四五十里、六七十里不等。河面太闊，無以束水，水寬則流緩，流緩則沙渟，此難成者一也。現行溜勢，奔騰四注數十里之地，或東或西，十數日之間，忽深忽淺，河無一定之形，溜無一定之勢，此難成者二也。且漫口向南，而大溜先向西南轉趨東北，若因之成河，則是折一大灣，迎溜必生險工，對灣仍致淤阻，下壅上潰，未見其暢流歸海，此難成者三也。且改新河必須築一南堤，又須于清黄交界之處，中間隔一横堤，乃數十里中汪洋一片，人力既無可施，取土更無所出，此難成者四也。凡言湖者，皆瀦水之區，非行水之道也。若射陽湖有出水之口，則滔滔下注，久當涸出，五壩之水不當停積中泓矣。謂之爲湖，其形必如盂如釜，外仰内凹，故水滿則隘，水平則停，蓋盈科而溢出海灘，非暢流而直趨海口也。現在河流南注，勢似湍激者，以瀕湖一帶地勢較河身爲低，河面較地勢又低，故此時似暢，究之湖外之海灘，仍反高仰，非如海口，得建瓴之勢也。河將入海，必束之使高于海面，故能敵逆上之海潮，以衝突入海。若今之射陽湖口，則河流之趨湖，雖由高入低，而由湖趨海之路反由低入高，以低就高，數年之後，必淤阻，此難成者五也。更有不可不慮者。夫五壩減下之水，減入下河者也。往時五壩一開，雖無黄流之阻，尚且淹漫數縣之地，停蓄數月之久，必須閉壩而後就涸，未有壩未閉而先行涸出者。若分射陽湖以爲黄水之道，則清水去路爲黄水所奪，減壩之水全積下河，不能容納，此可慮者一也。運河閘洞之水，亦歸入下河者也。一爲黄流所阻，去路日高，水無所歸，以内地爲壑，此可慮者二也。淮南之鹽場，東南財賦之藪也。沿海場垣瀕于鹽阜，今若逼近黄流，淡水内侵，産鹽必少，清水内壅，場垣必淹，此可慮者三也。至于黄河本有南趨之勢，阜寧地勢高于鹽城，鹽城地勢高于興化，愈南則愈低。今若導之使南，再有漫溢，則就下之勢必入興、鹽，一入興、鹽，則不能入海而南入于江，是河與江合，江、淮、河、漢四瀆合流，是古今一大變遷也。杞人之憂，又不止淮、揚二郡之生靈，東南一帶之財賦矣。」于是南新河之議弗果行。

君又上書曰：「山盱、五壩減出之水歸入下河者，以高郵各壩爲口，以壩下引河爲喉，以興、鹽各路湖蕩爲腹，以串場河各閘爲尾閭，以范堤外各港口爲歸墟，必須節節疏通，使水不中渟，層層關鎖，使水不旁溢，方能引水歸海而保護田廬。數年來，各邑受淹之故，以壩下引河淺窄，而兩岸十餘里外即無堤形，是以減下之水不能下注，先已旁流，此高郵受災之緣由也。壩水注之興、鹽，渟蓄湖蕩，湖蕩雖能受水，而不能消水，旁無堤防，下無去路，盈科而進者，仍復泛溢四出。在湖蕩之上者，誤以湖蕩爲歸墟，在湖蕩之下者，止知曲防壑鄰，幸游波之不及，而壅極必潰，雖少緩須臾，亦復同歸于盡。此興、鹽各邑被水之緣由也。場河淺，故上游之水不能驟洩。海口高，故場河之水不能驟出。加以壩面寬而閘面窄，來源多而去路少，猶以斗米注升，欲其暢流，不得矣。此范堤内外被水之緣由也。誠使壩下之引河加掘寬深，堅築隄防，引歸湖蕩，則高郵之田可保矣。湖蕩之旁，圈築圍圩，約攔水勢，仍留去路，導入場河，總使水有下注之路，而無旁溢之門，則興、鹽一帶之田可保矣。再于場河挑深，酌添范堤閘座，並挑通閘外港口，則范堤内外之民竈可無虞矣。惟是場河以外，形如釜邊，場河以内，形如釜底，以釜底洩入釜邊，必須擡高水面，方成建瓴。若以挑河之土堅築兩岸之堤，則地勢雖内低外仰，而水面仍内高外下也。如此，則有溝有防，表裏相應，誠一勞永逸之計也。」總督韙其言而未能行。

丁卯，簡發江西，以同知補用，試吴城。吴城民多板屋而居，值火災，燔燒千餘家。君至，爲設火龍，六坊各一，梯衝鈎鋋及貯水之器各數百，坊立役夫二十人，以時習其激躍轉輸之事，官給以食，均勤惰，爲賞罰，又多掘井，以備綆缶，立教萬算，役夫以外，民有擔水一石，與算一，官給以價，以是吴城不復火。巡撫金公下其法于通省，今仿行之。在任二年，善政最著，補瑞州銅鼓營同知實缺，以病乞歸。吴城民持鏡一奩、水一盂拜于舟前，曰：「象我公之明且清也。」送者數千人，率相泣别去。癸酉，補原官。奉檄總運事，遂以勞頓卒。卒之前日，謂家人曰：「吾死無他恨，惟吾兄未祀鄉賢，以此耿耿爾。」吾兄者，端臨君也。

君未第時，即勇于爲義，嘗與邑令孫君源潮創建晝川書院，修節孝祠、戚烈婦祠，治宋涇河，引漕河水入城以溉民田，治城北之劉家潭，築堤以捍水患。在官時，則平歙人兄弟二商之訟，表前明士人葉景恩死難之烈，歸新建主簿某停滯之喪，它如拯漂溺、置義冢、立質劑、禁游手，具載于君之家譜及事略，弗具書。君有功于河，書其河議之有裨時用者。所著有《下河水利説》一卷。

論曰：君駁新河改道之説，深切著明，後之人欲知射陽海口情形者，曷覽之。君下河築隄之議，本于靳文襄之書。文襄建此議，爲吾鄉喬侍讀等所阻，然靳公規畫工程丈尺經費，具載于君《水利説》中。昔阻其如此者，今欲求其如此而不得矣。

贈承德郎翰林院庶吉士加一級例晉朝議大夫錢君暨配屠恭人墓志銘

君諱汝鼎，字東原，嘉興縣人。明太常寺□□，諱□□，與其季父及弟，並以甲第起家，爲浙西望族。曾祖贈光禄大夫，諱□□。祖贈光禄大夫，諱綸光。父廩貢生，候選訓導，諱峰，前刑部尚書謚文端之次弟也。君生四歲而孤，母任安人以節孝著。年十歲，能作徑尺大書，讀經史成誦。前禮部侍郎諱載者，君從子也。君師之，盡受其學。乾隆元年，以文端廕，入監讀書，並遵例納州同銜，爲太學官生，緣目疾，幾失明，絶意進取。錢氏舊置義田，歲入贍族，規條繁密，子姓日衆。文端以君德性仁孝，才堪治劇，以賙給之事委之。君體祖宗設法之意，任文端委託之重，夙夜經營，不辭勞瘁，支分派衍，度田桉口，三黨歡如，宗族稱孝。嗜作書，始爲蠅頭小楷，以目疾改學歐、柳法帖，常侍文端坐論波磔鈎趯之法，文端稱之。晚年書益工，縑素流傳，得者寶之。卒於乾隆三十一年□月日，年□十有□。

配屠氏，同縣前進士棗强縣知縣諱應麟女，幼好《詩》、《禮》，棗强愛之，名之曰文。事姑暨祖姑陳太夫人，體無形聲，重幃悦豫。君理義田時，實左右之，嘗典質簪珥以濟賙給所不足。君之殁也，家計日落，至鬻屋僦居廡舍，幼子孤孫煢煢相依。恭人課《詩》、《書》，紡績自給。後以孫貴，禄養漸充，而裙布絺絮不改其素。久侍南樓，稔知先世事，每聚族姓，談祖宗忠孝之德。鄰媪邨婦過從，必接席與語。乾隆六十年，歷春秋七十有八，終於里第。

君以孫楷官，加級贈承德郎、翰林院庶吉士，今例得推贈朝議大夫。君配封太安人，例晉恭人。子三，長濬，增生，候選縣丞，贈庶吉士。丙戌冬，應試在京，聞訃奔歸，哀毁咯血，卒於途次。婦程恭人，仰事姑，俯教子，孝慈苦節，亦如屠恭人。次淇，增生。次涵，國子監生。女六，皆適士族。孫六，長楷，即濬子，己酉會試第一，殿試二甲第一，由庶吉士歷户部員外郎，軍機處行走。次模。次棫，生員。次樸，次梧。次柏，生員。女三，俱幼。嘉慶元年□月葬君及恭人於縣南曹王廟原，祔於父阡。先是，君痛幼失怙，慎選窆地，偶泊舟城南新字圩塘，夢神人引至高阜，指其顛有如虎踞者曰：「此非吉壤乎！」翼日卜，遂定，並誡子曰：「吾不逮事父，異日必葬我墓側。」即今君與屠恭人合葬地。元與楷同登進士第，又同官翰林，交最篤。今視學其鄉，以狀來乞銘。乃爲銘曰：

懿哉錢氏，世德高門。誦芬詠烈，清流遠源。奕奕光禄，隱德彌敦。賃廡相春，共啓後昆。生大司寇，以孝承恩。惟東原君，光禄之孫。君生少孤，蚤被慈教。故有節者，必酬以孝。重慈致歡，含飴每笑。師少宗伯，蔭任國校。雒下騰聲，詞場名噪。於戲嬰疾，幾喪厥明。煇弢玉氣，采匿珠光。友于爲政，任黨恤鄉。竭勞盡哀，以持後喪。壽山協夢，用誌厥祥。穆祔于昭，遺訓聿長。於赫恭人，康僖雲嗣。純固敦厚，温和淑懿。視疴於寢，省膳於饋。恭人之孝，與公兼致。度田贍族，修睦重義。恭人之賢，佐公爲治。家德在儉，世學維經。教子及孫，皆底於成。文冠天下，筆珥樞庭。帝錫綸言，以褒先型。馬鬣吉封，虎踞佳城。下車再拜，敬勒阡銘。

誥封刑部山東司員外郎鄭君墓誌銘

君諱鑑元，字允明，號澂江，又號餘圃。先世以鹽筴自歙遷儀徵，遷江寧，遷揚州，皆占籍焉。祖廙，父爲翰，皆贈中議大夫。君好書史，讀《孝經注疏》恒不釋卷。性節儉，雖處豐厚，泊如也。居恒以誠訓其子弟，于孝義之事恒樂爲之。修京師揚州會館，獨捐數千金，又修歙縣洪橋鄭氏宗祠、上律寺遠祖海公宗祠，置香火田。建祖父江寧宗祠，三置祭田，由縣立案于府。又嘗脩族譜，舉親族中婚葬之不克舉者。建親樂堂于揚州宅後，子姓以時奉祭祀。嗟乎！席豐厚者無足重，重乎孝義也。不以其財助鄉里有益于人之善事，不以其誠爲睦婣任卹之正事，卒之不豐不厚，求一事銘墓者不可得，所謂孝義者安在？若先生者，其殆庶矣！先生總司鹺事十餘年，誥授通議大夫、候選道。乾隆五十五年，入京祝萬壽，加一級，召預千叟宴，賜御製詩及粟帛。又以輸軍餉一萬兩以上，議敘加五級，覃恩誥封中憲大夫、刑部山東司員外郎。生于康熙五十三年二月十日，卒於嘉慶九年九月二十八日。子二，長涵，附貢生，候選州同知；次宗汝，刑部山東司員外郎。孫三，兆玉，候選州同知；兆珏，乙卯舉人，候補内閣中書，涵出；兆理，大理寺丞，宗汝出。曾孫六，烜、炤、炘、煦、熙、焜。卜於嘉慶十年三月二十八日與其配吴恭人合葬于江寧之南鄉琵琶井，因伐石而系以銘曰：

黄山鍾山，廣陵秣陵。鄭公之鄉，人以德興。孝祀以虔，善義力勝。富而好禮，昔賢所稱。革薄積厚，人所罕能。用綏眉壽，耄年以登。子孫繩繩，施于重曾。埏道既安，惟靈所憑。藏此貞石，風暖春塍。

童處士墓表

君諱孝源，字甬川。先世義烏，明季遷鄞。祖某，州判。父某，國子生，有孝行，勵學，與妣孫孺人相繼卒。君纔六歲，居喪如成人。以祖母陳命，依季父居。季父嚴，以君力學不事生産，出之外舍。有地數弓，乃益發書讀之。從師游，遂通小學、《史》、《漢》，旁及百氏。既壯，舅陳明經廉知孝友，妻以女，復以舅爲師。然不事舉業，嘗曰：「吾先人以隱居著書，不求宦達，今有書有田，復奚志哉！」由是入則横經，出則負耒，歲以其入賙親黨之貧乏者，有券至四百緡，悉燒之。復力疾修遠宗墓廬，雖困踣，不顧也。戊午，槐以優行弟一貢太學，明年，考取武英殿校録，秋，順天鄉試中式。聞至，君已疾，顧孺人曰：「吾殆不起，異日當勖兒以黜浮崇實，勿替祖、父之訓也。」疾竟卒，年六十七。子一，槐。女四。表曰：

古獨行，農而士。帶挂經，室懸耜。存媚睦，絶怙侈。老能教，長可紀。式彝訓，生才子。銘既藏，表足視。崇善良，告惇史。

江都淩君士驂傳

淩士驂，字禹臣。其先世江南泰州人，明海樓僉都御史之後也。海樓諱儒，明嘉靖癸丑陳謹榜進士，有直聲，言事遭廷杖，時論韙之。事詳《明史》。著《海樓集》。士驂祖褏，康熙乙卯科武舉人，官古琅所千總。父鸞，國子生，工詩文，屢試不第，授生徒于郡城，因家焉，士驂遂爲江都人。幼孤貧，身親勞苦，手足胼胝，以力養母。妻張氏，亦紡績以佐之。家稍成立，母病，侍湯藥，衣不解帶者數月。母卒，喪葬盡哀禮。有同産兄八人，皆悌敬備至，生養死殯悉資助之，而自奉則甚約，故人皆以孝弟稱之。士驂讀書識字，僅記姓名。性和易，無急言遽色。里閈有争者，輒以微詞解之，争者斂手退曰：「長者言，不可違。」夫以布衣居鄉里，未有勢利加于人，而人胥聽之，非其生平性行積誠以動人，何人折服之深也？士驂自悔幼失學，遂教其子讀書，嘉慶十一年卒，年八十有四。仲子曙，博覽工文詞，治經傳不爲俗學，從父教也。

翰林院編修彭遠峰墓誌銘

編修諱藴輝，字璞齋，又字遠峰，江蘇長洲人。彭氏爲蘇州之望，定求官翰林修撰，其孫啓豐亦由修撰歷官兵部尚書，世所稱祖孫皆會元、狀元者也。啓豐生紹咸，貢生。紹咸生希洛，乾隆丁未進士，官御史，力行善事，歲饑輒平糶，捐貲繕育嬰堂，歿祀鄉賢。希洛生藴輝，五十日而其母陶恭人歿。

藴輝幼穎悟，十歲從父宦京師。稍長，工詩文。嘉慶三年，順天鄉試，中式南元。四年，成進士，改庶吉士，授編修。初娶兵部尚書吴江金士松孫女，繼娶南河總督平湖吴璥女。七年，歸蘇州。八年，在清江。十年，入京師，任館職。是時，淮南屢被水災，編修與徐侍御寅亮等在京師捐募白金，屬友人至淮南村墟，活餓者甚衆。冬十月，奔父喪，致哀毁。十三年，服闋，入京，充國史館、文穎館協修。夏六月，上試翰林八人于南書房，編修列第五，賞紗緞。皇帝五旬萬壽，獻文册，蒙獎賞紙筆。是年得咯血疾，冬十二月九日，竟以是疾卒，年三十有二，是可哀也。

編修儀度玉立，性仁厚端謹有志概，接三黨以誠。家世積善，濟貧恤嫠，戒殺放生，敦勉不怠。文筆清麗，讀史慕古人。方當樹聲詞苑，世濟忠美，乃忽夭折而死。子凝福，甫四齡，亦殤。妻吴孺人，諱懷珍，性善慈，慟夫及子，亦相繼卒。或疑作善而不獲報，其善有未至耶？非也。《論語》曰：「死生有命。」又曰：「朝聞道，夕死可矣。」仁而夭，愈于不仁而壽者。且仁者非責報于天而始積善也，不然，顔子何不得天命哉！揚州阮元爲編修己未座師，哀其亡也，于其葬，紀以銘曰：

震澤之濱，秀鍾儒人。彭氏才子，質敏性仁。金蓮燭古，玉笋班新。何圖覽揆，而命不辰。影速于隙，霜隕于春。營兹浄域，封以香塵。善行可紀，寫于貞珉。山光藏璞，葆爾清神。

臧拜經別傳

拜經姓臧名庸，字西成，又字拜經，本名鏞堂，武進縣人。父繼宏，業賈。康熙間，有與閻百詩同時老儒玉林先生名琳者，拜經之高祖也。乾隆五十四年，餘姚盧學士文弨。主常州書院，拜經往受經學，抱玉林先生所著《經義雜記》質于學士。學士驚異之，于校《經典釋文》中多引其説。五十八年，在蘇州從嘉定錢少詹、大昕。青浦王侍郎、昶。金壇段縣令玉裁。講學術，錢公、王公薦拜經于湖廣總督畢公，沅。授其孫蘭慶經。嘉慶元年歸，丁父艱。二年，元督浙江學政，延拜經至西湖，助輯《經籍纂詁》。三年，《纂詁》成，拜經至廣東南海縣，校刊于板，而臧氏《經義雜記》諸書亦以是時刊成之。五年，元巡撫浙江，新闢詁經精舍于西湖，復延拜經至精舍，補訂《纂詁》，校勘《注疏》。七年，歸常州。九年，入京應順天甲子鄉試，王伯申侍講、引之。桂香東侍講芳。皆引重之，桂侍講命其弟桂菖從之學。秋試，房考吴美存編修其彦。薦其文，主司抑之。十一年，南歸，過揚州，伊墨卿太守秉綬。延修《廣陵圖經》。十二年，復應元招至杭州，讀書于北關署中。十四年，歸里，病。十五年，復應順天庚午鄉試，不中式，吴編修延之修中州文獻書。十六年，復病。七月，卒于吴氏館，年四十有五。

拜經沈默敦重，天性孝友，遵父命續其高祖將絶之學，脩身著書，並見于世，可不謂孝乎！其弟禮堂，孝子也，以毀瘠卒，拜經哀之，乞朱文正公諸名儒之詩文以表章之，可不謂友乎！其爲學根據經傳，剖析精微，德清許周生兵部宗彦。謂其好學深造，如皇侃、熊安生，當求之唐以上也。所著之書，擬《經義雜記》，爲《拜經日記》八卷，高郵王懷祖先生念孫。亟稱之，用筆圈識其精確不磨者十之六七。其敘《孟子年譜》，辨齊宣王、湣王之訛，閩縣陳恭甫編修壽祺。歎爲絶識。又著《拜經堂文集》四卷，《月令雜説》一卷，《樂記》二十三篇、《注》一卷，《孝經考異》一卷，《臧氏文獻考》六卷。又其生平考輯古義甚勤，故輯古之書甚多，《子夏易傳》一卷，以《子夏傳》爲漢韓嬰所撰，非卜子夏，惟采《釋文》、《正義》、《集解》、《古易音訓》、《大衍議》五家，不取宋以後説。《詩考異》四卷，大旨如王伯厚，但逐條必自考輯，絶不依循王本。《韓詩遺説》二卷、《訂譌》一卷，顧千里廣圻。以爲輯《韓詩》者衆矣，此爲最精。《盧植禮記解詁》一卷，《爾雅古注》三卷，《説文舊音考》三卷，《蔡邕月令章句》二卷，《王肅禮記注》一卷，《聖證論》一卷，《帝王世紀》一卷，《尸子》一卷，《賈唐國語注》二卷，《校鄭康成易注》二卷，《蕭該漢書音義》二卷，皆詳過于人。

元初因寶應劉端臨台拱。獲交拜經，十年之間，于我乎館者爲多。卒之後，元寫其所著書爲副本，以原本還其家，敘玉林先生入《儒林傳》中，而以拜經附焉。顧《儒林》爲國史，文體宜簡，乃復述所未盡者爲别傳，以告後之學人，且致其哀恤云爾。

杭州府西海防同知路君墓志銘

君諱錞，字鳴于，漢陽縣人。父遵王，伯兄釗，歷任南陽、尉氏知縣。君幼佐兄理吏事，習政治，捐納鹽場大使，分發浙江，歷青村塲、許村塲，擢諸暨縣知縣，調平湖縣，大計卓薦，擢杭州府西海防同知。君明敏和正，所治之縣皆有益于民，未嘗妄刑一人。宰諸暨，伸十餘年未發之冤，人情快之。平湖水鄉，故多盗賊，君能弭之。每課書院，皆捐廉以資膏火。海塘鉅工，修防誠實。予再莅浙，方將倚君治大郡之事，而君以嘉慶十四年正月乙酉卒。生於乾隆十三年十二月某日，得年六十有二。妻吴宜人，先卒。子文澤，戊辰進士，分發福建即用知縣。將以某年月日歸葬君于某地之原，乞銘其墓。余以君廉静篤實，善治民，從余治浙事者八年矣，歿之日，吏民皆惜之曰：「好官如路公，何遽死？」豈余私言哉！遂銘之曰：

悃愊無華安静吏，月計有餘民乃治。不緣飾以媚世，不逸惰而廢事。安得如君置有位？君德有餘蔭後嗣，歸葬漢南視銘字。

誥封奉直大夫奉賢陳君墓表

陳君諱遇清，號碻菴。先世出潁川宋平章事秦國公某之後。十三世禎明，河南參政，有治河功。十二世詢，官祭酒，謚文莊，事具《明史》。居華亭之南橋，今奉賢地。曾祖藎，明季杜門講學。祖祖壽。父基，貢生。基三子，君其長也。

君生俶儻，善讀書。年二十一，補華亭學生、國子監生。以父老歸，家口益衆，與兩弟析居，慕薛包之風，築室於舊居東南，以奉親。親病噎，君訪醫，進湯液惟謹，不解帶者經年。父母相繼卒，君哀毀骨立，營窀穸，靡不誠慤。族之人秀異者造就之，其有貧乏、殯葬不給、有急難者佽助之。生平未嘗謁公庭。丙子，邑大祲，君倡賑粥，十里爲一廠，廠有紳士而君爲之綱。所居奉賢爲分邑，無學宫，縣令廉君高誼，諮於君，首捐千緡，事遂集。居家教子弟以法，延名師，禮意俱備。丁酉，季子廷慶授桃源訓導，令肄書構屋數楹，如諸生。是年，廷慶中式。癸卯，長子廷溥中式。己酉，廷慶以員外郎充山左副主試，君教以恪矢公慎，俾得人爲報稱。明年，廷慶典郡，天語垂問父母兄弟，廷慶對：「臣有父母，年俱六十八歲。兄廷溥，癸卯舉人。」上曰：「爾既有兄養親，正可廉慎供職，報効國家。」廷慶叩頭謝。七月，廷慶迎養至辰州，君諭「以勤補拙，以儉養廉」。數年之間，大吏以廷慶爲能者，君有以訓率之也。甲寅夏，患癥滯，七月十六日卒，年七十有二。君性嚴峻，而仁孝於族，尤加意祖塋祠宇，歲必葺之。又其修梁、浚渠、飯餓、衣凍、槥殣之事，不可殫舉。虎谿書院添設講堂、廨舍、聚奎樓以及脩脯膏火，其大焉者也。尤精鑒藏書畫，晚繪《耕讀圖》，一時如沈宗伯德潛、王光禄鳴盛，多爲題詠，其隱居之志，殆有素焉。以子貴，例贈朝議大夫。

妻顧氏，誥封恭人。恭人爲同邑南陵縣訓導紱之女。性端恪，幼不苟言笑，動合禮法。母陳授《内則》、《列女傳》，涉口成誦。父以爲女職治酒漿、習織紝而已，因不復讀。年二十一，歸于碻菴君。事舅姑盡婦道，能先意承志，佐碻菴君讀書敦行，暇事女紅。自碻菴君倡賑粥、立學宫，家事悉以委恭人。恭人整齊嚴肅，纖曲周到，爲二子延師，必酒肉豐潔，漏三四下，猶篝燈課讀也。先是，族有無後者，議以廷溥繼之，已而易他人，其家將以貲之半貽廷溥，恭人以義卻之。戊戌，父南陵君卒，碻菴君歸自京，經其喪，恭人致其哀。廷慶之授教官也，恭人訓之曰：「當正身率行，仕學兼勉，勿謂冷曹不足爲也。」自後遇恩眷，必勖焉。丙辰，廷溥舉孝廉方正，戒之曰：「此特科，毋以虚聲貽誚。」廷溥因力辭，不赴。恭人素敦六行，其賙卹親黨一如碻菴君，嘗以君遺命捐義田五百餘畝，修祠墓葬地，及贍同祖五世之人米布，以暨母妻兩黨均有教養之資。嘗有九喪未葬者，特畀重資以濟之。丁卯十一月，以疾卒於家，年八十有五。先是，碻菴君卒，葬於柘林之魚塘灣光字圩，至是祔焉，禮也。非躬行孝義，德符梁、孟，曷克有此宜乎！子孫食報之，未有艾也。

子三，廷溥，舉人，候選大理寺丞，加一級，改授内閣中書；廷棫，殤；廷慶，由拔貢成進士，庶吉士，改廣西司主事，遷員外郎，己酉山東副考官，湖南辰州府知府，署辰永沅靖兵備道。女二，長適貢生張鴻圖，次適候選按察司經歷夏必達。孫三，泰熊，廩生；泰蛟，泰彪。曾孫二，光裕，光璇。

武康徐母周孺人傳

予督浙學三年，于湖州府貢優行生一人曰徐熊飛。熊飛少孤寒，力學，事母孝，文筆斐然。越三年，予撫浙，聘熊飛爲平湖書院院長。熊飛母死，泣以行略聞，爲傳之曰：

徐母姓周氏，武康人。生而明慧，四歲，《孝經》成誦，隨諸兄入塾讀書，《春秋左氏傳》、《資治通鑑》皆能覽之。年十九，歸武康徐氏。時熊飛父喬寓上柏，賣藥授生徒，甚貧。熊飛年十四，父卒，無以爲斂，母鬻破屋治喪葬，借鄰人草屋攜子女居之。口授熊飛經，使爲童子師，己則晝夜貼錫織箔以易食。貼錫者，磨錫爲紙，便製冥鏹；織箔者，資山商裹茶笋，皆業苦而值微者也。母冬寒手龜坼，鎔松脂補之，氣蒸蒸從凍坼出，夏蟁蝻集膚，亦弗少輟。徐母之母家亦衰，就養于徐母，晨易米一升，煮爲糜，淅其成粒者奉母，餘以豆屑、野菜糅雜，與子女分食之。歲饑行賑，母不就賑曰：「吾能餓死，忍蒙袂輯屨，向里正乞活耶？」熊飛既長，爲學生員，館于平湖，歸輒索其篋，見與人論學書則喜，否則訶責不少容。或爲謀遷居平湖，母曰：「先人墟墓皆在此山中，可不邱首邪？」熊飛名日重，授經多束脩，母乃贖周氏老屋之半爲居，奉徐、周兩姓木主，命子姪歲時祭之。知平湖縣事李賡芸贈熊飛以金，母喜曰：「此廉吏金，當爲吾置棺。」嘉慶六年十一月初九壬午，母卒，諱稱英。

論曰：母以舊族耐勤苦，支兩姓衰寒之祚，教子學成，可謂賢矣。不然，貼錫、織箔，薄業也；茅屋、豆粥，貧媪也，死則死耳，學士大夫烏得馨其事而稱之？歐陽公母以荻畫地，貧者學也。故備述母勤苦之事，知熊飛所椎心飲泣而欲著表于世者，正在此也。

朱母高太孺人傳

嘉慶元年，予奉命視學兩浙，以經學詩古文試士于平湖，得朱生爲弼，根柢深厚，不爲俗學，亟賞拔之。又三年，來撫浙，招生課予弟及子。是秋，生領鄉薦。明年，應禮部試。南歸前一月，其大母高太孺人嬰疾，卒于家。生以冢孫承重，列狀來請爲傳，因得書其略。

按狀，太孺人姓高氏，系出渤海。曾祖士奇，受仁廟特達之知，世所稱「江邨詹事」是也。祖輿，以編修供奉内廷。父岱候，補州同知。母樊氏，實生太孺人。七歲，從女師授《毛詩》、《左傳》、《國語》、《戰國策》、《列女傳》，輒通大義，遇貞烈節孝事，尤樂道不厭。父性嚴峻，好潔，能先意承志，不辭勞瘁，以是絶愛憐之。年二十，歸朱葯房先生。先生諱英，爲桐鄉令族，績學敦氣誼，事二親以孝聞。兄弟八人，仲兄荃，官翰林，叔兄浚谷，主政兵部。家聲方振，而太孺人躬習勤苦，不假婢媪手，隨諸娣姒問安視膳，無失時，無倦容。病侍湯藥，夜不交睫，焚香籲天，請以身代。舅姑先後殁，哀毁不欲生，遂得痰嗽疾，終其身不復瘳。會葯房先生以荃之獄胥靡入蜀，羈三十七年，太孺人以紡績所入課子讀書，學成名立，既補弟子員，即遣入蜀省視。先是浚谷兵部無子，病中欲以弟之子爲後，並馳書蜀中，亦許之矣。太孺人初以獨子難之，及兵部殁，慨然曰：「吾夫安知不即歸？此時姑從其言，第他日，吾重有望于吾子。今若驟富，必廢學。無已，以所遺財與諸子姓分之，庶可繼也。」其持大體類如此。乾隆乙巳，葯房先生蒙特恩釋歸。明年，抵里門，白頭相對，諸孫林立，里黨傳爲美談，且謂先生入蜀後，所以再新門庭者，皆太孺人力也。又四年而先生歿，太孺人又後先生十三年而歿，享壽八十歲。子一，鴻猷，桐鄉邑庠生，兼承兵部宗祧。孫五，爲弼，庚申舉人；爲榦，爲均，爲霖，爲燮，均、霖皆諸生，爲兵部後。

論曰：《晉書》稱韋逞母宋氏與夫在徙中，推鹿車，背負父所授書，諷誦不輟，晝則樵採，夜則教逞。逞後仕爲太常，母年八十，視聽無闕，猶設講堂，隔絳紗幔授經，號宣文君。今朱母以青年丁家難，夫婦睽離在數千里外，歷三十餘年而復合。中閒門户楮柱，以一弱女子任之，教子教孫胥成立。噫嘻，何其難也！視韋逞母，蓋跡異而心同者與？仰聞葯房先生就逮蜀中，非其罪也，徒以兄故慷慨赴義耳，世以是多之。《易》曰：「恒其德，貞。」若朱母者，又能成夫子之德者矣！

浄因道人傳

浄因道人者，余老友甘泉秋平黄居士文暘妻也。父張堅，甘泉公道橋北湖儒者，母徐氏，北湖坦菴先生曾孫女。道人幼讀書，習《詩》、《禮》，知孝義，兼工繪事，夜觀恒星，皆能指而名之。年二十五，歸于黄，事舅姑以孝聞，戚黨咸呼之曰「趙五娘」，用《琵琶記》故事也，其孝可知。居士雄于文，爲里中老宿，屢不第，家貧，以館穀自給。道人常典簪珥以爲炊，或以晝易米，與居士相倡和，或賭記書籍策數典故以爲樂。舅姑殁，寫《偕隱圖》以寄意。乾隆歲丙午，饑甚，居士有貧友來投者，道人解衣衣其妻而自忍凍，分米爲糜以食之。吴梅邨祭酒之孫貧餓于竹西路，居士割宅居之，其子女失母，道人撫之至成立。長官慕道人名，求見其詩者，閉門謝曰：「本不識字也。」曲阜衍聖公尚幼，余薦居士往爲之師。道人與居士以《六十自壽》詩相倡和，山左盛傳之。居士長余二十七歲，余童時即見居士、道人于埽垢山房。歲癸亥，邀二老來西湖，扁舟涉江，登虎阜，汎鬻脰湖，皆有詩。余于署中開别館居之，每二老出游，竹輿小舫，秋衫白髮，蕭灑于湖光山色間。余内子孔，亦以詩與道人相倡和。歲乙丑，歸揚州，畫《埽垢山房聯吟圖》以寄意，名士多題者。歲丁卯，居士客于外，其弟曁長子婦死，道人經其喪，勞且哀。季冬，居士歸，道人以微病卒。僕媪鄰婦來，相撞而哭，感其仁賢，血滿地，不知誰嗒者。道人卒年六十有七，所著《緑秋書屋詩集》五卷。子二，金實，鑾其。家諱稱因。

論曰：程子引《詩》「誠不以富，亦祇以異」，以證雖餓而民稱也。有以哉，道人之賢孝，且藝且貧，異矣！非然者，吾烏得而稱之？

鮑姑辭敘

鮑姑爲元祖考之長女，與元考同爲江祖妣所生。適江都鮑公雲書，事舅姑甚孝。鮑公狹俞婦于外舍，俞婦者，某縣尹之妾，乘其尹死，挾貲而逃者也。以故舅姑不許之入室。俄尹之子訟鮑公，鮑公畏罪，挾婦入京師。舅姑漸老病，家亦漸貧，家事賴于姑，姑致力爲養者二十餘年。鮑公廑以醫自給于京師，久之，入太醫院，爲八品吏目。俞婦生子永觀。乾隆五十年，始迎姑入京師。俄鮑公卒，姑歸揚州。鮑無居室，于是元考迎姊居于家。及元官内外，舟轍所至，皆奉姑無少離。永觀跛一足，病瘍卒，生三子，皆性落拓不能有所業，姑是以不能不終于阮。道光二年正月十日，卒于廣東節署，年九十有二，柩歸揚州。姑性仁厚，知禮盡孝，其生平大節在力奉舅姑，生養死葬，三黨所共稱也。先是，俞婦已與鮑公同葬，姑常命曰：「我死，當別葬于北鄉。」故元不爲墓文。姑九十歲時，有撰《鮑姑辭》爲壽者，引《列女傳》宋鮑蘇妻女宗爲比。鮑蘇仕衛，有外妻，女宗在宋養姑，貞一不去，宋公表其閭曰「女宗」，劉向列之爲傳。以今擬古，事極相類，且同鮑姓，爰爲敘以誌之。

女壻張熙女安合葬墓碣

余之女子子安，孔夫人所生。余得一古鏡，有「孔静」二字，遂字之曰「孔静」。幼明敏，未嘗習鍼黹，師錢塘嚴厚民讀書，師奉新劉蒙谷學畫，其詩受教於父母者爲多，頗能析理摹景。年十三，許聘江都張熙。熙字子興，又字定江，翰林給事中馨之曾孫，賜三品銜鈞之子。于是，厚民又館于張氏，與武康徐雪廬迭教熙。熙性沈静和厚，不妄言笑，詩亦有法。十五六歲時，得肝風疾，時疾時已。嘉慶二十五年春，熙年十八，其父命隨其師嚴來粤東，贅余署中，且讀書受余教。雖新婚，而内外有兩書室，各讀書賦詩，不少輟。熙以嶺南草木物産考之古籍，頗著於篇，又自以端溪巨石雕爲硯山，曰「臨潼秋色」。給事本籍臨潼，乾隆甲子陝西解元也。十二月，熙肝風病發，甚劇，道光元年正月十二日卒。是時，安年二十，初有娠，哭幾死。家人以嶺路遠，勸緩歸江都，保娠，冀得遺腹子，安乃節哀慎疾。夏秋，身甚健，然嘗指其腹私語其保母曰：「我望伊是子，我故保伊性命。將來伊真是子，乃保我性命。」是以家人恒防之。孟秋，月死覇，既産，乃女也，猶語家人曰：「女亦佳勝于并女無之者。」不哭泣，然色甚變，心鬱志烈，内熱外發，氣若蒸。八月二日，猝然死。家人疑其呑金，檢其金，無所失，蓋其久蓄死志，以死爲願，故産後不慎疾，若惟恐其疾不急而死不速者。余雖哭之慟而心許之曰：「禮也。人孰無死？娠未辯男女而死，絶夫之後，非禮也。篤夫婦之情，靡笄懸罄，横殘其親之遺體，非禮也。舅姑老，不留身以事之，非禮也。今産女病而死，熙不患無繼子，舅姑未衰，尚有妯娌，三是，則合乎禮，不逾乎情而同至，命矣。」安嘗于所居粉壁前登几畫梅，縱横盈丈，幼隨母嫂分梅花百詠，得五言律十餘首，又廣梅花百詠，再成百題，獨作一百首爲一卷，詩中爲其師點改者十之二。又有《百梅吟館詩》一卷。熙有《宜之室詩文遺稿》二卷。熙，五品頂帶，安，宜人。于其合葬也，命常生書刻於石。

揅經室二集卷七

封泰山論

泰山者，上古大山居天下之中者也。封泰山者，七十二代易姓而王，祭天刻石以紀號也。上古淳質無史册，刻石紀號者，著一代之史也。《説文・後序》云：「書者，如也。五帝三王改易殊體，封泰山者七十二代，靡有同焉。」然則泰山石刻即七十二代之史書，若無此石，則文字不別見于竹帛，代號不可考矣。是故封禪爲古大禮。古者開創之帝王雖功德有醇駁，而皆得行之。秦始皇、漢武帝之求長生，光武帝之用讖緯，宋真宗之得天書，皆以邪道壞古禮，不足爲封禪咎。秦始皇、晉武帝、隋文帝、唐太宗議封禪，或行或不行，非也，此皆易姓一天下之君，當刻石紀號者也。漢武帝、魏明帝、北齊文宣帝、唐高宗、玄宗、宋真宗、明成祖議封禪，或行或不行，亦非也，此非易姓一天下之君，不當刻石紀號者也。竊嘗考之古矣。泰山曰岱，岱者，代也，古帝王告代之處也。《後漢書》注云：「太山者，王者告代之處，爲五嶽之宗，故曰岱宗。」所居曰齊州，齊者，中也，居天下之中也。《爾雅》曰：「齊，中也。」又曰：「中有岱岳。」《列子・湯問》篇言「齊州」，《黄帝》篇言「齊國」，皆中州、中國也。上古水土未平，中國地徧，泰山、齊國地高而無洪水，遂爲天下之中。有王者起，德教足以服衆，功力足以制人，即可以朝諸侯，有天下，登泰山而封之，七十二代豈皆如黄帝、堯、舜之德歟？其以雜霸之力收天下之權如後代秦、隋者，必有之矣。其時文字始造，史册未興，設非大朝會，升中于天，刻石岱宗以紀之，則天下之權猶未一，代興之號猶未正，且其君之姓名亦無以傳于後世也。惟其盛衰興廢，三古迭更，受命易姓，必有封禪以定之，是以管夷吾所記者十有二家，不能以受命易姓之辭窮齊桓公，乃設爲嘉祥未臻之説。嗚呼，豈知後世文人昧管氏之大義，反以其所設之辭侈爲符瑞以飾封禪，致迂儒疑封禪非古禮，豈不傎哉！秦泰山石刻乾隆間始燬，琅邪石刻今尚存，其文辭亦載于《史記》，所謂「成功盛德，紀號久遠」者，雖爲李斯之文，但其遺制必襲自三代以上。秦石至今三千年尚存，然則唐、虞、夏、商之石，秦時當有存者。

泰山志序

昔管子舉封禪之典以告齊桓公，蓋以上古質樸，未有史策之文，朝覲之禮，故七十二代之興，咸合諸侯于泰山下以定天位，乃刻石其上，以紀有天下之號，如後世之修史也。然則刻石之制，先于漆書，七十二代，先于典誥，又何論于諸史乎？山經地志，史家之書也。山莫大于泰山，史亦莫古于泰山。泰山之必當有志，重于天下山經地志遠矣。况以我朝列聖御蹕時巡，登祭之典，天章之富，照耀山嶽，垂示萬禩哉！前明歙汪子卿作志，既詮序混淆，而查志隆之重修《岱史》，宋燾之《泰山紀事》，蕭協中之《泰山小史》，以及國朝林杭學之《泰山輯瑞集》，皆疎略淺陋，不足以紀岱宗。余於乾隆五十九年奉命視學山左，試泰安畢，登岱，覽其勝，又徧拓其金石文字爲《金石録》，而岱志之舉尚望諸鴻通博覽之君子。今休寧金太守棨來守泰安，訟簡民和，歲時豐稔，遂乃窮圖經之幽邃，憫舊志之殘缺，實始爲修志之舉。本聶鈫《泰山道理記》、《金石記》，朱孝純《圖志》，而廣徵典禮，博採貞珉，作《紀》三卷、《圖》一卷、《志》十卷、《記》五卷、《敘録》一卷，總爲二十卷。經始於乾隆乙卯，告成於嘉慶戊午。余喜得其書而盡觀之，序述賅備，體例謹嚴，兼史家之三長，考地理于千古。善乎，何異以古今爲經緯，爲岱宗勒成一史乎！元舊爲《封泰山論》一篇，今太守亦刊于卷中，武斷之論，不足以質當世。然爲《泰山志》發凡原始，或有取焉。

焦山定陶鼎考

西漢陶陵鼎，以漢慮俿尺度之，高七寸三分，身高四寸二分，蓋高一寸六分，蓋上有三環，各高一寸二分，兩耳高二寸二分，三足高二寸。銅質，五色斑駁，腹有棱，純素。蓋鑿隸書銘，大字十五，曰：「㮚、陶陵共廚銅斗鼎蓋并重十一斤。」小字四，曰：「汧第卅五。」器鑿隸書銘，大字十七，曰：「㮚、陶陵共廚銅鼎一，合容一斗，并重十斤。」小字十六，曰：「汧共廚銅鼎，容一斗，重八斤一兩，第廿一。」

案：《漢書·地理志》㮚、汧二縣屬右扶風。《後漢書·耿弇傳》：「建武四年，封耿況爲㮚侯。」《續漢書·郡國志》作「渝麋」。又《續漢志》：「定陶在濟陰郡，本曹國。」後漢屬兖州刺史部。郭璞曰：「城中有陶邱。」《史記》云：「穰侯出之陶。」即其地。定陶共王康，元帝子，哀帝父，永光八年自山陽徙封。《漢書·丁太后傳》：「建平二年，上曰：『太后宜起陵恭皇之園。』遣大司馬票騎將軍明東送葬于定陶，貴震山東。」《共王傳》：「哀帝二年，追尊共王爲共皇帝。」《水經注》：「濟水自定陶縣南，又東逕秦相魏冉冢南，又東北逕定陶恭王陵。」此器云「陶陵」，是定陶共王陵也。㮚、汧二邑合共此器，故曰「共廚銅鼎」。《鍾鼎款識·漢好時鼎銘》云：「今好時共廚金一斗鼎。」《汾陰宮鼎銘》云：「汾陰共官銅鼎。」《上林鼎銘》云：「上林共官銅鼎。」漢器體制如是。漢陵廟皆有廚。《三輔黄圖》：「昭帝平陵爲小廚，裁足祠祝。」《款識·漢孝成鼎銘》云：「長安廚孝成廟銅三斗鼎。」是也。此鼎蓋與器銘辭不相應者，當時共帶正多，不知何時互錯也。器銘云「并重十斤」，又云「重八斤一兩」，云「器重八斤一兩」，則蓋當重一斤十五兩矣。今除蓋以庫平法馬稱之，重五十三兩七錢二分。銘云「容一斗」，以今官倉斗較之，得一升八合。定陶故城在今山東曹州府定陶縣西南。予得此鼎，因思焦山祇有周鼎，若以漢鼎陪之，經史引徵，可增詩事。爰以官牘達之鎮江府丹徒縣，付焦山寺僧永守之，并加册于櫝，繪圖榻款鈐印，紀之以詩，時嘉慶七年季秋月。

金承安重刻唐萬歲通天史承節撰後漢大司農鄭公碑跋

漢高密鄭司農祠墓在濰水旁礪阜山下，承祀式微，不能捍采樵者。濰沙乘風内侵，其深及牆，祠宇頽没，元率官士修之。祠南門外積沙深遠，遂改門東向，植松楊行栗于西南，以殺風勢，修齊正殿，改書木主，增建旁屋三楹，爲官吏祭宿地，建坊書「通德門」，以復孔文舉之舊。祠外田廬號鄭公莊者三，散據高密、安邱、昌邑三縣地，鄭氏苗裔百數十人居之，務農少文，而譜系世守猶可考，擇其裔孫憲，書請於禮部劄，爲奉祀生，給田廬，使耕且讀。是役也，掘沙之工半於土木。

趙商漢碑見于著録，今求之不得，得金承安重刻唐萬歲通天史承節所撰碑，搨其文讀之，知承節之文及兼取謝承諸史，非蔚宗一家之學，其補正范《書》、昭雪古賢，心迹非淺也。碑高六尺三寸，廣三尺四寸，文廿九行，正書。承節以萬歲通天元年奉勅於河南道訪察至高密，因父老之請爲文，文成，未書碑而卒。開元十三年八月，密州刺史鄭杳始命參軍劉朏刻石于墓。唐所刻石今無存，賴金承安五年三月所重刻知之。據《金石録》云承節碑乃「雙思貞行書」。今金碑改爲正書，削唐人書碑舊名，然其文則皆因唐舊，無所竄改。元以范書《鄭康成列傳》校之，《傳》「先始通京氏《易》」，碑無「先」字。《傳》「東郡張恭祖」，碑作「欽祖」。《傳》徵爲大司農及與袁紹之會數事，碑皆次於《與子益恩書》前。《傳》「故太山太守應中遠」，碑作「太山守」。《傳》「所注《周易》、《尚書》、《毛詩》、《儀禮》、《禮記》、《論語》、《孝經》」，碑多「《周官》」，無「《論語》」。《傳》「答臨孝存」，碑作「孝莊」。《傳》「不爲父母群弟所容」，碑無「不」字。《傳》「獲覲乎在位通人，處逸大儒，咸從捧手，有所受焉」，碑省其文作「大儒得意，有所受焉」。《傳》「乃歸供養」，碑作「乃歸鄉」。《傳》「遇閹尹擅勢，坐黨禁錮」，碑載其事入銘辭中。《傳》「舉賢良方正」，碑作「方正賢良」。《傳》「公車再召」，碑作「再徵」。《傳》「其勖求君子之道」，碑無「其」字。《傳》「末所憤憤者」，碑作「凡某所憤憤者」。《傳》「亡親墳壟未成」，碑作「吾親」。凡此異同，比而核之，可釋學者積疑，蓋有三焉。司農《戒子益恩書》，乃歸老疾篤時事，故宜在漢公車徵爲大司農及袁紹邀至冀州諸事後，而范《書》反載書文於前，使事蹟先後倒置，一也。所注《儀禮》、《周官》、《禮記》，范《書》無《周官》，案司農《周官注》完善無缺，世所共學，而范《書》遺之，二也。爲父母群弟所容者，言徒學不能爲吏以益生産，爲父母群弟所含容，始得去厠役之吏，游學周秦，故《傳》曰「少爲鄉嗇夫，得休歸，常詣學官，不樂爲吏，父數怒之」，夫父怒之而已，云爲「所容」，此儒者言也。范《書》因爲父怒而妄加「不」字，與司農本意相反，三也。至于易「恭祖」爲「欽祖」者，金避顯宗允恭諱也。「孝存」

作「孝莊」者，唐碑本行書，石或剥落，金時不省而誤「存」爲「莊」，「莊」爲漢諱，未有不避者。其他異同與范《書》可互校正。故急表而録之，以告同志。「鄭杳」見《宰相世系表》「北祖房」，官至婺州刺史，「劉朏」亦見《表》「彭城房」，官至汴州刺史。

知足齋詩集後序

《詩》三百篇，《雅》、《頌》之作，皆古名臣大儒之所爲也。唐、宋以來，名臣大儒多有詩集。詩者，志也，可以覘其志而不能掩。詩者，持也，可以驗其所持而不可拔。性情、心術、政績、遭遇，皆可於詩見之。顧古人詩集雖多，而賡颺之作，究不能累牘疊見。且古帝王有詩集者蓋鮮，即有之，而與名臣大儒言懷論道之作更不多見，是惟吾師大興朱公《知足齋詩集》爲最盛矣。我師未弱冠入詞林，與兄竹君先生競爽，早被高宗純皇帝任使，敭歷中外。純皇帝深器德量，命直上書房，侍皇上講誦，有甘盤舊學之義焉。方出使在外時，純皇帝嘗以御製詩郵示往返命和，褒錫甚渥。皇上望遠寄懷，專爲師而發之歌詩者不下數十首，師亦皆賡雅音而敷至道，都俞陳音，何其盛也！雖吾師學邃行修，得以際兹隆遇，實由兩朝睿製，曠古所無，是以交慶明良，徵韶成樂，此集卷袟，閒得以發其光華而極其典重也。

元奉命巡撫浙江，師嘗以詩寄示，爰請於師，得授全集，將栞之於板，師復命元選訂之。元乃與及門陳編修壽祺等共商删存，以癸亥年以前編爲二十四卷。師之詩，閎中肆外，才力之大，無所不舉，且直吐胸臆，真情至性，勃勃動人，未嘗求肖於流派，而自觀者衡量之，實於杜陵、昌黎爲尤近。刻既成，欣聞甲子春皇上繼美前徽，臨幸翰苑，師之資最深，且掌院事，恩加太子太傅，領袖清班，極一時詞臣之榮遇。西園東壁，撰獻之作必多，甲子後之新編，更應美富，古名臣大儒之專集，未有盛於此者。然覽者當知吾師之志與師之所以持，庶幾於《雅》、《頌》閒求之矣。

菽厓考古録序

鍾君菽厓，甘泉人，名褢，長于余三歲。余年十七時，與君同受經于李晴山先生之門。君居二郎廟蔬田之西，左倚碧城，右依緑圃，花晨月夕，每相過論文史。嘗雪後泛舟，衝寒敲冰，至小香雪後山，又嘗翦燭，作詩于海棠花下，舊遊固如昨也。予入京師後，菽厓以讀書自娱，耿介謹厚，以敦行自勉，殊不汲汲于科名。歲甲子，年四十四，始受知于諸城劉學使，舉優行生員。明年秋，余以丁憂歸揚州，君適病，病遽卒。余在苫次，未得見君，傷哉！又明年，余從君子葵嘉索君遺書，令其就正于執友焦君里堂。里堂爲寫録之，成四卷，更爲墓銘。余遂梓之于板，以付葵嘉。少暇當再録其詩，續入《英靈集》也。

毛西河檢討全集後序

蕭山毛檢討以鴻博儒臣著書四百餘卷，後之儒者或議之，議之者以檢討好辨善詈，且以所引證索諸本書，閒有不合也。余謂善論人者，略其短而著其功，表其長而正其誤，若苛論之，雖孟、荀無完書矣。有明三百年，以時文相尚，其弊庸陋謭僿，至有不能舉經史名目者。國朝經學盛興，檢討首出于東林、蕺山空文講學之餘，以經學自任，大聲疾呼而一時之實學頓起。當是時，充宗起于浙東，朏明起于浙西，寧人、百詩起于江、淮之閒，檢討以博辨之才，睥睨一切，論不相下而道實相成。迄今學者日益昌明，大江南北著書授徒之家數十，視檢討而精核者固多，謂非檢討開始之功則不可。檢討推溯《太極》、《河》、《洛》在胡朏明之先，發明荀、虞、干、侯之《易》在惠定宇之先，于《詩》駁申氏之僞，于《春秋》指胡氏之偏，《三禮》、《四書》所辨正尤博，至于古文詩詞，後人得其一已足以自立于千古，而檢討猶不欲以留于世，則其長固不可以一端盡矣。至于引證閒有訛誤，則以檢討彊記博聞，不事翻檢之故，恐後人欲訂其誤，畢生不能也。我朝開四庫館，凡檢討所著述，皆分隸各門，蓋重之也。余督學兩浙，按試紹興府，説經之士雖不乏人，而格于庸近者不少。陸生成棟家藏《西河全集》刻版，請序于余，因發其誼于卷末，俾浙士知鄉先生之書，有以通神智而開蒙塞，人蓄一編以教子弟，所藉以興起者，較之研求注疏，其取徑爲尤捷。余曩喜觀是集，得力頗多，惟願諸生共置案頭讀之，足勝名師十輩矣。

全謝山先生經史問答序

經學、史才、詞科，三者得一足以傳，而鄞縣全謝山先生兼之。先生舉鴻博科，已官庶常，不與試，擬進二賦，抉《漢志》、《唐志》之微，與試諸公皆不及，精通經史故也。予視學至鄞，求二萬氏、全氏遺書及其後人，慈谿鄭生勳奉先生《經史問答》來，往返尋繹，實足以繼古賢，啟後學，與顧亭林《日知録》相埒。吾觀象山、慈湖諸説，以空論敵朱子，如海上神山，雖極高妙，頃刻可見，而卒不可踐。萬、全之學出于梨洲而變之，則如百尺樓臺，實從地起，其功非積年工力不成。噫！此本朝四明學術所以校昔人爲不憚迂遠也。

南江邵氏遺書序

餘姚翰林學士邵二雲先生，以醇和廉介之性爲沈博邃精之學，經學、史學並冠一時，久爲海内共推，無俟元之縷述矣。歲丙午，元初入京師，時前輩爲學者有高郵王懷祖、興化任子田暨先生而三，元咸隨事請問，捧手有所授焉。先生本得甬上姚江史學之正傳，博聞强記，於宋、明以來史事最深，學者唯知先生之經，未知先生之史也。於經則覃精訓詁，病邢昺《爾雅疏》之陋，爲《爾雅正義》若干卷，發明叔然、景純之義，遠勝邢書，可以立于學官。在四庫館，與戴東原諸先生編緝載籍，史學諸書多由先生訂其略，其提要亦多出先生之手。先生又曾語元云：《孟子疏》僞而陋，今亦再爲之，《宋史》列傳多訛，欲删傳若干，增傳若干。顧皆未見其書。今先生久卒，於官所著書惟《爾雅注疏》，先已栞行。今令子秉華等復栞《南江札記》四卷、《南江文鈔》若干卷，次第皆成，尚有《南江詩鈔》十卷、《韓詩内傳考》一卷、《舊五代史考異》、《宋元事鑑考異》、《大臣謚跡録》、《方輿金石編目》若干卷未栞，將次第栞之以貽學者。元既心折於先生之學行，又喜獲交於令子秉華，能輯先生之書，俾元受而讀之，得聞先生未罄之緒論也。謹記數言，以諗同學者。

王西莊先生全集序

西莊先生編定詩文全集四十卷，既成，屬元爲之序。先生自歸田後，以經術文章發海内者數十年，大江南北承學之士知究心經術者,實奉先生與竹汀少詹爲歸焉。古來爲才人易,爲學人難,先生少歲入詞館,出使車,聲華爛然。既而杜門著述,今全集告成,元尤幸得先覩。先生生平論詩,以風人爲主,在唐,如玉溪、飛卿,不失温柔敦厚之恉,宋、元古法漸失矣。先生詩,上者法六朝,次亦確守三唐規範,以視世之抱韓尊蘇者,超然遠焉。先生之文,紆徐淳厚,用歐、曾之法,發鄭、服之學。凡序、記、論、説、考、議諸體,皆高視今古。天台齊宗伯稱其爲文不名一體,體各造極,非虚言也。夫漢人治經,首重家法,家法亦稱師法,前漢多言師法,後漢多言家法,至唐承江左義疏,惟《易》、《書》、《左氏》爲後起者所奪,其餘家法未嘗亡也,自有破樊籬者而家法亡矣。以先生之才,倘吐納衆家,自闢堂奥,安知詩文不將駕唐、宋而上也? 乃斤斤守古,不背厥宗者,蓋深感家法之亡,而于詩文寓其轍耳。然當涵濡既久,其達之者守古之法,無守古之蹟,寖寖乎周、秦、漢、魏之間,又足爲私心自用者關其口而奪其氣,則才學之卓絶所以矩範後來者,豈淺末之可窺測哉!

元學術媿未成立,何足以知先生? 幸得序先生之詩文,闡明先生確守家法之意,挂名簡端,有榮施焉。元和蔣氏徵蔚最服膺先生,其與元言先生者甚詳,今因蔣氏之歸,書此質之先生,不識先生以爲知言否也?

于忠肅公廟題壁記

于忠肅公於明室有再造功,以徐、石奸誣故遇害。元在京師聞餘姚邵學士晉涵。云:「嘗見明景泰間通政司舊册,内署『某月日于某一本爲太子事』,惜其年月未能記憶。」元以此語仁和孫御史,志祖。御史云:

「英宗不當復辟，則景帝之易儲亦未爲過，惟景帝疾篤時，公若上疏請復沂王爲太子，而景帝從之，則仁至義盡，何致有徐、石之事？」豈學如忠肅見不及此？然則邵學士所見通政司舊册有「于某一本爲太子事」者，當不在易儲之日，而在請復沂王之時，斷斷然矣。文氏《漫鈔》謂憲宗於忠肅褒卹之典有加，憲宗曾見公手疏之故，斯言更可證矣。此前賢未彰之事，特爲揭之。

西湖詁經精舍記

聖賢之道存于經，經非詁不明。漢人之詁，去聖賢爲尤近，譬之越人之語言，吴人能辨之，楚人則否；高、曾之容體，祖、父及見之，雲、仍則否。蓋遠者見聞終不若近者之實也。元少爲學自宋人始，由宋而求唐，求晉魏，求漢，乃愈得其實。嘗病古人之詁，散而難稽也，于督學浙江時，聚諸生于西湖孤山之麓，成《經籍籑詁》百有八卷。及撫浙，遂以昔日修書之屋五十間，選兩浙諸生學古者讀書其中，題曰「詁經精舍」。精舍者，漢學生徒所居之名。詁經者，不忘舊業，且勖新知也。諸生請業之席，則元與刑部侍郎青浦王君述庵、兖沂曹濟道陽湖孫君淵如迭主之。諸生謂周、秦經訓至漢高密鄭大司農集其成，請祀於舍，孫君曰：「非汝南許洨長，則三代文字不傳於後世，其有功于經尤重，宜並祀之。」乃于嘉慶五年五月己丑，奉許、鄭木主于舍中，群拜祀焉。此諸生之志也。元昔督學齊魯，修鄭司農祠墓，建通德門，立其後人，是鄭君有祀，而許君之祀未有聞。今得並祀于吴、越之間，匪特諸生之志，亦元與王、孫二君之志。謂有志於聖賢之經，惟漢人之詁多得其實者，去古近也。許、鄭集漢詁之成者也，故宜祀也。精舍之西有第一樓，生徒或來遊息於此。詩人之志，登高能賦，漢之相如、子雲，文雄百代者，亦由《凡將》、《方言》貫通經詁。然則舍經而文，其文無質，舍詁求經，其經不實。爲文者尚不可以昧經詁，况聖賢之道乎！

金沙港三祠記

西湖孤山六一泉之三祠，權輿于前明南關榷使陳公調元祀熹、懷兩朝諸賢。我朝太守張公奇逢復祀列代名賢于左廡，分正氣、先覺兩堂，又于西廡移前太守李公祀之，則又遺愛堂之權輿也。鄉之人乃建遺愛堂，奉相國李公之芳等，并附祀鄉賢孝義之士，故先覺較多。此三堂之始末也。乾隆間，畺吏修六一泉，改堂廡爲佛宇，遂以數百粟主納諸兩序外夾室中，地極湫隘。吾師大興朱公曾倡修之，刻碑書名。今屋與主又且朽壞，不可收拾，且地狹甚，亦不能廓之也。金沙港有大閣數楹，甚宏敞，元遂有改遷之舉。因舊祀之人無定例，集詁經精舍諸生議之，諸生言多可采，而議各殊，元遂以己意定之曰：「『正氣』之言，始于《楚辭·遠遊》，而文丞相《正氣歌》實發明之，非有死節至行如文山者，不得與也。『先覺』之言，始于孟子，在畎畝則樂道，任天下則覺民，非有任事如阿衡者，不得以類從也。『遺愛』之言，始于孔子之泣子產，非有功德及浙民如鄭僑者不可也。」

元今所定金沙港之三祠，較之六一泉，有互遷者，有除祀者，有增祀者。六一泉正氣閣列漢嚴公光，唐褚公遂良、宋公璟、張公巡、許公遠、顔公真卿、郭公子儀、李公泌、陸公贄、白公居易，宋林公逋、范公仲淹、歐陽公修、蘇公軾、岳公飛、韓公世忠、洪公皓、葛公邲、文公天祥、徐公應鑣，明方公孝孺、高公遜志、于公謙、孫公燧、邵公經邦、萬公燝、楊公漣、左公光斗、魏公大中、袁公化中、周公朝瑞、顧公大章、高公攀龍、周公順昌、周公起元、繆公昌期、李公應昇、周公宗建、黄公尊素、劉公鐸、丁公乾學、夏公嘉遇、林公日瑞、陳公士奇、崔公文榮、馬公如蛟、劉公熙祚、衛公景瑗、朱公之馮、范公景文、倪公元璐、李公邦華、汪公偉、王公家彦、孟公兆祥、周公鳳翔、施公邦曜、淩公義渠、吴公麟徵、馬公世奇、劉公理順、申公佳胤、陳公純德、吴公甘來、王公章、陳公良謨、許公直、成公德、金公鉉、蔡公懋德、孟公章明、藺公剛中、陳公龍正、劉公宗周、祁公彪佳、黄公道周、余公煌、黄公端伯、陳公潛夫、王公道焜、陳公子龍、夏公允彝、陸公培、楊公廷樞、黄公淳耀、顧公咸建、吴公爾壎、姚公奇胤、吴公聞禮、葛公寅亮、張公煌言、朱公拱辰，國朝朱公昌祚、范公承謨、陳公丹赤、葉公映榴、劉公欽鄰、馬公琾、高公咸臨、錢公楞、郎公斗金、錢公嘉倫、徐公尚介、王公萬鑑、徐公修，一百五人。今改嚴公光、郭公子儀、陸公贄、林公逋、歐陽公修、葛公郯、邵公經邦、陳公龍正、葛公寅亮，皆歸先覺堂正祀，徐公修歸先覺堂旁祀，宋公璟、李公泌、白公居易、范公仲淹、蘇公軾、韓公世忠、朱公昌祚皆歸遺愛堂。

六一泉先覺堂列宋趙公抃、楊公時、張公九成、王公十朋、吕公祖謙、楊公簡，元仇公遠，明宋公濂、方公孝孺、王公琦、姚公夔、陳公選、章公懋、李公明、宋公應昌、王公守仁、盧公雍、盧公襄、茅公瓚、茅公坤、淩公立、高公儀、勞公永嘉、陳公善、柴公祥、淩公登名、淩公登瀛、楊公廷筠、張公懋忠、王公思任、陳公雲渠、張公蔚然、洪公瞻祖、李公元暉、李公之藻、李公流芳、陳公肇、盧公復、柴公應槐、盧公昊、盧公璋、劉公宗周、翁公汝遇、聞公啟祥、聞公啟禎、柴公紹煇、柴公紹勳、郭公嗣汾、郎公兆玉、徐公尚勳、艾公南英、章公國佐、柴公世埏、吴公大沖、錢公喜起、徐公繼恩、徐公復儀、張公元徵、吴公之龍、嚴公調御、嚴公武順、嚴公敕、宋公賢、徐公恕、張公元，國朝茅公起龍、淩公萃徵、陳公晉明、汪公澄、汪公渢、陳公麗明、徐公繼聖、張公遂辰、張公嵩、朱公之錫、胡公亶、趙公廷標、高公偁、虞公穆、吴公鑛、詹公惟聖、徐公旭齡、嚴公沆、顧公豹文、嚴公曾榘、洪公秉銓、洪公吉臣、盧公琦、盧公璉、徐公潮、汪公霦、虞公鈖、應公撝謙、王公修玉、柴公紹炳、陸公圻、陳公廷會、胡公介、張公右民、章公士斐、陳公祚明、陸公嘉淑、吴公震衛、俞公時篤、王公至健、陸公堦、陸公坒、孫公浣思、王公佑賢、陳公張相、陸公繁弨、盧公之頤、宋公鼎銓、張公麟、嚴公曾槷、沈公近思、柴公謙、張公潁荀、郎公廷泰、汪公廷俊、項公日永、章公戢功、章公撫功、陳公曾篁、陳公曾蘐、盧公彝、盧公麲、洪公福星、陸公進、金公號跂宋、劉公號何實、劉公萬祺、周公號于宣、章公號長玉、趙公號梓木、章公號程伯、方公擢、周公拱辰、趙公號遜志、張公元吕、陳公季方、盧公必陞、趙公啟裕、吕公蘭，一百四十四人。今改徐公復儀入正氣閣，改盧公襄入遺愛堂，方公孝孺、劉公宗周本在正氣閣，兹重出，除之。其粟主事蹟未經考得者，正氣閣之朱公拱辰，先覺堂之洪公福星、金公跂宋、劉公何實、劉公萬祺、周公于宣、章公長玉、趙公梓木、章公程伯、趙公遜志、張公元吕十一人，製成木主而别藏之樓側，俟考得再列之左右，今暫除之。

六一泉遺愛堂列明周公新、王公世貞、王公在晉、薛公應旂、樊公良樞、李公文奎、陳公仕賢、甘公士价、張公延登、劉公一焜、許公豸、陳公調元，國朝馬公如龍、李公之芳、金公鋐、王公騭、趙公士麟、王公國安、崔公爾仰、鄭公開極、周公清源、顔公光斅、金公之俊、胡公作梅、彭公始摶、馬公豫、于公敏中、趙公宏燦、王公世臣、傅公澤淵、高公熊徵、張公奇逢、李公洊德、通判王、納公興安、黄公在中，三十六人。舊碑附載項公景襄、田公逢吉、張公希良、遲公惟培、李公鐸、吴公垣五人。今改項公景襄入先覺堂，金公之俊、通判王二人除之。

其定爲增祀者，于正氣閣增明張公憲、卓公敬、沈公鍊、翁公鴻業、顧公王家、許公文岐、王公鍾彦、宋公天顯、于公騰蛟、翁公之琪、楊公振熙、吴公正道、王公志端、王公纘爵、趙公景和、徐公石麒、張公國維、熊公汝霖、錢公肅樂、沈公宸荃、陳公函煇、朱公大典、傅公巖、俞公元良、都公廷諫、湯公芬、周公允吉，二十七人。于先覺堂增晉謝公安，宋沈公括、宗公澤、趙公汝愚、朱文公熹、王公應麟，元許公謙，明商公輅，國朝固山貝子公福喇塔、陸公隴其，十人。于遺愛堂增唐李公德裕，明胡公宗憲、阮公鶚、戚公繼光，國朝張公鵬翮、趙公申喬、朱公軾、李公衛，八人。

或曰：互遷之義，既以孔、孟、文山之義律之矣，增也、除也有定例乎？曰：無之。六一泉之三祠，以先覺爲稍濫，其間至有不可考其名籍者，姑以有其舉，莫敢廢之義，多存之。而以實不愧爲先覺者爲南向正祀，有事功者爲西向旁祀，有學行者爲東向旁祀。其三祠主之位次舛亂者，爲釐正之，并悉標舉其爵秩。增者不勝其增，今則以己意所最重者增之，未必盡符乎人意也。如以爲未善，則俟後之能修建者增損之。此金沙港三祠之事也。三祠共爲大閣五楹，閣之上，南向爲正氣閣，北向爲遺愛堂；閣之下，南向爲先覺堂，北向則水榭與花神廟隔水相向。其工畢于嘉慶八年夏六月，浙江巡撫前浙江學政揚州阮元刻碑記之，并列序今所定三堂名位于碑後。董斯事者，鹽庫大使婁縣許元仲。書丹者，錢唐高塏。

荊州窖金洲考

荊州江陵縣南門之外大江之中有洲，俗名窖金。乾隆五十三年，荊州万城大隄潰，水入城，大學士阿文成公來荊州，相度江勢，以爲此洲阻遏江流，故有此潰，乃于江隄外築楊林嘴石磯，冀挑江流而南之，以攻其洲之沙，今三十年矣。元來閱荊州兵，兼閱江隄，計自造磯後，保護北岸誠爲有力，但不能攻窖金之沙，且沙倍多於三十年前矣。昔江流至此分爲二，一行洲南，一行洲北。今大派走北者，十之七八，洲南夏秋尚通舟，冬竟涸焉。議者多所策，余曰：「無庸也，惟堅峻兩岸隄防而已。此洲自古有之，人力不能攻也，豈近今所生可攻而去之者耶？」考北魏《水經注》曰：「江水又東會沮口，又南逕江陵縣南，縣平聲。江有洲，號曰『枚迴洲』，江水至此兩分而爲南北江。」據此，知此洲即古枚迴洲也。沮口今在萬城隄即古方城，宋荆南置制使趙方之子葵守方城，避諱改「万」，又訛爲「萬」。外沮水入江之口，千古不改，枚迴洲在沮口之下，江陵之南，指地定名，非此洲而何？況沈約《宋書》毛佑之擊桓玄于江陵枚迴洲，斬之。是晉、宋至唐皆有此洲，特今俗易其名耳。百數十年後，安知江之大派不又行洲南耶？姑存余言，以諗來者。或謂荆江舊有九穴，今惟南岸虎渡口、調絃口二穴尚通，北岸郝穴等口皆塞。議開各穴口以分江流，此又不知今昔形勢之不同也。虎渡、調絃二口之水，所以入洞庭湖也。春初湖水不漲，湖低于江，江水若漲，則其分入湖也尚易。若至春、夏間，洞庭湖水已漲，由岳州北注于江，則此二口之水入湖甚微緩矣。若湖漲而江不甚漲之時，則虎渡之水尚且倒漾而上至公安，安能分洩哉！余于丁丑立夏後，親至調絃，察其穴水平緩，竟有不流之勢矣，至于郝穴，則内低於外，更無可開之理，惟冬洩内水于外，尚便利耳。

江隄説

古江自岷山導源會漢，分三江入海，故其就下甚暢，然其夏、秋間挾泥載沙渾流而下，幾與黄河無異。巴蜀、漢中、陝西、湖北、湖南、江西、安徽之地方千萬里，泉源雨潦刷滌于巖壑坡陀之間，掘發于隴畝溝渠之外，膩泥細沙流入長江，洪波大瀾鼓之東下，晉以後先淤塞浙江之南江，唐以後又淤塞高淳之中江，今惟有揚州北江一江而已。金、焦兩山之東，在漢皆爲大海，唐以來漸淤漸遠，今遠至海門外數百里矣。揚州江都縣之瓜洲，唐在江心，今連平陸矣。焦山北之佛感洲，康熙間始漸淤高，今成大鄉矣。凡此江尾海頭所淤之新地，皆江、漢上游之泥沙所積而成之者也。自荆州下至江南，兩岸皆隄，隄内民田古高于江，今則江高于田者，蓋因有田之處皆築隄以防水，水所不到，泥沙亦不得而淤之。使不築隄以防之，則隄内之地歲淤分寸之泥，百年亦必積丈尺之土，久高于江矣。故江水之所以日高者，三江塞其二，且江南海口之遠也，江愈高，田愈低，隄愈險，誠末如之何矣！黄河由大梁、宋、曹入淮北，日見其高，亦安東以下淤遠故也。河若北行，泛濫岱北，若南下，則淮、揚之間積土矣。故河必使中行，雲梯關尤爲難治。

廣州大虎山新建礮臺碑銘

廣州省城南海中有大虎山，爲内外適中扼要之地。昔人未於此建礮臺者，以其東南彌望皆水漫無逼束故也。余於丁丑冬閲虎門水師，乘兵船出零丁、鷄頸諸外洋，遍觀内外形勢，及澳門夷市而歸，及擇於大虎山築建礮臺。或曰：「山前彌望皆水，若賊船不近山，豈能招之使來受礮耶？」余曰：此即昔人所以不於此建礮臺之故也。豈知水雖瀰漫而沙厚積於遠水之底，外潮内江，急水深泓所濬滌，而行者皆近此山之根。爰乘小舟親測之，近山者其深數十丈，若遠至百丈以外漸淺矣，二百丈大舟不能行矣。築臺周一百廿丈，高丈八尺，女牆三十六，神廟、藥局、兵房畢具，置大礮自七千斤至二千斤者三十位，發之能擊三百丈之外。此無異對面有山逼而束之，使近出此山之前也。此臺之外，有沙角礮臺，爲第一門户，進而横檔、鎮遠爲第二門户，此大虎爲第三門户，又於大虎之内，新建獵德、大黄二礮臺，爲第四門户。方今海宇澄平，無事於此，此臺之建，聊復爾耳。然安知數十年後，不有懼此臺而陰弭其計者？數百年後，不有過此臺而遽取其敗者？又若山之内山之外，或淤高而耕爲田，或濬深而改其道，則亦未能預料矣。爰爲銘曰：

嶺南薄海，虎門洞開。乘潮立壁，馮山起雷。聲威所擊，無堅不摧。波恬風偃，巍巍乎此臺。

通鑑訓纂序

北宋學者當推司馬温公，于經史皆最淳正。公于經未多成書，❶又成《書儀》、《切韻》等書。❷若以公之

❶「多」，續四庫本作「有」。

❷「又成書儀切韻等書」，續四庫本作「僅成類篇小學一書」。

識力，開宋之經學，則其流派必更淳正矣。公于史成《資治通鑑》、《通鑑》之後，爲此學者，若王應麟之《地理》，史炤之《音釋》，司馬康之《釋文》，胡三省之《注》，嚴衍之《補》，皆于此書爲有功。至于温公當日領袖群賢，博采載籍，斟酌異同，棄取裁截，後之學者望洋而歎，幾不盡知其所由來，安能全見其命意之所在？且其中有無差異，又安能是正乎？江君鄭堂專治漢經學，而子史百家亦無不通，于《通鑑》讀之尤審，就己意所下者，抄成《資治通鑑訓纂》若干卷，皆取其所采之本書而互證之，引覽甚博，審決甚精。昔胡梅磵等未能通經，故僅立乎史之後，今江君由經子百家而及于史，蓋立乎史之前，譬如挽十鈞之弓者，更挽百斤之弓，裕如矣。使具此精力學識在彼之時，温公必引置劉、范之右，此江君所以有古人不見我之恨也。

史炤通鑑釋文跋

《通鑑釋文》，宋史炤撰。炤字見可，眉州人。嘗爲右宣義郎，監成都府糧料院。其曾祖清卿，爲縉紳所宗，蘇氏兄弟以鄉先生事之。《資治通鑑釋文》在宋時舊有二本，一爲司馬公休注，刻於海陵郡齋者，名爲海陵本；一爲史炤撰，爲成都府廣都縣費氏進修堂版行以釋文附注本文之下者，名爲龍爪本。自龍爪本行，而海陵本廢，自胡三省本行，而龍爪本又廢。《直齋書録解題》稱公休名康，爲温公之子。史炤之書與公休大略同而加詳焉，炤蓋因其舊而附益之，然則炤書本是康注，宜得涑水著書遺意，乃三省作《辨誤》，摭其一二缺失詆史者，且以詆康，未免太過。三省以地理名家，而小學不甚究心，大率承襲史氏舊文，偶有改易，輒成罅漏。此本近代藏書家鮮有著録，惟吴門蔣氏有宋槧本，前有紹興三十年三月左朝散郎權發遣黎州軍州主管學事繙雲馮時行序，與《書録解題》及《宋史·藝文志》卷數相同。《玉海》稱其紹興三十一年上，則當日固進之於朝，不可以胡氏一家之言而絀之也。

四史疑年録序

書之性近於史，史傳中遥遥華胄，瑣瑣姻亞，常娓娓言之。欲於史有所請業，予檢錢辛楣先生《疑年録》付之曰：「曷廣求之？」書之乃由兩漢迄于兩晉，求之得數百人，寫成七卷。其中如因張湯之母而推《湯傳》「周陽侯」「侯」上脱「懿」字，顔師古誤爲「趙兼」，因《曹大家傳》而推知《文選·東征賦》「永初有七」爲「永元有七」之訛等事，頗有証據。至於沈約之書，則尚未能從事。予曰：「南北朝以後，書籍漸多，是須博覽，未可但據正史。此非婦人所能，勿勉强爲之，反多遺漏也。」

寧波范氏天一閣書目序

海内藏書之家最久者，今惟寧波范氏天一閣巋然獨存。其藏書在閣之上，閣通六間爲一，而以書廚間之，其下乃分六間，取「天一生水，地六成之」之義。乾隆間，詔建七閣，參用其式，且多寫其書入《四庫》，賜以《圖書集成》，亦至顯榮矣。余自督學至今，數至閣中，繙所藏書，其金石榻本當錢辛楣先生修《鄞縣志》時即編之爲目，惜書目未編。余於嘉慶八、九年間，命范氏後人登閣分廚寫編之，成目録一十卷。十三年，以督水師復來，寧紹台道陳君廷杰。言及之，陳君請觀其目，遂屬府學汪教授本。校其書目、金石目並刻之。

刻既成，請序焉。

余聞明范司馬所藏書，本之于豐氏。熙、坊。此閣構于月湖之西，宅之東，牆圃周迴，林木蔭翳，閣前略有池石，與闤闠相遠，寬閒静閟，不使持烟火者入其中，其能久一也。又司馬没後，封閉甚嚴，繼乃子孫各房相約爲例，凡閣廚鎖鑰，分房掌之，禁以書下閣梯，非各房子孫齊至不開鎖，子孫無故開門入閣者，罰不與祭三次，私領親友入閣及擅開廚者，罰不與祭一年，擅將書借出者，罰不與祭三年，因而典鬻者，永擯逐不與祭，其例嚴密如此，所以能久二也。夫祖父非積德則不能大其族，族大矣而不能守禮讀書則不肖者多出其間，今范氏以書爲教，自明至今，子孫繁衍，其讀書在科目學校者，彬彬然以不與祭爲辱，以天一閣後人爲榮，每學使者按部，必求其後人優待之，自奉詔旨之褒而閣乃永垂不朽矣，其所以能久者三也。觀察刻目録既成，即以板畀其後人庋閣下，甚盛舉也。余更有望者，此閣所藏五萬三千餘卷，皆明天啟以前舊本，若明末暨國朝之書概闕焉，范氏子孫若有能繼先業而嗜典籍者以裒藏繼之，則書益以富矣。且閣不甚高敞，木亦漸朽，新而增之，不益韡歟！

又案《甬上耆舊傳》曰：「范欽字堯卿，嘉靖十一年進士，知隨州，有治行，遷工部員外郎。時大工頻起，武定侯郭勛爲督，勢張甚，欽以事忤之，勛譖于帝，下獄廷杖。知袁州大學士嚴嵩，其郡人也，嵩之子世蕃欲取宣化公宇，欽不可，世蕃怒，欲斥之，嵩曰：『是抗郭武定者，黯之適高其名。』遂得寢。稍遷按察副使，備兵九江，歷遷副都御史，巡撫南贛，擒劇賊李文彪，平其穴，疏請築城程鄉之濠居村，設一通判，以消豫章、閩、粵之奸。復攻大盜馮天爵，斬之。遷兵部右侍郎，解組歸。張時徹、屠大山亦里居，人稱爲『東海三司馬』。欽築居在月湖深處，林木翳然。性喜藏書，起天一閣，購海内異本，列爲四部，尤善收説經諸書及先輩詩文集未傳世者。浙東藏書家以天一閣爲第一。卒年八十三。」因並録之，以見司馬事實。又黄梨洲先生有《天一閣藏書記》，亦録而刻之於卷首。

揅經室二集卷八

奉敕撰熙朝雅頌集跋

我皇上御極之九年，山東巡撫臣鐵保采輯八旗詩進呈乙覽，蒙皇上錫名「熙朝雅頌集」，製序以弁其首，誠聖代之大文，藝林之盛事也。隨經鐵保奏請，命臣刊刻，并恭撰跋語於後。奉旨俞允，臣不勝欣躍榮幸之至。伏讀御製序文，仰見皇上於右文成化之中，兼肄武習勤之意，敬天法祖，垂訓諄諄，以品端心正爲先，公忠體國爲尚。凡兹臣僕獲覩宸章，無不感激奮興，竭圖自効，何敢忘勞耽逸，專事謳吟。我朝聖聖相承，勵精圖治，萬幾餘暇，間及篇章，鉅製鴻編，永垂奕禩。涵濡既久，自天潢貴裔以及勳衛文武之臣，或近侍巖廊，或宣勞行陣，或致身館閣，或歇歷封疆，皆能以忠愛之忱發爲咏歌之什，允宜蒐采，勒爲成書。兹鐵保所輯，自崇德辛巳後，莫不詳加甄録，格取其正，詞取其真，百數十年間，得書一百三十四卷。自今以往，億萬斯年，景祚洪延，文明日啟，則繼斯集而作者，日益以富。是書於嘉慶九年九月開雕，四閱月而工竣。臣幸躬逢其盛，綴名簡後，祗遵聖訓，忠孝爲本，詞章爲末，奎文示教，日月長昭，正不獨斯集之媲美賡颺，和其聲以鳴太平之盛也已。

恭注御撰味餘書室隨筆進呈後跋

欽惟我皇上傳堯、舜、周、孔之學，行内聖外王之道，見諸政治，四海安平，十年於兹矣。巍巍乎，帝德、帝學焕乎久著于文章哉！　臣元伏讀《味餘書室隨筆》，乃于御製文之外別成一書者，其中發經史之至理，持政教之大端，愷切肫誠，非唐太宗《帝範》所能企及。然唐臣賈行、韋公肅尚有《帝範》之注，其詳見于《四庫書提要》。臣愚以爲我大清之治，上掩漢、唐，臣雖譾陋，秉皇上之教，任使内外，于唐臣賈行等亦未敢多讓，是以紬繹皇言，敬爲之注。

《味餘書室隨筆》二卷，共五十二章。第一章，論五常之性，以和爲貴，涵養太和，歸于中正。第二章，論爲政之道必資賢才，禮善遠佞，立法萬世。第三章，論天道好生，治民尚寬，敬敷五教，以振君綱。第四章，論代天宣化，不可違時，謹持小節，以杜侈源。第五章，論用賢則治，任邪則亂，開元初政，姚、宋皆賢。第六章，論心平氣和，感通天地，天下民安，本于君身。第七章，論正己之道，大公無我，積善存誠，物來畢照。第八章，論臣道忠純，學須寧静，諸葛儒者，優於管仲。第九章，論智者通方，先濬心源，仁者愛物，先培元氣。第十章，論安民之道，在于知人，平天下者，先致其知。第十一章，論安民之道，勿妨農時，損上益下，行政施惠。第十二章，論至誠之功，悠久不已，朝乾夕惕，推誠布公。第十三章，論奉天治民，本於至公，臣竭其誠，民心悦服。第十四章，論五倫達道，皆止于善，無過不及，合乎中庸。第十五章，論《易》道首乾，健行不息，不驕不憂，存理屏欲。第十六章，論除暴用兵，乃不得已，武王七德，秦、楚反之。第十七章，論晉獻内亂，五易其主，晉文雖譎，尚扶舊業。第十八章，論晉悼入國，六官得人，後世失權，三家分晉。第十九章，論舜、禹大聖，好問拜言，文王皇華，使獲五善。第二十章，論利用正德，幅富安貧，義利之辨，必遵《大學》。第二十一章，論君臣威儀，本於禮意，傲刻侈佞，民不畏愛。第二十二章，論晏嬰溥利，申、韓墟國，欲得正言，先擇仁人。第二十三章，論川澤容物，天地寬大，光武豁達，德宗猜忌。第二十四章，論好惡之正，與民同之，中和而仁，不拂其性。第二十五章，論禮爲儀本，儀爲禮末，禮主于敬，行之以和。第二十六章，論君子之道，和而不同，小人逢迎，辨之宜早。第二十七章，論《春秋》書法，懲惡重名，君子保名，思義循實。第二十八章，論黄鍾之數，萬事根本，聲律身度，天地合德。第二十九章，論《禹謨》三事，培養惟和，藏富于民，乖戾不生。第三十章，論《洪範》八政，治國澤民，五事三德，以建大中。第三十一章，論天爲剛德，猶不干時，剛柔得中，仁不犯順。第三十二章，論取民有制，重斂必亡，民足君足，保安國本。第三十三章，論仁取仁守，卜世緜長，秦用凶德，二世而絶。第三十四章，論天人相與，無非一誠，人倫日用，自成之極。第三十五章，論貧賤飢渴，不可害心，鑒小養大，取義舍利。第三十六章，論名器不假，僭竊不生，出信制禮，威福無作。第三十七章，論稼穡饑饉，關民生死，《無逸》重農，知民之依。第三十八章，論天下要塞，據于形勢，地利所在，尤重人和。第三十九章，論才智不同，皆宜勤學，小人不學，亂所由生。第四十章，論皇矣九德，作事無悔，正修治平，子孫賴之。第四十一章，論大舜諧孝，朱均自棄，彝倫心性，盡人合天。第四十二章，論用人行政，敬天澤民，勤則不匱，怠則失之。第四十三章，論官人用賢，尤在察奸，有如石顯、林甫、安石。第四十四章，論德過于才，可以大受，有才者教，恃才者敗。第四十五章，論思不出位，各盡其職，克去己私，不驕不倍。第四十六章，論《易》道研幾，成天下務，聖人至誠，極之于深。第四十七章論天地萬物，皆本至誠，人欲不間，久道化成。第四十八章，論民心所存，即爲天命，畏天敬天，畏民勤民。第四十九章，論惟博故厚，惟高故明，悠久不息，參贊化育。第五十章，論顯仁藏用，内外如一，宅心寬仁，慎獨宥密。第五十一章，論德無小大，但分體用，並育並行，不害不悖。第五十二章，論憂民救民，作民父母，聰明誠信，恭己憲天。以上五十二章，皆九經、四書之正道名言，廿二史、《通鑑》之治理大義，諸子百家、《大學衍義》等書無所不包，誠由皇上文學淵博，深于古文之法，故氣盛理明，所舉經籍如萬斛泉源，隨地涌出，而物之大小畢浮。以臣學殖淺薄，雖博爲引證，猶多舛漏，未能發明聖製於萬一，謹録成二册，恭呈睿鑒。臣曷勝惶悚戰慄之至。

浙江刻四庫書提要恭跋

欽惟我皇上稽古右文，恩教稠疊，乾隆四十七年，《四庫全書》告成，特命如内廷四閣所藏，繕寫全册，建三閣於江、浙兩省，諭「士子願讀中祕書者，就閣傳寫」，所以嘉惠藝林，恩至渥，教至周也。《四庫》卷帙繁多，嗜古者未及徧覽，而《提要》一書，實備載時、地、姓名及作書大旨，承學之士，鈔録尤勤，毫楮叢集，求者不給。乾隆五十九年，浙江署布政使司臣謝啟昆、署按察使司臣秦瀛、都轉鹽運使司臣阿林保等，請於巡撫兼署鹽政臣吉慶，恭發文瀾閣藏本校刊，以惠士人。貢生沈青、鮑士恭等咸願輸資，鳩工集事，以廣流傳。六十年，工竣，學政臣阮元本奉命直文淵閣事，又籍隸揚州，揚州大觀堂所建閣曰「文匯」，在鎮江金山者曰「文宗」，每見江、淮人士瞻閲二閣，感恩被教，忻幸難名。兹復奉命視學兩浙，得仰瞻文瀾閣於杭州之西湖。

而是書適刊成，士林傳播，家有一編，由此得以津逮全書，廣所未見，文治涵濡，歡騰海宇，豈有既歟！臣是以敬述東南學人歡忭感激之忱，識於簡末，以仰頌皇上教化之恩於萬一云爾。

瀛舟書記序

予于嘉慶四年冬奉命撫浙，其時閩、浙海盜則有安南大艇幫四總兵三十餘艘，鳳尾、水澳、蔡牽三幫各六七十艘，箬横小幫浙盜二十餘艘。予造巨艇大礮尚未成，而五年六月，神風助順，乘風勒兵擊之，安南巨盜五六千人及土盜小船全蕩平于台州松門，四總兵溺死者三，磔死者一。奉旨以總兵勑印擲還安南王阮光纘。光纘言但令總兵巡海，不慮其入浙爲盜，上表謝罪，自後安南夷寇不復入浙。六年，巨艇成，鳳尾、水澳、箬横三幫以次擊滅，此三鎮大船大礮之力，然蔡牽尚竄于閩、浙閒也。七年冬，蔡牽疊被浙兵勦逼，惟餘二十四船，遁閩詐降，繼而得横洋大舶，始往來於臺灣。其始往臺也，第爲避兵船之計，繼而在臺劫得船米，會合粤盜朱濆，遂復入内海與兵船相抗，以致温州胡總鎮在閩被害，繼且過臺上岸攻城矣。十年夏，余以喪去官，其時蔡牽尚在閩，續出之黄葵幫已於十年春在玉環投誠，所餘者和尚秋等三五小釣船而已。然蔡逆未能殄除，有負國恩，且恨且憂，疚心靡已。十二年，息影于雷塘墓廬，偶檢數年來辦兵事之書記稿本，流連翻閱，其閒調度兵船、獎飭鎮將、製造船礮、籌畫糧餉諸舊事，一一如在目前，且其閒有可憂者、可喜者、可憤者、可哭者，有與提督蒼公保、李公長庚商籌者，亦一一如在目前。回憶當時，每發一函、出一令，皆再三謀慮而爲之，有自起草者，有幕友起草者，有幕友起草而自爲改訂者，筆墨之蹟，如蠅如繩，以之覆瓿，殊爲可惜。因破十數日工，删其繁，存其要，授寫書人，録爲六卷，存之家塾，俾將來覽者知我苦心而已。弟仲嘉別有《洋程筆記》二卷，歷叙兵船盗船往來剿獲起滅之事，亦頗詳明，可與此相輔，因附録于後。丁卯二月。

洋程筆記序

元前任浙江巡撫，數年中，蕩平夷寇等事，有案牘册籍可稽，弟亨因采之，爲《洋程筆記》二卷。元奉諱家居時，有李忠毅公之事，蔡逆愈猖獗，攻臺灣，立僞號，稱王。元復任浙撫時，張阿治投誠後，蔡逆乃族滅，亨復有《後記》一卷。臣敬讀皇上御製詩集中《辛未春勝聯句》詩，注云：「浙洋土盗鳳尾、水澳、箬黄各幫在蔡牽之前，最爲猖獗，撫臣阮元派令總兵岳璽等督兵四處搜捕，探知箬黄幫匪在太平縣屬之狗洞門等處遊奕肆劫，因飭舟師出其不意，于夜半迅駛抵彼，直前攻擊，鎗礮齊施，轟斃無數，獲牽盗船十二隻，生擒盗首江文五等一百七十餘名，箬黄幫自此勦滅。始洋匪之滋擾浙省者，安南夷艇爲尤甚。夷艇本巡夷洋，乃私入浙境之松門，勾結水澳、鳳尾各幫，屯聚伺劫。阮元駐師守捕，先散布間諜，令其互相猜忌，水澳一幫旋即駛退，因籌兵進勦，適颶風驟起，賊船百數十號俱簸蕩擊撞，覆溺無算，官兵乘勢奮擊，賊棄船登山，悉就擒戮，餘匪漂出外洋，經阮元飛檄各鎮向遼遠島嶼遍行搜捕，盡滅艇匪及鳳尾二幫，由是安南夷不復爲患，而土盗亦日漸零星矣。海洋積年首逆稔惡稽誅，惟蔡牽爲最，朱濆次之。朱逆由粤竄閩，尚剩匪船四十餘隻，經許松年等追入粤界，在南澳長山尾洋面督兵奮擊，守備黄志輝坐船撞翻大賊船一隻，並焚燬牽獲多船，殺賊無算，餘船潰竄廣澳外洋，探確該逆已于此次被礮轟傷，旋即斃命。蔡逆窮蹙日久，剩船十餘隻，潛逃浙江之魚山外洋，王得禄、邱良功約會閩、浙師船躡蹤追及，閩幫擊散各匪，浙師專注逆船，極力追剿，直抵温州黑水外洋，兩省舟師合圍火攻，燒壞逆船舵邊尾樓，王得禄用坐船乘勢衝去，斷其後舵，逆船遂沈，該逆同伊妻被浪捲没，夥衆盡散淹斃。二逆罪惡貫盈，先後殄除，人心大快。閩、浙兩省自朱渥、張阿治投誠後，全境俱已肅清，而粤省尚剩烏石二一幫。方郭學顯投首時，該匪亦有乞降之請，經百齡奏聞，奉旨查明伊等果出自至誠，即照郭學顯之例辦理。奈該匪自外生成，意存攜貳，竟以乞降爲緩兵之計，仍敢連艫伺擾，圖劫村莊。百齡知其怙惡狡詭，飭令舟師探剿，躡至儋州洋面，該匪船三十餘隻正欲駕逃，兵船驟集，奮力圍攻，將該匪及家口全行擒縛，并擒首夥烏石大、烏石三、鄭耀章、楊片客等百數十名，餘匪殲滅無遺。自此鯨鯢翦盡，海不揚波，䀀溢騰歡，共樂承平之宇矣。」臣元并敬録冠于兩《記》之首。戊寅六月。

淮海英靈集序

吾鄉在江、淮之閒，東至于海。漢、唐以來，名臣學士概可考矣。我國家恩教流被百餘年，名公卿爲國樹績，其餘事每託之歌詠。節臣、孝子、名儒、才士、畸人、列女輩出，其閒雖不皆藉詩以傳，而鍾毓淳秀發于篇章者，實不可泯。元幼時，即思輯録諸家，以成一集，而力未逮。入都後，勤于侍直，亦未暇及此。乾隆六十年，自山左學政奉命移任浙江，桑梓非遥，徵訪較易，遂乃博求遺籍，徧于十二邑，陳編蠹稾，列滿几閣，校試之暇，删繁紀要，效遺山《中州》十集之體，録爲甲、乙、丙、丁、戊五集，又以壬集收閨秀，癸集收方外，虚己、庚、辛三集以待補録。曰「淮海英靈」者，宋高郵秦少游嘗名其集曰「淮海」，唐殷蟠選唐詩亦曰「河嶽英靈集」矣。書成雕板，用廣流傳。余之録此集，非敢取鄉先生之詩衡以格律而選定之也，亦非藉已故詩人爲延譽計也。廣陵耆舊零落百餘年矣，康熙、雍正及乾隆初年已刊專集漸就散失，近年詩人刻集者鮮，其高情孤調卓然成家者固多，即殘篇斷句僅留于敝簏中者，亦指不勝數，亟求之猶懼其遺佚而不彰，遲之又久不更替乎？且事之散者難聚，聚者易傳，後之君子，懷耆舊之逸轍，采淮海之淳風，文獻略備，庶有取焉。

廣陵詩事序

余輯《淮海英靈集》既成，得以讀廣陵耆舊之詩，且得知廣陵耆舊之事，隨筆疏記，動成卷帙，博覽别集，所獲日多，遂名之曰「廣陵詩事」。其閒有因詩以見事者，有因事以記詩者，有事不涉詩而連類及之者，大指以吾郡百餘年來名卿賢士嘉言懿行綜而著之，庶幾文獻可徵，不致霝落殆盡。且余生于諸耆舊百餘年後，亦藉此收羅殘缺，以盡後學之責也。退食餘閒，檢付弟亨、子常生，鈔録成書，將以付刻。至于爵里族姓，或有舛誤，遺聞佚事，再當補述，尚望同志君子訂而續之。

小滄浪筆談序

余居山左二年，登泰山，觀渤海，主祭闕里，又得佳士百餘人，録金石千餘本，朋輩觴詠，亦頗盡湖山之勝。乾隆六十年冬，移任浙江，回念此二年中所歷之境，或過而輒忘，就其尚能記憶者，香初茶半，與客共談，且隨筆疏記之。何君夢華、陳君曼生皆曾遊歷下者，又爲余附録詩文于後，題曰「小滄浪筆談」。小滄浪者，居泲南時習遊大明湖小滄浪亭，卷首數則皆記小滄浪事，遂爲風舟之濫觴耳。

皇清碑版録序

元數年來，仿朱子《宋名臣言行録》、李幼武《續録》及杜大珪《名臣碑傳琬玉録》之例，閱文集數十百家及碑誌搨本，爲《皇清碑版録》數十卷。歸里後，復屬丹徒王柳邨豫。補輯之，又幾十卷。茲不過隨時鈔録之書，是非去取，次序先後，皆無義例也。

江蘇詩徵序

嘉慶元年，余在浙督學，選輯國朝浙人之詩，曰「兩浙輶軒録」，刻之。又選輯國朝揚州府及南通州之詩，曰「淮海英靈集」，刻之。復欲輯江蘇各府州之詩，勞勞政事，未能也。歲丙寅、丁卯間，伏處鄉里，見翠屏洲王君柳邨儲積國朝人詩集甚多，而江蘇尤備。柳邨欲有所輯，名之曰「江蘇詩徵」。余乃歲資以紙筆鈔胥，柳邨遂益肆力徵考，於各家小傳詩話尤多采擇。嘗下榻擁書於焦山佛閣中，月色江聲，與千百詩人精魄相盪。鐵冶亭制府聞而異之，因題其閣曰「詩徵閣」。柳邨選詩，謹守歸愚《別裁》家法，雖各適諸家之才與派，而大旨衷於雅正，忠節、孝義、布衣、逸士詩集未行於世者，所録尤多，可謂攄懷舊之蓄念，發潛德之幽光者矣。丙子歲，輯成五千四百三十餘家，勒爲一百八十三卷，屬余訂之。余方馳驅豫、楚，心力不足，目力亦昏，不能如在浙時從事於此，束其稿入粤，同里江君鄭堂、藩。許君楚生、珩。淩君曉樓、曙。皆在粤館，爰屬三君子刪訂校正之。梓人告成，裒然巨集，庶幾自酬夙願，而柳郵亦不虛致此力矣。

嘉慶四年己未科會試録後序

欽惟我皇上文啟重光，學承道統，體仁孝以繼德，本忠信以臨民，海内之士，莫不身被至教，中心誠服，況懷牒入京師，親見備禮敷政者哉！本年己未會試，命臣朱珪爲正考官，臣劉權之、臣阮元、臣文寧副之。伏念臣江淮下士，學識庸愚，由内廷翰林洊陟卿貳，受恩逾格，感激之忱與悚愧之念交摯焉。茲承任使，襄校禮闈，臣矢竭顓蒙，虛公將事，伏思校數千人之文藝，必當求士之正者，以收國家得人之效，欲求正士，惟以正求之而已。唐裴行儉曰：「士先器識而後文藝。」器識之遠大不易見，觀其文，略可見之。文之淺薄庸俗，不能發聖賢之意旨者，其學行未必能自立。若夫深於學行者，萃其精而遺其粗，舉其全而棄其偏，簡牘之閒，或多流露矣。故臣愚以爲得文者未必皆得士，而求士者惟在乎求有學之文。且皇上之所以得士者，多其數以擢拔之，寬其途以登崇之，育之以成其材，教之以端其術，積數十年後，供皇上内外任使者，必有今日之士。然則士之砥礪濯磨，期無負乎皇上教育之恩者，當何如也？《文王有聲》之詩曰：「自西自東，自南自北，無思不服。」然則多士之心服聖人願趣左右者，實聖人之仁孝忠信有以篤啟之也。

兩浙輶軒録序

余督學浙江時，輯《淮海英靈集》成，蓋江、淮間一郡之詩采録尚易，欲輯江蘇一省之詩，則力有未能。

繼思余督學于浙，乘輶軒采風，非力之所不能爲也，爰訪遺編，求總集，徧于十一郡，自國初至今，得三千餘家，甄而序之，名曰「兩浙輶軒録」。嘉慶三年，書成，存之學官，未及栞板。六年，巡撫浙江，仁和朱朗齋、錢塘陳曼生請出其稿，願共栞之。乃畀之重加編定，序而行之，别爲條例，以志其詳。此雖余少年好事之所爲，然力有可爲者，則爲之耳，未計其他也。獨念吾鄉自國初至今，詩人輩出，他時或有好事者，乘使者車，至大江南北，輯而録之乎？是有望焉。

兩浙輶軒録補遺序

予督學時，所輯《兩浙輶軒録》既梓行矣，其間應録而未録者頗有之，惟以爲亹吏之政不復能從事于此。楊孝廉秉初。等各以所輯補者將栞板行之，就正于予。予繙閱之，誠能補前録之所闕佚。鉅卿名士，本不以人録爲重，而録詩者不可遺之。至如一介之士，或恃聲律以自表見，與其删之，毋寧存之，故元于此補録者，不汰一人也。

試浙江優行生員策問

問：取士之道，宜先行誼而後文藝，顧文則易知，行難驟考，當若何觀察，以得其實歟？以四書義取士，垂數百年，明初勅襲成書，爲《五經大全》，錮蔽士人耳目，至我朝以經術教士，當若何提倡，以矯空疎雜濫之弊歟？得人之法，在於命題，務隱僻則困英士，偏一體則棄衆才，當若何平正體要，使人各能盡其所長歟？鄉試則二、三兩場功半頭場，歲科則防弊之力半于閱卷，當若何勤敏，以督房考而肅關防歟？士之治經史者，或短于文詞；工文詞者，或疎于經史；專學藝者，或鈍于時務；習時務者，或荒于學藝，當若何棄其短以得長，教其偏以求全歟？江、浙爲人才淵藪，被國家太平之治，百餘年矣，化顓蒙以學業，榮草茅以科名，諸生他日苟有膺取士之任者，宜若何虛懷誠求，勿遺佳士，以酬聖人教養之恩于萬一也。其悉對毋隱。

己未會試策問

問：孔子假年學《易》，雅言《詩》、《書》、執禮，《易》有三而《周易》獨傳，漢、晉、唐、宋説，能擇其精而析其弊歟？乾坤象龍馬，用九六，然則象數可偏廢歟？詩言志，聲依永，律和聲，有《詩》而後有韻律歟？或《詩》韻必取同部，間有分合然歟？同部、假借、轉注能言其例歟？《詩》中訓詁見於《爾雅》者幾何？未見者幾何？《尚書》見於《史記》、《漢書》者，孰爲古文？孰爲今文？孔、蔡傳解句讀可別白參解否？《堯典》中星至周而差，恒星東行，確可據歟？三江舍經文則支條歧出，淮、泗何以通菏？敷淺原、三亳確在何地？《儀禮》宫室制度若誤，則儀節皆舛，試舉正之。鄭注後孰精其業，試指數之。《周禮・小司徒》田賦與《司馬法》異而同歟？鄭注「讀爲」、「讀若」之例與許慎同否？《禮記・月令》節物可與《夏小正》、《吕覽》諸書參考歟？經注正義訛脱可校補歟？我國家經學昌明，其各舉所知以對。

問：正史二十有四，應補撰注釋、音義者何？書、表、志與紀、傳並重，孰詳孰闕歟？儒林、文苑、道學應分應合歟？《史通》所論，得失參半歟？編年與紀傳分體，《資治通鑑》前何所本、後何所續歟？二劉、范祖禹、胡三省輩有功司馬者何在？紀事本末體何所倣？袁樞以後，誰爲繼作？《通鑑綱目》何所裁別？夫經述修治之原，史載治亂之蹟，疎於史鑑，雖經學文章，何以致用耶？我朝史法遠邁前代，《舊唐書》、《舊五代史》備列于正史，《御批通鑑輯覽》及《評鑑闡要》，欽定《明史》及《通鑑綱目》三編，于宋、明閏位并存年號，以示大公，「遜國」、「復辟」、「議禮」三大案皆有定論，直紹《春秋》，以垂教萬世，諸生能講貫條舉，徵體用之學歟？

問：察吏所以安民也，民生艱易，賴乎守令，守令廉貪，視乎大吏，虞廷三載考績，周官六計弊治，此允釐之要也，漢刺史以六條察二千石，唐考功有四善二十七最。宋置考官院考中外官，當若何循名責實，乃有裨於官箴民命歟？兒寬當課殿，民争輸租，張綱卒於郡，寇亦喪服，究何實以臻此？廣漢、孫寶同尚嚴威，張霸、張堪皆崇德化，寬猛何以相濟歟？楊震遺子孫以疏食，陸贄受刺史之新茶，廉吏所爲，可指數歟？袁安爲河南尹，名重朝廷，范純仁識吴仁澤起於簿領，儲材采望，可期大法小廉歟？韋皋侈横，亦務蓋藏，德秀賑饑，親行郙谷，民生安危，不基於此歟？明孝宗朝，六卿得人，則賢能輩出，正内以飭外，察吏有漸，更有本歟？我皇上躬先仁孝，舉錯大公，董正官方，肅清綱紀，賢士乘時，敬應其各言爾志。

問：弭盜之法，寄於軍政，《周禮》司馬掌兵，而追胥竭作屬之，司徒掌戮禁暴，隸于秋官，然則兵法與教刑通歟？漢制南北軍而郡守即爲將，唐制彍騎而裴、李奏厥功，宋則河北、河東有神鋭、忠勇，陝西有保毅、强人，荆、湖有義軍，復有川陝土丁、涪州義軍、夔州壯丁，然則團練精鋭，隨地皆可弭盜歟？韓琦籍陝西義勇，程琳以廂兵補募兵，司馬光言鄉弓手不宜刺充正軍，利弊可晰舉歟？王安石減兵節財，變行保甲，何以有流弊歟？蘇軾疏河北弓箭社事，宜其説可採歟？用兵弭盜，在乎將略，若明項忠之擒滿俊，彭澤之平河南、四川，韓雍、王守仁之破斷藤峽，其謀勇可述歟？剿撫兼行，必先勦而後撫，若原傑撫荆襄流民四十餘萬，王守仁撫降田州蠻，其方略可法歟？我皇上廟謨勝算，簡命經略勦辨川、陝餘匪，俾戮其渠首，赦其脅從，德威並用，計日蕩平，多士盍考古而抒所見焉。

海運考跋

以海運易河運，不特數百年舊章不可驟改，且數萬丁伍水手失業無賴，亦爲可慮。然近年河運屢屢梗塞，且天庾無多儲，萬一南船不達，則嗌而不食，可爲寒心者也。嘉慶八年十一月，欽奉上諭，爲預籌海運一事，即與僚屬盡心集議，外訪之於人，内稽之於古，知數百年來，民生國計，籌之未嘗無人，徒以目前牽率之時，萬不敢以待供之度支，取嘗試於一旦，故入告之章曾有「海運非必不可行之事，然非萬不得已而後行之」之語，蓋不敢決然行之，亦不敢決然不行之也。後得皇上福庇，河流順軌，其議亦寢。然九年十月，洪澤湖水低弱，力不足以刷黄，以致河口淤沙，七省糧船全不能渡，因開祥符五瑞閘，放黄水之上流入湖，減黄助清，于是清、黄始平，復開小引河數里，飛輓各船，始能渡河。當引河水未通時，七省齊奏備駁運之法，然以七省數百萬之糧，用小船以萬計，方可達淮，民情必致擾動，浙省尤少船，須向外江争先封僱，費尤鉅，勢難全漕皆歸駁運，不得已，乃暗籌海運一法。十一月招致鎮海縣由北來南之船約得一百餘艘，此種船聞松江、上海尚有二百餘艘，約可得四百艘，每艘可載米一千五百餘石，略用兵船護出乍浦，即放大洋。其裝卸之程、脚價之費，俱與之議立章程，以待不虞，交卸如速，一年可以往返三次，較河運省費三之二。後以河道復通，遂不復用。然未雨之綢繆，聖人不廢，且近年民困于丁，丁困于河，東南之力竭矣。運費增則民力困，運費減則民力紓。因重理舊説，凡考之于古與參之于今者，纖悉著之于簡，都爲《海運考》一册。昔明邱濬《大學衍義補》曰「國家都燕，蓋極北之地，而財賦之入，皆自東南而來，會通一河，譬則人身之咽喉也，一日食不下咽，立有大患。迂儒過爲遠慮，請于無事之日，尋元人海運之故道」云云，則元猶此志也。夫以聖人御世，山川效靈，亦不必尋蹈故轍，以爲千慮一得之效，而以臣子過計之心，夫亦何所不至。故不忍棄去，綜而述之，或用此法，分江、浙全漕十分之幾，試而行之，可乎？嘉慶十年春。

海塘擥要序

浙江海塘爲杭、嘉、湖、蘇、松、常六郡民田廬舍，所關國計至重。晉、唐以後，南江道塞，南宋嘉定以前，潮由中亹出入，南北兩岸俱無所害。自嘉定十二年，潮失故道，水力直趨於北，海寧州南四十餘里淪入海水，而禪機、河莊兩山間中小亹旋刷旋淤，不能不藉塔山石壩以殺其北衝之勢，且使大潮不得闌入以爲汕刷之資，斯萬世不易之良法也。乾隆二十七年，翠華南幸，軫惜民瘼，親臨閲視，見其横截海中，直逼大溜，因斷自宸聰，添設坦水竹簍木櫃，隨時鑲築，遂爲東南永奠之基。夫海猶河也，治海而不安其性，猶弗治也。恭讀聖製《閲海塘記》、《視塔山誌事》諸碑文，知東南六郡數十年安恬之福，非大聖人不能總其樞要者，可耕鑿而罔知帝力乎？元自庚申撫浙，捍禦多年，今聖天子廑念要工，月披圖奏，繼先志也。元嘗虞治河有書，而治海無書，治河如潘、靳諸書，雖用力不必盡同，皆能發明水理，確然措諸施行，而治海自翟均廉《海塘録》一書之外，新志缺而未備，是亦未窺今廟謨之所在矣。爰于嘉慶六七年間，屬門生陳編修壽祺纂成全志三十卷，繼因奉諱去官，未及梓行。東防同知合州楊君苙任後，究心斯事，請其稿于元，而加以删葺，别爲《海塘擥要》一書，以續長白琅公所輯新志。歲戊辰，元復來撫浙，又期年，而此書刊適成，來請序。其書以修築工程爲要，而考古次之，浙之官士可仰識聖澤之高深，且知坍漲之形勢，工用之準則矣。

嘉靖搢紳册跋

余家藏《嘉靖搢紳》數册，得自闕里孔氏。其京職一册題曰「搢紳」，至外省一册則但題曰「仕宦備覽」。若河間紀氏所藏順治十八年《搢紳》，則無分京、外，皆曰「搢紳」矣。册中于都察衙門既列各省總督撫按，而各外省又重列之，已駸駸乎不列于京職矣，故册首葉題曰「新刊隨省總督撫按總鎮搢紳」。曰「新刊隨省」者，明乎舊之不隨省也。其外省總督則陝西三邊、四川一員，江南、江西一員，福建一員，浙江一員，湖廣一員，兩廣一員，雲貴一員，漕運一員，河道一員，共八員。巡撫則提督操江兼巡撫安慶、徽、寧、池、太五府，廣德州兼轄光州、固始、黄梅、廣濟、湖口、德化地方一員；順天、河間、永平三府，宣府一鎮，密雲等關一員；直隸保定、直順、廣泰地方，紫荆等關一員；山東一員；山西、太原等處，雁門等關一員；河南兼河道一員；陝西一員；延綏一員；寧夏一員；甘肅一員；總理糧儲巡撫江寧等處地方一員；浙江一員；江西一員；南贛、汀、韶、惠、潮、郴、桂等處一員；福建一員；湖廣一員；撫治鄖陽等處一員；偏沅等處一員；四川一員；

廣東兼鹽法一員；廣西兼鹽法一員；雲南兼建昌、畢節、東川等處一員；貴州兼督理湖北、川東等處一員；鳳陽等處兼理海防一員，共二十四員。總督皆兼兵部尚書，或兼右都御史，或兼左、右副都御史銜。巡撫或兼兵部左、右侍郎，或兼右副都御史、右僉都御史銜。其江南省督撫按之後，則列江南等處左布政一員，右布政司兼錢法一員，按察使一員，提督江、安、徽、寧、池、太、廬、鳳八府，滁、和、廣三州，上江學政、按察僉事一員，提督淮、揚、蘇、松、常、鎮六府、徐州等處學政、按察僉事一員。外省提鎮亦列京職，在鑾儀衛衙門中，或兼左、右都督，或兼都督僉事銜。外省亦各隨省列之。凡此，皆足以資考證也。

揚州府志事志氏族表圖説三門記

自古史傳，人事與地理相爲經緯者也。人事月改日易，而終古不易者，地理也。同一郡縣山川，在漢某年爲治爲亂，在唐某年爲失爲得，賢良之拊循，忠烈之嬰守，災害利弊，前史具在，修郡志者，是宜專立一門，以備考覽。揚州太守伊公，秉綬。以修圖經之事訪于余，余爲立「事志」一門，凡經史書籍中有關揚州府事者，編年載之，始于《左傳》吴城邗溝通江、淮，迄于順治十六年賈質死瓜洲之難。纂修諸君依余言撰之，成六卷，三千年事粲然畢著矣。太守以憂去官，此六卷稿與各門稿本皆存余家。余除服入都，巡鹽御史阿公克當阿。續修府志，延余門生姚文田等撰之。余以此門授文田曰：「勿可改也。」故此門至今刊成獨詳備，特名「事志」曰「事略」耳。

又立「氏族表」一門。氏族表者，仿《唐書·宰相世系表》爲之者也。一縣之中，必有大家舊族、新貴儒門，以此爲主，而收其族，凡内官翰、詹、科、道以上，外官道、府、鎮、協以上，由科甲出身者，皆以其姓氏立表，首叙先世遷徙之由，表中詳載各房名字，自生員以上皆附見于表。即如江都、甘泉、儀徵之耿氏、唐氏、楊氏、常氏、鄭氏、秦氏、許氏、阮氏、興化李氏、高郵王氏、寶應劉氏、喬氏、泰州宫氏等族，各以宰相、九卿、勳爵、督撫等官，家自爲譜，余皆借而次第輯成表稿，惜余入都後，當事者有所礙而未之纂也。

又立「圖説」一門。圖説者，以一邑分四鄉，以四鄉分都圖，每一地保所管之地繪爲一圖，周回徑直不過二三里耳。圖内爲説曰東西南北至某處，有某山與何處相連，有某水某路自某處來，自某處去，所管之地有某村、某橋、某廟、某墓，聚十數地保之圖，即成一鄉，聚四鄉即成一邑。一邑之圖説須以數十紙計，而城池、廨宇、街巷更在此外，此所以爲圖經也。惜在官不能集事，圖説一門遂止矣。余在雷塘嘗畫雷塘一地保之圖，刻爲木板，印百紙，呈太守屬其頒之縣爲式，使各保具此圖。遲之又久，卒無圖者。余路經堡城，呼其地保詢之曰：「若具所管地圖乎？若見所頒圖式乎？」地保曰：「未之見也。縣吏匿其圖曰：『各保如欲圖式者，輸我錢若干。』故至今未具也。」余瞿然而止，不敢再言。嗟乎！幸地保之未具圖也，使再促之，未有不轉斂錢于村民者，弊之難防如此。雷塘一圖，余載之《雷塘墓記》篇後，可覽而知其概也。

吴烈婦吞金紀事卷跋

西湖葛嶺之下，舊有吞金祠，祠後有墓，墓爲吴烈婦所葬。烈婦姓戴，初與錢塘學生吴錫居比鄰，戴父死，哭之至失明，人呼爲孝女，因聘焉。既歸，後數年，而錫疾，戴侍湯藥，知不治，請先死。錫曰：「吾未死而汝死，是以死促我也。」戴泣而止。將屬纊，呼弟錀曰：「汝嫂將必死，屬家人伺之。」及死，戴以首觸棺，碎首，血被面，家人環伺之，絞以巾，刺以裙刀，凡求死者七，最後吞金，不得死，乃密壞玻璃瓶，吞其廉，腸斷，嘔碧血數升死。里人祠之，事載毛西河檢討所爲《墓誌》，視其家所藏傳記加詳。吞金者，志烈婦之志也。烈婦之死，或以玻璃不成辭，故以吞金志之乎？祠既毁，墓將不可識別，其後裔因梁山舟學士爲之表，乃復建坊於其地。余前任浙撫時，曾訪其墓，入祠揖其栗主焉。嘉慶十四年春暮，吴氏後人以此卷請題傳，曰：「有其舉之，莫敢廢也，矧烈婦之志有不可得而泯者乎？是亦守斯土者之宜急與也。」爰具書以歸之。

吉蘭泰鹽池客難

予之奏改吉蘭泰鹽爲任商自運自售，不定鹽額，而止水運於皇甫川，增東河鹽課八萬餘引也。客有難者曰：「曷爲税榷乎？」余曰：「税若不定額耶，則與余所改不定引額無異。定額耶，誰其補所虧也？且新設各官皆鹽官，而改爲税，則當改鑄監督印，改名不改實，可勿更張矣。」客曰：「近年吉鹽爲内地商民之累，曷絶之，而以此鹽課歸地丁也？」余曰：「吉鹽累商及民者，賠課洒派也。今已請弛之，曷累焉？昔河東鹽課歸地丁爲課數始自國初，故可也。今吉鹽之課始增於嘉慶十一年，若歸地丁，是加賦始吾君，曷可也？」客曰：「有議以鹽池賜還藩王，示不屑有之者，似得體也。」余曰：「阿拉善部在河套西，即古賀蘭山，康熙初，多羅禮無所歸，聖祖仁皇帝賜以此土，孳遊牧者百餘年矣。吉蘭泰乃其部之鹽池，阿拉善王瑪哈巴拉任回民馬君選等販鹽，侵潞、淮，皇上執回民罪之，宜也。瑪哈巴拉懼而獻其地，皇上收之使商運之，亦宜也。今曷與之？且若與之，亦當曰再賞之，不當曰還之。」客曰：「吉鹽不至晉二年矣，民未聞淡食，有議封禁之勿水運之者，是也，曷使內運焉？」余曰：「吉鹽性重味佳，豔物能久利醬菹，苟不貴，民甚利之。若內運，可以平潞鹽、土鹽、鄂爾多斯鹽之價，藩民及塞外貧民賴爲生計者數萬人，曷絶之？」客曰：「既不可絶，而今以皇甫川爲止，是絶其半矣。」余曰：「藩民不可使之太富，亦不可使之太貧。太貧則不安，太富亦不安。今半絶之，所以權衡使適中也。且皇甫川一大使耳，能全絶私船乎？皇甫川距河東引地六百里，一二年後河東私鹽必侵而北，皇甫川私鹽必侵而南，兩侵則兩爲平準焉，民食裕而市價賤矣。譬如南北二家之田，中隔閒地六畝，歲既久，南者必稼而北，北者必稼而南，兩私則不爭，爭則官治之，并閒田失之矣。」客曰：「河東商曷肯增引也？」余曰：「吉鹽二年不至晉，河東之行無引之鹽必多，特無實據耳，然不敢久，久則懼或發之。余之許其增引，知其實有可增也。余之請止吉鹽於皇甫川，蓋陰制藩部太富之計，非爲河東增引計也。」客曰：「河東道但請禁水運，商人以增引兼請，何也？」余曰：「此道官與商同氣也。水運當禁自禁之，不在增引不增引。商引當增則增之，不在水運不水運。若終固挾而求焉，余將劾而請逮治之矣。商知余之不可要，乃終請增引，而不復敢言禁水運也。」客曰：「唯唯。」時壬申五月二十九日。此奉使往山西查辦蒙古鹽事。

致杭嘉湖道李坦書

浙江之性，非折不行。乾隆中年，杭城以東、海寧城以東皆有護沙，而中間老鹽倉一段數十里獨受頂衝，則以南岸有牛舌尖沙之故。惟其有此尖沙吐尖向北，故江水之下也，過尖衝北岸則折而向南，潮水之上也，過尖衝北岸亦折而向南，兩頭向南，故護沙生而受衝險工僅中間一段耳。乾隆五十年間，有不諳塘工水性者，以牛舌尖沙爲可惡，若截而直之，則中段亦望護沙之漲，于是截牛舌，開引河，導水刷沙一空，孰知不但中段不生護沙，并兩頭護沙全失，杭城烏龍廟外全受頂衝潮撲，民居之簷塘外桑田盡爲滄海，海寧鎮海塘以下亦皆一片大海矣。余保障危險、調劑水性者數年，至嘉慶十一年以後，兩頭漲沙復生，則以南岸漸復尖沙之故，元方以爲深幸，但恐將來復有惡尖沙不直者，故以奉告耳。庚午秋日。

嘉興嘉禾圖跋

嘉興馮鷺庭前輩以《嘉禾圖》卷來屬題句。元案：嘉興本嘉禾郡，以地産嘉禾得名，顧所謂嘉禾，今老農未之見也。嘉慶九年甲子五月，江、浙大雨，水汎濫沈浸，浙西三郡皆被災，禾之已種者爛于水，民厄且懼。六月，水退，民補栽苗者十之九，秋甚燠，晴雨相間，禾大熟。有一莖三四穗至九穗者，老農詫以爲異，士之知古者曰：「此即吾郡所謂嘉禾也。」相慶以爲帝之德所感召焉。方水之横行也，魚游于民竈，舟越阡陌帆而行，余具狀馳驛入告，帝憫甚，命發倉穀數十萬，賤其值糶于民，或以粥或以錢米賑貧者三十餘萬口，蠲緩地丁漕米數十萬石，勿徵于民。邑之富者各出錢穀卹其鄉，民少安，而游食之徒復乘災鴆衆横于鄉里，余飭文武官擒其渠，散其黨，民乃益安。迨九月，禾大熟，有一莖九穗者，此帝之德，足以召祥和，故其轉也爲甚速。若大吏者，方省愆之不暇，敢貪天和爲己力乎？且田之終不能補種并禾而無之者，尚比比也。寒冬雨雪就食粥者，尚萬人也。余披圖感悚，知此爲天之恩、帝之德而已。今皇帝尚德政，不言嘉祥，未敢以此聞于朝，亦未敢爲詩歌以侈之，謹識其事於卷末云爾。

硤川煮賑圖後跋

救荒無善策，惟因時地制宜而已。余撫浙無德，屢致災。嘉慶九年夏，浙西大水，已行平糶、賑濟、借籽種諸政矣。十年夏，蠶麥又失收，民益困，乃遵欽定《工賑紀事》粥賑之法，奏設粥廠於十五州縣，凡三十四廠，大率相距二三十里即分設一廠焉。始也，議者紛起，以爲粥必有石灰，非救民，乃害民，又以爲婦孺必相踐而死，又以爲人多必致疫，又以爲司事者必侵蝕，民無實惠。余曰：「此數弊皆所素有，但在人爲之耳。」于是每廠皆延誠實紳士，委以錢穀煮賑之事，官吏不涉手，惟鉤算彈壓而已。硤石惠力寺廠，其一也。海寧馬君鈺以部郎居鄉，平日好行其德，委以廠務，力任不疑，余又薦原任臨海縣令尹無錫華君瑞潢助之。其散籌分男女兩廠，佛寺大蘆篷無雨淋日炙之苦，貧民盪舟而來，道路出入次第皆以木栅梆礮爲號令紀律，日賑數萬人，無擁塞之虞，有疾者給以藥，老病癈疾者别有廠，婦女有厠篷。終數十日，無一人死于廠者，粥濃厚，皆遵余令以立箸不倒、裹巾不滲爲度。馬君及分司者與飢民同食之，無一盎饐餲者。除領官銀之外，凡可以格外便民者，馬君皆力爲之，以故硤石之賑尤盡善。夫水旱之事不能必無，國家休養之恩百數十年矣，昔之八口食十畝者，今數十口食之矣。今之六分災，敵昔之十分災也。倘不以此次煮賑爲謬，數十年後，若有荒歉，或可倣而行之。或曰：「分廠賑粥，不如分鄉散米。」余曰：「分鄉散米固善，但一二縣之地，有良有司、善紳士爲之乃可，若數十州縣，必有流弊。且賑粥專爲下下貧民供朝夕也，若錢與米，則中中、中下人皆走索之，反使下下之民短其賑期矣。」總之，賑災無善策，惟相時地之宜，實惠及民而已。馬君繪此圖，屬華君示予并請題後，是仁者之用心也。曷再以原奏及煮粥散籌各章程附録于後，俾後之人益有所考焉。

重修廣東省通志序

元涖兩廣，閲《廣西通志》，乃嘉慶初謝中丞啟昆所修，喜其載録詳明，體例雅飭。及閲《廣東通志》，則猶是雍正八年郝中丞玉麟所修，書僅六十四卷，《四庫書提要》稱其一年竣事，體例牴牾，未悉訂正，且迄今九十餘年，未經續纂，若再遲，則文獻愈替，是不可不亟修纂矣。爰奏請開局纂修之，大略以《廣西通志》體例爲本而有所增損，凡總纂、分纂、採訪、校録，莫不肩任得人，富於學而肯勤其力，三年有成，奏進御覽。《志》三百三十四卷，爲典一，曰「訓典」；爲表四，曰「郡縣沿革」，曰「職官」，曰「選舉」，曰「封建」；爲略十，曰「輿地」，曰「山川」，曰「關隘」，曰「海防」，曰「建置」，曰「經政」，曰「前事」，曰「藝文」，曰「金石」，曰「古蹟」；爲録二，曰「宦績」，曰「謫宦」；爲列傳八，曰「人物」，曰「列女」，曰「耆壽」，曰「方技」，曰「宦者」，曰「流寓」，曰「釋老」，曰「嶺蠻」；爲雜録，一共二十六門。古人不曰「志」而曰「圖經」，故圖最重。宋王中行等《廣州圖經》不可見矣，今則一縣一州爲一圖，沿海洋汛又爲長圖，按册讀之，粲然畢著矣。《廣東通志》舊有康熙十二年劉中丞秉權所修之三十卷，明萬曆二十九年郭棐所纂之七十二卷，嘉靖三十六年黄佐所撰之七十卷，嘉靖十四年戴璟所撰之初稿四十卷，各書多就殘佚，惟黄《志》爲泰泉弟子所分撰者，體裁淵雅，廑有存本，今求得之，備加採録。元家藏秘籍如宋王象之《輿地紀勝》等書，亦多採録，是以今《志》閲書頗博，考古較舊加詳，而選舉、人物、前事、藝文、金石各門亦皆詳覈。至於國初收粤、平削尚藩諸鉅事，則已載在國史，此志不得記之，與《廣西志》同例也。書成刊校，爰敘其後。道光二年閏三月。

恭進十三經注疏校勘記摺子

欽惟皇上聖德天縱，典學日新，爲政本乎六經，教士先夫儒術，此我朝聖聖相承之極軌也。臣幼被治化，肄業諸經，校理注疏，綜核經義，於諸本之異同，見相沿之舛誤，每多訂正，尚未成書。乾隆五十六年，奉敕分校太學石經，曾以唐石經及各宋板悉心校勘，比之幼時所校，又加詳備。自後出任外省，復聚漢、唐、宋石刻暨各宋、元板本，選長於校經之士，詳加校勘，自唐以後單疏分合之不同、明閩附音之有别，皆使異同畢録，得失兼明，成《十三經注疏校勘記》二百十七卷，附《孟子音義校勘記》一卷、《釋文校勘記》二十五卷。昔唐國子博士陸德明慮舊籍散失，撰《經典釋文》一書，凡漢、晉以來各本之異同，師承之源委，莫不兼收並載，凡唐以前諸經舊本賴以不墜。臣撰是書，竊仿其意。連年校改方畢，敬裝十部進呈御覽。臣自維末學，莫贊高深，妄瀆聖聰，不勝戰慄悚惶之至。謹奏。嘉慶二十一年十二月。

北京大學《儒藏》編纂與研究中心 編

《儒藏》精華編選刊

揅經室集（中）

〔清〕阮元 撰

沈瑩瑩 校點

北京大学出版社
PEKING UNIVERSITY PRESS

揅經室三集卷一

南北書派論

元謂書法遷變，流派混淆，非溯其源，曷返于古。蓋由隸字變爲正書、行草，其轉移皆在漢末、魏、晉之間；而正書、行草之分爲南北兩派者，則東晉、宋、齊、梁、陳爲南派，趙、燕、魏、齊、周、隋爲北派也。南派由鍾繇、衛瓘及王羲之、獻之、僧虔等以至智永、虞世南，北派由鍾繇、衛瓘、索靖及崔悦、盧諶、高遵、沈馥、姚元標、趙文深、丁道護等以至歐陽詢、褚遂良。南派不顯于隋，至貞觀始大顯。然歐、褚諸賢本出北派，洎唐永徽以後，直至開成碑版石經，尚沿北派餘風焉。南派乃江左風流，疏放妍妙，長于啟牘，減筆至不可識，而篆隸遺法，東晉已多改變，無論宋、齊矣。北派則是中原古法，拘謹拙陋，長于碑榜，而蔡邕、韋誕、邯鄲淳、衛覬、張芝、杜度篆、隸、八分、草書遺法，至隋末、唐初貞觀、永徽，金石可考。猶有存者。兩派判若江河，南北世族不相通習。至唐初，太宗獨善王羲之書，虞世南最爲親近，始令王氏一家兼掩南北矣。然此時王派雖顯，縑楮無多，世間所習，猶爲北派。趙宋閣帖盛行，不重中原碑版，於是北派愈微矣。元二十年來，留心南北碑石，證以正史，其間蹤跡流派，朗然可見。近年魏、齊、周、隋舊碑新出甚多，但下真蹟一等，更可摩辨而得之。竊謂隸字至漢末，如元所藏漢《華嶽廟碑》四明本「物」、「亢」、「之」、「也」等字，全啓真書門逕，《急就》

章草實開行草先路。舊稱《宣和書譜》。王導初師鍾、衛，攜《宣示表》過江，此可見書派南遷之跡。晉、宋之間，世重獻之之書，右軍之體反不見貴，齊、梁以後，始爲大行，《南史·劉休傳》：「羊欣重王子敬正隸書，世共宗之，右軍之體反不見重。及休始好右軍法，因此大行。」梁亡之後，祕閣二王之書初入北朝，顏之推始得而祕之，《顏氏家訓》云：「梁氏祕閣散逸以來，吾見二王真草，家中嘗得十卷，方知陶隱居、阮交州、蕭祭酒諸書莫不得羲之之體。」由此論觀之，可見南北實不相襲。加以真僞淆雜，當時已稱難辨。陶隱居《答武帝啟》云：「羲之從失郡告靈不仕以後，略不復自書，有代書一人，世不能別見其緩異，呼爲末年書。子敬年十七八，全放此人書，故遂與之相似。」僧智永爲羲之七世孫，與虞世南同郡，世南幼年學書于智永，見世南本傳。由陳入隋，官卑不遷，書亦不顯。爾時隋善書者爲房彥謙、丁道護諸人，皆習北派書法，方嚴遒勁，不類世南。世南入唐，高年宿德，祖述右軍。太宗書法亦出羲之，故賞虞派，購羲之真、行二百九十紙爲八十卷，命魏徵、虞世南、褚遂良定真僞。見《唐書·藝文志》。夫以兩晉君臣忠賢林立，而《晉書》御撰之傳乃特在羲之，其篤好可知矣。慕羲、獻者，惟尊南派，故竇臮《述書賦》，自周至唐二百七人之中，列晉、宋、齊、梁、陳一百四十五人，周一人，秦一人，漢二人，魏五人，吴二人，晉六十三人，宋二十五人，齊十五人，梁二十一人，陳二十一人，唐四十五人。於北齊祇列一人，其風流派別可想見矣。羲、獻諸蹟，皆爲南朝祕藏，北朝世族豈得摩習？《蘭亭》一紙，唐初始出，歐、褚奉勅臨此帖時，已在中年，以往書法既成後矣。歐陽詢書法方正勁挺，實是北派，試觀今魏、齊碑中格法勁正者，即其派所從出。詳見跋中。《唐書》稱詢始習王羲之書，後險勁過之，因自名其體，嘗見索靖所書碑，宿三日乃去。夫《唐書》稱初學羲之者，從帝所好，權詞也；悦索靖碑者，體歸北派，微詞也。蓋鍾、衛二家爲南北所同托始，至于索靖，則惟北派祖之，枝幹之分，實自此始。褚遂良雖起吴越，其書法遒勁，乃本褚亮與歐陽詢，同習隋派，實不出于二王。《唐書》本傳云：「父友歐陽詢，甚重之。」諸書碑石雜以隸筆，今有存者，可覆按也。詳見跋中。褚臨《蘭亭》，改動王法，不可强同。虞世南死，太宗歎無人可與論書，魏徵薦遂良曰：「遂良下筆遒勁，甚得王逸少體。」此乃徵知遂良忠直，可任大事，薦其人，非薦其書，其實褚法本爲北派，與世南不同。此後李邕、蘇靈芝等亦皆北派，故與魏、齊諸碑相似也。詳見跋中。唐時，南派字跡但寄縑楮，北派字跡多寄碑版。碑版人人共見，縑楮罕能遍習。至宋人《閣》、《潭》諸帖刻石盛行，而中原碑碣任其蘚蝕，遂與隋、唐相反。宋帖展轉摩勒，不可究詰，漢帝秦臣之蹟，並由虚造，鍾、王、郄、謝，豈能如今所存北朝諸碑皆是書丹原石哉？宋以後，學者昧于書有南北兩派之分，而以唐初書家舉而盡屬羲、獻，豈知歐、褚生長齊、隋，近接魏、周，中原文物，具有淵原，不可合而一之也。北朝族望質朴，不尚風流，拘守舊法，罕肯通變。惟是遭時離亂，體格猥拙，然其筆法勁正遒秀，往往畫右出鋒，猶如漢隸，其書碑誌不署書者之名，即此一端，亦守漢法，惟破體太多，宜爲顔之推、江式等所糾正。其書家著名見于《北史》、魏、齊、周《書》、《水經注》、《金石略》諸書者，不下八十餘人。趙崔悦、盧諶，魏崔潛、崔宏、盧偃、盧邈、崔浩、崔簡、崔衡、崔光、崔高客、崔亮、張黎、谷渾、沈含馨、盧魯元、黎廣、江强、江式、江順和、屈恒、高遵、盧伯源、崔挺、游明根、劉芳、劉懋、郭祚、沈法會、李思穆、柳僧習、夏侯道遷、庾道、王世弼、王由、蔣少游、李苗、曹世表、裴敬憲、沈嵩、竇遵、柳楷、孫伯禮，劉仁之、宇文忠之、沈馥，北齊杜弼、李鉉、張景仁、樊遜、姚元標、韓毅、袁買奴、李超、李繪、趙彦深、崔季舒、蕭慨、源楷、賈德胄、顔之推、姚淑、王思誠、釋道常，北周冀儁、趙文淵、黎景熙、沈遐、泉元禮、蕭撝、薛温、薛慎、柳宏、裴漢、楊素、虞世基、虞綽、盧昌衡、趙仲將、劉顗、房彦謙、閻毗、竇慶、竇璡，隋丁道護、龐夐、侯孝直。此中如魏崔悦、崔潛、崔宏、盧諶、盧偃、盧邈，皆世傳鍾、衛、索靖之法，見《崔浩傳》。齊姚元標亦得崔法，《崔浩傳》云：「武平中，姚元標以工書知名，見潛書，以爲過于浩也。」《顏氏家訓》云：「北朝喪亂之餘，書跡鄙陋，加以專輒造字，猥拙甚于江南。惟有姚元標工于楷隸，留心小學，後生師之者衆，齊末秘書繕寫，賢于往日多矣。」《武平造象》、《藥方記》書法極佳，或元標筆歟？周冀儁、趙文淵皆爲名家，豈書法遠不及南朝哉？我朝乾隆、嘉慶間，元所見所藏北朝石碑不下七八十種，其尤佳者，如《刁遵墓志》、《司馬紹墓志》、《高植墓志》、《賈使君碑》、《高貞碑》、《高湛墓志》、《孔廟乾明碑》、《鄭道昭碑》、武平《道興造象》、《藥方記》，建德、天保諸造象記，啟法寺、龍藏寺諸碑，直是歐、褚師法所由來，豈皆拙書哉！南朝諸書家載史傳者，如蕭子雲、王僧虔等，皆明言沿習鍾、王，《蕭傳》云：「子雲自言善效元常、逸少，而微變字體。」《王傳》云：「宋文帝謂其迹逾子敬。」實成南派。至北朝諸書家，凡見於北朝正史、《隋書》本傳者，但云「世習鍾、衛、索靖，工書善草隸，工行草，長於碑榜」諸語而已，絕無一語及于師法羲、獻，正史具在，可按而知。此實北派所分，非敢臆爲區別。譬如兩姓世系，譜學秩然，乃强使革其祖姓，爲後他族，可歟？北朝諸史云：魏初重崔、盧之書，自非朝廷文誥、四方書檄，初不妄染，故世無遺文，尤善草隸。崔悅與范陽盧諶齊名，諶法鍾繇，悅法衛瓘，而俱習索靖之草，皆盡其妙。諶傳子偃，偃傳子邈；悅傳子潛，潛傳子宏，世不替業。又谷渾善隸書。黎廣從司徒崔浩學楷篆，世傳其法。高遵頗有筆札。盧伯源習鍾繇法。劉懋善草隸。沈法會能隸書。李思穆工隸。庾道工草隸。王由善草隸。裴敬憲工隸草。竇遵善隸篆。劉仁之工真草。張景仁工草隸。姚元標工書知名。韓毅以工書顯。蕭慨善草隸。源楷善草隸。劉逖工草書。冀儁善隸書。泉元禮頗閑草隸。蕭撝善草隸。薛慎善草書。柳宏工草隸。虞世基善草隸。虞綽工草隸。盧昌衡工草行書。房彥謙善草隸。閻毗草隸尤善。竇慶工草隸。楊素工草隸。竇璡工草隸。凡此各正史本傳，無一語及于師法二王者。此外《書斷》、《書史》、《書勢》、《筆陣圖》等書之言，皆未足深據。其間惟梁王裒本屬南派，裒入北周，貴游翕然學裒書，趙文淵亦改習裒書，然竟無成。至于碑榜，王裒亦推先文淵，可見南北判然，兩不相涉。《述書賦》注稱唐高祖書師王裒，得其妙，故有梁朝風格。據此，可見南派入北惟有王裒。高祖近在關中，及習其書，太宗更篤好之，遂居南派，淵源所在，具可考已。南北朝經學，本有質實、輕浮之别，南北朝史家亦每以夷、虜互相詬詈，書派攸分，何獨不然？宋、元、明書家多爲閣帖所囿，且若《禊序》之外，更無書法，豈不陋哉！元筆札最劣，見道已遲，惟從金石、正史得觀兩派分合，别爲碑跋一卷，以便稽覽。所望穎敏之士，振拔流俗，究心北派，守歐、褚之舊規，尋魏、齊之墜業，庶幾漢、魏古法不爲俗書所掩，不亦褘歟！

北碑南帖論

古石刻紀帝王功德，或爲卿士銘德位，以佐史學，是以古人書法未有不托金石以傳者。秦石刻曰「金石刻」，明白是也。前後漢隸碑盛興，書家輩出，東漢山川、廟墓無不刊石勒銘，最有矩法。降及西晉、北朝，中原漢碑林立，學者慕之，轉相摩習。唐人修《晉書》、南、北史傳，于名家書法，或曰善隸書，或曰善隸草，或曰善正書、善楷書、善行草，而皆以善隸書爲尊，當年風尚，若曰不善隸，是不成書家矣。故唐太宗心折王羲之，尤在《蘭亭敘》等帖，而御撰《羲之傳》，惟曰「善隸書，爲古今之冠」而已，絶無一語及于正書、行草，蓋太宗亦不能不沿史家書法，以爲品題。《晉書》具在，可以覆案，而羲之隸書，世間未見也。隸字書丹于石最難，北魏、周、齊、隋、唐變隸爲真，漸失其本。而其書碑也，必有波磔，雜以隸意，古人遺法猶多存者，重隸故也。隋、唐人碑，畫末出鋒，猶存隸體者，指不勝屈。褚遂良，唐初人，宜多正書，乃今所存褚蹟，則隸體爲多，間習南朝體，書《聖教序》即嫌飄逸。蓋登善深知古法，非隸書不足以被豐碑而鑿貞石也。宫殿之榜，亦宜篆隸，是以北朝書家，史傳稱之每曰「長于碑榜」。今榜不可見，而瓦當碑頭及《天發神讖碑》可以類推。晉室南渡，以《宣示表》諸蹟爲江東書法之祖。然衣帶所攜者，帖也。帖者始于卷帛之署書，見《説文》。後世凡一縑半紙珍藏墨蹟，皆歸之帖。今閣帖如鍾、王、郗、謝諸書，皆帖也，非碑也。且以南朝勅禁刻碑之事，是以碑碣絶少，見《昭明文選》。惟帖是尚，字全變爲真行草書，無復隸古遺意。即以焦山《瘞鶴銘》與萊州鄭道昭《山門字》相校，體似相近，然妍態多而古法少矣。閣帖晉人尺牘非釋文不識，苟非世族相習成風，當時啓事，彼此何以能識？東晉民間墓甎，多出陶匠之手，而字跡尚與篆隸相近，與《蘭亭》迥殊，非持風流者所能變也。王獻之特精行楷，不習篆隸，謝安欲獻之書太極殿榜，而獻之斥韋仲將事以拒之，此自藏其短也。豈夫魏之君臣失禮者，在橙懸仲將耳，若使殿榜未懸，陳之廣厦細旃之上，勅文臣大書之，何不中禮之有？豈君上殿廷不及竹扇籠鵝耶？虞世南《孔子廟堂碑》本是南朝王派，故其所書碑碣不多；若歐、褚則全從隸法而來，磨崖巨石，照耀區夏，洵得蔡邕、索靖之傳矣。北朝碑字，破體太多，特因字雜分隸，兵戈之間，無人講習，遂致六書混淆，鄉壁虚造。然江東俗字，亦復不少，二王帖如「稧」、「暃」、「軆」、「㮚」等字，非破體耶？唐初破體未盡，如虞、歐碑中「㗇」、「肜」、虞《廟堂碑》。「准」、歐《虞恭公碑》。「煞」歐《皇甫君碑》。等字，非破體耶？唐太宗幼習王帖，于碑版本非所長，是以御書《晉祠銘》，貞觀二十年，今在太原府。筆意縱横自如，以帖意施之巨碑者，自此等始。此後李邕碑版，名重一時，然所書《雲麾》諸碑，雖字法半出北朝，而以行書書碑，終非古法。故開元間修孔子廟，諸碑爲李邕撰文者，邕必請張庭珪以八分書書之，邕亦謂非隸不足以敬碑也。唐之殷氏、仲容。顔氏真卿。並以碑版、隸楷世傳家學，王行滿、韓擇木、徐浩、柳公權等，亦各名家，皆由沿習北法，始能自立。是故短牋長卷，意態揮灑，則帖擅其長；界格方嚴，法書深刻，則碑據其勝。宋蔡襄能得北法，元趙孟頫楷書摹擬李邕，明董其昌楷書托蹟歐陽，蓋端書正畫之時，非此則筆力無立卓之地，自然入于北派也。要之，漢、唐碑版之法盛，而鐘鼎文字微；宋、元鐘鼎之學興，而字帖之風盛。若其商榷古今，步趨流派，擬議金石，名家復起，其誰與歸？

顔魯公争坐位帖跋

唐人書法，多出於隋，隋人書法，多出於北魏、北齊。不觀魏、齊碑石，不見歐、褚之所從來。自宋人閣帖盛行，世不知有北朝書法矣。即如魯公楷法，亦從歐、褚北派而來，其源皆出於北朝而非南朝二王派也。《争坐位稿》如鎔金出冶，隨地流走，元氣渾然，不復以姿媚爲念。夫不復以姿媚爲念者，其品乃高，所以此帖爲行書之極致。試觀北魏《張猛龍碑》，後有行書數行，可識魯公書法所由來矣。《蘭亭》一帖，固爲千古風流。此後美質日增，惟求妍妙，甚至如魯公此等書，亦欲强入南派，昧所從來，是使李固搔頭，魏徵嫵媚，殊無學識矣。

王右軍蘭亭詩序帖二跋

王右軍《蘭亭修禊詩序》書於東晉永和九年，原本已入昭陵，當時見者已罕。其元本本無鈎刻存世者，今定武、龍神諸本，皆歐陽率更、褚河南臨搨本耳。夫臨搨之與元本，必不能盡同者也。觀於歐、褚之不能互相同，即知歐、褚之必不能全同於右軍矣。真定武本，余惟見商邱陳氏所藏一卷，餘皆一翻再三翻之本。真定武本雖歐陽學右軍之書，終有歐陽筆法在内，猶神龍本之有河南筆法也。執定武而以爲右軍書法必全如是，未足深據也。昭陵原本誰見之耶？況此外潁上、張金界奴、褰異僧押縫等百數十本不同耶？「領」字或從「山」，「崇」字或作「崈」，更大不同耶？要之，右軍書之存於今者，皆展轉鈎摹，非止一次，懷仁所集，淳化所摹，皆未免以後人筆法羼入右軍法内矣。然其圓潤妍渾，不多圭角，則大致皆同，與北朝帶隸體之正字原碑但下真迹一等者不同也。世人震於右軍之名，囿於《蘭亭》之説而不考其始末，是豈知晉、唐流派乎？《蘭亭》帖之所以佳者，歐本則與《度化寺碑》筆法相近，褚本則與褚書《聖教序》筆法相近，皆以大業北灋爲骨，江左南灋爲皮，剛柔得宜，健妍合度，故爲致佳。若原本全是右軍之法，則不知更何景象矣。

永和八年秋，殷浩北伐無功，再舉進屯泗口，羲之移浩書曰：「區區江左，力争武功，非所當作，莫若退保長江，引咎責躬，與民更始，以救倒懸。若猶以前事爲未工，復求之於分外，宇宙雖廣，自容何所？」浩不能從，遂有九年秋七月之敗。《蘭亭敘》作於浩屯泗口之後、敗走譙城之前，其憂國之心，含於文字之内，非徒悲陳迹也。

摹刻天發神讖碑跋

三國吴《天發神讖碑》，舊在江寧。嘉慶十年，燬於火，人間拓本皆可寶貴。元家有舊拓本，合之繁昌鮑氏舊拓本，共得二百二十一字。十四年春，屬長洲吴國寶橅刻，以昭絶學。按：此碑張勃《吴録》以爲皇象所書，張懷瓘《書斷》以爲官至侍中，八分亞于蔡邕。《梁書》、《南史·皇侃傳》並云青州刺史，惜《吴志》不爲立傳。此碑始末，見于王司寇《金石萃編》等書，其字體乃合篆隸而取方折之勢，疑即八分書也。八分書起于隸字之後，而其筆法篆多于隸，是中郎所造以存古法，惜人不能學之也。北朝碑額往往有酷似此者，魏、齊諸碑出于漢、魏、三國，隋、唐以後，歐、褚諸體實魏、齊諸碑之苗裔，而《神讖》之體亦開其先，學者罕究其原流矣。皇象，字休明，廣陵人。因刻石置之北湖家塾泰、華雙碑之後，以存古鄉賢之矩矱焉。

復程竹盦編修邦憲書

秋初接奉還雲，知夏間奉答一函已經入覽，藉知林居清適，怡志文翰爲慰。索書楹帖，隨後奉寄。來函書法益進，篤志歐、褚，喜與鄙見相合。竊謂書法自唐以前，多是北朝舊法，其新法南派，多分别于貞觀、永徽之間。隋《龍藏寺碑》乃丁道護等家法，歐、褚所從來，至今可見者也。歐之《皇甫碑》、《醴泉銘》，乃其本色也，《化度寺碑》乃其參用永興南法者也。虞之《夫子廟堂碑》，非盡虞之本色，乃亦參用率更北法者也。是以《廟堂》原石，頗有與《化度》原石相近之處。今二摹本全入圓熟，與《閣帖》棗木模棱者同矣。貞觀以後，御書碑如《晉祠》、《紀功頌》、《昇仙太子》之類，皆是王羲之真傳，與集王《聖教》同行一轍，即如石淙詩中方勁之筆皆繫北派迴不相涉。終唐之世，民間劣俗甎石今存舊跡，無不與北齊、周、隋相似，無似《閣帖》者，無似羲、獻者，蓋民間實未能沿習南派也。王著摹勒《閣帖》，全將唐人雙鈎響搨之本畫一，改爲渾圓模棱之形，北法從此更衰矣。《閣帖》中標題一行曰「晉某官某人書」，皆王著之筆，何以王、郗、謝、庾諸賢與王著之筆無不相近，可見著之改變多不足據矣。昭陵《禊序》誰見原本？今所傳兩本，一則率更之定武，一則登善之神龍，實皆歐、褚自以己法參入王法之内，觀於兩本之不相同，即知兩本之必不同於繭本矣。若全是原本，恐尚未必如定武動人，此語無人敢道也。大約歐、褚北法從隸而來，其最可見者，爲「乙」字捺脚飛出，内圓外方，全是隸法，無論「一」字畫末出鋒矣。若江左王法，「乙」字則多鈎轉作「乙」，此其分别之迹。此外南遠於隸，北沿於隸之處，踪跡甚多，若不持成見以求之，皆朗然可見。幸今北石尚多存者，再過數百年，更無人見矣。行書如顔氏《争座位》等石，皆是北派，幸未爲後人盡改圓熟流入姸妙一路。至于《樂毅》、《黄庭》、《道德》等帖，世稱爲逸少真迹者，其來處皆不可究詰，有識者所不應道也。董文敏骨力得力於歐，張文敏得力於顔，皆以北派工夫爲骨，所以能卓然自立。乃二公一生不知南北之分，矢口惟二王是尊，豈所謂可使由之，不使知之，隱然爲隋、唐人所籠罩耶？生筆札極劣，議論武斷，屬在至契，敢以奉商，何如？

晉永和泰元甎字拓本跋

此甎新出于湖州古冢中，近在蘭亭前後十數年。此種字體乃東晉時民間通用之體，墓人爲壙，匠人寫坯，尚皆如此。可見爾時民間尚有篆隸遺意，何嘗似羲、獻之體？所以唐初人皆名世俗通行之字爲「隸書」也。羲、獻之體乃世族風流，譬之麈尾、如意，惟王、謝子弟握之，非民間所有。但執二王以概東晉之書，蓋爲《閣帖》所愚蔽者也。況真羲、獻亦未必全似《閣帖》也。不獨此也，宋元嘉字甎亦尚近于隸，與今《閣帖》内字跡無一相近者。然則唐人收藏珍秘，宋人展轉勾摹，可盡據乎？

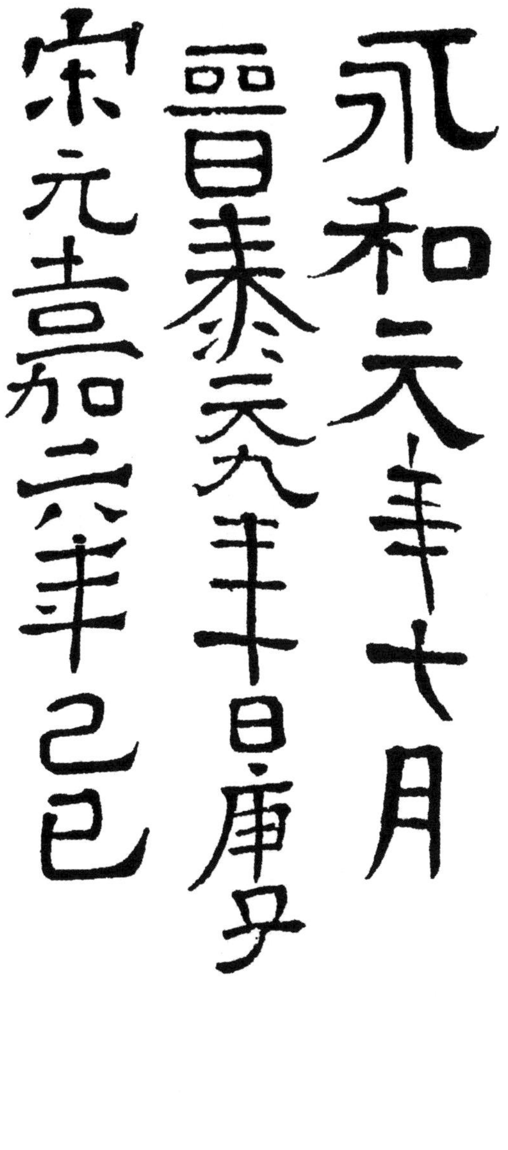

隋大業當陽縣玉泉山寺鐵鑊字跋

丁丑春，余過當陽玉泉寺，得見隋鐵鑊字，搨之，凡四十有四字，每字方徑二寸許，其文曰：「隋大業十一年歲次乙亥十一月十八日，當陽縣治下李慧達建造鑊一口，用鐵今秤二千斤，永充玉泉道場供養。」考此鑊乃彼時民間所造，民間所寫，其寫字之人，亦惟是當時俗人，其字亦當時通行之體耳，非摹古隸者也。而筆法半出于隸，全是北周、北齊遺法，可知隋、唐之間，字體通行皆肖乎此。而趙宋各法帖所稱鍾、王者，其時世遠在此等字前，何以反與後世楷字無殊耶？二王書猶可云江左與中原所尚不同，若鍾書則更在漢、魏之間，其僞也不爽然可想見乎？

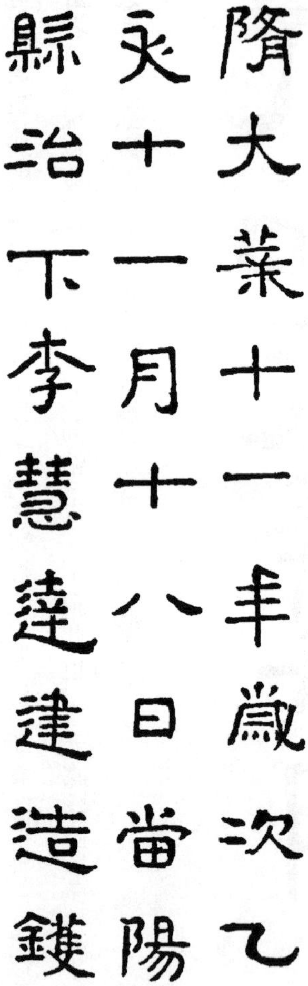
隋大業十一年歲次乙
亥十一月十八日當陽
縣治下李慧達建造鑊

一口用鐵今秤二千斤
永充玉泉道場供養

摹刻揚州古木蘭院井底蘭亭帖跋

金華《蘭亭》，乃明正統間兩淮運司何士英從揚州取去者。相傳以爲汴京睿思紹彭遺石，思陵南渡，失于揚州者，殊未必然。然明時掘自揚州古木蘭院井中則甚確，是必唐刻之摹本也。嘉慶己巳長夏，命海鹽吳厚生在杭州摹勒一石，歸置揚州北門外古木蘭院中，聊還故蹟云爾。

揅經室三集卷二

文言説

古人無筆硯紙墨之便，往往鑄金刻石，始傳久遠。其著之簡策者，亦有漆書刀削之勞，非如今人下筆千言，言事甚易也。許氏《説文》：「直言曰言，論難曰語。」《左傳》曰：「言之無文，行之不遠。」此何也？古人以簡策傳事者少，以口舌傳事者多，以目治事者少，以口耳治事者多。故同爲一言，轉相告語，必有愆誤，《説文》「言」从口从辛。辛，愆也。是必寡其詞，協其音，以文其言，使人易於記誦，無能增改，且無方言俗語雜於其間，始能達意，始能行遠，此孔子於《易》所以著《文言》之篇也。古人歌詩、箴銘、諺語，凡有韻之文，皆此道也。《爾雅·釋訓》主於訓蒙，「子子孫孫」以下，用韻者三十二條，亦此道也。孔子於乾、坤之言，自名曰「文」，此千古文章之祖也。爲文章者，不務協音以成韻，修詞以達遠，使人易誦易記，而惟以單行之語，縱橫恣肆，動輒千言萬字，不知此乃古人所謂直言之言，論難之語，非言之有文者也，非孔子之所謂文也。《文言》數百字，幾於句句用韻，孔子於此發明乾、坤之藴，詮釋四德之名，幾費修詞之意，冀達意外之言，《説文》曰：「詞，意内言外也。」蓋詞亦言也，非文也。《文言》曰：「修辭立其誠。」《説文》曰：「修，飾也。」詞之飾者乃得爲文，不得以詞即文也。要使遠近易誦，古今易傳，公卿學士皆能記誦，以通天地萬物，以警國家身心，不但多用韻，抑且多用偶。

即如「樂行」、「憂違」，偶也；「長人」、「合禮」，偶也；「和義」、「幹事」，偶也；「庸言」、「庸行」，偶也；「閑邪」、「善世」，偶也；「進德」、「修業」，偶也；「知至」、「知終」，偶也；「上位」、「下位」，偶也；「同聲」、「同氣」，偶也；「水溼」、「火燥」，偶也；「雲龍」、「風虎」，偶也；「本天」、「本地」，偶也；「无位」、「无民」，偶也；「勿用」、「在田」，偶也；「潛藏」、「文明」，偶也；「道革」、「位德」，偶也；「偕極」、「天則」，偶也；「隱見」、「行成」，偶也；「學聚」、「問辨」，偶也；「寬居」、「仁行」，偶也；「合德」、「合明」、「合序」、「合吉凶」，偶也；「先天」、「後天」，偶也；「存亡」、「得喪」，偶也；「餘慶」、「餘殃」，偶也；「直內」、「方外」，偶也；「通理」、「居體」，偶也。凡偶，皆文也。於物，兩色相偶而交錯之，乃得名曰「文」，文即象其形也。《考工記》曰：「青與白，謂之文。赤與白，謂之章。」《說文》曰：「文，錯畫也。象交文。」然則千古之文，莫大於孔子之言《易》。孔子以用韻、比偶之法錯綜其言，而自名曰「文」，何後人之必欲反孔子之道，而自命曰「文」且尊之曰「古」也？

數說

古人簡策繁重，以口耳相傳者多，以目相傳者少，是以有韻有文之言，行之始遠。不第此也，且以數記言，使百官萬民易誦易記，《洪範》、《周官》尤其最著者也。《論語》二十篇，名之曰「語」，即所謂「論難曰語」，語非文矣。然語雖非文，而以數記言者，如「一言」、「三省」、「三友」、「三樂」、「三戒」、「三畏」、「三愆」、「三疾」、「三變」、「四教」、「絕四」、「四惡」、「五美」、「六言」、「六蔽」、「九思」之類，則亦皆口授，耳受、心記之古法也。秦、漢間，伏生《尚書》、公羊《春秋》傳經說經，尚復全以口授，數傳之後，始著竹帛，復何疑於簡策之少，記誦之多哉！古人簡策，在國有之，私家已少，何況民間？是以一師有竹帛，而百弟子口傳之，非如今人印本經書，家家可備也。

名説

古人於天地萬物，皆有以名之，故《説文》曰：「名，自命也。从口，从夕。夕者，冥也，冥不相見，故以口自名。」然則古人命名之義，任口耳者多，任目者少，更可見矣。名也者，所以從目所不及者而以口耳傳之者也。《易》六十四卦，《詩》三百篇，《書》百篇，苟非有名，何以記誦？名著而數生焉，數交而文見焉。古人銘詞，有韻有文，而名之曰「銘」。銘者，名也，即此義也。《釋名》曰：「銘，名也。」《禮記·祭統》曰：「銘者，自名也。」

書梁昭明太子文選序後

昭明所選，名之曰「文」。蓋必文而後選也，非文則不選也。經也，子也，史也，皆不可專名之爲「文」也。故昭明《文選序》後三段特明其不選之故，必沈思翰藻，始名之爲「文」，始以入選也。或曰：昭明必以沈思翰藻爲文，於古有徵乎？曰：事當求其始。凡以言語著之簡策不必以文爲本者，皆經也，子也，史也。言必有文專名之曰「文」者，自孔子《易·文言》始。《傳》曰：「言之無文，行之不遠。」故古人言貴有文。孔子《文言》，實爲萬世文章之祖。此篇奇偶相生，音韻相和，如青白之成文，如咸韶之合節，非清言質説者比也，非振筆縱書者比也，非佶屈澀語者比也。是故昭明以爲經也，子也，史也，非可專名之爲「文」也。專名爲「文」，必沈思翰藻而後可也。自齊、梁以後，溺于聲律，彦和《雕龍》，漸開四六之體，至唐而四六更卑。然文體不可謂之不卑，而文統不得謂之不正。自唐、宋韓、蘇諸大家以奇偶相生之文爲八代之衰而矯之，于是昭明所不選者，反皆爲諸家所取。故其所著者，非經即子，非子即史，求其合于昭明《序》所謂文者，鮮矣。合于班孟堅《兩都賦·序》所謂文章者，更鮮矣。其不合之處，蓋分于奇偶之間。經、子、史多奇而少偶，故唐、宋八家不尚偶。《文選》多偶而少奇，故昭明不尚奇。如必以比偶非文之古者而卑之，則孔子自名其言曰文者，一篇之中，偶句凡四十有八，韻語凡三十有五，豈可以爲非文之正體而卑之乎？况班孟堅《兩都賦·序》及諸漢文，其體皆奇偶相生者乎？《兩都賦·序》白麟、神雀二比，言語、公卿二比，即開明人八比之先路。明人號唐、宋八家爲古文者，爲其別于四書文也，爲其別于駢偶文也。然四書文之體，皆以比偶成文，《明史·選舉志》曰：「四子書命題，代古人語氣體用排偶謂之八股。」不比不行，是明人終日在偶中而不自覺也。且洪武、永樂時，四書文甚短，兩比四句即宋四六之流派。弘治、正德以後，氣機始暢，篇幅始長，筆近八家，便于摹取，是以茅坤等知其後而昧于前也。是四書排偶之文真乃上接唐、宋四六爲一脈，爲文之正統也。然則今人所作之古文，當名之爲何？曰：凡説經講學，皆經派也；傳志記事，皆史派也；立意爲宗，皆子派也。惟沈思翰藻，乃可名之爲文也。非文者尚不可名爲文，况名之曰古文乎？或問曰：子之所言，偏執己見，謬託古籍，此篇書後自居何等？曰：言之無文，子派雜家而已。

與友人論古文書

讀足下之文，精微峻潔，具有淵源，甚善甚善。顧蒙來問，謹陳陋識焉。元謂古人于籀史奇字始稱「古文」，至于屬辭成篇，則曰「文章」。故班孟堅曰：「武、宣之世，崇禮官，考文章。」又曰：「雍容揄揚，著于後嗣。大漢之文章，炳焉與三代同風。」是故兩漢文章著於班、范，體制和正，氣息淵雅，不爲激音，不爲客氣。若云後代之文有能盛于兩漢者，雖愚者亦知其不能矣。近代古文名家，徒爲科名時藝之累，於古人之文有益時藝者，始競趨之。元嘗取以置之兩漢書中誦之，擬之，淄澠不能同其味，宫徵不能壹其聲，體氣各殊，弗可强已。若謂前人拙樸，不及後人，反覆思之，亦未敢以爲然也。夫勢窮者必變，情弊者務新，文家矯厲，每求相勝，其間轉變，實在昌黎。昌黎之文，矯《文選》之流弊而已。昭明《選序》，體例甚明，後人讀之，苦不加意。《選序》之法，于經、子、史三家不加甄録，爲其以立意紀事爲本，非沈思翰藻之比也。今之爲古文者，以彼所棄爲我所取，立意之外，惟有紀事，是乃子、史正流，終與文章有别，千年墜緒，無人敢言，偶一論之，聞者掩耳。非聰穎特達深思好問如足下者，元未嘗少爲指畫也。嗚呼！修塗具在，源委遠分，古人可作，誰與歸歟？惟足下審之。

雙岐秀麥圖跋

昔嘉慶九年，余撫浙，嘉興秋稻大熟，有一莖九穗者，梁山舟侍講、諸鄉官皆有詩畫紀之。二十年，余撫江西，麥大熟，多雙岐者。奉新劉丈蒙谷爲畫此圖。此二事屬官皆請奏獻，余皆以聖天子方崇實政，不尚瑞符，却之。姑記其事于圖耳。

江鄉籌運圖跋

嘉慶十八年春，余督四千餘船運粟四百萬石于江、淮間，因作此圖。入夏以後，過邳州，入山東，一路饑民數萬，洶洶相聚，似有奸徒煽于其間。余乃陽分其民爲縴夫，幫若干夫，船若干夫，使運丁食以粗糲，實陰散其勢以安之也。夏秋之間，秋田漸熟，饑民歸于田。九月，漕船南歸，會山東、河南、直隸邪教作亂，將梗運道。漕標兵遠不濟急，余乃令船出壯丁五名，副壯丁三名，授以兵械，齊以號令，令五幫前後連環，互相保護而行。此時各運丁家口及京中官商家口在運河者甚多，皆恃此保護，首尾相顧，整肅過濟寧南下焉。濟寧、東昌等處城門晝閉，官民乘城固守，盡撤浮橋渡船，而邪徒猶時時渡河而東，中夜驚吪，賴壯丁響應，一呼而集者千餘人，是以不致敗亂。凡夏初不慣爲縴夫之饑民咸令入縴者，至此則凡不合縴步縴聲者，不令一人入縴，以防亂也。二十年冬，雪窗清暇，偶展圖卷，迴憶兩年前事，猶警于心，因識卷末以示兒輩。

糧船量米捷法說

漕運總督管八省之糧，應過淮盤算者共五千船，船十餘艙，艙載米數十石至百餘石不相等，以尺量艙之寬、長、深，而得米數。漕之書吏舊法，名曰「三乘四因」。書吏持珠盤，據營將所報尺寸而算之曰：某船多米幾何？某船少米幾何？求其所以多、所以少之故，總漕返躬自問，未盡明也。漕務有尺以備造船、勾水諸事之用，舊以此尺寬一丈、長一尺、深二寸五分合漕斛米一石，故量者先須得船艙寬、長、深三者丈尺寸分之數而再乘之，再四因之，爲石斗升合之數，是以珠算甚繁，而總漕不耐之矣。《漕運全書》內，亦但載「總漕親率善算之人細核」一語，其如何算法，亦未言也。今余以部頒鐵斛較準一石米立爲六面相同之立方形，即命其一面之寬、長爲一尺，是以平方之一面分十條爲十尺，每尺一升也，又分一條爲十寸，每寸一合，連十合爲一條，得一升，排十條爲一面平方，一層得一斗，再疊平方一尺一斗者十層，即得立方形爲一石。此理易明，人所共曉也。即用此尺以量船艙，得其寬、長二數，初乘之，得丈尺寸分之數，再以初乘之數與深者之數乘之，得丈尺寸分之數，是此再乘所得之丈尺寸分之數即米之石斗升合之數，故較舊法捷省一半，簡便易曉也。且珠盤指撥，隨手變滅，不足以爲案據。今用鋪地錦乘法，畫界填數，但用紙筆，不用珠盤，則筆筆具存，勿能改變。且吾儒習書數，終以筆墨爲便，與珠盤性不相近也。茲載立方尺形於後，并繪鋪地錦法以明其理。鋪地錦法載方中通《度數衍》內。静玩半時，即可通曉。若總漕有實知其多、實知其少之據，則營衛軍吏皆不敢欺矣。且即令吏人習用珠盤者算之，而總漕用此筆算抽察之，亦無不可。假如吏人珠算舊尺十船須用十刻工夫者，此尺珠算五六刻即可得數，是吏人亦樂此便捷也。不第船也，即持此尺量倉穀，亦便捷焉。用是刻石嵌壁，與同志者商之。總督淮揚等處地方提督漕運海防軍務糧餉阮元。

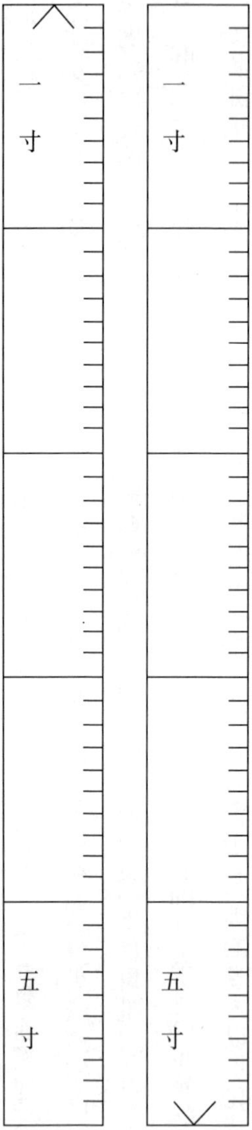

右爲立方一石之一尺，舊尺約當此尺七寸六分弱。

格式

第　號艙

冊裝米　百　十　石　斗　升　合

寬㊀丈㊀尺㊅寸㊇分　左右爲寬

長㊁尺㊃寸㊄分　前後爲長

深㊂尺㊆寸㊈分　直量爲深

初乘

長

初乘

得

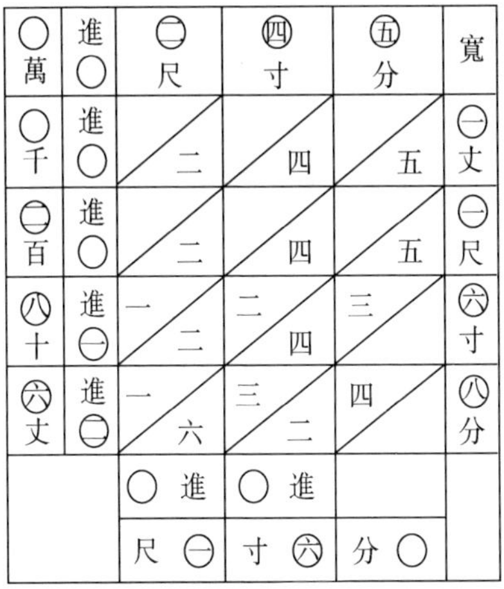

法將假設之寬、長尺寸填寫空〇之内，先從長數末行五分一行與寬數一一六八相乘，呼曰一五如五，填五于斜格下，再呼曰一五如五，又填五于斜格下，三呼曰五六得三十，填三于斜格上，四呼曰五八得四十，填四于斜格上，是五分一位乘畢矣。又從四寸一行與一一六八相乘，呼曰一四如四，再呼曰一四如四，三呼曰四六得二十四，四呼曰四八得三十二，是四寸一位乘畢矣。又從二尺一行與一一六八相乘，呼曰一二如二，再呼曰一二如二，三呼曰二六得一十二，四呼曰二八得一十六，是二尺一位乘畢矣。然後將斜格順而側觀之，第一斜格得四二之數，合之爲六，乃填六于本位焉。第二斜格得五、三、四、三、六之數，合之爲二十一，乃填一于本位，進二十之數于上位，填二于上位焉。第三斜格得五、四、二、二、一之數，合下位所進之二數爲一十六，乃填六于本位，進一十之數于上位焉。第四斜格得四、二、一之數，合下位所進之一數，爲八，乃填于本位，無所進焉。第五斜格止得二數，乃填二于本位焉。是此所紀之二八六一六即是二百八十六丈一尺六寸爲初乘之數也。

再乘

得	再乘		初乘該得						
即千石	◯萬	進◯	㊁百	㊇十	㊅丈	㊀尺	㊅寸	分	深
即百石	㊀千	進◯	／六	二／四	一／八	／三	一／八		㊂尺
即十石	◯百	進㊀	一／四	五／六	四／二	／七	四／二		㊆寸
即石	㊇十	進㊂	一／八	七／二	五／四	／九	五／四		㊈分
			㊀進	㊁進	㊀進	◯進	◯進		
			丈四	尺五	寸四	分六	厘四		
			斗即	升即	合即	勺即	抄即		

共該得一百〇十八石四斗五升四合六勺四抄

再乘法將初乘所得之二八六一六橫排上方，以深三尺七寸九分直寫于左方，如初乘之法，次第呼乘畢，再將斜格順而側觀之，復次第填之于各位，是此所紀之一零八四五四六四即再乘所得之實數，且此所得之一數，即百石，八數即八石，四五四六四即四斗五升四合六勺四抄。不似舊法，仍須以此數再合石斗升合，加一倍遲繁也。

影橋記

浙江學使者駐于杭署，在吴山螺峰之下。宅西有園，園有池，池中定香亭與岸相距，由石橋三折乃達，余名之曰「影橋」，蓋衆影所聚也。池中風漪渙然，是有池影。亭倒映于池，是有亭影。亭與橋皆紅闌，是有闌影。岸邊豆蔓、牽牛子離離然，是有籬影。其樹則有女貞、枇杷、桐、柳、榆、穀，其花則有梅、桂、桃、荷、木芙蓉，其草則有竹、蘭、女蘿，是皆有影。每當曉日散采，夕月浮黄，輕雲在天，繁星落水，霞圍古垣，雪糝幽石，而影皆在橋。魚躍于下，鳥度于上，蝶乘風于亭午，螢弄光于清夜，而影亦在橋。至若把卷晞髮，挈榼攜鐙，度橋而來者，其影無盡，皆可以人之影繫之。故余以「影」名橋，爲衆影所聚也。而橋之自有影于池也，不與焉。

再到亭碑陰記

余於乾隆六十年自山左學政移任浙江，至則使院多頽敗，大堂梁柱久爲蟲蝕。嘉慶元年，余鳩工易而新之。冬，市中火延及鼓樓、門廨，復葺之。二年夏，二堂西聽忽傾，復葺之，題其東小室曰「澹凝精舍」。共費白金將二千兩。宅内多老桂，共十株，補種梅、桂、桃、柳百餘株，遭凍僵者强半。西園荷池濬之，花盛開，歲至千枝。池上石橋，余以爲衆影所聚，名之曰「影橋」，撰文爲記。池中小亭舊無名，余用放翁詩意，名曰「定香」，命諸生譔賦，青田端木國瑚賦獨出冠。時池東有屋三楹，舊名「再到亭」，余校刻書籍、碑版皆在此。

有碑仆瓦礫中，余立之亭下，刊數語於碑陰，以記近年之事。若夫内外居屋多破漏，願後來者繼葺之也。

定香亭筆談序

余督學浙江時，隨筆疏記近事，名曰「定香亭筆談」。殘篇破紙，未經校定。戊午冬，任滿還京，錢唐陳生雲伯偕余入都，手寫一帙，置行篋中。己未冬，雲伯從余撫浙，旋南，孝豐施孝廉應心復轉寫去，付之梓人。其中漏略尚多，爰出舊稿屬吴澹川、陳曼生、錢金粟、陳雲伯諸君重訂正之。諸君以其中詩文不妨詳載，遂連篇附録於各條之後。余不能違諸君之意，因訂而刊之，並識其緣起如此。

杭州靈隱書藏記

《周官》諸府掌官契以治藏，《史記》老子爲周守藏室之史，藏書曰「藏」，古矣。古人韻緩，不煩改字，「收藏」之與「藏室」無二音也。漢以後，曰「觀」，曰「閣」，曰「庫」，而不名「藏」。隋、唐釋典大備，乃有《開元釋藏》之目，釋、道之名「藏」，蓋亦摭儒家之古名也。明侯官曹學佺謂釋、道有藏，儒何獨無？欲聚書鼎立。其意甚善，而數典未詳。嘉慶十四年，杭州刻朱文正公、翁覃溪先生、法時帆先生諸集將成，覃溪先生寓書于紫陽院長石琢堂狀元曰：「《復初齋集》刻成，爲我置一部於靈隱。」仲春十九日，元與顧星橋、陳桂堂兩院長暨琢堂狀元、郭頻伽、何夢華上舍、劉春橋、顧簡塘、趙晉齋文學，同過靈隱食蔬筍，語及藏《復初齋集》事。諸君子復申其議曰：「史遷之書，藏之名山，副在京師，白少傅分藏其集於東林諸寺，孫洙得《古文苑》於佛龕，皆因寬閒遠僻之地，可傳久也。今《復初齋》一集尚未成箱篋，盍使凡願以其所著、所刊、所寫、所藏之書藏靈隱者，皆裒之。其爲藏也，大矣。」元曰：「諾。」乃於大悲佛閣後造木廚，以唐人「鷲嶺鬱岧嶤」詩字編爲號，選雲林寺玉峰、偶然二僧簿録管鑰之，別訂條例，使可永守。復刻一銅章，徧印其書，而大書其閣扁曰「靈隱書藏」。蓋緣始於《復初》諸集而成諸君子立藏之議也。遂記之。

條例

一、送書入藏者，寺僧轉給一收到字票。

一、書不分部，惟以次第分號，收滿「鷲」字號廚，再收「嶺」字號廚。

一、印鈐書面暨書首葉，每本皆然。

一、每書或寫書腦，或挂綿紙籤，以便查檢。

一、守藏僧二人，由鹽運司月給香鐙銀六兩，其送書來者或給以錢，則積之以爲修書增廚之用，不給勿索。

一、書既入藏，不許復出。縱有繙閱之人，但在閣中，毋出閣門。寺僧有鬻借霉亂者，外人有攜竊塗損者，皆究之。

一、印內及簿內部字之上分經、史、子、集填注之，疑者缺之。

一、唐人詩內複「對」、「天」二字，將來編爲「後對」、「後天」二字。

一、守藏僧如出缺，由方丈秉公舉明静謹細知文字之僧充補之。

焦山書藏記

嘉慶十四年，元在杭州立書藏於靈隱寺，且爲之記。蓋謂漢以後藏書之地曰「觀」曰「閣」而不名「藏」，藏者，本於《周禮》宰夫所治，《史記》老子所守。至於《開元釋藏》，乃釋家取儒家所未用之字以示異也。又因史遷之書藏之名山，白少傅藏集於東林諸寺，孫洙得《古文苑》於佛龕，閒僻之地，能傳久遠，故仿之也。繼欲再置焦山書藏，未克成。十八年春，元轉漕於揚子江口，焦山詩僧借菴、巨超。翠屏洲詩人王君柳村豫。來瓜洲，舟次論詩之暇，及藏書事，遂議於焦山亦立書藏，以《瘞鶴銘》「相此胎禽」等七十四字編號，屬借庵簿録管鑰之，復刻銅章，書樓扁，訂條例，一如靈隱。觀察丁公百川淮。爲治此藏事而藏之。此藏立則，凡願以其所著、所刊、所寫、所藏之書藏此藏者，皆裒之。且即以元昔所捐置焦山之宋、元鎮江二《志》爲「相」字第一、二號，以誌緣起。千百年後，當與靈隱並存矣。

條例

一、送書入藏者，寺僧轉給一收到字票。

一、書不分部，惟以次第分號。收滿「相」字號廚，再收「此」字號廚。

一、印鈐書面暨書首葉。每本皆然。

一、每書或寫書腦，或挂綿紙籤，以便查檢。

一、守藏僧二人，照靈隱書藏例，由鹽運司月給香燈銀十兩，其送書來者或給以錢，則積之以爲修書增廚之用，不給勿索。

一、書既入藏，不許復出。縱有繙閱之人，照天一閣之例，但在樓中，毋出樓門，烟鐙毋許近樓。寺僧有鬻借霉亂者，外人有攜竊塗損者，皆究之。

一、印内及簿内部字之上分經、史、子、集填注之，疑者闕之。

一、守藏僧如出缺，由方丈秉公舉明静謹細知文字之僧充補之。

一、編號以「相、此、胎、禽、華、表、留、唯、髣、髴、事、亦、微、厥、土、惟、寧、後、蕩、洪、流、前、固、重、爽、塏、勢、拚、亭、爰、集、真、侶、作、銘」三十五字爲三十五廚，如滿則再加「歲、得、於、化、朱、方、天、其、未、遂、吾、翔、也、廼、裹、以、元、黄、之、幣、藏、乎、山、下、仙、家、石、旌、篆、不、朽、詞、曰、徽、君、丹、楊、外、尉、江、陰、宰」四十二字爲四十二廚。

江西校刻宋本十三經注疏書後

右《十三經注疏》共四百十六卷。謹案《五代會要》，後唐長興三年，始依石經文字刻九經印板，經書之刻木板，實始於此。逮兩宋，刻本浸多，有宋十行本注疏者，即南宋岳珂《九經三傳沿革例》所載「建本附釋音注疏」也。其書刻于宋南渡之後，由元入明，遞有修補，至明正德中，其板猶存。是以十行本爲諸本最古之册。此後有閩板，乃明嘉靖中用十行本重刻者。有明監板，乃明萬曆中用閩本重刻者。有汲古閣毛氏板，乃明崇禎中用明監本重刻者。輾轉翻刻，訛謬百出。明監板已燬，今各省書坊通行者，惟有汲古閣毛本。此本漫漶不可識讀，近人修補，更多訛舛。元家所藏十行宋本有十一經，雖無《儀禮》、《爾雅》，但有蘇州北宋所刻之單疏板本，爲賈公彦、邢昺之原書，此二經更在十行本之前。元舊作《十三經注疏校勘記》，雖不專主十行本、單疏本，而大端實在此二本。嘉慶二十年，元至江西，武寧盧氏宣旬讀余《校勘記》，而有慕于宋本。南昌給事中黄氏中傑，亦苦毛板之朽。因以元所藏十一經至南昌學堂重刻之，且借校蘇州黄氏丕烈所藏單疏二經重刻之。近鹽巡道胡氏稷亦從吴中購得十一經，其中有可補元藏本中所殘缺者，於是宋本注疏可以復行於世，豈獨江西學中所私哉！刻書者最患以臆見改古書，今重刻宋板，凡有明知宋板之誤字，亦不使輕改，但加圈于誤字之旁，而别據《校勘記》，擇其説附載於每卷之末，俾後之學者不疑于古籍之不可據，慎之至也。其經文、注文有與明本不同，恐後人習讀明本而反臆疑宋本之誤，故盧氏亦引《校勘記》載於卷後，慎之至也。竊謂士人讀書當從經學始，經學當從注疏始。空疏之士，高明之徒，讀注疏不終卷而思卧者，是不能潛心揅索，終身不知有聖賢諸儒經傳之學矣。至於注疏諸義，亦有是有非。我朝經學最盛，諸儒論之甚詳，是又在好學深思實事求是之士，由注疏而推求尋覽之也。二十一年秋，刻板初成，藏其板於南昌學使，士林書坊皆可就而印之。學中因書成請序於元，元謂聖賢之經如日月經天，江河行地，安敢以小言冠兹卷首？惟記刻書始末於目録之後，復敬録欽定《四庫全書》《十三經注疏》各提要於各注疏之前，俾束身修行之士知我大清儒學遠軼前代，由此潛心敦品，博學篤行，以求古聖賢經傳之本源，不爲虛浮、孤陋兩途所誤云爾。

福謹案：此書尚未刻校完竣，家大人即奉命移撫河南。校書之人不能如家大人在江西時細心，其中錯字甚多，有監本、毛本不錯而今反錯者，要在善讀書人參觀而得益矣。《校勘記》去取亦不盡善，故家大人頗不以此刻本爲善也。

江西改建貢院號舍碑記

江西貢院在東湖之東，舍屋卑狹，士之試者，檐觸其首，雨淋其膝。屋覆石片，漏者居半。舍中長巷，地惟塗泥，每遇秋雨，旋濘陷足。舍尾厠屋，雨泛日炙，其臭甚遠。東湖納一城之汙，而群資爲飲，且潦盛之年，其水浸入闈西場舍者，深輒及尻。號舍總數，第如額而已。敬遇國恩，廣額加録遺才，猝增蘆席棚號千餘座，夜不得卧，雨不能蓋，一人譆出，千人坐驚。凡此皆多士所苦也。嘉慶乙亥，元撫江西，江西紳士願修改之。于是，擴買院東牆外地基，展地增舍若干號。東西場舊屋咸徹之，改建高寬且深者。復掘東湖淤土，增培舍基，舍高而湖濬，蓋兩得之。舍屋之椽，盡覆以瓦。舍巷接石爲路，舍尾改造厠室，以穴遠流其穢于屋之外，加鑿甃井三十有二，以供汲飲。闈内縱横甬道，皆易其石。棘牆外東、南、西三面之路，亦培湖土高之，且加石焉。自今伊始，庶幾多士得居爽塏，專心于文，恬坐卧而遠疾癘，此其所樂也。是工也，用白金數萬，爲省内外紳士所輸，而在省紳士實鳩之。非衆義之積，曷克舉事？非有所倡、有所勸，曷克蕆事？經始于二十年十月，越二十一年七月成。元與學使者王少宰鼎。暨僚屬、紳士樂觀而共落之。四顧焕然，氣象聿新，不其禕歟！今而後，文學道誼科名之盛，當更有翊乎聖運者。爰諾紳士之請，記其事之本末，且備書鳩工捐金名氏而被之于碑。

改建廣東鄉試闈舍碑記

各行省鄉試號舍，初創即定其尺寸，縱有所修，無能改作，士子雖受促，無如何。予爲士，坐江南、順天號舍，皆寬舒。撫浙及江右，見其舍皆湫隘，曾修改之。道光元年，予兼辦廣東巡撫監臨事，見號舍更湫隘，蓋因粤東試闈本在粤秀山應元宫前，國初用闈地封藩，至康熙甲子，乃改闈於老城東南隅。地本不寬，經營者度非文人，不知士子苦，以致宇舍太小，烈日涷雨，殊難耐之。予步周舍前後，命匠人持尺通量之。若北段拆去巡屋，尚有二丈七尺地；南段使官廳遷於南，可展出九丈三尺地。甬道東西，使東舍展向西，西舍展向東，可各得一丈八尺地。撤闈後，問之在籍翰林編修劉公彬華、庶常謝公蘭生、書院監院吴蘭修、李清華等，僉謂士子苦此久矣，若提倡更張之，其事尚易集。予思浙及江右，皆曾修改試闈，今粤闈何不可辦？乃率官屬倡捐俸銀，於是省會紳商繼捐之，廣屬暨外郡紳士又繼捐之。捐雖未集，而紳士議鳩工者，先拆舊舍，界畫其地，以示事在必行。經始於元年冬十二月，二年六月成。稍增舊舍之數，共七千六百二間。計舊舍後牆至前號舍之後牆六尺四寸者，今展深爲八尺六寸。舊舍中有瓦處南北三尺四寸者，今展深爲四尺六寸。舊舍左右牆寬三尺一寸者，今展寬爲三尺四寸。舊舍瓦簷至地高五尺四寸者，今加高爲六尺五寸。舊寫坐兩層板，上長下短，夜不能并而卧，今使板同其長，可安卧。簷之外，長巷舊多泥塗，雨水浸人，今皆鋪以石，理其溝，高低有準，無積水溓泥之患。濬舊井，開新井，共二十四井。號尾之厠，臭延於内，今爲高厠欹槽，流其穢於牆之外。凡甎瓦木石灰土之工，皆堅厚。又舊圍牆加修高堅，以嚴關防。舊謄録所，地甚小，今以對讀所併入謄録所，增建對讀所於隙地中。大門外土地舊有溝，雨潦陷足，今亦甃以甎石。是役也，共用銀四萬幾百有奇。司工者，榜其工用之數，使共見之，以示不誣。工將蕆，請撰文刻石記其事，爰書其大略如此。至於鄉官士商之議事者、捐銀者、司工者，當再立一碑，備列而書刻之。道光二年夏六月。

修隋煬帝陵記

煬帝被弑後，殯於流珠堂，堂在宫中，應是今揚州宋寶祐廢城子城内。繼葬于吴公臺下，臺在雷塘之南，貞觀中，以帝禮改葬於雷塘之北，所謂雷塘數畝田也。嘉靖《維揚志圖》于雷塘之北畫一墓碑，碑刻「隋煬帝陵」四字，距今非久，不應迷失，乃問之城中人，絕無知者。嘉慶十二年，元往墓廬，偶遇北邨老農，問以故址。老農言陵今故在，土人名爲「皇墓墩」，由此正北行三里耳。乃從之行至陵下，陵地約賸四五畝，多蔟葬者。陵土高七八尺，周回二三畝許。老農言土下有隧道鐵門，西北向，童時掘土，尚及見之。予乃坐陵下，呼邨民擔土來，委土一石者與一錢，不數日，積土八千石，植松百五十株，而陵乃巋然。復告之太守伊君墨卿，以隸書碑栞而樹之。

曲江亭記

出揚州鈔關，東南行二十四里，爲佛感洲。或名翠屏洲。洲故揚子江心，所謂廣陵之濤，當在此矣。枚乘《七發》狀廣陵之濤數百言，或以今揚州無大濤，執錢塘江潮以當之，誤矣。伏讀高宗純皇帝《廣陵濤辨》，足以證千古之疑，而黜朱彝尊等之論。且彝尊惟以山陰縣有廣陵王廟爲據，不知宋之諸王封廣陵者三人，今山陰之廟，安知非南渡苗裔所僑建？豈徙江都于山陰耶？江海之變爲桑田者，多矣。瓜洲上下揚塵之地，皆古大江，既不能定江濤之必不變爲桑田，又安能定漢之濤不在此爲大觀也？佛感洲中有紅橋，外通江潮，萬柳蔭翳，不見曦影，春桃夏竹，映帶于茅屋釣磯之閒。秋冬木葉脱，金焦兩山並立林表。予訪王布衣豫。于洲中紅橋之南，乃畫其宅西地數畝而建亭于竹樹之閒。名「曲江」者，尊高廟之説，思有以敬明此義而誌此古蹟也。嘉慶十二年冬記。

元大德雷塘龍王廟碑記

余家墓廬在雷塘之北，其邨名龍王廟，顧求其廟，無有也。問之老農，曰：「廬前石坊之西王氏墓乃廟故基。明代王氏以廟基爲墓，遷其碑于廬東土神小廟後。」余乃重葺土神廟，出其碑，洗而拓之。碑正書篆額乃「元大德五年辛丑昭毅大將軍揚州路總管府達魯花赤兼管内勸農事孛蘭奚等重修宋龍王廟之碑」也。雷塘在唐、宋爲巨浸，以其立都雍豫江淮轉運，當入泗、汴瀦水濟漕故也。元用海運而塘水尚存，明漕于燕，不恃塘水，仇鸞等乃洩水開阡陌矣。元讀碑，有感於靈蹟數百年究不可没，乃以墓廬三楹立座，設龍王象，庶使邨民歲時有所禱祀，以濟旱暵。立其碑于庭之南，而記其略于碑陰。嗚呼！王氏者，明大宦，毁廟爲墓，傎矣！余四世祖武德將軍，以明末葬于邨之東北，曾祖、祖、考三世祔葬焉。今余獲神碑而復神祀，禮也。碑載龍有降雨之靈，宋封昭佑王。元代混一區宇，合淮東宣慰司隸于揚，命中書剥九字。行司事撫治全淮，公元勳世家，碩德重望，式副。下剥十一字。己亥、庚子禱雨，皆應。八月，廟落成，殿六楹，門六楹，環堵三十五丈，中塑像，旁繪雨部象，揚州路儒學教授馬允中撰文并書。辛丑四月立碑，同官者，正議大夫揚州路總管兼管内勸農事移剌慶堅、奉政大夫治中馬居仁、奉政大夫同知□□、推官馬蕭、判官劉、知事劉、經歷張、提控林、監工許。其列銜，孛蘭奚居右之首，行移剌慶堅等以次左之，蓋用元國書右行法也。官制與《元史》皆合，惟孛蘭奚以中書行司事官揚州，于史無徵。《元史》列傳卷十八、卷二十、卷二十二，名孛蘭奚者凡三人，考其官蹟年代，似皆不合。移剌慶堅等，亦皆不見于史。蓋此孛蘭奚爲史所失載之人也。

重修旌忠廟記

揚州舊城旌忠廟祀宋統制魏公俊、王公方。康熙閒，鹽政曹楝亭寅。修之，朱檢討撰碑文，載在《曝書亭集》。余謁廟，廟毀甚，象亦壞碎，求檢討碑不可得，豈當時未刻石耶？嘉慶十二年秋，予鳩工重修之，立其象，設其主，與知古好義者同祭而落之。

重修郝太僕祠記

江都郝太僕明末守房山，死流寇之難，卹謚甚備，載在《明史》及《表忠録》者詳矣。祠在蓮花橋南法海寺旁。嗚呼！平山十里，笙歌畫舫，四時不絶，其來祠下拜而弔者，鮮矣。丁卯秋，余重葺之，敬誌數言，以待後人繼葺之也。

秋雨庵埋骸碑記

《禮記》有「掩骼埋胔」之文。宋漏澤園本于漢河平四年之詔，豈惟釋氏骨塔云爾乎？揚州西門外，長邱三里，枯冢纍纍，骨多暴露。城中路死者，亦殣於此，顧瘞之淺，多爲犬所掘，鴉所啄，是可戚也。嘉慶丙寅，余首捐錢，屬秋雨庵僧構屋三楹，拾男女之骨，别而藏之，及其滿屋，乃瘞之。陳君景賢捐庵側園地數畝爲義冢，僧人更築長牆圍之，以限犬蹟。于是，城中好善者各出錢助僧成其工。僧曰：無以紀之，是湮人之善,亦不足示己之無私也。請仿漢石題名書錢之例,刻于石,具明白矣。丁卯秋記。

記任昭才

任昭才,鄞人,善泅海。余撫浙,治水師時,募用之。昭才入海底能數時之久,行數十里之遠。嘗言海水十餘丈以上,有浪撼人,再下則水不動,湛然而明,冬日甚温,海底之沙平浄無淤,亦無他異;浙海有珊瑚,但不若南海之堅,在海底視之甚鮮,采之出水,則嫩萎無色;魚不一類,過泅者之旁,不相駭而去;惟大魚能吞人,當避之,大魚之來,其呼吸動及數里之水,水動,知有大魚來矣,宜急避之。余所獲安南大銅砲重二千餘斤,甚精壯,甚愛重之。兵船載砲嘗遭颶,沈於温州三盤海底,深二十丈,不可起。余命昭才往圖之。昭才用八船分爲二番,一番四船,空其中一番,四船滿載碎石,自引八巨繩入海底,繫沈船之四隅,以四繩末繫四石船爲一番,繫既定,乃掇其石入第二番之空船,是石船變爲空船,浮起者數尺矣。復以二番四繩之末繫二番之石船,繫既定,復掇石入第一番空船,是浮起者又數尺矣。如此數十番,數日之久,船與砲畢升於水面矣。余命昭才入水師,食兵餉,擢爲武弁。以病卒於官。

記蝴蝶礮子

嘉慶五年,余破安南夷寇于浙江台州之松門,獲其軍器。其礮重數千斤者甚多,其銅礮子圓逕四五寸。又有蝴蝶礮子,戰時得之,其子以兩半圓空銅殼合爲圓毬之形,兩殼之中,以銅索二尺連綴不離蟠,其索納入兩殼而合之，鎔鉛灌之，鉛凝而毬堅矣。以毬入礮，礮發毬出，鉛鎔殼開，索連之飛舞而去。凡遇戰船高檣帆索，無不破斷者矣。余仿其式造之，甚良。姑記之以廣武備之異聞。

蝶夢園記

辛未、壬申間，余在京師，賃屋于西城阜成門内之上岡。有通溝自北而南至岡折而東，岡臨溝上，門多古槐。屋後小園不足十畝，而亭館花木之盛，在城中爲佳境矣。松、柏、桑、榆、槐、柳、棠、梨、桃、杏、棗、柰、丁香、荼蘼、藤蘿之屬交柯接蔭，玲峰石井，嶔崎其間，有一軒二亭一臺，花晨月夕，不知門外有緇塵也。余舊藏董思翁自書詩扇，有「名園蝶夢，散綺看花」之句，常懸軒壁，雅與園合。辛未秋，有異蝶來園中，識者知爲太常仙蝶。繼而復見之於瓜爾佳氏園中，客有呼之入匣奉歸余園者，及至園啟之，則空匣也。壬申春，蝶復見於余園，畫者祝曰：「苟近我，我當圖之。」蝶落其袖，審視良久，得其形色，乃從容鼓翅而去。園故無名也，於是始以思翁詩及蝶意名之。秋半，余奉使出都，是園又屬他人。回憶芳叢，真如夢矣。癸酉春，吴門楊氏補帆爲畫園圖，即以思翁詩翰裝冠卷首，以記春明遊跡焉。

武昌節署東箭亭記

園亭池館，古人恒爲之，然徵歌行炙之侈，無謂也。矯之者，或不窺園，且徹屋伐木，其過不及也，亦相去非遠。予每駐一地，必鋤草蒔花木，以寄消摇之情。武昌節署東南，有圃久廢，不易治，乃擇東北隅十畝之地築土垣以界之，用廢圃門材，立爲東箭亭。曰東者，所以别於署西馬射之堂也。亭之外，植梅、柳、桃、桂及雜竹樹，又移廢圃之石疊爲小山。暇日或較步射於此，且書卷案牘雜陳於竹窗花檻之間，摘蔬瀹茗，泊如也。勿以華靡損其性，性損者折；勿以枯嗇矯其情，情矯者偏。譬如射者立乎中道而已。

置湖南九谿衛祠田記

先祖琢庵公以武進士侍衛，乾隆初年出任湖南九谿營遊擊，值逆苗侵擾城步、綏寧，公隨鎮筸鎮總兵劉策名剿苗，身先士卒，十戰皆勝，苗穴平。餘苗八百户乞降于公，公力保于總制張廣泗，皆得不死。又以九谿北山歸軍民，爲樵牧葬地，軍民感德甚深。于公陞任後，建祠堂于九谿衛城，歲時祭祀，歷久不衰。嘉慶初，元寄貲爲修葺計，湖南按察使秦瀛復率屬加修，爲《阮公祠記》，刻于石。二十二年，元奉命來制全楚。秋九月，閲兵至湖南東路衡、永各營，方擬回至西路來拜祠前，而在衡山奉移制兩廣之命，速由永州入粤，未得到祠瞻拜，于心愍然。爰復留白金二百，屬澧州牧、慈利縣令買田若干畝，留于祠中，以增修祭之用。刻石記之。

商周銅器説上

形上謂道，形下謂器。商、周二代之道存于今者，有九經焉。若器，則罕有存者。所存者，銅器鐘鼎之屬耳。古銅器有銘，銘之文爲古人篆蹟，非經文隸楷、縑楮傳寫之比，且其詞爲古王侯大夫賢者所爲，其重與九經同之。北宋後，古銅器始多，傳録鐘、鼎、尊、彝、敦、槃、戈、劍之屬，古詞古文不可勝識。其見稱于經傳者，若湯之盤，正考父、孔悝之鼎，其器皆不傳于今。然則今之所傳者，使古聖賢見之，安知不載入經傳也？器者，所以藏禮，故孔子曰：「唯器與名，不可以假人。」先王之制器也，齊其度量，同其文字，别其尊卑。用之于朝覲燕饗，則見天子之尊，錫命之寵，雖有强國，不敢問鼎之輕重焉。用之于祭祀飲射，則見德功之美，勳賞之名，孝子孝孫，永享其祖考而寳用之焉。且天子、諸侯、卿大夫非有德位保其富貴，則不能制其器，非有問學通其文詞，則不能銘其器。然則器者，先王所以馴天下尊王敬祖之心，教天下習禮博文之學，商祚六百，周祚八百，道與器皆不墜也。且世禄之家，其富貴精力，必有所用，用之于奢僭奇衺者，家國之患也。先王使用其才與力與禮與文于器之中，禮明而文達，位定而王尊，愚慢狂暴、好作亂者鮮矣。故窮而在下，則顔子簞瓢不爲儉；貴而在上，則晉絳鐘鎛不爲奢。此古聖王之大道，亦古聖王之精意也。自井田封建廢，而梓人、鳧氏亦失傳矣。故吾謂欲觀三代以上之道與器，九經之外，舍鐘鼎之屬，曷由觀之。

商周銅器説下

三代時，鼎鐘爲最重之器，故有立國以鼎彝爲分器者，武王有《分器》之篇。《書序》：「武王封諸侯，班宗彝，作《分器》。」魯公有彝器之分《左》定四年，分魯公官司彝器，分康叔大吕，分唐叔姑洗，皆鐘也。是也。有諸侯大夫朝享而賜以重器者，周王予虢公以爵，莊二十一年，鄭伯之享王也，王以后之鞶鑑予之，虢公請器，王予之爵，鄭伯由是惡王。元案：鞶鑑者，后之器也。《説文》：「鑑，大盆也。」「鞶」與「槃」、「盤」皆通借。故《左》定六年定之「盤鑑」，《釋文》又作「鞶」。《易·訟》「鞶帶」，《釋文》或作「槃」。可見「鞶」非本字，鄭伯以其爲婦人之物而惡之耳。杜註解爲帶飾以鑑，此望文生義。夫以小鏡飾于鞶帶之上，經傳無徵，且即令如此，當云「鑑鞶」，今云「鞶鑑」，文義倒置矣。晉侯賜子産以鼎《左》昭七年，晉侯賜子産莒之二方鼎。是也。有以小事大而賂以重器者，齊侯賂晉以地，而先以紀甗，《左》成二年。魯公賄晉卿以壽夢之鼎，《左》襄十九年，公享晉六卿，賄荀偃束錦，加璧、乘馬、先吴壽夢之鼎。鄭賂晉以襄鐘，《左》成十年，鄭子罕賂晉以襄鐘。杜注：「鄭襄公之廟鐘。」齊人賂晉以宗器，《左》襄二十五年，杜注：「宗器，祭祀之器。」陳侯賂鄭以宗器，《左》襄二十五年。燕人賂齊以斝耳，《左》昭七年。徐人賂齊以甲父鼎，《左》昭十六年。鄭伯納晉以鐘鎛《左》襄十一年。亦見《晉語》。是也。有以大伐小而取爲重器者，魯取鄆鐘以爲公盤，《左》襄十二年。齊攻魯以求岑鼎《吕氏春秋》齊攻魯求岑鼎，魯君載他鼎以往，齊侯弗信。又見《説苑》、《新序》。是也。有爲述德儆身之銘以爲重器者，《祭統》述孔悝之銘，叔向述讒鼎之銘，《左》昭三年。孟僖子述正考父鼎銘，《左》昭七年。史蘇述商衰之銘《晉語》。是也。有爲自矜之銘以爲重器者，禮至銘殺國子，《左》僖二十五年。季武子銘得齊兵《左》襄十九年。是也。有鑄政令于鼎彝以爲重器者，司約書約劑于宗彝，《周禮·秋官》。晉、鄭鑄刑書于刑鼎《左》昭六年，又二十九年。是也。且有王綱廢墜之時，以天子之社稷而與鼎器共存亡輕重者，武王遷商九鼎于雒，楚子問鼎于周，《左》宣三年。秦興師臨周求九鼎《戰國策》。是也。此周以前之説也。

自漢至唐，罕見古器，偶得古鼎，或至改元稱神瑞，書之史册，儒臣有能辨之者，世驚爲奇。故《説文·序》曰，郡國往往于山川得鼎彝，其銘即前代之古文是也。今略數之，則有漢元鼎汾陰得寶鼎，《漢書》，元鼎元年夏五月，得鼎汾水上。四年六月得寶鼎后土祠旁。《漢書·紀》，又《郊祀志》。宣帝時，美陽得鼎獻之，張敞辨之。《郊祀志》，敞釋文曰：「王命尸臣，官此栒邑，賜爾旂鸞、黼黻、琱戈。尸臣拜手稽首曰，敢對揚天子，丕顯休命。」鼎小有款識，不宜薦于宗廟。元按：此銘乃《漢書》約記張敞之言，非銘全文也。永平六年，王雒出寶鼎。《漢書·明帝紀》，永平二年六月，王雒山出寶鼎，廬江太守獻之，詔陳鼎于廟。永元元年，竇憲上仲山甫鼎。《竇憲傳》，和帝永元元年七月，竇憲伐單于，遺憲古鼎，容五斗，其傍銘曰：「仲山甫鼎，其萬年子子孫孫永寶用。」元按：漢人習隸，罕識籀文，此銘亦約辭，非全銘之體。吴赤烏十二年，寶鼎出臨平湖，又出酃縣。宋元嘉十三年，武昌縣章山出神鼎；二十二年，新陽獲古鼎，有篆書四十二字。泰始五年，南昌獲古鼎，容斛七斗；七年，義陽郡鼎受一斛，皆獻於朝。並見《符瑞志》。唐貞觀二十二年，遂州涪水中獲古鼎，傍有銘刻。開元十年，獲鼎，改河中府之縣名寶鼎縣；十二年，后土祠獲鼎二，大者容四升，小者容一升，色皆青；十三年，萬年人獲寶鼎五，獻之四，鼎皆有銘；銘曰：「垂作尊鼎，萬福無疆，子孫寶用。」元按：此銘文亦不全。二十一年，眉州獻寶鼎，重七百斤，有篆書。天寶元年，平涼獲古饞鼎，獻之。元和二年，詔以湖南所獻古鼎付有司，重一百十二斤。咸平三年，乾州獻古銅鼎，狀方，四足，上有古文二十一字。直昭文館句中正與杜鎬詳其文曰：「維六月初吉，史信父作甗，斯萬年子子孫孫永寶用。」以上皆見正史及會要。此自漢至唐之説也。

北宋以後，高原古冢搜獲甚多，始不以古器爲神奇祥瑞。而或以玩賞，加之學者考古釋文日益精核，故《考古圖》列宋人收藏者，河南文潞公、廬江李伯時等三十餘家。士大夫家有其器，人識其文，閱三四千年而道大顯矣。

古之器，余不得而見，余今所見之器，安知後之人能見否也？且又安知後千百年新出之器，爲今所未見者，不更多也？是宜以周以前、唐以前、北宋以後三者分別論之。

積古齋鐘鼎彝器款識序

鐘鼎彝器，三代之所寶貴，故分器、贈器，皆以是爲先，直與土地並重，且或以爲重賂，其造作之精，文字之古，非後人所能及。古器金錫之至精者，其氣不外洩，無青緑。其有青緑者，金之不精，外洩于土者也。古器銘字多者，或至數百字，縱不抵《尚書》百篇，而有過于汲冢者遠甚。漢代以得鼎爲祥，因之改元，因之立祀。六朝、唐人不多見，學者不甚重之。迨北宋後，古器始多出，復爲世重，勒爲成書。南宋、元、明以來，流傳不少。至我朝《西清古鑑》，美備極矣。且海内好古之士，學識之精，能辨古器有遠過于張敞、鄭衆者，而古器之出于土田榛莽間者，亦不可勝數。余心好古文奇字，每摩挲一器，搨釋一銘，俯仰之間，輒心往于數千年前。以爲此器之作，此文之鑄，尚在周公、孔子未生以前，何論秦、漢乎？由簡策而卷軸，其竹帛已灰燼矣，此乃巋然獨存乎世。人得西嶽一碑，定武片紙，即珍如鴻寶，何況三代法物乎？世人得世綵書函，麻沙宋板，即藏爲祕册，何況商、周文字乎？友人之與余同好者，則有江侍御、德量。朱右甫、爲弼。孫觀察、星衍。趙銀臺、秉沖。翁比部、樹培。秦太史、恩復。宋學博、葆醇。錢博士、坫。趙晉齋、魏。何夢華、元錫。江鄭堂、藩。張解元廷濟。等，各有藏器，各有搨本，余皆聚之，與余所自藏自搨者，集爲《鐘鼎款識》一書，以續薛尚功之後。薛尚功所輯共四百九十三器，余所集器五百五十，數殆過之。夫栞字于板本，不如鑄字于金之堅且久。然自古《左》、《國》、《史》、《漢》所言各器，宋《宣和殿圖》無有存者矣。兩宋吕大防、王俅、薛尚功、王順伯諸書册所收之器，今亦厪有存者矣。然則，古器雖甚壽，顧至三四千年出土之後，轉不能久。或經兵燹之墜壞，或爲水土之沈薶，或爲傖賈之毀銷，不可保也。而宋人圖釋各書，反能流傳不絶，且可家守一編。然則聚一時之彝器摹勒爲書，實可使一時之器永傳不朽，即使吉金零落無存，亦可無憾矣。平湖朱氏右甫，酷嗜古金文字，且能辨識疑文，稽考古籍。國邑大夫之名，有可補經傳所未備者；偏旁篆籀之字，有可補《說文》所未及者。余以各搨本屬之編定審釋之。甲子秋，訂成十卷，付之梓人，並記其始末如此。

山左金石志序

山左兼魯、齊、曹、宋諸國地，三代吉金，甲于天下。東漢石刻，江以南得一已爲鉅寶，而山左有秦石二，西漢石三，東漢則不勝指數。故論金石于山左，誠衆流之在渤海，萬峰之峙泰山也。元以乾隆五十八年秋奉命視學山左，首謁闕里，觀乾隆欽頒周器及鼎幣戈尺諸古金，又摩挲兩漢石刻，移亭長府門卒二石人于矍相圃；次登岱，觀唐摩崖碑，得從臣銜名及宋趙德甫諸題名；次過濟寧學，觀戟門諸碑及黄小松司馬易。所得漢祠石象，歸而始有勒成一書之志。

五十九年，畢秋帆先生奉命巡撫山東。先是，先生撫陝西、河南時，曾修關中、中州金石二志。元欲以山左之志屬之先生，先生曰：「吾老矣，且政繁，精力不及此。願學使者爲之也。」元曰：「諾。」先生遂檢關中、中州二志付元，且爲商定條例暨搜訪諸事。元于學署池上署「積古齋」，列志乘圖籍，案而求之，得諸拓本千三百餘件，較之關中、中州多至三倍，實始爲修書之舉。而秋帆先生復奉命總督兩湖，繼且綜湖南北軍務矣。元在山左，卷牘之暇，即事考覽，引仁和朱朗齋、文藻。錢塘何夢華、元錫。偃師武虚谷、億。益都段赤亭松苓。爲助。兖、濟之間，黄小松司馬搜輯先已賅備，肥城展生員文脈。家有聶劍光鈫。《泰山金石志》藁本，赤亭亦有《益都金石志》稿，並録之，得副墨。其未見著録者，分遣拓工四出，跋涉千里，岱麓、沂鎮、靈岩、五峰諸山，赤亭或舂糧而行，架岩涸水，出之椎脱，梱載以歸，雖曰山左古蹟之多，亦求者之勤有以致之也。曲阜顔運生、崇槼。桂未谷、馥。錢塘江秬香、鳳彝。吴江陸直之、繩。鉅野李退亭、伊晉。濟寧李鐵橋東琪。等，皆雅志好古，藏獲頗富。各郡守、州牧、縣令、學博、生徒之以拓本見投欲編入録者，亦日以聚。舊家藏弆之目録，如曲阜孔農部、尚任。滋陽牛空山運震。等，亦可得而稽。金之爲物，遷移無定，皆就乾隆五十八年至六十年在山左者爲斷，故孫淵如觀察蒞兖、沂、曹、濟，其所藏鐘鼎即以入録。石之爲物，罕有遷徙，皆就目驗者爲斷，其石刻拓本并毁如嶧山秦刻者，亦不入録。至于舊録有名今搜羅未到，及舊未著録新出于榛莽泥土中者，惟望後人續而録之，以補今時之缺略焉。六十年冬，草稿斯定，元復奉命視學兩浙，舟車餘閒，重爲釐訂，更屬仁和趙晉齋魏。校勘，凡二十四卷。所可以資經史篆隸證據者甚多，若夫匡謬正譌，尚有望于博雅君子。

是時，秋帆先生方督師轉餉，戮逆撫降，寒暑勞勩，嬰疾已深，雖有伏波據鞌之志，實致武侯食少之虞，竟以七月三日卒於辰州。元以是書本與先生商訂分纂，先生蒞楚，雖羽檄紛馳，而郵筒往復，指證頗多。先生爲元詞館前輩，與元父交素深，先生又元妻弟衍聖公孔冶山慶鎔。之外舅也，學術情誼，肫然相同。元今寫付板削，哀然成卷袟，而先生竟未及一顧也。噫，是可悲已！

王復齋鐘鼎款識跋

此册款識五十九種，爲王順伯復齋所輯。内畢良史䟦識十五器，皆秦熺之物。此外朱敦儒一器，䟦識數行，以詞意推之，亦似熺筆，蓋敦儒子爲熺所用，《宋史》本傳所譏詆犢畏逐而節不終者。此外，周師旦鼎、楚公鐘、虢姜鼎爲一德格天閣中之物。其餘數十種，乃劉炎、張詔、洪邃等人所藏，皆非秦氏之物。王復齋所輯裝成册而釋之者也。《兩浙名賢録》云：「復齋，名厚之，字順伯，諸暨人。乾道三年進士，歷官淮西通判，改江東提刑，直顯謨閣，致仕。」洪容齋《四筆》云：「趙明誠《金石録》三十卷，在王順伯家。順伯别有《復齋碑録》，已散佚。」宋陳思寶刻《叢編》引之。又《慶元黨禁》、《中興編年》皆載復齋與朱子同列僞學之籍，其人之行誼學術，可以概見。三代法物，自足萬古，不以遇秦氏爲辱，不以歸王氏爲幸。周、孔之書，爲趙忠定，朱子所讀，又何嘗不爲秦檜、韓侂胄所讀哉！ 嘉慶七年，予得此册于吳門陸氏，加以考釋，摹刻成書，更因諸跋所未及者，略識之。

釋宋戴公戈文

戈之内有字二行，首行一字曰「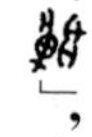」，次行八字曰「」。下半剥蝕。今釋其文曰：「朝王商戴公歸之造□。」何以謂「」爲「朝」也？《詩》「惄如調飢」，《釋文》作「輖」，今作「」者，字形相近而刀鑿少誤。「輖」音「周」，「周」、「朝」一聲之轉，古字通借。此戈借爲「朝覲」之「朝」，猶《毛詩》借爲「朝夕」之「朝」矣。 其右旁作「舟」，古鐘鼎「舟」、「周」每同字也。 謂「商戴公」爲「宋戴公」者，宋人本其古國而稱商，已辨于《商距末跋》中。《史記》戴公爲微子八世孫，當幽、平之世矣。 釋「」爲「歸」者，石鼓文作「」从「辵」，是其證也。 謂「」爲「造」者，古戈「造」字多作「」形，即「告」字，「造」之省，非「吉」字也。 古貨刀有「齊節墨𠱾」，乃即墨造貨也。「告」字下一字似是「金」旁，其右太剥，不可辨矣。 此戈乃戴公朝於平王，歸後所作，至子武公時始加銘追記。 作戈時乃朝王之後，故稱謚也。 戈造於先，銘勒於後，故文鑿而非鑄，非後人所能僞託矣。

晉真子飛霜鏡拓本跋

真子飛霜鏡，逕今尺五寸七分，體圓，外作八瓣菱花形，背白如水銀。 左方四竹、三筍，一人披衣坐狨，置琴于膝，前有几，几置短劍二、鑪一，又一物不可辨。右方一鳳，立于石，二樹正圓如帚形。下方爲水池，池中一蓮葉，葉上一龜，龜值鏡之中，虛其腹，下即爲鏡之背鈕也。上方有山，雲銜半月形，月中有顧兔形，雲下作田格，格中四正字曰「真子飛霜」。真子者，鼓琴之人。飛霜，其操名也。予審此爲晉鏡，何以知之？以書畫之體知之也。書非篆隸，晉以後體也。畫樹直立圓形如帚，畫月內加兔，此晉人法也。予見唐人摹顧愷之《洛神賦圖》，樹形與此同。且畫「太陽升朝霞」句，日中有陽烏，同此形矣。真子飛霜，于書無所考見。予以意推之，或即晉戴逵耶？《晉書·逵傳》云：「逵能鼓琴，工書畫，其餘巧藝，靡不畢綜。師事術士范宣于豫章。」《宋書·戴仲若傳》云：「漢始有佛像，形制未工，戴逵特善其事。」據此二史，則善鼓琴，善畫，善鑄銅，師術士，逵一人實兼綜之，真子將毋即逵也？錢博士坫。云：「古人製器，原欲以流傳後世，使其人不作此鏡，則湮没無聞矣。故好事好名之徒，今亦不如古。」據博士此言，真子若非戴逵，微此鏡，則真子無傳矣。爲逵鏡可寶，非逵鏡尤可寶也。

秦琅邪臺石刻十三行拓本跋

元至山東，求秦石刻，如嶧山、成山，皆久佚。泰山石刻，於乾隆戊午歲燬於火，惟得舊拓本。之罘石刻，墮入海鄉，福山官士訪之，終不可得。惟琅邪臺秦二世石刻，巋然獨存，是神物也。甲寅春，至青州時，檄諸城學官物色之，以拓本來，遂知之甚悉。琅邪臺在諸城縣治東南百六十里，臺三成，成高三丈許，最上正平，周二百步有奇，東南西三面環海，迤北爲登臺沙道。臺上舊有海神祠、禮日亭，皆傾圮，祠垣內西南隅，秦碑在焉。色沉黝，質甚粗，而堅若鐵。以工部營造尺計之，石高丈五尺，下寬六尺，中寬五尺，上半寬三尺，頂寬二尺三寸，南北厚二尺五寸。今字在西面，碑中偏西裂寸許，前知縣事泰州宫懋讓鎔鐵束之，得以不頽。前知縣事傖父某，于碑南面磨平迸裂痕，刻「長天一色」四隸字，自署名而隱其姓。蓋同一有事於此，而學與不學分矣。碑之秦始皇頌詩及從臣姓名久剥去，今所存者，二世從官名及詔書十三行八十六字。其首行「五夫夫」、二行「五夫夫楊樛」，皆二世所刻從官名。《史記》所言「二世元年春，東行郡縣，李斯從，盡刻始皇所立刻石，石旁著大臣從者名」是也。或指爲始皇從臣姓名之末行，誤矣。自「皇帝曰」以下，與《史記》文句無少異。今計首行「五夫夫」三字，二行「五夫夫楊樛」五字，三行「皇帝曰金石刻盡」七字，四行「始皇帝所爲也今襲」八字，五行「號而金石刻辥不稱」八字，六行「始皇帝其于久遠也」八字，七行「如後世爲之者不稱」八字，八行「成功盛德」四字，九行「丞相臣斯臣去疾御」八字，十行「史夫夫臣德昧死言臣」九字，十一行「請具刻詔書金石刻」八字，十二行「因明白矣臣昧死請」八字，十三行「制曰可」三字。上下各刻一線爲界，下線之下有碎點星星，殆椎鑿使然。自二行第二字至末行第一字有横裂痕，第三行、八行、十行之前皆有直裂至底如雨漏痕，第十二行前裂痕半至第五字而止。綜計每行八字，二行與三行相間少遠，詔書與從臣名不相屬也。三行止七字者，爲四行「始皇」提行地也。後六行、八行、十三行並提行矣。末行三字漫漶特甚，餘皆可指而識也。碑字高，跂足始可及。拓時須天氣晴朗，否則霧重風大，拓不可成。碑上薜荔皆滿，捎去周視之，再無可辨之文矣。别有熙寧中蘇翰林守密令廬江文勛模刻之本，在超然臺上，相距百餘里，與此無涉。都元敬《金薤琳琅》所載宋莒公刻本十七字，皆頌詩中語，今亦無存。又元仲夏登岱頂，見無字碑，碑之高廣厚尺度一如琅邪臺碑，所差不過分寸間。由此可決無字爲秦石之立而未刻者，其刻者反在碧霞宫下耳。

摹刻泰山殘字跋

秦泰山石刻殘篆，乾隆間燬于火，世間搨本漸少。嘉慶十四年，揚州阮氏以舊拓本屬吴門吴國寶摹刻，與重摹漢西嶽華山碑石同置北湖祠塾。

摹刻漢延熹華嶽廟碑跋

漢西嶽華山廟碑，明代已毁。今海内流傳僅有三本，惟此本爲全碑整搨，唐李德裕等題名皆全。嘉慶十四年，揚州阮氏屬吴門吴國寶摹刻，與重摹秦泰山殘字石同置于北湖祠塾。又以歐陽文忠公《集古録》跋墨蹟卷内《華山碑跋》一段摹刻于漢碑缺處。

漢延熹華嶽廟碑整拓本軸子二跋

此漢延熹《西嶽華山廟碑》未翦本，即四明本。明時藏寧波豐學士熙。萬卷樓，國朝歸鄞縣全謝山編修，祖望。謝山有跋，載《鮚埼亭集》中。後歸范氏天一閣。乾隆間，嘉定錢太學東壁。爲范氏編《金石目録》成，范氏以此碑非司馬舊物，酬贈之。嘉慶十年，錢氏質于印氏。十三年戊辰，歸于余。此本全碑單紙，未翦未褾，是以謝山有「二百餘年不缺不爛」之語。篆額左右「唐李衛公」題名爲各本所無。李衛公兩至碑下，與新、舊《唐書》及予所藏嘉定《鎮江志》所引《衛公年譜》、《衛公獻替記》皆合。《華山碑》今海内止存三本，此其第二也。其第三本爲明陝西東雲駒兄弟、郭允伯、國朝王山史、張力臣、淩如焕、黄文梿諸家所遞藏，今在大興朱竹君學士家。其第一本爲明長垣王文蓀、國朝商邱宋漫堂、陳宗尹所遞藏，有王覺斯、朱竹垞等跋，今歸成親王詒晉齋中。此二本皆翦褾本，而長垣本百字皆全爲勝。余既于十四年摹刻四明本暨秦泰山殘字于揚州北湖墓祠矣，復攜拓本至京師。拓本紙力已敝，急爲裝池成軸。復借鉤長垣百字補于缺處，并記以詩。

嘉慶十五年，《華山碑》既褾成，從桂香東少宰芳。處得觀長垣本，摹其碑右所全百字，雙鉤補于此碑缺處。是年冬，竹君學士之子少河錫庚。歸自山西，復相約會于南城之龍泉寺，各攜山史、四明二本校讀竟日，二本蓋同時所拓也。三本皆以庚午年相聚于京師，洵金石佳話也。

金石十事記

客有問於余曰：「子於金石用力何如？」余曰：「數指而計之，有十事焉。余裒山左金石數千種，勒爲《山左金石志》，事之一也。余裒兩浙金石千餘種，勒爲《兩浙金石志》，事之二也。余積吉金拓本五百餘種，勒爲《積古齋鍾鼎款識》，事之三也。揚州周散氏南宫大盤，東南重寶也，歲丁卯，鹺使者獻於朝，余模鑄二盤，極肖之，一藏府學，一藏文選樓，事之四也。天一閣北宋《石鼓》拓本，凡四百七十二字，余摹刻爲二，一置杭州府學明倫堂，一置揚州府學明倫堂，事之五也。余步至揚州甘泉山，得西漢『中殿第廿八』二石於厲王冢，天下西漢石止此與曲阜五鳳石共三石耳，事之六也。余遣書佐至諸城琅邪臺，剔秦篆於榛莽中，拓之多得一行，事之七也。漢府門之倅大石人二仆於野，爲樵牧所殘，余連車運致曲阜矍相圃中，並立之，事之八也。余得四明本全拓延熹《華山廟碑》，摹刻之，置之北湖祠塾，事之九也。余又摹刻秦泰山殘篆、吴《天發神讖》二碑同置北湖祠塾，事之十也。」客曰：「善。此十事於金石爲有力矣。」余曰：「不敢不勉，尚願增其事焉。」

散氏敦銘拓本跋

此敦朱兵部爲弼。釋析父之義甚精。陶太史梁釋散氏與散氏盤同，與散宜氏有别，義亦確。太史又謂此篆瘦刻勁挺，蓋亦有故。余所見鐘鼎文字，揣其制作之法，蓋有四焉。一則刻字于木范爲陰文，以泥抑之成陽文，然後以銅鑄之成陰文矣。一則調極細泥以筆書于土范之上，一次書之不高，則俟其燥而再加書之以成陽文，以銅鑄之成陰文矣。三則刻土范爲陰文，以銅鑄之成陽文矣。四則鑄銅成後，鑿爲篆銘，漢時銅印有鑿刻者，用此法亦陰文也，其刻木之法即《周禮・梓人》之法，飲器之中量與否，梓人任其責。《考工記》「鄉衡而實不盡」，罪在梓人，抑埴範金者但遵梓人所刻以爲之而已。梓人刻字有工拙肥瘦、出鋒不出鋒之别，此《散敦銘》以刀刻木之蹟顯然可見，蓋瘦而出鋒者。

甘泉山獲石記

嘉慶十一年，予在雷塘墓廬，曉視雷塘水自甘泉山來，乃肩輿溯源登其山。山有惠照寺，寺階下四石半薶于土，色甚古，若有文字，以帚振水刷之，其文字之體在篆隸之間，歸而命工以紙搨之。其一石可辨者，「中殿第廿八」凡五字，又一石「弟百册」三字，其二石尚未能辨，以俟識者。太守汀州伊墨卿同年，善古書，嗜金石，爰以告之。太守即輦置郡齋，審視之，復以搨本示江君鄭堂。江君曰：「此漢淮南厲王胥冢上石也。」太守曰：「若爾，則與五鳳二年石同時爲西漢物，可比美魯石矣。當寄蘇齋再辨之。」余按：揚州甘泉山，舊志皆以爲漢厲王冢，旱，鳴鼓攻之，輒致雨。今冢基不可覵，而西峰有靈雨壇舊址，土人亦言山有琉璃王墳。琉璃者，劉厲之傳訛也。沈約《宋書·樂志·陳思王樂歌》云：「中殿宜皇子。」然則皇子所居，可稱中殿。魏在漢後，其爲厲王遺蹟，似更可據矣。揚州無古石，唐以上即罕覯。昔惟汪君容甫在寶應得漢射陽畫象石。兹石更古，若應太守惠政雅風而出者。十二年，太守嵌此石于府學壁間，并屬元記其事，遂書之。

翁覃溪先生蘇齋跋云：「廣陵厲王胥，武帝元狩六年封。宣帝時，坐祝詛自殺。元帝初元二年，復立胥子霸。此文稱『中殿第幾』，則是胥爲王時自造宫殿有此刻文，非冢中石也。漢刻最在前，由篆初變隸，有横直無波策，若東漢之初永平六年鄐君開石門字亦未變隸字勢，而遜此古勁遠矣。此刻雖無歲月，然考厲王國除在五鳳四年，此蓋在昭、宣之間，視五鳳二年石字，更在前耳。」

二郎廟蔬圃獲石記

嘉慶丙寅，予過揚州新城準提庵僧舍，經二郎廟蔬圃，見有破古石井闌，似有字痕，洗拓之，乃「□熙十□三公石□」數字。「熙」字之上，字不完，似是「淳」字，蓋以「熙」爲年號踰十年者，在揚惟「淳熙」耳。「十」字下似是「年」字，爰移置準提庵東廂内并記之。丁卯秋日。

積古齋記

李義山詩云：「湯盤孔鼎有述作，今無其器存其詞。」義山唐人，尚不見器而重其詞，況今又千年，不但存其詞且有其器耶？所以予於鐘鼎古器有深好也。與吾同好者，有平湖朱子右甫。右甫得一器，必摩挲考證之，頗於經史多所創獲。予政事之暇，藉此羅列，以爲清娱，且以償案牘之勞。兒子常生，好兒童之篆刻，亦刷拭以侍。壬戌臘日，舉酒酬賓，且屬吴縣周子秬卣繪《積古圖》。是日案頭所積，凡鐘二、鼎三、敦一、簠一、豆一、匜二、彝一、甗一、卣二、尊一、鈃一、角一、爵一、觶三、觚一、洗三、劍一、戈六、瞿一、弩機二、削一、鏡二十、鐙二及刀布、印符之屬。同積者有五鳳、黄龍、天册、興寧、咸和、永吉、天册、蜀師八甎。謂之「積古」者，元督學山左時，高宗純皇帝賜御筆《筆誤識過文》一卷，此文紀筆誤試題稽古論爲積古論引過一事，元奏摺謝恩，奉批答云：「文佳非徒頌即規。」臣愚豈能于聖德規頌萬一，而「積古」一言反有深愜私衷者，因名纂山左金石之齋曰「積古齋」，所以紀恩述事也。兹之名圖，猶此志也。

杭州揚州重摹天一閣北宋石鼓文跋

天下樂石以周石鼓文爲最古。石鼓脱本以浙東天一閣所藏北宋本爲最古。海鹽張氏燕昌曾雙勾刻石，尚未精善。元於嘉慶二年夏，細審天一閣本，復參以明初諸本，推究字體，摹擬書意，刻爲十石。除重文不計，凡可辨識者，四百七十二字。置之杭州府學明倫堂壁閒，使諸生究心史籀古文者有所師法。十二年，又摹刻十石，置之揚州府學明倫堂壁閒，并拓二本爲册審玩之，以杭州本爲最精，揚州之本少遜也。天一閣本，《鮚埼集》以爲北宋吴興沈仲説家物，而彭城錢逵以薛氏釋音附之者也。錢氏篆文甚工。後歸趙子昂松雪齋。明中葉，歸鄞豐氏，繼歸范氏。蒼然六百餘年，未入燕京時搨本也。元登天一閣見之，但未見錢氏篆耳。曾加題識，屬范氏子孫謹守之。

漢延熹華嶽廟碑跋

漢延熹《西嶽華山廟碑》末有郭香察書一事，或以爲郭香書者，無顯據。或以爲蔡伯喈書者，語見都南濠元敬。引徐季海浩。《古跡記》。季海爲唐時書家，其言必有所本。然自唐以前，無可考證。今姑以《後漢書·蔡邕傳》推之。桓帝時，中常侍徐璜、左悺等五侯擅恣，聞邕善鼓琴，遂白天子，勑陳留太守督促發遣。邕不得已，行到偃師，稱疾而歸，閒居翫古，不交當世。建寧三年，辟司徒橋玄府，出補河平長，遷議郎。案：五侯擅恣在桓帝延熹二年，是時爲陳留太守者左敏，即左悺之弟，必是悺使敏促邕入都。邕恥以宦官進，故至偃師以病回里，是大迕倌、敏意矣。延熹八年春，倌以罪自殺。度邕此時，始稍稍出遊入關，故八年至華陰爲太守書碑，而郭香適奉京兆尹遣來察書，因此相識，或且交契，以學術相長，故郭香亦通明天文律術也。又《中郎集》中載有《袁逢碑》。延熹八年，又爲楊震之子秉撰碑。秉亦華陰人，八年卒於位。秉之子賜當與伯喈相善。伯喈延熹八年以後蹤蹟，或在弘農，或在雒陽，未可知也。迨建寧三年，始應司徒橋玄之辟，繼爲議郎。靈帝熹平四年，郭香爲太史治術，郎中馮光、陳晃上言天元不正，攻及郭香，詔下三府集議，伯喈首發議，躓郭香四分術爲非妄，光、晃議罪。光和三年，伯喈與楊賜同入金商門論灾異，劾宦者。又嘗與賜之子彪著作東觀。是伯喈與郭香、袁逢、楊賜、楊彪學術交遊之蹤蹟又可見也。初平三年，伯喈卒，年六十一。論灾異時，年四十七。議天元時，年四十四。書碑時，年三十四。稱疾時，年二十八。前賢事蹟，史所不能盡載者，每於文章碑版得之。因讀《華山碑》而擬議中郎蹤蹟如此。然所據者，徐季海言而已，亦未敢定也。

伯喈本傳，光和元年，年四十六，與六十一卒相舛一年，未知孰是。

秦漢六朝唐廿八名印記

余所藏古人名印以百數，子常生以其姓名考之，列史有所見者，自漢至唐，得廿八鈕，余因第而録之，即命常生釋注之。一曰秦秦嘉璽。作曲矩形，旋轉五字曰：「海上嘉月鉨。」此印形曲甚古，世所罕見。秦嘉立楚王，陳涉之倫也。《史記》卷四十八《陳涉世家》：陳王初立時，陵人秦嘉等皆特起，將兵圍東海守慶于郯。陳王使武平君畔爲將軍，監郯下軍。秦嘉不受命，自立爲大司馬，惡屬武平君，告軍吏曰：「武平君年少，不知兵事，勿聽。」因矯以王命殺武平君畔。及陳王敗死，秦嘉等乃立景駒爲楚王，引兵之方與，欲繫秦軍定陶下，使公孫慶使齊王，欲與并力俱進。齊王曰：「聞陳王戰敗，不知其死生，楚安得不請而立王？」公孫慶曰：「齊不請楚而立王，楚何故請齊而立王？且楚首事，當令于天下。」田儋誅殺公孫慶。《地理志》：泗水有淩縣。考淩在今安東閒，地瀕海，故曰「海上」。二曰李廣。其漢飛將軍耶？《史記》卷一百九《李將軍傳》：廣，隴西成紀人也。廣家世世受射。孝文十四年，廣以良家子擊匈奴爲郎，爲武騎常侍。孝景中，徙爲上谷太守。武帝立，以上郡太守爲未央衛尉，後以衛尉爲將軍，擊匈奴，兵敗，免爲庶人。數歲，召爲右北平太守，居頃之，代石建爲郎中令。元狩四年，從大將軍出擊匈奴，因失道，後大將軍，自剄。三曰劉勝。勝，景帝子，封中山王者。《史記》卷五十九《五宗世家》：中山靖王勝，以孝景前三年立爲中山王。勝爲人樂酒好内，有子枝屬百二十餘人。立四十二年卒。四曰劉慶。慶，六安共王，孝武所封。《史記》卷五十九《五宗世家》：膠東康王寄，以孝景中二年用皇子爲膠東王。二十八年，卒。孝武立寄長子賢爲膠東王，奉康王嗣，而封慶於故衡山地爲六安王。立三十八年薨。五亦曰劉慶。河閒孝王。《漢書》卷三十三《景十三王傳》：河閒獻王德，以孝景前二年立，立二十六年薨。子不害嗣，四年薨。子堪嗣，十二年薨。子授嗣，十七年薨。子孝王慶嗣，四十三年薨。二印爲一人爲二人，未可定也。六曰司馬遷。遷，漢太史。《史記》卷一百三十《太史公自序》：太史公談，有子遷，年十歲則誦古文，二十三仕爲郎中，奉使西征。十年而遭李陵之禍，幽于纍紲，乃作《史記》。七曰張勝。同蘇武使匈奴者。《漢書》卷三十四《蘇武傳》：武與副中郎將張勝至匈奴，勝與虞常謀殺衛律，事覺，被繫而降。八曰孔霸。褒成君孔次儒也。《漢書》卷五十一《孔光傳》：霸，字次儒，治《尚書》，事夏侯勝。昭帝末年，爲博士。宣帝時，爲太中大夫，以選授皇太子經，遷詹事，高密相。元帝即位，徵霸，以師賜爵關内侯，號褒成君。九曰楊忠。漢安平侯。《漢書》卷三十六《楊敞傳》：忠，丞相楊敞子。敞薨，忠嗣安平侯。十曰陳萬年。漢廣陵太守，御史大夫。《漢書》卷三十六《陳萬年傳》：萬年字幼公，沛郡相人也。爲郡吏，察舉至縣令，遷廣陵太守，以高第八爲右扶風，遷大僕，後代于定國爲御史大夫，八歲病卒。十一曰張山拊。《漢・儒林》：事小夏侯建，爲博士，論石渠。《漢書》卷五十八《儒林傳》：張山拊，字長賓，平陵人也。事小夏侯建，爲博士，論石渠，至少府。十二曰王禁。漢平陽侯，外戚也。《漢書》卷六十八《元后傳》：王禁，字稚君。少學法律長安，爲廷尉史。生女政君，入掖庭爲家人子，後宣帝選送太子宮，壹幸有身，生成帝于甲館。孝元即位，封禁爲陽平侯，永光二年薨，謚曰頃侯。十三曰鄭崇。哀帝時丞相。《漢書》卷四十七《鄭崇傳》：崇字子游，本高密大族。少爲郡文學史，至丞相大車屬。哀帝時，爲尚書僕射，數求見諫争。後爲尚書令趙昌奏崇與宗族通，下獄窮治，死獄中。十四曰王匡。起緑林攻莽者。《漢書》卷六十九《王莽傳》：南郡張霸、江夏羊牧、王匡等起雲杜緑林，號曰下江，兵衆皆萬餘人，後爲嚴尤等所破。十五曰王憲。自稱漢大將軍，舍東宮，妻莽後宮，乘其輿服，建天子鼓旗者。《漢書》卷六十九《王莽傳》：鄧煜以弘農掾王憲爲校尉，將數百人北度渭，入左馮翊界，降城略地，至頻陽，所過迎降，會長安旁兵，四會城下，十月戊申朔，破之。庚戌，商人杜吴殺莽，取其綬，校尉公賓就斬莽首，持詣憲，憲自稱漢大將軍，城中兵數十萬，皆屬焉，舍東宮，妻莽後宮，乘其車服。六日癸丑，鄧煜入長安，以憲得莽綬不輒上，多挾宮女，建天子鼓旗，收斬之。十六曰劉宣。隱不仕莽，後封安衆侯。《後漢書》卷十五《卓茂傳》：劉宣，字子高，安衆侯崇之從弟。知王莽當篡，乃變名姓，抱經書，隱避林藪。建武初，乃出，光武以宣襲封安衆侯。十七曰李忠。後漢豫章太守。《後漢書》卷十一《李忠傳》：忠字仲都，東萊黄人也。元始中爲郎，王莽時爲新博屬長。更始立，拜都尉官，遂與任光同奉光武爲右大將軍，封武固侯。建武二年，更封中水侯，遷丹陽太守。十四年，三公奏課爲天下第一，遷豫章太守，病去官，十九年卒。十八曰張根。漢武始侯子，奮之兄。《後漢書》卷二十五《張奮傳》：奮兄根，少被病，父武始侯純薨，光武詔奮嗣爵。

十九曰王廣。建武中石城侯。《後漢書》卷五《王常傳》：建武十二年，常薨，子廣嗣山桑侯。三十年，徙封石城侯。永平十四年，坐與楚事相連，國除。二十曰徐咸。漁陽太守、功曹。《後漢書》卷七十一《獨行劉茂傳》：元初中，鮮卑數百餘騎寇漁陽，太守張顯率吏士出塞追擊虜，虜伏兵發射中顯，主簿衛福、功曹徐咸遽起之，顯遂墮馬，福以身擁蔽，虜並殺之。二十一曰張成千秋。江夏太守，張耳後也。《後漢書》卷五十七《黨錮傳》：張儉，山陽高平人，趙王張耳之後也。父成，江夏太守。二十二曰竇武。大將軍也。此印模範嚴正，篆跡明切，凜然有生氣焉。《後漢書》卷五十九《竇武傳》：武字游平，扶風平陵人。安豐戴侯之玄孫也。延熹八年，長女選入掖庭，桓帝以爲貴人，拜武郎中。其冬，貴人立爲皇后，武遷越騎校尉，封槐里侯。永康元年冬，帝崩，無嗣，武立解瀆亭侯宏，是爲靈帝。拜武爲大將軍。八月，以奏免黄門令鄭彪事，爲長樂五官史朱瑀等所害。二十三曰李豐。蜀諸葛武侯表爲江州都督。《三國志》卷四十《蜀書·李嚴傳》：建興八年，諸葛亮表嚴子豐爲江州都督，督軍典，豐官至朱提太守。二十四曰陳武。三國吴偏將軍。《三國志》卷五十五《吴書·陳武傳》：武字子烈，廬江松滋人。孫策在壽春，武往修謁，因從渡江，征討有功，拜别部司馬。及權統事，轉督五校，累有功勞，進位偏將軍。建安二十年，從擊合肥，奮命戰死，權哀之，自臨其葬。二十五曰劉淵。晉元海大單于。《晉書·載記》卷一《劉元海傳》：淵，新興匈奴人，冒頓之後也。生而左手文有其名，遂以名焉，犯高祖廟諱，故稱其字。太康末，以左部帥拜北部都尉，楊駿輔政，以元海爲建威將軍、五部大都督、封漢光鄉侯，後成都王穎拜元海爲北單于。未幾，劉宣等上大單于之號。永興元年，僭即漢王位，年號元熙。永嘉二年，僭即漢皇帝位，改元永鳳，以永嘉六年死。二十六曰張偉。北魏征南將軍，小字翠螭者。《魏書》卷七十二《儒林傳》：張偉，字仲業，小名翠螭，太原中都人也。世祖時，與高允等俱被辟命，授中書博士，累遷爲中書侍郎、本國大中正，使酒泉，慰勞沮渠無諱，還遷散騎侍郎，聘劉義隆，還拜給事中、建威將軍，賜爵成皋子，出爲營州刺史，進爵建安公。卒，贈征南將軍、并州刺史。

二十七曰馮亮。北魏隱嵩高，好佛理者。《魏書》卷七十八《逸士傳》：馮亮，字靈通，南陽人。少博覽諸書，又篤好佛理，隱居嵩高。世宗嘗召以爲羽林監領中書舍人，將令侍講《十地》諸經，固辭不拜，還山數年，與僧徒禮誦爲業，蔬食飲水，有終焉之志。延昌二年冬卒。二十八曰雞林道經略使印。方二寸，此唐劉仁軌之印也。曷由知爲仁軌印也？雞林道經略使惟仁軌專之，雖官印，可以姓名定之。《新唐書》卷三《高宗本紀》：上元元年二月壬午，劉仁軌爲雞林道行軍大總管，以伐新羅。又卷一百四十五《東夷傳·新羅》：龍朔元年，法敏襲王，以其國爲雞林州大都督府，授法敏都督。咸亨五年，納高麗叛衆，略百濟地守之，帝怒，詔削官爵，以其弟右驍衛員外大將軍臨海郡公仁問爲新羅王，自京師歸國，詔仁軌爲雞林道大總管，衛尉卿李弼右領大將軍，謹行副之，發兵窮討。上元二年二月，仁軌破其衆于七重城，以靺鞨兵浮海略南境，斬獲甚衆，詔李謹行爲安東鎮撫大使，屯買肖城，此雞林道之名所自昉也。考《百官志》于經略使之置，略而不具。唐時西河、黑水皆有經略使，固唐初官也。自此迄五代，新羅朝貢甚謹，不復有征討之事。唐以後，又不聞有雞林道之名，此印爲唐劉仁軌之印，無疑矣。嗚呼，古人姓名銅印多矣！其于正史無考者，未必皆絶無可傳之人也。或謂漢人鑄名印千百以殉葬，好名好事，今人亦不如古耶？夫不見于史而唯以一鈕之銅傳數千年後，亦可悲矣！史法貴嚴，然余謂善善長、惡惡短，能繁毋簡，庶幾《左氏》遺法。若馬、班、范、崔之倫，或亦多所遺略，致其害歟？

與王西沚先生書

往歲奉到賜書，問元所刊鄭司農碑頭垂暈所昉，元已據洪氏《隸續》及目驗今曲阜漢碑舊式爲對矣。既思漢碑之所以有垂暈者何故？其垂暈或左垂或右垂者何故？今似得之，敢以就正于有道。古碑之制有二，一爲中廷麗牲之碑，一爲大夫以上葬窆之碑。《禮記・檀弓》曰：「縣棺而封。」鄭君注云：「不設碑繂，不備禮。」又曰：「公室視豐碑，三家視桓楹。」鄭君又據《周禮》及《喪大記》注云：「豐碑斲大木爲之，形如石碑，于槨前後四角樹之，穿中于間爲鹿盧，下棺以繂繞。天子六繂四碑，前後各重鹿盧也。四植謂之桓。諸侯四繂二碑，碑如桓矣。大夫二繂二碑。士二繂無碑。」孔沖遠疏云：「繂即紼也。以紼之一頭繫棺緘，以一頭繞鹿盧，既訖而人各背碑負繂末，聽鼓聲以漸，卻行而下之。」據此數義，知古人墓碑有穿以貫鹿盧，其繂繞鹿盧横而斜過碑頭，碑頭爲此暈以限繂，使滑且不致外脱，如今石井欄爲綆所漸靡之形矣。漢碑有穿有暈，必效三代遺制，其暈左垂者右碑也，右垂者左碑也。又《國策》曰：「昔王季歷葬于楚山之尾，欒水齧其墓，見棺之前和。」元謂前和即前桓，「桓」、「和」古同聲，其通借之迹多矣。

商銅距末跋

曲阜人掘地得銅器，高寸九分，八觚，觚各闊三分，頂縱七分，横五分，下口空，縱八分，横七分，銘字八，小篆，體狹長，用金填之曰：「愕作距末用鼇商國」「用」字下有小穿，徑一分。「距末」不知何器。沈君心醇据《戰國策》蘇秦説韓王曰：「谿子少府，時力距來，皆射六百步之外。」疑此爲弩飾。孔檢討撝約亦以爲飾弓簫者。此二説皆近之。特此「末」字甚明，斷不得疑爲「來」字之訛。按：《荀子・性惡篇》曰：「繁弱鉅黍，古之良弓也。」又潘安仁《閒居賦》曰：「谿子巨黍，異絭同機。」据此，則《國策》之「來」，《荀子》、《文選》又作「黍」矣。楊倞注欲改「黍」從「來」，誤矣。此「末」、「來」二字皆誤，當是「黍」字也。何以明之？古人爲銘，必用韻文，逾少而韻逾密。此銘「作」、「黍」相韻，「釐」、「國」相韻，蓋上聲之「語」與入聲之「鐸」同部，平聲之「之」與入聲之「德」同部也。《左傳》「讒鼎銘」用韻，正同此矣。若是「末」字，則與「國」字、「作」字皆不相韻矣。然則，今銘文明是「末」字者，此弓簫未必即是古始造之巨黍，後人仿其名而爲之，故《國策》訛「來」，今銘文「巨」又作「距」，同是金工所誤耳。此器中空，一面有陷，圓而向下，確是弓簫末張弦之處，以今弓末驗之，可知矣。又此器翁覃溪閣學据「商國」二字以爲商器。按：此二字不類商銘，且色澤亦不肖商之古，此蓋周器，宋人物也。宋人每稱宋國爲「商」矣。《春秋左氏傳》哀公九年：「利以伐姜，不利子商。」杜預注：「子商，謂宋。」又二十四年《傳》：「周公及武公娶于薛，孝惠娶于商。」杜預注：「商，宋也。」《禮記·樂記》曰：「宜歌《商》。」鄭康成注曰：「《商》，宋詩也。」皆其證也。

宋搨楚夜雨雷鐘篆銘跋

余藏宋搨《鐘鼎款識》册内有楚公夜雨雷鐘，旁有北宋石國佐公弼。所手書標識云：「政和三年，武昌太平湖所進古鐘。」後有紹興四年榮芑跋云：「紹興十四年間，茂世先兄自成都運判除倉外郎，總領淮東軍餉，邵澤民見屬云：『我有雷鐘，藏之久矣，兩得秦會之書見取，度不可留，爲我達之會之。』償以三千緡。鐘高二尺，有畸紐，上坐一裸鬼，蓋雷神也。五色相宜，銘在鐘裏。今諸處所刊，咸其雲仍，對之可見。」元按：此鐘篆文乃北宋時所搨，自南宋歸秦檜後，此鐘不知所存，即諸家所刊，亦不可見。嘉慶二十二年，攜此册至武昌，與江漢書院院長陳工部詩。展賞久之，共歎楚公造鐘在數千年前，沉没于水土之中，宋時得見于世，今又不知存亡，僅留此搨紙，流傳于王復齋、趙松雪、項子京諸家，今歸于元。元至楚，此搨本得庋藏于節樓之中，豈非善事？工部與武昌章觀察廷樑。共摹其篆并楚諸鐘鼎文字搨本，勒石于書院楚先賢祠壁間，題曰「楚中法物」，使諸生有所觀感也。此鐘篆文云：「隹八月甲巳，楚公自作夜雨雷鎛。」楚之八月，亦周六月也。楚中六七月間，每憂雷雨之少。此鎛所鑄裸鬼，即是雷神，雷神之形，見於《論衡》。其文又曰：「夜雨雷。」或楚公當年雩禱所用歟？今年自六月以後，夜雷雨甚多，山田不旱，湖田不潦，穀豐而米賤，亦此鐘數千年復歸其所之嘉會歟？七月十三日曉起，雷雨初霽，殷其未歇，臨窗展册，再題後尾。

吴蜀師甎考

吾鄉平山堂下瀋河，得古甎，文二，曰「蜀師」。其體在篆、隸閒，久載于張燕昌《金石契》中，未知爲何代物。近年在吴中，屢見「蜀師」古甎，兼有吴永安三年及晉太康三年七月廿日「蜀師作」者，然則「蜀師」爲吴中作甎之氏可知。按：揚州當三國時，多爲魏據，惟吴五鳳二年，孫峻城廣陵而功未就，見于《吴志》本傳。此年紀與永安、太康相近，然則此甎爲孫峻所作廣陵城甓無疑矣。

南屏司馬温公隸書家人卦考

南屏山隸書《家人卦摩崖碑》，學者以爲司馬温公筆，苦無實證。元考廣西融縣老君洞，亦有司馬温公隸書《家人卦摩崖碑》，爲公曾孫備判融州軍時所刻，且跋云：「先太師温國文正公書，紹興十九年曾孫備倅融刻之。」元親見此拓本，以證南屏石刻爲有據矣。

秦漢官印臨本序

揚州方君槐，精于刻印，以乳石撫秦、漢印，無不肖其形神。刻將成，弟而譜之，以類相從，曰王、曰君、曰侯、曰侯夫人、曰將軍、曰將、曰督、曰軍、曰尉、曰司馬、曰軍曲侯、曰大夫、曰太守、曰牧、曰史、曰令、曰丞、曰長、曰從事、曰相、曰宰、曰佐、曰士、曰使者、曰三老、曰祭尊、曰監、曰臧、曰蠻夷王君、曰蠻夷侯、曰蠻夷長，其印以數百計。古人之印有鑄者，有鑿者，有精工者，有粗略者，各極其妙，今悉以刀法摹得之，可謂形神畢肖矣。秦、漢人文字不多見，此印文一袟，可以備秦、漢摹印之法，兼以補證《漢書》官制、地理之遺，豈徒篆刻哉？

揅經室三集卷四

重修表忠觀記

錢塘表忠觀，宋熙寧十年趙清獻公請於朝，始建於龍山吴越文穆、忠獻兩王墓側，使錢氏之孫爲道士曰「自然」者居此以修護之。理宗時，官給田三百畝，以旌舊功。元至元初，遇兵燹，觀、墓俱毁。明正德間，遂爲江尚書兆域。嘉靖三十九年，總督都御史胡宗憲、巡按御史周斯盛、布政使胡堯臣、按察使胡松、提學使范惟一，以靈芝廢寺故址遷建新觀，即吴越時故苑，在湧金門外，今所重修之地也。當時有武肅十九世孫德洪，自餘姚來守此觀，飭俎豆，輯譜牒，湖山靈爽，神實憑依，春秋肸蠁，爲最盛焉。崇禎中，都御史熊飛復修輯之。國朝康熙四十四年，聖祖仁皇帝南巡，賜「保障江山」額。雍正四年，世宗憲皇帝敕加封爲「誠應武肅王」。今皇帝六次南巡，屢駐蹕，凡五賜宸章，褒功述事，且命有司以時致祭。蓋自忠懿宋初納土以來，未有食報增榮如今日者也。今武肅裔孫璋、栻等，以廟宇少頹，呈請有司修葺。於是，巡撫吉公慶、布政使張公朝縉、鹽運使阿公林保，各出俸錢，命知杭州府李公亨特董修之。增建碑亭左右六間，畫廊三十間，正殿基培高三尺，易塈垣以甎石，重肖五王像設，計費白金三千四百兩有奇，又增給銀六百兩，置鹽運司庫發商權子母爲歲修之費，蕆事于乾隆六十年。元以是年冬奉命督學浙江，入觀展拜，樂觀厥成。爰以重修落成，命十一府士子賦詩紀事，凡得詩千有餘篇，極一時之盛，擇其佳者付武肅裔孫泳録之。泳從金匱來寓此，庀材樹石，實始終其事，即爲元述此大略，屬爲記，且自以隸古書丹刻石者也。

嘉慶九年重濬杭城水利記

杭州水利，自古重之。今之省城，南北十里，東西五里，爲長方形。西湖居其西，湖水入城有三路：一湧金水門居正西，一湧金旱門環帶溝居西少南，一清波門底流福溝居西南。流福溝自清波門外學士港導水入流福寺，溝入城由街底伏流，出府西青龍庵，經府南面，自東折而北，過府學、運司，東至杜子橋，環帶溝水西來會之。東過紅門局、三橋址，折而北，至定安橋，湧金水門之水西來會之。入滿營城、八字橋，分爲二：一東出滿營，過衆安橋，入小河，至中河；一西過龍翔宫，至丁家橋，折而北，出滿營城，過臬司，西至回龍橋，折而東，由觀橋入小河，過金箔橋，入中河。中河匯各水，南行至新宫橋，其金箔橋之下有藩司、東行宫前之太平溝水來會之。太平溝水亦自三橋址分流而南者也。中河過新宫橋，又至撫院西，分爲二：一出鳳山水門，東行城外，北折至候潮門外之永昌壩；一由通江、過軍二橋出候潮水門，至永昌壩入城。河又至會安壩達東新關，至海寧州。是水凡三折，貫通城内外數十里，南至閘口，北至武林門外，汲濯、舟楫皆賴之。乃數十年來未加濬治，惟湧金水門尚通湖水，其環帶溝微通涓滴，流福溝塞久矣。且運司河三橋址數里高淤，滿營河亦淺阻，每遇大雨水，城内泛濫，司府縣署刺舟而入，居民多卧水中，府縣獄以桔槔出水，獄多瘐因，下河、中河之水反致淺濁無來源。水利若此，當治乎？不當治乎？甲子春，予首捐廉俸，官、士、商亦各出資，計銀四千八百餘兩，計開廣學士港十五丈六尺，自學士港、流福溝至三橋址，掘土四千七百九十四方，自三橋址北至滿城，南過藩司、東行宫前之太平溝、金箔橋、通江橋、過軍橋、慶豐關等處，掘土四千六百五十一方。由是清波門首受湖水，清清泠泠入流福溝，過運司前，會環帶溝，至三橋址，會湧金水門水入滿營城，暢通無泛濫之苦。藩司前諸山水亦入太平溝，暢流無阻。其西之湧金，西南之清波，正南之興隆，西北之聖塘澗水，石函六閘，設金木水火土五牐板，視西湖水盛衰增減啟閉，委其事於杭州水利通判專掌之，兩縣主簿、運司經歷分司之，院司府縣督察之，别具文案以備考。自兹以後，每歲十一月濬治一次，毋減工，毋累民。是役也，杭州人候銓同知邱基知水之理，身任其事，經營十閱月，工乃畢。刻碑記之，并刻圖于記文之後，且載捐銀人名于碑陰，置碑于吴山海會寺，是寺也，爲祈謝晴雨、長官共集之地，庶幾共覽而知，勿久而廢塞焉。嘉慶十年上元日記。

南宋淳熙貴池尤氏本文選序

元幼爲《文選》學，而壯未能精熟其理，然訛文脱字，時時校及之。昔但得元張伯顔、明晉府諸本，即以爲祕册。嘉慶丁卯，始從昭文吴氏易得南宋尤延之本，爲無上古册矣。按：是册宋孝宗淳熙八年辛丑無錫尤延之在貴池學宫所刻，世謂之「淳熙本」，每半葉十行，每行大字廿一、二，小字廿一、二、三、四不一。惜原板間有漫漶，其修板至理宗景定間止，卷二八葉及卷九十九葉書口並有「景定壬戌重刊」木記可見。其中佳處，即以脱文而論，如《東京賦》「上下通情」注，宋本卷三，十五下。毛本脱「言君情通於下臣情達於上故能國家安而君臣歡樂也」廿二字；又「重舌之人九譯」注，宋本卷三，廿八下。毛本脱「韓詩外傳」至「獻白雉于周公」廿三字。《秋興賦》「天晃朗以彌高兮」注，宋本卷十三，六上。毛本脱「杜篤」至「高明」廿字。以上毛初刻本脱，後得宋本改。《思玄賦》「行頗僻而獲志兮」注，宋本卷十五，三下。毛本脱「蕭該音」至「廣雅曰陂邪也」卅五字。陸士衡《答賈長淵詩》「我求明德」注下，宋本卷廿四，十七上。毛本脱正文「魯侯戾止」八字，注文卅二字。《七發》「客見太子有悦色」下，宋本卷卅四，九下。毛本脱數百字。諸如此類，不勝枚舉。其中異文，如《蜀都賦》「千廡萬室」，宋本卷四，二十下。晉府本、毛本「室」改「屋」，則與上下文「出」、「術」等字不韻矣。《羽獵賦》「群娭乎其中」，宋本卷八，廿三上。翻張本、晉府本、毛本「娭」改「嬉」，則與《漢書·揚子雲傳》不合矣。《宋書·謝靈運傳論》「莫不寄言上德」注引老子《德經》宋本卷五十，十四上。翻張本、晉府本、毛本並作「道德經」，不知「德經」二字見陸氏《經典釋文》及《禮記正義》也。《吴都賦》「趫材悍壯」注引「胡非子」，宋本五卷，五十五上。毛本「胡」改「韓」，不知「胡非」乃墨子弟子，見漢、隋史志也。《騷》下《山鬼篇》「采三秀兮于山間」，宋本卷卅三，三上。注文「三秀」上，晉府本、毛本增「逸曰」二字，此沿六臣本之舊，崇賢本不當有也。《永明九年策秀才文》「自萌俗澆弛」宋本卷卅六，十上。及《齊故安樂昭王碑文》「緝熙萌庶」宋本卷五十九，十八下。翻張本、晉府本、毛本「萌」改「氓」，然古書多作「萌」也。亦非他本之所可及。元人張正卿翻刻是書，行款一切頗得其模範，第書中字句同異未能及此，若翻張本及晉府諸刻改其行款，更同自鄶矣。惜是册缺第四十一、四十二兩卷，近人即以正卿本補入，雖非完書，實亦希世珍也。此册在明曾藏吴縣王氏、長洲文氏、常熟毛氏，本朝則句容笪氏、泰興季氏、昭文潘氏以至吴氏，獨怪册中皆有「汲古閣」印，而毛板訛脱甚多，豈栞板後始獲此本，未及校改耶？元家居揚州舊城文樓巷，即隋曹憲故里，李崇賢所由傳《文選》學而爲《選》注者也。元既構文選樓于家廟旁，繼得此册藏之樓中，别爲《校勘記》以貽學者。裝訂既成，因序于卷首。

送楊忠愍公墨蹟歸焦山記

楊忠愍公墨蹟一卷，共五幅，一爲《開煤山記》，一篇《謫所苦陰雨述懷詩》，一爲《哀商中丞詩》，一爲《元旦有感詩》，一爲《與王繼津書》。此卷本藏謝東墅少宰墉。師家，師嗣壽紳庶常恭銘。以贈梁山舟侍講，同書。侍講不欲全留之，但割存《與王繼津》一書而返其四，有跋記事，與翁覃溪閣學方綱。跋并存卷中。庶常以元撰少宰《墓銘》，故以此卷贈元，元却之，不許，藏數年，欲歸之焦山，故於卷中鈐以官印，尚未致送也。焦山仰止軒者，明天啟間建，奉忠愍木主，舊在水晶庵，今圮無存。嘉慶丁卯，僧秋屏覺鐙。請改立忠愍公主于焦隱庵後屋中，元稍葺新之，重題木扁，且邀翠屏洲詩人王柳邨豫。歸之焦山軒中，此夙願也。明嘉靖壬子，忠愍約唐荆川至焦山，詩云：「楊子懷人渡揚子，椒山無意合焦山。」姜如須先生垓。《仰止軒》詩云：「六義風流今不滅，十行疏草未全焚。原因報國成忠愍，翻似完身傍隱君。」今卷中詩文并存，仰止軒舊與漢隱庵遠，今軒在庵後，似姜先生詩豫爲今日兆者。二公忠義之氣，與江山共千古。兹與漢定陶鼎同置方丈，固其宜也。

又元藏宋嘉定、元至順寫本《鎮江府志》二部，及張木青學士燾。所贈，其閒舊聞古蹟甚多，極可寶貴。乃謀之鎮江人，無肯栞之者，今亦附忠愍卷，同付秋屏暨其師借庵巨超。兩詩僧世守之。如摹刻墨蹟，鈔寫志書，衹可在山爲之，勿令俗夫持去也。嗟夫！卷帙之藏，昔人比之雲烟過眼，若賢忠之遺蹟，史志之文獻，固未可等量之。惟是子孫少不肖，非飽蟫蠹，即歸鬻失，平泉艸木，能終不與人哉！世家祕閣之藏，不如名山僧寮之寄，較然明矣。兹送卷歸山事，元作記存之拙集中，且當代賢卿名士亦多題詠，載之各集，海内共知爲焦山之物。若他日有不肖僧徒，以此貢之他人之手，陳之几庋之架，人皆能説所從來而賤之，恐世閒無此傖父也。

焦山仰止軒記

明嘉靖壬子，楊忠愍公與唐荆川先生約同至焦山，忠愍詩有云：「楊子懷人渡揚子，椒山無意合焦山。」天啟閒，郡守于水晶庵後建仰止軒，奉忠愍木主，今已圮矣。漢隱庵者，舊祀漢焦孝然先生，其後軒甚虚敞。余與寺僧覺鐙、丹徒王君豫議以後軒名「仰止軒」，加以修葺，立忠愍木主祀之。又余舊藏忠愍墨蹟五紙共一卷，久爲墨林所重，因鈐以官印，跋而歸之軒中。王君亦以所藏《忠愍文集》板同置軒中，庶幾忠烈之氣與江山共千古矣。同奉主至焦山者，甘泉陳本禮、黄金、余之弟亨、子常生，并題名栞石後。金匱錢泳書。

連理玉樹堂壽詩序

辛未夏，元在京師得表叔江玉華先生書，知由歙來揚州，應其弟吉雲表叔之請也。古人偶一相思，千里命駕，況此連牀，奚間風雨，至情至性，骨肉之恩在焉，是可感已。元童時，遊橙里舅祖之庭，舅祖文詞名家，素持禮法，閨門以内，既和且肅，先生以孝謹著于時。吉雲先生爲先生幼弟，先生教之友愛備至，吉雲先生亦事兄彌悌，至于今蓋三十餘年矣。歲丙寅，先生于歙村老屋建小軒三楹，題曰「知還」，實有戀鄉里返素朴之志，乃由揚歸居于歙。又恐吉雲先生或失故步，將去揚而志四方也，故題揚州老屋曰「留雲閣」以寓意，于今蓋亦五年矣。中間先生來揚州者再，今且壽七十。吉雲先生總鹺務，不克歸歙省其兄，乃復迎兄至揚，將慰離思，偁壽觴，兄弟之間，怡怡然如此。

先生幼讀書，工詩善楷法，惠定宇、厲樊榭、沈學子諸先生皆曾館于家。先生習染所及，聞見深遠，履蹈儒術，沈潛書史，不衣華服，不食兼味，遠聲色而淡貨利。又其壯年涉歷江湖，追隨定省，施濟貧困，蔭陟甚廣。垂橐而歸，蕭然寒素，迨去江、淮紛華之區，依祠墓耕讀之地，却埽課子，若將終身，常作招隱詩以示弟，然則先生生平行誼，可以概見矣。昔諸葛武侯有契于淮南子澹泊凝静之旨，擬之先生，豈爲過哉！連理玉樹堂者，揚州康山之麓，有二玉蘭樹，交柯連理而生，元舅祖鶴亭先生所居也。吉雲先生既爲鶴亭方伯後，于先生雖出爲從弟，而情誼彌篤，無異鶴亭、橙里兩先生之相友愛也。連理之木，古人以爲嘉應，故在漢碑中爲圖刻之最古者。《論語》曰：「君子務本。」又謂孝弟乃爲仁之本，本之不立，枝葉尚不能榮，況連理乎！斯樹之生，蓋有所應，爰繪爲圖，以徵戚友之詩。元文詞鄙拙，不足表揚，惟是幼年受知于先生最早，撫之無異子姪，故知先生亦最深，用記顛末，以爲序焉。

晚鐘山房記

杭之浄慈寺，所謂南屏晚鐘也。昔江少司馬蘭讀書寺中，寺西南牆外隙地，司馬搆屋數楹，北嚮，外環以廊，中奉佛象。嘉慶八年秋，余過揚州，司馬語余曰：「此屋未圯耶？吾遠祖吴越侍御有德于浙，曷設斯主？」余曰：「六一泉三堂，余已遷主數百矣，是屋也，禮亦宜之。」九年春，司馬治河赴淮北，江君鴻、江君士相以資來葺新之，于屋西建樓一楹，可望西湖，余名其屋曰「晚鐘山房」，樓曰「屏山樓」。于屋之背，立一龕，設吴越侍御史充鎮海軍節度判官江公景房栗主，以皇清誥授中議大夫兩浙江南都轉鹽運使江公承玠、誥授光禄大夫賜布政使銜江公春、誥贈光禄大夫兵部左侍郎江公進、誥授中議大夫候選知府江公昉四主從之。

侍御名景房，字漢臣，吴越常山人。宋太平興國初，吴越納土時，充鎮海軍節度判官，奉版籍歸宋。吴越賦重，畝增三斗有奇，民病之，侍御沈其籍于河，以罪自劾，幸免于誅。後王方贄奏定賦畝一斗，浙東西十三州民受其德。賦減于王，沈籍實始于江，事見元張樞所譔《沈籍記》及《宋史·王珪傳》。以六一泉、遺愛堂之例準之，是主固宜設也。轉運使，侍御二十六代孫也。雍正元年，以户部郎中出知嘉興、台州二府，用朱子舊法，修台州太平水利，擢鹽運使，輸資修海塘，有惠于商士。齊次風侍郎，公所植士，隸書院，稱弟子焉。方伯、贈少司馬、太守，皆侍御二十七代孫。贈公以子蘭貴，贈如其官。今修山房江君鴻者，轉運之孫，太守子，爲方伯後者也。士相者，贈公之孫，少司馬弟之子也。修山房設主既畢，遂書石記之，俾浙人知侍御史之主所由來。他日江氏子孫往來揚、歙者，入山房而拜焉，不亦宜乎？

鄭氏得墓圖跋

吾郡鄭氏，世篤忠義。明東里先生諱之彦，生四子，元嗣、元勳、元化、俠如。元勳即職方公，明季以守城説高傑事被訛言遇害。元化子爲虹守浦城死節,《明史》有傳。俠如後人修《休園志》,于雙忠事略不少及,并官職亦略之,殊無識也。職方事實見李清、王心湛、杭世駿所撰三傳,而杭傳爲最詳核。余與職方裔孫新甫孝廉、星北茂才同里相友,茂才寄《得墓圖》屬題。案圖,職方公孫諱嵩者記云:「甲申,職方遇害,諸子皆幼,公執友率其僕舁柩渡江遠葬,遂逸其墓。爰奉父遺命,訪之于江南句容,穿長林而東至鄧家邊潘姓邨,遇一老者,自言尚及見葬事,并能指其處,但在深山爲虎穴久矣。詰朝,募徒衆操兵仗渡溪踰嶺,遂達墓所,斷碑猶在。時康熙四十九年也。載展遺圖,敬此忠孝。」得墓之事,可補諸傳所未及。又余舊藏職方畫山水一幅,各傳亦未言其善畫也。并舉此畫歸之茂才,以此爲先忠手澤,可寶也。

碧紗籠石刻跋

王敬公之才之遇,豈闍黎所能預識,爲之紗籠,亦至矣,而猶以詩愧之,褊哉! 敬公相業,誠有可譏。然其濬揚州大渠,利轉運,以鹽鐵濟軍國之用,亦不爲無功。坡公詩以闍黎爲具眼,亦過激之論也。古木蘭院僧心平屬書「碧紗籠」扁,遂論之如此。

二老重逢圖跋

朱竹垞、鄭寒邨兩先生爲老友。寒邨玄孫勷持竹垞贈寒邨詩墨蹟索題,余既和詩,且書「二老堂」扁俾勷奉二先生矣。勷復屬友繪《二老重逢圖》,蓋取竹垞詩「别久重逢轉傾倒」之句爲此。是時嘉慶三年秋七月，勷以薦舉孝廉方正寓吴山讀書，朱氏玄孫萊墨林等亦將來赴省試，相與拜此圖下。舊家世澤，百年未艾，是可慕也。

錢塘嚴氏京邸祖墓圖記

錢塘嚴氏厚民杰。之四世、五世兩代祖墓，在今京城永定門外，當明嘉靖時，有宦于京者葬于此也。此後，子孫在明有内官京卿、外官布按者，在我朝有官侍郎、總督、倉場者，皆得近祭之。子孫以試事選官入京者，亦皆祭之。嘉慶辛未、壬申間，厚民從余在京師，每朔望必展其墓，親以土崇其封。復恐後人迷失之，乃畫圖多幀，肖其地形，分藏族人之家，且屬元以小記記之，其用心追遠，良云厚矣。墓在永定門外劉家窯之北，南向，有碑。窯在七聖庵之東三里許，庵舊名安樂禪院，近在永定門外里許。墓之東南曰九聖庵，東北曰濮家莊，西北曰李家村。高廟在墓東北二里許，墓後負城，城中月皇臺可望而見也。至于祖墓祖祠之在杭者，厚民又積筆耕之資買田，以爲完糧祭埽之用。厚民敬宗孝祖之義，可以風矣。

顧亭林先生肇域志跋

明末諸儒多留心經世之務，顧亭林先生所著有《天下郡國利病書》及《肇域志》，故世之推亭林者，以爲經濟勝於經史。然天下政治隨時措宜，史志縣志可變通而不可拘泥，觀《日知録》所論，已或有矯枉過中之處，若其見於設施，果百利無一弊歟？《四庫書提要》論亭林之學，經史爲長，此至論，未可爲腐儒道。此

《肇域志》稿本，未成之書，其志願所規畫者甚大，而《方輿紀要》實已括之。亭林生長離亂，奔走戎馬，閲書數萬卷，手不輟録。觀此帙密行細書，無一筆率略，始歎古人精力過人，志趣遠大。世之習科條而無學術、守章句而無經世之具者，皆未足與於此也。

浮屠説

佛之教始於後漢，盛於晉、魏。然自西晉以前，則皆稱曰「浮屠」，或稱爲「佛圖」、「佛陀」，雖音同字異，而字必相連，在華音爲疊韻，未嘗但割上一字單稱爲「佛」也。《説文》「佛」字訓爲「見不審」。《毛詩》、《論語》、《曲禮》、《學記》、《荀子》之「佛」字皆絶無西域神人之説。《後漢書·楚王英傳》：「喜黄老，學爲浮屠齋戒。詔曰：『楚王尚浮屠之仁祠。』」又《桓帝紀》曰：「桓帝設華蓋，以祠浮屠、老子。」使當日苟單稱爲「佛」，則詔書曷不稱「佛」而稱「浮屠」也？其稱「佛」者，始于《後漢書·西域傳》，明帝夢見金人，群臣或曰：魏收《魏書》以爲傅毅所對。傅毅本傳無此事。「西方神，名曰佛。」此一節未可深據。蓋蔚宗爲宋人，宋時始有「佛」之稱，蔚宗以晉、宋以後之恒言改漢之舊語也。魏收《魏書·釋老志》曰：「張騫還，始聞天竺有浮屠之教。哀帝時，博士弟子口授浮屠經。明帝寫浮屠遺範，又得佛經《四十二章》，緘于蘭臺石室。桓帝時，襄楷言佛佗、黄老以諫。魏明帝徙宫西佛圖。洛中白馬寺盛飾佛圖。『浮屠』正號曰『佛佗』，『佛佗』與『浮圖』聲相近，皆西方言。其來轉爲二音，華言譯之，則謂『浄覺』。」按：魏收此《志》所言甚明，蓋「佛圖」二字必相連乃成文，其譯爲「浄覺」也。何字爲「浄」，何字爲「覺」？或必相連，或可倒轉，未可知也。而乃但割其上一字，單稱爲「佛」，訓爲「覺」，是浮屠爲教，本兼「浄」、「覺」二義，而今但一義，蓋非其本矣。袁宏曰：「佛者，漢言覺。」竊謂單稱「浮屠」爲「佛」，當始于晉、宋之間，北朝亦當在魏、秦之際，故石勒時尚稱澄爲「佛圖澄」，至鳩摩羅什譯經，始稱爲「佛」，殆中國文士所改，非蘭臺舊經本單稱「佛」也。又《魏書》中「沙門」即「桑門」。「桑門」二字切音爲「僧」。「僧」字不古，亦晉、宋人所造也。

六合縣冶山祇洹寺考

嘉慶十二年，余在揚州，入西山酒城拜外祖林榮禄公墓。冶山者，更在西數十里，遂登之。山多鐵，可拾而鎔也。冶山之勢自西北棠山來，西、北、東三面皆迴抱而虚其中，有二泉自山中出，匯爲溪，南流注於江。其東南之峰下方而上鋭，有石脈出其下，起爲岡脊，南延數里爲原田，實爲溪之東岸，一在原上，曰「上陳莊」，别有「下陳莊」，更在其南。莊西向，溪經其前。溪之外有近山，山皆卑，迤邐相接，至西南桂子山而止，實爲溪之西岸。立於莊之前，西望近山之外，復有青色遠山，山形正方如屏，與莊相對，夕陽落山外時，嵐黛更濃矣。冶山泉石縈迴，水木清湛，非郡城所有之境也。山口有祇洹寺，寺屋十數楹，甚荒陋，無舊碑記可讀，然可少憩焉。十四年冬，余重入翰林，檢《永樂大典》，見宋紹熙《儀真志》載唐開元二十三年六合令房翰《祇洹寺碑文》，凡千餘言。碑稱此寺吴始爲象塔，梁以地若祇洹，遂以爲名，宋國公鎮吴州建寺，隋皇爲晉王時立白樓，隋末焚壞，唐開元重建，且有「座飛萬鶴，門結千龍，影殿香臺，雕甍繡柱。三百間邃宇，十八變雲圖」諸語，然則此寺最古，唐時且甚壯麗矣。又碑云八百人遂以名村，然則「上陳莊」即稱之爲「祇洹村」也。

亦可爰考而記之，以告遊斯山者。

重訂天台山方外志要序

余自束髮受書，誦孫興公《天台山賦》，慨然如聞金石聲。嘉慶丁巳，奉命督學浙江，按部至台，既竣事，遊山中，筍輿數十里，出入泉石雲霞閒，飄然有出塵之思。夜宿方廣寺，寺在石梁之上，飛瀑自枕邊瀉落，如驚風湅雨，終夜有聲。次日，曉發遇雨，飛流百道，動與人足相交。午下天姥山，憩清凉寺，登仙遺俗，非徒太白之夢吟也。嘉慶己未，復以巡撫來浙中，以防海事時往來其閒，然碌碌道途，不遑遊覽，所謂一行作吏，此事遂廢矣。今夏，山中各寺僧以松江陳通判詔所録《方外志》求序於余。台山之有專志，始於元之無名氏，其書世已罕覯，《方外志》則明高明寺僧無盡所撰也。錢希言嘗稱其「學識高出道流，所撰山志，甚有禪藻」云。初，乾隆丁亥，僧化霖請於齊息園先生删益無盡書爲四册，刻板行於世，然體例既不協一，繁蕪猥雜，疑其爲未定之稾。今通判取而訂之，其用心勤矣。元又命錢塘嚴生杰修訂之。嚴生云：「録藝文過繁，山水寺觀反如附録。宜倣宋范氏成大《吴郡志》例，分隸各門以合比事屬詞之義。」從之。書成，釋靈在繪圖二十有一。靈在住此山中，所繪或得其真面目，亦從之列於卷首。

蕪查集序

宋寶祐廢城在今揚州城北，唐、宋以來之舊城也。通池已夷，峻隅又頽，興廢之感，當與明遠同之。今揚城亦繁富，遊人舟楫所到，僅在平山一隅，若廢城之古木蘭院諸處，非詩人逸客覓句訪古，無遊蹟矣。木蘭院即唐王播題詩處，今名惠照寺。寺有大鐵鑊二，又有古銀杏七八株，緑陰夏滿，黄葉秋零，極閒浄荒寒之趣。已故詩僧誦苕者，舊居寺中，所爲詩清微雋永，警悟脱俗。予曩輯《淮海英靈集》，竟未得誦苕詩入録，是余疎漏之咎也。誦苕弟子圓燦以其師《蔗查集》示余，余乃序其詩集并栞之以廣其傳。圓燦亦能詩善畫。圓燦務致佳弟子能文字禪者主此古院，庶不墮誦苕之教也。

揅經室三集卷五

紀文達公集序

我朝賢俊蔚興，人文鬱茂，鴻才碩學，肩比踵接。至於貫徹儒籍，旁通百家，修率情性，津逮後學，則河間紀文達公足以當之。夫山川之靈，篤生偉人，恒間世一出。河間獻縣在漢爲獻王封國，史稱獻王「修學好古，實事求是，所得書皆古文先秦舊書。被服儒術，六藝具舉，對三雍，獻雅樂，答詔策，文約指明，學者宗之」。後二千餘年而公生其地，起家甲科，歷躋清要。高宗純皇帝命輯《四庫全書》，公總其成，凡六經傳注之得失，諸史記載之異同，子集之支分派別，罔不抉奥提綱，溯源徹委，所撰定《總目提要》，多至萬餘種，考古必衷諸是，持論務得其平，光稽古之聖治，傳於無窮，準諸獻王之寫定《周官》、《尚書》、《禮》、《禮記》、《孟子》、《老子》，厥功尤茂焉。國家舉大典禮，恭進頌册，恭和聖製、御製諸作，皆從心所發，雍容揄揚，有穆如之風。公受兩朝知遇，有所疏奏，皆平徹閒雅，爲對揚軌儀。請試士子《春秋》文以《左氏傳》立論，輔以《公羊》、《穀梁》二傳，而廢胡氏《傳》，尤爲有功經學。他所著撰，體物披文，不襲時俗。所爲詩，直而不伉，婉而不佻，抒寫性靈，醖釀深厚，未嘗規橅前人，罔不與古相合，蓋公鑒於文家得失者深矣。公著述甚富，不自裒集，故多散佚。公之孫香林員外，勤爲搜輯者數年，得詩文集十六卷，梓以行世，屬序於元。元以科名出公門生門下，初入都，公見元所撰書，稱許之，自入詞館，聞公議論益詳。蓋公之學在於辨漢、宋儒術之是非，析詩文流派之正僞，主持風會，非公不能。至於此集，雖非公所自勒，然亦足以覘全量矣。

王文端公文集校本跋

王文端師詩文不自以爲重，蓋公所重，在立朝風節也。公薨後，公子埥時收羅雜稿，寄至江西，屬元編刻之。元乃手編爲《葆淳堂集》若干卷，又訂成《年譜》一卷，付之梓。梓成，元匆匆移河南，爰以板寄閩。是時，公子已出守閩郡矣。板中誤字頗多，同門友李許齋賡芸。手校一過改補之。此李公手校本也，故跋之。

淩母王太孺人壽詩序

吾友淩次仲，官寧國教授。明年，太孺人壽八十有一，將稱觴於學齋，以書來屬元爲文，書諸屏。元與次仲交久且深，凡以詩爲壽者，元固宜序其事矣。次仲長元七年，合志同方，誼若兄弟，以故知太孺人最悉。太孺人姓王氏，海州舊族。次仲嘗謂元曰：「昔先君子以依親戚自歙客海州，娶太孺人，某兄弟實生於是焉。某六齡而孤，兄年二十有六，貧不能自給。太孺人鬻簪珥，使就塾師讀書，麤記名姓而已。少長，習賈于市，往往爲人所紿。太孺人曰：『汝爲賈而恥與人争利，恐難成，宜從事于學。然學非蘄爲博士弟子之謂也，必通經立行，爲古之儒焉。且獨學無友，則孤陋而寡聞，吾有汝兄侍養，汝其游四方，就師友以成之。』」於是次仲乃挾書出游，博通經史，善屬文，尤精三禮及推步之學。乾隆辛丑，與元訂交於揚州，問學相長，各期束身修行，少有所表見於世，以無忝所生。未幾，次仲入都，翁覃溪先生奇其才，教以制舉業，勉之應試，遂以己酉、庚戌兩榜成進士。次仲例選知縣，投牒吏部，改教授以奉母。是時天下識與不識，無不重次仲之學行者。嗟乎！次仲生東海僻陋之鄉，非太孺人勖之以游，則鬱鬱與駔儈老矣，烏能顯名於天下哉！癸丑，元奉命視學山東，詣熱河行在。元與次仲同爲王韓城、朱大興兩公所得士，時次仲寓韓城公直廬，元往別焉，公於座中謂之曰：「吾不能强子改冷官，子願之，甚善。且吾亦嘗爲此，然非耐貧不可也。」今次仲之貧如故，而循陔致養，閉户著書，其志趣爲何如？太孺人怡然安之，其德教又何如也？至於疇昔砥厲之言，尚冀始終無負。他日太孺人登期頤上壽，元當躋堂賦詩，爲諸交游倡焉。

里堂學算記序

數爲六藝之一，而廣其用則天地之綱紀，群倫之統系也。天與星辰之高遠，非數無以效其靈；地域之廣輪，非數無以步其極；世事之糾紛繁頤，非數無以提其要。通天、地、人之道曰儒，孰謂儒者而可以不知數乎？自漢以來，如許商、劉歆、鄭康成、賈逵、何休、韋昭、杜預、虞喜、劉焯、劉炫之徒，或步天路而有驗於時，或著算術而傳之於後，凡在儒林，類能爲算。後之學者，喜空談而不務實學，薄藝事而不爲，其學始衰。降及明代，寖以益微，閒有一二士大夫留心此事，而言測圓者不知天元，習回回法者不知最高，謬誤相仍，莫能是正，步算之道，或幾乎息矣。我國家稽古右文，昌明數學，聖祖仁皇帝御製《數理精蘊》、高宗純皇帝欽定《儀象考成》諸編，研極理數，綜貫天人，鴻文寶典，日月昭垂，固度越乎軒轅、隸首而上之。以故海内爲學之士，甄明度數，洞曉幾何者，後先輩出。專門名家則有若吴江王昱闇，錫闡。淄川薛儀甫，鳳祚。宣城梅徵君，文鼎。儒者兼長則有若吴縣惠學士，士奇。婺源江慎修，永。休寧戴庶常，震。莫不各有譔述，流布人間。蓋我朝算學之盛，實往古所未有也。

江都焦君里堂，與元同居北湖之濱，少同遊，長同學。里堂湛深經學，長於三禮，而於推步數術，尤獨有心得。比輯其所著《加減乘除釋》八卷、《天元一釋》二卷、《釋弧》三卷、《釋橢》一卷，總而録之，名《里堂學算記》。書成而屬元序之。元思天文算學至今日而大備，而談西學者，輒詆古法爲觕疏不足道，于是中西兩家遂多異同之論。然元嘗稽考算氏之遺文，汎覽歐邏之述作，而知夫中之與西，枝條雖分，而本榦則一也。如地爲圓體，則《曾子》十篇中已言之；七政各有本天，與郄萌日月不附天體之説相合；月食入於地景，與張衡蔽於地之説不別；熊三拔簡平儀説寓渾於平，而崔靈恩已立義以渾蓋爲一矣；的谷四方行測創蒙氣反光之差，而姜岌已云地有游氣蒙蒙四合矣。然則中之與西，不同者其名，而同者其實，乃彊生畛域，安所習而毁所不見，何其陋歟！里堂會通兩家之長，不主一偏之見，於古法穿穴十經，研求三數，而折中乎劉氏徽之注《九章》。西法隨事立説，闡其隱祕，而日月五星之果有小輪與夫日月五星本天之果爲橢圓與不，則存而不論。昔蔡中郎撰《十意》未竟，上言「欲思惟精意，扶以文義，潤以道術，著成篇章」。今里堂之説算，不屑屑舉夫數，而數之精意無不包，簡而不遺，典而有則，所謂「扶以文義，潤以道術」者，非邪？然則，里堂是記，固將以爲儒流之典要，備六藝之篇籍者矣。元少略涉斯學，心鈍不能入深，且以供職中外，斯事遂廢。今見里堂成此書，敬且樂焉。吾鄉通天文算學者，國朝以來惟泰州陳編修厚耀。最精，今里堂之學似有過之無不及也。

舊言堂集後序

昔陸士衡觀才士之所作而得其用心，良以用心之地觀之實難。靈均以降，大同以前，昭明觀之，可謂審矣。自兹以降，李唐、趙宋，文體變遷，士衡、昭明，非能逆覩者也。學者身處近代，遥隔前徽，享其所素習，屏其所未知，執以一端，蔽夫衆體，何其陋也！吾師烏程孫松友先生，學博文雄，尤深《選》學，摯虞、劉勰，心志實同。夫且上溯初唐，下沿南宋，百家書集，體裁所分，古人用心，靡不觀覽。是以濡墨灑翰，兼擅衆長，不泥古而弃今，不矜今而廢古。曩撰《四六叢話》二十篇，各窮源委，冠以敘文，學者誦習，得研指趣。今哲嗣復裒刻殘稿，爲《舊言堂集》四卷。諸所擬議，咸具兹篇。又其古今體詩，托跡中唐，衷以風雅，文家能事，亦備於斯。元籍列門生，舊被教澤，凡師心力所詣，略能抑見一二，謹爲後序，以諗文家。

绿天書舍存草序

裴山錢中丞，幼勤于學，工於文，孝于節母。余丙午歲入京師，蚤相友善。己酉，同榜成進士，入翰林，登堂拜母，益相愛重。洎余出使在外，裴山直軍機，相見爲稀。及裴山亦出撫粤、楚，遂不相見矣。中間以詩相酬和者頗多，彼此半逸其稿。庚午、辛未間，天子方重用之，而裴山遽以病卒。天子傷悼，故於飾終之典有加焉。裴山有一女曰德容，程太夫人慎于擇壻，松相國譽余子祜于太夫人，太夫人既見祜，甚愛之，曰：「吾早識雲臺，雲臺與吾子善，且祜致佳。」遂締姻焉。太夫人手一囊付祜之母曰：「此亡兒之詩，需雲臺訂之。」余受而讀之，始見裴山前後數十年詩筆之全。其詩風格清超，性情縝密，粹然想見其爲人。裴山將母至勤，而不鹽于王事，可謂泰山之竹，冉冉孤生，朝陽之桐，萋萋盡力者矣。余既爲作傳，復删存其詩，編爲六卷，刊于廣州，畀其嗣子承志，俾世守之。嗟乎！人生聚散，心跡奚可預計哉！當丙午、丁未間，余與裴山居京師，嘗共乘敝車，以文藝相示，俄爲翰林，曷嘗有一言及于外省官，又曷嘗有一言及于兒女子？乃二十七年而裴山卒，又四年而太夫人卒。嗚呼！一星後曙，古人所哀。微雲抹山，賤子何忝。書成酹酒，悲從中來。存殁之情，結于涕泗矣。嘉慶歲戊寅十月序于羚羊峽舟中。

孫蓮水春雨樓詩序

上元孫君蓮水之詩，蓋出于隨園而善學隨園者也。蓮水從隨園游，奉其所論所授者以爲詩，而本之以性情，擴之以游歷，以故爲隨園所深賞，有「一代清才」之目。而蓮水亦動必曰：「隨園，吾師也。」不敢少昧所從來。謂蓮水之詩非出于隨園不可。然隨園之才力大矣，門徑廣矣，有醇而肆者，亦有未醇而肆者，使學之者不善益其所肆者而肆焉，以爲出于隨園，而隨園不受也。即不敢肆其詞而遺其醇焉，以爲出于隨園，而隨園亦不受也。吾觀蓮水之爲詩，清麗有則，唐人正軌也。且不苟作，不多作，意必新警，語必遒峭，一字未安，吟想累日，所以性情正而詞氣醇，與其肆于詩之外，無寧有所蓄於詩之中。吾固曰：「此唐人正軌，而善學隨園者也。」乾隆乙卯春，予識蓮水于歷下，同爲蓬萊觀海之遊。嘉慶己未冬，又同爲武林之遊。詩中蹤跡，略可見。壬戌夏五，蓮水歸秣陵，訂《春雨樓詩》爲書數語于卷首。秣陵山水，清麗而壯，予不見之久矣。

今春雨樓中，詩境相似，爲掩卷凝思者久之。

福謹案：蓮水，名韶。

華陔草堂書義序

今平湖令尹嘉定李同年許齋，早年以經術名於江南，及從錢辛楣前輩遊，盡得其學，經史文辭，披華擷實，六書九數，靡不綜覽。乾隆丙午秋，朱石君師典試江南，合經策以精博求士，於是平湖以第四人中式，元以第八人中式，相見于春明，性情學術，契若兄弟也。庚戌，石君師總裁會試，會元既定，擬之曰：「此似江南李許齋。」及揭曉拆封，自第六人始，平湖寔第六人，大嗟訝，繼拆第一人，乃歙朱蒼楣文翰，蓋蒼楣亦以經史爲根抵，兼工漢、晉古文，酷似平湖者。吾師之所以取士，吾友之所以受知，皆於書義中具見全量。然則平湖之全量不可以書義盡之，實可於書義見之矣。平湖事母孝，出爲孝豐、德清、平湖三縣令，以潔白養政，聲聞都下。《毛詩序》曰：「《南陔》，孝子相戒以養也。《白華》，孝子之潔白也。」斯文有焉。且讀斯文者，當知寓經疏史志于明人法律之中，爲近時獨闢之徑，未可以尋常程式比也。

王柳邨種竹軒詩序

予昔聞翠屏洲王君名久矣。歲丙寅、丁卯間，相遇于揚州，讀所著詩，驚異之，心爲之下。既乃爲翠屏洲之遊，洲在焦山北岸，桃柳數萬株，雜之以竹，人跡罕至，江潮到門，置詩人於此間，安得不異？於是相與選訂本朝詩集于曲江亭上，此《江蘇詩徵》所由昉也。此後，予馳驅南北，別數年，復以癸酉春相會于揚子江上，同訂《詩徵》，已四千餘家。王君復出《柳邨詩選》，屬序之。予軍艘轉運畢，迴舟泊高明寺，夜雨瀟瀟，春鐙搖焰，讀是詩至子夜，歎其體裁正，情性真，才雄氣静，將擬之古人，其靖節耶，明遠耶，正字、摩詰耶，嘉州、蘇州耶，抑子美、太白耶？將毋同。復於晚唐後擬之，無相似者。夫乃歎其洵有異于時俗之所爲也。王君身處蓬茅，名滿海内，布衣而老，必爲傳人。是集亟當刻板，以貽同志。王君子名屋，年尚幼，已工詩，有佳製，曷附録數詩于集後，以誌家學。

邗上集序

元曩輯《淮海英靈集》、《揚州圖經》，翻閱各家詩集于邗上，事蹟特詳，未嘗不歎風氣人物，園池觴詠，每藉當時名家別集，疊見側出，掩卷凝想，如將見之。明代、國初不具論，近年馬氏玲瓏山館，材力非甚饒健也，徒以聚書好客，扶助風雅，迄今家貧書散，而故宅瓓瓏一石，猶得歌于松嵐觀察詩集中，餘可知矣。觀察工詩善書，甲子、乙丑間，僑居揚州，勒所得詩爲一卷，曰「邗上集」，體格蘊藉如漁陽。在揚州時，相遇之客則有若吴穀人、胡西庚、洪稚存、方子雲、王惕甫、樂蓮裳諸君子，遊讌之地則有若篠園、康山、休園、白沙、翠竹、江村各園亭，相主之人則有若沈既堂、江子屏、楊竹廬、江文叔諸舊家。詩之以邗上而得歟，抑邗上之得人詩也？余故幸邗上不甚陋，尚得屢見于各家之詩，甚且以此專勒集名也。

福案：觀察劉大觀，邱縣人。

惜陰日記序

《漢書》云：「脩學好古，實事求是。」後儒之自遁于虚而争是非于不可究詰之境也，豈河間獻王竟逆料而知之乎？我朝儒者，束身脩行，好古敏求，不立門户，不涉二氏，似有合于「實事求是」之教。仁和宋氏咸熙，潛修力學，丙辰、丁巳間，助予纂集經詁，在精舍中爲前一輩學者。嘉慶辛未入都，以所著《惜陰日記》相質。其間考訂經史古籍，皆據實以求是，非沈篤澹雅之才，能若是乎？

存素堂詩續集序

時帆先生詩《前集》，元爲之刊於杭州，收入靈隱書藏。《後集》未校刻，而先生卒。先生子中書桂馨，以稿寄江西屬訂，而桂馨又卒。迴憶二十餘年交誼，傷悼不已。念先生具良史才，主持詩派，衷于雅正，足爲後學之式。平生學問交游，敦篤靡已。元雖勞于積牘，感先生之誼，亟爲校閲付刻。其《年譜》一卷，乃先生子録寄雜稿敘成者，亦加删定，附于《續集》之首。

福案：時帆，翰林學士法式善。

是程堂集序

予於浙西見文筆三人，曰陳白雲，曰查伯揆，曰屠孟昭。白雲文筆清古拔俗，伯揆則宏麗矣，孟昭學于白雲而友于伯揆，故其風骨文采，出于其閒，年雖少而波瀾老成，三人皆館閣才也。乃白雲以進士授知縣，伯揆不願舉進士，以舉人就知縣，孟昭成進士入翰林矣，復改知縣，所治之縣，各著循聲。是天將使其循良之政，早及于民，不徒以文學掩壯年歲月也。儀徵，吾邑也，地處大江之濱，北接淮河，繁劇難治。孟昭領此邑，裕如也。邑累于稅，孟昭自除之。邑有難獄，孟昭力斷之。邑民貧且惰，孟昭以木棉蠶桑耕織爲教，而民化之。邑有鹽梟日益横，孟昭聚武士擒治之。民閒頌聲日騰，達聞于遠方。其政成矣，而其文筆復裒然成集。知不以政廢其學，且其所以爲學者，即其所以爲政也。余早識孟昭之才與學，于吴山讀書之時。余雖抗顔，然今邑民也，知其循政，親切不誣。玆序其集，在于甲戌。自今以往，政績文學，懋勉益上者，當與年俱進，烏得以此百里地、十四卷書衡量之耶？

福案：孟昭，名倬。

徐雪廬白鵠山房集序

昔張楊園先生幼孤貧，受業于其母。母召之曰：「孔、孟祇兩家無父兒也！」是以既長而得蕺山之傳。自古孤根危露，得母節激厲而成其學者多矣！豈非席豐者易淪于草木，貞苦者可勒于金石哉？武康徐雪廬孝廉，予昔一覽而異其才，既而屢試之，知其幼被賢母苦節之教，是以行誼文筆卓然有成。其詩矢正音而持雅裁，清遠峻潔，不移于俗，駢體文得齊、梁、初唐之遺。交遊既廣，乃莫不知爲賢母之子，克自樹立，無忝所生者。予昔所以試雪廬者在文筆，玆序其集，豈在文筆哉！束廣微《補詩》曰：「白華朱萼，被于幽薄。」

予爲雪廬誦之。

福案：雪廬，名熊飛。

郭書屏鶴井集序

余在浙，與守令言民事，無暇言詩文。然守令中有學者，未嘗不知之，鄞縣令郭君可典文誌。其人也。鄞爲海疆，劇於海寇，郭君拊之，多循聲。郭君閩中進士，予每令其鞫海中閩盜，悉知其鄉語，以故鞫盜甚多，得其情，無酷枉者。余考績卓異，薦之。其先爲海上汎舟之役，近乃奉總督檄采銅於滇。夫渤澥之大，昆池之遥，極其遊矣。所爲詩，爾雅真摯，實事求是，亦足以紀其所遊，鵬之所摶，鷗之所徙，乃可以擬之「鶴井」云乎哉！

靈芬館二集詩序

靈均之騷，類性體物，無所不有，唐、宋人詩各成流派，即以爲同出于騷，亦無不可。吾讀《靈芬館詩二集》而益有悟于此。吴江郭君頻伽，臞而清，如鶴如玉，白一眉，與余相識于定香亭上。其爲詩也，自抒其情與事，而靈氣滿天，奇香撲地，不屑屑求肖于流派，殆深于騷者乎！或惜其久試未第，惟以文得名，予曰：「不然，新、舊《唐書》列傳夥矣，全唐人詩亦夥矣，予未見繙讀《唐書》之人多于繙讀全唐人詩之人也。然則，亦各蕲至于不朽滅而已矣，何惜焉？」郭君廣涉歷，喜交游，山川芳草，所助者實多，所爲古文辭，雅潔奥麗，有古人法度，所填《蘅夢詞》、《浮眉樓詞》，清婉穎異，具宋人正音，卓然名家，久爲王蘭泉、吴穀人諸先生所推重。殆亦乞靈于騷而揚其清芬者歟？

福案：頻伽，名麐。

畫舫録序

《揚州畫舫録》十八卷，儀徵李君艾塘所著也。揚州府治在江、淮閒，土沃風淳，會達殷振，翠華南巡，恩澤稠疊，士日以文，民日以富。艾塘于是綜蜀岡、平山堂諸名勝，園亭寺觀，風土人物，仿《水經注》之例，分其地而載之。以上方寺至長春橋爲《草河録》，以便益門爲《新城北録》，以北門爲《舊城北録》，以南門爲《城南録》，小東門爲《小秦淮録》，分虹橋外爲《虹橋》上、下、東、西四録，分蓮花橋外爲《岡東録》、《岡西録》、《蜀岡録》，共十六卷。别紀《工段營造録》、《舫扁録》二卷。凡郡縣志及汪光禄應庚《平山堂志》、程太史夢星《平山堂小志》、趙轉運之壁《平山堂圖志》所未載者，咸紀於此。或有以楊衒之、孟元老之書擬之者。元謂楊、孟追述往事，此録則目覩昇平也。或有疑其采及瑣事俗談者，元謂《長安志》敘及坊市第宅，《平江紀事》兼及仙鬼詼諧俗諺，此史家與小説家所以相通也。且艾塘爲此垂二十年，考索于志乘碑版，咨詢于故老通人，采訪于舟人市賈，其裁製在雅俗之閒，洵爲深合古書體例者。元受讀而服其善，因序其略，俾知吾鄉承國家重熙累洽之恩，始能臻此盛也。

福謹案：李君，名斗。

王竹所詞序

詞人之作小令，以五代十國爲宗。守其派者，有晏氏父子、歐陽公、張先、秦觀、賀鑄、毛滂諸人。慢曲以清真、白石爲宗，沿其流者，有吴文英、張炎、盧祖臯、高觀國、王沂孫、周密、蔣捷、陳允衡諸人。自元、明以來，傳染《草堂》結習，而《花間集》、《樂府雅詞》、《絶妙好詞》諸書之遺意莫或窺尋，無怪乎詞學之不振也。王子竹所深於詞，三十年前即以之名大江南北，兹復手自删訂，埽去骫骳從俗之作，其所存者，小令則寓穠纖於簡厚，慢曲乃如溪流溯風，波紋自行，而泠光翠色，一望演漾不可盡，蓋於四聲二十八調中獨得唐、宋人精髓。深於此者，乃知其爲必傳也。

福案：竹所，名初桐，太倉人。

群雅集序

昔歸愚宗伯訂《别裁集》，謂王新城執嚴滄浪之意，選唐賢《三昧集》，而于少陵鯨魚碧海或未之及，此宗伯獨親風雅之旨。其實新城但于《三昧集》持此論耳，其裁僞體與宗伯固無岐趣也。近今詩家輩出，選録亦繁，終以宗伯去淫濫以歸雅正爲正宗。與其出奇標異于古人之外，無甯守此近雅者爲不悖于三百篇之旨也。丹徒王君柳邨之論詩也，以宗伯爲歸。近日數大家聲氣炫赫之時，王君獨去之若浼，抱殘守拙，以爲吾恐其言之或非雅也，以故伏處大江金、焦兩山之北渚，而交遊亦幾徧于海内。用是著録國朝《别裁》

以後諸家之詩，積成卷帙，名之曰《群雅集》，即以歸愚宗伯居首，雖爲先輩友人録其著作，而編詩大恉亦即在是。蓋已汎濫于宋、元諸家及明嘉、隆前後之蹊徑門户，而折衷而得所歸焉，又何慮近時門逕之少有出入者乎？王君以未定之草示元，屬元爲序。元將入覲，馬首戒途，匆遽未徧讀，而其大旨已得覽之，乃爲之序。

重刻宋本太平御覽敘

《太平御覽》一書，成于太平興國八年。北宋初，古籍未亡，其所引秦、漢以來之書，多至一千六百九十餘種，考其書傳于今者，十不存二三焉。然則存《御覽》一書，即存秦、漢以來佚書千餘種矣，洵宇宙間不可少之古籍也。惜世所行者，自明人刻本外，鮮有善册。吴門黄蕘圃主事，有刊本三百六十六卷，乃前明文淵閣宋刻殘本，又五百廿卷，亦依宋鐫所抄，其餘缺卷，並從各家舊抄過録。予乙丑、丙寅間在雷塘庵，取明黄正色本屬友人密加讎校，知黄本顛倒脱落，至不可讀，與明活字板相似，其偏旁之訛，更無論矣。且彼本妄據彼時流傳經籍，憑臆擅改，不知古書文義深奥，與後世判然不同，淺學者見爲誤而改之，不知所改者反誤矣。或其間實有宋本脱誤者，但使改動一字，即不能存宋本之真，不能見重于後世，故余所讎校者，以全依宋本不改一字爲主。今此刻本，又皆全依余所校者付梓，且精校再三，不滋舛脱，足使藝林偁快，後世委心古籍，古人皆藉是更垂不朽矣。

郝户部山海經箋疏序

《左傳》稱「禹鑄鼎象物，使民知神姦」。禹鼎不可見，今《山海經》或其遺象歟？《漢書·藝文志》列《山海經》于「形法家」，《後漢書·王景傳》「明帝賜景《山海經》、《河渠書》以治河」，然則是經爲山川輿地有功世道之古書，非語怪也。且與此經相出入者，則有如《逸周書·王會》、《楚辭·天問》、《莊子》、《爾雅》、《神農本草》諸書。司馬子長于《山經》怪物不敢言之，史家立法之嚴，固宜耳。然上古地天尚通，人神相雜，山澤未烈，非此書未由知已。郭景純注於訓詁地理未甚精徹，然晉人之言，已爲近古。吴氏廣注徵引雖博，而失之蕪雜。畢氏校本于山川考校甚精，而訂正文字尚多疎略。今郝氏究心是經，加以箋疏，精而不鑿，博而不濫，粲然畢著，斐然成章。余覽而嘉之，爲之栞板以傳。郝氏名懿行，字蘭皋，山東棲霞人，户部主事，余己未總裁會試從經義中識拔實學士也。家貧行修，爲學益力，所著尚有《爾雅疏》諸書。蘭皋妻王安人，字瑞玉，亦治經史，與蘭皋共著書于車鹿舂廡之間，所著有《詩經小記》、《列女傳注》諸書，于此經疏並多校正之力，亦可尚異之也。

宋本附圖列女傳跋

此圖當分别觀之。余嘗見唐人臨顧愷之《列女傳圖》長卷，其中衣冠人物，與此圖皆同。若衛靈公所坐之低屏，漆室女所倚之木柱，顧圖中皆有之，絶相似，否則誰能畫柱爲枯株之形也？觀其宫室樹石，如《孟母圖》中書院之類，或有宋人所增，然即此尚可見宋屋之形。至于人物鐙扇之類，定爲晉人之筆無疑，且恐晉人尚本于漢屏風也。

杭州紫陽書院觀瀾樓記

康熙四十二年，浙江鹽法道高公熊徵創建紫陽書院於杭州省城紫陽山下，有詩十二章分詠其地。今之聽事北向者爲樂育堂。堂後高屋三楹，拾級乃登者爲五雲深處。折而東有池，廣一畝，湛然清深，曰春草池。池上水閣南向，今名淩虚者曰南宫舫，東向者曰簪花閣。池南有山如重巘，山之空明處皆南宋人所抉剔，曰别有天，曰尋詩徑，曰巢翠亭，曰螺泉，曰鸜鵒石，曰筆架峰，曰垂釣磯。鸜鵒石側之校經亭，爲元所建。山之最上者曰看潮臺，臺久圮。嘉慶八年，都察院巡鹽使者延公，因書院生徒日多，附課者皆給以膏火之資，席不敷坐，乃建高樓五楹以冠此山，移樂育堂朱子栗主祀於樓下，祀魁星於樓上，藉爲生徒藏修息游之地，本孟子之義，名之曰「觀瀾樓」。斯樓處山之顛，俯視城市，萬屋鱗次，長江如帶，環曲於外。若其風日流麗，波濤不驚，越山清遠，澄流東下，有足觀者。又若潮汐自海亹騰駕而來，雲馳雷動，震疊心神，發皇耳目，更有足觀者。然則，學者觀瀾之術可知矣。觀于海者難爲水，游聖門者難爲言。聖言莫大於孔子，海瀾莫大於浙江。善乎，趙岐之言曰：「所覽大者，意大。觀小者，志小。」朱子之言：「聖道大而有本，學者漸乃能至。」生徒之登斯樓者，莫不志於大道，成章乃達。教生徒以學者，亦將操此術於盈科之流水以觀之矣。使者名延豐，滿洲人，家世甲科，卹商愛士，使浙四年，多惠政。書院院長王君，名宗炎，蕭山進士，深於經術，學行醇厚。生徒三百二十有八人。董斯工者，教官楊秉初、丁治。時五月朔甲午。

諸城劉氏族譜序

《禹貢》曰：「海、岱惟青州。」諸城在漢爲琅邪郡，今屬青州，故乾隆二十一年宰相劉文清公以翰林視學安徽，賜詩有曰「海岱高門第」也。嘉慶十九年，諸城劉氏共修族譜成，以前明弘治由碭山遷諸城之祖爲始祖，迨今三百二十餘年，傳十四代，列表者八百二十一人，誌其祠墓，記其遷徙，井然秩然，何其慎也！劉氏之望，二十有五，漢、唐以來，將相名人，不可勝數。今諸城譜謂「碭山以上不可稽」，不妄推世系，又何慎也！《唐書·宰相世系表》以宰相著其姓，今諸城文正、文清兩公非徒爲宰相，且爲賢宰相，天下仰之，族譜不因宰相而修，而賢相更足立族譜之望。嗚呼！此聖翰所以特許爲「海岱高門第」也。烏有先帝已推高門第，而猶不本老泉《族譜序》意，亢宗睦族，奠系分房者乎？是譜之修，非止世家之乘，且裨國史之表，誠不可緩于今日矣。元爲文正公門生門下之士，文清公亦爲館師，今大司農又同榜進士也。大司農以譜屬元爲序。元不敢辭，敬書大義，僭附卷末云爾。

岱頂重獲秦刻石殘字跋

泰山秦李斯石刻，廑存二十九字。乾隆初年，碧霞宫火，石失，世間拓本最可寶貴。故余以舊拓本合漢延熹《華山碑》，同摹刻于揚州北湖也。嘉慶二十年，前任泰安縣常熟蔣君，因培。在岱頂玉女池水中搜得殘石二，尚存「斯臣去疾昧死臣請矣臣」十字。新搨清朗如故，洵爲快事，後之攬者，當有感焉。

葵考

葵爲百菜之主，古人恒食之。《詩·豳風》、《周禮·醢人》、《儀禮》諸篇，《春秋左氏傳》及秦、漢書傳皆恒見之。《爾雅》于恒食之菜不釋其名，爲其人人皆知也。故不釋韭、蔥之名，而但曰「藿山韭」、「茖山蔥」。《爾雅》不釋「葵」，其曰「菟葵」、「芹葵」、「戎葵」、「蔠葵」，皆葵類，非正葵，亦韭、蔥之例也。六朝人尚恒食葵，故《齊民要術》載種葵術甚詳，鮑照《葵賦》亦有「豚耳鴨掌」之喻。唐、宋以後，食者漸少。今人直不食此菜，亦無知此菜者矣。然則，今爲何菜耶？曰：古人之葵，即今人所種金錢紫花之葵，俗名「錢兒淑氣」即「蜀葵」二字，吴人轉聲。者，以花爲玩，不以葉充食也。今之葵花有四種：一向日葵，高丈許，夏日開黄花，大徑尺；一蜀葵，高四五尺，四五月開各色，花大如杯。此二葵之葉皆粗澀有毛，不滑，不可食，惟金錢紫花葵及秋葵葉可食，而金錢紫花葵尤肥厚而滑，乃爲古之正葵。此花高不過二尺許，花紫色，單瓣，大如錢葉，雖有五歧而多騈，誠有如鮑明遠所謂「鴨掌」者，異于秋葵之葉大多歧不騈如鶴爪也。《齊民要術》稱葵菜花紫，今金錢葵花皆紫無二色，不似蜀葵具各色，秋葵色淡黄也。《左傳》云：「葵猶能衛其足。」杜預注云：「葵傾葉向日，以蔽其根。」曹植《表》云：「若葵藿之傾葉，太陽雖不爲之迴光，然向之者誠也。」《玉篇》云：「葵葉向日，不令照其根。」此皆言葵之葉能衛其根，即葛藟庇本根之義，非言其花向日自轉也。藿爲豆葉，豆之花亦豈向日而轉哉？予嘗鋤地半畝，種金錢紫花之葵，翦其葉以油烹食之，滑而肥，味甚美。南中地暖，春夏秋冬皆可采食，大略須地肥，而葉嫩大如錢，乃甘滑。《儀禮·士虞禮》稱之曰「滑」者以此。又余嘗登泰山，其懸崖窮谷，曲磴幽石之間，無處無金錢紫花之葵，皆山中自生，非人所種，山中人采其葉烹食之，但瘦耳。然則，世人雖久不食之，而名山古地，尚有留存者矣。《說文》云：「藿，豆之少也。」余嘗種豆，采其葉苗食之，味亦美。葵葉之味，與藿正相似，益可知古人葵、藿並舉之義。秋葵葉嫩時，亦可食，但此與葵性相近，終非正葵。葵之花開于夏，此則至秋始開，其葉不能四時常可種食耳。

化州橘記

按志：橘紅出化州者佳。化州四鄉多橘，以城内者爲佳。城内多橘矣，以及閭州衙譙鼓者爲致佳。及聞鼓之橘多矣，以衙内蘇澤堂前者爲致佳。蘇澤堂前祇兩樹矣，尤推賴氏園中老樹一株爲致佳。老樹久枯，其根下生新樹，今數十年，高丈許，故復稱老樹。賴氏守此，世爲業，買者就樹摘之，以示其真。花多實少之年，一枚享千錢，雖官不能攫之。園中近老樹者數十株，亦佳，然惟老樹皮紅，有白毛戟手，香烈而味辛，識者入手能辨之。夫蘇澤堂橘，官物也，徵之者多，則州牧不暇給。長官若買之，則官不受價，否則攫而已。予于庚辰十一月過州，知賴園之橘可買也。命僕人入園訪老樹，賴叟曰：「老橘賣已盡，惟零丁數枚矣。」即以數千錢摘之。賴叟其古橘中人歟？或云化城多蒙石，蘇澤堂當石上，而賴園老樹根下蒙石之力或更巨，物性所秉，或亦然歟？

自鳴鐘說

自鳴鐘來自西洋，其制出于古之刻漏。《小學紺珠》載薛季宣云：「晷漏有四，曰銅壺，曰香篆，曰圭表，曰輥彈。」元謂「輥彈」即自鳴鐘之制，宋以前本有之，失其傳耳。西洋之制器也，其精者曰「重學」。重學者，以重輕爲學術，凡奇器皆出乎此，而其佐重學以爲用者曰輪、曰螺，是以自鳴鐘之理則重學也，其用則輪也，螺也。古漏壺盛水，因漏滴水，水乃漸減，遂以爲輪之轉運，是水由重而漸減爲輕也。自鳴鐘以鐵爲卷，置銅鼓之，中捩之，使屈其力，力由屈求伸，亦由重而漸減爲輕也。鐘凡二鼓，一鼓以記時，一鼓以擊鐘。記時之簫，外纏綆以奪弟二塔輪之力。塔輪者，形如卧塔，所以受綆也。塔輪奪弟三中心輪之力，記時之鍼，管乎中輪。中心輪奪弟四直輪之力，直輪奪弟五齒輪之力。若齒輪無物以節之，使齒聲其數以漸退，則各輪之力不勝鼓中鐵卷之力，砉然立解，其綆頃刻已盡，而其卷亦驟伸矣。故有懸鎚往來摇動，藉以節之，與齒輪之齒相應，齒輪漸退，則四、三、二輪亦遞退，綆漸解而卷漸伸也。擊鐘之簫外纏綆，以奪弟二塔輪之力，塔輪奪弟三擊輪之力。擊輪者，外管擊齒，内樹杙以動鐘鎚。弟三擊輪奪弟四鳥頭輪之力，弟四鳥頭輪奪弟五小輪之力，弟五小輪奪弟六風輪之力，若無風輪，使其力少重而滯于轉，則其擊鐘也甚速無節矣。擊鐘之鼓，其機亦管乎時輪，時至則擊齒卸，而鼓中鐵卷之力伸矣。伸少者擊少，伸多者擊多，擊畢則齒礙而關其力，以待後時。或以二鉛錘代鐵卷之力，則無兩鼓，其爲重學也益明。兩鼓各輪皆合于二銅版，其合也，皆螺釘之力，其轉也，皆輪之力。究其塔輪與鐵卷，亦皆螺旋也。綜其理，皆由重以減輕，故曰「重學」也。

此制乃古刻扃之遺，非西洋所能創也。

清遠峽記

踰庾嶺而南至清遠縣，凡南雄、韶州、連州之水皆匯流過清遠峽，始至三水縣南趨于海。此峽兩山相對，水出其間，峽北有飛來寺，立寺門與隔岸人可呼而相與語，甚狹也。然而三郡千里之水，舍此無由入海。觀其曲折夾束貫行之勢，亦奇矣。若水舍此而别有所由，則此間計惟數十畝平田耳。指寺前叱犢之地，謂爲古揚帆之地，誰其韙之？凡水分流有二者，最易留其一，塞其一。此峽之上古無分流，故千古不塞也。又安知古亦有二流，已塞其一，而留此一也？三江者，《禹貢》所著也。南江在今蕪湖以上，《漢書·地里志》、《水經注》皆有分江水，豈誑後人耶？今塞耳。或人疑池州、寧國之間皆山，無古江之故道，此未多歷地形也。余歷地所見如清遠峽最狹者有二焉，一則浙江桐廬縣之七里瀧，一則廣東高要縣之羚羊峽。此二山行水之地形，皆與清遠等，而羚羊峽過廣西一省之水爲尤巨，豈可足未藺于衆山之中，而遽斷其爲無是哉？

新建南海縣桑園圍石工碑記

南海縣之西南有西樵山焉，勢高而基厚，連綴甘竹、飛鵝各小阜，盤礴數十里，西北兩江之水所共抱而洩海者也。此山古必居海潮中，數千年兩江泥沙附山而渟，漸渟漸廣，山之距水亦漸遠，于是始有田。田患大水之浸，于是北宋以後，始圍以隄，始有「桑園圍」之名。田之未圍隄也，大水浸之，則泥沙加積焉，一年積二三分厚之泥沙，百年即高一二尺厚之田地。自有隄而田無水患，地亦不復加高。然而順德、香山、新會下游之海變爲田者，愈久愈多。下游之田既多，則上游兩江浩瀚之水難速洩。以難速洩之水抱不復加高之田，水高田低，且以不堅之隄捍之，烏能不險而潰哉？國朝以來，屢經修築，以衛民生。溯宋、元、明，事載前碑誌，不具述。余于嘉慶二十二年冬初涖粤，是年夏，水決三丫基，民命、田稼所傷實多。察知歲修資少，乃籌庫資發商生息，歲得銀四千六百兩以濟之，然終不能無大患。南海人伍元蘭、伍元芝兄弟並官刑部郎，捐銀六萬兩，新會人盧文錦前官工部郎，捐銀四萬兩，請于險處皆建石隄以障之。其險者如三丫基、禾叉基、天后廟、大洛口、吉贊橫基諸處，隄上用條石疊之，隄坡、隄根用磈石護之，共疊石一千六百餘丈，護石二千三百餘丈。始斯役者，南海令仲振履。終斯役者，南海令吉安躬。斯役而勞心力者，佐貳顧金臺、李德潤，舉人潘澄江、何毓齡等。二十五年，工成，用銀七萬五千兩，餘銀還之三部郎，三部郎不願復受，請以濟三水縣隄及公事之用。夫桑園圍内數十里如一小邑，隄若潰，則順德、龍山諸地兼受其衝，伍與盧無田廬在其中，乃捐銀至十萬之多，志在保障，可謂好義而樂善者矣。是役也，工鉅用多，不可不奏而行。二十四年，元會同撫部奏，奉旨允行。道光元年，以工竣奏，且請照禮部建坊例，奬伍、盧以坊，題欽定「樂善好施」四字，奉旨又允行。余閲水師出虎門，歸過順德，歷斯圍各險處勘其工，謁海神廟致禱焉。且誡圍中各堡紳士耆老等，自兹後歲逢大水，土隄之薄者厚之，低者崇之，漏者塞之，石隄之壞者增之、脩之，磈石之卸者增之、壘之。官士請樹碑以記其事，書此付之。庶幾此一方永臻安定焉。

恩平茶阬硯石記

嶺南恩平縣南廿餘里，溪盡處入山，又廿餘里，有巖曰「茶坑」，産異石。嘉慶初，山民始掘之，持至端州，端州硯工見之曰：「此非吾端石，何佳乃爾？」于是端州工始采爲硯，以冒端州石。端州老坑石幾盡，阬閉不復采，今采者，新阬耳。新阬有魚腦、青花、火捺、鸜鵒眼諸色，與老阬同。恩平石無魚腦、青花，而石中有黄龍、火捺、緑眼，又多緑脈，或縱横相交，此則端巖所少矣。端州新阬潤而滑，不發墨，恩平石雖不及老阬，而發墨勝于新阬。端州之石割于洞，故石外無皮，製硯者必削其磽确，使中規矩。恩平石則天成橢扁三角等形，積萬小石戴土成大巖凷，凷碎泐不相連屬，采之者如拆壁掘地而得甎，或重數十觔，或重數十兩。石外有皮色裹之，或黄如霜葉，或紅如榴皮，如燕支，或緑如蕉葉，如苔錢，如荇帶，如蛛絲，或皴如松皮，或斑如虎皮，或青緑如古彝器。剖之，其中或有黄龍紋，如氣水之流，或有緑紋，如繩線之結，或青緑數層相疊，種種形色，與端巖大異。而硯工必盡去其異者以冒端巖，故二十年其名未顯。余近知此石佳，惜其久冒端巖而不自立名也。爰命硯工買石，留其形色而琢爲硯且記之。

福謹案：泐，《説文》解爲「水之理」，非石裂也。而《考工記》曰「石有時以泐」，則「泐」字似有裂意。今觀各坑石，一大塊之中復有文理，順其理擊之即裂。硯工指之曰：「此水線也。凡石皆有水線，石久即裂，裂必從水線之理。」由此，可證《考工》、《説文》互明之義。

蘇文忠公詩編注集成序

余從韓桂舲大司寇獲識仁和王君文誥。於嶺南。王君學識淹通，深於史，所撰《蘇文忠公詩編注集成》尤精博，匪特聚百家爲大成，更可訂元修《宋史》之舛陋。

余於接席間，歷扣王君致力於蘇詩之處，王君曰：「蘇詩編年注，不始於施德初與顧禧也。當元豐間，坡公遷黄，彭城陳師仲爲編述密、徐二郡所作古律以寄，事載《東坡集》中。今王龜齡《集注·姓氏録》『彭城陳師道』後載有『陳希仲』，以其注内『劉共父』或稱『洪父』，『張敬夫』亦稱『欽夫』例之，是『希仲』註即『師仲』也。其後坡公北歸，有《前後集編年註》，則趙次公、宋援、李德載、程縯四家也，李敬齋載在《古今黈》，謂之『四註本』。繼有林子仁者，復附益之，改『四註』爲『五註』。考子仁於政和中賜號高隱處士，而自政和上溯建中靖國，僅一十七載，註已兩刊。德洪親見黄魯直，而謂坡公海外詩中朝士大夫編集已盡，可爲崇、觀時刊行四註、五註之證。是編年註出於北宋者也。次公同時有趙夔者，嘗知榮州，納交於叔黨，别創爲分類註，垂三十年而刊於紹興之初，自鳴一家。復有師民瞻、任居實、孫倬、李堯祖四家，接踵於後，其爲體例，一本於夔，而取編年、五註並納入之，是爲八註、十註。《庚溪詩話》載乾道初梁叔子入對，阜陵謂『近有趙夔等註軾詩甚詳』。而龜齡《集註·序》則云：『舊得八註、十註。』考夔序，其詩分五十類，自爲單行，與編年、五註各不相牟，乃刊定後，閲三十五年而阜陵目爲『趙夔等註』，此即夔註、五註並入八註、十註之證，夔序仍以分類弁首，故云『趙夔等』也。

「龜齡《集註》實由八註、十註推廣。今編年、五註猶有存者，檢對龜齡《集註》，其入選者十有六七，亦惟此十家註獨賅備，與龜齡增輯諸家繁簡懸殊，此是十家分合，具可考也。龜齡在隆興朝力持國是，阜陵方倚爲用，其不及《集註》者，龜齡亦僅有此八註、十註而已。迨至乾道，漸知諸將不足用，於是一力請外，專以及民爲務，而其排纂亦在此時。以阜陵不及《集註》考之，是書成後六年矣。呂伯恭廣夔註爲七十八類，龜齡實主呂本，故《集註》亦七十八類，載入《姓氏録》『伯恭』名下，而夔之分類亡。今其序猶存，而與《集註》分類不符，由於此也。龜齡《序》又云：『自八註而十，自十註而百，均之百人。』此又八註、十註積累至百之證。計其所均之人，列門牆預後進者，爲黄魯直、陳無己、秦少儀、潘邠老、王直方、劉無言、曾公衮、晁沖之、韓子蒼、李商老、潘仲達、蘇養直、釋祖可；出魯直西江派者，爲謝無逸、洪朋、高子勉、楊信祖、夏均父、何人表、洪芻、饒德操、李希聲、謝幼槃、徐師川、洪炎、汪信民、釋巽中；流入播遷號耆舊者，爲王性之、汪彦章、林敏中、呂居仁、王長源、江端本、元不伐、林子來，通計北宋註可知者四十七家。南渡，傳閩學者爲劉子翬、黄通老、陳體仁、汪聖錫、龔實之、胡邦衡、劉共父、張南軒、呂伯恭、甄雲卿；登朝籍及閒放者，爲張孝祥、汪養源、吴明可、馮圓仲、芮國器、胡元任、鹿伯可、陳少章、王壽朋、葉飛卿、丁鎮叔、孫彦忠、項用中、葉思文、喻叔奇、王百朋、張器先、傅薦可，通計南宋註可知者三十一家。此編年累改爲分類，匯爲《集註》之大略也。

「施德初登張孝祥榜，龜齡出五載始入爲著作佐郎，其與顧禧爲《編年註》，應在淳、紹之時。據陸游原序，概論作詩事實，而下云『德初絶識博學』，係指題下施註紀事，又謂『助以顧禧該洽』，係指句下顧註徵典。紀事引本集、欒城史傳，不載出處，徵典引經、史、子、集、外藏，悉載出處，顯屬二手。卷端施氏、顧氏以次標列，亦可與序參證。卷中疵議趙夔、程縯等註，輒曰『舊註』，而於次公間一標名，其編年依仿五註，亦見施、顧所因。又凡原引經史正義已盡則避去，佐以別載，此緣施、顧不時繙檢五註、十註，是以相爲表裏，所在符合其體段，概可知矣。施宿爲餘姚令，乞序於游，至嘉定付刊，已較《集註》後出三十五年。凡刊五十五年，至景定而漫漶。鄭羽爲淮東倉，汰其字大小七萬一千五百七十七，計一百七十九版。自此流入元、明，無復表見。而《集註》有元刊者，則已增入劉須溪註。須溪在宋爲國博，終於元季，書雖元刊，内有補列數家，當即須溪所爲，其去宋刊，固不遠也。

「國朝康熙間，宋牧仲得施、顧殘本，邵子湘取肆本分類補綴，因以編年爲施註，而目肆本分類爲王註，沿説至今。肆本省七十八類爲三十類，在前明已有之，而不詳所自，或言此出吴興茅本，而新安朱本復省爲二十九類，然迥非龜齡《集註》之面目。此後查夏重得影鈔施殘本，翁君覃溪得牧仲施刊本，馮君星實兼得宋刊編年五註後集及元刊龜齡《集註》，夏重補施，星實王、施並補，參覈得失，皆能赴其力之所至。然於各註遞爲乘除而貫串一氣，卒無有言其義者。此編年註出於南宋，近又兼并分類之大略也。」

余復讀王君之書，知其涉歷諸家，精校博考，然後能集諸家之成，而發其所未及。王君蓋謂變法改法之不明，則由於史陋，朔黨洛黨之不辨，則由於史諱，紀時紀事之不當，則由於註誣，改編補編之不確，則由於註淆。此皆於兩公本事未嫻貫於心，而徒馳騖於外，故其岐舛脱闕，治之愈棼。爰創立總案，以統各詩，復訂正誌傳，以統各案，而補所不備於《蘇海識餘》中，於是擊空踐實，而裁爲具體，意向畢達。其前之以王補施也，先因肆本轇轕，莫測誰某，論者無徵。五註、《集註》出，馮君星實猶以南渡後争尚蘇學牋解人衆爲言，蓋相沿王註悉出南宋之舊説耳。王君乃嚴趙、吕之類别，窮施、顧之編年，上追豐、祐，下逮貞元，發明北註、南註先後變易成於風會，且其旁搜遠紹，氣類源流，通感分合，本末明晰，泰然大同，是皆確有所據，足補前註之未達矣。坡公立朝犯難，語言文字志節不磨，得王君發之，始無所遺，誠括衆美而舉其全矣。余適覯是書之成，復問而知其心得之要，著於簡端，俾海内讀是書者，由是而擴蘇公詩之意，洵盛事也。

學海堂文筆策問

問：六朝至唐皆有「長於文」、「長於筆」之稱，如顔延之云「竣得臣筆，測得臣文」是也。何者爲文？何者爲筆？何以宋以後不復分别此體？

男福謹擬對曰：自明人以唐、宋八家爲古文，於是世之人惟知有唐、宋古文之稱，竊考之唐以前所稱，似不如此也。唐人每以文與筆並舉，又每以詩與筆並舉，是筆與詩、文似有别也。由唐溯晉，則南北朝文筆之稱多見於史，分别更顯矣。況《金樓子》、《文心雕龍》諸書極分明哉。謹綜六朝、唐人之所謂文、所謂筆，與宋、明之説不同而見於書史者，不分年代，類列之以明其體矣。

《漢書·樓護傳》：「長安號曰『谷子雲筆札』。」

《晉書·蔡謨傳》：「文筆議論，有集行於世。」

《宋書·傅亮傳》：「高祖登庸之始，文筆皆是記室參軍滕演。北征廣固，悉委長史王誕。自此後至於受命，表策文誥，皆亮辭也。」

《南史·顔延之傳》：「宋文帝問延之諸子才能，延之曰：『竣得臣筆，測得臣文。』」

《北史·魏高祖紀》：「帝好爲文章，詩賦銘頌，有大文筆，馬上口授，及其成也，不改一字。」

《魏書·温子昇傳》：「熙平初，中尉東平王匡召辭人以充御史，同時射策者八百餘人，子昇與盧仲宣、孫搴等二十四人爲高第。於時預選者，争相引決，匡使子昇當之，皆受屈而去。搴謂人曰：『朝來靡旗亂轍者，皆子昇逐北。』遂補御史，時年二十二。臺中文筆，皆子昇爲之。」

《北史·温子昇傳》：「張皐寫子昇文筆傳于江外。」

《北齊書·李廣傳》：「廣曾薦畢義雲於崔暹，廣卒後，義雲集其文筆十卷，託魏收爲之敘。」

《陳書·陸琰傳》：「其所製文筆，多不存本，後主求其遺文，撰成二卷。」

《劉師知傳》：「師知好學，有當世才，博涉書傳，工文筆。」

《徐伯陽傳》：「伯陽年十五，以文筆稱。」

按：文筆之分稱，此最顯然有别。

梁元帝《金樓子·立言篇》云：「古人之學者有二，今人之學者有四。夫子門徒，轉相師受，通聖人之經者，謂之儒。屈原、宋玉、枚乘、長卿之徒，止於辭賦，則謂之文。今之儒，博窮子史，但能識其事，不能通其理者，謂之學。至如不便爲詩如閻纂，善爲章奏如伯松，若此之流，汎謂之筆。吟咏風謡，流連哀思者，謂之文。而學者率多不便屬辭，守其章句，遲於通變，質於心用，學者不能定禮樂之是非，辯經教之宗旨，徒能揚榷前言，抵掌多識，然而挹源知流，亦足可貴。筆退則非謂成篇，進則不云取義，神其巧惠，筆端而已。至如文者，惟須綺縠紛披，宮徵靡曼，脣吻遒會，情靈摇蕩。而古之文筆，今之文筆，其源又異。至如象、繫、風、雅，名、墨、農、刑，虎炳豹鬱，彬彬君子，卜談四始，李言七略，源流已詳，今亦置而弗辨。潘安仁清綺若是，而評者止稱情切，故知爲文之難也。曹子建、陸士衡皆文士也，觀其辭致側密，事語堅明，意匠有序，遺言無失，雖不以儒者命家，此亦悉通其義也。偏觀文士，略盡知之。至于謝玄暉始見貧小，然而天才命世，過足以補尤。任彦升甲部闕如，才長筆翰，善緝流略，遂有『龍門』之名，斯亦一時之盛。夫今之俗，搢紳稚齒，閭巷小生，學以浮動爲貴，用百家則多尚輕側，涉經記則不通大旨，苟取成章，貴在悦目，龍首豕足，隨時之義，牛頭馬髀，彊相附會，等張君之弧，徒觀外澤，亦如南陽之里，難就窮檢矣。」

按：福讀此篇，與梁昭明《文選序》相證無異，呈家大人。家大人甚喜，曰：「此足以明六朝文筆之分，足以證昭明《序》經、子、史與文之分，而余平日著筆不敢名曰文之情益合矣。」

劉勰《文心雕龍·總術》篇：「今之常言有文有筆，以爲無韻者筆也，有韻者文也。」

按：文筆之義，此最分明。蓋文取乎沈思翰藻，吟咏哀思，故以有情辭聲韻者爲文。筆从聿，亦名不聿。聿，述也。故直言無文采者爲筆。《史記》「《春秋》筆則筆」，是筆爲據事而書之證。

《南史·孔珪傳》：「高帝取爲記室參軍，與江淹對掌辭筆。」

《陳書·岑之敬傳》：「之敬始以經業進，而博涉文史，雅有辭筆。」

按：辭亦文類。《周易》繫辭，漢儒皆謂繫辭爲「卦爻辭」，至今從之。《繫辭》上、下篇云：「聖人設卦觀象，繫辭焉以明吉凶。」又云：「聖人有以見天下之動，而觀其會通，以行其典禮，繫辭焉以斷其吉凶，是以謂之爻。」又云：「繫辭焉而命之，動在其中矣。」又云：「繫辭焉以盡其言。」據此諸文，則明指卦爻辭謂之「繫辭」。孔子之上、下二篇，乃繫辭之傳，不得直謂之「繫辭」也。今本無「傳」字，《釋文》：王肅本原有「傳」字。其謂之繫辭者，繫屬也。繫辭即屬辭，猶世所稱屬文焉爾。然則辭與文同乎？曰：「否。」孟子曰：「說《詩》者，不以文害辭。」趙岐注云：「文，《詩》之文章，所引以興事也。辭，詩人所歌詠之辭。」是文者，音韻鏗鏘，藻采振發之稱，辭特其句之近于文而異乎直言者耳。又按：辭本是「詞」字。《說文》：「詞，意内而言外也。从言，从司。」《釋名》曰：「詞，嗣也。令撰善言相續嗣也。」然則詞之从司，即有繫續之意。詞爲本字，辭乃假借也。唐以前每稱善屬文，此古義也。宋後此稱少矣。孔子十翼，《繫辭傳》、《文言》皆多用偶語，而《文言》幾于句句用韻，《繫辭》雖是傳體，而韻亦非少。《繫辭傳》上、下篇用偶者三百二十六，用韻者一百一十，與家大人所舉《文言》中偶句韻語之義相合。此文與辭區別之證，亦文辭與言語區別之證也。楚國之辭稱「楚辭」，皆有韻。《楚辭》乃《詩》之流，《詩》三百篇乃言語有文辭之至者也。

王充《論衡》：「古之帝王建鴻德者，須鴻筆之臣褒頌紀載，乃彰萬世。」

按：此筆即記事之屬。

《梁書·任昉傳》：「昉尤長載筆，才思無窮。」

按：《南史》本傳作「尤長爲筆」。《沈約傳》云：「彦昇工於筆。」考《禮記》「史載筆」，任彦昇長于碑版，亦記事之屬，故曰筆。

《唐書·蔣偕傳》：「三世踵修國史，世稱良筆。」

按：此筆亦記事之屬。

《陳書·徐陵傳》：「世祖、高宗之世，國家有大手筆，必命陵草之。」

《陸瓊傳》：「瓊素有令名，深爲世祖所賞。及討周迪、陳寶應等，都官符及諸大手筆，並敕付瓊。」

按：此筆謂詔制碑版文字，故唐張説善碑誌，稱「燕許大手筆」。

《梁書·劉潛傳》：「潛字孝儀，秘書監孝綽弟也。幼孤，兄弟相勵勤學，並工屬文。孝綽常曰：『三筆六詩。』三即孝儀，六孝威也。」

按：詩亦有韻者，故與筆對舉，明筆爲無韻者也。上曰「工屬文」，下曰「筆」、曰「詩」，蓋詩即有韻之文，與散體稱筆有別。

《南齊書·晉安王子懋傳》：「文章詩筆，乃是佳事。」

按：此文章是有辭有韻之文，詩又有韻之文之一體，故以「文章詩筆」並舉。

《梁書·庾肩吾傳》：「簡文與湘東王論文曰：『陽春高而不和，妙聲絶而不尋，竟不精討錙銖，覈量文質，有異巧心，終愧妍手。是以握瑜懷玉之士，瞻鄭邦而知退；章甫翠履之人，望閩鄉而歎息。詩既若此，筆又如之。』」

《北史·蕭圓肅傳》：「圓肅撰時人詩筆，爲《文海》四十卷。」

劉禹錫《中山集·祭韓侍郎文》："子長在筆，予長在論，持矛舉楯，卒不能困。"

趙璘《因話録》："韓文公與孟東野友善，韓公文至高，孟長于五言，時號『孟詩韓筆』。"金元好問詩云："杜詩韓筆愁來讀，似倩麻姑癢處搔。"本于此。

杜甫《寄賈司馬嚴使君詩》："賈筆論孤憤，嚴詩賦幾篇。"❶

按：此皆以詩與筆並舉。

《南齊書·高逸傳》："歡口不辨，善於著筆。"

按：此筆爲無藻韻之著作之名。

晉陸機《文賦》："詩緣情而綺靡，賦體物而瀏亮，碑披文以相質，誄纏綿而悽愴，銘博約而温潤，箴頓挫而清壯，頌優遊以彬蔚，論精微而朗暢，奏平徹以閑雅，說去聲。煒曄而譎誑。"

按：此賦賦及十體之文，不及傳、志，蓋史爲著作，不名爲文。凡類于傳、志者，不得稱文。是以狀文之情，分文之派，晉承建安，已開其先，昭明、金樓，實守其法。

家大人開學海堂于廣州，與杭州之詁經精舍相同，以文筆策問課士，教福先擬對，爰考之如右。家大人以爲此可與《書文選序後》相發明也，命附刻于《三集》之末。

❶ "嚴"，原作"韓"，今據清康熙本《錢注杜詩》改。

揅經室四集卷一

御試擬張衡天象賦以「奉三無以齊七政」爲韻，大考翰詹一等第一名。

惟圓象之昭回，建北極以環拱。擬磨旋以西行，儼笠冒而中擁。陽乘健以爲剛，氣斡機而非重。分五宫以各正，圍列宿而高聳。既承天以時行，亦後天而時奉。昔虞廷之治象，命羲和以互參。仰璿璣以分測，廓四儀而内涵。惟《周髀》與宣夜，合渾天而爲三。溯洛下之善製，亦鮮于之極諳。地平準而天樞倚，黄道中而赤道南。惟中陸之相距，廿四度以相含。割渾圓爲象限，分弧角於輿堪。歸隸首之實算，斥鄒衍之虚談。原夫日周天步，月麗天衢。日一度而若退，月十三度而愈紆。分十二以合朔，乃會躔以同符。冬起牽牛之次，夏極東井之區。秋遇壽星之位，春在降婁之隅。惟九行之出入，亦四道之殊途。考日至之圭景，尺五寸而不逾。分高卑於遠邇，測里差之各殊。《月令》遲于《小正》，夏時合于唐、虞。驗中星之遞徙，又知歲差之不可無。至若别五星于五天，錯經緯於日晷。金一年而周天，丑未終而寅戌始。水周天以同金，井絡終而降婁起。歲周年以十二，爲衆星之綱紀。四仲則三宿已遷，孟季則二宿非邇。火二年而一周，入太微而分紫。土周歲以廿八，將彌月而度乃徙。旋七政以同天，能左右之曰：以列宿廿八，正自重黎，指以招摇，正以攝提。惟角亢之七宿，升蒼龍而上躋。正天門與衡柱，有角首之杓攜。虚女殷乎北位，爲子丑之端倪。鶉火殷乎南紀，當三台而光齊。胃昴畢之七宿，合首尾於参奎。占伐旗與溝瀆，象白虎於其西。分野占星，斗耀惟七。機青樞冀分其區，魁雍衡荆異其術。四輔連乎理樞，陰德近乎太乙。内階映文昌之宫，衛尉對丞弼之秩。帝座御而華蓋高，閣道啟而勾陳出。王良却而造父馳，柱史明而開陽吉。斜漢絡乎天半，夏案户而光實。其隸垣外而居南極者，亦縷數之不能悉。事天以敬，治象以正。三光宣精，四時爲柄。圓而動者，施其德。高且明者，布其令。奉三無私者惟君，建五有極者惟聖。屏靈曜于緯書，撰《靈憲》以互證。是以黄帝制岙以推策，有虞撫衡而齊政。惟有道者萬年，協清寧而衍慶。

御試一目羅賦 以題爲韻，散館一等一名。

羅因鳥而始張，鳥以目而罔逸。羅惟取其周遮，目非貴于專壹。椓之初，聽夫丁丁舉焉，乃觀其乙乙。多爲之備，得之在少而不在多；密爲之防，獲之在疎而不在密。然而偏于少則綿綿未成，惑于疎則恢恢反失。觀離忘作罟之方，掌禮昧張弧之術。豈織千絲之網，以一統千；如祝一面之羅，解三留一。原夫爲罻爲罿，曰罬曰罷。或成掩畢之箕，或作翻車之軸。雉何事而離罦，鴻何爲而漸陸？理密文連，絲交花簇，隙漏相承，玲瓏互複。本一緯而一經，乃或衡而或縮。兔有蹄兮不忘，蘛爲綸而非獨。至于綱舉目張，網開鳥覆，逸翮莫翔，修翎已蹙。故结羅者必有四維，而得鳥者惟憑一目。此亦如百囊魚罟，非九罭皆罥鮮鱗；七屬犀函，惟一札或當金鏃也。若乃經連極寡，繩結無多，非連罝之組織，異數罟之搓抄。人惟一孔之智，制非四寸之過。空成方而彷彿，繯爲橢其若何？若兩繯虚設于網侯，莫加采鵠；若單緯初施于機軸，未擲金梭。結比繩樞，竟一檽之徒具；張如絙瑟，何一弦之可歌。蓋集目成羅，惟一羅乃收衆目；而分羅得目，非一目可抵全羅。是以空爲結網之求，繆作臨淵之慕。豈虛張而冀其自投，抑徒設而思其偶遇。編一絲以爲罩，欲求翡翠之毛；錬寸鐵以成罘，願挂珊瑚之樹。正恐魚緣木上，未識其難，鳥萃蘋中，罕知其誤。我皇上道挈乾綱，網開賢路，綸綍宣而人仰璣衡，條理密而世欽法度。廣搜羅于四海，未嘗或有遺材；析節目于萬幾，安得紀其成數？張鳥羅以有待，豈同文子之書？加一目以何爲，無取正平之賦。

擬潘安仁射雉賦 館中作

挾良弧以游騁兮，從文翰之原禽。睇飛翬於高隴兮，聽鷕鳴于平林。思逐羽而捷獲兮，嫺雄技以愉心。伊茲禽之英麗，備采藻于修翎。秉離象而耀爛，應璣衡之星精。賦鷸鷩之殊質，審鷮鴹之異聲。性專棲以驕處，雄護界其必爭。爾乃秋草乍衰，枯桑競落。驚沙暮飛，晨霜猶薄。凜寒色於坰野，燎宿莽于既穫。始奔群以迅竄，勢將集而更躍。稟肅氣以耿介，勵狡力而虛蹻。

畫地開場，度阡分壤。盤馬獨出，奮臂右攘。始礱殺而求穴，繼蹶衝而直上。闞淵蕭以擬脰，弦激括而成響。頓驚盼以值鋒，墜錦毛于十丈。

若乃黃泉潛沸，微陽肇回。山明積雪，地伏鳴雷。感震聲而始雊，勾采頸以群來。交斑臆之離褷，振繡翼之陪鰓。紫間滿操，黃肩巧控。機商偏正，手權輕重。意決一發，疊雙必中。重翮同摧，兩膺並洞。

及其熙熙春陽，陶陶孟夏。麥垂機以迎秋，泉度甽而微瀉。恐宴圝之失禽，瞻晨星而夙駕。登崇邱以周覽，揆懸刀以調翰。雖吚喔之驟應，猶猜猬而盤桓。曳黼繪于衮背，峙赬赫之赤冠。步踈趾而彳亍，舒藻翼之斕斒。

顧影聳角，驚聲睞視。斂翮善藏，捽首未起。禾穎駭動，尚露脩尾。俯青疇而低瞰，彀銛鏑以下擬。乍仰臆而戛鳴，已決眥而裂觜。

若夫大夫既娶，未聞笑言，如臯親御，輕馳鶴軒。巨黍鳴兮飛鏃，雉子獲兮摧斑。藉一矢以嘗巧，解三年之錮顏。

又若瑯琊舊族，近徙茂陵。春田設翳，曉壟分堋。筠箱馴翼，茅障隱矰。舉巾誘媒，發音清激。挾兩紛至，或鞾或翟。群調狎而擾嫺，復怒妬而跳趯。悍屏息以勵鮭，窺寶鐕而命的。至如南皮輕騎，江表貴游。輪輿微動，絃蓋平流。矯白羽以振笴，準翠顱以點眸。終撤翳而從諫，又何論夫焚裘。

懿彼名翬，雄桀見戕。嶽嶽避株，紛紛采囊。縱入秦而化石，慮歸楚而誤皇。孰若折榦破樊，啄飲壇場。所以嗅季氏之供具，嘆時哉于山梁。

炙輠賦 以「炙輠中膏其流無盡」爲韻。翰林館課。

爰有稷下辨才，齊中贅客，轉異爲同，變黑成白。邁談天之騶，過雕龍之奭。味非大道，膏腴傾出，群言瀝液，周迴無轄，妙於轉圓，氣餤可淩，甚於親炙，粵有物焉，命之曰輠。擊堅無傷，形圓非橢。滑膏内盛，堅金外裏。史言貫轂汰輈，不在丁凝；詩詠載脂接軸，何傷轊軻。守以緩火，乃滲漉而徐流；持近洪鑪，亦淋漓而競墮。若夫便給極捷，滑稽無窮。苟有談而必劇，亦無辨之不雄。何嘗艾艾期期，語燥唇吻之際；試聽幡幡截截，慧流齒牙之中。突梯絜楹，無辭或滯；涕唾流沫，有説皆融。譬之炙輠，匪欲屯膏。快流轉於輨轄，實沃澤以淳熬。如蘭缸初焚，暗斟鐙炷；似香醪既盎，小滴銀槽。談折子成，駟難及舌；論殊莊叟，輪反爲尻。其始也，批郤窾款；其繼也，分理析肌。挈瓶之智不盡，恥罍之罄何時。非瓚裏黃流，難吟瑟彼；異壺中冰潔，莫賦温其。脂韋之行可通，豈如不食之鼎；天倪之言日出，乃同無當之卮。方其過稷門，坐徂邱，折賓客，抗諸侯，垣車悉納，井轄初投。火守輠而炎炎既熾，脂得火而涎涎始流。出之愈多，如飲二斗而賜餘瀝；揮之不竭，若操一盂而得滿篝。所以世驚非馬，人用虛車，以非爲是，强有爲無。守口如瓶，言何相反？炙手可熱，事究何如？杖亦足以關輪，智嗤武叔；黍何須乎量藪，拙笑輪輿。然而金遭口鑠，不窮者必窮；釜共舌焦，無盡者終盡。雖爲齊人所傳，實爲吾儒所哂。宣王之世，辨客聯鑣；戰國以還，俳優接軫。棘軸豨膏爲滑也，忌子之遇合堪羞；方枘圜鑿能入乎，孟氏之高風不隕。

薔薇賦

艤余舟於漢皋兮，策余馬于荆山。當季春之佳令兮，敷衆芳於林巒。有薔薇之嘉卉兮，施修條于樹端。紛樸樕而蔭翳兮，亦叢灌而交攢。或孤植于石罅，或隱被於柴關。或偃日而如蓋，或圍圃而作樊。謝人力之培植，遠樵斧而不删。茁瓊蕊而葳蕤，綴白華之檀欒。香芬烈以盈路，散春風而未殘。欲折枝以相貽，箴刺手而莫攀。雖奇馨之襲人，羌服媚而靡艱。絶樛木之求思，如漢女之貞閒。鄙無臭于棠梨，斥淹冶于牡丹。色皓皓其白雪，驕陽春而不寒。疑碎剖其卞璞，琢玉英而爲聲。抑神女之弄珠，結百琲之珊珊。昔肇路之初啓，豈斯木之盡刊？何靈均之多頌，惟紉佩于芷蘭？斯楚騷之所遺，爰摛詞而永歎。

赤壁賦

丁丑之春，余從鄴下移節武昌，復以簡兵之行，溯襄、郢、彝陵，操舟師下荆州，乘風東歸，過所謂赤壁者。慨然歎曰：余所經之地，古皆篡竊於曹公。維彼亂世，實生奸雄。攬兹陳迹，不知感慨之何從也。斯壁也，抗洞庭之北，據監利之東。衆山凝碧，絶壁留紅。春江曉開，殘月落弓。戈船偃旗，軍堠静烽。天下治平，舟楫盡通。東吴西蜀，往來憧憧。溯建安之挾令，出南郡以興戎。攘江陵之軍實，秣北馬于渚宫。舍彼精騎，泛此艨艟。波濤之性不習，檣櫓之用未工。斯不待吴廷斫案，已先決其無功。況夫公瑾用智，孔明效忠。公覆贊助，載荻蒙衝。進夏口以西拒，當烏林而礪鋒。憑沙羡以自守，射連艦而進攻。破江天之寒色，縱一炬以横空。起鳴雷於萬鼓，扇巽女于殘冬。付舳艫于譆出，化猿鶴與沙蟲。幾于林烏焚巢，臺雀墜銅。折鼎一足，當塗路窮。笑江波而迴指，乃僅免于華容。余固曰非赤壁而亦敗，矧天假以東風。余今出荆門，回郢中，順江水以安流，乘長風之渢渢。總盂甑而校武，修隄防而劭農。擬蘇子于黄州，乃情地之不同。毋徒傷于古人之故壘，惟穆然于江上之青峰。

賜御筆熱河考墨刻卷恭謝摺子乾隆

欽惟我皇上學海探源，地符開遠。德誠法祖，那居駐灤水之陽；功在信天，拓地極崑山以外。道元之標錘石，未如登齊老之峰；茅溝之會湯泉，似僅見蒲昌之海。昔著考而濡流已判，今加識而河曲愈明。臣伏思濡水久訛，河源彌遠。舜、禹之世，略在西荒；漢、唐以來，陷于絶國。惟我皇上削平四部落，休養卅餘年。金河百道，何異山莊武列之川；《禹貢》一篇，未似御製河源之考。蓋能通二萬里未通之地，故得決四千年未決之疑。且以漢使之行，久羈西域，明修之志，徒首南音。持節者未必身親，操筆者徒知耳食。豈如今一介之使，逕達真源；九譯之言，胥歸聰聽。此又因武德之無遠弗届，故拓地而及天池；文學之無所不精，故審音而刊《元史》。《紀略》既修以後，宇内雖有專書。熱河作考在前，卷中必須題識。貞珉繼勒，初分筆彩于華箋；翠帙頻頒，更仰恩光于墨寶。所有臣感激微忱，謹繕摺恭謝天恩，伏乞睿鑒。謹奏。

賜御筆筆誤識過墨刻卷恭謝摺子乾隆

欽惟我皇上典考唐、虞，道積今古。萬幾咸理，事皆親御丹豪；半字偶殊，文乃特鐫翠墨。昔知過以著論，聖人之言已滿堂；兹識過以摛辭，周武之銘仍在筆。臣竊思天行至健，有過度之餘差；地闢无疆，見殊途之歸轍。見爲誤，實爲無誤之驗；識爲過，豈有或過之時。況乎考道德於百王，時以積而成古；聚典謨於千古，事因積乃可稽。稽之訓同，見《堯典》康成之注；積之爲義，詳荀卿《勸學》之篇。因異而轉以見同，是二而還知爲一。辭文旨遠，知聖論之無不包容；氣盛理明，讀奎章而彌深悦服。所有臣感激微忱，合繕摺恭謝天恩，伏乞睿鑒。謹奏。

硃批：「非徒頌即規。」

恩授經筵講官恭謝摺子以下皆嘉慶

本月初四日，翰林院以經筵講官缺請旨，奉御筆圈出臣阮元。竊臣業荒書府，學愧經畬。慕漢、宋之儒先，景行未至；求師承於傳注，家法鮮通。自問幼年，本蓬户桑樞之子；敢縈夢想，爲經帷講幄之臣。兹奉恩綸，得叨清秩。榮幸之下，感悚交并。欽惟皇上本孝爲經，闡開宗於東魯；體仁出治，補衍義於西山。圜雍舉稱制之文，東殿崇説書之禮。以臣淺陋，豈贊高深？臣惟有勉勵儒修，益勤經業。繙書虎觀，敬陳抑戒之威儀；珥筆螭坳，願識邇英之義理。所有臣感激微忱，謹繕摺恭謝天恩，伏乞睿鑒。謹奏。

賜御製邪教説墨刻摺子

竊臣接奉恩賞御製《邪教説》墨刻一分，隨恭設香案，叩頭祇領。伏讀之下，仰見我皇上體天地以立心，統智愚而在宥。欲迪民以正道，用特賁夫宸章。惟此至誠惻怛之懷，見于剴切申明之際。苟不盜兵，皆爲赤子；若徒佞佛，何咎白蓮？督兵者，知叛道之必殲；牧民者，知正教之當植。所消弭者何限，所保全者寔多。行見武偃西川，烽消南楚，官知廉法，民習敦龐。荷重熙累洽之休，服田疇而食舊德；凛保泰持盈之訓，端趨向以迓新恩。舉太平億兆之衆，生成而教育之，靡不在聖明指示中矣。臣曷勝欽服欣感之至。謹繕摺恭謝天恩，伏乞皇上睿鑒。謹奏。

京察議敘恭謝摺子

竊臣接閱邸抄，恭遇京察大典，欽奉上諭：「浙江巡撫阮元，有守有爲，清儉持躬，着交部議敘。欽此。」臣隨恭設香案，望闕叩頭謝恩訖。伏念臣學淺才庸，備邀恩遇，更蒙簡畀，重寄封疆。任事以來，心長力絀，不克于吏治民生有所補裨，以仰報天恩萬分之一，撫衷循省，慚極汗流。兹以考績届期，荷蒙天語褒嘉，予以甄敘，實屬臣夢想所不到。聞命之下，榮感既切，悚惕彌增。嗣後惟有恪遵聖訓，清儉永持，守爲交勉，倍殫心力，益凛冰淵，以期仰副皇上鼓勵裁成之至意于萬一。爲此恭摺具奏，叩謝天恩，伏乞皇上睿鑒。謹奏。

賜御書福字恭謝摺子

本年正月十六日，賫摺差弁回浙，奉到御賜「福」字，并批諭云：「親書『福』字賜卿，願兩浙士民同霑厚福。欽此。」臣當即出郊跪迎至署，望闕叩頭祇領訖。伏念臣一介寒微，仰蒙聖主殊眷，簡任封圻，在浙年餘，每思造福于士民，而材性淺薄，時懷愧勉。兹荷宸章親洒，温諭下頒。臣奉到之辰，正值盼雨之候，未幾六花獻瑞，徧積春田，遠近士民，莫不懽忻忭舞，用知至誠動念，立能感召天庥。臣感激之餘，倍深敬凛，惟有永遵聖訓，堅守初心，整飭官方，培養元氣。務俾士安弦誦，民慶盈凝，以期仰答皇上高厚鴻慈于萬一。爲此恭摺叩謝天恩，伏乞皇上睿鑒。謹奏。

福謹案：是摺乃嘉慶六年。是年十二月二十七日，家大人又奉御賜「福」字一幅，福以是日生于節署，故命名「福」，字「賜卿」。敬識天語，戴國恩也。

奉勅進經籍纂詁摺子

奏爲恭進《經籍纂詁》仰祈聖鑒事。臣於七月初十日面奉諭旨，命臣將所撰《經籍纂詁》呈進。臣謹裝潢成册，恭呈御覽。欽維我皇上道藴符珍，光垂圖册。辰居念典，論繹群經；乙夜觀書，詠成全史。兼聖作與明述，焕乎文章；維稽古曰同天，式於詁訓。精一執中之學，誠協言詮；經天緯地爲文，允符德業。固已甄陶神海，并括典謨；猶復諭及芻蕘，不遺葑菲。式仰聖衷之沖穆，巍蕩難名；益徵帝學之高深，涓埃莫贊。臣見同窺管，識等扣槃。曾簪朵殿之毫，夙被洪鈞之鑄。前以督學之日，撰兹《纂詁》之編。育才首在通經，奉聖人之至教；博古務求載籍，誦前哲之雅言。依韻類文，統長言短言而並録；即字審義，合本訓轉訓而俱收。爰集多士以分程，乃勒十函爲一部。屢經校勘，尚有舛譌；亦事補苴，不無罣漏。是以梨鐫甫就，僅留爲家塾之藏；雖復葵嚮維殷，未敢作帝庭之獻。迺蒙召對，猥荷垂詢，諭令進呈，幾餘賜覽。臣跪聆之下，感悚交并，謹奉綈函，敬呈黼座。五經之文爲道本，秉睿裁而期惠於藝林；六籍之義以詁通，舉下學而幸歸於天鑒。臣謹繕摺并書十套進呈，伏祈皇上睿鑒。謹奏。

賜御製養心殿記墨刻恭謝摺子

竊臣標提塘，賫捧到恩賞御製《養心殿記》墨刻一分。臣當即出郊跪迎至署，恭設香案，望闕叩頭謝恩祇領訖。欽惟我皇上道統傳心，聖功養正。法宫建極，會皇極之大中；温室修和，涵太和之元氣。固已九重敬德，四表同仁矣。乃猶瞻雲棟而念先謨，見羹牆而衍心法。本堯、舜、禹、湯諸聖而得所養，闡中正仁和四字而單厥心。御朵殿以正紫微，撰記文而頒翠墨。臣惟中者所以定不偏不倚之規，正者所以示無反無側之準。惟本仁以出治，則克己復禮而天下歸；惟致和以化民，斯保泰調元而天命永。奎章在殿，久以列聖之心爲心；天藻摛文，即以一心之養爲養。善之至矣，無能名焉。抑臣更有進者，是惟皇上心同道同，備中正仁和之德；因之心正筆正，成中正仁和之文。昔韓、柳雄辭，猶有心於排奡；歐、蘇健筆，亦肆力於揣摩。今讀記文六百言，銘詞十六韻，藴廣大精微之志，宣和平雅正之音，不使氣而氣自醇，不矜才而才愈大。蓋上本乎群經正史，乃下軼乎諸子百家。臣學切觀摩，識開巍焕。共瞻睿製，正文體即正心源；衆拱辰居，養一心以養四海。所有臣欽服欣感下忱，謹繕摺叩謝天恩，伏乞皇上睿鑒。謹奏。

硃批：「頌不忘規，立言有體。」

賜御製原教三篇墨刻恭謝摺子

竊臣賫摺差弁回淮，捧到恩賞御製《原教》等篇墨刻二册又三卷到。臣當即出郊跪迎至署，恭設香案，望闕叩頭謝恩祗領恭誦。欽惟我皇上仁符昊眷，誠格天心。當禁垣竊發之時，雷雨顯彰夫助順；逮勍旅徂征之日，欃槍淨掃夫餘氛。固已畿輔奠安，寰區聞喜矣。兹輯九月以來訓諭之旨，申警之文，彙勒貞珉，普頒翠帙。臣欽承恩賜，敬繹綸言。原正教以黜邪，則經正民興之道也；行實政以教忠，則知人安民之德也。至於有堯、舜咨儆之思，而盡心竭力，仰答天恩之訓著；有禹、湯修省之德，而遇變罪己，酌減慶典之詔頒。至於澄敘官方，修明武備，戒貪墨以厚民業，警叢脞以亮天工。不惜丁凝反覆以求詳，固由疾痛顛連之在抱。臣惟漢、唐以後，類多變端，或失馭於强藩，或寄權於重鎮，或䜟徭之太甚，或邊釁之多開。揆其致事之由，究因失德之故。今借卦教而造逆，本非失業無所賴之民；突禁地以肆邪，出乎人情不及料之外。聖心之慈祥愷惻，本共白於臣民；聖德之正大光明，亦無慚於史册。皇上乃以返躬之誠，爲昭事之本，哀無罪則推原於教化之未至，訓有位則引咎於人政之未宜。苟有心知，能無感泣；雖至頑鈍，亦當奮興。臣敢不滌慮澡神，竭謀致力，盡當爲之職事，戒積習之因循，冀答高深，稍寬尸素。所有臣凜遵感悚下忱，謹繕摺具奏，叩謝天恩，伏乞皇上睿鑒。謹奏。

賜御書福字恭謝摺子 戊寅

竊臣齊摺差弁回粤，捧到恩賞御書「福」字、鹿肉、麅肉、山雞一分，並奉硃批：「書『福』錫卿以迓春喜。欽此。」當即恭設香案，望闕叩頭祗領訖。伏念臣渥邀厚植，忝任連圻。鰲陛瞻顔，憶趨承於隔歲；羊城移節，愧報稱於高天。值兹改歲之初，倍切玩時之警。迺荷奎章親御，温諭特頒。既普錫以春禧，復寵分夫珍饌。斂時敷錫，聖主以福臣者福民；宣化承流，微臣敢不以迓恩者迓喜。臣惟有勤思綏靖，推洪福於兩粵東西；敬體柔懷，布天福於重洋内外。冀佐盛隆之治，稍寬尸素之譏。所有感激欣幸下忱，理合恭摺具奏，叩謝天恩，伏乞皇上睿鑒。謹奏。

重修高密鄭公祠碑

元嘗博綜遺經，仰述往哲，行藏契乎孔、顔，微言紹乎游、夏，則漢大司農高密鄭公其人矣。公當炎祚陵夷，清流沈錮，泊然抱道，邃情墳典，却謝車服，隱德彌修。所學《易》、《書》、《詩》、《禮》、《春秋》、《論語》、《孝經》，箋注百餘萬言。石渠會議，無以逮其詳貫；扶風教授，不足擬其旨趨。又嘗比核算數，甄極毖緯。兩京學術，用集大成，天下師法，久而彌篤，固不以齊、魯域焉。今皇帝惇崇儒術，表章經學，纂定《三禮義疏》，多采鄭説，是以海内學人，翕然依嚮。言性天道，無敢騁其虚悟；禮度書文，靡不通其原本。庶幾孔壁簡策，得以訓言；儒生耳目，未傷瞽聵。被公之教，斯爲至矣。公墓祠在高密縣西北濰水東岸，四牡結轡于鄭公之鄉，高車並軌于通德之門，是北海太守孔文舉所開建也。元以視學，涖止斯土，展省祠墓，圮陊實甚。宰木不捍于樵采，驚沙坐見其飛積。趙商漢碑，未傳於著録；承節摹碣，埋蝕于泥土。遂乃倡搢紳之夙願，鳩木石之工材，始于乾隆五十九年冬十月，至六十年秋八月成。掘沙百尺，門防易以東向；植樹四垣，饗堂翼其南榮。聽事啟楹，則長吏齋祀所止息也；茅廬栖畎，則賢裔耕讀便蠲除也。復將擢彼秀異，用請于朝，以奉登俎，世世勿絶。庶使大儒之祀，不致忽諸之歎；治經之士，無歉仰止之懷。居斯鄉者，績學砥行，感憤而起，不益偉與！爰樹欒石，表德刊銘，其辭曰：

秦燄威經，漢學證聖。於鑠鄭公，禮堂寫定。綱括衆典，束修懿行。學徒知歸，異説反正。子雍多毁，仲翔善諍。日月豈踰，藐彼敏政。礪阜之旁，濰流湯湯。草銜有帶，沙走無囊。林薄新雉，蔭彼塈牆。廟貌聿崇，祀事孔明。長白之嶺，别啓黌堂。粤惟兹土，司農之鄉。

重修會稽大禹陵廟碑

粤昔五德代興，紀號天中；二典遞禪，立都西北。惟神禹之陟降，皆在江水，治水之終始，皆在會稽。何者？履已西夷，生薏苡于石紐，江之原也；憂民東教，封葛桐于會計，江之委也。若夫《黄帝中經》所載，宛委、覆釜所藏，登臨夢發，金簡玉瑑出焉。灑沈澹災，底定者千八百國，其始通水之理，實在會稽。至于會諸侯、詔群神、誅後至者而大計其功，黧踽已甚，絞緎猶薄。迄于今，參耕之畝宛然，非古之上壟歟？然則月逾庚子，年加申酉，亦終乎此矣。或謂九州修貢，山川成書，會稽主名，不箸于册。然三江分派，以浙水爲南支；萬里岷流，指山陰爲歸宿。古今遷異，俗儒駭之。是知胼胝勞蹟，必登茅山之巔，成旅中興，實存大越之祀也。《吴越春秋》謂少康封庶子無余於越，春秋祠禹墓於會稽。《漢書·地理志》會稽山有禹井、禹祠，是故陵之有廟，其來已古。我朝列聖相承，纘舊績以平水土。東南江海間，幾勞太僕之駕焉。今嘉慶歲星次庚申，聖天子孝祀配天，望辯維謹，乃修階壇，勤丹雘，用承祀事。巡撫阮元，來拜廟下，以考其成。巖壑盤鬱，江海深阻。維兹廟貌，巍然鎮之。蠲精玉帛，如來百神之朝；馳慕風雲，或降二龍之駕。郁郁乎蒼水，探穴于其初。玄圭填德，於其既固。夏后氏神聖之所發藏，亦吾聖天子之所以稽古帝、報功德也。爰作頌詩，銘諸樂石，其辭曰：

浙爲南江，地臨越絶。青泥藏書，白雲出穴。陵者葬陵，跡留樏橇。農不變徒，樹不改列。厥有原廟，肇祀少康。山川風雨，日月陰陽。階扶窆石，棟抗梅梁。聿新世室，載啓元堂。昴星孕珠，岙山輯玉。巘冕天容，龍蛇古屋。伯益奉經，庚辰侍輩。封並蒼梧，廟同嶽麓。龍飛五載，障淮塞河。錢塘楗石，海無驚波。新廟奕奕，南鎮峩峩。神功聖德，今古若何。馬祠遺法，鳥田修祀。鬺享金鼎，符探玉笥。澌海訖聲，登山刻字。被碑以文，載之贔屭。

重修揚州會館碑銘

京師宣武門外揚州會館，始建於乾隆初年，汪君從晉出白金四千，金君門詔益金而成之者也。其事詳於舊碑。六十年來，頹壞日甚，雖屢有修葺，而莫能新之。和會堂、聯星堂地勢甚卑，鄰水來侵，夏不能居，牆圮柱傾，公車罕至。嘉慶元年，鄭君宗彝，官吏部郎，請於其叔鄭君鑑元，得白金四千，鮑君志道、張君緒增、黃君楫又各出白金一千，乃合貲重修之。和會堂、聯星堂暨東西箱，築基增高三尺許，治其井匽，水有所歸。第三、四兩院，以次修立。復建閣于聯星堂之東，以祀神位焉。先是，屢欲修而未成，今嘉慶四年歲次己未乃集事。讀舊碑，乃知創修者，前己未歲也，殆亦有數存其閒乎？工既成，乃琹石紀名，兼載圖事，俾後之人知今義舉之盛，必將有踵而行者，使舊基無廢，新構益增也。勒以銘曰：

江淮合域，牛斗垂躔。靈秀隩區，人文出焉。戫戫人文，濟濟甲第。魏闕聯班，春明並騎。斯館肇修，己未之春。輪奐並美，桑梓同鄰。堂開和會，門接宣武。公車之來，於時處處。歲深垣圮，莫芋莫凝。瓦塵積草，庭潦生萍。又六十年，歲周己未。惟我鄉人，興廢舉墜。乃構其堂，乃高其基。庖湢井廄，具無不宜。嘉樹可譽，甘棠勿拜。藤垂紫綬，藥翻金帶。禮神之閣，峙於其東。文昌下照，其光熊熊。孟夏之朔，星珠聯瑞。鳩工庀材，適當其會。維我廣陵，運會日昌。元甲天下，解領江鄉。是科文武解元、會元、探花皆出揚州。作此銘詞，以琹樂石。後有繼者，永永無極。

蘭亭秋禊詩序

在昔典午中移，啓江東之雲岫；瑯邪南徙，持吳會之風流。山林之秘競呈，觴詠之情咸盛。雖悟老易之指，猶切彭殤之悲。豈非神州不復，易興陸沈之歎；中年已往，莫釋哀樂之懷。鍾情既深，發筆斯暢。是以林表孤亭，結山陰之幽契；定武片石，傳永和之逸軌矣。元以嘉慶二年八月上巳按部於越，嘉賓在坐，簿領既徹，游情共馳，再揚曲水之波，展脩秋禊之禮。浴沂溯典，本無間于春風；采蘭賦詩，實有異于溱水。是時清風未戒，白雲午晴；幽谷屢轉，重山争峻。發崇岩之桂氣，起秀麓之松嵐。迴谿接步，緬陳迹于古人；爽籟入懷，屬高情于天表。夫倦心既往者，撫韶景而亦悲；撰志詠歸者，臨蕭節而彌適。況今朝野殷闐，敬修名教，吾輩遊歷，皆在壯年。白駒未縶，動空谷之雕輪；旅雁群飛，集江湖之素羽。振翰無采，雖愧元長之才；侍宴承恩，曾效廣微之對。良會已洽，清吟紛來。內録賓客戚黨之詩，外納僚屬生徒所詠。凡有作者，皆著于篇。

謝蘇潭詠史詩序

在昔詠史之作，肇於仲宣、太沖。然皆綜覽興衰，論列流品，五言成製，風已古矣。自宣遠矢音於留國，延年託詠於《秋胡》，篇什所陳，乃有專屬。三良致哀，五君興感，異情同調，分合又殊。有唐一代，詠史七言，惟周曇、孫元晏積數十百首。然皆斷句，罕見律篇。未有上下一千六百四載，臚敘五百二十六人，揚清風以作誦，激濁流而成諷，如蘇潭先生之以律詠史者也。先生擢穎詞垣，囊筆史局，講幄内直，方岳西分，政簡益清，才優多暇。嘉慶二年，移治兩浙，以詩示元。元出按婺栝，南極永嘉，山水方滋，芳草未歇，每手兹編，情賞逾美。觀其錯綜紀傳，點竄贊評，鎔儷事於鑪鎚，飾高情以斧藻。聞見殫洽，故所用者宏；衡量均平，故其論可定。古今成敗，燦然畢覩。君子於此，得經世之大端焉。若夫負聲振采，並擬唐賢，子美之慷慨沈雄，玉谿之縝密工麗，發鼓吹於《唐音》，抉瀛奎之《律髓》，七言能事，咸備於斯。又其取材富博，正史之外，雜篇小説，凡數百家。昭明之《選》學在樓，温公之草藁盈屋。安得李善、胡三省之徒，爲此五百章疏證之哉！

四六叢話序

昔《考工》有言：「青與赤謂之文，赤與白謂之章。」良以言必齊偕，事歸鏤繪，天經錯以地緯，陰偶繼以陽奇。故虞廷采色，臣鄰施其璪火；文王壽考，詩人美其追琢。以質雜文，尚曰彬彬；以文被質，乃稱馘馘。文之與質，從可分矣。懿夫人文大著，肇始六經。《典》、《墳》、《邱》、《索》，無非體要之辭；《禮》、《樂》、《詩》、《書》，悉著立誠之訓。商瞿觀象於《文言》，邱明振藻於簡策。莫不訓辭爾雅，音韻相諧。至於命成潤色，禮舉多文，仰止尼山，益知宗旨。使其文章正體，質實無華，是犬羊虎豹，反追棘子之談；黼黻青黃，見斥莊生之論矣。周末諸子奮興，百家並鶩。老、莊傳清浄之旨，孟、荀析善惡之端。商、韓刑名，呂、劉雜體。若斯之類，派別子家，所謂以立意爲宗，不以能文爲本者也。至於縱横極於戰國，春秋紀於楚、漢，馬、班創體，陳、范希蹤。是爲史家，重於序事，所謂傳之簡牘，而事異篇章者也。夫以子若彼，以史若此，方之篇翰，實有不同。是惟楚國多才，靈均特起，賦繼孫卿之後，詞開宋玉之先。隱耀深華，驚采絶豔。故聖經賢傳，六藝於此分途；文苑詞林，萬世咸歸圍範矣。賈生、枚叔，並轡漢初；相如、子雲，聯鑣西蜀。中興以後，文雅尤多。孟堅、季長之倫，平子、敬通之輩，綜兩京文賦，諸家莫不洞穴經史，鑽研六書，耀采騰文，駢音麗字。故雕蟲繡帨，擬經者雖改修塗；月露風雲，變本者妄執笑柄也。建安七子，才調輩興。二祖、陳、王，亦儲盛藻。握徑寸之靈珠，享千金於荆玉。至於三張、二陸、太沖、景純之徒，派雖弱於當塗，音尚聞夫正始焉。文通、希範，並具才思；彦升、休文，肇開聲韻。輕重之和，擬諸金石；短長之節，雜以咸韶。蓋時會使然，故元音盡泄也。孝穆振采於江南，子山遷聲於河北。昭明勒《選》，六代範此規模；彦和著書，千古傳兹科律。迄於陳、隋，極傷靡敝。天監、大業之閒，亦斯文升降之會哉！唐初四傑，並駕一時。式江、薛之靡音，追庾、徐之健筆。若夫燕、許之宏裁，常、楊之巨製，《會昌一品》之集，元、白《長慶》之編，莫不並挨龍文，聯登鳳閣。至於宣公《翰苑》之集，篤摯曲暢，國事賴之，又加一等矣。義山、飛卿，以繁縟相高；柯古、昭諫，以新博領異。駢儷之文，斯稱極致。趙宋初造，鼎臣大年，猶沿唐舊，歐、蘇、王、宋，始脱恒蹊。以氣行，則機杼大變；驅成語，則光景一新。然而衣辭錦繡，布帛傷其無華；工謝雕幾，簋業呈其樸鑿。南渡以還，《浮溪》首倡。《野處》、《西山》，亦稱名集；《渭南》、《北海》，並號高文。雖新格别成，而古意寖失。元之袁、揭，冕弁一世，則又揚南宋餘波，非復三唐雅調也。載稽往古，統論斯文。日月以對待曜采，草木以錯比成華。玉十瑴而皆雙，錦百兩而名匹。明堂斧藻，視畫繢以成文；階戺笙鏞，聽鏗鋐而應節。自周以來，體格有殊，文章無異。若夫昌黎肇作，皇、李從風；歐陽自興，蘇、王繼軌。體既變而異今，文乃尊而稱古。綜其議論之作，並升荀、孟之堂；核其敘事之辭，獨步馬、班之室。拙目妄譏其紕繆，儉腹徒襲爲空疎。此沿子史之正流，循經傳以分軌也。考夫魏文《典論》，士衡賦文，摯虞析其流别，任昉溯其原起，莫不謹嚴體製，評隲才華。豈知古調已遥，矯枉或過。莫守彦和之論，易爲真氏之宗矣。

我師烏程孫司馬，職參書鳳，心擅雕龍，綜覽萬篇，博稽千古。文人之能事，已攬其全；才士之用心，深窺其祕。王銍《選話》，惟紀兩宋；謝伋《談麈》，略有萬言。雖創體裁，未臻美備。況夫學如滄海，必沿委以討原；詞比鄧林，在揣本而達末。百家之雜編别集，盡得遺珠；七閣之祕笈奇書，更吹藜火。凡此評文之語，勒成講藝之書。四駢六儷，觀其會通；七曜五雲，考其沈博。而且體分十八，已括蕭、劉，序首二篇，特標《騷》、《選》。比青麗白，卿雲增黼黻之輝；刻羽流商，天籟遏笙簧之響。使非胸羅萬卷，安能具此襟期？即令下筆千言，未許臻兹醖釀也。元才囿陋質，心好麗文。幸得師承，側聞緒論。妄執丹管而西行，願附驥尾而千里。固知盧、王出於今時，流江河而不廢；子雲生於後世，懸日月而不刊者矣。

福謹案：司馬孫公，乃太平府同知，名梅，烏程進士，丙午科房師也。

葉氏廬墓詩文卷序

乾隆歲庚戌，元與葉雲素先生繼雯。相識于京師，蓋同出朱文正、王文端二公門下也。先生學術深厚，貫通古今，至性過人，篤于實踐。執親之喪，疏食廬墓，其事見於汪稼門制府尺牘中。嘉慶歲辛未，先生子東卿以尺牘詩文卷屬序之。元嘗讀《禮記》曰：「墟墓之間，未施哀於民而民哀。」每歎斯言，以爲肫摯。況親喪斬然，邱隴未乾者乎？墟墓之間，情境非一，《禮記》所謂哀者，風聲月色，雪地霜天，實爲砭骨刺心，直發天性也。夕陽欲暝，樵牧歸散，麻衣不温，孑然獨立，松柏翳其寒色，桑榆收其晚景，少焉風入林表，聲如遠濤，悲從中來，未有不潸焉出涕者矣。或若生魄之月，低至下舂，樹影雜亂，露氣泫濕，徙倚俯仰，四無人聲，時有伏兔竄出淺草。或冀此時，得聞太息，及其終不可見，夜已鄉曙，噭然以號，曷可言已。又若夜雪初曉，積素滿山，獨來墓門，埽數尺地，布藳而坐，微風振于木末，飛霙落于懷袖。寒晨霜重，策杖草逕，皚皚滿履，時攖棘刺。寒節有黯然之色，欒人有怵然之心。一身若朽，百念盡灰，先人邱邱，敝廬丙舍，若將終焉可也。且夫熙攘之跡，馳驅之勞，人世所不能無也。苟爲流俗所染，境致乎炙熱，紛華之地，情靡於從風。迴憶家山阡墓間，風霜雪月，情境若此，未有不澹然慘然，自發其天性者也。以此言哀，哀何如之？嗚呼！彭殤雖達，非齊藳梩之物；闇廬可恬，奚參蒲褐之坐。用我儒修，敷此禮說，二氏之誘，知不溺矣。

歷山銘

乾隆六十年，龍集單閼，七月庚戌朔，起居注日講官、文淵閣直閣事、詹事府詹事、提督山東學政儀徵阮元遊登歷山，勒銘樂石。其詞曰：

登彼翠微，堂基戴石。岱麓分陰，嬀田啓陌。雷雨坐生，峰巒競碧。樓駕三重，崖懸百尺。繞牆虹落，穿閣雲飛。碑頭六代，松要十圍。岑苔籍屐，天花滿衣。磴隨客意，嵐成佛輝。下涌泉源，清交水木。湖平鏡揩，城迴帶曲。野氣沈邨，林煙隱屋。兩岫同秋，千塍共緑。平原似海，曉日開天。燕齊道直，蓬萊影圓。山棲壽佛，臺降飛仙。後之來者，亦百千年。

注曾子研銘

中四惪，通六藝。省言行，謹身世。測天員，窮禮制。聖所傳，賢勿替。

落日餘霞研銘

己未秋日，借邸于京師衍聖公賜第。退直後，少得清暇，因銘研云：

落日就暝，餘霞在天。蟬吟高樹，魚唼涼泉。蕉花垂露，竹葉含煙。羊鐙紈扇，几席清妍。

白圭詩館研銘

白圭之玷，猶可磨。斯言之玷，不可譌。《詩》「不可爲也」，「爲」讀若「平秩南譌」之「譌」。譌，化也。立行有玷，更若何？

水師正威大銅礮銘

赤堇之質，黄金之色。瀆神脩貢，自交趾國。長贏兩尋，規圓繩直。嘉慶五年，天風蕩賊。敓而拔焉，全其本德。歸正服逆，允宣厥職。駕海奔雷，萬鈞聲力。值發無虛，當堅必克。守我浙東，制彼遐域。元戎寶之，視兹銘刻。

官齋精舍銘

構兹精舍，三筵之地。銘於坐隅，所以自治。無欲乃澹，先明厥志。毋躁乃静，道遠勉致。坐而共圖，行省之事。以此保民，以此計吏。虚己集益，委懷分寄。賢者守堅，能者耐勩。曰恕與忠，曰仁與義。不計其功，務正其誼。勿近于名，勿放于利。放利民傷，近名政僞。勿安于陋，勿舞其智。舞智必窮，安陋多蔽。勿懦而隨，勿激而肆。操勿迫蹙，寬勿廢墜。廉勿矯俗，居勿求備。土狹齒繁，情漓用匱。惟其太平，更難撫字。否毋諱疾，泰毋侈瑞。令煩愈擾，事盬不緻。闕當速補，過戒終遂。平情持準，難説使器。

中不逾情，庸不立異。心鎮常安，神清多識。制行實難，矢口則易。凡兹恒言，學焉未至。静思自箴，靖共爾位。

寶龢鐘銘

臣元受兩朝恩，侍從禁近，備官司徒。惟帝五年，歲在己未，命臣撫浙。臣辭，帝手詔曰：「卿宜力任仔肩，爲朕宣猷贊化。」臣拜受命。撫浙三年，海遌未徹，風雨未龢，作器能銘，臣何有焉？惟帝八年春二月丁酉初吉，越二十六日壬戌，臣父年七十，受禄于帝，封光禄大夫。敢作寶龢鐘，以應中春莢鐘之律，以蘄眉壽，綰綽多福，以對揚天子丕顯休命。阮氏子子孫孫，其永寶用之。

刻扁鐘銘

惟帝八年春二月丁酉初吉，越二十有六日壬戌，臣父年七十，受禄于帝，封光禄大夫。用作刻扁龢鐘，以應中春莢鐘之律。將命銅史金徒，運其甲子，司其商刻，而自擊之，喤喤雝雝，以蘄眉壽于無疆，以對揚天子丕顯休命。阮氏子子孫孫，其永寶用之。

警鐘銘

時至則鳴，鏘然而警。叫旦戒晨，雖夢亦醒。士雅雞聲，彦國圓枕。趨朝涖政，視此乃寢。

古鉌鐘銘

惟嘉慶八年秋八月，浙江巡撫臣阮元覲帝于欒。帝錫宴三，錫玉如意一，荷囊四，刀一，衣一襲，暨鹿胾、荔支之屬。臣元敢拜頴首，用對敭天子丕顯休命。九月戊午，臣歸浙，紀帝恩命，刊銘古鉌鐘，永寶用之。

揚州隋文選樓銘

揚州隋文選樓巷，多見于宋王象之《輿地紀勝》等書。隋曹憲以《文選》學開之，唐李善等以注《選》繼之，非昭明太子讀書處也。羅願《鄂州集》所謂文選巷、劉氏墨莊，亦其地也。予之宅，爲選巷舊址。嘉慶十年冬，遵先大夫遺志，于家廟西建隋文選樓。樓下爲廟之西塾，樓上祀隋祕書監曹憲，以唐沛王府參軍公孫羅、左拾遺魏模、模子度支郎景倩、崇賢館直學士李善、善子北海太守邕、句容處士許淹配之。嘉慶十二年，服除，乃爲銘曰：

文選樓巷，久著於揚。曹氏創隋，李氏居唐。祥符以後，厥有墨莊。阮氏居之，廟祀江鄉。建隋選樓，用別于梁。棟充書帙，窗散芸香。刻銘片石，樹我山牆。

南宋尤本文選卷首畫象銘

蕭《選》曹注，學傳揚州。貞觀之後，是有選樓。貴池宋本、栞板始尤。海内罕覯，數帙僅留。雷塘菴主，樓居邗溝。錦緘展校，緗櫝曬收。繪象卷首，一笠横秋。

西瑯阿侍御摹坡公笠屐圖贊

彼何人斯？既笠且屐。偶然類君，誰主誰客？冒雨團團，衝泥策策。椶隔涼雲，山留遊跡。孰柱其冠，孰文其舃？惟此笠屐，於道大適。儻曰東坡，未異肥瘠。我屐欲蠟，與此同癖。細雨斜風，蒼苔白石。

方維祺太守以我觀我圖贊

《大學》修身，顔子克己。觀我之道，本爲儒理。易觀我生，无咎即吉。豈無進退，道不敢失。

桂林隱山銘并序

余生辰在正月廿日。近十餘年，所駐之地，每於是日效顧寧人謝客，獨往山寺。嘉慶廿四年，余歲五十有六，駐於桂林。是日策數騎，避客于城西唐李渤所闢之隱山。登降周回，串行六洞，煮茗讀碑，竟日始返。竊以爲此一日之隱也。爰作銘辭，刻於北洞：

士高能隱，山静迺壽。濬之主名，闢此奇秀。一山盡空，六洞互透。不鑿自通，雖探莫究。穴無雨來，岩如天覆。虚腹開潭，垂乳滴溜。寒澈鏡奩，響傳壺漏。引月入峽，吸雲穿竇。磴曲風摶，泉清石漱。仰壁藤垂，摩碑苔繡。蓮憶古香，桂疑秋瘦。招隱巖前，朝陽洞右。涼堂北開，高亭東構。獨出春城，清遊晴晝。曉嵐入懷，夕陽滿袖。一日小隱，千年古岫。何人能復，西湖之舊。隱山，唐在西湖中央，有荷有舟，境地更奇，今爲田矣。

宋硯銘

古人之硯古之式，用以揅經發守墨。凡事求是必以實，如石堅重效於國。

端溪璞石硯銘

荆山之璞，以爲良璧。曷若不鑿之，守其黑于石。

粵溪茶坑天然大硯銘

粵溪之石，泐于往古。苔斑繡岑，松皮溜雨。磨爲巨硯，以鎮書府。書以銘之，雷塘庵主。

茶坑硯山銘

端溪片玉，松煙所浴。石壁留紅，天池瀉緑。湓浪低生，纖雲横束。畫意詩情，大癡一幅。

端溪老岩研山銘

端溪一卷，因其自然。以爲硯山，古蘚斕斑。

西齋銘

西齋老囿，似野人家。無多籬落，少著桑麻。硯惟墨守，天有緑遮。端巖列翠，讓木分椏。齋前有二木相讓。井泉本爽，階水勿斜。南雄有斜階水。榻横蒲席，窗護葛紗。鸚母啄稻，鹿女踏花。離枝摘荔，引蔓緐瓜。長匏扁豆，素馨紫茄。圍樊觀槿，欹廊煮茶。滌煩習静，存樸黜華。學爲圃者，忘在官衙。

乾隆癸丑仲冬上丁祭曲阜孔廟文

於戲孔子，傳道帝躬。用治斯世，斯道乃隆。堯、舜賢遠，文軌大同。帝敬孔子，禮備儀崇。幸魯釋奠，講學臨雍。教被瀛漠，豈惟域中。元奉帝命，視學於東。津逮洙泗，仰止聖宫。凜承時祭，癸丑仲冬。瞻俎習禮，循牆慕恭。宗廟既入，百官景從。壇杏化雨，庭檜古風。簴鳴金石，壁振絲桐。兩楹之間，三獻既終。轍無歎鳳，室拜蹲龍。神志雖肅，精誠詎充。聖道如天，敢希格通。惟聖之裔，子孫其逢。逢，大也。《洪範》斷句與「從」、「同」爲韻。惟聖之鄉，多士質忠。以元譾陋，秉鐸何功？聖人佑之，啓秀發蒙。斯文在兹，天下所宗。帝方籲俊，聖惟達聰。

祭天目山神文

天目兩山，作鎮杭湖。出雲降雨，滙于具區。惟吴淞口，入海尾閭。洞天福地，神明所都。雷興電掣，龍起雲敷。開晦霽陰，風爲驅除。宜晴而晴，野無沮洳。宜雨而雨，暵者立蘇。神功聖德，佑民非虚。近年數郡，水旱堪虞。田未豐穫，潦浸田廬。長吏省愆，政刑有渝。未能感召，致鮮嘉符。今致潔蠲，民隱上疏。香醴入山，牲帛載途。拜求靈佑，惠此越吴。蠶桑倍收，麥稻大餘。功佑聖世，恩及農夫。疆吏祈報，謹竭其愚。

揅經室四集詩卷一　琅嬛仙館詩略

己　酉

雨後過瀛臺

淡虹殘雨壓飛埃，清籞霏微霽色開。青鳥拂雲歸閬苑，白魚吹浪過蓬萊。神仙此日應同駐，車馬何人不暫回。半嚮金鼇橋上望，水南猶自轉輕雷。

家吾山少司寇葵生屬題裴園編修學浩勺湖草堂圖

雲堞依春浦，長淮瀉古渠。輞川王氏宅，笠澤陸家廬。公本金閨彥，文探玉署儲。量才原有尺，銜命屢登車。彭澤歌《歸去》，天台賦《遂初》。湖波通一勺，書卷富三餘。賞雨宜茅屋，看花奉板輿。小山多桂樹，秋水足鱸魚。烟柳才藏塔，風蒲不礙漁。過橋開菡萏，繞舍種篠菸。陸屋東西住，陶樓上下居。燕泥春户敞，螢火夜窗虛。祕笈人争借，遺經我自疏。山東皆法鄭，河北盡師徐。詞賦傳司馬，《春秋》學仲舒。名猶傳蓺苑，地不改經畬。詎意洪河決，旋教別墅淤。居人憂浥溼，之子歎沮洳。舊列門生籍，來麾使者旟。瓣香心暗記，荒草手親鋤。葑沼疏鬟水，蘭堂曳佩琚。文翁新講室，尉氏古門閭。丙歲初經此，申年昔降予。竊唫學使賦，及拜侍郎裾。地剩三篙水，家餘萬軸書。竹林能免俗，把臂意何如。

庶常館聽寒柝

空街夜冷欲三更，闒闒何人相競鳴。静掩蕭齋聞斷續，夢迴虚枕數分明。催殘月影低無色，敲碎霜華落有聲。明日早朝清漏急，車中聽到紫微城。

庚 戌

崇效寺法源寺看花晚集楊荔裳揆舍人齋中

匆匆春事月已三，看花幾度來城南。城南韋、杜曲復曲，按記兩處尋伽藍。入門嘉樹生衆緑，柳縣榆莢桑可蠶。粥魚茶板寂無響，珠宫琳宇深潭潭。雜花圍殿作香界，一瓣不著飛龍龕。丁香細乳結瑣碎，棠棣弱榦垂毵毵。何如三丈海棠樹，千枝萬蘂相交參。前度看花值紅雨，小苞溼透臙脂含。今朝穠極色反淡，鉛華爛漫春尤酣。祇林奇卉我未識，毋乃此是優鉢曇。惜難十日花下卧，不及蜂蝶時時探。夕陽門外散金影，歸來小巷同停驂。元規有塵拂扇落，但以嘯詠生清談。我雖不解酒中味，一杯目飲知其甘。春鐙垂燼街鼓疊，欲去不去情猶耽。相約更待鼠姑放，借閒再訪枯禪庵。

皇上萬壽恭進宗經徵壽説文册恩賜大緞恭紀一首

敬脩符典贊皇唐，采段承恩出尚方。豈有高詞繪天日，猥蒙華衮被文章。絲綸曉奉金門詔，經緯親歸玉尺量。共拜瀛臺鑾輅下，拂衣已染御爐香。

辛亥

御試賦得眼鏡得「他」字五言八韻。大考一等一名。

引鏡能明眼，玻璃試拭磨。佳名傳靉靆，雅製出歐羅。窺户穿雙月，臨池湛一波。連環圓可解，合璧薄相磋。玉鑑呈豪穎，晶盤辨指螺。風中塵可障，花下霧非訛。眸瞭寧須此，瞳重不恃他。聖人原未御，目力壽徵多。

二月大考紀恩一首

乞假方期省故園，上年冬，請假旋里省親，掌院阿公以大考將近，不允。敢期親擢冠詞垣。元卷本第二，上親擢置一等第一。曾將一册邀宸賞，上年冬，上閱元所進《宗經徵壽説》文册，蒙特賜衣緞。更幸連篇被御論。元大考詩疏中字句，上一覽記之，舉以奬論。備尹青宫堂有範，向來大考，編檢陞任學士，已爲最優，元蒙恩更擢少詹事。值班西殿室皆温。蒙恩旨在懋勤殿南書房行走。微臣何以殫心力，始答生成曠代恩。

同沈雲椒少宰初南書房散直

紫垣散直半斜陽，殘暑迎秋尚未凉。待得上車風氣透，東華門外晚荷香。

賜貂裘恭紀

垂問衣貂未，頒裘到從官。恩真同顧復，臣本最清寒。著雪趨金殿，含香下玉欄。歸來面慈父，持共采衣看。

壬子

初秋同孫淵如星衍言皋雲朝標同年遊萬泉寺涼水河後數日招同沈雲椒少宰那東甫彥成同年再遊

鳳城南去鳳泉頭，尋得招提一再遊。潦後苔萍留野岸，雨餘禾黍壯平疇。三叉小逕依村轉，九曲清溪抱寺流。兩日不來風色老，最宜秋亦不禁秋。

蓼花蘆葉自縱橫，車馬何曾此處行。重到游蹤皆一轍，數人心跡總雙清。濯纓臨水歌相和，拄笏看山眼倍明。我本忘情學機事，灌園許聽桔槔聲。

三月垂楊六月荷，半年惜未此經過。門前高樹西風早，橋外野塘秋意多。遠色蕭森歸別業，詩心淡定對頭陀。誰知九陌黃塵外，自有清涼十里河。

望裏清光有所思，湖山非敢憶蓴絲。詩人會處須乘暇，游子歸時未有期。野性消磨天趣少，吟懷荒落夕陽知。晚來倚馬茶亭外，一段高情讀斷碑。

牛　欄　山

小山徑數里，靈蹟連牛欄。輪蹄歷磊砢，頑石圓如磐。雜樹夾崖口，木葉聲初乾。迤邐入山腹，宛轉拓地寬。人煙成小市，氣聚無風寒。出山攬山勢，卑邑且墮巒。一綫白狼河，入塞清流湍。衝沙走東麓，崖澳相鉤盤。順流望潞河，北漕趨白檀。夕陽自今古，駐馬爲盤桓。

密雲縣迎駕

重邑據形勢，庳奚接白檀。山分通塞遠，水急刷沙寒。輦道依紅樹，舟梁護碧欄。天顔初日霽，共喜聖躬安。

癸　丑

泉宗廟扈駕

維皇濩德澤，甘雨湛郊原。曉晴雲尚漬，夏首緑初繁。東勾柳成谷，西雉稻名村。泉響蛤猶吠，露涼蟬未喧。宫槐交翠蓋，堤草藉龍軒。青疇契宸賞，黄屋瞻崇尊。敷筵坐臨水，賜食共銜恩。清醴度雙闕，于此鏡心源。

御園道中

雲淡星争出，風微月有波。五更殘雨歇，四野嫩涼多。溼氣歸林薄，清香發黍禾。行行天欲曙，休問夜如何。

芭　蕉

閑心寥落依草木，手種芭蕉數葉長。讀畫略同抽卷軸，煮茶聊與門旗槍。簾櫳微隔緑逾浄，風雨不來心亦涼。何況昨宵聽淅瀝，小窗藤枕復匡牀。

灤陽道中

初陽照千峰，向背分晦顯。雲霞忽建標，嵐碧色已淺。山村起炊煙，輕風任舒卷。沙泉聲自清，露草光猶泫。策馬循迴溪，崖谷迷宛轉。舉首望日輪，東西始可辨。

月夜過趙北口

燕南殘暑淡星河，爲避秋炎月夜過。露草清香蟲語細，水楊疎影馬蹄多。三更蟹舍明簾火，十里虹橋壓鏡波。豈有公孫能避世，太行西去隔滹沱。

兖州道中

平田泉水自成渠，村口秋林日影疎。著我肩輿安穩過，半看黄葉半看書。

發落卷

積案盈箱又幾千，此中容易損華年。明珠有淚拋何處，黄葉無聲落可憐。冷傍青氈猶剩墨，照殘紅燭已銷煙。那堪多少飄零意，爲爾臨風一惘然。

曲阜城東

庫門東去意蒼茫，泗水西流向夕陽。陵上白雲留少皞，地中黄土認空桑。策書字在郊麟死，鐘鼓聲銷海鳥藏。過客未談三古事，莫教先賦魯靈光。魯庫門以大庭氏庫得名，他國無之。

甲寅

萊州試院曉寒

渤澥陽和尚未回，曉聞昕鼓發輕雷。山風入院旆初動，潮氣滿城關未開。昨夜清樽思北海，何人博議似東萊。此時頗讓江南客，官閣春深落古梅。

寒亭

五千年下讀遺經，濰水橋東馬暫停。海右無如此間古，斟尋亭北有寒亭。

登州雜詩十首

㠊脽分圖遠，萊、牟鑿境通。山高饒怪石，海闊有長風。鹵地魚鹽薄，沙田黍稷豐。我來千里外，小住一城東。

鎖院浹旬久，驚寒衣轉加。地東天早曙，春遠樹遲花。夜雨逢三月，雲濤落萬家。成連渺何處，寒水滿平沙。

三面瀛洲水，舟行繞岸回。風波休轉漕，斥堠必登臺。漁户編船住，番夷納賮來。去年英吉利，受吏過蓬萊。

城闕通帆舶，滄濤壓女牆。旌旗風裏壯，鼓角地中藏。秋汛丹崖險，春耕竹島長。晚潮人散後，飛鳥上樓航。

桑田言本幻，日主祀無名。人到之罘島，雞鳴不夜城。秦碑湮舊迹，漢使失回程。當日求仙處，皆從蜃市行。凡《史記》載秦、漢求仙之處，今皆有蜃市，蓋方士所藉以惑人者。

冠山森傑閣，吐氣接洪濛。曉户宜賓日，低簷可避風。謂避風亭。捲環連碧玉，磨鏡出青銅。何處攜東海，坡公一袖中。

南洋趨楚、越，北岸接遼關。小賈輕航海，餘丁出墾山。人家挂綄羽，時節望刀鐶。略有唐風儉，惟留歲晚閒。

山川饒毓秀，風土亦能寒。春女皆稠髮，鄉民愛素冠。比居千户静，近市一街寬。見説民稀訟，清閒是長官。

俗樸難挑達，衣衿相與青。何人同獻賦，有士始横經。古歎才難得，今求地有靈。當年施與宋，風雅總飄零。

人歇新耕後，閒情在小邨。雨煙送歸路，花柳發春園。石壁支茅屋，蔬田結枳樊。轉慚行客過，車馬一時喧，

登州聽海濤聲

海雨溼土春初晴，海雲自北趨南行。風來渤澥暮轉急，吹落萬派驚濤聲。初疑驅車來遠道，輪雷欲動遲而輕。後如閉閣伏虚枕，簷前涷雨千條傾。或是汝南馬旋磨，否則試院煎茶鎗。相視不語共欹聽，出户

仰首巡南榮。天空晝静日將落，頗有鹵氣來山城。城頭雉列屋鱗次，其中直作波浪鳴。丹崖田成近三里，長流迴洑聞縱横。日行北陸海底暖，潛陽蒸起龍蛟鯨。讙聲騰沸島嶼振，夕汐淘汰沙石清。洋洋一洗耳底净，心體虚豁無凡情。人生不俗即仙骨，豈有大藥真長生。更待夏仲望岱嶽，遠收青色歸雙睛。耳目至此歎觀止，或令聾聵開聰明。

過黄縣

風軟平田不動塵，柳梯麥甲總宜人。行過百里東萊路，來看黄腄雨後春。

題秦二世琅邪臺石刻

我求秦石刻，若秦之求仙。求仙不可得，石刻終難湮。岱石經火燬，嶧石徒再鐫。之罘墮入海，海水潘爲淵。夐哉琅邪臺，椎築何殷填。黔首三萬户，金石三千年。石高丈五尺，怪鐵鍊精堅。剥落盡三面，小篆留西偏。披蘿復剔蘚，拓紙鳴槌氈。我來讀詔頌，載籍合馬遷。臣斯、臣去疾，樛、德名並傳。筆力入石理，玉柱勁且圓。點畫説偏旁，益知叔重賢。所惜頌與詩，變化隨雲煙。倉父磨粗沙，俗字鐫長天。餘此十三行，斯璽誠可憐。特立石鼓後，屹峙五鳳先。海風吹不倒，流徙悲斤櫂。蘇公頗好事，模刻城臺前。亦惟八十字，文款本未全。每見宋、元碣，殘暴如廢甎。乃以嬴氏物，存者猶巋然。豈有鬼神護，而免列缺鞭。誠因麻石性，余所見秦及西漢碑，皆麻粗石，故久。歲月無磨研。得此足以豪，神發忘食眠。更思寄同好，南北翁、孫、錢。謂覃溪閣學、淵如比部、辛楣宫詹。

泰山碧霞元君廟

元君唐代宅，帝女巽宮封。向背分齊魯，高明冠岱宗。萬山階下小，雙曜殿前逢。斗柄迴霄極，霞標建日春。銅瓴棲翡翠，藻井倒芙蓉。恍惚堂生樹，精誠牖見松。臨軒增地厚，卷幔發天容。帔接星文動，裳垂水繡穠。洪河衣帶闊，滄海鏡花鎔。挽洗盆疑華，開闢闕並嵩。玉華留宋璽，篆迹失秦峰。木德原宜穀，神功盡在農。棗梨香稅歇，鐙火夜梯重。縋鎖登先早，循牆走獨恭。翠微寒氣積，赤綴午光濃。試拜生雲石，應飛降雨龍。私懷雩饋志，敢接向禽蹤。明日云亭路，難聞上界鐘。

瓶中碧蓮

帶得明湖水氣清，窗前兩日碧雲橫。粉衣零落青房小，研水簾風一段情。

雨後泛舟登匯波樓

急雨纔過水上樓，門前齊解木蘭舟。垂楊小屋菰蒲岸，不聽涼蟬已覺秋。

湖裏荷花百頃田，溼香如霧綠如天。會須盡剪青蘆葉，頓放花光到客船。

就樹營巢湖上家，罾魚小彴水三叉。南豐祠下無人到，籬落閒開木槿花。

鵲華清翠近城多，十里泉田足稻荷。樓外斜陽秋色早，更從何處覓鷗波。

山左學署八詠

落日城頭晚，東風泉上春。湖光復山色，齊向倚欄人。四照樓。

落落橋上人，泠泠橋下水。顧影獨整冠，清歌懷孺子。濯纓橋。

鳥浴闌花外，魚跳窗影中。滄江卧米叟，畫舫記歐公。小石帆亭。
十丈赤珊瑚，紅泉入鏡湖。輞川圖畫裏，惟解種茱萸。海棠汧。
岱雲一片白，風雨雕玲瓏。落地化爲玉，朗朗對裴公。玉玲瓏。
臺迥煙波闊，檐虚夕照閒。寒鐘静無語，霜氣滿秋山。鐘樓。
西軒石如菌，松杉得甘露。恐有仙人來，采與東坡去。石芝。
吉金與樂石，齊魯甲天下。積之一室中，證釋手親寫。積古齋。

小滄浪亭

小滄浪亭在鐵公祠旁，與學署近隔一湖，其後軒元題爲「水木明瑟」，用《水經注》語也。夏秋間，每泛舟過之。茶竈書牀，流連竟日。較之春秋行迹，頗分勞逸。

小港西軒外，扁舟北渚涯。百弓開柳岸，六柱泛蘆簰。獨往常無約，高情或有儕。李公休皂蓋，杜子屢青鞋。橋彴圍栽葦，亭門窄縛柴。軒窗商啓閉，几席合安排。煮茗然雙鼎，攤書占一齋。寫碑金石録，題字水松牌。檻曲看盤鶴，牆陰認篆蝸。舊詩猶在竹，午夢間依槐。起對山鬟擁，閒臨天鏡揩。嵐光遥接案，波影上平階。巖屋小於匣，池魚細似釵。濠梁多古意，泉石湛秋懷。拄笏西風爽，搴簾夕照佳。新涼流玉宇，暮色動銀淮。月露收園鑰，輪蹄憶箭靫。江湖浪遊跡，襟抱未全乖。

明鐵太保祠

易謁金陵廟，難攖歷下鋒。兵戈驅石佛，風雨挫真龍。死願先平保，功甘讓盛庸。明湖舊祠外，秋水薦芙蓉。

秋日同徐太守大榕至龍洞遂遊佛峪還至龍洞穿洞出小憩壽聖院搨元豐順應侯碑

錦屏巖下扣禪關，林汲泉頭看水還。得路卻隨支遁馬，迎人都是范寬山。碑陽帶墨摹官勑，洞裏然燈照佛顏。既欲狂遊須盡興，城中難得一朝閒。

泺上海棠秋日作花

春深行部失花期，不見殘紅下歷陂。葉底西風闌外雨，泥人猶放兩三枝。

靈巖山

山谷通靈氣，伽藍出世情。辟支孤塔影，卓錫古泉聲。松問何年種，碑題過客名。憮然念塵迹，翠壁白雲橫。

同人登岱至對松山日暮而返

未及上翠微，暫攬松山勝。嵌巖置修除，緣壁起盤磴。拂衣千仞上，闌危不可凭。峰高多夕陰，天半風初勁。坐我萬松間，蒼翠互相競。白雲横不流，中有新寒凝。林壑媚幽姿，泉石動清聽。已忘世人情，羨彼飛鳥性。

登嶧山

絡繹群山勢，兹山定一尊。元謂蒙、嶧二山皆以占象得名，《尚書》所謂「曰蒙曰繹」也。《爾雅》曰「屬者繹」，《說文》作「圛」。排天雲作嶂，入地石連根。魯析邾相近，秦碑魏不存。秦碑爲北魏主所仆。杜少陵云「孤嶂秦碑在」者誤也。

秖今遊攬處，不必到書門。嶧山秦刻石處名書門。

鄒縣謁孟廟晚宿孟博士第中

霸王代謝百年間，夫子風塵又轍環。若使靈臺開晉國，豈能秦石上鄒山？遺書賴有邠卿校，古廟惟餘博士閒。今夜斷機堂外住，主人鐙火照松關。

早　行

戒道雞聲歇，炊煙起孤村。寒林無戀葉，隨鳥下平原。平原多枯草，繁霜被其根。鳥來無所食，還向空巢翻。村中有老農，曉起抱諸孫。傳聞達官過，策杖倚蓬門。屋西積草廩，屋東延朝暾。布衣木棉厚，顏色有餘温。懸知爾室中，尚有升斗存。

揅經室四集詩卷二　琅嬛仙館詩略

乙　卯

喜晤焦里堂循姊丈於東昌寄懷里中諸友

光嶽樓前見里堂，執襟一一問江鄉。十年舊雨兼新雨，幾處青楊間白楊。用《南史》何、蕭事。元、白州鄰曾共卜，庾、周肥瘦各勝常。累君同作風塵客，敢詠冰心寄洛陽。

自禹登山白雲峰東三里至佛峪

玆山何岧嶤，神禹之所登。東行入虛谷，泉石媚清澂。側徑臨深谿，馬足猶兢兢。午嶂屯春陽，陰厓積素冰。石無附土樹，壁有緣隙籐。雲護巖上佛，泉養廚中僧。何當看秋瀑，濩落山三層。巨流曳紳帶，細溜垂綌繩。靈臺出其上，衆勢歸馮淩。我情亦遐舉，振翮隨花鷹。

歷城白雲峰西北至錦屏巖憩壽聖院

靈湫住天龍，談禪闢初地。但見元豐碑，破屋已古意。繞階漱清泠，壓簷積蒼翠。泉急石丸轉，雲過松花墜。前峰不可梯，高鳥懾其翅。誰爲造孤塔，中使金仙睡？後峰如太華，巨靈擘爲二。誰爲駕飛梁，鐫彼摩崖字？古人具精力，恥作尋常事。否則憨如僧，碌碌老荒寺。

壽聖院西南石壁上有龍洞出入里許

神龍抉壁入，破壁復飛去。龍去壁已穿，介然用成路。當門立大佛，乍見心疑怖。石泐面如削，曾向夢中遇。前夕夢石人無面，今所見同。過此入深隧，秉爝遂暗度。俯行尻益高，相呼不相顧。一隙忽生明，目開夜嚮曙。不知出何山，奇險更難步。手中得葛藟，足下生松樹。蜿蜒攫爪痕，是我題名處。

由龍洞巖下西過三龍潭十里至黑峪而返

三龍潭峽口，如防復如堂。千丈屹相對，古色交青黄。其下狹數尺，亂石敺群羊。短衣雙不借，眼底無康莊。路窮逕仍達，地暢崖復當。水消尚存迹，日午已韜光。陰森料山鬼，蒼莽防奔狼。有客獨結廬，無乃非人鄉。十里暮始返，華岫月微茫。城闕明爝火，春漏聽三商。

復至佛峪

澗草迴新緑，巖松發古春。泉銷三月雪，佛現六朝身。馬足熟知路，僧寮閒可鄰。誰知城裏客，常作入山人。

寒食日長山縣道中雨

風雨近清明，蕭蕭過驛程。烟横林影斷，青遠麥田平。行部三春事，思鄉十載情。雷塘今日路，知復是陰晴。

過臨淄縣齊侯墓

畢竟仍存土一抔，邱明、晏子兩《春秋》。可憐上古無書籍，何處青山葬爽鳩？

題江寧孫蓮水韶漢上舊遊詩後

扁舟無那漢臯迴，詩向樊川刻意裁。交甫何期珠佩解，牧之曾見紫雲來。恐因極樂能消福，如此多情祇爲才。欲洗胸中愁萬斛，試翻春海到蓬萊。

海　棠

星娥海上曉妝時，洗盡鉛華世不知。今日清明花下坐，滿天靈雨落胭脂。

木　筆

一樹臨風四照開，白雲晴日麗蓬萊。欲知花頂春多少，更與仙人上玉臺。

萊州蜉蝣島

山根走入海，出海更成山。一碧揩銅鏡，孤青擁鈿鬟。潮生春蟄起，月黑夜珠還。誰復能齊物，蜉蝣天地間。

題海濱獨立圖

山根入海海連天，著我臨崖思渺然。同是蒼茫千古意，不知生後與生前。

登蓬萊閣

下見滄溟上絳霄，城頭一閣獨超超。天能包括鯨波静，日有光華蜃氣銷。島外帆移千里目，坐中人壯午時潮。曾遊《山海東經》内，酈注江河總寂寥。

過華不注山

兩年山下記行蹤，秀澤單椒磴百重。南渡濟流初起嶽，北離岱麓獨成峰。三周人與車聲遠，九月秋如畫色濃。不是明湖開曉鏡，鄂跗誰照碧芙蓉。

小滄浪亭雅集和馬秋藥前輩履泰

北渚離塵鞅，明湖浸翠微。濠梁宜客性，山水願人歸。樂趣莊逢惠，吟情孟與韋。孤亭復虛榭，徙倚意無違。

每有論文暇，遊懷相與偕。豪華非絳帳，蹤跡共青鞋。軟草平侵路，圓荷半帖階。隨時齊物理，生也亦無涯。

五日濯纓橋小集遲馬秋藥前輩小疾不至以詩來即和原韻

濼泉涌地出，城裏流汗漫。吾家散衙處，汩汩穿葭亂。此境雖荒率，頗受冷士盼。魚依橋影聚，鶴應人聲唤。遲客獨不來，坐久風荷亂。小疾居濼源，詩情隔湖岸。今日當薰浴，未有綵絲絆。求炙及鸎羹，好音在芹泮。我用銅艾虎，持同梁鏡看。是日出梁太平元年五月丙午日鏡並元延祐元年銅艾虎，鎮紙爲玩。諸生各成詩，願就君改判。我有石菖蒲，連絡根不斷。鑿鑿見清水，蓬萊白石彈。節物無好句，坡公應知歎。落日池上飲，賴有顏與段。謂顏運生、段赤亭。展讀所得碑，石墨光燦燦。

小滄浪亭

獨泛滄浪平底船，軒窗面面葉田田。風光誰許平分得，人與池心四照蓮。池中碧蓮一枝，四心分出，因以名之。

小艇穿池不礙花，種花人住艇爲家。教收荷葉三霄露，供我甆甌午後茶。

筆牀書篋向池攤，池上荷花高過欄。撦起烏篷遮午日，一雙銀蒜壓青竿。

北渚紅橋結笠亭，蕉衫紈扇此消停。夕陽若爲人間立，留照湖山半角青。

蟬歇殘聲緑樹間，霞痕山影共闌珊。微風吹動金波色，月在東南箕斗間。

我向滄浪獨立時，五更露氣到清池。城頭落月輕黄色，多少鴛鴦睡不知。

柬孫淵如同年時初任兖沂曹道尚未至山東

濟南亭館傍湖開，湖上秋風且漫催。萬朵荷花五名士，一時齊望使君來。五人謂馬秋藥、桂未谷、武虚谷、顔衡齋、朱朗齋。

池中碧蓮一枝四花共蔕花各三心因名曰四照蓮諸客觀者皆有詩

一枝折向水晶盤，十二蓮心共一攢。儘有花光酬坐客，不妨樽酒合圍看。

題何夢華元錫林外得碑圖

孔林牆外夕陽明，永壽碑酬訪古情。我後何君來曲阜，手摩殘字得熹平。癸丑冬，元至曲阜，適黄小松之訪碑人以見漢隸殘石來告，元亟命掘舁至試院，手剔其文，乃熹平二年石也。

獨遊佛峪

山深易覺秋，一雨衆秋足。西風吹涼雲，蕭然出空谷。寒花隱荒蔓，疎葉下林木。久坐依盤陀，泉石交耳目。雖未攜琴樽，情賞轉幽獨。

爲新城王文簡公書立墓道碑

先生墓道在山阿，兩載輶軒伏軾過。司仄聲。李吾鄉推大雅，皐陶從古善賡歌。翰林風月誰能似，齊魯聲華近若何。多恐此碑容易泐，未如詩卷不消磨。

渡　河

水色開眉宇，緇塵拂箭袍。西風新雁起，落日大河高。斷岸立千尺，歸帆輕一毛。安能用舟楫，全代馬蹄勞？

展　母　墓

嚴霜隕寸草，饕風撼長樹。哀哉我慈親，竟向此間住。慈親昔愛我，一日欲百顧。欲及我之冠，欲畢我之娶。教我讀古書，教我練世務。哀哉皆未及，竟忍舍我去。五年守里門，幸得依墳墓。十年爲帝臣，未踏雷塘路。年年寒食節，悲酸向誰語？今年奉命歸，許祭叨異數。蹀躞北郊外，一蹩欲十步。哀哉我慈親，長年竟此處。繞隴亂叫號，迷惑竟無據。直欲抉土開，呼母應而寤。回寤終不能，白日黯已暮。簡書矢靡盬，料此難久駐。更悲去家後，寒暑尚三度。北林多雨雪，西風吹霧露。夕陽散樵牧，夜月竄狐兔。而我居官齋，錦稻雜然御。斯志期無忝，安敢計温飫。惟有勞國事，聊以酬悲慕。

敬題御賜惲壽平憮元人萬竿烟雨圖

雨山雲欲流，奔泉出其麓。沙石餘青蒼，潤氣滿林竹。御園依玉泉，龍籜森如束。每因扈蹕遊，得以豁塵目。癸丑銜使命，濟濼濺行轂。城西習遊處，篠簜蓋泉屋。乙卯冬至浙，小住西湖曲。三里五里中，盡是篔簹谷。置臣於此中，天意不令俗。慨然思有斐，何以瞻淇澳。雪餘冰署清，石渠畫共讀。分題得此君，烟雨沍尺幅。灑然襟帶清，穆若鬢眉緑。人間與天上，領取臣皆足。

敬題御賜惲壽平撫黄鶴山樵松崖翠壁圖

南田逸趣勝盧敖，自寫閑身上小舠。壁卧斷溪飛翠影，松含清吹落輕濤。綸竿舊狎烟波老，翰墨今懸祕閣高。臣愧不如柯敬仲，漫叨恩賜獎微勞。

丙辰

嘉慶元年正月人日射鵠子於浙江學署之西園即事聯句

虛庭開春首，西苓胡廷森。修竹挂日脚。朋戠盍素心，子白張若采。耦進踐清約。揚觶酒已具，庚泉林道源。射鵠興可託。鵠鼓音微轉，中之程贊和。「射鵠」二字今北音讀如「時鼓」。時射韻非錯。對棚借梅列，定甫江安。量步破苔薄。西十北十符，里堂焦循。左个右个作。護韝籍之茅，伯元阮元。當箭懸以幕。加楅委髯奴，西苓。設侯用文鞹。尺壁肉倍好，子白。大泉輪滿郭。五花疊陣圓，庚泉。兩儀换丸躍。星緯各成天，中之。月望不留魄。紅點嵌星星，定甫。白堊圍皭皭。圐圙雜玄黃，里堂。紛披範青雘。揞者竹象爻，伯元。緪之秝爲索。敦弓我既張，西苓。鳴鏑匠復削。志傳《爾雅》名，子白。臍射道成惡。渾沌破七竅，庚泉。相攘出六鑿。講譜法深穩，中之。時湘圃封君年六十三，射法最精細。編須人矍鑠。胡西苓先生年七十八，鬚長慮弦拂，編辮乃射。佽決看誰先，定甫。袒衣云盍各。燥濕擬重輕，里堂。陰晴變今昨。恃力挽取强，伯元。敢遠立反卻。心摹飛衛神，西苓。笑勝投壺樂。竽將一一吹，子白。淵遂深深拓。是謫者叱者，庚泉。亦翩若矯若。吻厲鷲飢鷹，中之。翰飛聽匪鶚。旁人不及瞬，定甫。喝者或曰著。叩鳴善于問，里堂。響應真如諾。投石散水暈，伯元。擲彈碎花萼。儼絲貫于針，西苓。若鎖投以鑰。其衷將直取，子白。他心竟能度。虛中窺轂轅，庚泉。無極存匡廓。或挈貳疊雙，中之。或連參斷繳。或四鍭井儀，定甫。或五兩綄落。或觸植顛墮，里堂。或維綱綰綽。揚或隼出塵，伯元。抑或蛇赴壑。止或陷區臾，西苓。斜或拂枝格。拙每成獨笑，子白。巧翻致衆愕。既徹待獲旌，庚泉。乃飲無算爵。功力相箴規，中之。得失互嘲謔。雖藝近乎道，定甫。此禮其猶醵。當風醒薄醒，里堂。臨池度曲彴。餘情看洗馬，伯元。畫者更盤礴。西苓。時封君作《洗馬圖》。

題胡雒君虔環山小隱圖

環山學人愛著書，經術密矣生計疎。慨然載書出山去，江湖一舸塗五車。烏乎有山不能居，無山欲買願更虛。君不見山中老農不識字，一生溷跡樵與漁。

秦小峴觀察瀛招遊西湖晚謁表忠觀適錢裴山同年楷過訪未值有詩見投報以一律

天使浮雲自往還，春晴喜借一舟閒。共舒中禁鐙前目，來看西湖雨後山。元與小峴、裴山在中禁時，五鼓即橐筆相見。吾輩冠裳烟水上，君家祠宇竹松間。好將千首新題句，都就詩人仔細刪。新得諸生表忠觀落成詩千餘首。

渡錢塘江呈同舟諸友

虎跑泉頭列騎迴，六和塔下布帆催。纔當春日江心暖，知有風潮海上來。隔岸峰巒青已到，同舟賓客興初開。古人縱愛山陰道，不抵諸公酷愛才。

梁湖道中

屈曲梁湖水，舟行亂過橋。山深皆有路，浪静不通潮。暮色浮松頂，清香動麥苗。謝公吟賞處，蹤迹祇漁樵。

過謝氏東山

雲水東山春放船，謝公裙屐憶當年。蒼生寄托傷温、浩，青史功名冠石、元。捫蝨有人知唳鶴，圍棋無暇笑投鞭。始凝殘墅今何處，惟聽風泉似管弦。

上虞縣

曲水平穿岸，長林緑壓垣。石橋多似路，山縣小於園。白舫依官渡，紅梯倚戍墩。劇憐溪谷裏，考績尚稱繁。

恭進授受禮成文册得旨云措詞典雅尚爲得體賜蟒袍一件荷包二對恭紀

樞密傳優詔，微臣被寵褒。雙荷聯賜袋，九蟒繡宫袍。德似日難繪，恩如天更高。趨庭雖戲采，戀闕欲簪豪。

會稽山謁大禹陵

會稽巨鎮東南雄，宛委巒嶂摩青空。文命之陵據吕墨，朝衣九拜揚春風。典謨有字遷有紀，豈假弱筆陳豐功。惟思禹德在於儉，無間再歎世折衷。山川主名遍天下，此山不載《禹貢》中。揚州域廣漸海表，刊定未紀夷與戎。東教躬勞遂道死，參耕壟畝封葛桐。陵者葬陵澤葬澤，蒼梧之野將毋同。豈如後人詭且侈，沙邱還至咸陽宫。子元誕妄太白陋，亂引《汲竹》疑重瞳。夏家天下子亦聖，曷爲薄葬於越東？試以吾言問二子，無稽之説將立窮。我拜既畢題窆石，白雲滿穴春陽紅。帝之瑞應氣郁郁，神所出入光熊熊。重黎受命地天絶，惟有陵鎮猶相通。

女　桑

婀娜春風裏，柔桑已拂稊。曾經纖手種，剛與一肩齊。緑影初勝翦，青園未上梯。閑閑在何處，猶隔小牆西。

曉雨後登吴山

足下峰齊列，雲中日未生。萬家殘夢歇，五月曉寒輕。草木宣山氣，江湖納雨聲。若非登眺遠，空自卧嚴城。

五月二十一日曉登吴山有晴意復泛舟入西湖遂大霽

破曉登吴山，來風力尚微。扁舟入西湖，泠然吹我衣。西北雙峰高，雨氣猶霏霏。東南倚山郭，隱隱明朝暉。颯然長風至，與波相因依。初日忽瀲灩，敗雲自翻飛。柔櫓劃清朗，照見山四圍。江湖卑溼氣，廓然空所歸。歸來日未午，園林地漸晞。撫我壁上琴，燥氣生金徽。

即　事

虚亭風氣接清池，銷夏情懷懶正宜。一汫芙蓉三逕竹，兩箱金石半牀詩。修書最樂刊成後，望雨翻驚響到時。更待晚晴看洗馬，蕉林蝙蝠拂簷遲。

七　夕

碧霄雲浄露華清，靈匹迎涼渡已成。河絡漸從西角轉，月弓將近半弦明。農桑本是人間事，兒女猶關天上情。茆屋夜深珠户曉，一般秋影看縱横。

修暴書亭成題之

久與垞南訂舊盟，江湖蹤跡髮星星。六旬歸築三間屋，萬卷修成一部經。繡鴨灘頭秋芋熟，落颿步外古槐青。笛漁早死雙孫老，誰暴遺書向此亭？

題錢可廬明經大昭蕉窗注雅圖

錢君磊磊古丈夫，治經亦復箋蟲魚。解字九千分部居，字字剖出光明珠。更肆精力及其餘，稚讓《廣雅》釋且疏。唐、宋以後此學麤，有如蹊逕生榛蕪。吴氏棗板猶模餬，坐令文字多齟齬。錢君一一爲杷梳，旁達衆説通經郛。此學吾見王石臞，與君同歸而殊途。蕉窗在屋西北隅，是即錢君之可廬。臨風把卷吾愛吾，輾然一笑何軒渠。畫師吮筆爲寫圖，緑天曾與錢君俱。玲石一卷蕉三株，中有鬚鬢蒼而腴。蕉之爲物《雅》所無，稚讓所學在《漢書》。列傳嘗解馬相如，《埤蒼》傳至曹江都。《選》學欲問曹公徒，江都曹憲有《廣雅音》，李善得曹憲之傳。試注《子虚》之巴苴。芭蕉始見于《上林賦》。《列子》「蕉鹿」之「蕉」讀爲「樵」，即《説文》之「蕉」，非芭蕉也。

桂　蘂

叢桂將花又一年，淮南同是早涼天。小山露白人初隱，群木秋高月未圓。濃意半生含雨後，清陰都在試香前。誰來金粟林中坐，不到聞時是妙禪。

題董文敏摹趙文敏䧿華秋色圖

《䧿華秋色圖》，趙吴興爲周草窗所作也。草窗本濟南歷城人，所居在䧿華兩山之間。其祖時還居吴興弁山之陽，故自號「弁陽老人」。同時張句曲雨亦爲此圖。《鷗波圖》，元曾見之，句曲圖不可見，惟見其題句于自書詩册。《鷗波圖》舊爲董思翁所藏，思翁摹之不止一本。元今所藏乃思翁癸卯年所摹，帶水長林，浮煙遠岫，草窗松雪，風韻雙清。吴興山水本以清遠移人。然濟南據岱嶽之北，七十二泉隨地涌出，匯爲明湖，澄鮮渟澈，萬荷競發，流出城北，瀠洄于華不注前。每當秋林初晴，横雲斷麓，正如此圖畫中矣。元兩年歷下，復到吴興，思翁此幀，常懸行館，單椒秀澤，尚愛此山，看不足也。

思翁本是江南客，老與吴興鬭風格。一卷分從舊墨林，自染青山上生帛。歷下青山有䧿華，山前原是草窗家。吴興清遠家何處，碧浪秋蘋自作花。道人同住鷗波裏，爲畫齊州好山水。秋色山光尺幅中，西風鄉思千餘里。我曾兩載按齊州，湖裏荷花水上樓。七十二泉流不盡，青煙兩點䧿華秋。䧿華山色真奇絶，畫意詩情不能説。螺黛濃描京兆眉，劍鋒碧削昆吾鐵。白雲如帶截林鋪，雲外單椒翠影孤。若愁難到雙峰下，試看華亭此幅圖。華亭妙筆朝朝見，壁上雙峰壓吴練。我今攜畫到吴興，惟有秋山大如弁。何事老人居弁陽，蒓鱸想亦感香光。鴉叉展看何時足，又上城南古道場。

金井梧桐歌

老鳳夜啄青琅玕，露華飛溼金井闌。美人倚瑟愁不彈，碧紗如水生夜寒。夜寒缺月下金井，玉繩斜繞銀牀冷。井波無聲澀修綆，秋風摇動梧桐影。館娃酒醒扶頭歸，促管繁箏燭十圍。卻下繡簾遮不住，棲鴉驚向隔林飛。

湖州懷吴薗茨太守

碧浪湖中書畫船，道場清遠著吟鞭。愛看山色經千遍，爲采蘋花住七年。郡志頗詳名宦事，鄉人新録舊詩篇。口碑畢竟江關在，費鳳雙趺共渺然。墨妙亭、費鳳二碑久佚，其字見《隸韻》中。

丙辰重九邀同孔幼髯丈廣林陳古華前輩廷慶徐惕菴農部大榕何夢華上舍元錫陳無軒廣文倬登靈隱石筍峰和古華九言詩韻

城中風雨騷屑不我容，相約來登湖上之高峰。江山湖海向我共磊落，安能苦吟寒菊花蒙茸。前輩豪興較我更十倍，先使研中硬語除纖穠。近來塵疴不藥而自愈，惟覺高秋爽氣來相逢。憶昔策馬秋過華不注，徐君與我健足皆無筇。直穿百丈石壁龍洞出，巖下餘客瑟縮不敢從。又曾登岱題字摩崖下，籃輿出入動與雲霞衝。其時正值九月上弦後，足底羅列萬朵青芙蓉。即今石筍峰前樹奇絶，焉比對松巖外之長松。諸君有未遊者有遊者，終當繼此禽向雙高蹤。歸舟狂興入詩亦入酒，西山峰影競落深盃濃。回看白雲横斷共登處，高樓百尺合卧陳元龍。

陳古華太守同爲桐江之遊至嚴州而返投詩贈別賦此爲報

錢塘江上秋潮生，送我直到桐廬城。七里瀧中秋水落，留我卸飄瀧口泊。列戟危檣二十枝，夜深燈火驚溪壑。過船賓客銜深盃，水雲昏黑詩情頹。天明夢醒入瀧口，兩山直夾蓬窗來。面山阻水絶無路，多恐前舟誤行去。山迴水折路忽通，舵樓已失才行處。吁嗟此水何時通，松雲石壁開鴻濛。客星斂曜卧不起，坐令列宿全其功。出瀧盡行七十里，賴有清風半飄耳。兩行翡翠敞疎巖，十頃玻璃湛平水。此時秋氣壓生紙，謝沈刻意荆關喜。辰州太守尤清狂，出門兩月詩滿囊。三泖鱸魚不下箸，野船偏買纖鱗嘗。野船雖好不可住，别我吴淞江上去。明日乘風我上灘，百里飄分睡初寤。他年記取分帆處，嚴州城外桐溪渡。

和陳古華前輩廷慶桐廬道中韻

桐江水色與雲同，兩岸青山接碧空。山逐江流無斷續，雲分山勢各西東。風飄二百里真速，日影未申時更紅。況是群賢共秋色，半歸畫裏半詩中。

新安江東過嚴州建德城外入七里瀧即水經注所言漸江是也別有穀水出衢州西安至蘭谿縣金華諸水又自南來會之東至建德與新安江合流入瀧水經注所誤以漸江穀水爲浙江者也余兩駐嚴州以一律紀之

幾番鼓楫下嚴州，秋雨春風滿驛樓。江合雙流争入峽，山盤千疊竟通舟。天教清氣歸吴越，地走靈蠷出女牛。獨有客星來大澤，高臺終古一羊裘。

印泥

玻璃窗暖書盈榻，晶盤玉椀花甆合。刀圭輕撥印泥開，一勺芳脂浸紅蠟。秦家玉鈕漢金龜，五色泥封天上詞。溼抹紅沙翻繆篆，未知佳製創何時。宋人抹印猶調水，誰鍊丹膏落縑紙？銀綬三年艾吐綿，箭鋒九轉硃飛紫。雲笈真沙蘇合油，銷凝暑日又經秋。珊瑚枝共明珠碎，琥珀花同桂屑投。象牙縷字輕銅刻，花乳燈光鬬新式。譜上朱文搨兩京，烏絲闌壓燕支色。讀畫鈴詩露寶光，卷中磊落扇頭香。若無研北花南趣，肘後綸金空自黃。

春夜江上聞角聯句

一江花月換邊愁，此鉛山蔣修隅知廉句也。春夜偶談及此，共補成之。頓覺蒼茫滿客舟。林道源庚泉。南國春情多在夢，古人心事重防秋。雲臺。詩中我已驚吹鬢，庚泉。城上誰能獨倚樓？半夜潮生風獵獵，蔣徵蔚蔣山。壯懷銷盡爲清游。庚泉。

丁巳

桐廬九里洲面江背山梅花三萬餘樹侍親登岸遍遊奉命賦詩

梅花三萬樹，春洲長九里。上接戴山松，下照桐江水。目力所不到，花勢殊未已。雪光晴不落，香海浩無底。詩人誇鄧尉，較此百一爾。卸帆登中洲，漸入深林裏。十圍合抱圓，數丈拔地起。拂帽更礙路，眩轉聊徙倚。四顧無所見，惟見萬花蘂。萬花争向人，一笑親顔喜。

金華夜泊

百里春風滿，群帆莫色横。遠山連野燒，淡月下灘聲。塔影自孤直，津頭將二更。千家尚燈火，遲我婺州城。是日民間千家張燈。

夜至永康縣

四山看野燒，一路入荒榛。石卧頻疑虎，松明遠照人。城闗延過客，行李累齊民。爲憶去年好，山陰畫舫春。

栝蒼山雨歌示諸生端木國瑚等

栝蒼之山應天符，粵惟群仙之所都。軒皇既遠洞天閉，何處尚有仙人閭？我來茭嶺疊足望，但見青峰萬丈矗立東南隅。是時仲春日已炙，陰巖起蟄蛟龍蘇。盤厓百里直到郡，觸石已見雲合膚。一日二日雷車驅，三日四日雨始濡。春城夜聽溜滂沛，北天晝看煙模餬。遥知風門天井響，飛瀑濺起萬斛光明珠。穿林度樾散成霧，溼氣沍結松千株。棠溪管溪流並急，箭發不受山縈紆。陽開陰閉復幾日，此時真有群靈趨。仙臺福地不能到，誰來示我經與圖？却喜甌江水新漲，石門山色迎川途。我行寫此示國瑚，有山不吟毋乃爲腐儒。

題方湛厓溥所藏張南華鵬翀雲溪圖即用南華元韻

我聞練水城東南，就中小結南華菴。南華散仙據梧坐，濠梁之樂情所諳。玉峰徵君極好事，直款静寄軒相探。雲溪之妙不可説，請君拂紙以筆談。溪上白雲四時好，今當初夏猶濃酣。雨晴風軟懶欲卧，横空大雪堆青嵐。忽然低飛壓茅屋，緑榆翠竹相交參。此時賓主静無語，惟見毛穎揮毿毿。山中白雲贈陶隱，南方草木歸嵇含。雲溪頗擬范攄宅，若作《友議》應成三。南華仙才不久駐，徒令和者悲而慚。姚江學士又化去，卷中有邵二雲學士雙籐書屋題句。雙籐想亦傷鬖鬖。方君此卷失復得，水隨帆楫山隨驂。屬我長歌韻成疊，渭城欲唱無何戡。今日扁舟展卷讀，石門波影相吞涵。溪中雲氣不能畫，況有垂瀑飛風潭。是日同遊石門看瀑布。

遊古永嘉石門觀瀑布 石門新營在江西，非青田，但李太白即以此屬之謝公。

永嘉謝守弄奇譎，手擘石門山壁裂。侵晨直上青雲梯，一派寒泉迸龍穴。崖頭百丈直如削，逼令泉飛出其缺。當其欲落未落時，衝擊紛披忽三折。坐教破碎飄輕清，不使渾淪成注泄。偶經宿雨更争來，少得迴風便旁掣。横入雲氣派將斷，影漏初陽眼尤瞥。沾衣溼意詫沉陰，撲面清光仰霏屑。何人拍手喝曰奇，若使彼驚少吞咽。到地灑石無喧聲，此石千年洗真潔。澄潭半頃緑光浄，如著一塵即污褻。老僧新焙春中茶，燒松煮水快一啜。櫻桃蔗漿漫相勝，誰復此時猶内熱。暑天風日諒不到，寒想冰絲半空結。安得誅茅四時住，坐對天紳自怡悦。出山一步一回顧，隔斷青林始忍别。行看雁蕩大龍湫，與此相衡孰奇絶。

自麗水縣放舟至永嘉縣

桃花楊柳背通津，十里溪山捩舵頻。面壁每驚無去路，望烟始識有居人。怒流不怕千回折，窮谷應遲半月春。若使客星逃更遠，此間幽瀨好垂綸。

雲徑歸樵忽有歌，數家小屋倚坡陀。砍松爲圈思擒虎，鑿領成田便種禾。岸下停舟妨亂石，磴前躡屐挽修蘿。不知如此荒寒趣，比似銷金湖若何。

夜眠只合在深溪，月黑巖高望已迷。但見峰頭争上下，偶因斗柄認東西。舟人寄碇先尋夢，山鬼驚燈或暗啼。且掛風帘護紅燭，小瓶春色看棠梨。

東甌國在海山邊，十里江城萬井煙。已見颶風傾蔀屋，誰平鯨浪駕樓船？三盤島嶼參差出，百粤帆檣雜遝連。豈似登州高閣上，碧環千里接遼天。

將由温州至台州過雁蕩山前一日宿扶容村

一行分兩戒，其南極雁蕩。重壓沙海頭，險扼東甌吭。永嘉山水滋，康樂尤清放。度嶺惟斤竹，緣溪阻修嶂。天地惜靈秀，不易使人創。及其終難祕，疏鑿任靈匠。已勒大通碑，更示詎那相。坡公遊山分，去聲。平生頗自仗。惟以詩酬圖，未足供跌宕。龍湫百二峰，吾耳久知狀。竊疑形容者，奇幻言或妄。今春渡甌江，百里山海上。瑶嶺據海溢，風潮午初漲。篊輿厲石梁，足底走鹹浪。晚程猶未歇，兹山已入望。情隨嵐氣清，心與飛雲壯。且投村屋宿，行李聊摒擋。吾徒侈清遊，一飯若轉餉。損之又損之，勞費已莫償。惟願明朝晴，風谷動清曠。同行若春雁，斜向峰頭掠。懸知今夜夢，先受山靈貺。

曉同江補僧鏐錢可廬大昭蔣竹塘調張農聞彥曾方湛厓溥何文伯孫錦諸友暨家叔載陽春樂清竺令尹雯彬過四十九盤嶺至能仁寺

曉程將何之？四十九盤嶺。嶺高盤愈仄，曲折若修綆。肩輿未及上，相顧色已警。陵緬惑回棧，心怯息尤屏。不登丹嶂高，安見海天永？白雲翳人目，初陽生樹影。度嶺入深谷，倏忽闢靈境。譬若讀古書，艱轖驟難省。至於入之深，道指乃可領。行行至招提，幽籟泛虛静。中慄既已平，泉石生春冷。

大龍湫歌

山迴路斷溪谷窮，靈湫陰閟龍所宫。眼前無石不卓立，天上有水皆飛空。飛空直落一千尺，鬼神不任疏鑿功。絶壁古色劃爾破，山腹元氣沖然通。有時静注絶不動，春陽下照神和融。有時飛舞漸作態，已知圓嶂生微風。一甌春茗啜已盡，水花未散猶復摇玲瓏。颯然乘飈更揮霍，隨意所向無西東。不向尋常落處落，或五十步百步皆濛濛。豈料仙境在人世，誰作妙戲惟天公。雲煙雨雪銀河虹，玉塵冰縠珠簾櫳。萬象變幻那足比，若涉擬議皆非工。石門飛瀑已奇絶，到此始歎無能同。惟有天柱矗立龍湫中，屹然百丈與此争雌雄。

常雲峰

怪石立孱顔，濃雲常在山。翻疑碧峰走，出没白雲間。雲氣無時盡，此峰終古閒。遥知滄海上，認取掛帆還。

寄雁蕩

我聞雁蕩波連頃，却在最高峰上頭。雲裏龍鱗接煙水，泥中鴻爪識春秋。欲攀危磴千層去，難向深山一日留。果有經行古尊者，擲詩還使逆波流。

過馬鞍嶺

林薄無踈影，川谷莽回互。崖轉得新蹊，已惜忘舊路。延緣入東谷，狹嶺詎可度？盤磴引高情，飛泉入危步。停策如據鞍，雙谷兼盼顧。沉雲散靈風，萬石盡豁露。伽藍遠撲地，蒙茸翳春樹。宿心既申寫，景物相昭遇。徘徊下層巒，嶺脊難久駐。

即景

毛竹青陰日影遲，亂飛鸜鴒拂晴絲。杜鵑花發松花落，正是山田秀麥時。

净名寺蔬飯

石色峰峰變，溪聲步步斜。椶櫚圍野屋，杉竹隱春花。入寺聽詩板，穿林劚筍芽。鐵盂香稻飯，匙上有雲霞。

試雁蕩山茶

嫩晴時候焙茶天，細展青旗浸沸泉。十里午風添暖渴，一甌春色鬭清圓。最宜蔬筍香廚後，況是松篁翠石前。寄語當年湯玉茗，我來也願種茶田。湯顯祖云：「雁蕩山種茶人多姓阮。」

登靈峰望五老靈芝諸峰

春陽已西頹，遊者殊未倦。複谷窅以深，群峰闖然見。参差各離立，戍削盡成片。夐峰忽中空，直罅裂如綫。淩厲出林表，蟠迳將升甗。三休始及上，九折石猶旋。當門飛冷泉，入腹抗高殿。虚牝喧聲聚，陰森和候變。奇觀意已驚，靈跡情彌眷。頗知吾去後，定復來期羡。

度謝公嶺望老僧巖

謝公慧業早生天，屐齒曾經到嶺前。峰上丈人猶化石，不知成佛更何年。

遊石梁洞洞深可容千人石梁亘其外

古洞空山腹，飛梁駕洞門。横空規日影，分罅夾雲根。仰險危將墜，探深響易奔。操蛇神若至，應有夜光屯。

石　門　潭

蕩陰雙閣水，齊向石門東。淺瀨平春浪，澄潭受遠風。晚潮歸海緑，落日滿山紅。回首三重嶺，都藏雲氣中。

出山宿大荆營

堠旗遥見大荆營，麥隴茶田取次平。斤竹澗通新驛路，石門潭抱小方城。沙邊落日籃輿穩，渡口春風畫角清。今日郵籤促塵鞅，他年重與細經行。

小　窗

小窗紗影細如煙，窗外蕉林緑滿天。鸜鵒乍鳴茶半熟，醒來方悟挾書眠。

咏鐵拄杖

瘦蛟飛舞蟄龍愁，六尺錚錚敵佩鈎。曾伴古仙登葛嶺，合依衰將住并州。氣寒斷不因人熱，骨重何能繞指柔。若是欒全生日鑄，已隨銅狄較春秋。

與興化顧藕怡仙根遊山即題其詩稿一絶

湖光山色上吟衣，幾日閒遊便欲歸。歸去詩情更何許？清晨登隴看雲飛。

題謝侍御振定金焦夜遊圖

北固風雲静此宵，詩情酒興落金焦。江聲夜滿松寥閣，月色寒深玉帶橋。縹緲一帆孤掠雁，蒼茫雙寺共乘潮。舊遊我亦披圖見，十載鄉心向海摇。

予在山左畜一馬甚駿馳驅齊魯動致千里及至浙出必以舟不施鞍勒者輒浹旬日柔脆以死詩以惜之

腐儒豈是九方歅，負爾昂藏六尺身。空使湖山埋白骨，未從秦、楚踏黄塵。懸金難得無雙士，裹革從來有幾人？我本將家羞墮武，敝帷零落下檀輪。

題王蘭泉司寇昶三泖漁莊第七圖

捕魚老屋三泖邊，一圖題詠五十年。英辭妙繪滿湖海，流傳半在吾生前。先生作圖髮初冠，七十手辭白雲案。剡溪特賜賀知章，不是經秋憶張翰。當年七子重三吴，已詠漁莊第一圖。輞水才人猶未第，草堂十志早傳盧。星廬特奏相如賦，從此漁莊不能住。鳳皇池上早朝來，五柞宫前秋獵去。忽與嫖姚西出師，上通井絡下昆池。盾鼻飛磨露布墨，弓衣細織簫鐃詩。每當鐵馬金戈日，却念緑簑青箬時。還朝顔色動天子，岳牧親民南奉使。雲生蠡澤雨成霖，門對滇江心似水。皋陶颺拜復賡歌，從古詩人西部多。久居臺省劉祥道，舊狎煙波張志和。釣艇歸來殊未老，手結香茅向圓泖。東都經訓鄭司農，堂下羅生書帶草。泖中人是畫中人，千首新詞七尺綸。淞水風前蒪葉冷，江南雨裏杏花春。先生來踐西湖約，第七圖詩屬我作。鐵篴吹雲過塔山，楊鐵篴居泖上。小蒸曬網成邨落。曹雲西隱居泖上，作《小蒸圖》。但寫閒盟鷗鷺身，誰知曾畫麒麟閣？我亦家居甓社湖，往來蹤跡惟樵漁。弱冠登朝謁蒲褐，公京邸蒲褐山房，乃歸愚宗伯舊第。似公早歲逢歸愚。暮年若許歸湖曲，學畫漁莊到七圖。

張子白同年攜蘀石翁畫至杭州展讀於定香亭上是時池荷怒發盆蘭襲人把酒論詩極一時清興題詩記之

蓮花過雨清宜畫，蘭箭臨風韻似詩。記取丁年秋七夕，定香亭上晚涼時。

七月十一日同人過西湖晚泊湖心亭看月

湖心有客夜停船，白露如煙月滿弦。風裏雲霞無定色，水中星斗落高天。直愁銀漢浮身去，惟見金波著地圓。亭是月中仙樹影，四圍虚湛玉輪全。

座中仙侣認瀛洲，一片清光共舉頭。極浦荷花騰夜氣，出懷詞筆破涼秋。人因地勝方能聚，景是天開恐易收。來有浮雲歸遇雨，三更霽色爲君留。

海寧安瀾園雜詠

修竹影風淪，清意每相媚。秋逕有人來，颯然破空翠。御題「水竹延清」。

老竹露花垂，新竹風梢亂。莫聽琳琅聲，微妙在鼻觀。御題「筠香館」。

叢桂抱幽亭，秋香聚圓谷。懸知昨夜晴，明月三更足。天香塢。

小閣據木末，千花向閣開。不知出花上，花底看人來。群芳閣。

窗前十畝池，月出定滉瀁。今宵難待月，金波入清想。瀁月軒。

陂陀易留人，頗可釣寒碧。雨餘秋水深，又没一層石。碕石磯。

風來月復到，吟弄當如何。我不識禪理，惟知張志和。烟波風月。

雲生竹趣深，雨歇荷香定。有客放舟來，風蟬動涼聽。竹深荷浄。

虚庭雜花樹，料此宜春宵。笙歌初散後，滿地花影摇。和風皎月。

癯叟説青籐，籐古叟尚幼。揭來八十年，入秋更堅瘦。古籐水榭。

乘興每登樓，坐見芳林杪。賓思發春華，高情屬雲表。掞藻樓。

石徑滑蒼苔，危欄四面開。何人要脚健，直上此亭來。翠微亭。

八月望後至海寧州登海塘觀潮

錢塘江潮秋最巨，未抵鹽官十之五。我來鹽官塘上立，月初生霸日蹉午。江水忽凝不敢東，海口哆張反西吐。潮不推行直上飛，水不平流自僵豎。海若憑陵日再怒，地中回振千雷鼓。馬銜高坐蛟鼉舞，拔箭倒發錢王弩。須臾直撼塘根去，摇動千人萬人股。如捲黑雲旋風雨，如騁陣馬鬥貔虎。如陰陽炭海底煮，如決瓠子不能禦。三千水擊徙滄溟，十二城隳倒天柱。氣欲平吞於越天，勢將一洗餘杭土。吁嗟乎！地缺難得媧皇補，大功未畢悲神禹。此是東南不足處，豈爲區區文與伍。滄海桑田隔一堤，魚龍鼈首相鄰處。我皇功德及環瀛，親築長防俾安堵。全用金錢疊作塘，不使蒼生沐鹹鹵。邇來龕赭漲横沙，卻指尖山作門户。雁齒長椿十萬行，魚鱗巨石三層礎。王充《論》前有古蹟，枚乘《發》後無奇語。吁嗟乎！此塘此潮共千古，詞人心樂帝心苦。

秋　桑

吴興桑田之多，與稻相半。丁巳八月下旬，按部至此。西風落葉騷騷然，有深秋意矣。因成四律，以邀和者，且以此課郡中詩士。

扁舟衣袖乍驚寒，下若桑林緑意殘。初響天風知半落，未逢夜雪已先乾。樓前有日蒼涼出，陌上無筝錯雜彈。若使秋胡今駐馬，黄金原向絹機看。

西河古社重徘徊，木葉應知庾子才。淇水秋期貧婦怨，晉廷九月餓人來。采菱纖手空成妒，舞柘輕要不共迴。偏是吴儂感憔悴，十年牆下記親栽。

底須三宿問他鄉，誰向花前笑索郎。釀秫時光宜薄醉，調弦情緒動清商。但教天下輕綿暖，何惜林間墜葉涼。試種東坡三百尺，芟來終比暮春長。

漁陽八月已空枝，還是吴興霜露遲。飛鳥雨晴猶護羽，野蠶風定尚懸絲。遠揚試伐深秋後，光景能收落照時。料有苕溪老桑苧，垂虹秋色滿新詩。

題道場山歸雲菴孫太初墨蹟卷後卷中有文董諸名公數十人書畫。

山人化作秋雲飛，吴山松冷雲初歸。草菴白塔不能到，惟見白雲翻夕暉。去年道場山上去，杖策直叩枯禪扉。聽詩頗有古錦版，侑茶不用黄金徽。今秋移文入山去，直取朵雲來棘圍。滿堂賓客共翦燭，把卷群歎所見稀。以文入山，向僧取卷，留文爲券，題畢乃交付，以防胥吏匿竊。山人詩翰清似鶴，華陽真逸猶嫌肥。後來過客五百載，縑楮半爲山人揮。蒼煙過眼月露溼，疑有雲氣沾人衣。此卷不可染塵俗，送爾以詩歸翠微。

謝蘊山前輩啟昆自南康遷居南昌别業有池翁覃溪先生名之曰蘇潭先是覃溪先生視學江西曾名南康蘇步坊之井曰蘇潭故蘊山前輩即以自號且繪蘇潭圖屬題

先生清望似蘇公，小住南昌别業中。自有謝墩任人奪，却將蘇步與師同。翁爲謝之師。百弓小圃堪盤鶴，半畝方塘好印鴻。爲乞新詩壓圖畫，瓣香先寄北平翁。

蘇齋久已入詩談，更與西江水共參。坡公江西詩曾用馬祖語。學士坊邊新改井，先生溪上舊師覃。論交白髮清同照，若雨蒼生味定甘。五百餘年書卷尾，恐將終號謝公潭。

題淩次仲教授廷堪校禮圖次石君師詩韻

周儀治天下，厥功逾誓誥。揖讓升降中，精義靡不到。吾友淩經師，無雙齊許号。緜蕞容臺上，不受介紹導。既有戴聖學，且持高密操。志氣堅不撼，精力滿無耗。弱冠我同游，許我入堂奥。嚶嚶兩鳥鳴，頗異凡咮噪。實事必求是，虛聲共恥盜。君之入京師，以禮爲履蹈。始知士相見，盡化頑與暴。北海一席間，驚譽馳四墺。惟知抱一經，不願駕雙驁。宣城冷官舍，校禮志雅好。昌黎所苦讀，而君力排奡。經文泝江河，疏義析潢潦。得間發一難，皇慶。賈公彦。不敢報。餘情述《周髀》，知天若裨竈。重輪引虛綫，測視目無眊。淺儒襲漢學，心力每浮躁。豈知后與慶，家法傳衰耄。淩君發禮例，楊復。李如圭。不屑冒。金輔之。程易田。及劉端臨。盧，召弓。相視互不慠。邇來文更雄，魏、晉力能造。始歎才之奇，實惟天所燾。吾師極重才，愈奇愈憐悼。新詩榮于褒，華衮被單縞。制科儻三舉，會見交章告。翹然賁弓車，豈徒離席帽。平生學何事？許國敢恪憀。辟雍仰天藻，詎止泮芹芼。吾才陋且小，地褊若滕、郜。與君素投分，又若邸與瑁。同在文公門，籍、湜各樹纛。親老修天爵，斯言昔所禱。君今潔白養，恩勤慰孚菢。已勝饑驅時，負米比轉漕。手此十七篇，怡然志無懊。天將厚其後，茲特先韋犒。所以吾師詩，披圖深勸勞。

揅經室四集詩卷四　琅嬛仙館詩略

戊午

上元後一日春讌和謝蘇潭方伯韻

月輪還見十分圓，金綺餘情不夜天。鐙色照開花苑外，歌聲飛過彩雲邊。民騰善氣春如海，官有清聲酒亦賢。同是南江持節者，共將歡慶祝堯年。

天爲人和每放晴，望舒偏向小園盈。春生北海賓朋坐，詩帶東山絲竹聲。半月閒心疎簿領，一時仙吏話蓬瀛。同宴九人皆以京朝官外任者。東風入律鯨波静，玉燭先調十二城。

五更過蘇隄列炬中見桃柳正妍

清鐘動疎樾，缺月猶在天。山光餘夜碧，湖水生春烟。春煙約微風，飛落蘇隄邊。我騎青驄來，暗柳拂絲鞭。行燈一路明，照見桃花鮮。譬如蓬島夜，綽約棲群仙。燭龍啓潛蟄，驚起仙人眠。尋常春夢濃，日影移花甎。今宵破春曉，醒在群花先。東方雲漸白，六橋虹影圓。不惜沾衣露，濕紅殊可憐。

半山桃花十餘里春仲偕人兩次來游元和蔣蔣山徵蔚武進陸祁生繼輅陸紹聞耀遹皆有圖詠紀事因題冊中

皋亭山下多春風，千樹萬樹桃花紅。江城愁雨二十日，破晴小舸來花中。三篙新漲紅到底，一片絳雲飛不起。仙子霞裳住赤城，麗人靚服臨春水。蘭槳摇摇行復回，横塘香霧轉輕雷。薄寒小雨燕支濕，留住濃酣緩緩開。兩年我爲行春去，每到花時不相遇。崔護重來似去年，劉郎又到成前度。詩裏情懷畫裏身，坐中慘緑盡詞人。若非才子樽前筆，孤負臨平二月春。

上巳桐江修褉

去年修褉到蘭亭，今日春江倚畫舲。上巳風光晴更遠，富陽山色晚逾青。要將觴詠臨流水，還向綸竿拜客星。濯遍塵纓何處好，釣魚臺下碧泠泠。

溯嚴瀨至蘭谿

春江三百里，一瀉衆山破。流雲如秋潮，始識風力大。連飆撲天去，其勢頗無懦。亂峰不知名，絡繹復坎坷。終日蓬窗中，把卷向山坐。轉如立灘頭，盡遣群山過。晚來有明月，莫擁黄紬卧。

金華試院宋自公堂後雙古柏

自公堂後雙古柏，六百餘年老宋客。蟠根虧律透重泉，生氣勃然出堂脊。一株轇轕紋節轉，一株皮厚腹中塴。等閒鶯燕不敢來，絶頂花雕刷寒翮。瓦溝殘日落青子，蒼鼠奮髯啾其液。此堂支柱多古礎，乾道七年魏王宅。湯陰惡檜刳不盡，鞏洛松楸種何益。此柏幸栽節度家，頗有清香凝畫戟。徒恨苔身長百尺，未與冬青樹争碧。堂陰誰可話疇昔，六碑首問熙寧石。堂後有石碑六，皆兩宋物也。

冒雨由縉雲趨麗水道出桃花交青黄龍諸嶺雲氣萬狀勝於晴時

春城晚逾暖，四山雲氣蒸。曉發縉雲南，雨勢方奔騰。延緣起修磴，巖壑來填膺。眼前快磊落，足底愁淩兢。傅壁凛傾澗，接石度高陵。路窮嶺直立，遂乃衝雲登。雲深不見路，叱馭將毋能。

陟險有悚志，探奇多曠情。松篁易成響，況以風雨聲。雜花滿四山，紅白垂繁英。上有千仞峰，蒼翠流餘清。下有百道泉，亂石交喧鳴。其中亘白雲，與我相縱横。

嶺上多桃花，花落初生葉。芳草何芊眠，染濕緑蝴蝶。不知淩絶險，轉覺閒易躡。迷漫十步外，白雲飛帖帖。浮嵐青數痕，中有峰千疊。若令廓清霽，飛鳥去猶懾。

青巖亦已轉，陵緬山之陽。林澗正懷烟，花岫猶屯香。降隨猛泉落，升共高雲翔。翔雲扶我行，冷逼單衣裳。欲招青田鶴，謂端木國瑚。矯翼來低昂。仙都在何許，雲海春茫茫。

山　花

野花滿山紅白黄，山丹躑躅高良薑。青桐蕋小不來鳳，薔薇拂露跳麝香。墓門短碣没春草，叢祠破壁開斜陽。野火亂燒半枝死，樵斧却赦柔條長。鳩啼緑陰不知處，引我眼到青巖旁。君不見，竹林堂前飛達末，台州紅栽潤州鉢。沃土清泉護曲欄，三日不澆根欲渴。請看青巖石上花，白雲如水養之活。

春盡日阻風青田和張子白同年若采見投詩韻

又放甌江黄篾船，棱生風力透輕繇。山來一一重相見，春去堂堂不受憐。栝嶺清流千百轉，秣陵秋雨十三年。今宵良話應無夢，泊近西堂對榻眠。

恐是芙蓉海上城，靈都望見月初生。宵來定有胎仙過，春盡曾無杜宇聲。屐齒溪山閒後想，燈花詩句客中情。請聽一夜船頭浪，已覺東風暗裏更。

重遊青田石門觀瀑布

石闕開雙扉，未登心已羨。沿溪溯潺湲，越谷望葱蒨。飛流百仞上，先向林表見。敢拜天紳垂，疇與白龍戰。曳影澄潭涼，觸石生衣濺。雨餘情彌壯，風定勢猶旋。疎響静凡喧，摇光引清眩。兹來春夏交，山花落如霰。重游意更洽，坐久心逾眷。安能搆巖棲，聊息水程倦。

蕉林驟雨

黑雲閣日來蓬蓬，芭蕉窗下生微風。忽翻白雨破幽獨，萬點秋聲戰寒緑。此聲入耳心亦涼，動摇眼底迴清光。何處驕陽火繖熱，何處大道風塵黄。跳珠濺玉驟復緩，簾波不動清陰滿。半晌疎齋已坐忘，案頭茶冷青甆椀。

温州江中孤嶼謁文丞相祠

獨向江心挽倒流，忠臣投死入東甌。側身天地成孤注，滿目河山寄一舟。朱鳥西臺人盡哭，紅羊南海刼初收。可憐此嶼無多土，曾抵杭州與汴州。

台州試院在城北龍顧山之麓有樓巋然出于林表虚窗四敞雲山相圍余置榻其上留連浹旬昔山左濟南試院有樓曰四照爲施愚山所題余極愛登眺遂復以名此樓書榜懸之

靈江通海汐，雲霞圍一城。孟夏方陶陶，林薄含餘清。林中有高樓，神撫群山平。風光泛疎牖，嵐氣通環甍。興言懷謝公，爲此登樓情。

衆峰不同青，一雨浄萬緑。啼鳥悦初曙，晴雲翳深木。朝陽未上城，人煙猶隱屋。曉起神自清，復此豁遥目。隱囊風氣涼，臨窗一晞沐。

山多雲氣聚，少暖即成雨。翔風海上來，颯然破微暑。輕涼潤笙簟，清氣入玉麈。高林接繁柯，森森繞窗户。情賞在無言，列岫静可數。

西嶺鬱崔巍，夕日早銜光。谿壑起輕陰，穆然何清蒼。歸鳥入林小，樵徑盤雲長。暝色漸近人，樓外浮昏黄。豈能無世慮，及兹澹欲忘。

兹樓四無礙，下視未十仞。勢憑山已高，天垂月尤近。清露生明弦，流雲散華暈。燈火遥樓青，笙歌夜風順。誰知卷幔坐，吾方攬幽藴。

傑構臨湖山，兩載居齊州。兹來章安郡，夢與愚公遊。連楹既窈窕，遠嶺亦清遒。龍顧頗宜夏，誰華空復秋。願得施宣城，卧吟百尺樓。

由臨海至天台

驟暖蒸涼雨，新晴得快風。揭來清澗上，細繞碧山中。淺浪連村麥，高陰滿路桐。赤城知不遠，遲客晚霞紅。

國清寺

朱閣瓊臺未及攀，長松纖草叩雲關。六朝山色禪光定，雙澗泉聲客性閒。止觀何人參智者，題詩此處是寒山。老僧若問《天台賦》，惟有三幡句不删。

華頂茅篷

華頂茅篷底，枯僧忘世情。披雲採春茗，劚雪得黃精。虎跡穿林見，龍腥帶雨生。此中百五輩，疑有應真名。茅篷最小，皆苦行僧棲止處，幽巖窮谷，計一百五十餘所。

薄暮重過石梁

獨倚長松自詠詩，曇花亭下白虹垂。飛流縱向人間去，莫忘石梁清激時。

夜宿上方廣寺藏經樓

雲構飛流上，高眠近太清。星辰低北户，鐘鼓發初明。塵土十年夢，風泉一夜聲。却嫌採藥者，翻重世間情。

萬年寺題僧達本壁

寺門高引八峰低，老樹新篁緑影齊。試與豐干入林去，緩扶籐杖聽黃鸝。林間黃鸝最多。

天台山紀遊

天台一萬八千丈，我來迥出群峰上。碧山如海不能平，天風足底催高浪。山下白雲凝不流，浪花卷出青鼇頭。惟有經臺立天表，不與元氣同沉浮。飄飄直過八重嶺，百尺飛流石梁頂。龍門鑿破走崑源，銀漢扶回瀉天影。金庭雙闕不可攀，玉沙瑤草非人間。曾記桃花古仙客，夜騎玄鶴吹笙還。七籤空説子微悔，《雲笈七籤》：司馬悔山爲李明仙人十六福地。李明柏碩今安在？多爲遊人乏仙骨，割盡胡麻蹈東海。昔登海閣望蓬萊，赤城又見霞標開。羽人雖去洞天在，白日照耀金銀臺。可憐害馬不肯住，今夜月明宿何處？揮手一抹群峰平，彩雲填滿千盤路。若非清夢落天姥，定繞仙壇轉飛去。

竹兜詞和陸九耀遹

越嶺登山雙竹君，平安日日我須聞。何人支起西窗坐，只隔斜陽不隔雲。

著我天台雁蕩間，青琅玕繫碧連環。昨從惆悵溪頭過，軟似詩情穩似山。

天台籐杖歌

福庭本是群仙囿，漢代桃源尚如舊。仙人手種祁婆籐，擲與人間賽靈壽。敲破鐵簧捫榔栗，擎起蛟身看清瘦。我來天台親見之，萬年嶺上垂金枝。猿狖引臂弄光澤，筋纏石骨堅無皮。鹿樵偶向夢中得，七尺珊瑚淡紅色。豈須芝草始長生，著手已能助仙力。石梁雨滑生蒼苔，聽笙看月登瓊臺。恐隨飛瀑化龍去，直撥白雲尋鶴來。持歸拂拭奉堂上，要腳輕便不汝仗。躍馬才從靈隱回，橫膝聊爲壽者相。庭前倚杖聽兒詩，如策長籐到台蕩。

遊山陰陶石簣讀書處水石洞

飛夢下天姥，餘情入吴越。鏡湖波逼山，石簣水搜窟。飛梁駕重門，立柱抗高闕。冷壁悟禪面，瘦峰露仙骨。定役靈匠心，莫謝天機伐。削成夏圭斧，奇拜米顛笏。清風潄玲瓏，澄潭倒峭崒。紅樓四月寒，烏舫一篙滑。籐枝裊更長，蘋花香未歇。勝境豈在多，覽古興超越。緬想山阿人，沿流弄明月。

戊午五月二十六日靈鷲峰銷夏聯句

出郭緬澂波，奉賢陳廷慶古華。沿隄快新霽。緑罨千樹濃，安邑宋葆淳芝山。紅擎萬花麗。筍輿先後來，婁縣楊之灝簣山。松磴兩三憩。疊足山巃嵸，錢塘何元錫夢華。撲眼石陵厲。泉喧橋影圖，儀徵阮元雲臺。亭敞茶烟細。呼猨已無聲，古華。飛鷲頗有勢。張翼障日高，芝山。垂咮啄雲鋭。迦陵遠流音，簣山。圓澤近同諦。結夏慧理巖，夢華。論古咸和歲。開山自晉咸和始。蠟屐穿玲瓏，雲臺。籐杖閱迢遰。一派瀉龍泓，古華。千盤擁螺髻。具相嵌莊嚴，芝山。題名雜分隸。洞窺一綫天，簣山。臺譯千佛偈。登頓竟忘疲，夢華。脱略了無繫。高軒補尋梅，雲臺。靈隱東軒有老梅，已枯。余屬僧補栽之，爲題「補梅軒」額。層椒遲訪桂。往迹追白、蘇，古華。忘形到支、惠。佳荈浸清寒，芝山。伊蒲出新脆。解衣到劇譚，簣山。臨池更游藝。畫法尚夏圭，夢華。時芝山作畫數幅。硯懷抱劉蛻。余藏晉咸和甎研及唐劉蛻研。竹陰午夢清。雲臺。槐院晚蟬嘒。歸思趁吟鞭，古華。涼風襲行袂。出山尚聞鐘，芝山。臨湖重鼓枻。回指翠微間，簣山。卻眺烟波際。此遊殊耐吟，夢華。後會良可繼。暑歊翻避人，雲臺。我東日西逝。古華。

嘉慶三年西湖始建蘇公祠誌事

蘇公一生凡九遷，笠屐兩到西湖前。十六年中夢遊徧，況今寥落七百年。西湖之景甲天下，惟公能識西湖全。公才若用及四海，德壽不駐湖山邊。區區明聖一掌耳，易補缺陷開淤填。長堤十里老葑卷，北峰頓與南峰連。雨雲雪月入吟袖，裝抹濃淡皆鮮妍。水枕競與山俯仰，百吏散後登風船。可憐紗縠去不得，欲歸陽羨愁無田。江頭斑白説學士，碑在口上無勞鐫。三百六十寺興廢，竟無一屋祠公焉。前年我來拜公像，聊以山水娱四賢。柏堂竹閣今尚在，一祠畢竟公當專。淮海秦公世交後，謂小峴觀察。辦此醵出清俸錢。歲寒巖下百弓地，宅有花樹池多蓮。「讀書堂」字公手蹟，一匾横占屋十椽。余摹公所書「讀書堂」碑字爲祠中堂匾。吁嗟乎！公神之來如水仙，靈風拂拂雲娟娟。樓臺明滅衣蹁躚，萬珠跳雨生白烟。琉璃十頃清光圓，水樂驚起魚龍眠。我歌公句冰絲弦，薦秋菊與孤山泉。神歸來兮心超然，望湖樓下湖連天。

秋日任滿還朝同人餞于西湖竹閣賦詩誌别

誰家有此好湖山，況是西風竹閣間。秋水正寬情共遠，賓鴻初到客將還。汪倫潭上舟迎岸，辛漸樓頭酒照顔。爲問浄慈古開士，再來我可不緣慳。

贈吴鑑人曾貫

秦家五字劇縱横，曾出偏師陷長卿。寄語蘇州漫相許，語兒還有小長城。

贈鮑以文廷博

清名即是長年訣，當世應無未見書。何處見君常覓句，小闌干外夕陽疎。

贈朱朗齋文藻

雨後清溪遶屋流，藤床著膝看魚游。先生竟似陶貞白，萬卷圖書不下樓。

贈何夢華元錫

却因風木常多病，不爲清狂始詠詩。一種閑情誰解得，夕陽林外讀殘碑。

贈何春渚淇

清聲無奈左雄知，老戀林泉未肯離。若論不求聞達好，此人曾賦却徵詩。

贈朱青湖彭

白髮吟詩猶閉關，著書常被八人删。龍泓未見山人癖，别起書堂又抱山。

贈周樸齋治平

中法原居西法先，何人能測九重天。誰知處士巾山下，獨閉空齋晝大圜。

贈端木子彝國瑚

誰是齊梁作賦才，定香亭上碧蓮開。栝州酒監秦淮海，招得青田白鶴來。

題江子屏藩書窠圖卷

江君未弱冠，讀書已萬卷。百家無不收，豈徒集墳典。款識列尊彝，石墨堆碑版。我年幼於君，獲與君友善。談經析鄭注，問字及許篆。書窠小東門，出城路不轉。時從書裏坐，左右任披展。何期丙午荒，負米致偃蹇。秘笈遂散失，今乃存者鮮。繪此一幅圖，感慨良不淺。余爲進一言，聊以當解辨。世有聚書人，充棟富編簡。腹中究何有，九流盡乖舛。江君書雖佚，等身多述撰。精華在一心，糟粕笑輪扁。樹石滿書窠，雲烟任過眼。

己　未

會試闈中夜雨和石君師韻

人材昭代盛，淵藪盡充贏。鑒别推先輩，師資得老成。風流歸古籍，雷雨莅清盟。況有文昌氣，銀河洗甲兵。

恭和御製立秋日遣悶元韻

微涼迴殿閣，秋向鼎湖來。曉露深天慕，西風感睿才。禮修軍帥賞，詩動侍臣哀。籌筆思鼙鼓，銷鋒静草萊。仰惟純孝志，決莫下方災。諸將恩皆重，新兵氣更催。共當迎爽候，合力挽河回。一洗群氛盡，龍輴不起埃。

移　竹

南西門外竹檀欒，破曉移栽一百竿。到處軒窗皆洒落，我家門逕本清寒。夢回涼雨疎疎聽，坐對秋風細細看。獨抱愁心向誰説，此君遮莫報平安。

九月望裕陵禮成旋蹕復奉命敬閲山陵工程留住四日每當夜月瞻望松山潸焉出涕謹成八韻

慟哭龍輴外，橋陵已閉宫。千官歸扈蹕，一介代司空。鑿石題名馬，攀髯泣寶弓。松楸孤月下，樓殿萬山中。星斗環人近，神靈護勢雄。定知雷雨後，直使地天通。大葬前二日夜，雷雨滿山，旋即開霽。肅穆常侵夜，悲思直溯風。何當春祭畢，周文王葬于畢。還從屬車東。

趙忠毅公鐵如意歌成親王教作

趙忠毅公鐵如意，傳世甚多，銘詞形製大略相同，而年款各異。其最古者，施念曾《宛雅》所載一柄，爲神宗戊申春製，銘曰：「其鉤無鐵，廉而不劌。㠯歌㠯舞，㠯弗若是利。維君子之器也。」此後厲樊榭、韓其武、沈歸愚所歌，皆未識年月。若壬申製者，今在初頤園中丞處。天啓壬戌張鼇春製者，在吾簣一處。天啓癸亥製者，舊在陸丹叔侍郎處，今詒晉齋。此柄又爲天啓甲子，是當時所製非止一也。戊申之銘作「以弗是利」，「利」與「劌」、「器」爲韻。餘者作「折」，或篆文相近，摹仿之訛與？或讀「是」字爲絶句，則「折」字又與下不屬矣。

趙公老死不如意，公如如意國不墜。逆璫鑄錯滿六州，三尺寒鏐天所棄。公引正士盈朝廷，在地爲岳天爲星。小人倒竊君子柄，二十六字空鎪銘。我讀此銘重太息，銀篆銷磨鐵花蝕。指揮曾見三君來，抨擊能教四凶踣。嗚呼此器鉤無鐵，廉而不劌古所稀。天鑒搜羅出呈秀，搢紳點竄歸廣微。嗚呼此器以歌舞，中外忻忻望政府。清流終勒東林碑，戍骨幾埋代州土。嗚呼此器以弗折，百鍊精剛正臣節。一握難收婦豎權，六人甘死鋃璫鐵。公銘天啓甲子年，是年十月公南遷。五更一星對殘月，石硯與此同清堅。忠毅公「東方未明」之硯銘曰：「殘月暉暉，太白睒睒，雞三號，更五點。此時拜疏擊大奄，事成策汝功，否則同汝貶。」天不佑明使公貶，公貶乃將縱大奄。摩挲金氣動星文，太白歸天夜睒睒。

題宋高宗瑞應圖同彭芸楣館師作

康王天命爲元帥，先使臣民應符瑞。南渡須收奉璽心，北盟早識投鞭志。緋帶蕭郎待詔才，江山半壁手中開。却將希古滄浪法，勅寫中興瑞應來。上河曾記清明日，鄭俠監門傳諫筆。漫説東京天水流，竟看艮岳宫車出。此日惟知崔府君，小奴先見護行人。兩河將相占丁甲，百萬蒼生繫鬼神。鬼神拯馬河堅凍，白兔仙亭偶然中。冰天何處走青衣，御營已協黄袍夢。夢中江海半模糊，泥馬金牛事有無。却聞風藥花錫使，歸寫吴山立馬圖。此圖絶勝延祥觀，半臂雙鐶莫同玩。回憶黄羅擲將時，衹今道服披圖看。臨平燈火似樊樓，賸水殘山屬馬劉。圖中尚是中原地，半是磁州半惲州。李、宗、韓、岳皆思戰，願飲黄龍恢赤縣。此事當年最吉祥，淩烟惜未開生面。赤符龍鬬渡滹沱，自古中興瑞應多。白水真人真謹厚，惟聞苦戰不聞和。

題五代馬楚復溪州銅柱拓本

此柱朱竹垞檢討舊有二跋。吴任臣《十國春秋》載此文，訛數十字，且沿《五代史》「士然」之訛。今觀拓本，實「士愁」也。柱今在保靖縣十里舊茅灘上。館師彭芸楣大司空以拓本屬題。

伏波鑄銅柱，歸車得讒搆。馬殷無功德，天以湘潭授。酬勳在千年，毋乃是華胄。士愁一角蠻，豈如儌側富。不爲錦溪長，甘作辰、澧寇。盜用盤瓠兵，敢與九龍鬬。僭僞當盛時，材力每雄厚。梯棧破溪塞，焚林縛猿狖。五姓跪飲血，求誓僅自救。王曰與爾盟，鬼神質詛咒。伏波文學博，四羊印曾奏。當年若勒銘，定能正蒼籀。天策十八人，無出宏臯右。雄文與功稱，所學亦不陋。赤堇丈二尺，鑿字硬且瘦。惜哉猳掉尾，蠻烟蝕銀鏤。前年有苗格，露布出雲岫。拓本來軍中，南昌辨其讀。史校薛、歐闕，跋訂吴、朱謬。吾祖昔征苗，午夜揮兵走。十戰九洞中，碧血染袍袖。此柱當戰壘，刀鐶或親扣。挾册三摩挲，仰視日中晝。

暖房示書之

落日黄塵暗錦韉，退朝且就曲房眠。别開茶熟香温地，好待風饕雪虐天。索爾新詩憑素壁，記人往事有青氈。爐燈夜讀慈機下，此事傷心二十年。

武林歲暮

武林逢歲暮，風雨正淒然。短燭論文夜，寒雲聽雁天。客懷清似水，官舍冷於禪。莫道長安遠，崢嶸共此年。

揅經室四集詩卷五　琅嬛仙館詩略

庚申

春日台州

滄波圍古郡，弭節一登臨。緯末農人意，樓船將士心。麥愁春雪厚，帆慮海雲深。世事積如此，天台安可尋。

庚申正月督兵海上往返天台未能入山

前年遊屐入天台，今日雲山不肯開。縱使石梁難再到，飛流可向夢中來。

天台山大雪三日守凍剡溪

天台三日漫天雪，頓長千峰一丈高。華頂定當排玉樹，石梁想見凍銀濤。磵迷險磴常翻馬，溪擁寒澌不受篙。安得春風吹暖日，四山春水下輕舠。

守凍

剡溪百步寬，積雪寒流壅。我舟陷其中，尺寸不可動。豈無槳與楫，力士失其勇。非冰疇敢履，少涉即没踵。此時計春糧，如珠但盈捧。四顧絶人迹，惟見玉山聳。南中春水煖，岸草媚丰茸。爲想下天台，輕帆坐中擁。豈料三日雪，寒壓山川重。事勢變莫測，及此乃深悚。所以海上寇，吾憂在甌甬。

送趙介山文楷殿撰李墨莊鼎元舍人奉使册封琉球

同是中朝第一流，雲螺彩蟒拂麟洲。狀元風度今莊叔，才子神仙舊鄴侯。四月西湖留駐節，萬人南海看登舟。翰林盛事知多少，如此乘風乃壯遊。

題孫淵如觀察萬卷歸裝圖

魯民争道送歸程，萬卷圖書短櫂輕。使君去後一帆遠，惟有微山湖水清。右丞渭城一曲，取調最高，遂爲之裂，北宋猶有能唱之者。東坡「濟南春好雪初晴」一首用之。此絶亦用其調，未知合否。

緑　葉

我家讀書處，團雲蓋老屋。兹復來吴山，繞屋列嘉木。已當衆芳歇，萬葉成一緑。北窗人意閒，瑣碎摇晴旭。疎雨過南樓，蕉桐滴鳴玉。半年勞簿領，春筍積成束。賴此清蔭濃，稱可障塵俗。隔簾影逾浄，下階涼更足。不知此何時，但見青梅熟。

題西湖第一樓

高樓何處卧元龍，獨倚孤山百尺松。人與峰巒争氣象，窗收湖海入心胸。經神誰擅無雙譽，闌影當憑第一重。却笑扶風空好士，登梯始目鄭司農。

題徐碧堂司馬聯奎秋艇狎鷗圖

鑑湖秋水放輕舟，賀監歸來未白頭。誰與先生最相狎，舟前三十六沙鷗。

濠梁秋水坐忘機，一抹青山淡夕暉。愧我今年機事重，海鷗終日背人飛。

贈李西巖總鎮

儒將威名定不虚，風濤千里鎮儲胥。海天飛礮親撾鼓，夜月揚帆坐讀書。造得戈船浮木柹，築成京觀掣鯨魚。封侯自有黄金印，射石將軍恐未如。

次韻酬阮雲臺撫軍　　李長庚西巖

開府推心若谷虚，要將民物納華胥。風清海外除奸蠹，令肅軍中畏簡書。報國自應親矢石，酬知未盡掃鯨魚。庸疏何幸叨青眼，媲美前賢愧不如。

文章高映斗牛虚，絳節重臨護象胥。帷幄申嚴三尺法，指揮妙合《六韜》書。不嫌樗櫟加丹漆，着意箴規滅釜魚。漫許胸中有兵甲，運籌未稱待何如。

上虞道中

曹娥江外驛籤長，百曲清溪繞石梁。夏氣出山雲莽莽，晴烟歸壑水浪浪。風前高樹吟蟬早，橋外平田吠蛤涼。却羡老農耘稻畢，一般閒意立斜陽。

天台行帳題楊補帆昌緒畫天台桃源圖

天台仙境去仍還，百道清溪萬疊山。洞口桃花隨水出，巖前瑶草帶烟删。誰教一路生靈藥，却有雙仙並緑鬟。笙吹月明玄鶴背，樓臺霞護碧松關。歸雲隱隱聞雞犬，飛瀑泠泠雜佩環。千載偶逢開玉户，春風常爲駐紅顔。每依錦瑟終年坐，除種胡麻鎮日閑。如此好山猶别去，仙源那怪斷人間。

台州夜坐

雨後得秋意，草蟲聲漸多。樓陰流素月，山影接明河。坐覺風初定，遥知海不波。此時問韓説，何處夜横戈。

初秋台州獲安南海寇事畢曉發回杭州

海上群山碧四圍，新涼時候送將歸。秋來天使浮雲薄，不待南風也自飛。

寫榜作

列炬摇紅唱夜闌，屏風老吏侍闈官。忽聞佳士心先喜，得上名經寫亦難。撑拄五千古文字，銷磨八百舊孤寒。榜花已説孫山好，還向孫山以外看。

漪園晚眺

碧榭西風裏，闌干閒更長。萍開魚影亂，松静鶴巢涼。遠水交平岸，秋山耐夕陽。不知惆悵久，歸棹入昏黄。

仲冬詣天竺復同孫蓮水韶吴山尊鼒汪芝亭恩李四香鋭陳曼生鴻壽陳雲伯文述林庚泉道源焦里堂循過靈隱蔬飯冒雪登西湖第一樓

空山寂無人，同雲闇然合。微雪何荒寒，僧境頗宜臘。翩翩裙屐來，開堂見老衲。鑪火爇松明，茶烟出禪榻。煮筍出山去，湖光更蕭颯。櫓聲動烟水，如與雁相答。山樓對南屏，萬樹擁一塔。窗虚衆影歸，懷沖雅情洽。古人重清遊，良貴朋簪盍。寄言儒家子，禪悟不可雜。

浙東賑災紀事

冰凌塞谿壑，積雪明群山。飽飯被復陶，猶覺此地寒。矧兹災餘民，食少衣復單。庚申夏六月，風雨夜漫漫。山海本交錯，蛟龍出其間。夷寇蕩頗盡，婺栝民亦殘。狂流破山出，百道開巑岏。平地水一丈，牆屋崩驚湍。漂人及雞犬，決冢浮窆棺。清畎爲石田，沃土成沙灘。萬頃稻始花，擢拔同草菅。客如疑此言，試看高樹端。樹端枝杈椏，藁秸猶交攢。爾時不死民，垂淚呼長官。長官發倉穀，倉破穀不乾。升斗縱不多，尚可數日餐。飛章入告帝，民隱動天顔。帝曰毋諱災，赤子皆恫瘝。近者急軍儲，度支殊艱難。臣體帝之心，不敢少吝慳。金穀四十萬，胥吏伺爲姦。察之苟不密，何異官貪頑。民受官所授，著手親分頒。我來如視傷，一一索其瘢。治寇在於猛，卹災務於寬。致災已不德，有力敢不殫。所賴高田稔，米價平市闤。種蕎亦成熟，雖貧心已安。終思卅萬人，家室何時完。朔風生磵道，伏軾興長歎。

屬王椒畦同年畫珠湖草堂圖即題

月落湖水平，珠光弄殘夜。夕霏已媚人，況是斜陽下。吾家甓社西，臨水有茅舍。當年達人歸，謝靈運《述祖德》詩云：「達人貴自我。」行吟得清暇。投壺登小樓，射鴨來虛榭。柳細早分涼，荷香始知夏。我豈不懷鄉，塵鞅安可謝。武林好山水，未宜税烟駕。終念甘泉山，青光向湖瀉。

題王椒畦同年畫金華載詠樓圖

夫容峰下碧城頭，百里清江繞樹流。如此好山原入畫，祇須名輩一登樓。荆州詞賦思王粲，元暢詩篇説隱侯。我亦欲來同覓句，恐聞鴻雁不勝愁。

登八詠樓

蛟龍城外迹，鴻雁澤中聲。山破雪猶積，野荒風易生。三冬氣寥落，六代意縱横。怪底休文瘦，誰能遣此情？

即事

鴉盤老樹晚來寒，密霰蕭蕭打竹竿。風色滿天雲更緊，絶無情緒倚闌干。

桐廬九里洲看梅花

九里江洲好畫圖，梅花曾見此間無。花農不記花開數，約略一洲三萬株。
潑眼花光江岸前，半成明月半成烟。若非天女散花地，便是神仙種玉田。
香和雲氣染人衣，花與山光共四圍。一片暮雲花上落，可憐香重不能飛。
十萬瓊花路百盤，入花容易出花難。老僧菴外三千樹，已耐詩人半日看。

辛　酉

賦得雷乃發聲

嘉慶六年正月，久晴未雨，望澤甚殷。十六日頒到御賜御書「福」字，並批諭云：「親書『福』字賜卿，願兩浙士民同霑厚福。欽此。」是夜，春雷應節，雨澤優霑，士民交慶。十七日，試三書院生童擬作試帖一首，敬書玉旨，宣示諸生，使知共被恩膏，勉膺福澤也。

風雨正漫漫，鳴雷起夜闌。一聲宣地氣，百里破春寒。震在剛柔始，屯如發洩難。天門開鬱律，車轂轉盤桓。紫電初回掣，青雲已直干。伸舒聞雉雊，動盪啓龍蟠。暖透山田麥，狂消浙海瀾。況逢宸翰灑，澤被士民寬。

蘇堤春曉

北高峰上月輪斜，十里湖光共一涯。破曉春天青白色，東風吹冷碧桃花。

二月十七日過皋亭山看桃花用六言律體

皋亭山下春色，甘遯邨前夕陽。柳葉纔勻鴨緑，菜花盡染鵞黄。雙橋遠水弄影，畫舫晚風載香。況是碧桃萬樹，我來權作漁郎。

廿三日自海塘迴舟曉過皋亭復成一律

篷背東風太緊，曉來桃柳橫斜。溪頭飛溼紅雨，山半飄殘絳霞。流水一年春色，武陵何處人家。莫尋洞口漁父，且看紛紛落花。

登鎮海縣招寶山閲新造水師大艦

怒濤如雪擁蛟門，百道樓船過虎蹲。山名。旗鼓一新人氣壯，風雲四合礮光屯。句章郡縣來相望，横海將軍許細論。果使水犀騰浪去，不教海外有孫恩。

辛酉臘月朔入山祈雪即日得雪出山過詁經精舍訪顧千里廣圻臧在東鏞堂用去年得雪詩韻

殘歲山崢嶸，陳迹兩年合。峰巒洩春氣，一雪復成臘。空谷無行人，白光凍千衲。出山入精舍，拂衣花滿榻。延賓有陳蕃，下車愧衛颯。煮茶説群經，《鄭志》互問答。登樓對南屏，還見去年塔。頽雲潑墨濃，圖中認王洽。撫景觸愁懷，鄉園户空闔。慈竹壓墓門，風雪定紛雜。

壬　戌

曉至西溪祭社稷壇

路轉西湖曲，松陰散曉涼。五更山雨歇，八月稻花香。流水開天影，頽雲壓電光。儘多祈報意，無德感勾芒。

海寧州迎潮

青峰岑寂碧雲開，忽見江流亂卷迴。虹影化爲秋水立，日光曬倒雪山來。難分龕赭東南路，怕聽鹽官日夜雷。塘裏桑田外滄海，教人争不重徘徊。

安瀾園小憩

秋園風雨歇，坐覺蕉衫冷。竹樹含清陰，如雲淡無影。苔岑蟋蟀吟，空庭閟幽静。我本懷秋人，情賞相與永。

自乍浦彩旗門觀海至秦駐山

八月試新寒，蒼茫海岸間。天風吹大水，落日滿群山。潮汐防衝突，艨艟計往還。勞勞千里事，行路反成閒。

題汪蛟門先生少壯三好圖梁蕭琛自言少壯三好，音律、書、酒也。

汪君磊落古丈夫，朗朗玉立清而腴。百尺梧桐閣上居，持喪卻薦爲醇儒。君舉鴻博科，以未闋服，固辭徵舉。撑腸拄腹萬卷書，其才鬱塞不可舒。一使金尊玉斝瀉醽醁，一使哀絲豪竹催謳歈。人生豈能無嗜好，要問好者爲何如。既不能讀五車，又不能注蟲魚，縱令好色皆登徒，餔糟歠醨爲屠沽。吁嗟乎！汪君磊落古丈夫，儒臣法吏心事俱。君詩云：「半生心事無多字，只在儒臣法吏間。」白雲青史相縈紆，文如介甫詩韓、蘇。漁洋山人評君語。胸中經緯大有用，一視餘子齷齪而麤疎。君不見，汪君之友禹鴻臚，寫此《少壯三好圖》。龍舉篆隸陳坐隅，彈箏擫管皆名姝。如有歌聲遏圖内，一展卷後飛空虛。青天白眼互照耀，酒氣拂拂揺其鬚。此圖流傳在江都，秦君林下供清娱。五笥僊館貯萬軸，嗜好未與汪君殊。秦敦夫編修博覽多藏書，壯年引疴，新構藏書之屋，曰「五笥僊館」，屬元題匾。馳書寄圖索我句，我句能寫汪君乎？不能顧曲不能飲，自慚俗吏陋且迂。惟有簿領來儲胥，又有經籍堆籤廚。此間開圖呼女奴，酬君以酒騰花觚。更裁素絹重臨摹，百家題句寫無餘。吁嗟乎！汪君磊落古丈夫，風流文采今所無。眼前之人誰如蕭彦瑜？

秋日西湖泛舟

三面青山倚夕陽，桂花天氣半温涼。不須泊岸尋花去，湖上秋風鎮日香。

駐杭州時每九月花奴自揚州載菊一舟來一時瓶盎軒階俱滿奉嚴親宴花下饒有家鄉風景爲寫秋江載菊圖題之

重陽花事滿江關，千里花奴獨往還。瓜步西風潤州雨，一船秋色過金山。

爲寫《秋江載菊圖》，黄花同我住西湖。我來日飲西湖水，更爲澆花調一符。

花稱鄉心酒半酣，老人安穩住江南。階前半畝方池水，便是延年古菊潭。

松間石畔竹籬根，栽滿黄花即是園。記得童遊問兒輩，此間可似傍花邨？揚州城北傍花邨，種菊至數百畝，田家籬落，風景絶佳。

同人分詠古十印得劉淵之印

漢寶缺角威斗亡，永嘉六璽歸晉陽。中間竊敓數十載，天生漢甥劉元海。元海二角真英雄，蛟龍那得居池中。可憐王侯降編户，劉淵名但鐫頑銅。此銅鐫印尚青組，隨、陸文兼絳、灌武。朱、范同門傳五經，曾以書緘封印土。無端玉璽來河汾，改元刻瑞增三文。淵于汾中得玉璽，增「淵海光」三字，改元河瑞。平陽光昌漢天子，豈監司馬家兒軍。當塗典午皆成篡，昭烈廟中出降禪。公主之孫能復仇，人心到底思東漢。惜哉和曜性不仁，不及李淵生世民。若使石符奉漢璽，諱淵久已如唐人。我今得印繫之肘，剛卯金刀辟邪鈕。回水爲淵屬象形，想見單于文在手。元海生有文在手曰「淵」，故名。

置西漢定陶鼎於焦山贃之以詩

西漢陶陵鼎，以漢慮俿尺度之，高七寸三分，身高四寸二分，蓋高一寸六分，蓋上有三環，各高一寸二分，兩耳高二寸二分，三足高二寸。銅質，五色斑駁，腹有稜，純素。蓋鑿隸書銘，大字十五，曰：「隃麋陶陵共廚銅斗，鼎蓋并重十一斤。」小字四，曰：「汧第卌五。」器鑿隸書銘，大字十七，曰：「隃麋陶陵共廚銅鼎一，合容一斗，并重十斤。」小字十六，曰：「汧共廚銅鼎，容一斗，重八斤一兩，第廿一。」案：《漢書・地理志》隃麋、汧二縣屬右扶風。《後漢書・耿弇傳》，建武四年，封耿況爲隃麋侯。《續漢書・郡國志》作「渝麋」，誤也。又：《續漢志》定陶在濟陰郡，本曹國，後漢屬兖州刺史部。郭璞曰：「城中有陶邱。」《史記》云「穰侯出之陶」，即其地。定陶共王康，元帝子，哀帝父，永光八年自山陽徙封。《漢書・丁太后傳》：「建平二年，上曰：『太后宜起陵恭皇之園。』遣大司馬驃騎將軍明東送葬於定陶，貴震山東。」《共王傳》，哀帝二年，追尊共王爲共皇帝。《水經注》：「濟水自定陶縣南，又東逕秦相魏冉冢南，又東北逕定陶共王陵。」此器云「陶陵」，是定陶共王陵也。隃麋、汧二邑共此器，故曰：「共廚銅鼎。」《鐘鼎款識・漢好畤鼎銘》云：「今好畤共廚金一斗鼎。」《汾陰宫鼎銘》云：「汾陰共官銅鼎。」《上林鼎銘》云：「上林共官銅鼎。」漢器體制如是。漢陵廟皆有廚，《三輔黄圖》「昭帝平陵爲小廚，裁足祠祝」，《款識・漢孝成鼎銘》云「長安廚孝成廟銅三斗鼎」是也。此鼎蓋與器銘辭不相應者，因有二鼎，蓋與器互錯也。器銘云「并重十斤」，又云「重八斤一兩」，云器重八斤一兩，則蓋當重一斤十五兩矣。今除蓋以庫平法馬稱之，重五十三兩七錢二分。銘云「容一斗」，以今官倉斗較之，得一升八合。定陶故城在今山東曹州府定陶縣西南。予得此鼎，因思焦山祗有周鼎，若以漢鼎配之，經史引徵，可增詩事。爰以官牘達之鎮江府丹徒縣，付焦山寺僧永守之，並加册於櫝，繪圖、搨款、鈐印，備録諸詩，時嘉慶七年季秋月。

碧山一角浮春潮，中有周鼎開雲歊。古文十行照江水，百家詠釋窮秋毫。千年古篆變爲隸，西漢款識多鑿雕。我有漢鼎五十字，隃麋汧鑄供定陶。斗斤兼記古權量，汾陰好時同禋祧。濟水東流帝陵起，臣莽掘廚金不銷。齋中拭刷出古澤，鼎雖轉徙猶堅牢。煙雲過眼莫浪擲，送爾安穩棲松寥。焦山閣名。卣鈃觶爵共相餞，雁鐙翦燭吟清宵。壬戌之秋木葉脱，海門風起江飛濤。蛟鼉踏浪避金景，蒼然古意生單椒。此時此鼎入山去，江天寶氣騰輕艘。海雲堂中多古木，兩鼎扃耳初相遭。周儀可補覲禮闕，周鼎呼史册命之儀，可補禮文之不足。諸家詩考未言及此。漢事志傳徵班曹。倉籀字破鬼夜哭，八分不似周王朝。一波一磔湛水石，同隱有似由與巢。胎禽仙去亦偶耳，華陽銘尚鐫嶕嶢。可知古人皆好事，以詩媵鼎各訂交。他時得暇或相訪，雲飄一片橫金焦。

考杜佑《通典》，京口有譙山戍。《太平寰宇記》亦以譙山爲戍海口之山。余家藏嘉定《鎮江志》云江淹《焦山》詩舊本作「譙山」。是北宋以前尚名譙山，北宋以後始以焦孝然事傅會之。孝然避兵娶婦於揚州，見《三國志》注。爾時孝然年尚幼，似無隱譙山三詔之事。且孝然爲魏以後人，蔡伯喈卒於漢末，在孝然之前，「焦君之贊」當別有一焦君，似無爲孝然作贊之事。又焦山古鼎，王西樵始據韓吏部如石言爲京口某公家物，嚴分宜奪之，康熙間人競以爲詩歌故實。然自嘉靖以後，明人書集鮮及此說。《天水冰山録》于分宜家物無所不載，《古銅器款》中祇有古銅鼎二箇，共重一百一十四斤，且有蓋，並未言及款字。此鼎一鼎之重已不止百餘斤矣。朱竹垞、翁覃溪二君深於考古者，其《焦山鼎詩》中皆不言此事，爲其無據也。故余謂焦孝然、嚴分宜二事等諸無稽，勿聽可也。

浙撫署東偏誠本堂有巨石以漢慮傂尺度之高一丈二尺有奇勢如夏雲初起卓立成峰足圍甚小而要頂幾兩倍之峰之可望可穿上下通透者三十一穴余於嘉慶七年移立澹寧精舍方池中以余字字之曰雲臺峰余鄉本有雲臺山也因用蘇黄壺中九華倡和詩韻題之

雲臺海上有高峰，何日爲雲上碧空。隨我南來三竺外，引人遊入九華中。臨池當户堂堂見，透月穿風面面通。欲與石交商一語，那如鐵壁不玲瓏。

揅經室四集詩卷六　琅嬛仙館詩略

癸亥

癸亥正月二十日四十生日避客往海塘用白香山四十歲白髮詩韻

春風四十度，與我年相期。駐心一迴想，意緒紛如絲。慈母久違養，長懷雛燕悲。元十歲時，母嘗點白香山《燕詩示劉叟》等篇口授成誦。嚴君七旬健，以年喜可知。人生四十歲，前後關壯衰。我髮雖未白，寢食非往時。生日同白公，恐比白公羸。白香山正月二十日生，見《文公集》。百事役我心，所勞非四肢。學荒政亦拙，時時懼支離。宦較白公早，樂天較公遲。我復不能禪，塵俗日追隨。何以卻老病，與公商所治。

澹凝精舍即事

雪消青草出晴沙，淡緑梅枝滿著花。石上寒泉冒深淺，風前春色試清華。一峰已染苔痕溼，半鏡還分樹影斜。難得小齋閒坐久，夕陽時候啓窗紗。

吴蜀師甎八甎吟館同人分詠八甎之一

吾鄉平山堂下濬河得古甎，文二，曰「蜀師」，其體在篆、隸間，久載于張燕昌《金石契》中，未知爲何代物。近年在吴中屢見「蜀師」古甎，兼有吴永安三年及晉太康三年七月廿日「蜀師作」者，然則「蜀師」

爲吴中作甎之氏可知。按：揚州當三國時，多爲魏據，惟吴五鳳二年孫峻城廣陵而功未就，見于《吴志》本傳，此年紀與永安、永康相近，然則此甎爲孫峻所作廣陵城甓無疑矣。

吾鄉江淮間，崑岡爲地軸。井幹列雉堞，如泥塞函谷。漢末之故城，當是濞所築。孫峻圖壽春，將作曾親督。遺此一尺甎，薶在平山麓。有文曰蜀師，匠者或師蜀。永安及太康，蜀師吴所屬。廣陵魏久據，不領孫氏牧。惟五鳳二年，欽文欽。爲峻所蹙。城城雖未成，一簣已多覆。殘甓今尚存，《吴志》朗可讀。孫峻豎子耳，殺恪諸葛恪。何其酷。恪所不能城，峻也安能續？揚城無降將，嬰守每多戮。哀此古瓴甋，屢受石與鏃。汪容甫《廣陵對》云：「廣陵一城歷十有八姓，二千餘年，而亡城降子不出于其間。」摩挲蜀師文，千年歎何速！晉城久已蕪，廢池更喬木。宋姜夔詞云：「自胡馬窺江去後，廢池喬木，猶厭言兵。漸黄昏，清角吹寒，都在空城。」按：劉宋及趙宋南渡時，揚州荒蕪爲尤甚。吾鄉少古碑，得此漢甎足。五鳳當延熙，稱漢遵《綱目》。朱子《綱目》，吴五鳳二年爲漢後主延熙十八年。仙館列八甎，照以雁鐙燭。刻燭或聯吟，詩成受迫促。清暇想李程，日光照如玉。

與諸友分賦商周十三酒器爲堂上壽得商父丁角商父丁角有餮饕飻山雷文甚緻，内銘三十二字，曰：「庚申，王在東門，夕，王格宰椃從錫貝五朋，用作父丁尊彝。十六月，惟王乙祀角又五。」外銘三字，曰：「庚丙册。」案：十六月者，董逌謂商君自始即位月，通數之例也。且商器之銘，月每在前而祀在後也。

吾鄉有酒器，十三銀鑿落。今吾積吉金，其數亦相若。就中文多者，厥有父丁角。饕餮突猙獰，山雷運盤礴。銀花漫青白，金衣發斑駁。三足自鼎鼎，雙角何嶽嶽。無柱亦無流，求形異于爵。其容當四升，今量三爵弱。鄭説角即觥，蒼兕露掎捔。内銘卅一字，東門王夕格。庚申宰椃從，尊彝錫貝作。其末紀五數，特角肖手握。東門居青陽，重屋梴松桷。宰椃名無徵，商書本闕略。賴此鑄篆文，勝于左邱削。大賚富五朋，金錫付鑪錯。父丁爲王臣，銘詞殊敬恪。伊巫暨甘傅，世系誰可度？外銘庚丙册，亦難推月朔。紀月至十六，斯乃子氏學。歐陽疑未明，董逌識頗卓。先月後乙祀，殷禮考鑿鑿。萬物孰最壽？吉金至堅確。況此四千年，傳之自殷亳。舉以奉親娱，春酒周尊酌。諸友飲且詠，絶麗復沈博。寶用蘄永年，眉壽長綰綽。仲春日丙辰，錫玉適連珏。擬待述職旋，紀恩銘諸鎛。二十日，蒙恩賞白玉「壽」字如意一枝。

爲朱椒堂爲弼題朱氏月潭八景圖册

黄鳥何睍睆，楊柳何依依。未若紫陽山，鶺鴒鳴且飛。柳堤鳴鶯。

松石交清蒼，晴嵐浮暖翠。虚亭寂無人，此中有古意。松石晴嵐。

苔磯新緑溼，隔溪烟雨暗。垂釣本忘機，清川向人淡。釣臺烟雨。

一夜風雨聲，聒耳何縱横？曉來看飛瀑，石上春雷鳴。石門瀑漲。

月出東南隅，澄潭影先得。疎林風定後，浮作淡黄色。澄潭印月。

莫買鵝溪絹，畫作堂前屏。請看南山色，疊如螺髻青。南屏疊翠。

晚山緑沈沈，平林烟漠漠。閒殺寺門秋，一杵殘鐘落。西山晚烟。

空山多雨雪，尚有千年樹。詩人慕月潭，敝廬在何處？玉峰積雪。

自題珠湖射鴨圖小象

射鴨復射鴨，鴨向菰蘆飛。菰蘆何蒼蒼，秋樹何依依。扁舟泛珠湖，西風吹我衣。湖波清且遠，日暮澹忘歸。昔日俗情少，今時塵迹違。但讀孟郊詩，竹弓無是非。

澹凝精舍即事

難得從容愛景光，今朝初覺暮春長。石邊蕉葉簾前緑，窗外花枝鏡裏香。鳥壓籐稍低著水，魚跳池影上摇牆。新茶一椀人清暇，不管西山下夕陽。

緑陰課詁經精舍擬作

幾番春雨亂紅披，重到園林一月遲。涼意轉生亭午後，清光多在嫩晴時。輕寒輕暖人初静，如水如雲鳥不知。待過黄梅好時節，新蟬嘶破影參差。

澹凝精舍初夏

圖書簿領共籤厨，樹木蒙茸六七株。梔子花開風氣暖，芭蕉葉大雨聲麤。石中溜似天台瀑，階下池如雁宕湖。多少洞天遊不得，此間便是小方壺。

那東甫同年由廣東奉使過浙賦贈

使君旌節駐杭州，民説公孫尚黑頭。鈐閣竟如同館住，弓弢間爲入吴收。山中辦賊蠻烟浄，湖上聯吟春水柔。四十年華五離合，予與東甫同四十歲。幾多歡喜幾多愁。

飛霜鏡引

真子飛霜鏡，逕今尺五寸七分，體圓，外作八瓣菱花形，背白如水銀。左方四竹三笋，一人披衣坐狨，置琴于膝，前有几，几置短劍二，爐一，又一物不可辨。右方一鳳立于石，二樹正圓如帚形。下方爲池，池中一蓮葉，葉上一龜，龜値鏡之中，虛其足，下即爲鏡之背鈕也。上方有山，雲銜半月形，月中有顧兔形，雲下作田格，格中四正字，曰「真子飛霜」。真子者，鼓琴之人。飛霜，其操名也。予審此爲晉鏡。何以知之？以書畫之體知之也。書非篆隸，晉以後體也。畫樹直立，圓形如帚，畫月内加兔，此晉人法也。予曾見唐人摹顧愷之《洛神賦圖》，樹形與此同，且畫「太陽升朝霞」句，日中有陽烏，實同此形矣。真子飛霜，于書無所考見，予以意推之，或即晉戴逵耶？《晉書》逵本傳云：「逵能鼓琴，工書畫，其餘巧藝靡不畢綜。師事術士范宣于豫章。」《宋書・戴仲若傳》云：「漢始有佛像，形制未工，戴逵特善其事。」据此二史，則善鼓琴、善畫、善鑄銅、師術士，逵一人實兼綜之，則真子將毋即逵也？錢博士坫云：「古人製器，原欲以流傳後世，使其人不作此鏡，則湮没無聞矣。故好事好名之徒，今亦不如古。」据博士此言，真子若非戴逵，微此鏡則真子無傳矣。爲逵鏡可寶，非逵鏡尤可寶也。

五更曉月霜天高，匣中寶鏡悲六朝。鏡如霜月月如鏡，人間天上常相遭。鏡中何所有？真子坐彈琴。琴中何所有？必是變徵清商音。竹笋出林蓮出池，真子坐當春夏時。一彈天地有秋氣，蓮葉慘淡遊神龜。再彈長空轉寒月，鳳皇夜叫雙梧枝。三彈四彈清霜飛，素娥青女顰蛾眉。菱花内有古人面，凛然冷逼誰敢窺。剡溪高人戴安道，作畫范銅盡工巧。或是王門破琴後，幽湅三商真大好。又疑真子原無名，以鏡寫神琴寫情。霜華落指看不見，惟見鏡臺秋月明。秋月復秋月，千年磨不缺。負局聽琴聲，琴聲久消絶。琴聲絶兮真子歸，劍沈秋水兮鏡滿春暉。掛高堂兮曜日，懸池館兮照衣。春蠶珥絲七絃溼，新篁解籜桐葉肥。繁星徹夜早霞暖，何處寒霜背月飛。

壬戌孟夏由靈隱徒步過韜光庵直上北高峰頂癸亥夏日又至韜光留題韜光觀海畫卷中

潮聲不到北高峰，惟見樓頭海日紅。健足直淩山色外，詩情渾付竹光中。胸前泉石千層起，眼底江湖一望通。欲學樂天遊兩寺，那堪吟眺總悤悤。

夏日過雲棲

入山三五里，修逕夾松篁。滿地緑雲滑，隔林紅日涼。客來惟飲水，僧老但焚香。莫向城中去，炎歊日正長。

西院平臺落成

平臺石磴路三盤，到此方知眼界寬。百尺梧桐扶碧柱，四圍雲岫倚紅欄。隔江風雨連潮聽，入夜星河帶月看。本欲乘風便歸去，瓊樓高處況無寒。

虎邱後山小憩

虎邱開北户，平野意蒼然。遠水千畦稻，斜陽萬樹蟬。風迴殘暑外，人在暮山前。三度來遊憩，流光已八年。

沂州道中

殘暑戀河北，浮歊殊未收。農心愁晚旱，客夢怯長郵。密雨漫天落，涼泉滿地流。風雲真快意，一氣接新秋。

百里蘭陵路，秋風生袷衣。曉涼蟲語響，新雨豆花肥。脈脈墮黄月，頻頻繞翠微。遥知秦蜀外，到處静朝暉。

曉過敖陽

殘月淡無色，自向西嶺斜。東山鬱蒼翠，絢以朱明霞。佳哉嶅山峰，松柏紛如麻。單椒冒秀澤，百丈青蓮花。魯諱廢不得，千載停征車。孰可比秋色，岱陰雙鵲華。

羊流坫

去嶽尚百里，群山已壯哉。白雲出梁甫，青氣隱徂徠。日暮吟何在？南州碑亦摧。古人塵轍外，幾輩吡車來。

自新泰至泰安僕馬已憊而日始午更乘山輿登岱夜宿孔子廟曉觀日出作

蒙山居魯東，其高已無量。孰知泰山麓，遠在蒙頂上。蒙陰二百里，嶽起地勢仰。行行過徂徠，巖巖入高望。仲秋日當午，將登氣先壯。險嶺戒迴馬，懸崖記御帳。盤道多旋折，群峰無定向。飛泉渙其聲，天風與之盪。絶壁松倒垂，雕鶚不及掠。何由溼蒼翠，白雲日相養。石磴十八重，直立無可傍。前踵接後頂，志斂疇敢放。及其登天門，萬里詄蕩蕩。半點梁父烟，一綫汶河漲。平野若滄海，衆山起青浪。落日雲霞昏，翻騰變千狀。拂拭舊題名，暮拜孔子象。小夢日輪轉，午夜天雞唱。日觀開扶桑，元氣浴滉瀁。色鑄黃金天，嶽影搖清曠。陽烏突躍出，鼂采忽飛颺。雙眸倏爾明，一嘯劃然鬯。氣從平旦復，心與天機長。嗟此封禪基，土壤古不讓。七十二代君，何年路始創。持此問古人，夷吾亦惆悵。

癸丑七月赴山東夜宿新城縣南萬柳月明蟬聲徹夜今復以癸亥七月入都過此以一絶紀之

曾是新城借榻眠，深林涼月夜鳴蟬。十年四度匆匆過，又是秋風退暑天。

出古北口

盧龍古塞曉霜飛，千里陰山鐵作圍。城窟水寒宜飲馬，關門風緊乍添衣。到來幾樹初黃葉，此去無山不翠微。爲語白檀沙上雁，江南依舊稻粱肥。

華筵。

上親獲鹿於山莊得賜割鮮

神武調鎗準，山莊鹿柴前。近臣新賜食，亶吏亦頒鮮。識味思茸客，延齡借角仙。擬供堂上膳，恩意壓

過普陀宗乘須彌福壽二廟

武列多秋水，東流石梃峰。都綱如小邑，大藏盡高墉。丹壑方千尺，香臺疊七重。石門雙白象，金屋九黄龍。樓曲層層起，欄迴面面逢。鐵旗輕似羽，銅鐸響於鐘。藩部膜爲拜，諸天玉作容。晚來邊月滿，孤塔出青松。

萬樹園賜宴時蒙古王公及回部越南貢使皆列坐參贊侯德楞泰亦凱旋紀恩一首

灤山秋霽御筵開，上將初銜飲至杯。東走名駒大宛到，北飛馴雉越裳來。魚龍戲畢諸藩拜，《薇》、《芑》詩成二《雅》材。何幸使臣歸述職，得叨恩命共趨陪。

中秋日山莊恩賜曲宴用唐王建詩韻

宫槐月上動昏鴉，賜宴歸來燭已花。今夜真如天上住，瓊樓西畔一仙家。

過青石梁用陳雲伯顧鄭鄉廷綸倡和詩韻

盤龍身蜿蜒，飛鳳翼腷膊。山勢雖雄奇，非人終寂寞。庚庚青石梁，跡阻心驚愕。疇能驅輪轂，上與石相搏。漢、晉久恢張，金、元亦礧硌。疑是烏桓開，或爲慕容鑿。山脈向東走，象緯測外博。盤旋登領脊，攀

援上肩髆。礙馬删枯槎，滑足塞清汋。客嗟行路難，人減遊山樂。及其升高梁，潑眼頓揮霍。南山與北山，萬壑低於脚。白雲參錯之，一一起垠堮。山光翠太濃，天色青轉薄。仙靈定來往，虎豹敢騰攫。是時秋八月，西風寒始作。塞雁向陽飛，蕃馬思北躍。去來挈吟侶，驤首倚寥廓。吴山吾管領，四載住城郭。春遊嫌騶從，夜景阻筦鑰。縱有得句時，但向梅花索。顧、陳詩並好，山林復臺閣。披圖想塞垣，心旌共懸度。快哉度此梁，心胸屢開拓。語險山失奇，筆鋭石將削。我朝合中外，威德連北幕。四十九藩臣，奔走懼少卻。逾兹興桓嶺，振以尼山鐸。三秋駐翠罕，萬象呈谿壑。輦道仰鬱盤，馬埒遠連絡。金根天子車，陰羽王會鶴。高山作康之，周《雅》歌《桓》、《酌》。御氣通虹梁，豈復有虎落。所以輪蹄鐵，日與石火爍。今年秋氣早，霜月已弦魄。迴思癸丑秋，十年事猶昨。天外多劍峰，依然礪青鍔。詩人復歸來，得句定各各。行吟涉灤水，如嵩繞伊洛。梁上雲漫漫，梁下波漠漠。

入古北口

策馬初迴紫塞間，斜陽閑煞萬重山。晚來小雨西風急，人與秋雲共入關。

古北口月夜

邊月照長城，蒼涼萬古情。西風入遥夜，秋色更分明。客路無多日，鄉心何易生。江南如有夢，香露桂花清。

秋　柳

盧龍塞内古漁陽，秋柳蕭蕭一萬行。邊馬歸來猶戀影，曉烏啼後漸飛霜。還思歷下西風裏，又過琅琊大路旁。況是淮南悲落葉，隋隄千樹接雷塘。

題錢裴山同年使車紀勝圖

西南山川天下奇，山靈望客來圖之。儒臣足底無遠道，不行萬里空吟詩。吾友錢君富經術，吴山越水開須眉。文章一出冠天下，奉詔偏走西南陲。西陲何所有？蜀道一千里。人盤空外行，棧從天上起。劍閣、天彭横白雲，巫峽、瞿塘瀉秋水。此時使者珥筆來，短衣匹馬秦關開。題詩一夜過井絡，蠶叢祠外銀河迴。蜀才樂得獻其秀，巴猿不敢鳴其哀。南陲夫如何？衡雲連粤桂。瀟湘弔二妃，蒼梧拜虞帝。荔浦藤江到處佳，玉筍瑶篸列無際。使者到此詩更新，放筆直欲無古人。三江五嶺入卷軸，蠻花猺草扶車輪。以詩教士在温厚，孤寒八百皆迴春。或云官似漁洋叟，入蜀年同三十九。天將靈境付詩筆，一百餘年入君手。我云杜、陸詩則同，桂海、虞衡彼未有。長安八月藤花館，錢君示我雙圖卷。固知君不以詩重，邊事關心應不淺。西川殘寇正加兵，交趾庸臣系將殄。聚米爲山過隴西，鑄銅成柱來崇善。癸亥入都喜見君，太平氣象皆欣欣。越裳入貢册藩服，兩川奏凱侯將軍。君久執筆在樞密，詞頭爛漫騰高文。帝曰汝楷文且勤，敕之宰相書其勳。我來展圖題句出都去，但見西南萬里無煙雲。

馬秋藥光禄用曹唐游仙七律體擬爲古人贈答詩一卷屬於歸途玩之傚擬三首

武林漁人誤入桃花源贈隱者

桃花流水趁谿魚，誤入秦源見隱居。與我談如新讀史，諒君藏有未焚書。津邊沮、溺非依楚，海外神仙不遇徐。若問相逢是何客，太元年代武陵漁。

桃花源隱者贈別漁人

桃源深處爲逃秦，問答何緣得主賓。嬴氏帝應三十世，桃花紅近一千春。滄桑我尚悲黔首，雞黍君休告外人。洞口春風最惆悵，再來争得不迷津。

漁人重尋桃花源不得

萬壑千巖路已差，更於何處覓田家。白雲采采藏流水，紅雨紛紛漲落花。一宿山邨疑夢幻，扁舟天地感年華。永初以後誰相似？處士門前五柳斜。

珠湖草堂因洪湖汎濫屢在水中癸亥入覲過揚州尚無水患小住一夕分題八首

將軍舊游地，草堂成小築。甓社走明珠，三面繞林屋。開窗弄夕霏，光暉生草木。珠湖草堂。

陂塘三十六，曾説古揚州。一角黄子湖，最向東北流。虚亭人不到，五月涼如秋。三十六陂亭。

高樓臨柴門，六尺南窗小。廿里甘泉山，隔湖出林表。遠峰更江南，雨餘青了了。湖光山色樓。

曲渠如碧環，循行六百步。晚來撤板橋，不接邨前路。中多徑尺魚，魯望有漁具。漁渠。

一壑復一邱，自謂或過之。偶聞黄鳥聲，瞿然生遠思。升高何所賦？三復綿蠻詩。黄鳥隅。

芳沼射堂西，緑樹繁陰接。疊石作坡陀，采蓮不用楫。昨夜夢靈龜，游上青蓮葉。龜蓮沼。

采菱復采菱，乃在湖之湄。春水生菱葉，秋風摘菱絲。芙蓉渺何所？隔水露筋祠。菱廩。

扁舟竹枝弓，小篷打雙槳。南湖與北湖，隨風任來往。落日歸草堂，悠然洽清賞。射鴨船。

夜宿母墓

夜月滿雷塘，邱隴積縞素。衰草咽殘蛩，泫然溼寒露。時有微風來，摇動長松樹。哀哉遠遊子，歸來泣母墓。四年持使節，皆在杭州駐。廣厦席厚旃，明鐙雜香炷。豈知檐外月，照此荒阡路。乃知仕宦久，不及童與孺。草廬四更冷，幸得兩宿住。或有歎息聲，慨然一來顧。夜氣將爲霜，烏啼天已曙。傷心黯無言，又拜墓門去。

癸亥九月十九日與諸故友相聚於平山堂爲展重陽詩會即以贈别

不到虹橋漫四年，歸來松菊尚依然。家山乍見翻疑夢，故友相逢盡似仙。舊雨一番文字飲，重陽兩度暮秋天。芙蓉樓句何珍重，吴楚連江又放船。

九月廿一日舟至瓜步康山主人江表叔文叔鴻送余至江上乃同爲金焦之遊是日秋霧曉斂澄江無浪遂登金山步玉帶橋憩水月菴觀坡公玉帶時風從東南來三折飄至焦山丹徒縣尹萬君承紀亦拏舟登山偏游林徑過危棧觀陸務觀題名歷松寥閣海雲堂諸精舍觀周南仲鼎瘞鶴銘殘字及余所置漢定陶鼎山有僧巨超號借菴工詩以新詩一卷相示過午登舟北固諸山蒼然屏立高颿縱横上下無際兩岸秋蘆作花數十里明若積雪風力催舟颯然已至京口矣爲賦二律簡康山主人兼寄借菴萬令尹

揚州簫管卧聽迴，瓜步紅船霧裏催。渡口有人共飄楫，江心何地起樓臺。橋痕挂水夜潮落，塔影横空秋日開。解識坡公留帶意，百年能得幾回來？

布颿收向午潮中，松閣雲堂曲棧通。終古碧螺浮海氣，滿山黄葉受江風。已看寶意生雙鼎，更喜詩情屬巨公。手把一編歸北固，蘆花如雪夕陽紅。

重題秋江載菊圖卷

霜滿蒲颿風滿窗，金、焦山色碧雙雙。今年添得詩中畫，我與黄花同渡江。
莫嫌秋淡魏公家，載入江南瘦影斜。花自無言人自淡，肯教心事不如花。

題桃花春浪渡江圖

兩岸桃花百里紅，一江春浪受東風。武陵溪窄漁舟小，未必能如此畫中。

冬至前澹凝精舍閒坐

灤水初歸百事并，今朝稍覺案塵輕。日光當户玻璃暖，霜氣入池沙石清。晚桂數枝依瘦菊，春蘭一朵伴香橙。時盆中晚桂復開數枝，春蘭亦開一朵，菊根穉蘂尚有作花者，同在冬至之時，友人多賞之。閒來一誦《長楊賦》，金碧離宫憶鎬京。

甬江夜泊

風雨暮瀟瀟，荒江正起潮。遠颿連海氣，短燭接寒宵。人静怯聞角，衣輕欲試貂。遥憐荷戈者，孤島夜蕭寥。

題陳默齋參軍廣凝攤書圖

安瀾園外暮潮平，數徧藏書又論兵。我與將軍同意氣，半爲將種半書生。
萬丈長塘海勢危，四年與我共支持。如今投筆閩中去，鐵弩三千卻付誰？
交南戰艦雖摧破，尚有孫恩號水仙。謂閩盜蔡牽。我欲勸君更横海，攤書萬卷上樓船。

種園葵烹食之

自種園葵烹鴨脚，幾番翦摘更葱蘢。智能衛足開三徑，心本傾陽耐一冬。古鼎乍調春雨滑，琱戈閒刈緑煙濃。不因考古寧嘗此，欲問黟山辨穀農。謂程易田徵君。

冬至日澹凝精舍分詠得測晷時以簡平三辰渾蓋等儀測冬至日影。

日行極南陸，短景縮昏曉。黄道廿四度，最遠離赤道。往者必將返，經緯争分秒。我有銅象儀，泰西之所造。渾圜與平圜，規運窮蒼昊。微陽射影筒，一點明且皎。簡平記三拔，渾蓋演之藻。化渾以爲平，斂大寄之小。一尺銅簫中，極目望天表。何須鍼指南，所向無不了。日輪距天頂，今日最渺渺。斜升復旁降，半酉亦半卯。甲子交下元，日向北來繞。初昏測恒星，亦頗見參昴。儀背具方矩，望影兼直倒。高遠此可求，不必學海島。窺器驚其奇，掩卷歎茲巧。疊鼓夜沈沈，垂鐙春杳杳。窗外寒月出，梅影落冰沼。明朝試來看，一綫旭光早。

臘月十九日拜蘇公祠

西湖臘後待春還，寂寂祠堂竹石間。澹蕩閑情如遠水，崢嶸殘歲似寒山。幾枝柔櫓摇清響，百樹梅花破冷慳。記取坡公此生日，一年好景最相關。

立春日恩賜福字來浙恭紀

内殿近簪豪，東南秉節旄。兩朝天藻麗，五福晝堂高。力薄因恩重，心慚爲寵褒。儒生乏經濟，臣豈有微勞。近有「顯親揚名，不改儒生本色。經濟自《典》、《謨》出，何事不可爲。勉爲一代偉人」諸諭。

揅經室四集詩卷七　琅嬛仙館詩略

甲子

題陳曼生種榆仙館圖

白雲飛斷天空青，抽筒疊鏡窺窈冥。上有神仙之福庭，壽星躔次開畦町。白榆落莢如蓂莢，呼龍耕烟種不停。仙人山館敞未扃，十行高樹圍虛亭。銀河珊珊聲可聽，河邊大石排蒼屏。石破漏雨驚秋霆，瑤枝玉葉敲瓏玲。仙人館中睡不醒，一夢下墮一百齡。精光在心耿耿靈，有時如珠復如熒。枌陰古社春風馨，館中書卷《甘石經》。夜半起看天南星，門前歷歷疎如檽。

復與諸友分賦商周十三酒器爲堂上壽得周兕觥

觥高七寸，下器皆如爵，上有蓋，蓋作犧首，蓋裏及器皆有銘九字，曰：「子孌在凷作文父乙彝。」造作精緻，舊所罕見。

歲華周綺甲，介壽重舉觴。古觴十三器，羅列別成行。友朋多歡心，一一登予堂。分器祝眉壽，予亦奉兕觥。兕斛高似爵，有蓋制特强。蓋流作犧首，斛然額角長。蓋葉亦如葉，相合誠相當。左右各有缺，雙柱居其旁。器蓋皆有銘，九字成陰陽。四火加辛足，子某字莫詳。在邦作爲凷，文父彝何臧。安知公與卿，莫辨周與商。獸面縮囷蠢，雲紋浮青蒼。爲吟《豳風》詩，稱此爲無疆。惠子咏其斛，旨酒思不忘。鄭、曹諸大夫，燕饗觥皆揚。古人致孝養，且以合嘉祥。載稽《卷耳》傳，義勿求毛萇。工歌間鐘磬，酌酒春風香。諸友共飲御，歌詩各成章。願言千百年，壽如金石長。

春日漪園即事

漪園水閣偶來登，九曲欄干一一凭。好景行當春二月，遠山看到第三層。我雖久作西湖長，那得閒如小院僧。莫遣鳴珂過隄去，六橋花柳太飛騰。

題秋平黄居士文暘浄因張道人因埽垢山房聯吟圖

高義漢伯鸞，裘褐得賢孟。同居霸陵山，彈琴事吟詠。其詩惜無傳，但傳舉案敬。吾友黄居士，德與少君并。兩篇柳絮吟，遂輓鹿車迎。山居得埽垢，一塵不來凝。蘆簾紙閣間，嵐翠相掩映。乃知因與緣，天意使之浄。幾卷冰雪文，相和不相競。一洗凡艷空，恥比玉臺鏡。秋樹繞高庭，蒼苔積幽磴。遥想聯吟人，山閣共閒凭。城中萬人家，俗氛風不定。惟此小山居，但見白雲横。

朱右甫爲弼摹輯續鐘鼎款識作秋齋摹篆圖屬題予按昔人論詩論詞論畫皆有絶句因作論鐘鼎文絶句十六首題之

山齋竹樹起秋陰，多少銘文寫吉金。説與時人渾不解，四千年上古人心。

商盤周誥古文詞，宋槧經書已足奇。誰識齋中鐘鼎字，鑄當周、孔未生時。

鑄器能銘古大夫，一篇款識十行餘。《尚書》二十九篇外，絶勝訛殘汲冢書。

左史真能讀典墳，靈均曾以善書聞。若非篆體鼒彝在，舉世無人見古文。

德功册賞與勳聲，國邑王年氏族名。半訂傳訛半補逸，聚來能敵左邱明。
象形指事最精微，假借諧聲見尚稀。一字寫成百凝注，那如隸草任人揮。
秋齋搨字響登登，油素摹成一片冰。屋漏折釵皆不似，濃如挑漆結如繩。
一字經人十日思，却從許慎上推之。韓、蘇若解摹周篆，石鼓詩歌當更奇。
有篆方增彝器重，無斑始見鍊金純。若將青緑爲題品，不是真能識古人。
或交縷帶或雲雷，半是鎔成半鑿開。鳧氏煎金真不朽，幾多竹帛盡成灰。
晉、唐俗字不知古，直至宣和書始傳。七百年來零落盡，一函圖篆印方圓。
鼎鬲盤彝甗敦鐘，刻成石帖與金同。百千古字今猶在，第一勳推薛尚功。
却怪復齋與嘯堂，百千鐘鼎豈皆亡。如今積古齋中物，又是當年誰氏藏？
子孫永保萬年用，過眼雲烟亦達觀。一自秋齋摹篆後，幾家寶守幾凋殘。
先生嗜好與吾同，日日齋中篆古銅。庚鼎肉羹朋爵酒，大林鐘響動金風。
篆形字與畫同之，後世稱奇古不奇。今日秋齋圖句裏，古人若見也應疑。

由永康至縉雲

山疊漸無路，雲開時有風。鳩啼新雨後，馬踏亂泉中。香草暖愈烈，巖花濕更紅。行春一何遠，千里浙江東。

過桃花嶺

白雲横絶萬峰齊，更踏東峰向嶺西。掉臂已過白雲上，回頭盡見萬峰低。何年道士栽桃樹，終古征人散馬蹄。我向東甌催戰艦，封關那用一丸泥。

山花

栝蒼山外看春來，嫩蕋殘英次第催。記取年年三月裏，青桐花落柚花開。等閑樵斧向山中，割得嬌花與草同。幾日春風又春雨，杜鵑依舊映山紅。蒙茸草樹蝶交飛，但覺薰衣香氣微。忽見山風披緑葉，一枝白破野薔薇。小樹黄花似馬纓，紫葳蕤間碧瓏玲。野花多少不曾識，一笑四山相對青。

觀青田石門洞天瀑布夜宿洞口

午發栝州外，夕歇石門陰。春流出雙闕，暮色隱高岑。孤峰新緑聚，危彴雜花沉。路轉境屢變，巖回情愈深。飛流冒天半，噴瀑壓平林。時有迴風來，激此奔泉音。涼聲乍灑淅，素影何蕭森。冰絲暗撲面，珠塵濕沾襟。仙都自清閟，過客屢幽尋。詎可滌塵鞅，聊將清道心。秉燭出洞口，艤舟眠水潯。夢殘山月曉，松頂鳴胎禽。

由温州渡江至樂清

春風海上來，披拂東甌山。山海舊相識，三度茲往還。白潮汎孤嶼，青嶂抱嚴關。浪恬笳鼓静，麥熟漁樵閒。掛席指江北，疊嶺重躋攀。奇峰互虧蔽，衆瀑争潺湲。香草生澗底，衆花開雲間。惜未進帆海，觀畊到玉環。

遊天台桐柏宫觀瓊臺雙闕

逆流踐飛瀑，峻嶺九折通。仙都豁然闢，峩峩桐柏宫。神皋正平敞，圓抱千百弓。一渡分三橋，四面環九峰。巖巒謝險僻，雲氣何沖融。金庭古洞碧，福地天光紅。司馬暨杜、吕，一一留仙蹤。玉笙棲子晉，丹竈居葛翁。道書雖微茫，史傳殊可宗。所以俯仰間，神契孫興公。前臺汲醴泉，西地逾卧龍。境變五里外，瓊臺居懸空。乃如巨壑底，孤塔高巃嵸。上有一道士，茅笠無春冬。麞麃不敢到，魑魅無能逢。毋乃青谿上，景純昔所從。其南夾雙闕，閶闔來天風。霞標出其間，倒影移西東。何時明月夜，鸞鳳鳴雝雝。遠人肯到此，氣已超凡庸。緬懷老聃言，順物守以沖。詎必驂琅輿，真入雲天中。

宿國清寺

一庭聚花氣，雙澗合泉聲。暝色漸相近，山雲殊欲生。松杉迷屋角，蝙蝠拂鐙檠。笋蕨有餘味，虚堂藤榻横。

雨中至高明寺

路轉深山駭見聞，靈風吹雨白紛紛。萬鶉鼓翅溪翻浪，一甑開炊谷滃雲。塞耳雷輪人不語，當門咫尺樹難分。仙都爲客開奇境，豈似尋常放夕曛。

雨後至石梁觀瀑宿上方廣寺

披雲躡修磴，冒雨厲鳴澗。九曲沿花谿，千步落松棧。乘輿馳高情，遊心得奇觀。飛瀑出雲中，石梁亘天半。隨指落斷虹，翹掌抉雲漢。動地春雷鳴，開峽白龍竄。奔爭勢益狂，激落派皆散。言念西池謡，聊興吕梁歎。攀援登迴梯，憑臨上層岸。懸流目光摇，飛渡足力憚。歸雲宿樓際，鳴河喧枕畔。坐嘯擬遊仙，入夢謝俗宦。神清眠易足，猨鳥已呼旦。

曉發石梁

曉起一樓開，群山壓户來。晴雲分石塔，初日上經臺。藥氣滿山發，泉聲徹夜催。定知桑下宿，端不及天台。

萬年寺前古樹八九株高十餘丈俗名羅漢松

非樅非柏古何樹？唐寺門前八九株。萬葉倒垂青珞索，一身高矗緑浮圖。往來鸞鶴應常住，供養雲烟定不枯。留語後人三百載，八峰中有此松無？

山禽五首

行入蒼山路百盤，絶無人處白雲寒。泉如琴筑風如籟，忽聽一聲山樂官。鳥名。

石門洄浦夕陽低，右傍青巖左碧溪。爲問行人歸去否，杜鵑花裏杜鵑啼。

處處山村布穀聲，梯田百丈有人耕。西峰高與東峰並，鸜鵒畫眉相對鳴。

幾多惆悵過靈溪，亂竹叢中飛竹雞。千樹碧桃花落盡，緑陰深處一鳩啼。

斤竹嶺邊新竹樹，天台山上好花枝。緑陰直接剡溪路，都是黄鸝百囀時。

回杭州

水陸一千九百里，舟車二十八晨昏。桑麻菽麥家家業，耕讀漁樵處處村。墾嶺開山愁水旱，分田析屋養兒孫。長官那有安民策，惟望豐年是本原。

題牡丹巨蝶畫屏

牡丹一叢花百片，絶艷名香與春戀。蝴蝶雙雙大如扇，飛上花枝踏花瓣。一蝶嬌黄糁碎金，掀鬚竪眉嗅花心。一蝶翠毛暈藍碧，横遮花陰長一尺。花陰五銖輕剪衣，韗紅濕透燕支肥。天香露氣逗春曉，重壓彩蛾酣不飛。蝶不驚花花妥貼，麻姑裙罩玻璃葉。那比菜花村裏來，染盡滕王金粉篋。花是洛陽第一花，蝶是羅浮仙繭蝶。

桐花至芒種前後乳外飛落白緜滿院飄揚絶如柳絮名之曰桐緜且咏之

青桐花發乳垂枝，飄落輕緜四月時。淡白多沾幺鳳翅，清微雅稱古琴絲。石欄梅雨香無定，金井蘭風影乍移。雖讓女桑能作繭，也如柳絮耐吟詩。

晚過西湖

獨拏小艇過西湖，狎鷺盟鷗好畫圖。雲影遠浮雙塔動，水光閒浸一山孤。白、蘇磊落情非昔，韓、賈荒唐事也無。酒醆笙歌多歇絶，士民岑寂長官迂。

古之蘭乃澤蘭非今之蘭也種之階下并繪之

蘭草古都梁，香爲王者香。秉蕳諷《溱洧》，紉佩賦瀟湘。既比同心德，還徵入夢祥。緑抽高節直，紫擢細莖方。小檖青抽穎，繁華白滿穰。枝枝旁對出，葉葉正相當。春雨千枝秀，薰風二尺長。煎來宜沐浴，槁後更芬芳。君子芷同室，古人椒共房。漫將今俗卉，襲號泛叢光。

題畫扇三種花

棉

花浙産，沿海最多，民賴爲利。花葉皆似秋葵而小，結苞如荔子，大枯裂則棉出。

短亞秋葵耐暑風，緑苞秋綻白玲瓏。吴儂漫説春緜好，難到茅檐霜雪中。

茗

花浙茶最多，杭州諸山所産皆名龍井茶，高三四尺，枝葉甚繁，秋末冬初，葉老開花如梅，五瓣，淡緑色。

旗槍摘盡又生芽，三尺梅枝淡緑花。莫怪君謨辨香茗，看花須到埜人家。

蘭

花《詩》、《騷》諸古籍所稱之蘭皆澤蘭，一名都梁香，方莖，對葉，紫花碎小，枝葉皆香，俗稱爲妳孩兒。

兩兩青枝對節生，紫花香葉古風清。詩人温厚騷人怨，一種芳華各自情。

八月十五闈中作用坡公八月十五催試官詩韻

八月十五夜，月愛杭州好。西子湖邊似蟾窟，試官堂外如仙島。少年科第不覺難，爲歎白袍人易老。

八月十八潮，其險天下無。海水驟來高一丈，長堤力護役萬夫。濤聲入院夜舂枕，驚夢常繞雙浮屠。鎮海、六和二塔。世間萬事難預必，三更無雲月始得。我且向東看月背官燭，遠寄羽書招海鵠。時合三鎮兵船破蔡牽、朱濆于舟山之北，二寇復遁入閩。

次韻山陰徐聯奎壁堂

皓魄月月圓，莫若中秋好。主人前身玉局仙，揮斥十洲兼三島。此來監試六纛開，坐對湖天秋色老。

甎舍昔所有，石道昔所無。浙闈士子號舍一萬一千餘間，計號衕一百九十條，向爲泥道，今俱甃之以石，捐俸糜金五千有奇。自今一任蟻封魚入户，不用霑體塗足如耕夫。明經千佛於斯出，何啻慈氏營浮屠。朱衣點頭那能必，使君之恩忘不得。不見使君與爾坐爐三條燭，期爾同爲摩天鵠。

試院煎茶用蘇公詩韻

我聞玉川七椀兩腋清風生，又聞昌黎石鼎蚓竅蒼蠅鳴。未若風簷索句萬人渴，湖水煮茶千石輕。時載西湖水千石入院，專供士子之茶水。封院銅魚一十二，閒學古人品茶意。古人之茶碾餅煎，今茶點葉但煮泉。坡公蒙頂一團自誇蜀，不聞龍井一旗緑如玉。得茶解渴勝解飢，我與詩士同揚眉。開簾放試大快意，況有筆牀茶竈常相隨。今年門生主試半天下，豈似坡公懊惱熙寧新法時。甲子鄉試，余門生爲主試者，江南涂以輈、河南鮑桂星、湖北王引之、四川程國仁、貴州張師泌、廣東陳壽祺、廣西吴鼒，凡七省。坡公煎茶詩意惱熙寧五年王安石新變試法，專試千言策也。

題朱椒堂西泠話別圖

一卷新圖好護持，送君應到鳳皇池。邀將金石論交契，付與湖山記別離。談徧五年書裏事，藏來七子集中詩。在予署内下榻今去者，吴澹川、端木子彝、陳雲伯、陳曼生、童蕚君、邵東匯并朱茮堂爲七子矣。飛騰頗願諸君去，但惱雲山寂寞時。

修西湖行宫畢奉安仁皇帝純皇帝龍牌恭紀

兩朝德澤滿南中，越水吴山御舫通。縣圃馬歸猶勒石，鼎湖龍去尚遺弓。百官載主來行殿，雙輦扶輪過梵宮。豈似連昌舊詞客，風前但詠落花紅。

題和内子畫歲朝圖獻堂上韻

吴山春滿大觀臺，森戟凝香燕寢開。柳絮白銷三日雪，椒花紅並一枝梅。吟成彩勝庚庚正月初五庚寅立春。健，畫得金幡乙乙乙丑年。回。共祝陽春真有脚，煖從堂上履邊來。

乙　丑

安瀾園月中作

亭林浮暝色，春月交黄昏。梅花開一山，香影動清渾。緩步石橋外，晚風柔且温。澹淹池中波，寫此玉烟痕。參横不知久，獨立愁無言。

命海塘兵翦柳三千餘枝遍插西湖并令海防道以後每年添插千枝永爲公案

十里西湖波渺渺，柳不藏鶯半枯槁。舊樹婆娑新樹稀，折柳人多種柳少。海塘一百七十里，萬樹緑楊夾馳道。誰是年年種樹人？騎兵已共垂楊老。長條齊翦三千枝，遍插湖邊任顛倒。幾時春雨浸深根，多少新芽出青杪。一年兩年影依依，千絲萬絲風嫋嫋。待與遊人遮夕陽，應有飛緜襯芳草。補種須教有司管，愛惜還期後人保。昔日何人種柳枝？曾拂翠華縈羽葆。今日離宫有落花，踠地春風共誰埽？白隄插滿又蘇隄，六尺柔荑惜纖小。且把千行淡緑痕，試與桃花鬭春曉。

行賑湖州示官士

天下有好官，絶無好胥吏。政入胥吏手，必作害民事。士與民同心，多有愛民意。分以賑民事，庶不謀其利。吴興水災後，饘粥良不易。日聚數萬人，煮糜以爲食。士之任事者，致力不忍避。與官共手足，民乃受所賜。澹臺不由徑，公事本當至。閉户獨善者，亦勿强相致。

常生等案：以下丁憂無詩。丙寅蒙恩授福建巡撫，大人以病乞恩，恩復許在家養病，故丁卯《辭墓》詩曰：「一一皆君恩。」

孿經室四集詩卷八　文選樓詩存

丁　卯

辭雷塘墓庵

孤雲戀林薄，新霜被草根。西風吹落日，闇淡沈平原。此時庵中人，逝將去墓門。百念傷中腸，哀哉復何言。枯僧留丙舍，寂寞依晨昏。待爾清磬聲，通我夢寐魂。我昨憂且病，息影居邱園。豈不眷松楸，當懷王事敦。感此出處間，一一皆君恩。雪涕竟長往，浩然乾與坤。

渡　河

朝泊黄河南，夜宿河北浦。河流決射陽，所患難盡語。驅車尋修途，遥遥指鄒、魯。四野幕沈陰，愁雲趁行旅。回首望江南，蒼茫隔寒雨。

月夜拜滕文公廟

停車滕國廟，寒月四更天。老屋燈昏壁，寒林霜化烟。平原五十里，殘碣一千年。願與迂儒説，閒來試井田。

曲阜鐵山園贈衍聖公孔治山慶鎔内弟

世家喬木三千載，海内斯爲第一園。九曲修藤雲偃蓋，十圍老檜石蟠根。蒼苔紋蝕方壇鼎，黄葉聲喧曲逕門。并鐵大峰無數立，平泉緑野總休論。

莫道園林欠埽除，略加修飾便堪居。春花五色栽宜滿，秋樹千株種莫疎。勝日娱親常奉酒，他年教子定攤書。儒家不説神仙事，多恐神仙未此如。

上公弱冠久簪纓，介弟相攜更有情。小象半屏如玉立，新詩一卷似冰清。貌將温厚歸名教，句埽繁華近老成。愧我風塵無定所，半宵聚首便長征。

河　間

車斑斑，來河間，河間塵壒堆如山。燕南垂，趙北際，十里烟波隔塵世。塵世那有常閒身，水催帆檝車催輪。豈知山深水遠處，别有漁樵解笑人。但曾少識漁樵趣，須緩行時能且住。

定興曉發

晨星初落落，平野鬱蒼蒼。日色冷東海，霜威森太行。農閒村户静，馬緩驛程長。載詠皇華句，休教懷故鄉。

渡滹沱

破曉到滹沱，連橋策馬過。沙明猶帶月，冰合尚翻波。呼渡驚王霸，離鄉老趙佗。滔滔千古事，流水暗消磨。

渡漳水望銅雀臺遺址

邯鄲南去渡雙漳，銅雀荒臺半夕陽。一樣暮雲流水外，此間偏覺太蒼涼。

廣王右丞夷門歌

老翁七十監夷門，臥内幸姬思父恩。虎符擎出送公子，白首紅顔同日死。公子急走邯鄲城，一椎擊退咸陽兵。平原夫人破顔笑，阿弟乃爾知侯嬴。侯嬴究竟爲何死？刎頸原非報公子。蹈海仲連天下士，不肯帝秦同恥耳。

陳留懷古寄示二弟仲嘉亨子常生

渡河蒞大梁，近識陳留國。陳留尉氏邑，阮氏著舊德。汝潁纏其西，衛鄴據其北。靈秀毓文學，沃衍饒稼穡。元瑜樂詞翰，嗣宗醉玄默。德猷秉威正，仲容具神識。遥集及思曠，疎放故逃職。典午昔播遷，銅駝尚荆棘。何況一世家，能不轉溝洫？遥遥古苗裔，世系求未得。惟有讀《晉書》，往行足矜式。方今聖治隆，有道皆正直。我來秉使節，過都敬憑軾。書刻常侍碑，千年石不泐。特書「關内侯散騎常侍嗣宗阮君碑」立於墓。名氏與先疇，慨焉長太息。

大梁除夕

河干逢歲暮，雪意滿梁園。古木群鴉集，寒雲大纛翻。黄埃餘艮岳，青堞繞夷門。却有孤吟客，焚香坐不喧。

戊辰

答陸九耀遹

太華一朵雲，飛過嵩山來。從風落我手，尺素飄然開。故人苦久别，新詩爲我裁。纏綿積幽思，慷慨生餘哀。江東有二陸，可敵機、雲才。憶昔相與遊，仙氣凌天台。關中壯川嶽，健筆增奇恢。我今復南行，往事誠悲哉。寄言遠遊客，何日驅車回。

大風霾登吹臺

清角騰喧上吹臺，愴然憂旱復憂霾。風沙捲地來河朔，春氣隨雲去汴淮。豈有鄒、枚閒賦雪，更無李、杜共登階。李太白、杜子美、高達夫曾共登吹臺，臺有三賢祠。步兵不念蓬池近，西望蘇門自詠懷。

過密縣

鄶、鄭風詩在，今來溱、洧閒。雲生風后嶺，日落大騩山。儉俗皆陶穴，居民多就土崖穴處。愚民不秉蕳。最憐春麥短，地褊食尤艱。

中嶽嵩高詩三首

粵若稽《山經》，太室維高嵩。《爾雅》釋禮祀，肇爲五岳中。陽城測土圭，外方連大熊。太歲在戊辰，春仲山氣融。㻬琈麗朝陽，䔄草披東風。我來祭廟廷，敢謂精誠通。峻極仰方正，深蔚含和沖。明神若降鑒，昭然垂太空。

右太室

少室峙天西，勢並太室高。定思渺難陟，但覺神理超。峰巖削雷雨，靈爽通雲霄。敷以帝休華，流以白玉膏。轘轅闢左關，險隘同成皋。漢武華西來，于此獲駮麃。登禮罔不答，二室各一牢。豈期少姨碑，摛藻惟其佻。

右少室

啓母候禹餉，聞鼓母乃來。跳石鼓誤鳴，塗山慚見能。奴來切。母往二室間，化石不肯回。禹曰歸我子，啓生石遽開。《鴻烈》集古訓，斯言何怪哉。班《書》載漢詔，石已居山隈。我乃向石拜，攬古登崔嵬。曷觀《詩》頌篇，鳥跡生郊禖。

右啓母石

嵩山三石闕歌

嵩嶽三闕同高低，左右離立八尺齊。啓母一闕距其北，太室峙東少室西。誰其建者漢朱、寵。呂，營。誰其書者皆堂谿。漢潁川堂谿典。篆隷詰屈銘句奥，請降雲雨生蒸黎。畫圖月兔木連理，駕車乘馬鉤象犀。閱魏太武周久視，夏暴烈日冬流澌。二千年來屹相向，厥質麤剥厥色黧。二室神祠始秦、漢，産啓已説嵞山妻。要之陽城本禹地，三塗四載應無迷。此闕靈祇久呵護，歐、趙訪古何未稽？褚峻縮本我早見，兹來策馬尋荒蹊。闕間頗足容二軌，壁壘未可窮攀躋。周、魯雉闕制可見，雉度入聲。以絼非以雞。古城闕之「雉」，乃度以雉也。「雉」乃「絼」同音假借字。絼，繩也。申生雉經，以絼自經也。自古未見有雉鳥自經者，舊説非。氈槌拓取墨華黝，寶之無異摹元圭。更洗奉堂即「泰室」之訛。額東石，一行刻字名留題。神君興雲闕中起，廟牆漢柏春鳩啼。

嵩陽隱居

嵩陽多隱居，巢由、盧鴻一、張彪、种放之倫皆稱接趾。司馬温公居洛，亦曾買地于疊石溪爲别館，同邵堯夫常來游居。蓋陽城北背轘轅，南限潁、汝、伊，古以來山深林密處也。

嵩陽多隱士，千古見清輝。潁水洗塵去，箕山放犢歸。夜來蘿月滿，曉起松雲飛。言念盧鴻宅，深深在翠微。

大　梁

咸陽下洛陽，春風滿大梁。古人通汴、泗，千里接淮、揚。廢苑皆黄土，荒隄尚緑楊。裴回重弔古，回首憶雷塘。

嵩嶽歸步禱春澤復大風霾繼之以雪以雨以霹靂各郡霑足誌喜一首

白晝移鐙曀且霾，神靈力挽好春回。雲連泰嶽恒山去，雪自洪河渤海來。頓起蟄龍三日雨，交馳驚電百聲雷。中原民慰吾歸矣，千里東風驛路開。

臨淮關阻雨

清明旅館原宜雨，楊柳桃花最見春。短榻横風看步馬，長淮繞户固留人。

戊辰五月辦賊至寧波爲前提督壯烈伯李忠毅公建昭忠祠哭祭之

粤海閩天接燧烽，大星如斗墜殘冬。一生精氣乘箕尾，百戰功名稱鼎鐘。死後人知真盡命，生前帝許得崇封。至尊震悼廷臣哭，早有孤忠動九重。

誰遣孫恩剩一船，非公追不到南天。公擊蔡牽於粵海喉間，被砲斃，後蔡牽惟剩單舸逃入安南海中。遠探蛟穴五千里，苦歷鯨波二十年。隔歲過門皆不入，公連年在海不歸，即歸亦但在鎮海修船備糧，未嘗一返家署。乘潮徹夜每無眠。雅之若與牢之合，早見澎臺縛水仙。

六載相依作弟兄，節樓風雨共籌兵。元乙丑以憂去浙，後總督每掣公肘，致有粵洋之變。手中曾擊千舟盜，公與元所共擊滅攻散如水澳、鳳尾、補網、賣油、七都等帮，前後不下千艘。海上如連萬里城。絶吭原知關氣數，寄牙早已斷歸情。公在洋，封所落齒寄夫人，以身許國，恐無歸櫬也。誰憐伯道終無子，好與恩勤待館甥。公無親子，襲爵者，族子也。其女壻同知陳大琮從公久，知盜情，余奏留浙江補寧波同知。

甬上重來特建祠，舊時部曲竟依誰？鈴轅月冷將軍樹，余來甬上，寓提督虛署中。泮水苔深叔子碑。公捐修府學，曾自撰碑文記之。如此致身真不恨，爲何賚志也休疑。麥城久合關家讖，仿佛英風滿廟旗。公出師時，禱於寧波關帝廟，占得籤詩有云：「到頭不利吾家事，留得聲名萬古傳。」

初秋澹凝精舍小憩

政繁嫌晝短，少暇便心清。偶爾埽精舍，悠然生遠情。屏隨人意曲，榻爲夢魂平。自笑勞勞甚，秋來句始成。

揚州城東南三十里深港之南焦山之北有康熙間新漲之佛感洲或名翠屏洲詩人王柳邨豫居之丁卯秋余與貴仲符吏部徵梅叔弟亨屢過其地梅叔買其溪上數畝地竹木陰翳乃構屋三楹亭一笠於其中柳邨又從江上郭景純墓載一佳石來置屋中予名之曰爾雅山房又名其亭曰曲江亭以此地乃漢廣陵曲江枚乘觀濤處也戊辰秋柳邨來遊西湖出曲江亭圖索題一首以誌舊遊

長江千里來巴蜀，流到廣陵曲復曲。古時滄海今桑田，翠屏洲漲焦山北。江北横生十里沙，廣陵濤變千人家。九折清溪夾修竹，萬株高柳藏桃花。輞川本合詩人住，況是惠連讀書處。送暑曾過深港橋，尋秋每喚瓜洲渡。送暑尋秋向柳邨，藤床竹枕宿南軒。千章夏木全遮屋，八月秋潮直到門。門前月色連清夜，稻花香重荷花謝。記得曾探北固秋，何緣又結西湖夏。今日披圖似夢醒，濤聲還向夢中聽。錢塘八月西樓卧，錯認揚州江上亭。

題曹夔音摹趙松雪樂志論圖卷

曩讀《仲長統傳》，心竊論之。程蘅衫荃屬題《樂志論圖卷》，因發之於詩。

衡門之下地必小，泌水洋洋不求飽。賦詩尋樂樂無窮，古人之志頗易了。良田廣宅車且舟，談何容易焉可求。必如此圖始言樂，樂未能得先多愁。聖賢栖栖各有志，饑溺簞瓢皆易地。人人盡是仲長氏，天下生民誰與治？公理却笑當時人，本無責任加其身。有田有山不歸去，披圖孤負江南春。可樂不樂徒自苦，仲長之風亦千古。

拜岳鄂王廟

不戰即當死，君亡臣敢存。猶憐驢背者，未逐馬蹄魂。獨洗兩宫辱，莫言三字冤。投戈相殉耳，餘事總休論。

分詠歲寒雜物二首

温　研

俗塵滿案拂還多，賴此温温一研磨。墨煖易乾寒易凍，筆尖最好是中和。

寒　鐙

夜來風雨弄青熒，留照書氈味最清。但有紙窗鐙一點，凄然便得歲寒情。

將渡錢塘江夜宿六和塔院

月黑山空已半宵，燈昏古寺對殘膏。風催夜氣將成雪，水落江沙不起濤。詩思覓來禪榻静，夢魂騰上塔輪高。出門翻得荒寒趣，絶勝城中俗事勞。

姚江舟中除夕

丈亭古堠接餘姚，除夕停舟待暮潮。迴憶家庭非往日，轉宜兒女避今宵。鏡中霜薄鬚初白，篷背春寒燭易銷。屈指四年同此夜，雷塘菴冷大梁遥。乙丑、丙寅除夕在雷塘，丁卯在河南。

庚申六月余乘風破安南寇船于台州獲其四總兵印銷之爲劍今八年矣戊辰冬復剿蔡牽于海上夜舟看劍寫詩劍匣

銷鎔夷寇印，庚申，安南阮光平子光纘之柄臣陳寶玉私使總兵四人駕船砲屢寇浙海，掠殺商民。余乘風擊之于松門，溺死者無算，俘八百人，夷寇片帆無返者。四總兵銅印僞勑皆就獲，生擒領善艚進禄侯倫貴利，磔于杭州，總兵耀斬于台州，其餘二人死于海。仿鑄古吴鉤。入手才三尺，隨身已八秋。拭磨舊銅篆，慚恨此瀛舟。誓斬閩中賊，如誅亡國侯。阮光纘既喪此舟師，國益弱，聖上惡棄之。纘旋爲農耐舊阮阮福映所併滅，即今恩封之越南國也。

己　巳

題何夢華上舍訪書圖

徧訪《列仙傳》，終不見一仙。惟有一卷書，可以千百年。前賢具精魄，亦復待後賢。訪之苟不力，變没隨雲煙。吾讀古蓺略，中心每拳拳。何君涉九流，咨詢在古編。足跡陳謁者，腹笥邊孝先。擬之於道家，亦是葛稚川。我昔校天禄，直閣兼文淵。稽古中秘書，猶恐有佚焉。《四庫》所未收，民間尚流傳。問俟曹倉開，索待海舶旋。或以一瓻借，或以青藜然。或在晉、隋後，或在元、宋前。何君爲我行，時汎貫月船。寫進六十部，恩賚下木天。丁卯冬，元進《四庫》未收書六十種，皆蒙乙覽，被賜紙墨筆硯蟒衣等物。再訪再寫進，屢得翰墨緣。後又進四十種，共百種。副墨亦可誦，我或儲琅嬛。何君繪此圖，志學何精堅。昔日求金石，雅意同清堅。

靈隱置書藏，更扣西湖舷。近余置書藏於靈隱寺，凡書皆可收藏。萬卷能常在，即是古偓佺。

四月十日同顧星橋吏部宗泰陳古華太守廷慶石狀元韞玉三院長暨朱椒堂兵部爲弼蔣秋吟太史詩華秋槎瑞潢何夢華元錫王柳邨豫項秋子墉張秋水鑑諸君子集靈隱置書藏紀事

《尚書》未百篇，《春秋》疑斷爛。列史志藝文，分卷本億萬。傳之千百年，存世不及半。近代多書樓，難聚易分散。或者古名山，與俗隔厓岸。岧嶤靈隱峰，琳宮敞樓觀。共爲藏書來，藏去聲。室特修建。學人苦著書，難殺竹青汗。若非見著録，何必弄柔翰？舟車易遺亡，水火爲患難。子孫重田園，棄此等塗炭。朋友諸黄金，文字任失竄。或以經覆瓿，或以詩投溷。當年無副本，佚後每長歎。豈如香山寺，全集不散亂。名家勒巨帙，精神本注貫。逸民老田閒，不見亦無悶。雖不待藏傳，得藏亦所願。我今立藏法，似定禪家案。諸友以書來，收藏持一券。他年七十厨，卷軸積無算。或有訪書人，伏閣細披看。古人好事心，試共後人論。既汎西湖舟，旋飽蔬筍飯。出寺夕陽殘，鷲嶺風泉涣。

題趙忠毅公癸卯年自書詩卷後

高邑千秋節，中年一卷詩。艱難憂國事，慷慨息居時。未雨鵶鴞苦，當關虎豹疑。待銘殘月研，值得髩如絲。詩中有《髩須歌》。

蔣蔣邨學博炯請書厲樊榭徵君墓碑且與里中諸君子共置祭田報官立案歸西溪交蘆菴管理詩以紀事

劉樊窗榭説明州，遺蜕西溪土一邱。多分神仙無子在，但憑天地有詩留。他年碑碣碧苔古，此日墓田香稻秋。記取法華山下路，詞人長與護松楸。

八月十五日浙江提督邱公良功會福建提督王公得禄於寧波普陀洋十七日先追及蔡牽於台州魚山洋擊之十八日復會擊之於温州黑水洋沈其船牽及其妻子皆死於海詩以誌慰

八月温台急水師，孫恩海上族全夷。定知故帥神靈在，謂温州總兵胡公振聲、提督壯烈伯李忠毅公。看爾長鯨就戮時。蔡逆滅于温州，敬見御製《春勝聯句詩》註。

題家藏漢延熹華嶽廟碑軸子

太華三峰削不成，夜來碧色無深淺。仙人染作《延熹碑》，飄落人間止三卷。長垣王鵬沖。一册歸商邱，宋犖，今歸成藩。但損偏旁最完善。華陰東、雲駒。郭宗昌。又一函，椒花館中見者鮮。謂朱竹君學士家以上二本皆翦裱，無唐人題名。我今快得四明本，玉軸綈囊示尊顯。豐、萬卷樓。全鮚埼亭。范、天一閣。錢潛揅堂。三百年，入我樓中伴《文選》。予藏宋尤袤本《文選》。驚心動魄竹垞語，七尺巖巖闢空展。渾金璞玉天所成，幡然不受人裁翦。全碑未翦，整本。唐、宋題字皆分明，衛公兩款夾額篆。全身平列廿二行，波磔豪釐盡能辨。一字一朵青蓮花，玉女翻盆墨雲輭。己巳摹鐫向北湖，市石察書書佐遣。湖邊更刻《泰山碑》，時余以八月廿二卸印，入覲過揚州，以重摹秦《泰山碑》殘字與摹《華山碑》同置城北四十里湖橋墓祠中。嶽色雙雙照人眼。

題北湖摹碑圖

秦泰山殘字、漢西嶽《華山碑》、三國《天發神讖碑》近代並毁，拓本皆可寶貴。予藏三碑紙本，摹石置之北湖墓祠塾中。偶檢家藏王麓臺《山水小幀》，遂屬畫友添畫碑石及刻碑者於其坡陀之上，名之爲《摹碑圖》。以詩紀之。

吾愚未學繇與義，唐陵宋閣多然疑。但曾手摹十石鼓，刻畫史籀誇汧岐。下此秦碑立泰岱，石刻明白丞相斯。延熹蔡、郭華嶽廟，江都皇象神讖碑。近代數碑次第毀，一紙在世驚神奇。定武各石歐、褚耳，數十本尚談姜夔。三碑真跡下一等，況是秦、漢、三國時。古人筆法入石理，何嘗楮墨差豪釐。吾齋積古見三絶，訪古者至皆嗟咨。客曰是宜并摹勒，一日不刻人嫌遲。江南市石北湖去，九龍岡上吾家祠。雪鋒吴氏善篆隷，奏刀砉騞親磨治。淺深完缺盡相肖，登登林下鳴氈槌。十夫扶起鼎足立，桓楹並視平不欹。巖巖嶷嶷雙嶽色，蒼崖翠壁交陸離。建業古氣盡銷鑠，秣陵一抹無嫌卑。甘泉山色隔湖見，朝嵐浮動青松枝。西漢殿石我手獲，壙壇可配魯祝其。余於甘泉山手獲漢厲三胥冢上石。麓臺畫已百年久，林屋豈爲我圖之。我來補寫刻石者，三碑添在珠湖湄。坐使此圖成故實，摩挲合作摹碑詩。瑯邱之樂古所歎，他年老倦應相思。

貞觀金塗造象阿彌陀銅碑歌集翁覃溪先生齋中作

蘇齋市坐將哦詩，袖中我出金塗碑。碑高四寸寸之六，黄金塗滿光陸離。阿彌陀碑四字額，左右盤以雙翠螭。其文六行行十許，駢麗猶是初唐辭。一軀佛象共願造，丹青金玉矜瑰奇。慈風慧日振法界，却從勝範觀良規。造者趙婆、長孫輩，其人泯滅知是誰。貞觀紀年廿有一，正是四海安平時。此乃唐初正書體，出於北魏、周、齊、隋。北朝造像百千計，今多石刻留山陂。刁遵、高湛各銘碣，分明隋末歐、褚師。江左韓陵石頗少，中原楷法兹其遺。奏刀刻銅力恢展，字小如黍微如絲。蠅頭蟬翅劇難搨，金枝細書廛見斯。蘇齋老人驚歎賞，碑者卑也此最卑。予曰鉅細各不朽，大碑屢見唐人爲。君不見，貞觀是年銘晉祠，《晉祠銘》亦貞觀廿一年。文皇御筆書淋漓。又不見，三龕造象闕在伊，登善大書摩勒之。

屠琴隝庶常倬將出爲縣令所寓京城米市胡同有古藤一株自繪圖卷索題

吴山樓前多竹樹，舊是詩人讀書處。昔琴隝與查、梅、史諸子讀書吴山。瀛洲亭上看花來，偏我來時君又去。君去正見江南春，韋、杜東風不相遇。記戀城南三宿住，兩樹藤花小琴隝。《集韻》去聲。

詠絜亭以畫册寄索題

海　棠

春雨初飛二月時，灑成萬點好燕脂。偶然落爾生花筆，寫出垂絲棠一枝。

紅白桃花

白桃淺淡絳桃肥，半著冰綃半著緋。莫道漢人無綺語，《曹全碑》裏有桃婓。漢《曹全碑》「桃婓」，「婓」與「妃」同。

牡　丹

誰將深色囑東風，著力催成花一叢。曾見宋人團扇好，一枝春滿十分紅。曾見宋人牡丹春滿團扇，花大，滿一扇。

菜花蠶豆

蠶豆菜花黄間青，吴中生計滿春塍。農家隴上半盂飯，寒士窗前一盞鐙。吴中豆爲飯，菜爲油。

梔子石榴

妙香須自澹中回，妙色休從濃處猜。拈得一枝合微笑，紅裙何事妒花來。

蘭　箭

兩箭幽蘭香意足，妙似詩情浄如玉。湘波如見二妃來，薜荔青青女蘿緑。

白荷蜻蜓

菡萏白開涼雨後，蜻蜓紅點夕陽時。畫工知是有新意，愛誦放翁《團扇》詩。此幅用放翁詩「白菡萏香初過雨，紅蜻蜓弱不禁風」意也。

桂　花

一枝仙桂發天香，染上生綃書共藏。校與一經無落葉，兒曹漫與下雌黄。

木　芙　蓉

落盡芙蓉霜氣濃，還從木末看芙蓉。拒霜莫道無風力，接引寒花直到冬。

松　枝　山　茶

松枝低亞山茶花，歲寒清景詩人家。敲詩讀畫不知冷，雪滿庭松聽煮茶。

題朱野雲處士鶴年祭研圖

久與端溪訂石交，歲寒爲爾拜深宵。須知一片閒雲意，除却蒼巖不折腰。

不食官倉不種田，一家耕石祝豐年。來年再寫新詩卷，更是焚香賈浪仙。

揅經室四集詩卷九　文選樓詩存

庚午

與諸表兄弟共建外祖榮禄公林氏祠堂於揚州陳家集天后宫側記事一首

西山大田外，榮禄啟專祠。舊德傳爲政，清芬合誦詩。祭分唐世系，象表古威儀。老屋梅花樹，新牆楊柳枝。書函留宅相，元幼時，玉珂諸舅氏與元函，皆呼元曰「宅相」。經術記門楣。見説何無忌，來題虀臼碑。

己未借寓京師衍聖公邸曾栽竹三叢藤花兩本庚午再寓添栽槐柳桃海棠欒枝丁香并舊有古槐榆椿棗穀共三十餘株記以一律授之館人

三公庭下例栽槐，更取時花處處栽。淇竹低隨青柳密，海棠高共紫藤開。還添闕里壇中杏，但少揚州江上梅。待得十年深雨露，緑陰紅樹滿春臺。

門生屠琴隖以翰林改宰儀徵翁覃溪先生倡詠餞送遂亦以詩贈行

展我泰華碑，磨我八甎研。蘇齋倡吟篇，舊友共相餞。蘇齋詩云：「仍磨八甎研，餞爾贏詩囊。」屠君正壯年，出宰我鄉縣。鄉縣尚不陋，長江繞芳甸。近者集鹽艘，民風少爲變。梟徒潁泗來，小鬥竟如戰。我昔謀增兵，請者議未善。爲此多隱憂，保障匪易見。我早識屠君，洸洸吴越彦。清名滿湖海，高文冠翰院。百里非龐才，帝欲使之練。孰意赤緊州，巧得顔、謝選。學者所設施，豈與俗最殿。循吏宋汝陰，亦入《儒林傳》。蘇齋敦勉之，古誼深眷眷。我豈無贈言，力行在無倦。履之而後艱，折獄言難片。我于浙士民，拊循詎能徧？惟不負乃心，或不赧於面。今日春明門，花前競吟讌。海棠思召伯，鳴琴慕子賤。行矣春江潮，勿爲瀛洲戀。

綠樹

長安原是慣風塵，無奈風塵送盡春。一夜碧雲催密雨，滿城綠樹接芳鄰。開窗活翠能驚目，埽徑新陰欲罩人。如此槐廳最清暇，門前遮莫響車輪。

題内子綠静軒圖

卉木無躁意，穆然含清陰。況有幽閒人，情賞相與深。小軒遠塵壒，竹樹密成林。皋禽傍蕉石，香草被苔岑。雨餘見曦影，衆綠何沈沈。碧雲澹無迹，半染詩人襟。窗楹閟窈窕，坐此生道心。乃知山水間，太古誠希音。晝長萬籟静，一聲惟素琴。

題陳受笙均十三鏡齋詩稿後

嶽色河聲太倉莽，吴山越水劇清柔。合將畫筆兼詩筆，直寫杭州入華州。百二秦關收爽氣，十三古鏡照高秋。奇才舊見吴南野，却讓陳生隴塞游。嘉興吴澹川詩入關更勝。

題陳迦陵先生填詞圖卷

卷中自康熙以來諸名家佳作如林，各體皆備，惟無七言長律，賦此避之。

聞道元龍氣最豪，平原繡像喜相遭。烏絲細壓欄邊字，火色頻添頰上毫。陽羨書生鈎黨在，維摩天女借禪逃。江山一曲周郎顧，絲竹中年謝傅陶。名士競題黄絹婦，清班不藉鬱輪袍。歌喉井水新争柳，扇面烟花舊恨桃。酹酒墓田依壯悔，吹簫園館記如皋。詞人那識東林意，湖海樓原百尺高。

題女蘿亭香影移梅詞意圖卷

五年香影太匆匆，不是忙中即病中。待得閒來披畫卷，才從静裏見春風。舊時月色還如此，今日詩心更許同。聞道家園梅樹好，女蘿亭外玉瓏璁。

昌運宫白皮松歌

昌運宫在香山鄉，古松七株百尺長。入門瞥眼驚相望，白龍亂竄千條光。鱗鬣欲動冷忽僵，森然結夏堆雪霜。陰羽鶴鶴飛來涼，仙人亟以瓊瑶漿。十步之外聞古香，手捫其膚膩若肪。俯視檜柏翻老蒼，相憐皆是滄海桑。有明正德多權璫，永也差比彬、瑾强。所知尚有幾希良，依松造墓深埋藏。松濤暮起思茫茫，陽明古洞應斜陽。

覺生寺觀永樂大銅鐘

永樂洪鐘閲古今，虹梁鼇柱屋沈沈。銷兵秦政成餘習，懺佛蕭梁本疚心。一棒難超無量刼，萬鈞豈躍不祥金。華嚴輪轉熙朝後，始聽蒲牢自在音。

雨後遊萬柳堂

京師崇文門外東南隅萬柳堂，相傳爲元廉希憲野雲右丞别業，即國初馮益都亦園也。一時鴻博名流皆有題詠，後歸倉場侍郎石公文桂，改爲拈花寺。今池館雖廢，寺尚在。

雨後涼雲重，驅車趁曉行。尋沙無轍跡，訪寺得鐘聲。屋外青林合，樓前緑野平。不來荒僻地，那見古人情。

妙繪見鷗波，疎齋共聽歌。草堂圍萬柳，驟雨打新荷。廉野雲宴趙松雪、盧疎齋於萬柳堂，命家姬歌《驟雨打新荷》曲，松雪設色，畫堂中賓主三人，淡紅衣女子手持荷花，置酒杯于花中，堂外門閉，僕馬待焉，繞堂前皆荷，堂後皆高柳，有雨後迷濛之趣。松雪自題七律于上方之左。剩水長蘆占，孤亭老樹多。若非詩卷在，此事半消磨。

最好《佳山集》，遥收《松雪圖》。荷連清露堂名。折，柳得野雲扶。池館留名跡，門牆列衆儒。滄洲思早臥，此地已江湖。

火城闌不住，見《佳山堂詩》。付與佛拈花。今日伽藍地，當年宰相家。風流雖歇絶，水木總清華。陳跡且休論，但催僧煮茶。

京師揚州會館第三層院中種竹百餘竿題其軒曰小竹西

繁華庸何傷，惟趣不可俗。歌吹沸天時，但須一路竹。維揚置行館，近在韋杜曲。已圍桃李園，余於第四層院中雜蒔海棠、桃、杏諸花，用唐人「春風得意」詩意，題其扁曰「看花館」。更築篔簹谷。爲竹作主人，何止戀三宿。人苟無世情，誰住春明屋？所賴有此君，瀟灑慰幽獨。九陌多風塵，適館方有轂。入門拂緇衣，一笑對青目。宛然禪智西，亭外千竿緑。

新秋月夜

煩襟已厭暑，迎秋殊願涼。徘徊起中夜，復此明月光。閒情閟重闥，朗抱開虚堂。風槐動疎影，露卉含清香。蛩新乍吟砌，螢暗時度牆。散髮理象櫛，瀹茗移藤牀。所欣在真境，豈辨何有鄉。但覺群動息，亦復筌言忘。

過瀛臺見秋荷盛開

妙蓮花界浄浮漚，翠蓋仙莖露未收。八部香嚴會龍海，萬真飛舞下麟洲。光明湧現雲霞色，清淺折成珠玉流。百丈虹梁平跨去，人間天上共新秋。

辛未

唐花歌

燕京窖花出豐臺，臈月已見群花開。海棠牡丹門紅豔，更好淡緑江南梅。我飾書室小且暖，地爐窗日微相煨。瓻盆瓦缶滿几案，拂拭何異尊與罍。衆芳列坐若佳客，千卷書作賢主陪。轉移春風入户牖，外釀瑞雪中收雷。渾然元氣在何許？扶持枝葉滋根荄。前花未落後花放，次第不覺三春催。開門遨頭出城去，水邊林下花初胎。那知屋裏奪氣候，已經百日看花來。今年冬半再封窖，一歲春花香兩回。

秦小峴少司寇予告歸田餞之於萬柳堂即題其城西草堂圖疊司寇和余萬柳堂四律韻

草堂欲歸去，把酒送君行。雅望推文學，恩綸奬政聲。病憐長孺卧，法念釋之平。君德優臣禮，遲遲無限情。

宫諭論文處，佳山昔詠歌。萬柳堂爲馮益都相國别業，小峴本生高祖蒼峴宫諭爲益都鴻博科門生，堂中舊多游蹟，見文集中。重來折殘柳，歸去製新荷。舊侣江湖少，遺編淮海多。元豐詩帖在，貞石待鎸磨。司寇時奉其先世淮海先生竹詩墨蹟卷共覽。

城西連惠麓，畫出草堂圖。圖爲屠琴隖畫。山看微雲抹，園添一杖扶。林泉容老輩，書史便衰儒。蹤跡更何許？扁舟淩太湖。

春雨江南足，軒前有杏花。秦氏有杏花軒。遂菴新几榻，吟社舊人家。小峴家有遂菴。又沈周《碧山吟社圖》，亦小峴先人詩事也。把卷清魂夢，臨風攬鬢華。緘詩如寄阮，好待侑僧茶。蒼峴先生緘詩寄漁洋山人，題曰「寄阮集」。

二月十八日雪後獨遊萬柳堂題壁間元人雪景畫中

佛龕拾得元人畫，裝成重向東牆掛。遺留想是佳山堂，一百餘年僧不賣。畫中白雪粉痕多，冰泉直壁青山界。兩客策騎同折梅，絹色雖渝猶不壞。欲題未題待雪來，直到中春雪始快。疋馬披裘獨出城，要看圖中門光怪。詩成晴雪滿松篁，雲破陽春撲牆曬。

寒食日偕朱野雲遊萬柳堂夜宿寺中清明日復看花柳

東風吹夜雨，洗出長安春。城闉已清淑，況此遠水濱。邱壑共明瑟，桃柳相鮮新。夕陽絢紅影，閒照亭中人。煙霞亦何物，乃爾怡吾神。

薄暝月漸明，碧雲復微合。暗影抱青城，遥情識孤塔。徘徊松樹間，花陰更叢雜。歸來話西窗，高眠接禪榻。清夢夫如何？繞林定三匝。

心清夢易醒，聞鳥已知曙。出門復看花，滃然迷白霧。霧氣泫花垂，似雨亦似露。幽石浄可憑，春沙輭勝步。試問六街塵，豈得此時趣。

上巳日萬柳堂同人小集看野雲處士栽柳和翁覃溪先生

藉田上巳待躬耕，是日侍上耕藉田。回向林塘曙影横。夜雨潑開春水色，暖風吹散曉禽聲。客來南郭心皆遠，屋對西山眼更明。記取道人栽柳意，送行懷古不勝情。坐中秦小峴少司寇將歸田。

野雲處士種柳萬柳堂自作圖卷屬題

豐臺何處有廉家？偶指城南憶竹垞。廉右丞號野雲，其萬柳堂别墅或以爲在南西門外豐臺相近，然今杳不得其遺址。而朱竹垞《日下舊聞》則以南城内東南隅地當之，故不列於郊坰而列於南城，即馮益都亦園也。亦園歸石氏，後改爲拈花禪寺。朱野雲處士自喜其號巧與廉合，邀詩友來遊，且爲種柳栽花，若有夙緣者。處士夙緣還種柳，詩人微笑共拈花。商量水外千行密，點染圖中一道斜。知是野雲深意在，城東欲學李西涯。

與法梧門前輩式善同遊西山先過八里莊慈壽寺

城裏看西山，遥青未可攀。峰巒邀客夢，車馬趁春閒。學士還清健，書生本劣孱。一笻偕一笠，法學士携笻，元戴笠。好與叩松關。

浮屠出荒寺，試讀舊碑銘。蓮月開雙相，觀明李太后及神宗象。松風語百鈴。早收花外刼，豈有夢中經。啜茗渡河去，春深萬柳青。

渡桑乾河入西山登羅睺嶺

待渡桑乾河，沙飛風力勁。所遊設若斯，毋乃盡清興。呼舟達西厓，林密野風定。車馬猶逶迤，嵐翠已相迎。郁遥柳色新，山静花光靚。紅杏千萬株，梨雲與之競。遠樹蔽迴峰，近枝礙幽逕。名山匪易探，先受一嶺横。籃輿扶峭岩，竹枝撥危磴。興逸忘此勞，山深悦吾性。煩襟滌使閒，濁慮澄已浄。何必訪孫登，始聞人嘯詠。

游潭柘山宿岫雲寺倚松閣

中峰何隆然，九峰外環繞。展轉入寺門，三幡風嫋嫋。香殿據層巖，孤亭出林表。柘溪飛冷泉，引派分渠沼。穿屋灑清流，曲折鬬工巧。虚室何精嚴，階下亂風篠。窗明文杏花，砌襯碧莎草。高松與塔齊，倚閣争夭矯。納客入此間，直若猿與鳥。再宿戀已深，流連玩昏曉。緬昔魏翩翩，創始志《釋老》。文人侈浮辭，遂爾悦禪藻。深山泉石間，原使精神澡。若欲治身心，終當守吾道。

遊戒臺寺

戒壇高處護天龍，盤磴回欄四五重。石殿烟霞東面暖，香臺金碧上方濃。殿臺皆東向。碑聞松漠依雙塔，碑、塔皆遼、金時物。河走桑乾擁一峰。何事遊人留不住，出山相警是清鐘。

戒臺寺古松

戒壇古松枝葉繁，問年上溯遼、金、元。或如舞鳳來軒軒，或如雲上蒼龍蹲。奇節老幹何足論，勿論其末論其根。走根久已入九原，穿山破石深無垠。養以蒙泉包厚坤，千脈萬絡紛攀援。雲欲出山爲所捫，先與松根相吐吞。夏含涼清冬含温，房山元氣來渾渾。詩人譽樹徒煩言，試與至道探真源。

途中小雨

春來何處不風沙，小雨才能醒麥芽。出見野田憔悴色，愧教庭院日澆花。

獨遊萬柳堂

蘆芽戢戢柳毿毿，一水瀠洄染蔚藍。但是鷺絲飛到處，管教風景似江南。

辛未初秋移寓阜成門即平澤門内上岡新居有小園樹石之趣題壁四首

莫遣鄉心憶選樓，城西僦屋似邗溝。老槐引入三橋路，雜樹圍成一院秋。小有峰巒同石屋，無多窗檻擬瀛舟。此間風月真清暇，竟日能來幾度遊。

春來未及海棠顛，接引繁花可半年。松菊雅逢秋士健，棗梨低待小兒懸。遮牆薜荔披風密，壓架藤蘿漏月圓。更與梧桐添緑影，芭蕉瀟洒竹便娟。

小園賦漫比壺公，乳鵲藏狸處處同。桑翳雙亭清夏氣，椒香一閣散秋風。澆花井水朝分研，埽葉琴牀暮拓弓。雖是賃居非廡下，未因椎髻愧梁鴻。

二百卷排新著書，高齋插架見經郛。讀碑結習成迂論，時著《南北書派論》。修史深情向舊儒。時修《儒林傳》。老圃客來秋逕外，西山青到石臺隅。墨莊子弟如相問，寫與詩篇抵畫圖。

中秋小園鐙月

秋宵涼氣滿花臺，幾度閒園剪燭來。雜樹陰中鐙影亂，流雲缺處月華開。衣深應有三更露，研淨原無一點埃。共把清吟酬此夕，不催絃管不銜杯。

同野雲山人小園坐雨

風雨秋園竹樹摇，黄昏時候更瀟瀟。却如江岸荒庵裏，早掩柴門避晚潮。

昌運宫爲古道院白松七株虧蔽霜雪松下青苔平鋪竟地雨後來遊闃無人迹

滿地濕苔衣，松身白十圍。松凝秋雪艷，苔養緑雲肥。古殿絶行迹，頽牆空夕暉。祇應明月夜，玄鶴獨來飛。

研背坡公笠屐像

蘇公片石攜，袖中有東海。研背勒眉山，英靈動真宰。我昔到蓬萊，天東望渤澥。一笠翻海光，知有坡公在。縱横一萬里，上下七百載。此意遠茫茫，碧環若爲解。「袖中有東海」、「東海如碧環」皆坡公句。

聽福祜孔厚諸兒夜讀

秋齋展卷一鐙青，兒輩須教得此情。且向今宵探消息，東窗西户讀書聲。

王楷堂比部廷紹齋中七尺端溪大石硯歌

王郎抑塞磊落才，埽葉延我來秋齋。籬脚黄菊立碧苔，秋陰堂下多强楷。齋中一硯真奇材，端溪七尺横安排。以几爲匣鬃髮胎，紫雲緑雨摩幽崖。平方正直誰量裁？羲之宅裏一片階。任人十手執筆來，儘可一硯容其儕。鍥墨無聲墨頓摧，如蠟塗釜膩莫揩。曰非端州何石哉，器大反與恒情乖。楷堂寶此休輕開，神寒骨重勿受猜。急須刻字銘硯隈，淄塵百斛無能埋。

種　菜

秋果墜西風，秋花濕疎雨。小山苔草深，時有涼蛩語。呼童荷鋤來，劚破半畦土。種菜能幾朝，已見青莖吐。夕陽閒灌園，香味在老圃。桑陰石几間，妻孥共雞黍。自起剪秋蔬，付與行煁煮。

題吴荷屋榮光登岱小照

巖巖東嶽上，俯視萬峰橫。試問來遊者，何人敢自輕。當前爭樹立，此意足生平。風度真相似，松泉如有聲。

題圖輅布曹學閔二公戒壇祠圖

西山有古壇，岧嶢出塵界。誰是登壇人，先當受孔戒。二老共遺榮，山僻性逾愛。松石寄精神，粟主一祠對。我曾入山游，高風想先輩。讀記念我師，更下祠中拜。祠中碑記乃朱文正師撰。山南二老莊，我師墓亦在。歸途謁墓門，梁木悲兹壞。文正師墓在盧溝橋西十里二老莊北之吕邨。

題書之静春居圖卷子

選樓宋墨莊，清江劉氏出。朱子撰六詩，静春居其一。賢母教兒孫，曾見安定胡氏。筆。我家居選樓，先祠式安吉。他年成一房，望祐以經術。攬此静春圖，藏書思石室。

一卷藏書圖，吾母著慈教。卅載繫哀思，五鼎豈云孝。兹圖何足論，其貌亦頗肖。愛此膝下兒，光景似吾少。文學固所期，心術尤至要。一片折蔞心，待爾春暉報。

春花雖灼灼，惟静乃吾廬。何因致凝静？賴此萬卷書。慕昔宋劉氏，累代守經畬。報國教孝悌，兄弟怡怡如。浮華吾所惡，勤儉保令譽。勉哉爾母子，勿負君子居。

壬申

小園初春

殘雪棲園林，半在小山北。初陽麗南軒，温然漏春色。榆枝拆嫩苞，東風已有力。一夜結輕冰，又覺餘寒勒。向午感微和，此焉見消息。

三月二十日駕幸南苑大閱恭紀

羽林齊駐晾鷹臺，聖主戎衣策馬來。萬乘躬勞千纛肅，九天春霽八門開。座臨山嶽人如海，陣走風雲地有雷。端爲太平親詰武，簫鐃歸唱帝之回。

三月廿一日夜宿萬柳堂贈覺性開士和翁覃溪先生韻

但有鴻儒無白丁，亦園原不在郊坰。緑波深漲橋頭板，清吹閒鳴殿角鈴。舊牓樓臺猶楚楚，補栽楊柳故青青。春風禪榻茶煙歇，共看三更月滿庭。

小園雜詩

清明才過見新荑，穀雨催花已放齊。一樣風光判桃柳，十分春色占棠梨。登臺衆緑浮身起，繞徑繁紅炫眼迷。半嚮不知花影换，月輪東上日沈西。

好花宜趁曉來看，起向花前擁盥盤。霞色忽驚隨水動，露華猶覺著衣寒。折枝邀蝶真成畫，嚼蕋聽蜂每忘餐。記否空林春未到，迴風飛雪撲闌干。

才是春明三月中，紛紛已颺落花風。恰當半謝新生綠，翻似初開少放紅。一例分箋酬令節，幾番秉燭入芳叢。與人究竟曾何補，慚愧家庭樂自同。

古藤幾架紫垂牆，小刺荼蘼蓋曲廊。上番笋抽新竹密，午時陰冪老槐涼。黄扉退直鳴珂静，青簡修書刻箭長。忽有微風生夏氣，疎簾初試棗花香。

終日轔轔九陌車，久晴容易起風沙。洗春一夜廉纖雨，破夏千枝芍藥花。研北銅瓶開薥栗，牆東玉軸展鴉叉。此間門巷清如水，綠樹陰中是我家。

小園休賦庾蘭成，但向幽軒較雨晴。入户風圓飛絮轉，鋪池水定落花平。偶思晝寢安横榻，更爲齋居結小棚。多少案頭書史在，商量可似古人情。

首夏奉使山西辦蒙古阿拉善鹽池事内子錢於小園率賦

好將蔬笋餞餘春，舉案居然我是賓。肉食到前遲下箸，自思可是遠謀人。

過井陘關

漢將論兵處，軺車竟往還。背分綿蔓水，心壯井陘關。柏柴斜陽淡，榆門古意閒。何邊曾赤幟，四顧歎青山。

太原晉祠晉虞叔也。始見於魏收書。

晉水初生處，虞祠閲魏、隋。桐圭青剪葉，參宿白開旗。群木森瑶蓽，雙泉競玉池。晚來涼月下，肅穆有靈祇。

晉水《山海經》：「懸甕之山，晉水出焉。」

《水經·晉水》篇，酈注嘗愛誦。何幸兹來遊，緣山入懸甕。沈沈女郎祠，靈堂抗高棟。下有百斛泉，濆湧出空洞。沙浄水逾明，石觸波始動。夏暑翻若冰，冬温不知凍。蔽日蔭繁林，終年漾青葑。石塔雙派分，水磨一亭礱。東流繞晉陽，歲作霖雨用。連陂秔稻香，滿澤芙蕖種。灌城反滅瑶，平晉當譏宋。娱集尋飛梁，宦子昔迎送。清川澹不收，山月暮將弄。風泉一夜聲，洗我空林夢。

懸甕山

海内讀《山經》，晉水一源發。懸甕連蒙龍，閭麋玉爲窟。重甗朝已陞，夜游更超越。竟登柏翳山，還見禹時月。上有避暑宫，高齊。下有蒼龍闕。北漢，見遺山詩。山川太古心，萬載未銷歇。

臺駘廟

汾脽驅自循蜚初，玄冥世業大夏墟。臺駘手障晉陽澤，沈姒實出汾沮洳。金天大鹵襲白壤，宣通下濕生蒲魚。昌凝廟象按劍坐，唐封神爲昌凝公。弟兄原未相離居。閼伯、實沈日尋戰，允格、臺駘本相善。太平興國火晉陽，干戈誤讀邱明傳。果憐灼艾託官家，何愧參商不相見。

聖母祠晉源之神，舊名女郎祠。宋熙寧中，加聖母號，居正殿，別立女郎小祠於泉上。閻百詩曾據斷碑知爲邑姜也。

漫説叢祠住女郎，亂臣原是古周姜。雲冠松蓋山樓静，翠葉銀花水鏡涼。開母有姨居少室，夫人辭帝降清湘。后妃治法分明在，底事河東見武、楊。

古柏

古柏生何代？應生楊、李間。南臨雙派水，西夾一梯山。卧榦青銅柱，高枝碧玉鬟。寄言後來者，省識好相攀。

貞觀晉祠銘

舊搨唐銘一丈碑，碑陰今是刻名時。六朝隸楷翻貞觀，隋以前碑與帖分，以羲之帖法書碑自唐初始。十道山河起晉祠。雅受羲之親作傳，感恩虞叔獨題辭。高君雅等禱雨之謀不成。瀛洲學士誰能此，使我摩挲歎色絲。

涼堂

曾聞水上結飛梁，目送清流下晉陽。欲借酈君《經注》筆，緑陰深處補涼堂。《水經·晉水》注云：「水側有涼堂，結飛梁於水上，左右雜樹交蔭，希見曦景。」元壬申夏日來游，池館頗多，獨無涼堂之名，因屬門生太原尹魏來田補書此扁，以存古蹟。

曉涼

晉陽暑雨夜初收，曉起涼深似暮秋。不是雁門風色緊，未知身在古并州。

磁州滏泉道中

百里邯鄲道，塵歊生暑風。今朝新雨裏，一路亂泉中。鷺向稻田白，荷依柳陌紅。江南好光景，此日憶相同。

正定喜雨

呼渡滹沱日卓午，禾黍與人同畏暑。常山雷起卧龍飛，勒轉風雲射涼雨。雨停溼氣蒸夜林，曉程起望猶濃陰。大凡一片墨雲下，總有萬家歡喜心。

小　園

長亭三百轉軺車，暑退涼生始到家。得少閒時才覺倦，坐看園叟種秋花。

寄題焦里堂姊夫半九書塾八詠并示琥甥

雕　菰　樓

君子樂暇邱，貞白不下樓。我亦有丙舍，近在龍岡頭。他年好魂夢，相約來往游。

柘　　籬

樓北樹已嘉，樹外籬更好。春芳蔓青條，秋花隔香艸。若喜柘枝顛，毋能采菊老。

紅薇翠竹之亭

紅薇駐夏日，翠竹延清風。虛亭凝一笠，雜樹翳成叢。中有著書者，樂過仲長公。

蜜梅花館

衆卉已驚寒，黄梅獨相耐。況是先人遺，書館勿翦拜。一片冰雪心，留在湖波外。

倚洞淵九容數注易室

密室括圖書，先生獨注《易》。妙悟契天元，數如正負積。孟、費勿分家，秦、李合共席。

木蘭冢

昔年玉浮圖，今留一坏土。花身雖不存，其名足今古。標以瓌石峰，將爲刻銘語。

仲軒

公理論樂志，有志未能樂。何如黄珏湖，深遠似巖壑。況是樂孔、顔，於焉寫著作。

花深少態簃

君子守歲寒，所貴非有態。李固豈弄姿，魏徵豈嫵媚。毋爲擷春華，還思翫晚翠。

中秋小園鐙月

小園鐙影花影，徹夜草香露香。遥憶二分明月，平開一半秋光。

出古北口四百里至木蘭圍口

策馬塞山下，泉石生清音。延緣入寒麓，霜色絢丹林。席狘在幽草，晚風吹我襟。夕陽下西山，朔氣何蕭森。牽駝飲迴澗，牧羊散高岑。時有獵騎來，連轡帶皋禽。兹行洵孤立，徘徊獨諷吟。有懷古卓歇，澹然多遠心。

木蘭山口

羽林初散木蘭圍，北幕諸藩拜宴歸。剛近重陽試風雨，四山黄葉帶雲飛。

初用眼鏡臨清舟中作

高宗壽八旬，目無靉靆照。臣賦《眼鏡》詩，褒許得優詔。爾時頗自恃，焉知惜壯少。無何中年來，淚泣屢哀弔。鼎湖與雷波，心肝傷兩竅。況在經籍中，千卷自讎校。今年鄴下歸，麻茶非意料。秋來加鏡看，忽使鏡呈效。帝恩命司空，出轉七省漕。六百萬石粟，案牘待披報。竟欲仗此君，心折不能傲。古人知非年，來歲五十到。豈今一歲前，尚争後先覺。亟須盪吾胸，無爲不正眊。

題張渌卿詡露華榭稿

渌卿昔在余幕，既乃客遊山左，作壻東萊，詞采驚人，年華感舊，今廿年矣。《露華》詞句雅近，玉田吴穀人祭酒以詞題其集，有云「付香弦，一聲一咽，尋常歌吹全洗」。渌卿故不名詡，余昔有漢銅印，文曰「張詡之印」，以贈渌卿，渌卿即自名爲詡。此皆本事也。

廿載才人説渌卿，江湖小集刻初成。七條弦咽真情味，一寸銅香古姓名。齊客例應爲贅壻，吴蒙還是作書生。富春山色揚州月，并作秋懷寄歷城。

拜汶上分水廟

尚書宋禮。畫策本虚懷，白叟白英。奇謀抵決排。泰嶽餘根歸魯、衛，汶流分派入漳、淮。五千帆楫能逾嶺，二百泉源盡到階。心折古人甘下拜，神鴉飛舞過松牌。

仿鑄漢建初銅尺歌和翁覃溪先生

蘇齋寄我《漢尺篇》，三尺分弆詩應聯。葉東卿志詵仿鑄漢建初銅尺三枚，以二尺分贈蘇齋暨予，而自留其一。摩挲蠖屈屢歎息，此尺與我尤多緣。江都閔氏舊寶此，鑑藏尚在吾生前。此尺本在江都爲吾鄉之物，此一緣也。家鄉漢石竟手獲，吉金豈不增惜憐。予手獲西漢厲王胥冢石字于甘泉山。一從法物歸闕里，較量禮器相後先。憶昔再試四氏學，量才借尺曾兩年。予兩至曲阜試士，皆借此尺于衍聖公府，徹棘後還之，此二緣也。自兹一別十七載，壬申復由魯至燕。壬申年，予從闕里借漢尺至京師，鑄畢還之闕里，此三緣也。蘇齋重見喜作考，葉氏仿古鑄且鐫。翁、葉、阮各得其一，日本銅質鎔精堅。葉氏用日本銅仿鑄三尺，予得其一，此四緣也。我曾獲燬越南印，模鑄漢尺分豪懸。葉氏鑄用原尺較，一絲不爽符貨泉。予於庚申年剿獲安南四總兵銅印於台州，銷爲一劍一尺，其尺僅以漢尺拓本仿鑄，今以原尺較之，弱一分有奇，不及葉氏此鑄分豪不爽。世間尚有晉前尺，周、漢尺賴搨本傳。晉尺亦爲我所得，復齋宋册相駢連。世間除此漢尺外，惟宋王復齋《鐘鼎款識》册内有晉前尺搨本，其尺銘載與周尺、劉歆尺相同，即沈冠雲據以著《周官禄田考》者，此册今藏予齋中，此五緣也。積古齋中列觀八，商角周罍及漢甗。予以商銅角、周齊侯罍、漢晉八甗、唐貞觀塗金銅碑、宋王復齋《鐘鼎款識》、宋尤延之板《文選》、舊搨未翦本《華山廟漢碑》及仿鑄漢鼎尺銅貯積古齋中，列爲八觀。末列一觀漢鼎尺，定陶仿鑄量與權。惟度量衡共二器，周、漢制度今兼全。予得漢定陶恭王銅鼎，置之焦山，仿鑄一鼎，存之齋中。漢人鑿所重斤兩、所容升斗於鼎蓋器上，再合此尺，可得古度量衡之全。此六緣也。古今度數無二理，適於世用斯爲便。測量粟米創捷法，一尺算遍船五千。漕運總督盤糧之法，舊用尺量船，三乘四因始得米數。予以今米一石積爲六面立方形，即命此一面爲一尺，創爲新尺，衹用再乘即得米數。寒冬鑪火小閣暖，淮陰官舍如琅嬛。詩成握尺天欲雪，茶甌香雜沈檀烟。

十二月十一日夜宿海州雲臺山東海營次日閱兵

雲臺山下結軍轅，弓矢鉏犁共一屯。田已爲桑原是海，營惟種柳半成村。潮頭沙影猶清淺，月底巒光更渾淪。認作家山安穩住，山名與余字合。今宵有夢到三元。峰頂爲三元宫。

石臺高處起朝暾，殘雪平分嶺脊痕。陣合呼槍連谷響，射回卷旆帶烟翻。休因鯨戮成京觀，遂遣鷹遊弛海門。爲語朐東諸部曲，水仙容易有孫恩。昔年蔡逆窺上海，此地鷹遊門曾戒嚴。

決河曾向郁州奔，碧海渾波共吐吞。東去淮、沂頻奪路，西來蒙、羽尚連根。誰分賈讓三條策，得溯張騫萬里源。若與黄流較源委，此山遠欲抵崑崙。

過海州板浦弔淩次仲教授

山海應如舊，斯人世已無。因文明禮樂，本孝礪廉隅。耐久真成友，成名定作儒。那堪三十載，到此式君廬。

揅經室四集詩卷十　文選樓詩存

癸　酉

高郵雨後舟中歌

舊年一雨洗春去，花落春明雜飛絮。今年一雨浮春來，楚州烟水迎船開。楚州珠湖好烟水，但恐狂瀾來未已。遠邨新緑上林梢，野寺江梅破新蘂。如此淮南好畫圖，一漲便教成釜底。河水原從天上來，湖隄究竟由人毀。春風起兮吹春波，今年秋風復如何。中流擊楫愁心多，且掛江帆催渡河。

泊瓜洲督運自題江鄉籌運圖

高臺日映海門紅，揚子春江二月中。獵獵千帆開北固，幢幢一纛引東風。臺建大旗，風順則鳴礮升之，糧艘始由北固渡江來。舊遊已歎華年改，故里還疑夢境同。今日伊婁河上住，幸無詩稱碧紗籠。

題郭頻伽麐神廬圖卷

名園多樓臺，乃遜圖畫久。金谷能幾時，蘧廬同其偶。不死惟谷神，神構即不朽。郭子本清貧，計出季倫右。尻馬御飛輪，造化盜而取。精神見山川，真氣爲户牖。彈指樓閣成，縮地箱篋受。示我神廬圖，導我入廬走。捫腹即生松，運肘亦化柳。癡語破平泉，澁文斥絳守。若不言本無，安知非真有。始歎甲第雄，不畝詩畫手。造物非忌才，終待才人厚。

題蝶夢園圖卷用董思翁自書詩韻

辛未、壬申間，余在京師，賃屋於西城阜成門内之上岡，有通溝自北而南，至岡折而東，岡臨溝上，門多古槐。屋後小園不足十畝，然亭館花木之盛，在城中爲佳境矣。松、柏、桑、榆、槐、柳、棠、梨、桃、杏、棗、柰、丁香、荼蘼、藤蘿之屬交柯接蔭，而獨無牡丹。園有一軒、一亭、一臺，玲峰石井，嶔崎其間。花晨月夕，不知門外有車塵也。余舊藏董思翁自書詩扇，有「名園蝶夢」之句。辛未秋，有異蝶來園中，識者知爲太常仙蝶，呼之落扇，繼而復見之於瓜爾佳氏園中，客有呼之入匣奉歸余園者，及至園啟之，則空匣也。壬申春，蝶復見於余園臺上，畫者祝曰：「苟近我，我當圖之。」蝶落其袖，審視良久，得其形色，乃從容鼓翅而去。園故無名也，於是始以思翁詩及蝶意名之。秋半，余奉使出都，是園又屬他人。回憶芳叢，真如夢矣。癸酉春，吳門楊氏補帆爲畫園圖，即以思翁詩翰裝冠卷首，以記春明遊跡焉。

春城花事小園多，幾度看花幾度歌。花爲我開留我住，人隨春去奈春何。思翁夢好遺書扇，仙蝶圖成染袖羅。他日誰家還種竹，坐輿可許子猷過。

遊淮陰柳衣園憶京寓蝶夢園

誰家池館傍淮濱，薄暮風光潑眼新。初月殘陽交弄影，緑楊紅杏共扶春。去年花事詩猶在，今日京華迹已陳。但是園林遊便好，莫教苦憶舊芳塵。

隋宫瓦

隋宫黄土迷蕪城，大雷小雷春草生。玉勾金釵掘已盡，荒原還有耕夫耕。我過蕪城見耕者，拾得隋時故宫瓦。但有雙環四出紋，惜無文字周迴寫。回鴈宫，芳林門，知是何方簷溜痕？流珠堂，成象殿，建瓴形勢分明見。一規翠甋閲千年，衹宜琢就圓池硯。麝煤響搨寫《隋書》，護兒先録來家傳。

題柳徑停雲圖卷子三疊萬柳堂詩韻

癸酉春，都中陳鍾溪少司空邀同其叔石士編修、兄玉方員外暨朱野雲山人、潘芝軒大司空、葉琴柯給事、葉芸潭、劉芙初、董琴南、饒晴薌、謝向亭編修同遊萬柳堂。山人畫萬柳堂卷子寄余，翁覃溪先生題卷首曰「柳徑停雲」，并題五言古詩一首，諸公所作多題卷中。朱蒼楣比部諸公亦有題句，寄到濟寧舟中，因三疊舊韻題答。

僻寺看花處，諸公載酒行。題詩邀鷺羽，補柳得鶯聲。蓮社清風聚，蘭亭曲水平。那堪廉孟子，傷逝不勝情。柳堂舊遊法時帆先生頓作古人。

兩載禊春波，朝遊復夜歌。兩年與山人屢夜宿拈花寺中。深杯依鍛柳，短燭接銅荷。人遠夢猶戀，圖新詩更多。小齋三硯外，山人三硯齋，覃溪先生書扁。爲我墨重磨。

窠擘停雲字，池裝柳徑圖。書窗曾共覓，吟杖記相扶。壬申春，隨覃溪先生遊萬柳堂，并訪先生舊居，先生童時讀書處距堂一里許耳。詞侶隨前輩，經生奉大儒。墨雲題一片，飛到蜀山湖。

湖水掘已盡，苦餘紅蓼花。時各湖積水疏掘殆盡，以濟漕運。萬帆争轉粟，一舸學浮家。望雨占雲氣，催程趁月華。相思多舊侣，把卷伴琴茶。

縴代賑

此癸酉六月作。及九月歸舟至德州，時直隸、豫東邪教作亂，乃每船各選壯丁，給兵械，合首尾五帮連環相助，至十一月始肅，全漕歸江南境。

鴻雁年年飛，所謀在江湖。閒民無聊賴，慣作牽船夫。粟米四百萬，轉運達帝都。南漕五千船，船與廿夫俱。牽夫十萬輩，歲歲相挽輸。南牽來瓜洲，北牽過長蘆。負縴面撲地，蹴踏聲齊呼。前船呼邪許，後船唱喁喁。當暑無笠蓋，逢寒無袴襦。陰雨沐毛髮，烈日炙肌膚。岸宿犯霜露，川涉陷泥塗。或爲頒白首，或爲鬑鬑鬚。兵吏促行程，執朴相逐驅。戀船如戀家，孰肯爲逃逋。問伊何所樂？問伊何所圖？一飯何所樂？一身何所圖？所累惟此口，藉船相爲餬。有時力衰盡，溝壑在路隅。年豐尚謀食，歲荒食更無。今年春夏旱，山東二麥枯。農民無收穫，握粟如珍珠。俯首掘草根，煮及薺與荼。仰首剥樹皮，屑及柳與榆。魯、宋數萬民，貿貿來川途。川途亦無麥，守死能須臾。饑民爾勿死，爲我牽舳艫。一般加廿人，數萬抵飛芻。加夫不得力，不慣相曳婁。不慣嗚欸乃，不慣合步趨。雖不合步趨，聊使相挽扶。才牽牐河船，便得飯數盂。腹飽心且安，人分勢自孤。何嘗説相賑，與賑實無殊。方今太平世，爾曹壯而愚。得食即帝恩，養此七尺軀。今年湖水淺，處處阻且迂。剥運耗既多，加夫費更需。一船有一軍，軍困復誰蘇？豈不欲軍蘇，賦勿加越、吴。東南農力困，安可再多逾？軍農尚困乏，何況牽船徒。自古食爲天，無食良可虞。所賴豈有他？一飯真區區。

重陽泊天津登芥園小樓

樹老寒蟬斷，斜陽獨倚樓。浮雲連渤海，新漲下漳流。挽粟能歸庾，來船任觸舟。迴帆天氣好，祇是已深秋。

甲戌

春草軒詠春草寄仲嘉二弟

淮陰二月艸萋萋，帆影車痕上碧隄。節鼓春回行馬外，尋詩晚出射堂西。池塘雨過人猶夢，河朔風和緑漸齊。愁説微山湖水盡，香蘅芳杜滿新泥。

與王柳邨處士豫丁柏川觀察淮方静也茂才士倓焦山僧借菴同立焦山書藏詩以紀事

我昔立書藏，錢書賴名山藏，山向古書覯。《禹貢》逮《爾雅》，桑欽亦傳授。嶽鎮若非書，其名久舛謬。錢塘置靈鷲。兹復來江南，焦山藏新構。焦山本譙山，人罕識其舊。於詩見江淹，於典稽杜佑。樓倚椒山祠，正氣充宇宙。周、漢二鼎間，常有海雲覆。《鶴銘》殘字多，編列籤厨富。萬卷壓江濤，千函寄烟岫。付與詩僧收，何異長恩守。況是仁者静，山壽書亦壽。千載傳其人，更有史遷副。

賀翁覃谿先生重赴甲戌科恩榮宴

弱冠科名花甲周，新恩重得會瀛洲。三春補赴瓊林宴，先生壬申會榜在九月。萬卷真傳石墨樓。先生之學，淵源於黄氏萬卷樓，先生自有石墨書樓。錫爵自甘遲二載，辛未科，元等在京師，即議先生應與是科之宴，先生以壬申尚少一年，願以甲戌科遲二年與宴，計六十二年矣。著書人好共千秋。先生謂前甲戌科多著書之人，元謂今新甲戌科如劉逢禄等亦能著書者也。先生學與精神合，試看江河萬古流。

過珠湖草堂用自題射鴨圖舊韻二首

扁舟入珠湖，帆共湖雲飛。浦溆自回繞，蒲柳相因依。破暑得微凉，輕風生葛衣。憶與草堂别，七年今始歸。群從昆弟來，欣然意無違。羡君遠城郭，蕭然無是非。

鷗鷺狎湖水，不向江外飛。泛泛蘋藻間，烟波常相依。群從棹湖月，夜披白苧衣。念我宦遊人，故里偶一歸。在外十九年，情僞尚多違。相念且相勉，行年應知非。

夜宿雷塘墓菴

離鄉遠遊子，常悲歲月深。一朝暫歸養，汲汲惜寸陰。兹來得展墓，仿佛同此心。敝廬僅一宿，徘徊戀舊林。暮愁夕陽墜，曉迫明月沈。夢魂詎能定，毛色忽已侵。逮存慟疇昔，靡盬念斯今。行行重回顧，涕泗空沾襟。

曉發攝山

秋光縹渺最高峰，石徑雲霞疊幾重。二十九年人再到，松嵐更比舊時濃。

雨後過青陽五溪登望華亭看雲中九華山

九華著奇秀，遊眺昔未曾。峰巒入夢想，烟霞填我膺。今來五溪上，駐馬試一登。是時秋雨後，雲氣猶鬱蒸。九峰在何許？訪及溪上僧。僧指深雲中，恍惚見未能。欲待難久待，應憎誰敢憎。天風霍然動，雲勢初翻騰。乍開若擘絮，驟破疑裂繒。忽於白雲隙，迸露青崚嶒。有如九老者，山顛降且升。隱隱松嵐際，時見笠與簦。有如九遊女，簾捲窗暫憑。烟鬟曉未整，墮馬堆鬅鬙。又如水蒼玉，琢出青圭稜。又如碧菡萏，朵朵波上凌。九峰不齊見，三五互減增。將藏意欲秘，復見態轉矜。屈指知第幾，注目窮多層。徘徊涉江去，回首秋光凝。

九華憶古二絶

九峰縹渺一雲連，朵朵蓮華碧上天。試把山光比詩思，飄然真似李青蓮。顧野王時，此山名九子山，唐李太白始改「九華」之名。

雲中一一出青尖，風力誰能似此銛。欲與荆公鬥詩筆，故應好處是修纖。王介甫《九華山》詩云：「盤根雖巨壯，其末乃修纖。」

舟過小孤山

淼淼潯陽九派流，波心清湛一峰秋。獨撑江、漢成孤注，遠壓金、焦在下游。活翠巖邊霜葉樹，淡紅山頂夕陽樓。乘風破浪尋常事，但惜仙磯未泊舟。

冬至日雪窗偶成

南土候多暖，今年特地寒。朔風過彭蠡，快雪似長安。爲此陰晴計，端因稼穡難。稍閒聊自慰，戾氣浄餘干。

登滕王閣

千年詩序至今存，誰見當時棨戟尊？爲有大文射牛斗，才教高閣老乾坤。棟雲簾雨復飛卷，彭澤臨川相吐吞。倚檻獨思百城寄，寒江極目静無言。

詠十三金石文房

以唐文泉子紫石硯，硯匣上嵌漢貨布，以漢五銖泉范爲墨床，以漢宛仁小弩機爲水池，以漢印鈎爲水匙，以漢尚方辟邪銅箭爲筆筒，以宋王晉卿鏤金鐵匣爲墨匣，内貯長壽半鈎唐魚兵符，以梁大同、隋開皇、仁壽、唐會昌四造象爲筆架，共成一盤，以供清賞。

齋中積古最精孯，一尺檀盤事事全。金石文房十三器，漢、唐、北宋二千年。案頭舊搨銅花細，筆下新生墨彩鮮。翡翠珊瑚皆避席，好同歐、趙共清緣。

甲戌除夕接雷塘庵僧心平書詩以答之

勞勞已終歲，今日少務閑。静坐玩窗影，積雪何增寒。言念君恩重，肩力懼未殫。忽來詩僧簡，古院憶木蘭。我家雷塘墓，去院數里間。登樓原可望，中惟隔一山。墓廬有梅樹，神道開松關。當兹歲云暮，夜雲飛漫漫。復念千里外，豈不心爲酸。簡中何所語？蘇亭多喜懽。上言墓木好，下言民食艱。民食聊相助，墓木常相看。揚州旱民甚饑，余已捐助粥賑，更加助於近墓之貧户。寫詩代答簡，轉問竹平安。

乙亥

齊侯罍歌

此罍銘在腹内，十九行一百六十八字，乃齊侯鑄賜田洹子及其妻孟姜之器。「洹」與「桓」通借字，汪容甫所藏《陳逆簠》又作「狟子」，音同則假借無定。銘辭有「奉齊侯，受命于天子曰，爾期璧玉、樂舞、壺鼎、鼓鐘，用綴爾大舞，鑄爾善釿，用御天子之吏，洹子、孟姜用祈眉壽」等字。語工字古，銅堅而黝，色澤絶似焦山之鼎，余昔購之安邑宋氏葆醇。

於戲！此罍乃齊景公之所爲，賜與田桓、孟姜寶用之。雲雷繶帶交陸離，獸面兩耳雙鐶垂。篆在腹内難搨槌，一十九行列銘辭。璧玉樂舞鐘鼓司，聽命天子曰爾期。洹桓假借古無疑，萬年眉壽爲爾祈。太嶽姜氏育有嬀，再世遂至穉孟夷。五世洹昌應卜龜，受此器者田乞釐。鳳皇于飛陳厚施，晏子諫禮知齊衰。此罍之鑄當此時，玩辭可見公室卑。孔子請伐扶衰姬，此罍屹然竟不移。尚父祚短弱尾旗，不抵虞韶傳至斯。精金堅黝真鷰彝，百六十八字畫奇。歷三千年文在兹，我姑酌彼還哦詩。兕觥近時罕見，余藏文父乙兕觥，如爵，有蓋，上有兕頭雙角之形，器、蓋皆有九字銘。

齊侯罍歌　　常生

罍乃酒器形如壺，郭注《爾雅》曾辨諸。其别有五小曰坎，餘者爲罍名無殊。古人祭祀及朝享，用備尊彝致精爽。天子飾玉諸侯金，義别尊卑著天壤。吾家積古古物多，爵觚觶角紛捜羅。酒器前後共廿六，哦詩久已同摩抄。後得一罍更權奇，形符古制雙耳垂。兩環繫耳吐饕餮，古氣磅礴盤雲雷。雷罍聲近義取此，孔疏訓解得古旨。罍口銘辭十九行，環列直下罍腹止。口小腹大摹搨難，銅花青照江水寒。篆文百有六十八，猝難釋辨非彫殘。吾師椒堂朱駕部，摹篆秋堂博三古。孔悝讀銘未云多，張敞識鼎豈足數。嘉慶甲戌季冬時，吾父拓寄請釋之。雄文奇字句佶屈，一朝識破無廋詞。首列齊侯罍數字，用錫洹子作龙器。洹桓偕聲古通借，乃知此爲景公制。自古人臣著勳績，始制彝器答宣力。桓子無宇齊奚功，曷禱萬年加寵錫。我憶景公當是年，公室已卑陳氏專。五世其昌協筮卜，齊國之政將歸田。若使景公早此鑑，或知守禮思憂患。何至失刑陳厚施，晏子自晉歸納諫。此器已兆齊祚移，嬀育于姜其代斯。吾撫此罍再嘆息，永懷還誦金罍詩。

伊墨卿太守秉綬由閩赴都過南昌賦別

夜雨尊前酒，新晴柳外鶯。洪都三宿住，淮海十年情。孑孑皆孤子，嚶嚶是友生。此行廣陵郡，一路埭棠清。嘉慶乙丑，余丁憂回揚州，時墨卿同年爲揚州太守，旋亦以憂去官。

用余家瓜洲紅船爲式在南昌造船以爲救生諸事之用瓜洲船乘風歸去三日至瓜洲矣

南人使船如使馬，大浪長風任揮灑。紅船送我過金山，如馬之言殊不假。我嫌豫章無快船，造船令似金山者。鄱湖波浪萬船停，惟有紅船舵能把。洪都三日到江都，如此飛帆馬不如。

夏夜雷雨題楚夜雨雷鐘銘宋搨本册

楚夜雨雷鐘，鐘鈕鑄雷神之形，銘在鐘裏，篆跡雄古，宋政和中出于武昌，後歸秦檜家，今册中舊搨乃王復齋所收北宋本也。豫章暑雨應時，農田大稔，清宵聽雨，偶題長句。

豫章農田正愁暑，圛圛升雲常夜雨。西山夜半轉雷車，天遣雷公伐雷鼓。雷公倮象在楚鐘，政和搨本墨尚濃。篆跡纍纍肖雷勢，每疑夜雨騰蛟龍。我摹鐘文三歎息，濕染千年墨雲黑。何時墮地見雷神，雷神象見《論衡》、《搜神記》。鑄象書銘傳芊國。今年雷雨動滿盈，有雷不震民不驚。涼宵瀹茗看古篆，雨聲喧隔譙鐘聲。

夏　夜

新月浄如洗，夜花涼若秋。風前雙燭炧，露下一螢流。暑氣清將減，詩情淡不收。竹床與蕉扇，歇得半時愁。

讀吴穀人前輩錫麒有正味齋續集即用見寄原韻和寄

七年浙海障横流，常向先生借箸籌。浙海多盜，元前後七年辦畢，先生常以籌策見示于詩。相邸詞垣思早歲，己酉、庚戌間，先生爲那繹堂尚書之師，館阿文成公第中，元與繹堂同年，往來得見先生。選樓講院憶今秋。先生今住揚州安定書院，距元家隋文選樓最近。壽高雅喜詩逾健，政拙還驚句未酬。此夜雨窗秋燭底，新編如與話綢繆。

題雪窗圖卷用去年韻

去冬今春雪太多，甚寒，慮有沴。及五月，麥大熟，且多雙岐者，秋稻亦大熟，斗米較上冬賤百餘錢，始知宜寒也。乙亥冬，甫至小雪節，又甚寒，得二寸之雪，喜題卷中。

雙岐多秀麥，方識雪宜寒。斗米百錢賤，萬民千里安。驚心歲荏苒，著手事艱難。又喜一年雪，何妨非意干。

丙　子

正月八日立春游百花洲

較雨量晴又一年，課農餘事課花田。時補栽花樹。偶來水木雙清地，疑到蓬壺小有天。香破早梅知嶺近，緑争高柳見春先。塵勞自愧詩懷少，半日能遊便似仙。

小園蝶夢憶芳辰，如此林泉也暢神。四面樓臺皆近水，一家筆硯共吟春。香初茶半留連處，山色湖光澹蕩人。莫使宦遊忘物候，度江一十二番新。余在江南見十二春。

春　雨

半月暢春晴，翻生望雨情。東風變雲氣，密雨下江城。遥想匡廬上，應多瀑布聲。湖山一千里，處處起新耕。

百花洲春晴

曉來濃霧滿江城，緩緩春光湛湛晴。過午日酣風氣暖，水烟山翠不勝情。

百花洲課士作得花字

城裏瀛仙館，湖東隱士家。山林騰嘯詠，水木湛清華。孤嶼亭亭立，圓波面面斜。樓臺雙有影，風月四無遮。地領千年勝，人栽百種花。衆香深雨露，萬色動雲霞。過客多題壁，春行偶散衙。莫教芳樹下，忘却課桑麻。

以沈檀爲勾股形筆筒嵌鏡於其弦處即以爲硯屏照墨也刻詩代銘

豈獨管爲城，兼因硯作屏。開奩迴玉照，脱穎破春暝。石洗池分鏡，花生筆有瓶。墨光浮瀲灩，燭影射瓏玲。雅製宜宵課，新詩抵篆銘。兒時書味在，還憶一鐙青。

題金帶圍花開宴圖

老圃秋容儘自誇，春風何事弄繁華。誰知誤煞蒼生處，即是四花中一花。

將由豫章赴中州過廬山作

廬山高連天上雲，雲天與山殊不分。香鑪峰裏雲氤氳，朝霞暮靄何紛紛。香鑪峰在嶺半，嶺高于峰，且嶺勢阿曲向西北，而峰居其中，其形殊不似香鑪，但其中雲氣常滃生如香烟之出鼎，乃悟古人所以命名者，以雲肖也。我行百里廬山麓，遠嶺青青近峰緑。東林秋落白蓮花，却向溪南望山北。余家舊藏文徵仲摹李伯時《白蓮社圖》，此圖畫法出于晉、唐舊本，尚非伯時所創。社倚崇山，溪遶其外，今東林寺在溪北，而寺後無崇山，殊不似此圖。余在寺門望山，久之，乃悟晉蓮社乃北向背山者，向南而望與圖酷似，今東林寺與之相反矣。山北香山舊草堂，惟留古木森豫章。香山草堂已無一椽，惟留唐木一大株，數十里外森然可見。西風嫋嫋下木葉，隨雲飛過天池旁。天池岧嶤不能到，勞人空使山靈笑。昨因霖雨拜疏來，長願山靈答明詔。但是西江憂旱時，定發雲雷灑龍瀑。廬山舊不列于祀典，今年夏旱，余撰文祭禱之，後遂出雲降雨。七月將卸印時拜疏爲山神請封列祀典，且祈永致作霖之應，奉旨封「溥福廣濟」神號。

大梁丙子立冬後一日即得雪四寸再疊雪窗圖韻

瑞雪迎冬早，梁園氣已寒。吏民共清静，川嶽各平安。願得來牟熟，何愁撫字難。夜窗重展卷，素食詠河干。

治大梁撫署後園偶題

昔年鐙火笙歌地，今日荆榛瓦礫場。特剪荒蕪開舊圃，旋修破碎得虚堂。臺基高處宜登眺，案牘閒時竟坐忘。土瘠難栽好花樹，春來擬插百垂楊。

臘前三日將出都與野雲山人同宿萬柳堂覺性開士方丈曉行賦别

承恩辭九陛，奉節戀天閶。幾日肅馳驟，今夕聊徜徉。税車過蕭寺，晚飯來柳堂。山人興還逸，開士意亦長。是時近佛臘，永夜同僧房。空庭澹落月，古木含清霜。地鑪石炭熌，紙窗律燭光。齋厨出寒蔬，禪榻薰篆香。境僻息群動，意深難坐忘。爲言五載别，屢泛千里航。頻年憂漕水，兩度歸雷塘。彼既慮寇近，此亦恐盜藏。滑臺快擊滅，時那東甫同年治葬，近在東南郊外，予過之，談癸酉滅滑賊之事。碭山謹禦防。癸酉冬，予亦調發漕標將士防禦于蕭、碭之間。語長緒往復，事過猶慨慷。前春補柳處，近在冰池旁。春深野桃紅，秋高籬菊黄。停雲寄畫卷，賦雪留詩囊。蹤跡昔清遠，須眉今老蒼。短夢暫欹枕，曉鐘已趣裝。征途送遥目，離念縈中腸。

十二月過趙州茶亭僧舍

五度洨南走驛車，衝寒冒暑過僧家。買絲客去休澆酒，餬餅人來且喫茶。午暍未忘曾爇炭，雪途還記得浮瓜。請看老衲惟閒坐，尚把星霜改鬢華。

丁　丑

春日安陸道中題王鑑畫楚山清曉卷

我藏舊卷圖，楚山畫清曉。身未到楚山，安知此境好。今春來武昌，苦雨意殊惱。寒食渡江去，漸覺春雨小。行入竟陵西，陰雲豁然埽。近嶺已飛飛，遠峰猶裊裊。是時東方明，旭日將加卯。蕩漾平湖烟，低向山根遶。新霽氣逾清，若浮海中島。一片綠沉沉，强半是春草。烟浄湖水明，山影向湖倒。碧鏡舒黛眉，繪事遜兹巧。連村柳色多，入麥菜花少。宛轉登山樵，翩翻出巢鳥。始知望山色，城中苦不早。鼓楫下滄浪，青青猶未了。橫看數百里，巨幅展江表。橫幅手卷，宋人名之曰「橫看子」。

彝陵峽口望蜀江

岷江本是願朝宗，底事巴西繞萬重。峽口山光青似劍，荆門水勢白如龍。吴船快放三千里，蜀客愁歸十二峰。莫問猿聲在何處，綵雲可待種芙蓉。

荆州懷古

紀南山外古荆州，一片江城渺渺愁。春夜梅花沙市月，西風荷葉渚宫秋。蕭梁書盡名猶在，巫峽雲來夢可留。豈有才人不惆悵，未應王粲獨登樓。

泊調絃口

布帆安穩楚江天，橘樹花香野堠前。南望洞庭好春色，華容山碧水調絃。

荆襄雜詩九首

羊杜祠

羊、杜督軍事，被服皆雅儒。襄、漢據上游，用此終吞吴。漢石有婁壽，晉碑何遽無。襄陽漢《婁壽碑》今尚有搨本，晉碑謂羊公、杜公三碑。

鹿門山

隔水鹿門山，沙漲漁梁渡。渺渺滄浪間，隱君從此去。遠岫多松雲，鬱積幽人趣。

襄陽城

漢水以爲池，蕩蕩本天塹。何以三千年，屢見攻與陷。守取在人謀，慎哉以古鑑。

大隄

春風吹漢水，日落峴山西。我自城東來，青旗繞大隄。蕭然何所有？芳草空萋萋。唐以前都關中，襄樊爲水陸最聚之處，故繁華也。

武當宫觀

嵾碑五百載，樓觀猶堂堂。老桂綴青子，春松生古香。羽士無反側，任爾耕武當。所過遇真，玉虚宫及各茶庵，皆有古樹周庵，老桂高出三層樓上，永樂、嘉靖玉虚宫四碑皆高三四丈，道士依各山者以千計，皆佃民種山以爲生計。時襄鄖觀察請減汰道流，予否之。

鄖中山

鄖竹萬疊山，民在山深處。賊平民徹砦，更造新屋住。墾山復種田，春深麥遮路。白蓮賊往來鄖、竹之時，民多逃亡，或結砦山頂，本不似前明流民與賊相埒。今賊淨民安，連遇豐年，民焚老林，墾山種麥及包穀，多造新屋，情頗安樂。

古郢都

横江猶未極，歎息此郢中。章華在何許？禾黍空故宫。惟有屈、宋辭，萬古流春風。

荆門蒙泉

紛紛春月白，沉沉夜山青。鳴泉出石竇，清渠抱幽亭。何必登高臺，始講《蒙》卦經。山半有陸象山講經臺，余謂《蒙》爲出泉之象，有冒勉長進之義，故象謂「果行育德」，非專謂童穉愚蒙也。一卦之象不專一義也。

赤　壁

千古大江流，想見周郎火。草草下江陵，匆匆讓江左。縱使不東風，二橋亦豈鎖。静春居《三國志疑年録》謂曹操最感橋太尉之恩，引爲生平知己。赤壁之戰，二喬年皆三十以外，操豈有鎖二喬之心？杜牧之詩是爲失言。

靄園聽鶯

繁林千樹合，夏氣一山清。連巢亂緜羽，倚户得嚶鳴。百囀猶未已，雙柑殊有情。羡彼谷居者，交交朝暮聲。

閲洞庭水師畢登岳陽樓

木葉西風外，秋光滿洞庭。波平萬頃白，露肅千山青。遠浦一何澹，此心相與凝。戈船人散後，楚客自揚靈。

望君山

終古君山色，蒼然壓洞庭。橘烟寒鬱鬱，竹雨夜冥冥。蘭芷因騷佩，魚龍伺樂聽。莫教徒鼓瑟，多恐泣湘靈。

丁丑九月十一日謁南嶽廟遂登祝融峰頂

瀟江夜雨連湘潭，午晴雲氣餘秋炎。南行不似重九後，風和川静如春酣。山村竹隖路百轉，再宿始到南岳南。入廟拜神謝且禱，今年有雨無不甘。更願神功福三楚，豐年屢協魚旟占。餘閒躋勝上石廩，群峰按圖相問探。磴高嶺仄下馬走，逐隊扶過肩輿籃。天門疊石作壁壘，上封鑄鐵爲瓦簷。飛流直下絶磵底，千年不卷珍珠簾。風高氣緊殺凡木，但能擁腫生松杉。攝衣步上祝融頂，雲開石出何巉巉。七十二峰四千丈，眼底一一森青尖。昔聞湘中望衡岳，舟行能識九面巖。我今遠從巖上立，那見葉葉湘中帆。惟見帶水自轉折，一條白氣相吞涵。蒼梧地荒禹跡遠，山中近事差可談。少陵側身歎朱鳳，昌黎擲珓多憂讒。鄴侯結廬在何處？烟霞留與張文潛。南軒新安雪中住，直同文定通洛、濂。此外仙釋殊不少，我心鈍拙安能參？岣嶁有碑索不得，奇文曷出楊升菴。名山自念久遊歷，歲月動與行蹤添。嵩高二室昔禱雨，泰岱日觀早具瞻。揭來雙髩雖未白，霜色强半生我髯。登峰幸門腰脚健，不扶銀鹿身猶堪。鴻雁若迴試寄語，吾於五嶽今登三。

唐懷素緑天庵

蕉庵在何處？曲折入繁林。秋暖無黄葉，徑幽多緑陰。壁間狂草在，石上古苔深。安得住三宿，清宵聽鼓琴。

遊浯溪讀唐中興頌用黄文節詩韻

帆隨湘轉尋浯溪，登岸欲摩唐、宋碑。密林接葉山徑寂，青蟲當路垂秋絲。橋邊清波眼到底，亂石鑿鑿藏魚兒。蒼崖百尺懸于西，削成絶壁鳥不棲。碑乃魯國之所寫，頌乃次山之所爲。三千里外有水部，十四年後無太師。人賢地勝文筆古，過客墨搨争灑揮。壁立積鐵屹不動，安者見安危見危。江湖豈獨漫郎宅，又遣山谷來題詩。各人忠愛各朝事，大都楚澤騷人辭。事有至難最可歎，靖康俄與靈武隨。惟有溪邊古漁父，欸乃湘烟無所悲。

過瀟湘合流處

零陵城邊黄葉渡，柳侯祠前多竹樹。布帆無恙掛西風，正是瀟湘合流處。瀟湘秋水徹底清，碧山如黛照波明。隨波轉望忘世情，翠鳥趁魚時一鳴。

自湖南零陵入廣西全州避雨宿湘山寺次日曉發

湘源山下借僧廬，翠嶂清流古畫圖。夜雨瀟瀟聽斑竹，曉雲夢夢望蒼梧。初冬黄葉猶依樹，百里青松盡引途。夾道古松青蒼蓋天，百里不斷，舊名爲「引路松」，其間又多雜以丹楓黄葉。怪底古人遊興好，驂鸞飛過洞庭湖。

兼謂韓文公、吕仙、曹唐、范石湖。

揅經室四集詩卷十一　文選樓詩存

丁　丑

桂舟三章章四句

《毛詩》風、雅多三疊換韻之體，古人唱歎必三疊而歌之，而後人罕效之，何也？丁丑季秋，由楚入粵，疊桂舟三章，聊學風詩換韻之體。

桂舟千里上巴陵，細雨斜風過洞庭。岳陽一望碧波遠，愁絶君山相對青。
桂舟千里溯瀟湘，細雨斜風橘柚香。合江一望渌波遠，人意詩情誰短長。
桂舟千里達湘灕，細雨斜風下九嶷。峽山一望白雲遠，南海西江相見時。

登沙角礮臺閲水師畢即乘水師提督之兵船過零丁外洋看大崙山望老萬山回澳門閲香山兵因題船額曰瀛舟

茫茫沙角外，巡海一登臺。潮向虎門落，舟從龍穴開。瀛帆乘夜月，火礮動晴雷。回棹澳門外，西夷迎節來。夷人奏夷樂迎瀛舟。

戊寅

初食荔枝

廣州五月天清霽，荔枝園中摘新荔。碧葉猶連翡翠枝，紺苞急綴珊瑚蒂。尤物由來不易得，久遣詩人譽佳麗。我今飽噉復何難，翻覺古人心太契。味中嫌帶醴酪香，新荔中微覺有酒氣，故白樂天云「甘酸如醴酪」。竟雜微酲入柔脆。我性與酒不相中，欲使甘蕉共彈例。譽之固過彈亦非，嗜好酸鹹各生蔽。瓊漿迸齒清沁脾，且擲檳榔與藤蠣。粵人以檳榔、扶留藤葉，雜以蠣殼灰共食之。

節樓前木芙蓉

樓前幾樹木芙蓉，看到初冬更覺紅。海暖竟無霜可拒，堂高本有日常烘。千枝次第開相亞，三色參差變不同。最是晚晴廊下坐，一家人在此花中。

詠玻璃窗

紙護窗櫺已策功，玻璃更比古時工。虛堂密室皆生白，曲榭高樓盡避風。尺五天從窺去近，一方垣許見來同。儘教對鏡層層照，不用開軒面面通。疑畫幅裁花爛漫，勝晶簾卻月玲瓏。常留淨几香烟碧，分射深廊蠟炬紅。隔斷寒塵明湛湛，看穿秋水影空空。雖然遮眼全無界，可是身居色界中。

肇慶七星巖下校武望石硯山

星巖何嵯峨，石室有仙殿。山南閱武場，陣馬得平甸。歲寅節小雪，溫暖猶持扇。出城風滿旗，入埒草嗚箭。東南斧柯山，峽對羚羊轉。明霞冠翠微，流露鼉光晛。石氣韫生輝，文彩相與絢。儼若几案列，硯山當吾面。直使古今筆，共此一巨硯。踏天工如神，篝火巧刓劙。星暈結三巖，水肪截萬片。官求戒騷勞，民取任利便。新阬多犕燥，割賣竟殊賤。吾家舊紫雲，知自兹巖鑱。今日置船窗，似人返鄉縣。忠義老磨硯，古人可想見。

伯玉亭節相寄示臨安平夷紀事詩書答二首

元老奮天戈，平夷埽穴過。將軍依大樹，百姓種新禾。斬閫勞諸葛，收徵倚伏波。若非公速捷，吾亦警牂牁。時粵西亦防江。

同備宮寮後，懷人三十年。使車久離别，詩硯各磨研。吾髩已非昔，公顔豈似前。何時同剪燭，重話菊花天。昔與相國同官詹事，時秋冬間齋宿，種菊滿庭，余故有《一枝軒菊趣圖》。

自梧州泝灘江經龍門劍窖之險

桂林山南衆水聚，聚水成川必流去。穿谿破峽抉石開，百折千回自成路。此路惟許清灘通，誰使連舟向灘泝。天寒水落石更出，直下龍門如瀑布。水底森然劍戟多，石與水争激生怒。來船不戒偶一觸，立見欹沈亦何遽。逆行雖難尚少虞，順水飛流每多誤。去年鼓棹險不知，今日重來人始懼。我家珠湖烟水平，小艇忘機落鷗鷺。過灘人倦夢初來，夢到陂亭狎鷗處。余家北湖有三十六陂亭。

桂林微雪疊雪窗舊韻

桂館逢殘臘，居然刻意寒。山情太奇峭，民事本平安。集霰一何急，迴春應尚難。嶺雲殊惱意，繁壓碧闌干。

桂林除夕憶雷塘庵僧心平

每當歲暮多風雪，是憶雷塘老衲時。雲色昏寒低石馬，濤聲嗚咽起松枝。墓門梅樹開猶未，精舍蒲團坐可知。本不能如僧伴住，桂林何況隔天涯。

己　卯

隱山三章章四句

余生辰在正月廿日。近十餘年，所駐之地每於是日謝客，獨往山寺。嘉慶廿四年，余歲五十有六，駐於桂林，是日策數騎避客於城西唐李渤所闢之隱山，登降周回，串行六洞，煮泉讀碑，竟日始返，竊以爲此一日之隱也。

隱山之峰，薖軸可容。一日之隱，客不能從。

隱山之北，覆巖幽澤。一日之隱，栖此泉石。

隱山之中，雲岫四通。一日之隱，我辰所同。

八　念

我念雷塘北，庵樓對漢陂。雷塘，即《漢書》「雷波」，「雷陂」即「雷波」。松楸阡外路，霜露墓前碑。每遇歡華境，常思闇淡時。昔年翹足卧，幽獨避人知。

右雷塘庵

我念選樓下，廊虚窗復深。詩書秋客意，金石古人心。自我閉門去，是誰憑檻吟？却留經詁在，聊復擬珠林。

右隋文選樓

我念珠湖岸，先人舊草堂。到門布帆落，曳屐板橋長。偶捕鮮魚煮，旋舂新稻嘗。農鄉好風景，那得久相忘。

右珠湖草堂

我念祠樓上，西窗對墓田。僧度橋祠樓西望陳家橋，祖墓及江夫人墓皆三里內。小橋横白水，老樹帶蒼烟。歸夢曾三宿，鄉心在百年。杜公有圓石，敢與郭香鐫。墓刻《華山碑》在樓下。

右北湖祠樓

我念平山路，清溪十里源。如將萬花谷，并作一官園。烟月家家舫，樓臺處處門。卅年閲川嶽，邱壑不忘鯤。

右平山

我念康山上，高堂出女陴。舊題思白筆，雅集曝書詩。竹馬曾遊處，蒲帆屢過時。故家惟此在，悽絶失蘭池。亡室江夫人家園有蘭池，今兄弟無人，園池廢失，惟此山爲其從弟家耳。

右康山

我念曲江曲，亭中王子猷。詩鈔千卷富，竹看萬竿修。紅雨桃花漲，黄雲稻葉秋。所思殊邈邈，曾此泛虚舟。詩人王柳村居江洲，予結曲江亭，柳村選詩千卷。

右曲江亭

我念木蘭院，廢城隋故宫。一林黄葉樹，千載碧紗籠。禮塔思坡老，聞鐘談敬公。墓庵殊不遠，香火老僧同。唐木蘭院即王播題詩處，離雷塘墓庵不遠，院僧心平兼管墓庵，常住之。

右木蘭院

登桂林棲霞星巖隱山諸巖洞

奇峰陽朔盡如簪，一路簪峰到桂林。韓文公有帶水簪山之詠。足力尚能躋此勝，山容真可駭人心。隔林已見星門迥，渡水方知石寺深。銷盡寒雲飄盡雨，春光猶覺碧森森。

出岫雲霞入岫風，巖皆有洞洞皆通。敢來月窟天根裹，竟到山腰地肺中。九曲穿行人似蟻，兩頭垂飲石如虹。偶因尋得桃花路，東洞外多桃花。不料潛過絶壁東。

春風幾日滿天涯，平野村林盡有花。流水晴光更摇渌，夕陽暖翠不成霞。人齊飛鳥高千尺，城象盤龍抱萬家。爲喜盛時蠻峝静，佛泉宜煮獞溪茶。

六洞唐賢共隱名，何能吏隱卧山城。但教識得林泉趣，自可消除市獄情。道路會須還坦蕩，峰巒毋乃太縱横。驂鸞頗憶衡湘北，萬頃重湖一掌平。

桂林春望

榕門二月雨餘天，曉霧新晴嫩可憐。山色浄時烘暖翠，李花穠處鬱春烟。閉門豈是陳無己，懶讀將同邊孝先。不爲秀峰留我住，崑崙關已著吟鞭。

桂館春夜初晴

才見春宵晴後天，流連光景未能眠。月如停處當頭近，風到和時撲面圓。廢圃竟無花一朵，荒堦惟有石千拳。閉門守黑猶非妙，白不須知是妙玄。

憶江南春

五嶺數千里，氣候判南北。廣州三冬時，雜花已春色。花色既不穠，香氣亦頗嗇。入春每驟暖，否則冷雨逼。今春在桂林，寒氣更鬱塞。不見韶光來，常愁嶺雲黑。中惟三五朝，放晴雨暫息。桃李强自開，豈敵風雨力。江鄉春最暢，花事苦相憶。風日暄和時，香重豔何極。斜陽踏芳草，光景舊省識。始悟江南春，明媚不可得。

送春日去桂林

人在天涯送遠春，遠春還送欲歸人。風光漸埽纏緜雨，雲水原隨淡宕身。玉筍峰多通桂驛，木蘭舟小望榕津。祇憐花事成狼籍，那有殘紅上繡茵。

柳州柳侯祠

柳江猶抱柳侯祠，定是風光異昔時。青箬緑荷非舊訔，黄蕉丹荔有殘碑。徙移故蹟頻消瘴，想望高樓合詠詩。多少文章留恨在，鶯啼花落又羅池。

龍賓道中

柳南山水接龍賓，更度牂牁問遠津。青草氣香疑有瘴，緑榕陰重惜無春。當年木客曾詩客，今日猺人是稻人。四月畬田耕種畢，此間久已不文身。

上林道中

木棉林外鷓鴣聲，人與青山相抱行。三面翠屏方罨畫，一行白鷺更分明。烟清斥堠郊軍射，水滿畬田獞婦耕。自古百蠻驕遠徼，莫將容易説昇平。

由賓州至邕州過崑崙關觀狄武襄進兵處

《宋史》狄青、余靖、廣源州蠻等傳載青破儂智高事甚詳，李燾《長編》、曾鞏《雜録》所載亦爲得實，惟沈括《夢溪筆談》一段爲世人所口炙者，余昔嘗疑之。今親至邕州，知其侈也。《筆談》言智高守崑崙關，按：上年十二月鈐轄陳曙戰敗于金城，金城在關之南，曙兵弱而少，若智高固守關，曙必不能至金城，惟智高狃于金城之勝，所以更不分賊在此爲守備。故曾鞏《雜録》載青之言曰「賊不知守此，無能爲也」。《筆談》又言青值上元，大張燈燭，欲燕飲三夜，次夜二鼓，青稱疾潛出，至曉，座客未敢退，忽報是夜三鼓已奪崑崙矣，此亦謬也。余今由賓州九十里至關頂，由關頂四十里漸落平地爲金城寨，由金城至南寧府即邕城尚有六十里，而歸仁鋪距城北僅二十里，若武襄十六夜二鼓出賓州，豈三鼓即能到關？賓州又何以曉即得報？今以道里及時日推之，必是十六日暮諜已報關無守備，武襄遂夜冒風雨而出，即使騎速，亦須五鼓到關。方夜出時，必留密令，令步兵十七日曉發，非奪關後返報也。步兵約十七日午後可到關，夜可至金城，十八日曉行，午前後可到歸仁，所以一戰即暮也。《狄青傳》亦惟言整軍騎，一晝夜絶崑崙關出歸仁鋪耳。所言飭者，自是指在後之大軍而言，固未言張鐙爲三徹夜之燕飲也。武襄到賓，即斬失律者三十二人，而陳曙之敗，余靖實迫之，武襄不能罪同列而斬其次，所以桂人哀之而立廟。王明清《揮麈後録》有蘇東坡謂陳崇儀死非其罪之語。夫斬將士至三十二人之多，雖曰明罰，然旋爲三徹夜鐙燭之燕飲，恐無是情。藉曰僞示賊以暇，恐賊諜未聞而軍心先惰。故示具五日糧，元宵犒兵，或有之，三夜鐙宴座客待曉，武襄未必如此。沈括所談，非盡實矣。余觀崑崙關不甚險，惟山谿迴複數十里，宜防伏兵，諜者非祇諜備關與否，尤以諜有伏與否爲急，若有備伏，遂不進乎？余思武襄必有佯攻正道、潛兵越行間道之計。今按：賓州西南行由武緣本有路可達南寧城，特多百里耳。又按：余靖《平蠻京觀碑》及《平蠻三將題名碑》皆言正月己未青至歸仁鋪，賊舉衆出城拒戰，大敗之。《宋史·仁宗紀》則以爲戊午日，當以《碑》爲得實。《宋史》皇祐五年正月壬寅朔，己未正是元宵後三日，乃正月十八日也。余靖《碑誌》又言追奔十五里，是也。《宋史·狄青傳》言追奔五十里，亦誤也。由歸仁至城僅二十里，此《碑》之所以勝於《史》也。

皇祐三年冬，武襄入西粵。蕃禁合土兵，師集歷三月。文臣不相牽，宦官不相軋。三十二罪人，毅然縛而殺。曙敗靖迫之，有廟祀鈐轄。一戰大功成，軍制明賞罰。我今來賓州，武襄所頓歇。豈爲宴上元，必待諜而發。我來崑崙關，武襄所夜奪。諜知賊無備，靖沔未及察。若其備伏嚴，此險難直達。間道在關西，佯攻且潛越。我來歸仁驛，武襄所撻伐。山平蕃騎便，左右易馳突。賊氣失標牌，軍聲動刀鉞。此戰以馬上刀斧破步賊之標牌。我來邕州城，武襄之所拔。詰朝整旅入，智高已夜脱。武襄料賊明，騎蹴使步蹶。武襄在汴已請蕃落數百騎，早定以騎蹴賊之策。武襄偵賊真，夜出決倉猝。武襄得地早，過險勢莫遏。武襄防患深，不遽窮其窟。戰績載史書，雖曾識顛末。若非見地形，游談誤沈括。

下橫州烏蠻大灘拜馬伏波將軍廟

鬱水貫烏蠻，樓船舊此間。伏波橫海去，合浦獲徵還。人拜磯頭廟，灘喧水底山。篙師能撥險，潑刺出江灣。

嶺南荔支詞

男福注

嶺外書傳唐伯游，蘇文忠公《荔支嘆詩》自注：「漢永元中，交州進荔支、龍眼，十里一置，五里一堠，奔騰死亡，羅猛獸毒蟲之害者無數。唐羌字伯游，爲臨武長，上書言狀，和帝罷之。」王十朋《蘇詩註》引李註云：「謝承《後漢書》唐羌上書云『伏見交阯七郡獻生荔支、龍眼等，鳥驚風發，南州土地炎熱，惡蟲猛獸不絶於路，至於觸犯死亡之害，死者不可生，來者猶可救也。此二物升殿未必延年益壽』云云。」《後漢・和帝紀》元興元年，唐羌上書陳狀，帝下詔曰：「遠國珍羞本以薦奉宗廟，苟有傷害，豈愛民之本，其敕太官勿復受獻。」風枝露葉漢宮秋。《荔支嘆》：「風枝露葉如新採。」《三輔黄圖》：「漢武帝破南越，建扶荔宮。」扶荔者，以荔得名，自交阯移植百株于庭。如何天寶年間事，《通鑑》：「天寶五載，妃欲得生荔支，歲命嶺南馳驛致之。」欲把涪州換廣州。《荔支嘆》「永元荔支來交州，天寶歲貢取之涪」，自註：「唐天寶中蓋取涪州荔支，自子午谷進入。」胡三省《通鑑注》用蘇說。

人道驪山驛騎長，漫疑不是嶺南香。漕河自古通扶荔，考唐時轉運由揚州入斗門渡淮入汴，由汴入洛，由洛入渭，運入太倉。嶺南貢荔當亦如轉漕之制，連株成實，輕舟快楫，抵渭南後摘實，飛騎一晝夜可至長安矣。若云馬上七晝夜，必無此事。此路難瞞張九章。《唐書・張九齡傳》：其弟九章。《通鑑》：天寶五載，天下風靡以嶺南節度使張九章貢最。按：貢荔之事應在此時。《舊唐書・地理志》嶺南道廣州、南海郡土貢荔支。考東、西川土貢皆無荔支。又《樂志》載南方進荔支事，若是蜀貢，當云西方，不當云南方也。又杜子美詩：「憶昔南海使，奔騰進荔支。」又云：「南方每續朱櫻獻。」據此數證，已爲確實。況子美生於唐代，目擊其事，其爲嶺南之荔更無疑矣。

尤物誰曾比荔支，蘇詩《初食荔支》詩：「不知天公有意無，遣此尤物生海隅。」又《荔支嘆》：「我願天公憐赤子，莫生尤物爲瘡痏。」曲江風度那相宜。《唐書・張九齡傳》：「宰執薦公卿，必問風度得如九齡否。」料應自悔初年賦，錯與掖垣人説知。《曲江集》:《荔支賦序》云:「南海郡出荔支焉,每至季夏,其實乃熟,狀甚瓌詭,❶味特甘滋,百果之中,無一可比。余往在西掖,嘗甚稱之。」

新歌初譜《荔支香》,《新唐書·樂志》:「玄宗幸驪山,楊貴妃生日,命小部張樂長生殿,因奏新曲未有名,會南方進荔支,因名曰『荔支香』。」豈獨楊妃帶笑嘗。杜牧之《過華清宮》詩:「一騎紅塵妃子笑,無人知是荔支來。」應是殿前高力士,《唐書·宦官傳》:「高力士潘州人。」潘州今高州。最將風味念家鄉。

紅雲宴罷有降王,《十國春秋·南漢後主本紀》:「大寶三年,帝命荔支熟時設紅雲宴,以樂後宮,歲以爲常。」《宋史·劉鋹傳》:「太宗將討晉陽,召近臣宴,鋹預之,言:『朝廷威靈四方,僭竊之主今日盡在座中,旦夕劉繼元又至,臣率先來朝,願執梃爲諸降王長。』太宗大笑。」馬上珠鞍入大梁。《御批通鑑輯覽》:「鋹性巧絶,其實貨燔爇之餘尚存美珠四十六甕。嘗以珠結鞍勒爲戲龍之狀,極其精妙,以獻,宋主謂左右曰:『鋹好工巧,儻能移于治國,豈至滅亡哉!』」此果竟難降得去,自應也號小南强。《十國春秋·南漢中宗本紀》:「乾和十四年,周遣使來聘,帝欲盛誇嶺南之强,館接者遺使者以茉莉,文其名曰『小南强』」,蓋譏之也。宋時後主入汴,諸臣不識牡丹,有朝臣謂之曰:『此名大北勝。』蓋報之也。」

不妨長作嶺南人,蘇詩:「日啖荔支三百顆,不妨長作嶺南人。」儋耳椰冠竟欲真。《太平寰宇記》:儋州居南海之中,漢置儋耳郡,以其人鏤離其耳爲名。蘇詩在儋州有《椰子冠》詩云:「更將空殼付冠師。」南食昌黎歸去早,《韓昌黎集》有《初南食貽元十八協律》一首。案:韓此詩但言椒橙魚蛤之屬,未及荔支。《唐書·韓愈傳》:元和十四年貶潮州,即于是年移袁州刺史。

❶「詭」,原作「瑰」,今據四部叢刊景明成化本《曲江集》改。

未曾買夏復探春。蘇詩《惠州新年》五首：「探春先揀樹，買夏欲論園。」端倪養出本天然，《明史·陳獻章傳》：陳獻章字公甫，新會人。獻章之學以静養爲主，其教學者但令端坐澄心，于静中養出端倪。顆顆明珠露下圓。静裏工夫誰領得？江門真有荔支仙。《廣州府志》：江門海在新會縣城東北十五里。案：白沙講學于江門，世人稱爲江門之學。白沙嘗就荔支樹吸其露，作詩云：「我是荔支仙。」

不須誇署尚書銜，懷核歸來味共參。《廣東通志》：今粤荔有名尚書懷者，乃明湛若水從楓亭懷核歸種于西樵。此是白沙真種子，《明史·方孝孺傳》：帝發北平，僧道衍以孝孺爲囑曰：「城下之日彼必不降，幸勿殺之。殺孝孺，天下讀書種子絶矣。」甘泉浸得水枝甘。《廣東通志》：湛若水字元明，增城人，一時學者稱爲甘泉先生。甘泉乃白沙弟子。粤中凡近水之荔支名水枝，近山名山枝。

賦得喜雨課兒擬作

得雨如何喜，民心造物知。疾雷消亢氣，雌霓展愁眉。慰切誠求後，情酬仰望時。欣欣方被澤，勃勃已忘飢。治粤憂歸我，名亭力在誰。還因天子德，優渥遍蠻夷。

夜宿清遠峽曉登峽山飛來寺

嶺水願南歸，曲江故相曲。將與海通波，又受峽山束。新秋浪瀰瀰，清遠碧如玉。古寺何飛來，高出二禺麓。歸猿夜半啼，老樹終年緑。欲登阮喻逕，截取伶簫竹。更陟雲臺峰，披雲望晴旭。頗覺此處山，必宜著我足。北禺有阮隃逕，多竹。舊《志》有羅隱書「雲臺」二篆字，今不存，余補書立石。此山閲世人，今古若飛速。人自去來耳，山寺無往復。

英德道中

殘暑難消白露中，蒲帆猶自趁南風。孤城古塔三叉水，遠雨斜陽半截虹。生翠石看群玉染，泥金霞愛暮天烘。篷窗盡日閒如此，翻可行程著静功。

度梅嶺

郵程猶畏暑，乘夜度梅關。雲氣更成嶺，星光能照山。事停心少静，途遠力愁孱。試向梅花語，開時待我還。

東林道中詠肩輿瓶中桂花

洪都穠桂綻新黄，折向肩輿石路長。何異桂林三百里，行人步步得秋香。

籃輿未肯留蓮社，五柳先生自有家。若是桂香應小住，料因不愛白蓮花。

過淝水

《禹貢》「東陵」即《爾雅》之「東陵阠」。此大陵在大江之北，不應迷失。蓋東陵即廣陵，自合淝水由巢湖入江，合肥地勢平衍，至滁州清流關江浦近江爲陵之中，江都東及泰州爲委，長數百里。此陵不與安慶、桐、潛相連，爲有淝水界之，甚分明也。《禹貢》曰：「至于東陵東迤。」又曰：「東爲北江，入于海。」然則大江向東北流，將入海之處最長大之陵，非此山而何？此山非東陵而何？古稱南北曰輪，東西曰廣，廣陵稱「廣」，正因東西甚長，至于東陵「東」字，則對四方之陵而言也。

《禹貢》東陵《爾雅》收，清流關直到揚州。請看淝北淮南路，此是東陵西起頭。

鳳陽漲阻夜泊

洪流下商亳，浩瀚失平楚。野岸不知名，危檣泊何所。瑟瑟淮南秋，瀟瀟夜深雨。我亦感江湖，鐙前意千縷。那堪鴻雁聲，嗷嗷又遵渚。

宿趙北口

紫極星垣近望中，七千里路暢西風。得看兩次團圞月，才自南雄到北雄。

正大光明殿萬壽宴蒙恩親賜杯酒恭紀一首

萬壽稱觥金殿開，至尊手賜赤松醅。膝行前席依龍衮，首戴深恩仰玉杯。既醉福年真樂只，載歌颺拜亦康哉。敬將慈惠疆臣意，渥灑仁膏到越臺。

渡淮有懷河北諸公

九月黄流楚岸低，迴波又見下青齊。馬蹄去處皆秋水，鴻爪回時已雪泥。歸夢快醒湖墅上，停雲愁在沁園西。春深聽奏覃懷績，好使桃花漲舊隄。

偕仲嘉宿雷塘庵樓

空山雨雪獨立時，何人至此方能悟。情迴意迥得返真，世俗那得知其故。松楸多風草多霜，暫來灑涕棲雷塘。墓門夜霧月少光，庵樓翦鐙寒對床。宦遊光陰最飄忽，支枕阡岡能幾月。村屋荒雞叫明發，弟入江城兄往粵。此間雪逕寂無人，豈換初心對華髮。

結蘇亭于木蘭院竹南古銀杏北

修竹圍若屏，古樹高如塔。木蘭北院中，緑陰翕然合。孤亭一笠新，茶竈復繩榻。風欄終日閒，吾不如老衲。舉以屬坡公，相呼可相答。

選樓蠟梅

六載游踪未到家，春時每憶選樓花。今年得在樓前過，黄蠟梅開髻也華。

偕張芟塘維楨步過渡春橋小憩倚虹園

幾年不到平山下，今日重來太寂寥。回憶翠華清淚落，永懷詩社舊人彫。樓臺荒廢難留客，花木飄零不禁樵。剩有倚虹園一角，與君同過渡春橋。

風雪夜行樅陽江

荒江走頹波，昏月弄寒色。飛雲帶雪來，長風起東北。我舟逆流去，超越殊有力。遥夜速水程，十二時行四百餘里，六晝夜自揚州至滕王閣。帆索敢斜勒。喧聲警澎湃，蓬窗月復黑。危坐待晨光，長燭幾回刻。

舟中望廬山

殘夜滄江雪，匡廬頂上明。曉來青嶂外，疑是白雲生。全弃虎溪迹，多涵鹿洞情。此中吾道在，難與淺人評。

由南康入鑫澤

兩年詩卷住南州，未向彭湖皷楫遊。今看匡廬得真面，竟推左蠡作遨頭。沙光明浄居陽鳥，雪力清强促夜舟。欲向涪翁問詩派，橫流可要挽江牛。

宗　舫

予舊造紅船，取宗慤長風之義，名曰「宗舫」，爲金山上下濟渡、救生諸用，三面使風，最爲穩速。十數年來，創使遠行，竟往來湖北、江西諸地，而江西、蕪湖等處亦仿造之，爲救生之用，所救皆多。近年宗舫之外，又增三舟，予名其一曰「滄江虹」，一曰「木蘭身」，梅叔名其一曰「曲江舫」。己卯冬，予由揚州乘此，七日即至滕王閣下。曾奏言此行之速，而上下江長官趨公，亦間有乘此始能速達者。換舟赴嶺，留題二詩。

金山飛棹本名紅，我遣來回楚越中。帆脚遠行須把定，莫教孟浪願長風。

滿江晴雪幾舟紅，頗似唐人舊畫中。予曾見唐人《雪霽江行圖》卷，絹長不過二三尺，而舟長幾盈一尺所，著色界畫，帆檣積雪，豪髮皆備，惟于長江霽雪遠景則略之。此唐人古拙舊法，與宋、元人畫意不同。楊子橋頭萬里浪，滕王閣下一帆風。

梅嶺張文獻公祠看梅花

嶺南古梅祠下，到此已如到家。欲問曲江風度，料應即似梅花。

度梅嶺用前韻

古梅開驛嶺，芳訊動江關。寒減虔州水，香先庾浦山。落帆猶戀卧，登嶠竟忘孱。細雨濃花裏，人從天際還。

庚　辰

望遠鏡中望月歌

天球地球同一圓，風剛氣緊成盤旋。陰冰陽火割向背，惟仗日輪相近天。別有一球名曰月，影借日光作盈闕。廣寒玉兔盡空談，搔首問天此何物？吾思此亦地球耳，暗者爲山明者水。舟楫應行大海中，人民也在千山裏。晝夜當分十五日，我見月食彼日食。若從月裏望地球，也成明月金波色。鄒衍善談且勿空，吾有五尺窺天筒。能見月光深淺白，能見日光不射紅。見月不似尋常小，平處如波高處島。許多泡影生魄邊，大珠小珠光皎皎。月中人性當清靈，也看恒星同五星。也有疇人好子弟，抽鏡窺吾明月形。相窺彼此不相見，同是團圞光一片。彼中鏡子若更精，吴剛竟可窺吾面。吾與吴剛隔兩洲，海波盡處誰能舟。羲和敲日照雙月，分出大小玻璃球。吾從四十萬里外，多加明月三分秋。地球大于月球四倍，地月相距四十八萬餘里。

鸞羽歌

神鸞之品亞鳳皇，和鈴振響何鎗鎗。前年曾説到衡嶽，鑾音一串疑歸昌。前年衡州有大鳥飛鳴，群鳥隨之，音如馬頸串鈴，當是鸞也。奇文異彩那得見，片羽不得留清湘。今來嶺表控桂海，仙翎頗出暹羅航。焦明振振搏如帚，不入翡翠千金裝。翅修三尺尾五尺，更比孔雀金花長。連錢珠眼二十四，駿青舞繡開吉光。其圓眼雖不及孔雀之金翠，但一羽有二十四五眼，次第相連。古人秉翟尚渥赭，況此肅肅威儀翔。一揮筆几俗塵遠，宛然長麗飛女牀。

端州北巖緑硯石歌

緑石巖在高要七星巖北，在羚羊峽西北數十里。粤人以緑石爲不鍥墨，然余所鑿之硯殊膩而發墨。王安石詩云：「鳳池新様世争傳，況以蠻溪緑石鐫。」是北宋已有緑端石矣。宋人皆稱端溪爲蠻溪，故梅堯臣《端溪圓硯》詩云：「案頭蠻溪硯，其狀若圓璧。」

端溪北巖藏硯璞，苔滿烟生暖如玉。何人剖玉出山來，更比端州江水緑。春波緑浄唾不可，山石緑肥有雲裹。清風吹落筆牀邊，還是沈沈雲一朵。窗前蕉葉接梧桐，可憐顔色絶相同。李賀休歌踏天紫，南唐漫品細絲紅。結鄰稍遠靈羊峽，墨池裝入香檀匣。怕傳新様出蠻溪，豈有荆公可爲法。

桂林陳相國玄孫繼昌中庚辰狀元且爲解會三元廣西蓮龕方伯有詩紀盛和韻一首

文運原因天運開，一枝真自桂林來。盛朝得士三元瑞，賢相傳家五世才。史奏慶雲合名字，時方伯與狀元同名，狀元鄉榜本名守壑，因夢改今名。人占佳氣説樓臺。廣西貢院前大樓久傾，以建爲祥。己卯冬，予與中丞方伯共建之，方落成。若從師友論魁鼎，門下門生已六回。近科狀元吴中洪瑩、蔣立鏞、吴其濬、陳沆及陳繼昌，皆余門生門下之門生也。

粤西平樂峽中

雨餘秋乍新，灘江瀨鳴急。殘雲卧半山，松際一何濕。清狷弄飛泉，兩巖夾水立。襲人山氣涼，空翠入呼吸。

新秋夜行陽朔灘水上

千峰如九華，直立皆千尺。向暮森青尖，入夜湛深碧。一水相與瀠，淺漱峰根石。餘波拭玻璃，浄照天影白。此時秋已新，涼蟾半生魄。玉宇淡雲流，榆花何歷歷。斜看露脚飛，夜氣濕將滴。幽草生暗香，蟲喧破山寂。何期來此間，清景得今夕。停却扇與鐙，野風透絺綌。

庚辰嶺南除夕

龍鼎忽已升，舉世慟一棄。臣官幾何年，兩遇此大事。峩峩觀德殿，道路昔猶記。深林閟寒雲，仿佛入夢寐。先皇廿五載，功德滿天地。我朝五元年，皆有兵事議。順治十八年，有鄭成功等海寇事；康熙六十一年有烏魯木齊、西藏等事；雍正十三年，有貴州苗疆事；乾隆六十年，有湖南苗疆事。惟今歲庚辰，四海静車騎。若非德力全，安得臻郅治。文武紹前徽，明白付神器。繼聖又有聖，大仁復大智。在昔姬周時，世德隆于四。不聞成、康後，重光永昌熾。臣昔在翰林，叨以詞筆侍。豈期斗筲才，久受節鉞寄。今夕是何時，閉門散群吏。急景摧人心，縱横抹涕泗。黯然寒燭前，殘夜勗初志。

辛巳

西齋待月

南海月尤近，虚齋先得明。花香才淡淹，樹影忽從横。小徑三回折，閒階一丈平。此時聊自憩，涼意在桃笙。

壬午

過合肥見陸廣文繼輅出示文集談杭州舊遊

廿載才名博此官，省君清興甚相安。著書絶勝芙蓉鏡，却病無過苜蓿盤。舊日池亭如古蹟，故人詩卷得新刊。嘉慶初，定香亭舊友如張子白、張農聞、江補僧、林庚泉、蔣蔣山詩皆刻入《詩徵》，并系小序。勞勞似我君休問，試捋霜髭付與看。

壬午述職歸過珠湖草堂

晝車畏炎暍，夜騎雷雨滑。脱然舟入湖，如魚縱活潑。落帆到草堂，烟波接雲闊。結亭黄鳥隅，新結草亭一笠于隅上，可坐而望遠。避暑坐清樾。平日懷鄉人，今朝此暫歇。惜未待夕霏，行沙弄明月。

及門陳雲伯文述爲江都令尹邀遊焦山作詩即和雲伯韻時同遊者王柳邨僧借庵令尹之子裴之柳邨之子屋余弟亨

得暇訪雙鼎，雲帆一片横。余壬戌秋送漢鼎至焦山詩云：「他時得暇或相訪，雲帆一片横金焦。」好山成舊約，勝侶會高情。僧老詩仍健，江深暑亦清。何當邀外史，選石共題名。

西南風阻留住采石磯太白樓

南風連日阻江船，太白樓邊水接天。且借詩仙樓檻下，横鋪一榻納涼眠。

謝宅青山近可攀，朝朝嵐翠入樓間。飄然詩思生花筆，一朵蓮花青敵山。

樓前夜夜月輪新，不見扁舟捉月人。若把古人較今月，謫仙應是月前身。

東風偶轉晚涼生，急掛長帆趁月明。月下看山青更好，可能不憶謝宣城。

大姑山阻風看月

南風吹山北船橫，紅船逆流也不行。紅船非上水正頂風皆可行，是日乃上水正南風。偶然驟雨洗湖熱，月出蠡東還夜晴。大姑山南水萬頃，放船一望何其平。月與水平我平月，金波玉浪摇光精。須臾轉出碧山頂，冰輪碾塔如有聲。星漢西流過篷背，斜飛露脚涼晶晶。秋風秋色渺何所，夏氣不退誰能争？漁船鐙火客船笛，夜來且識江湖情。唫懷俗拙坐不飲，余不能酒，半杯即以爲苦。但著水枕睡便清。廬山夢高月將墮，仿佛芙蓉開玉京。

落日放船好

阻風大孤塘兩日，每至日落，便放船出湖，乘涼待月。

落日放船好，彭湖百里寬。山如螺子黛，浸入水晶盤。綄羽不須問，篷窗撤盡看。還當就明月，涼洗浪漫漫。

大暑節坐滄江虹紅船由江都直達洪都江湖夏闊月明如晝或阻風太白樓下晝看青山夜卧皓月或乘風馬當山外夜濤滂湃俄頃百里紀以一律寫留船中

可是江天夜夜虹，緑帆紅船皆油緑布帆。一路月明中。開窗遠接滄浪水，捩柁初迴舶觯風。銀漢微明低入海，匡廬深碧上連空。米家書畫尋常事，莫與雷家劍氣同。

香稻米飯

家鄉香飯一盂多，半耐咀嘗半耐哦。似到水田聞露氣，稻花開處有殘荷。

大榕

秋暑午猶烈，帆影何彤彤。牽船泝贛水，篷低暍難容。安能有美樾，使我船可艘。前川忽東轉，臨水多大榕。盤根岸洒洒，翳薈波溶溶。藏舟入榕底，愛此涼陰濃。交柯復接葉，老緑疊幾重。漁人與舟子，榕下間相逢。何時解纜去，且待上下春。前江有新月，相約采芙蓉。贛南南康縣有芙蓉江。

述職後謁昌陵回粤七月度梅嶺再疊梅嶺舊韻一首

春渡湞江水，秋旋庾嶺關。新恩咨桂海，沉慟哭橋山。君聖初行健，臣衰不敢孱。朝廷有聲教，仍秉德威還。

余撫浙江江西皆曾修建鄉闈號舍今督粤粤闈號舍七千六百餘間更湫隘皆改建寬大之秋兼撫印監臨鄉試書誌一律

廣厦何曾有萬間，聊開矮屋庇孤寒。節交白露天猶暑，氣吐青雲地忽寬。爽塏竟饒遷舍樂，風簷頗似在家安。他年多士兒孫住，可識從前坐卧難。

北京大學《儒藏》編纂與研究中心 編

《儒藏》精華編選刊

揅經室集（下）

〔清〕阮元 撰
沈瑩瑩 校點

北京大學出版社
PEKING UNIVERSITY PRESS

揅經室續集自序

元四十餘歲，已刻文集二三卷，心竊不安，曰：「此可當古人所謂文乎？僭矣，妄矣。」一日，讀《周易·文言》，恍然曰：「孔子所謂文者，此也。」著《文言説》，乃屏去先所刻之文，而以經、史、子區別之，曰：「此古人所謂筆也，非文也。」然除此則可謂之「文」者，亦罕矣。六十歲後，乃據此削去「文」字，祇名曰「集」而刻之。昭明選詩，詩歸于文。讀《尚書·洛誥》：「周公曰：『咸秩無文。』」始知詩之稱「文」自此始，著《咸秩無文解》。又十數年，積若干篇。至七十六歲，予告歸田，以所積者刻爲《續集》，不肯索序于人，祇于此自識數言，以明己意而已。前集所自守者，「實事求是」四字。此續者，雖亦實求其是，而無才可矜，無氣可使，無學可當考据之目。欲然退然，自命爲「卑毋高論」四字而已。道光十九年歲次己亥節性齋老人阮元自識。

孯經室續一集卷一

堯典四時東作南僞西成朔易解

《堯典》:「宅嵎夷,曰暘谷,寅賓出日,平秩東作。宅南交,平秩南訛,鄭康成本作「僞」。敬致。宅西,曰昧谷,寅餞納日,平秩西成。宅朔方,曰幽都,平在朔易。」按此經文,春十四字,夏九字,秋十三字,冬十字,有互文見義者,有變文見義者,有省文者,不必定相齊比。經文於夏、秋著「宅南」、「宅西」之字,春、冬不言「宅東」、「宅北」。秋則「西」字兩見,春則「東」字一見,夏則「南」字兩見,冬無「北」字而兩著「朔」字。夏言「交」言「致」,冬言「朔」言「易」,三時皆言「平秩」,而冬獨言「平在」。元謂:「在朔易」三字主合朔,而即包日食言也。「東作」、「南爲」、「西成」皆言測日躔發斂,主中氣而言也。作,爲也。「僞」同「爲」。作、爲皆造也,言造曆法也。「成」者,言作爲既成也。今《尚書》作「南訛」,乃東晉人所改。漢《尚書》作「南爲」,或作「南僞」。「僞」與「爲」同,故《漢書·王莽傳》作「南僞」,《史記》索隱本作「南爲」。今本《史記》作「南譌」者,後人因晉本作「訛」而遷就改之也。南僞者,創爲此曆法於南方也。錢辛楣宮詹云:「《荀子》曰:『人之性惡,其善者僞也。』又曰:『不可學不可事而在天者,謂之性;可學而能可事而成之在人者,謂之僞。』是『僞』即『爲』字也。」元謂:此姑勿論《荀子》言性之是非,但以「僞」字而論,是「僞」即《爾雅》「作、造,爲也」之「爲」,而非「詐僞」之「僞」、「譌誤」之「譌」明矣。《周禮·馮相氏》鄭注「平秩南譌」,宋本作「南僞」,此尤漢時作「僞」之據也。蓋

《説文》「爲」訓「母猴」，象形，初義也。後人即假借爲「作造」之「爲」，而或加「亻」旁成「僞」字，此第二義也。又訓爲「詐僞」之「僞」，此第三義也。後人祇知「僞」爲「詐僞」之「僞」，而不知其本是「作爲」之「爲」，故不得不妄改「僞」字爲「譌」、爲「訛」矣。《説文》有「譌」字，「訛」乃俗造也。平秩者，謂日躔分節氣，而次弟出于東，次弟交于南，次弟入于西，羲和設儀器測量，逐日刻記，辯豑之也。辯豑之義，見于《史記》、《爾雅》、《説文》矣。平，辯也。見《史記》，又見《爾雅》。「秩」本作「豑」，次弟也。《説文·豊部》：「豑，爵之次弟也。《虞書》曰：『平豑東作。』」據此，知《尚書》古文「豑」與「秩」同有次弟之義。《大戴記》孔子言曆有順逆，順逆即南北朝言盈縮之法，亦即今西洋言高卑之法。二分二至，漸爲次弟。一月有一月之盈縮次弟，一節有一節之高卑次弟，一日有一日之交易次弟，所以曰辯秩也。辯秩之法最古矣。又案：平秩，《史記》作「便程」，蓋「秩」之失聲與「程」之「呈」聲近也。《詩·柏舟》：「日居月諸，胡迭而微。」「迭」，《韓詩》作「𢧸」。「𢧸」字不見于《説文》、《玉篇》。《説文》祇有「𢦿」字，《韓詩》當是「𢦿」字也。《説文·大部》之「𢦿」與「秩」、「迭」、「程」聲相近，故《詩·巧言》「秩秩大猷」，《説文》作「𢦿𢦿大猷」也。《詩》「胡迭而微」，亦言次弟更相食也。微者，日月食之名，故《詩·十月之交》曰：「彼月而微，此日而微。」微謂光隱匿。《國語·越語》「日月微者」注謂「微者，虧損薄食」，是其義也。據此「秩」、「迭」、「程」、「𢦿」相通之音義，知「東作」、「西成」、「南爲」亦復兼測日月之食，不但「朔易」之專主測合朔、日月食矣。非謂春耕秋穫也。如「東作」、「西成」、「南僞」但言農事，則覘星務農，愚夫婦人皆能之，何用羲和遠出乎？農事别有稷官，豈羲和之職乎？亦豈羲仲但教春耕而不觀秋穫，和仲但司秋穫而不課春耕乎？且朔之極北不生五穀，所謂「朔易」者，又何農穫可蓋藏乎？《漢書·王莽傳》以「東作」、「南僞」、「西成」等事爲農事，趙岐注《孟子》「齊東野人」引《書》「東作」爲「農事」，是農事之文始于王莽，非始晉孔傳。又案：《尚書大傳》雖列《堯典》之東、西、南、北，然但言其方位而已，未嘗言「作」、「成」二字是農事也。「朔易」二字，伏《傳》、《史記》皆作「伏物」，「物」乃「朔」字，「𤘘」、「朔」篆相近之訛。「伏」當如「五星伏逆」、「參則伏」之「伏」。「伏朔」者，月伏于朔也。何以明「平在朔易」之爲主合朔言日食也？朔者，月死盡而未初生，與日但同經度相屰而不同緯度，則爲合朔。若同經度而又同緯度，日、月、人目三者相直，則必日食。日爲月食，以臣迕君之象，屰莫甚焉。「屰」本「逆」字，後世「逆」字行而「屰」字廢，見《説文》。逆，迕也，遇也。此「朔」字造字从「屰」之初意。若解字，當云：「朔从月从屰，屰亦聲。月逆食日之日也。」許氏説「月一日始蘇」，此後義也。月至三日始生明，若朔日同在緯度，即使子時合朔，亥時亦祇相離十二度，斷不能蘇生明也。又案：古人既造从屰从月之「朔」字，即造从亡、月、壬之「望」字，專言日與月相對望也。望者，月亡，即言月食也。日爲地隔，月不得光，有亡象焉。月食未有不在望者。且「望」从「壬」，凡「壬」、「廷」皆有對直之義，故《爾雅》曰：「頲、庭，直也。」此與「朔」義相並。至於人之望人，乃因日月相望之初義而生，爲第二義。「望」、「朢」二字皆可假借爲用，不必定分「望」字爲人之望人，曲取出亡在外望其還之義。《説文》所解，非初義也。蓋唐、虞以前造曆時，本有定朔定氣，原非平朔平氣，因日月食定在初一、月半，而特造「朔」、「望」二字，即以爲初一、月半之定名。夏、商後，羲和失職，食不定在朔、望，故周、漢之間，解字者不敢以「食」義專屬于朔、望，而别生「始蘇」、「出亡」之義矣。且後世曆法不密，以致前後失朔，尚造「朓」、「朒」兩字。古人于日有食之不宜有，「有」字尚从月得義，又何疑于朔、望之不專造兩字，爲日月食之初義哉！但言察朔于北而不言察望于南者，朔定而望亦定也。蓋合朔時刻雖不定何方，而堯命和叔專司合朔者，則在北方，故《書》曰「宅朔方」，《爾雅》曰「朔北方」也。北固以「朔」名其方者也。經不曰「北易」而曰「朔易」，明是特著此字從日月起義，而以四方爲後起之義也。朔之曰易，亦以日月相易起義也。《説文》引秘書説「日月爲易」，似即古《尚書》説，專指「朔易」之「易」，非《周易》之「易」。人目在下，日在月上，見其交易也。故日月相並爲「明」，月在日下爲「易」。日月食非朔望不定，朔望亦非日月食不定，東西南北里差、時差、交會高下亦非日月食不能同定於一日之間。故唐一行曰：「日月合度謂之朔。無所取之，取之蝕也。」此三言直接堯、舜以上曆法，蓋非蝕即非朔，不朔即不蝕。因蝕造字，因蝕定名，倉頡之學與羲和同也。春秋日食不在朔無論矣，自漢至隋二百九十三食，而非朔者八十三，唐、五代一百一十食，而非朔者三，自一行以後，始有定準。蓋倉頡之時，日食必朔，定朔定氣，其法本密，故用日月食之義特造「朔」、「望」二字。設堯、舜時日食不能定于朔，堯、舜豈不對此「朔」、「望」二字而有愧哉！蓋夏以後，羲和失職，至漢皆踈，隋、唐至宋、元又漸密，以至于今最密，如堯、舜之時。不曰「平秩」曰「平在」者，《爾雅》曰：「在，察也。」此「在」即「在璿璣玉衡」之「在」，義比「平秩」尤專重也。是此四段共四十六字，皆言天象實測造曆之法，亦即用日月食四方一齊辯驗之法。交食之驗，有食分深淺，有加時早晚，有起復方位，此非四方極遠設官同時並測，不能相較而準驗。萬世天算皆始於此也。唐開元、元至元、我朝康熙皆分地實測之最遠而準者，豈唐、虞之日月星辰遠近交會不及於此？東南西由日躔發斂辯秩之，而得中氣之盈，由中氣以校朔數，而作之、爲之、成之也。朔則由合朔之數辯在之，而得朔數之虛，以校中氣，且得日月食相交易之數也。故下文即并四方測算既定者而命之曰「汝羲暨和，朞三百有六旬有六日，以閏月定四時成歲」也。繹此句，則知堯時本是定朔定氣，以無中氣之月置閏，非如春秋時歸餘于終，及秦、漢皆用平朔平氣。否則「朔」字、「望」字何敢必以日月食之義造之？閏月所置何以不曰「定歲終」，而曰「定四時」也？是故堯時有定朔定氣，原難臆知，而由造「朔」、「望」二字，及「以閏月定四時」句繹之，則古密周踈，斷斷然也。《周禮》：「馮相氏掌十二月、十二辰、二十八星，辯其序事，以會天位。」鄭康成引《尚書》「東作」、「南僞」、「西成」、「朔易」以爲「序事會位」之注，此鄭氏《書》注未以「東作」、「南僞」、「西成」、「朔易」屬農事也。何也？馮相氏所序之事，斷非農事，是元説似與鄭氏意合也。保章氏掌「日月之變動」，即日月食也。所與《尚書》不同者，曆法在周爲因故，不過辯其序事，志其變動而已。若羲和則是創造曆法之祖，故曰「作」、「爲」、「成」、「朔」也。

「嵎夷」、「暘谷」、「昧谷」、「幽都」，自是地名。「南交」則其初本非地名，所謂「南交」者，亦以夏之日行交出於赤道之極北二十三度半，確爲中國極南致止之處，因此起名義也。交阯北極出地十八度，夏至日午表無北影。「阯」同「止」，同「趾」。其始雖非以地名起義，然後人因此即定爲地名。交阯、日南、交州，皆沿其義而名之也。蓋曰夏至之日交極北止於此南地也。猶「朔」字但因上古專司日月合朔在北，而虞、夏時即名北爲朔方也。《禹貢》曰：「朔南暨。」黄、赤二道隨節氣以成交距，月與日會皆有交道，日月食由于有二交。而今特著南交者，蓋專言夏至日永之黄、赤道交，以定極南致止之位也。「平秩南爲」者，言辯次南方之日纏及日月之交而造曆法也。「敬致」者，即《周禮》「冬夏致日」、《孟子》「可坐而致」之「致」。此言測夏至之日，表景至短，北來止此也。冬則與此相反而相比，可省文矣。虞、夏《書》備言置閏、渾天、即璿璣。七政、中星諸法，不應于定朔、日食之法竟不一言及之。不知古聖人以日月食爲災異，恐懼修省。然其食也，本有一定之纏度，雖有一定之纏度，而天象示變之時，亦適與人事相應，聖人知之而不詳言之，惟包其事于「秩」、「在」之中，而以「朔易」二字寓其法。故唐、虞羲和之道，于後世之法無所不包。若天算不密，食不在朔而以爲異，或知食有一定而不懼天象之變，皆非也。《詩》曰：「十月之交，此「交」亦言日月交距。朔月辛卯，日有食之。」「日有食之」四字，自是唐、虞以前恒語。「有」字从月，《説文》曰：「日有食之，不宜有也。」此自是唐、虞以來相傳之故訓，不然《堯典》内「有」字何以造从月哉？造字之後，直至周《詩》，始見「日有食之」之句，而孔子《春秋》内凡「日有食之」皆用古法書之也。不第此也，凡造字皆有初義，其字見于何代，則其義即起于此代之前。「朔」、「望」、「有」三字，固顯然義起于唐、虞之前矣。又如「暨」字，亦見于虞、夏《書》矣。

《説文》曰：「暨，日頗見也。既，小食也。」然則此「暨」字从「既」，亦專爲日食而造，言日爲月食，偏見不全也。从「旦」者，即今卯時帶食半見也。「有」字、「暨」字皆日月食，造字之初義也。「有鰥在下」、「汝羲暨和」乃假借字用之也。然則許叔重解「朔」、「望」二字曷以曲爲「始蘇」、「廷臣」之説耶？曰：周、漢以日食爲變異，漢時尤因此多所省諫，故叔重反收「朓」、「朒」二字，與《漢書・五行傳》合，❶而不能言朔有定也。又「霸」爲「月霸」，「霸」與「魄」同，月全魄乃晦。《漢書・律曆志》曰：「死魄，朔也。」凡由晦而朔，即爲改革之象，「霸」从革得音且得義，故《易》曰：「天地革而四時成。」《周易》六十四卦，獨以「治曆明時」屬之「革」者，豈非以堯、舜治曆定四時，日月食皆以朔易、月霸爲本歟？《易》曰：「革，已日乃孚。」竊謂已者，改也。「改」从已得音得義。革者，改也。此「已日乃孚」之「已」猶通借爲「戊己」之「己」，故六二曰「已日乃革之」，而九四則直著之曰「有孚改命」矣，「改命」即湯武革命也。「改」从己，「㓗」从丙，「革」、「改」、「㓗」皆一聲之轉，故《孟子》曰「日月之食」，「及其㓗也」。是詩也，可以明《虞書》交朔之義矣。此解乃元多年蓄念，未著于書。甲申歲，貼此經試學海堂多士，無見及此者。乙酉歲白露節，雨足秋涼，始筆之爲篇。

釋閏

《周禮・太史》：「閏月，詔王居門，終月。」《禮記・玉藻》：「閏月，則闔門左扉，立於其中。」案：此門皆明堂之門也，虞、夏以來之古禮也。然此惟月朔行朔禮時暫居之暫立之，以終一月之政事耳。若竟謂常居

---

❶ 「漢書」，原作「尚書」，今據上下文義改。

之常立之，以終一月，無論郊外明堂非王者常居之地，即城内路寢亦斷無居門終月之事，未可以辭害義也。即居青陽左个、總章右个等，皆謂暫居行朔禮也。明堂分東西南北十二堂个，當於何月後置閏，王即當以其方之門居之立之。明堂之法與曆法相關也。《周禮》惟言閏月王居門中，而不言十二月所居者，已括于「頒告朔」一句之中。鄭氏注此曰：「於文，句。王在門謂之閏。」許氏《説文》收「閏」字於「王部」，曰：「餘分之月，五歲再閏也。告朔之禮，天子居宗廟，即明堂。閏月居門中，从王在門中。《周禮》：『閏月，王居門中，終月也。』」案：此許、鄭之説，皆是堯、舜以前之古説。元著《明堂論》，由周明堂月令溯至黄帝、神農。或疑明堂月令乃秦吕氏之説，即使周有此制，而堯、舜以前未必即有十二堂个之制，非也。《禮》逸篇「王居明堂禮」，鄭氏康成以爲殷禮，引之以注《月令》，可見王居堂个門皆上古之制。且《管子》、《尸子》、《吕覽》、《淮南子》等書，或不可据，《尚書·虞書》亦不可据乎？《虞書》曰：「以閏月定四時。」「閏」字始見於此。此明明是王居門中之字，會意，確無可疑。若唐、虞以前不以無中氣之月置閏，又無明堂王居門中之制，曷爲倉頡已造此王居門中之字乎？故唐、虞以前明堂堂个之制不可考，而可据「閏」之一字以定之。況《虞書》所謂「賓于四門」、「闢四門」者，舍明堂更以何門當之？是故虞、夏《書》内，字字皆可考据。即一「閏」字而古曆法明堂之制皆明矣。余著《堯典東作南僞西成朔易考》，已言及堯、舜時本有定朔、定氣，以無中氣之月置閏矣，以此證之，更合矣。余著《明堂論》，已言郊外明堂與城内路寢有別矣，以此證之，更合矣。黄帝之時，豈不知或主節气，或主月朔，二者皆可以授民時乎？黄帝、堯、舜則主十二月朔爲歲，以無中氣之月置閏成歲者，彼時羲仲、羲叔、和仲三家必有建議，欲以節氣爲歲，不主朔閏者，堯則考古法而合氣與朔以定之，又合羲和四家之法而斷之，曉諭之，以爲但主辨秩節氣爲歲，不置閏不便于授民時也。必須主平在朔易，以閏月定四時成歲，朔定于月，閏定于朔，始明白使民共見也。今時大、小西洋法皆主節氣爲歲，而不置閏月。唐時《九執曆》已如此。今廣東澳門夷人皆以冬至第七日爲元旦，行賀禮。昔宣城梅氏謂和仲宅西之法，疇人子弟流入西夷，亶其然矣。

明堂圖說

明堂異名同實及上古、中古之分，元于己未歲以前已著論明之矣。歲庚寅，《學海堂經解》刻成，復取近代諸家之説而驗其圖，皆未能確也。依《月令》，當有八个，而《考工記》惟有五室，斷不相合。戴氏乃除太室而以四室置之外四隅，即名之爲个，而共互之，謂「明堂之左个即青陽之右个，總章之右个即玄堂之左个」。其説過巧，竊有未安，且即如其説而四隅丈尺猶于經文有不能相合之處。元乃別爲圖，移四室于堂背四隅重屋之下，而以四堂之後八角接之，如此則與經文丈尺合，室爲室，个爲个，不相假借。且于上圓下方重屋之制亦合，即匠人据此築基構木而造之，亦必能成之，非紙上空談也。爰更分析爲十説并圖以明之。

《考工記》曰：「周人明堂，度九尺之筵，東西九筵，南北七筵，堂崇一筵，五室，凡室二筵。」此經文明白可据，當從此以起度數。東西九筵者，八丈一尺也。周尺約當今尺六寸强，八丈一尺，六折算，當今四丈八尺六寸。南北七筵者，六丈三尺也。當今尺三丈七尺八寸。此明堂南一堂之丈尺。經不言東、西、北三堂者，丈尺相同，舉南可概三方也。城内廟寢亦襲此名曰「明堂」，然惟向南一面耳，而郊外明堂則四面四堂。若云五室全在此南面一堂九、七筵之中，而無三堂，則行諸大禮，斷不能容，斷無是事也。南堂定而三堂亦定矣，舉一反三也。

今定爲收四室于堂背四隅重屋之下，而以四堂之後八角相接之，何所据乎？此於經文無顯据，惟使堂成爲堂，廟成爲廟，个成爲个，室成爲室，在四方則可成王居之禮，在中央則可成祼禋之禮，亦可成重屋之制耳。五室主五行，似當置室于堂之正中，然正中則爲太廟，四太廟之後共以中央太室爲室，而四隅四室。鄭氏注謂「木室東北，火室東南，金室西南，水室西北」者，古説如此，故西堂名總章。赤與白謂之章。白金與赤火合，不與水合，故金室在西南，餘室類此。亞，鐘鼎文每有作此形者。古鐘鼎銘每曰「王格太室」，此形即四堂背五室之形也。

每室四户兩夾囱，乃《考工記》「世室，四旁兩夾窗，白盛」之文。成伯璵《禮記外傳》衍之爲每室四達一室八窗之説。《大戴》衍爲九室三十六户七十二牖之説，即《東京賦》之八達九房之説。此蓋因漢明堂而誤五室爲九室，與《考工》不合也。孔氏廣森。《禮學卮言》讀《考工》「世室四旁兩夾」爲句，「窗白盛」爲句，此爲特識。「四旁」者，四堂之旁也；「兩夾」者，左右个也，此个與五室不相涉也。元更謂：窗者，凡四面不明之處皆加窗。至于當用幾十窗，不能臆斷。「白盛」者，「盛」義如城如防，此言四面皆用牆如城如防而白之，且多用窗也。《釋名》曰：「城者，盛也。」《爾雅》曰：「山如防者盛。」是其義也。

五室之制奈何？按：四方之堂寬皆九筵，此四堂之背四角相接，是明堂之北距玄堂之南，青陽之西距總章之東，皆九筵也。以此方九筵之地爲太室及四室，每室止用二筵，丈尺恰可相容。凡言「室」者，皆廟屋内劃出之名，非建五小屋于露處之地可名爲室也。然則奈何曰此五室皆當在重屋圓蓋之下？若于太室四角立四大柱，或再倚四堂之背，木室之西之南，火室之西之北，金室之東之北，水室之東之南，立八大柱，如圖中〇者，即柱礎處，《楚辭·天問》、《淮南子》皆有八柱之説，則可上載圓屋并遮五室矣。

重屋上圓下方之制奈何？按：「重屋」見于《考工記》，「上圓下方」見于《大戴記》，皆是古制。此中央九筵之地，假使立大柱出乎四堂背之上，而加以圓蓋之屋，則是上圓之重屋矣。圓蓋須比九筵爲大，乃不霤雨水于五室也。九筵方徑當今尺四丈八尺六寸，約須徑今尺六丈有餘之圓蓋，方能蓋之。至于圓屋之下、方屋即四堂之背。之上，必可虛之，以吸日景而納光也。其每一方屋皆有四阿，前阿水外霤，後阿水內霤，內流在堂背與室之間，必有溝水出四角，此最古最大之中霤。而圓蓋之霤又流于四方堂屋之上也。此乃大概爲説耳。假使匠人爲之，即可合丈尺而成之。堂崇一筵，加以堂之棟宇重屋，圓蓋之高約須通高今尺六丈有餘，四堂縱横方今尺二十丈四尺六寸。至于立柱、立牆、梁棟、楹庋、户窗諸制，古匠不傳，難臆撰。然《逸周書》之四阿、復格、重亢、非即、內階、旅楹、隄唐、山牆等制甚詳，知古時匠氏必有構造之法。今雖不可考，但使今匠爲之，必有暗合古法者，何也？大段不錯，小處不妨以意匠定之也。即如《逸周書》有旅楹之制，考五室重屋四堂八个，非多楹不能成之。旅者，衆也，陳也，衆楹陳列于四方内外也。《詩·殷武》「旅楹有閑」，襲其名也。又《逸周書》有隄唐、山牆之制。今定白盛爲牆者，《釋名》：「城，盛也。」《爾雅》：「山如防者盛。」注曰：「隄防。」《檀弓》鄭注曰「防，形旁殺平上而長」是也。明堂之牆如何築造？經雖無明文，然由此可知四堂之背，周圍有牆，四堂左右，亦皆有牆，如防如城，特有窗户四達，通明通路耳。《明堂位》「達鄉」，「鄉」即窗也。「唐」與「隚」同。《廣雅·釋宮》曰：「隚，隄防也。」《逸周書》有內階之制。今考九階皆在四外，若由堂入室平行，則無階矣，曷爲有內階也？意明堂亦如《覲禮》壇制有三成也。或者堂一成，由太廟入至四室之地爲二成，由四室之地入至太室爲三成。是以公玉帶《明堂圖》内有「昆侖」之名，《爾雅》曰「三成爲昆侖邱」是也。《逸周書》有復格之制。《説文》：「格，木長貌。」復格者，其五室重屋八柱四柱之長者兩層相復乎？《逸周書》有重亢之制。「亢」與「抗」同，高舉抗拒也。意爲重屋中有兩重横木在各柱之間者高舉抗拒乎？《逸周書》有重郎之制。「郎」與「廊」同，或堂與室有兩重廊乎？又《大戴禮·盛德》篇，明堂又有「蒿宮」之名，云「周德蒿茂大以爲宮柱」。學者哂其誕，是也。但蒿柱誠誕，而「蒿宮」之名則有自來。《周禮·載師》「以宅田、士田、賈田任近郊之地」，故書「郊」或爲「蒿」。杜子春云：「蒿讀爲郊。」是「蒿地」即「郊地」也。曰「蒿地」者，猶萊田也。明堂曰「蒿宮」者，猶之曰「郊宮」也。宮宜在城内，今在郊，故曰「郊宮」。「郊宮」即「蒿宮」也。乃求其解而不得，造爲蒿可爲柱之説，此皆秦時迂腐博士之所爲，無怪《拾遺記》更衍爲十丈神蓬之説矣。然若因此哂「蒿宮」二字之名亦誕，則又非矣。

程氏瑶田。《釋宮小記》述「中霤」云：「古初有宮室時，不過爲廇然之物以覆于上，當如車蓋，或如今之蒙古包。如無柄傘，即古棟宇之遺象。古者明堂圜其上以法天，上棟下宇之初，殆亦圓其上者歟？」此説明堂上圜下方之象最合。然則太室重屋者，最古最大之中霤之制也。清廟者，太室也。若爲圓屋出于四堂之上，則蓋茅輕穩，禮亦宜之。四堂用瓦爲宜矣。

个之義奈何？案：「个」與「介」同。古經、子中每通用。《初學記》引《月令》「个」即作「介」。「个」、「介」相同，即是一堂兩旁夾室之義也。《考工記》梓人爲侯，侯有上兩个、下兩个，亦皆具旁夾之形。即廟寢之東西廂、東西夾也。《左傳》昭公四年：「使置饋于个而退。」是非明堂尚可襲名稱「个」，何況明堂乎？

戴氏震。曰：「四正之堂皆曰太廟，四正之室共一太室，故曰太廟太室。」此説則甚合。其圖之所以丈尺不合者何也？按：其圖直以明堂之東西九筵分爲三，以其中爲明堂太廟，以東爲明堂左个，即青陽右个，以西爲明堂右个，即總章左个，四面皆如此。如此，則與經文「室二筵」三字不合矣。何也？以明堂三分之一當一室，則明堂左室應寬三筵、深七筵，無論與室二筵寬深之數顯然不合，且是長方之形。若以明堂爲主，則此室向南者寬三筵，向西者寬七筵；若以青陽爲主，則此室向東者寬三筵，向南者寬七筵，何所適從乎？且中央容太室之地丈尺亦同不能定矣。

汪氏中。《述學》之圖謂明堂祇一面向南之堂，無東、西、北三面之堂，以《月令》爲誕妄不經，非也。閏月，王居門中，見於《周禮》，豈十二月反不著王所居？《禮》逸篇有「王居明堂禮」之名，此篇必在《漢書·志》「《明堂陰陽》三十三篇」之內，今皆亡矣。《吕氏》、《大戴》所采古禮，必本于此。餘詳余《釋閏》篇中。若然者，則無論九筵、七筵，尚不抵今大府之大堂，豈成鉅制？試思九階當如何安置？且其圖分九筵爲五而平列五堂，以五室居五堂之後，乃經文「室二筵」，五室當有十筵，室比堂多一筵，斷不能合也。

王平日所居聽政之路寢曰明堂者，此地之制，準郊外明堂四方之一，襲其名也。郊外明堂，即《月令》之明堂，有四堂，八个，重屋，五室，非城内廟寢也。《洛誥》周公之明堂即此制也。近代汪氏中。《述學》、金氏榜。《禮箋》皆以《覲禮》後半段覲諸侯之地祇有門壇無屋，遂謂明堂屋爲妄，非也。洛邑周公之明堂，非壇乃屋也。《孝經》「宗祀明堂」之「宗」从宀無論矣，「禋」古文亦加「宀」。《周書》曰：「王入太室祼。」使無屋室，王安所入？《覲禮》後段爲門爲壇祀方明者，此乃王巡狩，不定何地盟會諸侯之覲禮也。即東巡岱宗之明堂，亦必有屋，若無屋而惟有壇，齊王何由欲毁之？自古惟聞「明堂」，未聞「明壇」。況《考工記·匠人》所記之明堂，確爲王都郊外之明堂，未可以城内廟寢當之。無論《逸周書》明言「明堂四阿」，《左氏傳》言「清廟茅屋」，顯有屋室，皆在郊外，不能指爲城内廟寢，即《考工》明言「明堂度九尺之筵」、「室二筵」矣，復曰「室中度以几，堂上度以筵，宫中度以尋」矣。明此「度几」之室與「度筵」之室不同，几爲城中路寢之室，筵爲郊外明堂之室也。《儀禮·覲禮》自篇首至于「饗禮乃歸」，此前段乃諸侯覲天子于王都之正禮、常禮也。且歸則歸矣，曷又祀方明乎？其後段自「諸侯覲于天子」爲宫壇，朝日、祀方明以下别爲一事，乃天子出巡方岳及不定何地盟會諸侯之覲禮也。是以祇立門壇，全無堂室，成王盟岐陽，置茅蕝，晉侯覲踐土，作王宫，皆其事也。《國語·晉語》曰：「成王盟諸侯於岐陽，置茅蕝，設望表。」《説文》引作「致茅蕝表坐。」《左傳》僖公二十八年，盟于踐土，朝于王所，晉侯作王宫于踐土，出入三覲。此等覲禮當用《覲禮》後段門壇之禮，後段之禮爲此等事而設也。方明之事，惟有此等覲禮行之。朝日之後，反祀方明，義主盟誓，有如此日月山川也。否則堂堂王都，巍巍明堂，及至大祀之時，祇憑四尺之方明木乎？然則此門壇者，茅蕝之意也。又鄭氏《覲禮》注後段謂「四時朝覲，受之於廟」，此後段門壇謂時會殷同也。此亦有誤。城内之廟，或一二國諸侯來覲，則于此行前段之禮；若時會殷同，應在近郊者，則于明堂行之，即周公明堂位之禮也，此禮無方明；若會盟於遠地及巡方岳，不定何地，始用後段門壇方明之禮，必非王在京城近郊之禮也。後段言「拜日于東門外」者，此「門」乃壇之東門，非京師之東門也。

今定四面堂个廟室圖

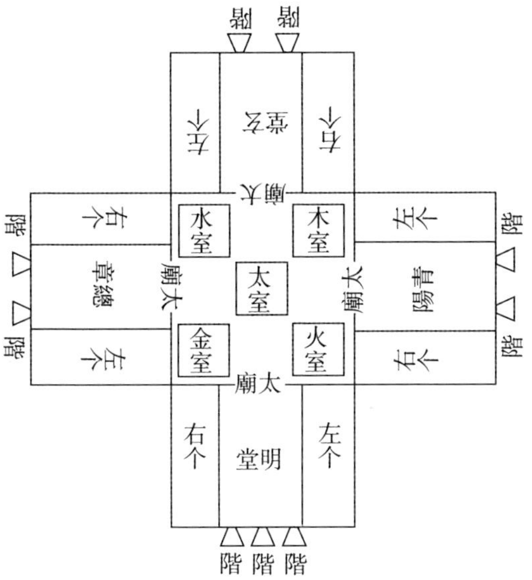
玄堂
右个
左个
太廟
青陽
左个
右个
太廟
總章
右个
左个
太廟
明堂
左个
右个
太廟
木室
水室
太室
火室
金室
階
階
階
階
階
階
階
階
階

今定堂个室丈尺之圖

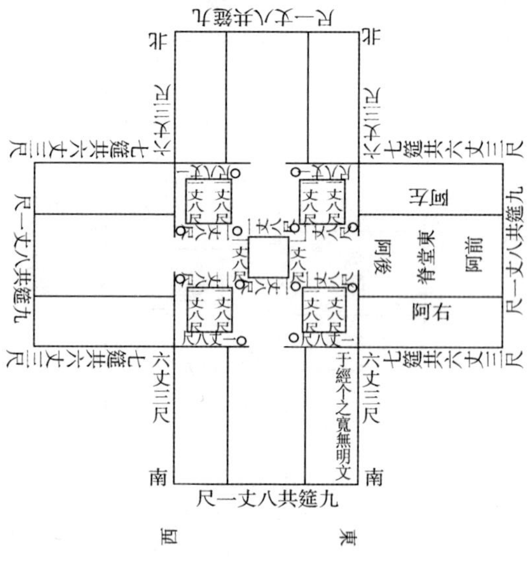

今定上圓下方重屋圖

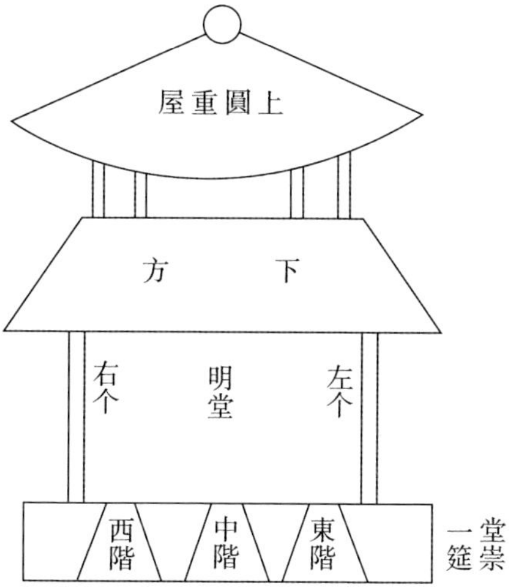

戴氏明堂舊圖

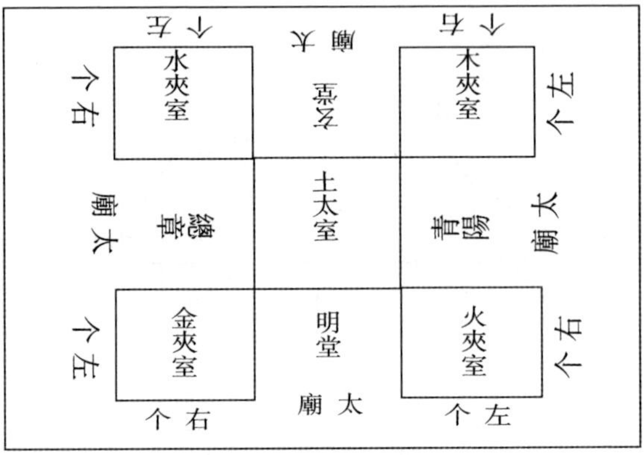

二十户四十窗九階與世室同

汪氏明堂五室圖

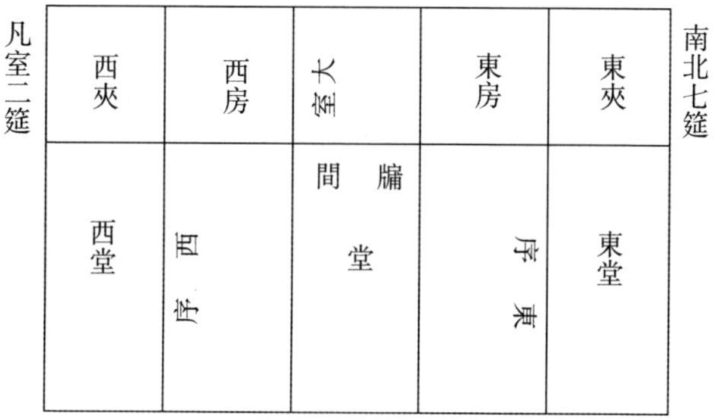

孝經郊祀宗祀説

《孝經·聖治章》之大義有二端：一則孔子以孝祀屬周公其人，專謂洛邑，不屬成王也；一則「宗祀」之「宗」，見于《召誥》、《洛誥》、《多士》也，乃讀者忽之不察，并《清廟》、《維清》、《小毖》亦不得其解矣。蓋周初滅紂之後，武王歸鎬，夷、齊既死，殷士未服者多，戰要囚之，未能和睦無怨，不獨武庚之叛也。此時鎬京尚未以后稷配天、以文王配上帝也，各國諸侯亦未全往鎬京侯服于周，故曰「武王末受命」也。末，無也。況成王又幼，有家難哉！于是周公監東國之五年，與召公相謀，就洛營建新邑，洪大誥治，用陟配天之殷禮祀天與上帝，以后稷、文王配之。后稷、文王爲人心所服，庶幾各諸侯及商子孫、殷士皆來和會，爲臣助祭多遜，始可定爲紹上帝受天定命也。若使武王、成王在鎬郊祀、宗祀，而諸侯、殷士不全來臣服助祭，即不能定爲易姓受天命也。但成王此時不敢來洛基命定命，于是三月召公先來洛卜宅，十餘日攻位即成，惟位而已，各功工未成也。三月望後，周公來達，觀所營之位，知殷民肯來攻位，遂及此時洪大誥治，勤于見士，即用二牛于郊，以后稷配天且祭社矣。《召誥》之「用牲于郊」，即《孝經》之「郊祀配天」也。于是始爲周基受天命矣。計自二月至夏，皆功于新洛邑明堂各工，然明堂功雖將成，尚未及配天基命之後行宗祀之禮。于是周公伻告成王，成王命周公行宗禮。《洛誥》之「宗禮」，即《孝經》「宗祀文王于明堂」之禮也。周公宗祀當在季秋，幸而四海諸侯、殷士皆來助祭矣。十二月，各工各禮，迄用有成，上下無怨，人心大定，爲周禎福而無後患，成王始來洛邑相宅，記功宗之禮，即命以功宗作元祀矣。成王於是時復冬祭文王、武王，但二騂，不祀上帝。

又入明堂太室裸，王賓亦咸格，使人共見無疑。仍即歸鎬，命周公後，于洛守其地，保其民。是成王但烝祭文、武，而未祀天于郊、祀上帝于明堂也。此孔子所以舉「配天」專屬之周公其人。孔子若謂：雖以武王滅商之大武，未能受命，臣我多遜，惟周公以孝祀文王配天，始能定命，臣我宗多遜也。此《孝經》至德要道、上下無怨、四海來祭之大義也。此義久蓄于心，未筆於書。因福補疏《孝經》，于此事引證繁複，囿于舊說，不徹經義，是以説此教之。至于各經可推明此説者，命福引證之。

《尚書・洛誥》曰：「四方迪亂未定，于宗禮亦未克敉，公功迪將其後。」

《多方》曰：「爾乃迪屢不静。我惟時其教告之，我惟時其戰要囚之，至于再，至于三。」

《洛誥》曰：「亦識其有不享。」

福案：此諸侯尚未盡服，殷士民亦屢叛，民未和睦，上下有怨，未行配天之禮之事也。家大人曰：「王氏引之讀『四方迪亂未定』句，『于宗禮亦未克敉』句，『公功迪將其後』句。孫氏星衍《尚書疏》及之，而《經義述聞》不存此條者，自因《説文》引《書》『亦未克敉公功』爲句，未敢破之也。但『宗禮』即『宗祀』，漢人未發此義，故許讀師傳如此，其實王讀是也。此處弟一『未』字指四方亂定，弟二『未』字指克敉宗禮，明是兩事，故以『亦』字夾于其間。『公功迪將其後』，即『克敉宗禮』也。漢讀未可墨守也。若以『公功』屬上，則於宗禮外又有公功，似非經意矣。」

《召誥》曰：「惟太保先周公相宅。越若來，三月，惟丙午朏，越三日，戊申，太保朝至于洛，卜宅。厥既得卜，則經營。越三日，庚戌，太保乃以庶殷攻位于洛汭。越五日，甲寅，位成。」

福案：此召公先來成位，庶殷肯來攻位。伏生《尚書大傳》，周公營洛以觀天下之心，於是四方諸侯率其群黨，各攻位於其庭。周公曰：「示之以力役且猶至，況導之以禮樂乎！」然後敢作禮樂。即其事也。

《召詔》曰：「若翼日乙卯，周公朝至于洛。則達觀于新邑營。越三日丁巳，用牲于郊，牛二。越翼日戊午，乃社于新邑，牛一、羊一、豕一。」

《詩·思文》曰：「思文后稷，克配彼天。」

福案：此乃周公來祭天以后稷配天之事也。牛二，天與后稷二牲也。

《洛誥》曰：「王如弗敢及天基命定命，予乃胤保，大相東土，其基作民明辟。」

福案：此成王因諸侯、殷士民反側未定，初不敢來洛之事也。「及天基命」者，乘此配天禮成之時，基受天命也。「定命」者，行宗禮定受天命也。

《洛誥》曰：「今王即命曰：記功宗，以功作元祀。惟命曰：汝受命篤，弼丕視工載，乃汝其悉自教工。王若曰：惇宗將禮，稱秩元祀。」

福案：此成王命周公行宗祀之禮之事也。曰「功宗」，曰「惇宗將禮」，曰「臣我宗多遜」，曰「于宗禮亦未克敉」，凡此「宗」字，皆明堂之宗祀也，讀者皆不察之。「功」者，明堂宗祀工之大者。《詩》「肅肅謝功」、「申伯之功」，皆言大工也。用衆急事曰攻，「庶民攻之」、「攻位洛汭」是也。工力盛大曰功，「謝功」、「申功」、「功宗」、「功作元祀」是也。

《詩·清廟》曰：「濟濟多士，秉文之德，對越在天，駿奔走在廟。」

《維清》曰：「維清緝熙，文王之典。肇禋迄用有成，維周之禎。」
《小毖》曰：「予其懲而，毖後患。」又曰：「未堪家多難。」
《我將》曰：「我將我享，維羊維牛，維天其右之。儀式型文王之典，日靖四方。伊嘏文王，既右饗之。」
《康誥》曰：「周公初基，作大邑于東國洛，四方民大和會。侯甸男邦采衛，百工播民和，見士于周，周公咸勤。」
《多士》曰：「比事臣我宗多遜。王曰：告爾殷多士，今朕作大邑于兹洛，予惟四方罔攸賓，亦惟爾多士，攸服奔走，臣我多遜。」
《召誥》曰：「其作大邑，其自時配皇天。」
《詩·大雅·文王》共七章五十六句。
《禮記·明堂位》全篇。

福案：此皆周公在洛明堂行宗禮，諸侯、殷士皆來助祭以定天命，即《孝經》所謂「四海之内各以其職來祭」也。大約此時惟周公申明天之命、文王之德，反覆以夏、殷之事誥治之，諸侯、殷士始肯服之，始能成此大禮。《詩》所謂「肇禋迄用有成」者，即「克敉宗禮」，詞氣宛然可見也。否則諸侯、殷士叛服未定，宗祀幾乎不能有成，周家更多難無禎矣。繹《詩》、《書》各句，情事可見，故孔子切指周公其人。再繹《詩·文王》七章，則全是在鎬，而追言作洛、祭文王于明堂配天之事，其情更見矣。《清廟》之「多士」，即《尚書》之「多士」。《我將》之「將」，即「惇宗將禮」之「將」。「肇禋」即肇稱殷禮初基也。「清廟」即明堂，「維清」即清廟也。《多士》曰「臣我多遜」，又曰「臣我宗多遜」，明明多一「宗」字，必非閒字。孔傳訓「宗禮」爲「尊禮」，殊空也。

《君奭》曰：「故殷禮陟配天，多歷年所。」

《洛誥》曰：「王肇稱殷禮，祀於新邑。」

福案：此可見配天之禮本於殷禮，洛邑新祀實殷禮也。又家大人云：「《詩·頌》之『肇禋』及此『肇稱』之『肇』，皆當即與『兆』同。兆者，壇之營域，即洛郊攻營之位，不當專訓爲『始』。猶《詩》『訪落』之『落』，即『洛誥』之『洛』加『艸』爲『落』，从『洛』起義，義不專于始也。《周禮·小宗伯》曰：『兆五帝于四郊。』《詩·生民》曰：『以歸肇祀。』箋謂：『肇者，郊之神位，于郊祀天。』《詩》又曰『后稷肇祀』，箋亦云：『郊祀。』箋蓋以《禮記·表記》作『后稷兆祀』爲據也。《書》『肇稱殷禮』，亦言在洛郊爲兆位舉行殷禮。此時周公未行周禮，故但曰『牛二』，蓋二牛皆白。《禮記·明堂位》、《詩·魯頌》『白牡』，即皆守殷禮之遺也。《洛誥》末曰『文王騂牛一，武王騂牛一』，前郊不言『騂』，是白牡明矣。」

《禮記·中庸》曰：「武王末受命。周公成文、武之德，追王大王、王季，上祀先公以天子之禮。武王、周公其達孝矣乎！夫孝者，善繼人之志，善述人之事者也。」

《召誥》曰：「王來紹上帝，自服于土中，受天永命。」

福案：據此可見鎬京武王未率四海行配天、配上帝之祀，與《孝經》相合。不然何以孔子必曰「則周公其人」？學者習讀僞《武成》而不計當年受命之難也。《尚書·大誥·序》曰：「周公相成王，將黜殷。」《微子之命·序》曰：「成王既黜殷命。」是殷命之黜，在成王、周公之時。殷命未黜，周未能言「受天永命」也。

《禮記·月令》曰：「季秋，大享帝。」

福案：此當是周公初祀明堂之月也。

《多方》曰：「今爾奔走臣我監五祀。」

《洛誥》曰：「公功迪將其後監我士師工。」

福案：《周書》「奔走臣我」凡三見，此「監」字亦非閒字。家大人云：「《文王世子》稱周公居攝，《尚書》無『攝』字而有『監』字。『監』即監國之義。後儒於此略不省之，不知成王命周公監東國洛，見於《洛誥》，即《多方》之『臣我監五祀』也。『監五祀』即周公居攝之五年也。『臣我監』即臣我周公也。鄭康成《書注》，戊午蔀五十五年甲申爲周公居攝五年，作《召誥》。劉歆《三統曆》謂作《召誥》在居攝七年。此不知《尚書》『監五祀』，經文中本有明文。鄭氏康成深明曆算，定爲五年，推算《召誥》各日月悉合，然亦未知『監五祀』即居攝五年，此漢以來未發之義也。」

《洛誥》曰：「承保乃文祖受命民。」

《洛誥》曰：「乃單文祖德。」

福案：此兩「文祖」即《虞書》「受終于文祖」之「文祖」，後人解爲「文王祖德」，失之矣。蓋周之明堂即唐、虞之文祖。《史記·堯本紀》集解引鄭康成《書》注曰：「文祖者，五府之大名，猶周之明堂。」即此義也。蓋居攝五年，作《洛誥》時尚未立「明堂」之名，猶沿古「文祖」之名，至六、七年制禮之後，始有「明堂」之名也。孫觀察星衍云：「《周書·嘗麥解》：『維四年孟夏，王初祈禱于宗廟，乃嘗麥于大祖。』合之《淮南·主術訓》有神農以時嘗穀祀于明堂之説，則知史所云『大祖』即明堂也。又《曲禮》疏引《孝經》説云：『后稷爲天地之主，文王爲五帝之宗。』此亦郊祀宗祀之古義也。」

《洛誥》曰：「孺子來相宅。戊辰，王在新邑，烝祭歲，文王騂牛一，武王騂牛一。王命作册，逸祝册，惟告周公其後。王賓，殺禋，咸格，王入太室祼。王曰：公，予小子其退，即辟于周。命公後。王曰：公定，予往已。王命周公後，作册逸誥，在十有二月。惟周公誕保文、武受命，惟七年。」

福案：此成王冬始來洛之證。此時明堂已成，行冬烝祭禮，祭畢，仍歸鎬，命周公後保洛也。以上證明家大人説《孝經》之「郊祀」即《召誥》之「用牲于郊」，《孝經》之「宗祀」即《洛誥》之「宗禮功宗」也。

宗禮餘説

余既爲《孝經》「宗祀」即《尚書》「宗禮」之説矣，餘意未盡，兹復著之曰：「宗」之爲字也，乃屋下祭天帝，故从宀、从示，倉頡造字之始，指事、會意已定矣。所謂宗，尊也，特其聲義耳。《虞書》曰「至于岱，宗」，「岱」當絶句，「宗」絶句，「柴」絶句。此唐、虞以前泰山下本亦有明堂，明堂祭禮本名曰「宗」之始也。《虞書》曰「肆類于上帝」，即郊也；「禋于六宗」，即宗禮也。宗禮以配帝、配五帝，故曰「六」，非宗禮外別有六宗也。若以「至于岱宗」爲句，則「至于南岳」曷不曰「如岱宗禮」，而祇曰「如岱禮」，明「宗」字單讀也。《月令》曰：「祈年天宗。」《周書·世俘解》曰：「憲告天宗。」此「天宗」皆指明堂，「宗」乃實字，若空訓爲「尊」，則「天尊」

爲不辭矣。宗祭必燔柴，故又特造「柴」字。燔柴必有煙，「煙」从火垔聲，籀文𡪔，从宀，「垔」古文，此皆與「禋」字同義，故「禋」以「柴煙」爲初義，「絜精」爲後義也，故「禋」之籀文又作「𡪀」矣。周公在洛，所以擬唐、虞文祖，造成宗祀之屋，以嚴父配天帝也。明堂宀內祀五帝，即以文王配五帝。五帝即上帝，上帝即天帝。同一燔柴，而宗祀天與后稷配天異者，郊無宀，宗有宀，此爲分別也。周公初成明堂，祗以文王配天，而不及武王。至五年冬，成王始來洛，烝祭歲，禋祀文、武，用兩騂，入明堂太室祼，而不祀天帝，此又其分別也。武王殺紂，不如湯放桀，未盡善也。故義士、殷民、多方多士不服，未能受命，此不必爲武王諱。周公攝政，若不來洛踐阼，親行宗禮，以收天下之心，則天下必不保爲文、武、成王之天下，此不必爲周公諱。惟周公毅然曰：「我之弗辟，我無以告我先王。」且克敉宗禮之後，始名宗曰「明堂」。福案：周公營洛邑時，一則曰「乃單文祖德」，再則曰「承保乃文祖受命民」，一則曰「宗禮」，再則曰「功宗」，不似《孝經》直曰「宗祀文王於明堂」者。此年周公尚未敢作禮樂，未敢改立明堂之名，不得不稱古名于諸侯、多士之前。後人因不知此即明堂而忽略「宗」字也。《考工記》曰：「周人明堂。」此周公歸政後之名也。制禮作樂，歸政成王，退就臣位，此所以爲孔子所心悅誠服者也。豈新莽所能假託萬一哉！蓋周公乃文王之子，義士、殷民心服后稷，又心服文王，服文王即服周公，是以「臣我，監五祀」，「攸服奔走臣我宗，多遜」。故周公探其心之所素服者而收其心，多方多士之心既收，然後歸政于成王，然後義士、殷民亦不再反覆矣。否則，周公不踐阼于洛，不敉宗禮，多方多士、義士、殷民曰：「殺我天子者，武王也。成王，武王幼子也。」能西東南北無思不服哉！迂儒既諱周公之踐阼，復飾武王以受命，進退無據，皆非也。

大雅文王詩解

余已謂《大雅·文王》之詩，皆周公宗祀明堂以後之事，令福載入《孝經疏》矣。惟説《詩》之義未顯，傳、箋亦有誤解，兹復解示之。曰「文王在上」，乃宗祀明堂，指文王在天上，故曰「於昭于天」，非言初爲西伯在民上時也。傳、箋皆非。「周雖舊邦，其命維新」，言周之建邦雖舊，迨宗祀明堂、基命定命之後，天命又新，非言新于文王在時也。傳、箋皆非。「文王陟降，在帝左右」，此言文王在明堂，「陟」則天上，「降」則庭止也。至于「在帝左右」，更是明言宗配上帝之事，豈有文王生前而謂其「陟降」、「在帝左右」者乎？傳、箋説非。此周公所以示成王及周士、殷士之詩也。「亹亹文王，令聞不已」者，亦言文王令聞至宗祀時猶不已，非生前也。「穆穆文王，於緝熙敬止」者，言文王穆穆陟降，祭者敬其庭止也。周士與文王孫子能同百世，故文王在天亦寧也。不但多周士，而又有殷士「祼將于京」，此指宗祀明堂臣多遜之後，又至鎬京助祭也。「王之藎臣」，此「王」指成王，「藎臣」兼周士、殷士言之也。「殷之未喪師，克配上帝」，此言明堂本是殷禮，殷本宗祀先王配上帝，惟因喪師，故今周文王在明堂配上帝也。「儀型文王，萬邦作孚」，言宗禮克敉，惟以文王之德爲儀刑，萬邦始心服。萬邦心服，始可謂之新受天命也。且上天之載，雖無聲無臭之可尋，然在帝左右之文王，其儀刑萬方作孚，則赫赫在上，故曰「於昭于天」，首尾相應也。此《文王》之詩七章大義，必合《孝經》、《尚書》明堂宗禮之義觀之，始大明白也。此詩不及武王一字，伐商之事別以《大明》之詩述之，其旨微矣。

咸秩無文解

《書·洛誥》曰：「周公曰：『王肇稱殷禮，祀于新邑，咸秩無文。』」又曰：「稱秩元祀，咸秩無文。」此兩言「無文」者，謂無詩也。古人稱詩之入樂者曰「文」，故子夏《詩大序》曰：「聲成文謂之音。」又曰：「主文而譎諫。」鄭康成曰：「聲謂宫、商、角、徵、羽也。聲成文者，宫、商上下相應。主文，主與樂之宫、商相應也。」《孟子》曰：「不以文害辭。」趙岐曰：「文，詩之文章。」然則周公祀明堂之時，但秩序祀禮，仍用殷禮；而樂則殷樂詩不可用，周樂詩又未敢遽作，故曰「咸秩無文」也。《周頌》及《文王之什》等詩，皆周公祀明堂歸政後在鎬京所作也。

釋佞

虞、夏《書》無「佞」字，祇有「壬」字、「任」字，「何畏乎巧言令色孔壬」、「而難任人」是也。故《爾雅》曰：「允、任、壬，佞也。」此「佞」字當訓「材巧」。至商、周之間，始有「仁」、「佞」二字。「佞」从仁，更在「仁」字之後。此二字皆非倉頡所造。虞、夏、商《書》，三《頌》，《易》卦、爻辭，皆無「仁」字。「仁」字始見於《周禮·大司徒》：「六德，知、仁、聖、義、中、和。」故「佞」與「仁」相近，尚不甚相反。周之初，尚有用「仁」字以寄「佞」義者，不似周末甚多分别也。《論語》：「雍也仁而不佞。」可見「仁」、「佞」尚欲相兼，「不知其仁」，始言佞異於仁。「鮮矣仁」，非絶無仁，猶之「孔壬」異於「不孔之壬」也。《説文》：「佞，巧、讇、高材也。从女，仁聲。」《春秋》襄三十年「天王殺其弟」，《左氏》作「佞夫」，《公羊》作「年夫」，

《國語・晉語》「佞之見佞，果喪其田」，皆「仁」聲之證也。段氏謂「小徐从仁聲」是也。「巧」是一義，「材」又一義，「柔調」又一義，「禦口給」又一義。屬文時當用何義，則可以何義釋之。《書・金縢》曰「予仁若考」者，言予旦之巧若文王也。「巧」義即佞也。「佞」从仁得聲而義隨之，故「仁」可爲佞借也。古者事鬼神當用佞。《金縢》之以佞爲美，借「仁」代「佞」者，因事鬼神也。故《論語》孔子謂祝鮀之佞治宗廟，即《金縢》仁巧多材多藝能事鬼神之義也。所以《金縢》借「仁」代「佞」，可省「女」字也。《金縢》曰「乃元孫不若旦多材多藝」，《史記》以「王發」代「元孫」二字，訓「若」爲「如此」，言武王不如周公也。上文曰「予仁若考」，此「考」字當指文王。「若」亦當訓爲「如」，言周公如文王也。此五句文勢相同，一正一反，緊相對屬，不應下「若」字訓爲「如」，上「若」字訓爲「順」也。不應「不若旦」有所指之人，「若考」無所指之人也。訓上「若」爲「順」，則與下「不若旦」戾異矣。《史記・魯世家》明明以「旦巧」二字代「予仁」二字，此「巧」字即訓《金縢》「仁」字，「仁」讀爲「佞」，「佞」即巧也。非可以《金縢》「考」字越「仁若」二字代「巧」字也。「巧」與「考」本可假借，但此處「考」字實指文王，非「巧」字之假借。江氏聲《尚書集注》以「巧」字抵「考」字而訓之，又知經中「仁若」二字無著，遂謂「仁若」二字爲衍，非也。後世「佞」字全棄「高材仁巧」之美義，而盡用「口讇口給」之惡義，遂不敢如《史記》以「巧佞」屬之周公矣。且古人每謙言「不佞」者，皆謙不高材、不仁巧也。《左傳》成十三年「寡人不佞」，成十六年「諸臣不佞」，昭二十年「臣不佞」，《國語・魯語》「寡君不佞」，《晉語》「吾不佞」，皆訓「才」。若「佞」全是惡，豈古人皆以喜口讇口給之小人待人，而自居於不口讇不口給之君子乎？是故解文字者當以虞、夏、商、周初、周末分別觀之。虞、夏時尚無「仁」字，何有「佞」字，惟有「壬」字、「任」字耳。其言「壬」、「任」者，乃巧言令色之人。自謂能堪當重事，而績終不成，其惡在力不能任而以巧言令色妄任之。遍考群經，「壬」字、「任」字無惡訓，《孟子》尚以爲伊尹之聖矣。「孔壬」者，甚自負任也。「而難任人」者，不輕易用自任之人也。《爾雅》之「允、任、壬，佞也」，此「佞」字尚是周初「高材」之義，非惡義。使「允」爲惡，則「惇德允元」又將何説？乃漢人説《尚書》者一概以周末之「佞」義釋虞、夏、周初之「壬」、「任」字，恐非也。又《詩》「哿矣能言」、「巧言如流」，《左傳》叔向引此美師曠爲能言之君子，叔向説詩與周末異，亦此義也。❶

釋來

來者，麥也，象形，自當以麥爲本義；來至，假借爲後義也。《説文》：「來，周所受瑞麥來麰也。二麥一夆，象其芒束之形。天所來也，故爲行來之來。」凡來之屬皆从來。《詩》曰：『貽我來麰。』」據此，「來」爲瑞麥，則「麥」爲常麥義在前，而「來」爲瑞麥義在後矣。然「麥」从夂，其字由「來」孳乳而生之。來，文也；麥，字也。倉頡造字，「來」先「麥」後，不得云周始有此瑞麥也。況《虞書》曰「鳳皇來儀」，已有「來」字。是「來」字明爲倉頡所造，唐、虞以前，有此文即有此物。天所來者，當始於黄帝之時，而后稷、武王時又來耳。二麥一夆，實爲不常有之瑞麥。嘉慶初年，嘉興曾出此麥，傳示至蘇州，錢辛楣先生見之，作文記之，以解二麥一夆之象矣。

❶「詩哿」至「亦此義也」三十六字，續四庫本作「孫氏星衍古今文注疏云此兩不字當讀爲丕皆語詞事鬼神者謂生而主其祀事非謂死而事之」三十八字。

左傳引康誥解

《康誥》曰：「封。元惡大憝，矧惟不孝不友。子弗祗服厥父事，大傷厥考心；于父不能字厥子，乃疾厥子；于弟弗念天顯，乃弗克恭厥兄；兄亦不念鞠子哀，大不友于弟；惟弔茲，不于我政人得罪。天惟與我民彝大泯亂，曰：乃其速由文王作罰，刑茲無赦。」《左傳》僖公三十三年：「臼季曰：『《康誥》曰：父不慈，子不祗，兄不友，弟不共，不相及也。』」昭公二十年，苑何忌曰：「在《康誥》曰：父子兄弟罪不相及。」案：以上經傳三條，義似相反，周公《康誥》之語甚嚴，有「刑無赦」之文，而臼季、苑何忌之語甚寬，有「不相及」之文。自孔穎達以下，皆未得其解。竊謂《康誥》之意謂：父雖不慈而子則孝，子雖不孝而父則慈，弟雖不恭而兄則友，兄雖不友而弟則恭，如此則可偏罪之，不相及；若茲父、子、兄、弟交相大亂，則應用文王法，刑無赦。甑「兄亦不念」「亦」字，則交亂之意可見。《左傳》之語，乃古人括《康誥》之大義而説經也。《左傳》中引《詩》、《書》而爲説者甚多。或疑《左傳》爲《康誥》逸文，非也。《康誥》整齊，必無逸文。即有逸文，亦不至語甚相反，且「不相及」也，文辭亦不類《周書》。《周書》内豈有「相」、「也」二字乎？又王充《潛夫論》曰：「堯，聖父也，而丹凶傲。舜，聖子也，而叟頑惡。鯀殛而禹興。管、蔡爲戮，周公祐王。故《書》稱父子兄弟不相及也。」《後漢書·肅宗本紀》：「詔曰：『《書》云：父不慈，子不祗，兄不友，弟不恭，不相及也。』」《鄭志》趙商問《康誥》之説，門内尚寬。此皆漢人用《左傳》説《康誥》之義，非專引《康誥》文也。

釋訓下篇

余于《釋訓》篇言「順」、「訓」二字常相通借，又于《詩》得義同字變之例。後人不知，每每兩解，失古人本義，如昔所舉「褎姒威之」、「進退維谷」之類是也。癸未冬，適雷州，偶于肩輿中憶《抑》詩：「無競維人，四方其訓之。有覺德行，四國順之。」知此亦義同字變也。「四國順之」即是「四國訓之」，與上「四方其訓之」無異，詩人變其字爲「順」以書之也。《抑》詩「無競」二句，乃引《烈文》「無競」二句舊文而證之也。若曰《烈文》常謂「無競維人，四方其訓之」矣，果有覺德行，必四國訓之也。「順」即「訓」也，「訓」即「順」也。此《詩》反覆于「訓」、「行」之義。其九章曰：「其維哲人，告之話言，順德之行。」此「順」字亦是「訓」字之通變，與「四國順之」相同。《左傳》哀二十六年《詩》：『四方其訓之』」，唐石經、岳本俱作「順」，蓋《左氏》本作「順」，「順」、「訓」無異也。夫曰「告之話言」，此明是我以言訓之也。「訓之」即「誨」，「諄諄用爲教也。「順德之行」之「德行」，即「有覺德行」之「德行」也。《詩》：「申伯之德，柔惠且直。揉此萬邦，聞于四國。」「揉」即上「柔」字。上「柔」爲「剛柔」之「柔」，下「揉」爲「揉之」，即《左傳》「吾且柔之」之「柔」，加手變字也。周人以《詩》說《詩》，自《抑》始。《詩》之訓詁，傳自孔子「故有物必有則」始。《詩》之考證，自《孟子》「由此觀之，雖周亦助」始。又《禮記·坊記》「《君陳》曰：『女乃順之于外。』」「順」亦「訓」之假借字。宋人以爲諛順，且咎成王失言，此不知僞古文及假借也。

釋敬

古聖人造一字，必有一字之本義，本義最精確無弊。「敬」字从茍、从攴。茍，篆文作「茍」，音「亟」。非「苟」音「狗」。也。茍即敬也。加攴以明擊敕之義也。「警」从「敬」得聲得義，故《釋名》曰：「敬，警也，恒自肅警也。」此訓最先最確。蓋敬者，言終日常自肅警不敢怠逸放縱也。故《周書・謚法解》曰：「夙夜警戒曰敬。」虞翻《易逸象》曰：「乾爲敬。」《易》曰：「君子終日乾乾，夕惕若厲。」《書》曰：「節性，惟日其邁。」日邁者，日乾乾也。《周書》以「無逸」名篇。《國語》敬姜論勞逸之義，爲千古至言，孔子歎之，此敬姜之所以爲敬也。欲知「敬」字之古訓本義，試思敬姜之論即明矣，非端坐静觀主一之謂也。故以肅警無逸爲敬，凡服官之人，讀書之士，所當終身奉之者也。至于孟子論性，有曰「四肢之於安佚也，性也」。年老之人，久勞于事，養神之人，不勤于學，皆樂於安佚。或知安佚不可爲訓也，于是有立「静」之一字以爲宗旨者，非也。惟聞孔子閒居，未聞孔子静坐；惟聞孔子曲肱而枕，孟子隱几而卧，未聞孔、孟瞑目而坐；惟聞《禮》君子欠伸，侍坐者出，未聞君子瞑坐，侍者久立。蓋静者，敬之反也。年衰養神者，每便于静，乃諱其所私便而反借「静」字以立高名，則計之兩得者也。雖然，年老之人必不能如强壯者終日肅勞矣，或推古人養老之義，少安之可乎？然孟子曰：「四肢之於安佚也，性也。有命焉，君子不謂性也。」終當以敬攴節之也，此節性之一端也。

雲南黑水圖考

《禹貢》「黑水」有二，一在雍州，一在梁州，名同而地異。甘肅黑水相隔遠阻，斷不能通。蓋黑水亦晦黑之義。非色黑。海，晦也。故四海之稱，皆荒遠晦黑之義。《禹貢》之「黑水」，亦皆荒遠晦黑之水之通名也。《禹貢》曰：「華陽、黑水惟梁州。」此以東北華山、西南黑水定梁州之域，此句經文顯朗可據，故梁州之域必遠包滇池黑水以南，始合經文。若以今瀘水當之，則梁州衹有四川，不包雲南矣。「淮、海揚州」，一「海」字遠包閩、越，猶此「黑水」二字遠包雲南也。且瀘水即金沙江，即江水之上游。導江雖自岷山，岷山以上禹時未曾別名黑水，猶之導河自積石，積石以上未聞不名河而別有名也。故「華陽、黑水惟梁州」之「黑水」即是導黑水入南海之黑水。此水近在滇池之南，梁州之域可見矣。《禹貢》曰：「導黑水，至于三危，入於南海。」此經文三句，朗如日星。求入南海之水于滇之南，今有三焉：南盤江，由粵西至粵東入海；禮社江，由交阯入海；瀾滄江，由南掌入海。此三大水既入南海，安得不謂之黑水，而反以不入南海之瀘當之乎？吾固曰：「求導水之黑水不可得，當于入南海之水求之。求三危不可得，雍州三危與導水三危亦名同地異。當于入南海之水上游求之。求華陽黑水之黑水不可得，即于經文『入南海』之黑水合之。」然則今滇南入南海三水上游之間，廣南、開化、臨安、普洱、順寧、永昌六府。非所謂三危歟？考梁州黑水者，自漢以後言人人殊。予惟以經文定經文，餘不必辨矣。又滇省城東北十餘里有黑龍潭，潭上有龍王廟。唐梅在廟東坡上。此潭廟甚古，莫知其始。《漢書・地理志》滇池縣有黑水祠，余謂今滇池上之黑龍潭廟，非即古華陽黑水之黑水祠歟？或者潭東唐梅、宋柏之間，今之三清道宮即漢祠故址，而潭北龍王廟即神祠所遷降者歟？滇池與南盤江、禮社江切近百里，前漢有黑水祠，禮亦宜之。

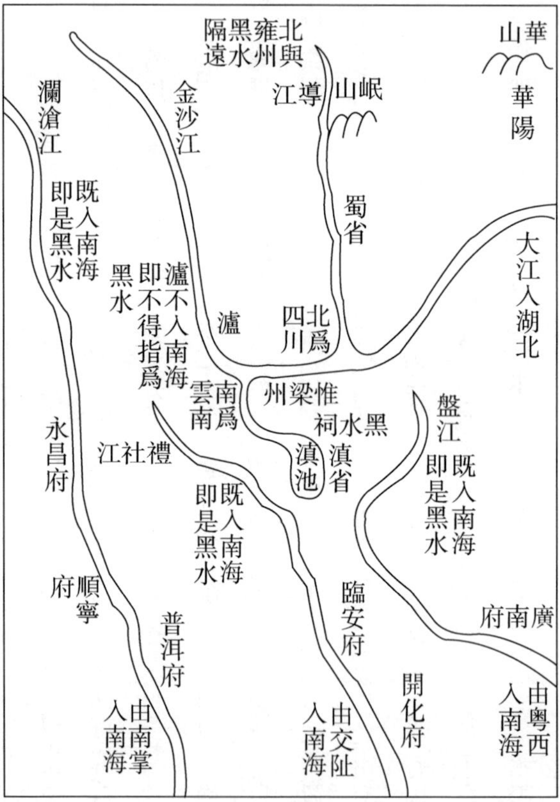

中庸説

《中庸》爲子思所作。自「天命之謂性」至「父母其順矣乎」，似《中庸》篇之大義已止于此。自「鬼神之爲德」已下，似别成一篇，與《中庸》無涉。此乃子思專言祖德配天，俟百世之聖人，雖孔子生前不得位，不敢損益三王，制作禮樂，而至誠爲學，治天下之道，能使百世天下人皆齊明盛服，承祭孔子，凡有血氣者，莫不尊親孔子之神，洋洋乎，與堯、舜、文、武之配天相同。此子思之微言也。此應别有篇名，但子思明哲保身，不敢明著篇名，而接存于《中庸》篇之後，以授于傳經之弟子門人耳。康成鄭氏注「祖述堯、舜」四句，以爲《孝經》、《春秋》二經之事。淺人詫之，不知此必子思微言，傳禮之門人述之，鄭氏尚得之于古禮説。孟子曰：「《春秋》，天子之事也。」此説當傳之子思。《漢志》「《中庸説》」，❶當與鄭説同。《漢書・藝文志》載有《中庸説》二篇，書雖不傳，似分二篇爲説者。

詩書古訓序

萬世之學，以孔、孟爲宗，孔、孟之學，以《詩》、《書》爲宗。學不宗孔、孟，必入於異端。孔、孟之學，所以不雜者，守商、周以來《詩》、《書》古訓以爲據也。《詩》三百篇，《尚書》數十篇，孔、孟以此爲學，以此爲教，故

❶ 「漢志」至「説同」小字十字，續四庫本無。

一言一行皆深奉不疑。即如孔子作《孝經》，子思作《中庸》，孟子作七篇，每講一義，多引《詩》、《書》以爲證據。若曰世人亦知此事之義乎？《詩》曰「某某」，即此也，《書》曰「某某」，即此也。否則，尚恐自說有偏弊，不足以訓於人。是周時孔、孟之引訓於《詩》、《書》，猶今人之引訓於《論語》、《孟子》也。試觀孔子最重孝道，孝道推本文王、周公，是故《孝經》引《詩》「孝子不匱」、「聿修厥德」，引《書》「一人有慶，兆民賴之」。孟子最重性善，性善推本于孔子，孔子推本于《詩》，是故引《蒸民》「秉夷」、「物則」、「懿德」，此最明著，人人皆知者也。又春秋時，列國君卿大夫引《詩》、《書》者，亦皆明著者也。耐何後儒臆造諸說，以擬聖經？若《法言》以後等書，世人樂講其書，而反荒《詩》、《書》乎？元録《詩書古訓》六卷，乃總《論語》、《孝經》、《孟子》、《禮記》、《大戴記》、《春秋》三傳、《國語》、《爾雅》十經，此十經中，引《詩》、《書》爲訓者，采繫于《詩》、《書》各篇各句之下。降至《國策》，罕引《詩》、《書》。極至暴秦，雜燒《詩》、《書》，偶語《詩》、《書》者棄市，動輒族誅殺降，以殺戮爲功德，《詩》、《書》所繫，豈不大哉！漢興，祀孔子，《詩》、《書》復出，朝野誦習，人心反正矣。子、史引《詩》、《書》者多存古訓，惟恐不能盡醇，則低寫一格，附之于後，以晉爲斷。蓋因漢、晉以前尚未以二氏爲訓，所説皆在，政治言行不尚空言也。然此所寫列者，皆古聖賢、子、史已經引出之訓，其未經引證者，若伏而讀之，訓而行之，引申觸類，章句正極多矣。

孝經先王即文王説

孔子作《春秋》、《孝經》，皆推本於文王。故《春秋》「春，王正月」，《公羊傳》曰：「王者孰謂？謂文王也。」《孝經》首章曰：「先王有至德要道，以順天下，民用和睦，上下無怨。」此「先王」雖未明謂文王，實亦文王也。《聖治章》言周公「宗祀文王於明堂，孝德無以加，四海來祭」，即章首「民用和睦，上下無怨」之義。《堯典》：「九族既睦，平章百姓，協和萬邦。」堯之舉舜，克諧以孝，此古帝以孝睦天下之道。文王、周公傳之以順天下，故《康誥》：「四方民大和會，百工播民和，見士於周，周公咸勤。」蓋成王時，非周公監洛，多方和睦，多士無怨，孝祀文王，臣我多遜，則周之天命終未受也。《聖治章》大義，開明於此，所謂「開宗明義」也。首章之末引《大雅》曰：「無念爾祖，聿修厥德。」夫《詩》、《書》言孝者多矣，何獨引此？此《詩》即周公明堂禮成所作之樂，引周公、文王之《詩》，以證文王、周公孝德之事，正與首章「先王」相應，更可見章首「先王」爲文王矣。《卿大夫章》「非先王之法服不敢服」，此「先王」亦指文王。若泛言三王，則豈可服夏王、商王之服乎？惟《孝治章》之「明王」、《感應章》之「明王」，始泛言聖王。否則曷不亦言「先王」，而變其文曰「明王」哉！《孝治章》言「得萬國之懽心，天下和平，災害不生，禍亂不作」，此亦反覆申明首章「民用和睦，上下無怨」之義。自古民之怨秦、怨隋極矣，是以禍亂速作。唐之天寶、宋之新法，亦皆怨而不和，是以災害禍亂。惟民心和睦者，天下必久太平。孔子之言，歷歷明驗矣。余于此經之義，已著之《孝經宗祀即尚書宗禮》篇矣，義有未盡，復述之如此。壬辰。

六宗解

自《虞書》内有「禋于六宗」之文，後人求六宗而不可得，人各異説，何止數十家紛如聚訟。愚謂「禋」乃柴祭之名，「六宗」即明堂之「宗祀文王于明堂，以配上帝」，上帝即五帝，五帝及配帝，非六宗乎？周公宗禮，亦本于虞禮。即方明之六面。明明白白，數言而解。若舍實事求是而別爲亂輳，即數萬言亦不能定也。餘詳《孝經宗祀説》、《宗禮餘説》。

日有食之不宜有解

《説文》「有」字在「月部」，解曰：「不宜有也。《春秋傳》曰：『日月有食之。』从月，又聲。」按：此解總有脱錯，《春秋》衹「日有食之」四字，無加「月」字者。若以凡「有」皆爲「不宜有」，豈非反話乎？于心竊所未安。「不宜有」之説，隱公三年三傳皆無此文，許氏又從何處古書得來？或謂《春秋》凡言「有」，皆不宜有也。有蜮、蜚、星孛，固不宜矣，豈「有年」、「大有年」亦不宜乎？況「有」字造于倉頡，倉頡之世，尚無《春秋》。斷非倉頡造此字時，指此示人曰：「有爲月食，皆當用日食之義反説爲不宜也。」如倉頡早以爲不宜，豈「有鰥」、「有能」、「有常」、「有德」亦皆不宜乎？然則當何如？予按：「不宜」之説，解《春秋》已不能全通，斷不能解从月之「有」字。予意曰：「有」所以从月者，月食也。月食爲本義，「有無」之「有」乃假借字，兩不相涉。猶「暨」字本義爲「日頗見」，即今日帶食。而假借爲「汝羲暨和」、「朔南暨」也。暨，及也，與「有」訓「有無」之「有」同也。「不宜有日食」之説，或亦是先儒之故説，但此似説《詩》之義，而非説《春秋》之義。《詩·十月之交》曰：「日有食之，亦孔之醜。彼月而食，則惟其常。此日而食，于何不臧。」此《詩》「日有食之」及《春秋》「日有食之」兩「有」字，衹當借訓爲「有無」之「有」，無「月食」本義在内，猶之「汝羲暨和」無「日頗見」本義在内。《詩》若曰，月食則尚爲常有之事，日食則不臧，不宜有也。故凡説《詩》及《春秋》「日有食之」，皆當先從《詩》此義，以爲不宜有，不可牽泥「月食」之本義也。《説文》不是衍「月」字，大約許氏尚引有古説而脱錯耳。余昔撰《堯典作譌成易解》，詮《説文》「有」字猶沿舊説。因反覆思之，不安于心。因求得此義，或有合也。

與曾勉士釗論日月爲易書

書來，因予説日月爲易爲合朔之辨在朔易，更發明孟喜卦氣，引《繫辭》「懸象莫大乎日月」，死魄會於壬癸，日上月下象未濟爲晦時。此足以發古義矣。余謂《説文》所引「祕書説」，乃「祕《尚書》説」，日月爲易，專説便在朔易，非《周易》之祕説。如是《周易》，曷不曰「祕《易》説」乎？蓋「易」字先見於《堯典》，此字乃唐、虞以前倉頡所造，造字時衹有「日上月下之易」之義耳。唐、虞之世，識「易」字者心中惟知有「朔易」之「易」，而無六十四卦之《易》。今世讀《説文》「易」字者，心中亦惟當有「朔易」之「易」，不容有《周易》之「易」。後此，文王之《易》則是由倉頡「日月爲易」而起，爲命卦總名之主意。誤以爲《周易》之「易」者，自《參同契》始。蓋以《周易》之道出於日月之易則不誤，若以「日月爲易」四字爲《周易》，則倒誤矣。是故孟喜之《易》，乃《周易》最古之法，由《虞書》而來，有所受之。「七日來復」，非穿鑿也。余且謂：革月爲月霸，先王以治曆明時，獨屬之革卦，與來説「未濟晦時」正合。然則文王以六十四卦六日七分之法名之曰易，乃取之於《堯典》，《堯典》本之於倉聖，又何疑哉！曷再詳言而暢發之，以明孟氏之學？《易傳》曰：「變通配四時，陰陽之義配日月。」又曰：「變通莫大乎四時，懸象著明，莫大乎日月。」又曰：「日月相推而明生焉。」又曰：「日月運行，一寒一暑。」又曰：「五歲再閏。」此皆一月二十九日晦夕朔旦，孟、荀、虞之義也。

武進張氏諧聲譜序

隋之韻學定於陸法言、劉臻、魏淵等九人，剖析毫氂，❶分别黍累，所謂「我輩數人，定則定矣」。即如支、脂、之不同部，今金壇段氏覃精獨得，而陸氏等則本不相混，是何精覈耶？後如孫愐以下，有同自鄶。惟我朝古學振興，言古音者自崑山顧氏以來，奚止十家？近時金壇段氏分十七部，高郵王氏分廿一部，亦精覈之至矣。嘉慶間，余曾聞武進張編修惠言有韻學書，未見而編修卒。道光中，編修之子成孫，聰穎辛勤，能傳父學，踵成編修之書曰《諧聲譜》，奉以示余。余讀而歎之，歎其識力之超卓精細也。其書分中、僮、薨、林、巖、筐、桀、蓁、詵、千、萋、肄、揖、支、皮、絲、鳩、芼、蔞、岨二十部。惟至韻，王氏分出爲一部，極確。編修不分，成孫不敢分之。然此數十字雖無多，終以分部爲安。此乃于《毛詩》中拈其最先出之字爲建首，加以《易》韻、屈韻，而又以《說文》之聲分從之，犂然不紊，有各家所未及者。其言曰：「今之讀二百六部者，牽引之，分割之，甚無謂也。今故舉而空之，以《詩》求韻，佐以《易》、屈，以韻别部，以部類聲，以聲諧《說文》之字而已。」張氏此說奇而法審。《說文》之聲亦細，足以見未有韻書時之本來部居。譬如造曆者積年日法數十改，及元郭守敬，始一切空之，專以彼時各儀實測天行爲主，不以私意遷就。今于聲韻皆以《毛詩》、《易》、屈、倉、籀

❶「析」，原作「析」，今據文義改。

爲定，許氏漢人，説此文解此字而已。至于用文之聲而諧之孳之以成字之聲，則倉、籀之時已隱然有韻之部居，較《詩》、《易》爲更古矣。亦郭太史之意歟？杜預言曆法「當順天以求合，非爲合以驗天」。吾于韻亦云：「當順字以求韻，非爲韻以驗字。」序而歸之，願是書之行于世也。

詩有馥其馨馥誤椒記

《詩·周頌·載芟》「有椒其馨」，「椒」字乃「馥」字之誤。陸氏《釋文》云：「沈作『俶』，尺叔反，云『作椒者誤也』。」元案：不但「椒」誤，「俶」亦誤也。蓋此經文古作「馥」字。《隸釋·卷八。冀州從事張表碑》引作「有馥其馨」，《隸續·卷十一。膠東令王君廟門斷碑》亦作「有馥其馨」，是漢之經文作「馥」明矣。晉左九嬪《納楊后贊》曰「有馥其馨」，見《藝文類聚》十五。傅咸《答潘尼詩》曰「有馥其馨」，《藝文類聚》三十一。是晉猶作「馥」矣。《説文》：「馨，香之遠聞者。」凡從「殸」之字，皆有外遠之義，故「聲」、「馨」皆遠聞也，故與「馥」別。《釋文》沈重作「俶」，尺叔反，馥字切音，《廣韻》、《集韻》皆以「房」爲雙聲，「尺」字疑是「房」字之訛。且云「作椒者誤也」，此不知唐以前何時寫書者損滅「馥」字，又損「房」爲「尺」，又誤「叔」爲「俶」，又由「俶」形與「椒」近而誤爲「椒」。陸氏《釋文》云「無故改爲俶」，而不知「俶」乃「馥」切音字之誤冒也。毛傳「椒，猶飶也」，當作「馥，猶飶也」，此蒙上「有飶其香」而言，「飶香」與「馥」同，若是「握椒」、「椒椴」之「椒」，傳、箋皆不容無解「椒」之辭，而「椒，猶飶也」爲不辭矣。古祭物、食物似未以椒爲用。此經文明是「馥」字之本證。然非漢、晉四證，則此字無由臆造，永不知其誤而又誤矣。余乾隆間校石經，未及此，嘉慶間作《校勘記》，亦未及此，今始明之。歙縣程少農恩澤。云：「《詩》『苾芬孝祀』，《文選》注、《一切經音義》引《韓詩》作『馩芬孝祀』。《韓詩》有『馩』字，《毛詩》亦有『馩』字。『馩』字形聲不謬於六書，可補《説文》之遺。」元又謂：「飶」、「苾」同「必」，義同「馩」，音亦同「馩」，所以毛傳曰：「馩，猶飶也。」「馩」與「飶」同，此亦《詩》義同字變之例也。虙羲即伏犧，宓子賤皆房六切，亦「必」、「复」同音之證。丁酉六月。

齊陳氏韶樂罍銘釋

銘中「大樂」凡三見，「舞」字凡兩見，又有「鼓鐘」字，此是以樂舞之事爲重而爲此器銘也。篆十九行，百六十餘字。拓本第六條「玉二」之下、「鼓鐘」之上是「紹」字，甚明白。然則第五條第二字近接「舞」字下，亦是「紹」字，朱本釋「紹」。第二行「于大」下、「命」上亦是「紹」字。「紹」从「系」。《説文》「系」古文从「系」。檢鐘鼎文「司」字「糸」旁皆作「中」，無作「巾」者。元謂：「紹」即「韶」字也。陳敬仲犇齊，《韶》樂在焉，陳氏世守此樂而修備之。齊莊公時，與陳桓子銘作「洹子」。無宇相悦，非壻即女弟夫。齊景公亦與桓子子彊相悦，子彊引《韶》爲重，以大樂、大舞迓於天子，用璧玉二、壺二、鼎八，有事於南宮，而孔子在齊聞《韶》，有「不圖至斯」之歎。然則齊陳之《韶》勝於魯《韶》明矣。謂「紹」爲「韶」者，舜樂之「韶」字以「召」爲聲，以「音」爲義，此後造之字也。若其先本字，但當爲「紹」。故《禮記·樂記》曰：「紹，繼也。」鄭康成注曰：「韶之言紹也。」此記樂者直破「韶」字爲「紹」字而以「繼」訓之。「韶」訓「紹」，見於《春秋元命苞》、皇侃《論語疏》諸處者甚多。故「韶」、「磬」見《周禮·大司樂》。皆後造之字，「招」字直假借而已。見《孟子》、《漢書·樂志》、《左傳釋文》。《左》「《祈招》之詩」亦「祈韶」也。銘中「舞」字凡兩見。元審「舞」上之字皆「夏」字。夏，大也。故「九夏」皆訓「大」，非「夏禹」之「夏」，其篆形兩𦥑而下从夊甚明。「夏舞」猶言大樂，「大韶」對舉耳。非舜樂雜以禹舞也。義與「頌」同，見元《釋頌》篇中。且景公時，樂師亦必深習陳田大樂《韶》之遺法，傳其音律，故作君臣相説之樂之時，即依《韶》爲《徵招》、《角招》。即「韶」。又陳氏在齊爲工正，此器制造精堅，亦自不遺餘力。計自舜作《韶》之時至造器之時，一千七百餘年，爲孔子所聞。自齊景公造器之時至今，又二千三百餘年。而此器具在，銘文篆迹可讀可摹。展卷累月，尚知他味哉！道光十八年阮元識。❶ 壬寅冬，❷得濟甯州李聯榜孝廉説云：「季札在魯，但見《韶》舞，未聞《韶》樂，故曰『觀止』。孔子在齊，始聞之。」此説甚確，得未得有。元謂季札「此之謂夏聲」，「夏」則大大之至也。然則銘中「夏舞」即「大舞」，與「大樂」對舉言之，非要舞，益明矣。李孝廉亦小門生。

余於嘉慶十八年從安邑宋芝山購得齊侯罍，藏於家廟，屬朱椒堂爲弼。釋之，作《齊侯罍歌》，廿五年矣。今在京師，又屬吴編修式芬。釋之，略有異同，尚有未識之字，乃並存之。近日卧疾一旬，復審之，識出「韶」、「夏」二字，乃悔從前作詩時之粗也。

余所纂《積古齋鐘鼎款識》有陳逆簠，罍爲韶樂，簠爲封地。篆曰：「余陳狟子之裔孫，作季姜之祥器。」此

---

❶「道光」至「識」八字，續四庫本作「大清道光十八年二月癸卯朔阮元識於節性齋時年七十有五」二十五字。

❷「壬寅冬」至「亦小門生」小字九十字，續四庫本無。

「狟子」亦即「桓子」。《牧誓》「尚桓桓」，《説文》作「狟狟」，可以假「狟」，亦可假「洹」矣。又此簠爲季姜，而罍洹子妻孟姜，是陳氏世代多姻于姜，可補三《傳》、《史記》之闕。此簠年近于罍，則文字相近，第四字宜亦是「器」字。

戊戌夏，蘇州又有一齊侯罍拓本寄來京，銘篆與此器大同小異。計彼器十九行一百四十二字，校此少二十餘字。校此多者，「齊侯」下多一「女」字，此器内第四行本有「女」字，非「母」字。彼罍字作「四田墓」之上多「郜邑」二字。「夏」字，彼作「㚇」，此「鑄爾姜鉚」，彼作「鑄爾𦍌𨚕」，皆甚明白。此「大樂」凡三見，彼衹一見。彼第二行無「大樂宗」等字，「洹子孟姜」則相同明白。至於「紹」字此凡三見，篆法無異，是「紹」無疑矣；而彼本亦三見，第一字與此同，第二、三則「糸」旁作「𢆶」，是「司」字矣。計惟「大司命」一處，于文爲順，當舍此而从彼。至於「舞」字之下，仍以「紹」字爲順，當舍彼而从此。蓋此器誤「大司命」爲「大紹命」，彼本則誤「舞紹」爲「舞司」，當年作篆人粗舛，致有兩失耳。

齊侯罍銘搨本第七條第一、二字是「子蓳」，第八條「子蓳」、「夏舞」再見。此兩「蓳」字筆畫甚明白，必是陳氏子之名，未能定之。道州何子貞編修釋爲从黄省之「堇」字，即陳子疆之名，甚確。又得一無疑之字與義矣。子疆「疆」字與「蓳」字之義切近明白，是居斤切，凡从某省之字可寄其義，不必定从其聲，特此篆「黄」尚不省，今《説文》「堇」，古文作「蓳」，古文僅見于此器矣。《左傳》昭二十六年：「平子曰：『必子疆也。』」子疆之名無考，今因此器得之矣。「疆」，唐石經作「疆」，宋板誤「彊」。《説文》自「堇」字、「畺」字以至「疆」字，相因相次。古人字由名生，罍銘中樂舞者名蓳字子疆，無疑矣。或疑《史記》「武子開」「開」即「疆」，非也。「開」从幵聲，且兼會意，在段氏古韻十一部，不能與「堇」聲相涉。「堇」字在十三部，居斤切，故墐、謹、殣、饉、鄞、廑、僅、覲、勤等字从之。以上各字皆巨斤切、居隱切相近之音也。

《説文》「堇」字部首之後，次以「艱」字，以「堇」爲旁、「艮」爲聲，與「堇」同古韻十三部，由此再轉入十四部，則難、漢、歎、嘆等字亦从「堇」得聲者也。《説文》「鷬」即「難」字，从鳥，堇聲。然則「堇」有「艱難」之音，而「歎」字从「鷬」省聲，「嘆」字从「歎」省聲，其聲一也。其實文、殷、元、寒韻可合，不必曰省。《説文》：「堇，黏土。从黄省，从土。古文堇。」蓋土黄黏則彊而治之艱，是以《説文》土黏、色黄、難治、比田、畕、彊各義皆以次連綴于十三篇之後，亦必因其字音義皆近也。然則「漢」字从「堇」，豈非以其土性黏色黄艱治之故乎？余嘗兩次夏渡襄陽，皆當盛漲，漢中府之土隨水奔流，既黄且黏，甚于黄河。因知倉聖造字、大禹名川皆有故矣。

《史記·齊太公世家》索隱引《世本》云：「陳桓子無宇，産子亹。」❶然則無宇又有一子名亹，此何人乎？余曰：此乃《史記·田敬仲世家》所謂「無宇卒，生武子開與釐子乞。」亹乃子開之名，開其字也。無宇嫡子書，字子占，見《世本》。又三子亹字子開，釐字子彊，乞釐子也，子彊不謚武也。《史記》曰：「武子開。」杜預《左傳注》曰：「子彊，武子字。」此必是《史記》不誤而杜誤也。「開」與「亹」之義，亦明白切近之至。《詩》「鳧鷖在亹」，箋云：「亹之言門也。」《後漢書·馬援傳》注：「亹，水流山間兩岸若門也。」然則「亹」即「門」之假借字。麥亹冬即麥門冬。「門」義甚多，詳余《釋門》篇。門爲名，開爲字，猶釐爲名，彊爲字，又何疑哉！

---

❶ 「子」，原作「于」，今據清武英殿本《史記》改。

《左傳》昭公二十六年：「冉豎射陳武子，中手，失弓而罵，以告平子曰：『有君子白皙，鬒鬚眉甚口。』平子曰：『必子彊也。』」由予之說證之，則失弓者，武子亹也，即子開，非子彊。《左》但書「武子」謚。白皙者，蘁也，即子彊，非謚武。蓋兄弟兩人也。冉豎射子開，識之矣，平子亦知之矣。即使冉豎、平子有言，傳未書之，惟冉豎不識子彊，但言其白皙諸狀，故平子曰：「必子彊也。」若既射武子而識之，是亢之甚矣。又指武子爲「君子白皙」云云，則與下文「謂之君子，何敢亢之」相背，且「有」字文義亦是舍失弓者而別有所指，明射手失弓者一人，君子白皙又一人也。亢之，當之也。《左傳》「以亢其讎」、「戎亢其下」、「結草以亢杜回」，皆其義，杜注「以公戰禦之」乃因上「私」字望文以生義耳。彼時兄弟兩人情事可見如此。今因考「蘁」、「亹」二字之義而得之。乃知杜元凱誤爲一人，經義之失久矣。陳占，字子書。占書猶今人言看書也。故《尚書》曰「明啟刑書胥占」、「啟籥見書」。

武子開與子彊，度皆是心存公室之人，銘中既以樂舞御天子，復誓于大司命有事于南宮，必不似釐子乞收民心，以圖齊國。觀哀十四年陳子逆語闞子我曰：「且其違者不過數人。」然則違者非即開、彊家乎？

陳頌南農部慶鏞。又云：「子彊非謚武子，其謚昭子乎？」《左》哀十四年傳「成子兄弟四乘如公」，杜注取「昭子莊」爲成子兄弟，以充八人之數，而《史記·齊太公世家》索隱引《世本》，昭子是桓子之子，成子之叔父，又不名莊。「莊」字疑即「蘁」字之訛，形相近也。「昭子莊」當即「昭子蘁」，亦桓子子無疑。杜氏既誤以「昭子」爲僖子之子，又誤「蘁」爲「莊」。其說沿自服虔，唐孔疏未正其誤，且徇服、杜，誣昭子莊爲成子之子出于《世本》，而《索隱》所引《世本》無此事也。司馬駮之，知昭子不名莊，然卒莫詳其名，更不知杜氏强以昭子充數。今證以齊疊，得論世知人之助。

馮柳東三家詩異文疏證序

古今義理之學必自訓詁始，訓詁之學必自形聲始。自六書之旨不明，于古人傳授師承求其義不得，反疑古人改文就義，不已傎乎？三家《詩》實先毛公，魏、晉以降，❶絶學寖亡，其散見于往籍者，千百之一耳。其伯厚王氏《詩考》之緝毛，舉大指，未暢厥流，余嘗病之。柳東太史潛孯經史，精邃博綜，實欲突過前哲。其言三家多今文，毛多古文；三家多正字，毛多假借。按之群書，無不融合。又推原傳授諸儒，有以知其説之所宗，一一派别而諟證之，由形聲而得訓詁，由訓詁而得義理，俾千古微學一旦揭日月而列星辰，則三家雖亡猶存也。夫自有宋以來，學者類沿于空疎之病，王氏獨能網羅載籍，實事求是，闡發許、鄭之言，顧尚有待于後人之補正。柳東以名翰林出爲縣令，不三月，以親老解組歸，而教授伯厚之鄉，得其流風緒綸，益肆力于學，可不謂好學守道者與？曩余在廣州開學海堂，集説經之書爲《皇清經解》千四百卷，而獨缺三家《詩》石經。今于滇中始得見之，爰亟爲編入《續編》并敘而歸之。柳東尚有《論語》諸經説，何不盡出而觀之也？

柳東名登府。

❶「降」，原作「路」，今據續四庫本改。

揅經室續二集卷二

黄河海口日遠運口日高圖説

黄河挾泥沙入海，一歲之中，泥沙多不可量。此泥沙積墊於海口，愈積愈多，愈墊愈遠，攔門沙亦愈推愈遠，蓋必然之勢也。乾隆初年之海口，非康熙初年之海口矣。嘉慶初年之海口，非乾隆初年之海口矣。蓋遠數百里矣。今又三十餘年，而清、黄交會通漕之處，則未尺寸移故地也。然則運口昔日清高於黄，今常黄高於清者，豈非海口日遠之故乎？夫以愈久愈遠之海口行陜州以東之黄水，自中州至徐、淮二府，逐里逐步，無不日加日高。低者填之使平，坳者填之使仰，此亦必然之勢也。而湖水之堰則不能再加高，此亦一定之勢也。如此，而欲數千里平行之黄水，獨在徐、淮一帶獨自刷使深，而且低再仰而出於海口，竊憂其難矣。譬如樓梯斜下十三層，梯脚占地一丈，如乾隆初海口，如戊癸。其第十層離地高三尺。如運口乙。今於梯脚接添三層爲十六層，使梯勢不陡，必多占二尺餘地矣。如今海口，如庚癸。是其第十層離地者，必加高尺許矣。如今運口丁。何也？梯脚占地遠也。「遠」之一字，今言河者皆未言及。私心揣測，聊爲圖以觀之。道光七年記。

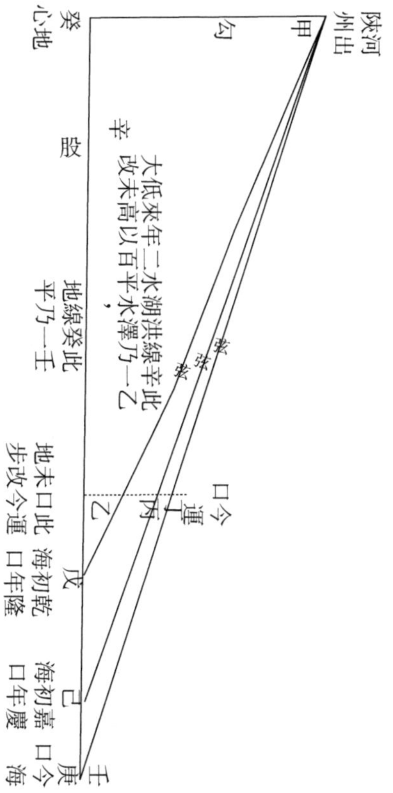

陝州以東河流合勾股弦説

凡水行於山石不平之地，隨地形爲高低也。若黄河出陝州之後，由陝州以至海口，數千里之遠，數百年之久，必平無高低，如弦之直矣。何也？地勢本平，而沙填又久也。故自河南至淮南，海口則日墊日遠，河身必日加日高，低者填之使平，坳者填之使仰，如弦之直，如準之平矣。加以屢次決口，屢次挑爲引河，少有丈尺之高坳者，亦無不平矣。此合乎勾股弦矣。右圖癸庚，股也；甲癸，勾也；甲壬，弦也。股與弦同，此日加日長，而獨欲使丁之弦屈曲低落如丙乙之舊，使乙水仰出於庚，此斷斷不能之勢也。此理易明，人所共曉。尺幅之間此理此數，數千里之遠亦同此理同此數也。蓋測天測地未有勾股直而弦曲者，亦未有大股已加長改位，而弦不加長改位者。如戊改庚，乙改丁。

擬儒林傳稿凡例

一，《史》、《漢》始記《儒林》，《宋史》別出《道學》。其實講經者豈可不立品行，講學者豈可不治經史？强爲分別，殊爲褊狹。國朝脩《明史》，混而一之，總名「儒林」，誠爲盛軌。故今理學各家與經學並重，一併同列，不必分歧，致有軒輊。

一，各儒以國初爲始，若明人而貳仕於國朝，及行止有可議者，皆不得列入。

一，國朝百餘年來，聖化所涵，學人輩出。天下之大，山林之僻，學者萬千。今僅列百數十人，雖示謹嚴，恐有掛漏。如同館諸友所見者，不妨酌補。

一，次序以顧棟高爲始者，因高宗純皇帝諭辨《儒林傳》奉爲緣起也。此外，則以年分相次。

一，凡各儒傳語，皆採之載籍，接續成文，雙注各句之下，以記來歷，不敢杜撰一字。且必其學行兼優，方登此傳。是以多所褒許，以見我朝文治之盛。至於著述醇疵互見者，亦直加貶辭。此外私家狀述涉於私譽者，謹遵館例，一字不録。至於各句雙注，將來進呈御覽時，應否删去，候總裁核定。

一，唐曹憲在隋曾爲秘書學士，唐貞觀中，以弘文館學士召，不至，即家拜朝政大夫，入《唐書·儒林傳》。元金履祥當宋末襄樊兵急，履祥請以重兵由海道直趨燕薊，莫能用。元德祐初，起爲史館編校，辭弗就，入《元史·儒林傳》。欽定《續通志·儒林傳》：熊禾，宋咸淳進士，寧武州司户參軍，入元不仕；胡三省，宋寶祐進士，入元不仕；馬端臨，宋丞相廷鸞子，蔭承仕郎，宋亡，入元不仕。皆蒙欽定，列入元代《儒林傳》。今查湖南王夫之，前明舉人，在桂王時曾爲行人司行人；浙江黄宗羲，前明布衣，魯王時曾授左僉都御史。明亡入我朝，皆未仕，著書以老，所著之書皆蒙收入《四庫》，列爲國朝之書。《四庫全書提要》内多褒其書，以爲精核。今列於《儒林傳》中，而據實書其在明事蹟者，據列代史傳及欽定《續通志》例也。

一，國朝倣《明史·儒林傳》，末列孔、顔、曾、孟傳者，用《史記·孔子世家》例也。曾、孟、程、朱後人有名而多著述者，未得其人，應俟加訪。

一，滿洲、蒙古、漢軍，凡有學行者，大約皆已登二品以上。其官職未顯者甚少，然亦必有其人。此傳已專屬編修陳公傳經采訪撰集矣，俟爲補入。

一，傳中事蹟年月恐有舛錯，文理序述不免差謬，仍乞館中諸友詳加校對，始爲定稿。元匆匆交出，實未及細審，不可恃也。

壬申八月，漕運總督阮元交出。前在翰林院侍講任内撰稿。

集傳録存

毛奇齡，字大可，又字初晴，蕭山人。康熙十八年，以廪監生召試博學鴻詞科，授翰林院檢討，《四庫書提要》、《詞林典故》。充《明史》纂修官。以葬親假歸，得痺疾，遂不復出。《蕭山志》。奇齡少穎悟，明季避兵其縣之南山，築土室讀書其中。盛唐《西河先生傳》。已著《毛詩續傳》三十八卷，既以避讐，流寓江淮間，失其稿。乃就所記憶著《國風省篇》、《詩札》、《毛詩寫官記》。復在江西參議道施閏章處與湖廣楊洪才説詩，作《白鷺洲主客説詩》一卷。明嘉靖中，鄞人豐坊僞造子貢《詩傳》、申培《詩説》行世，奇齡作《詩傳詩説駁議》五卷，引證諸書，多所糾正。《四庫書提要》、盛《傳》、西河《經集凡例》。暨在史館，著《古今通韻》十二卷進呈，聖祖仁皇帝善之，詔付史館。盛《傳》、李天馥《西河集序》。歸田後，僦居杭州，著《仲氏易》，一日著一卦，凡六十四日而書成。託於其兄錫齡之緒言，故曰「仲氏」。又著《推易始末》四卷、《春秋占筮書》三卷、《易小帖》五卷、《易韻》四卷、《河圖洛書原舛篇》一卷、《太極圖説遺議》一卷。其言《易》，發明荀、虞、干、侯諸家旁通卦、卦變、卦綜之法。是後儒者多研究漢學，不敢以空言説經，實自奇齡始，而辨正《圖》、《書》，排擊異學，尤有功於經義。《提要》。先是，奇齡官翰林時，康熙乙丑會試爲同考官，分閱《春秋》房卷，心非胡《傳》之偏，有意撰述。盛《傳》。至是，乃就經文起義，著《春秋毛氏傳》三十六卷、《春秋簡書刊誤》二卷、《春秋屬辭比事記》四卷，條例明晰，考據亦多精核。《提要》。又欲全著《禮經》，以衰病不能，乃次第著昏喪祭禮、宗法、廟制及郊社、禘祫、明堂、學校諸問答，多發先儒所未及。盛《傳》、《經集凡例》。至於《論語》、《大學》、《中庸》、《孟子》，亦多所考證，而《大學證文》及《孝經問》皆援據古本，力傳後儒改經之非，持論甚正。《提要》。奇齡之學，淹貫群書，《提要》。所自負者在經學。數稱東漢人行誼，謂足見人真性情。《紹興府志》。惟好爲駁辨以求勝，凡他人所已言者，必力反其詞。如《古文尚書》自宋吴棫後，多疑其僞，及閻若璩作《古文尚書疏證》，奇齡則力辨以爲真，遂作《古文尚書冤詞》，又删舊所作《尚書廣聽録》爲五卷，以求勝於若璩。而《周禮》、《儀禮》，奇齡則又以爲戰國之書。至所作《經問》，其中所排斥者如錢丙、蔡氏之類，多隱其名，而指名攻駁者惟顧炎武、閻若璩、胡渭三人，以三人皆博學重望，足以攻擊，而餘子則不足齒録，其傲睨如此。《提要》。故不得爲醇儒。沈德潛《别裁集·小傳》。奇齡素曉音律，其家有明寧邸所傳《唐樂笛色譜》，在史館時，據以作《竟山樂録》四卷。及在籍聞聖祖仁皇帝論樂，諭群臣以徑一圍三隔八相生之法，因推闡考證，撰《聖諭樂本解説》二卷、《皇言定聲録》八卷。康熙三十八年，聖祖南巡，奇齡迎駕於嘉興，乃以《樂本解説》二卷進呈，蒙諭獎勞。聖祖三巡至浙，奇齡復謁行在，賜御書一幅。是時奇齡已歸蕭山故居。越數年，卒於家，年九十有四。無子，以兄子遠宗嗣。盛《傳》、《蕭山志》。遺命勿輯文集。没後，其門人蔣樞編輯，分《經集》、《文集》二部。《經集》自《仲氏易》以下凡五十種；《文集》合詩、賦、序、記及他雜著，凡二百三十四卷。《四庫全書》收奇齡所著書目，多至四十餘部。奇齡弟子陸邦烈、盛唐、王錫、章大來、邵廷寀等著録者甚衆，李塨最知名。廷寀、塨自有傳。見本集及《四庫書提要》。邦烈字又超，平湖人。嘗取奇齡經説所載諸論，裒爲《聖門釋非録》五卷，謂聖門口語，未可盡非也。《四庫書提要》。

沈國模，字求如，餘姚諸生。以明道爲己任，入劉宗周證人社會講，歸而闢姚江書院，與同里曾宗聖、史孝咸講良知之學。順治十三年卒，年八十二。初，山陰祁彪佳與國模善，彪佳以御史按江東，一日杖殺巨憝數人，會國模至，欣然以告，國模曰：「亦聞曾子『哀矜勿喜』乎？」彪佳後嘗語人曰：「吾每慮囚必念求如。」孝咸字子虚，繼國模主姚江書院，醇潔之士多歸之。順治十六年卒，年七十八。沈、史殁，書院輟講十年，縣人韓孔當繼之。孔當爲國模弟子，餘姚學人。又有邵曾可者，師事孝咸，爲學專提致知。《思復堂集》、《居易齋集》、《紹興府志》。又有勞史者，字麟書，躬耕養親，夜則披卷莊誦，慨然發憤，以道自任。舉動纖悉，必依於禮。

錢塘桑調元、餘姚汪鑒皆史門人。調元雍正十年進士，工部主事，講學暢師説，刻《餘山遺書》，史所著也。調元所自著有《論語説》、《躬行實踐録》。鑒有孝行，人呼爲汪孝子。《弢甫文集》、《四庫提要》、《二林居集》。

談泰字階平，江寧舉人，官南匯縣訓導。泰博覽勤學，精於天算，得梅氏算學之傳。所著考證經史之書，曰《觀書雜識》二十卷，其算術之書有《測量周徑正誤》、《周髀經算四極南北游法增補》、《武城朔閏譜》、《召誥月日譜》。《歲次月建異同》，辨《春秋》歲次，考《三統術》，推一歲食限數交食一月終數，推漢高九年六月晦，孝文十一月晦，孝文元年至七年大小餘，孝文二年、五年天正冬至，靈帝光和元年大小餘；《四分術譜》，劉宋武帝五年天正冬至。又著《三統術譜》、《冬至權度紀略》、《天官書節次斗分辨分野辨》、《操縵巵言正誤》、《圓壺周徑積實》、《祖沖之𥴩法辨》、《𥴩内方非十尺辨》、《喪服傳溢説》、《五服經帶數》等書，又著古算書細草十餘事。江藩《談階平遺書敘録》。

桂馥字未谷，曲阜人。乾隆五十五年進士，雲南永平縣知縣，卒於官。馥與歷城周永年同置籍書園以資來學，并祠漢經師於其中。取許慎《説文》與諸經之義相疏證，爲《説文義證》五十卷。又著《札樸》十卷、《晚學集》三卷。《印心堂文集》。

錢澄之，字飲光，原名秉鐙，桐城人。《提要》。與嘉興魏學渠交最深。《嘉興府志》。又嘗問《易》於黄道周，其撰《田間易學》十二卷，初從京房、邵康節入，故言數頗詳，蓋黄道周之餘緒也。後乃兼求義理，大旨以朱子爲宗。《易學提要》。又撰《田間詩學》十二卷，謂《詩》與《尚書》、《春秋》相表裏，必考之三《禮》以詳其制作，徵諸三《傳》以審其本末，稽之五《雅》以核其名物，博之《竹書紀年》、《皇王大紀》以辨其時代之異同與情事之疑信，即今輿記以考古之圖經，而參以平生所親歷。其書以《小序》首句爲主，所採諸儒論説，自《注疏》、《集傳》以外，凡二十家。持論精核，於名物訓詁、山川地理言之尤詳。《詩學提要》。澄之同縣方中通，字位伯，明檢討以智之次子。著《數度衍》二十四卷，《附録》一卷，其書有數原、律衍、幾何約、珠算、筆算、籌算、尺算諸法，復條列古《九章》名目，引《御製數理精藴》，推闡其義，其幾何約及珠算等，大抵裒輯諸家之長，而增損潤色勒爲一編。《數度衍提要》。又撰《物理小識》十二卷。《提要》。以智博極群書，撰《通雅》五十二卷，皆考證名物、象數、訓詁、音聲，窮源遡委，詞必有徵。明之中葉，以博洽著者稱楊慎，而陳耀文起與之争。然慎有僞説以售欺，耀文好蔓引以求勝。次則焦竑，亦喜考證，而習與李贄游，動輒牽綴佛書，傷於蕪雜。惟以智崛起崇禎初，考據精核，迥出其上。風氣既開，國朝顧炎武、閻若璩、朱彝尊等沿波而起，始一掃懸揣之空談。《通雅提要》。中通承其家學，《數度衍提要》。故爲博識，《小識提要》。又撰《浮山文集》本集。中通弟中履，亦撰《古今釋疑》十八卷，雖不及《通雅》精核，然學有淵源，故不弃陋。《釋疑提要》。

朱鶴齡，字長孺，又字愚庵，吴江人，前明諸生。《四庫書目·尚書埤傳提要》。嘗箋注杜甫、李商隱詩，故所作韻語，頗出入二家。《四庫·愚庵集提要》。入國朝，屏居著述，王光承《愚庵集序》。與顧炎武友。炎武以本原之學相勖，始湛思覃力於經注疏及儒先理學。《愚庵集·與吴漢槎書》。鶴齡著《愚庵詩文集》。《書元裕之集後》云：「裕之於元，既足踐其土，口茹其毛，即無反詈之理，乃今之訕詆不少避者，若欲掩其失身之事以誑國人，非徒誖也，其愚亦甚。」其言蓋指國初居心反覆之輩，可謂知大義矣。《四庫·愚庵小集提要》。鶴齡所著經義，有《尚書埤傳》、《禹貢長箋》、《讀左日鈔》、《詩經通義》。《尚書》斟酌於漢學、宋學之間。《長箋》作於胡渭《雒指》之前，不及渭書，而旁引曲證，亦多創獲。《讀左》瑕瑜並陳，不及顧炎武、惠棟之密。《詩經》參停於今古之間，於國朝惟用陳啟源說，陳啟源實與之參正焉。陳啟源，字長發，鶴齡同縣人。著《毛詩稽古編》，爲唐以前專門之學。《四庫提要》。

臧庸，字拜經，初名鏞堂。沈默《拜經日記》許宗彥《序》。樸厚，學術精審，著《拜經日記》十二卷、《拜經日記》王念孫《序》。《拜經堂文集》四卷。又嘗輯《月令雜說》一卷、《孝經考異》一卷、《樂記二十三篇注》一卷，又輯子夏《易傳》一卷、《詩考異》四卷、《韓詩遺說》三卷、《訂譌》一卷、盧植《禮記解詁》一卷、《爾雅古注》三卷、《說文舊音考》三卷、蔡邕《明堂月令章句》二卷、王肅《禮記注》一卷、《聖證論》一卷、《帝王世紀》一卷、《尸子》一卷、賈唐《國語注》一卷、蕭該《漢書音義》二卷、《校鄭康成易注》二卷，見《遺書》。皆有補於經。王念孫《序》。其輯子夏《易傳》，辨此傳爲漢韓嬰所作，非卜子夏。見《遺書》。庸弟禮堂，以孝聞，大學士朱珪稱之。早卒，朱珪《知足齋文集》。著《說文引經考》二卷。

閻循觀，字懷庭。少孤，其學奉程、朱爲宗，省身克己，刻苦自立，而諄諄致戒於近名，於河津之派爲近。乾隆三十四年進士，吏部考功司主事。著《困勉齋私記》、《西澗文集》及《尚書》、《春秋說》。《四庫提要閻集》、韓夢周《墓志》，又《二林居集》。時濰縣劉以貴、梁鴻翥、膠州法坤宏、安邱張貞、益都李文藻、濰縣韓夢周，皆以學行聞。韓夢周，字公復。乾隆丁丑進士，知來安縣。刻意濂、洛、關、閩諸儒之書，著《理堂文集》。

汪紱，江永同縣老儒，一名烜，字雙池。嘗貧困，江西景德鎮畫盌傭焉。紱博極儒經，而以宋五子之學爲歸。因陸隴其著有《讀禮志疑》，乃作《參讀禮志疑》二卷。雖考禮未深，然亦多得經意，可與隴其書並存。

紱又著《禮學逢源》、《儒先晤語》、《周易詮義》、《禮記章句》、《四庫提要》及《汪氏遺書》。《尚書詮義》、《詩經詮義》、《四庫詮義》、《春秋集傳》、《樂經律吕通解》。《朱筠集·墓表》。

金榜，字蘂齋，歙縣人。乾隆三十七年一甲一名進士，翰林院修撰。《詞林典故》。養痾讀書，不復出，卒於家。榜師事江永，治禮宗鄭康成，采獲舊聞，摭秘逸要，著《禮箋》十卷。五十八年，刺取其大者數十事，爲三卷，寄朱珪，珪序之，以爲「詞精義覈」。見本書。榜雖最尊康成之學，然於鄭義所未衷者，必糾舉之，姚鼐《序》。於鄭氏家法，不敢誣也。見本書。

王鳴盛，字鳳喈，嘉定人。乾隆十九年一甲二名進士，授編修，累官内閣學士，光禄寺卿。鳴盛少與惠棟、錢大昕講經義訓詁，必以漢儒爲宗。所撰《尚書後案》三十卷，專宗鄭康成注，鄭注亡逸者，采馬融、王肅注補之，孔傳雖僞，其訓詁非盡虚造者，間亦取焉。《潛揅堂文集》。又撰《十七史商榷》一百卷、《蛾術編》一百卷、《西莊詩文集》二十四卷。見本書。

丁杰，字升衢，歸安人。乾隆四十六年進士，官寧波府府學教授。肆力經史，旁及六書、音韻、算數，長於校讐，于胡渭《禹貢錐指》摘誤甚多。開四庫館，朱筠、戴震皆延之佐校。杰所著有《周易鄭注後定》、《大戴禮記繹》、《小西山房文集》。許宗彦《丁杰傳》、陳鱣《丁杰墓志銘》。

任大椿，字幼植，又字子田，江蘇興化人。祖陳晉，乾隆四年進士，以通經聞，章學誠《文史通義》、施朝幹《一勺集》。著《易象大意》。《四庫提要》。大椿少工文詞，既乃專究經史傳注。乾隆三十四年二甲一名進士，授禮部主事。《府志》、《一勺集》。三十八年，修《四庫全書》，充纂修官，《禮經》裒輯爲多，《提要》多出其手。《一勺集》、《弁服釋例序》。五十四年，以郎中授陝西道監察御史，卒，年五十二。大椿貧，盡色養，讀書守道義。《文史通義》、《一勺集》。素不欲以空言講學，服官行己，無愧古人。汪廷珍《序》。所學淹通於禮，尤長名物，《文史通義》。著《弁服釋例》八卷、《深衣釋例》三卷、《釋繒》一卷、《吴越備史注》三十卷、《小學鉤沈》二十卷、《字林考逸》八卷、《詩集》六卷。《一勺集》。大椿初欲薈萃全經，久之，知其浩博難罄，因思即類以求，一類既貫，乃更求他類。所著《深衣》、《釋繒》諸篇，皆博綜群籍，衷以己意，或視爲《爾雅》廣疏，實《禮經》别記之意，學者能推其意，廣所未盡，以類窮之，可以會經之全矣。《文史通義》。時江北學者李惇、劉台拱、汪中皆繼起。汪中《述學》。

李惇，字孝臣，高郵人，乾隆四十五年進士。篤内行，治諸經，於《詩》、《春秋》尤深，晚通天算。《府志》、《述學》。

劉台拱，字端臨，寶應人，丹徒縣訓導。幼見王懋竑、朱澤澐之書，始揅程、朱之學，以道自繩。書數、音韻、天文、律吕、名物、理義，理莫不窮考冥搜。❶事親以孝養，遭二喪，蔬食四年。著《論語補注》、《漢學拾遺》、《荀子補注》、《經傳小記》及雜文，共編爲《遺書》四卷。三《禮》、《詩》、《書》並有纂著，未成書而卒。見《劉氏遺書》，又朱彬《行狀》。汪中，字容甫，江都拔貢生。好古博學，長於經誼，王昶《春融堂集》。於詩古文書翰無所不工。著《周官徵文》、《左氏春秋釋疑》，皆依據經證，箴砭俗學。孫星衍《汪中傳》。餘見《述學》内、外篇。《府志》。

孔廣森，字衆仲，又字顨軒。孔子六十八代孫襲封衍聖公傳鐸之孫，户部主事繼汾之子。《孔氏大宗支

❶「理莫不」，清嘉慶刻本《儒林傳稿》作「理若不明」。

譜》。乾隆三十六年進士，官翰林院檢討。年少入官，翩翩華胄，一時争與之交。然性恬淡，躭著述，裹足不與要人通謁。告養歸，不復出。及居大母與父喪，竟以哀卒。《儀鄭堂文序》。時乾隆五十一年，年三十有五。《孔氏大宗支譜》。廣森聰穎特達，經史小學沈覽妙解，所學在《公羊春秋》。《儀鄭堂文敘録》。唐陸德明云：「魏、晉以來，《公羊》久成絶學。」廣森沈深解剥，著《春秋公羊傳通義》十一卷，於胡母子都、董仲舒、何劭公條例師法不墜。《公羊通義條記》。其自序曰：昔我夫子，有帝王之德，無帝王之位，又不得爲帝王之輔佐。乃思以其治天下之大法，損益六代禮樂文質之經制，發爲文章，以垂後世。而見夫周綱解弛，魯道陵遲，攻戰相尋，彝倫或熄，以爲雖有繼周王者，猶不能以三皇之象刑、二帝之干羽議可坐而化也。必將因衰世之宜，定新國之典，寬於勸賢，而峻於治不肖，庶幾風俗可漸更，仁義可漸明，政教可漸興。烏乎託之？託之《春秋》。《春秋》之爲書也，上通天道，中用王法，而下理人情。不奉天道，王法不正；不合人情，王法不行。天道者，一曰時，二曰月，三曰日。王法者，一曰譏，二曰貶，三曰絶。人情者，一曰尊，二曰親，三曰賢。此三科九旨既布，而壹裁以内外之異例，遠近之異辭，錯綜酌劑，相須成體。凡傳《春秋》者三家，粤惟公羊氏有是説焉。漢初，求六經於燼火之餘。時則有胡母子都、董仲舒皆治《公羊春秋》，以其學鳴於朝廷，立於校官。董生授弟子嬴公，嬴公授眭孟，孟授東海嚴彭祖、魯國顔安樂，各專門教授，由是《公羊》分爲嚴、顔之學。方東漢時，帝者號稱以經術治天下，而博士弟子因端獻諛，妄言西狩獲麟，是庶姓劉季之瑞，聖人應符，爲漢制作，黜周王魯，以《春秋》當新王云云之説，皆絶不見本傳，重自誣其師，以召二家之糾摘矣。然而孟子有言「《春秋》，天子之事也」，經有「變周之文，從殷之質」，非天子之因革耶？甸服之君三等，蕃衛之君七等，大夫不世，小國大夫不以名氏通，非天子之爵禄耶？上抑杞，下存宋，褒滕、薛、邾婁儀父，賤穀、鄧而貴盛、郜，非天子之黜陟耶？內其國而外諸夏，内諸夏而外四裔，殆所謂「天下之本在國，國之本在家」者，非耶？愚以爲《公羊》家學，獨有合於孟子，乃若對齊宣王言小事大，則紀季之所以爲善；對滕文公言效死勿去，則萊侯之所以爲正。其論異姓之卿，則曹羈之所以爲賢；論貴戚之卿，又實本於不言剽立以惡衎之義。且《論語》責輒以讓國，而《公羊》許石曼姑圍戚，今以曼姑擬皋陶，則與瞽瞍殺人之對正若符契。故孟子最善言《春秋》，豈徒見「稅畝」、「伯于陽」兩傳文句之偶合哉！晉、唐以來，《公羊》、《穀梁》皆成絶緒，唯《左氏》不絶於講誦。啖、趙横興，宋儒踵煽，加以鑿空懸擬，直出於三《傳》之外者，淺識之士動爲所奪。其訾毁三《傳》，率摭拾本例而膚引例不可通者，以致其詰。董生不云乎，「《易》無達占，《詩》無達詁，《春秋》無達例」。夫唯有例而又有不囿於例者，乃足起事同辭異之端，以互發其藴。《記》曰：「屬辭比事，《春秋》之教也。」此之謂也。十二公之篇，二百四十二年之紀，文成數萬，赴問數千，應問數百，操其要歸，不越乎同辭、異辭二途而已矣。當其無嫌，則鄭忽之正陳佗、莒展之賤，曹羈、宋萬、宋督之爲大夫，未嘗不同號。祭伯奔而曰「來」，祭公使而曰「來」，介葛盧朝而曰「來」，齊仲孫外之而曰「來」，未嘗不同辭。入者爲簒，「天王入於成周」乃非簒。出者爲有外，「天王出居於鄭」，乃非外。此無他，正名天王，灼然不嫌也。「夫人婦姜」，「夫人氏」，「夫人孫於齊」，則辭有異。「楚屈完來盟于師」，「齊侯使國佐如師」，則辭有異。衛侯言歸，以成叔武之意；曹伯言歸，以順喜時之志，而或加「復」，或不加「復」，則同辭之中猶有異。此言負芻出，惡已見於伯討；成公出，惡未有所見也。若是之屬，有不勝僂指述者。諸滅同姓莫名，獨衛侯燬名。諸葬稱公，獨蔡桓侯不稱公。諸來稱使，獨武氏子、毛伯不稱使。一難「而」、「乃」異，一救而言次之先後異，一人之名而「曼」、「何」之有無異，一年之内而糾與子糾異。凡皆片言榮辱，筆削所繫，不可不比觀，不可不深察。《春秋》有當略而詳，當詳而略。詳之甚者，莫如録伯姬；略之甚者，莫如鄭祭仲之事。祭仲權一時之計，紓宗社之患，君子取之，亦「與其進，不與其退」之意焉爾。若《左傳》所載，忽之弑，亹、儀之立，仲循循無能匡救，苟並存其迹，將不可爲訓，故斷至昭公復正，厲公居櫟，取足伸仲之權而止。此《春秋》重義不重事之效也。董生曰：「正朝夕者視北辰，正嫌疑者視聖人。」聖人以祭仲易君，季子殺母兄，皆處乎嫌疑之閒，特殊異二子於衆人之中，而貴而字之而不名，尚猶有援《左氏》之事以駁《公羊》行權之義者，盍思仲之稱字，正逆知天下後世必有呶呶議仲者，乃大著其善也。孔子之修《春秋》也，至於上下内外之無别，天道人事之反常，史之所書，或文同事異，事同文異者，則皆假日月以明其變，決其疑。大抵以日爲詳，則以不日爲略；以月爲詳，則以不月爲略。其以不日爲恒，則以日爲變。以日爲恒，則以不日爲變，甚則以不月爲異。其以月爲恒，則以不月爲變。以不月爲恒，則以月爲變，甚則以日爲異。將使學者屬辭比事以求之，其等衰勢分甚嚴，善惡淺深，奇變極亂，皆以日月見之，如示諸掌。善哉，自唐迄今，知此者唯趙汸一人哉！推舉其概：及齊平，及鄭平，均平也，而一信一否，月不月之判也。「郯伯姬來歸」，「杞叔姬來歸」，均出也，而一有罪，一無罪，月不月之判也。城楚邱之不嫌於内邑，以其月也。晉人執季孫行父，何以别於齊人執單伯？以其月也。晉人入曹，何以别於宋公入曹？以其日也。武宫亦立，煬宫亦立，而知季孫意如之爲之者，以其不日也。諸侯相執例時，始見於宋人執滕子，嬰齊則惡而月之。公如例時，襄、昭如楚，則危而月之。會例時，終桓公之篇，悉危而月之，可得謂無意乎？常辭偏戰日，詐戰不日，獨至於殽詐戰而亦日，讀其經曰：「辛巳，晉人及姜戎敗秦於殽。癸巳，葬晉文公。」皆殯之罪，日之而益見。復歸未有言日者，獨衛獻公日，讀其經曰：「辛卯，衛甯喜弒其君剽。甲午，衛侯衎復歸於衛。」諼弒之迹，亦日之而益見。《春秋》雖魯史舊名，聖人因而不革，必有新意焉。「春者陽中，萬物以生。秋者陰中，萬物以成。」善以春賞，惡以秋刑，故以是名其經。丙戌之再也，疑於衍而非衍。「夏五」或無月，十有二月或無冬，疑於脱而非脱。春以統王，王以統月，月以統日，《春秋》所甚重甚謹者莫若此。世俗之説曰：「譏貶當各就其事，而傳説有先事貶者，有終身貶者，得無乖《論語》『不逆億』之訓，且疾惡已甚乎？」是未知《春秋》之用譏貶，當事而施者，小過惡耳，至其未事而先貶，既事而終絶，則必蹈名教之宏罪，犯今古之極慝，有雖孝子慈孫，百世不可改者。中人之情，固有始善終咎，先後易轍，惟若公子翬之媚桓弒隱，公子招之脅君亂國，充其惡可以至於此極，則平日處心積思，出謀發慮，久已不範於禮義。先師言：「《春秋》，天子之行事也。」向使夫子與翬、招並時立朝，必不待其弒君亂國，蚤已放流之，竄殛之。又何「不逆億」之有以誅不待教之惡人？而且使之出師，而且使之會諸侯之大夫，是則陳、魯之君，無知人之明，以自召其禍也。故貶招於溴，貶翬於伐鄭、伐宋，以戒後世之爲人君者。若曰有臣如此，則不可以長三軍而使四方，豈唯決二公子之辜而已！翬，公子也，而弗謂公子。招，弟也，雖弗謂弟，存公子焉。若曰：疎者不良，當絶其位；親者不良，但不當任之，亦勿可失其貴。此深中之深，微中之微也。俗儒不知《春秋》，病於不能探深窺微。翬在所傳聞之世，訟言貶之。遂在所聞之世，唯一貶於其卒。逮所見之世，隱如疑不得貶矣，然而辭不屬不明，事不比不章。昭公之篇，一曰「隱如至自晉」，一曰「叔孫舍至自晉」，同事而氏不氏異，氏者賢，不氏者惡，亦因得見端焉。且遂卒而貶，猶夫終身貶也。《春秋》之義，人道莫重乎終始。用致夫人，弗正其始，則終身不免爲篡。成風之含賵會葬，王弗稱天，則終身不正其爲小君，其於追命桓公亦然。故翬、招貶之於始，仲遂貶之於終，皆言乎罪大惡極，足以貫其没世者也。譏貶絶不概施，每就人情所易惑者，而顯示之法。人莫知大夫不敵君，而後以「楚人」書；人莫知卿不得憂諸侯，而後以「晉人」、「宋人」書。溴梁以降，大夫交政，未嘗貶也。郤缺之從義，公子側之偃革，宜若有善焉，轉發其專平專廢置之罪而以人書。不寧惟是，又因是以知士匄、公子結專其所可專，得免於貶，雖於名氏之外，未有加焉，固已榮矣。鄭襄公背華附楚，賤之曰「鄭伐許」，與「吴伐郯」、「狄伐晉」文無以異。至其子哀絰興戎，則正言之曰「鄭伯伐許」，以爲不待貶絶爾，第未若狄之之顯也。故襄公書「葬」，悼公不書「葬」。其葬，猶之突也；其不葬也，猶前之接，後之睔，而蔡之肸也。《傳》曰：「《春秋》不待貶絶而罪惡見者，不貶絶以見罪惡也；貶絶然後罪惡見者，貶絶以見罪惡也。」又曰：「《春秋》見者不復見。」皆讀此經之要法也。楚子虔哆哆然自以爲討賊而取絶於《春秋》，何則？般之弑父已見，虔之誘討難知也。名虔矣，般可以無誅乎？則又見諸絶世子有。絶有矣，蔡之臣子可釋憾於楚乎？則又見諸葬蔡靈公，以爲廬伸其復讎之志。凡義無常，唯時所當。方君義屬固，則般也賊；及君義屬般，則虔也讎。此其比在刺築館、❶譏猶繹，王姬可以無逆，不可以逆而外之；遂不宜爲大夫，既爲大夫，即不得薄其恩禮。生殺不相悖，天以成其施。刑賞不偏廢，王以

❶「此」，據文義當作「以」。

成其化。非《春秋》，孰能則之？撥亂之術，譏與貶絶備矣。而又曰：「爲尊者諱，爲親者諱，爲賢者諱。」惡如可諱，何以癉惡？聞之有虞氏貴德，夏后氏貴爵，殷、周貴親，《春秋》監四代之令模，建百王之通軌，尊尊親親而賢其賢。尊者有過，是不敢譏；親者有過，是不可譏；賢者有過，是不忍譏，爰變其文而爲之諱，諱猶譏也。傳以諱與讐狩爲譏重，是也。所謂父子相隱，直在其中，豈曲佞飾過之云乎？無駭貶去氏，故入極不嫌非滅。承徐人伐吴氏，則滅項不嫌非齊。書「成鄭虎牢」於下，乃可以成不繫鄭。書「孟子卒」於後，昭公取夫人乃可以不書。其諱文而存實有如此者。於「紀侯大去」，見諸侯以國爲體。於入曹，見同姓滅之當救。於公孫會，見司寇有八議之辟。於防、於暨、於處父，見君臣無相爲盟之法。其假諱而立義有如此者。世争則示之以讓，世詐則示之以信，是以美召陵，高浤霍，而於讓國公子三致意焉。衛子之諱殺也，捷之諱宋也，三亡國之諱亡也，其緣賢者之心，而隱惡有如此者，將因其所諱，達之於所不諱。則會稷成亂，以嚴君臣之分；乾時伐敗，以隆父子之恩；子般忍日，以正世及之坊。然乃知祖之逮聞所以爲始，爲將推而遠之，而後得盡其辭，又炳炳彰彰如此。嘗病《左氏》規隨擬議，續經三年，顧云「齊陳恒執其君，寘于舒州」，夫凡伯以天子之使諱不言執，況可加之其君乎？斥言成叛，抑非圍棘、取運，内邑不聽之例也。故曰：《左氏》之事詳，《公羊》之義長。《春秋》重義不重事，斯《公羊傳》尤不可廢。方今《左氏》舊學湮於征南，《穀梁》本義汨於武子。唯此《傳》相沿以漢司空掾任城何休《解詁》，列在《注疏》，漢儒授受之指，藉可考見。其餘《公羊墨守》、《穀梁廢疾》、《左氏膏肓》、《春秋漢議》、《文謚例》之等，尚數十篇，惜無存者。《解詁》體大思精，詞義奥衍，亦時有承譌率臆，未能醇會《傳》意三世之限，誤以所聞始文，所見始昭，遂强殊鼻我於快，而季姬、季友、公孫慈之日卒皆不得其解。外大夫奔，例時；諸侯出奔，無罪時，有罪月；内大夫出，無罪月，有罪日。功過之别，内外之差，宜然也。何邵公自設例，與經詭戾，而公孫敖之日，歸父之不日，兩費詞焉。叔術妻嫂，《傳》所不信，邵公反張大之，目爲非常異義，可怪之論。亦猶《傳》本未與輒拒父，雋不疑詭引以斷衛太子之獄，致令不曉者爲《傳》詬病。此其不通之一端也。七十子没而微言絶，三《傳》作而大義睽，《春秋》之不幸耳。幸其猶有相通者，而三家之師必故各異之，使其愈久而愈歧，何氏屢蹈斯失。若「盟於包來」下，不肯援《穀梁》以釋《傳》；「叛者五人」，不取證《左傳》而鑿造諫不以禮之説。又其不通之一端也。今將祛此二惑，歸於大通，輒因原注，存其精粹，删其支離，破其拘窒，增其隱漏，冀備一家之言，依舊帙次爲十一卷，竊名曰「通義」。胡母生、董生既皆此經先師，雖義出《傳》表，卓然可信。董生緒言，猶存《繁露》。而《解詁》自序，❶以爲略依胡母生《條例》，故亦未敢輕易也。昔韓文公遺殷侍御書云：「近世《公羊》學幾絶，何氏注外，不見他書。聖經賢傳，屏而不省，要妙之義，無自而尋。非先生好之、樂之，味於衆人之所不味，務張而明之，其孰能勤勤拳拳若此之至？固鄙心之所最急者。如遂蒙開釋，章分句斷，其心曉然，直使序所注，掛名經端，自託不腐，其又奚辭！」蓋自唐巨儒，惜此《傳》之墜絶，而望人之講明也如是。今殷侑之注已復不存，更以穴知孔見，期推測於千百禩之後，安得有道如昌黎者而就正其失也？鑽仰既竭，不知所裁。《公羊通義》。廣森又著《大戴禮記補注》十四卷、《詩聲類》十三卷、《禮記卮言》六卷、《經學卮言》六

❶「詁」，原作「詰」，今據文義改。

卷、《少廣正負術内外篇》六卷。又喜屬文，著《儀鄭堂駢麗文》三卷，江都汪中讀之，歎爲絶手。《儀鄭堂文序》。

張惠言，字皋文，武進人。少孤貧，年十四即爲童子師。嘉慶四年進士，改庶吉士，充實録館纂修。六年，散館，授編修。七年，卒，年四十二。《大雲山房文集》。所著有《周易虞氏義》九卷、《虞氏消息》二卷。昔惠棟作《周易述》，大旨遵虞翻，補以鄭、荀諸儒，學者以未能專一，少之。《虞氏易義序》。漢人之《易》，孟、費諸家各有師承，勢不能合。惠言傳虞氏《易》，即傳漢孟氏《易》矣，孤經絶學也。《定香亭筆談》。惠言《虞氏易序》曰：自漢成帝時，劉向校書，考《易》説，以爲諸《易》家皆祖田何、楊叔、丁將軍，大義略同，惟京氏爲異。而孟喜受《易》家陰陽，其説《易》本於氣，而後以人事明之。八卦六十四象，四正七十二候，變通消息，諸儒祖述之，莫能具當。漢之季年，扶風馬融作《易傳》，授鄭康成，作《易注》，而荆州牧劉表、會稽太守王朗、潁川荀爽、南陽宋忠，皆以《易》名家，各有所述。唯翻傳孟氏學，既作《易注》，奏上之獻帝。翻之言《易》，以陰陽消息，六爻發揮旁通，升降上下，歸於「乾元用九而天下治」，依物取類，貫穿比附，始若瑣碎，及其沈深解剥，離根散葉，暢茂條理，遂於大道，後儒罕能通之。自魏王弼以虚空之言解《易》，唐立之學官，而漢世諸儒之説微。獨資州李鼎祚作《周易集解》，頗采古《易》家言，而翻注爲多。其後古書盡亡，而宋道士陳摶以意造爲《龍圖》，其徒劉牧以爲《易》之《河圖》、《洛書》也。河南邵雍又爲先天後天之圖，宋之説《易》者，翕然宗之，以至於今，牢不可拔，而《易》陰陽之大義蓋盡晦矣。大清有天下，元和徵士惠棟始考古義孟、京、荀、鄭、虞氏，作《易漢學》，又自爲解釋，曰《周易述》。然掇拾於亡廢之後，左右采獲十无二三。其所述大氐宗禰虞氏，而未能盡通，則旁徵他説以合之。蓋從唐、五代、宋、元、明朽壞散亂，千有餘年，區區修補收拾，欲一旦而其道復明，斯固難也。翻之學既世，又具見馬、鄭、荀、宋氏書，考其是否，故其義爲精。又古書亡，而漢、魏師説可見者十餘家，然唯鄭、荀、虞三家略有梗概可指説，而虞又較備。然則求七十子之微言，田何、楊叔、丁將軍之所傳者，舍虞氏之注其何所自焉？故求其條貫，明其統例，釋其疑滯，信其亡闕，爲《虞氏義》九卷，又表其大恉，爲《消息》二卷，庶以探賾索隱，存一家之學。其所未寤，俟有道正焉耳。見本《序》。惠言又撰《虞氏易禮》、《易事》、《易候》、《易言》、《周易鄭荀義》、《易義别録》、《易圖條辨》、《儀禮圖》、《説文諧聲譜》、《茗柯文集》共數十卷。惠言修學立行，敦禮自守，人皆稱敬之。見《儀禮圖序》。鄉、會兩試皆出朱珪門，未嘗以所能自異，默然隨群弟子進退而已。珪潛察得之，則大嘉，故屢進達之，而惠言亦斷斷相諍，不敢隱。惠言少爲辭賦，嘗擬司馬相如、揚雄之文。及壯爲文，又效韓愈、歐陽修。善篆書，嘗奉命詣盛京，篆列聖加尊號玉寶。《大雲山房集》。其學要歸六經而尤深《易》、《禮》，弟子從受《易》、《禮》者以十數。《儀禮圖序》。

孔興燮，字起吕，至聖六十六世孫也。世居曲阜。年十三，嗣其父衍植，封爲衍聖公。世祖章皇帝順治元年，允山東撫臣方大猷之請，飭官崇祀，復衍聖公及諸恩例。衍植因乘傳入覲，上遣官迎勞於邸第，給餼廩甚厚。陛見，班列閣臣，上賜茶及宴，恩禮有加。仍命以太子太傅襲封衍聖公。二年，賜三臺銀印。四年冬十二月辛巳，卒，遣官祭。凡九諭工部，給資營冢。五年，子興燮襲爵。興燮少凝重端立，臨事剛果有器識，日以恪守先祀爲心。闕里經明季之亂，廟廷圮壞，禮樂殘缺。凡衍植所未經修復者，胥新作之。七年，晉太子少保。八年，晉太子太保，賜清漢文三疊銀印。九年、十七年，世祖兩臨辟雍，皆應召率族人陪祀，賜賚優渥。康熙六年冬十一月甲子，卒，遣官賜祭葬如例。子毓圻，字鍾在。襲封，年甫十一。初入覲，召對瀛臺，進退儀度悉如成人。八年夏四月，聖祖仁皇帝臨幸太學，如例陪祀。禮成，昭聖太皇太后召見宫中，賜坐垂問家世，命宫人授茶，及克食出，内臣送至宫門外，傳懿旨：「諭從官善輔導之。」嘗預朝，參退，上命由御道行，其荷寵眷之隆如此。十四年，晉太子少師。二十三年，聖祖東巡還，過曲阜，釋奠，如孔林。毓圻因以擴林地置守衛請，特命賜地十一頃有奇，除租賦，設百户一員，秩視衛守備。二十八年，疏請重修聖廟，上特旨允行，並賜毓圻「詩書禮樂」匾額。四十年，賜毓圻長子傳鐸二品服。五十二年，召第五子傳鉦入監讀書。六十一年，賜蔭一子五品官。雍正元年，册封孔子以上五代皆爲王爵，建立崇聖祠。詣京師謝恩，旋卧病，卒於京第。諭遣内大臣奠茶酒，三品以上漢官會弔。及櫬歸，特命皇子、親王率内大臣、侍衛再奠茶酒，行人司司正護送，馳全驛歸葬，謚「恭慤」。世宗憲皇帝聖製碑文曰：「朕惟國家禮重尊師，必顯庸夫，後裔誼隆，眷舊宜誕，沛乎殊榮。稽彝典以易名，樹豐碑以示卹。所以廣皇仁，彰聖教也。爾孔毓圻，族高東魯，系本素王。秉性樸誠，荷天家之雨露；持身謙謹，奉闕里之烝嘗。勤職守於五十餘年，承統緒於六十七世。朕誕膺寶祚，篤念前徽，晉五代之王封，昭千秋之祀典。爾感恩入謝，忽遘沈疴，奄逝遽聞，良深軫惻。既厚飾終之禮，復加論定之名。素履允符，曰恭曰慤。於戲！溯泗水之淵源，天章永焕；望鳧山之峻峙，雲碣常新。爰示寵施，垂於無斁，不亦休哉。」復命葬日、立碑日加祭各一次，皆異數也。毓圻以弱齡承籍先澤，志殷報稱。故自少至老，敦率禮義，倡明教學，以風俗人心爲己任。工擘窠書，兼通繪事。著《恭紀聖祖幸魯盛典》四十卷、《蘭堂遺稾》二卷。子傳鐸襲。傳鐸，字振路。性恭謹和厚，喜讀書，工文詞，究心濂、洛、關、閩之學，熟於三《禮》，廟堂器物，悉加釐訂。又精律吕書，嘗謂審律在得中聲。雍正二年，世宗憲皇帝幸太學釋奠，例陪祀，以足疾艱拜跪，特命次子繼溥代行禮。是年六月癸巳，孔廟災，引罪疏入，上遣官慰問，尋命大臣督工興建，並允增樂器庫、值房諸處，賜傳鐸「欽承聖緒」扁額。七年，頒世祖聖製《人臣儆心録》、聖祖聖製《文集》、《詩經春秋傳説彙纂》、《周易折中》、《性理精義》、《朱子全書》、《資治通鑑綱目》、《古今圖書集成》、《歷代紀事年表》、《四朝詩》、《全唐詩》、《律歷淵源》、《音韻闡微》、《萬言廣訓》及聖製《朋黨論》、《周易本義義例》、《啟蒙附論》、《日講四書易經書經解義》、《性理大全》、《淵鑑古文》、《康熙字典》、《淵鑑類函》、《繹史》、《佩文韻府》凡二十七種，俾藏闕里。九年以病傳爵於長孫廣棨。十三年夏四月，傳鐸卒。賜祭，葬如例。著《三傳合纂》十二卷、《禮記摘藻》一卷、《恭紀世宗修廟盛典》五十卷、《讀古偶志》一卷、《安懷堂文集》二卷、《申椒詩集》二卷、《繪心集》二卷、《盟鷗草》一卷、《古文源》二卷。長子繼濩，字體和，年二十三卒，以子廣棨贈衍聖公。廣棨，字京立。好經術，嫻禮儀。雍正九年，襲封。明年，以林工告蕆，率族人入謝。蒙諭曰：「至聖先師後裔，當存聖賢之心，行聖賢之事，一切秉禮守義，以驕奢爲戒。且爾年尚少，尤宜勤學讀書，敦品勵行。不但爾一人，凡爾同族之人，皆當共相勸戒，共相砥礪，爲端人正士。爾等果能遵朕訓諭，學問日進，品行純謹，不墜家聲，即所以報國矣。」廣棨頓首謝出，賜予甚優，仍依故事宴於禮部。歸，益勵志於學，顏其所居堂曰「念典」，示弗敢怠也。乾隆三年，高宗純皇帝臨雍，如例入京，上言：「元聖後裔東野氏，既蒙列於五經博士，而周公實先師之所誦法，其後人不得與觀禮之列，殊所未安。請一體陪祀。」得旨允行。時初行耕耤禮成，進《恭紀親耕耤田頌》、《視學大禮慶成賦》各一首。四年秋，祝釐入京，特命侍仲秋經筵班聽講。明年秋，再預，因奏請著爲令，從之。六年，奏列曲阜知縣孔毓琚不職狀。毓琚亦訐以數事，勘有異辭，詔原勿問，而毓琚抵罪如議。八年春正月辛酉卒。賜卹典如例。著《敏求齋文集》八卷、《詩集》四卷、《外集》一卷。子昭焕襲。昭焕，字顯文。乾隆十三年，上幸魯釋奠，酹酒孔林，並賜聖製詩以榮之，又賜聖製《樂善堂全集》、《日知薈説》、《唐宋文醇》、十三經、廿二史。明年，頒清漢篆文一品三臺印。十五年，賜聖書孔子廟碑文墨寶。後屢因南巡幸魯，皆不次疊賜墨寶圖籍，不勝紀。四十一年，平定金川，遣官告林頒賞。詣京謝恩，荷寵以郊勞禮，特命攜子入紫光閣宴，恩遇之盛，前古未有也。四十七年，上疏乞休。秋八月卒。子憲培襲。憲培，字養元。四十九年，駕幸闕里，温旨慰諭，訓誨讀書，賜聖製詩。釋奠禮成，賞賚有加。明年，幸太學，頒賜厚渥。五十五年，幸魯還，届八旬聖壽，先後賞賜倍渥。五十八年冬十一月卒。無嗣。遺疏以弟憲增子慶鎔爲嗣，襲封如初。《闕里志》。

孔繼涵，字體生，毓圻之孫。乾隆三十六年進士，户部雲南司主事。篤於内行，《墓志銘》。與戴震交，於天文、地志、經學、字義無不博綜。《墓志銘》。著有《考工車度記》、《補林氏考工記解》、《句股粟米法釋數》、《同度記》及《水經釋地》、《紅櫚書屋詩文集》。《墓志銘》。

顏光猷、光敏、光斆，並復聖顏子六十七世孫。光猷，字秩宗。康熙十年進士，翰林院庶吉士，刑部郎中，河東道鹽運使。著《易經説義》。光敏，字遜甫。康熙六年進士，吏部考工司郎中。明律曆句股之數，著《未信編》、《家誡》、《樂圃舊雨堂詩集》、《南行日記》。光斆，字學山。康熙二十七年進士，翰林院檢討，提督浙江學政。光敦莊重，苦志讀書，好沈思，清操訓士，士感之。《顔氏族譜龍灣户》、李克敬《曲阜三顔公傳》。

常生案：家大人昔撰《儒林傳》一百數十人，乃集各書而成。將成時，即出京總督漕運。後史館中據此爲底稿，略删數篇，其不删之人于篇句中亦有所删。然不删者，皆已定爲《儒林傳》。傳爲史館文，即不得刊入私集。至于已删者，即非史文，不妨削去「儒林」之名，而收入私集。故今檢稿，集録爲一篇，收入《揅經室續集》。又案：《漢書》傳經皆著傳經各氏，如《易》有施、孟，《春秋》有嚴、顔是也。漢《易》荀氏、虞氏之學，唐以來鮮有傳授，至惠氏始治之，及張氏惠言始專治虞氏而大明之。漢《春秋》公羊氏，唐以來亦鮮其傳，至孔氏廣森，始專治而大明之，故録其序語，爲表章絶學計也。

重建肇慶總督行臺并續題名碑記

兩廣總督若明韓雍、王守仁，皆駐兵廣西梧州，而廣東肇慶、廣州皆有行臺。嘉靖四十三年，總督吴桂芳因東事重於西事，始移駐肇慶，以行臺爲署，握各營勁兵，爲兼顧之計，誠據形勝也。我大清乾隆十一年，總督策楞始常駐廣州，以廣州之行臺爲督署，肇慶之署爲行臺。臺中久無居人，堂室朽壞，數十年來，更全傾圮。元來此皆瓦礫塲，惟石獅、碑礎僅存矣。近年廣東全海肅清，内地安豐，廣西邊徼亦皆綏靖。元屢以簡閲東西官兵，往來肇慶，止宿於閲江樓上。念此間爲兩省扼要地，總督署雖移，而兵不可移。各營將尚皆有署，乃總督於城中無一椽，非政體。道光五年，於舊基重建行臺，惟立門屏兩重，堂室兩重，取可以校武暫駐而已，無多構也。復於堂西開馬射之埒，階上設步射之序，階下可練小隊，東南建「帥」字旗，修復城南礮臺，庶幾體制得宜，而往來均便，且重兵所在，當務其本也。堂前題名碑自乾隆九年後未續刻，爰書列之，以續前而開後焉。阮元記。

那蘇圖。滿洲鑲黃旗人，由閩浙總督乾隆九年任。策楞。滿洲鑲黃旗人，由廣東巡撫、太子少傅乾隆十年任。碩色。滿洲正黃旗人，由河南巡撫乾隆十三年任。陳大受。湖南祁陽人，進士，由吏部尚書、太子太保乾隆十五年任。阿里衮。滿洲鑲黃旗人，由兩湖總督乾隆十七年任。班第。蒙古鑲黃旗人，由兩江總督乾隆十八年任。楊應琚。奉天正白旗人，廕生，由山東巡撫乾隆十九年任。陳宏謀。廣西臨桂人，進士，由江蘇巡撫乾隆二十三年任。李侍堯。漢軍正藍旗人，廕生，由廣州將軍乾隆二十四年任。蘇昌。滿洲正藍旗人，監生，由兩湖總督、太子太保乾隆二十六年任。李侍堯。由兩湖總督、太子太保、内大臣乾隆二十九年再任。楊廷璋。漢軍鑲黃旗人，監生，由工部尚書乾隆三十年任。李侍堯。由武英殿大學士、昭信伯乾隆三十二年服滿回任。楊景素。江蘇江都人，監生，由山東巡撫乾隆四十二年任。桂林。滿洲鑲藍旗人，廩貢，由四川提督乾隆四十三年任。覺羅巴延三。滿洲正紅旗人，生員，由山西巡撫乾隆四十五年任。舒常。滿洲正白旗人，由兩湖總督乾隆四十九年任。富勒渾。滿洲正藍旗人，由閩浙總督乾隆五十年任。孫士毅。浙江仁和人，進士，由廣東巡撫乾隆五十一年任。福康安。滿洲鑲黃旗人，由御前大臣、太子太保、協辦大學士、閩浙總督乾隆五十四年任。長麟。滿洲正藍旗人，進士，由浙江巡撫乾隆五十八年任。朱珪。順天大興人，戊辰進士，由廣東巡撫乾隆六十年任。覺羅吉慶。滿洲正白旗人，由浙江巡撫嘉慶元年任。倭什布。滿洲正白旗人，由山東巡撫嘉慶八年任。那彥成。滿洲正白旗人，己酉進士，由陝甘總督嘉慶十年任。吴熊光。江蘇昭文人，休寧籍舉人，由直隸總督嘉慶十年任。百齡。内務府正黃旗漢軍，壬辰進士，由山東巡撫嘉慶十四年任。松筠。蒙古正藍旗人，由兩江總督嘉慶十六年任。蔣攸銛。漢軍鑲藍旗人，甲辰進士，由浙江巡撫嘉慶十七年任。阮元。江蘇儀徵人，己酉進士，由太子少保、兩湖總督嘉慶二十二年任。

英清峽鑿路造橋記

廣東英德、清遠兩縣峽江爲各省通行之要路，自宋嘉祐六年，轉運使榮諲始開峽山棧道；明嘉靖四年，府判符錫曾修；十五年，兵備道吴憲復加修治。國朝康熙初元，平南王重修，歷今百有餘歲，蕪圮極矣。行旅負縴之人，陟傾厓，縋危棧，援竹木，厲水石，莫不履險而畏其隕也。道光五年，元議修通之。乃於閲兵韶州時，往來親督勘丈，于三百七十餘里之中，分爲南、中、北三段。南段自清遠縣白廟起，至英德縣細廟角止，元率鹽運司翟公名錦觀。督鹽商治之；中段自英德縣大廟峽起，至新旺汛止，上駟院卿督理粤海關達公名達三。率洋商治之；北段自英德箭逕山起，至彈子磯止，廣東巡撫成公名成格。率南韶連道衍公名衍慶。治之。凡平治道路二萬四千四百餘丈，修造橋梁一百四十五處，鑿厓石，疊棧級，伐竹木，六年秋，工始畢，用銀四萬九千兩有奇。每年冬查勘修補一次，以爲例。時元將往滇池，書此以記其歲月工段，待後人視此程式耳。

例贈儒林郎候選州同知蘭汀林公墓表

公諱閬，字苑西，號蘭汀，江都人。贈榮禄大夫、浙江巡撫、乾隆癸酉舉人閩大田令梅谿公第五子也。梅谿公父諱文璉，爲高郵大學士王文通公之孫壻，蘭汀公繼配亦文通公之玄孫女也。公幼秉祖父詩禮之教，敦孝弟之行。補江都學生，屢試高等，補廪膳，貢成均。善屬文，尤長駢體，亦善行楷書，與兄霏崖公并以詩翰名于時。年五十有四卒。詩載《淮海英靈集》、《江蘇詩徵》。元配吴安人，早歲卒。繼配王安人，有大家禮範，以勤儉相夫，生子悦曾、怡曾。悦曾有痼疾。怡曾幼得母教，讀書能文，補江都學生，復祖父之業，孝養節母，援例受州同知職，故公例贈儒林郎，配例贈安人。王安人壽七十，族戚共稱觴爲祝，遽以疾終。道光五年冬，卜合葬於揚州西山添丁橋北左之原。阮元爲公外甥，怡曾屬元表墓。公生於乾隆己未年，卒於壬子年。吴安人生於乾隆辛酉年，卒於甲午年。王安人生於乾隆丙子年，卒於道光乙酉年。怡曾生子榮慶、華慶、富慶。

平樂府重建至聖廟碑記

平樂府治背山面川，峰巒秀發，宋、元學宫在城外，明遷城外鳳凰山麓，國朝順治、康熙再修建，百餘年多就傾朽。道光二年，知府唐鑑倡議重建，知縣常煜佐之，于是各邑紳士奮興從事，鉅工乃集。改舊正殿爲大成門，而升建正殿于後山高處，是以基廓而地爽，輪奂崇焉。大成殿崇三丈七尺有五寸，廣六丈，輪四丈五尺，臺廣三丈九尺，輪三丈六尺，兩廡崇丈八尺。左名宦祠，右鄉賢祠。改舊尊經閣爲崇聖祠，左尊經閣，右昭文閣。以舊啟聖祠爲明倫堂，泮池、門壁皆徹新之。道光三年，工既成。九月壬午，奉聖賢主入廟。元適以簡閲官兵來西省，丙戌至平樂，官士以修廟事告，元入廟拜瞻，敬且喜焉。夫修建至聖廟乃官吏紳士職誼當爲之事，無所爲譽。惟是時天子承平敷政，四海乂安，兩廣疊出三元，會元狀元，科名鼎盛。元之至此，官稱士民之安仁而好義，士民愛戴長官，惜其去也，留之思之。自元發兵搜山賊之後，各邑民能以保甲自聯，安静無警，連歲農田豐熟，是可慰矣。今而後文官廉明以養民，武官治兵以衛民，士讀經史敦孝弟，修天爵而人爵從之。凡事皆當質諸廟中聖賢而不悖，以明其道，豈以新廟翼翼而計其功哉！官士請記其事，爰書付紳士汪呈玉、關士馨、李直等勒于石。

南昌府同知璧堂徐君傳

君姓徐，名聯奎，字璧堂，號訥齋，浙江山陰人。先世由奉化遷郡城，遂入籍。祖禹謨。父宗元，博涉經史，有文學，以鹽大使借補縣丞，罷官歸，授生徒以自給。君少力學，督學于文襄公拔第一人，入學，試輒高等。督學雷公鋐、竇公光鼐皆賞拔之，食廩餼，舉優行。中乾隆乙酉科舉人，丙戌科進士，引見，以知縣即用，授江西東鄉縣知縣。巡撫吴公紹詩知君名，即擬調南昌縣，君以資淺辭。歲餘，終以人品端方、才猷練達奏調之。乾隆三十六年，擢南昌府吴城鎮同知。四十一年，丁母陳憂。四十三年，服闋，江西巡撫奏取督辦堤工。四十五年，補景德鎮同知，大計卓異，保薦。四十八年，調南昌府同知。四十九年，以倖深部推陞湖北鄖陽府知府，俄因事連累落職。君爲同僚分謗，絶口不辯，恬然歸田，不再仕矣。

君少孤，得母教，堅苦力學，文律深細，無所不到。入學後，逌出佐司道府幕，以其資供孝養，是以吏治明于未官時。及官首縣同知，凡省中重案，多委君審之。大吏章奏，亦每就君屬其稿，故君以一同知歷署吉安、瑞州、建昌、南康、南安、袁州各府事，而署撫州、九江府者再，蓋君之德與才有爲列郡守所遠不及者。乃甫陞一守，即不復仕，命也。君雖精于吏事，而不輕定讞，秉燭披牘，夜分無倦。所至，書大堂楹曰「眼前皆赤子，頭上是青天」。其聽訟皆以平心易氣及人所不經意處得之。

東鄉民甲與乙爭山，對簿呈契，君曰：「僞耳。焉有雍正年書券而預避乾隆年御名者？」永豐生員甲誣乙侵其地，擅毁乙屋，久不理。君詰其據，甲以族譜家塾八景圖説爲證，君曰：「圖内有『大江環左，小江遶右』之語，大、小江亦爾家所有乎？且《滕王閣詩序》有『衡陽之浦』，若藉辭管地，則湖南爲江西所屬矣。」星子民斧荒山柴，村人謂其竊墓樹，毆之，民以斧傷村人手。縣令以罪人毆所捕人折傷，擬絞。君驗契量地，地浮二畝有奇，斧柴者，官地也，減其罪。廬陵民捕獸置竅弓，斃行人。縣令謂已如例設望竿及抹眉索，免其罪。君詢民：「望竿何物？抹眉索何狀？」民無以應，蓋縣胥教之也，論以罪。臨川民李某寓宜昌，時方捕逃兵李某，官以其姓同，執之，擬斬。李某訴原籍實臨川，父母故，惟伯父存。湖北移江西，其伯父畏累，稱無姪。君迹得其父母墓碑，名氏合，移覆，得免死。興安生員之子娶婦，嗔丐者强索食，毆斃之。辭未定，生員死于獄，子告縣令枉其父曰：「丐死在前月某日，娶婦在後月某日。」君檢舊時憲書，後月日不吉，前月日吉，出書示之，詐乃破。上猶民婦曾某氏，夫久出，見河有腐屍，遂控素有仇之廖某斃其夫，獄久不定。君取死者遺物歷檢之，于荷包中得典票，字曰「中姓物」，知死者姓鍾，寫典票者皆省「鍾」爲「中」也。南昌民有殺人于家者，家止夫婦，恃無證，堅不承。君步至其家，搜得男子履四，二大二小，訊有甥同居，拘其甥鞫之，悉得其殺人狀。樂安民甲與乙鬥，甲迎面倒，拉乙髮辮，乙擠甲臀死，屢伏屢反。君鞫之，伏如前，然料其必再反，驗乙髮，脱其半，詰曰：「脱髮安在？」乙曰：「獄中薙髮者梳取矣。」詰薙髮人及禁卒，語相符，遂不復反。其他摘奸發伏，盡心無冤者，多類此。

君服官廿餘載，所至興利除弊，治莠安良，修舉普濟、育嬰諸堂，澤及枯骨。去官之日，百姓每奔走哭送。官南昌時，圩堤圮于水，君躬勸富户修築，有漳湖者皆貧農，君捐俸爲倡，市賈從輸，得錢，兩月工竣，萬畝賴之。學宫圮，苦建費逾萬。君倡修，上官難之。君具牘請曰：「所虞捐工之弊有三，官侵、吏擾、董事不實也。今某尚堪自問，亦頗見諒于士民，吏胥不涉手，董事選得人，必無害。」令下，士民樂輸，工成焉。君素廉儉，居官如寒士，官俸外不名一錢。罷官後，無以自給，尚以章奏幕應聘，如秦、晉、豫，皆至焉。元任浙江巡撫，初致之幕友不合意。次年，訪知君在山陰，乃禮聘君，君亦慨然許相助。凡治漕、治災賑、治倉庫、治海盜，多得君之益。且是時元年方三十七，君年已七十餘，每從君問舊事，論世務，多聞老成閱歷之言。元去浙後，巡撫清公、安泰。蔣公攸銛。亦皆延致之。君年六十後，始舉二子，曰之瓚，曰寅，皆生員。

道光二年，卒于家，年九十有三，誥授奉政大夫。乾隆五十五年，萬壽恩賞，復原階。所著有《筠心堂詩古文》、《蘭亭志》、《熙朝颺言録》、《暢風軒隨録》、《宦篋偶存》、《西江政略》、《關中紀要》、《中州陵墓録》、《晉陽陵墓録》各若干卷。

高郵孝臣李君傳

李君諱惇，字成裕，又字孝臣。先世蘇州人，遷揚州高郵州。祖、父皆以州文學力行善事，司普濟、育嬰堂盡其力，施藥救病，節衣食爲之。君幼，讀書穎異。七歲，即知解經，有「神童」之目。十二歲孤。既長，博極群書，尤邃經傳，與同里賈君稻孫、王君懷祖同力于學，興化顧君文子、任君子田，寶應劉君端臨、江都汪君容甫、歙程君易田，皆學術揅摩，極一時之盛。君以品行爲立身定命之本，事母孝，侍疾居喪，皆盡禮。貌質直寡言，惟講學則盡其辨。乾隆丁酉，試拔貢，學使謝金圃侍郎屬意焉。及試期，不來。詰之，則前一日賈君稻孫卒于泰州試館，君營棺斂事，竟不赴試。學使歎曰：「李生以博學名，而敦行復乃爾，誠今之古人也。」己亥，中式舉人。庚子會試，中式第二。學使彭芸楣侍郎聘主暨陽書院，勵諸生以經學。乾隆五十年，年五十一，以疾卒。子培紫、培碧、培黄，降服培青。君所著書有《群經識小》、《左傳通釋》、《古文尚書論》、《毛詩三條辨》、《渾天圖説》、《讀史碎金》諸書，而《識小》八卷，考諸經古義二百二十餘事，事事精確不磨，發前人所未發，元已刻入《皇清經解》。

碧雞臺記

雲貴總督駐滇池之上，節院寬敞，東有宜園，古木時花，爲城中勝境。登東北山臺，已見金馬諸山，松嵐疊翠矣。而滇池北渚及碧雞諸山皆在西南，不能見也。昔署西南有高樓，登之可以望西南。樓久圮，道光六年，余初到滇，子福構木臺以復其境，今四年矣。木漸朽，遂徹之，而遷其臺于署西北隅廢圃澮泉西南，七丈許。臺以七千土墼疊成之，縱横上下皆一丈三尺，工樸用省，成之甚易。臺腹以梯旋而上，臺上又立四壁，爲八尺之瓦屋，寬其西南窗，使全攬碧雞、玉案諸山之勝。遠眺滇池，近挹華浦，碧雞關戍如在几案，太華諸寺隱現于華山之麓，朝霞暮靄，風雲變幻，殷雷快雪，涷雨皓月，皆可于臺上收之。舟帆往來，耕犢出入，春稼秋穫，星回火節，亦皆可于臺上遇之。臺成，招幕中賓客落之，議所以爲臺之名。昔李贊皇帥蜀，建籌邊樓，而邊壘一新。然其時滇境非其所有，土番内侵，維州偶降，復陷衆戮。豈若我大清德威外薄，凡韋忠武、李贊皇所焦思竭力遠阻近逼之地，今皆宴然爲郡縣。西南外夷如緬甸、南掌、交阯皆奉表入貢，攸服奔走。余以衰老腐儒，奉使持節坐鎮之，而不必有所更張設施，惟以崇國德威、休養民生爲事。所以政簡身閒，得與賓客登臺，興復不淺也，又安用侈其名而矜之乎？則名之曰「碧雞臺」可已。

揅經室續二集卷二之下卷❶

王石臞先生墓誌銘

公諱念孫，字懷祖，號石臞。先世居蘇州，明初遷高郵州。高祖開運，州學生，治《尚書》有聲。曾祖式耜，副貢生，貧而行德，以經授弟子。祖曾禄，拔貢生，深于理學。父諱安國，雍正甲辰科會元，第一甲二名及第，官至吏部尚書，謚文肅，國史有傳。公生四歲，即能讀《尚書》，六七歲，文肅公口授諸經，皆成誦，都下有神童之目。八歲屬文，十歲讀十三經畢，旁涉《史》、《鑑》，偶作史論，斷制有識。由是文肅教之以忠恕勿欺、正直持身之道，是公之學行早立於文肅公時。戴東原先生，當代碩儒也，文肅延爲公師。十四歲，文肅殁。公扶柩歸里，童年老成，學與行宿儒不逮也。服闋，補州學生員。

高宗純皇帝巡幸江南，公以大臣子迎鑾，獻文册，蒙恩賜舉人。乙未會試，中式，改翰林院庶吉士。既而乞假旋里，謝絶人事，居湖濱，力學四載。年三十七入都，散館，改工部主事，主都水司事，遂精心於治河之道。由今河而上溯歷代治河諸書，古今利弊，無不通究，爲《導河議》上、下篇。上篇導河北流，下篇建倉

❶「之下卷」，續四庫本作「下」。

通運。年四十，補主事，陞營繕司員外郎，製造庫郎中。年四十五，補陝西道御史。明年，擢吏科給事中。又四年，轉吏科掌印給事中。在都前後十餘年，凡錢局諸差及京察外任，皆力辭。俸滿，保送知府，自呈不勝外任，論者嘉異之。

嘉慶四年，仁宗睿皇帝親政之始，公具疏劾宰輔某。是時不乏彈章，惟公疏援据經義，最爲得體，是以特蒙嘉納。疏中正論，至今人猶誦之。是年三月，命巡淮安漕。九月，又巡濟甯漕，盡裁陋規，道路所經，吏治民生皆奏之，蒙聽納施行。十二月，授直隸永定河道，積弊一清。六年夏，大雨彌月，水漲二丈，高出于隄，南北岸同時溢，奉旨革職逮問。尋奉諭：「水漫過蘆溝橋面，不但人力難施，亦非意想所到。王念孫加恩發河工出力，不但免其前罪，尚可酌量加恩。」七年，奉旨督辦河間漫工。秋，賞六品頂戴，暫署永定河道。八年，奉諭：「王念孫于水利講求有素，著加恩賞主事銜，留于直隸。令其周歷通省，遇有關涉水利事，宜悉心紀載，俟一二年後，交直隸總督彙奏辦理。」公乃上總督顔檢書，臚舉畿輔水利章程，顔公據以奏。是年九月，河南衡家樓河決，奉旨隨尚書費淳查看，且籌新漕，奉諭：「王念孫于河務情形熟習，著即馳赴臺莊，隨同吉綸辦理。」旋奉旨署山東運河道。九年，奉旨給四品頂戴，實授運河道。在任數年，查工剔弊，節帑數十萬。十五年，調直隸永定河道。召見，詢河務甚悉。甫旋任東河帥，請啟蘇家山閘，引黄入微山湖，以利漕運，召入都決其是非。公對「引黄入湖不能不少淤，原非良策，但暫行無礙」，並陳運河情形，皆詔行之。是年，永定河水復異漲，如六年之溢。公自請治罪，奉旨以六品休致，年六十有七矣。

道光五年，八十二歲，奉上諭：「王念孫年登耄耋，蕊榜重逢，洵屬藝林嘉瑞，著加恩賞給四品職銜，准其重赴鹿鳴，以光盛典。」十二年正月，公子引之官禮部尚書，以公病，奏給假，蒙賞假，召見垂問。明年，九十歲，且諭以服人葠之方，善爲調養。越數日，病重，諭引之等曰：「吾受三朝厚恩，未能報稱。汝必盡心竭力以報主知。」且諭諸孫曾服官讀書以繼世德。遺命畢而卒。學者稱石臞先生。

元于先生爲鄉後學，乾隆丙午，入京謁先生。先生之學，精微廣博，語元，元略能知其意，先生遂樂以爲教。元之稍知聲音文字訓詁者，得于先生也。先生初從東原戴氏受聲音文字訓詁，遂通《爾雅》、《説文》，皆有撰述矣。繼而餘姚邵學士晉涵爲《爾雅疏》，金壇段進士玉裁爲《説文注》，先生遂不再爲之。綜其經學，納入《廣雅》，撰《廣雅疏證》二十三卷，凡漢以前《倉》、《雅》古訓，皆搜括而通證之。謂訓詁之旨本于聲音，就古音以求古義，引伸觸類，擴充于《爾雅》、《説文》之外，似乎無所不達，然聲音文字部分之嚴，則一絲不亂。此乃藉張揖之書以納諸説，實多張揖所未及知者，而亦爲惠氏定宇、戴氏東原所未及。古音自顧氏、江氏、戴氏皆有考正，金壇段氏分十七部爲益精。段氏之分支、之、脂爲三部也，發前人所未發。先生昔亦同見及此，因段書先出，遂輟作。然先生所分者，乃二十一部：東一、蒸二、侵三、談四、陽五、耕六、真七、諄八、元九、歌十、支十一、至十二、脂十三、祭十四、盍十五、緝十六、之十七、魚十八、侯十九、幽二十、宵二十一。案之群經、《楚辭》，斬然不紊。其分至、祭、盍、緝爲四部也，則更顧、段諸家之所未及，陸法言所未析者。先生又長于校讎，凡經、子、史書，晉唐宋以來古義之晦誤，寫校之妄改，皆一一正之，著《讀書雜志》八十二卷，分《逸周書》、《戰國策》、《管子》、《荀子》、《晏子春秋》、《墨子》、《淮南子》、《史記》、《漢書》、《漢隸拾遺》，凡十種，一字之證，博及萬卷，折心解頤，他人百思不能到。子引之，撰《經義述聞》，亦多先生過庭之訓，故高郵王氏一家之學，海内無匹。先生性方正，居官廉直，不受請託，自少至老，澹然以著述自娱。處世接物，善善惡惡，皆出于誠，喜怒必形于色，人有一善一長，道之不已。生平學問之友，久而不渝。早年居鄉，與李君惇、賈君田祖、汪君中、劉君台拱、程君瑶田，以古學相示，極一時之盛。教子幼以朱子《小學》諸書，長以經義。

嘉慶己未科，元副朱文正公爲會試總裁，引之中式，以五策拔其萃，殿試一甲第三名，授翰林編修。道光八年，引之官至工部尚書，階光禄大夫，封公官階如之。公配吴氏，贈翰林編修鋐之女，孝慈勤儉，相夫教子，動中禮法，贈一品夫人。次子敬之，州學增生。孫八人：壽昌，廕生，官户部郎中；彦和，廣西鬱林直隸知州；壽朋，早殁，壽同，拔貢生，皆引之生；壽山，候選從九品；壽祺，學附生；葆和，葆定，皆敬之生。引之、敬之以道光十三年十二月庚子日，奉公柩葬于六合縣東北鄉東原王廟鎮之南原癸山丁向，請儀徵阮元爲誌銘：

先生之貌，如石之臞。先生經濟，優于河渠。河患未已，乃阻厥謨。天逸先生，使著其書。先生學行，漢之醇儒。忠恕直誠，不飾不誣。古聲古訓，確證精疏。學深許、鄭，音邁劉、徐。萬卷皆破，一言不虚。續傳儒林，先生首歟。今歲在辰，歸葬于吴。佳城既築，積善慶餘。

疇人利瑪竇傳論

自利瑪竇入中國，西人接踵而至，其於天學，皆有所得，采而用之，此禮失求野之義也。而徐光啟至謂

「利氏爲今日之羲和」，是何其言之妄耶？天文算數之學，吾中土講明切究者，代不乏人。自明季空談性命，不務實學，而此業遂微。臺官步勘天道，踈濶彌甚，于是西人起而乘其衰，不得不矯然自異矣。然則但可云明之算家不如泰西，不得云古人皆不如泰西也。我國家右文尊道，六藝昌明，若吴江王氏、宣城梅氏，皆精于數學，實能盡得西法之長而匡所不逮，至休寧戴東原先生，發明《五曹》、《孫子》等經，而古算學明矣。嘉定錢竹汀先生著《廿二史考異》，詳論《三統》、《四分》以來諸家之術，而古推步學又明矣。學者苟能綜二千年來相傳之步算諸書，一一取而研究之，則知吾中土之法之精微深妙，有非西人所能及者。彼不讀古書，謬云西法勝于中法，是蓋但知西法而已，安知所謂古法哉！

疇人湯若望傳論

明季君臣以《大統》寖疏，開局修正，既知新法之密，訖未行。聖朝定鼎，以其法造《時憲書》，頒行天下。彼十餘年間辯論翻譯之勞，若預以備我朝之采用者，斯亦奇矣。夫歐羅巴，極西之小國也。若望，小國之陪臣也。而其術誠驗於天，即録而用之。我國家聖聖相傳，用人行政，惟求其是，而不先設成心，即此一端，可以仰見如天之度量矣。若望以四十二事表西法之異，證中術之疏，由是習於西説者，咸謂西人之學非中土之所能及。然元嘗博觀史志，綜覽天文算術家言，而知新法亦集合古今之長而爲之，非彼中人所能獨創也。如地爲圓體，則《曾子》十篇中已言之；太陽高卑，與《考靈曜》地有四游之説合；蒙氣有差，即姜岌地有游氣之論；諸曜異天，即郄萌不附天體之説。凡此之等，安知非出於中國，如借根方之本爲東來法乎？蓋步算之道，必後勝於前，有故可求，則修改易善。古法之所以疏者，漢、魏之術冀合圖讖，唐、宋之術拘泥演撰，天事微眇，而徒欲以算術綴之，無惑乎其術之未久輒差也。至《授時》去積年日法不用，一一憑諸實測，其于天道已能漸近自然，然則由《授時》而加精，不得不密於前代矣。彼西人者，幸值其時耳。使生於《授時》以前，則其術必不能如今日之密。唐之《九執》、元之《萬年》可證也。且西術之密，亦密於今耳，必不能將來永用，無復差忒，小輪之法旋改橢圓可見也。世有郭守敬，其人誠能徧通古今推步之法，親驗七政運行之故，精益求精，期於至當，則其造詣當必有出於西人之上者。使必曰西學非中土所能及，則我大清億萬年頒朔之法，必當問之于歐邏巴乎？此必不然也。精算之士，當知所自立矣。

疇人蔣友仁傳論

古推步家齊七政之運行，於日躔曰「盈縮」，於月離曰「遲疾」，於五星曰「順留伏逆」，而不言其所以盈縮、遲疾、順留伏逆之故，良以天道淵微，非人力所能窺測，故但言其所當然，而不復强求其所以然。此古人立言之慎也。自歐邏向化遠來，譯其步天之術，于是有本輪、均輪、次輪之算，此蓋假設形象以明均數之加減而已。而無識之徒以其能言盈縮、遲疾、順留伏逆之所以然，遂誤認蒼蒼者天果有如是諸輪者，斯真大惑矣！乃未幾而向所謂諸輪者，又易爲橢圓面積之術，且以爲地球動而太陽静，是西人亦不能堅守其前説也。夫第假象以明算理，則謂爲橢圓面積可，謂爲地球動而太陽静亦何所不可，然其爲説至于上下易位，動静倒置，則離經畔道，不可爲訓，固未有若是甚焉者也。地谷至今才百餘年，而其法屢變如此。自是而後，必更有於此數端之外，逞其私知，創爲悠謬之論者，吾不知其伊于何底也。夫如是，而曰西人之言天，能明其所以然，則何如曰盈縮、曰遲疾、曰順留伏逆，但言其當然，而不言其所以然者之終古無弊哉！以上三論在《疇人傳》中，今補録入集。

隱屏山人陳編修傳

陳壽祺，字恭甫，號左海，閩縣人。父鶴書，歲貢生，以文學主講仙遊、龍巖、邵武、泉州、漳州、上杭書院，皆有經法，有詩集數卷。事實詳元所撰《墓志》中。壽祺五歲讀書，易於成誦，舉止端重，性静且敏。成童即淹貫群籍，一覽輒解。文藻博麗，有六朝、三唐風格。其鄉先生陳秋坪謂之曰：「當以千秋自命，勿争名一時。」年十八，值臺灣林爽文之亂，有《海外紀事詩》，見之者歎曰：「此諸將嗣音也。」洎嘉勇福公平臺凱旋，其參將郭公即壽祺母之族叔祖，屬代撰《上嘉勇公百韻詩並序》，沈博絶麗，一時傳誦，稱爲才子。其序一篇，今刻集中。武進張惠言讀之曰：「擬之燕、許，何多讓焉！」

年十九，乾隆己酉科舉於鄉。嘉慶己未，會試中式，賜進士出身。會試闈中，其卷爲人所遏，元言於朱文正公曰：「師欲得如博學鴻詞科之名士乎？閩某卷經策是也。」遏者猶摘其四書文中語，元曰：「此語出《白虎通》。」於是朱文正公由後場力拔出之。既選館職，文正公愛其才，重視之。在都下，以經術文章與同年武進張惠言、全椒吴鼒、歙縣鮑桂星、高郵王引之齊名。辛酉散館，授翰林編修。請歸省親，會元巡撫浙江，延主講杭州敷文書院，兼課詁經精舍生徒。元修《海塘志》，且纂群經古義爲《經郛》，壽祺皆定其義例焉。癸亥冬，入都。甲子，典試廣東。丁卯，典試河南。己巳，會試房考，所得多知名之士，張岳松、劉光三其尤也。其衡文嶺南、中州也，二三場遺卷一二萬，盡閱之。在都十年，恬然寡交遊，惟日以討論經誼爲事。同年數人，知而愛之，相待如昆弟。又及見碩儒錢竹汀、段懋堂、王懷祖、程易疇諸先生，故學益精博，中嘗被公卿論薦，京察書上考，擬陪南書房。俄以丁父憂歸，時庚午歲也。

初，壽祺將以是歲逾秋告歸省親，未幾，遽丁憂，星奔痛鉅。乃自悔其在都之非，其所述至今令人不可卒讀，時年方四十，即抱退志矣。服闋，陳情乞養母。主泉州清源講院者十年，與諸生言修身勵學，教以經術，多士奮興，一洗空疎之習。嘗正定清源書院先賢祀位，並率諸生增置祀産，以資祀事。奉朱子於東舍，從以先賢之傳道而祀鄉學者，明蔡文襄公、張襄惠公、次崖林氏、紫峰陳氏、紫溪蘇氏、慕蓼王氏、素庵林氏、國朝李文貞公，凡八君子，位左右，扁曰「先覺祠」，爲之記，陷石壁間。丁母憂，後終於家居。主鼇峰書院講席者十一年，創立規約，整肅課程，每月兼課經史文筆。其教士以崇廉恥、踐禮法、研經術爲尚，作《義利辨》、《知恥説》、《科舉論》以示學者。士始畏其束縛，漸安之，久之，悦服不能忘。公卿間有以名薦者，終不出。計自丁父憂後，養母十年，去官二十餘載，里黨義舉多爲之倡，若省會文昌祠、大成殿廡、明倫堂、恤嫠賑厰、貢院號舍，莫不首其議，與諸同志成之。桑梓利弊，蒿目痗心，往往直陳於大吏，冀獲挽救，雖間攖逆耳之怒，弗恤也。壽祺志在表揚先賢，以漳浦黄石齋先生之孤忠絶學，久欲請祀孔子廟。道光四年，遂偕紳士呈於督撫曰：「明儒漳浦黄公道周，行完忠孝，學貫天人。著述本乎六經，節義興乎百世。建言直諫，斥佞黜邪。蒙難捐軀，詠歌弗輟。浩氣足以塞天地，正性足以扶綱常。其德業在梁溪、考亭之間，其志節在文山、青陽之列，其發明聖學，衛道宗經，大旨與劉公宗周相近。是以榕壇、蕺山，並峙宇内，非獨出處節概兩相頡頏。今劉公既崇祀西廡，請並黃公從祀，以彰名臣之軌範，樹儒宗之圭臬。正人心而維世教，翼聖道而勵貞修，實有光於國家庠序之典。」總督趙文恪公、巡撫孫文靖公韙之，即屬壽祺代撰疏稿。壽祺因謂《明史·黃道周傳贊》稱其所陳，深中時弊，足爲萬世龜鑑；《御批通鑑輯覽》紀其學行，推重於天下；乾隆四十一年，特賜專謚忠端。其生平著述尤富，《四庫》採録其書，多至十種，皆闡明經旨，推究治道，而尤深於《易經》、《孝經》，其講學恪守朱子道脈。遂本此意成疏稿，督撫會疏，請從祀東廡。明年春，禮部議如所請。秋八月，大吏率文武吏奉主入祀孔子廟。時方鄉試，鄉士大夫及青衿千餘人相從行禮，其扶翼名教如此。壽祺又以黃忠端公所著《經解》九種及《榕壇問業》，或已著録《四庫》，《經解》雖久經刊行，其餘遺書文集，散見未及進者尚多。於是積十餘年蒐訪之力，購得《易本象》、《鄴山講義》、《駢枝别集》、《大滌函書》，及公門人石秋子、洪思與、莊起濤所撰《黃子年譜》，又得漳州士人藏本海澄鄭白麓中書所編公文集三十六卷、詩十四卷，又假得公季子子平所編公全集原本，校對補遺數十篇，彙成全集，重定目録，輯爲六十六卷，訂以年譜，謀於總督孫文靖公刊布之。《閩省通志》舊志多誤，六十餘年，文獻散失，請加纂勒，督撫從之。壽祺乃爲之創立議例，採訪事實，舉才者分任之，而自總其成，書成而病。以道光十四年春卒，年六十有四。

壽祺解經，得兩漢大義，每舉一義，輒有折衷，上溯伏生，下至許、鄭，靡不通徹。所著有《五經異義疏證》三卷、《尚書大傳定本》三卷、《五行傳輯本》三卷、《左海經辨》四卷、《左海文集》十卷、《左海駢體文》二卷、《絳跗堂詩集》六卷、《東越儒林文苑後傳》二卷，又著《歐陽夏侯經説考》、《魯齊韓詩説考》、《禮記鄭讀考》、《兩漢拾遺》、《遂初堂雜録》。元選其《五經異義疏證》、《左海經辨》及文集中之説經者入《皇清經解》。壽祺雅慕武夷山水、紫陽精舍，晚年自號隱屏山人，作《隱屏山人傳》。疾時不穀食，卻醫藥，惟日啜武夷巖茗，噉柑柚少許，枕上作絶句云：「夢想仙巖二隱屏，問天應著少微星。人間無此溪山好，便欲乘雲上幔亭。」詞意惝怳，若有所會。子三：喬樅，道光乙酉舉人，朝樞，鴻楺。喬樅等訃來滇，請爲墓誌，元不爲誌，而爲之傳。

論曰：山人以强仕之年，告歸養親，可謂孝矣。親終不復仕，非如羲之誓墓，有所激也，恬而已矣。立身於道義之中，而經學博通兩漢，文章雅似齊梁。其學行卓然傳矣。以千秋自命，不争名一時，秋坪之言諒哉！

安事齋詩録序

《安事齋詩》，儀徵貴吏部仲符所作也。仲符與元同爲秀才時即相友，以文學齊名。丙午同爲朱文正師所舉，己酉又同進士榜。仲符春試賦得「草色遥看近卻無」，有「碧歸行馬外，青到濯龍隅」句，都下傳誦之。朝考第一，分吏部。由考功主事洊陞正郎，覆校《石經》。考功爲綜覈名實之地，仲符執法不阿，日久怨積，因事爲人所傾，竟戍西疆。未幾，賜鐶，恩鑒其無他，許復原職。既而歸鄉養母，吟嘯湖山，故有「況我《南陔》正絜養，不出非爲鱸魚饞」之句。雖友人代納貲爲外道，恬然不復出矣。仲符政治明敏，所仕未展其才。文章壯麗，詞宏而力健，學博而識高，所爲詩，遇忠節之事，纏綿慷慨，見其性情，及用韓、蘇韻，如控生馬蹴踏于山磧中，而彎弓奪矟，巧力兼到。甲午秋，公子正元寄遺稿至滇，屬元選訂之。歲寒窗紙，鐙火青熒，拭老眼讀之，淒然于青衿舊侶之久逝也。爲録存大半，釐爲四卷，寄揚州付二弟梅叔梓之校之。乙未冬。

奏車里外域情形摺

奏爲查辦思茅土職滋事始末及外域情形，恭摺奏祈聖鑒事。竊照思茅廳所屬車里土司刀繩武，向其叔土舍刀太康攻鬭，不遵解息，先經奏革，嗣因其不知悔罪投歸，且又勾結猓夷，經弁兵捕拿，復帶印竄逃，現將所遺土職另行擇襲另摺具奏外，臣等伏查滇省沿邊土司，悉係内地籓籬土司之伯叔弟兄，皆爲土舍，各有分管之地，其土司舍目多與外域往來修睦。車里土境在西南極邊，其地約有數郡之廣，全境插入外域，東南鄰於南掌，西南鄰於緬甸，而暹羅所屬之部落戞于臘又鄰其南境。内十三版猛地方分内猛、外猛，各立土弁分理，由土司統率。其中有荒遠悍野數處，即不全服土司，嘉慶八年，經前撫臣奏明有案。刀繩武生甫兩月，即父死承襲，全由伊叔刀太康撫養護理。迨刀繩武及歲婚娶，刀太康退爲土舍，分居外猛，與緬甸鄰近，相與修睦。因緬甸與戞于臘向來不和，南掌又與戞于臘親好，刀繩武不知避嫌，處置失當，偏向南掌、戞夷，適有奸徒播弄，以致緬甸有疑及刀繩武之事，被擄入緬，土境乏人，曾以刀太康暫辦。至道光五年，内地曉諭緬國，始將刀繩武由騰越送回，仍充土司。因其與刀太康積有嫌疑，曾令弁目人等解釋，歸於和好。經前督撫臣長麟等奏明，取結立案。迨後刀繩武因自緬送歸，既身欠緬債，復續欠漢債，被緬目遣人索取，欲向土弁商派，未就，因而輕聽讒言，仇及其叔，遂謂蓄謀害姪，欲逐刀太康，全收外猛之地。於道光十二年冬間，集練向攻，刀太康抵禦，致成互鬭。刀繩武潰回之後，許以割裂猛地，分酬帮附之諸奸，並寄字南掌及戛于臘之屬夷猛南等助兵，未果，刀繩武又妄給猓夷以土弁職銜，擾及内地，且欲請官兵帮助，官不允助，遂縱使所糾之人冒充難民，騷擾内地，人心摇動，非將其褫革，無以弭衅。迨至革後，尚令招諭自投，詎刀繩武又添聚猓夷，始終藐抗，不得不派弁兵攻捕，及至兵到，卡破練散，自行帶印潛逃。是刀繩武先之同室操戈，猶爲可恕，而後之糾結外夷，脅官跋扈，騷動内地，實屬罪無可逭。至刀繩武於互鬭後，以刀太康欺蒙款迹摭飾辨禀，衿民亦代爲投呈請兵，經鎮道委員查明，均無實據，因叔姪互相怨望，衿民亦聽囑慫控，此刀繩武肇衅諱飾及漢奸附和干預之情由也。

臣等查極邊土司舍目，俱當和外安内，爲邊界屏藩。刀太康以極邊土舍，尚知内地法度。此次衅起家庭，由於刀繩武先發，自不能深責刀太康，加之以罪。且暹羅與緬甸有仇，從前緬、戛交攻，即以車里爲兩戰之地，夷民逃散，近年始多安息。刀太康與緬人素和，而於南掌、暹羅未甚款洽。前次戛于臘受刀繩武之唆，曾向刀太康詰責，嗣南掌進貢使目過刀太康之地，刀太康即與之誓水盟和，意將由此通睦於戛夷，是刀太康輯睦外夷，尚爲有術。緬國自乾隆三十年間，屢侵内地，數爲邊患，致興經略大兵，勞費甚鉅。至乾隆五十三年，緬甸始請入貢。上年進貢，遣使到滇，感仰皇上德威，臣等亦懷柔維厚。南掌上次入貢來滇，亦極馴謹。戛于臘屬於暹羅，近於南掌，今刀太康處於極邊，界於數國之間，先修睦於緬甸，今又與南掌盟和，戛夷與緬爲仇，而與南掌相親，可由南掌而推及戛夷，使緬、戛之隙漸消，則土境亦可無牽擾之虞。乃刀繩武不知遵依前諭，和其骨肉，屢以私忿而先攻舍目，固知其必自蹈於潰裂，是以屢飭解息。假使因其蠻觸相争，輕聽土司、衿民之請，偏助以兵，逐滅其叔，則刀繩武不睦於緬，加以戛夷本不忘緬，而緬亦時防戛夷，戛夷終必有事於緬，緬亦必疑及刀繩武黨附掌、戛，豈不遷衅土境，兵連禍結，甚至涉及内地，致有不能收束之勢？是刀繩武之乖謬，追源竟委，何可曲狥，任其僨事？今已褫革所遺土職。刀氏世系寥落，但乾隆年間，前土司刀維屏帶印潛逃，雖投回監斃，亦不准其子承襲，兹若再以刀繩武之子議襲，無論事係違例，而現在各猛土弁尚訐刀繩武之劣蹟，是子踵父習，更恐外患未至，内衅先生，自應照例於親支内，另行選舉。兹據鎮道等查稟，親支内惟刀繩武之父刀太和與刀太康爲親兄弟，土弁目夷公舉刀太康之子刀正綜繼與刀太和爲嗣頂襲，衆情允協，舍此别無可襲之人，則當以邊地安和爲重，未便以叔姪嫌疑，拘泥微節，以致另啟争端，貽誤將來。況刀繩武被革，不投歸待罪，反攜印遠逃，自絶其子之襲，家屬法應另徙，與其伯祖刀維屏如出一轍。今爲其父刀太和立嗣繼襲，以延其祀，此已國恩加厚，無有偏抑，亦經飭令鎮道明白曉諭，以杜潛蹟之漢奸、夷奸妄生雌黄，摇惑生事。此又臣等與鎮道往返飭查，先後酌辦，期於邊地安和，免生各衅之緣由也。前次奏報，因有未經查出情節，尚未詳晰聲敘，兹已事竣，臣等謹將辦理始末各情形恭摺奏聞，伏乞皇上聖鑒。謹奏。甲午。

奏車里土司襲職摺子

奏爲已革土職遠逃未獲、地方安静撤回兵練、另擇襲職以靖邊圉，恭摺具奏仰祈聖鑒事。竊照思茅車里土司刀繩武，輕聽奸徒播弄，屢次集練，先向伊叔土舍刀太康鬩鬬，抗不遵諭解息，甚至脅官求兵偏助，縱夷激衅，内地被其騷動，謬妄不職，當經奏明，將刀繩武土職褫革，如其知悔來投，按其情節酌辦。嗣因刀繩武仍不知悔，帶其隨練，復糾猓夷多人據山札卡，再向招諭，仍不解散自投。經該鎮道斥退猓夷，派令弁兵攻捕。刀繩武卡破練潰，帶印遠逃。又經奏奉諭旨，飭令鎮道委員追踪，緝拿在案。臣等因該處擾亂雖息，民夷多有流離，並令妥爲撫輯，再行次第酌撤防兵。其所遺車里土職，亦速查合例之人承襲去後。嗣據普洱鎮邱奉岐、迤南道胡啟榮、委員林樹恒錫麟等禀稱，刀繩武攜印不繳，於潛逃後，由沿邊奔竄，分飭兵練追拿，截獲附從漢奸王瀛等數人，刀繩武仍無下落。邊地荒曠，自已遠逃邊外，竄亡之餘，已不能再滋事端，不值令兵練深入外域窮追。其所攜土印，亦難保無失落，且以已革逋逃之人，即使執此廢印，亦屬無用。現在責令沿邊隘目，留心偵查去路，密爲購緝，並諭外域近邊土目，如有逃入，即行拿送，另行禀報辦理。至土舍刀太康，本有分管之地，刀繩武聽讒猜忌，因與齟齬。前此互鬩之後，刀太康遵諭解息，撤練退回。乃刀繩武結衅不休，頻結猓夷，漫入内境，騷動地方，自加調防兵，震以威勢，並於捕拿刀繩武時，先行斥散猓夷，始就安貼。現查所散猓夷，皆已歸其邊外原住山巢，被脅及逃亡夷民，分別招徠安撫，亦皆復業，料理春耕。除酌留本處防練外，將先調之目練及弁兵一千數百名，並續調之官兵千餘名，於正、二月分起撤回。所遺車里土司世職，查定例：土官緣事革職提問，不准親子承襲，另擇本支叔伯兄弟及兄弟之子繼襲。今刀繩武負罪帶印遠逃，其子例應停襲，以杜後衅。當即諭飭車里所屬十三版猛各土弁人等，秉公選舉。查明刀繩武並無弟兄親支，惟其祖刀士宛生其父刀太和與其叔刀太康二人，太和、太康係嫡親兄弟，止此兩支，此外遠支稀疎，亦多事故，無人可襲。刀太康現有二子，公議以親支土舍刀太康長子刀正綜年已及歲，繼與刀太和爲嗣襲職，且同是刀士宛之親孫，夷衆亦皆悦服，無不踴躍，各具保結。自應即以刀正綜繼襲，俾刀士宛、刀太和之世系不絶，而土境亦有責成，照例將宗圖册結呈報。至刀繩武家口未便留存邊地，已與續獲漢奸分起解省，聽候照例查辦等情前來。臣等查已革土職刀繩武既因遠逸邊外，追緝未獲，自不值令兵練深入窮追，轉涉紛擾。該鎮道等已責令沿邊隘目偵查密緝，並諭外域近邊土目拿送，俟有無弋獲，另行核辦。現在猓夷散盡歸巢，土夷各皆復業歸耕，兵練撤回内地，甚爲平静，所遺土職應即舉定，以資撫馭。從前乾隆年間，土司刀維屏棄職帶印潛逃，復經投回監斃，其遺職以刀維屏之弟刀士宛承襲，改頒印篆，刀士宛即刀繩武之祖。今刀繩武始而尚係同室操戈，迨後勾結要挾，騷動内地，於革後猶復帶印竄逃，與刀維屏無異。其家屬例應遷徙安插，其子不准再襲，實爲罪所應得。兹經鎮道等飭，據十三版猛土弁公議，以土舍刀太康之長子刀正綜繼與刀太和爲嗣襲職，夷衆悦服，土境亦有責成，是揆之定例，既屬相符，察之輿情，亦皆允洽，臣等另行照例具題。其銅印並請由部另頒，以重職守。至車里極邊遠荒，處處與緬甸、南掌及暹羅、戛于臘接壤，土司新襲，仍令鎮道督飭該應襲土司暨土舍刀太康、各猛土弁等，同心協力辦理，永靖邊藩，不得稍有貽誤，致干罪戾。所有前調兵練應需鹽糧及撫恤等項，均係於滇鹽溢課留備本省邊用項下照案支用，毋庸另行動款。除刀繩武家屬應徙之地並附唆之漢奸等犯確審定擬另辦外，臣等恭摺具奏，伏乞皇上聖鑒訓示，謹奏。甲午。

雲南井鹽記

雲南鹽出於各井，井中滷煎成鹽，某某井行銷某州縣有定額。乾隆以前，鹽由官辦，官以此爲利，運鹽至某縣，某縣分派四鄉，四鄉又分派各莊，無論能銷不能銷，照數繳價，與錢糧無異，因而書役鄉保又加錢價，民不堪其苦。嘉慶初，革除此弊，聽販夫買之，某井銷于某縣，一切官不經手，惟在井收課，民困蘇矣。而又常銷不足額，四川井私及鄰井無課之私充斥，以致額課虧短，官緣爲奸，患不在民而在官矣。余于道光六年涖滇，即將弊蠹之員參劾數員，風氣頓轉，特用參將曾勝即十二年帶貴川兵赴楚粵剿平八排猺升廣東提督者。署東路曲靖協副將開通迤東雲、貴兩地銷路，曾勝不受私規，文官亦同之不受。又令各井毋以無課之私占有課之地，又飭鹽道秉公管東井官，上下清潔，是以銷如額矣。又一二年，不但足額，而且溢額，每年約多課十萬矣。先是，雲南屢有邊事，自嘉慶初至道光初，總督帶兵出省剿平者十二次，奏案可稽，勞師糜餉，損兵傷生，頗不安静。自余奏「以此溢課請一半歸公餉，一半留備邊事之用」，奉旨獎准之後，各邊豈無蠢動，然旋辦旋平。原摺内云「邊徼廣袤，夷猓紛居，蠻觸相争，事所常有，且恐内夷自衅，牽動外夷，惟在邊員及早相機查辦，所費或不過多。若空手從事，遲誤養衅，耗費轉鉅」等語，至今十年，邊務如騰越野夷出山搶掠，普洱、車里土司争亂牽連緬甸、越南邊亂等事，總督皆未帶兵出省，惟沿邊鎮道府廳得此財力，遵令辦理，徙薪曲突，皆就安平。其餘小衅，旋起旋定，保全生命，更不勝數。余摺内之言，今皆驗矣。丁酉。

太子少保兩廣總督世襲一等輕車都尉贈太子太師兵部尚書敏肅盧公神道碑

敏肅諱坤，字静之，號厚山，居涿州。涿州盧氏自漢已著。高祖振裔，贈文林郎，甘肅莊浪縣知縣。曾祖大成，祖秉健，父士翊，本生父士夔，皆以敏肅貴贈光禄大夫。敏肅以乾隆甲寅舉順天鄉試，嘉慶己未成進士，改庶吉士，散館授職兵部，隨圍木蘭校步射，賞戴花翎，擢湖南糧儲道，廣東、山東兵備道，皆在仁宗朝。

今上登極，由湖北按察使、甘肅布政使授廣西巡撫，調陝西巡撫。南山老林，議者謂易藏奸不宜墾，敏肅著論，謂此地漢、唐皆開闢，金、元始荒廢，歷舉《漢書》、《蜀志》、《唐書》、《宋史》證之，且舉漢李翕《郙閣頌》爲据，遂加墾治，至今賴之。在陝丁大母憂，小祥後，會回疆有軍務，特旨以行衣陛見，馳驛往甘肅，會總督辦理轉餉。時逆回張格爾據四城，精鋭屯喀什噶爾，滿、漢官兵三萬七千有畸，會於阿克蘇，轉烏魯木齊糧濟之。敏肅上議曰：「烏魯木齊距阿克蘇三十二站，官兵以五萬餘人，計日需糧五百石有畸。糧二石用駝一，需駝二百五十有畸。每站置駝五百有畸，始供一往一還之用，共需駝一萬六千有畸。關内外臺站需駝一萬有畸。烏魯木齊雇駝七千，尚缺二萬有畸，請尅期購撥出關，内地之銀餉、軍火、器械即以此駝運。」又請以伊犁糧由冰嶺運阿克蘇。又議兵馬過沙漠加給草豆，添設民夫，酌給羊茶諸事，凡十一條，皆報可。大兵進勦至凱旋，共撥軍需銀一千一百餘萬兩，轉輸不竭，用無虚糜，敏肅之功也。服闋，補山東巡撫，以回疆平，加太子少保，頭品頂戴。調山西、廣東、江蘇巡撫，陞湖廣總督。

十二年，湖南逆猺趙金隴作亂，敏肅親往督師，密陳湖北提督羅思舉能辦賊。時湖南提督海淩阿已在寧遠之下壪，被猺誘戕，副將、游擊等皆戰殁，新田縣知縣王鼎銘死之，桂陽、常寧諸土猺應賊起，衆號數萬。敏肅抵永州，隨行士卒不滿百，調諸路兵九千有畸未即至，令堅壁清野，檄將弁各路防堵，迨湖南、湖北兵大集。元亦奉命發貴州兵一千，提督余步雲、雲南副將曾勝率往助之。至獠頭，距賊巢十餘里，會大雷雨，我兵乘勢進勦，賊悉其衆屯於羊泉街，羅思舉等晝夜督將弁及楚、黔兵立泥淖中，仰擲火丸火彈，燒大屋數十，斃賊數千。賊黨趙文鳳乞降，佯許之，攻益急，生擒其子女及頭目數百。金隴易服乘間遯，爲我兵所殺，遺有所負木像，餘賊先後就殲。天子嘉獎之，賞戴雙眼花翎，世襲一等輕車都尉。方捷書之未上也，上命御前大臣户部尚書宗室禧公恩、盛京將軍瑚公松額來視師，未至軍，已蕆事。廣東逆猺趙仔青糾衆數千入楚界，聲言爲金隴復仇，即與欽使率新任提督余步雲、總兵曾勝勦辦，敗之於濠江，又敗之於銀江，擒仔青至衡州，磔於市。廣西逆猺盤均華亦起事，官兵殲之芳林渡，均華爲楚界防兵所執，寘之法。時廣東連山排猺又作亂，官兵失利。欽使奉命率曾勝勦平之。敏肅亦調任兩廣總督。時排猺新定，敏肅編查户口，設猺長猺目，漢民村寨設練總，改綏猺同知爲邊要缺，教職佐雜改邊俸，報可。越南奸民陳加海與内地遊民馮生疔等在夷洋狗頭山嘯聚，偷入内洋，官兵擊其八船，餘悉平。西洋來粤貿易，暎咭唎國夷人啤嘮啤違法度，敏肅照例封艙，停其市。啤嘮啤遣護貨兵船自外洋闌入虎門，我兵礮擊之，輒以礮拒，駛至黄浦。奉嚴旨督辦。敏肅用大船載石横沈水底，復用大木筏塞水面，多設警備，斷入省之路。其後路在老洲岡，復命將弁備大石般，遏其歸，又備草船火攻具脅之。啤嘮啤諸夷窮蹙，求給牌出口，詞甚懼服，澳門夷商伽啤啗等助之請命，久乃令出虎門。奏入，上嘉諭之曰：「玩則懲之，服則舍之。尚合機宜，不失國體。」敏肅之經濟表見者如此。

敏肅蚤年留心經濟，爲有用之學。自官職方、擢監司、任封疆，所施設不自矜許。細之則案牘法則析及纖微，而曲盡人情，宅心忠厚，不爲苛刻；鉅之則兵革無辟，剗除凶孽，綏服外夷，皆有實效。其餘察吏安民、練兵弭盜、捄災備荒、辟地設險諸政不勝書，宜其上契宸衷，重邀倚任矣。道光十五年八月四日，以疾卒於位，年六十有四。帝深軫惜，贈太子太師、兵部尚書，賜謚敏肅，諭祭葬。長子端黼襲職，幼子端實，孫長生等六人以十七年三月二十日葬於淶水並上之阡。端黼以大學士揚州阮元爲敏肅己未座師，乞銘神道之碑并序之。銘乃門下士代作，故不録之。

户部右侍郎管錢法堂春海程公神道碑銘

公諱恩澤，字雲芬，號春海。程氏東晉時有爲新安太守者居篁墩，又遷歙南，代有隱德。曾祖筠，祖步矩，郡生員。父昌期，乾隆庚子賜進士第三人及第，上書房行走，日講起居注官，翰林院侍講學士。母項氏，總兵項樛木女。公年四歲，讀書穎異，齔後經傳皆成誦。尤好讀古書，遇疑意必考問，釋然而後快。鄉先達曹文敏公、金輔之先生皆語學士曰：「此子逾冠，所學不可量矣！」乾隆六十年，學士卒於山東學政任，公甫十一歲，哀毀如成人。及長，補學生員，益博學經史。從外祖學騎射，能挽强力弓。最後乃與淩仲子先生遊，及其閫奥，先生曰：「天人並至，博而能精，將來所成者大也。」内閣中書金應瑻以女妻之。

嘉慶甲子鄉試，中式舉人。居京師，益勤於學，天算、地志、六書、訓詁、金石皆精究之。辛未會試中式，殿試二甲，賜進士出身，改翰林院庶吉士。散館，授編修，充國史館纂修官。道光元年，命在南書房行走，召諭曰：「汝父蘭翿先生品學，朕昔年最敬。汝之聲名，朕亦皆知，宜更守素行。」今户部侍郎祁公嶲藻同召見，親聆聖訓，出語同朝，皆榮之。旋奉敕校刻《養正書屋集》。是年充四川正主考。二年，補春坊中允，恭校刻御製詩文初集。三年，放貴州學政，補翰林院侍講轉侍讀。五年，補春坊右庶子。冬，補翰林院侍講學士。次年，調湖南學政，奉命回京仍在南書房行走，奉詔充《春秋左傳》纂修官，八月，補國子監祭酒。九年，侍母項太夫人疾，其孝有愚過於禮而不告人者。太夫人卒，丁憂歸歙。十一年，起服入京，仍在南書房行走。壬辰，以候補祭酒未與考差，特放廣東正主考。十二月，命在上書房行走，課惠郡王學。王敬禮師傅，出于至誠。講學爲詩古文書法，皆日有所進，甚相益。上與王論公爲人，有和而不同之目。十三年，超擢内閣學士，兼禮部侍郎。冬，充文淵閣直閣事。十四年，授工部右侍郎，兼管錢法堂。十五年，知貢舉，調户部右侍郎，管錢法堂，充殿試讀卷官。閏六月，諭：「程恩澤部務較繁，著無庸在上書房行走。」十六年，復充殿試讀卷官。十七年，充經筵講官。夏受暑，醫逾月，病愈深，遽以七月二十九日卒。明日遺疏奏聞，上嗟嘆悼惜久之。諭曰：「户部右侍郎程恩澤，由翰林洊升卿貳。前在南書房、上書房行走有年，人甚謹飭。辦理部務，克盡厥職。近因感受暑濕，賞假調理，方冀速就痊愈，益資委任，玆聞溘逝，殊堪軫惜。伊子程德威，著加恩賞給舉人，服闋後，准其一體會試。」德威以十八年春奉柩歸葬于歙。

公之學識超于時俗，六藝九流皆好學深思，心知其意。本工篆法，益熟精漢許氏文字之學。官貴州學政時，與布政司吴榮光同勸士民育栗蠶，其利大行于民，又重刻岳珂五經以訓士。及奉詔刻《春秋左氏傳》，與祁公寯藻共議推本賈、服，不專守杜氏一家之學。平日好士，説士技若己有。典試廣東，期取實學之士，知學海堂曾釗之名，必欲得之。釗久丁憂，公不知也。書榜大失望，然所得佳士亦甚多。出闈後，與學海堂學長吴蘭修等遊白雲山，名士會者數十人，有《蒲澗賞秋》之圖咏。所著述惟《國策地名考》二十卷，已寫定本，其餘多未成書，實不自料其遽折。公詩文雄深博雅，稿亦盈篋，其孤方治喪，待録成卷帙就有學者擇之，當成佳集。公又多藏書，宋、元以來子史雜録博覽强記，金石書畫亦多考訂，苟有叩者，必舉以應。元入京與公居相近，尚以暇相講習。元偶校《毛詩》「有椒其馨」，「椒」字訛，本是「馥」字，其訛久在六朝，罕可相語者，持以示公。公獨深會其意，謂《詩》「苾芬孝祀」，《韓詩》作「馥芬孝祀」，「馥」字，《毛》、《韓》兩見，形聲不謬于六書，爲加一證。公又謂近人治算，由《九章》以通《四元》，可謂發明絶學，而儀器則罕有傳者，乃與鄭君復光有修復古儀器之約。又嘗深究《開元占經》，謂道光十五年木火同度，當有火災，人驗其言而韙之。吉地案發，因水之故，曹文正問公：「古有之乎？」公曰：「水齧王季墓，見棺之前和，《吕覽》載其事。」所撰《國策地名考》援狄孝廉子奇爲之助，狄説以夾行書之。如謂孟津在河北，非今孟津縣，亦非古河陽縣；蒲反非舜都，乃衛蒲邑，以嘗入秦仍歸，故謂之蒲反，諸條皆確不可易。公之歿也，年廑五十有三，朝野皆悼惜之。覃恩三代，皆以公官封贈至一品。金夫人以道光元年卒，二年繼娶劉夫人。孫一，名新寵。公于元例稱門人，且仲子先生爲吾友，學術相契，因爲之碑銘曰：

公之爲人，和而不同。匡岸内峻，德氣外沖。兩世内廷，在位靖共。聲名品學，守之惟公。公學之大，啟于淩氏。約禮博文，實事求是。研究經義，及于子史。即以其學，望之于士。嗚呼天命，限公不禄。帝諭飾終，賞延世篤。遺書未定，集之可讀。我銘豐碑，樹之宰木。

野雲山人傳

山人姓朱，名鶴年，字野雲，江南泰州人。世有隱德。幼讀書，工書畫，于畫理尤天性所近。方九歲，爲寺僧作山水小幀，州牧見之曰：「此子當以畫傳。」遇一道士能前知，語之曰：「僻壤不足以棲子，當入大都，名動公卿。」及壯，貧無以養親，遂以錢八百纏腰徒步北上，鬻畫以爲旅食。入都後，畫理益精，名譟一時。遂稍有貲，迎二親入都孝養焉。娶劉氏，側室張氏，長子大樹，次大川。道光十四年六月卒，年七十有五，葬永定門外石榴庄。山人雖以藝名而有孝行，人品特高，外和而内介，無邪僞雜于其間，又喜行善事，放生掩骼，不惜勞費，提掖寒素，曾救人于死，故同時人皆樂與之遊，稱爲端友。元與山人早以同鄉相友善，己巳後數年，曾與山人遍遊都下諸伽藍，至于檀柘。都城東南萬柳堂爲元廉野雲右丞别業，康熙間馮益都得其地，與竹垞諸人常讌遊，山人與翁覃溪先生訪古至此，補栽柳樹，作《訪柳圖》，又與余同遊，有《補柳圖》，蓋亦喜己之號與右丞巧合也。山人除夕必祭硯，故有《祭硯圖》。生平所作之圖甚多，每見同時諸名家集中。翁覃溪、任子田、法梧門、吴穀人、馬秋藥、張船山、顧南雅諸公皆素交也。朝鮮人喜山人畫，且重其人品，有懸山人之像而拜之者。

揚州水道記序

儀徵劉孟瞻明經文淇。撰《揚州水道記》，綜《吴越春秋》、《漢書·地理志》以下諸書，證明唐、宋以前揚州邗溝山陽瀆地勢南高北下。諒哉斯言，非可以今日運河水勢膠固于胸者也。而其尤爲確據者，則在李習之《來南録》云「自淮陰至邵伯三百有五十里逆流」十四字也。今由淮安下揚州之水勢如建瓴，愚者亦知北高南下矣。不知此水乃蓄高堰内水，至一丈八尺之高，堰底古淮身更不知低幾丈尺始能如此建瓴耳。古淮平流入海，更低于邵伯隄東下河地面，且天長、江都、甘泉諸山湖之水又加入邵伯之水，挾江潮而趨邵伯、高寶、射陽，安得不南高北下？所以《漢志》云：「江都渠水首受江，北至射陽入湖。」云「受江」，非入江也。云「北至射陽」，可見唐時南高北下也。又其辨證永和、寶曆等年運道通塞，及瓜洲、瓜步水陸變遷，博覽而又有識，故皆精覈矣。凡地理書須以圖明之，此記當分繪古今多圖，孟瞻其更爲之而付諸梓。丁酉九月。

因病求開缺摺

奏爲足疾未愈，氣體日衰，深恐誤公，懇恩俯准開缺事。竊臣腿足患濕多年，近因氣血日衰，精神軟弱，疊經面陳，蒙恩寬諭，倍切感惶。今自入夏以來，濕熱舉發更重，脛間痛癢，艱於步趨。兩次乞假，蒙恩賞假，調理一月有餘，醫治仍未就痊，心神更多委頓。伏思内閣爲絲綸重地，兵部爲戎政總樞，豈容以老病之軀久瘝職任？計此日假滿，即應恭請聖安，照常行走。惟臣年已七十有五，質同蒲柳，景迫桑榆。近來不但稿案多致健忘，抑且舉止不覺舛錯。臣自顧菲材，受皇上天高地厚之恩，擢用至大學士，詞臣榮遇，倍極優隆，即此身體骸骨，皆非己有，曷敢私圖安逸，自外生成？祇因衰憊情形，時深憂懼，惟有籲求聖恩，俯准開缺調理，庶重任無致久曠。臣心得以稍安，一俟醫治痊可，即當趨詣宫門，叩謝天恩，面聆訓誨。臣不勝惶悚之至，伏祈皇上聖鑒，謹奏。十八年閏四月十三日。

謝再賞假一月安心調理摺

奏爲恭謝天恩事。臣因病軀難以供職，懇請開缺調理。本月十三日，奉上諭："阮元著再賞假一月，安心調理，欽此。"竊臣年當衰暮，病復纏綿。本愧駑駘，況數齒而加長；自維蒲柳，縱後秋而亦零。乃蒙温諭優加，假期屢展。素餐滋惕，竭蟻悃以難酬；丹詔頻頒，戴鴻慈之逾格。臣惟有專心攝養，剋日醫調，苟病體稍可支持，即銷假以承慈眷。所有微臣感激下忱，謹繕摺叩謝天恩，伏乞皇上聖鑒，謹奏。十八年閏四月十四日。

因老病再請解任休致摺

奏爲假滿病未就痊，仍懇開缺以重官守事。竊臣前因病勢未痊，奏請開缺，仰沐皇上恩施，再行賞假。自閏月以來，多方療治，未能見效，皆因多年濕熱及邊地氣候雜入氣血之内，以致右足筋絡疾痛。若濕滲太甚，則喘急心忡，頹弱之情，支持不住。伏念臣蒲柳衰資，桑榆暮景，健忘恍惚，遇事模餬。乃因老病之日增，渥荷聖恩之體卹，假期屢展，慈注就痊，焦灼日深，寸衷憂迫。固不敢辜恩而輕爲離職，更不敢恃恩而弗懼曠官。萬不得已，惟有仰懇天恩，准予開缺休致。此後如醫治仍難輕減，俟秋涼再回籍調理，南中尚有良醫。儻臣骸骨餘生得延殘喘，則此晨昏歲月，悉出自大造生成之所賜矣。爲此瀝情，恭摺具奏，伏乞聖鑒。臣不勝悚惶待命之至，謹奏。十八年五月十三日。

恩准開缺致仕謝摺

奏爲恭謝天恩事。臣因病軀難以供職，懇請開缺休致。本月十三日，奉上諭：「大學士阮元，由翰林洊陟封圻，歟歷中外。經朕簡任綸扉，綜理部務，盡心職守，清慎持躬。前因病請假，復經具摺，籲懇解職。朕疊予假期，俾資調養。兹復奏稱老病日增，醫治未能速效，力請開缺，情詞肫切，若再慰留，伊心恐曠官，轉難調攝，非所以示體恤。阮元著准其開缺，以大學士致仕。加恩賞給半俸，用示朕優待耆臣至意。欽此。」聞命之下，伏地叩首，感激涕零。竊臣班叨槐棘，景迫桑榆。久逾致仕之年，本難奉職；況值積疴之後，益恐誤分。乃因老病之纏綿，上荷宸衷之鑒察，准其開缺，予告退休，恩覆幬以如天，心感惶而無地。伏念臣幸遇昌期，深蒙渥眷，備員綸閣，既襄贊之未能；忝任畺圻，復撫綏之乏術。有負裁成於九陛，徒蒙培養於三朝。兹以蒲質衰孱，仰沐楓宸體恤。原銜寵給，仍邀黄閣之榮；半俸叨支，倍切素餐之懼。從此衡茅戀闕，長向念於大廷；或亦骸骨餘生，冀少延於盛世。所有臣感激下忱，謹繕摺叩謝天恩，伏乞皇上聖鑒，謹奏。十八年五月十四日。

回籍日期摺

奏爲奏聞事。竊臣蒙恩，准予致仕，並邀賞食半俸，優示體卹，仍命調攝。臣感沐鴻慈，淪肌浹髓。現在足疾仍未痊愈，右腿出水過多，浮腫酸痛，行步甚難，精神衰弱，及此尚能食息。擬於八月二十七日起身，由水路回籍調理。惟是身離闕下，心向日邊，依戀之情，縈於寤寐。伏念聖主恩重如山，涓埃未報，撫躬循省，萬分不安。所有微臣回籍日期，理合具摺陳明，伏乞皇上聖鑒，謹奏。十八年八月十九日。

謝恩晉宫太保在家食俸摺

奏爲恭謝天恩事。本月十九日，内閣奉上諭：「大學士阮元，敭歷中外，宣力五十年，清慎持躬，克盡職守。前以年邁多病，再三懇請解職，已俯如所請，准其致仕在家，支食半俸。兹據奏明，擇定行期。朕心彌深眷注，著加恩晉加太子太保銜。從兹怡志林泉，善自静攝。俟辛丑年朕六旬萬壽慶辰，届時身體康健，即行來京祝嘏，以慰廑念。欽此。」竊臣猥以菲材，忝居高位。渥承簡畀，受三朝雨露之施；未答涓埃，無一得芻蕘之獻。撫躬循省，時切悚惶。兹以老病纏淹，蒙恩致仕。歸期初卜，温諭重聞。既叨天禄之遥頒，更荷宫銜之特晉。鴻慈疊被，冀蘇病骨於秋風；蟻悃難忘，盼效歡呼於來歲。此日言歸梓里，衡門常被恩榮，他時再覲楓宸，壽宇同伸舞蹈。所有臣感激下忱，謹繕摺叩謝天恩，伏乞皇上聖鑒，謹奏。十八年八月二十日。

揅經室續三集卷三

荀子引道經解

《荀子》此篇言知道者皆當專心壹志，虚静而清明，不爲禍蔽，故曰：「昔者舜之治天下也，不以事詔，而萬物成。處一危之，其榮滿側。養一之微，榮矣而未知。《道經》曰：『人心之危，道心之微。』危微之機，惟明君子而後能知之。」元按：後人在《尚書》内解此者姑勿論，今但就《荀子》言。《荀子》其意則曰：「舜身行人事而處以專壹，且時加以戒懼之心，所謂危之也。惟其危之，所以滿側皆獲安榮，此人所知也。舜心見道而養以專壹，在於幾微，其心安榮，則他人未知也。」如此解之，則引《道經》及「明君子」二句，與前後各節皆相通矣。楊倞謂「『危之』當作『之危』」，非也。危之者，懼蔽於欲而慮危也。之危者，已蔽於欲而陷危也。元謂榮爲安榮者，《荀子·儒效篇》曰：「爲君子則常安榮矣，爲小人則常危辱矣。凡人莫不欲安榮而惡危辱。」據此，則《荀子》常以「安榮」與「危辱」相對爲言。此篇言「處一危之，其榮滿側」，若不以本書《儒效篇》證之，則「危」、「榮」二字難得其解矣。故解《道經》當以《荀子》此説爲正，非所論於《古文尚書》也。又考《道經》者，黄、老古説也。此等古説，周、漢之間尚多存者，故《大戴記·武王踐阼》篇：「武王問黄帝、顓頊之道，師尚父曰：『在丹書。』尚父西面述《道書》之言曰：『敬勝怠者吉，怠勝敬者滅。義勝欲者從，欲勝義者凶。』」然則《荀子》、《戴記》所謂「道經」、「道書」者，皆黃、老之古說，與今《老子》五千言又少異，且《虞書》尚無「者」字，何況黃帝之時？然則此書亦周人所託耳。

塔性說

東漢時，稱釋教之法之人皆曰「浮屠」，而其所居所崇者，則別有一物，或七層、九層，層層梯闌，高十數丈，梵語稱之曰「窣堵波」。見後魏碑及《妙法蓮華經音義》。唐以來詩文家稱之爲「浮圖」，誤也。此浮圖家之傑構，即今之塔，不可直稱曰「浮圖」。晉、宋、姚秦間，翻譯佛經者執此窣堵波，求之於中國，則無物無文字以當之，或以類相擬，可譯之曰「臺」乎？然臺不能如其高妙，于是别造一字曰「塔」以當之，《說文》無「塔」字，「塔」字始見于葛洪《字苑》、《玉篇》等書。絶不與臺相混。塔自高其爲塔，而臺亦不失其爲臺。

至于翻譯「性」字，則不然。浮屠家說：有物焉，具于人未生之初，虛靈圓淨，光明寂照，人受之以生，或爲嗜欲所昏，則必静身養心，而後復見其爲父母未生時本來面目，此何名耶？無得而稱也。即有梵語可稱，亦不過如「窣堵波」，徒有其音而已。晉、宋、姚秦人翻譯者，執此物求之於中國經典内，《經典釋文》所謂「典」者，《老》、《莊》也。有一「性」字似乎相近。彼時經中「性」字縱不近，彼時典中「性」字已相近，《莊子》「性」字，本是天生自然之物，駢拇、馬蹄之喻，最爲明顯。《莊子》曰：「繕性於俗，學以求復其初，謂之蒙蔽之民。附之以文，益之以博，文滅質，博溺心，然後民始惑亂，無以反其性情而復其初。」是《莊子》此言「復性」，謂復其自然也。晉人讀《老》、《莊》者，最重自然，故與佛所謂「性」相近也。李習之《復性書》之「復初」，則竊取佛、老之說以亂儒經，顯然可見也。于是取以當彼無得而稱之物。此譬如執

「臺」字以當「窣堵波」，而不别造「塔」字也。所以不别造字者，此時中國文人已群崇典中之「性」字，就其所崇者而取之。且若以典中「性」字之解，不若釋家無得而稱之物尤爲高妙，典中之解「性」字，未盡其妙也。然而與儒經尚無涉也。唐李習之以爲不然，曰：「吾儒家自有性道，不可入於二氏。」於是作《復性書》。其下筆之字，明是《召誥》、《卷阿》、《論語》、《孟子》見余所著《性命古訓》。内从心从生之「性」字，其悟于心而著于書者，仍是浮屠家無得而稱之物。此譬如今人以塔爲西域夷人所居，甚卑屏之，而其所造所居所崇者必以臺，且曰：「此《毛詩》内文王之靈臺，《月令》内高明之臺，皆古人禮法之所構造，吾所居所崇必以此。」反問以爾臺何形，則曰：「高妙之至，七級、九級，六窗、八窗，欄杆齊雲，相輪耀日。」嗚呼，是直以「塔」爲「臺」，口崇古臺，而心炫西塔，外用臺名，内用塔實也。是故翻譯者但以典中「性」字當佛經無得而稱之物，而唐人更以經中「性」字當之也。佛經明心而見之物原極高明浄妙，此與《莊子》復初之「性」已爲不同，與《召誥》、《孟子》之「性」更相去萬里。特惜翻譯者不别造一字以當其無得而稱者，而以典中「性」字當之，不及别造「塔」字之有分别也。

復性辨

《莊子・繕性》篇曰：「繕性于俗，學以求復其初；滑欲于俗，思以求致其明，謂之蒙蔽之民。」又曰：「堯、舜始爲天下，興治化之流，澆淳散朴，離道以善，險德以行，然後去性而從於心，心與心識，知而不足以定天下，然後附之以文，益之以博。文滅質，博溺心，然後民始惑亂，無以反其性情而復其初。」元讀《莊子》，未嘗不歎其説爲堯、舜、孔、顔之變局也。彼所謂「性」，即馬蹄天放也，即所謂初也。以天放爲初而復之，此老、莊之學也。唐李翺《復性》之書即本之於此，而反飾爲孔、顔之學，外孔、顔而内老、莊也。内莊已不可矣，況又由莊入禪乎？「文」與「博」，正是周、孔、顔、曾之學。而莊子以爲滅溺，無以復性之初。然則禪家不立語言文字，儒家借良知爲宗旨，非以莊子此説爲祖乎？周、孔、顔、曾之學，首重文博，後人才力淺弱，不能文，不能博，有復初之一説焉，可以不讀書，日安佚而其名愈高，孰不樂趨之？此亦如六朝佛典太繁，釋家别開禪學，可以不説一切經而面壁見性也。

書東莞陳氏學蔀通辨後

朱子中年講理，固已精實，晚年講禮，尤耐繁難，誠有見乎理必出于禮也。古今所以治天下者，禮也。五倫皆禮，故宜忠、宜孝，即理也。然三代文質，損益甚多，且如殷尚白，周尚赤，禮也。使居周而有尚白者，若以非禮折之，則人不能争；以非理折之，則不能無争矣。故理必附乎禮以行，空言理，則可彼可此之邪説起矣。如朱子議與趙紘等不合。朱子晚年《與李季章書》曰：「累年欲修《儀禮》一書，釐析章句，而附以傳記，近方了得十許篇，似頗可觀。其餘，度亦歲前可了。自此之後，便可塊然兀坐，以畢餘生，不復有世間念矣。」又曰：「熹今歲益衰，足弱，不能自隨，兩脅氣痛攻注下體，結聚成塊，皆前所未有，精神筋力大非前日之比。加以親舊凋零，如蔡季通、吕子約，皆死貶所，令人痛心，益無生意，決不能復支久矣。所以未免惜此餘日，正爲所編《禮傳》，已略見端緒，而未能卒就。若更得年餘間未死，且與了却，亦可以瞑目矣。」《答應仁仲書》云：「所喻編《禮》如此，固佳。然却太移動本文，恐亦未便耳。老病益侵，而友朋相望，皆在千百里外，恐此日不能成，爲終身之恨矣。」《答葉味道書》云：「《禮》書未能得了，而衰病日侵，恐未必能究竟此事也。」又《答李季章書》云：「國君承祖父之重，康成注、賈疏，其義重備，若已預知後世當有此事者。按：朱子所據者，乃《禮記·喪服小記》「不繼祖與禰」句下孔疏引《鄭志》答趙商之文，故朱子有「向無鄭康成，則此事終未有斷決」之語。《建炎以來朝野雜記》所載不誤。而此書以爲「鄭注、賈疏」，則又涉及《儀禮·喪服傳》「父爲長子三年」句下疏文也。憸人舞文弄法，迷國誤朝，飾邪説以蔽害之，甚可歎也。」又庚申易簀前一日，《與黄直卿書》云：「《喪禮》詳略皆已得中矣，《臣禮》一篇兼舊本，今先附案一面整理。病昏且倦，作字不成，所懷千萬，徒切悽黯。」此朱子一生拳拳于君國大事、聖賢《禮經》，晚年益精益勤之明證確據。若如王陽明誣朱子以晚年定論之説，直似朱子晚年厭棄經疏，忘情禮教，但如禪家之簡静，不必煩勞，不必悽黯矣，適相反矣。然則三《禮》注疏，學者何可不讀？蓋未有象山、篁墩、陽明而肯讀《儀禮注疏》者也。其視諸經注疏，直以爲支離喪志者也。豈有朱子守孔、顔博文約禮之訓，而晚悔支離者哉！此清瀾陳氏所未及，亦學海堂諸人所未言者，故特著之。

學蔀通辨序

道光八年春，粤中學人寄《學蔀通辨》來滇請序。元謂此書《四庫全書目録》載在「子部儒家」，注云：「内府藏本。」是此書曾爲内府所藏，而非外省所進也。此書專辨朱、陸異同，推尊朱子。《四庫書提要》曰：「朱、陸之書具在，其異同本不待辨。王守仁輯《朱子晚年定論》，顛倒歲月之先後，以牽就其説，固不免矯誣。然建此書痛詆陸氏，至以病狂失心目之，亦未能平允。」元於東園清暇，重加披閲，遵《提要》之言，手將

「病狂失心」等語加以删削而還之。蓋除此所删，則皆表章正學之要言。即有過激之論，無非欲辨朱子之誣。粤中學人，固當知此鄉先生學博識高，爲三百年來之崇議也。

文韻説

福問曰：「《文心雕龍》云：『今之常言有文有筆，以爲無韻者筆也，有韻者文也。』據此，則梁時恒言有韻者乃可謂之文，而《昭明文選》所選之文，不押韻脚者甚多，何也？」曰：「梁時恒言所謂韻者，固指押脚韻，亦兼謂章句中之音韻，即古人所言之宫羽，今人所言之平仄也。」福曰：「唐人四六之平仄，似非所論于梁以前。」曰：「此不然。八代不押韻之文，其中奇偶相生，頓挫抑揚，詠歎聲情，皆有合乎音韻宫羽者，《詩》、《騷》而後，莫不皆然。而沈約矜爲創獲，故于《謝靈運傳論》曰：『夫五色相宣，八音協暢，由乎玄黄律吕，各適物宜。欲使宫羽相變，低昂舛節，若前有浮聲，則後須切響。一簡之内，音韻盡殊，兩句之中，輕重悉異。妙達此旨，始可言文。』又曰：『自靈均以來，此秘未覩。至于高言妙句，音韻天成，皆暗于理合，匪由思至。』又沈約《答陸厥書》云：『韻與不韻，復有精粗，輪扁不能言之，老夫亦不盡辨。』休文此説，乃指各文章句之内有音韻宫羽而言，非謂句末之押脚韻也。即如「雌霓連蜷」，「霓」字必讀仄聲是也。是以聲韻流變而成四六，亦祇論章句中之平仄，不復有押脚韻也。四六乃有韻文之極致，不得謂之爲無韻之文也。昭明所選不押韻脚之文，本皆奇偶相生有聲音者，所謂韻也。休文所矜爲創獲者，謂漢、魏之音韻，乃暗合于無心；休文之音韻，乃多出于意匠也。豈知漢、魏以來之音韻，溯其本原，亦久出于經哉！孔子自名其言《易》者曰『文』，此千古文章之祖。《文言》固有韻矣，而亦有平仄聲音焉。即如『濕』、『燥』、『龍』、『虎』、『覩』、『上』、『下』八句，何等聲音！無論『龍』、『虎』二句不可顛倒，若改爲『龍』、『虎』、『燥』、『濕』、『覩』，即無聲音矣。無論『其德』、『其明』、『其序』、『其吉凶』四句不可錯亂，若倒『不知退』于『不知亡』、『不知喪』之後，即無聲音矣。此豈聖人天成暗合，全不由于思至哉？由此推之，知自古聖賢屬文時，亦皆有意匠矣。然則此法肇開于孔子，而文人沿之。休文謂『靈均以來，此秘未覩』，正所謂文人相輕者矣。不特《文言》也，《文言》之後，以時代相次，則及于卜子夏之《詩大序》。《序》曰：『情發于聲，聲成文，謂之音。』又曰：『主文而譎諫。』又曰：『長言之不足，則嗟歎之。』鄭康成曰：『聲謂宮、商、角、徵、羽也。聲成文者，宮商上下相應。主文，主與樂之宮商相應也。』此子夏直指詩之聲音而謂之文也，不指翰藻也。然則孔子《文言》之義益明矣。蓋孔子《文言》、《繫辭》，亦皆奇偶相生，有聲音嗟歎以成文者也。聲音即韻也。《詩·關雎》『鳩』、『洲』、『逑』押脚有韻，而『女』字不韻，『得』、『服』、『側』押脚有韻，而『哉』字不韻，此正子夏所謂『聲成文』之宮羽也。此豈詩人暗于韻合，匪由思至哉？王懷祖先生云：「《三百篇》用韻，有字字相對極密，非後人所有者。如有瀰、有鷕，濟盈、雉鳴，不、求、濡、其、軌、牡，鳳凰、梧桐，鳴矣、生矣，于彼、于彼，高岡、朝陽，菶菶、雝雝，萋萋、喈喈，無一字不相韻。」此豈詩人天成暗合，全無意匠于其間哉？此即子夏所謂「聲成文」之顯然可見者。子夏此《序》，《文選》選之，亦因其中有抑揚詠歎之聲音，且多偶句也。鄉人、邦國，偶一。風、教，偶二。爲志、爲詩，偶三。手之、足之，偶四。治世、亂世、亡國，偶五。天地、鬼神，偶六。聲教、人倫、教化、風俗，偶七、八。化下、刺上，偶九。言之、聞之，偶十。禮義、政教，偶十一。國異、家殊，偶十二。傷人倫、哀刑政，偶十三。發乎情、止乎禮義，偶十四。謂之風、謂之雅，偶十五。繫之周、繫之召，偶十六。正始、王化，偶十七。哀窈窕、思賢才，偶十八。其偶之長者，如周公、召公，即比也。後世四書文之比，基于此。綜而論之，凡文者，在聲爲宮商，在色爲翰藻。即如孔子《文言》『雲龍風虎』一節，乃千古宮商翰藻奇偶之祖；『非一朝一夕之故』一節，乃千古嗟歎成文之祖。子夏《詩序》『情文聲音』一節，乃千古聲韻性情排偶之祖。吾固曰：韻者，即聲音也。聲音，即文也。「韻」字不見于《説文》，而王復齋《楚公鐘》篆文内實有「韻」字从音从勻，許氏所未收之古文也。然則今人所便單行之文，極其奥折奔放者，乃古之筆，非古之文也。沈約之説，或可横指爲八代之衰體，孔子、子夏之文體，豈亦衰乎？是故唐人四六之音韻，雖愚者能效之；上溯齊、梁，中材已有所限；若漢、魏以上，至于孔、卜，此非上哲不能擬也。」乙酉三月，閲兵香山，阻風舟中，筆以訓福。

學海堂策問

「儒」字造字之意何在？儒名始於何代？儒行始於何時？魯孔子時，顔、曾諸賢之儒行所尊尚者何等事？所講習者何等事？其大指何在？當細繹魯國聖賢言行在《孝經》、《論語》、大小戴《禮記》諸經經文内者，以求儒之正本大原而釋之。至於荀、楊及漢、唐、宋各家之説，且不必涉及，不必辨論。

自東晉、劉宋至隋兼北朝，其間經史諸學皆是極精極博極明敏之時，南北朝人學力之專之鋭之深，非後人所能窺企。中唐以後人蔑視六朝，不知唐初諸經正義及敕修諸史無不本於南北朝人，或攘或掩，實存而名亡。後人於南北朝之書，多不能解。即如陸法言等之音韻分部，幸爲中唐以後人所不能解，故未經攘亂。韻學自國朝顧、江、戴、段諸君始明古法，窮極精力，然皆久在陸法言等所定範圍之中。其餘如三劉、熊、徐等之於經疏，吕忱、李登等之於小學，庾蔚之、崔靈恩等之於禮服，徐廣、臧榮緒、姚察等之於史傳，皆非唐人所能及。唐初人猶讀南北朝人之書，天寶後，知其學者鮮矣。試論而表章之。

今大、小西洋之曆法，來至中國在於何時？所由何路？小西洋即今港脚等國，在今回疆之南，古天竺等處。元之《回回曆》，是否如明《大西洋新法》之由廣東海舶而來？大、小西洋之法，自必亦如中國之由疏而密，但孰先孰後？孰密孰疏？其創始造曆，由今上溯若干年？準中國之何代何年？西法言依巴谷在漢武帝、周顯王時，確否？六朝番舶已與廣東相通，故達摩得入中國。中國漢郄萌已有諸曜不附天之説，後秦姜岌已有游氣之論，宋何承天立强弱二率，齊祖沖之立歲差等法，皆比漢爲密，與明來之《大西洋新法》相合，是皆在達摩未入中國前也。至於唐時，市舶與西洋各國往來更熟。元之《回回法》，明之《大西洋新法》，如是古法，何以不來於唐《九執法》之前？《九執法》又自何來？且西洋又何以名借根方爲東來法也？其考證之。

唐、宋人每輕視漢、魏、六朝人，以爲無足論。無論宋、齊疏義，斷非唐以後人所能爲，即如邵公之爲人，絶無可議，其學如海，亦非後人所能窺。《公羊》之學，與董子《繁露》相表裏，今能通之者，有幾人哉？不能通之而一概掃之，可乎？試爲漢何邵公贊。

四書文話序

唐以詩賦取士，何嘗少正人？明以四書文取士，何嘗無邪黨？惟是人有三等，上等之人，無論爲何藝所取，皆歸于正；下等之人，無論爲何藝所取，亦歸于邪；中等之人最多，若以四書文囿之，則其聰明不暇旁涉，才力限于功令，平日所誦習惟程、朱之説，少壯所揣摩皆道理之文，所以篤謹自守，潛移默化，有補于世道人心者甚多，勝于詩賦遠矣。唐、宋詩話多，文話少，而明以來，四書文話更少，非無話也，無纂之者也。余令學海堂諸生周以清、侯康、胡調德纂之，諸生共議，分二十四門編之，一原始，二功令，三格式，四法律，五體裁，六命題，七程文，八稿本，九選本，十墨卷，十一社稿，十二元鐙，十三名譽，十四考核，十五師承，十六風氣，十七興廢，十八流弊，十九起衰，二十假借，二十一咎毁，二十二談藪，二十三軼事，二十四五經文。雖未甚精詳，然已積卷帙矣。録成二部，一存粤東學海堂，一攜歸江南。蓋江南遺文舊説，爲嶺南所無者尚多，俟再令家塾子弟補成之。時甲申冬日。

摹刻詒晉齋華山碑全字跋

嘉慶十四年，余摹刻漢延熹《華山碑》未翦本於北湖祠樓，其右方缺石一凷，全缺者七十八字，半缺者三十三字，因以家藏歐陽文忠公《華山碑跋》墨蹟摹補於缺空處。俄入京師，得見成親王所藏已翦本，雖無碑額題名，而余碑缺字彼皆未缺，遂借鈎入未翦本缺空處。道光三年，在廣州購端州巨硯材，復摹刻成親王本未缺之字及後銘詞内「民説」二字，同置祠樓。若兩石並搨，遂成全碑矣。好古者以兩搨本翦補，合裝爲一碑可，留歐公書而分裝之亦可。

兩浙金石志序

余在浙久，遊浙之名山大川殆遍，録浙人之詩數千家，成《兩浙輶軒録》，刻之。訪兩浙帝王賢哲之陵墓，加以修護，成《防護録》，刻之。以其餘力，及于金石刻，搜訪摹搨，頗窮幽遠，又勒成《兩浙金石志》一書。爾時助余搜訪考證者，則有趙晉齋、魏。何夢華元錫。諸君子，許周生兵部宗彦。亦多考訂增益，且録全稿以去，匆匆十餘年矣。道光四年，粤中有鈔本十八卷，校原稿，文有所删，鐘鼎錢印之不定爲浙物者，亦多所删。然亦簡明可喜。李鐵橋廉訪澐。率浙人之官于粤者校刻之，不兩月而工畢。今而後藏板於浙，印書通行，使古金石自會稽秦石刻以下，迄于元末，皆著於篇，好古者得有所稽，不亦善歟？夏五月望日，書於嶺南節院之定静堂。

宋搨醴泉銘殘字跋

凡六朝、唐人之碑，别有一種筆力，良由製筆之工尚存古法。今世之筆，特湖州工人所造，便于松雪筆法耳，于北朝、隋、唐之碑直是不合。試細觀此碑筆，當用何等柱豪、何等裹毛、精思巧製，若得此等筆，則古書法不亡矣。

與學海堂吴學博蘭修書

自陸灋言等定四聲韻爲二百六韻之後，唐人作詩賦并窄爲寛，沿至今衹一百六韻矣。以今韻爲今詩文則可，若作古賦詩辭而用今韻，不今不古，識者哂之。至於唐、宋以來，獨用、通用，淺人所爲，已鮮依據，或且臆以時俗土音，動輒亂用，直似以元人劇曲之韻擬唐人爲律賦，更不如今一百六韻矣。豈有不明音韻、篆文、訓詁，能上擬相如、子雲者哉？即如昌黎《進學解》，韻臆用無法，世罕知其謬者。然則將奈何？因思古韻之分合，近惟金壇段氏若膺《六書音均表》十七部爲善。如之、脂、支、咍四韻，唐人皆并爲四支合用，孰知群經、《楚辭》皆斷分三部，絶不相混，《文選》亦分，不通用乎？高郵王懷祖先生精研六書音韻，欲著古音一書，因段氏成書，遂即輟筆。余三十年前即聞此論。然其分廿一部，甄極《詩》、《騷》，剖析豪芒，不但密于段氏，更有密于陸氏者。予屢欲并《廣韻》，而以古音分部，使便於擬漢以上文章辭賦者取用之，迄未暇爲之。計學海堂中年兄深孯古音，曷就段氏精審之，而進以王氏之學，定爲古韻廿一部，以群經、《楚辭》爲之根柢，爲之圍範，庶無隔部臆用之謬乎？或曰：「漢、晉文章之韻，已有出此圍範者，奈何以此限之？」答曰：「漢、晉文章，齊、梁之韻雖寬，而之、支、脂等韻未曾通雜。若學漢、晉文辭，而更能謹守此漢晉以上之韻，取法乎上，撥亂韻而反之正，不更善乎？況以今韻一百六韻而并爲廿一部，已寬之至矣。學者亦何憚而不用此韻哉！」年兄試再與堂中林、曾、楊諸子商榷寫定，即如廿一部「至」、「質」，須在各韻中將各字提摘而出，而删去彼韻之字。即可在堂中栞板成帙。不過數萬大字，即可嘉惠學古之士。予雖老，亦樂得觀之，且可以分授家鄉子弟矣。庚寅閏月。

虞山張氏詒經堂記

唐人云：「前不見古人，後不見來者。」然則人生所見，數十年耳。將欲使後人見今，如今人見古，傳聖賢之事，記文史之詳，殆非書不可。虞山張氏，金吾。世傳家學，代有藏書。不但多藏書至八萬餘卷，且撰書至二百餘卷。不但多撰書，抑且多刻書至千數百卷。其所纂箸校刻者，古人實賴此與後人接見也，後人亦賴此及見古人也。是詒經堂、詩史閣、求舊書莊諸地，皆羅列古今人，使後人共見之地也。此於古今人謂之有功，於己謂之有福。夫遺金不如詒經，猶徒爲一家讀書計耳，曷若以書公之天下後世乎！世之有金者，無所不爲，獨不肯用之於書，若是者，謂之無福。若在己，無學術焉，則雖有之肯之，亦無能用之，若是者亦謂之無福。雖然，福不可擅也。福雖不可擅，而有功以補之，則其得此福而居之也，豈不宜哉！因詒經堂主人求記，而論之如此。

金子青學蓮詩集序

己丑春，子青子以詩集寄滇南。元於東園暇日，往復披讀，如見久別之友，且益慨然於其才與遇也。子青子詩驚采絕豔，宛委沉鬱，兼慕唐之三李而得其神理。長吉短命，而子青則甚壽；義山坎壈且有毁，而子青爲名門之壻，處節使之幕，恬淡不干榮利，有譽於時；太白得入翰林，而子青無官，然太白仙才，固不以翰林重。且今人讀唐人詩者，無不醉心於義山，而於令狐氏，則無聞焉。文章之事，固有不能以位競者歟？子青子何愠焉？子青近年之集，皆客隱於竹西草堂所作也。元，竹西人也，弱冠後，惟持服三年居竹西。計子青子詩之在竹西者，前後數十年，湖山登眺，交遊贈答。讀其詩，憶其地，懷其人，豈能無故鄉舊友之感哉！韻語一函，長江萬里，年如逝水，思切停雲。聊寄數言，解慰此情云爾。

一切經音義跋

齊釋道惠爲《一切經音義》，其書不傳。傳者唐釋玄應《一切經音義》，其中引證古書，如鄭康成《尚書》、《論語注》，三家《詩》，賈逵、服虔《春秋傳注》，李巡、孫炎《爾雅注》等書，極其精博，學者寶之。其中古字、古義，皆蓮社慧遠、雷次宗諸人用經典中文字翻改佛經之確據。試問西域梵字經中有用古《詩》、《書》、《春秋》、《倉》、《雅》者耶？即如《華嚴音義》内有曰「頑嚚鑽仰，無所適莫」者，有曰「洪纖得所，修短合度」者，觀此而猶不悟一切經爲中國儒者文人之所改易潤色，不亦不慧乎？然而去禪尚遠，禪則惡棄音義如土苴矣。是故釋家爲音義，音義中尚有《倉》、《雅》；禪家爲語録，語録中但有俚言，如柏樹子、乾矢橛，無古文字矣。

石畫記序

古罕石畫，元微之《石硯屏》詩始有「濃淡樹林分」之句。歐陽永叔有山松石屏，蘇子瞻有月石風林硯屏，皆號山石。狄詠有雪林石屏，《清異録》載玉羅漢石屏，皆非滇石。《雲林》、《素園》兩石譜，皆艮嶽之類。惟陳眉公《妮古録》有石屏如董巨之畫，名曰「江山晚思」，此或是大理石歟？今雲南大理府點蒼山第十中和峰之腰出文石，明時見重于世者，以大屏、大案、白質黑章爲貴。崇禎時，《徐霞客遊記》親至大理，見浄土庵七尺山水二大石，又云：「第八峰新石之妙，大空山樓間徑二尺者五十塊，俱妙著色山水。」李日華《六硯齋二筆》有云：「環列大理石屏，有荆、關、董、巨之想。」乾隆初，高總制其倬。又分雲水、雪月、淺緑、微黄諸目，是著色山水滇中久有之，何罕傳于江湖乎？今之所産，著色者亦多，山民采賣，賴以爲利者千百人。其石色備五采，氣若雲水，較吴裝畫法，更渾脱天成，非筆墨所能，乃造化所成也。余到滇，數年以來，所見不少，已如雲烟過眼。又於到點蒼時，張氏蘭坡爲余親至石屋選買數十幅，間有題詠，或持贈戚友，或兒輩乞去。又蘭坡諸公在省肆買石，各請品題，余擇其得古人詩畫之意者，不假思索，隨手拈出，口授指劃，各與題識，付蘭坡暨姪蔭曾，或鐫或記，半不憶爲誰之石。否則各石雖有造化之巧，若無品題，猶未鑿破混沌。且記書畫之書雖多，未創此格。余曾見宋、元真跡數百種，亦未見此格也。其未經余見而不得品題者，更不知幾何，此亦如人才不遇知己，殊可惜矣。昔歐陽永叔、梅聖俞、蘇子美、蘇子瞻、范純甫皆有《月石風林硯屏詩》，吟賞不已，是其意趣遠於俗情。今之石勝於宋石，更惜歐、蘇諸公未見耳。

毘陵吕氏古甎文字榻本跋

曩余在浙得漢、晉八甎，聚之一室，爲八甎吟館。後數十年，又得數甎，除五鳳、天册，無甚佳者。歲丙申，四明教授馮柳東通家寄示所刻《浙江甎録》四卷，乃知近三十年浙東、西出土古甎之多。丁酉夏，吕堯仙佺孫。庶常自其嚴君四明郡署來京，購獲古甎甚多，榻本四册，自漢、吴、晉、宋以至唐、宋，披玩之餘，喜不釋手。古甎自洪文惠始著於録，乾隆間張芑堂亦摹刻于《金石契》中，今吕氏四册，奚翅倍蓰。堯仙于拓本文字考其年歲，合之史籍，古地、古官多所印證，引《檀弓》之「塈周」、《顔氏家訓》之「燒塼」，尤爲精博詳審，且晉、宋間隸體，如聚書手在于目前矣。王著所摹晉帖，余舊守無徵不從之例，而心折于晉、宋之甎，爲其下真跡一等，古人不我欺也。試審此册内永和三、六、七、八、九、十年各甎隸體，乃造坯世俗工人所寫，何古雅若此？且永和九年反文隸字尤爲奇古。永和六年王氏墓當是羲之之族，何與《蘭亭》絶不相類耶？堯仙知古者也，試共商之。

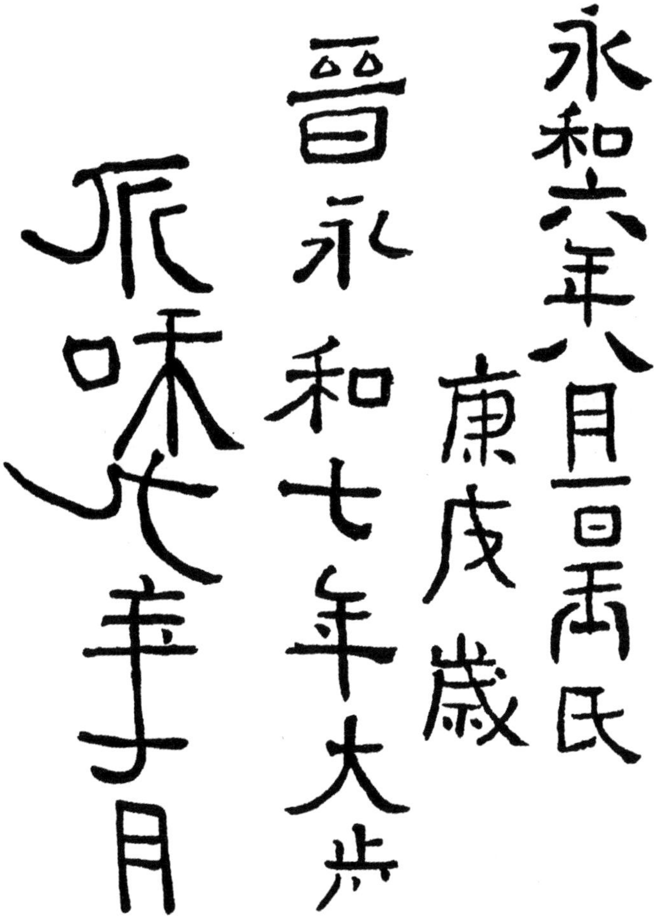

羅茗香四元玉鑑細草九式序

嘉慶間，予得元大德朱世傑《四元玉鑑》三卷進呈聖鑒，蒙賜收入秘書。予以副鈔本屬何君夢華付之李君尚之，略演其法。李君遽卒。吾鄉羅君茗香，士琳。乃取此書各段演全細草，又於四草外，演爲《九式》一卷，以盡發朱氏四元之意，精思神解，貫徹古今矣。羅君不但九數精通，抑且六書明徹，文章雅麗，絶似初唐駢體，清才鋭識，愧我相知之晚也。昔元朱松庭嘗遊廣陵，學算者雲集。若松庭見此所演，相悦何如？然則羅君在廣陵，即今松庭矣。

重修滇省諸葛武侯廟記

滇省五華山武侯祠堂中，惟中間有武侯一象，祠亦久不修，漸朽壞矣。余于道光十五年春重修之。余謂漢時從武侯在滇立功者宜從配祀，乃滇廟非蜀廟也。遂增設左右二龕，右塑二象，東面西向，爲漢興寧侯建寧太守廣漢將軍領交州刺史李恢、奮威將軍博陽侯牂牁太守馬忠；西面東向，爲陽遷亭侯雲南太守吕凱、隨丞相南征駐安上縣遥領越嶲太守龔禄。又于門塾左右塑三像，北向立西，封領軍建寧爨習、東擒降後封御史中丞朱提孟獲、降後封將軍朱提孟炎，改書正中栗主曰「漢丞相南征至滇諸葛武鄉侯位」。乙未二月工畢。

汪容甫先生手書跋

汪孟慈户部喜孫。奉其考容甫先生《上謝東墅師書》六紙卷請題識。元展之，有感于師友在昔之情，今五十餘年矣。此内情事，元知之久。昔東墅師督學江蘇，識拔學人，得容甫先生，極賞重之。先生學與文在彼時交游間相知者不過劉端臨先生等數人，餘皆不能知先生。先生性真率，每簡之，以故時人毁之，先生益簡之，不諧于人。會丁酉拔貢之年，自學官以下，無不毁先生于學使前，師曰：「汪中即爲渾沌、窮奇、檮杌、饕餮，吾亦拔之。」先生每有古文章，必呈師，師皆深賞之，且語人曰：「吾之上容甫，爵也。若以學，吾于容甫北面矣。」嗚呼，今有如先生之學者耶？有如師之能識其學、心好彦技者耶？師在上書房，年節，例以紙研之類進于御前，每屬先生覔之，故書内云然。書中稱「阮封君」者，先大夫也。元在京官詹事時，先生在揚州，常與先大夫相見。且書内云：「阮門生之父，忠信家諱。人也。」讀之，有餘感焉。元于乾隆四十七八年間識先生于揚州，常與淩仲子先生諸人同泛舟平山，先生議論經史，風發泉涌。又曾得見先生校《大戴記》初稿。入京後，遂不相見。及元赴浙江督學時，先生已卒。乃於嘉慶初，得先生《述學》稿，合孔撝約先生、錢溉亭先生三人書，刻於杭州。道光初，又合先生各著作彙刻入《皇清經解》内矣。元老入京師，孟慈亦常相見。孟慈之學，大得父教，而其不諧于俗，亦略有父風。但余許之曰「孝」，何也？凡容甫先生所著書内片言隻字，余與孟慈言，孟慈無不析及精微，心知其意，又于先生手蹟，斷箋敝紙，無不寶而尊之若此，子弟之佳，有如此者乎？丁酉九月。

闕里孔氏詩鈔序

《風》、《雅》、《頌》三百篇，若非孔子于春秋時定之，則必不能全傳于後世。然則百世之詩，皆洙泗教也。伯魚過庭，受學《詩》之訓，且爲《周南》、《召南》。然則闕里家庭，世世皆當學《詩》，更爲家教矣。繡峰先生爲至聖七十二代孫，勤學善詩，在大宗近今二百年輯録詩九十餘人，足以見温柔敦厚之風，藹然聚于一門。其間如東塘、撝約諸先生有經史文章著述者，别已專行，此不過采録數篇而已。末録閨秀十餘人。元爲七十三代門壻，亡室《舊經樓詩》亦得采焉，以是爲幸。道光十八年春，繡峰先生以稿本見示，將付梓人，屬序其事，亦祖庭之掌故也。

梁中丞文選旁證序

《文選》一書，總周、秦、漢、魏、晉、宋、齊、梁八代之文而存之世間，除諸經、《史記》、《漢書》之外，即以此書爲重。讀此書者，必明乎《倉》、《雅》、《凡將》、《訓纂》、許、鄭之學，而後能及其門奥。淵乎，浩乎，何其盛也！夫豈唐、宋所謂潮海者能及乎？蕭《選》之文，漢即有注，昭明之時，注者更多。至於隋代，乃有江都曹、李之學，書探萬卷，壽逾百年，且有公孫羅、許淹諸説，是以沈博美富，學守師傳也。唐開元後，有六臣之注。五臣自欲掩乎李注，惟少實事求是之處，且多竊誤雜揉之譏。《文選》刻板最早。初刻必是六臣注本，而單李注本幾於失傳。宋人刻單李注本，似從六臣本提掇而出，是以五臣之名，尚有删除未盡之處。今世通行單李注板本，最初則有宋淳熙尤延之本。尤本有兩本：一本予所藏以鎮隋文選樓者也，一本即嘉慶間鄱陽胡果泉中丞據以重刻者也。我朝諸儒之學，難者弗避，易者弗從。爲此學者已十餘家，而遺義尚多，可謂難矣。閩中梁茝林中丞，乃博采唐、宋、元、明以來各家之説，計書一千三百餘種，旁稽博引，考證折衷，若有獨見，復下己意，精心鋭力，捨易爲難，著《文選旁證》一書四十六卷，沈博美富，又爲此書之淵海矣。余昔得宋本，即欲重刻之，且欲彙萃諸本爲《校勘記》，以證晉府、汲古之誤。繼而胡中丞已刻尤本，是以輟作。今又讀梁中丞此書刻本，得酬夙願。即使元爲《校勘記》，亦必不能如此精博也。欣然爲序，與海内共之。

揅經室續四集卷四

謝賜御筆福字壽字鹿肉摺子

奏爲恭謝天恩事。道光三年正月二十日，臣齎摺差弁回粤，欽蒙皇上恩賜御書「福」字「壽」字並鹿肉到，臣當即出郊跪迎至署，恭設香案，望闕叩頭祗領。伏念臣廿載封圻，六旬頹齒，常懼涓埃未效，實慚廩禄虚縻。昨歲入覲天顔，渥邀帝賚，兹復特叨恩澤，倍錫春祺，已賜福箋，珍隨甲鹿，更加壽幅，繪繞雲龍。臣敬念，福者，備也，臣何以備宣聖德於蒼生；壽者，酬也，臣何以酬報隆施於丹陛。再臣犬馬之齒，甲子已周，氣力不充，髩鬚多白。悚惶無地，頓忘蒲柳之先衰；平格自天，益凛桑榆之有失。惟勤思職業，仰答國恩。推景福於兩粤東西，兆民有慶；頌聖壽於萬年億秭，南極無疆。所有臣感激欣悚下忱，謹繕摺具奏，叩謝天恩，伏乞皇上聖鑒。謹奏。

祭南海神廟文

惟道光五年三月己亥日，太子少保、兵部尚書、都察院右都御史、總督廣東廣西等處地方軍務阮元致祭于南海神廟曰：五嶺之南，至于海濱，洋洋萬里，迺廣迺輪。祝融正位，實爲大神。惟神之德，順天布仁；惟神之威，如雷發春。内清外晏，無波無塵；風和雨節，年豐俗淳。戈船估舶，息浪通津。遠服夷國，近育粤人。元奉帝命，部伍是巡。舟迴海外，祀事再親。敬將俎豆，祈神福民。尚饗。

節性齋銘

周初《召誥》，肇言節性。周末孟子，互言性命。性善之説，秉彝可證。命哲命吉，初生即定。終命彌性，求至各正。邁勉其德，品節其行。復性説興，流爲主静。由莊而釋，見性如鏡。考之姬、孟，實相逕庭。若合古訓，尚曰居敬。

蘇文忠公象贊

象摹内殿，蘇齋曾見。嶺南洺山，又逢真面。古人精神，成書立傳。古人衣冠，夢中頓晛。胡甸切，假「晛」爲「現」較雅。注目生光，如影如電。

陸宣公從祀廟廡頌

於戲宣公，既文且忠。未嘗講學，實踐在躬。以仁輔世，以義立功。學孟子學，異乎禪宗。請祀孔廟，帝曰當從。

及門吴給事傑奏請從祀，奉旨准行。給事寄册索文，因爲此頌。福謹識。

學海堂集序

古者卿大夫士皆有師法。周公尚文，範之以禮；尼山論道，順之以孝。是故約禮之始，必重博文；篤行之先，尚資明辨。《詩》、《書》垂其彝訓，傳記述其法語，學者誦行，畢生莫罄。譬之食必菽粟，日不可廢；居必棟宇，人所共知。奚更立言，以歧古教哉！若夫載籍極博，束閣不觀，非學也；多文殊體，輟筆不習，非學也。次困之士，僶俛於科名；語上之儔，詎愚蔽其耳目。率曰乏才，豈其然歟！嶺南學術，首開兩漢，著作始於孝元，治經肇於黃董，古冊雖失，佚文尚存，經學之興，已在二千載上矣。有唐曲江，誠明忠正，求之後代，孰能逮之！賾其初學，乃多詞賦耳。文辭亦聖教也，曷可忽諸。

大清文治，由朔暨南。明都著於因民，離曜增於往代。余本經生，來總百粤，政事之暇，樂觀士業。曩者撫浙，海氛未銷，日督戈船，猶開黌舍，矧茲清晏，何獨闕然。粤秀山峙廣州城北，越王臺故址也。山半石巖，古木蔭翳，緑榕紅棉，交柯接葉，闢萊數丈，學海堂啟焉。珠江獅海，雲濤飛汎於其前；三城萬井，烟靄開闔於其下。茂林暑昃，先來天際之涼；高欄夕風，已生海上之月。六藝於此，發其秀輝；百賓所集，避其神采。洵文苑之麗區，儒林之古境也。昔者何邵公，學無不通，進退忠直，聿有學海之譽，與康成並舉。惟此山堂，吞吐潮汐，近取於海，乃見主名。多士或習經傳，尋疏義於宋、齊；或解文字，考故訓於《倉》、《雅》。或析道理，守晦菴之正傳；或討史志，求深寧之家法。或且規矩漢、晉，熟精蕭《選》；師法唐、宋，各得詩筆。雖性之所近，業有殊工，而力有可兼，事亦並擅。若迺志在爲山，虧於不至之譏；情止盈科，未達進放之本。

此受蒙於淺隘而已，烏覩百川之滙南溟哉！道光四年，新堂既成，初集斯勒，四載以來，有筆有文，凡十五課。潛修實踐之士，聰穎博雅之材，著書至於仰屋，豈爲窮愁；論文期於賤璧，是在不朽。及斯堂也，升高者賦其所能，觀瀾者得其爲術。息焉游焉，不亦傳之久而行之遠歟！

謝御賜福字壽字并奶餅乾果摺

奏爲恭謝天恩事。竊臣齎摺差弁回滇，捧到恩賞御書「福」字「壽」字并奶餅乾果，恭設香案，望闕叩頭祇領。伏念臣散等樗材，弱慚蒲質，值此亥書之歲，仰邀申命之庥。寶墨濃揮，帶九天之露氣；春祺普洽，生一路之星輝。共瞻合璧以成文，恰在五雲之多處。竊惟南郊樂土，地以福名，滇境山居，人多壽者。荷恩來之自北，益物與之皆春。而且珍果連函，瓊酥疊餅，自是澤周外漠，醍醐渥挏馬之香；即看功定西疆，杕杜及櫻桃之薦。臣惟有勤思受祜，切戒素餐。美意延年，冀上承夫天壽；庶民敷錫，勉安鎮於坤維。所有臣榮感下忱，理合恭摺叩謝天恩，伏乞皇上聖鑒。謹奏。

謝賜紫禁城騎馬摺

奏爲恭謝天恩仰祈聖鑒事。道光八年十二月二十三日奉上諭：「雲貴總督阮元，著加恩在紫禁城内騎馬。欽此。」竊臣職效南車，材同下駟。封圻洊歷，愧馬齒之徒增；節鎮久膺，撫駒光而自惕。遭逢聖治，慶澄清於攬轡之前；感激皇仁，勉矍鑠於據鞍之日。兹届覲光而述職，迺蒙錫馬以趨朝。垂慈步履之微勞，榮傳紫禁；曲念筋骸之漸老，寵畀丹綸。恩重戴天，感增行地。伏念臣南滇歸極，駪征懷靡及之心；北闕瞻雲，駟伐仰丕成之烈。花門雪盡，蒲桃與天馬同來；玉殿春回，殽核及小輿并載。從此駘銜日警，益矢馳驅；即今駑力時勤，更蒙策馭。半九十里，慎行路晚節之難；蔽《三百篇》，守思馬無邪之訓。所有臣感激下忱，理合繕摺恭謝天恩，伏乞皇上聖鑒。謹奏。

謝賜回疆方略摺

奏爲恭謝天恩事。竊臣齎摺差弁回滇，捧到頒賞《欽定平定回疆剿擒逆裔方略》全函。臣當即恭設香案，望闕叩頭祗領。欽惟我皇上駿業光昭，鴻功耆定。纘承謨烈，軒弧炳象於遐陬；綏靖垓埏，姬籙垂型於萬祺。蠢兹張格爾，貳負餘俘，陸梁荒徼。皇上鈞樞默運，神策親裁，迅掃妖氛，生擒渠惡，允宜彙編訓誥，纂輯典謨。五七言首列宸篇，八十卷全羅偉伐。啟丹闈以獻馘，銘紫閣而酬庸。璧水告成，鐵山紀績。其間開十條而授略，總八校以掄材。知幾其神，罪人斯得。莫不開卷而仰窺祕畫，披函而難測神謀。紹璿圖而歲紀庚寅，功符準部；頒瑶笈而籤標甲乙，恩逮邊疆。臣忝任封圻，遠叨宣賜。仰聲靈於九伐，軍志詳臚；欽宵旰之單心，宸猷式焕。從兹映赤虹於東壁，玉府增輝；歌朱鷺於西陲，金城永鞏。揄揚莫罄，鼓舞難名。所有臣欽感下忱，理合繕摺叩謝天恩，伏乞皇上聖鑒。謹奏。

謝授協辦大學士摺

奏爲恭摺奏謝天恩並請旨赴京叩謝仰祈聖鑒事。竊臣於道光拾貳年玖月拾柒日接准吏部咨開，奉上諭：「阮元著協辦大學士，仍留雲貴總督之任。欽此。」臣跪捧恩綸，伏地叩頭，感悚莫可名狀。伏念臣秉質至愚，受恩極渥。感深愧積，疊蒙高厚之施；任重材軽，未有涓埃之效。道光捌年十二月展覲進京，稍抒戀慕。仰沐恩施稠疊，爲臣所弗克負荷之恩；備蒙訓誨周詳，皆臣所極當服膺之訓。撫衷增惕，循分難安。兹復仰荷鴻慈，欽承特簡，尤寵光之逾格，非夢想所敢期。自顧何修，遽附參知之列；忝叨非分，彌思節使之難。聞命之下，懼歉交深，感激涕零，不能自已。臣近年筋力尚可勉持，惟心力所攝，漸形不足。祇有懇求俞旨，准臣趨詣闕廷，叩覲天顔，虔申謝悃，跪聆恩訓，益有遵循。如蒙諭允，俟奉到批摺後，將應辦各事宜與撫臣伊里布次第商定，循例於起身時，將雲貴總督印務交撫臣伊里布署理。臣無任瞻依待命之至。所有感戀下忱，謹先繕摺叩謝天恩，伏乞皇上聖鑒。謹奏。十二年九月十九。

謝賜七十壽摺

奏爲恭謝天恩仰祈聖鑒事。竊臣於本月初壹日陛見抵京，泥首宫門，叩覲天顔，虔申謝悃。由軍機大臣傳知，欽奉恩諭，以本年臣七十生辰，特加賞賚，當由軍機處頒到御書「亮功錫祜」匾額一面、御書「福」、「壽」字各一方、佛一尊、紫檀嵌玉如意一柄、蜜蠟朝珠一盤、陳設十件、縴絲蟒袍一件、大卷江綢四疋、小卷江綢八件。臣謹叩頭謝恩祗領。伏念臣材同樗散，質本駑微，蒙我皇上高厚殊施，渥邀恩眷，未有涓埃之效，屢加非分之榮。忝任封圻，方懼難勝棨節；驟躋揆席，更慚協贊綸扉。兹因馬齒加增，復荷鴻慈眷注。榮膺懋賞，寵錫奎章。亮功瞻雲日之章，恩輝露湛；錫祜篤臣民之祉，宸翰春生。溥壬林而壽寓同登，綏戩穀而福疇並衍。禮莊嚴之法相，式温潤之瓊枝。貫珠懷記事之勤，藻繡思章身之稱。十賚燦陳于彝鼎，千絲輝映乎玄纁。凡兹寵錫駢蕃，洵屬非常遭際。心銘温諭，非夢想所敢期；頂戴深恩，矢靖共而勿替。異數出於天錫，七十稔沐幬載之恩；殊榮被及畺臣，萬億齡上升恒之頌。所有臣感激榮幸下忱，謹恭摺奏謝天恩，伏乞皇上聖鑒。謹奏。

謝授大學士摺

奏爲恭謝天恩事。臣於道光十五年三月初三日接准吏部咨開，奉上諭：「阮元著補授大學士管理刑部事務，伊里布現在啟程來京陛見，阮元俟伊里布回任後再行來京供職等因。欽此。」臣即恭設香案，敬捧綸章，望闕謝恩，伏地九叩，感悚交切，莫可名言。伏念臣江北庸材，維揚下士，叨居館職，洊陞卿貳之班；繼領封疆，復荷連圻之任。國恩重受，備霑天地雨露之優；聖澤未酬，實無尺寸涓埃之效。已忝參知之秩，留司外鎮於邊陲；兹膺簡用之仁，晉授平章於綸閣。臣既愧素無才識，未能仰贊昇平；復將懼此衰愚，何以勉承策馭。且以持衡邦瀍，綜理秋官，麗比甚繁，折中須慎，愈覺撫衷而增惕，皆非夢寐所敢期。惟有奮勵精神，攝持心力，倍加謹慎，冀無負逾格之寵光；矢竭朽庸，庶常沐垂慈之恩眷。臣遵俟新督臣伊里布回任後，即行交卸起程，趨赴闕廷，跪請聖安，虔申謝悃，敬聆訓示。所有感激下忱，謹先繕摺叩謝天恩，伏乞皇上聖鑒。謹奏。十五年三月初五。

教習庶吉士謝摺

奏爲恭謝天恩事。本月初六日，奉硃筆：「著阮元、穆彰阿教習庶吉士。欽此。」竊惟桂林獻策，芸館儲英，藹藹吉人，見此時之多士；雝雝鳴鳳，期他日之良臣。宜加繩尺于長材，俾瑑圭璋于完璞。臣學荒舊業，智竭頹齡，重荷聖恩，命司教習，悚惶丹地，榮耀木天。身到瀛洲，寶書森于玉署；選成文賦，鬱雲起乎翰林。辭貴立誠，非徒摛藻；士先尚志，豈獨雕龍。我皇上聖學淵深，天章炳曜，取士已極其慎重，披文尤致其精詳。臣疊荷恩施，屢司衡鑒，知簡拔真讀書之士，庶澄習爲有用之材。敢不竭力有成，虛衷共濟。奉聖人之教以爲教，咸求玉琢金相；程學士之文以爲文，各勵春華秋實。所有臣感激下忱，謹繕摺恭謝天恩。伏乞皇上聖鑒。謹奏。

緬甸進奇異花象賦 庚戌館課

若夫滇海西流，孟山東轉；戞里人遥，嘉良路緬。松蠻隔徼而溪多，香象渡河而水淺。瑶光星散，彩分玉餌金蕉；雍由調來，貢勝紈牛露犬。原夫緬人之處南荒也，蒲甘達萬里之關，猛密有五城之擅。漢初則撣國時通，唐代則驃民互戰。强如饕餮，堯階後舞於三旬；竄比蛛蝥，湯網疏逃於一面。昔者懵酋恃險，尚久覆於帡幪；今兹孟隕款關，乃自投於荒甸。於是重譯而朝，奉琛以進。其表瀝誠，其辭效順。千金鑄塔，願梯七級以徠歸；四象充庭，更獻五花之奇儁。貢匪白牛熚羝，出於大夏周頭；物高巨麈乘黄，來自白民謖慎。爾其性馴彌善，色麗尤奇。白賁拂菻之潔，青參陀國之鳌。試教牽出，伽那雜文斑駁；争看驅來，羅我交彩陸離。毛駓毛騢，卑彼驪黄之色；文炳文蔚，美於虎豹之皮。於是通以象胥，傳由驛騎。金沙江隔，即爲飲鼻之區；銅壁關分，半是藏牙之地。昔聞大食，無今花樣之奇；舊説文單，遜此花紋之異。圖蒸異色，來蠻煙瘴雨之鄉；斗應七星，比威鳳祥麟之瑞。金鉤初試，罽韉始加。彤庭耀彩，玉陛呈華。立仙仗以葳蕤，色映星旌羽葆；駕輅車而容與，光分翠蓋芝葩。陋晉人南越之馴，載以黄門鼓吹；笑唐世御樓之舞，駝來金葉蓮花。蓋惟我皇上開壽宇於無疆，闢坤輿於極廣。未嘗勞我羈縻，莫敢不來庭享。故雖邈爾遐陬，亦自呈其花象。此日木邦金齒，已似乾陀；他時阿瓦瀾滄，更通南掌。況乎元會則四國齊朝，震疊則兩番内附。巴勒布驗風受吏，獻其貝葉梵經；暹羅斛識海來王，表以南金大璐。何如六牙千葉，別具奇姿；不數林邑梁山，徒充常賦。祝聖人之壽，億年延曼羨之祥；觀上國之光，萬里展西南之路。

右乃大人官庶常時館課之作，久逸其稿。乙未教習庶常，始從館賦中録出補入。況督滇時，緬甸又進馴象，奏襲車里土司之職，使緬甸、南掌相和，南掌亦進馴象。西南展路似有豫兆，故應補録入《續四集》。祜識。

紙頌

自今溯古所由，千載如見者，書耳。書以紙爲之。忠孝勇節之人，或不知文字，而其人傳，紙傳之也。學儒才士，則能自傳之，且代人傳之。百年千年，積之於紙之中，後人之欲知古者，窺而得之，如見古人，古人亦得以與後人見。雖詩集小説，亦若親其言貌，覩其神情。然則自漢以來，惟賴此紙，相引勿替矣。愚夫愚婦，祇在世食粟數十年耳，不知書也。鉅工大商，祇在世求贏數十年耳，亦不知書也。仙佛尚空虚，然其言其名，亦賴紙也。故吾曰：紙爲貴。乃頌之。

赫蹏以後，乃有蔡倫。與竹黍遠，與帛墨鄰。二千餘年，製艏日新。刻木印字，其用更神。若無此物，罕見古人。若無此物，世多愚民。筆墨相寄，爲世奇珍。一堂之寒，得之則温。一牖之暗，得之則明。

揅經室續四集卷五　文選樓詩存第十二

男福注

癸未

道光癸未正月廿日余六十歲生辰時督兩廣兼攝巡撫印撫署東園竹樹茂密虛無人蹟避客竹中煮茶竟日即昔在廣西作一日隱詩意也畫竹林茶隱圖小照自題一律

萬竿修竹一茶鑪，試寫深林小隱圖。豈得常閒如圃老，偶然兼住亦廬吾。傳神入畫青垂眼，攬鏡開奩白滿鬚。二十餘年持使節，誰知披卷是迂儒。

福兒汲得學士泉煮茗作詩因再題竹林茶隱圖中

酒中有至樂，恨我絶不諳。近歲作茶隱，聊以當沈酣。禺山到鹹海，已是珠江南。怕汲斜水斜，《元和志》：「邪階水，今名階水，出縣東百三十里。」《太平寰宇記》：「南齊時，有邪階縣，後改爲正階縣。」《廣東通志·山川略》：「邪階水出始興縣東南邪階山，水有別源曰巢頭，重嶺衿瀧，奔湍相屬，祖源雙注，合爲一川。」戒酌貪泉貪。《廣東通志·山川略》：「石門水，一名貪泉，出縣西三十里平地，即晉廣州刺史吴隱之飲水賦詩處。」忽聞學士泉，輕與雲相涵。《廣東通志》：「學士泉在番禺縣北七里。明天順中，學士黄諫謫廣州，品其井水爲嶺南第一。」福汲取稱之。山泉輕於井泉，此泉又輕於山泉。滴墨辨真僞，此泉貯白磁碗中，醮墨滴入，墨沈而不散，以試他泉，則浮散者多矣。符調得一擔。松柴與石硃，煮試來吾男。茗投龍井葉，咀味清且甘。諸孫與杯勺，可抵飴弄含。七椀喫不得，賒飲可及三。耶律楚材詩云：「盧仝七椀詩難得，諗老三甌夢亦賒。」先生非醉吟，《白太傅集》有《醉吟先生傳》，大人性不善飲，而生辰與白公同日，故癸亥撫浙時有《正月廿日四十生辰避客往海塘用白香山四十歲白髮詩韻》詩一首。隱几何醰醰。此時竹林下，蝶化羅浮蠶。

癸未四月住閱江樓閱肇慶八營官兵

霝角叱仙羊，觸石成一峽。西江千派來，受此兩山夾。連舟穿峽行，遮眼峰疊疊。雙塔指高要，平聲。佳氣滿城堞。登此閱江樓，輕帆卸雲葉。

兹樓夫何如？四樓合爲一。南挹端江清，北列星巖七。東海多曙霞，西巖隔紅日。雨捲重簾來，雲穿衆窗出。即此是崧臺，況已隣石室。《廣東通志·山川略》云：「石室在高要縣北五里，南北二門，名爲崧臺。」按：石室山，唐天寶六年改爲崧臺山，爲七星之一，即定山也。

曉出崧臺郊，八營勒嚴陣。列纛五色翻，中權鼓角振。勢湧秋潮來，聲雄午雷震。百粤控東西，兵力重此郡。練彼膽與心，道在使之奮。

奮勇復選材，翌日如臨敵。雲中圭頂山，《肇慶府志》：「白沙岡，即今所稱龜頂山，在高要縣西八里，秀拔高聳。」視彼若堅壁。分路競先登，騰躍攻且擊。時平無戰爭，將士少閱歷。何以身先之，勤習比運甓。大人新諭督標八營將弁，於常操之外，在圭頂山下又練奮勇一陣，不須量度地勢，到處可宜，能合能分，隨時變動，專以上衝捷便爲先。

樓居夕頗暇，五宿在端州。憑闌弄江月，四山涼若秋。豈徒閱軍實，兼以成清遊。興來蹔自樂，遠慮還多憂。綢繆語諸將，又放出峽舟。

宿閱江樓

正當山水奔騰處，更有高樓抵浪回。初夏暑風出羊峽，三更皓月滿崧臺。行隨石磴層層轉，臥使簾窗面面開。爲惜珠江太繁俗，海珠樓上有誰來。廣州靖海門外珠江中流海珠礮臺，激流特起，上有樓閣，甚雄麗。

羚羊峽峽東即端溪研洞今有水不令開鑿

五羊仙人來何處？必從此峽騎羊去。萬羊化石埋紫雲，石角無痕著巖樹。端州硯匠巧如神，水洞磨刀久迷路。詩硯皆無迹可尋，非仙那得知其故。

福兒隨來端州住閱江樓數日呈詩文一卷因題其卷首

西樓行吟南樓坐，東樓晚飯北樓卧。一家終日住樓臺，微之詩少香山和。犢兒隨我弄筆來，我豈長公爾非過。《坡公年表》：「紹聖元年，坡公在當塗縣，謫授寧遠軍節度副使，惠州安置，獨與幼子過八月度庚嶺，十月到惠州，寓居合江樓。」漫將小集學斜川，《宋史·蘇過傳》：「過家潁昌營湖陰，水竹數畝，名曰小斜川，自號斜川居士，有《斜川集》十卷。」喜得溪山助吟課。惜爾兄弟皆未來，縱有詩情遠難作。試將此卷寫與之，方識端州此樓大。此樓高借石磯，分東西南北四樓，四角又有抱樓，合通爲一大樓，與滕王閣、黄鶴樓、岳陽樓、合江樓、烟雨樓結構皆不同。題成推硯笑滄浪，嚴滄浪論詩云：「盛唐諸人唯在興趣，羚羊挂角，無迹可求，透徹玲瓏，不可湊泊。」峽口羚羊挂雲破。

廣州城西荔支灣荔林夾岸白蓮滿塘即南漢昌華舊苑也諸兒遊此折荔歸來題圖一首

海珠臺外珠江灣，夾岸萬樹荔子丹。偶然小艇撥荷去，綠杉野屋圍闌干。紅雲低壓白蓮水，論園買夏邀人看。劖枝不用縱猿摘，蘇詩《食荔枝引》云：「惠州太守東堂祠，故相陳文惠公堂下，有公手植荔枝一株，郡人謂之將軍樹。其高不可致者，縱猿取之。」歸來勸我還飽餐。是時積雨浄暑氣，甘漿迸齒尤清寒。黄蕉白藕且相避，案前堆滿玻璃盤。緑苞倒挂小香鳳，《廣東通志》：「挂緑荔，紅殼，上有緑一線，或在肩，或在腹，以增城沙貝所産爲上。」按：粤東有翠羽小鳥，俗名倒挂鳥，即所謂桐花鳳也。此蓋以鳥喻之耳。冰珠探出鮫宮丸。《廣東通志》：「凝冰子，日中照之，内外洞徹，核在内半明半滅，亦名水晶球。」連枝帶葉插簾户，譬在林下垂團欒。新圖一幅寫幽浄，我亦著眼生喜歡。何時我可棹船去，清遊歎息何其難。

五月廿七日内子生辰復避客獨遊荔支灣憩擘荔亭歸示福祜孔厚即用前寒韻加删韻按：此時猶未有唐荔園之名。

荔支灣中水幾灣，荔支仙成十萬丹。我獨棹船出江關，穿林拂葉來河干。羊城六度荔子殷，昌華故苑今纔看。赤霞絳雪何斕斑，就樹頗有遊人餐。柴門草閣見青山，雨餘五月江深寒。野塘荷氣清如蕑，白菡萏摇翡翠盤。亭林静寂泉幽潺，況有黑葉垂晶丸。皆荔支名。夏遊得隱荔樹間，春遊竹裏吟檀欒。歸來寫詩自解顔，爲此枉駕真古歡。大人自注：《文選·古詩十九首》：「良人惟古歡，枉駕惠前綏。」若非避客來偷閒，爾亦歎我清遊難。

堂院中用竹木架成平臺與簷齊爲夏夕趁涼之所秋即拆之

偶用杉爲架，還將竹作簃。平鋪杉白板，密縛竹青皮。梯曲巡簷起，欄疎借柱支。檐低登易及，柱近倚何危。向晚追涼去，看霞啜茗時。藤牀圍茉莉，蠟炷護玻璃。判事猶披牘，餘閒合詠詩。星河天湛湛，海月夜遲遲。小有樓臺趣，兼於筆硯宜。好從尋樂處，聊以養吾衰。

道光癸未狀元爲廣東吴川林召棠報至粤越華粤秀兩書院院長同稱喜復用三元詩韻一首

文運三元西粤開，幾年連向粤東來。七千里外頻聞喜，八十年中間出才。嶺海番禺承舊第，乾隆四年狀元莊滋圃先生爲番禺縣籍。吴川水月起高臺。吴川有水月臺。諸君説我多桃李，五管春風見六回。近科瓊山探花張岳崧、南海探花羅文俊、歸善會元吕龍光、廣西三元陳繼昌及今吴川狀元林召棠，皆大人門生所取之士也。

道光辛巳恩科兼攝廣東巡撫監臨事和德文莊公乾隆庚寅監臨試院中舊扁詩韻題甲子浙闈試院煎茶詩卷中

珠江試院藥洲旁，又看茶煎第一綱。大人甲子在浙監臨鄉試，與潘芝軒、盧南石兩主試倡和試院煎茶詩。是科多得人，今提調雷瓊道費公丙章即是科貢士也。三榜連元期兩省，前科西省三元陳繼昌出大人門生門下。五傳登第喜同堂。大人己酉出文莊公門生門下，辛巳廣東主試陳殿撰沆、傅編修綬又皆出大人門生門下，上溯文莊爲五傳。清風滿座隔簾影，明月照人聞茗香。一十八年成老輩，放闈還到少年場。

右詩爲辛巳秋作，刻集時删去。詩中「三榜連元」本指陳三元也，乃廣東辛巳得解元周燧，壬午得會元吕龍光，癸未得狀元林召棠，説者以三榜連元竟真兩省如期先爲之兆，而此三元亦皆出門生門下兩省科名，洵爲盛事，福爰請補録於此。

督署西堂木棉

絳綃高向半天垂，十丈難攀最上枝。木棉名攀枝花。因在堂西宜夕照，若生嶺北更多詩。清陰勿翦百年後，濃色常留三月時。有此紅雲能捧日，牡丹那得染臙脂。嶺南無牡丹，盆烘者有之。

題海印閣《廣東通志》：「海印閣在城東南沙洲，明萬曆中建。」今之新閣蓋沿舊名之也。誠齋榷使達三。新構高閣，正當海印石《粵中見聞》：「海印，潛石也。半出波際，上有京觀樓，雉堞四周，與海珠、浮邱相望，隱隱若三台象焉。」之北，可以遠眺，因名之曰海印閣，書其扁。

珠江雨後復炎蒸，傑閣初成快共登。窗納白雲山一角，帆收黄浦浪千層。頓除豪氣涼停扇，爲看禪光暮却鐙。高倚闌干提海印，蓮花池外問南能。

不浪舟小坐節署二堂之東，定静堂之南，有軒五楹，南北敞窗，修狹似船，故舊名如此。

莫訝牽船上岸居，絶無波浪一舟虚。夾窗全借蕉榕竹，攤几惟留筆硯書。静坐豈能忘世慮，清吟方算是公餘。若將緑影當秋水，比似珠湖可得如。

坡公謂嶺南涼天佳月即中秋不以日月爲斷癸未中秋天涼月佳續其句成一律

涼天佳月即中秋，況到中秋宿雨收。清露滿城涼滿樹，海光當面月當樓。得閒心氣如雲淡，向老年華似水流。風景安恬波浪静，使君原是泛虚舟。

楊　桃楊桃一名五棱子，色黄，有五棱，八月熟時，其味似合橄欖與蔗而共嚼之，未熟則但酸澀。可代橄欖入茶，且能解瘴。

荔支生嶺南，漢唐名已大。味豔性復炎，尤物豈無害。誰知五棱桃，清妙竟爲最。試告知味人，味在酸甜外。

重九夜過端州

雨後秋風尚未涼，半輪斜月認重陽。濃濃雲氣瀼瀼露，到處山田晚稻香。

過平樂

涑雨洗截壁，殘雷殷遠山。時當九秋後，人在萬峰間。晚稻已再熟，溪漁偏獨閒。喜看民氣静，餘意慰諸蠻。《廣西通志·諸蠻傳》云：「平樂猺散處林麓，貯粟巖竇，男女服飾與桂林獞同。」

癸未秋閲兵粵西道出灕江

灕江爽氣照秋開，閒倚篷窗暮色催。日影倒騰峰頂去，晚涼平貼水邊來。野漁舟小藏巖洞，古堠烟清護石臺。且向萬山深處宿，夢隨殘月四更回。

陽朔舟中

桂林陽朔峰千萬，萬石林中水瀉灕。灕，《漢書·地理志》作「離」。「蒼梧郡」注云：「有離水關。」「零陵郡零陵」下注云：「離水東南至廣信，入鬱林，行九百八十里。」石架琅玕立不律，屏開翡翠吹參差。美人濃點青螺黛，學士驚題碧落碑。《唐國史補》：「絳州有碑，篆字與古文不同，李陽冰見而寢處其下，數日不能去。碑上有『碧落』二字，人謂之『碧落碑』。」《廣川書跋》云：「李漢謂此碧落觀也，故以爲名。」削盡坡陀不依傍，亂生頭角分高卑。遍求異地絶此景，幻出尋常非所思。畫與未遊人共看，是何邱壑太離奇。

清灕石壁圖歌

府江《九域志》：「蒼梧有桂江。」《一統志》云：「一名府江。」即大灕水也。陽朔大篠汛，陽朔，縣名。《廣西志》：「大磉汛，上至黄蹄塘十里，下至黄埠塘十里。」下二里許有畫山，載在《通志》。截壁約高三十丈，寬如之，其西面平直如削，可中懸繩，淡黄色，上有青緑痕，天然如畫家皴法，具巒頭層疊之形。目不明者見之，以爲真山，不知其平直也。明目者見之，以爲摩天巨幅之畫也。因在畫旁書「清灕石壁圖」五大字，五字長二丈餘，舟中視之，猶嫌其小。又寫「道光三年阮元題」七字，刻於石，直是上古巨圖，今始題款矣。

天成半壁丹青畫，幡然高向青天挂。上古何人善畫山，似與關荆門名派。此派渾同後世皴，造物翻師唐宋人。認作名山反如假，審爲古繪竟成真。縱横量去成千尺，五丁直削平無迹。古絹依稀染淡黄，巒頭重疊分青碧。清灕一曲繞山流，來往何人不舉頭。六年大人自丁丑冬制兩粤，迄今六年矣。久識奇峰面，五度丁丑秋，大人任兩湖總督，往湖南閲兵，八月二十八日衡州途次，奉旨調補兩廣總督，即赴新任，遂取道全州入廣西界到廣東，路經陽朔一次；戊寅十一月，往廣西查辦藩司富綸案并閲兵，經過陽朔一次；庚辰七月，往廣西查辦灌陽會匪案，往回經過陽朔二次；今年九月，往廣西閲兵，由平樂到桂林，經過陽朔一次。取道柳州、南寧、潯梧回廣東，前後五度。來乘讀畫舟。石渠寶繪幾千卷，天上雲烟曾過眼。乾隆五十六年，大人在南書房修纂内府各書畫爲《石渠寶笈》，先後賜趙孟頫《無量壽佛》、元人《戲嬰圖》、宋人《貨郎圖》等，名跡亦甚多。何幸湘南《漢書·地理志》「零陵」下注云：「陽海山，湘水所出。」按：灕水亦出零陵，此「湘南」謂湘水之南，韓昌黎詩「蒼蒼森八桂，兹地在湘南」是也。《漢志》長沙國有湘南縣，在衡山西北，與此「湘南」異。見此山，眼福如今還不淺。山旁刻石擘窠書，鑒賞標題始自吾。後人來看道光款，傳出清灕石壁圖。

題崑崙關策騎圖

巡過龍賓龍州，賓州也。龍州即今之柳州柳城縣。又入邕，州名，即今南寧府城，秦桂林郡。《唐書·地理志》：「邕州本南晉州。」晝將秋色代初冬。一關路阻分雄鎮，百里陰森盡古松。頗有雲山宜策騎，久無夜宴似征儂。時平正恐軍心惰，注目西南十萬峰。邕州西南即廣東欽州之西北，西有十萬大山接交阯界。

藤　鼓

藤爲明韓襄毅平大藤峽賊時所斷截，中空，冒爲鼓，在肇慶府鼓樓，至今以爲更漏之鼓。鼓長五尺，圍丈五尺，或當時不止一鼓，今惟此存耳。

武仙大人自注：「峽在廣西潯州府武宣縣，即唐武仙縣。」歷千載，乃産此巨藤。峽夾右江水，國朝胡南藩《潯州左右江考》云：「粤有三江，並匯于梧。匯于潯者二，南曰左江，北曰右江。右江之源，一曰融江，一曰龍江。」一藤横可絙。晝沈夜浮渡，《潯州府志》：「大藤峽岸有藤，大十圍，横生過江，日沈水底，夜浮水面，渡賊而南，以通龍山八寨。」妖由亂人興。誰其斷藤者？桓桓韓中丞。斷藤復段截，造鼓示創懲。中空冒以革，圍量丈五繩。釁以老猺血，十里聞鼕鼕。皐陶不用木，《考工記》：「韗人爲皐陶。」鄭司農云：「皐陶鼓木。」坐令鼛弗勝。陽明來駐節，應歎見未曾。軍門復東徙，大人自注：「總督初駐廣西梧州，繼遷廣東肇慶，今又駐廣州。」鼓在端州仍。譙樓數百載，聲壓峽九層。大人自注：「峽內舊險有九層樓。」江鼉響與答，山魅應且憎。我今過潯南，斷藤峽在縣南三十里。訪峽由思陵。大人自注：「思陵山在峽之西南。」猺明南海鄺湛若《赤雅》云：「猺名畬客，古八蠻之種，以南窮極嶺海，迤邐巴蜀。藍、胡、槃、侯四姓，槃姓居多，皆高辛狗王之後，以犬戎奇功尚帝少女，封于南山，種落繁衍。」又云：「居思娥，隱貴縣南七十里居思岩。」猗《柳州府志》云：「猗女，黑齒黥面，而繡額爲花草蛾蝶之狀，嫁則自荷傘，戒徒聚族數十人送之。」狼《粤西偶記》：「狼人者，亦古槃瓠之苗裔，粤西諸郡處處有之。潯州狼自弘治間因大藤諸峽亂，從黔中調來征剿峽中，遂戍焉。」❶狑《赤雅》云：「雕題高髻，狀若猩狒，散居莽中，不室而處，飢拾橡薯，射狐掘鼠，蠭蠆蚳蝝，甘生如薺，卉衣鳥言，重譯四姓。狑外曰狙，其風罔聞，意《莊子》所謂狙公云？」獞，大人自注：「獞，仄聲。山民有此數種，不皆猺也。今猺頗馴，有盜匿猺中者，猺縛獻焉。」福案：《赤雅》云：「冬編鵞毛，夏衣天葉，持飯掬水，以禦飢渴。緝茅索綯，伐木架楹，人棲其上，牛羊犬豕畜其下，謂之麻闌。子長取婦，別闌而居。」與民不犯淩。峽中無伏莽，野燒宵如鐙。土民耕古寨，有產亦可恒。裹鹽柳子厚柳州詩：「青箬裹鹽歸洞客。」與賣桂，大人自注：「猺中產桂，名猺桂。」此外非所能。東歸過舊府，復訪此鼓徵。大昕郡樓上，諸將同來登。治平聲更和，淵淵江水澄。

粤　西

四千里路粤西還，衹過東邊一半山。大人自注：「粤西幅幀周五千餘里，總督衹到東半耳。」襲職土司小封建，大人自注：「四十六土司，官皆世襲，有狄青時者，有韓雍、王守仁時者。」射生巖峒古夷蠻。鎮兵脛走鉛爲瓦，大人自注：「兵之練捷足者，以一斤鉛爲二瓦，分縛兩脛。」猺婦肩傭鋃作鐶。大人自注：「猺、獞婦人能負重。」富不甚饒貧不餓，乞兒少見路途間。大人自注：「今年米十數錢一斤，行數千里，衹見乞兒三四人，較數年前大不同。」

由粤西入粤東

每悵官居少静緣，難將清興寄林泉。即今山水朝朝换，權作園池處處遷。終日小輿看竹坐，幾回虛枕壓溪眠。一邱一壑如相傲，可是珠湖射鴨船？孟郊詩：「不如竹枝弓，射鴨無是非。」大人四十歲時，曾畫《珠湖射鴨小

❶「戍」，原作「戊」，今據文義改。

照》,《珠湖分詠》詩內有「射鴨船」。

將由肇慶往雷州至新興河頭水最清淺

沙明石白浄潺湲,一尺餘波路百灣。水性本清休咄怪,客情相賞即高閒。行吟有興方成句,坐卧何時不對山。寒雨會須添淺漲,虚舟我復海邊還。

由高州望欽州書示兒輩

海角天涯《輿地紀勝》云:「海角亭在廣州合浦縣。」❶元范梈有《海角亭記》。「天涯亭在欽州東門北畔臨水」,宋陶弼有《登天涯亭》詩。望可哀,古賢多少不能回。七千里外櫬曾返,大人撰先曾祖《行狀》:乾隆初,太府君任廣東欽州營遊擊,病足,二十四年十月十六日卒于任所,櫬歸自欽州,入揚州城治喪。六十年餘孫竟來。乾隆二十四年至今道光三年,爲六十四年。家計百年自清白,國恩五世受栽培。先曾祖以三品官封贈二代,大人以一品官封贈三代兼蔭子。後人有慶先人德,文武科名豈易哉。

過電白温泉題僧壁二律

山光横電白,《隋書·地理志》「高涼郡電白」下注云:「梁置電白郡,平陳,郡廢。又有海昌郡,廢入焉。」地脈出温泉。《廣東輿圖》云:「熱水山在縣西三十里,下有泉湧出,熱如鼎沸。」《粤中見聞》云:「熱水山上有石牀,長二丈餘,廣七尺,刻『浴沂石』三字,浴温泉畢,多卧其上。」一水自功德,上池常浄圓。大牙大牙塘汛屬陽江鎮。今再到,大人自注:「泉在大牙郵舍

---

❶ 「在廣州合浦縣」,據《輿地紀勝》當屬「淥雲溪」之注文,此當云「廉州有海角亭」。

東。」彈指又三年。庚辰十一月，大人自廣州由陽江巡視高、廉、雷、瓊時曾經此，于今三年矣。庚辰有國服，故無詩。僧説天台寺，浙江天台山萬年寺也。遥遥省舊緣。大人自注：「泉上僧習鴻云：嘉慶初曾見余于天台。僧又曾到五臺、峩嵋見雪。」

此間大雪節，花放小桃枝。況有温泉氣，渾如春暖時。昔僧曾白脚，踏雪上峩嵋。我亦憶殘臘，冷泉亭外詩。大人庚申、辛酉兩年臘月在浙，有入靈隱祈雪、遇雪詩。

雷州道中

海南長至似中秋，氣暖風清雲霧收。西海夕陽東海月，大人自注：「碙洲吴川爲東海，圍洲夕陽爲西海。」中間一道是雷州。

題頤道堂詩集卷首

及門陳雲伯文述。宰江都，多惠政。開伊婁河、建彩虹橋以便民，又監濬儀徵運河。癸未夏，江水爲菑，拯卹更力，頌聲遠聞。旋丁外艱去官，與吾乙丑年在浙賑菑丁憂相似也。偶閲其集中《過文選樓》詩有「我是春風舊桃李，種花還得傍門牆」之句，續成一律題之。

種花還得傍門牆，滿縣春風憶故鄉。埭駕一橋同召伯，水通兩邑勝河陽。拊災似我昔巡浙，奉諱如君今去揚。江北部民留不住，門前桃李即甘棠。

雨脚

斷虹消盡薄雲遮，雲外穿來日脚斜。向晚欲晴晴未得，又飛雨脚不成霞。

揅經室續四集卷六　文選樓詩存第十三

男福注

甲申

省城詩社之詩有刻本見獵心喜擬作二首

紅梅驛探梅十三元韻

消息梅花又幾番，半關驛路認開元。聖朝丹荔無飛騎，此地紅林有舊根。十月早濃鍓嶺色，一枝遥寄夕陽痕。九齡祭使曾停頓，無復鴞音萃墓門。

羊城鐙市九青韻

海鼇雲鳳巧瓏玲，歸德門前列彩屏。市火蠻賨餘物力，豐年羊穗復仙靈。前年火災，洋市甚損。今年復盛，年穀亦豐。月能徹夜春先滿，人似探花馬未停。見説瀛洲雙客到，書窗更有萬鐙青。時狀元林召棠、探花羅文俊皆歸里。

西　齋

督署西南隅有老屋五楹，時虞其傾，然稍搘之，擇其中二間埽除之，尚可坐也，於是名之曰西齋。齋之北，植四柳樹，又牆北、牆東皆有老榕，横廕數丈，百餘年物也。齋南地廣七丈、輪八丈，右有二楮樹，相倚而生而交相讓，所謂讓木者，非歟？ 讓木南築甎臺，高三尺，方丈許，花晨月夕，頗可坐。臺南一畝地，盡種菊。臺之東南，又築一臺，高二尺，方二丈，此臺與樹遠，無翳，更得月矣。舊牆相圍，不加粉飾，自有蘿薜纏之。牆之内，以竹爲籬，使露葵、扁豆、牽牛子施之。臺東北之隙地，多紫薇、桂、荔、槿、蕉之屬。齋西廊外又有地二畝許，結一小亭。亭南有小井，周植弱柳十數株，柳下皆爲田，以種雜蔬，早韭、晚菘、紫茄、赤莧之屬，頗供剪摘。偶于暇時過此，課花看月，煮茶烹蔬，頗清静矣，惟不能酒耳。

古人洛園詩，花竹秀而野。惟野乃有情，繁麗胡爲者？ 西齋本老屋，揗拄此頽厦。薜荔上緣牆，榕楮低遮瓦。墾治數畝田，所妙在聊且。端溪七研山，名向星巖假。福以端溪大研石七，自立爲小山，題曰「小七星巖」，並識曰：「此七石皆自端溪研洞外來，洞外之石爲研則粗，立爲列巖，以肖端州之星巖。」令老研工刻于第七石。 蔬學老圃鉏，籬似村農社。色宜秋菊淡，香可茉莉冶。公餘看灌園，井汲畦水瀉。行廚有真味，采摘供菜把。我本不能酒，一飯却杯斝。我不解絲竹，花木亦陶寫。埽逕暑氣清，門静設行馬。石壺注甘泉，新茶注苦櫝。有茶坑研石，福鑿爲茶壺，「茶」本作「荼」，《爾雅》曰：「荼苦櫝。」觀槿朝日升，折葵夕露下。晚來待明月，鐙燭涼欲炮。雖非杜曲閒，差比平泉雅。樂志詎在多，安寄足瀟灑。

唐荔園

紅塵笑罷宴紅雲，二百餘載荔子繁。十國祇知漢花隖，晚唐誰憶咸通園。咸通嶺南鄭節度，風流曾見詩人言。《文苑英華》曹松《南海陪鄭司空遊荔園詩》云：「荔支時節出旌斿，南國名園盡興遊。亂結羅紋照襟袖，別含瓊露爽咽喉。葉中新火欺寒食，樹上丹砂勝錦州。他日爲霖不將去，也須圖畫取風流。」曹松陪遊老文筆，丹砂濕濕霞軒軒。前此英詞接扶荔，曲江一賦傳開元。《張曲江集》有《荔支賦》。荔香曲破妃子去，貢騎不復馳中原。後此年年荔支熟，那堪屈指巢與温。黄巢、朱温。桑田有改荔林在，隱巖得地皆唐恩。茉莉不强牡丹勝，《清異録》：「南漢每見北人，盛誇嶺海之强。世宗遣使入嶺，館接者遺以茉莉，文其名曰『小南强』。後鋹面縛到洛陽，見牡丹，大駭，有縉紳謂之曰：『此名大北勝。』」昌華廢苑成荒村。方今承平嶺海盛，夷賓十倍唐崑崙。《舊唐書·林邑傳》：「林邑國在交州南千餘里。自林邑以南，皆卷髮黑身，通號爲崑崙。」《玉海》：「王方慶都督廣州，廣州南海舊有崑崙舶市，外區珠琲，秋豪無所索。」貢獻屏絶尤物賤，百蠻共仰朝廷尊。節使公餘但緩帶，荔灣一任開園垣。士民競赴半塘社，廣東荔支社，以食多者爲勝，勝則稱荔支狀頭，少則罰飲酒數大白。家家畫舫傾芳罇。燕脂林外立白鵠，芙蓉塘底飛文鴛。所惜遊談但南漢，何曾買夏唐園論。蘇東坡《荔支詩》云：「買夏欲論園。」劉家暫竊枝與葉，豈知本是仙李根。曹詩翕然見文苑，古園不泯因詩存。喜從新構得陳迹，社詩千首題園門。近日民間詩社有《唐荔園詩》，累至千餘首。詩人精魄自千古，一亭便可乾與坤。更向夢徵追老杜，試擘重碧輕紅痕。杜工部《宴戎州楊使君東樓詩》云：「重碧拈春酒，輕紅擘荔支。」今南海邱氏荔園即唐荔園也，有擘荔亭。

唐荔園記

男福

廣州城西荔支灣，舊謂劉漢昌華苑，福謂不然。蓋植荔非十餘年不實，實矣非數十年不繁，僞劉僭竊，龑乃大侈。計龑至鋹，僅廿年耳，而紅雲宴已特聞，則荔林非始於劉可知矣。《文苑英華》有唐曹松《南海陪鄭司空遊荔園詩》云：「葉中新火欺寒食，樹上丹砂勝錦州。」所謂南國名園已具紅雲之勝概，然則昌華紅雲即因荔園故址爲之耳。曹松者，《唐詩紀事》以爲舒州人，字夢徵，學賈浪仙爲詩，天復初，年七十餘，始及第。松遊廣州作詩，當在天復之前，咸通之間，距錕宴八十餘年矣。唐末，鄭氏鎮廣州者，一爲從讜，一爲愚。從讜節度嶺南，在咸通末年。愚鎮嶺南兩次，在從讜前後。兩鄭皆拜平章，其年與松皆相合。然從讜滎陽人，愚即嶺南人。松詩有「他日爲霖不將去」之句，則司空爲從讜無疑。又考《唐書》表、傳，從讜節度嶺南在咸通十三四年，至廣明元年節度河東，始加檢校司空。松詩題「司空」者，文人詩稿從後改寫，亦往往有之，愚固未嘗檢校司空也。夫以唐咸通詩人唫宴之地，豈不甚可傳，乃獨使劉漢首稱之，何可哉！近年荔支灣中有南海邱氏所構竹亭瓦屋，爲遊人擘荔之所，外護短牆，題曰「虬珠圃」。福惜唐迹之不彰也，因更名之曰「唐荔園」。蓋以文人所遊樂有古迹，迹之最古者，當溯而著之矣。

種沙摩竹于西齋大人自注：「沙摩竹，根蟠節大，翠緑可愛，一年生三番筍，節上復生小筍。種者斷竹留節，横埋于地，活即生筍，三年後高二三丈，蓋大而易生之竹也。《太平御覽》引《嶺表録異》名『沙摩竹』，今土人則稱爲『馬尾竹』。」

沙摩大竹如玉碧，一夜雨雷抽一尺。猫頭《桂海虞衡志》：「猫頭竹，質性類筋竹。」陳師道詩：「秋盤堆鴨脚，春味薦猫頭。」初破土花肥，籜龍頓礙風林窄。久看老節成拱把，那復高枝許扳摘。年來種竹瘦可憎，得此蒼筤一當百。我昔小隱深篁中，道是人家非我宅。此齋忽挺十百竿，青士緑卿竹名也。左右席。一椀淡黄茶正凉，五月輕紅荔初擘。若教穡事報平安，聊可筠心近泉石。他年儻有山公來，定識林間會阮籍。

題小瑯嬛畫付福兒乾隆五十七年，孫淵如年伯爲家大人題篆扁曰「小瑯嬛仙館」，家大人刻《詩略》時，删去「小」字，今轉以有「小」字之館名并畫賜福。

金碧霞城護洞天，竟名此地小瑯嬛。我家經室但迂叟，何處石樓成列仙？舊榜偶因朋友贈，新名預兆子孫傳。謾聞祇似伊家記，不願兒曹説茂先。

修廣州城及城北五層樓工成

山如海上駕金鼇，跋浪騰雲勢太豪。霸氣欲銷千里遠，神樓須壓五層高。古人頗盡經營力，來者何辭匠作勞。聖代年逾周代久，此城永不有陀囂。樓明初建，云以厭霸氣者。

西洋米船初到以前關使者慮短税，不肯行，家大人力行之。

西洋夷船來，氊毳大人自注：「即呢羽毛。」可衣服。其餘多奇巧，價貴甚珠玉。持貨示貧民，其貨非所欲。田少粵民多，價貴在稻穀。西洋米頗賤，大人自注：「僅有内地平價之半。」曷不運連舳。夷曰船税多，不贏利反縮。免税乞帝恩，大人自注：「余奏免米船入口船及米之税，仍徵其出口船貨之税，蒙允行。以後如米船倍來，則關税仍不短。」米舶來頗速。以我茶樹枝，易彼島中粟。彼價本常平，我歲或少熟。米貴彼更來，政豈在督促。苟能常使通，民足税亦足。以後凡米貴，洋米即大集，故水旱皆不饑。

題杭州詩僧嘯溪詩卷

杭州南屏壑庵，有僧廬在竹林最深處，詩僧小顛居之。余昔在杭，嘗遊其間。小顛能詩傲物，與一時名流相接。余題其室扁曰「七代詩僧精舍」。蓋小顛以上居此者，皆詩僧，至小顛七代矣。或曰詩傳七代而無名，今余名以「七代」，豈以後將失詩傳耶？余爲之憮然。余去杭後，小顛没，其弟子嘯溪復能詩，不失其傳。嘯溪昔來粵，爲羅浮之遊。甲申又至，并以詩一卷相示，余因題其詩卷。嘯溪以後，永傳詩弟子，則余詩爲公案，而「詩鐙」二字亦成故實矣。

漫將衣鉢説南能，七代詩傳百代僧。鐘後月前明不斷，南屏深處一詩鐙。

乙　酉

正月二十日學海堂茶隱癸未春，大人兼攝撫篆，嘗于生辰避客撫署東園竹林中，有《竹林茶隱》詩。甲申冬，闢堂于粤秀山以課士，取《拾遺記》何邵公「學海」之意，以名其堂。今乙酉生辰，又來避客，煮茶于此。

又向山堂自煮茶，木棉花堂外，大人植木棉花十餘本。下見桃花。堂中，諸生植桃花百餘株。地偏心遠聊爲隱，海闊天空不受遮。儒士有林真古茂，文人同苑最清華。六班千片新芽緑，可是春前白傅家。白香山茶詩云：「緑芽千片火前春。」温庭筠《採茶録》：「樂天有六班茶。」大人生辰與香山同日，故末句云。

三水縣行臺書院新成停舟登三十六江樓樓爲道光四年正月建，大人名之曰「三十六江樓」，并撰《記略》云：「廣東三水縣江上行臺，建自前明嘉靖間，彼時兩廣總督駐梧州，而肇慶、廣州亦皆有行署。三水行臺在肄江之北岸，魁岡塔之南，浮石之西，爲廣州、肇慶往來適中之地。此地據西北兩大江會合之處，距海非遠，山水沈雄，地氣靈秀，門上有樓，可以遠覽，爰名其樓曰『三十六江樓』。蓋謂北江所匯者九，湞江、始興江、墨江、錦江、翁江、麻江、湟江、政賓江、蒼江也；西江所匯者二十七，北盤江、南盤江、龍塘江、思覽江、牂柯江、柳江、灘江、鬱江、潯江、西洋江、洛青江、馱蒙江、黄龍江、橘江、荔江、藤江、繡江、横槎江、邕江、秋風江、賀江、新江、白馬江、金城江、緑甕江、蕉花江、武陽江也。」

滔滔三十六江流，齊到行臺古渡頭。學海迴瀾動浮石，《三水縣志》：「縣東偏在肄江，相傳石中舊有寶鴨，隨水浮沈，後爲外國貢客鑿去。」魁岡《三水縣志》：「在城東南，形如圓珠，舊名龜岡，後改魁岡，建塔其上。」佳氣起高樓。久無羽檄催傳箭，爲採風詩暫泊舟。手把新書時《學海堂集》甫刻成。授多士，風帆送我又端州。

乙酉春宿端州閲江樓四夜

端州四度閲兵來，大人戊寅十月巡閲肇慶督標兵，越庚辰、癸未、乙酉，凡四閲。今日春光晴後開。著眼無非好山水，高眠難得此樓臺。窗前嵐氣涼如雨，枕底江聲隱似雷。迴憶昔遊何處勝？祇曾一榻卧天台。庚申，大人有《宿天台上方廣寺》詩。

乙酉春夏間屢登粤秀山憩坐學海堂因題

夙好在詩書，高情屬雲岫。峩峩粤臺山，盡啟南海秀。層巖三疊成，學海堂在山中層，啟秀山房爲上層，至山亭又在上。古木百年茂。此巖谷間本有老樹數百株，緑榕、紅棉之屬，交柯接葉。堂成，諸生等又栽雜花數百株。堂開古木中，木讓乃肯構。就其山麓稍平之地爲堂，堂向東南，芟木數株，乃讓出堂基。堂前獨宏敞，山海得奇覯。坐堂中遠見百里，山水重複，上雲下海，三塔參差，風帆葉葉，隨潮從獅子洋來。堂後倚碧岑，清樾密雲覆。翳薈與繁柯，夾蔭堂左右。海月出黄昏，新涼滿晴晝。山水湛清華，動静驗樂壽。炳焉有文章，壯麗復沈厚。山房在翠微，精舍頗不陋。到此林更深，軒户殊氣候。最高結笠亭，望遠又明透。隨山爲繚垣，萬緑圍一囿。堂房易於新，樹石難此舊。何由新耳目，還以古籍授。

賦得中秋上弦月得「中」字。書院課士作。

酉月平秋色，生明月正中。二三分漸滿，八九夜當空。桂魄猶藏半，銀河恰在東。房心剛掩映，箕斗欲朦朧。縱未全開鏡，真如已挂弓。玉弦邊鬥角，銀箭漏敲銅。珠海宵潮減，羊城瑞采融。壽星南極近，祝嘏萬方同。

西齋有欹廊將傾徹而新之且安茶竈

揞起欹廊得五楹，破牆修好著茶鐺。却從樸略粗疎處，聊寄消遥澹定情。柳徑不因邀客步，菊田還爲種花耕。依稀耆舊鄉祠外，棖觸秋懷是弟兄。大人自注：「慕陳兄議拓小圃於北湖耆舊祠西，未成而卒。」福案：慕陳伯，諱嗣琳，今年夏卒。

西齋茶廊坐雨

西齋静似野人家，小坐常宜散晚衙。廊接五楹排雜樹，窗開兩面見秋花。風須颯颯涼纔透，雨縱瀟瀟聽不譁。好使樵青燒石銚，嫩黄閒試六安茶。大人喜啜六安州茶。

遊花田翠林園

茉莉開初歇，秋田菊又黄。林巢生翡翠，池渡野鴛鴦。埋玉香成土，栽花土亦香。何須問園主，自看碧篔簹。

泊舟峽山寺登飛泉亭回憩玉帶堂晚飯

朝京還過此，病足已三年。稍得秋風健，重來峽寺前。扶笻登截壁，跂石聽飛泉。一飯惟閒坐，何庸肉食禪。

老蚌珠光研研石中有石紋圓暈數層莫知造物之理鐫詩代銘

千年老蚌化爲石，中有珠光暈圓白。南海方諸生古魄，弄霏更向淮南夕。太極圈成點《周易》，研中物理煩君格。

余屢過羅浮山下皆未入山誠以地方供帳俗習牢不可破減從巡行殊爲無謂弓刀小隊更非所宜乙酉冬閲兵惠潮六過此山亦惟遥看山色而已

六次羅浮山下過，不曾去問鐵橋津。祇因俗吏能留我，未免名山屢笑人。胡蝶聊同故園夢，梅花豈向達官春。轉因天界三峰遠，離合烟雲更有神。

惠潮海邊四詠

薯　畦

花蔓滿寒畦，甘瓜地中結。俗名地瓜。穰穰抵晚秔，緜緜勝生𪌆。秋冬之薯，收抵晚稻。

鹽　塥

漉沙鋪萬池，搆白何皎潔。冬海暖如春，聊以當南雪。粤鹽由曬而成，其灰池俗名爲「塥」。

蔗　林

高蔗若蘆林，霜譜甘且白。海外多棉花，有無正相易。兩粤不種棉花，棉花皆自西洋來，而蔗田、糖霜出海者甚多，交易相等。

榕　村

村村有大榕，一榕蔭數畝。愛此村中人，冬温夏無暑。嶺南多暑，春秋皆熱，多借其陰，即冬日偶寒，亦足禦風。

乙酉仲冬望日閱碣石鎮水陸兵仝海肅清夜看海月

我看月圓幾百回，何曾看月海上來。也曾兩度涉滄海，月黑水深雲不開。碣石南邊無石處，再欲南行行不去。樓船直跋岸根來，馬足驚濺浪花駐。東海蒼茫月已高，西海朦朧日初暮。此時冬半暖如秋，碧海青天汗漫遊。萬里絶無山礙目，三更況有月當頭。當頭月照山頭碣，海光如鏡潮如雪。今夜天空水亦澄，昔年氛惡常侵月。風伯曾令交阯平，水仙終在温州滅。漫言清晏不揚波，一萬犀軍還荷戈。月當盈處常愁缺，如此滄洲傲若何。

過豐湖書院

行過豐湖上，如遊隱士鄉。橋通釣魚艇，山抱讀書堂。竹影皆依水，蕉陰亦滿牆。幾人來寓此，足以散清狂。連次主講皆致仕者。

過寒婆徑

泉石清涼雲霧深，非風非雨氣蕭森。世人春夢知多少，須向寒婆逕裏唫。

揭陽策騎

海潮吐霧山含烟，近山遠山青氣連。日色欲出猶未出，扁舟已渡揭溪前。溪前沙路緣山脚，竹外山桃破紅蕚。衰翁久不據唫鞍，一鞭聊抵閒行藥。大人自注：「余自崑崙關策騎後，今數年矣。」

題嚴厚民杰書福樓圖

厚民湛深經籍，校勘精詳，因昔人云：「書不飽蠹魚，不經俗子誤改，書之福也。」因以名樓。

古書有古義，後人每未詳。俗子作聰明，何妄下雌黄。少見多所怪，以不狂爲狂。石經在開成，據宋已改唐。今石經「願車馬，衣輕裘」，「輕」字等處，皆後人妄添，幸碑跡可見。孰知據明監，更改金陀坊。大人自注：「乾隆間，奉敕摹刻岳板五經，甚盛典也。余校石經時，見其誤字反與明監本同，大疑之。及訪之，始知原摹不誤，後爲武英殿校刻之人所倒改也。」嚴子精校讐，館我日最長。校經校《文選》，十目始一行。大人自注：「世人每矜一目十行之才，余哂之。夫必十目一行，始是真能讀書也。」人有讀書福，書福人亦康。書樓畫爲册，樹石雜縹緗。北齊勘書圖，今復見錢塘。厚民比古人，遵明其可方。勘書圖始于北齊。遵明謂齊儒徐遵明。

揅經室續四集卷七　文選樓詩存第十四

男福注

丙戌

丙戌春，余爲粤西閲兵之行，六月移節滇黔，九月到滇，十二月復有開化閲兵之行。是年水陸行一萬數千里，得詩數十首，爲一卷，録寄揚州，題曰「萬里集」。

漱珠岡萬松山上建漢楊子祠

舊聞丁卯許家詩，南海雪飛東漢時。五鬣長松今萬樹，我來應建孝元祠。楊孚，漢議郎，嶺南學人之最古者。

焚　香

嶺氣已鬱蒸，海氣復鹹濕。城居嶺海間，那不愁厭浥。況是春氣早，細雨洩雲汁。久坐尚無聞，所苦出復入。拂茵醭已浮，攬衣腥更襲。年來脚受病，頗困行與立。礎蒸脛同潤，簾霉鼻惡吸。快掇薰爐來，爇炭呼火急。海南香尚多，價賤用易給。速結初試拈，沈水亦可拾。斑輕飛鷓鴣，涎重起龍蟄。遂使一室中，燥氣滿相裛。且讀葉香譜，莫繙脚氣集。

自陽朔溯桂林再題陽朔奇峰圖卷

九曲灘如折坂登，灘江山勢又崚嶒。夜來塔造萬千級，西去城增十二層。員嶠方壺隨地起，側峰橫嶺向空淩。荆、關、董、巨多名筆，如此離奇彼未曾。

粵西舟次題周夢巖學使評梅山館圖周編修作楫，江西泰和人，小門生。

山館超然遠俗塵，翰林且置畫中身。要知疎野高閒趣，纔是清華貴重人。花在故鄉思快閣，泰和有快閣，見黄山谷詩。圖隨官舫過昭津。平樂有昭津。林泉鼎鼐休誇説，儘把寒香詠好春。

題潘紅茶封使富良江使槎圖

越南列藩服，接粵西南陲。江山既修阻，人物亦安熙。嗣王新襲位，請命國乃治。帝錫以誥敕，天書焕文詞。皇皇天使節，特命潘公恭辰，廣西按察使。持。浮槎富良江，嗣王肅威儀。恩波沐浩蕩，雲樹增華滋。憶昔卅年前，新阮謂光平。入覲時。華髮被繡服，我曾及見知。乾隆間，阮光平入覲，大人曾見知之。其子謂光纘。益不肖，其臣盜乃爲。連年入閩浙，擊伐勞我師。庚申夏六月，我乘風擊之。船盜全喪失，其國遂更衰。光纘昏庸益甚，其巡海總兵四員駕船礟來閩、浙爲盜，嘉慶初年所謂艇匪是也。嘉慶庚申六月，大人乘風縱兵擊之于浙海松門，船盜沈溺，死數千人，總兵四人溺死者二，獲總兵倫貴利，戮于杭，總兵耀斬于台，餘皆就獲，片帆無返者。帝擲所獲四總兵印文及敕以責光纘，光纘上表謝罪，其國由此大衰。舊阮起農耐，收復其舊基。阮光平爲新阮，今越南老王阮福映乃黎氏時舊阮。栽培與傾覆，帝德皆無私。名藩列南服，新政善創垂。嘉慶時舊阮滅光纘，帝即封農耐舊阮名福映者爲越南國王。今所封王乃舊阮王嗣子名福晈。嗣王亦恭恪，請命不敢遲。洸洸潘使者，説禮還敦詩。文明耀桂海，温肅兩得宜。試看此圖内，江水何瀰瀰。一槎天上來，南極星辰披。濃花復細雨，待立滄海碑。

桂林東郊耕耤田

粤西春比粤東遲，禁火餘寒入古祠。石壁嵐光生翡翠，水田天影凍玻璃。因知桂管催耕雨，也似江南布穀時。好是農安邊徼静，一郊新緑轉青旗。

沿紅水江至遷江縣宿東軒春月甚朗十年中三宿于此皆見明月因題曰寓月軒

一江瀉紅浪，四山森翠微。薄暮入巖邑，小駐停勞機。行館正春暖，東軒猶夕霏。茶盤雜藤蒟，瓦盎香薔薇。樹晚杜鵑響，廊暗扁蝠飛。清風甫移榻，皓月來款扉。光迎粉壁滿，影入朱闌圍。蠻中烟晦易，月色晴霽稀。三度此寄宿，徹夜皆清輝。呼童舉書燭，豪墨試一揮。

行過遷江古之瘴鄉今雖瘴少然氣候殊不齊

非霧非烟山氣，半晴半雨雲光。風勢或凝或散，天時乍暖乍涼。行過沙路石路，間有草香藥香。莫少莫多茶飯，勿單勿厚衣裳。

閲　邊

襲土州官静守邊，山猺耕讀亦安然。今斷藤峽内外猺村全入保甲爲民，猺民有讀書者。由來盛世恩威久，遠勝前朝寇亂連。細雨春波出藤峽，閒雲落日望思田。如今若問岑家事，拜職孤兒十六年。前明岑氏世代禍亂，岑猛、蘇受之事，雖經陽明親定，旋定旋亂。今田州岑錦本遺腹孤兒，十六歲，大人題請襲職，無争者。

啜　茶

葉暗桄榔孔雀飛，萬山潛蟄起春雷。蠻江新漲緑如酒，此水能無飲一杯。

邕江舟中

邕州古巖疆，據江以爲塹。五管此最遥，按部駐亦暫。勾當軍事畢，江船欲東帆。論程尚逾千，計月已盈三。十萬大硯山，兩岸排成磡。参差誰位置，玲瓏匪雕鏨。絶似金錫鎔，猝投寒水蘸。遂使天工成，不受人力欠。空洞能藏舟，通罅亦繫纜。巖怪心屢驚，穴多目費瞰。屏列滴蒼翠，深青或揚紺。吾鄉得其一，唫者必泛濫。歎此奇峰多，蠻荒自埋陷。屈指古畫家，未見亦可憾。歸途抵勝遊，已足係思念。況有木棉花，千樹極紅豔。野廟鷓鴣啼，深林苦竹暗。落日西山平，春風一江澹。

得復初齋全集邕州舟中讀之即寄野雲山人

我初聞蘇齋，翁公方綱。是聞淩氏説。淩氏仲子學于蘇齋，乙巳、丙午間，在揚州。及我入翰林，公秉學使節。山東我代公，大人授山東學政，接公任。石帆亭上别。居杭又數年，公詩自緝綴。寄來前數集，刊校始于浙。刊成庋靈隱，書藏由此設。兩家詩卷中，言此頗親切。我重入翰林，此事遂中輟。蔣氏來嶺南，後集續刻鍥。礪堂相國爲公門生，督粵時，又刻其後集。六十有六卷，十七集臚列。暮年續一集，四卷李所擷。公小門生李彦章又刻其末集四卷。去年洛陽紙，棕墨新印刷。於是復初齋，詩乃全無缺。書藏與朝鮮，寄去情勿竭。憶昔庚辛間，袂與野雲挈。紅塵足不到，常向蘇齋謁。談經兼論詩，金石緣亦結。石墨書樓中，摩挲遍碑碣。有時坐詩境，清言落玉屑。有時石畫軒，山雲贈怡悦。東郊古寺遊，拈花聽僧偈。壬秋潞水詩，柳向亦園折。丙冬復相見，暖室畏寒雪。爾時公漸衰，則亦嗟大耋。公遽歸峨嵋，遺集今悲閲。集中惠我詩，一一字不滅。十卷《金石録》，小印爲我翾。欽州竟無書，詩筆從此絶。大人以宋槧《金石録》十卷寄公題識，公作詩並刻寄小印，且云：「欽州魚山馮氏家有全帙，可借摹刻之。」訪於欽州，無此書。公此詩後，祇有《銅尺》詩一首，遂絶筆。好古久同心，敢比老彭竊。鑾江春夜船，老眼一鐙瞥。

祭馬伏波將軍廟畢放船下橫州大烏灘

百里奔流抱山轉，山麓磯頭抗神殿。棉紅榕緑江春深，溪澗香毛鼓鐘薦。群舟敲鉦齊下灘，架櫂挾篙如待戰。怪石如林堆水面，水與石争浪花濺。灘底埋山不可見，惟見沸騰亂渦漩。灘師昂然坐船頭，指點從容色不變。四時水石猜高低，總避石鋒尋水線。櫓枝一撥柁捩鳴，折出龍門灘下石隙之名。激如箭。水强舟弱舟自摇，摇動篷窗作寒顫。津吏送我似目愁，我喜下瀨飛橈便。灘遥石盡春江平，躍鯉猶驚掠波燕。廟中藏伏波將軍小印，伏波不止馬一人，但印則真漢物也。

潯州道中

鷓鴣天氣半晴陰，野路荒江取次吟。新漲緑齊芳草岸，夕陽紅助木棉林。雲歸蠻洞開還合，春入猺邨淺復深。差比陽明多逸興，思田行過又邕潯。

過端州羚羊硯石峽

千里青山百道舟，合流一峽在端州。會齊萬派清泉眼，潤透三巖膩石頭。靈障磨開天不惜，慧根鑿破爾應愁。羚羊有角成何迹，莫向詩禪捉摸求。

三月晦日立夏節過端溪

木棉花過看桐華，潯州滿岸木棉，梧州滿山桐花。一路桐華看到家。萬疊青山千折水，好春才去即天涯。

定静堂前手種荔支今夏結子頗多積雨甚涼甘漿欲迸學白沙就樹噉荔法噉之

東堂栽荔已三年，雨後甘漿曉最鮮。就樹噉鮮原有法，不妨竟學荔支仙。

那堪七日馬鞍馱，一日離枝變已多。如此須臾真不離，色香與味問如何。

奉命移節滇黔濱行拜天后宫

自我領封疆，初出即籌海。浙粤東復南，于今十七載。目覩鯨波平，扶桑發鼂彩。交南與泰西，國威動真宰。至誠雖感神，自懼晚節改。頓首湄洲宫，庶幾寡尤悔。

檢　書

十載居嶺南，積書數十架。兹爲南詔行，安得全棄卸。戚友可以别，此事豈能罷。損之又損之，已勞四牡駕。兒曹復好事，豐碑載泰華。余請篋雙碑以行。滇池雖控夷，内政頗清暇。正宜理陳編，青鐙坐清夜。思書若無書，未免動嗟訝。彼鮮藏書家，一瓻安所借。琴鶴欲相隨，莞爾可辭謝。

劉樸石彬華何湘文南鈺謝里甫蘭生胡香海森張棠村業南李繡子黼平諸書院院長暨學海堂學博生徒皆有圖詠送别題答一律

幾年嶺表慮先深，得暇纔遊儒士林。講學是非須實事，讀書愚智在虚心。汲投淵海古修綆，氣盛衣冠朋合簪。此後懷人各何所，半看圖詠半登臨。

别醫者范素菴濬

四年病脚氣，兩足殊支離。豈無千金藥，豈無三世醫？奈此濕與熱，兼之勞且衰。不劇已爲幸，安能有痊期。君恩念老臣，移節居滇池。彼間不寒暑，貂葛無所施。彼間不卑濕，高燥如京師。即使自乞郡，亦惟此地宜。范氏送我行，遠過端江涯。爲言相別後，當是去病時。

避暑

路出蒼梧中，節氣過大暑。川途已苦熱，況復日當午。近岸得茂林，籬落成小圃。修竹高逾樓，老柚密如户。可識緑陰中，幽翳勝棟宇。願涼風暫清，計日暑將處。西山暮起雲，挂帆向前浦。欲添溪上波，須聽今夜雨。

舟過廣西陡河謁分水神廟

峩峩海陽山，一源分兩溜。南與南海通，北與湘湖湊。陡河三十六，設牐不使漏。我來欲溯之，涸逢庚伏後。安能陸盪舟，來朝馬將走。俄看風轉帆，油然雲出岫。涼雨漫天來，入夜遠且透。漲發大榕江，津吏啟河竇。壓水舟尺許，水今二尺厚。若到天平間，勢易轉河右。山靈更示奇，巧待入陡候。烏雲天際垂，復令秋雨逗。又聞四月旱，禱雨得神救。古祠林樾清，平野稻花秀。我今逾嶺脊，順流行更驟。回首謝山靈，豈非得顯佑。

泊舟浯溪登庴亭

桂舟下湘水，又來著浯溪。欲試兩脚力，故尋十載蹊。蠟屐漸相得，庴亭殊可躋。漫叟舊祠宅，野衲重招攜。嘉慶廿二年，大人過此，題名壁石，亭外有次山祠宅，舊僧尚在。再讀中興頌，還拂山谷題。碑頭走螺蠡，臺角鳴蝳蛛。高林暑猶熾，截壁日易西。安得涑雨洗，待看湘雲低。

湘江村舍

湘山如翠黛，湘水如碧玉。巖下有居人，林深不見屋。落落百尺松，陰陰萬竿竹。竹密一徑空，照見人皆緑。況有流泉聲，清泠比琴筑。如此山居幽，其人定無俗。笑我坐篷窗，秋陽正相曝。

泛湘川過南嶽得雨

三湘水鬱蒸，衡山降雲雨。直將嶽頂寒，下洗人間暑。❶剛風激低雷，涼氣落平楚。餘電煽殘夜，曉烟沍前浦。天北暫放晴，明霞半軒舉。時於金碧中，恍惚覓岣嶁。岣嶁不可見，朱陵秘靈府。昔登祝融峰，纖雲捲秋宇。今來苦炎熱，秋陰蓋天柱。或雲或不雲，各如所願與。

日出洞庭湖

日出洞庭湖，蒼茫坼楚吴。星河隨夜去，雲夢入天無。曉色非南海，鄉心比具區。秋帆向沅浦，猶恐失東隅。

夜　泊

新秋沅水上，向晚泊輕航。岸草萬蟲響，山松纖月涼。心依清夜永，夢繞楚川長。北斗天邊近，遥遥思帝鄉。

---

❶「暑」下，續四庫本下有小字「嶽頂甚寒大人昔八月登加小裘」十三字。

八月七日又泊

愛此秋船月，清光逐夜添。特移欹几燭，盡捲壓窗簾。露氣沈沈浄，風漪細細恬。絶勝官閣裏，煩熱閉深嚴。

過　會　同

近夜中秋月，沅州與靖州。山圍百巒静，月照五溪流。黔水連疆去，吾家舊績留。昔年受降處，八十六回秋。乾隆五年秋，先曾祖征苗，由沅進兵，十戰皆捷，降者數千人。

沙　岸　坐　月

秋月明如晝，江沙白似霜。停舟催晚飯，登岸坐新涼。地喜離卑濕，途非慮阻長。惟思各兒女，五處共清光。計此時伯兄在京，福行至桂林，季弟行至贛州，叔弟及妹在揚州。

過黄平登飛雲巖再用壺中九華韻

羅浮海上合雲峰，又逐天風向遠空。已掠桂梧過嶽麓，又飄蘭芷入黔中。雲能化石山形覆，石復成雲水氣通。惜未東巖看瀑去，衹聽幽澗潄玲瓏。

過清鎮安平縣

山阻舟車廢，谿深阡陌長。莜花秋雪白，稻葉晚雲黄。穀賤農翻拙，蠶興織已忙。教民栽橡栗，竟欲抵柔桑。今秋稻大熟，有一根雙穗者，長六尺，一石米僅值數百錢，因舟車不便，不能遠出也。近年鎮遠、貴陽一路，仿遵義橡葉飼蠶之法，廣興絲織，民計少饒。

重九日登黔西老鷹崖

朝朝盡繞青山走，已有文書到心手。忽然直上老鷹崖，驀想今朝是重九。老鷹摩霜下晴空，危巢即在懸崖中。此間衹許飛鳥過，何年人跡西南通。百丈一盤，十丈一折。愈折愈高，且盤且歇。負牽雙引竹輿竿，石火迸生馬蹄鐵。衰翁頗羨據鞍人，廿里高崖竟登越。大人自注：「馬伏波據鞍，年六十三。余今年六十三，雖不健，然可稱翁矣。」登高難遇重九時，重陽難得登高詩。今朝無意巧相併，作詩應寄家人知。此間峰巒遠比嶺南大，節候未較江南遲。皇華一洗園圃氣，野菊挂崖開瘦枝。

雲南督署之東園亭館花木之勝爲歷任所未有心念此間宜有鶴未幾日忽飛一白鶴來翌日又有一鶴盤旋空中鳴聲相呼薄暮並集於園月餘遂馴且能舞矣作來鶴篇

我入滇池數千里，載萬卷書非得已。不將一鶴伴琴來，多恐禽軒累行李。宜園亭館清如仙，周遮竹地梅花天。閒堦十丈草如席，惜少皐羽來蹁躚。忽聽園中發清唳，亭邊橫落車輪翅。一鶴適從何處來，老叟灌園詫奇事。一鶴忽來已詫奇，翌日又得一鶴隨。嗟我念鶴鶴豈知，鶴來隨我誰使之？胎仙識我是清俸，肯來啄料兼催詩。我詩昔未向鶴吟，今與爾同萬里心。羽帶點蒼山上雪，夢入瀾滄江水深。風和對舞百花下，露寒相警青松陰。如此園林如此鶴，屈指廿年無此樂。惟憶春明仙蝶來，修書未了秋花落。昔大人在京，有仙蝶來園中。

栽　花

前輩栽花樹，留香與後來。我來百年後，樹更四時栽。人縱相隨老，花還不斷開。世臣與喬木，此意在官梅。

滇園煮茶

先生茶隱處，還在竹林中。秋筍猶抽緑，涼花尚鬧紅。名園三逕勝，清味一甌同。短榻松烟外，無能學醉翁。

雲南督署宜園十詠

仙館曇雲 昆華仙館粉匾無款，在園東北，前有曇花一株，高覆玲石，大人以紙書「琅嬛仙館」匾加於木匾之上。

曇雲覆曇花，曇花護仙館。雲蒸曉露香，花散春雲滿。我無仙釋情，怡雲亦蕭散。終朝趣事心，暫許對花懶。

虚齋香雪 仙館西古梅多處，名香雪齋。

有梅齋已清，況是梅皆老。繁枝滿覆檐，苔根亦合抱。得雪香極清，無雪香更早。春深階下晴，落素不可埽。

南軒賞雨 雨春軒，在池南射棚北。

春雨何處來，春雲起昆海。隨風過南軒，天意實瀟灑。安得坐佳士，品詩索真解。我縱不醉吟，玉壺杏花買。

山房貫月 房在池東，如船，東西皆窗。

我家貫月船，千里淩滄江。船不到滇池，山房抵小艭。明月隨我來，夜夜貫入窗。窗西曲池水，印月得一雙。

花棚序射軒南有棕棚，爲閱射之地，名觀德圃，有古梅。

昔在杭州時，西園曾射鵠。三十有二年，此懷頗棖觸。兩臂亦已衰，彎弧力不足。惟呼健兒來，花棚看飛鏃。

蔬圃畝香箭圃之南，杉林之東，關廟之西，有閒地數畝，以爲蔬圃。

種菊成老圃，種菜成家園。新霜壓肥緑，清妙殊雞豚。短鋤親手劚，煮以佐晚飧。試語知味者，其香尤在根。

石彴觀魚雨春軒北，香雪齋南，有池有石橋，養魚。

濠梁説魚樂，機鋒法始開。固知鬥狂禪，本自清談來。獨遊石池上，悠然得所哉。欺方乃君子，非道枉庸材。

宜亭來鶴宜亭，在仙館南，觀音海天閣西，多古柏，有高十丈者。大人九月莅滇，十月八日，忽飛一白鶴來。次日薄暮，又一白鶴盤旋空中，與先鶴鳴相應，亦落於園中。皆甚馴，月餘能舞。

翩翩雙白鶴，飛來亦何奇。頓使虚庭前，松柏增清姿。我來看鶴舞，鶴亦聽我詩。鶴固宜此園，園得鶴更宜。

竹林茶隱大人在粤，繪《竹林茶隱圖》，乃撫署園也。今則園竹數千竿，茶隱更宜。

山隱在粤西，竹隱在粤東。今遊滇水園，所隱將毋同。閒步玲石逕，静坐深篁中。茶烟藏不得，輕颺林外風。

陑嶺怡　雲與春樓東，仙館北，有土山，登之，可望四圍遠近雲山。大人築石臺、石几於山上。「陑」音「虹」，見《漢書·地理志》，即滇中銅山也。今省城北山，皆稱陑山。

嶺上多白雲，雲豈爲我白。我情自與怡，持之亦無迹。石臺覽四山，悦性永晨夕。自署曰雲翁，不復分主客。

閱邊兵至開化

重鎮初逢昭代開，明以前皆未置郡縣。巖疆三面萬山回。江流盡向南交去，至交阯界百三十里。驛馬惟從北路來。東南西皆走交阯路也。阿雅、維摩沿里寨，今各里皆宋、元、明阿雅龍氏、維摩沈氏之舊地，城南即有瘴。儂人、僰子異衣裁。儂、僰、獛、玀等數十種，相隔一村即殊衣異俗。可知上國恩威遠，此地猶高節使臺。

夜　坐

静闃寒城已二更，節樓西畔月斜明。遠山夜色沈沈碧，百八鐘聲萬里情。

揅經室續四集卷八　文選樓詩存第十五

男福注

丁　亥

宜園

梅花如屋竹如門，管領春光是此園。石徑不須倚笻杖，共來扶我有雙孫。

正月廿日雪晴煮茶于竹林中題竹林茶隱卷

滇南才過立春節，已覺春光齊漏洩。忽然一夜北風來，捲落漫天玉花雪。我不見雪已八年，頗似故人成久别。今日東園雪滿林，翠柏青杉枝欲折。况是梅花四十株，冷玉寒香同沍結。年年茶隱竟成例，快雪時晴日光熱。竹林春氣透浮筠，洗出檀欒緑尤潔。玉川老婢來煮茶，梅瓣雪泉試同啜。借問一日得披圖，静坐幽篁自怡悦。

命和原韻　　男福

春雷早已催時節，陡嶺雲蒸復雨洩。雨餘天氣轉春寒，忽將夜雨飛成雪。此景教人憶故鄉，若憶嶺南又殊别。東園梅老花正繁，花放隨枝勢盤折。雪花梅花成萬枝，一片香光氣團結。竹林又遇煮茶時，拾取松枝竈初熱。一雙白鶴不避烟，也識茶香最清潔。我家茶隱自年年，兩弟今年未隨啜。親顔喜付與諸孫，黄果如飴共甘悦。黄果形如粤中之橙，香色味亦相似。

倚松書屋春祭齋居

屋前梅樹老於我，窗後支牀皆古松。晚階仍煮六安茗，早飯特剪東園菘。西山朝來有爽氣，太華省西南大山，名太華。夜碧聞清鐘。衰翁終不悟道妙，惟將戒慎持温恭。

仙館花臺欲栽牡丹價貴遂栽蜀葵

十户中人賦换花，此情曾動樂天嗟。何如多買葵花種，終歲傾心向日華。滇中蜀葵自正月開至臘月。

月來政簡頗耽滇園之樂詩以自警

舊遊無此好樓臺，頗識前人費度裁。一百餘年人遞去，八千里路我能來。風亭月榭參差見，仙館神祠次第開。止水恰容魚活潑，閒階儘彀鶴毰毸。騁懷端在春三月，涉趣何妨日幾回。筇杖試攜鏗翠石，菜鋤親把劃蒼苔。鶯流燕蟄誰先到，棠芾桃夭合共栽。山磴看山收畫本，竹林隱竹伴茶杯。抱書孫至還教拜，擘紙詩成不用催。適意如斯籌遠否？此翁未是鎮邊才。

摘　蔬

摘我園中蔬，古人詩可味。譬如齩菜根，其香滌腸胃。我園春菜多，緑畦隔花卉。每看家僮鋤，亦課園丁溉。折腰手親摘，傾筐盈且塈。呼兒共晚餐，使識蔬筍氣。一家肉食者，遠謀問能未？豈可對陶詩，不自慚其貴。此以澹性情，非復計惠費。若云拔園葵，在今亦無謂。

南雲行

仰看雲在天，未辨行遲速。今日穿雲跨嶺行，豈知疾過奔馬足。平地風氣清，吹雲天上行。今日披雲動涼氣，始知風在雲中生。山不見路惟見雲，桃花梨花近不分。北雲壓山烏欲雨，南雲映日紅氤氳。下山直自雲中落，雲中之人輕似鶴。翩然可是隔仙凡，悵望山頭挂雲脚。我聞仙人乘雲兼御風，仙家幻術安能通？不如安坐南雲下，笑指此雲稱老翁。

上巳日東川道中

導江已説岷山遠，更遠岷山路萬重。青海波瀾皆是雪，金沙雲氣尚疑冬。大江正源自青海入雲南爲金沙江，行數千里，始會岷江之水于敘州。行春我到東川外，佳節誰教上巳逢。若把此川當曲水，一觴流去是巫峰。

過以濯河

行過山巔又水涯，山桃紅褪柳抽芽。連村萬樹堆春雪，都是梨花頻果花。河在會澤縣。

閲黔西威寧鎮兵

烏撒接烏蒙，皆歸郡縣中。山高森白石，氣冷遲春風。寒食常多雪，桃花也自紅。古人誰在此，故實竟空空。

可渡橋夜月

橋東峻坂石突兀，橋西行人鐙出没。一樓窗外萬山深，風弄溪聲洗春月。春月竟是山中多，百夷安樂春氣和。蠻花飛落山村坡，兒女吹笙跳月歌。橋在威寧、宣威二州滇、黔分界處。

回省看宜園新緑

竟將萬緑换千紅，祇在離家半月中。清氣勝於花爛漫，午陰比似屋帡幪。不嫌牆角山光隔，更許橋頭水色同。惟有兩般難並緑，一雙白鶴一皤翁。

詠雙緑蝶

羅浮仙蝶若捉一蝶來，則其雌雄雖遠，必夜來相從。福于東園得巨蝶，全嫩緑色，大如掌，移之西書齋籬上，是夜，忽又有一緑蝶來相從。東園去西齋數百步，中隔數堂，其踪跡頗似羅浮蝶，滇人云鄉來未之見。

雙雙來巨蝶，踪跡似仙家。妙色頻婆果，前身蕚緑華。滕王圖未備，烏足葉猶差。見《莊子》。疑是鬱棲化，裙腰一道斜。諸書中言蝶，罕言緑色者，惟《酉陽雜俎》言秀才顧非熊見鬱棲中壞緑裙幅化爲蝶。

綴家書後

寄知曾在嶺南人，萬里滇池也送春。兩月晴多初望雨，終朝風起不生塵。饑蚊飛蟻全無跡，夾帽重棉未離身。爽塏已瘳雙足疾，況於松鶴日相親。

頻果

有花曰優鉢，有鳥曰頻伽。詰屈聞梵音，便覺奇可誇。頻果乃大柰，滇産尤珍嘉。首夏已堪食，季夏皆如瓜。甘鬆若棉絮，紅緑比玉瑕。或豔稱頻婆，其言出釋家。譯語爲相思，《採蘭雜記》：「果稱頻婆，華言相思也。」豈是思無邪？何以竊梵言，呼我果與花。因思譯性者，謬恐千里差。

孟夏草木長

孟夏草木長，莽莽滿一園。翳林高百尺，密蔭圍青垣。檉柳垂絡索，覆瓦遮前軒。新篁放萬葉，稠綠蓋石門。池上開紫薇，池邊多樹萲。雜葵備五色，爛漫花正繁。養魚有止水，縱鶴無近樊。園北雙古柏，森然在高鏊。登臺坐石几，四山雲氣翻。策杖過南圃，籬落成野村。鷺巢樹枝穩，密脾蜂韻喧。瓜田引修蔓，菜畦灌香根。摘蔬供晚飯，獨樂静無言。試衍陶公詩，可與陶公論。

滇南小暑節

滇南五月氣猶清，雲重爲陰輕復晴。非夏非秋别成景，不凉不熱最怡情。棉衣休用蒲葵扇，花院全無竹葦棚。六十三年慣炎暑，幸將高爽快生平。

閱盤龍江登雄川閣望滇池

曉出碧雞坊，盤龍江路長。四山青過雨，萬畝綠分秧。水利村村足，天時日日凉。滇池環傑閣，登眺滿華陽。

小暑節賞菊

棉衣頗耐午陰涼，瓦盎花開老菊黄。不是石欄紅菡萏，錯將小暑認重陽。

滇南伏日

中伏新秋兩不争，薄棉衣服過三庚。華山昆海風纔暖，冷雨輕雷氣又清。九夏竟無炎熱苦，四時常得暑寒平。遥思殿閣微涼處，笑我如懷獻曝情。

立秋日敬一堂晚坐

天書爛漫懸中省，畫戟清森繞節堂。暑雨已晴秋月轉，紫薇花外桂花香。

西　臺

節院致爽軒，軒扁爲福嘉勇公所題，西南昔有錫樓，用白錫當瓦當板，甚華麗，登見西面碧雞、太華諸山，且見平田耕穫。今樓已無存，福兒用木架板爲方臺，略施梯欄，費一流銀，遂還舊觀。秋日登臨，致有爽氣。

吾遊惜未登太華，却到華陽碧雞下。晉《華陽國志》兼滇、蜀也。金馬山在省東，碧雞山在省西。碧雞山接太華山，西嶽崚嶒名可借。省西南大山名太華。城裏深居隔山色，可使高梯木成架。金碧岑樓再構難，架木省工更廉價。問名終是四方臺，《爾雅》曰：「四方而高曰臺。」無瓦非樓亦非榭。滇池六月常棉衣，爽氣朝來不知夏。登臺萬丈列蒼巖，遠見層坡近平壩。「壩」字見丁度《集韻》。滇人呼嶺路皆曰「坡」，凡平土皆呼曰「壩子」。琳宮樵徑皆分明，華浦青青繞禾稼。城西滇水村名曰「近華浦」。吾衰尚可屢登陟，不覺欄桃怯腰胯。把酒閒邀賓客歡，攀花莫使兒童怕。臺旁有紫薇花。拄頰剛逢報早秋，聞鐘竟可連清夜。臺南一里即鐘樓，應更鼓。《晉書·王徽之傳》曰：「直高視，以手版拄頰云：『西山朝來，致有爽氣。』」《詩品》曰：「太華夜碧，人聞清鐘。」黑水梁州雲外流，倒挽銀河半天瀉。甲兵洗淨殪天狼，弧矢星明向西射。時回疆初平定。

登　西　臺

登臺終日見昆華，滇人稱滇池曰「海」，或曰「昆海」，并太華山則稱曰「昆華」。恰好樓臺住一家。玉嶺西橫皆是翠，彩雲南現半成霞。千村緑稻真秋色，十里清滇是海涯。更比樂天州宅壯，惜無元九寄詩誇。元微之《以州宅夸於樂天》詩云：「四面常時對屏障，一家終日住樓臺。」

以藜爲拄杖

養得青藜出短牆，削成拄杖等身長。扶人石徑去行藥，攔鶴松亭來啄糧。早歲校書曾秘閣，老年飲酒未家鄉。籬邊更待葫蘆落，挂向枝頭學道裝。

中秋宜園鐙月

小園蝶夢記秋亭，辛未在京，寓阜成門内之上岡，屋後小園有太常仙蝶來，大人名園曰「蝶夢」。又是滇園夢蝶醒。樹静花涼秋淡沱，鐙紅月白意瓏玲。頗來鄉思摇銀燭，共寫詩心入紙屏。更現中庭香塔影，似偕夢得上栖靈。揚州平山佛寺後堂，有唐時栖靈塔故址，白香山有《與劉夢得同登栖靈塔》詩。

暮登西臺看碧雞山色

夕陽山外沈，暮色起山内。似有烟氤氲，亦非雲靉靆。初見青出藍，繼復螺染黛。凝碧已詫奇，生翠亦可愛。更如紫電光，劍鋒著霜淬。碧雞玉案邊，隱隱有關塞。天成巨屏障，濃色疇能繢。坐待明星生，巖穴共昏晦。

巡西邊曉發

西風曉起拓邊樓，省城西樓名。霜氣初來雨氣收。繞過昆池三十里，碧雞關外萬山秋。由滇省城西三十里至碧雞關，關在碧雞山之凹山，峙滇池西北。

重九日登禄豐之鰲頭峰得伊莘農中丞寄贈登鰲詩即答

浪花卷出青鰲頭，大人自注：「昔登天台山頂，有此句。」舊句曾記天台遊。大人昔撫浙時，戊午、庚申、甲子三年皆有天台詩，此句乃戊午舊句也。今來青鰲頭上立，一覽六詔邊關秋。遠山疊若大波起，鰲足不動淩滄洲。去年黔山過重九，老鷹崖上吟詩走。在貴州普安廳阿都田驛西南五十里。詩如健翮但鏖風，那解情憐菊花酒。今年鰲背宜亦詩，我詩未得君先之。揮毫直似釣鰲手，一餌飛過昆明池。我與老鰲共霜節，君亦與鰲成久别。君昔曾收渤海綸，伊公任山東巡撫，以憂去官。我衰喜解南溟熱。會當回首謝詹何，策馬蒼山看秋雪。

住大理閲兵三日看點蒼山《通志》云：❶「在大理府城西三里，郡鎮山也。自北而南，緜亘百里。《漢書》謂邪龍雲南山『似扶風太乙之狀』是也。蒙氏僭封爲中嶽。層青接漢，疊翠排空，陰崖積雪，盛夏不消，山腰抹雲，横如玉帶。雖林阻谷奥，無猛獸毒蟲。」

峩峩點蒼山，蒼翠極可愛。平列十九峰，峰之中，特尊者名曰「中峰」，中峰之北，爲觀音、爲應樂、爲雪人、爲蘭峰、爲三陽、爲鶴雲、爲白雲、爲蓮花、爲五臺、爲蒼琅、爲雲弄，中峰之南，爲龍泉、爲玉局、爲馬龍、爲聖應、爲佛頭、爲馬耳、爲斜陽。諸峰劍簇，有似岱宗，人莫有能躡其巔者。峰各一溪，蜿蜒東注，爲十八溪。峰峰染螺黛。兩峰夾一溪，十八溪爲界。溪流遠近不一，中峰下者爲中溪，其北曰桃、曰梅、曰隱仙、曰雙鴛、曰白石、曰靈象、曰錦、曰芒涌、曰陽、曰萬花、曰霞移，其南曰緑玉、曰龍、曰青碧、曰莫殘、曰葶萁、曰南陽諸溪。林樾矗浮屠，嵐靄罩闤闠。何幸見此山，心目多所快。其一在于雲，終年生靉靆。有時冠峰頂，不動鎮相蓋。有時束山腰，飛白若長帶。有時競出岫，棼如擘絮碎。四山皆無雲，

❶「通志」，指《雲南通志》。

獨此雲常在。其一在于雪，山頂雪最大。冬春雪未奇，六月白何怪。我來九月中，夜雪積嶺背。皚皚亦終日，不畏秋陽曬。其一在于泉，山罅分流派。磊落歸百橋，清泠漱鳴瀨。穿城爲渠塘，灌田作溝澮。家家可流觴，處處響水碓。其一在洱海，東望氣沆瀣。葉榆成巨浸，南北兩關隘。必有千頃波，始與此山配。海光開月鏡，恰共屏山對。蒼屏百廿里，我來坐屏内。地因高乃寒，山在西易晦。三宿未及登，亦足攬勝概。唐、宋諸詩家，罕到此邊塞。遂使古大山，寂寞經屢代。笑我兩鬢霜，吟到萬里外。所遊天下山，曾陟嵩、衡、岱。大人于甲寅、癸亥二年有登泰山詩，戊辰有登嵩山詩，丁丑有登衡山詩。壯闊有過之，雄秀此無賽。寄詩未遊人，聊以當清話。他時濃設色，一卷好圖繪。

麗江雪山一名玉龍山，十峰崔巍，經年積雪。若在洱海邊北望，上關低缺處可見之。

上關山缺處，北望何茫茫。天低雪山出，白影交青蒼。

天生石橋在大理府城西南三十五里。洱河下洩，絶壑深塹，石梁跨之，兩巖激水濺珠，宛如梅綻，人呼爲「不謝梅」。

洱海静且澄，出橋即横決。落漈九曲谿，翻雲復堆雪。

南詔殘碑在大理府太和縣，名「南詔德化碑」，撰文爲南詔清平官鄭回，書爲杜光庭。字多剥落，仆地已久，土人呼爲「磨刀石」。乾隆五十三年，王蘭泉先生衪宦滇時，訪得于縣南二十里大道之側，載入《金石萃編》，跋尾稱：「是碑在大曆元年，碑文約三千八百字，今約存八百字。」福又得蘭泉先生昔未釋出四十餘字。家大人云：「唐以前碑字猶是北周、北齊遺法。」「王」、「主」二字，三横皆齊。「日」、「月」二字，寬而不窄。以此較北朝碑，真相合矣。

文章與書法，確是唐賢派。上溯東爨碑，此碑在曲靖府陸涼州之東南二十里貞元堡，立荒阜之上，有碑額、碑陰。額作篆字，云「宋故龍驤將軍護鎮蠻校尉寧州刺史邛都縣侯爨使君之碑」二十四字。使君姓爨，名龍顔，建寧同樂人，即今曲靖府陸涼州也。碑文、碑陰殘蝕，字甚少。字體方正，在楷、隸之間。文爲同姓人道慶作，句法亦古，得漢碑遺法。立于劉宋孝武帝大明二年，較南詔碑尚早三百一十一年，且甚完善，爲滇中最古之石。餘詳福撰碑之跋尾。大人曾親書題跋，刊于碑正面右下方無字隙處。古法尚不壞。

建極銅鐘在大理府太和縣城西北蓮花峰下三塔寺中。作上下兩層，每層六面。上層每面高二尺五寸餘，廣二尺二寸餘。下層每面高一尺三寸餘，廣一尺七寸餘。上層鑄金剛、智寶、大輪、妙法、勝業、慧響六波羅密像，下層鑄增長、大梵、廣目、多聞天王及天主帝釋、持國天王六像，末有「維建極十二年歲次辛卯三月丁未朔廿四日庚午建鑄」廿二字款識，已見于《金石萃編》。蘭泉先生云：「建極十二年，蓋南詔世隆年號，在唐爲懿宗咸通十二年也。」

我欲聞古音，撞鐘百八杵。唐樂久銷沈，此音足千古。《唐書·南詔傳》曰：「天寶初，遣閣羅鳳子鳳伽異入宿衛，拜鴻臚卿，恩賜良異。貞元五年，異牟尋遣弟凑羅棟入獻地圖、方物，請復號南詔，帝賜賚有加。明年夏，册異牟尋爲南詔王，以祠部郎中袁滋持節賜黄金印。異牟尋率官屬北面立，跪受册，享使者。有笛工歌女皆垂白，示滋曰：『此先君歸國時，皇帝所賜龜茲音聲二列，今喪亡略盡，唯二人故在。』」

古哀牢

萬里哀牢外，高秋駐馬時。彩雲連百濮，《蜀都賦》：「東有巴賨，緜亘百濮。」黑水下三危。元老曾經略，神功屢創垂。漫言平定易，輕視此西陲。

渡瀾滄江鐵索橋康熙御筆「飛虹彼岸」四字在樓上，與諸葛祠皆在橋東岸，大吏過者先拜祭。

宸翰仰高樓，飛橋祭武侯。金繩橫水上，鐵索鎖山頭。險是天成塹，行如浪顫舟。鐵索十六條，長各數十丈，横懸江上，加板成橋，行者動摇。西南通一線，走遍禹梁州。永昌府西怒江即黑水，乃《禹貢》極西之地。

宿永昌池館流泉樹石湛然清華名之曰小蘭津并詩示鎮府諸公

莫言傳舍爲他人，漢郡無如此最真。府治平暢，東漢立郡，必在此地。郡名沿東漢至今不改者，此亦最確。勒石先題古柳貌，《後漢書》：「明帝時，哀牢王柳貌内附。」引泉應號小蘭津。《華陽國志》云：「孝武時，通博南山，渡瀾滄水，人歌之曰：『漢德廣，開不賓。渡博南，越蘭津。渡瀾滄，爲他人。』」治功頗首思張翕，《漢書·明帝紀》：「永平元年，姑復夷復叛，益州刺史發兵討破之。後太守巴郡張翕政化清和。」政事從頭學鄭純。《華陽國志·士女總讚》云：「純字長伯，郪人也。爲益州西部都尉，處地出金銀、琥珀、犀象、翠羽，作此官者，皆富及十世。純獨清廉，毫毛不犯，夷漢歌歎，表聞三司，及京師貴重多薦美之。明帝嘉之，乃改西部爲永昌郡，以純爲太守。在官十年卒，列畫頌東觀。」今日昇平同在此，一池秋水十分春。

漾濞溪道中《通志》云：「在蒙化府城西北一百八十里。其源有三：一出大理浪穹縣罷谷山，由鄧川洱海流入府境，爲漾水；一出吐蕃可跋海，由雲龍入府境；一出劍川，繞點蒼山後入府境，爲濞水。二水合流，至府西南爲備溪江。」

收回雷霰長虹見，揭起雲峰白雪鮮。記取點蒼山背路，初冬時候夕陽天。

漾濞合江上看月

點蒼山背亂峰堆，漾濞雙流轉百回。雲水萬重山萬里，一輪明月總追來。

遊黑龍潭看唐梅二律

千歲梅花千尺潭，春風先到彩雲南。香吹蒙鳳龜兹笛，影伴天龍石佛龕。玉斧曾遭圖外劃，驪珠常向水中探。祇嗟李、杜無題句，不與逋仙、季迪談。

鐵石心腸宋開府，玉冰魂魄見蘇詩。古梅花。邊功自壞鮮于手，仙樹遂歸南詔家。白香山《新豐折臂翁》詩言宋璟不賞邊功，楊國忠貪邊功，鮮于仲通喪師南詔事。今日太平多雨露，當年萬里隔烟霞。老龍如見三滄海，試與香林較歲華。

余不能飲最多一杯而已滇園梅花盛開不可無酒命釀白糯數日即熟花下欣然小酌仍不能醉詩以自嘲

遠遊吾得渡瀾滄，惜未隨花入醉鄉。萬蕋已成香雪海，一缸宜釀玉浮梁。咏唫大可思何遜，慷慨如將傲杜康。畢竟先生真醉否，深杯還是淺相嘗。

梅園晚景

園林薄暝鳥初眠，繞屋梅花香悄然。月色淡黄花淡緑，半朦朧處是春烟。

宜園三壽詩

壽　石

玲石立一峰，刻字在明代。園宅有廢興，此峰故常在。石壽幾千年，勒字三百載。石南刻字云：「萬曆七年柏亭。可教、可賢仝立。」二可乃沐藩家寺僧也。

壽　柏

柏亭始明代，亭前有古柏。壽逾三百年，翠高六十尺。高六丈，蔭一畝。昔植老僧廬，今森節使宅。

壽　梅

園中多古梅，數百年之壽。春花正縟繁，苔身更堅瘦。若較龍潭梅，彼老此尚幼。香雪齋前古梅十餘株，雖皮老腹空，用柱搘立，而花尚繁。箭亭旁一大株，三大幹，根有鐵束，不知爲何年所束。乃今皮殼厚大，反包於鐵之外，鐵可見者厪十分之三。

除夕園庭之花齊見者梅桃杏山茶玉蘭海棠木瓜櫻桃馬纓春蘭薔薇木香迎春水仙長春報春蜀葵十餘種

此地可名妙香國，「妙香國」見佛典。俗以雲南即妙香國，見《通志》。此時可似百花居。《海國見聞録》：「海外有島，百花最茂，名曰『百花居』。」家鄉事事皆堪憶，惟有群花比不如。

戊子

定光寺看紅山茶花

定光寺裏紅山茶，紅光不定摇朱霞。古卉那肯在城市，南野獨立枯僧家。登樓看花及花半，尚有半出樓簷牙。高柯難見更引領，濃豔極賞翻咨嗟。青琅玕葉雜翠玉，紅珊瑚樹增丹砂。挺立巨幹若壯士，嬌凝蒨影羞吴娃。英雄兒女各有説，蘇東坡、王梅谿山茶詩皆曾稱爲「兒女花」。維摩色相皆無遮。世間桃李苦代謝，老樹不自知生涯。惟知寒山多雨雪，一寒一度生寶華。龍潭北望頗不遠，相期應是唐梅花。

上元登西臺望月

皓月照昆海，元宵登眺來。雲山繞城郭，鐙火上樓臺。年熟民皆樂，春晴漏勿催。遥知深夜裏，游客踏歌回。滇俗，上元前後三日看鐙月人滿街，大府發令箭廵護，三更令箭始回城閉鑰。今年年豐月朗，遊人更多。

和女蘿亭東園花月

驚蟄滇池尚未雷，東園已見雜花開。月從金馬坊邊出，春向五華山外來。却爲芳林常秉燭，元宵後，梅花已落，桃、杏、梨花、蘋果花、木香皆開。不妨清夜再登臺。感時兩地成遥憶，鳳沼輕冰江北梅。

出西城十里遊龍門山海源寺寺建於元平章，明沐氏重建。

滇南二月初三日，頗似江南上巳天。曉色照人出城郭，春風引我到林泉。玲峰峭壁龍池外，疎竹濃花佛閣前。紫辛夷、牡丹並開。隨處輕爐吹活火，近時茶隱又經年。

倚松書屋齋居

齋居小屋意從容，卧聽茶聲起看松。窗外露寒雙立鶴，城頭風定二更鐘。掩書頗似學僧静，拙政還當愁我慵。爲憶選樓齋宿處，春花滿院月溶溶。

同李文園學使棠階遊太華山憇太華寺

華嶽五千仞，峻嶒上金天。若與滇池較，池在華嶽巔。池上有高山，名借太華傳。華陽勒《國志》，地括南中滇。梁州與黑水，自古西南連。顛縣昔漢郡，太華居西偏。城中看西山，蒼翠隔野烟。春風得閒暇，勝侶邀一賢。出城載茶榼，適野敲唫鞭。松杉閟巖壑，雲水開天淵。拾級入古寺，樓殿逾百年。寺南啟虚堂，萬頃何茫然。浩浩天外浪，稜稜草際田。雙塔辨遠郭，片帆識漁船。山外壁更峭，方削不肯圓。搔首或落雁，登頂難采蓮。石室雖可攀，未許希夷眠。我無攝生術，神昏力衰孱。爲語瀛洲侶，安能從羽仙？惟當隨滇流，乘槎歸日邊。

水地大勢，陜華州約略與蜀夔州相平，乃重慶敘州江遠而高仰逾千里，金沙江又高流入敘州江，滇池又高流入金沙江，共數千里，是滇池高於華頂明矣。若乘船出滇池口，入金沙江，又入蜀江，入漢江，泝淮渡河，竟可直達天津矣。「太華」之名，不知起於何代。以《禹貢》「華陽梁州」及常璩《志》推之，此山名爲太華極宜。顛縣即滇縣，見《漢書・志》。太華山山半之寺起於元代，大建於康熙時，其木石皆范總督承勳毁吴逆故宅運去者。范公有《太華紀勝》文，刻大理石嵌西堂壁上，石巨盈丈，真瓌材也。寺中有明沐藩世代像，亦有范公像。

仙館東新開二方石池一栽荷一養魚池上栽蘋果樹二株梨二株并於園南栽橡養山蠶以爲民先

牆東荒地手親鋤，砌石栽花二月初。兩樹甜梨兩樹柰，一池香藕一池魚。纔教園客來烘繭，也看家兒學著書。除却煮茶兼解字，更應何事算公餘。

牡丹一枝開極大

花大如盤放樣新，一枝何止十分春。高扶浩態恐成醉，勃發豔紅疑是瞋。玉鏡暈開香氣力，紫泥催足暖精神。惟憐南詔詩家少，莫道天涯無麗人。

梅花蜜

園中梅花盛開，至兩月之久。二月蜜房已滿，割之，是梅花所釀也。

春半園花殘，蜂釀可收拾。呼童開其房，蜜脾垂數十。一脾穴滿百，蜂頭何戢戢。蜜房片片，側垂如脾，竅孔側列于脾，蜜含孔内。甘露頷可含，黄粉翅能翕。蜂含花露于頷下，沾花黄于翅股之間。瑩如冰壺清，白若玉膏濕。

計彼冬春間，花稀寒不蟄。惟有百樹梅，銜銜採之急。蜂一日有兩銜。割脾留半臺，蜂王所居有臺，割蜜須留其半。割少則蜂惰，割多則蜂饑。淋漓注且挹。梅花香與魂，全與蜜爲入。甜味翻銀匙，萬花歸一吸。

老　鶴

爛漫齊開紅躑躅，樹杪咿啞飛屬玉。何如老鶴静無聲，卓立蒼苔看修竹。

登西臺看耕種

平野浸清滇，環城百頃田。喜逢新雨後，剛是種秧前。横笛遥村犢，抽帆小港船。碧雞山色緑，低與稻畦連。

東園初夏

初夏尚清和，東園日日過。雙池涼氣合，三徑緑陰多。瘦鶴常隨步，幽禽各占窩。引飛新燕子，亂叫野鸜哥。莧染臙脂飯，蠶收栗繭蛾。奇花現優鉢，鮮果結頻婆。嫋嫋風抽筍，琅琅雨打荷。窗深時可卧，琴在不須歌。攜幼還扶杖，看山更上坡。但逢娱意處，休問老如何。

近華浦大觀樓新立石柱水誌

雲影天光四面青，高樓欄外比滄溟。滇池浄拭琉璃界，華嶺平開翡翠屏。欲使萬村同水利，先教丈石立淵渟。浦前刻碣題名處，遠想焦山《瘞鶴銘》。滇池之水，涓滴皆到焦山入海。戊子立三石柱，一在金牛寺，一在近華浦，一在昆陽州海口，以驗夏秋漲水之尺寸，而知環滇州縣農田之深淺及海口之通塞。

晚飯於福兒書齋登西臺觀稼是日剪得七種園蔬桂花紫薇同開

西齋晚飯比山家，六月棉衣不用紗。七種自挑園内菜，一甌同飲竹中茶。摘來青李兼蘋果，開滿紅薇又桂花。城外稻田似城裏，高臺闌外即昆華。

東園夏日

東園積雨半歸池，密樹陰陰日影遲。蒼鼠避人啣柏子，紅魚浮水唼蘋絲。幾層石磴登臨處，四面雲山坐看時。杖得青藜隨步穩，不妨竹笠向風攲。

早衙散後掩園扉，氣候温涼驗化機。蜂蕋四時香不斷，繭蛾五月破還飛。釀花成蜜供丸藥，據樹歐絲著絮衣。喜是郊原栽稻畢，橡林又報野蠶肥。

方塘砌石接平沙，白藕栽成看水華。落日曬香宜晚飯，曉涼收露點春茶。闌邊雨過翠痕響，竹裏風來紅影斜。就此課孫知雅訓，花名菡萏葉名蕸。

菜圃斜陽小屋晴，緑杉林下晚風清。豆篷瓜架隨人坐，瓠葉茄花礙足行。素飽宜知藜藿味，忘機可聽桔槔聲。閒來頗愛灌園叟，除却肩鋤無世情。

咏滇南景物

人以緼袍兼伏臘，六月、臘月皆可著棉衣。花無月令開循環。四時花不斷，且午日開菊、桂，中秋開山茶、水仙，除夕春花亂開，千瓣碧桃，結桃滿樹，盆中梅花、蘋果皆結實。不是春秋亦佳日，別有天地非人間。

重九曲靖道中

邊地西風早見秋，今年重九又東遊。登高佳處競鞭馬，待穫閒時多卧牛。驛路正當千里遠，農田全是十分收。黄花縱好不相賞，飽看黄雲到貴州。

白水河看瀑

有如此白水，未及上翠微。高谿瀉鳴瀨，湍激不可磯。如驅萬鷺群，鶴鶴鼓翅飛。及其落深漈，百丈開晴霏。又如千疋帛，裂擲天孫機。境更夜郎遠，奇僻與世違。太白所不到，自古唫者稀。詩人若相賞，不惜濺征衣。

貴州省城水南新構小閣正對溪山余名之曰翠微閣并書扁

水南小閣題名後，一段林巒未可忘。黄葉多時有霜氣，翠微空處即秋光。眼前畫意任舒卷，溪上詩情誰短長。莫怪闌干人倚久，勾留清景是斜陽。

鎮遠行臺在鎮陽江上江即㵲水也後倚石屏山東横大石橋橋南岸即中元洞洞之上又有一亭東向川途余題扁曰上元亭

鎮陽江外四山青，擁列懸崖石似屏。曉起遲看東嶺日，暮來少見北垣星。當關蘭錡嚴兵衛，登岸𦏁牁證《水經》。爲愛橋南巖洞好，憑高題出上元亭。

沅江緑蘿山

緑蘿巖勢頽，懸藤釣沅渚。漁詠幽谷中，浮響若鐘虡。明鏡澈清潭，風籟傳空浦。酈氏注《水經》，足跡未到楚。何以接靈均，妙出湘沅語。子厚永州文，安能及斯古。

清浪灘

沅灘最是清浪大，四十里中石坎坷。兩山亂石原連根，豈計奔流從此過。清沅千里趨洞庭，鼓浪直攻山石破。疊石若梯狹若門，直下如春漩如磨。石當因水有撼摇，水亦因山多折挫。水石相通舟始來，第一舟應莊蹻坐。我待下灘心氣平，不敢恃强亦無懦。灘聲已遠新月低，擲筆鐙窗漸思卧。

武陵舟中食蟹

武陵水落晚泊舟，漁家簖裏多蝤蛑。十載不嘗郭索味，紫螯入手橫霜秋。桃花米飯洞庭酒，尖團何擇應兼收。監州與蟹别憎愛，符竹那許橫行求。計我管地已無蟹，粤、滇、黔皆無蟹。況所監者將百州。思量必有少卿在，更恐空惹坡公憂。蘇詩「欲向君王乞符竹，但憂無蟹有監州」，用錢少卿語也。

荆州渡江

遠帆一片指荆州，雁陣斜飛過我舟。身在江天渾不覺，怕人尋句正登樓。

南陽道中早飯

黍穈麥餅晚菘根，月店霜橋飽復温。何苦貴官誇貴食，更將海燕壓雞豚。

狐　裘

一白狐裘廿四年，南邊天暖久相捐。今朝河朔當風雪，温厚何曾減却前。

戊冬述職賜賚蕃庶紀恩四首

賜紫禁城騎馬一

紫掖朝天日，恩教策馬來。未能多矍鑠，何敢少虺隤。曳履星垣近，鳴珂玉漏催。小輿還命坐，帶子散朝回。次日，又命坐小椅轎以代馬。時伯兄户部郎中、叔弟刑部郎中。

乾清宫面賜福字二

錫福蒼生筆，丹砂金繪箋。御前敷禹範，頂上戴堯天。御筆書「福」畢，跪受，内監捧「福」字從頂上過。春滿璇宫裏，香依玉案前。傳宣加壽字，恩意在延年。又加賞「壽」字一幅。

賜御筆出門見喜春帖子三

玉尺裁春帖，祥雲繞筆花。喜從天上至，恩近日邊加。吉語傳中禁，龍光拜一家。春明門外路，誰道是天涯。

賜黄辮荷包四

若若荷囊帶，黄如御佩同。包含太和氣，摇曳早春風。品勝金魚紫，光分戟火紅。幾回拜優賜，依戀玉階中。

韗經室續四集卷九　文選樓詩存第十六

己　丑

雪夜曉行擬楊誠齋

夜雪迷路曉匆馳，具茨不見歧中歧。驛卒獨捉老馬騎，爲我覓路行逶迤。皓然大塊白玉版，我以輪蹄雕琢之。又忽匝地成巨紙，細行草稿來題詩。題詩直到黄河岸，横阻渾流望洋歎。河南河北白茫茫，一道金繩分兩半。

溯沅水源入黔

一夜漫山雨，三篙上水船。已交寒食節，不是冶春天。歷歷幾千里，匆匆將半年。江南好烟景，想到杏花前。

黔大定以西古羅施鬼國也穀雨過此牡丹處處盛開

魏紫鞓紅洛下姿，東風吹放滿羅施。郵亭院落皆雙盎，茅屋人家也數枝。滇水未能賞春色，黔山頗不負花期。小瓶旁插肩輿裏，一日看他四五時。

由七星關入烏撒

七星岩外七星關，幾輩詩人到此間？難得知名似寒士，少經題句是邊山。三春霜雪行冬氣，山高氣寒，穀雨後到威寧城，見霜見霰乃常事。百丈峰巒抗冷顔。留此一詩破荒寂，羌無故實問烏蠻。

東園夏日

春花未及看，及看夏初花。四月，東園曇花、榴、葵皆盛開。樹結蘋婆果，田生哈密瓜。出京帶哈密瓜種種之，十日即生。抽絲成繭邑，時養橡蠶，爲第二年，又成繭。割蜜散蜂衙。蜂脾歷八月未割，夏初割之，蜜老緑色，芳香尤濃。倦向此園卧，便如歸我家。

大理石小屏方尺許宛然設色山水巧合天際烏雲二句詩意

天際烏雲含雨重，欲畫此情筆誰弄？樓前紅日照山明，此景兼圖更難共。何期大理點蒼山，石畫天生出蠻洞。黑雲日影分五層，雨意相含補其空。雲中斜罅漏日脚，一片紅光向山送。奇景能傳玉局書，幻詩早入君謨夢。巧匠裁石妙使縱，若使横裁便無用。蒙段何知蔡與蘇，造物天然遠相中。嵩陽萬里有古情，青眼相看是清供。此詩此石誰後先，會向蒼巖較唐、宋。

伊中丞過東園蔬飯見示一律即和原韻

園如谷口有山橋，客似濠梁同見招。風裏筍梢抽筆直，雨餘荷蓋瀉珠摇。迴廊隱隱茶烟颺，行竈青青菜把饒。共此籌邊多少事，苦心却不是詩瓢。

滇南風景

萬里西南地，人間别有天。三春不歸雁，秋深，有雁率向西南飛去，春不見歸，或由瀾滄、土番北歸，或入緬甸，則未必能歸矣。六月未鳴蟬。天凉，蟬極少，六、七月滿城緑樹，不聞一蟬。便面涼停扇，深衣夏亦緜。冬暖，不用爐炭。五、六、七月無一日離緜衣。却嗟唐、宋客，詩句少相傳。

登西臺

每是登臺必解顔，平疇遠接碧雞關。鶩黄鴨緑新秧地，眉翠鬟青過雨山。趁市船來漁舍外，近華樓在浦雲間。耕耘已畢農歸臥，喜得民閒官亦閒。

大暑節桂花初開

終朝涼雨不聞雷，北户何曾肯暫開。今日節時交大暑，開窗爲放桂香來。

秋祭東園齋居詩四十韻

余正月廿日生辰，與白樂天同日。余四十歲時，曾和香山《四十白髮詩》韻，今匆匆廿六年矣。香山有《六十六歲詩》，又是年落二齒，有《落齒辭》，似老年一關鍵也。清夜翦鐙，作詩自忖。

我昔年四十，曾和白傳詩。白年六十六，有詩言其衰。七十欠四歲，白樂天句。我亦如其時。我昔知命年，目力先差池。今復十餘載，晶鏡屢改移。今眼鏡用七十歲老光。髮白雖少半，大半白其髭。今年耳所聽，亦覺收聲遲。我嫌人語低，聵聵將在兹。白公於是歲，二齒落有辭。我幸卅餘齒，全在無所隳。居粤八九載，濕氣注四肢。詩云微且腫，脚氣殊難醫。入滇氣涼爽，左足去其疵。右足尚有病，夏來加藥治。近亦可半愈，兼以息身疲。園中有山臺，藜杖閒可拄。廐中有紫騮，遊山偶一騎。仲秋多祭祀，齋宿今其期。東園好亭館，雜樹交秋枝。鐘鳴鶴聲静，清夜因自思。我無白公才，我比白公羸。今亦六十六，官重非分司。白公每乞分司閒官。年齒與禄位，不圖至於斯。老妻攜季子，歸守墓與祠。服官有二子，效力居京師。滇南宦最遠，今惟仲子隨。仲子文筆拙，經義微能窺。疏經成十卷，時福兒《孝經義疏補》初成。閲之頗解頤。貲郎任子間，所執或不卑。聚者固相慰，遠者歎相離。健亦勿侈樂，衰亦毋心悲。君門隔萬里，昔人常嗟咨。我君令臣喜，去冬賜御筆「出門見喜」春帖子。喜氣盈須眉。春明門外路，豈是天之涯。惟念老態具，精力將難支。安可龍鍾叟，頹然籌邊陲。然不籌邊陲，偷安又何爲？爲此齋居夕，自省復自疑。尚其式古訓，亦且力威儀。大事在於祀，惟福養以之。《左傳》「養以之福」，俗本譌爲「養之以福」。

中秋塔鐙

月中塔影又懸鐙，丈六支提九節青。一夜忽看造阿育，二分無賴照棲靈。花明滇上昆華館，秋滿江南福壽庭。萬里清輝共迴首，天邊風露度疏星。

以八月十六日爲中秋

雨餘昨夜無明月，三五佳時空上樓。忽計今宵月纔望，正該十六作中秋。凡中秋十五無月而望在十六者，正宜以十六爲中秋。

秋園

秋園策杖繞山行，更比春園氣候清。到處閒花皆有色，許多幽鳥不知名。白梨紅柿攀枝摘，甜菜香茶共竈烹。案牘判完還把卷，夕陽澹似老人情。

暮登東臺

西臺遥對碧雞關，更看東臺金馬山。秋日有情此城郭，夕陽無限好峰巒。未能酒飲須茶飲，縱不朝閒可暮閒。石上席猶清坐久，朱霞照我得酡顏。

題伊莘農中丞不倚圖

古人曾有言，地上即是天。惟天爲足倚，此外何取焉？有莘特立人，不倚更不偏。宛然中規矩，折方周亦圓。所佩有緩急，在韋亦在弦。賦性得骨力，可與立與權。如此無所倚，已五十餘年。開圖識生面，但坐草芊芊。除彼室與户，去其車與船。不著屏與几，勿傍林與泉。是曰强哉矯，豈非賢者堅。道光七八載，暨我居清滇。閒心共覓句，苦意同籌邊。我少本無倚，況復今華顛。即此恃天處，竊欲相比肩。題詩即言志，晚節皆勉旃。

以園中柿芥餉莘農中丞見謝長篇因亦以詩相酬

既不能爲田舍翁，毛錐長劍誰雌雄。不如治事有清暇，可以老圃兼老農。東園古柿高五丈，二三千顆垂秋紅。淩霜摘落去其澀，甘脆與梨争異同。秋來北地寄菜種，入土即緑成晚菘。蔓菁香芥潑生辣，咬根得味亦禦冬。東鄰西鄰并薄瀹，傾筐送去田家風。幕掾分嘗牙將笑，兩家氣味皆冬烘。果然牙齒嚼清慧，已有長句來詩筒。君遷入賦亞平仲，元修有菜吟蘇公。君不見，吾家閒地尚數畝，新栽小麥青茸茸。好待明年作餅餌，隻雞斗酒相過從。試將野叟茅屋趣，納入戟轅園圃中。

曉坐後院石壇

侵曉石壇上，居然農圃間。晨光銷落月，霜氣肅邊山。野趣蹔相借，閒愁難盡刪。不知南去雁，何處北飛還？

東臺待月

東嶺生明月，悠悠照遠村。天光澄碧落，山影接黄昏。頗不負今夕，祇因遊此園。歸來行竹徑，相送似柴門。

霜降日暮登臺看西山

霜氣初嚴雨氣衰，碧雞峰色碧參差。況當落日餘霞後，正是塗金刷翠時。堆起佛頭見華頂，磨開銅鏡照昆池。子安山紫潭清句，付此方成絶妙辭。

大理石屏四時山水歌

己丑冬，又見大理四石，縱横皆一尺外，巧如畫幅。第一横幅，春山睡緑，湘烟疊疊，其痕宛然有欲銷之意，用子厚句題之曰：「烟銷日出不見人，欸乃一聲山水緑。」此「湘烟春霽」也。第二方幅，横嶺連峰，沉陰黝緑色，下有雲起，上有雨來，用許渾詩意題之曰：「溪雲初起，山雨欲來。」此「夏山欲雨」也。其三立幅，特立方峰，右連緑嶺，天飄雨脚，雲落峰腰，亦用丁卯詩意題之曰：「殘雲歸太華，疎雨過中條。」此「華嶽秋晴」也。其四横幅，石紋如坡公雪浪石，青白相糾，酷肖風雪江流、寒磯激浪之勢，即用坡公句題之曰：「畫師争摹雪浪勢。」此「寒江雪浪」也。

南雲石幅天生奇，奇乃造物爲畫師。烟雲雨雪各有態，高山流水分四時。造物筆墨何手持，何年穴山爲畫師？豈獨勝於畫師畫，更得巧合詩人詩。子厚漁翁句久讀，不料此詩在山腹。湘烟裊裊銷成痕，暖透春山割新緑。夏雨欲來垂雨紋，山下滃起溪中雲。雨雲山色漸不分，風聲颯颯如可聞。詩人行過潼關道，華嶽秋高晴更好。殘雲疎雨中條山，繪出江南許丁卯。又聞東坡雪浪石，蜀江畫師留白脈。東坡《雪浪齋銘序》云：「余得黑石白脈，如蜀孫知微所畫，石間奔流，盡水之變。」可如此畫飛寒濤，風雪江頭浪花白。孫太古，冬景。米襄陽，夏景。洪谷子，秋景。趙子昂，春景。世間絹素易漫漶，不若石畫能久藏。天工豈借人智力，妙手偶得天文章。詩情畫意破石出，驚天逗雨吟點蒼。

過開化天生橋題名刻石

大道何平平，到此已萬里。誰知坦途下，横貫巨川水。谿深岸愈高，絶壁水面起。惟此兩壁巔，相接復相抵。此橋真天生，百步平若砥。橋邊勿駐足，亦勿俯而視。臨深知其危，奔流浩無底。問水何所歸？百里即交阯。諭蜀馬相如，題名難到此。

戲答家人

非但養心兼養目，高年遠宦少看書。家人勸我言如此，我答家人意可如。豈有劉伶聽戒酒，祇應輪扁老攻車。此中也有長生法，不用三仙飽蠹魚。

坐月壇坐月

坐月壇邊夜色遲，梅花香動影交枝。直從茅屋黄昏後，坐到參旗掛月時。壇旁結茅屋一間。

新造攂礮演成速戰陣和伊莘農中丞韻

聖武征西速戰平，楊家演得陣圖成。楊宫保遇春練攂礮速戰陣，收平回部，此力居多。今余在滇仿造此礮，教成此陣。礮不逾五十斤，肩負而放，五礮成一連環，能捷而及遠。傳來雷霆千聲礮，抵過弓刀一萬兵。目準手靈燃火急，步齊肩負轉環輕。治兵頗可終朝畢，還共敦詩入詔城。

報　春　花

滇中報春花，弱草也。葉類江南之虎耳草而無白紋，其穗高不逾尺，花五瓣，小如珠翠之盤，色在淺紫、紅翠之間。不畏霜雪，冬初即開，凡抽穗至三即交春矣。近時翡翠玉中有一種紅翠色者，女衣綾布中亦有比其色者，皆名曰報春花色。

翠應淡于羽，紫亦淺于薇。遠比西夷玉，新宜少婦衣。石邊自荏苒，雪裏長芳菲。報春何足論，耐得送寒歸。

大理雪浪石屏用蘇公雪浪石詩韻

大理石片如方立幅之畫，一波翻白突起，似有磯激于其中，波上迸起浪花，浪花外水紋又成黝緑青白色數層，皆具飛濤走雪之勢。昔坡公云：「余得黑石白脈，如蜀孫知微所畫，石間奔流，盡水之變。」《畫鑑》云：「孫知微《水石圖》，一石高數尺，湍流澈注，飛濤走雪。」今此石頗似之，應亦名之曰「雪浪石」，置香雪齋中。

太行石畫如雲屯，人巧不到天工尊。花石綱殘汴河凍，雪浪齋破寒雲昏。蘇公久別此石去，尚留銘字埋荒村。黑水梁州玉斧劃，別有大理開國門。孫知微死八百載，點蒼山裏招其魂。畫家粉本入石骨，詩人魄力通天根。飛濤向天學雲白，古雪窖地變玉痕。片片幻出洱海浪，定州一卷非所論。況此翻瀾激磯石，屏立不用蘇齋盆。齋前梅花亦香雪，目擊雪子吾道存。

冬至後連得大雪

風暖滇池冬不寒，同雲難見彩雲間。忽飛冰雪鋪千里，直洒來牟飽百蠻。火熱石鑪憐蔀屋，滇人少棉衣，寒則于屋内石阬燃薪爲暖。時平鐵甲解邊關。歐陽永叔《雪宴》詩云：「須憐鐵甲冷徹骨，四十餘萬屯邊兵。」登臺更向園林去，放眼遥天萬玉山。

百樹松杉凍壓枝，竹梢垂葉釣清池。即今玉圃攜筇日，去歲黄河渡雪時。路有鴻泥已陳迹，家如琴鶴半輕隨。況當香雪花初拆，合請皤翁坐詠詩。

山　海　棠

滇山中有大樹，名山海棠，冬至前開花，交春方謝。其花葉皆似海棠，蒂亦垂絲，而濃密過之。霜雪滿山，紅林獨盛，偶買連枝，插瓶彌月。此花富民縣多，昆明縣少，余使花奴移買穉者，植之署中。何來冬嶺樹，道是海棠枝。萬卉彫零日，此花穠豔時。淩雲垂鄂不，傲雪濕燕支。桃李春風耳，歲寒誰與詩？

臘八日園梅有開者

雪後雲陰意冷清，閒隨雙鶴繞園行。梅花有性真天放，得到開時便縱情。

園梅半開

霜雪風寒理亦齊，幾枝曲直任高低。林中香性誰知得？我道梅花似馬蹄。詩中不妨戲用玄學，説明是玄便不妨，總不可外儒而内玄。

月夜遊園

己丑臘月十四日霜雪之後，南風減寒，嚮晦月出，清景朗澈，遂乘椅輿出香雪齋。池上林梅初開，仙館牆東，臨池小憩。雜樹葉脱，月光在粉壁、池水之間，明潔如畫。復由茶隱亭過宜亭而南，止于射圃，閑田遠敞，得月更多。緑杉影直，雙鶴静立，老梅南枝，向月耀白，城鐘已動，坐賞良久。復回仙館，登北山石臺，東望城中，萬屋鱗次，城外金馬諸山，羅列楚楚。山外流雲横亘，似霞非霞，天宇空碧，肅而不寒。坐待參昴既高，與月同轉，始由山後而返。何地無月，何人不得月，若不記之，則此景付之太虛矣。

夜園月境幽，登臺境更闢。梅月守静虛，雲山廓清白。我見王輞川，近臘愛月夕。我見蘇東坡，月影玩竹柏。我無裴與張，但與月主客。後之視今者，或如今視昔。

東園殘臘

幾曾孤負好年華，如此園林聽放衙。三徑有苔皆步鶴，一年無日不看花。籌邊心力營巢鵲，送臘時光赴壑蛇。除却雷塘庵外雪，未應春雨更思家。

庚寅

正月八日遊西山花紅洞法界寺

邀遊古巖穴，更在西山西。遨頭策驄馬，山足指碧雞。松柏鬱遠翠，榆柳含新荑。壑底響泉筑，嶺邊栿雲梯。石門謝康樂，林間孔稚圭。轉折見厓洞，指點尋招提。旃檀嚴梵像，蕙櫋拜御題。寺殿有聖祖御筆「萬里傳經」四字。參天玉蘭立，拂殿紅茶齊。歸途視每俯，平野望弗迷。太華列屏障，滇池明玻璃。偶然共遥集，聊復遵故蹊。出山已蹉午，落日春風低。

正月二十日偕劉王二叟竹林茶隱

三人二百五十歲，隱入竹林同所憩。舉甌啜茗作壽朋，少破從前獨遊例。桐城壽者百四齡，談笑游行噏甘脆。自言弱冠入滇池，眼見乾隆平緬裔。浪穹老年七十九，手披經解講六藝。時《學海堂經解》初刻成，寄到滇，共一千四百卷，與王叟講其概。此乃門中古桃李，却並尚書紅杏麗。雨春軒前，古杏盛開，軒扁乃乾隆癸未年書。杏在扁前，亦百年樹矣。南中地暖纔立春，已似山陰欲修禊。時花香葉青春深，時梅已殘，桃、李初開。緑篠新篁夕陽霽。兒輩燒松烹洱茶，竹亭爐烟風細細。園東竹中有茶隱亭。羊求三徑寂無聲，惟有林間鶴清唳。香山七老今得三，疑我年者使之計。《左傳》曰：「疑年，使之年。」

滇中有百四歲劉壽叟者，名廷植，桐城人。步履、目光、齒力皆健，鬚髮未全白，如六十許人，語音高而善笑。叟於壯年在迤西見大何首烏，重百餘斤，購得之，剖吸白漿，目光頓明，精神增健，由此得長壽，無他異術。家大人曾仿唐人《何首烏傳》作《劉壽叟傳》。又有家大人己未門生王樂山大令者，名崧，榜名藩，浪穹人，年七十九，學問淹博，爲滇中老宿，總纂《滇省通志》，精神、步履亦强健。福乃於庚寅正月二十日邀劉、王二叟在宜園陪家大人遊坐，福侍茶爲壽，三壽共二百五十歲。唐白香山初爲七老會，其中尚無百餘歲者，家大人生辰與白公同日，七老、九老再俟諸他日。福謹記。

畫法

立幅雪浪石屏高一尺六寸，寬一尺三寸。**再用坡公雪浪石七律韻并鐫字曰琅嬛館仿蘇公雪浪齋孫知微**

畫仿眉州復定州，宛然濺雪激奔流。摹成水法有藍本，捲出浪花皆白頭。石脈千年磨不滅，江波半幅翦來收。誰能挽得狂瀾住，詩力蘇齋抵萬牛。

西宅後有紫薇二株葺其後屋題曰紫薇花院

西堂後屋似閒衙，收拾荒園可住家。山頂平横青玉案，正西玉案山。檐牙齊列紫薇花。千枝瓊樹看成碧，一片卿雲半是霞。須與民間共痾癢，莫將官樣負清華。《群芳譜》：「紫薇，名怕癢花。」梅堯臣詩：「薄膚癢不勝輕爪。」陸游詩稱紫薇爲「官樣花」。

紫薇花院後圃坐月壇

卅丈花垣一丈壇，石欄啜茗晚盤桓。風知少女微時好，月向上弦圓後看。園東有古柏二株，望後見月便遲。竹柏兩人影閒暇，星河萬里指闌干。且休久戀金波色，清露之中邊氣寒。

澹泉

紫薇花院後，最西北有井如眢，發其覆石，汲之，濕二丈之綆。其脈由陡山來，由五華山出，水甚清白，無鹹苦之味，然亦不甘，蓋甚澹矣，名之曰「澹泉」。

汲得無波井，其深如古潭。由來上池北，穴出五華南。澹欲生虛白，清何計苦甘。曾陪隱之酌，似此又焉貪。

署西木臺將朽遂拆之遷於澹泉西南七丈許用七千土墼疊爲方臺名之曰碧雞臺

草草荒園起一臺，不勞民力不傷財。兩層白紙餬虛牖，四壁黄垠疊大坯。寒重壓簷飛雨雪，春深繞屋走雲雷。縱横方丈尋詩地，那值文人苦費才。

排闥誰何到此臺？碧雞山特送青來。兩三峰向研池立，四十里將屏畫開。疎雨晴時霞甃罨，夕陽沉後翠成堆。登臨更比東臺近，阮眼相看日幾回。

水照青天似鏡臺，不因城市染塵埃。汪汪千頃涵清濁，采采中央詠溯洄。金馬山前多佛樹，黑龍潭上有唐梅。何如細讀《王褒傳》，縹碧光中節使來。「縹碧雞」見《西京雜記》王褒文。

半是公餘可上臺，坐看耕種到星回。滇俗以六月廿四日爲星回節，以松炬祀田祖，登臺望之，明若繁星。不言不動知風自，生魄生明記月哉。柔遠惟思鄭純法，籌邊休用贊皇才。祗今一片滇池水，唐、宋何人得見來。

食家園新麥麵

後圃閒地多，偶種數畝麥。春來抽穗芒，有浪深二尺。園丁攜月鎌，刈之付磨石。霏屑出重羅，無以比其白。今年餅餌香，舊臘雪霜汁。快此麥秋風，黃雲滿梁、益。

東園夏日

園池長夏樹扶疎，待到閒時意自如。爲試輕䅳去尋鶴，但抛香餌不鈎魚。老年可得惟加飯，結習難除尚著書。俗客何來詩客少，使君家似野人居。末用杜牧之句。

蜀葵花

蜀葵春早是滇池，夾路當階復滿籬。五色各争高一丈，萬花分與占千枝。牡丹極豔何曾久，秋菊能黃又惜遲。惟此向陽開不斷，芳菲接到雪梅時。滇葵春半已開，直到冬末，一穗初殘，數穗復起，計花之久而繁，無過此者，余栽之甚多。花有紅、紫、黑、白、紺五色，其紅色又分大紅、桃紅、粉紅三色，惟無黄色，讓與秋葵耳。

紅藜杖

青藜杖數枝，三年矣。丹漆之，名曰「紅藜」，欲象唐之赤藤。

老龍拔鬣電搜壁，南詔蠻藤如血赤。昌黎唫罷香山唫，韓昌黎有《南詔赤藤杖》詩，白香山亦有《南詔紅藤杖》詩。萬里雲天隔梁、益。我持節往六詔南，欲覓此藤無處覓。園中自有老藜根，斫取數枝握青碧。三年未免色模餬，半染苔痕半手澤。忽加丹漆華而堅，榔櫪横擔五六尺。太乙吹火紅照人，不許珊瑚鬬玉石。皤翁攜此東園來，一笠圓棕雙蠟屐。勁莖疎節輕于藤，皓鶴鶩紅避長策。而今那有異牟尋，頗可扶藜傲韓、白。

夏登碧雞臺

六月滇池上，登臺引興長。郊原酣雨氣，水木泛雲光。尚覺棉衣薄，全將羽扇忘。昔年泰山頂，似此得清涼。

野鶴群

六月廿六日，有野鶴爲群，盤飛于宜園林杪，與園鶴相和而鳴，久之，向南飛去，數之，恰十雙也。園丁云：此鶴與園鶴朱頂者無異，滇中多有之，久晴將雨則入澤，久雨將晴則入山，秋田既熟，群飛損稼，農人逐之捕之。雲南舊《志》惟有灰鶴，無白鶴，蓋習見野鶴耳。野鶴毛色不甚鮮白，宜園鶴初來，亦不甚白，養之逾歲，始全皓潔。滇鶴與余鄉淮海之鶴無異，惟自嗉以下一尺頸全黑，不似淮海鶴乃黑白二色相糾轉也。

忽驚林杪白紛紛，廿鶴盤飛自結群。濕羽昆池嫌滯雨，振翎華麓快晴雲。高吭引和清相應，衆翅搏風颯可聞。能舞終憐園内鶴，褊褼肯向鮑參軍。

題碧雞臺

不難終日住樓臺，難得臺從古跡開。山在益州雞縹碧，節持漢使羽毰毸。二千年上神光在，五色雲中翠影堆。若是倚樓横塞雁，王褒還攊洞簫來。

大理石屏正面立看合疎影横斜水清淺背面横看合暗香浮動月黄昏

疎影暗香交水月，若教作畫頗難工。誰知和靖詩心在，透入蒼山石骨中。清淺倒垂枝掩映，黄昏斜倚氣朦朧。妙從不甚分明處，兩面縱横覓句同。

九日登西臺

九日登臺近更宜，豐年佳氣滿昆池。直從緑雨鋪成後，看到黄雲捲盡時。拙政無如觀穫樂，新炊端可望烟知。白秔一石銀纔兩，穀賤傷農是謬詞。

翡翠玉效樂天樂府

古有驃國樂，今有驃國玉。翡翠玉來緬甸，緬甸即唐驃國。朝廷不寶之，此玉入流俗。色不尚白青，所貴惟在緑。炫以翡翠名，利欲共争逐。佳者比黄金，價更倍五六。滇關駝玉來，麤皮皆碌碌。貪緑在皮中，若可見其腹。或以千金享，或判卞和足。及剖乃異色，今多淡紅色、青蓮色，即報春花色。幾于抱玉哭。或見緑一斑，喪斧少償贖。若得緑一拳，即能潤其屋。緬夷賴爲利，斷之彼窮辱。此貨走東南，狥之意殊恧。貴賤有何常，好尚誰反覆。所寶若青紅，緑璞成賤璞。

西行閲兵憩雲南縣青華洞

青華古洞最清華，水木分明又一涯。湖墅群飛朱頂鶴，是日，有鶴數十隻飛旋水上。滇人不名曰「鶴」，但呼之曰「朱頂紅」。郵亭濃發白崖花。縱來遊客難尋穴，洞有水阻。可有詩人此住家。但使琴堂非俗吏，必耽元狩舊雲霞。雲南立縣，始漢元狩。至于彩雲見於白崖之説，不見於古書。

點蒼山書所見

睡醒榆川夜雨殘，曉來積雪滿蒼巒。早霞西掩青爲蓋，初日東升金作盤。雪嶺不知何處去，火雲忽變作奇觀。赤城紅燒烟消散，玉嶂依然白氣寒。

過蒼山第十五峰下登楊升庵寫韻樓又至大雲堂外觀龍女花

十五峰前洱水涯，舊樓還是野僧家。楚雄垂柳不堪折，折得一枝龍女花。升庵過楚雄，作《垂柳篇》。龍女花惟此地有之，高數丈，花似單瓣白茶花，稍大而韻勝之，皮色亦相似，惟葉長而不脆，或山茶之別種歟？

重修承華圃教場閱武

省城内五華山西有校場，即前明沐氏之柳營，今名承華圃，其堂有康熙辛卯年舊扁曰「景武堂」。庚寅冬，重新之。周築土牆三百六十丈，留取土之坎以爲荷池。堂後存古柏四大株，餘樹皆朽。今栽新柳數百株，加以雜花。此地閲小隊官兵，演連鐶擡礮最便。

柳營舊是沐家場，今日重修景武堂。坐榻頗宜依大樹，射屏還與種垂楊。池邊共遂爲鵝願，階下還凝畫戟香。旗偃梅花軍士散，吟鞭歸去又斜陽。

臘月十四夜遊宜園

殘臘月將滿，月下宜有梅。古梅三十樹，銜寒香半開。梅邊宜有鶴，雙鶴立老苔。與梅夜相守，不覺清鐘催。宜亭竹柏影，參差接東臺。試問此園境，豈不宜我來？扶藜復行樂，去年此夜，游園有詩。獨往無人陪。斯時思所宜，宜于漉新醅。雅欲學古人，對月引一杯。白墮不我醉，白鶴不我猜。梅花再百臘，我亦古人哉。

大理石擬元人四時山水小幅

仿名家四時山水小景四幅，石質皆堅，滑如玉。其一高五寸五分，寬一尺，上方緑色，横山起伏有情，下有烟霞，青紅二色，勢亦起伏，題曰「春谷烟霞」，仿趙鷗波設色也。其二高八寸三分，寬七寸五分，中横赭色，山似有暑意，山上烏雲横流，鬱然含雨，題曰「夏嶺蒸雲」，擬高房山染法也。其三高八寸三分，寬七寸五分，下有坡樹，中隔溪水，水外山村，色雜黄駁，具霜林之趣，題曰「秋山黄葉」，摹黄子久筆也。其四高九寸八分，寬五寸五分，主峰中立，皴染無多，而積雪甚厚，峰外雪氣滿天，題曰「寒峰曉雪」，用倪雲林簡筆也。

點蒼山裏石，畫繪皆天生。乃不曰天生，翻云人畫成。子昂與子久，二難何可并。房山力淳厚，倪迂多逸情。既謝縑楮質，豈許丹青争。春谷霞彩暖，夏嶺烏雲横。秋村有黄葉，冬雪曉未晴。設色尚非異，神韻入妙精。筆跡不可求，渾脱疑且驚。我縱各題品，未足揚其名。此物自不朽，造化詩無聲。

揅經室續四集卷十　文選樓詩存第十七

辛　卯

承華圃爲校武場重修之後隙地甚多且有流水使花奴居之種花果

笑指清溪百種花，此間即是汝生涯。陸魯望《賣花翁》詩：「笑指生涯樹樹花。」紅桃白李初栽樹，細柳新蒲盡發芽。方朔縱來能幾度，王戎雖好莫專家。祇須贏得他年説，買夏探春近五華。

東園祠壁畫十二月花神像

正月梅，二月杏，三月桃，四月優鉢曇，五月榴，六月荷，七月紫薇，八月桂，九月菊，十月山茶，十一月山海棠，十二月蠟梅又加牡丹花王，閏月靈芝。山海棠似垂絲海棠，由富民縣移植之。靈芝大如扇，去年産於香雪齋後院。

譜出群芳是喜神，素卿圖裹又朝真。本爲花國妙香國，合現官身女子身。廿四番風半弦月，十三圓閏兩頭春。石榴皮澀梅枝老，書畫皆當問道人。

樹老園深合有神，冥冥煙氣列群真。妙將畫譜分仙譜，笑指花身即應身。諸品有情皆示相，一年無日不生春。千紅萬紫東風面，可識寒香是主人。持梅者貌近余。

甆盎牡丹盛開列置坐右

孯經小室紙窗虚，老共名花一室居。笑異青蓮拈亦可，意同紅杏鬧何如。留香荀令濃薰坐，作記歐家雅著書。莫道春光不相稱，任將華髮對花梭。

壓案花光豔豔明，繞牀花韻暖風輕。硯中綺語春休洗，几上有彫牡丹石皮子硯。鐙畔天香夜更生。貴客獨饒書卷氣，美人静遏管弦聲。不禪不伎亦君子，莫矯恒情諱愛情。

點蒼中峰圖石屏

蒼山平列十九峰，峰峰黛色參天濃。惟第十峰居正中，最高常與雲霞衝。此峰右坳産畫石，丹青幻出山千重。世間雲山畫不了，且能自畫真形容。上峰下巒合古法，皴染一變成南宗。豈非荆浩傳關仝，放筆直掃青芙蓉。

大理石五色雲屏

鼇足既立還補天，有五色石可以鍊。石破天驚秋雨晴，彩雲流作雲南縣。雲南縣，漢元狩置，舊《志》以爲因彩雲現。漢元狩雲入蒼山，二千餘年看不見。雲化爲石無處尋，石若爲雲亦能變。五丁夜半踏天來，割取彩雲持一片。是雲是石渾不知，紅緑青黄雜爲絢。雲中君兮在雲中，冠劍切雲采衣袨。前驅望舒後飛廉，旗節虬螭擁雷電。靈連蜷兮曷歸來，歸極蒼山睨真面。爛然立作四尺屏，配我端溪三尺研。此石贈陳雲伯，雲伯有和詩、謝詩，又來函云：「寒家不能世守，遂嵌置嘉定震川書院書齋。」道光十三年正月十日，雲南五色采雲現。

雪浪石屏第三幅

走雪飛濤浪花濺，孫知微畫世罕見。洱海波翻漾潩灘，石畫忽然開片片。坡公詩句在定州，萬里神工爲詩鍊。黑質白脈纏兩面，雪浪奔騰復回轉。石可言詩素爲絢，奇妙獨到水中漩。蒲家活水慈壽院，亦能瀉跳盡水變。此爲雪浪第三圖，入水不濡非紙絹。可惜坡公未曾見，持與蘇齋問真贋。

《清河書畫舫》有孫知微《水石圖》，即坡公雪浪石所擬也。蘇公《畫水記》謂：「蜀孫位畫奔湍巨浪，盡水之變。」又在大慈寺院看蒲永昇仿知微畫活水廿四幅。

題仇池穴小有天大理石屏用杜工部詩韻

正面橫皴，山崖不多，中留一洞，極爲清楚。背面略如畫家開障之大鈎，大鈎之下即清虛絶無皴染，及迎日光、鐙光照之，則山形多現於夾層之中，洞影透漏於虛鈎之下，頗非簡筆，真老杜詩所謂「萬古仇池穴，潛通小有天」也。《茅君内傳》云：「王屋第一洞天曰小有清虛之天。」即老杜所云「小有天」也。昔坡公在揚州得英石，因杜詩名之曰「仇池石」，享爲希世之寶。此石似更得老杜詩意。

點蒼雲裏石，王屋洞中天。杜老仇池意，茅君福地傳。穴山潛見日，磨玉潤生泉。萬古清虛境，來吾尺硯邊。

梨花雲石屏伊莘農石

梨花雲，夢中路，春山都是梨花樹。石中花樹半雲遮，王仲初詩在何處？曾記西山遊戒壇，羅睺嶺下花漫漫。白雲緑樹尋詩去，店舍無煙多曉寒。關山路遠月相送，幾度梨雲含雨重。今日點蒼山裏雲，畫出春遊舊時夢。君亦春明思故園，滇衙花石冷如村。吟詩同似潁州口，春月溶溶深閉門。

仿王晉卿煙江疊嶂圖石屏用東坡韻

玉斧劃出六詔山，點蒼萬里空雲煙。汴京應畫河嶽色，馳情江外何爲然？晉卿《疊嶂》古名繪，山頭遠樹煙中泉。蘇詩與畫共南渡，竟使半壁撑山川。宋絹色褪似粉本，傳流當在宣和前。煙雲變幻七百載，鍊石遠補西南天。良工磨琢使平滑，奇景突見清且妍。翠嶂出没水煙裏，呼龍種玉耕煙田。此石毋乃畫所化，款題道光十一年。似雲非雲是煙氣，浮青籠碧松娟娟。嶂巔皆似有遠松排點。紙窗静對繼以夜，鐙影透石娛清眠。晨光穿漏宿雲解，又似縹渺營邱仙。坡公是時在翰林，又題王晉卿藏畫，有「縹渺營邱水墨仙，宿雲解駁晨光漏」句。我來洱海八千里，詩畫與石生三緣。月石風林在何處？月石風林屏，東坡贈小范者，皆有詩。且和坡公此一篇。

題花隖夕陽遲石畫研屏

新雨緣兩山，中有尋花路。一路雲漫漫，詩人自來去。我愛杜彦之，若在花間住。桃李與棠梨，亂撥雲中樹。山坳木筆多，紫色含煙霧。疑是輞川人，自畫辛夷隖。丁度《集韻》「隖」有去聲。風日故有情，光景妙於暮。遲遲夕陽色，默默林花趣。嗟此一片石，幻出古詩句。我欲買春山，惘然在何處。

五色杜鵑花

滇中杜鵑花樹有盈丈者，同一紅色，分淺深三四種，又有紫、黄、白三色。

處處山花鬧子規，啼紅深淺萬千枝。誰知花鳥多顔色，紫燕黄鸝白鷺絲。

梅子黄熟摘置硯旁其香更幽於花

夏雨園林梅子黄，摘來清味比花長。却從芍藥荼蘼後，又作人間一段香。

石雲圖方石屏

洱海十九峰，雲氣出其穴。温則合爲雨，寒則霏成雪。即使爲綵雲，變化同一瞥。異哉石中雲，舒卷自怡悦。石可使雲生，亦可使雲結。終未散於風，千年不磨滅。

青山白雨硯屏

縹渺營邱水墨仙，青山白雨疊雲煙。分明又見《宣和譜》，雨脚曾題僧巨然。

題仿小米山林小石屏

坡陀小樹緑陰肥，一角秋山是翠微。雲氣襯空攢點濕，化工也學米元暉。

登西臺觀栽秧畢

水木共明瑟，巖岫交清蒼。獨有平疇中，清淺含輕黄。知是滇池邊，農户皆分秧。耕種亦已畢，稼穡兹爲良。懷新足雨氣，餐秀浮風光。時見戴笠人，牽牛茅屋旁。豈知登臺者，憑檻遥相望。民情静如此，吾意亦倘佯。

詠藜杖樱拂木㽘靈芝

宜園無華飾，樸質如山村。青藜以爲杖，削枝握其根。樱葉爲拂子，可以助清言。老樹朽自神，斵之以爲㽘。可以臨池坐，可以置石盆。忽然有靈芝，如槃産後軒。采之供硯側，緑黏松柏痕。園中皆自有，外求戒其煩。吾室安於陋，吾道乃可尊。

雲臺圖石屏

山以雲臺名，多不計其數。吾足跡所到，已有三五處。此有雲有臺，又有登臺路。著色皴老蒼，尺幅傳董、巨。阮翁亦一山，與石固同趣。

題烏林雷雨石屏

天欲雨，山模餬，長林葉黑雲氣烏。大米小米高尚書，合其筆力爲此圖。右角雨脚蓋日脚，左角雲重墨亂塗。石背翻手忽動色，潑墨有似頭所濡。風雨撲地鵬落翅，雲頭狂卷龍追珠。此中必有阿香車，請君屬耳聞雷乎。天生石畫出葉榆，與楚雷鐘皆可雩。余藏《楚夜雨雷鐘》宋拓本，雩時每陳於家。語爾片石毋豪麤，泰山觸處方合膚。

和伊莘農中丞龍雨圖石屏歌

誰探驪珠得詩早？夢得引盃真絶倒。一時元、白懷古情，罷唱不復尋龍爪。孫位潑墨畫葉龍，五爪怒攫生雨風。古人詩畫各不朽，淪入點蒼文石中。石中墨龍飛上天，畫龍不畫龍身全。青山白雨走雷電，惟見雙掌拏雲邊。益州邪龍如太乙，中有丹青萬枝筆，但須畫爪勿點睛。惟恐僧繇一龍失，衹今雷雨昆明池。六月著手寒，龍皮石翻不見兩龍爪，惟見雲頭兩脚下壓長慶詩。

蕉林天影小硯屏

零陵庵中書緑天，點蒼山裏藏畫仙。仙人畫蕉先畫影，説與凡工渾不省。遮頭高葉最老蒼，葉邊日色浮輕黃。青如遠山緑如水，幾層濃淡涵天光。吴小仙，學此幅，硯側小屏一片玉。紙窗晝影看不足，更向鐙前照空緑。

嶧陽孤桐石屏

萬古弄石者，《禹貢》開其宗。此畫有鉛氣，峰右多黑松。是真可詫之怪石，況有離琴灑瑟之孤桐。主峰絶似嶧山峰披皴，略與梅花道人同。桐身孫枝老更緑，蒼然特立秋色中。魯南嶧山隔萬里，乃有蒼洱文石爲化工。山靈讀經又讀畫，丹青幻出人無功。今當立我書硯側，聽我萬壑彈松風。

大理石宋柏圖用杜工部古柏行韻

畫宋柏圖，圓障逕一尺八寸半，正面右有柏身，轇轕偃蹇，枝葉無多，襯以雲氣；背面則枝葉繁多，影濃陰重矣。

黑水漢祠森宋柏，南詔蒼山劃文石。石中柏影八百年，幹老陰濃三五尺。潑成翠瀋唐梅驚，琢出蒼虬龍女惜。圓障翻爲兩面圖，雲破枝回月輪白。眉山兄弟來潁東，畢宏、韋偃泣幽宫。醉翁松石畫何在，虢山過眼雲煙空。豈料今日滇水上，更貌古柏爲屏風。埋骨難期石不朽，論心還是詩有功。笑余書卷常充棟，萬里舟車已愁重。更題此石將如何，夜静月虹若爲送。君不見，孔明廟柏幾回種，唐碑字蝕閣羅鳳。千年古木化炊煙，石鼓曾爲舂米用。

唐梅、宋柏皆在昆明黑龍潭。余考《漢志》：昆明有黑水祠，即黑龍潭歟？蘇子瞻、子由過潁州，歐陽永叔以虢山松石屏令賦詩，大蘇詩有「我恐畢宏、韋偃死葬虢山下，骨可朽爛心難窮。願公作詩慰不遇，無使二子含憤泣幽宫」之句。龍女花古樹，惟大理有之。

野鸚哥

園林緑羽日紛紛，舌弄娵隅是野群。千里相投作蠻語，門前多少郝參軍。

大理石仿古水小册十六幅歌

仿古山水小册二册，各八幅，八直八横皆以七寸半、四寸半爲度，就景題名，克肖詩畫，各能精妙。八直幅：一翠峰霞影，仿小李將軍法，太白《廬山謡》：「翠影紅霞映朝日。」二夕陽花隝，仿黃鶴山樵，杜彦之詩：「花隝夕陽遲。」背面倒看亦得「柳塘春水漫」之趣。三湘烟漁曉，仿方方壺，柳柳州詩：「烟銷日出不見人，欸乃一聲山水緑。」背面有日未出、烟未銷之意。四山紅磵碧，仿輞川著色，退之詩：「山紅磵碧紛爛漫。」五天際烏雲，仿大米法，蔡君謨夢中詩：「天際烏雲含雨重，樓前紅日照山明。」

背面青緑甚鮮而畫不入格，故不選。六夕陽沈緑，仿鷗波設色，魚玄機詩：「夕陽沉沉山更緑。」七峰陰凝紫，仿高房山渲染，少陵詩：「紫閣峰陰入渼陂。」亦兼取王子安「烟光凝而暮山紫」意也。八寒峰縹渺，仿營邱水墨，陸魯望詩：「左右皆跳岑，孤峰挺然起。因思縹渺稱，乃在虚無裏。」坡公詩云：「縹渺營邱水墨仙，浮空出没有無間。邇來一變風流盡，誰見將軍著色山。」八横幅：一江梅春渡，仿黃子久著色，用粉點梅花，杜必簡詩：「梅柳渡江春。」二烟江疊嶂，仿王晉卿卷尾一段，晉卿和蘇詩：「晴雲漠漠曉籠岫，碧嶂溶溶春接天。」背面倒看更得烟江之趣。三杉林茶焙，仿范華原密林法，皮鹿門《茶焙》詩：「九里共杉林。」杉林，焙名也。四石壁烟虹，仿夏禹玉劈法，張燕公詩「石壁淡烟虹」，背面合「返照入江翻石壁」之景。五窗納遥青，仿曹雲西，孟東野詩：「開窗納遥青，遥青新畫出。」六雲深采藥，仿梅花道人，賈浪仙詩：「衹在此山中，雲深不知處。」七翠微黃葉，仿郭河陽，和靖詩：「村落飄黃葉，人家濕翠微。」八雙峰立雪，仿馬一角，東坡《雪》詩：「試掃北臺看馬耳，未曾埋沒有雙尖。」

點蒼石畫畫者誰？造物不以心爲師。模山範水有古意，半出唐、宋詩人詩。詩中妙景即畫本，唐、宋、元畫成派支。小李、大米馬一角，房山鷗波黃大癡。水墨雖變金碧法，吴裝設色今方滋。研磨丹赭擣青緑，匀和粉墨調燕脂。石髓如泥任摶造，更如學杜得骨皮。化工心力在於此，餘事付與人間爲。但見匠人割取怪石出，問以詩畫瞠不知。化工得意囅然笑，文章天成乃爾偶得之。煙銷日出柳州句，山紅澗碧昌黎辭。雙尖白雪埋馬耳，夕陽緑黛吟蛾眉。集此小册十六幅，宛然手筆新淋漓。石可共語索題句，幅幅幼婦韓陵碑。既爲特健之古藥，亦非宓機之絹絲。反惜古人不見此，收藏鑒賞今何遲。君不見，洱海蒼山中有詩畫窟，一經拈出多神奇。我所不見更什百，拙工横割尤可悲。所以自古才人恨不遇，畢宏、韋偃死猶發巧思。若使歐、蘇選石如選士，世間佳器應無不遇時。

永叔蓄松石屏，令東坡賦詩曰：「我恐畢宏、韋偃死葬虢山下，骨可朽爛心難窮。神機巧思無所發，化爲煙霏淪石中。古來畫師非俗士，摹寫物象略與詩人同。願公作詩慰不遇，無使二子含憤泣幽宮。」

題相送柴門月色新石屏

先乃圓幅，損邊改爲方幅，不足尺。畫看無多痕迹，上有淡痕兩道，似兩岸夾一溪，下有淺烏痕一道，似山非山。及迎日光、鐙光照之，則明，真是月色一溪，兩岸朦朧，向江而去，溪中黑斑又似舟帆，故以杜句題之，詩境湧出矣。

紛紛月色滿柴門，杜老詩情細與論。不料照人能白石，竟如送客過黄昏。清溪兩岸灣成影，野艇孤帆遠著痕。何日暮天秋水外，得扶衰叟詠江村。

屢年年豐民安辛卯秋仲民間願祝聖壽懸燈結綵亭臺相望十日之久又值秋試遊者如雲爲向來未有之盛因紀一律

民心祝聖壽，帝德被民夷。石米錢千箇，滇中市斛，隨處不同，約計粗米百斤值千錢耳。三坊燭萬枝。昌丰遊皓月，歌吹滿滇池。試覰真消息，路旁無乞兒。

暮登碧雞臺

暮登碧雞臺，西山碧如玉。霜後嵐氣清，斜陽明水木。曾見分秧時，卅里平疇綠。轉眼穫黄雲，村村已春穀。半年好晴雨，天意憐蔀屋。歸來治夕飧，一盂新米粥。

霜降芋田收芋

去年種蹲鴟，入土深一尺。其上覆以土，更種小來麥。麥熟拔數斛，餅餌香可炙。夏時芋發苗，入秋酣雨澤。霜降掘其根，纍纍綴千百。曬煮佐晚飧，膩若玉肪白。風味似田家，錦里先生宅。

爲林小汀表弟怡曾爲兵馬司指揮**題繞綠來青書屋兼以青綠山水滇石寄之**

有官小試執金吾，軟紅塵裏乘鋒車。車前列卒持鞭呼，又聞柏臺臺上烏。此君掉頭仍讀書，横冶山色青其廬。廣陵最好西山色，横山青青冶山碧。我昔曾爲山裏行，雅愛山中好泉石。結茆更宿溪上村，況近古莆外家宅。鐵山相國王文通公。君外家，墓田松柏横山遮。牛眠卜此豈無意，所以谿上題梅花。謂外祖榮禄公。書來告我新園小，收得西山山色好。我選滇石遠寄將，畫出西山若天巧。秋田稻熟兒能文，排闥青來綠將繞。君家山色閱人多，寄言我又垂垂老。

作石畫記並題

畫家能寫景，妙與詩情通。人力不能到，始識天有功。北宋號山石，幻出月與松。歐、蘇共題賞，畫法擬畢宏。今之點蒼山，石畫生中峰。第九峰腰。溯畫所自出，五色生山龍。今紅緑透明者，出龍王廟洞內。昔惟白與黑，今更緑且紅。分巒及開障，著色皆南宗。雲霞絢采采，水月交溶溶。霜樹渲其秋，雪林染於冬。畫梅女字枝，畫樹點翠濃。畫雨極雨勢，兼挾雷以風。或耀金碧色，或示希微蹤。蘇《題松石屏》詩：「上有希微蹤。」或仿董北苑，或摹米南宮。近可及馬、夏，遠或成浩、仝。品畫各静妙，寫句尤巧工。透光借鐙照，滑澤塗蠟烘。碌碌或如玉，星星真有銅。石内或磨出銅星，灼灼可見，各色皆銅氣也。小屏立硯北，大幅懸牆東。收藏鬱林船，江夜月貫虹。吴裝非古派，其時值段蒙。何以石畫法，皆與吴裝同？蘇、黄作詩時，大理已臧儂。何於唐、宋句，曲盡其形容？滇少詩畫友，得友在石中。舊交久零落，歎息感於衷。豈無新交遊，自顧嫌龍鍾。宜此特健藥，書畫之佳者，名曰「特健藥」。與之相磨礱。更如與談理，點頭對生公。我固愛石友，石亦依雲翁。

題大理石雪林石屏用蘇黄雪林石屏韻

晴雪浮白煙，紫樾猶含陰。飛飛玉田氣，森森翠柏林。皓色透石背，林影相與深。蘇、黄若驚見，奇妙添詩心。

雪林石硯屏第二再用蘇黄韻

此石以淡墨襯出白雪數峰，雪景分明如畫。

夜雪滿山野，曉色猶沈陰。北風撼松雪，雪落森翠林。遠峰立群玉，寒意分淺深。何能日無事，聊娛匪石心。

小方兩面石硯屏

正面題「浮嵐暖翠」，較黄子久圖無皴染之迹，背題「鷓鴣天」，合「雨昏青草湖邊詩」意。

畫家無此好峰巒，權作丹青一幀看。著手翠痕殊不冷，沾衣嵐氣未曾乾。始知山裏神仙巧，應笑人間筆墨難。名蹟漫題黄子久，苦吟還想鄭都官。

論石畫

古今諸畫家，各自具神理。染煙復染雲，畫雪亦畫水。至於日月情，能畫者罕矣。惟此點蒼石，畫工不得比。如「日觀峰」、「烏雲紅日」、「月中山影」、「相送柴門月色新」諸幅。峰巒天水間，空氣須遠視。即使遠可視，無迹誰能指。滃然似渲漬，渲漬難到此。脱化有真神，渾融成妙旨。若畫没骨山，門逕從此啟。宋、元虚妙處，唐人已難擬。此石更妙處，元著超超耳。始歎造化奇，壓却絹與紙。

壬辰

壬辰春園梅盛開有畫者貌我爲采芝選石揩柏扶梅四圖

一　采芝

香雪齋後，丑、寅、卯三歲生三芝，皆大如團扇，其色緑。

高齋北廊外，三歲生三芝。緑受梅雨潤，堅得松風吹。采之思止止，虛室吉祥時。

二　選石

年來頗愛大理文石，衆石雜陳，以能合詩畫之意有色澤者入選。

我心詠匪石，惟石可以轉。文石出天工，棣棣我所選。譬如古畫圖，入手頗能辨。

三　揞柏

督署二門外有古柏兩行，西北一株，上已槁而旁出一枝，拗垂有勢，惟慮風搖雪壓，舊以木揞，余易以鐵，永愛惜矣。

古柏科上槁，計已數百年。一枝垂天矯，何以全其天。鍛鐵揞拄之，其壽可以千。

四　扶梅

香雪齋射圃古梅皆百年外樹也。其腹空㙛，而花頂尚繁，玩其生氣，皆由皮膚上行而出於枝，虞其折也，皆扶以柱。

古梅半朽㙛，繁花生皮膚。譬如年老人，會須與杖扶。我亦扶紅藜，并梅同一圖。

遊黑龍潭者采唐梅一枝來

耳鼻有聲臭，聲臭安能長？隨風即消散，歲月空茫茫。昨有今已無，何況溯李唐。滇中有唐鐘，我得聞鏗鏘。滇中有唐梅，我得嗅芬芳。計我耳與鼻，好古非尋常。一枝浸硯水，氣味千載强。世少百年鼻，花有千載香。

茶隱日作

杏花春雨梅花落，又見桃花接杏花。處處東風無不到，年年物候未曾差。病餘須是閒看竹，飯後還宜淡煮茶。屈指古稀甚相近，衰軀可得卧京華。

辛卯南掌國貢馴象到省臺已屆寒冬留至壬辰春始令北行行時又到臺前辭行

南掌茫茫古越裳，《禮部則例》云：「今南掌國即古越裳。」朝天萬里願梯航。譯來水象皆編字，蠻觸無争誓水長。譯曰：「掌者，象也；南者，水也。彼中多水象，因以名其國。」去秋入貢，到邊與邊外部落莫水猷牛盟誓，以後相和不相蠻觸，亦佳事也。南掌貢表及呈總督文書不用紙，皆用蒲葉。番字字横行，蒲似木柹，長尺寬寸而圈之，盛以如塔之漆木器。是時鑾儀衛正需添象。

馴象高頭跨錦鞶，象高六尺餘，象奴錦布衣。碧雞坊下萬人看。分明各有花名字，領隊相呼服貢官。象各有名，如此次麻罕玩、麻罕克等是也。

特向轅門報象來，轅門應爲象雙開。欲從遠省趨閶闔，先到行中書外臺。象入城，先稟到，後始歸象房，遲日再到堂跪見。

貉隸原能與獸言，象胥還向象前翻。立行跪拜皆能聽，可把人情與象論。象奴有番話，令之行止則行止，令之跪拜則跪拜，且可有勸諭之言，象皆能聽之。行至北地過渡等事，象奴每令之止而索賄，今諭送象官嚴禁之。緬甸亦貢象，其象之言又與南掌象言不同。

巍巍馴象入門徠，貢使夷奴次第排。向上能行長跪禮，青茭糯飯食當階。象來見余，入門至大堂下，行長跪禮，賞之以糖草糯米飯，即在階前以鼻卷食之。

象産炎方未見寒，遠行總要保平安。中州風雪須教避，似解人情亦喜歡。豈獨懷柔到遠人，此心柔象象皆馴。楚南一路鶯花地，送爾行看上國春。予奏象生南方，畏乍寒，請春暖始行。花象曾看貢上京，翰林詞賦早年成。乾隆五十四年，緬甸國貢花象，時予在翰林，曾作賦一篇。今詩送爾春明去，好侍鑾儀永太平。象負寶瓶，取「太平有象」義。

余因女蘿之卒自四知樓遷住致爽軒有柏石

致爽軒外列茂林，卧榻窗前森古柏。蒼皮絜取十六圍，直立苔身六十尺。老梅根下亂石中，刷出玲瓏作盆石。其高半尋重十鈞，其穴可穿已逾百。我坐軒外如老僧，以石爲主我爲客。他年此石閲人多，弄石幾人如米癖。桐杉甘露寶晉齋，此柏黔寧沐藩宅。督署舊基不可考，但行列老柏，皆數百年物，似沐藩地也。日暮聊吟《古柏行》，樹大由來皆愛惜。

軒扁爲福嘉勇公所題，「心念致爽軒」乃米元章寶晉齋西軒之名，有上皇山八十一穴之異石，今豈似之？日暮無悰，閒步林下，得一石，高五尺，重三百餘斤，運置軒前老梅石盆中。剔其穴，通貫者百餘穴，大者貫以梅條，小者貫以繩線，繩曲不能穿者，以壺水灌之，則串注四出。是此石之穴，多於米石，且米石如椀容指者，未必皆通也。米石百夫運，此則四夫舉之。軒窗前古柏，圍八尺，高八丈，比米軒新植之桐杉復何如耶？

再詠致爽軒前百玲瓏石用蘇公壺中九華韻

西軒柏下列奇峰，風雨雕鎪月嵌空。小有天居大有上，《茅君内傳》。九華石在五華中。節署在五華山麓。穴皆可貫扶梅過，曲不能穿注水通。應把朝來看山笏，拂袍還拜百玲瓏。

再用山谷壺中九華韻

飛來峰不能飛去，雲竇清虚雪竇空。石乳欲尋丹井畔，冰心還在玉壺中。曾聞仙客三山遠，祇笑迂儒一孔通。白日黄雞休與唱，使君本不聽玲瓏。

健　忘

健忘有病藥休嘗，老去中懷難自强。公案煩勞心少力，早年記誦學全荒。本無蕉夢鹿何夢，不但筌忘魚亦忘。誦帚誦苕何所昉，可知此意出蒙莊。

松　雲　身

茯苓重三十斤，形如小兒，一根直貫而苓抱之，真所謂抱木茯神也。予名之曰「松雲身」。

古松將千年，其根當有神。化爲長壽苓，其形頗似人。一根貫頂踵，抱木斯爲真。滇雲所凝結，可號松雲身。

仿李成寒鴉圖即歐公鴉石屏

《畫譜》載李成《寒鴉圖》，久稱名蹟，乃石畫亦有此景。六一居士蓄號山石屏似多，而鴉石屏居其一，歐公詩曰：「晨光入林衆鳥驚，腷膊群飛鴉亂鳴。穿林四散投空去，黄口巢中飢待哺。雌者下啄雄高盤，雄雌相呼飛復還。」我今此石屏亦似營邱之畫，六一詩又似爲此屏而題，豈今蒼山之鴉石屏即歐公之鴉石屏耶？非仙畫那能如此。

我慕集古六一翁，家有石畫諸屏風。已屬東坡吟石松，更自題出鴉盤空。營邱《寒鴉》圖最好，號山仙人得其稿。何年畫入石屏中，故遺歐陽以爲寶。今時復遇蒼山仙，繪出寒鴉釀雪天。恨不得獻歐公前，泥公再與詩一篇。《金石跋》、《牡丹記》，古人玩物各有志。我題蒼山百石屏，詩畫情深亦佳事。更題山月石屏中，世有歐、蘇知此意。

四更山吐月石畫硯屏

北宋有號山月石屏，歐陽永叔、梅聖俞、蘇子美皆有詩，蘇子瞻又以月石研屏、涵星硯贈范純甫，亦倡和有詩。《東坡志林》又云：「月石屏真者必平。」然則彼時有贋而不平者。此石山雲蒙籠，彎月初上，非弦非眉，余以杜少陵「四更山吐月」句題之，不謂之四更不可也。

兩山揖主客，讓立虛其中。煙雲不分明，夜色寒滿空。夢醒看山影，有月生於東。不知夜何其，但見彎月弓。擬弦則未滿，比眉乃又豐。若是三更夜，當與弦相同。若是五更盡，眉將細朦朧。四更山吐月，杜老句恰工。何以蒼山仙，畫與杜句通？闇然尺幅裏，赭墨情渾融。清輝出峰上，稍有輕雲籠。月石必有詩，雅意思醉翁。古今師友間，誰復如坡公？還思星硯側，月石雙屏風。

題林屋洞天之横石研屏

此石爲横幅緑山，山石有洞，洞内白雲，洞左青雲，山左之上有紅色繁林，背則低山一抹，平波無際，山頭緑點似萬松濃翠，畫法雅近房山。前之林屋小屏則是大癡，不能相假。

包山洞口白雲封，洞外青雲色更濃。紅照夕陽千樹橘，唐時洞庭采貢橘，太守親往，詩舫歌船最盛。翠堆高嶺萬株松。小屏已見題公望，横幅還教擬克恭。奇絶蒼山畫仙筆，似曾到過莫釐峰。

樹林石硯屏

古無石畫，唐思黯、文饒所蓄，多太湖英石。樂天自蘇歸洛，亦惟太湖石兩片而已。惟微之有《石硯屏》詩曰：「磷磷石屏上，濃淡樹林分。」似有畫意，亦不知何山之石。

我耽石畫如耽酒，得畫便如盃索詩。兩片太湖吟白傅，一屏林樹問微之。若言坐石能醒處，是我題詩欲醉時。留待後人分去看，泥誰佳句泛誰巵。

浮嵐暖翠天際烏雲兩面石畫屏

君謨夢去詩仍在，流入坡仙長卷内。有詩有帖却無圖，紅日烏雲誰敢繪？黄鶴山樵畫翠嵐，酷似鷗波染螺黛。餘情更畫畫之背，雨重山明雲靉靆。縑楮收藏認宋、元，可憐過眼皆雲煙。不知一片蒼山石，畫夢還傳幾百年。

天台應真圖石屏

此石之右，仿佛有羅漢象，遠視更明。《天台山賦》曰：「應真飛錫而躡虚。」此屏捐置昆池太華山太華寺。

雨後晴雲如擘絮，緑嶺青巖半流露。山下飛泉衆壑深，山上霞標破紅霧。翠屏忽見應真來，不識三幡在何處。

點蒼山中畫仙人歌

我謂點蒼山裏有畫仙，畫仙之妙勝畫禪。真宰上訴玄又玄，毛錐下擲山爲穿。丹青水墨成山川，變幻雨雪揮雲煙。幅幅皴染色澤鮮，大小册幅佳者千。仙人成仙在何年？唐、宋以後明之前。如謂吾説或不然，何以宋、元各家畫法天然全？吾見王齊翰，吾見展子虔，其畫古拙劇可憐，那如董、巨、趙、黄相後先。石中畫筆神而圓，若非仙力何能焉？滇山寶藏鑄貨泉，誰題六法誇一卷。獨有仙人鍊石蒼山眠，得以文章妙手成其天。訪仙不見非無緣，眼前畫石皆偓佺。此山少遇唐、宋賢，不以詩傳以畫傳。我來選石滇館邊，手記真蹟成一編。君不見，大癡、伯雨昇仙仙，黄大癡、張伯雨，皆有昇仙之説。當有仙風道氣通琅嬛。

題重修暴書亭册

聞道嘉禾丙戌秋，暴書亭子又重修。果然李、杜文章在，還見江河萬古流。

拜竹詩龕馮氏登府。以《暴書亭外集》寄滇，並重修《暴書亭册》索句。計嘉慶丙辰，予修亭之後，今三十餘年矣。昔見亭廢而址猶存，村民云：「若有以一鋤犯址者，即病。」余修亭，乃用四石柱，柱刻各詩詞。予生平不作長短句，惟此亭《和竹垞百字令》韻二闋刻於柱。丙戌重修，揭來仍舊柱也。「先生歸矣，記江南春雨，扁舟初泊。自種垞南千个竹，老讓嬾雲閒托。藺綫牽魚，弓枝射鴨，足伴填詞樂。畫圖長在，肯教蹤跡零落。今日水淺荷荒，巖低桂蠹，殘址難斟酌。何處牆邊樓影小，曾展芸窗風幕。儒老乾坤，書懸日月，莫自悲亭壑。重摹横卷，遠山還染三角。」嘉慶元年秋試畢，嘉興得觀曹秋厓《竹垞圖》，屬周君采巖摹寫一幀，並録竹垞老人自跋及同時諸和作，即和百字令原韻題後，以邀和者，十二月十二日書於琅嬛仙館。「南垞荒矣，問書船潞水，何人停泊？經卷詩篇零落後，魂夢向誰棲托？把酒能招，披圖相慰，畢竟歸來樂。結成亭子，我今重爲君落。　才見五馬行春，雙鳧漾水，攜畫同斟酌。尚有孫枝桐葉在，護爾秋風蓮幕。疊石栽花，引牆圍竹，依舊分林壑。者番題柱，夕陽休礪牛角。」元既摹《竹垞圖》，和詞題卷，復屬伊太守湯安、司令尹能任、何令尹際昌重建暴書亭，立四柱以鐫文筆，嘉慶二年秋再至嘉興，適當落成。太守復得其後人，授以館穀，且爲畢婚，皆佳事也。因復和此詞，書於卷後。男祜録存。

和香山知非篇

我不能飲酒，又不能悟禪。七十不知非，何以學樂天？晨興頗不早，日色臨檐櫋。盥後一餐飯，早衙鼓吹傳。交者説案牘，武者籌遠邊。散衙日已午，退食何蕭然。老僧居大寺，食肉而烹鮮。握筆判事畢，餘墨因詩研。聊策赤藜杖，看竹復煮泉。有鶴亦有松，有魚亦有蓮。靜無客共話，倦就榻可眠。身有閒適時，心旌皆如懸。迴思數十載，浙、粵到黔、滇。籌海及鎮夷，萬緒如雲煙。役志在書史，刻書卷三千。計刻《十三經注疏》、《皇清經解》、《江浙詩選》及師友各書約三千卷。百事攝于心，心力懼不堅。勞勞成健忘，智慧不及前。七十原當衰，諱疾將蹶顛。自誤安足論，誤政有重愆。安得如白傳，分司閒若仙。是時方自憂不勝封疆重寄，俄拜協辦大學士之命。癸巳春，入覲謝恩，面陳衰老健忘，乞留京補簡缺。旋命典會試，出闈，仍命總督雲貴。

癸巳是年有兩期喪，❶無韻語。

❶「是年」至「韻语」九字，續四庫本無。下接《悲長子常生》詩一首，詩正文六十字，注文一百六十九字，其詩及注云：「惟妻與長子，禮皆三年喪。（見《左傳》、《儀禮》。余兼二喪，三年不與絲竹之宴。）可憐諸孫子，倏忽將大祥。觀察兼臬事，畿輔稱其良。（常生官清河道，裁陋規，清驛路。殁後，永平府士民請祀名宦祠。格於父官三品以上不準舉之例。）至尊甚憐惜，謂其材尚長。（余以妻及長子喪面奏，上爲動容曰：『爾夫人自然年老也，是人家常事。爾兒子可惜，他是個材料。』並問病狀。奏是痳疹，誤於參黄之故。）太傅爲我勸，謂勿太感傷。（曹太傅前年失長子，因勸余曰：『入内閣多損長子。』歷數滿、漢諸公皆然。此亦奇矣。）骨肉歸鄉土，命也不克常。（延陵季子葬子曰：『骨肉歸復於土，命也。』祇可讀此自寬。昔余命其名曰『常生』，豈即不常之兆耶？）」

揅經室續四集卷十一　文選樓詩存第十八

甲午

題彩瀛仙府閬水花峰大石屏

此屏正面爲海水，波瀾上有兩層山，凡六十峰，峰多彩色，右山麓似有兩人立而語。前一詩，自謂也。背面亦有水波，上有一峰，峰有花樹倒垂，坡上似有一人立而看花，亦有彩色。後一詩，悼亡也。

絶似雲麾設色鮮，瀛洲列屋盡神仙。不知可有閬庭館，静掩花龕待樂天。

本是仙源第一家，壇邊紅杏水邊槎。奈何早向西池去，獨立瑶峰看落花。

對景題兩石屏

遠嶺蒼松蕭寺，晚煙黄葉村莊。嶺外秋陰尚重，村前半有斜陽。

平抹半江秋水，横皴三疊松巒。驀見點蒼仙畫，妙於南宋欽山。馬遠。

題點蒼山畫仙人石畫象

仙之人兮多如麻，誰知點蒼山裏有畫家。人間山水畫不盡，並畫雨雪煙雲霞。更將片石自畫像，吾忽得此詫且嗟。仙人雙目睛炯炯，體胖衣博如袈裟。手抉石髓白如玉，丹青六法相紛拏。能役甲丁使出力，縛束魑魅皆無邪。石後負肩一力士，宛然韡袴兼鞾靸。又有一人摭掌立，頂上冠似青蓮花。最後小鬼具手眼，似亦助力非揄揶。此乃仙人現身處，豈爭董、巨、荆關誇。若非神巧能造物，安得鍊五色石如皇媧。

點蒼山石具四代畫法，百種色澤，故余謂非仙人不能。此石方不滿尺，中有一老人，遠望則面長多鬚，外向，或似右睨，近視則成仰面左側向石之象，手抉白石，似作畫者。兩目炯然，有黑白睛，有口鼻，鬚不長而白，髮遮右耳，頭有軟巾，垂於肩，體胖，而衣深皆緑色，膝以下在青雲中，手色白，手之下似有丁甲小神，欹肩抵石，兩韡及後衣甚明晰，其後又似有鬼神者二。亟寶藏之，以誌奇幸。

題雙仙畫石圖研屏

誰剖蒼山白石開，丹青點染費仙才。畫仙更覓詩仙助，並跨青鸞紫鳳來。

改造與春樓

滇署宜園北之與春樓，康熙戊辰范公承勳建，樓前香雪齋，乾隆癸未建。樓爲齋屋、林樹所遮，罕登眺者。道光十三年，樓欹壞，東架更朽。十四年秋，余修正之，改造東架，向東且高之。於是盡覽城東金馬諸山，且避西風，看夕照，迎皓月，賞雨雪，皆成勝境矣。

西園碧雞臺，昆華皆可望。東園有北樓，林屋相蔽障。我改樓左楹，轉之使東向。城郭猶周回，雲山忽空曠。登樓縱目時，此懷與之放。

十尋雙古柏，久在樓東旁。登樓不相見，柏亦徒面牆。今兹東閤開，當面森清蒼。一榮而一枯，未免傷中腸。子山賦枯樹，安仁乃悼亡。

樓雖名與春，未與春相遇。今茲向青陽，始將與春赴。山郭明朝暉，群山雜雲樹。昔人未了情，留與我來悟。一百五十年，此間亦有數。題小聯曰：「東向起樓臺，看晴雨得宜，雲山無盡；上層安几研，使文章皆静，風月常清。」

露筋神祠

祠在邵伯西岸，余家祠墓在甘泉僧度橋，橋值祠西，與祠隔湖水二十餘里，霽時立珠湖草堂，可東望而見也。元旱年家居及歸揚督漕，常拜祠下。近年侯官李蘭卿觀察彦章修神祠，徵詩，敬賦一律。

貞跡記高郵，崇祠更建樓。碑文傳海嶽，祀典著邗溝。隔岸近鄉井，分風扶漕舟。庇民兼利運，神牖接湄洲。湄洲乃天后故里，漕舟過露筋祠即上天后閘。

雪浪第四石

方徑二尺一寸，下方有黝緑色石磯，磯上則驚濤白浪，如聞喧聲。此雪浪第四圖矣。

亂石起伏成蒼磯，清流忽觸踊水機。狂瀾怒激雪花白，軒然大波磯上飛。此是雪浪第四石，更歎巨幅如門扉。立屏欲傲蘇學士，妙繪又見孫知微。高山流水縱有志，喧搏如此琴難揮。雪窗静玩畫水理，乃覺骨重神寒聲正希。此石留滇省海心亭壁間。

冬日昭通道中

一年農事最關心，較雨量晴直到今。今日金沙江上路，麥苗尖小似秧鍼。

乙未

大西洋銅鐙

予於道光初在廣州以銀一斤買得大西洋銅鐙。用之，蓄油於上瓶而下注於横管，横管之末，安爲鐙炷，螺旋之，其光可大可小。其油攝而不漏，輸而不滯，花燼甚少，不勞翦撥。其螺旋之巧，非筆舌所能述也。今十餘年不用燭矣。洋船頗售此鐙，惜知而買用者少，詩以譽之。

泰西之人智，製器巧且精。鐘表最利用，其次銅鐙檠。高衹一尺許，譬如人立擎。屯膏於首頸，一臂伸且平。手指撚棉炷，輸膏使火明。首臂通手指，不洩亦不盈。無煙不翦剔，其光静且清。勝於巨燭焰，一炷澈五更。照我十餘年，不使老眼盲。足酬秀才時，鐙火青熒情。

題降魔圖石畫屏

方尺餘，中立一佛，袖手披袈裟。左立一魔，毛面竪髮，手中撒花。花向左斜墮，而反著魔身面者皆紅斑。《水經注》：「阿難在耆闍崫，降天魔波旬。」吴道子有《降魔圖》，故蘇詩曰：「應似畫師吴道子，高堂巨壁寫降魔。」

古佛獨立金剛沙，説法曾答庵提遮。魔女來試手撒花，禪智不動持法華。忽然髩髮變野叉，神力隔石開耆闍。反風吹花向魔斜，魔身魔面紛紅葩。降攝海地鵬怖拏，歸山袖手披袈裟。吴裝道子唐名家，畫仙即可金仙耶。此石與祜。

命和作　男祐

蒼山文石劖且磨，空花變幻雲煙多。掃空破幻具法相，金沙洗出真頭陀。般若堅定石不轉，放眼忽地來天魔。魔力摧壞不可測，欲施雄健先妍和。葉榆水上寶華爛，娟娟妙舞成青娥。散花不著花自落，立見煩惱消三摩。須臾變態作恐怖，百千頭臂撐嵯峨。豈知雄妍本一色，天女便是阿修羅。精誠入石復出石，向壁作畫非蹉跎。山靈曾學吴道子，題詩必索蘇東坡。況神力指衆香國，名山處處溯釋迦。一片石付法眼藏，魔兮爾奈阿難何。

偕文相國孚奉使易州有詩見投即答一律

廿載論交契，多從奉使時。曾同山西、河南、廣西兩次讞案。飲同晉源水，棲共桂林枝。東閣初聯步，西山復並馳。高懷兼雅度，吟和雪窗詩。

丙申

丙申正月廿日茶隱于城南龍樹寺題癸未竹林茶隱小像卷中

入都憶昔廿三歲，屈指於今五十年。北闕恩光思不盡，南城景物看依然。春初又作茶中隱，地僻休邀竹外賢。祇是披圖還攬鏡，老臞那似六旬前。

過衍聖公第見舊時手栽雜花盛開

春風如此是榮華，四十年前借住家。拚取莊周盆内水，洗開眼淚再看花。

萬柳堂僧覺性折花相遺云是余所栽者

老僧折送好花來，道是昔時余手栽。數十年前舊桃李，春風祇有幾株開。己未門生今惟湯冢宰、史大司寇、貴大宗伯、白大廷尉、毛副憲數人。

每奏事到園輒於前一日宿集賢院頗可清夏

北沼園新緑，高軒敞集賢。晚涼初吠蛤，夏淺未鳴蟬。已秀連畦麥，初栽出水蓮。柳陰遮落日，還石坐清泉。

丁　酉

正月二十日獨遊萬壽寺

似此招提境，何殊隱竹林。重來清遠地，陶寫樂哀心。計我分衰壯，一身成古今。風前七松樹，還作老龍吟。

余于辛亥、壬子閒，與宗室瑶華道人、蓮筏方丈在此作詩。寺有大白皮松七株，蓮筏號「七松樹下老人」，七松如故，而今方丈乃蓮筏五代徒矣。

仲夏辦八旗軍政宿集賢院八日之久

春花落去緑陰涼，午影何妨到曲廊。拓起虚窗閒坐久，薰風吹送棗花香。

北園老樹擁虚亭，樹外西山晚更青。飛盡柳花無覓處，眼前换得一池萍。

夏日雨晴題霞天急雨石畫硯屏

近嶺蒼蒼夏木叢，遠山罩日映霞紅。一天急雨飛騰後，半面斜陽變幻中。風掛白痕尚銀竹，雲收翠影欲紗籠。世間無此丹青手，石畫方屏是化工。

阮　公　墩

余在杭時濬西湖，曾於湖心積葑成堆，數十年後之濬者加積之，杭人呼之爲「阮公墩」，又栽桃柳，近又建亭。題圖一絶句。

三十餘年老葑堆，小亭花柳幾時栽。一墩自向西湖出，不似王家争得來。

快雪時晴石畫硯屏

今年天早寒，初冬雪已快。三夜白盈尺，及晨寒氣殺。開軒天乍晴，朝陽滿窗曬。忽憶時晴帖，合此石中畫。摩挲雪林圖，玉煙透光怪。狄家古石屏，詩留山谷派。晉帖及蘇題，一段好詩話。若更評丹青，應下米顛拜。

石屏上有翠林，下有雪氣，左方又有初陽，紅色照日透明，雪氣盎然。昔狄詠有雪林石硯屏，東坡詩有「風花亂紫翠，雪外有煙林」之句，山谷和詩亦有「翠屏臨硯滴，明窗玩寸陰」之句。此石余既刻「雪林」二字擬之，又摹「快雪時晴」字於上方，翠林畫意酷似東坡詩意。丁酉十一月三日雪晴玩題。

戊戌

後齊侯罍歌

昔嘉慶乙亥作《齊侯罍歌》，所釋銘文鮮發古義。今戊戌初春，福兒拓取新本來，玩之，識出此器爲韶樂夏舞而作，已快意矣。何編修紹基。又識出「⿱畺土」字必子疆也，甚確。余因此又推《左傳》「武子」即《史記》「武子開」，即《世本》之「亹」。「亹」、「門」通借，「門」名「開」字也。杜注誤開、疆爲一人也。亦快意。因效蘇東坡《石鼓歌》有字三十韻作《後歌》。

我家廟藏齊侯罍，其篆三田下無缶。陳桓、孟姜及南宮，知是作者孝父母。「洹子」、「孟姜」字極明白，定爲陳田之器。我昔歌詩列衆器，祝鼎虢鐘戌虎卣。廿四年來吾老矣，還向家鄉重搨取。茶煙一榻觀古文，當年識出韶夏否。戊戌識出「大樂韶夏舞」，「韶」即銘中「紹」字也。陳田歸齊磬樂傳，應習虞簫成以九。孔子適齊方作韶，謂御驅車郭門趨。倉苟切。孔子至齊，韶樂方作，至郭門，一兒挈壺，行端心正，孔子謂御車趨之。見《説苑》。銘中二玉又兩壺，將毋一兒挈壺走。在齊太師學三月，《史記》作「學之三月」。「子語魯太師樂」，而在齊則學之太師。正是此罍鑄成後。韶夏綴舞迓天子，齊侯知禮命姜婦。大義雖見銘文中，未問鑄者爲誰某。事湮世遠那得知，計歲二千三百久。道州門人忽來説，⿱畺土篆兩見許部首。《説文》「⿱艹⿱田土」爲部首，从古文之「⿱畺土」省。桓之子⿱畺土造此器，必子疆也名未朽。何氏謂「⿱畺土」省爲「⿱艹⿱田土」，「畕」、「疆」《説文》相次，黄黏疆土也。我乃豁然大稱快，酌彼罍宜飲之酒。我思亹也爲子開，冉豎射之已中手。《左傳》昭二十六年「武子」無名，《史記》曰「武子開」。余謂《世本》「亹」與「門」同，子開，名也。別有君子不敢亢，白皙鬒鬚眉甚口。元凱誤合爲一人，兄弟不分混美醜。杜氏《左》注誤合開、疆爲一人，所以解此段皆誤。余謂射手失弓者，亹子開也；君子白皙者，棊子疆也，即鑄器人也。我因開疆分辨之，美又善也臣節守。豈有作詔而犯上者。誓大司命爲何事，必感育嫗保忠厚。《銘》中言「誓于大司命」。開孫御鞅不黨恒，能諫簡公擇左右。鞅爲亹孫，見《索隱》引。《世本》鞅諫田監，宜擇左右，簡公悔不聽，見《史記》。戾哉惟乞及子常，兩代犯君施釜斗。「釜斗」見《史記》。童子心正行尚端，君子豈非仲尼友。肉味不知鳳不至，請討陳恒麟獲藪。此罍世世子疆家，秦、漢以來誰授受？《春秋》、《論語》在此罍，雷回回兮雲亦糾。直至大清逢道光，始有人爲古人剖。如聞齊侯作徵角，如闞孔牆識蝌蚪。吟想鬒眉如畫圖，左不云乎君子有。會須君子鼓鐘來，鐘鼎之間此眉壽。鼓鐘眉壽八鼎皆銘中語。

予告歸里敬遵恩諭怡志林泉謹賦十韻

徵禮當懸車，載恩還泛舟。槐陰已退影，柳質先知秋。新霜發潞水，小雪歸揚州。健僕扶病足，鄉人瞻白頭。廟序拭鐘鼎，墓道披松楸。護暖卧經室，延曦開選樓。却掃慎清儉，余于嘉慶九年奉諭「阮元有守有爲，清儉持躬」，今年兩奉「清慎持躬」之諭。散帙閒校讐。舊刻之書有誤，暇可校改。性節今勉彌，志怡誠逸休。繩床得静坐，籃輿偶負游。出城即緑野，林泉非遠求。余家珠湖草堂久没于水，城宅無一圃，野無一堂，惟城外桃花庵、谷林堂、雙樹庵等處尚可以椅轎負遊，僧不拒客，則無異我之緑野也。

歸田後仲嘉弟呈珠湖漁隱圖請題

將軍釣游地，舊在草堂東。爾我同蹤跡，原隨一短篷。珠湖草堂乃先祖釣游之地。

自余去湖後，不見甓社珠。惟有青天月，照我無時無。我偶一歸里，試放射鴨船。此船付與弟，曬網菱湄邊。余昔督漕過揚，有《珠湖射鴨圖》。

自我去嶺表，弟終理釣竿。三十六陂外，菰蒲秋水寒。道橋復相見，草木生光輝。出處偶相校，軒因題夕霏。余昔出京便過北湖，題祠旁書屋曰「夕霏軒」，用宋人「行沙弄夕霏」句也。

洪湖屢泛濫，白浪没珠陂。爾縱躭漁隱，飄泊亦可知。連年湖水淺，笭箵魚蟹多。不買竹林醉，月明張志和。蘭泉蒲褐老，三泖有漁莊。我曾慕湖曲，斯言久不忘。昔王蘭泉先生有《三泖漁莊圖》，余題有「暮年若許歸湖曲，學畫漁莊到七圖」之句。

君恩浩如天，許我怡林泉。隨爾北湖去，烟波娱暮年。四十年名士，於此多詠題。喜有書數卷，叢話擬苕溪。此圖自秦小峴、顧千里以下，題者數十人，弟躭書卷，著有《瀛舟筆談》。宋胡仔有《苕溪漁隱叢話》。

揅經室再續一集卷一

鎮江柳孝廉春秋穀梁傳學序

《六藝論》云：「穀梁子善于經。」蓋以其親受微言于子夏，最近于孔子也。公羊與穀梁同師子夏，而鄭氏《起廢疾》則以穀梁爲近孔子，公羊爲六國時人。然則「善經近孔」四字固此傳之確評矣。世之治經者，多治《左氏》、《公羊》，于《穀梁》慢之，故余整齊百家爲《皇清經解》千五百卷，于《左氏》、《公羊》皆有專家，于《穀梁》無之，必每欲然。道光十六年，始聞有鎮江柳氏學《穀梁》之事。二十年夏，柳氏興恩。挾其書渡江來，始得讀之。知其專從「善于經」入手，而善經則以屬辭比事爲據，事與辭則以《春秋》日月等各例定之。發憤沈思，久乃卒業。余甚惜見之之晚也。亟望禮堂寫定，授之梓人，補《學海》之闕文，與海内學者共之，是余老年之一快也。興恩爲余門生之門生，貧而好學，鎮江實學敦行之士也。

釋　真

「慎」字从真。《説文》：「真，从旨，从乚，乚所以乘載之。」余足病不能行，近造一椅如乚形，使二人舉下二足，使二人扶上背，雖登舟、登北湖樓梯，皆甚輕便。此欲如真人之成仙乎，抑如儒者之誠慎乎？五經皆無

「真」字，然如《説文》中慎、闐、顛、鎮、填、瑱、䡀、趚、嗔、蹎、謓、瞋、膹、槙、膹、寘、滇、瘨、靌、騏、輴、鬒等廿二字，皆从「真」得聲，不得以爲無也。段氏懋堂謂「經内如用『真』字，似皆以『誠』字抵之」，是也。而所以不用「真」字者，愚謂：仙人之義，儒家之所不語歟？《倉頡》本有此字，似各經文有心不用而删之，而不能盡删从聲之字歟？朱文正師云：「《説文》匕目爲艮，匕目爲真，此道家仙人古説存于周、秦時，俟達者詳説之。」

薛子韻説文答問疏證序

甘泉薛氏傳均，字子韻，深于許氏文字之學。元未及見其人而早卒于閩，實爲可傷。所著《説文答問疏證》一書，元到揚州始得見揚州再刻之本。所疏證者精確不磨，而辭亦簡潔，惜乎學優而命嗇也。其書據錢氏叚借之字而加證之。元按：薛氏名傳均，字子韻，即以「均」、「韻」而論，蓋確有見于「均」之叚借矣。叚借始《周禮》鄭注。元竊謂《説文》有「□」字，从言，匀省聲，籀文「□」不省。鐘鼎文有「□」字，从□、□。「□」字界乎「言」、「音」之間，「音」字本出于「言」字而含一耳。此二字無别，乃「韻」之正字，而「□」尤古，即《説文》「□」下重文之籀文也。《鐘鼎款識》内有《楚曾候鐘》，此鐘篆文拓本出于北宋，至南宋王復齋得此搨本，彙裝入《款識》，册内宋、元人題跋甚多，此册今藏余家，真爲三代古篆，下籀史真跡一等。楚篆内有「楚王韻章□曾候乙宗彝」之句，「韻」篆爲「□」形。錢獻之釋「韻」爲「能」，謂「能」爲「熊」，乃楚君之姓，章爲名。然細審之，迥非「熊」字，而「章」名之上又無從加一「韻」字，或楚王名有二字曰「韻章」耶？「□」字之形，界乎「言」、「音」之間，「匀」字非「月」、非「肉」，亦明白之至。夫《説文》所無之字，若確爲鐘鼎所有者，《説文》本云郡國山川往往出鼎彝，謂之前代古文。「韵」字形聲不謬，漢時蘊土未出，不能責許氏以未見，更不能因許氏未見，即謂之鄉壁虛造，蔽所希聞。況《説文》已收「[illegible]」字，特未審察耳。因薛氏名與字及《疏證》叚借之書，聊書此一條以商之二劉君楚楨、孟瞻。何如？如以爲可，則段氏《音均表》直應書爲《音韻表》，薛氏號亦直書「子韻」，特不可書从員之「韻」耳。

節性齋主人小像跋

此圖爲予七十歲小像，其景則雜取余《集》中「選石、采芝、來鶴、扶梅」之意而爲之者也。余講學不敢似學案立宗旨，惟知言「性」，則溯始《召誥》之「節性」，迄于《孟子》之「性善」，不立空談，不生異説而已。「性」字之造，于周召之前，从「心」則包仁、義、禮、智等在内，从「生」則包味、臭、聲、色等在内。是故周召之時，解「性」字者，樸實不亂。何也？字如此實，造事亦如此實。講周召，知「性」中有欲，必須節之。節者如有所節制，使不逾尺寸也。以「節」字制天下後世之性，此聖人萬世可行，得中庸之道也。《中庸》之「率性」，「率」同「帥」。猶《召誥》之「節性」也。故《中庸》曰：「天命之謂性。」「性」即「命」也。又曰：「君子居易以俟命。」《易》曰：「窮理盡性，以至于命。」《論語》曰：「不知命，無以爲君子也。」皆此道也。余略有解釋於此，書於圖後，以示家塾而已。至于各義，已詳余《性命古訓》篇中。壬辰孟春。

《虞夏書》内無「性」字，「性」字始見於《書・西伯戡黎》、「天性」。《召誥》、「節性」。《詩・卷阿》。「彌性」。古「性」字之義包於「命」字之中，其字乃商、周孳生之字，非倉頡所造。从心，則包仁義等事；人非仁義無以爲心。从生，則包食色等事。人非食色無以生生。孟子曰：「動心忍性。」若性但須復，何必言忍？忍即節也，即宋人所言「氣質之性」、「義理之性」也。「天命之謂性」，性即命也。「性」字最爲淺近明實。自唐人以禪性爲《詩》、《書》之「性」，以「性」爲靈明静覺，當復其初，諱言食色，而空言義理。自此以後，言性者愈深遠而愈岐，愈虚高而愈晦矣。故余講性，以淺近明實爲主。若言性而不易曉，惟極靈之人始能知之，非天下古今同然之道矣。嫌東原、易田兩君之説猶言之難而人不易曉。又據《魏書·釋老志》、《一切經音義》，而識破晉、宋間人以儒書之文筆、老莊之性理翻入佛經。又據唐李翺《復性書》，識破唐以後以禪宗之「性」翻爲儒説，全改《詩》、《書》之「性」。故余曰：「吾惟知《尚書》、《毛詩》、《論語》、《孟子》而已，他説不暇言之。」

《中庸》：「天命之謂性。」性有味、色、聲、臭、安佚，又有仁、義、禮、智，又有福、壽、考終命、惡弱等在内，凡此，皆天所命也。故性即命，命即性，性命又皆即天也。《中庸》此一句，最爲包括簡明。

《論語》：「死生有命，富貴在天。」此二句簡明之至。「命」與「天」可互文以見義，譬如曰：「死生在天，富貴有命也。」然則天與命固同，天命與性亦同也。

「夫子之言性與天道」，「五十而知天命」，此性即命也，猶之曰「天命也」，此實言人之死生、富貴也。天道即天命也。孔子五十而知天命，天不使孔子得位爲東周，但以教傳萬世也。今人淺術，尚能推人之命，豈孔子不能知之？孔子能知之，而罕言之，故曰：「不可得而聞也。」天道不但言人之死生、富貴，即世之治亂亦在其中。

《詩》曰：「俾爾彌爾性。」《書》曰「考終命」。性即命也。彌性，即終命也。「窮理盡性，以至于命」，言修身以俟不貳之壽。彌，終其年歲也。

「窮理盡性，以至于命」，窮即盡也，理即天理。「天理滅矣」，四字見於《禮記》。反觀其不可滅之物，即知所謂理者，非空言之也。

《書》曰：「不虞天性。」又曰：「我生不有命在天。」此即「不虞天命」也。此恃天之初命，不慮天之改其命也。《詩》：「天生烝民，其命匪諶。靡不有初，鮮克有終。」天命可改之證也。畏天命者，恃天命有定，不求之，則不畏也。爲惡，則天改命，故可畏也。爲善，則天亦可改永命也。

釋謂

《毛詩·摽有梅》：「迨其謂之。」《爾雅》：「謂，勤也。」言出力助勤之也。元云：《詩》「命彼後車，謂之載之」，又「召彼僕夫，謂之載矣」，言令彼後車出勤助之力而裝載之，與《爾雅》同，非但口召命之也。若以「謂」爲「命」，則已曰「命彼」、「召彼」矣，豈非又命之召之乎？近讀《鳧鷖》詩「福禄來爲」，箋：「爲，猶助也。」元云：此「爲」字與「謂」字無異，出力之助與「迨其謂之」、「謂之載之」相同，言公尸出力，福禄勤助也。《行露》詩「謂行多露」，此亦當訓勤。露豈不行？已勤行多露矣。又《蒹葭》詩「所謂伊人」凡三見，今人解詩似未白露時已屢説有此人，而白露時上下在水從之，從之之人即先言之人，或賢人，或懷人，《詩傳》不應絶無所説。元昔言《摽有梅》「迨其謂之」，《緜蠻》「謂之載之」，《出車》「謂之載矣」，《隰桑》「遐不謂矣」，此四「謂」字皆當訓「勤」。此詩「所謂伊人」之「謂」亦當訓「勤助求水中葭中之人」，與「心乎愛矣，遐不謂矣」同，較空指此人爲箸實。此亦實事求是也。甲辰霜降日，書于長蘆菴東洲草廬。

揅經室再續二集卷二

續疇人傳序

向疑《八線表》及《八線對數表》字數在一二百萬已上，且盡數目之字，非有文義可尋，而字體微芒，細碎叢密，保無寫刻之譌。緣從屢求句股所成，無由讐校，近見羅氏茗香以乾隆間明氏捷法校得《八線對數表》一度十三分二十秒正切第五字「〇」誤作「一」，又六度四十一分十秒正切第五字「〇」誤作「六」，又十二度五十分正弦第六字「七」誤作「五」，又十六度三十二分十秒正切第七字「九」誤作「〇」，又四十二度三十二分四十秒正切第九字「五」誤作「四」，可見西人之所能者，今人亦能之也。羅氏又因讀《四元玉鑑》，於如像招數一門，有所會通，更取明氏捷法，御以天元知密率，亦可招差。其弧與弦矢互求之法，與《授時曆草》之垛積招差一一符合。且以祖氏之《綴術》失傳已久，其法僅見於秦書，即《大衍》之連環求等遞減遞加，亦與明氏捷法相近。爰融會諸家法意，爲撰《綴術輯補》二卷，纂續微言，興復絶學。古人之名，亦從兹不朽，爲功匪淺。明氏爲乾隆初滿洲人，其《割圜密率捷法》海内無刊本，與元朱松庭《四元玉鑑》等書皆出在嘉慶初《疇人傳》成之後，兩家之書又皆大有裨於曆數。在昔聖人治《易》畫象，獨於《革》卦，一則曰「治曆明時，取諸革」，再則曰「天地革而四時成」。夫日三月成時，月三日成霸，「霸」之義从月亦从革，《説文》：「革，更也。」

故術家因之，隨時修改，以求合於天行。自古以來，所以有七十餘家之術，而授時歲實之上考用長、下推用消，黄赤大距之古大今小，歲差之古今不同，皆其明證。非古人之心思才力不逮今人，亦非古法之疏，不若今法之密，蓋迫於積漸生差，術以是見疏耳。漢洛下閎謂《太初術》八百歲當差一日，亦本取革之義。自西人尚巧算，屢經實測修改，精務求精，又值中法湮替之時，遂使乘閒居奇。世人好異喜新，同聲附和，不知九重本諸《天問》，借根昉自天元，西人亦未始不暗襲我中土之成説成法，而改易其名色耳。如諸輪變爲橢圓不同心、天變爲地毬動是已。元且思張平子有地動儀，其器不傳，舊説以爲能知地震，非也。元竊以爲此地動天不動之儀也。然則蔣友仁之謂地動，或本於此，或爲暗合，未可知也。西法之最善者，無過八線，然舍表無以布算。苟如羅氏以密率招差，是其法亦無異乎元朝《授時曆草》，更安知《八線表》不亦由於此乎？夫世之學者，卑無高論，且因八線對數以加減代乘除，競趨簡便，日習其術，罔識其故，致古人精詣盡晦矣。夫爲數之道，首在《虞書》，辨氣朔之盈虚，課日月五星之遲疾，因時制宜，即孟子所謂「苟求其故」，此亦實事求是，最大最難者也。枚乘《七發》曰：「孟子持籌而算之，萬不失一。」此漢人亦必有所本，前傳未列孟子，應否補列，請思酌之。方今聖世，六藝昌明，佚書大顯。後有疇人，思欲復古，將見大衍爲考古之根，天元爲開來之具，綴術爲五星之用，招差爲八線之資。合大衍約分、天元寄毋、綴術求等，招差纍積，又爲後學之權衡，斯又宋、元來復見之各書所亟宜甄録而表章也。元少壯本昧於天算，惟聞李氏尚之、焦氏里堂言天算尚之往來杭署，搜列各書，與元商撰成《疇人傳》。今老病，告歸田里，更爲昏耄，又喜得羅氏茗香論古天算有如此。羅氏補續《疇人》，各爲列傳，用補前傳所未收者，得補遺十二人，附見五人，續補十九人，附見七人，大凡四十三人，離爲六卷，次於前傳四十六卷之後，統前傳共成五十二卷。容有挂漏，俟再續焉。又宋、元間算法，所指太極、天元、四元、大衍等名，皆用假判真，借虚課實以爲先後、彼此地位之分别耳，非如道學家言確有太極天地之道貫乎其中。至術數、占候及太乙、壬遁、符讖之流，則尤明曆明算者所不屑言也。前傳凡例已詳析之，兹更不及之。道光二十年夏四月。

誥授光禄大夫經筵講官户部尚書晉贈太子太保謚文安何公神道碑銘并序

公諱淩漢，字雲門，亦字仙槎。先世青州益都，宋南渡至道州，爲東門何氏。十二世泰來，明萬曆拔貢生，授南京蒙城縣知縣，升貴州普安州知州。繼兄子其謂爲嗣，廪生，充國子監生，鴻臚寺主簿。子鳴鳳，廪生，鼎革之際，臨貢堅辭，有《默齋詩集》。子之淳，增生，公之高祖也。曾祖藎，生員，娶趙氏。祖志儀，廪生，娶周氏，子三，長文統，季文縭，次文繪，字章五，廪生，爲公之父。三代皆以公貴，贈光禄大夫、工部尚書、一品夫人。章五公娶鄭太夫人，生子二，公其仲也。

公幼慧，能盡孝敬。章五公以學行伏一時，公稟庭訓，恒跪而受讀。九歲，應童子試若成人。年十六，州、府試皆第一，補附學生。家極貧，連丁内外艱，困苦思自振拔，益勤於學。夜不能具鐙燭，恒然松枝自照。讀經書必兼傳注。食餼後，文譽日起，從學者自遠至。嚴立課程，至今其鄉學者謂：「吾州經師、人師，自公後無能繼者。」嘉慶六年，充辛酉科選拔貢生，明年，朝考一等，爲吏部七品小京官文選司行走。有雜職官被議鐫級，聲明乾隆某年有恩詔加級，或以無册可稽，駁之。公曰：「册雖毁，恩詔固在也。」冢宰韙其言，許之。九年，應京兆試，中式舉人。十年，成進士。殿試卷進呈，名列第四。睿皇帝謂「筆墨飛舞」，拔置第三，賜及第，授翰林院編修。十二年，充廣東鄉試副考官。明年，散館一等，充順天鄉試同考官。累充文穎館國史館纂修總纂、文淵閣校理、咸安宫總裁、武英殿提調。十九年，升國子監司業，轉左春坊左中允，充日講起居注官。升司經局洗馬，轉翰林院侍講侍讀、右春坊右庶子。二十四年，充福建鄉試正考官，升國子監祭酒。

今上登極，覃恩得廕一子。時已命次子紹業爲兄淩灝嗣，令得四品廕生，以慰兄心。昌陵奉安，派扈駕大臣，隨入地宫。道光二年，充山東鄉試正考官，留督學政，轉翰林院侍讀學士。每試日，静坐堂皇閲卷，胥役悉閉置一屋，不少假。嘗入奏云：「場中多一查弊之人，即多一作弊之人。」又云：「臣以爲防弊之道，苟挈其要領，無事煩苛。」奉硃諭褒許甚渥。歲試時，通諭各屬生員於來年科試年貌册中自行填注誦習何經，以便考校，故所取乙酉科拔貢生，多治樸學者。試院中種竹數百竿，忽産蓍六莖，數日高七八尺，因顔曰「瑞蓍書屋」，並爲之記。四年，轉通政使司副使。五年冬，差滿入都，派稽察右翼宗學。六年春，補授順天府府尹。時前尹朱公爲弼，無被議事而調任府丞。公蒙特擢，召對時，有「人品學問，朕所深知」之諭，蓋在帝簡中久矣。甫莅任，即立内號簿，飭屬訊案，每月按簿催結，得無留獄。八年元旦，逆回張格爾就擒。上以公於協剿回疆之吉林、黑龍江官兵由京進發彈壓静謐、支應妥速，兩次交部優敘。順天所屬州縣，擢至四路同知，更無升途。公以人材須鼓勵，會大名府缺出，與直督熟商會奏，得旨「以西路同知辛文沚補授」，遂開此例。

京畿獄訟繁多，自府縣收理各案外，由刑部、都察院、提督府奏交咨送無虛日。公盡心研究，大要以罪疑惟輕，務歸仁厚。如宛平縣民張文恭等，曾習天主教，改悔免罪；漏繳經卷，蔓累多人；涿州民果三毆死白兑兒，棄屍大清河，三載無獲等案，一則援例減等，一則奏請暫行監禁。惟於兇盜案件，謂宜懲一警百，如拏獲奪犯傷差窩賊馬七等，拏究兇惡棍匪王殿臣等，皆從嚴訊辦。府廨後有廢園，就蒔花竹，爲退思之地，顔其亭曰「佳晴喜雨快雪之亭」，志無忘民事也。十年，立春日循例進春，上召問：「春牛顔色起於何時？」公奏：《月令》稱出土牛，並無顔色，宋時頒行《土牛經》，支幹各色略與今同，始於仁宗景祐元年。其博洽强記，多類此。七月有旨：「命大阿哥祭孝穆皇后陵寢。」公以大雨時行，橋道難恃，面奏請改派親王大臣，上深然之，即改派。尹兹五年，地方綏静，命盗各案甚稀，聖心倚注，久任不遷。是年，復調吉林、黑龍江兵征臺灣彈壓，予優敘如前。八月，授大理寺卿，仍署府尹事。十一年，署兵部右侍郎，授都察院左副都御史，升工部右侍郎，兼管錢法堂事務。署禮部左侍郎，充浙江鄉試正考官，留督學政。重經解，訪優行，試事整肅，士習益醇。廨有桃李門，元督學時所署也。公補植桃李數百株，蔚然成林。長興學附生葉大成丁降服憂，有增生缺出，公咨禮部略曰：例載「爲人後者，爲其本生父母齊衰不杖期」。注云：「仕者解任，士子輟考。」《學政全書》載：「廩增生遇降服喪，不許應試，無庸出缺。」至廩增缺出，是否敘補，例無明文，致歷來辦理參差。夫官員降服，已無升補之班；士子降服，猶循敘補之舊，於例本未畫一。且親喪固所自盡，降服已屬抑情，若復使之敘補，一如無服之人，於情亦有未安，應請核准通行。是時又特命公偕督臣程祖洛，審訊山陰會稽紳幕、書役勾結舞弊一案，研究月餘定讞，擬在籍臬司李澐褫職，餘犯軍流有差。帝嘉明允。十三年春，調補吏部右侍郎，兼順天府府尹事，命即來京供職，時歲試未終也。公益靖共爾位，和而不同。如吏部原議捐賑鼓勵章程有「各衙門候補人員准捐銀儘先補用」一條，已具稿矣，公曰：「儘先可捐，則正途之缺，轉可爲捐班所有。而正途亦非挾貲，不得於官方。吏治所傷實多。」同人以爲然，原議乃寢。時濬九門護城河，以工代賑數萬人。上問：「工竣，如何資送？」公奏：「附近京城之民，無庸資送。其隸外州縣及外省者，應於散工日，給盤川錢二百文，再給印票一張，注明『制錢五百文，回本籍衙門承領』。貧民歸有餘資，散歸必遠。」奉旨允行。調補户部左侍郎，兼署右侍郎，管理錢法堂事務。再調吏部右侍郎，仍署户部右侍郎。時湖廣總督訥爾經額等奏《苗疆屯防變通章程》，命户部議奏。同官因係湖南事情，專屬公具稿。乃援據舊章，體察現在情形，逐條籌覆，准駁相半，總歸於遴選廉能、代謀生計，同官折服，不易其一字。十四年，升都察院左都御史，仍兼順天府府尹事，賜紫禁城騎馬，進工部尚書，仍兼署左都御史。奉命查勘明陵，充經筵講官。十五年，充會試副總裁，教習庶吉士。十六年，奏永杜回漕錮弊，公飭查順天各屬大小水路，繢圖籌緝，始奏定「水次鋪户存貯粗米不得過十石」之例。疊署吏部尚書。十七年，吏部因京察一等人員，有先由御史改官者，已議駁矣。公以不勝御史非不勝外任者比，如此苛繩，有妨言路，援筆改議，遂奉俞旨。十九年春，調補户部尚書，仍署吏部尚書。是年秋，充順天鄉試副考官，時公長子編修紹基亦典試福建，距公使閩時恰二十年。父子同科典京外試者，前此惟乾隆丙子科劉文正公、文清公父子，庚寅科劉文定公、青垣侍郎父子而已，後先濟美，同朝羨之。公於吏、户、工三部皆久任，遇公議事件，多賴公爲主持，從容正直，熟思利弊，鉅細一無所苟，於政體人才特爲顧惜。當户部假照案發，先後在捐納房司員皆獲咎，嘗爲上言其中人材甚有可惜者，而「准其捐復」之旨，隨下吏部。功司議處有近於文致者，必往復剖論，冀存寬大。於工部司員，拔其樸實任事者，夤緣悉絶，升轉之路遂通。二十年春，值孝全皇后喪，齊集西淀十餘日，歸寓偶病寒，猶力疾趨公。因精神短少，陳請賞假，甫命下，遽不起，口授遺摺而逝。時是年二月五日也，年六十有九。上嗟歎悼惜久之，有「品行端謹、辦事勤慎」等諭。贈太子太保，賜祭葬，謚文安。據《謚法》：「勤學好問曰文。止於義理曰安。」我朝二百年來，得此謚者，自公始。易名之典，洵足與先儒陸文安公、金文安公相媲美云。

公孝友純篤，居恒莊敬刻厲，家範嚴肅，爲時所稱。通籍四十年，未嘗一干吏議。在詞館，攻苦如秀才時，治官書自立程法，國史傳、志手録其子目，以便檢校，於蒙古地名、滿洲人名尤詳。總辦《起居注》，所爲前、後《序》，掌院曹文正公稱爲傑作。未嘗與本衙門撰文。遇誥册文字重大者，多屬公撰擬。以公書法重海内，屬敬書《全唐文御序》付梓。兩次以講官隨圍，和仁宗御製詩甚多。壬申、戊寅大考，皆二等，賜文綺。辛未、甲戌、己卯三爲庶常小教習。其殿廷文字之役，自辛卯迄丁酉，派閱覆試、朝考、散館試差、大考漢教習卷，絡繹無閒。前後任京兆最久，凡察吏、安民、弭盜、備荒諸政，不勝書，勘估督修諸要工十餘次。承辦孝穆皇后梓宫，由寶華峪奉移至龍泉峪，奉特旨改派公代賽公尚阿往。每有遷擢，必兼他職。九掌文衡，五權冢宰，四派經筵直講。以京尹而歲賜參貂，以尚書而賜二等參頭等貂，六次賜「福」字，皆特命。入乾清宫侍書，寵光稠疊，錫賚便蕃，可謂人臣知遇之最榮矣。著譔詩文爲《雲腴山房集》。所書碑版，學者珍習之。配廖夫人，子四：紹基，丙申進士，翰林院編修；紹業，廕生，候選縣主簿，出爲兄嗣，先歿；紹祺、紹京，皆舉人。孫慶涵，監生，慶深、鼎官、聯官，孫女八。紹基等奉柩歸葬于谷山下九子嶺之陽。將至揚州，先以狀來乞元爲神道碑。元荒耄家居，因與公雅故，又紹基爲余教習庶吉士之翰林，在京嘗以學術相善。謹按狀敘而銘之曰：

自公幼學，經師人師。帝擢魁鼎，館職試詞。册誥鴻文，屬鉅筆爲。文章經史，班、韓是追。書法晉、唐，寶若鼎彝。奉使衡文，品學兼資。魯、齊教行，室生瑞蓍。卿歷五部，職效三司。久任京兆，三輔安治。鋤奸弭盜，儒雅便宜。愛人節用，慎於度支。弼聖敷化，謨慮書思。官四十年，吏議弗罹。循理度義，易名典垂。公子大器，繼昌於時。我衰穎突，勉文此碑。

道光二十有一年歲次辛丑冬十有二月八日丁亥建。

誥授光禄大夫經筵講官刑部尚書贈太子太保諭賜葬祭史公神道碑

宫保諱致儼，字容莊，號望之，又號問山，年七十後自號榕莊老人，又自號樗翁。先世出漢溧陽侯史崇後，傳至諱必相者，於明洪武四年遷揚州之江都縣。曾祖道義，祖積學，父元善，世以學行爲名諸生，以宫保貴，累贈光禄大夫、刑部尚書；曾祖母董、祖母魯、母蔣，皆累贈一品太夫人。元善公生四子，宫保其仲也。八歲讀書，即考訂《周禮》人民物産。室恒不舉火，太夫人以針黹易油，父子一席讀。年十六，入江都學，學使謝金圃先生墉歎爲奇才，詢知家貧，給膏火以助讀焉。家無書，詣學宫，讀所頒書於尊經閣。年二十七，補廩膳生。乾隆甲辰，純皇帝南巡，以學使薦，赴召試。時與試者車馬僕從甚都，宫保囊餘十八錢，薄暮無所投宿，露坐田家石磨上。後妻述之，謂：「彼時心無所慕，卧觀星斗，頗覺自適。」蓋富貴貧賤恬然匈中，自少已然矣。壬子舉於鄉。嘉慶己未會試，元副朱文正公爲總裁，宫保中式第一名。仁宗問元曰：「會元是汝揚州人？」元對以寒士有品學及居尊經閣讀書狀。殿試，賜進士出身，改庶吉士。是科得人最盛，績學如武進張惠言、高郵王引之、歙縣鮑桂星、全椒吴鼒、福州陳壽祺、棲霞郝懿行、武威張澍；其通顯歷中外者，自湯相國金釗、盧敏肅以下，又數十人，而宫保爲之冠。是年五星聚奎，文正因作《五緯聯珠圖》。議者謂國家科目，斯最盛也。辛酉，散館一等，授職翰林院編修。甲子，充順天鄉試同考官。累充國史館協修、纂修、總纂，本衙門撰文。丁卯，視學四川，捐廉修成都考棚，刻《詩韻辨字》，略明音訓之學。所拔皆知名士，有曾爲宫保戒飭者，十餘年忽來謁曰：「吾非師，幾爲名教所不容也。」辛未，充文淵閣校理，教習庶吉士。癸酉，充日講起居注官、咸安宫總裁。京察列一等，復帶引見記名，以府道用。尋陞國子監司業。乙亥三月，進翰林院侍講，轉侍讀，七月進右春坊右庶子，八月命爲河南學政。河南沿十八年李文成之變，羽黨未盡，劫掠燔燒，官捕未浄。仁宗諭宫保「知汝品學兼優，操守自好」，並諭察視地方盜賊及官屬捕緝事宜。宫保以滑縣之亂，總由積習釀成，凡地方吏治、河工情形，小事言之有司，大不便者入告無隱。廉知彰德、衛輝兩府，吏民習教者衆，因將實在情形入奏，兼陳州縣官編察保甲有名無實狀。仁宗諭以「所奏詳悉，告知撫臣、臬司」。商邱廩生陳忠錦，因不濫保，爲童生張鵬翼父子毒毆。知府及經歷某，受賕誣陳，加斥責，陳忿縊死。其弟勉旃訟冤，宫保列知府、經歷罪于朝，分别鐫革。由是上下畏法，兩河肅清。每疏入，仁宗嘉歎，稱爲「實心化導，正本清原」者再。累遷左春坊左庶子、翰林院侍講學士，留學政任，回京轉翰林院侍讀學士。

今上御極之元年，奉特旨充實録館漢文總纂官，七月命爲湖北正主考。累升詹事府少詹事、詹事，文淵閣直閣事，稽察西四覺羅學。壬午九月，升内閣學士，充武鄉試副考官。乙酉，以刑部右侍郎視學福建，旋調禮部右侍郎。福州試院有地溝，運竹筒傳遞，宫保捐廉修號，積弊始清。漳泉諸州尚械鬬，上杭生員何某者，强宗也。以争墳地械鬬上控。宫保飭學扣考，何訴之撫軍，撫軍咨送考試，宫保不可，治益急。由是械鬬之風頓減，臨行，生員獻詩者，幾千人。己丑，充會試知貢舉，四月，轉禮部左侍郎。命偕侍郎鍾昌馳驛審山西平定州朱葛氏案，究出知州錯擬罪名并門丁受賄狀，人稱明允。是歲賞紫禁城騎馬，署兵部左侍郎，改倉場侍郎。壬辰，調刑部左侍郎，命爲順天鄉試副考官。癸巳，進都察院左都御史，充經筵講官。甲午春仲，經筵充直講，進禮部尚書，命爲順天鄉試副考官，調工部尚書。時刑部尚書戴公敦元卒，上以刑部事繁重，調宫保刑部尚書。宫保以人命至重，侵晨進署，書吏、司員未至一人，坐堂上閲視案件，如老諸生。日暮未畢，則攜歸陳几上，燒雙燭審定。遇疑獄，與同僚難論再三，或格於例，則于聖前直陳其情。一事未安，思之終夜。積三年，以爲常。體素健，自是恒不成寐。會丁酉京察届期，制書褒美，謂宫保「刑名詳慎，精力如常」，與今相國湯公金釗同列一等議敘。宫保亦夙夜不敢自安，然用是體亦瘁矣。是年夏至後，病下利，旬餘稍瘥。上召見温諭，宫保力疾視事。冬至前更苦煩躁，十二月陳請致仕，上諭以「安心調理」，不許。次年二月，復固請，上不得已，許之。猶諄諭以「病痊後具摺請安」，蓋是時上倚宫保方殷，每召對廷臣，詢問宫保病狀，至于再三。宫保亦欲以餘生報國。臨終之日，與尚書祁公㟩談國事，亹亹如平時。午後嘔吐作，旋坐逝，壽七十有九，時道光戊戌十八年七月之十日也。遺疏奏聞，上嗟歎久之。贈太子太保，降制賜卹，有「品行端醇，學問優裕，明允精詳，克盡厥職」等諭。復於七月三十日，上命禮部尚書吴公椿率太常寺司員諭祭，又有「鞠躬盡瘁、性行純良」等語，可謂知遇之隆而哀榮之備矣。

宫保孝友性成，識度淵懿，丁母憂，以父老，哭不敢出聲，用是失血。痛兄早歿，待弟尤厚。族弟某，少孤，成立之，既歿，養其家。待士以信，寡言笑，喜怒不形於色。年弱冠，即以文爲金先生兆燕、蔣先生士銓、王先生文治所賞，而厭爲迂疏無用之學。生平讀書，實事求是，不爲門户之見。又謂刑所以弼教，近世吏治不如古者，以分刑、教爲二也。故爲學政時，抑豪猾，伸冤獄，勤于有司官。及官刑部，訓飭屬官，循循然如誘子弟。于浙江汪宗炎一案，論大宗小宗，引律據經，作説帖數十紙曰：「倫常者，弼教之本也。」先後在刑部最久，主試者三，爲學政三，閱會試、覆殿試、朝考卷四，歷遷五部。所居官雖一日，必勤于事。性尤介，爲諸生時，富商某持百金求製壽屏文，鄙其人，不許。其視學福建也，囊空，至不能還京。自兩朝恩賞書籍、珍玩數十種外，殁後家無餘財。其陳請開缺奏有云「卌年京宦，豢養恩深。僑寓京師，家無半畝」，非虚語也。精書法，所書經籍，悉爲人攫去。今所存《十三經》、《國語》、《國策》、《莊子》，皆五十後所書也。所著書惟考訂《爾雅音義》摹刻行世，未刻者有《榕莊詩文集》若干卷，《外集》若干卷，《歷代郊祀考》若干卷。配蔣夫人，先宫保卒。子三，丙榮，道光乙酉舉人、戊戌進士，安徽即用知縣；悠辰，蔭生，廣西試用知縣，以芳林渡勦殺猺匪軍功，升直隸州知州；璜，河南試用知縣。女一，許字秀水汪氏，未嫁守貞。孫三，久開，久恩，久齡。孫女三。以十九年己亥十二月之十日，葬于甘泉縣廟山旁團山之南闞家莊，蔣夫人祔焉。丙榮等來乞爲神道碑銘，元耄矣，猶按狀序而銘之曰：
五星聚奎，爲文之祥。人文大啟，爲邦家光。尚德緩刑，臯陶拜颺。帝用刑官，空冬居陽。故所褒者，學行爲長。一曰明允，再曰純良。以此銘碑，佳城後昌。

移建安淮寺碑

大凡事之鉅艱者，久必變通。其通也，待其時，亦待其人。黄河入海，歲遠必歲高，黄既高，而不能加清，堰同其高，于是蓄清刷黄、借清濟運之説窮。且湖堰横决，上河下河民逃穀没者屢矣。嘉慶末，有爲南北兩運轉搬過黄之策者，未行。又有灌塘濟運之策，遂行之。南河總督麟帥值其時，于是決計平淮消險，上下河田，周回千里，年屢大豐，民安穀熟，石米值銀一兩。此得其時歟，抑待其人而後行也。麟帥不敢居，謂此聖天子定策感召之所致，亦淮瀆神福民靈貺之所昭，天子親書「淮廟」扁，修淮瀆廟。麟帥率屬報祭，遂復周覽泗州，登眺龜山，見有古佛出于水面，察知爲宋無梁殿。于是泅而拯出鐵佛、鐵羅漢、鐵鐘、鐵鑊甚多，移于山麓，别建爲寺曰安淮寺。神、佛有靈，應時而出。庶幾昔年饑溺之民，今日得見安瀾有如此。麟帥又建船隖于老子山，行船可避風浪。復于聖人山下開通舊河，以避馬狼岡之迂險。便民之事，無不爲也。麟帥慶，己巳進士，爲貴大宗伯慶所得士。余己酉進士，又大宗伯己未進士之座主也。戊戌冬，余乞恩致仕，歸來淮揚，親見民生安樂，寺工已成。請爲碑文，磨石以待，銘曰：
禹使庚辰，鎖巫支祁。今淮泗安，加石閟之。宋建古殿，由金臂師。鐵像出水，因泗之卑。泗渦愈卑，民生愈治。人力所通，遭逢盛時。

歙縣江鶴亭橙里二公傳

鶴亭公諱春，字穎長，生時有白鶴之祥，故號鶴亭。姓江氏，徽州歙縣人。祖諱演，僑居揚州，父諱承瑜，皆以鹽筴起家。行仁樂善，周貧乏，修津梁，動費萬金，並以公貴，封贈一品階。公性警敏，爲金壇王太史步青弟子，善屬文，尤長於詩，與程編修夢星齊名。以五經應試，未第，遂出其才治鹺業。上官知其能，檄爲總商，凡重事皆與擘畫。乾隆十六年，上巡幸江浙，揚州迎駕，典禮距聖祖時已遠，無故牘可稽。公創立章程，營繕供張，纖細畢舉。二十二年南巡，駐蹕金山，召對稱旨，賜金絲荷包，賞加内務府奉宸苑卿銜。三十年南巡，修治紅橋東之净香園，蒙御書「怡性堂」額，賜「福」字、玉如意。城東南高阜曰康山，相傳明康海舊遊處，有董文敏書扁，公葺新之。四十五年、四十九年南巡，上喜平山之外，得康山近處小憩，遂再幸其地，賜額、賜詩，有「時花二月之中遇，古樹千年以上論」之句，净香園有「雨過静依竹，夏前香想蓮」之句，皆即御書爲聯。公理鹺務四十年中，凡祇候南巡者六，祝皇太后萬壽者三，迎駕天津、山左者二，最後入京赴千叟宴。國家有大典禮，及工程、災賑、兵餉、河餉、捐輸，上官有所籌畫，惟公是詢。公才裕識超，專心國事，指顧集事，不顧私計，又更事久强記，善用人，苟有益於各省轉運者，知無不爲，規遠利而不急近效。周急濟貧，加意於書院、養老院、育嬰堂諸事。每發一言、畫一策，群商拱手，稱諾而已。群商之受指揮，不便其私者或退有怨言。然而兩淮提引案發，逮治群商，首總黄源德老疾不能言，餘皆自危於斧鑕。公毅然請當其事，欽差讞時，叩頭引罪，絶無牽引。上知公無私，詔釋不問。獄解，所保全兩淮之人甚衆。太監張鳳以銷毁金册，捕逃頗急，鳳至揚州謁公，公於杯酒間縛之。上飭議封疆大吏之失察者，特授公布政使司銜。上深知公誠藎有長才，每跪迎駕時，望見輒加詢問。公貧無私蓄，辦公力絀，上借帑金三十萬兩。公運鹽之號曰廣達，每鹺使者出都，必諭曰：「江廣達人老成，可與商辦。」前後被賜御書「福」字、貂、緞、荷包、數珠、鼻煙壺、玉器、藏香、拄杖，便蕃不可勝紀，加級累封至光禄大夫。

公偉岸豐頤，美鬚髯，喜吟詠，好藏書，廣結納，主持淮南風雅。與盧轉運見曾同意趣，水南花墅别業開並蒂芍藥，轉運就公讌賞賦詩。轉運北歸至召伯埭，舟中賦詩始别。北郊鐵佛寺，荒寒多紅葉，公數招杭太史世駿諸詩老，清齋賦詩終日。三十一年十二月十九日，爲蘇文忠七百歲生日，與諸詩人懸像於小山僧之寒香館，賦詩，一時文人學士，如錢司寇陳群、曹學士仁虎、蔣編修士銓、金壽門農、陳授衣章、鄭板橋燮、黄北垞裕、戴東原震、沈學士大成、江雲溪立、吴杉亭烺、金棕亭兆燕，或結縞紵，或致館餐，卑節虚懷，人樂與遊，風亭月榭，觴詠無廢，與玲瓏山館馬氏相埒。所著有《隨月讀書樓詩集》三卷。公感重恩，竭力圖報，治公事戴星出入，暇即從事詩酒，不自持籌算私積。言事投書者，數十輩林立，隨方應付，食頃已畢。或曲劇三四部，同日分亭館宴客，客至以數百計，恒以長物付質庫，分給數庖以應之。公以乾隆五十四年積勞致卒，年六十九。卒之日，家無餘財，賜帑未繳，鬻産及金玉翫好以足數。公無子，初以弟昉季子振先爲子，蚤亡，復以次子振鴻爲子。上知其卒後貧，復賜帑，諭振鴻業鹺以繼其父。振鴻始冠，能文，勤謹儉約，力圖起其家，不敢負上垂念舊商之恩也。

橙里公諱昉，號旭東，又號硯農，鶴亭公同祖弟也。父諱承玠，以户部郎中歷知浙江嘉興、台州府事，升浙江鹽驛道，誥授中議大夫，清介多惠政。母宋淑人，早卒。簉室萬淑人，實出公，三年而殁。劉淑人教育如己出，觀察命公事之爲慈母。劉淑人之殁也，公哀毁行斬衰三年喪，請封於朝。不知禮者或議之。然《儀禮·喪服》經傳曰：「慈母如母，死則三年。如母，貴父之命也。」且今國制：「慈母如母，斬衰三年。」謂所生母死，父令別妾撫育者。吾故曰：公知禮制，公之孝也。公性恬静，幼承觀察清白之訓，内被淑人折葼之教，遠絶靡麗，惟以詩書自娱。所著《晴綺軒詩》，意境清遠，得宋人高格。尤工填詞，慕姜白石、張叔夏之風，故其《練溪漁唱詞》二卷，清空藴藉，無繁麗弱褻之情，除激昂詎號之習，可謂卓然一家矣。又嘗集宋、元人七言詞句爲《絶句詩》九十首，妙思清響，如出己手。所居紫玲瓏閣，名士之至揚州者，無不納履。興化任進士陳晉，公之師也。任公子侍御大椿，與公以經術品行爲友。天台齊侍郎召南爲諸生，在敷文書院，觀察遇之極厚，爲觀察門人，與公亦以學相長。錢唐厲太鴻鶚、嘉興王穀原又曾暨鶴亭公諸賓客，多主公家。湖舫山輿，聯吟覥句，殆無虚日。賓至，則下榻拂几，卷軸絲竹，情賞靡缺。故爾時文讌之盛，稱二江公家。公狀端凝，性仁厚，周急無德色。詩人方介亭和有所陷，公委曲用心，以厚貲免之。汪雪礓本貧不能出户，公濟以服食，共吟詠，薦於鶴亭公。餘事類此，不勝紀。湖北鹽篋，領之者立致巨富，積弊難釐，鶴亭公薦公領之，公不獲辭，數年歸，囊無餘貲，至鬻田宅以償逋。晚年尤耽山水，有別業在蘇州太湖西磧山，曰西磧山房。嘗扁舟爲梅花往，筆牀茶竈，有天隨之風。乾隆五十八年卒，年六十七。候選知府，誥授通議大夫。子一，振鷺，鹽運同知銜，能詩工書。

論曰：元之王妣江夫人，二公同祖姊也。元幼讀書，罕出户，不知外事，弱冠入京師，甫通籍，二公相繼歿，然元敬聞吾父述二公之事詳矣。鶴亭公矯矯獨出，超轢前後，深識國體，受恩深重，竭心力以終其身。橙里公敬命報慈，通經守禮，有古君子風。又皆讀書禮賢，歿之日，家屢空，蓋不欲藴利生孽，負國恩而墮家聲也。嗚呼，儻所謂忠孝者，非耶？

雷塘自定壽壙記

昔余因先考命，葬前室江夫人於北湖橋鎮西陳家橋，因而記之，引《檀弓》「樂哉瑕邱」之言。彼時因雷塘無餘地也。嘉慶甲子以後，在雷塘阡地祖墓之側，得地數弓，樹木久拱，坐向端正，且切近先祖、考妣墓之右。夫能近依祖、考，豈復樂瑕邱哉！己亥歸里，又再相之，此爲最慰，即以爲余之壽壙。繼室孔夫人殯，將亦附焉。乾隆間，余官詹事時甚貧，江夫人棺木不堅，今必太朽，且遠四十里，斷不能遷矣。卜地之説，余所未諳。此壽壙及所謂瑕邱者，曾有門生内閣中書端木國瑚相之，以爲皆吉，則皆吉矣。此地爲下雷塘，塘水自西北甘泉山九女澗來，注於東南，又有楊家澗水，自西北來，會之於辰方。壙前地皆舊松柏，百餘步以南樹少，乃低爲豆麥田，又數十步，更低爲稻田。平圜千畝，形家所謂「明堂」也。雷塘豬水，漢、唐、宋、元皆然。明時不賴此水濟漕，豪家雖占涸爲田，而仍恃兩澗水以爲灌溉。西漢「雷塘」即「雷陂」，《漢書》寫作「波」。《漢書》云：「江都王建，游雷波，使郎二人乘小船入波中，船覆，兩郎溺，攀船，乍見乍没。建臨觀，大笑。」《西征記》云：「雷陂有臺，高二丈，即吴王濞之釣臺。」臺所在無考。考《寰宇記》諸書，最西小新塘即宋紹定滅李全處。水下汪上雷塘，上雷塘轉入中雷塘，由槐子河東流入官河，明舊《志》：「下塘水廣長皆七里，佃田一千六百餘畝。」漢、唐、宋、元，山水無改。余家墓則在中雷塘，東南望見出水之地。之外，下雷塘即槐子河也。昔高堰、荷花塘、馬篷灣決口時，槐子河水皆倒漾，至雷塘田前，近年江湖水大，亦倒漾。槐子河上即古東塘也。即唐高駢檄四方兵討黃巢，駢屯兵不行處，亦秦彥與楊行密戰不利，所奔之東塘也。予遷揚四世祖尊光公，於崇禎末始葬雷塘阡，六代曾祖宗尹公、七代祖琢庵公，皆繼葬於此，八代考贈大學士，嘉慶十年亦葬此。此阡高臨塘上，阡地在明以前想亦豆麥高田耳。地脉從甘泉山來十餘里，塘水與楊家澗水會于阡東南。元至正年造閘於上雷塘，明成化年於上下塘各造石閘水磋以爲蓄洩，今阡東南隱然尚有閘磋舊基。傳聞廢閘涸塘爲田，始於明仇鸞時。顧九錫詩《序》云：「雷塘烟雨迷離，近被土人開墾爲田。丁未再過之，見昔時鴈影漁帆，忽變爲樵歌牧笛。」此當在明末。隋煬帝墓在吴公臺，即今觀音山，唐高祖時，以帝禮改葬於雷塘，在吾家阡北三里許高岡上。余曾培修之，立碑。伊太守秉綬案舊《志》，題碑曰「隋煬帝陵」，刻之。阮氏阡西里許爲阮氏墓廬，造廬掘地，得元大德龍王廟碑。蓋廬即廟地，因立碑於門內，即以廬前屋祀龍王，中屋爲觀音堂，後屋爲高樓，東望墓阡，南望蕪城，阡城之間，尚有雙澗，慨然想見漢江都王之游雷波也。焦君里堂題扁曰「阮公樓」。置僧守之，曰「雷塘庵」，自刻「雷塘庵主」小石印。廬西南故冢，爲明南京禮部尚書王軏墓。五代朱瑾墓在雷塘，今覓不得。嗟乎，壽壙古人多爲之矣！漢趙邠卿中年病，即囑兄之子爲立員石於墓前，曰「漢逸士趙嘉墓」，岐先名嘉。及年九十，在荆州別爲壽藏。去聲。唐司空表聖自爲生壙，引客賦詩飲酒於壙中，客或難之，哂之曰：「何不廣耶？」此外爲生壙者不勝舉。今年夏夜，宿樓上，東望祖、考墓，松柏鬱蒼，泉原交屬。余以衰跛昏耄，得乞骸骨，將依先人而永宅乎此矣。魏傅永登邙山，遠慕杜預，近慕王肅，欲歸於此，曰：「此吾永宅也。」唐姚崇曾孫勖，自爲壽藏於崇墓旁，曰「寂居穴」。

雷塘壽壙孔夫人先葬記

晉杜元凱遺令，自定兆域，法鄭大夫古冢之儉，妻郭氏合葬，且曰：「中古以來，或合或否，各以己意所欲。」杜氏深于《左氏傳》，斯言必禮也。今元妻或合或否，非以意定。江夫人以乾隆六十年，葬于道橋之陳橋，櫬非美櫝，朽不能遷。繼室孔夫人，以道光十二年卒于滇，十三年冬到揚州，殯于道橋祠右，可以合。元壙既定雷塘矣，爰于道光辛丑年十二月庚子，先葬此右者。至于元凱妻郭氏，先葬耶，遺令遷殯耶，不可得而知也。祠右之殯，先葬待合，合乎蘧伯玉瑕邱請前之諷。陳橋之殯，不遷不合，合乎宋司馬石槨速朽之譏。子貢願有所息，仲尼曰：「望其壙，睪如也，宰如也，鬲如也，則知所息矣。」今所營，即此所謂壙也。壙亦古矣。壬寅正月，來雷塘，壙前積雪初消，松柏皆拱，石楠、海桐亦數十年木也。復乘椅至松南，瞻望麥田，觀雷塘橋水來與楊家澗水會處，元凱所謂：「己意所欲，即己心所安也。」書此以示子孫。

項羽都江都考跋

江都縣衙前榜二，其一曰「邑肇荆王」。汪容甫先生據史駁之，謂：「孝景前四年，始徙汝南王，非王江都。荆王劉賈以高帝六年封，至十一年爲英布所殺，無後，其立國至淺，賈都於吴，此地爲其支邑，自名廣陵。至孝景置江都國，賈死已四十三年。江都縣之名，前此絶無所見，疑即託始於此。」按：樂史《太平寰宇記》謂漢景帝立江都，遂因國以立縣，汪氏之説，蓋與之同。近劉孟瞻明經文淇。作《項羽都江都考》，據《史記・秦楚之際月表》，知江都之名，項羽時已有此縣。《月表》分二十一格，第一格載義帝事，第二、第三格皆言項羽事，第二格言諸侯尊懷王爲義帝，西楚伯項王籍始爲天下主，命立十八王，都彭城。第三格言項籍自立爲西楚霸王，都江都。以下十八格，分言十八王所都之地。❶然則項羽曾以江都爲都，是秦、楚之間早有江都之名，非始於景帝矣。此説甚爲新異可喜。及檢新《揚州府志・沿革建置門》，有雙註云：「《史記・秦楚之際月表》有『項羽都彭城』，一本又云『都江都』，考諸書，無羽都江都之事，殆傳刻誤。」此蓋嘉慶年間，修志者見有無「江都」之本而致疑也。明人程正揆所刻張守節《正義》本，《月表》脱去「都江都」三字。余檢至此，亦爲之疑，因思余家文選樓有舊本《史記》，檢之，則是元中統二年連《索隱》之板，明明有「都江都」一事，爲之大快。然則《府志》所云有江都者，古人之遺；無者，爲妄人削去也。元中統與宋理宗時相值，則與宋板無異。明閩柯本與宋本同。此書古色古香，恐勝於今單行《索隱》之處尚多，俟再校之。因復思古人如項羽者，滅秦封漢，氣蓋一世，快意之事，正在爲霸王都江都之時，而江都王者，以項氏爲最先。乃此事黯然不彰，緜緜欲絶，幸賴明眼人於旁行斜上蠅頭細書之《月表》識别而出，而又得此霉爛蠹蝕五百餘年之故紙爲之確證，所以古本之可貴如此。道光二十年。

❶ 文首至「之地」二百五十九字，續四庫本作「劉孟瞻明經文淇作項羽都江都考據史記秦楚之際月表第三格知項羽自立爲西楚霸王都江都」三十九字。

校刻宋元鎮江府志序

余家久藏宋嘉定、元至順寫本《鎮江志》二部，乃乾隆六十年宣城張木青學士燾。所贈之書。嘉慶間，曾經進呈内府，又録兩副本，一藏家中文選樓，一藏焦山書藏，以待有志者刊之，良以二書有關於京口之掌故甚鉅也。京口自東晉以來，屹爲重鎮，流民僑郡，分併改隸，都督、開府，參佐、從事，寄治版授，建置紛煩，以及宋之差遣，元之掾屬，讀史者憚於鉤稽，往往沿訛襲謬。今詳觀宋《志》，於六朝僑寄郡縣，縷析條分，於節度、觀察等官罷復，紀之甚詳，其刺守歷任年月於紀傳所不載者，皆稽考得其次序。是故一人之傳，必參酌群書而後定，如刺史《韋損傳》，以《唐·地理志》、《練塘碑》及李華《復練塘頌序》、《招隱大律師碑》參定；都知兵馬使張子良等《傳》，以新、舊《唐書·李錡傳》、《舊唐書·憲宗紀》、《通鑑》、《太平廣記》參定，此例爲前此作郡志者所未有。至於元至順《志》，本承宋《志》而作，然絶不勦襲其書，宋《志》於刺守宰貳等官，載至嘉定九年止，而元《志》即從嘉定十年起，其例尤爲可法。《土産門》引《説文》、《廣雅》、《字林》、《方言》等書，亦地志中所僅見。又二書於晉、宋以來士大夫居宅墳墓，皆詳其坊巷鄉都所在，其作銘作記之人，亦莫不羅列，雖遺跡久湮，而按籍考之，猶可得其仿佛。後人性好簡略，鮮有及此之詳明者。其餘精當處，亦不勝僂指。二書洵海内之秘笈也。乃問之鎮江人，無肯栞之者。余於《送楊忠愍公墨蹟歸焦山記》中已慨乎言之。

去冬，丹徒包景維良丞。介吴陶伯孝廉文鑄來謁，余談次及之。景維因言及其考中憲知有是書，欲刻未果，今願刊布，以成先志。余因出家中選樓本，並發焦山書藏本，校竣，仍還焦山。再加繙閱。選樓本爲歸安嚴久能元照。所校，焦山本爲烏程張秋水鑑。所校，又丹徒戴桐孫守梧。亦有籤記，其中精確者致多，然惜引其端，未竟其緒。復屬門下士劉孟瞻文淇。暨其子伯山，毓崧。詳考全書體例及所徵引各書，正其譌誤，作爲《校勘記》四卷，附刻於後。二書俱不著撰人姓名。《書録解題》有「盧憲《鎮江志》」，《宋志》中稱憲者四條，因共定嘉定《志》爲盧憲所作。而至順《志》則不知出於誰手。適丹徒柳賓叔孝廉興恩。以書來告，謂檢《鎮江府志》成化舊《序》，知至順《志》爲俞希魯所作。余按：俞氏乃元末遺老，爲金華宋濂所推。若非詳撰此《志》，烏知俞氏之學精密若是？則刻書洵有功於古人也。是書初刻時，不知書中載包氏名人甚多，乃校勘後，知包氏爲丹徒舊族，宋、元二《志・人物門》，俱以漢大鴻臚包咸爲首，厥後包融、包何、包佶俱有名於唐代，而元《志》俞庸《修高資橋記》亦言丹徒包氏不墜先業。中憲名祥麟，字厚村，捐賑施藥，頗多善舉，實爲鴻臚之後，雖此書朽蠹而班班可考。然則是書之刻於包氏，固天理當而人心安也。刻既成，余故樂爲序之，以爲刻古書者勸。大清道光二十二年夏至日。

畢韞齋母郭孺人墓誌銘

母姓郭氏，字蘭崖，甘泉人，詔舉博學鴻詞諱朝松之曾孫，户部廣東司主事諱隆舉之孫，附學生諱增之女子子也。幼習詩書，嫺禮教，事節母以孝聞。年二十，畢蓼村先生聘爲子春原之婦。時三族多虞，家業中落，母躬持節儉，終歲食貧，左右服勞，不遺餘力。念庶士以下皆衣其夫，執枲治繭以共衣服。教子光琦，嚴而有法，親授經，自《論語》、《孟子》、《詩》、《禮》，皆口授章句，兼詳詁訓，篝燈自課，凡越十年。光琦入泮宫，游藝四方，戒以黜華崇實，敏事慎言，述廣平之節義，陳王屋之清廉，勿忘故實，以玷家聲。母熟繹家乘，以唐廣平太守畢炕，天寶之亂，家覆，贈户部尚書，謚忠，及王屋尉畢坰清廉，見《昌黎集》也。歲庚寅，母劬勞成疾，氣弱體羸，至冬日而疾革。光琦跪於牀下，誨之曰：「儉爲令德，不可不慎，桐棺三寸。」言終而卒，是道光十年十二月十八日也。將以某年月日葬於揚州之原，西倚蜀岡，東界漕渠。光琦乃蕭山湯相國督學時所取佳士，爲余門生門下士也。歲乙未，余入内閣，每宿集賢院，在《經郛》中録出《詩》、《書》二經，爲《詩書古訓》六卷，尚須校正删補，蕭山言光琦可任之。歸里晤言，知其經學明敏，閲三年而校刻成書。光琦言其母之賢，若不及時求撰誌銘，則不能如昌黎之傳王屋也。以狀來，乃序而銘之曰：

魯敬姜言，見《列女傳》。賢母有子，學行必見。惟訓乃傳，惟勤乃儉。詩書克敦，浮華不染。亦祇以異，富則異掩。

江都春谷黄君墓誌銘

君諱承吉，字謙牧，號春谷。黄氏其先歙人，自晉新安太守積，卒於官，葬姚家墩，子孫家焉，因號黄墩。唐御史中丞德之季子璋，由黄墩遷黄屯。曾孫芮以純孝著《唐書·孝友傳序》，父歿，北渡潭水，廬墓終身，故名其地爲潭渡。世祀璋爲潭渡始祖，是爲潭渡黄氏。唐以下，代有聞人。曾祖克轞，祖修溥，歙文學，父其林，國子監生，皆以君官累贈通奉大夫。君幼讀書聰敏，博綜兩漢諸儒論説。府教授全椒金棕亭先生退官時，僑居相近，一見即贈詩曰：「騏驥在東隣，三年不相識。」又曰：「顧我桑榆人，十駕安可及。」其傾許若此。弱冠，補江都學生員，與同郡焦里堂循、李濱石鍾泗、江鄭堂藩諸先生友善，日以經義文事相切劘，當時有江焦黄李四友之目。

嘉慶戊午科，中式鄉試解元。乙丑科會試中式，賜同進士出身。即用廣西興安縣知縣，再署岑溪縣事，充戊辰恩科鄉試同考試官。君勤於政，在岑溪時，有乙爲甲傭，種山僻地，忽告歸，久不至，而乙妻子則以索乙於甲，控，繼乃控甲因鬬斃乙，並有風聞時日，及埋尸於水塘側處。君細鞫多次，察甲辭色非殺人者，而乙妻子方固争不已。又訪乙家，則方治喪事，旦暮聞哭泣，長子日荷鋤尋掘父尸。君不肯濫引左證，惟於乙妻子前後所供不符處獨加研詰，胥隸嘖嘖非議，太守廉知，使人規戒之。君既確有所見，益究得實情，匿乙於廣東羅定州欲以詐甲財，君遣役往獲之，甲始不冤。爲同考官時，偶詣他房閱一落卷，謂其文義精奥古茂，當時冠場，及薦主司，果置解首，揭曉，爲汪能肅，浙江名宿而寄籍粤西者也。然君於公所議事，率以才能屈其坐人，緣是漸爲同僚所詆，上官亦竟以文書過境失落、未能遽獲劾罷之。至道光六年，始得捐復，且捐道員需次，復因齒就衰，遂一意發憤著述，無出山之志。所著《夢陔堂詩集》數十年，總五十卷，體物摹景，敷事類情，尤善於樂府古辭。其著述則校證經史，鉤稽貫串，每出曠識，正古文人之是非。嘗以司馬遷爲孟子後尊聖道、明六經之第一人，而揚雄謂遷行不副文，是非繆於聖人。班固亦即以其語爲遷《傳贊》，又於《傳》中兩「太史公」牽混其辭，於《百官公卿表》、《成帝紀》、張安世、京房等《傳》内抹没增添之，使中書令一官不知何職，助雄抑遷，以爲己地。故《漢書》本不應爲雄立傳，而固欲黨雄，特變史例，全録雄《自序》爲《傳》，遂於仕莽事略不及，因並論雄毀東方朔，致毀柳下惠爲鄉原仁賊，謬指靡麗勸風字貶賦，傾毀司馬相如。於事後追序《甘泉賦》，自謂風戒，其實《甘泉賦》通篇專以崑崙諛頌獻媚趙昭儀，則比之西王母。又稱賦爲「雕蟲篆刻，壯夫不爲」，至使後生將以文爲詬病。其《河東》、《校獵》、《長楊》、《逐貧》、《太玄》諸賦，辭意雜亂鄙陋，有乖文體。《太玄》合天應曆，全爲臆説。作《文説》十一篇，以辨正之，總三十餘萬言。蓋謂千古之文人受此誣枉，不辨此第一誣枉，餘可不必言文，不如此力抉其文之非，則不能實求其文之是。此其所以發憤者也。約其所論説，自揚雄有雕蟲篆刻之説，致文爲後世詬病，首著其非，以明文章關繫至重，第一；論《法言》内謂「賦爲童子雕蟲篆刻，壯夫不爲」，其「壯夫」乃指壯年，及考雄賦，皆是壯年所爲，第二；論揚雄《漢書》中不當有《傳》，第三；論《漢書》中《揚雄傳》是雄自作，第四；論揚雄《甘泉賦》，賦與序不合，第五；論《甘泉賦》通體皆以崑崙諛頌，第六；論揚雄《河東》、《校獵》、《長楊》、《逐貧》、《太玄》諸賦，第七；論揚雄設「風勸」二字貶賦，就以誣陷司馬相如，乃先誤解《詩序》兼誤及一切經書，第八；論揚雄因毀東方朔，致毀柳下惠爲鄉原仁賊，並論《法言》中各等辭，第九；論《漢書》中多誣陷司馬遷之語，第十；論《太玄》自謂合天應曆，其實所説皆臆數，與天曆不合，第十一。凡此十一篇，三十餘萬言，於是千古之誣枉始正，人心之是非始正，人心之忠奸始正，經史之是非、孔孟之指歸是非亦皆正，然則君之不出山，特爲司馬遷、雄固定此一案也。使君出山，復能辦岑溪等案，官至督撫，終碌碌以歸，不及此數十萬言者，俾世人皆知尊文重道，而相與傳習其説。如不解其所説何事，置其説於若存若亡、可有可無者，則其人適自歸於不讀書之人，於君何損哉！欽定《四庫書》内有《字詁》、《義府》二書，爲君族祖黄生撰。君出康熙間家藏鈔本刊之，又加按語，以發明聲音訓詁，又著《經説》若干卷。君生於乾隆三十六年十一月十七日，卒於道光二十二年七月三日，得年七十有二。君子必慶，爲晚年鍾愛，屢見於詩。蠲吉於二十三年十月十六日，奉君殯葬於甘泉西山雙墩。妻江恭人祔焉。恭人召試内閣中書户部員外郎漣女，以道光十二年卒。側室劉氏生必慶，以貲爲員外郎，例封劉爲宜人。女二，長適儀徵學生程官埒。必慶介王生翼鳳以狀來乞爲銘，銘曰：

黄君之學，在於文説。雄、固枉遷，無人能決。熟精古書，其私始訐。誣二千年，其冤始雪。書莽大夫，綱目早閲。自餘史情，尚昧曲折。惟君説之，明明布列。既正文章，又正臣節。鳴鼓而攻，盟皆歃血。有不與盟，人必愚劣。我銘佳城，文亦不滅。

北渚二叔墓表

阮元從叔阮公，諱鴻，行二，字逵陽，又字湘南，號北渚，七十後自號蟄室老人。三世祖官榆林衛千户，始卜居揚州北湖。元高祖與公曾祖諱樞忠爲兄弟，始分房。樞忠公通經史，兼善騎射，康熙庚戌科武進士，分發江蘇撫標中軍學習。子三，長諱殿衡，習文舉業，考授州同知，爲公之祖；次諱匡衡，癸未科武進士，官滁州衛守備，以官贈曾祖武德將軍。父諱金堂，字宣廷，儀徵學增生，以公職贈奉直大夫，宣廷公生二子，公其仲也。乾隆丁酉，六歲，就傅。十一歲，以弱疾輟書，就醫三年，甫愈，仍力於學，從堂伯衣谷明經學。庭訓甚嚴，雖愛憐其摯，而勖以讀書作文不稍寬，由是益淬於學。丙申冬，宣廷公以痰嗽成疾，公侍湯藥，衣不解帶。公母張太宜人刲股以進，事載焦循《北湖志·節孝》中。逾年，宣廷公卒，公哀毁骨立，慎始慎終，克盡其孝。以家貧，無以爲養，越一年，就館於外，遥師姚雨田廣文，每入城謁師。與程中之、方贊元、方月槎爲師友相砥礪。廿一歲，張太宜人衰病，公不忍遠離，遂移館於本鎮吴氏，恒薄暮至家省視。吴氏以公訓誨嚴勤，延待十年之久，得館地以力學，藉館金以養母。公於胞兄載陽公極友愛，己酉歲，同受知於豫堂胡侍郎，同入學，而宣廷公已下世十餘年，孀親茹苦，得以稍慰。

壬子鄉試，一邀房薦。癸丑，因元官詹事，張太宜人命公入都應順天之試，俄，元奉山左學政之命。公之年與元相若，應童子試時即相善，且知公品學優長，以故延請衡文。公偕行至署，按試青、萊等府，静坐高樓，閉門閲卷，不草率，寓今日初心之意。歷城時，幕友未多，元惟公是賴。夏試畢，始與里堂焦君、秋平黄君登岱賦詩，入曲阜聖廟觀禮，有《山左筆記》一卷。二年，元調任浙江學使，與朱椒堂、端木子彝、陳曼生爲同幕。有幕中閲卷稍率者，公微窺之，索落卷置室中，夜燭達旦，披覽再三，偶得佳卷，因嘆曰：「此佳士也，迫促風簷甘苦，吾數嘗焉。微吾又屈矣。」亟持告學使，元果即拔之。時元虚心禮士而内嚴察，因叔公正明察之力，得士無錯悮。至院棚關節，元防杜至密，至金華巡捕搜得小人私書云「衙門内大人叔子一關難過」，可見助力矣。公三十九歲，元撫浙，隨先考光禄公商立義舉，建族祠，修祖墓，立田贍祭，置禮祀，洲蘆息，定規條，族中祠墓、祭埽、婚嫁、喪葬、敬節、養老、義塾、考費等事咸備，數十年矣。公卒日，元往哭奠，書輓聯云：「魯、浙試文章，杜絶院棚關節；江湖種蘆稻，籌開祭贍章程。」紀實也。甲子四十五，欣然赴省試，因瘧未果。乙丑春，先考命元建家廟於揚州，屬叔董其事，公落成之。初先考憐公與撫署中林季修皆有才，欲公納知縣資，公曰：「吾無資。」毅然不可，且曰：「吾不肯苟合于人，作吏非所宜也。且族無多人，當佐中丞治家政、睦姻諸大端可已。」議遂止。丙寅冬十月，張太宜人以疾卒，公哀毁如初。己巳，公年五旬，辦江洲事，有鎮江某，恃强争佔，訟於鎮江府，府得賄，倚其丈人之力，後大府委勘，乃服誣。公不忍窮以律制，惟剖明定案而已。繼乃決計歸家，以静爲樂矣，自撰《小歇記》以見意。

壬申五十三歲，生長子克。甲戌年，生次子先。丙戌年，生季子充。公性儉約，惟老屋數椽，積書滿壁。晚年罷舉業，納布政司理問，始得贈其親。道光元年，公六十一，閉門課子。江都陳邑令雲伯，欲以孝廉方正薦公，力辭不就。足跡不入城市二十餘年，有《蟄室集》，旋作旋塗抹之，有句云：「年來養病無他福，興到詩惟信口題。」又有句云：「自見虚懷聊種竹，無多老友但聞鶯。」丁酉，公命次子先赴試春明，「吾老尚健，汝勿以爲念」，促之行。時元已補體仁閣大學士，公命弟先師事元。元視其才，樂教之試。冬，寄札於公云：「四弟先聰明，與之談論學問，頗能領會。即如三場言孔安國卒在漢武帝巫蠱事前，寫入策内，非試官所欲聞也。」公覽書而樂之。戊戌冬，元予告歸田，公已七十有九。正月初二日，公八十壽，元率子稱觴，和公句云：「喜得白頭同壽考，羞將書錦耀維揚。」相見時，執手言歡，悲喜交集，蓋元時年七十有六矣。己亥春正月，以湖莊久没于水，與公議築隄種柳，成一别墅，以娱二老，因屬公子克、先兩弟董其成，顔之曰「南萬柳堂」，繪圖賦詩，時相遊聚，種蓮，忽得並蒂二蘇。壬寅春杪，元又置别業於道橋，與公宅通，相聚彌近。夏于湖王子卿太守來别業，一庭三老，留連竟日，因手書一聯云：「百歲老人談舊事，一庭新緑煮春茶。」癸卯正月廿日，元八十壽辰，先期來别業，與公作竹林茶隱之樂。旋聞賜壽之命，公精神尚健，率族同叩謝天恩，且與元約曰：「俟二月杪，賫賜到揚，予尚可來城，隨跪迎，敬瞻天翰文綺，闔族與邀光寵，甚盛典也。」未幾，身體軟弱，飲食漸減，因召子及甥及壻來，曰：「予年八十有四，不爲不壽矣。汝等讀書者，勵志科名，習會計者，守以儉約。予以清白之躬，飄然長往，無所苦也。」疾革，元親至榻視公，公以手指曰：「微矣。」時氣息奄奄，不能出聲，然耳尚聰，心尚明也。越一日而逝。嗚呼！以公之才，宜早掇科名，出而爲政，必能展布，乃自安時命，而贊襄家祠，能持大體，宗族鄉黨賴之。經云：「惟孝友于兄弟，是亦爲政，奚其爲爲政？」公之謂也。公生于乾隆歲庚辰正月初二日，卒于道光二十三年歲癸卯四月廿七日，享年八十有四。元配趙宜人，繼配吴宜人，副室張孺人、朱孺人、孫孺人。長子克，國學生；次子先，肄業生；季子充，國學生，少年工詩畫。孫二人，慶生、瑞生。女九人，婚配皆名族。元從兄子，不敢銘叔，且嫌銘石䃗幽，不若表出于外，故爲阡表，使鄉人族人皆可拜墓而讀也。

文學峙亭王君墓表❶

君諱家幹，字峙亭，姓王氏，儀徵學生。系出太原，元末有福二者，從明祖起淮右，積功至金吾衛正千户，葬儀徵東鄉烏塔溝，子姓蕃衍，遂著籍焉。君十四世祖復旦，順治辛丑進士，十六世曾祖夢麟、祖洪恩、父元彪，皆列名庠序。君七八歲時，侍母喬孺人寢，恒終夜不敢一展側其身，恐驚母睡云。壯負用世志，奔走四方，屢應省試，不得舉。五十外，始歸而教授鄉里。九經皆手寫，授子孫讀。家至貧窶，恃館穀爲生計。

❶「峙亭」，續四庫本作「家幹」。

君乃節嗇衣食，有餘弆之篋中。既年七十，則出數十年所銖積者，躬自修治千户以下諸祖墓，又整理宗祠，祠田畝分呈官立案，以防侵失。審定祭器儀注，歲時率族人舉饋奠禮，恒恪恭將事，曰：「吾老矣，惟此事不可使稍懈也。」君卒於道光二十二年四月三十日，年七十有八，葬甘泉縣金匱山糙石街原。妻劉孺人祔。孺人順德内修，勤勞好禮，先君十五年卒。長子僧保，生員；次翼鳳，廪生；次慶保。孫五，長建和，生員，餘業儒。翼鳳以狀來乞銘墓之文，余撮其難能者，著於篇，爲之銘曰：

孝敬夙成在童稺，耄修宗祠守弗墜。力能奉先否者媿，侍中不廟禮所議。吁嗟王君篤勤志，積久守艱成廟器。孝于惟孝錫爾類。

程節母秋鐙課子圖記

節母程汪太宜人，爲吾友汪君損之長女。少有才名，嗜究經史，昔黄君秋平與浄因張孺人咸稱之。相禹和贈君能盡禮，贈君逝後，太宜人撫孤教讀，官水部，即癸巳余與曹文正公同取之進士也。計鎮北水部童時寓揚州，而不相聞，後爲周石芳司農賞識，以第一拔入儀徵學。壬辰會試，改歸徽州。丁酉春，鎮北將爲太宜人豫稱六十壽觴，於京師執太宜人《秋鐙課子圖》，來索壽楹，余出「欲知春酒娱親意，試讀秋鐙課子圖」句應之。稱觴之日，同年、同官、徽揚同鄉咸集，苦節數十年，今得其慶矣。鎮北其益勵學勤職，以報恩慈焉。節性齋老人阮元書。

晉贈榮禄大夫鄭公墓表

古今士大夫之行，莫重於忠孝，而恒不兩全。有時盡忠則虧孝，盡孝則虧忠，唯誠能畏天，則天意之仁，亦終有以報之。而父教於先，母教於後，啟者沃者惠迪之，則不徒勸天下之爲人父母，以大慰人子之心已也。及門鄭方伯祖琛，爲督學時所取士。成進士，改縣令，以循廉薦擢至閩藩，此皆封公夙昔輔翼以成者也。初封公以從嫂方孀，愛祖琛，欲以爲後，許焉。或勸改命，太夫人持之力，封公亦指心以誓，卒不易。至是，太夫人年益高，多病，方伯痛兩兄之歿，不忍使獨子之母無所奉養，且日將擢撫部，乃乙未亟陳情以歸，此人情之所極難。於是吹笙歌華，有終焉之志。道光辛丑年，甬東夷氛不靖，天子特簡制府裕公涖浙籌辦，時方延訪人才，東南民望，實無踰祖琛者。裕公據以入奏，天子允焉。祖琛未決，太夫人詔之曰：「食焉而不避難，汝所知也。今日出爲國家盡力，雖不養，猶養也。若以吾老辭，即養，猶不養也。無以吾爲念。」不得已，飲泣就道。至姚江，定海陷，星夜赴鎮海，未兩日，鎮海復陷，裕公殉節，祖琛亦旋奉辦理糧台之命。浙江撫軍劉公，以曹娥江爲扼要，俾徵募兵勇，雪滿曹娥江，防堵甚力，夷不敢渡。自此往來吴越，無有停晷，雖日懸心慈母，弗敢陳。軍事既蕆，揚威將軍爲之請，得旨承閒歸省，源源往來。明年，太夫人九十有四，病轉劇，至六月戊子卒，於是忠孝始兩全。祖琛既卒哭，軍務尚嚴，墨絰在局，詮次其事。來揚，乞文曰：「不肖祖琛，父母行誼久著鄉里，官庶習聞。惟是從政數十載，皆禀承庭訓，今貞珉未鐫，不早爲刊理，恐無以昭志乘，用敢瀝陳，惟師哀而賜之言。」余讀再四，惟忠惟孝，當垂久遠，不可辭。

按狀：公諱遵佶，號柳門，國學生，晉封榮禄大夫。系出浦江義門，再遷湖州歸安雙林鎮。二十二世祖某。父某，生而端愨，初就省試，不售。處家婣睦任卹，繼以祖琛貴，迎養在署，修族譜，著《得閒山館詩集》及雜著百餘卷，刊《湖人詩録》正續數十卷。道光九年十一月丙辰卒，享年八十。配徐太夫人，晉封一品太夫人，系同邑著族。來歸，遭回禄，舍己子，抱其娣婦姚遺子以出，人以爲有魯義姑姊之風。始亦偕封公在署，封公没，即居家不出。其好義樂善尤不懈，而割養教忠，陵、滂之母無以踰焉。夫使封公不教於前，太夫人有僭大義，憂鬱倚閭，則祖琛牽率不復能守曹娥，即守曹娥而入告少後，得旨少緩，則忠孝必不能兩全，故曰：「此其中有天，而臆測者可自反矣。」子三：祖珍，國學生；祖球，舉人，揀選知縣，皆前卒；三即祖琛。孫七：訓逵，通判；訓良，舉人，揀選知縣；訓達，候選員外郎；訓遷，國學生，與訓章皆早卒；訓常，廩生；訓棠。曾孫八。王事靡盬，三月即渴，葬於某某之原，太夫人暨子某某祔。今小善不可殫書，書忠孝之大。天若有意以成全之，不然何始必出後於人，而復以獨子歸養，又不終養而見奪於金革，此不謂此中有天不可也。因特著其大者，以揭於其阡。

揅經室再續三集卷三

四元玉鑑序

向序《測圓海鏡》，謂少廣著開方之法，方程別正負之用，立天元一者，融會少廣、方程而加精焉者也。若四元者，是又寓方程於天元一術焉者也。其理較天元一則無殊，其法視天元一尤精進，蓋天元一之所假借，惟一求數耳，非據今有數，蔑由盡其妙。四元則元各一數，其所假借者，不僅爲所求之數，惟其不僅爲所求之數，故無論有無見數，悉可探賾窮微。凡天元一所能御者，四元固能御之。即天元一所不能御者，四元亦能御之。其神明變化，初非自來算家所可跂及。祖序謂：「用假象真，以虚問實，又謂不用而用以之通，非數而數以之成，亶其然乎？」顧隱奥艱深，通之者鮮。以梅文穆公之淹雅，能悟西人所譯借根方，即古天元一術，尚不能於朱書無疑詞。甚矣，解人之難也！元知天元一術外，更有四元，世罕其書。撫浙時，訪獲朱氏原本，擬演細艸未果。吾鄉羅君茗香，績學之士也，精思神解，研究一紀，補成全艸。間有原術於率不通及布算傳寫之譌，亦悉爲標出。同里易君蓉湖，更爲附增《釋例》一卷，詮次明晰，使學者易於入手，並録元《揅經室外集·四元玉鑑提要》弁諸首。洵足嘉惠藝林，發皇絶業矣。朝鮮人在京師書肆買得《揅經室集》，讀至《四元玉鑑提要》，知中華未見朱氏《算學啟蒙》一書，而朝鮮有之，遂刻之。亦足見遠人嚮學之殷，而全書顯晦有時歟。

割圜密率捷法序

昔元家藏鈔本《割圜捷法》一帙，不知爲何人之書，故《疇人傳》未載。今致仕歸揚州，讀天長岑氏紹周所校刻《割圜密率捷法》四卷，及甘泉羅氏茗香《跋》，始知是書爲滿洲明静庵先生撰于乾隆之時。蓋自八綫表成，推算有成數，而未發其理。墨守者誰復推其所以然？此書則以己意悟明其法，任求何邊之數，不過幾次乘除，一二時即可得之，真步天捷法也。羅氏又欲補撰《疇人傳》，敘述宋、元以來精心求大圜而實事求是之人，於秦、李、朱、趙及本朝明、陳諸公，接補爲傳，使四元諸法學者得而習之，不其偉歟！夫大西洋人來於明末，乘諸古法失傳之時，所以有功於天學。迨及末流，多習天主邪教，惑誘爲害，所以命其回國。若使今之人益明古法，不但有所接續，且使西法不得擅爲秘術。庶幾中土之書，明明布列，步天之士，藹藹周行，是所望也。

梅花屋詩序

三十樹梅花屋者，甘泉林氏季修述曾。述祖德而出仕及解組歸田之書屋也。屋在郡城西山五十里陳家集，詳於自敘及諸人之詩記。季修爲予表弟，少於予一歲，自予撫浙，即在予署助予治事。予因沿海有交阯盗船，親往台、温，勦辦甚勞，至於在杭傾資以濟賞勵兵將鄉勇火攻諸物之用，則皆季修持籌之力，源源不絶，余不内顧。及余丁艱歸揚，則康山主人江君文叔知季修長於才，邀去助鹾總之事。數年，文叔感其賢勞，遂爲之納知縣資。嘉慶十八年，部選武康縣，在任六年，以官爲苦，不戀，遽告歸。其留别士民詩有曰：「歸家高卧夢魂安，祇仗清風兩袖還。」其清白志趣可知。明年，病卒，年五十有五。長子溥，次子鴻，皆妻吴孺人生。溥讀書能文，道光丁酉，順天中式舉人。鴻少年，工書畫，有大家風。己亥，予家居，兩姪奉其《三十樹梅花書屋》畫卷來。此卷必傳之作，展卷玩讀，棖觸於四五十年前情事，不禁老淚之落。姪等檢其詩稿無多，季修本未力於詩，惟在予幕與吴澹川、孫蓮水、陳曼生雲伯諸詩人朝夕相友善，耳目濡染，天性本慧，自然成家，予爲之編次成一卷。鴻又鈔畫卷各名家詩成一卷。外祖梅谿公，官大田縣令，以予官貤贈協辦大學士總督尚書，西山有祠，祠有閒地，余尚將補種梅花，以詠清白之世芬矣。

節性齋怡泉記

揚城新、舊城之水，皆井汲也。若茶飲，皆以河水爲甘。然一歲中，轉漕十月之久，即清淮亦不潔矣。余家舊城前宅，有二井，一井甚濁，一爲文選泉，味尚清。後宅亦二井，北井味鹵苦，惟小琅嬛後節性齋前小井，或云此泉甘，汲之烹茶，色極清，味果甘，無城中井水濁鹵之氣。與北井相離數丈，而水高于北三尺，是泉不同脉明矣。適有平山僧送第五泉來者，余以兩泉烹茶兩甌，令不知者嘗之，無以辨淄澠也。于是一家井養，並汲于此，既清且潔。余歸里，兩奉「清慎持躬」之諭，又奉「怡志林泉」之諭，因此井清甘，即名之爲「怡泉」云。

大理石畫雲臺清曉圖記

石寬八寸許，高六寸，天然雲山。山下白雲滃然，雲上有兩峰緑色，東峰鋭，西峰平，其上如人力鑿斷半截，亦畫家插崖法也，故酷似臺。臺西山路，似橋非橋，似有人騎而來將繞臺南登臺者，騎前似有鞚者，後似有抱琴者。東峰之下，似有山林，紅色則初日欲升之影也。西峰之上，似有缺月，淡于曉嵐之中，闇然而彰，與東上紅光相對，是初死霸之月，如此乃與峰東之日光有相距度數之理，在一百五六十度間矣。石之背，則全是雲氣，無山，惟石西微現紅影，則石東之霞透背者也。予鐫一詩于石背，曰：「清曉登高臺，山足白雲静。初陽照東林，缺月淡西嶺。紅樹已騰輝，青霞尚籠影。石友即畫仙，爲我寫此景。」余畫小象多矣，未曾畫雲臺，即索畫者爲之，亦不能有雲、有臺、有日、有月，布景著色如此之天然親切也。此外則「小竹林茶隱」石，能畫「茶隱」二字之意，皆石畫之仙者矣。

揚州畫舫録二跋

揚州全盛在乾隆四五十年間，余幼年目覩。弱冠雖閉門讀書，而平山之游，歲必屢焉，方翠華南幸，樓臺畫舫，十里不斷。五十一年，余入京，六十年，赴浙學政任，揚州尚殷闐如故。嘉慶八年，過揚州，與舊友爲平山之會，此後漸衰，樓臺傾毀，花木彫零。嘉慶二十四年，過揚州，與張芰塘孝廉過渡春橋，有詩感舊。近十餘年，聞荒蕪更甚。且揚州以鹽爲業，而造園舊商家多歇業貧散，書館寒士亦多清苦，吏僕傭販皆不能餬其口，兼以江淮水患，下河饑民由楚、黔至滇城，結隊乞食，訴鄉誼，予亦周卹以送之。李艾塘斗撰《畫舫録》，在乾隆六十年，備載當年景物之盛，按圖而索，園館之成黄土者七八矣；披卷而讀，舊人厪有存者矣。五十年塵梦，十八卷故書，今昔之感，後之人所不盡知也。書此識之。道光十四年，節性齋老人書于滇池宜園，時年七十有一。

自《畫舫録》成，又四十餘年，書中樓臺園館厪有存者。大約有僧守者，如小金山、桃花庵、法海寺、平山堂尚在；凡商家園丁管者多廢，今止存尺五樓一家矣。蓋各園雖修，費只半存，而至道光間，則官全裁之。園丁因偶壞欹者，鳴之于商，商之舊家或易姓，或貧無以應之，木瓦繼而折墜者，丁即賣其木瓦，官商不能禁。丁知不禁也，雖不折墜，亦曳拆之，所謂倚虹園者，共見盡矣。余告歸田里，樓臺雖廢，林泉尚多。十九年夏，每乘小舟出虹橋，一望緑樹，滿野緑草，滿隄新荷有花，蟬聲不斷，直至平山。舟子乞與舟名，余題「緑野」二字扁。又與登尺五樓延山亭避暑，望平山之松林，聞鐘聲，僧六舟曰：「此間頗似杭之南屏。」余曰：「是。宜曰北屏晚鐘矣。」道光十九年冬至日書。

羅兩峰畫方氏兄弟孝廉春風並轡圖跋

元六歲，從姑夫賈載清先生天甯學，九歲壬辰。由花園巷遷居百歲坊彌陀寺巷。方笠塘先生本爲賈先生弟子，喬書酉先生椿齡又笠塘先生弟子。方氏居北柳巷，與百歲坊近，書酉先生在笠塘先生家，教先生之二子贊元、仕燮，小名七虎。月槎。士倓，小名八虎。賈先生命元亦從喬先生學，門巷相近，同朝夕焉。二虎與元年相近，友若弟兄，常登堂拜母。笠塘先生時爲廪生，文學名盛，其弟蘭嵎先生谷學亦齊名，皆清癯如鶴。笠塘先生目近視，不離眼鏡。元常記其眼鏡有二小玉垂耳後，興高采烈，言論風生，則耳後玉摇安之。先生子幼暉三虎兄，亦及見之。書齋中懸「林花著雨燕支溼，水荇牽風翠帶長」，康熙時人書聯，至今如在目前。元復移家花園巷，在家讀書，然與二虎兄弟常相見。元童試時，皆笠塘先生所保。甲辰，與八虎弟同入學。及元官閣學士時，調浙江學政，過揚州，與二虎兄弟爲虹橋話舊之遊，有圖有詩。洎後，兩先生同榜舉孝廉，繼捐館舍，二虎兄弟亦以庠生終于鄉，皆不能再見矣。又記笠塘先生家門屏曾書「漫勞車馬，豈有文章」二語。元丁内艱伏處時，知江南名士孫淵如、洪稚存諸君薄遊揚州，詩酒之會，多主方氏。揚州人不知名士爲何等人，所談爲何如事。諸名士同登梁昭明文選樓，拜昭明太子，曰：「笠塘雖好，争好天天擾？明日初三，打點飢腸吃劒潭，汪先生端光也。昭明太子保佑我們休餓死。」太子開言：「爾與家君大有緣。」此宜載入笑林，可想見彼時風流文采矣。蘭嵎先生才氣遜于兄，而沈穆高尚，潛心道學，以古文爲時文，孝弟簡潔之風，今人不知之矣。辛丑春，蘭嵎先生令嗣文伯三兄，仕煥。元之族妹夫也，以羅兩峰先生此卷屬題，省識舊題四十八年矣。元近病足却掃，艱于詩文，聊書六七十年前舊事，以係感慨，且示贊元令嗣、白池世兄也。節性齋老人阮元書，時年七十有八。

釋相

余多講文字訓詁，非迂也。凡字不究其來源，則每誤矣。即如「宰相」之「相」字如何講？自唐、宋以來，居此職者，未必識此字也。「相」字，許氏《説文》从木、从目，乃以目視木，故本義爲視義。「相在爾室」、「相鼠有皮」是本義也。曷爲宰相也？曰：此「相」字當如《爾雅》訓爲「助也」，「則將焉用彼相」是也。以目視木，曷爲訓助？曰：此即六書之假借也。「助」之本字，乃是「襄」字。商、周以後，不寫「襄」字，反借「相」字以代「襄」字，而「襄」字遂廢。《書》曰：「贊贊襄哉！」此真宰相之「相」字，而木目之字爲借也。古人不分平仄，即使分平仄，而宰相之「相」字亦當讀爲平聲，詳見余集《釋相》中。猶之「學而時習」之「習」字，本字爲鳥數飛，而借爲學習也。今人又稱爲揆，何也？曰：此亦誤也。揆，度也，官也。《虞書》「使宅百揆」，《史記》引作「使宅百官」，然則「揆」之一字，只可講爲「官」字，不當誤講爲「百官之首」，況數典忘祖，宅揆亦非人臣所當用也。又所謂端揆者，亦不過是百揆之端，連「端」「揆」二字而言之或可，以之稱相，若離去「端」字，明人以「首相」爲「首揆」，亦誤。單舉「揆」字，直是「官」字耳。此不究來源，其誤久矣。又漢三公稱府，府惟宰相可稱，開府儀同三司者，非真宰相，但儀同司徒、司馬、司空耳。即三公。《南史》：「久居端揆，意在台司。」台司，三公也。然則「端揆」但如今吏部尚書，古不以之稱相也。

四知樓説

《大戴禮》曾子曰：「勿謂人不知也。匹夫、匹婦會於牆陰，明日則或傳其言矣。」此聖賢禮學之慎獨也。聖賢之學，皆就庸近樸實處言之、行之。故漢楊震「四知」之説，亦慎獨之學，漢學去古未遠也。若後人務高者，則必曰：「我自天理流行而無欲耳，何至以婦人會牆陰儆也？我自塵埃不染而至潔耳，不必以天地人我四知懼也。此造詣豈不更高於曾子、楊震乎？」然而古《中庸》、禮學「戒慎」、「恐懼」不如此也。故曾子但畏「十目」、「十手」之嚴，亦即禮學之慎獨也。「禮學」與「理學」異也。至於後代，高僧禪學則色相皆空，静而無欲，乞食之外，不挂一絲，面壁之時，云見本性，豈不高而更高，遠勝於曾、楊乎？然而聖賢《中庸》、禮學不如此也。余在滇所居舊扁名「四知樓」，因論之如此。

論策問

近三四十年，鄉、會場問策，必有經學一道，經學必有《易》、《書》數條，《尚書》中常有「《書》標『七觀』」一條，求其始於何科，竟不可考。意其始，乃發策者無處覓題，覓至王伯厚《困學紀聞》，偶得此條，遂拈爲問。後之發策者，又轉襲於前次之策題，陳陳相因，未必親由王伯厚書中拈來。其實伯厚所説，乃伏生《尚書大傳》之文也。《尚書大傳》及《困學紀聞》中宜於策問者頗多，而「七觀」則已數問不鮮矣。無論「七觀」士子未必能一一全記，即七事無遺，亦無關於優劣。獻子之友五人，孟子忘其三，無損於大賢之學。若有一士，經義大端頗能通達，於七觀忘不能對，發策者將以不能全對爲劣矣。殊不知發策問經當問經之大義，若隨手拈浩如烟海中之數事以問士，即以士之不能對者爲劣。試思若許士子亦如此拈數事以問試官，試官能全對乎？善乎，孫君淵如之治經也！其説《尚書》曰：「今文《尚書》二十八篇，在百篇内爲尤精，孔子重之，故周、漢之間學者，人人通習，非此二十八篇幸而不亡。故伏生《尚書大傳》，孔子所舉七觀之篇，皆在二十八篇之内。」此誠讀書得間，能發經學之大義矣。此即王伯厚尚不能見及於此，何況士人？若士人不能全對七觀，而對及於此，則是真深於經學之人。但此義士人即有曾讀孫君之書渾舉而對者，又恐發策者但以發策爲了此公令而已，對不對并不寓目。即寓目，或亦不識其爲何説也。《皇清經解》予裒刻成矣，惟慮後之試官不以大義問士，而任拈此烟海中三五事以問士，則余非有惠於士，反有害於士矣。

壬寅上巳東洲得魚歸祀筆記

嘉慶間，先考置儀徵外江洲蘆田，爲祭祀、贍讀、睦婣之用，名禮祀洲。余于道光初，續置丹徒東小洲，名禮東洲，皆歲收蘆葭薄息，以贍諸事。壬寅二月晦，余坐紅船，挈從弟慎齋出江，又坐椅至兩洲，令慎齋行察蘆事，以濟匱乏，遂至東洲之草廬。草廬三間南向，皆以蘆柴爲壁，壁外又縛蘆爲短籬、爲外門，真柴門也。柴門之外，沙田平遠，葭葉初茁，彌望皆緑，又有新蒲細柳，雜于其間，所見無非緑者，真緑野也。柳外沙地，潔白可愛，無胡牀可坐，以衣坐卧沙上。隔江五洲、高資諸山，迤邐而西一二百里，列如屏几，嵐靄蒼碧無定，隨雲日爲轉移，大江不波，安流東去，以目送之，及見金焦。詩曰：「淇水滺滺，檜楫松舟。駕言出遊，以寫我憂。」此之謂也。抑《蘭亭序》曰：「俯仰一世，快然自足。」我則皆以恬然安平處之，凡事豈能言快足哉！時惟上巳，惜無柴門月色。日云暮矣，令洲中漁人張網，得白魚，長數尺，用柳貫之，送歸江城，烹以薦家廟，祝告祖考：「此孫子親出江，漁于蘆柳間所得之鮮，以爲潔白之祀，庶不負禮祀之本義也。」

齊侯罍拓篆卷跋

道光十八年閏四月十四日，因病求開缺拜摺，蒙恩賞假，安心調理。五月十三日，仍不愈，再請解任致仕拜摺，是日恩准致仕，加宫太保銜。當四五月之間，遇事健忘，無大呻吟之苦，而喘急心忡，甚于呻吟，兩膝軟痛，愈不能行。若勉强銷假入值，設召見，不能掖至御榻前，進退兩難，大失敬君之禮。自允告致仕後，心始少安。五月初，門生輩或勸勿遽休，及予告開缺後，因余缺而大拜，拜除至翰詹者七八人。余曰：「曷不見諸君之拜除乎？此諸君皆及生于乾隆年間，人各有命，天命早定，特今日始揭曉耳。余能以一人戀官之情，違天命乎？」言至此，心中疑側之情爲之定静。《記》曰：「知止而后有定，定而后能静，静而后能安。」此之謂也。揚洲寄齊侯罍搨本篆文到京，夏三月，予惟于病榻前朝夕審玩。秋爲《後齊侯罍長歌》，擬東坡「有」字三十韻之《石鼓文》詩，自喜得此長篇，寄經義於詩歌之中，未讓韓、蘇之《石鼓》也。余固曰：「進退不安之時，皆歸于命，則安矣。」《論語》曰：「不知命，無以爲君子也。」此之謂也。壬寅冬識。

嵇文恭公家訓墨蹟跋

元乃嵇文恭公小門生也。元初以詹事入直南書房時，嘗在内閣北門與文恭公及劉文清公、彭文勤公同遇立。文勤公指文恭公，謂元曰：「皆須學。」文清公曰：「弟一先學壽。」其時，元瘦弱，年未三十，惕然自懼。次日，即乞文清公書「學壽齋」三字扁，即今西齋扁也。又曾乞嵇文恭公寫楹聯，至今刊懸，如對古賢。余嘗謂嵇文恭公字體出于唐碑，劉文清公出于晉帖，而世不悟。今讀此幀，當曉然矣。葯園世兄以此「慎言語、節飲食」六字家訓屬跋，敬書數言，且識舊事。道光二十三年，元年亦八十，「學壽」二字，不圖及之。然此跋亦粗劣頹唐，自愧遠矣。

酌雅齋文集序

長洲彭氏仲山，以其叔葦間太守希鄭。《酌雅齋集》一卷來請序，仲山亦自有《無近名齋文集》四卷。秋夜霜新，寒蟲不鳴，拭老眼翦燭讀之，猶慨然想見之也。葦間一家道誼、孝弟、文章，皆於《證學》一書發抒之。其道學出於宋、明諸儒，其文亦歐、曾之所流衍，其爲人皆葦間兄弟所云「躬行心得，語不矜奇」，而皆欲與聖賢之言相稽合，其源則皆出於南畇先生者也。余撰國家《儒林傳稿》，推重南畇先生。先生學出東林，敦崇道理，清修品詣，高尚之風，世不能及，留此爲家法，施及子孫，故皆文雅敦篤，至今不替，豈徒以甲科冠海内哉！余與葦間丙午鄉試同榜，又與其兄樂園太常希涑。己酉會試同榜，雖皆同榜，而相聚時少。二公皆早歸道山。又二公之長兄修田少司寇，希濂。在京與余相見更稀。然余之季子孔厚，得爲之甥。余慕其人家，與之締親，亦在少司寇故後。今得太守之集，讀而序之，又皆交契重於身後而疎於生前者也。

高郵茆氏輯十種古書序

壬寅歲春莫，元北居道橋之桑榆別業，新緑滿林，獨坐聽鶯，未攜多書。客有送高郵茆魯山明經所輯十種古書來覽者，《世本》一，《楚漢春秋》二，《古孝子傳》三，《伏侯古今注》四，《淮南萬畢術》五，《計然萬物録》六，趙岐《三輔決録》七，司馬彪《莊子注》八，晉《玄中記》九，唐《月令注》十。凡此十書，昔者屢散見其名於群書之中，未聞其有成書也。今老儒茆君輯散見者成卷帙，且自刻成十册，余驚喜交集，乘園林小雨之後，洗目帶眼鏡，窮一日之力讀之。老見古書，何其幸也！古書之亡多矣，《四庫》不能盡輯。昔元二十歲外入京，嘗謁邵二雲先生，先生門徒甚多，各授以業。有會稽章孝廉逢源者，元見先生教以輯古書，開目令輯，至今猶記其目中有《三輔決録》、《萬畢術》等書。章孝廉力其業，不數年成書盈尺，惜孝廉病卒，書不知零落何處，恐數年之功未必能精博似此。今茆君積數十年之力，博覽萬卷，手寫千篇，裒集之中，加以審擇，編次之時，隨以考據，可謂既博且精，得未曾有。即如《楚漢春秋》内，證《史通》之言。《世本》内齊陳氏兄弟七人，杜元凱取昭子莊充八人之數，《索隱》駁元凱强相證會。與元《齊侯罍跋》莊非八子，元凱因《左傳》内有「兄弟四乘如公」强證爲八，真杜撰也。且元説「莊」爲「墓」字之譌，亦似近理，與茆君暗合。高明者讀之，當自得之耳。此十書拾殘成帙，實爲快事，樂爲序之。且聞茆君尚有《孫莘老年譜》諸書，亦必精善，俟再讀之爲幸。若夫老生之談，敝帚自享，老夫耄矣，安能樂之？道光二十二年三月穀雨日，北湖跛叟阮元序，時年七十有九。

張尗未眉壽圖説

余與嘉興張尗未解元廷濟。不見者四十餘年矣。癸卯四月，來選樓，相見不相識。其年七十有六，其眉特長出寸許，世間罕見此象，真眉壽老友矣。因思《毛詩》、《儀禮》多言眉壽，《雝》、《烈祖》「綏我眉壽」，《七月》「以介眉壽」，載見同。《閟宮》「眉壽無有害」、「眉壽保魯」，《儀禮・士冠》、《少牢》皆曰「眉壽萬年」，至於鐘鼎文，言「眉壽」極多，且其文多古文。「眉」字象形，爲，直是象形畫人面。今欲説經説古文，欲證明古訓，求眉壽之象而實之，則赤未是矣。豈眉壽古多今少，今亦不如古哉！適有畫者，即囑之畫二人象。余壽而眉未長，赤未眉真長，足註《詩》、《禮》。兩人同坐石几，共觀周齊侯罍。赤未又持一漢甎爲余壽，其文曰「千石公侯壽貴」六字，麻布紋，堅細異常，無年月，其字體在黄初以前，是古人特造爲吉祥厭勝之甎，如「常樂」、「宜子孫」錢瓦之類。罍二千三百餘年物，甎二千年物，壽哉！道光二十三年四月十三日，頤性老人書于文選樓下。時雜樹陰蕃，鶯聲初來，題曰「眉壽圖」并説之。

高密遺書序

甘泉黄右原孝廉奭。以貲爲刑部郎，又因大京兆吴梅梁傑。爲舉主，得賜舉人，京兆，余門生也。右原以門下晚學生來謁，己亥後，屢問學。予見其所言《四庫》諸書，大略皆能言之，與講漢學，知其專于鄭高密一家，元元本本，有《高密遺書》之輯。余詫之，以爲其家以貨殖爲事，柳子厚所云「爲世所嫌」，安能知所謂高密鄭公者？詰其所學，必有所來。右原乃言幼讀書爲舉業，入安定書院，曾賓谷先生異之，曰：「爾勿爲時下學。余薦老師宿儒一人，與爾爲師。」乃甘泉江鄭堂子屏藩。也。右原以重脩禮延之，館其家，從之學。右原質本明敏，又專誠受教，四年，子屏老病卒，獨學又十餘年，日事搜討，從漢、唐以來各書中得《高密遺書》盈尺之稿，稿本有已刻者：《六執論》、《周易註》、《尚書註》、《尚書大傳註》、《毛詩譜》、《箴膏肓》、《釋癈疾》、《發墨守》、《喪服變除》、《駁五經異義》、❶《答臨孝存周禮難》、《三禮目録》、《魯禘祫義》、《論語注》、《鄭志》、《鄭記》等，爲《高密遺書》十數帙。其《尚書義問》等書及緯書未刻者，尚十數帙。其稿皆巾箱小本，細書狹行，朱墨紛雜，偶得一條，即加注貼籤，且寫且校。其有他人已先輯者，與自所輯者，亦各自有分别。吾于是慨然高密之學矣！高密起兩漢之末，開六朝之先，唐、宋且勿論矣。三禮之注，《毛詩》之箋，至今全備，炳如日星。高密本有「不能禮堂寫定，傳與其人」之歎，然片言隻字，散在各書，明目細心者，尚可追尋，皆袁紹逼會、司馬屏厠之殘燼，聖經賢傳之緒餘。朱子得其一義，即可正朝廷之大禮，開《禮經綱目》之先路，拾殘補逸，可謂博且勤矣。右原乞爲序，予因子屏爲予早年益友所教之弟子，多年有此成書，耄年猶及見之，是以樂而敘之。

子屏嘉慶初年入京師，予薦館王韓城師相家，備查列御製詩注之事，終落魄歸揚州，饑驅至嶺南，余延總纂《廣東省通志》，數年書成，余調任雲南，遂歸揚州，不再相見。子屏隨手揮霍，雖有陸賈裝，無益也。今其所在粤自刻補惠氏《周易述》，予又刻入《皇清經解》，子屏自刻《漢學師承》。考子屏之師，爲余蕭客仲林，爲惠松厓先生之弟子，《四庫》收其《古經解鈎沈》，曾館子屏家，此子屏昔所告予者，并識之。賓谷先生所謂「老師宿儒」，誠是也。

---

❶「義」，原作「議」，今據文義改。

重刻舊唐書序

有唐三百年，正史所關最鉅。後唐長興中，詔修《唐書》，至後晉開運二年，方纂成奏上。《五代會要》中，但言書付史館，而未述刊版之事。宋嘉祐五年，頒《新唐書》於天下，而舊書遂不甚行。《郡齋讀書志》及《直齋書録解題》雖皆載其書，而不言始刊之歲月，是北宋以前之舊槧，其有無固無從考證。明嘉靖乙未，餘姚聞人詮督學南畿，念舊書刻本漸少，懼其就湮，於是徧加尋訪，得紀、志於吴縣王延喆家，得列傳於長洲張汴家，其書乃南宋紹興初年越州所刻，卷後載有校勘姓氏。《舊唐書》之流傳於明代者，以此爲最古，而卷帙尚有闕佚，復假應天陳沂、長洲王穀祥所藏本，彼此補葺，始爲完書。刻未及半，而詮以奉諱去官。繼其任者，請諸撫按與郡邑各官捐俸倡率，凡歷四年，而後告成。其裒聚與刊布之難，悉詳原《序》。特當時聞本所據之書，止就殘篇斷簡薈萃而成，初非全部，故魯魚亥豕之文，「夏五」、「郭公」之句，正復不少，論者惜其未盡善焉。

我朝稽古右文，度越前代。乾隆四年，敕武英殿校刻此書，於聞本脱誤之甚者，逐條釐訂，各附《考證》於每卷之後。及四十七年，編定《四庫全書》，特置此書於「正史」，而庋藏於三閣。閣本之考證，又較殿本而加詳，惟是閣本但繕寫而未發刻，讀者既艱於傳鈔，殿本列於二十四史之内，坊肆間罕有單行者，寒素之家，購求匪易，而聞版久亡，其書尤爲難覔。甘泉岑紹周提舉，建功。嗜學好書，尤喜鐫刻古籍。其友江都梅蕴生，植之。勸其重刊此書，遂慨然自諾，獨力任之，延江都沈與九、齡。殷時若、燠。淩東笙、鏞。儀徵黄聖臺，春熙。分任校字之事。全書字句，悉以殿本爲主，其間有刊刻小譌，爲人所共知者，即隨筆改正，外此則不敢妄改。至於行款書式，則仿照汲古閣史書，蓋毛氏所刻十七史，久已風行海內，而《唐書》有《新》無《舊》，故特補其所未備也。復延甘泉羅茗香士琳。儀徵劉孟瞻文淇。及其子伯山毓崧。句容陳卓人立。排列各本，討論群籍，得《校勘記》共若干卷。凡殿本、閣本之與聞本異者，一一臚列，並登載其考證，而沈氏《新舊合鈔》所辨析者，亦附見焉。若夫北宋初年《太平御覽》、《册府元龜》等書，皆成於歐、宋未修以前，其引唐史，確係劉書所據，實最初之本，足以補正聞本者，不可枚舉，皆採而集之。他如《通典》、《通鑑》、《唐會要》、《文苑英華》，以及《十七史商榷》、《廿二史考異》之類，可以互證參訂此書者，亦廣爲尋校，加以斷制。其體裁義例，悉遵殿本、閣本之成法，而推廣引申，以竟其緒。蓋殿本之總校爲沈歸愚尚書，其自作《考證跋語》云：「蒐羅未備，挂漏良多。」閣本之分校爲邵二雲學士，其集中所載《提要》云：「參核考定，尚有待耳。」誠以官修之書，人心不齊，議論多而成功少，每致卒業無期，故但能略舉大端，開其門徑而已。後人若不由一反三，因源及委，其何以成前賢未遂之志哉！今岑氏捐資既勇，任事亦堅，能集衆長而成鉅業。昔元童時，讀《文選》汲古閣本，每慨然慕毛氏之爲人。毛氏之名，今亦永垂藝苑，此毛氏之福也。毛氏有此名有此福，而明於事者能效之，則今岑氏是也。揚州有力能刻古籍者甚多，而願者究少，則以此事亦須有讀書之性情嗜好，與辦事之才識福分，談何易哉！是書始刊於道光壬寅九月，告成於癸卯七月，計未及一稘，而粲然大備。衰年見此，洵爲快事，故樂得序之。道光癸卯閏月乙未。

揅經室再續四集卷四

己亥正月二日賜坤寧宮祭神肉謝恩摺子

奏爲恭謝天恩事。正月初二日，由内務府傳旨，賞臣祭神肉一方，交臣子刑部候補郎中臣阮祜，差人賫至原籍。臣謹叩頭祇領。伏念臣以年老乞身，戴恩歸里。際韶光之改歲，頌帝澤之如春。遥望闕廷，夙夜每深夫依戀；曾調鼎餗，涓埃無補於隆平。方滋感悚於中藏，乃荷寵頒之下逮。念聖主履端行慶，遍霑寰宇以恩膏；而微臣伏處邀榮，更飫天廚之福胙。既濫叨夫詔禄，自愧虚糜；復拜賜於誠禋，彌殷感戴。臚歡梓里，共切饕軒舞蹈之忱；引跂楓宸，不勝雲日就瞻之慕。所有微臣感激下忱，謹繕摺叩謝天恩，伏乞皇上聖鑒。謹奏。

己亥新正二日晨起，祜方駕車出門，忽有内務府官來傳旨，賞父親坤寧宮祭神肉一方。祜跪接後，始知是日早，于皇子、諸王、内外廷諸大臣食肉外，又諭賞前大學士阮元肉一盤，是以内務府章京特齎到門，聞命自天，悚感無地。因思父親年年皆蒙派坤寧宮吃肉，今已陛辭數月之久，而聖心記注如此，恩眷非常，誠異數也。因用重鹽包縛，專遣人星夜回鄉，於正月十九日到揚。時父親方與五兄在道橋祭祠墓，聞命之下，迅即返城，叩頭祇領，繕摺謝恩。洗鹽蒸肉後，率闔家跪食沾恩，别差家人敬齎謝摺入京。祜接摺，自捧詣園到奏事處恭遞謝恩。刑部郎中臣阮祜敬記。

恩賞八十壽辰恭謝摺子

奏爲恭謝天恩，仰祈聖鑒事。道光二十三年正月初八日，軍機大臣傳旨，以臣阮元八十生辰，恩賞御書扁額、楹聯、「福」字、「壽」字、佛像、如意、朝珠、蟒袍、大緞、江綢各件，交臣子候補郎中阮福等親齎到家。臣即恭設香案，望闕叩頭祗領訖。伏念臣樗櫟庸材，菰蘆下士，早年登第，受三朝知遇之隆；晚歲歸田，被冊載恩榮之盛。涓埃未效，高厚難酬。何圖馬齒加增，復荷龍章寵賁。象占頤性，符吉語於羲爻；恩許延齡，養耆年而賜俸。荷宸褒而嘉椒績，愧無勷歷之劬勞；迓天寵而錫蕃釐，喜度優游之歲月。仰瞻奎璧，福壽星聯；光映衡茅，吉祥雲護。禮莊嚴之寶相，金鑄長生；握温潤之瓊枝，花開如意。數牟尼則珠穿乙乙，襲彩服則絲繡庚庚。卸朝衫而重披在笥之衣裳，還初服而更荷章身之黼黻。以臣庸劣，自揣生平，進不足以酬知，退徒思乎補過。才難體國，忝入贊夫黄扉；禮許乞身，獲卧居於緑野。已幸永依壽寓，長爲下邑之耆臣；何期渥沛隆施，更領尚方之珍品。率子孫而臚拜，慶溢門閭；集童叟以觀瞻，歡騰里社。此皆優蒙眷遇，終始成全。感雨露之涵濡，不遺衰草；俾江湖之游泳，共沐恩波。惟臣膝足軟廢而不能移行，跬步須人而皆當負挾。叨得桑榆之景，彌深葵藿之忱。此時偕耕鑿之民，戴堯天而擊壤；他日申崋嵩之祝，依舜日而賡歌。所有微臣感激下忱，謹繕摺具奏，叩謝天恩。伏乞皇上聖鑒。二月二十四日。

癸卯正月二十日，爲父親八十生辰。父親因辛丑萬壽未舉慶典，臣下何敢言壽？又足疾軟廢，跬步須兩人掖負，不能入京，方萬分不安。乃今春正月八日，忽蒙聖恩賜壽。軍機處一片傳户部司官阮福，一片傳刑部司官阮祜，到軍機處祇領。福即與弟祜皆到軍機堂領賞，跪領御書「頤性延齡」扁額一面，「敭歷宣勤嘉茂績，優游養福錫蕃釐」楹聯一副，「福」字一方，「壽」字一方，藏佛一尊，白玉如意一枝，水晶朝珠一盤，蟒袍二襲，大緞袍褂八端，江綢袍褂八端，共成十事。軍機中堂大人指令領取。奉命之下，感激謝恩。亟增僕從，治行裝，措資斧，以二月初吉發京師，越二十有二日，舟抵揚州，泊五臺山之河干，列綵亭九，恭陳天翰珍綺。父親郊迎跪受，奉之歸拜。道旁觀者，咸歡欣贊歎，謂我朝二百年來，邦人所未有之榮。國恩家慶，有光閭里。福備官户部，無涓埃酬報，以娱親心，今幸膺寵命，遨膝下歡，還鄉親拜父壽，喜莫大焉。户部郎中臣阮福敬記。

端溪古璞石硯山刻琅嬛仙館銘

茂先博聞，夢遊福地。元觀手鈔，琅嬛秘記。石門洞宫，奇書史志。嵯峨玉京，金真紫字。我名書室，竊慕其意。有犬有童，守此寶笥。問誰來遊，建安從事。共讀此書，銘碑以誌。

端溪石大硯山銘

立之爲摩崖碑，卧之爲巨硯池。雖非下崖西洞，乃在端崖之外。端溪之湄，黄龍走氣連骨皮。鍥墨如

泥粗可知，濡染大筆何淋漓。我視同鬱林之石而舟載之。❶

❶ 此卷畢校本有一篇爲各本所無，抄録如下：《端溪璞石硯山銘》：「端溪古璞一片，琅嬛仙館以爲硯。」另一篇《端溪石小硯山銘》與四集卷二《茶坑硯山銘》内容相同。第三篇《端溪方璞硯山銘》與四集卷二《粤溪茶坑天然大硯銘》基本相同，「書以銘之」，畢校本作「刻此銘辭」。

揅經室再續集卷五　文選樓詩存第十九

己　亥

正月大雪四日晴昇登文選樓

卅年不見揚州雪，今日登臨老眼花。恍忽頓迷千萬屋，分明還點兩三鴉。晚晴倒聽春簷雨，新霽平開曙海霞。正好日高才睡足，一甌常及舊泉茶。

和北渚二叔八十自壽原韻

新啟珠湖萬柳堂，新在珠湖草堂栽柳三萬株。共來稱舉八旬觴。己亥新正，率子弟同稱二叔父八旬壽誕。廿年我藉茶爲隱，元亦正月生日，廿年來皆謝客爲一日之茶隱。七友誰曾酒作狂。二叔門無雜賓。喜得白頭同壽考，羞將書錦耀維揚。後來群從皆賢睦，時三弟克、四弟先、五弟充，皆侍几杖，元之子福、孔厚，亦隨跪獻觴。桃李春園歲月長。

附　原　韻

白首欣逢共一堂，蓬門話舊引壺觴。林泉怡志推賢相，耕讀陶情笑老狂。健體敢期同上壽，天恩新許到維揚。余年八十，老姪蒙恩予告，以大學士致休。竹林二老饒真趣，自綴蕪詞祝壽長。

歸里偶成

不必真爲丁令威，譬如仙去復仙歸。悠悠五十餘年事，城郭人民半是非。

中秋燃紙塔燈于選樓前桐桂間

揚州古塔失棲靈，舊俗猶傳寶塔燈。林下月將二分占，中秋人算九層登。白香山《與劉禹錫》詩：「得上棲靈第九層。」歸休筋力猶堪在，陶寫桑榆尚可能。八九年來哀樂事，樓前賴此戲孫曾。

南屏八代詩燈嘯溪和尚寓揚州僧院壽八十一九日風雨不能爲看菊之遊

齊己傳衣繼老能，江風海雨對詩燈。秋容澹到無花處，我亦西湖退院僧。

緑野舟雜詠

飯飽天晴出福庭，踰城涉水好揚舲。城邊水榭連茶榭，水夾紅橋遠樹青。

橋外長林緑滿天，夕陽影裏聽鳴蟬。一從瀛海揚帆後，別却煙波五十年。

芳草坡陀點白羊，平山十里古湖長。任伊翦取停舟處，便算裴家緑野堂。

有船何必再笙歌，老去年光澹裏過。碧浪清風隨處好，船闌干外即恩波。

蕭寺長松翠石邊，清溪古木白鷗前。唐詩一句一方畫，皆可收歸緑野船。

大曆年詩話李紳，緑楊城郭看潮生。今年潮水連湖水，得見城中澈底清。

銀杏霜林染夕曛，船頭落葉已紛紛。更將紫禁肩輿去，西上寒山坐白雲。舁坐紫禁城，諭坐之小輿上山更穩。

龍光寺後樓落成乞書扁余因寺中舊有康熙御書香臺二字請出雙鉤雕造金字扁成恭率紳士暨僧衆叩拜懸之敬成一律

佛寺樓名枉費猜，康熙御筆本香臺。階延日月長年朗，窗透雲霞對景開。蓮座不知有霉溼，旃檀何處見塵埃。微臣生長重熙後，老看太平扶杖來。

庚　子

莫春坐宗舫遊萬柳堂復入江回真州看桃花同敬齋慎齋兩弟并孔厚

春深何處古人情？十幅輕帆半雨晴。萬樹桃花萬楊柳，南江春冶北湖清。兄弟相邀共放舟，湖中遊過又芳洲。絶勝聽雨小樓坐，不見一人閒待愁。

揚州北湖萬柳堂詩并序

京師萬柳堂者，元平章廉文正希憲别業，與趙文敏孟頫宴集之地，朱氏《日下舊聞》載之。康熙時，爲馮益都相國之亦園，鴻博名流多集于此，今改拈花寺。嘉慶十五六年，余與朱野雲處士常遊此地，補栽桃柳，頗致延眷。余昔有句云：「妙繪見鷗波，踈齋共聽歌。草堂圍萬柳，驟雨打新荷。」又云：「火城闌不住，付與佛拈花。今日伽藍地，當年宰相家。」道光十八年出都，僧請書「元萬柳堂」四字扁。此京城東南隅之萬柳堂也。余家揚州郡城北湖四十里僧度橋橋東八里赤岸湖，枚乘《七發》：「廣陵濤淩赤岸。」有珠湖草堂，乃先祖釣游之地。嘉慶初，先考復購田莊，余曾在此穫稻捕魚。八年過此，有八詠，曰《珠湖草堂》，曰《三十六陂亭》，曰《湖光山色樓》，曰《魚渠》，曰《黄鳥隅》，曰《龜蓮沼》，曰《菱湄》，曰《射鴨船》，系以八詩，致可樂也。乃自此後二三十年，皆没于洪湖下洩之水，樓莊多半傾圮。道光十九年春，在揚州，從弟克、先謂昔年水深八九尺，近年水尚五六尺，宜築圍隄，北渚二叔早以爲然。于是擇田之低者五百畝隄之，而棄其太低者。又慮與露筋祠、召伯埭相對，湖寛二十里，宜多栽柳以禦夏秋水波。低田即棄田也，取江洲細柳二萬枝遍插之，兼伐湖岸柳幹插之。且舊莊本有老柳數百株，隄内外每一佃漁，亦各有老柳數十株，乃于莊門前署曰「萬柳堂」，可以課稼觀漁，返于先疇，遠于城俗。前八詠内惟珠湖草堂仍舊貫，今詠萬柳堂稍加移改，復分爲八詠，一曰《珠湖草堂》，二曰《萬柳堂》，三曰《柳堂荷雨》，四曰《太平漁鄉》，五曰《秋田穫稻》，六曰《黄鳥隅》，七曰《三十六陂亭》，八曰《定香亭》。此揚州北湖萬柳堂也。由郡城陸路至草堂四十八里，由水路召伯埭去七十里，須小紅船撐櫓。

珠湖草堂

牆户皆爲浪所毁，今修之。老桑高七丈，大十圍，更茂。

三十年前舊草堂，草堂宛在水中央。邱隅有約巢黄鳥，湖水無端没緑秧。隴畝尚存千樹柳，煙波久浸十圍桑。主人萬里勞邊事，那管家中三逕荒。

萬柳堂

舊屋今新立，名老屋。水痕層疊，不加修飾，門外有二石鼓，百年外物。

昔訪野雲堂，元時柳號萬。我非求田園，馮園亦休論。戊年許歸田，鉏犂可操券。耐田盡沈水，望洋又何怨。群從素明農，有策向我勸。曷不圩此田，可得十餘畹。三十畝爲畹。江洲多細柳，栽之護土堰。翦取二萬枝，在水驗尺寸。亥夏水復來，圩若城受困。圩堅柳復多，農力護勤健。秋田稻已熟，共嘗新米飯。賀監乞湖曲，淵明穫下潠。來年萬柳春，繞堂黄亦嫩。我家居湖鄉，本與城市遠。豈有午橋心，豈有萬柳願。不料竹林賢，一策解舊悶。出門同看柳，春風又繾綣。直待賦《歸來》，雅學廉希憲。

柳堂荷雨

堂西南種荷。元廉文正、趙文敏讌時，畫紅衣女子送酒歌「驟雨打新荷」曲。今栽秧畢，時恰有雨打新荷之妙。陶宗儀《輟耕録》云：「萬柳堂爲廉野雲别墅，京城外最勝之地。廉置酒招盧疎齋、趙松雪同飲，歌《小聖樂》。趙公喜，即席賦詩。樂乃元好問詞，篇中有『驟雨打新荷』句，俗以名其曲。」

荷葉亭亭出緑蘋，忽飛驟雨撒龍鱗。紅開急棒催花鼓，翠颭欹盤迸水銀。惟此聲中清老耳，問誰風裏染微塵。宛然一幅鷗波畫，只少新歌送酒人。

太平漁鄉

新隄及萬柳之外，尚多深水之棄田。所賴各小莊皆有網船漁具，終年務漁，聊可餬口。是以漁户即佃户，習慣貧樂。又因築隄，得古鏡及宋紹定六年石，知此地爲宋淮南東路江都縣太平鄉。今歸田，真太平鄉也。

草堂本在北湖前，付與波臣三十年。鼎力已衰憂覆餗，天恩更重許歸田。莫愁老屋滄波底，比似名園渌水邊。杜詩《何將軍》：「名園依渌水。」魚蠏高于人住處，洪湖堰下勢同然。此間不是捕魚莊，竟把漁莊掩稻場。風定煙波秋罩網，月明野水夜鳴榔。家家連舫成村落，湖中漁船能以風帆掩網菰田出，縱得多魚。日日鮮鱗換米糧。冬日雖寒無盜賊，淮東真是太平鄉。

秋田穫稻

今人歸田，用張平子賦名耳，不皆有田。余今己亥歸，得先人之田圩而耕之爲幸。七月初，乘小紅船到此，緑稻盈疇，柳陰連陌。堂中高樹，舊有鶯巢，朝暮飛鳴，紅白荷花開落未已。亭中坐榻，采蓮擘菱，魚渠蘋滿，夜螢亂飛。莊中白鷺本多，忽有馴雉集而不舉，真饒田野之趣。凡此皆「怡志」之恩諭也。八月，湖復大漲，水未破隄。北鄉十六圩，惟太平圩等二三未破耳。江水性肥仁，其穀最宜稻。我督南八州，皆以稻爲寶。浙江、江西、兩湖、兩廣、雲、貴。所以稻之性，我能知其道。固重勤耕耘，所憂在旱潦。晴雨若愆期，憂心惄如擣。有神靡不舉，竭誠以致禱。旱荒尚罕逢，一旱苗則槁。水災屢遇之，人力難全保。萬頃良苗秀，水過若浮藻。無稻民則饑，百政不能好。今日我歸田，所慮一家小。夏秧已全插，雨多農意惱。柳隄護洪波，倏已報秋早。外水高于田，衆力守昏曉。雖此五百畝，障之如一堡。既穫復速舂，高廩積其草。我于族貧人，食之已不少。今復與苦農，歡樂同一飽。來歲更豐年，應有六穗藁。栽柳又幾千，聊以娱二老。謂元與北渚二叔，叔壽八十一，三弟克字敬齋，四弟先字慎齋，五弟充。

黄鳥隅

庚子五月，乘舟至萬柳堂，看插稻。初五日，天微明，有鶯聲登黄鳥隅，同慎齋弟聽之。計自黄鳥隅成詠後三十餘年，此鳥長巢草堂高樹間，爲家禽矣。嘉慶八年名此隅，彼時久有黄鳥居。五十餘年國恩重，報稱尺寸慚皆無。今歸草堂跂病足，扶疏老樹仍吾廬。怡盻庭柯更茂密，五丈桑並四丈榆。老柳在堂新柳湖，百株千株復萬株。東方纔明柳雲暗，鶯聲已是緜蠻初。披衣登隅看睍睆，交交嚶嚶如擲梳。和聲以鳴笙吸呼，百囀過午且及晡。我家喬木歲百餘，鶯亦永與家禽俱。於止知止此一隅，人豈可於鳥不如。

三十六陂亭

三十六陂亭本在草堂西南隅，庚子于堂東北隅築亭，移置陂亭扁。亦有荷柳，而西南隅亭荷柳日多，且生並蒂花四枝，竟用浙學署「定香亭」扁名之，亦佳話也。

新亭東北兩窗推，舊日湖光撲面來。舊有湖光山色樓，全圮，力難復之。此亭基比萬柳堂内舊水跡、珠湖草堂基皆高，倚窗看東北，湖光比杭州西湖遠大，若由堂南過小橋、荷田，登南隄，天晴仍見甘泉山及隔江山色。麓社夕霏明月在，露筋曉色白蓮開。東與露筋祠相對，二十里。久無射鴨驚機事，惟有盟鷗費薄才。亭外林花猶未密，惜教遲却十年栽。

萬株楊柳碧如煙，種得紅蓮閒白蓮。陂上冷香姜石帚，姜白石詞：「三十六陂人未到，冷香飛上詩句。」岸邊殘月柳屯田。西湖水似停船見，北固山須背榻眠。高卧此亭談稼穡，長將圖詠記豐年。隄外新柳，日漸高密，溝内菰草、蓴草亦漸多，魚鳧潛集。

定香亭

昔年恩命住杭州，竹裏荷亭過夏秋。乾隆乙卯，赴浙學使任，有荷亭影橋之勝，亭曰定香，取放翁詩「風定池蓮自在香」意。蓮幕久無觀水處，此後各撫督署皆無大池荷竹之趣。選樓難作種花謀。選樓前地狹，不能鑿池種荷。水華今得開三畝，今亭北、亭南皆種荷，約開三畝地，且生嘉蓮。香氣還能定一舟。荷外柳隄，舟來泊此。四十餘年舊詩筆，謂《定香亭筆談》。不圖能卧此滄洲。

既種荷花又種菱，題詩舊日羨吴興。嘉慶二年，余在吴興，喜苕溪風景，曾有句云：「深處種菱淺種稻，不深不淺種荷花。」清中丞安泰喜誦之。今在湖莊，風景竟相似，因再加種菱藕。滄洲畫柳學承旨，休沐尋詩思右丞。船笛參差香自在，蓮莊别業遠難能。吴興趙松雪故居蓮花莊，今爲姚薏田宅。納凉留客皆陳迹，天許衰翁住廣陵。杭署定香亭，楹聯爲錢梅谿書：「竹深留客處，荷浄納凉時。」在亭詩文舊友爲端木子彝國瑚、張子白若采、林庚泉道源、程中之贊和、江定甫安、焦理堂循、江補僧鏐、臧在東鏞堂、李尚之鋭、蔣蔣山徵蔚、錢可廬大昭、孫蓮水韶、陳雲伯文述，今惟中之、梅谿、雲伯健在，餘皆古人。每讀《定香亭筆談》，爲之感憶。

畫萬柳堂圖成卷即題

指點揚州赤岸湖，枚乘《七發》「觀濤廣陵，有淩赤岸」之句。此地名赤岸湖，則農夫俗子所通稱也，將毋即漢岸耶？草堂萬柳畫成圖。平章未敢追廉孟，廉公字善甫，畏吾兒人，今吐魯番也。父布魯海牙，隨國主内附，元太祖用爲燕南廉訪使，生希憲，幼侍世祖，好經史。世祖問之，以孟子性善、義利、仁暴對，世祖嘉之，目爲廉孟子，官平章行省平章。成帝尊番僧爲國師，命廉受戒，對曰：「臣受孔子戒。」問：「何戒？」曰：「爲臣當忠，爲子當孝，如是而已。」大德中，謚文正。佳客誰能比趙、子昂。盧。盧摯，字莘老，涿人，翰林學士承旨，有《疎齋集》，與松雪同官。淮甸滮流栽早稻，江洲潮水接長蘆。余家祭田，真州江中蘆洲耳。宋長蘆禪院在洲西，見《東坡集》。可見此地宋即産長蘆。歸田蹤跡何人近，半是農夫半釣徒。

和趙松雪萬柳堂七律原韻

趙松雪爲廉野雲作《萬柳園圖》，自題句于上左方云：「萬柳堂前數畝池，平鋪雲錦蓋漣漪。主人自有滄洲趣，游女仍歌白雪詞。手把荷花來勸酒，步隨芳草出尋詩。誰知咫尺京城外，便有無窮千里思。」余曾見松雪畫并詩，題和一律。

萬柳堂東廿里池，汪汪千頃動晴漪。更無人見鷗波畫，似有鶯歌驟雨詞。稻葉緑時閒避暑，荷花紅處獨題詩。衰年雖得滄洲趣，北斗京華繫夢思。

小暑後乘宗舫入湖遇風雨宿萬柳堂

高檣攝攝水漫漫，縱棹家園門外看。風雨盤旋隨氣轉，煙波空濶比江寬。峭帆破浪披懷易，捩舵歸莊得路難。莊前水草成曲港，須識路人出入，出數十丈外，始可縱棹。童僕歡迎登岸處，柳深荷浄草堂寒。五月江深草閣寒，湖深亦同此意，柳復深。

定香亭清夏

湖莊清夏有心銘，舊有《湖莊清夏圖》硯，并刻四字，今特攜來。今日歸田在此亭。渠繞四圍通小彴，窗開三面透虛欞。嘉蓮夾岸雙枝碧，細柳迴波萬樹青。一片平田蟬稻秀，早稻名蟬鳴稻。好風清畎善泠泠。

太平圩萬柳堂水退

召伯湖之西北岸，近年農家皆築隄成圩，凡數十圩。庚子七月大暑時，洪湖水驟至，日高五六寸，遠近隣圩皆破，惟萬柳堂太平圩一圩未破。農佃共出苦力，取圩内田泥加爲小隄，至以柴席傅之，水波已過新柳之顛，十六日開下壩，而江都潮頂水仍不落。是夜，東北風起，隄更危，忽有蕁草一片，大如十數畝田，即凫葵，黄白花。隨風推來，護隄之東北。十八九日，風定潮退，水乃漸落。是時堂西池發並蒂蓮二枝四花，農人祝曰：「如果水必破隄，未必生此蓮，又與稻同没于水。」果不破，仍豐穫。

農夫墨守似《公羊》，未許陽侯破柳堂。不拔竟留齊即墨，獨存惟見魯靈光。風推蕁草連隄緑，日曬蓮花並蒂香。來歲隣田祝同熟，此閒方是太平鄉。

己亥年敬齋三弟慎齋四弟同予築太平圩成萬柳堂庚子又獲豐收先得並蒂蓮兩榦之嘉兆

四蒂荷花兩榦鮮，共看豐穫又今年。國家上瑞華芉感，田舍農祥相府蓮。萬柳高時接廉孟，奇花來處勝平泉。但觀嘉卉應知悟，人若同心理在天。

辛　丑

宿萬柳堂之陂亭

島夷起蛟鱷，病卧積憂懣。何以寫吾憂，出遊竟須遠。松舟泛珠湖，曉掛一帆滿。登圩望我田，我田十七畹。三春傷雨寒，閏半始晴暖。萬柳環湖隄，輕絮競飛散。南池見新荷，菰蔣青尚短。且就高亭宿，鮮魚供晚飯。就船買魚，不必近市。夜氣浮來牟，晨光對嗽盥。高樹早鶯啼，榆林夕陽晚。説耕來老農，説農集群阮。北渚叔及兩弟、諸姪、姪孫，皆來共飯。刈麥天所貽，分秧稼之本。畎畝即林泉，花竹成野館。静坐徒煩思，晝眠任倦懶。石硯夏氣清，籃輿補我蹇。長此戀田舍，棲遲竟忘返。

坐椅輿遊草堂西北郡莊回望草堂陂亭似人家池館也

長隄柳陌轉東迴，一片繁林傍水隈。背向自家池館看，居然高卧小樓臺。

三十六陂亭晚坐

堅築陂亭土一堆，更無餘力起樓臺。麥田雨後荷池漲，柳岸風前書幌開。换養鶩群存鶴意，洗摩桐樹待琴材。柴門月色新如此，翠竹江村船或來。

大暑夜宿草堂

爲避江城暑藴隆，湖莊脩竹夾梧桐。治平宋寺桑田隔，大德廉園柳樹同。白藕花前滿池月，碧紗帳裏過堂風。連宵夢入清涼地，睡醒鶯聲萬葉中。

秋日再泛虹橋

萬頃江淮共吐吞，邗城處處長潮痕。辛年記取中秋水，水漫慧因禪寺門。

天下第三十二西湖

王晫《西湖志》：「天下名西湖者三十一處，不止杭、潁。」萬柳堂西有湖一曲十餘頃，名西湖嘴，嘴上有燕、趙等莊，慎齋之妹夫王介眉田宅即在此。焦理堂姊夫《北湖小志圖》載燕莊西湖嘴，雖「嘴」字欠雅，但北鄉民所共稱，況煙波清遠，水木明瑟，勝于惠、桂，不得不謂之三十二西湖也。焦氏雕菰樓去此十餘里，老姊健在，年八十餘。陳雲伯言：顔魯公《麻姑仙壇記》王方平與麻姑本姊弟，皆仙者。漫將杭、潁説歐、蘇，萬柳堂西又一圖。天下西湖三十一，此應三十二西湖。焦家樓已老雕菰，本是王方平有婹。東畔我爲大雷岸，西隣爾是小西湖。示西湖嘴王五妹。

湖光山色阮公樓詩九窗九詠并序

嘉慶年間，元搆二樓，一在雷塘墓廬，一在道橋家祠之右。焦里堂姊夫昔題塘樓曰「阮公樓」。橋樓乃北渚二叔親視結搆，樓方四丈餘，四面共九窗，二叔與星垣姪擬分景：一東南曰曉帆古渡，二南東曰隔江山色，三南西曰湖角歸漁，四西南曰墓田慕望，五西中曰松楸疊翠，六西北曰花莊觀穫，七北西曰夕陽歸市，八北東曰桑榆別業，九東北曰齋心廟貌。桑榆楊柳六十八株，霜後紅葉滿窗，與朝陽落照相掩映，樹外圍牆數十丈，牆外即家中蔬圃，圃外漸近湖，有漁渡船矣。雨後清霽，及見隔江山色，即謂之湖光山色樓，補湖莊之舊樓亦可。湖光山色樓本在赤岸湖先將軍草堂，久毁于水，阮公樓本在雷塘，今此九窗樓，即題曰「湖光山色阮公樓」，七字扁兼之矣。

第一東南　曉帆古渡

曉日紅滿湖，行人各來去。扁舟欸乃開，古人陸行路。登樓望湖光，何年始僧度？與蘇州度僧橋同意，今俗訛孫大橋，又訛公道橋。

第二南東　隔江山色

隔湖見林表，一抹江南山。雨後黛色濃，不是有無閒。青峰閲十萬，老目今拭還。

第三南西　湖角歸漁

西沙欲鎖水，湖光亦漸收。晚渡趁歸人，暮亦歸漁舟。張網即舉魚，復見得梟鷗。湖水西去漸小，然一路溝澗，遠到大儀之東北。

第四西南　墓田慕望

千户居城南，舊城阮千户巷，俗訛阮秋胡巷。避亂來道橋。明末高傑兵亂。墓田在橋西，松栢寒無凋。子孫登此樓，西望墓不祧。三代祖千户公、四代節孝厲太恭人、五代高祖孚循公墓皆在此。

第五西中　松楸疊翠

墓田多松楸，靄翠濃相疊。繁林二百年，國恩雨露洽。遶樓聚桑榆，夕陽亦黄葉。

第六西北　花莊觀穫

花莊歸阮氏，今亦二百年。環溝爲園圃，百畝餘爲田。天寒種二麥，與姪同耕煙。今日遊樓西二里花園莊，莊乃千户公田叔曾祖頤庵公别業。頤庵公康熙癸未武進士，工詩翰。昔之池亭花木頗佳，荒廢七八十年矣。以木彴過濠，有蔬地十畝，老農餉茶果曰：「耕阮府田十一代矣。余家至我爲九代，吾孫亦十一代矣。」此田百餘畝，頤庵老人後人賣與族中，嘉慶間余又買於族中，未入異姓手，今與少林姪分耕之，余耕三十餘畝。

第七北西　夕陽歸市

訂日以爲市，每逢三、八日爲市。來者無非農。布粟與牛豕，交易在日中。熙熙趁墟者，質儉猶古風。

第八北東　桑榆別業

別業與北渚二叔宅相通，乃常氏老圃。桑榆當樓，東北桐桂亦交柯接葉，以二百金買之，余固宿宿，二叔亦可常游。東隅慎所失，未失亦慎收。衰老戀桑榆，別業當此樓。静攝遠城俗，斯林爲我留。

第九東北　齋心廟貌

勞勞七十載，此心何得齋？老叔壽八旬，竹林同古懷。舊德守孝弟，士農江與淮。

壬寅

壬寅正月居道橋桑榆別業十數日茶隱用丙申年京師南城龍樹寺茶隱詩卷中韻

當年園圃初成日，云是乾隆己丑年。雪後桑榆枝傲岸，春前梅柳勢天然。歲寒圖裹今三友，池北古松一，池西竹林，池南梅十餘株，垂柳二。茶隱林間古二賢。比似小園仙蜨夢，又成三十一年前。

二叔云：「瑤岑十曾叔祖先有園在此，園東北以桂勝。公殁，叔祖同公賣與常翁，已立議矣，同公曰：『吾家多年栽桂，豈與人家香耶？』伐之。常翁遂負氣不買，自築此園。」即今元所名桑榆別業也。桑榆乃康熙前舊物，常翁復栽桂花在乾隆三十四年己丑，二叔親見之，元方六歲。今桂已老，桑榆更古。園八九尺，高六七丈，亭樓共八間。今壬寅歲，叔年八十三，元七十九，同爲竹林茶隱，雅合晉竹林之二，亦佳話也。

夕陽樓

老桑東小樓一間，西向，可望遠林，二僕舁椅登之，余題此名。

多年耐暑復耐平讀，同「能」。寒，三十蒙恩亦耐官。向敏中事。今日夕陽樓上望，遲遲耐倚此闌干。

余自二十三歲乾隆五十一年丙午。入都，三十二歲六十年乙卯。官内閣學士，歷兵、禮、户部侍郎，總裁己未會試。三十四歲，巡撫浙江，安南夷寇盪平。四十二歲，嘉慶十年乙丑。丁艱，服未滿，起復福建巡撫，告病服滿，復任河南、浙江巡撫，蔡逆及群盜滅。四十六歲，十四年己巳。爲失察劉鳳誥科場舞弊案落職。此二三十年似人生仕已之速，一世也。四十六歲，復入翰林，居蝀夢園。四十八歲，官内閣學士，侍郎，出督漕運，任兩湖、兩廣、雲、貴總督。道光十三年癸巳正月七十歲，在貴州途次，三月初入覲，恩賞御書「福」、「壽」字，御書「亮功錫祜」扁，塗金壽佛、玉羅漢、竹根麻姑仙象諸物，賀者盈門，不能不待之以酒，不能茶隱矣。旋總裁會試。七十三歲，拜大學士，入都。七十五歲，因足不能行，予告致仕歸田，居別業。此又似人生仕宦之速，又一世也。昔三四十歲時，同年友曾曰：「雲臺如此速遷，以後無官可做。」彼時自懼不壽，後復入翰林，如兩世人，耐官耐老。嘉慶中，蒙「清儉持躬，有守有爲，顯親揚名」之諭，京察議敘。道光十八年，蒙「敭歷中外，宣力五十年，清慎持躬，克盡職守」之諭，前後未嘗少改素操。題《夕陽樓》句成，略識於後。

以清湘道人柳漁小幅借裝爲南萬柳堂隄外漁莊圖

元初入翰林，即蒙王蘭泉少司寇邀聚蒲褐山房。嘉慶初撫浙時，司寇予告歸田，余延主西湖敷文書院，以《三泖漁莊第七圖》屬題，余題有「弱冠登朝謁蒲褐，似公早歲逢歸愚。暮年若許歸湖曲，學畫漁莊到七圖」諸句。前此數十年，絶無賀知章之夢，不意七十五歲，足積溼病不能行，不得不乞骸歸里，恩諭慰留，而火炫脾衰，自揣必不能愈，章再上，始俞歸休。七十六七歲，足病少愈，而足成軟癱，惟可以桑榆楊柳延此餘年，勉慰廑注。辛丑，畢藴齋通家亦姻家也，贈此石濤《柳漁小幅》，似預爲我畫者。老樹婆娑，尚有生意，裝成小卷，即以爲《柳湖弟四圖》，自題二律。

學畫漁莊到七圖，石濤圖我未生初。偶然潑墨知何地，如此荒莊但可漁。萬柳堂隄内老田，可稼者只五百畝。然辛年仍水破没隄外，如金、潘、蔣、鮑等莊，似此老柳，永爲荒莊，農人改爲漁。君子其斿楊及柳，《石鼓文》句，在第三鼓。牧人乃夢衆維魚。婆娑老樹饒生意，罩罩烝然百載餘。

何日清湘畫此圖，先于蒲褐近歸愚。恩波許看漁家樂，仙館還依黄鳥隅。《黄鳥隅》爲《八詠》之一。卅二西湖説杭、潁，十千柳樹補桑榆。乞骸豈有知章夢，病得漁莊一曲湖。

附　和　韻

天然一幅水村圖，眼福來當寄廡初。問字忽逢苦瓜畫，清湘道人亦自號苦瓜和尚。臨流便想坐茅漁。北來戢戢投林鳥，年來避海氛者，多於邗上卜居。東望茫茫縱壑魚。安得牽船隨杖履，太平鄉裏補三餘。

幾輩將身入畫圖，每逢佳處警吾愚。白鷗敢作誰馴想，黄鳥能知所止隅。南北平分萬楊柳，主賓晤對一桑榆。鑑湖底似珠湖好，卅六陂亭卅二湖。

受業梁章鉅謹步韻呈

笑向前人借畫圖，卷中詩格邁黄初。已歸田里何妨隱，如此煙波大可漁。紅藕香中停宿鷺，白蘋影裏見行魚。濱湖閒地知多少，添種桃花合有餘。

此是漁莊第四圖，亦如蒲褐溯歸愚。緑楊隱隱疑無路，黄鳥交交樂此隅。尚憶防江思伐荻，未忘籌海話臨榆。深宵正作觚稜夢，敢説勾留是此湖。

受業陳文述謹和韻呈

四野濃陰勝畫圖，勾留春去夏來初。隄臨湖水多栽柳，人是農家亦慣漁。高閣日晴聽好鳥，小池風定看游魚。故鄉舊喜田廬在，怡志林泉樂有餘。

赤岸新成萬柳圖，林泉歸後溯歸愚。沈文愨公年七十七，恩諭歸里，享林泉之樂。長松不改仍三徑，黄鳥依然此一隅。天下已傳衆桃李，夕陽獨占老桑榆。康熙時有清湘筆，預囑珠湖接泖湖。

柳堂隣村世再姪王開益謹呈

宿三十六陂亭

城宅止後樓，北窗鬱不通。夜夢多懊惱，曉起亦悶懵。扁舟來柳堂，陂亭出柳中。北窗四五尺，開闔隨吾衷。北湖在窗外，清遠望不窮。明月廿四橋，換此玻璃風。誰見杭、潁湖，摺櫓去聲。掉高篷。波寬壓湖水，杭、潁誰雌雄？萬柳趙道人，比似水晶宫。六一居士《自揚州遷潁州開西湖》詩：「都將二十四橋月，換此十頃玻璃風。」趙德隣詩：「欲與杭、潁争雌雄。」坡公詩：「未覺杭、潁誰雌雄。」松雪碧浪湖較寬，自稱水晶宫道人。

宿柳堂陂亭

平田麥浪已漸漸，楊柳風和正捲簾。三十年前舊光景，忽然湧見此窗檐。陂亭新窗外，有柳有麥，忽憶昔遊真州，白沙翠竹，江邨有扁曰「柳風麥浪之間」，與今窗極相似，因書扁。

再宿柳堂陂亭

放棹入湖莊，高眠此草堂。明窗齊穮麥，淺水細分秧。霉氣長風散，湖光遠水凉。住過芒種後，洗去俗心腸。

道橋別業愛吾草廬詩并序

余幼年居室雖陋，皆瓦屋也。十歲來道橋，輒愛草廬。歲壬寅，夷盜盜鎮江，而揚州戒兵。余先在道橋穮麥，更愛道橋草屋爲平安矣。癸卯正月二十日，余八十生辰，仍茶隱也。將避俗來道橋別業，祇瓦屋八九間，無草屋。因于池北築草屋四間，在桑榆梅柳松竹之中，止四間者，礙竹木也。余歸田成南萬柳堂，圩田五百畝，歲務農以爲食。此草廬高燥浄潔，在萬柳堂小西湖之西，以數十千錢成之，題「愛吾草廬」，以遂初心，及今恩諭林泉之志而已。城中壽日以屏幛宴樂爲美，惟余四十、五十、六十歲，皆早以茶隱一日却此等事，不待今日。《日知録》曰：「溯言生日，非美事。《小弁》始説『我辰』，《離騷》乃言『初度』，《顔氏家訓》謂生日之禮起于齊、梁。逮唐、宋後，開筵召客，賦詩稱壽，于昔人反本哀齋之意，失之遠矣。」畢韞齋云：「《文選》六十卷，雖齊、梁亦無壽日之文，必爲昭明所删。」故壬秋已預却于衆矣。姑以此草廬自愛，且欲勸俗而矯之，亦追守嘉慶初「清儉持躬」之温諭也。況辛丑萬壽，不舉慶典，而臣下自言壽，謂之無禮；國家多事，卧病無寸勞，而喋喋言壽，謂之無恥。無禮無恥，胡不遄死！言至此，是亦不可以已乎？

人生八十古更稀，古賢論德難與齊。林泉田舍天許歸，草廬安得高榱題？四間新構杉板扉，草簷竹笮塗白泥。繩牀愁夢心息機，夜聾不聞犬與雞。此間佳趣得幾希，紙窗况無風雨淒。春初梅瘦麥葉肥，松竹下壓香茅低。茶隱求是酒則非，夕陽又暖桑榆西。萬條楊柳春依依，絳老後算誰端倪。

揅經室再續集卷六　文選樓詩存第二十

癸卯

癸卯正月二十日居愛吾草廬題竹林茶隱卷用癸未年舊題原韻

春殿三年侍御筵，上元賜玉伴歸田。入閣後，每年上元賜宴，賜玉玩、燈、硯、蟒衣等件。桑榆短景原無失，絲竹陶情況暮年。別業梅花宜老壽，桑榆別業有蜜梅一株，百餘年樹。道橋茅屋證林泉。今朝舊隱仍題卷，莫看衰翁樽酒前。六一居士《平山堂》詞：「樽前看取衰翁。」余素斷樽酒，無從看取。

小暑前坐宗舫船遊北湖南萬柳堂宿別業用庚午年雨後遊京師萬柳堂五律韻爲七律

園似將軍渌水名，雙船雨後入湖行。欲知船到帆懸影，使識人來金送聲。每入湖，方過九頃頭，柳堂農人便認紅船帆影，船頭鳴金，即可遠聞。柳爲遮深隄不見，稻因栽畢綠全平。要知祖考留傳意，須是兒孫識此情。

漁莊處處不風波，插稻歌連踏水歌。今年旱，農人車湖水入田栽稻，山田多栽豆。漁樂千家皆傍柳，柳外皆漁莊。蟬鳴五月已開荷。隄外栽蟬鳴早稻。新蒲徧植圍隄短，新栽蒲柳。老荇爭長軟浪多。水淺荇多，船行浪軟而滯。擬欲放船當暑夜，湖光正與月光磨。

草堂雖和鷗波句，未似廉家松雪圖。楊柳春風京使到，桑榆愛日老臣扶。正月福兒奉軍機處傳旨，祇領恩賜十賚，二月恭齎到揚，恩降從天，感激無地。嶺南早令嚴夷夏，余在粵，每事多裁抑㗻夷，教誡粵商預防其亂，防在數十年後，不虞其如此之速。嘗行布政司街，見酒館立板，畫西洋館式，余曰：「此被髮祭野也。」諭府縣立拆毁之。學海深知判釋儒。嶺南學人惟知尊奉白沙、甘泉，余于《學海堂初集》大推東莞陳氏《學蔀》之説，粵人乃知儒道。東莞山長李繡子送行文云：「五百年來儒不入釋者，雲臺先生而已。」爲告杭州老詩友，謂陳雲伯。柳西贏得小西湖。萬柳堂西珠湖一曲，焦理堂《北湖小志》有「西湖」之名，余因雲伯説《西湖志》天下西湖三十一處，題爲「三十二西湖」。

竟是火城闌不住，得來水上看荷花。馮文毅公《佳山堂集》：「京師富貴人，火城闌欲死。」天教病叟拔殘宅，人引仙車遷舅家。大東門北第，祁門張氏造，以板包拱把之木，僞爲方柱，本不堅壯，方愧難奉御筆，余又積書連屋，時虞傾折。是以隣火驟來，癸巳、癸卯兩次，御賚皆得護出，其餘書物皆燼。家人先屢勸改造，余以苟完，無力矯爲。愛吾草廬因天題恩賚謝恩事畢，攜福兒掃墓，遊草廬，方喜宿宿，乃上巳城中幾處夜火，幸而在鄉，否則老夫跛卧將困鬱攸，此聖恩天恩也。《葛仙翁移居圖畫》只一車，徐林門新第即舅祖江鶴亭方伯未葺康山以前舊宅，今與康山隔絶，此堂堅爽，稱奉天題，勝于北第。方伯乃祖妣江太夫人共祖弟。學畫七圖荷恩眷，余昔《題王蘭泉先生三泖漁莊第七圖》詩：「暮年若許歸湖曲，學畫漁莊到七圖。」天題十賚最高華。一御筆扁「頤性延齡」四字，黄絹，鈐「道光御筆之寶」六字璽。一御筆楹聯，上句「敭歷宣勤嘉茂績」，鈐「清虚静泰」璽一；下句「優游養福錫蕃釐」，鈐「道光御筆」璽一，「剛健中正」璽一。三硃箋金龍御筆「福」字。四硃箋金龍御筆「壽」字。五白玉如意一枝。六裝金無量壽佛一座。七水晶朝珠一盤。八緙絲蟒袍二襲。九大緞袍褂八卷。十江綢袍褂八卷。八旬迴憶皆陳迹，竹隱匆匆五度茶。

選樓述懷

卌年膴仕必豐盈，揣我人皆以恕行。獨感聖恩明見底，兩番温諭許之清。

癸卯白露時偕人乘舟出虹橋過蓮花法海橋登東園雲山閣白塔前訪桂秋荷尚茂桂氣未生晚過湖上草堂長春橋虹橋晚飯歸卧選樓

煙雨四橋雙槳還，還登高閣望雲山。法海寺吕申公雲山閣，即東園地，椅輴登坐，北望平山、小金山、蓮花橋。雍正間賀吴村東園有翛然亭等十二景，徵詩畫，今門前牆有「東園」石扁二字，非廣儲門外東園也。每生北斗京華想，都在東園佛塔間。屋似老人猶健在，舟隨釣客共幽閑。自北門茶館至四橋，釣徒不絶，且有二三人共買一舟垂釣終日者。艸堂題字分明見，故友亡兒淚欲潸。「湖上艸堂」扁，伊墨卿太守同年書。「現壽者相」扁，大兒代予書。

盻　庭　柯

文選樓前緑滿堂，桂桐平仲《吴都賦》「平仲君遷」，庾子山《小園賦》亦載之。揚州土性最宜，易長易大且多壽，宋、元、明植者甚多。選樓前甲子所植，今年初結實，已四丈有餘，即生祜兒之年。柳垂牆。長孫恩海手植，五年已過樓牆，行人見之。庭柯如此皆怡盻，《歸去來辭》：「盻庭柯以怡顔。」即怡志于林也。何苦蕭蕭種白楊。

送慎齋四弟往長蘆菴

秋風秋雨損秋懷，小阮皆深大阮哀。登岸累君住菴去，洲西長蘆菴，結蘆成菴者。東坡詩長蘆長老，似交六合界。霜降後刈蘆，曰開洲。翦屏爲我穫洲開。蒼葭采采皆霜雪，白露瀼瀼或溯洄。既是蘆農即農事，古今農事不妨繚。北渚二叔四月捐館舍，頓爲古人，詳予撰《墓表》。

癸卯八月十三日遷居新城徐林門新第

舅家尊五福，江鶴亭方伯未葺康山前老私宅，乾隆間被賜五次「福」字，勒于堂中，名「五福堂」。今尊此五「福」高一層，而以元被賞乾隆中「福」字、嘉慶中「福」字、道光「福」、「壽」字，共三十二「福」、「壽」字，名「總福壽庭」。此屋自先考視之，曰「吾舅家也」，自先祖妣江太夫人視之，曰「吾從弟家也」。宅相竟三台。竹馬早遊處，此宅自予十歲外即常遊，今路逕如舊。籃輿歸去來。山堂遊客廢，康山自陶澍清欠帑後，公私皆没入。舊時翠華臨幸之地，今亭館朽壞，荆棘滿地，遊人限足不到。經室老儒開。認買私宅，久已與康山隔絶。孫輩讀書處，白松黄蠟梅。後館小有池石，白皮松二株，冰心蠟梅四株，皆百年物矣。陶澍追欠帑時，各大商皆有預墊錢糧，江墊足抵欠數，不料陶不准抵，抄江方伯孫爲首，將及其餘，各商通城譁譟不服，令不能行，是以中止。然江已奏抄，又自迴護，江孤弱不能辯，遂成此局。官估定價，王姓領得，乃遠宦粤西十餘年，不交價。督撫查例，延不交價者，另召變賣。乃癸卯二月十二日召變文到，出示三月，初三日我家被火，遂應召認買。此似有數存乎其中。

徐林門新宅後書館有雙白皮松後松下有石池前松下有井綆汲二丈瀋之清甘與怡泉同

選樓舊栽雙白松，數年不活成枯蓬。嘉慶十年間，補栽冬青。今遷康麓得二松，新宅當康山之西麓。疑年使年百廿冬。其榦多分十八公，日色冷不畏暑紅。有霜有雪其色同，盻柯怡此清陰濃。晚栽黄菊香秋風，康山草堂隔不通。二松爲林怡老翁，山下出泉筮養蒙。九月祜兒舉順天鄉試，海孫蒙恩諭，即選訓導。

癸卯臘月十四夜月

臘月將望，寒白如晝，乘椅至林泉書館，雙松如有雪積，石池薄冰，水無淪漣，黄梅開殘，亦無香氣。惟階前二宣石，白異他石，一石似人端坐，一石似伸足欹卧，與我爲賓客三人。久之，夜静，寒氣漸重，不宜老人，復乘椅㐌階而歸卧小煖室。步己丑臘月十四遊滇園詩韻。

滇園寒月下，清境曾獨闢。瞬過十五年，月如曩時白。天使拔宅遷，此地得此夕。冰池影黄梅，隔牆森竹柏。二石梅月間，與我三主客。今之視昔者，真爲昔視昔。

己丑臘月十四日，霜雪之後，南風減寒，嚮晦月出，清景朗澈。遂乘椅輿出香雪齋，池上林梅初開，仙館牆東，臨池小憩，雜樹葉脱，月光在粉壁池水之間，明潔如畫。復由茶隱亭過宜亭，而南止于射圃，閑田遠敞，得月更多，緑杉影直，雙鶴静立，老梅南枝，向月耀白，城鍾已動，坐賞良久。復回仙館，登北山石臺，東望城中，萬屋鱗次，城外金馬諸山，羅列楚楚，山外流雲横亘，似霞非霞，天宇空碧，肅而不寒。坐待參昴既高，與月同轉，始由山後而返。何地無月，何人不得月？若不記之，則此景付之太虚矣。「夜園月境幽，登臺境更闢。梅月守静虚，雲山廓清白。我見王輞川，近臘愛月夕。我見蘇東坡，月影玩竹柏。我無裴與張，但與月主客。後之視今者，或如今視昔。」

潤州几谷開士爲余畫緑野泛舟圖余效唐人故事報以方竹杖并加此詩

壯年有山便欲登，健脚不用天台藤。不料病足甚于今，仙人九節行不能。卧遊一幅休登臨，几公筆底雲霞蒸。不如棄杖如鄧林，付與潤州甘露僧。静坐不生故步心，生平無一文饒朋。補辛丑稿。

甲　辰

三月十日約儀徵兩儒學重游泮宮采芹拜聖賢于櫺星門墀下并序跋

春水長蘆夜泊舟，齊肩葭葉滿沙洲。烟江疊嶂尋常見，月色柴門相送不。賞雨茅簷留宿客，重游芹泮到真州。青衿六十年前事，感憶先生頌魯侯。謂前少宰督學謝東墅師。

余行半天下，所過之地，佳山佳水，或行或宿，輒爲移情，曰：「如此佳處，將無王晉卿所謂《烟江疊嶂圖》耶？」繼而曰：「予家無此地之景，過而不留而已，何必戀？」昔嘉慶初，先考光禄公節浙俸，買得真州江邊蘆洲，以爲祭産，名曰「禮祀洲」。夫蘆，薄息也，非田園，非鹽鹺，非質樓，在揚人爲菲薄不足道。惟其治蘆之地有草廬三五間，名爲「長蘆菴」，《東坡集》中有「長蘆禪院」，其地在真州、六合之間，産蘆最長，今菴地似不相遠。此地四面臨江，南對丹徒之五洲山、高資山，是山水之間矣。廟祭雖可辦，而家中食口日增，贍讀睦婣不足，復於道光初官粵督時，節俸續買禮祀洲東相連沙地，以繼先志。此洲沙與山水更近，諸山正與相向，如屏如几，江上雲烟疊嶂，風雨嵐靄，時時變遷。若在蘆菴及東洲草廬時，居然佳山佳水在我家門也。兩洲輸蘆課于國，不得謂之非我家門也。甲辰春暮，乘舟來菴，再宿，暮看江月，與慎齋弟及菴中諸客夜談良久。杜子美詩「相送柴門月色新」，真有此境，不得謂非我柴門也。翌日雨，賞雨于茅屋。晴放舟入舊江口，過梅花院，至真州，與兩儒學應甲辰六十年重遊泮宫采芹之典。秋八九月，又放舟來，屬林椒生畫烟江疊嶂之景，且將穫蘆。《詩》曰：「彼茁者葭，葭菼揭揭。」又曰：「蒹葭采采，白露未已。蒹葭蒼蒼，白露爲霜。所謂伊人，在水一方。」誦此《詩》，輒有山水之慕。兹乃于寒露時，又領此烟江疊嶂之趣。由杜詩、蘇詩，上及《毛詩·秦風》，至矣！晉卿云乎哉？

二 禮洲草廬烟江疊嶂圖跋

王晉卿《烟江疊嶂圖》，蘇公題卷。元奉勅修《石渠寶笈》時見之，真僞不止一本，丹青盈丈，非百日工不能，然于烟江疊嶂之真趣，失之遠矣。余所畫新圖，亦不合意。近得明初史痴翁潑墨山水，雖紙僅二尺，草草數筆，然于山水神理畢具。二禮洲草廬初治，二三畝地皆用小杉十餘爲梁柱，縛竹爲椽，蓋草成屋。又用堅荻排縛成壁，用泥糊之，壁乾不濕，密不透風。竹篾爲窗，糊紙加油，晴日照煦，雪不能積。廬外縛荻爲外圍，如籬不塗泥，其南縛荻爲外柴門。春蘆及膝，夏荻及肩，真緑野也。春燕來巢，呢喃竟日，秋雁落沙，冬印爪雪。裴公之堂，無此荒率真趣。緑野三里，即到南江，白雲滃起，滿江爲烟，江上疊嶂，晴雨不定。二洲皆活沙，不勝礎砌，雖有晉公晉卿之力，無所施之。二洲皆草廬，東勝于西者，西庵及見真州鹽船林立，令人不怡；東洲則前有漁人之船，夜宿爲侶，即予壬寅網魚歸祀之地。後爲還新洲圩稻地，雜農居之，雞犬相聞，即予庚子因水災出錢賑饑之地。此明弘治間潑墨小幅，純是寫意。史與沈石田同時名重，今倒借之，即謂之「二禮洲烟江疊嶂圖卷」。四百年前，爲我畫之，其上則嶂，其中則烟江，其下則漁農村樹也，前則草廬柴門也。予歸田奉諭曰「怡志林泉」，此草廬及此潑墨，全是天真相對，不多人力，怡怡如也。高江村《銷夏録》「米元暉《五洲烟雨圖卷》」，五洲即今丹徒高資山相連一帶也。

廢宅一律

大東門舊第燬後，無力再造，不忍再窺。癸卯冬，乃以前門未燬之數間，給書坊吴叟住，藏選樓書板，且爲印書紙墨之地。井竈後數間亦未燬，給花苑人住，便養花木。甲辰春初來此，桑榆成列，廢井南栽兩株垂柳，已發新緑，百尺樓吴叟開印《十三經校勘記》矣。廢地不理，將爲小人所竊居爲不善。如此，則慘目之地改爲怡志之林矣。

已是西隣詫出譆，不堪焦土復來窺。廄焚本自無車馬，甑破何須顧爨炊。留住梓人勤紙墨，復棲學圃務培滋。桑榆又别城中業，先看鵞黄雙柳垂。

去年火後，各處階石皆蘇裂，何況花木？乃四、五、六月雨水甚多，秋草亂生，冬初，草中露牡丹芽，立春更茁壯，至清明見有花朵可數，穀雨居然開紅紫花七枝，與新柳相映帶，特弱耳。梅、桂、玉蘭，焦者亦芽。

畢韞齋在地官第購樓讀書屬書校書樓扁爲奉其廿六世祖文簡公士安因宋太后舊稱爲畢校書也

神仙中人不易見，讀書樓上可仙之。攤書即與古人遇，三五百年非所奇。况是遥華北宋上，又皆四庫西臺辭。碧梧垂柳在樓外，雨霽虹銷同賦詩。

萬柳堂夏日懷古二截句

萬柳堂南治平寺，寺門今在水中央。堂東正與露筋對，一碑猶見米襄陽。魯公帖裏蔡明遠，邵伯鄱陽相送長。當年此地必經過，泗汴平安到洛陽。

己亥，築南柳堂隄，得六朝鏡、紹熙塼，知此地爲唐、宋由江入淮、泗、汴之孔道。顔魯公帖言：「鄱陽蔡明遠，隨我于邗溝之東至邵伯南埭，承日已過埭，不得重别。」是魯公過邗溝至邵伯埭過埭，埭有南北，由泗北行入汴入洛。此間正我湖鄉萬柳堂邵北埭之間，似有一埭不通水路，故過埭北行。每至此湖鄉，渺然想見古忠賢之跡，此時似在開元間也。揚州劉孟瞻明經，據唐李習之《來南録》「自淮陰至邵伯三百有五十里逆流」十四字，與今水道異。余意隋煬帝時由汴、泗下揚州之水道，即顔魯公由揚州達洛陽之水道，其中必多有换船轉搬之處，宋、元沿之，故趙子昂《蘭亭十三跋》中多言「待牐」也。魯公由東南達西北，習之由東北達南，爲兩路行。孟詹又云：「宋樓鑰《北行日記》換船之處歷歷可考，自明人始爲直達之法。」

乘二禮蘆洲船宿真州舊江口宋梅花院記蘇公病宋梅二事

宋代梅花得返魂，江船夜宿舊江村。蘇公病臥真州日，終是回頭儋瘴根。

秋日閒思出遊，呼蘆洲船來徐林門外，命僕從負襆被上船。未時開行，日落過三汊河塔，指真州，三更宿太子溝，曉至新城舊江口宋返魂梅花院。梅花院者，本有宋時梅花，枯朽盡，𧃍條復生，今又成大樹，鄉人昔名返魂梅。滇中常有唐、宋之梅，枯查之下，𧃍蘖代生，至數百年，不足爲異，余多載于詩。此院爲江廣北行江口孔道，北渚二叔治洲時常宿此，題「古香閣」扁，余刻「宋返魂梅花院」石扁，加準提菴上，今慎齋弟亦常居此。因思宋蘇文忠公自嶺南回至真州，病暑，米元章餽麥門冬飲于東園，子由尚望其回中州，坡公決意歸毘陵，今之所行所宿，必此地也。因思蘇公在瓊、儋不死，而回至江西江南遽卒，此回頭瘴也。余督嶺南，凡用官吏至瓊、儋、泗城者，皆慎之。今此地瘴輕，官吏得選者，余每語布政司：「願者去，不願去者，另商安置。」知此地猶甚瘴，常聞在彼者受瘴時不覺，回至内地病發不治，名回頭瘴。今尚如此，宋更宜然。蘇公病暑，不致即卒，過真州歸常州卒，此必回頭瘴也。六七百年之事，因今事而知古人回頭瘴，與返魂梅各具一理。余督滇，又在嶺南，故筆之。致知格物，一生不了。

雷塘觀稻

雷塘今歲得年豐，寂者先居已四冬。頗爲八兒家計慰，銷寒食米可冬春。

甲辰夏，少雨，雷塘因東壩倒，田上農人力築，余加賞萬錢，令堅築。偶得陣雨，涓滴不洩。是以塘上之田皆得水，全熟。七月末，來雷塘拜墓，看生壙。凡前後田稻穟垂壓，田農喜其豐。惟是自北澗以後卅里即全旱，無雲雨及之，今塘上存水清深，尚足種麥。槐子橋潮水日來壩下，村村之牛皆閒卧，有待耕麥地之意。塘上惟八兒婦，有田數十畝，今冬春稻，可供數十日之米。壬年道橋借募鄉勇之債，今歲萬柳之稻始得償之。

石　楠

石楠老壙已多株，生壙垂如天竹珠。當日司空圖。邀客詠，可曾詠此雪珊瑚。

雷塘四代祖墓壙皆種石楠，生壙新栽更茂。石楠之樹長丈許，積雪不凋，葉如枇杷。立夏後，花如繡毬而小，陰濃避暑。冬至後，青子纍纍，雪中皆變紅色，絶似天竹。生壙周圍九株，將百穟矣。實雖繁，鴉鵲不食，楠下草不茂，貛兔不居，故此樹最宜于墓，北鄉人多栽之。其木堅如黄楊，鄉人音訛，呼爲「石囊」。

題樓楹絶句

康麓霜寒雙白松，三層樓上卧元龍。冬晴可見烟江雪，雪裏希微疊疊峰。

後樓下刻木楹聯云「山林貞白三層迴，湖海元龍百尺高」款，林德陽句，成親王書。此木聯，乃道光十五六年在廠肆所買，懸選樓不合，今巧懸樓下。

自題近稿

萬柳故依依，江湖草舍低。謂二禮洲草廬、道橋別業草廬、萬柳草堂。四橋烟雨裏，雙槳夕陽西。昔人有「夕陽雙寺外，春水五塘西」之句，各有所指不同。山水真長在，彭殤自不齊。小金山湖上草堂舊扁，見癸卯秋詩。隨時愛光景，幾處可留題。

孿經室再續集卷七　文選樓詩存第二十一

乙巳

乙巳年茶隱日乘舟宿長蘆菴

乙春欲茶隱，竹林意不娱。本欲往北湖别業，因北渚二叔爲古人，不怡于情，特出徐林門，往禮祀洲。所以駕扁舟，洲菴宿長蘆。蘆菴雖入春，寒氣尚雪餘。何苦出城去，似爲客所驅。淵明詩：「此行誰使然？似爲饑所驅。」青山欲入户，江烟亦滿廬。潮港修行菴，廬又吾愛吾。通潮港前，行菴一所，蘆壁柴門，一如東西菴之式，蘆舟、漁舟皆從此過。栽柳易生，種花竹不生。昔庚子年大水，自金陵漂一地藏木像來，數日又漂木佛座來，老者于葦中次第得而奉之長蘆菴，即以此老者奉香火煮茶，不再設僧。吾廬陋且野，有客皆樵漁。穫蘆即皆樵也。薄暮漁人來，得此二尺魚。夜忽風濤聲，甚于在北湖。一夜高資山，變爲雪山圖。炙炭看煮茶，秉燭方見書。計我蘆菴中，此境昔所無。忽晴忽雨雪，與點蒼不殊。雪止挂江帆，旬日歸城居。若非詩記之，此境亦太虚。

長蘆菴阻雪并序

乾隆癸丑，臣三十歲，正月茶宴，賜《御題杜瓊溪山瑞雪》一軸，御筆詩云：「雪景溪山寫杜瓊，玉爲世界不孤名。老翁驢背循溪路，輸與憑窗望者情。」謹案：此等舊畫，皆辦《石渠寶笈》時，挑落次等之件，御製詩己酉春題此軸，聖旨「留待茶宴時分賞近臣」，而臣適分得此軸。至臣四十歲時，浙江巡撫任內，凡壽日皆茶隱于外：五十隱于漕舟，六十隱于兼粤撫之竹林，七十在黔溪雪舟中，終身避此華囂之境。及今八十二歲，茶隱于長蘆菴，巧遇溪山瑞雪之景，是六十年前聖人隨手分賜之件，即定臣終身茶隱之局，事如預兆，恍然凜然。因作蘆菴雪詩，而孔厚和詩及此，遂再詠，敬識之。正月下旬。

溪山雪景中，老者憑窗望。此時有林泉，此時有疊嶂。臣歸田里閒，恰有此情況。冬春事蘆葦，爲樵亦所尚。誰知六十年，前已受恩貺。杜瓊名畫筆，畫與吳鎮抗。阻雪長蘆菴，宛如此圖上。喜此豐年玉，憑窗氣猶旺。今已歷三朝，太平爲退相。昔年詠茶雪，硯椀三清樣。賜三清茶椀，一梅花、二佛手柑片、三松子仁，太監以雪水烹之。至今椀硯畫，尊藏爲寶藏。藏前府奉恩樓，故不及火。

江洲遊登金山三月十七八日

牡丹過穀雨，花事亦已休。各苑數十枝，春興聊可酬。欲看江上春，先呼江上舟。長蘆菴前蘆，萬緑齊平疇。蒲葦敏樹者，薅青復濬溝。雨後江帆輕，繞過西北陬。西來風正滿，滄江亦順流。船如天上坐，如坐小紅樓。其南高資山，少東宋五州。夜來有烟雨，疊嶂雲復油。頃時飽自飯，已到東沙洲。東洲昔栽柳，萬柳今同稠。去此入南江，江水晴悠悠。俄見金山塔，薄暮山畔投。一夢入午夜，皓月盈船頭。披衣起看月，貂袖五絨裘。曉舁登金山，落月帆初抽。静攝怡我性，平旦豁我眸。布帆昔江漢，草屋今春秋。江山最勝處，天使跛者遊。

乙巳茶隱後二日過真州宋梅花院看宋梅

宋代梅花舊返魂，舊言「宋返魂」，未知其始。隔江最近我柴門。由蘆菴至江邊一里，渡江三里，登岸至宋梅花院六里，共十里。但能槎朽無抛掘，多可甹條又子孫。三百年將皮綻蘖，半千載後蘖生根。他時如有丁家鶴，可與滇梅唐並論。凡滇中二百年外之古梅，其心多朽，而皮不朽，老花之蘖，多綴于老皮縐裂處。滇梅老朽後，但不掘其根，數十年後，或生甹蘖，又成大樹。唐、宋之樹，各處皆多，非但昆明，唐梅不足爲異。因思揚州四鄉菴院園圃，朽而復生者必有之，不獨此江邊爲然，特少壽者耐心不掘，静待數十年耳。

乙巳二月，初雪晴後，攜浩孫坐緑野船，出城尋各處梅花，或有代生者。至雲山閣，僧指有三老梅，一梅叢生嫩枝，云其老根枯盡，被僧掘去，此復生者，枝花正茂。又一梅老幹斜倚，旁出甹條，甹條又已壯老，將一丈，而花亦茂。又一株似將百年，特尚未生甹條。因即與僧詳言其理，囑僧善保護之。乃歎余意所欲覓者，而今日竟遇之，然則此不當如儀徵名「返魂梅」，當曰「子孫梅」爲是耳。

立夏後滄江虹舟子以舟來請遊金焦兩山

船出瓜洲眼界寬，豁然不是市塵間。指平一片中泠水，疊起雙層北固山。日落潮生見揚子，風清浪静指徐關。今年兩到金山寺，縱我優游一棹閑。

真一壇田氏道籙畫象跋

此各道教皇籙神畫象，末題「崇禎十年右都督田宏遇仝妻一品夫人吴氏造」。按：《明史》，田妃父宏遇，陜西人，好佚遊、交遊、結納，女以崇禎元年册禮妃，旋加貴妃，孅妍多才藝。宏遇以女貴，官右都督。繼妻吴氏，有才藝，妃似之。宏遇交遊結納，園亭聲妓甲都下，朝士附勢，妃曾以此暫被譴。崇禎十年，當即貴盛之日。田氏居揚州新城田家巷，東起東關大街，西至缺口門大街，吴梅村詩有《永和宫詞》，所謂「揚州明月杜陵花」，專詠田妃事也。田貴妃薨于崇禎十五年後，莊烈帝盡節，即用田妃之槨之園陵矣。此所造道教醮籙多軸，非田氏夫妻所能創爲。道教盛于嘉靖，其寫畫莊嚴，必皆傳于京師道藏殿觀。此中真武帝法身最大，氣象威嚴。世宗以興獻王子入繼，彼時君臣皆以爲真武，直至明末皆奉醮籙，故多至百軸。載回揚州天寶觀，想在十五年後。甲申、乙酉後，又流落各處，真一堂道士徐復青今收之。元過真一堂見之。

書紈扇

有唐三百年，揚州廿四橋繁華甲天下，其飲食奢侈可想。揚州府楊行密、畢師鐸等，城戰不定，城無食，斗米值五十緍。軍掠人入市賣之，驅縛屠割如羊豕，訖無哭聲，血滿市，此多年積孽之劫也。壬寅，余居道橋節性齋，王瑞官方十歲，亦來住前齋。隣有屠户，日日五更殺聲更惡，瑞官惡之，從此不食豬肉。瑞官乃王春厓觀察夫人之孫瑞麟也，生有善根，宜遂其善。頤性老人乙巳中秋書紈扇付瑞表外孫。

朱石君師梅石觀生圖跋

昔乾隆丁未間，元常侍坐於石君師鄂不書室，習聞教訓。後師出撫安徽，睿宗所以有秋水之思、甘盤舊學之念也。及己未，奉旨驛歸内廷，元亦奉旨，隨師在南書房掌寫御製詩文黄綾稿本，此卷乃前在上書房親撰題句及諸王題句，隨帶安徽，元未得見。及己未，亦未奉師命題，但丁未曾記師命與及門同題此圖，曾有七古一首，末有「欲具袍笏向師拜，世間柱石山中身」之句，今無此稿。惟元八旬以外有《釋真》一篇，言：「真字九經所無，不收此字，而慎、闐、顛、鎮等字經篆皆從此得聲。」師神在天，必以誠意正心之素力鼙列文昌上台，保國相君，在帝左右，俯覽瞽説，或哂之也。

近時每肩輿過長春橋外沈家廚房静坐飽飯橋外即舊邗上農桑也，樓室全破，商家久散，只餘看園老人廚三間而已。我以二三十千錢修葺之，居然可以静攝、口食、看書、看竹、聽鶯，宛然賀知章借得鑑湖一曲也。

頗似湖邊賀秘書，長春橋外沈家廚。每炊釜下三升米，常翦牆東四季蔬。廚外菜田，韭、莧、菘、藿，隨可買烹。藿，安豆也。廢圃還將澆芍藥，斷橋仍好種芙蕖。恩教怡此林泉志，合借知章一曲湖。

丙午

丙午正月廿日游長春橋樓肉飯于沈家廚不復尋僧菴茶隱素食聖訓「頤性延齡」，有養老之義，以肉食爲近理。

橋上長春春孟時，優游山水志怡怡。例當林竹仍茶隱，自六十歲竹林茶隱，在京龍樹寺，在揚建隆寺、雙樹菴，多尋僧菴素食，二十五年矣。改向梅花觀朵頤。新多栽梅、杏、桃、棠、茶、柳。雨水澆花重著力，清明栽藕不宜遲。門前羅雀無殘客，何必蘆菴遠避之。乙巳，江上雪，茶隱蘆庵，有「似爲客所驅」之句。

白皮松下黄梅花

鐵石心腸宋廣平，梅花冰雪鍊精神。誰知松下黄梅樹，更是横陳嚼蠟人。乙冬未全開，丙春全開。

四月初花苑未燬牡丹舊台一枝大詫如團扇

花大如槃大可驚，一枝姚紫滿春生。歐公《牡丹譜》本「魏黄姚紫」，今倒訛。居安兒女尚成就，居此廂者，高孫讀書，桂孫女已嫁。看到曾孫我已經。古詩「看到子孫能幾家」，我家新、舊府已見孫曾四五人矣。百數十枝三載見，此台花發甲、乙、丙三年，計百數十枝。幾千葉瓣一台成。古人名花瓣爲葉，故曰「欲書花葉寄朝雲」。群花苑裏尤多柳，別業西堂花亦榮。廿七日在別業，亦見紫牡丹一枝，歸見西堂馬令所贈洛陽黄白牡丹，更多矣。

題沈飴原臺長廿四橋月簫圖

古橋廿四月簫圖，煙雨橋中畫不如。吟老冶春欲消瘦，王尚書漁洋。與沈尚書。廿四橋玉簫生住紅橋西北五六里，爲飴原臺長畫紅橋冶春詩。湖上草堂在四橋煙雨之中，蓮花橋在正北，法海橋在西，紅橋在西南，長春橋在西北。長春即余乞借鏡湖一曲地也，與紅橋南北相望二三里。

但雲湖都轉有祖園久失人猶目爲但氏園今購歸修拓之乞句

清芬依祖德，今日復爲園。松菊分三逕，樓臺占一村。山林先據勝，功業待傳論。昔我經行處，曾高但氏門。貴筑我昔屢經，無論何處山水，必佳也。

吴修梅女壻月輪山壽藏記

月輪山壽藏者，錢唐吴修梅自營之壽藏也。修梅方中年，尚將出仕，而遽營地，其志趣可知。前在鬱林州解組歸，有聯句，乞余書之曰：「萬里功名陸廉石，一家書畫趙鷗波。」修梅乃菘圃協揆之曆子，余九女穉雅之壻，在廣西官直隸州牧，曾署南寧守，到處有政聲。以拘謹之考，降官而歸，惟有石耳。歲乙巳，在錢江進龍浦祖墓之西，開化寺六和塔後之月輪山得一地，上下十餘畝，遂經營之，曰峖臺，曰琛亭，曰鋘池。栽桂、栽梅、栽松、栽柏、栽杉、栽柳、栽白蓮、栽竹，有石屋竹樓，因樹爲屋，開門見山，可以望月，可以看潮，亭柱刻成句云：「月落江湖白，潮來天地青。」一切古樸，價廉工省，江鄉戚友樂玩之遊之，佳之至矣，雅之至矣。瑸亭梅三百六十株，刻聯曰：「前身應是明月，幾生修到梅花。」不貪言吉卜也。吾女雖常病不愈，得此藏地，亦致佳矣。因修梅請爲記，遂筆之。他年吾爲丁令威，必常由西湖來月輪山，望爾夫婦兒孫花木也。

小門生許瀚從沂州拓一舊墓門石來審是伏生傳尚書古文圖云此石置之王右軍祠内因題此詩

孔壁絲竹不可聞，存者伏生書古文。伏生之年九十外，女老能讀猶齦齦。帝令鼂錯受經勤，女年六十老布裙。即使是老生女，此亦當年六十。鼂出太常才出群，年二十外。能誦能記文字分。七觀在此傳授殷，濟南潁川語近云。濟南、潁川言語相近。歸至漢京傳寫紛，此事何涉王右軍？任爾秦書竹簡焚，文、武方册在典墳，留此一石古畫存。我觀此圖刻墓門，唐、宋古繪徒煙雲。下帷車馬形紛紜，勝吴道子真可欣。惟齊侯罍審出墓，餘書孔、鄭空誾誾。

散宜氏大盤拓本説

前予丁憂起復，年鹽院額約齋頗知文墨。揚州大散氏盤在洪商家，我曾訪之，需價千金，我無措。彼時仁宗好古，因勸約齋進貢。洪氏索價四千，他商曰「阮家已還過一千，何值四千？」約齋曰：「此物無價，但洪商今貧，帮他四千，他即得濟。」于是竟以四千進貢，貢收。余向約齋曰：「但此物本老揚物，若入内廷，外間即斷。我須借仿鑄一盤。」借來多月，仿兩箇盤，一收我家廟，一存府學内，教授李嗇生先生收存。又仿鑄二盤底，江吉雲先生用爲鏡，是以外間頗有拓本。其鑄法有良工，我兩三番教仿而後成。今有原盤拓本，有我當年印本，岑銅士於市中買得，以爲寶。余因令他匠拓仿器，裱一紙，與此相校，真、仿器在毫氂之間，細察方知。貢器貯于圓明園，道光十幾年間遇火矣。仿鑄法用好細泥印原盤底，又造蠟盤，待乾而後傾好銅，銅成審之，總有粗細之别。工曰：「此無他，故印泥須乾，乾即細一層。」于是工用細泥爲墨爲硃，用筆領泥，加乾泥安之上，成字即粗矣，再傾仍細，再筆泥，再領，始與今仿器無異。今細説其故，使知仿造之法非容易也。

散氏大盤原器已貢入内府，後此器存于西園内，道光年間遇火患。岑氏銅士得予初拓本于市中，予不能辨，因新拓一本來，竟難辨初本、仿本，再三揣摩始覺異者異。今仿造者，非予手拓本也。散氏即散宜生，買大貝如大車之渠獻紂者。

長蘆菴地藏菴記

禮祀洲長蘆菴，初以蘇詩與長蘆禪院近，因約略臆指之，然元、明已一片大江。道光丙午，劉孟詹讀南宋范石湖《吴船録》，以書中有記：「長蘆，襆被宿寺中。范記但云「泊長蘆」，可見人人皆知襆被常宿。此爲菩提達摩一葦浮渡處，寺在沙洲之上，甚雄傑。江渡淙豁，行且及門，寺前舊有居人，今皆蕩去，岸下不可泊舟，潮洗之，不可泊也，移在五里所一港中。寺有一葦堂，以祠達摩。」余洲菴與宋梅花庵相距十里，料即一葦堂，滄桑蕩爲江水，歷宋、元、明，乾隆間又漸成洲也。道光辛丑歲，金陵大水漂一佛象來，止于菴前。翌日，又漂一佛座來，巧同止處。洲中人合奉其象入丹徒裝金，識者知爲地藏象，因即爲地藏龕，祠之長蘆菴中。安知非即達摩之前祠耶？丙午五月，采蘆者采一枝來，清明至夏至，已長一丈三尺矣，寒露出花，一丈四五尺矣，真古長蘆也。今寺門久蕩去，瓜洲居民之蕩，與之相同，滄桑非麻姑所料也。此與宋梅花菴，北渚叔與慎齋弟數十年皆治洲事于宋梅花院，似古有因緣，當合觀之。

弟　子　記三葉　　　　　　　　　　　　　　　　　　　　　　　孫恩光

丙午六月三十日奉上諭：「王植奏耆紳重赴鹿鳴一摺，致仕大學士阮元品端學醇，懃勤懋著，年逾八袠，重遇鹿鳴，洵屬熙朝盛事。著加恩晉加太傅銜，准其重赴鹿鳴筵宴，並在籍支食全俸，用示朕篤眷耆臣至意。欽此。」王植奏爲奏請紳耆重赴鹿鳴仰祈聖鑒事。竊照本年丙午科江南鄉試，值臣監臨。兹據江寧布政使徐廣縉詳稱：「揚州府儀徵縣予告大學士阮元，現年八十三歲，由廩生中式乾隆五十一年丙午科舉人，己酉科進士，改庶吉士，授翰林院編修，洊升體仁閣大學士，道光十八年予告回籍，在籍食俸。今恭逢道光二十六年丙午科鄉試，計距中式之期，已經周甲，應循例重赴鹿鳴。」詳請具奏前來。臣伏查予告大學士阮元，一代經師，三朝耆舊。策名芸館，早敭歷於卿班；出領封圻，遂洊登夫台鼎。洎乎十載家居，自貞晚節；上荷九重主眷，迭沛新恩。兹當午陛興賢，丙科再啟；恰值亥齡積算，甲紀重周。扶鳩杖以觀光，用揚聖世作人之化；賦《鹿鳴》而奏雅，洵極儒生稽古之榮。宜與賓筵，以光盛典。除咨明禮部外，理合遵例恭摺具奏，伏乞皇上聖鑒。

謹奏。

王植時爲安徽巡撫，現作丙午監臨。

王植，清苑縣人，丁丑進士，編修，爲己未翰林修撰門生姚文田之門生。姚禮部尚書，謚文僖。

正封函間，適摺弁回，接到京信，欣知太老夫子中堂謝恩之摺，奉硃批：「覽奏均悉，願卿福壽日增，以待三赴鹿鳴盛事。」王言如鑄，福壽所鍾。從知茂德遐齡，定副九重眷許也。植謹再啟。

此監臨紫筆，時寄至小門生揚州府之函尚在，八月初六前，未入闈封門。硃批、謝摺敬謹存内。

孝子悌弟人家扁跋

孝子魏廷弼事實已公舉，奉旨旌表矣。其季弟廷瑜，得兄家書，即棄官星歸，猶及見兄，是悌且孝也。孝子乃予謝案。案姪季弟乃辛巳蕭山通家，故特表之。道光丙午里人八十三歲老人阮元。

京師慈仁寺新立顧亭林先生祠堂碑記

余昔跋顧亭林先生《肇域志》言：「世之推亭林者，以爲經濟勝於經史。」《四庫書提要》論亭林之學，經史爲長。然則徒以經濟贊頌者，非篤論也。夫經世之務，必由於學。《崑山縣志》稱先生生平精力絶人，自

少至老，無[1]

自乙巳之後，經史之屬亦少作，而雜記之筆，時時有之，隨筆録之。此實集也，故鈔之于再續之後。

丙午冬至頤性老人。

---

[1] 「無」下佚，據《劉申叔遺書·左盦題跋》（江蘇古籍出版社一九九七年）頁一九七二—一九七三補録如下：「一刻去書。《提要》偁國朝學有根柢者，以炎武爲最。二書所載，皆推本于學。其自著與友人論學書云，所謂聖人之道者曰博學於文，曰行己有恥，自一身以至于天下國家皆學之事也；自子臣弟友以至于出入往來、辭受取與之間，皆有恥之事也。士而不先言恥，則爲無本之人，非好古多聞則爲空虛之學。以此觀之，先生之經濟皆學術爲之。道州何太史紹基，慕先生之學，以先生在京都曾寓慈仁寺，乃於道光二十四年集資建祠堂於寺西偏隙地，架屋三楹，奉祀先生。落成時，平定張君穆製祭文甚美，且據車、徐兩家所撰年譜，增益付刻，甚博甚精。頃以書來請予爲作祠記。先是崑山縣紳士于道光二十三年請以先生入祠崑山鄉賢祠，經禮部奏準奉旨入祠。今于流寓之地，設位致饗。此亦本古人祠不盡在墓所之例。余願論先生之經濟者，一皆推原于博學、有恥二端，則欲論經濟舍經史末由也。書此以諗後之謁是祠者。後學阮元謹記。」

四庫未收書提要　揅經室外集

家大人在浙時，曾購得《四庫》未收古書進呈内府。每進一書，必仿《四庫提要》之式，奏進《提要》一篇。凡所考論，皆從采訪之處先查此書原委，繼而又屬鮑、廷博。何元錫。諸君子，參互審訂，家大人親加改定纂寫，而後奏之。十數年久，進書一百數十部。此《提要》散藏于揚州及大兄京邸，福因偕弟祜、孔厚校刻《揅經室集》，請録刊《提要》于集内。家大人諭：此篇半不出于己筆，即一篇之中，創改亦復居半，文不必存，而書應存，可别而題之曰「外集」。道光二年阮福謹記。

揅經室外集卷一

禮記要義三十三卷提要

宋魏了翁撰。《宋史》本傳稱其有《要義》百卷，據《藝文志》，實二百六十三卷。訂定精密，先儒所不及。方回跋了翁所撰《周易集義》云：「前丁酉歲，以權工部侍郎忤時相，謫靖州，取諸經注疏摘爲《要義》。」《宋史·藝文志》分載其書，而《讀書附志》、《讀書後志》、《書録解題》、《文獻通考》皆不著録。明時已無全本。内閣所藏，據張萱所述，已闕《毛詩》、《周禮》。其餘七經，按其册數太少，知亦殘闕之本。今《四庫全書》所采，有《周易》、《尚書》、《儀禮》、《春秋》四經。《周易》乃天一閣舊鈔本，已蒙高宗純皇帝親灑宸翰，昭垂卷首，嘉惠藝林，洵奇遇也。其自《周易》、《儀禮》外，率非足本。此書明《聚樂堂藝文目》有之，《經義考》云「未見」。此本從宋刻影鈔，存者三十一卷，《曲禮》上下兩篇，亦以遺佚爲憾，然較諸《春秋》之所存者，固已勝之。案：虞集《九經要義序》云：「取諸經注疏、正義之文，據事列類而録之。」與方回之言合。而張萱則謂考究九經中義理制度。今案：其書删節注疏，存其簡當，去其煩冗，每段之前，各有標目，以便讀者之省覽。了翁初無己説，萱之所言，蓋未嘗詳核也。諸經注疏自宋遞傳至今，脱文譌字不可勝舉。了翁所據，猶宋時善本，足資糾訂。而《禮記》孔疏，文繁義富，未易得其厓略，了翁删汰過半，頗爲精允，可以爲研經者之津逮。書中第五卷《王制》篇分上、下，實三十四卷云。

九國志十二卷提要

宋路振撰。案：《宋史》本傳，振字子發，永州祁陽人，淳化中登甲科，真宗時知制誥。嘗采五代僭僞吴、南唐、吴越、前後蜀、東南漢、閩、楚九國君臣行事，作世家、列傳，未成而卒。王應麟云：「書凡四十九卷，其孫綸增入荆南高氏，於治平中上之，詔付史館，實十國也。」《書録解題》則云：「末二卷爲北楚張唐英補撰，合五十一卷。」《文獻通考》、《宋史·藝文志》總題爲「路振《九國志》五十一卷」，俱不及綸。蓋綸雖經增輯，而當時所傳播者，則唐英所補也。此書世久失傳，惟曲阜孔氏尚有舊鈔殘帙，用以重録，得列傳百三十六篇，編爲十二卷，而世家之文已不復見。卷帙叢殘，闕佚過半，然藉此以裨《五代史》之漏略已不少矣。

皇宋通鑑長編紀事本末一百五十卷提要

宋楊仲良撰。案：李燾取北宋九朝事實，仿司馬光《長编》之體，編年述事，爲《續資治通鑑長編》，成書一百五十卷，卷帙最爲繁重。仲良乃别爲分門編類，以成此書。每類之中，仍以編年紀事，太祖七卷，太宗七卷，真宗十四卷，仁宗二十四卷，英宗四卷，神宗三十四卷，哲宗二十六卷，徽宗二十八卷，欽宗六卷，共一百五十卷。各有事目，目中復有子目。汴京百七十年禮樂兵刑之沿革，制度政令之舉廢，粲然具備，可以案目尋求。李燾而後，陳均之前，煩簡得中，洵可並傳。而今所傳《長編》足本，徽、欽兩朝皆已闕失，藉此得以考見崖略，尤可貴也。仲良之名，不見於書中。卷端有寶祐丁巳盧陵歐陽守道《序》，亦不言著書人姓名，而陳均《九朝編年》引用書目中有之，云「《長編紀事本末》楊公仲良」，故知此事出仲良手。然其書不見於《宋史·藝文志》，而趙希弁、陳振孫、馬端臨諸家亦皆不著録。近代藏書家惟季振宜、徐乾學兩家有之，徐《目》云：「闕一百十四卷至一百十九卷。」今此舊鈔本亦闕此六卷，又闕六七兩卷，而五八兩卷亦非完袠，較乾學藏本蓋又多闕佚矣。據守道《序》，此書寶祐元年刻於盧陵郡齋，貢士徐琥重爲校刻，則寶祐五年也。

四書箋義纂要十二卷紀遺一卷提要

宋趙悳撰。悳乃宋之宗室，博學工文，宋亡，遂隱居南昌之東湖，因號鐵峰。是書載朱彝尊《經義考》，此從元泰定間刊本影寫。宋時儒者闡發《四書》之功爲多，趙氏此書一遵朱子，凡《章句集注》所載一事一言，必詳考其本源，而各箋義於其下，箋義之後，繼以附録，附録之後，繼以注疏纂要。宋淳熙己酉以前，學者確遵舊注，自是以後，幾不知注疏爲何物矣。此册載朱子《論孟序》云：「漢、魏諸儒正音讀，通訓詁，考制度，辨名物，其功博矣。」悳亦以《四書》之學，必先觀注疏，而後知朱子發明之精，因作《纂要》。其所論說，本末兼賅，使《章句集注》之義，豁然無遺，較之杜氏之旁通，熊氏之標題，有過之無不及也。曾翰稱其「二十年之功力，彙箋成帙」，李棨稱其「由是而知朱子之説，由是而通聖人之道」，洵不誣矣。

漢官儀三卷提要

宋劉攽撰。晁公武《郡齋讀書後志》以爲劉敞所撰，非也。《宋史·藝文志》亦沿其誤。此書有攽自跋，謂幼年時所爲，仲原父爲之《序》，至爲亳州守，因復增損之。此可以證《讀書志》之誤。案：《宋史·劉攽傳》，攽自京東轉運使出知兗、亳二州，守亳時，年逾六十，而自言嬉戲不異昔時。攽與兄敞皆熟精《漢書》，此雖適情之作，而西京職官之制度大備，可以資讀《漢書》者之參考。以之較司馬光《七國象戲》，似爲勝之，宜公武稱其書爲雅馴。其法先置盆入金，以象口錢，非劉氏不得王，爲宗正及尚公主，以象一姓。漢爲土德之運，其數五，五五二十五，故率二十五擲，乃一終局。有免貼例，有納貼例，有得盆例，有雜例，而遷資、降資，賜爵，比視之道備也。末附亡是公、翰林主人二傳。又案：《遼史·國語解》「堂印」、「博采」之名，此書亦有之，則知「堂印」不獨爲遼人語矣。此從影宋鈔本繕寫，書後有一行云：「紹興九年三月臨安府雕印。」知爲南宋初刻本也。

嘉定鎮江志二十二卷提要

宋盧憲撰。《宋史·藝文志》有熊克《鎮江志》十卷，而無憲此書。《書録解題》云：「《鎮江志》三十卷，教授天台盧憲子章撰。」《文獻通考》亦著録之。此書中稱憲者四條，稱盧憲者一條，故知是憲之書。書中所載事蹟，惟史彌堅最詳，趙善湘次之。考彌堅以嘉定六年九月守鎮江，八年九月請祠；善湘以嘉定十四年十二月守鎮江，十七年召還，寳慶二年再任。案：元至順《鎮江志·學校門》載教官盧憲嘉定癸酉謁廟事。癸酉爲嘉定六年，正彌堅守郡之日，書當成於此時也。此書不見於近代藏書家著録，所存卷數與《書録解題》不同，中間脱文錯簡，往往而是。案其目録，似於體例間有未協，蓋由原本已多譌脱，經後人重爲編次，小有牴牾，固所不免。然宋人地志之存於今者，十不得一，而鎮江自六朝以後，遞爲重地，南渡以前之遺文墜典，如唐孫處玄《圖經》、《祥符圖經》、《潤州集類》、《京口集》之類，世無傳本，藉此以存厓略，零圭碎璧，尤可寳惜。今從舊鈔本校正繕寫之。

至順鎮江志二十一卷提要

此書不著撰人姓名。案：鎮江自東晉以來，屹爲重地，志乘之書，在宋乾道間有熊克所撰者十卷，見於《宋史·藝文志》；嘉定間盧憲所撰者三十卷，見於《書録解題》。今《乾道志》久已失傳，《嘉定志》尚有傳鈔之本，已出後人掇拾。此書體例大致取法於《嘉定志》，而紀載詳備，較爲過之。大約宋《志》主於徵文，此則重於考獻。宋《志》旁稽典籍，務覈異同；此則備録故事，多詳興廢。鎮江在宋爲邊防之地，故其志攻守形勢，網羅古今；在元爲財賦之區，故此書物産土貢，臚陳名狀。其用意各有所在，不得而同也。至於郡守參佐，宋《志》近徵唐代，此則遠溯六朝；鄉賢寓公，宋《志》旁搜隋氏以前，此則詳於兩宋及元，互爲補苴，不可偏廢。然此書自明以來，藏書家絶無著録之者，洵爲罕覯之秘笈。此舊鈔本，編次失當，文字多舛，今重加校定繕寫，俾考京口故實者得以取資也。以之抗行袁桷之志四明，殆無媿焉。

續世説十二卷提要

宋孔平仲撰。取宋、齊、梁、陳、隋、唐、五代事迹，依劉義慶《世説》之目而分隸之，成書十二卷，見於《宋史》本傳及《藝文志·小説家類》，卷袠相同。《書録解題》、《文獻通考》皆録其書，而近代儲藏家罕有著録者，王士禎《居易録》曾道及此書，云「已失傳」，則士禎亦不得見此書也。此書平仲無自序，有紹興戊寅長沙秦果序。序言「平仲書成未刊，從義郎李敏得善本於前靖守王長孺，相與鏤版，王親受於孔，知其不繆。丁丑之春，雒陽王濯來守沅之明年，李氏以其書版來售，即加是正鑱刻，以補其不足」云云。後有沅州公使庫總計紙版數目，并印造紙墨裱褙工食錢數目，後又有右迪功郎司法兼監使庫翁灌、右從事郎軍事判官閔敦仁、右迪功郎州學教授胡摶、左朝奉郎通判軍州事秦果、左朝散大夫知軍州事王濯五人題名，皆沅州官也。此從宋沅州刻本傳寫者，卷袠完整無闕，特書中部次錯雜，有兩條合爲一條者，抑且時代先後往往倒置，蓋校勘之時不免有私爲竄改之弊，必非平仲元本之誤也。

嚴氏明理論三卷後集一卷提要

宋嚴器之撰。取寒證分爲五十門，詳爲之論。又取仲景一百二十方之中，擇其世人所常用者二十方，各係之以論，別爲《後集》一卷。其説類多精詣，可爲讀仲景書者之津筏。《讀書志》、《讀書附志》、《書録解題》、《文獻通考》皆無其書，諸家著録惟見於《讀書敏求記》。案：錢曾云：「此書尾斷爛，序作於開禧改元，稱『成公當乙亥、丙子歲，其年九十餘』，則必生於嘉祐、治平之間。成公不知誰何，蓋北宋時人也。」曾之言如此。今此書首尾完好，無斷爛處，而失去開禧中之序，蓋曾所藏本非宋刻也。案：《宋史·藝文志·醫家類》有嚴器之《傷寒明理論》四卷，書名、卷數若合符節。此本從宋版影鈔，雖不著撰人姓名，其爲器之之書當無可疑。成公與器之之名厥義相配，殆即器之之表德也。

陸士衡文集十卷提要

晉陸機撰。案《隋書·經籍志》載機集十四卷，又云：「梁四十七卷，録一卷，亡。」《唐書·藝文志》云十五卷，較《隋志》反羸一卷，殆傳寫之誤。《郡齋讀書志》、《書録解題》、《文獻通考》、《宋史·藝文志》皆云十卷，則即此本也。宋慶元庚申奉議郎知華亭縣事信安徐民瞻曾合刻《二陸文集》，取張華之語，目之曰「晉二俊文集」。此即影鈔民瞻之本，與七閣所收《陸士龍集》相合。計賦二十五篇，爲四卷；詩五十八篇，爲二卷；樂府十首，百年歌十首，爲一卷；《演連珠》一首，《七徵》一首，爲一卷；頌、箴、贊、牋、表文、誄、哀辭共十五篇，爲一卷；議、論、碑五首，爲一卷，共一百七十四首。案：晁公武云：「機所著文章凡三百餘篇，今存詩、賦、論、議、牋、表、碑、誄一百七十餘首。」厥數正同。則民瞻所刻即公武之本也。公武又云：「以《晉書》、《文選》較正外，餘多舛誤。」今案：卷末《周處碑》中有「韓信背水之軍」一段，乃以他文雜厠，文義不相屬，公武所指，殆謂此類。其它文句譌脱，未容枚數。然北宋時已如此，而機集之傳於今者，亦莫古於此本矣。

註解章泉澗泉二先生選唐詩五卷提要

宋謝枋得撰。案：章泉者，趙蕃，字昌父。澗泉者，韓淲，字仲止。皆江西上饒人，爲清江劉子羽之門弟子。當時名人魁儒如葉適、湯漢，皆推重之。此書五卷，自韋應物至吕洞賓共五十四人，計詩一百單一首，皆七言絶句也。而李白、杜甫、韓愈、元稹之流，皆不在選。惟劉禹錫選至十四首，爲最多。其於諸家皆寥寥，蓋其體例出於唐人，故與《極玄集》之類相似。枋得之註，能得唐詩言外之旨，可以爲讀唐詩者之津筏。卷端有枋得自序，序爲建安王道可而發。此書世罕傳本，惟錢曾《也是園書目》有之，而不載於《敏求記》。枋得之書，傳世甚少。《宋史》本傳、《藝文志》皆不載。書以人重，不僅以罕覯爲珍也。

續復古編四卷提要

元曹本撰。本字子學，大名人。嘗爲都昌丞，後出外佐信州幕，與太樸危素相友善。素撰《三皇饗禮樂章》，本爲之書，詔藏祕閣。本好古篆，年十七八時，輒喜作《石鼓》、《嶧山》篆，師籀、斯而主《説文》，故下筆深穩圓動。平生志事功而不究其用。是書著録家絶不收采，蓋補宋吴興張有《復古編》而作。張氏之書，舊分類爲六：一曰聯緜，二曰形聲相類，三曰聲相類，四曰形相類，五曰筆跡小異，六曰上正下譌。本因其類而加二焉：曰字同音異，曰音同字異。自序云：「題曰『續復古編』，非敢增多以爲功，亦以發隱君之志，備拾遺耳。姑存篋笥，尚俟博雅君子正是之。」是稿也，四卷一十三類，六千四十九字，起於至順三年秋八月，成於至正十二年閏三月，蓋其一生精力所萃，歷十九年之久而後成，亦可謂勤矣。此從吴江潘耒家所藏舊鈔過録。前有危素、宇文公諒、楊翮、蔣景武及楊桓諸人之序，惟尚缺「上正下譌」一類，無從補掇，爲可惜也。

四書待問二十二卷提要

元蕭鎰撰。鎰字南金，臨江人。是書因當時取士以經，疑爲試藝之首，歷採宋、元諸儒如朱晦菴、張南軒一十三家之説而折衷之，亦閒取時文之不倍師説者，設爲問答之義。書前有邵陵冷掾季存所爲《薈蕞述》及《續抄》兩序，稱其於甲寅賓興之初，嘗貢於鄉，既而以漏字黜。則此爲其發科決策之作，大旨以新安朱子之説爲主，而以己意貫串之，於四子書意，頗多發明。近時目録家所載甚少，惟黄虞稷《千頃堂書目》中有：「蕭鎰《四書待問》二十二卷，泰定甲子序。」即是此本。兹就元時刻本影鈔，前有《四書互義》，後分列《論語》、《大學》、《中庸》、《孟子》凡五百四十問七百一十七則。書中各條之下，有注「薈蕞」者，即鎰自作；有注「自修」者，則爲龍江歐陽蒙所作。鎰序所謂「比客建城，與友人歐陽養正讀書之次，隨時采集，因成是編」，即其人也。

道德真經集解八卷提要

唐岷山道士張君相撰。君相事蹟不可考。此書舊本皆題爲「吴徵士顧歡述」。考顧歡齊時人，《隋書·經籍志》載《老子義綱》一卷、《老子義疏》一卷，又《唐書·藝文志》有《道德經義疏》四卷、《義疏治綱》一卷，不特書名、卷數均與此不合，不應齊時人而先引及陶隱居、成玄英諸人。惟晁公武《讀書志》、王應麟《玉海》有：「岷山道士張君相《三十家道德經集解》。一河上公，二嚴遵，三王弼，四何晏，五郭象，六鍾會，七孫登，八羊祜，九羅什，十盧裕，十一劉仁會，十二顧歡，十三陶弘景，十四松靈仙，十五裴處恩，十六杜弼，十七節解，十八張憑，十九張嗣，二十臧元静，二十一大孟，二十二小孟，二十三竇略，二十四宋文明，二十五褚糅，二十六劉進喜，二十七蔡子晃，二十八成玄英，二十九車惠弼。」公武又言：「書稱三十而列名止二十九，蓋君相自爲一家言，並數之爾。」今以其言考之，頗與是書合，則爲君相所集無疑。至書中兼有引唐玄宗御疏，則又爲後人所羼入。而所稱「陳曰」、「榮曰」者，殆杜光庭所云「任真子陳榮」也。兹從《道藏》本録出，與天一閣所藏相同。究係唐人所纂，六朝人遺説，賴以不墜。著録家往往失之，爲可惜也。君相不知何時人，晁氏以爲成玄英爲皇朝道士，則天寶以後之人。案：杜光庭《道德經廣聖義序》引著述人名有「岷山道士張君相《集解》」，在玄宗御疏之前，則不在天寶後矣。且晁氏之言，書中亦不見，未知何據。

聱隅子二卷提要

宋黄晞撰。晞字景微，蜀人。嘗聚書數千卷，學者多從之游。案：趙希弁《讀書附志》：「晞好讀書，著《聱隅歔欷瑣微論》。石介爲直講，聞其名，使諸生如古禮，執羔鴈、束帛就里中聘之，以補學職，固辭不就。故歐陽文忠爲徂徠先生詩有『羔鴈聘黄晞，晞驚走鄰家』之句。嘉祐中，韓魏公爲樞密使，薦之以爲太學助教。」而朱子《近思録》中亦嘗稱之爲「聱隅黄先生」，洵乎儒者之流也。《書録解題》嘗載此書。至《宋史·藝文志·雜家類》又有《畝歃子》一卷，亦疑即此本。此從宋刻本影鈔。國初時，曾收藏於泰州季振宜、崑山徐乾學兩家書目。書凡十篇：曰生學，曰進身，曰揚名，曰虎豹，曰仁者，曰文成，曰戰克，曰大中，曰道德，曰三王。每篇冠以小序，卷首又有自序，述十篇相承之旨。晞之文學，在宋初能見重於名臣大儒，其辭受不苟，殆有足稱者。故書中言論，不詭于正，體裁、文句皆規橅揚雄《法言》。王應麟《玉海》直著爲「儒家」，似可無愧也。

嘉量算經三卷提要

明朱載堉撰。載堉，鄭恭王厚烷世子。所著《樂律全書》及《聖壽萬年書》等，已著録。其《律吕精義》内有「據《桌氏》爲量，内方尺而圜其外」之文，謂圜徑即方斜，命黄鍾正律爲尺，而用句股法相求。此書蓋即其意而推衍之。其所異者，正論則主縱黍，《算經》則主横黍，其實亦互相發明也。首載《算經答問》。上卷先著圖説，次乃推明周徑容積相求之理。中卷由開方以及十二律、通長、面幕、容積、周徑。下卷則因旋宫而兼識琴調，大旨謂聲生於器，而以度定量，以量定權，必參相得而後黄鍾之律可求。數學之妙，出於天地自然，非由人力所能杜撰也。載堉學問已詳於《樂律全書提要》之内。此則成於庚戌，在載堉二十三年進《律書》之後，成書較晚，足與前書相輔而行。兹本卷數與《明史·藝文志》及《千頃堂書目》所載相同，猶是原本。其設術皆得諸心解，固非空言無徵者所能及也。

分門纂類唐宋時賢千家詩選二十二卷提要

宋劉克莊撰。克莊有《後村集》五十卷及《詩話》十四卷，《四庫全書》已著録。兹其所選唐、宋時賢之詩。題曰「後村先生編集」者，著其别號也。是書爲向來著録家所未見，惟國朝兩淮鹽課御史曹寅曾刻入《楝亭叢書》中，前後亦無序、跋。案：《後村大全集》内有《唐五七言絶句選》及《本朝五七言絶句選》、《中興五七言絶句選》三序，或鋟版於泉，於建陽，於臨安，則克莊在宋時固有選詩之目。此則疑當時輾轉傳刻，致失其緣起耳。書分時令、節候、氣候、晝夜、百花、竹林、天文、地理、宫室、器用、音樂、禽獸、昆蟲、人品十四門，每門附以子目，大致如趙孟奎《分類唐詩歌》，所選亦極雅正，多世所膾炙之什。惟中多錯謬，如杜甫、王維、趙嘏諸人傳誦七律，往往截去半首，改作絶句，甚至名姓不符。然考郭茂倩選古樂府，如「風勁角弓鳴」一律，截其上四句，題爲「戎渾」；「莫以今時寵」一絶，加作八句，題爲「簇拍相府蓮」。則古人多有此例，不足以掩其瑜也。

梅花喜神譜二卷提要

宋宋伯仁撰。伯仁字器之，湖州人，所著有《西塍集》一卷，《四庫全書》已著録。此書《宋史・藝文志》及諸家書目皆不載，惟錢曾《述古堂書目》中有之。寫梅花百圖，上卷分五類：一蓓蕾四枝，二小蕊十六枝，三大蕊八枝，四欲開八枝，五大開十四枝；下卷分三類：一爛漫十八枝，二欲謝十六枝，三就實六枝，每圖各綴五言絶句。曰「喜神」者，殆寫生之意。考伯仁於嘉熙中曾爲鹽運司屬官，故末首云「商鼎催羹」。其平日多與高九萬、孫季蕃倡和，自號「雪巖耕田夫」，所吟亦見於陳起《江湖小集》、《千頃堂書目》并載其《烟波圖》一卷，蓋江湖派中人也。兹從宋板影鈔，前有伯仁自序，後有向士璧、葉紹翁序、跋。書初刻於嘉熙戊戌，此其景定辛酉金華雙桂堂重刻之本也。

晁具茨集十五卷提要

宋晁沖之撰。沖之字叔用，鉅野人，即侍郎公武之父。考晁氏於咸平、景德中爲天下甲門，一時群從之盛，多在黨中，其富貴亦莫與倫比。故著述之多，如詹事以道之《景迂集》，朝請之道之《崇福集》，進士伯宇之《封邱集》，吏部無咎之《雞肋集》，皆與沖之爲同輩。沖之以文莊爲曾大父，以文元公爲高祖，是以其學具有淵源。然公武作《讀書志》，載喻汝礪序言：「叔用棲志林澗曠遠之中，遇事寫物形於興屬，淵雅疎亮。」則其不溺於聲色之場可知。今《景迂》、《雞肋》兩集，七閣已著録，而此集流傳甚少。卷首有喻序，正與《讀書志》合。得古今體詩共一百六十七首。劉後村曰：「喻汝礪所作序，筆力浩大，與叔用之詩相稱。余讀叔用詩，見其意度宏潤，氣力寬餘，一洗詩人窮餓酸辛之態。其律詩云：『不擬伊優陪殿下，相隨于蔿過樓前。』追書承平之事，未有悲哀警策於此句者。晁氏家世顯貴，而叔用不肯陪伊優之列，甘隨于蔿之後，可謂賢矣。他作皆激烈慷慨，南渡放翁可以繼之。」克莊所稱挹如此。此詩今具載集中，題作「次二十一兄季」，此韻則爲原編無疑。視《北山律式》後附沖之之詩僅數首，則是爲足寶矣。其注不知何人所作，引書内有《一統志》及《韻會》、《韻府》等書，當爲明時人。

詳註周美成片玉集十卷

宋周邦彦所撰。《片玉詞》二卷，《四庫全書》已著録。此宋陳元龍註釋本。元龍字少章，廬陵人。是書分春、夏、秋、冬四景及單題、雜賦諸體，爲十卷。元龍以美成詞借字用意，言言俱有來歷，乃廣爲考證，詳加箋註焉。

琴操二卷提要

漢蔡邕撰。邕字伯喈，陳留圉人，事載《後漢書》列傳。案：《唐史・藝文志》有桓譚《琴操》二卷，無蔡邕《琴操》。然《桓譚傳》云：「譚好音律，善鼓琴，著書號曰『新論』。《琴道》一篇未成，肅宗使班固續成之。」今《文選注》引《琴道》甚多，俱與此不合，則非譚書可知。又隋、唐兩《志》有孔衍《琴操》一卷，《宋史・志》作三卷。《崇文總目》曰：「晉廣陵相孔衍撰。述詩曲之所從，總五十九章。」《書録解題》曰：「止一卷，不著氏名。」《中興書目》云：「晉廣陵守孔衍以琴調周詩五篇，古操引共五十篇，述所以命題之意。」今周詩篇同，而操引財二十一篇，似非全書也，與此頗相近。兹從徵士惠棟手鈔本過録。上卷詩歌五曲、一十二操、九引，下卷雜歌二十一章。今《文選・長笛賦》李善注引《琴操》曰：「伏羲作琴，以修身理性反天真也。」又《演連珠》、《歸田賦》注引蔡邕《琴操》曰：「伏羲氏作琴，弦有五者，象五行也。」俱與此同，則在唐世已然，其爲舊題無疑。雖中引事實閒有如周公奔於魯之類，未免似沈約之注《竹書》，然《越裳操》見於《大周樂正》，《思親操》見於《古今樂録》，其遺聞佚事均足與經史相證，非後世所能擬託也。

詩傳註疏三卷提要

宋謝枋得撰。枋得著有《疊山文集》，《四庫全書》已著録。是書《宋史·藝文志》不載，朱彝尊《經義考》則云已佚。惟元人解經，如劉瑾《詩傳通釋》、朱公遷《詩經疏義》、胡一桂《附録纂疏》、徐與喬《初學解體》中互相徵引，而陸元輔云：「疊山《詩傳》，發明透暢，其書爲當時所重。」兹本通計三百零一則，分上、中、下三卷，似係後人編輯而成，已非原書卷帙。考枋得生丁板蕩，故其説詩見志，每多《小雅》憂傷哀怨之思。然據理解經，亦絶非横發議論若胡安國之《春秋傳》可比。今書中如《無衣》之「與子同仇」，隱然見高宗南渡之事；如皇父之「不遺一老」，輒復刺似道誤國之事。至於《蓼莪》四章，尤詳明愷切。然則《禮》之所謂「温柔敦厚」與《論語》之所稱「興觀群怨」者，於枋得實無愧焉。

尚書要義三卷提要

宋魏了翁撰。了翁《尚書要義》，《宋史·藝文志》本二十卷，其十七卷《四庫全書》已著録，此即其中所佚之三卷。考了翁在靖州時，著《九經要義》凡二百六十三卷。近惟《周易要義》十卷、《儀禮要義》五十卷尚爲全書。其餘如《春秋左傳要義》三十一卷，内缺二十九卷；《尚書要義》十七卷，内缺三卷。蓋自明張萱重編《内閣書目》時，載《九經要義》止存七種：《儀禮》七册，《禮記》三册，《周易》二册，《尚書》一册，《春秋》二册，《論語》二册，《孟子》二册，已率非全本。今《論語》、《孟子》尚未見著録，而《禮記》已得三十三卷，較明人所見卷帙已不啻倍之矣。此本從舊鈔傳録。第七卷自《甘誓》至《胤征》，八卷自《湯誓》至《咸有一德》，九卷自《盤庚》至《微子》，與七閣中原載山陰祁彪佳家所藏本悉合，洵足以補從前之缺佚。且所據疏本乃宋時善册，如卷七弟九則「烏焉解羽」之「焉」，弟十二則「器用既具」之「用」，弟十三則「故政由羿耳」之「故」，卷九弟七則「之」或稱「商」或稱「殷」，弟十二則「夏惟作祫不作時祭」之「時」，弟十九則「故絶其惡類」之「惡」，並足補明以來刊本之脱。如卷八弟十則「上故更致社稷」之「致」，弟十一則「從謂逐討」之「逐」，弟十六則「故用玄牡」之「用」，卷九弟三則「亳殷在河内」之「内」，「治皆作亂」之「治」、「從河南亳地遷於洹水」之「南」，弟十三則「延之使前而教告之」之「教」，弟廿六則「且云我徒也」之「且」，亦足訂明以來刻本之誤。不特其書採摘注疏中精要可爲讀經之助，而了翁諸經《要義》從此珠聯璧合，亦佳事也。

左氏摘奇十二卷提要

宋胡元質撰。元質字長文，吴郡人，官給事中。考《宋史·藝文志》於「史部」下載《西漢字類》五卷，注「胡元質撰」；而於「經部春秋類」下載《左氏摘奇》十二卷，則注「不知作者」。此疑當日或傳刻者失之。惟陳振孫《直齋書録解題》中載此稍爲詳悉，其姓氏爵里，實與今本相合。此本從吴中藏書家影宋鈔録，卷後有元質自記一條云：「《左氏摘奇》皆手所約，鋟木於當涂道院，與同志者共之。乾道癸巳元日書。」當係原刊所識。書中摘録經傳一二字，必兼採杜預《集解》，其謹嚴處視林鉞《漢雋》、蘇易簡《文選雙字類要》爲勝。《宋史·志》入之「經類」，似不爲過。至《文獻通考》竟列於「類書」之中，猶未盡此書之要也。

回溪史韻二十三卷提要

宋錢諷撰。諷字正初，本錢塘人，爲吴越王之裔，後卜居於嘉禾之回溪，故自號「回溪」。其書爲近時著録家所罕見。惟宋趙希弁《讀書附志》以爲「依唐韻分四聲，以十七史之句注於下」，❶而陳振孫《書録解題》亦云：「其附韻類事，頗便檢閲。」蓋宋人兔園册，類摘雙字、編四聲以便尋檢，而回溪獨采成語，多至三四句，未嘗割裂原文，洵著書之良法也。秀水朱彝尊跋此云：「予嘗見宋時鋟本於京師，僅存七册，嫌其殘缺，未之録也。歸田後，始大悔之。從琴川毛氏、長洲何氏訪其所藏合之，才十七卷，亟寫而存之笥。天下之寶，離者會有合時。安知後來所求，不適少此十七卷耶？」兹從影宋本傳録。卷首衹存「慶元五年四月既望郡人鄭僑」一序。而《讀書志》所云「錢文子序已無從復得」。據《明成祖實録》，纂《永樂大典》時，諭解縉等稱「嘗觀《韻府》、《回溪》二書，事雖有統而採摘不廣，紀載太略，爾等其如朕意，凡書契以來經史子集百家之書，備輯爲一書，無厭浩繁」，則此在明時曾入祕府。今書平韻自「一東」至「四江」、「七之」至「十一模」共五卷，上聲「一董」至「三十六養」共八卷，去聲「十四泰」至「五十九鑑」共六卷，入聲「十二昔」至「三十四乏」共

❶「十七」，據四部叢刊本《郡齋讀書志》當作「十一」。

四卷，通計二十三卷。較彝尊見時已多五卷，安知後日不更有多於此者？是可以寶也。

梅花百咏一卷提要

元韋珪撰。珪字德珪，山陰人。案：《四庫全書》所收《梅花百咏》，乃元馮子振、釋明本倡和之詩。德珪此作，始以李仲山之命，成《咏梅》二十六首，繼又摭拾見聞，更成百首，復以梅花未入《楚詞》，作《補騷》一章，以附於後。又嘗自署其讀書處曰「梅雪窩」，蓋其平生有嗜梅之癖矣。首有楊維禎手書序文，此從元刻摹寫者。

通玄真經注十二卷提要

《文子》二卷，《四庫全書》已著録。此注「唐徐靈府撰」。靈府號默希子，錢塘人。爲玄宗時徵士，隱修衡嶽，注《文子》書上進，遂封通玄真人，名其書爲「通玄真經」，見杜道堅《通玄真經讚義》及《全唐詩傳》。又《西天目志》載靈府由天目趨天台，憇雲二十餘年，作言志詩辭武宗之徵，著《元鑑》五卷及《三洞要略》，則靈府又嘗作天台道士矣。案：《唐書・藝文志》有「《注文子》十二卷，徐靈府著」，而《崇文總目》又云：「《文子》十一卷，徐靈府注，闕。」則徐注在宋時傳習已少。《四庫全書總目》云：「自北魏以來，有李暹、徐靈府、朱元三家注，惟靈府注僅存，亦大半闕佚。」兹從明《道藏》本過録。題曰「默希子注」者，據晁公武《讀書志》、王應麟《玉海》皆云「墨希子」，即徐靈府自號，「墨」與「默」通也。今觀是注，清靈婉約，而《文子》正文亦尚是舊時之本。其自序云：「默希以元和四載投蹟衡峰之表，考室華蓋之前，迨經八稔。夙敦樸素之風，竊味希微之旨。」則是書當成于居衡嶽之時。据錢曾《讀書敏求記》曰：「《子彙》云，吴中舊刻僅十餘葉，近得默希子本，始覩其全。不知何故不照原書翻刻，又盡削靈府之注，殊所不解。此是太原祝氏依宋板摹寫者，亦希有之本也。」是明時尚有仿宋刊本，今則捨此無從考核矣。

古逸民先生集三卷提要

宋汪炎昶撰。炎昶字懋遠，婺源人。幼有奇志，於書無所不讀，鈎深探賾，洞極淵奥。其學原本六經，得程、朱性理之要。宋末，嘗從太學生孫嵩元遊，遂不仕，自號「古逸民」，學者稱爲「古逸先生」，得年七十有八。其門人東山趙汸爲之《狀》，而金華宋濂爲之《銘》，皆極力推重。此本詩一卷、文一卷、附録一卷，爲近時藏書家所罕覯。惟黄虞稷《千頃堂書目》有之，作五卷，蓋與趙汸所作《行狀》相合。此則係後人所編輯，非當時原本。然詩文簡浄古穆，具有法度，非明人叫囂者所及。元代文章遒上，實源於此，則猶有宋季學者之風也。

漢文鑑二十一卷提要

宋陳鑑編。按：鑑，建安人，自稱「石壁野人」，乃南宋遺民。此書不載《宋史·藝文志》，惟見明人《百川書志》及《千頃堂書目》。前有端平甲午鑑自序，其文皆採自史傳，不無删節之病。然就西京文纂録其要，可以爲讀史之助，與前次所録《東漢文鑑》同爲宋時巾箱本，合之成全璧云。

蘋洲漁笛譜二卷提要

宋周密撰。密著有《癸辛雜識》，《四庫全書》已著録。是書乃其所作詩餘。秀水朱彝尊撰《詞綜》，以爲《草窗詞》一名《蘋洲漁笛譜》。今考《草窗詞》比斯譜實增多數闋。則知《笛譜》是其當日原定，《草窗詞》或後人掇拾所成，特以此爲藍本耳。是書從長塘鮑氏知不足齋舊鈔傳寫。前有吴文英題詞，後附《徵招》、《酹月》二闋並王樵識尾。據琴川毛扆舊跋云：「《西湖十景詞》，鬻缺末二首。偶閲《錢塘志》中載此，亟命兒鈔補之。然其脱略，仍無從捜輯也。」

兩京新記一卷提要

唐韋述撰。原本五卷，見《宋史·藝文志》及程大昌《雍録》。明郎瑛《七修類稿》亦嘗及之。朱彝尊《書熙寧長安志後》云：「《東西京記》，世無全書。」則彝尊所見已非完本矣。此一卷在原書爲第三卷，所載坊寺宅觀園祠，於東西南北比次頗詳。日本人採在《佚存叢書》中。唐人著述，現存者少，兹遵《四庫全書》採録莫休符《桂林風土記》之例，爲録存之。

洞霄詩集十四卷提要

宋道士孟宗寶撰。宗寶字集虚,嘗築室於苕溪之上,曰「集虚書院」。爲詩文咸有法度。煉玄養素,居九鎖山中,三年,積書至數千卷。與鄧牧相友善。牧爲《洞霄宫圖志》,曾載其人。考今《道藏》中《大滌洞天記》有至元三年吴全節序云:「道士孟集虚出所編《洞霄圖記》,山川之奇秀,巖洞之深杳,宫宇之沿革,人物之挺特,昔耳目之未及者,今一覽無遺。是編行乎世,集虚於兹山之功亦懋矣。」《大滌洞天記》者,即今《洞霄圖志》也。《記》本鄧牧著,而序以爲孟宗寶者,疑當日兩書本合行耳。是本明有高以謨刊,近亦不可得見。此從舊鈔過録,中有殘缺處。宗寶後跋云:「宋紹定間住山,沖妙龔先生與道士王思明裒類大滌留題,刻版行世。迄今大德壬寅,且三十年,廢勿舉,名勝入山,咸謂闕典。宗寶以介石沈公命,取舊集洎家藏詩,與本山葉君、牧心鄧君暇日討論,删定唐、宋賢及今名公題詠,命工重刻,與好事者共之。」則其用力亦勤矣。書中所載篇什,至元時元貞、大德之間,而於王思明則載入「宋本山高道類」,因仿《四庫全書·伯牙琴》之例,歸諸宋人焉。

燕喜詞一卷提要

宋曹冠撰。冠字宗臣,號雙溪居士,東陽人。見《縣志》。此本有淳熙丁未長樂陳氭及鈞臺詹效之二序,文云:「檢正曹公,臺省舊人,來游宣幕,太守大監詹公歎賞其文,刊諸宣城學宫。復以所著樂府析爲别集，名曰『燕喜』。」今從毛氏汲古閣舊藏本録出。

醉翁談録五卷提要

宋金盈之撰。案：盈之家世汴京，南渡後官從政郎、衡州録事參軍。此書載黄虞稷《千頃堂書目》。第一卷名公佳製，載宋以來名卿大夫詩文各體。第二卷榮貴要覽，略述唐、宋中恩榮遺制。第三、四卷則爲京城風俗記，備載宋室全盛時，汴京風物繁華之盛，凡所見聞，案月搜記，如四時風俗好尚，無不畢載。第五卷瑣闥記聞，載唐時遺事爲多。書中所載詩文雜事雖屬瑣碎，然博聞洽見，足資談助，可與《夢華》、《夢粱》等録並傳也。

重修琴川志十五卷提要

元盧鎮撰。鎮字子安，淮南人，至正間以領兵副元帥兼常熟州知州事。按：琴川，常熟别名。齊以南沙爲常熟縣。升縣爲州，始于元元貞二年。明洪武三年，復改爲縣。舊志創始于宋慶元間縣令孫應時。至淳祐辛丑，鮑廉更加飾焉，旁搜博採，列爲十門，而書乃詳。其後時久人殊，卷帙散佚，百餘年間，未有取而續之者。元至正時，鎮宰是地，乃屬耆老顧德昭等搜求孫、鮑舊本，復參考異同，重付諸梓。凡所未載，並附卷末。書中云「晉案」者，惜佚其姓，疑德昭名也。其于城池之形勢，山水之崇深，與夫兵賦之多寡，文獻之昭垂，罔不記載詳明，了無餘藴，是可與施宿《嘉泰會稽志》、梁克家《淳熙三山志》抗衡，非明人全用己説者可比。鎮後序所云「其續志則始于有元」，今闕佚已久，無從補録。是册後汲古閣毛子晉舊校本影寫。著録家惟見於黄虞稷《千頃堂書目》，亦不詳其姓氏。崇禎間，邑人龔立本跋此書云：「邑中邵兵部麟武得於興福寺，僅半部，後歸許文學弢美。弢美復于南都書肆購其所佚之半，始成全帙。」則此書在前明已稱難得，今復二百餘年，宜倍珍惜也。

南華真經注疏三十五卷提要

唐成玄英撰。玄英字子實，陝州人。隱居東海，貞觀五年，召至京師。永徽中，流郁州。書成，道士王元慶遣文學賈鼎就授大義。嵩高山人李利涉爲序。考《唐書》無玄英傳，其見於《藝文志》者如此。諸家著録，卷帙多寡不同。《唐志》十二卷，《書録解題》三十卷，《郡齋讀書志》、《文獻通考》皆三十三卷，《宋史·藝文志》十卷，《讀書敏求記》二十卷。今依明《道藏》本抄録，爲卷三十五。據《敏求記》，錢曾所藏爲前明南京解元唐寅家北宋槧本，蓋當時單行之書，不與《道藏》本同也。唐人著書，傳世日少，此唐初之書，至今首尾完具，尤爲罕得。疏之所本，爲郭象注。象注掃除舊解，標新領異，大半空言，無所徵實，不免負王弼注《易》之累。玄英此疏，則稱意而談，清言曲暢。至序文云：「莊子字子休，生宋國睢陽蒙縣，師長桑公子，受號南華仙人。」殆出《真誥》之類，殊可以廣異聞。玄英於貞觀中加號「西華法師」，見於《讀書志》。

華陽隱居集二卷提要

梁陶弘景撰。弘景有《真誥》，《四庫全書》已著録。此其生平雜文及與武帝往復論書之劄。據集中《尋山誌》云「先生去世後，久無人編録文集。至陳武帝貞明二年，勅令侍中尚書令江總始撰文集。先生以梁大同二年解駕，至是五十二載矣。文章頗多散落」云云。然考《隋書·經籍志》「梁隱居先生《陶弘景集》三十卷」，又「《内集》十五卷」。至宋人作《唐書·藝文志》，僅載《陶弘景集》三十卷，則疑其所作《内集》已佚。自是以後，傳述愈微。晁公武、陳振孫皆未著録。是本從明《道藏》本録出。卷首載「昭臺弟子傅霄編集、大洞弟子陳桷校勘」，蓋亦道家者流。惟集前有江總序一首，似尚存其舊，餘則存什之一二而已。若夫殘膏賸馥，實足以沾溉後人。蓋弘景在道家亦號學者，其著述與抱朴抗衡，所謂列仙之儒也。

三術撮要一卷提要

不著撰人名氏。案：陳振孫《書録解題》云：「《三術掇要》一卷，❶無名氏。又一本名《擇日撮要術》，大略皆同。建安徐清叟真翁云：『其尊人尚書公應龍所輯，不欲著名。』」疑即此書。此從影宋版鈔録，亦無刊刻年月，惟中引周謂《彈冠必用》及沈括《夢溪筆談》，當是南宋閒人手筆。蓋陰陽家言，爲術士所祕，六壬遁

---

❶「術」，清武英殿聚珍版《直齋書録解題》作「歷」，下「術」同，此爲避清帝諱而改。

甲古法，除《太白陰經》、《武經總要》之外，載者寥寥無幾。宋以前《百忌》、《萬年具注》、《集聖》、《廣聖》諸書，非此並無從舉其名目。故雖五行選擇家所用，而司天監據以鋪注頒朔者，實不越此，亦足資考鏡也。

蕭冰厓詩集三卷提要

宋蕭立之撰。立之，寧都人，字斯立，一名立等，號冰厓。登方逢辰榜進士，仕至通守。歸隱後，自放於詩，大旨宗江西派。《宋詩紀事》嘗採其詩。此三卷僅有五七言、古體、五七律及七絶，乃其九世從孫敏所訪求而得者。其原跋稱「向有詩集二十六卷」，然則立之詩佚者多矣。此集雖僅存什一，但明羅倫序稱「其納交吴氏艸廬，見知謝氏疊山，是詩以人重，一鱗片羽，亦可珍貴」云。

徐文清公家傳一卷提要

宋朱元龍、葉由庚、龔應之等同撰。按：文清，名僑，字崇甫，婺之義烏人。《宋史》有傳。此則僑門人等所撰，至僑九世孫彰，刊以行世。與《宋史》相勘，大段相合，唯謂僑於紹定二年，理宗新政，思得宿望以新大化，中外延頸以俟，登用者惟僑與真德秀、魏了翁三人，考《宋史·理宗本紀》，不載僑名，未免蹈家乘溢美之習。然《本紀》言：「端平二年甲寅，詔議胡瑗、孫明復、邵雍、歐陽修、周敦頤、司馬光、蘇軾、張載、程顥、程頤等十人從祀孔子廟庭，升孔伋十哲。」據《家傳》，則僑與李臯實主其議。又《本紀》言：「是年三月，詔進士陳文蔚著《尚書解》並補迪功郎。」據《家傳》，則僑實以考亭門人薦其曾著傳「可爲傳心建極之要」，并言

「其人宜置直講」，所述事蹟甚詳，可補《宋史》之缺。此《傳》諸家書目皆未著録。《傳》後所附《毅齋詩集别録》一卷，亦流傳絶少。錢塘厲鶚著《宋詩紀事》，於僑小傳下僅言「有集」，而不能舉其名，所選《毅齋即事》一首，今存集中，而注云「濂洛風雅，則亦未曾親見」，是集轉從選本録出耳。

鐵崖賦稿二卷提要

元楊維禎撰。按：《四庫全書》録維禎《麗則遺音》四卷，計賦三十二首。此則未刻稿也，賦凡四十八篇，書爲洪武三十一年海虞朱燧子新氏手録。《文瑞樓書目》有《鐵崖賦》一卷，即此本也。

日湖漁唱一卷提要

宋陳允平撰。允平，字君衡，鄞縣人。德祐時授沿海制置司參議官。祥興元年，允平與蘇劉義書，期九月以兵船下慶元，當内應。爲怨家所訐，同官袁洪解之得釋。事見《袁清容集》。其詩詞與吴文英、翁元龍齊名。張玉田嘗論其所作平正。《千頃堂書目》載《日湖漁唱》二卷，此作一卷，或爲後人所併歟？

重編海瓊白玉蟾文集六卷續集二卷提要

宋葛長庚撰。按：長庚，字白叟，福之閩清人。七歲能詩賦，父亡母嫁，棄家遊海上，號海瓊子。至雷州，繼白氏後，改姓白，名玉蟾。傳以爲仙去。所著詩文集，凡四十卷，具詳《事實》中。此本乃明正統間南極遐齡老人朧仙重編，前有宋端平時推官潘枋原序及嘉熙元年耜所書《事實》一篇。黄虞稷《千頃堂書目》載是集。朧仙序中述及玉蟾有《上清》、《玉隆》、《武夷》三集，内未入者皆收之。今重新校正，定爲八卷，附録一册及霞侶奉酧之元簡，仍綴諸卷末而壽諸梓，以永其傳焉。朧仙乃明太祖第十六子寧獻王朱權之號，博古好學，凡群書有秘本，莫不刊布，著述之富，一時無有及者。

説文解字補義十二卷提要

元包希魯撰。按：希魯，字魯伯，進賢人。《江西通志》稱其「穎異。嘗授《今古文尚書》于吴艸廬，動履端嚴，爲後進楷法。其教人先德行後文藝，士習爲之一新。所著有《四書凡例》、《易九卦衍義》、《詩小序辨》、《説文解字補義》及《原教》、《説儒》等篇」。此書從至正刊本影寫。錢大昕《元藝文志》載之。書中體例悉依徐鍇《韻譜》，間于補注、補音之後增加「補義」云云者，皆希魯作也。其議論多宋學，然於古人制字審音之法，時出新意，補前人所未及，似亦小學中可存之書。

揅經室外集卷二

支遁集二卷提要

晉釋支遁撰。遁字道林，姓關氏，陳留人，或云河東林慮人。太原王濛甚重之。案：《隋書・經籍志》云「《支遁集》八卷」，注云「梁十三卷」。《唐書・藝文志》則作十卷，《宋志》不著録。《讀書敏求記》及《述古堂書目》作二卷，知缺佚多矣。是編依毛扆汲古閣舊鈔本過録。上卷詩，凡十八首；下卷書、銘及讚，凡十五首。錢遵王跋稱「支公養馬，愛其神駿，胸中未必無事在。皎然云『山陰詩友喧四座，佳句縱横不廢禪』」云云。晉代沙門多墨名而儒行，若支遁，尤矯然不群，宜其以詞翰著也。

五行大義五卷提要

隋蕭吉撰。吉字文休，梁武帝兄。江陵陷，遂歸于周，爲儀同。及隋受禪，進上儀同。煬帝嗣位，拜太府少卿，加位開府。事迹具《隋書・藝術傳》。是編日本人用活字板擺印。前有自序，稱「博采經緯，搜窮簡牒，略談大義，凡二十四段，别而分之，合四十段。二十四者，節數之氣。總四十者，五行之成數」云云。考《隋書・經籍志》、《唐書・藝文志》，均未著録。本傳述吉所著書，亦無是册。然史稱「吉博學多聞，精陰陽算術」。今觀其書，文義質樸，徵引讖緯諸籍，有條不紊，且多佚亡之祕笈，尤非隋、唐以後所能僞爲也。

群書治要五十卷提要

唐魏徵等奉敕撰。徵字玄成，魏州曲城人。官至太子太師，謚文貞。事蹟具《唐書》本傳。案：宋王溥《唐會要》云：「貞觀五年九月二十七日，祕書監魏徵撰《群書治要》，上之。」又云：「太宗欲覽前王得失，爰自六經訖于諸子，上始五帝，下盡晉年。書成，諸王各賜一本。」又《唐書·蕭德言傳》云：「太宗詔魏徵、虞世南、褚亮及德言，裒次經史百氏帝王所以興衰者上之，帝愛其書博而要，曰：『使我稽古，臨事不惑者，卿等力也。』德言賚賜尤渥。」然則書實成于德言之手，故《唐書》于魏徵、虞世南、褚亮《傳》，皆不及也。是編卷帙與《唐志》合。《宋史·藝文志》即不著録，知其佚久矣。此本乃日本人擺印。前有魏徵序，惟闕第四、第十三、第二十三卷。今觀所載，專主治要，不事修辭，凡有關乎政術、存乎勸戒者，莫不彙而輯之。即所采各書，并屬初唐善策，與近刊多有不同。如《晉書》二卷，尚爲未修《晉書》以前十八家中之舊本。又桓譚《新論》、崔寔《政要論》、仲長統《昌言》、袁準《正書》、蔣濟《萬機論》、桓範《政要論》，近多不傳，亦藉此以存其梗概，洵初唐古籍也。

文館詞林四卷提要

唐許敬宗等奉敕撰。敬宗，字延族，杭州新城人。官至太子少師，咸亨初，以特進致仕。事蹟具《唐書·姦臣傳》。案宋王溥《唐會要》云：「顯慶三年十月二日，許敬宗修《文館詞林》一千卷，上之。」與《唐書·藝文志·總集類》卷帙合。《志》又云：「崔元暐注《文館詞林·策》二十卷。」又《雜傳類》載「《文館詞林·文人傳》一百卷」。《宋史·藝文志》載「《文館詞林·詩》一卷」。《崇文總目》載「《文館詞林·彈事》四卷」。皆全書中之一類。是編亦僅存六百六十二及六十四、六十八、九十五，四卷，皆漢、魏以來之詔令，日本人用活字版擺印者。《會要》又云：「垂拱二年二月十四日，新羅王金政明遣使請唐禮并雜文章，令所司寫《吉凶要禮》并于《文館詞林》内采其詞涉規戒者，勒成五十卷，賜之。」是當時頒賜屬國之本，原非足册。此雖斷簡殘篇，而詔令則皆甚古，且全書之體例，亦可得其一斑矣。

臣軌二卷提要

唐武則天撰。《唐書·藝文志》及《崇文總目》、鄭樵《通志·藝文略》所載卷帙並同。《宋史》不著録。案：《唐會要》云：「長壽二年三月，則天自制《臣軌》兩卷，令貢舉人習業，停《老子》。」又云：「中宗神龍二年二月二日，赦文天下停習《臣軌》，依前習《老子》。」書分國體、至忠、守道、公正、匡諫、誠實、慎密、廉潔、良將、利人凡十章。是編著録久佚。此册日本人用活字板擺印。卷末題「垂拱二年撰」，乃日本人妄增也。

樂書要録三卷提要

唐武則天撰。是編《唐書·藝文志》著録十卷，《宋志》即未見，闕佚久矣。此日本人用活字版擺印，僅存第五、第六、第七三卷。其中所引古籍，如《月令章句》、《五經通義》、《三禮義宗》、信都芳《删注樂書》、蘇夔《樂志》，皆世所罕覯，未嘗不藉是以存其崖略。至所列旋宫之法、十二相生之圖，尤足以備參考。則天尚有《紫宸禮要》十卷，當時與此并行，今亦未見其書矣。

膳夫經一卷提要

唐楊煜撰。煜官巢縣令。是書成于大中十年，詳西樓跋。《唐書》、《宋史·藝文志》並作「《膳夫經手録》四卷」，《通志·藝文略》同。王堯臣《崇文總目》亦作四卷，「手録」則作「手論」，爲轉寫之譌。此從舊鈔本依様過録。書僅六葉，似後人捃拾成編。惟所載茶品甚詳，分所産之地，别優劣之殊，足與《茶録》、《茶經》資考證也。

岑嘉州集八卷提要

唐岑參撰。參南陽人，爲文本曾孫。天寶三載，趙岳榜第二人及第，累官右補闕、起居郎，出爲虢州長史及嘉州刺史，杜鴻漸表薦安西幕府，拜職方郎中兼侍御史。事蹟詳《唐才子傳》。案：岑詩律健整，非晚唐纖碎可比。方回云：「學杜詩，當先觀《工部集》中所稱詠敬歎及交遊倡酬者。其稱詠敬嘆，則如蘇武、李陵、陶潛諸人；其交遊倡酬，則如李白、高適、岑參之類。」杜確序亦稱「岑每一篇絶筆，則人人傳寫，雖閭里士庶，莫不諷誦吟習焉」。其卷帙之數，《唐書·藝文志》及《崇文總目》、《通考·經籍考》、《通志·藝文略》、焦竑《經籍志》並云「十卷」，《文淵閣書目》則云「四册，闕」。是編與杜確序合。然如《瀛奎律髓》所載《同崔十三侍御灌口夜宿報恩寺作》，爲此本所佚，疑非唐人舊册矣。

列子注八卷提要

唐盧重元撰。重元，范陽人，官司勳郎中，爲思道玄孫。詳《新唐書·宰相世系表》。《列子》注本甚希，伏讀《四庫全書總目》云：「《老》、《莊》二子作注者，不下百家。《列子》今尚僅存注本之行于世者，張湛、殷敬慎以外，惟林希逸《口義》及江遹《解》而已。」是編唐、宋《藝文志》皆未著録，鄭樵《通志》、焦竑《經籍志》始見其目。此則從《道藏》中和光散人高守元《沖虚至德真經四解》之内録出發刊。依張湛注分卷，足以羽翼湛注，即所徵引各籍，亦多與古本相同。惟《楊朱》一篇注佚其半，惜無别本可補耳。

讒書五卷提要

唐羅隱撰。隱有《兩同書》，《四庫全書》已著録。晁公武《讀書志》所載卷帙與此同。陳振孫《書録解題》云「求之未獲」，蓋佚已久矣。是編依舊抄本影寫。方回跋稱：「隱在京師，舉進士，留七載不第。咸通八年丁亥，著《讒書》，皆憤悶不平之言，不遇于當世而無所以泄其怒之所作。」今觀是編，益信回言之不虚。然隱既仕吴越，能請舉兵討梁，勸伐無道，侃侃大義，又豈僅以文士見稱哉！

中興兩朝聖政六十四卷提要

此書不知編集人姓名。起建炎元年，訖淳熙十五年。書内標題謂之「增入名儒講義皇宋中興兩朝聖政」。其所采《中興龜鑑》、《大事記》等書，各低一格附後，所謂「增入講義」是也。其書編年紀事體例，一倣《資治通鑑》爲之。卷端有分類事目，列十五門：興復一，任相二，君道三，治道四，皇親五，官職六，人才七，禮樂八，儒學九，民政十，兵事十一，財用十二，技術道釋十三，邊事十四，災祥十五。每門各有子目，共三百條。案：《書録解題·典故類》有《高宗孝宗聖政編要》二十卷，陳振孫云：「《高宗聖政》五十卷，《孝宗聖政》五十卷，乾道、淳熙中皆有御製序。此二帙書坊鈔節，以便舉子應用之儲者也。」據振孫所述，知此即彙合兩書而冠以「中興兩朝」之名者。所有御製序，亦不復存，蓋亦書坊所刻，故有增入講義，非進御之原本也。此書流傳絶少，今借宋刻本影鈔。自三十卷至四十五卷，惜已闕佚，無從訪補矣。

建炎筆録三卷提要

宋趙鼎撰。鼎字元鎮，聞喜人。登崇寧五年進士第，官至右僕射、同中書門下平章事，安置潮州。事蹟詳《宋史》本傳。是編藏書家目録未見。此從舊鈔本過録。所記自宋高宗建炎三年正月車駕在維揚起，訖于紹興七年十二月十二朝辭上殿，本末粲然。蓋鼎耳目所親，見聞自確，宋南渡雜史中之最有典據者也。

寶祐四年會天曆一卷提要

宋荆執禮撰。執禮字里未詳。是編藏書家未見著録。此從曝書亭舊鈔依樣影寫。卷首有寶祐三年十月中書省劄子，末載造算各銜，自荆執禮、楊旂、相師堯而下，凡六人。案：《宋史・律曆志》稱「南渡以後，繼作曆者凡八，曰《統元》、《乾道》、《淳熙》、《會元》、《統天》、《開禧》、《會天》、《成天》是也。」又云：「今其遺法具在方册，惟《會天》之法不全。」此則譚玉等依《會天曆》推算，故朱彝尊云：「由丙辰一歲推之，曆家可忖測而知其故已。」

辨誣筆録一卷提要

宋趙鼎撰。鼎有《建炎筆録》，已鈔録。是編前有自序，稱「學術迂僻，與衆背馳。所上前後數千章，其間豈無傳播失實、風聞文飾之誤？不得不辨。其他細故，無足深較」云云。所辨「張邦昌僭竊，干王時雍權京畿提刑，有新奉玉音之語」，即《史》所稱「檜惡其逼己，徙知泉州。又諷謝祖信論鼎嘗受邦昌僞命」。辨「盜用都督府錢十七萬」，即《史》所稱「檜忌鼎復用，諷王次翁論其乾没都督府錢十七萬，謫官居興化軍」。辨「資善堂汲引親黨」，即《史》所稱「封瑗爲建國公，就學資善堂，薦范仲爲翊善，朱震爲贊讀，朝論謂二人極天下之選」。蓋定國本莫先于教，徽、欽以前，未見史册，並足以資考證。雖篇帙寥寥，亦讀《宋史》者所不能廢也。

南嶽總勝集三卷提要

宋道士陳田夫撰。田夫，字耕叟，居南嶽九真洞老圃菴。是編從明人影宋本依樣過録。首卷列總圖一、分圖五及五峰靈迹，又洞天福地以至歷代帝王，爲類二十有七。中卷叙寺觀及所産珍禽、雜藥、異花、靈草、靈禽、異獸，纖悉畢載。下卷叙唐、宋異人、高僧，末附以隱逸之士。徵引博而叙述簡，深有體要。前有隆興甲申拙叟序，稱「耕叟居南嶽，往來七十二峰間三十餘年，訪求前古異人、高僧靈蹤祕迹，考其事而紀之」云云。案：宋史地志傳者頗希，此則較唐李沖昭《南嶽小録》更爲詳備，尤足以證《文淵閣書目》作「《南嶽集》三册」乃轉寫脱誤耳。

自號録一卷提要

宋徐光溥撰。光溥，錢塘人。是編依錢遵王所藏元孫道明鈔本過録，有淳祐丁未譚聞友序。凡宋時墨客騷人以及名公鉅卿之號，彙爲一書，自處士以及村莊，分類三十有六，附雜類于卷末。事涉瑣屑，然亦有資考鏡也。

衢本郡齋讀書志二十卷提要

宋晁公武撰，姚應績編。應績，公武門人。此書在宋時已兩本並行，淳祐庚戌鄱陽黎安朝守袁州所刻，謂之「袁本」，《四庫全書》已著録。是編淳祐己酉南充游鈞知衢州時所刻。其所收書，較之袁本幾倍之。馬端臨作《經籍考》，全據是册，如《京房易傳》、《宋太祖實録》、《太宗實録》、《建康實録》之類，悉與之合。其文亦多至數倍。伏讀《四庫全書提要》云：「衢本不可復見。」此從舊鈔依樣影寫。經凡十類，史凡十三類，子凡十八類，集凡四類，次序有法，足爲考核之資。

友會談叢三卷提要

宋上官融撰。融，華陽人，其字未詳。陳振孫云：「不知何人。」案：書中稱其父嘗宰建之浦城縣，是編前有天聖五年自序，卷帙與《宋史・藝文志》、《通志・藝文略》、焦竑《經籍志》並同。觀《文獻通考》所載，則作「一卷」，疑轉寫之譌。但序稱「記在人耳目者，六十事」，此則僅及其半，非有缺佚，或「六」爲「三」之誤字。核其所紀，皆宋代故事，多言報應，示勸戒，纖悉臚載，間傷猥雜。然如紀吕端出使高麗，與《宋史》端本傳合。紀太平興國三年以定陶地建爲廣濟軍，與《宋史・地理志》亦同。要非絶無依據者可比也。

孔叢子注七卷提要

舊本題曰孔鮒撰。宋宋咸注。咸字貫之，建陽人。天聖二年進士，仕至都官郎中。詳何喬遠《閩書》。是編依宋巾箱本影鈔，與晁公武《郡齋讀書志》、陳振孫《直齋書録解題》卷帙相合。以世所傳三傳之本校之，夐然不同。如《小爾雅・廣言》，俗刻作「俘，罰也」，此作「浮，罰也」，《禮記・投壺》「若是者浮」，正義所引可據也。咸注亦典核簡潔。卷首載自序併進書表。王伯厚《玉海》稱「咸上所注《揚子》、《孔叢子》，賜三品服」，今所注《揚子》更不可得矣。

孫子十家注十三卷提要

宋吉天保撰。保字里未詳。《孫子》一卷，《四庫全書》已著録。伏讀《四庫全書總目》云：「此書注本極夥，如《隋書・經籍志》、《唐書・藝文志》、馬端臨《經籍考》所載諸家。然至今傳者寥寥，應武舉者所誦習惟坊刻講章，鄙俚淺陋，無一可取。故今但存其本文，著之于録。」是編依華陰《道藏》本録出。十家者，魏武一，梁孟氏二，唐李筌三，杜牧四，陳皡五，賈林六，宋梅堯臣七，王哲八，何延錫九，張預十也。十家之内，多出杜佑，乃佑作《通典》時引《孫子》而訓釋之，非爲《孫子》作注也。案：自魏武後，注者莫先于孟氏，《隋志》可考，而晁公武則誤以爲唐人。《道藏》原本，題曰「集注」。明人所刊，又作「注解」。此作「十家注」，依《宋志》改，末附《孫子遺説》，乃鄭友賢所撰也。

千金寶要十七卷提要

唐孫思邈原本，宋郭思采録刻石。案：《舊唐書》思邈本傳，止載《千金方》三十卷。葉夢得《避暑録話》稱其「作《千金方》時，已百餘歲。後三十年，又作《千金翼方》」。《郡齋讀書志》、《書録解題》並載兩書，云「各三十卷」。今俗閒傳本《千金翼方》九十三卷，兩書淆溷，不復可别，不知何人所定也。郭思刻石，在宋宣和閒。其所依據，當是思邈原本。刻石在華州公署，明正統、景泰間，又重刻石本。又有木刻本。至隆慶時，燿州真人祠復有石刻。案：《酉陽雜俎》謂昆明池龍宫有仙方三十首，思邈以療龍疾得之，乃著《千金方》三十卷，每卷置一仙方，信爲方書中之最可寶貴者。書中稱「痘瘡」爲「小兒丹毒」，即元人《奇効良方》所謂「痘疹」也。或謂此疾出自近代者，殆不可從。今從石本録副，以備唐人方書之厓略云。

一切經音義二十五卷提要

唐釋玄應撰。釋智昇《開元釋教録》稱「玄應以貞觀之末，捃拾藏經，爲之音義，注釋訓解，援引群籍，證據卓明」云云。案：齊沙門釋道惠爲《一切經音義》，《宋高僧傳》云「唐釋慧琳爲《大藏音義》一百卷」，二書今皆不傳。是編《唐書·藝文志》著録，名「衆經音義」。此從《釋藏》本刊印。其中所引群籍，如鄭康成《尚書注》、《論語注》，三家《詩》，賈逵、服虔《春秋傳注》，李巡、孫炎《爾雅注》以及《倉頡》、《三倉》，葛洪《字苑》，《字林》，《聲類》，服虔《通俗文》，《説文音隱》，多不傳之祕册。玄應通曉儒術，著書該博，惟昧漢人之通轉假借，泥後代之等韻，是其所短也。

古清涼傳二卷廣清涼傳三卷續清涼傳二卷提要

唐釋慧祥撰《古清涼傳》。宋釋延一撰《廣清涼傳》。《續清涼傳》，宋張商英、朱并所撰。《廣》、《續》二編，藏書家多未著録，惟《古清涼傳》見《宋史·藝文志》，凡方域名勝及高僧靈跡，莫不詳載。延一收捃故實，推廣祥《傳》，更記寺名勝蹟，以及靈異藥物，其中多涉及儒家，且有六朝人文，如晉釋支遁《文殊像贊序》，又殷晉安、郄濟川《讚》，并世所希見，而遁《序》尤足補本集之所佚。若王勃《釋迦如來成道記》、《釋迦佛賦》，今《四傑集》、《文苑英華》俱無之。是編或以爲金大定時寺中藏板，末附《補陀傳》、《峨嵋讚》，乃元人所集，明釋又從而附綴之也。

道德真經傳四卷提要

唐陸希聲撰。案：希聲，吴郡人，景融四世孫。《唐書》本傳稱其「善屬文，通《春秋》、《易》、《老子》，論著甚多」。此書見于《唐書·藝文志》，卷帙相符。趙希弁《讀書附志》、陳振孫《書録解題》，皆不著録。凡儲藏家亦皆無之。唯見于《道藏》「必」字號。明白雲霽《道藏目録詳注》稱其「以事理玄會，通變機宜，探至精之賾，可謂神解」，其稱許如此。今考此書，發明老氏之旨，條達曲鬯，視宋人之援老入佛者，大不侔矣。唐人遺書，傳世日少。今從《道藏》校録，卷帙完善，洵可寶也。

泰軒易傳六卷提要

宋李中正撰。中正，字伯謙，清源人。案：《宋史·藝文志》不著録，諸家書目亦未載其名。是編日本人用活字板擺印。凡言《易》者，非泥陰陽，即拘象數。此則專明人事，于起伏消長之機，隨事示戒，非空談者可及。惜《繫辭》以下本闕，卷首《乾》卦九三以上及卷二之《觀》卦亦闕。然宏綱巨指，尚可推尋。如解

「否之匪人，不利，君子貞」云：「『不利』作一讀，而君子則無往而不貞也。」于《益》卦六二云：「『或益之十朋之龜，龜弗克違』，天助之也，天人兩助而能永貞，以盡臣節。」録存其説，以備讀《易》者之參考焉。

春秋集傳十九卷提要

宋張洽撰。洽有《春秋集注》及《綱領》，《四庫全書》已著録。洽爲朱子門人，《宋史》載《道學傳》。伏讀《四庫全書總目》云：「《集注》遺本僅存，而所謂《集傳》，則佚之久矣。」是編元本二十六卷，元延祐中李教授萬敵刻于臨江路學，洽曾孫庭堅校正者。卷首有宋端平二年繳省投進狀。《經義考》載庭堅後序云：「副使臧公移文本路總府下學刊刻《集傳》、《沿革》二書。《集傳》雖成，而章卷倒亂，文字差訛。迨癸丑，江南諸道行御史臺行移各路，《春秋》用張主一《傳》。延祐庚寅詔興科目，而遠方士友購求者衆，李廣文補刊《集傳》，始爲全書云。」惜此本缺卷十八至卷二十，又卷二十三至二十六，共七卷。然全書崖略，尚可推尋。如云魯公朝聘之禮不行于王室及論衆仲言樂之失，當以劉氏之説爲宗；論聖人書初之旨，當以《公羊》、程氏之説爲正；云文公不會伯主以取晉怒，云諸侯不得越境親迎，辨《穀梁》言恒事之非，能集衆家所長，討論歸于至當，固《春秋》家所不廢也。

九經疑難四卷提要

宋張文伯撰。文伯，字正夫，樵陽人，時代未詳。朱彝尊《經義考》列之錢承志之後，疑宋末人。是編

《千頃堂書目》、《經義考》並作十卷。此從澹生堂鈔本依樣過録。僅總序及《易》、《詩》、《書》三經，餘皆闕佚。自序云：「嘗取五經、三禮與夫《論》、《孟》，究其大概。凡平日得于先儒之議論者，寸長片善，靡有不録。」又云：「開卷一覽，九經大旨瞭然胸中矣。」雖其書專爲場屋而設，然唐、宋諸儒説經之文，捃拾不少，可以廣見博聞，足資考訂也。

爾雅新義二十卷提要

宋陸佃撰。佃有《埤雅》二十卷，《四庫全書》已著録。伏讀《四庫全書總目》云：「《爾雅新義》僅散見于《永樂大典》中，文句譌闕，亦不能排纂成帙。」案：朱彝尊《經義考》則云「未見」。陳振孫《書録解題》云：「頃在城南傳寫，凡十八卷。其曾孫子遹刻于嚴州者，爲二十卷。」是編從宋刻依樣影抄，凡二十卷。殆即子遹之所刻歟？陸宰爲其父作《埤雅序》云：「注《爾雅》畢，更修此書，易名《埤雅》，言爲《爾雅》之輔。」然二書體例，絶然不同。此則不若《埤雅》之貫穿諸書，旁通曲證也。而自序以爲：「雖使郭璞擁篲清道，跂望塵躅可也。」陳振孫云：「以愚觀之，大率不出王氏之學。」至句逗亦多不同，如《釋木》「樸枹者謂櫬采薪」，佃則以「謂」字絶句，注云「謂之而後知」。《釋蟲》「螼蚓蜸蠶」，佃則以「蠶」字連下「莫貈」爲句，注云「蠶老而後眠」，不知《經典釋文》讀「蠶」爲「他典切」。又「莫貈螳蜋蛑」，佃則連下文「虰」字爲句，雖本之《方言》，然邢昺已引《説文》辨其失指。惟所據經文，乃當時至善之本，如《釋言》「搘拄也」，則作「榰柱也」；「皇華也」，則作「華皇也」。《釋天》「四時和謂之玉燭」，則作「四氣和」；「河鼓謂之牽牛」，則作「何鼓」。《釋邱》「堂途梧邱」，則作「當途」。《釋水》「河水清且瀾漪」，則作「瀾漪」。《釋草》「萍蓱」，則作「苹蓱」；「莩麻母」，則作「莩麻母」；「蕭荻」，則作「蕭萩」；「卷施草」，則作「卷施草」；「樓橐含」，則作「樓橐含」。《釋木》「座接慮李」，則作「痤接慮李」。《釋鳥》「楊鳥白鷢」，則作「鸉白鷢鳥」；「鶅醜」，則作「烏鶅醜」。並足以資考訂，亦讀經者之所不廢也。

集篆古文韻海五卷提要

宋杜從古撰。從古，字唐稽，里居未詳。陶宗儀云：「從古官至禮部郎。」自序稱「朝請郎、尚書職方員外郎」，蓋指其作書時而言。是編藏書家未見著録。此依舊鈔影摹。從古以郭忠恕《汗簡》、夏竦《古文四聲韻》二書闕佚未備，更廣搜博采以成之。序云：「比《集韻》則不足，較《韻略》則有餘，視竦所集，則增數十倍矣。」案：《書史會要》云：「宣和中，從古與米友仁、徐競同爲書學博士。高宗稱先皇帝喜書，設學養士，獨得杜唐稽一人。」今觀其書，所譽良不虚也。

太常因革禮一百卷提要

宋歐陽修等奉敕撰。案：宋自太祖始命儒臣約唐之舊，爲《開寶通禮》。至仁宗初年，禮官王皞復論次太宗、真宗兩朝已行之事，名曰「禮閣新編」，止于天禧五年。其後賈昌朝等復加編定，名曰「太常新禮」，止于慶曆三年。嘉祐中，修奉敕重定此書，至治平中，上之于朝，英宗賜名「太常因革禮」，見于修之自序如此。

然書後有淳熙十五年李璧跋，以爲此老蘇先生奉詔所修。考歐公爲老泉《墓誌》云：「會太常修纂建隆以來禮書，乃以爲霸州文安縣主簿，使食其禄，與陳州項城縣令姚闢同修典禮，爲《太常因革禮》一百卷。」則此書雖爲修所上，其體裁出于蘇洵居多。書中分總例二十八卷，吉禮三十三卷，嘉禮九卷，軍禮三卷，凶禮三卷，廢禮一卷，新禮二十一卷，廟議十二卷。總例内子目二十八，吉禮子目三十七，嘉禮子目十七，軍禮子目六，凶禮子目二十五，廢禮子目九，新禮子目三十七，廟議子目二十六。計共百卷，八門一百八十五目。《郡齋讀書志》、《直齋書録解題》不載此書。儲藏家亦絶無著録者。兹從舊鈔本影寫。失去五十一至六十七，凡十七卷。書中亦多闕文，無從訪補。其書所采擇者，自《開寶通禮》、《禮閣新編》、《太常新禮》三書之外，復有《會要》、《實録》、《禮院儀注》、《禮院例册》、《封禪記》、《明堂記》、《慶曆祀儀》等書，至爲賅備。蓋治平之際，正宋室最盛之時，而又出于名臣名儒之所訂定。汴京四朝典禮粲然具備，足以資考鏡者固不少矣。

孳經室外集卷三

難經集注五卷提要

周秦越人撰。越人即扁鵲，事迹具《史記》本傳。明王九思等集注。九思，字敬夫，鄠縣人，弘治十才子之一，丙辰進士。由庶吉士授檢討，調吏部主事，陞郎中，坐劉瑾黨，降壽州同知，尋勒致仕。事迹附《明史·李夢陽》傳，餘則未詳。《難經》雖不見于《漢·藝文志》，而隋、唐《志》已著録。凡八十一章，編次爲十三類，理趣深遠，非易了然。九思因集吴吕廣、唐楊元操、宋丁德用、虞庶、楊康侯各家之説，彙爲一書，以便觀者。案：宋晁公武《讀書志》云：「德用以楊元操所演甚失大義，因改正之，經文隱奥者，繪爲圖以明之。」然則書中圖説，殆德用所爲。是編日本人用活字板擺印。吕、楊各注，今皆未見傳本，亦藉此以存矣。

脈經十卷提要

西晉王叔和撰，宋林億等校定。叔和，高平人，官太醫令。甘伯宗《名醫傳》稱叔和「博通經方，精義診處，❶

---

❶「義」，清浙江書局本《文獻通考》卷二二二作「意」。

尤好著述」。是編從宋嘉定何大任刻本影抄。前有宋國子博士高保衡、尚書屯田郎中孫奇、光禄卿直秘閣林億等校上序，卷末載熙寧二年及二年進書銜名，又紹聖三年六月國子監雕版札子及各銜名。案：林億序云：「臣等博求衆本，據經爲斷，去取非私。」又云「今考以《素問》、《靈樞》、《太素》、《難經》、《甲乙》、仲景之書，并《千金翼方》及《説脈》之篇以校之，除去重複，補其脱漏」云云，用力可爲勤摯。世傳叔和《脈訣》一卷，乃後人依託爲之，與此絶不相同也。

類編朱氏集驗醫方十五卷提要

宋朱佐撰。佐字君輔，湘麓人。前有咸淳二年眉山蘇景行序。是編分風寒諸門，采掇議論，詳盡曲當。凡所載宋代醫書，多不傳之秘笈，又皆從當時善本録出，如《小兒病源方》論長生丸、塌氣丸，較影抄本爲詳。

史載之方二卷提要

宋史載之撰。載之，字里未詳。是編傳本甚希。此從北宋刊本依樣過録。上卷之末附載跋語，其文不全。《宋史新編》作「史戰之方」，乃形近之譌。施彦執《北窗炙輠録》稱其治蔡元長疾，以此得名。案：所作《爲醫總論》，闡發甚明，各推其因證主治之法，精核無遺。較諸空談醫理者，固有別焉。

書齋夜話四卷提要

宋俞玉撰。玉字玉吾，吴縣人。有《周易集説》，《四庫全書》已著録。是編見《千頃堂書目》，傳本殊希。書中辨字音、字義以及六經子史，莫不考求得失，多前人所未發。如云《周禮・醢人》「箈菹雁醢」，謂「箈」當作「菭」，从「艸」不从「竹」一條。案：經文當作「菭」，故鄭司農訓爲「水中魚衣」，即《説文・艸部》云：「菭，水青衣也。」後鄭始易「菭」爲「箈」，復又誤爲「箈」字，幾不可解。又經傳之文「耳」即「而已」，「爾」即「如是」一條。案：凡云「而已」者，急言之曰「耳」，古音在第一部；凡云「如此」者，急言之曰「爾」，古音在第十五部，如《世説》「聊復爾耳」，謂「且如此而已」是也。二字音義絶然不同，而唐、宋人至今每每譌錯，于古經傳致多難讀。全書援引精確，不可殫數，固非漫無根柢，徒爲臆斷之談者所可及也。

遁甲符應經三卷提要

宋楊維德等撰。維德，附《宋史・方技・韓顯符傳》，字里未詳。顯符稱其能傳渾儀法。是編不見于《宋志》，鄭樵《通志略》始著録。焦竑《經籍志》、錢遵王《述古堂書目》所載，卷帙並同。惟馬端臨《通考》則作二卷，乃傳寫之誤。此從舊鈔本依樣過録。卷首有宋仁宗御製序，末載永樂間欽天監五官司曆王巽序。其書以遁甲論行軍趨避之用，如言「九天之上，九地之下」即《孫子・形篇》所謂「善守者，藏于九地之下。善攻者，動于九天之上」，亦即李筌所云：「以直符加時于後一所臨宫爲九天，後二所臨宫爲九地。地者，静而利藏。天者，運而利動。」巽云「其書立術精密，考較詳明」，宜五行之家所不廢也。

六壬大占一卷提要

宋祝泌撰。泌字子涇，德興人。以進士授饒州路三司提幹，年老乞休。元世祖詔徵，不赴。事蹟詳《江西通志》。是編《宋志》不著録。鄭樵《通志略》所列六壬，多至八十二家，焦竑《經籍志》凡八十九家，錢遵王《述古堂書目》凡一十八家，皆無是册。蓋佚已久矣。此從宋刻本依樣影鈔。卷首有泌進書序及六壬起例。案：泌云：「六壬立名，古今不宣其旨。惟《周禮》『哲蔟氏掌覆夭鳥之巢，以方書十日、十二辰、十二月、十二歲、二十八星之號』，即壬盤之體。三代之壬書，惟此一證。」與術家以五行始于水，水生于一成于六之説異，録而存之，以資參考焉。

夷堅甲志二十卷乙志二十卷丙志二十卷丁志二十卷提要

宋洪邁撰。影宋鈔本。案：《夷堅志》十集，每集二十卷。《支志》十集，每集十卷。《三志》十集，每集十卷。《四志》甲、乙二集，二十卷。共四百二十卷。小説家唯《太平廣記》爲卷五百。然卷帙雖繁，乃搜輯衆書所成者。其出于一人之手，而卷帙遂有《廣記》十之七八者，唯有此書，亦可謂好事之尤者矣。邁每集各自爲之序，唯《四乙》未成，不及序。計序三十一篇，篇各出新意。趙與時嘗撮各序大指，載于《賓退録》。此本《甲志》序已佚，餘三序存，與《賓退録》所舉相合。每卷之下，注明若干事，每事亦必注明某人所説，以著其非妄。書中神怪荒誕之談，居其大半。然而遺文軼事，可資考鏡者，亦往往雜出于其間。《四庫全書》所收者，乃《支志》五十卷，與此不相涉。此本卷首有元人沈天祐序，稱「建學所存舊刻閩本殘闕，承本路府判張紹先之命，以浙本補全」者。邁與兄适、遵皆皓之子，名位著述皆相埒，世所稱「鄱陽三洪」是也。邁亦有弟二人，一景裴，名邃，一景何，不知其名，皆見于此書。

策學統宗前編五卷提要

此書標題「新刊精選諸儒奧論策學統宗」，其下列名心易譚巽中叔剛校正，❶存理譚金孫叔金選次，桂山譚正叔孫端訂定，三譚皆冠以「古雲後學」。三人姓名既不經見，「古雲」亦不知其何地。書中采輯劉子翬、呂祖謙、陳傅良、楊萬里諸家之文議論堯、舜、三王、伊、周、孔、曾、顔、孟、老、韓者共三十三篇，爲《前集》五卷。《四庫全書提要》載《後集》八卷、《續集》七卷、《別集》五卷，共二十卷，而闕其《前集》。今從元板影録，以成完書。

斜川集六卷提要

宋蘇過撰。案：《宋史》本傳，過有《斜川集》二十卷。《藝文志》則云「十卷」。《書録解題》、《文獻通考》

---

❶「譚」，原作「談」，今據文義改。

卷數與《藝文志》同。其書久已失傳。世間行本大率因劉改之過《龍川集》名與蘇過叔黨同，❶竄改集名，聊以欺世。據明王世貞《弇州題跋》，則知以劉集充叔黨之書，自元季已然。真本散佚，蓋已甚久。王士禎《香祖筆記》記康熙乙酉，「有書賈以此集兩册求售，索直二百金，惜未之見」。不知士禎所述者，果屬真本否也。乾隆朝仁和吴長元得舊鈔殘本，復從各書纂輯詩文若干，其《思子臺賦》、《颶風賦》二篇見于本傳者，從《東坡集》校補。又益以《宋文鑑》、《播芳大全》所選者，合之猶可成袠。然竟未及鈔入《四庫全書》，深可惋惜。兹從舊鈔本重加繕録，釐定詩文六卷，雖未能盡復舊觀，亦庶幾可慰藝林之跂想矣。

增廣箋注簡齋詩集三十卷無住詞一卷提要

宋陳與義撰，胡穉箋。《簡齋集》十六卷，《四庫全書》已著録。此本作三十卷，末附詞一卷。蓋穉作注時，去雜文，每卷復釐爲二。卷首有樓鑰序併穉自序。又穉所編《與義年譜》及《續添詩箋正誤》，鑰序稱穉「約居立學，日進不已。隨事標注，遂以成編。貫穿百家，出入釋老」云云。今觀所注，多鈎稽事實，能得作者本意，絶無捃拾類書、不究出典之弊。凡集中所與往還諸人，亦一一考其始末。固讀與義集者所不廢也。

---

❶「川」，據四庫本《龍洲集》當作「洲」。

史詠集二卷提要

宋徐鈞撰。鈞字秉國，蘭谿人。與金履祥友善，履祥嘗延致以教授諸子。是編卷首載許謙序，末有張樞、黄溍及其子津後序。謙、溍並稱鈞「取《通鑑》所載君相事實，人爲一詩，總一千五百三十首」。此本所存，僅三之一，止于唐而不及五季，即唐以前諸詠，逸失已多。然意存勸戒，隱發姦諛之旨，溢于言表。雖殘闕之餘，猶爲藝林所重也。

平安悔稿十二卷提要

宋項安世撰。安世有《周易玩辭》，《四庫全書》已著録。案：《文淵閣書目》「日」字號載「《丙辰悔稿》十五册」，又「月」字號載「《悔稿》三册，又一部六册，並殘缺之本」。《宋史·藝文志》載《丙辰悔稿》四十七卷。近日傳本殊希。厲鶚《宋詩紀事》僅從《後村詩話》、《方輿勝覽》、《後村千家詩》蒐采數首。此則依舊鈔過録。合前、後集，凡一千二百八十五首。分卷與《宋志》不合。即《後村詩話》所録《春日堤上》、《吹帽臺》、《抛毬》、《糟蟹》、《永州》諸作，皆未見于是編。卷六以下，乃慶元丙辰謫居江陵後所作。缺佚雖多，然就存者觀之，固紹熙、嘉泰間一作者也。

雲莊四六餘話一卷提要

宋楊囦道撰。囦道，字深仲，里居未詳。是編藏書家目録未見。此依宋刊本過録。凡宋人説部中之言四六者，若《玉壺清話》、《容齋隨筆》、《能改齋漫録》、《文章叢説》之類，莫不廣搜博採。其論四六，多以翦裁爲工，又云：「制誥牋表，貴乎謹嚴；啟疏雜著，不妨宏肆。」持論精審，固習駢體者之所必資也。

分類唐歌詩殘本十一卷提要

宋趙孟奎編。孟奎，字文耀，宋太祖十一世孫。寶祐丙辰文信國榜進士，官至祕閣修撰。是編元書凡一百卷，分門纂類。孟奎自序云：「得一千三百五十三家，四萬七百九十一首。」此本依絳雲樓舊藏過録，僅存天地山川類五卷，草木魚蟲類六卷。據毛扆跋稱「葉文莊集謂從雷侍講録殘本，完者僅二十七卷。公爲英宗朝名臣，前此且二百年，尚止乎此」云云。缺佚雖多，然全書體例，由是可推。且唐人隱僻姓氏，如毛扆所記「文丙」、「詳大」諸人，亦未嘗不藉是以存也。

詩苑衆芳一卷提要

此書影元鈔本。首題吴郡梅谿劉瑄伯玉編。所選諸家詩，潘牥、章康、黄簡、趙汝談、方萬里、鄭起潛、文天祥、李迪、鄭傳之、何宗斗、蔣恢、朱詵、魏近思、張榘、張紹文、張元道、吕江、蔣華子、陳鈞、蕭炎、沈規、呂勝之、江朝卿、吴龍起二十四人。一人之詩，多不過十首，少或一二首，計僅八十二首。每人名著其字號籍貫。所選之詩，近體較多，率皆清麗可誦。蓋《江湖小集》之流亞，而决擇精當，似取法于唐人之選唐詩也。

南海百詠一卷提要

宋方信孺撰。信孺字孚若，莆田人。以蔭補官。開禧中，假朝奉郎使金，三往返。歷淮東轉運判官，知真州，至廣西漕。所著有《好菴游戲詩境集》，未見。是編乃其官番禺漫尉時所作。取南海古蹟，每一事爲七言絶句一首，每題之下，各記其顛末，注中多記五代南漢劉氏事。所引沈懷遠《南越志》、鄭熊《番禺雜志》，近多不傳。厲鶚《宋詩紀事》載劉後邨序信孺詩文云：「宫羽協諧，經緯麗密。」于此亦足見其一斑矣。

聲律關鍵八卷提要

宋鄭起潛撰。起潛，字子升，吴縣人。少孤力學，舉進士，官至直學士，權兵部尚書。是編乃其官吉州州學教授時所上，前有淳祐元年正月六日尚書省劄子云：「總以五訣，分爲八韻，至于一句，亦各有法。」是雖專爲場屋而設，録而存之，以見當時學者之所業矣。

觀瀾集注三十卷提要

宋林之奇編，呂祖謙集注。之奇有《尚書全解》，祖謙有《古周易》，《四庫全書》並已著録。是編《宋史·

藝文志》著録六十三卷。此從宋本依樣影鈔，僅及其半。甲集凡二十五卷，自屈平以下六十五人；乙集五卷，自揚雄以下凡十九人，分類編輯。祖謙集注，多本舊注爲之，如《離騷經》、《文賦》、《閑居賦》，即用五臣注釋。捃拾精核，足與之奇書相輔而行也。

梅磵詩話三卷提要

宋韋居安撰。居安，吴興人，景定間進士。是編黄虞稷《千頃堂書目》、錢遵王《讀書敏求記》並著録。所論多南宋時人之作，名篇警句，往往在是，采掇亦復謹嚴。卷末云「余丙子歲司糾三衢。二月十一，宋太后詔諭諸郡歸附，郡將而下，奉詔依應，吏民安堵如故」云云。是居安以宋臣而入于元者也。

樵歌三卷提要

宋朱敦儒撰。敦儒，字希真，洛陽人。紹興乙卯，以薦起，賜進士出身，爲祕書省正字兼兵部郎官，遷兩浙東路提點刑獄，上疏乞歸，居嘉禾。此依毛晉汲古閣舊鈔過録。案：《花菴詞選》稱：「敦儒東都名士，天資曠逸，有神仙風致。《江西月》二首，可以警世之役役于非望之福者。」是編《江西月》凡八，即指第五、第六二首而言。又張正夫稱敦儒《月》詞「『插天翠柳，被何人推上一輪明月』，詞意絶奇，似不食烟火人語」，是作今載集中。餘皆音律諧緩，情至文生，宜其獨步一時也。

陽春白雪八卷外集一卷提要

宋趙聞禮編。聞禮，字立之，臨濮人。案：《文淵閣書目》「月」字號載《陽春白雪》一册，乃闕佚之本。此從舊鈔依樣倣寫。所選凡二百餘家，宋代不傳之作，多萃于是。去取亦復謹嚴，絶無猥濫之習。聞禮著有《釣月軒詞》，周密《絶妙好詞》嘗采其作。是編亦自録一二如《玉漏遲》、《法曲獻仙音》、《瑞鶴仙》等闋，字鍊句琢，非專以柔媚爲工者可比也。

王周士詞一卷提要

宋王以凝撰。以凝，字周士，湘潭人。由太學生仕鼎澧帥幕。靖康初，徵天下兵，以凝走鼎州乞解太原圍。建炎中，以宣撫司參謀制置襄、鄧。是編依毛晉汲古閣書鈔過録，凡三十一首。以凝詞句法精壯，如《和虞彦恭寄錢遜升（蓦山溪）》一闋、《重午登霞樓（滿庭芳）》一闋、《艤舟洪江步下（浣溪沙）》一闋，絶無南宋浮艷虚薄之習，其他作亦多類是也。

詞源二卷提要

宋張炎撰。炎有《山中白雲詞》，《四庫全書》已著録。是編依元人舊鈔影寫。上卷詳論五音十二律律吕相生，以及宫調管色諸事，釐析精允，間系以圖，與姜白石歌詞《九歌》《琴曲》所記用字紀聲之法，大略相同。下卷歷論制曲、句法、字面、虚字、清空、意趣、用事、詠物、節序、賦情、離情、令曲、雜論、五要十四篇，並足以考見宋代樂府之制。自明陳仲醇改竄炎書，刊入《續祕笈》中，而又襲用沈伯時《樂府指迷》之名，遂失其真。微此，幾無以辨其非。蓋前明著録之家，自陶九成《説郛》廣録僞書，自後多踵其弊也。

新增詞林要韻一卷提要

此書不分卷，不知撰人姓名。目録標題「新增詞林要韻」，書中標題則曰「詞林韻釋」。其書分一東紅、二邦陽、三支時、四齊微、五車夫、六皆來、七真文、八寒閒、九鸞端、十先元、十一簫韶、十二和何、十三嘉華、十四車邪、十五清明、十六幽游、十七金音、十八南三、十九占炎，共十九部，而以上、去二部依部列于平聲之後，而入聲不獨爲部。凡入聲之作平聲、作上聲、作去聲者，又各依類分隸于平、上、去之後，要皆統于平聲十九部之内。其中每字皆有訓釋，一字數意，備載無遺，而詞句簡妙，精而不支。書縫有「菉斐軒」三字，近人厲鶚《論詞絶句》云：「欲呼南渡諸公起，詞韻重雕菉斐軒。」世人知重此書，實自鶚詩始發之。然自來作長短句者，未嘗不以入聲押韻，而此以入聲分隸平、上、去三聲，蓋後來曲韻之嚆矢。或以曲盛于元，而此書實出于南宋爲疑。今案：《書録解題·歌詞類》有《五十大曲》十六卷、《萬曲類編》十卷，則宋時未始無曲也。此影宋鈔録。卷端標題「詞林」，詞林者，猶藝林之謂，非必指長短句而言。以此爲「詞韻」，殆鶚誤會「詞林」二字之義耳。

陳氏小兒病源方論四卷提要

金陳文中撰。文中，字文秀，宿州符離人，官太常。明大小方脈，于小兒瘡疹，尤造其妙。金亡歸宋，處漣水十五年，詳鄭全序。案：醫科一十有三，小兒爲啞科，其治尤難。是編分養子真訣、小兒變蒸候，又形證門及面部形圖，皆先論後方。鄭全云：「是書圖其形狀，別其證候，跡其方論，釐爲一卷。」今作四卷，疑後人所分，故書中有稱「陳氏云」者。考諸家目録所載宋代小兒方症各書，今多不傳。此本依宋刻影寫，亦僅存之祕笈也。

歷代蒙求一卷提要

元王芮撰。按：錢曾《讀書敏求記》稱：「《歷代蒙求》一卷，汝南王芮所編。括蒼鄭振孫復爲纂注。」書中歷叙帝王古今世代，文約事該，不繁不紊。鄭注又復援經據史，貫徹古今。較之周興嗣《千文》以字集而或乖其義、《補注蒙求》以事對而多失其序者，其啓迪童蒙之功，似更爲過之矣。此卷刻于元至順中，馬速忽守新安，以其書有資啓發，令郡教授王萱鋟梓，以廣其傳。此從錢曾所藏本影寫，尚是元時舊刻也。

論語叢説三卷提要

元許謙撰。伏讀《四庫全書總目》云：「《元史》許謙本傳載謙讀《四書章句集注》，有《叢説》二十卷。此本凡《大學》一卷、《中庸》一卷、《孟子》二卷，《中庸》闕其半，《論語》則已全闕。」是編從元人刻本依樣影抄。其中有正文而誤似注者，如中卷「晝寢」章、「衣敝」章，下卷「侍坐」章、「驥」章、「爲邦」章、「性相近」章、「荷蓧」章，乃元代刻書陋習，悉仍其舊。案：謙受業于金履祥，故書中引履祥之説，獨稱「先生」。吴師道云：「欲讀朱子之書，必由許君之説。」今考是書，發明朱子之學，旁引曲證，不苟異，亦不苟同。「泰伯」章云：「王文憲謂：《集注》，朱子因舊傳修入，未及改。」「美玉」章云：「沽，去聲，訓賣。若平聲，則訓買，于此義不相合。」「川上」章云：「舍，去聲，止息也。見《楚辭辨證》，《集注》未及改。」「割不正不食」節則云：「古者燕饗有大臠曰胾。」又云：「其餘牲體骨脊及腸胃肺心，割截各有一定，所謂不正，則不合乎度者。」頗有根據，皆足以資考證也。

讀中庸叢説二卷提要

元許謙撰。案：《元史》本傳：「謙讀《四書章句集注》，有《叢説》二十卷。」朱彝尊《經義考》據《一齋書目》收入《總經類》，注云：「未見。」《通志堂經解》亦未及編刻。蓋世已久不見其書矣。今《四庫全書》所收，祇《大學》一卷、《中庸》一卷、《孟子》二卷而已。《中庸》本二卷已佚其半，《論語》則已全佚。今除《論語叢説》三卷已從元板影録進呈外，復從吴中藏書家得元板《中庸叢説》足本二卷，又影録副本，以補前收之所未備，而許氏之書遂成完璧。案：黄溍爲謙作《墓誌》，載此書卷數二十，與本傳相符。今所録者，俱遵元板，《論語》三卷，《中庸》二卷，合之《大學》一卷、《孟子》二卷，得八卷，皆首尾完整。明《祕閣書目》所載《四書叢説》，亦止四册，殆與今本相同。蓋未可據《墓誌》、本傳而疑其尚有闕佚也。

續古篆韻六卷提要

元吾衍編。有《周秦石刻釋首》一卷，《四庫全書》已著録。是編從舊鈔本依様影寫。衍以《石鼓文》、《詛楚文》、《比干盤》、泰山、繹山等刻，依韻分纂，即遇無字之韻，亦接書之，非有闕佚。蓋留以待補，疑爲未成之本，故藏書家目録多未采入。末卷辨疑字，專爲鄭樵、薛尚功兩家《石鼓音義》而作。如云第十鼓中一字，薛作「獻」，鄭作「狩」，衍則云「當作獸」，意通。案：《周官・庖人》「賓客之禽獸」注云：「『獻』古文爲『獸』是也。」録而存之，于小學不無所助焉。

皇元征緬録一卷提要

不著撰人名氏。卷首撮舉大綱，有「臣作政典」云云，蓋即撰《元聖政典章》者。《政典》中稱英宗爲「今上皇帝」，是編似亦成于至治之初。體例謹嚴，非若《政典》之漫無端緒，不足以資考證。所載征緬事，多與《元史・緬國傳》相同。自大德二年以下，更足補正史所未備，蓋明時修史即用此爲藍本。録而存之，以備參考焉。

元祕史十五卷提要

不著撰人名氏。其紀年以鼠兒、兔兒、羊兒等，不以支干，蓋即國人所録。明黄虞稷《千頃堂書目》著録十二卷。明《文淵閣書目》「字」字號云：「《元祕史》一部，五册。又一部，同。」又云：「《祕史續稿》一部，一册。又一部，同。並闕佚之本。」此依舊鈔影寫，國語旁譯，記元太祖、太宗兩朝事迹最爲詳備。案：明初，宋濂等修撰《元史》，急于蕆事，載籍雖存，無暇稽求。如是編所載元初世系，孛端叉兒之前尚有一十一世。《太祖本紀》述其先世，僅從孛端叉兒始。諸如此類，并足補正史之紕漏。雖詞語俚鄙，未經修飾，然有資考證，亦讀史者所不廢也。

群書通要七十三卷提要

不著撰人姓氏。是編藏書家未著録。此依元至正間重刊本影寫。前有大德己亥王淵濟序，稱「蒙翁因嘿齋于君所輯之本，旁搜博采，增至數十卷。凡詩家之一字一意，悉羅致之，視初本殆將十倍。命其子彌高壽梓」云云。所謂「蒙翁嘿齋」，未詳其人。其書自甲集天文至庚集譬喻，凡三十七門，每十卷爲一集，捃摭經傳子史及前人詩文中成語，分類排纂，頗藉以有考。視明人類書飣丁稗販者，大相徑庭。辛、壬、癸三集，即《元混一方輿勝覽》，疑重刊時所增，故淵濟序中未及其書。且有「至元戊寅菖節梅軒蔡氏刊行」圖記。詹事錢大昕云：「《勝覽》于澤州無陵川縣，解州無芮城縣，而書中又有冀寧之名，係大德中所改。則書成之後，别有竄易，皆書肆射利者爲之，而不知其牴牾也。」

遊志續編二卷提要

元陶宗儀撰。宗儀有《國風尊經》、《四庫全書》已著録。是編繼宋陳仁玉《遊志》而作，所載多唐、宋、元人遊覽之作，自樊宗師、柳公權、元結而下，凡四十有八家。選擇精審，並足以資考證。書中有存其目而其書未經採入者，若李格非之《洛陽名園記》、范至能之《驂鸞録》、《吴船録》，後人遂疑爲未成之書。案：朱彝尊云：「宗儀所著各書，有裨史學。」此其一也。

玉山璞稿二卷提要

元顧瑛撰。瑛字仲瑛，崑山人。事蹟附《元史·陶宗儀傳》後。《玉山璞稿》，《四庫全書》已著録，一卷。是編乃至正壬辰、乙未間所作，凡古今體詩二百七十五首，詞一首。書中《送董參政鐃歌十章》，如《克淮西》、《入昌化》、《定安吉》諸題，足補史所未備。《元史》惟稱：「秋七月，饒、徽賊犯昱嶺關，及杭州路。」案：是時董摶霄率兵復之，所云「參政」及《送周天蟾》詩中「大參董侯」，皆其人。卷末有云：「水戰甚難，蓋舟檝有遲速，風水有逆順，故不能齊其隊伍。」然則瑛于舟師之法，亦略窺其一二，非僅以詞語流麗見長也。

桐江集八卷提要

元方回撰。回《桐江續集》，《四庫全書》已著録。皆其元時罷官後所作。其前集名《虚谷集》，見黄虞稷《千頃堂書目》，疑即是編。案：周密極譏回爲人之鄙，全無品行。伏讀《四庫全書提要》云：「集中諸文，居然醇儒之言。就文言文，要不可謂其悖于理也。」如賈似道魯港喪師之後，衆皆慮其復入，回上書數其十罪，繼又言似道與其客廖瑩中皆當即誅，又請罷王爚平章以佚其老，見集中。前後上書本末並確有所見，中外快之。即他文亦多有根據，固宋末元初一作家也。

王徵士詩集八卷提要

元王沂撰。沂字子與，泰和人。博通經史，學者稱爲「竹亭先生」。至正間，嘗試于有司，不偶，遂不復出。洪武初，徵爲諸説書，授福建鹽運司副使，以老辭歸，不赴。是編乃其門人蕭翬所編。梁潛稱沂：「與大梁辛好禮、楊伯謙、上元周伯寧、清江彭聲之、豫章萬德躬倡詩道于東南，期以關世教爲務。」今案：沂詩于古體多沖淡瑩潔，近體則典麗鏗鏘，宜其淩跨一時矣。

松雨軒詩集八卷提要

元平顯撰。顯字仲微，錢塘人。明洪武初，官廣西藤縣令。案：顯集初刻于滇南，是編乃其裔孫所重刊，今依樣過録。暹序稱「其足跡半天下，有似于子長。學博而行峻，直道而屈身」云云。今觀其詩，及風土之同異、道途之阸塞以及友朋之離合，悉見于篇，蓋得于遠遊之助爲多耳。

蟻術詩選八卷提要

元邵亨貞撰。亨貞，字復孺。有《野處編》四卷，見《四庫全書》。伏讀《四庫全書總目》云：「亨貞所著《蟻術詩選》，世已無傳。」此從舊鈔依樣過録。凡古今體三百七十六首，又聯句三首，詩格高雅，絶無元世綺縟之習。案：馮遷、汪稷跋《野處編》，並云其書乃上海陸鄒以授稷而刊行。是編及《詞選》每卷首皆有「新都汪稷校」字樣，是亦鄒所授刊之册。跋又云「并所著《蟻術詩選》、《蟻術詞選》爲十六卷。」今合三書卷帙觀之，並屬完善之書。惟卷首不著名而著字，乃明人刻書陋習也。

名儒草堂詩餘三卷提要

元廬陵鳳林書院輯本，未詳選者姓氏。自劉藏春以下，凡六十家，皆南宋遺老。選録精允，秀句清言，多萃于是，而黍離之感，有不能忘情者。厲鶚跋稱「弁陽老人《絶妙好詞》而外，鮮焉寡匹。余于此二種，心所愛玩，無時離手」云。案：《千頃堂書目》始著録，一名《續草堂詩餘》，即是編也。

蟻術詞選四卷提要

元邵亨貞撰。亨貞有《野處集》，見《四庫全書》。伏讀《四庫全書總目》云：「亨貞所著《蟻術詞選》，世已無傳。」又云：「其詞世不多見，惟陶宗儀《輟耕録》載所作《沁園春》二首，雋永清麗，頗有可觀，蓋所長尤在于是。惜《詞選》今已久佚矣。」是編從舊鈔依樣影寫。藏書家未見著録。《古今詞話》亦稱其《沁園春》詞「新艷入情」。書中追和趙孟頫十首。案侯文燦所輯《松雪詞》，已佚其《點絳唇》一闋、《感皇恩》一闋、《蝶戀花》一闋，未嘗不藉是以見其梗概也。

名家詞十卷提要

國朝侯文燦編輯。所選爲南唐二主詞、馮延巳《陽春集》，宋則張先《子野詞》、賀鑄《東山詞》、葛剡《信齋詞》、吴儆《竹洲詞》、趙以夫《虚齋樂府》，元則趙孟頫《松雪詞》、薩都剌《天錫詞》、張野《古山樂府》。文燦自序云：「古詞專集，自汲古閣《六十家宋詞》外，見者絶少。」又稱「孫星遠有唐、宋以來《百家詞》鈔本，訪之僅存數種，合之笥中所藏，共得四十餘家。兹先集十家，付之梓人」云云。是編《子野詞》，《四庫全書》已著録，即《陸安集》。伏讀《四庫全書總目》云：「此本近時安邑葛鳴陽所輯，凡詞六十八首。」此則一百三十首，較爲完善，末附東坡題跋。其餘所選，亦簡擇不苟，要不失爲善本也。

揅經室外集卷四

五服圖解一卷提要

元龔端禮撰。端禮，字仁夫，嘉興人。此書載《絳雲樓》及《述古堂書目》。朱彝尊《經義考》則云：「未見。」端禮祖名頤正，宋時宣教郎，充樞密院編修官，常著服圖。端禮是學，淵源有自，又復精勤參考，越十載而後成書。嘉興路牒偁其「有裨世教，厚風俗」，洵不誣矣。其例以五服列五門，每門立男女已未成人之科，分正加降義四等之服，劃圖分章，展卷釐然，頗足爲參考禮制之助。當元泰定元年，嘉興路呈此書於江浙行省，移咨中書省。此從至治間刊本影寫。錢曾《讀書敏求記》云：「端禮以布衣上書闕下，蓋有心世道之士也。」

律文十二卷音義一卷提要

是編不著撰人名氏。《音義》，宋孫奭等撰。奭字宗古，博平人。有《孟子音義》，《四庫全書》已著録。其事蹟詳《宋史》本傳。《宋史·刑法志》云：「宋法制因乎唐，律令格式則隨時增損之。」此書見《藝文志》。其中所載，自名例以至斷獄，凡十二門，與《唐志》悉合。陳振孫《書録解題》亦云「《律文》十二卷。自魏李悝、漢蕭何以來，更三國、六朝，以至隋、唐，因革損益備矣。本朝天聖中，孫奭等又撰《音義》，歷代異名沿革皆著之。」按：奭所著《音義》，爲《唐律》而作，于「治」字下云「唐避高宗諱爲『理』」，「期」字下云「唐避玄宗諱爲『周』，今改從舊」。又於名例「杖」字下云：「皇朝建隆四年，始有折杖之制。」「流」字下云：「皇朝建隆四年制：犯徒者加杖免役。」此則宋時所增，並不見于《律文》，故加「皇朝」以别之。至書中字體翻切，皆有補于小學。卷末列孫奭、馮元、宋祁等銜及「天聖七年四月日准勑送崇文院雕造」十五字，據此，則爲北宋所刊無疑矣。

莆陽比事七卷提要

宋李俊甫撰。俊甫，字幼傑，莆田人。是編見《宋史·藝文志》。成于宋嘉定間，取唐以來上下千百年間凡莆陽事之可傳者，綺分璧合，釐爲七卷，名曰「比事」。其同邑人陳讜有序，林瑑有跋。此則從明人林兆珂宋本翻刻影抄。莆陽宋人舊志，如鄭僑《莆陽人物志》以及趙彦勵、陸炎所著《莆陽志》，今多散失。俊甫此編，時見採録，且屬辭有法，紀事覈真，可與《汝南先賢傳》、《襄陽耆舊志》並傳也。

黄帝陰符經疏三卷提要

唐李荃譔。按：荃所著《太白陰經》八卷，《四庫全書》已著録。此書載宋《崇文書目》、《館閣書目》、《通志》、《通考》及陳振孫《書録解題》、晁公武《讀書志》，皆作「《經注》一卷」。惟《宋史·藝文志》作「《經疏》一卷」。此本篇帙無多，分爲三卷，已非荃之舊次。上卷演道章，載神仙抱一之道；中卷演法章，載富國安人之法；下卷演術章，載强兵戰勝之術。與《道藏》本分目相符。

中藏經三卷提要

漢華佗撰。分上、中、下三卷。《隋書·經籍志》載「《華佗方》十卷」，唐、宋《藝文志》並載「《華佗藥方》一卷」。鄭樵《通志·藝文略》同《宋志》，又載「黄氏《中藏經》一卷」，注云「靈寳洞探微撰」，與此别爲一書無疑矣。是編今吴中有趙孟頫手寫本，分上、中、下三卷。《隋志》列有《華佗觀形察色并三部脈經》，蓋即是書之中卷也。其書文義古奥，似是六朝人手筆，非後世所能假托。

玉函經一卷提要

唐杜光庭撰。光庭，字聖賓，括蒼人。王建據蜀，除諫議大夫，進户部侍郎，歸老青城山。此書銜稱「特進檢校太傅太子賓客主管徽國公」，殆建時加授也。書中辭簡義深，黎民壽注亦多發明。是書藏書家皆未著録。錢曾《讀書敏求記》載有《光庭了證歌》一卷，又與此異。惟明人殷仲春《醫藏目録》曾載是册，列之無上函中。此從宋刻影寫。

三水小牘二卷提要

唐皇甫枚撰。枚字尊美，安定人。唐咸通末，爲汝州魯山令。僖宗之在梁州，枚赴調行在，此其書中可考者也。是書成於天祐四年，枚當旅食汾晉而追紀咸通時事，共得上、下兩卷。明嘉靖時，姚咨曾手鈔之。此從錢曾述古堂藏本影寫。書中所載，雖涉神仙靈異之事，而筆雅詞明，實寓垂戒。又案：天佑庚午時，晉猶稱天佑，而枚亦稱之。

玉堂類稿二十卷西垣類稿二卷提要

宋崔敦詩撰。敦詩，字大雅，本河北人，南渡後，遂居溧陽。登紹興進士，官至中書舍人。李心傳《朝野雜記》謂：「吕祖謙《文鑑》既成，近臣密啓其失。因命直院崔大雅更定增損去留，凡數十篇。」《朱子語類》亦云祖謙編録《文鑑》，有「敦詩删定」之語。敦詩，淳熙九年致仕，故宇文价所作告中偁其「才猷敏贍，問學淵深」。是編所載宋孝宗時制誥、口宣、批答、青詞甚詳。諸家書目皆未著録。而《宋史·藝文志》誤爲周必大所撰。明葉盛《菉竹堂書目》曾列其書，是明中葉尚有傳本。此爲活字板，其文皆必大集中所未有也。

周易經疑三卷提要

元涂溍生撰。按：《江西通志》：「溍生，字自昭，宜黄人。邃於《易》。爲贛州濂溪書院山長，著有《四書斷疑》、《易義矜式》行世。」朱彝尊《經義考》載溍生《易主義》一卷，注稱「已佚」，並引楊士奇言曰：「《易主義》一卷，元臨川鄉貢進士涂溍生著。專爲科舉設。」此書題曰「經疑」，元以經疑取士，蓋擬之而作也。此書或即《主義》，或即《易義矜式》，不可得而考矣。

詩說十二卷提要

宋劉克撰。克，信安人，事蹟未詳。朱彝尊《經義考》云：「此書宋《藝文志》、焦氏《經籍志》、朱氏《授經圖》均未之載。崑山徐氏傳是樓有藏本，乃宋時雕刻。前有總説，惜第二、第九、第十卷都闕。」此爲影宋抄本，闕卷皆對，即從徐氏藏本録出者。前有克自序，作於紹定壬辰。壬辰，宋理宗紹定五年，克乃理宗時人也。宋儒説《詩》，有攻《小序》者，有守舊説者。廢《小序》者，朱子也。尊古注者，吕祖謙也。克之學，出於祖謙。其子坦跋稱其書「每篇條諸家之解而繫己意於後，其所纂輯家數，視東萊《詩記》加詳」。克之學本之吕氏，從可知矣。體例雖與《詩記》相同，然互有去取，亦不盡從祖謙之説也。坦以纂輯各家卷帙繁富，未易鋟梓，乃盡删舊解，獨存克説，則是書非克之原本矣。《鄭風·大叔于田》今本脱「大」字，此書與唐石經、《注疏》本同，亦可證近世坊本之誤。

書經補遺五卷提要

元吕宗傑輯。事蹟未詳。其自序云：「在錢唐購得唐太宗御製《王右軍執筆圖》，乃東陽陳及時父希元先生授同里趙文淑之家藏者，遂輯成此書。」卷中有陳及時跋，稱其先人「諱夢魁，字希元，登咸淳甲戌進士科，大德末，典教嵊庠」，則希元亦元時人矣。第一卷爲《執筆圖》。第二卷《法書本象》，國子助教汶上陳繹曾著。第三卷《書法總論》，第四、第五卷《博古體篆釋》，乃宗傑自著之書，采輯張懷瓘《書斷》諸書，中如「大梵玉字」各體書，頗爲詳贍。亦臨池家之一助也。

漢唐事箋十二卷後集八卷提要

元朱禮撰。禮之事蹟無可考。其書論漢、唐政典，凡食貨、職官、禮樂、兵刑，穿穴三書，參稽六典，爲寔是之學，無蕪蔓之辭。論二漢之事，往往有微言精義，可補顔、李二家注義之所未及者。至于李唐典制，但取《新書》，不取《舊書》。蓋《新書》紀傳，不及《舊書》之詳。表、志則《新書》詳贍，《舊書》太略。禮專論大經大法，以表、志爲則，非不用《舊書》也。禮持議平允，措詞爾雅，無繁冗簡陋之弊，學識在鄭樵之上。其論《太初》算術，謂司馬遷與鄧平同定其法，當時以爲最密，而《史記》反去《太初》日分之術，而用古法九日四十分。據《漢書》太初術，建星進退于牽牛之度，知《太初術》疎而不密，故史遷有意不用其法，而淳于陵渠「日月如合璧、五星如連珠」之説，爲附下罔上。儒生讀《史》、《漢》者，皆習焉不察，而禮能詳言之，可稱發前人之所未發矣。

崑山郡志六卷提要

元楊譓撰。按：譓字履祥，自號東溪老人，事蹟無考。前有至正四年楊維禎序，云「與譓同出文公」，則譓乃閩人流寓於玉峰者。崑山本縣治，元成宗元貞二年升爲州，故此書有「郡志」之名。延祐中，移州治於太倉，故《志》中有「新治」、「舊治」之别。書法簡要得體，可與《玉峰志》並傳。惟鐵崖序稱「二十二卷」，今據書止六卷，首尾完具，豈成書之後重爲删定耶？

群書類編故事二十四卷提要

元王罃撰。按：罃姓名見《寧波府志》。明初曾任廣東肇慶太守，事迹無考。其書《明史·藝文志》及藏書家皆未著録。此本從明莫雲卿家藏元刻影寫。其書類分十八門，所采故事史傳之外，多取唐、宋説部，大旨仿朱勝非《五色線》之體，亦類書中之一格也。

釣磯文集五卷提要

唐徐寅撰。按：寅字昭夢，莆田人。乾寧初進士，釋褐授秘書省正字。《四庫全書》採徐正字《詩賦》二卷。恭繹《欽定提要》云：「寅著有《探龍》、《釣磯》二卷，❶共五卷。自《唐·藝文志》已不著録。意當時即散失不傳。此本僅存賦一卷，計八首。各體詩一卷，計三百六十八首。蓋其後裔從《唐音統籤》、《文苑英華》諸書裒集成編附刻家乘之後者，已非五卷之舊矣。」此爲錢遵王所藏影宋本。據其族孫師仁序云：「家故有賦五卷，《探龍集》五卷。又於蔡君謨家得《雅道機要》，訪得詩二百五十餘首，以類相從爲八卷，并藏焉。」《宋史·藝文志》載徐寅《别集》五卷，疑即師仁所藏之五卷也。今本乃其裔孫玩所編次。賦五卷，凡五十

---

❶ 「卷」，據清武英殿本《四庫全書總目》當作「集」。

首，《四庫全書》所録八首，皆在其中，而《全唐文》未採者較多二十一首云。

毅齋別録一卷提要

不著撰人名氏。卷端有正德辛未十一世孫興序一首，云「先世文清公，號毅齋，嘗從東萊、晦菴，相與倡學於婺。其所著有《讀易記》、《讀詩記》、《詠文集》等書。以之格君心，淑後學，羽翼吾道，有補於世教也尚矣」云云。考之《宋史》，乃徐僑之詩也。僑字崇甫，婺州義烏人。早從學於吕祖謙門人葉邽，淳熙十四年舉進士，調上饒主簿，始登朱熹之門。熹稱其「明白剛直」，命以「毅」名齋。端平中，官至工部侍郎，以寶謨閣待制奉祠，卒，謚文清。僑之學，以真踐寔履爲尚。奏對之言，剖析理欲，因致勸懲，宏益爲多，乃理宗時之名臣，不以詩名。然無講學家習氣，頗近江湖詩派。興序又云「有文集一十卷，遭回禄煨燼」，今世無傳本矣。

編類運使復齋郭公敏行録提要

無卷次，無撰人名氏。前有古候黄文仲及三山林興祖兩序，疑出二人所編。按：郁有《言行録》一卷，已鈔録。此特其宦游所至，與當日賢士大夫一時投贈之作。江西《饒州府志》稱：「郁知浮梁縣，聘吴仲迂爲後進師，士風丕變，政爲江南諸邑最。」集中《壽老致政嘉議郭公序》，乃胡長孺汲仲作。按：鄭元祐《遂昌雜録》言：「汲仲爲金華三胡先生之一。罷官後，客杭貧甚，以古文倡。人求記碣序贊，稍不順理，雖百金不作也。」又陶宗儀《輟耕録》載：「汲仲特立獨行，剛介有守。趙松雪嘗爲羅司徒奉鈔百錠，爲先生潤筆，請作乃父墓銘。先生怒曰：『我豈爲宦官作墓銘邪！』是日，先生正絶糧，其子以情白，坐上諸客咸勸受之。先生却愈堅。」汲仲耿介絶俗，而乃肯爲郁父作序，可以知郁之爲政矣。《饒州府志》又言：「郁爲浮梁時，風謡云：『桃李陰陰六萬家，下車民不識州衙。甘棠喜有千年政，美玉終無一點瑕。』」今集中有民謡十首，而《昌江百詠》祇存四十五首，不録此詩。當日之流風善政，遺佚不少。且一時之士，與郁相贈答者如仇遠、汪澤民、鄧文原，皆不輕與人周旋者，則郁之賢益可知矣。

元賦青雲梯三卷提要

無編纂姓氏。從元人墨跡影寫。上卷録賦三十六篇，中卷録賦三十九篇，下卷録賦三十六篇，凡一百十一篇。蓋當時應試之士選録以作程式者。其中黄溍《太極圖賦》、羅曾《石鼓賦》、孟泌《淩煙閣賦》、鄒選《金馬門賦》、蒲紹簡《登瀛洲賦》、莊文昭《蒲輪車賦》、高明《大成樂賦》、謝一魯、孔澮、范琮《荆山璞賦》、尹貫道《靈臺賦》、祝堯《手植檜賦》、歐陽元、陳泰《天馬賦》、邵公任《暘谷賦》、彭士奇《泰堦六符賦》、周鏜《大别山賦》、沈幹《浙江賦》、曾煒《玉燭賦》、方回《孫無逸圖賦》、方君玉《龍虎榜賦》、劉性《石渠閣賦》、王沂《辟雍賦》等二十三篇，已載《欽定賦彙》中。其未采者，尚八十餘篇。又《賦彙》載曹師孔《靈臺賦》逸句，此有全文，皆可補其闕也。

隸韻十卷提要

宋劉球撰。按：宋洪适篤嗜隸古，取兩漢以來碑銘、遺經、殘石、鐙鉦、盆鏡之屬，綜括卷軸，佐證經傳，次其時代先後，成書五種，如《隸釋》、《隸續》、《隸纂》、《隸圖》、《隸韻》是也。今世所傳，惟《隸釋》、《隸續》二書，他皆未見。《盤洲集》中僅有《隸韻序》一篇，疑洪氏當日尚未成書。其後婁機撰《漢隸字原》，悉依《隸釋》原次，蓋以補洪氏之缺也。今球此書凡十卷，載入《宋史・藝文志》。首存殘本碑目一卷及劉球進表半篇，第十卷末行又有「御前應奉沈亨刊」七字，董其昌定爲德壽殿本，似未真確。然此爲當日奏進後奉刊之本，無可疑者。書中如《孔宙碑》，以「畝」作「畮」，《王純碑》以「糜」作「縻」，《荀君碑》陰以「友」作「支」，《校官碑》以「畀」作「卑」，《唐扶頌》以「牽」作「掌」，《郙閣頌》、《婁壽碑》以「愛」作「舜」，皆其采録時之失。碑目所引諸碑，凡二百六十一種，存於今者，不及四分之一。則球當日採獲之勤，編次之多，闡洪氏之緒餘，導字原之先路，爲功亦匪淺也。

編年通載四卷提要

宋章衡撰。按：陳直齋《書録解題》、晁公武《郡齋讀書志》皆載此書，凡十五卷。此宋刊本，四卷。前有明「内府文淵閣」印記，考之明《内閣藏書目録》云：「《編年通載》二册，不全。宋元祐間，起居舍人章衡撰進。斷自帝堯，訖於宋治平丁未，總三千四百年，推甲子以冠其首。凡史之訛謬疑誤，皆爲辨證。世數代易，曆統相傳，年名國號，灾祥善惡，具載焉。凡十卷，其第五卷以下皆闕。」據此，則爲明内府所藏宋本無疑也。首有元祐三年章楶刊書序一篇，楶乃衡之族父，又衡進書表一篇。自一卷帝堯起至四卷西晉世祖太康元年止，歷代興亡分合，開卷瞭如，是誠有裨於史學也。

廣黄帝本行記一卷提要

唐王瓘撰。系銜稱「閬州晉安縣主簿王瓘進」。考之《新唐書・藝文志・雜傳記》云：「王瓘《廣軒轅本紀》三卷。」蓋即此書。此卷首題「修行道德」四字，必每卷各以四字標識。本書「帝吹律，定姓者十二」，注云「在中卷」。又「黄帝有子，各封一國」，注云「具中卷」。可證此爲下卷，佚去上、中二卷矣。此從錢曾舊鈔藏本影寫，恐世間更無足本，《讀書敏求》中具載之。

淳祐臨安志六卷提要

宋施諤撰。按：兩浙古志、《北宋圖經》久已無考。至南宋建爲行都，其志乘傳於今者，則有周淙《乾道志》、潛説友《咸淳志》二種，已經《四庫全書》采録。此志從宋刻殘本影寫，僅存五卷至十卷，無序目可稽。觀書中叙録，皆至淳祐間府尹趙與簒而止。其爲施諤所撰《淳祐志》無疑。所存惟城府、山川二門，前有《總論》一篇，異於他志。其叙城府一，首城社，次官宇，次舊治古蹟，次今治續建，爲第五卷。城府二，首學校，次樓觀，次園館，次廂隅，次軍營，爲第六卷。城府三，首坊巷，次界分，次橋梁，次倉場庫務，次館驛，爲第七卷。叙山川一，首城内諸山，次城南諸山，次城西諸山，次亭館，次古跡，爲第八卷。山川二，首城東諸山，次城内外諸嶺，次諸洞，次諸石，次諸塢，次峪衕關，爲第九卷。山川三，首江，次湖，次河渠，次水閘，爲第十卷。諸門皆爲《咸淳志》所本，而各條下引載前賢題咏詩文，則互有詳略。此與乾道、咸淳二《志》，備載南宋數朝掌故，藉補史傳之遺，皆未可以殘缺廢也。

賢良進卷四卷提要

宋寶文閣學士龍泉葉適撰。按：適有《水心文集》二十九卷，《四庫全書》已著録。宋人《賢良進卷》甚多，如孫深《賢良進卷》十卷、錢公輔《賢良進卷》十卷，均載《郡齋讀書志》，而適書獨不存，唯前明葉盛《菉竹堂書目·經濟門》有「葉正則《賢良進卷》二册」，即此書也。《萬曆温州府志》載《水心文集》之外，有《制科進卷》九卷《外稿》六卷。疑此與《外稿》實係一種，故黄震讀文集、《日抄》于適正集外，復著《水心外集》，其篇目摘要與此卷脗合。按：《宋史·孝宗本紀》：「淳熙十一年六月，詔在内尚書、侍郎、兩省諫議大夫以上、御史中丞、學士待制、在外守臣、監司，不限科舉年分，各舉賢良方正能直言極諫一人。」適此卷即于其時所進。蓋適抱匡時之用，故初年輪對即以經世之説進。且觀其《上西府書》及《執政薦士書》所舉陳傅良以下三十四人，如劉清之、陸九淵、章穎、吕祖謙、楊簡、項安世，皆一時賢傑，洵屬有心當世之士。即以文體而論，亦筆力横肆，足以振刷浮靡。唯持論間有不純，如陳振孫譏其所作《習學記言》，歷詆百家而篤信子華子，推崇之以爲真。黄震亦辨其行官田不能無害。則踳駮處正復不免。故朱子亦嘗移書與之辨論文體。至《日抄》

推尊《别集》，以爲論治之書，「極論天下之勢牽縮而不可爲，開闔數萬言，蓋能言之士，莫能尚也」。

四元玉鑑三卷提要

元朱世傑撰。按：世傑，字漢卿，號松庭，寓居燕山，不知何處人。其書未載前人著録。總二十四門，凡二百八十八問，具開方、寔方、廉隅之數。漢卿于九章既熟，于天元一術、正負開方之法又神而明之，是誠算學一大家也。其茭草、形段、如像、招數、果積、疊藏各問，爲自來算書所未。及此從舊抄本影寫。前有大德癸卯臨川前進士莫若序，卷末又有大德登科二月甲子納心齋祖頤季賢父序，稱世傑「嘗游廣陵，學者雲集，編集《算學啓蒙》與此先後付刊，並行于世」。今《啓蒙》一書，不可復見矣。

運使復齋郭公言行録一卷提要

元福州路儒學教授徐東撰。按：《饒州府名宦志》：「郭郁，字文卿，大梁人。皇慶末，以江浙省都事來知浮梁縣，善爲鈎距，自方趙廣漢，官終福建都轉運使。」又《浙江通志·名宦類》引《至正四明續志》云：「郭郁，泰定二年任明州路總管，有才略，在郡正賦籍，定役法，措置食鹽，綜理倉庫，皆有法。修孔子廟，飭弟子員，徵逋租，損浮費，至學廪不能容。」如兩志所書，則郁之宦蹟有足多也。是録因東適同官，故悉載其所歷任途，由江南、江西、浙江、福建諸處，所在立政立事、愛士愛民、勸善懲惡、興利除害各善政，後復附以建安進士張復題詞，及福建學陳御史臺狀牒文等件，以見當日人情愛戴之誠。各家書目均不著録。唯錢大昕

《補元史·藝文志》曾採入《史部·傳紀類》。今録之。雖不盡可據，但亦有可備史家之事寔者。

圖解素問要旨論八卷提要

金劉守真撰，馬重素重編。按：守真，名完素，事蹟見《金史·方技傳》。所著《素問玄機原病式》一卷、《宣明論方》十五卷、《傷寒直格方》三卷、《傷寒標本心法類萃》二卷等書，皆爲《四庫全書》所載。此從金板影寫。錢大昕《元史·藝文志補》載《素問要旨》八卷，即此書也。其自序以爲「《内經》玄機奥妙，旨趣幽深，習者苦無所悟。乃撮其樞要，集成斯文，以分三卷，叙爲九篇，繪圖釋音以彰明之」。其徒馬重素，又爲之序，重爲編定，分作八卷云。

元風雅三十卷提要

元蔣易撰。按：易字師文，建陽人。焦竑《經籍志》及黄虞稷《千頃堂書目》所著録，卷數皆同。《四庫全書》載《元風雅》有傅習及孫存吾所編，前後二十四卷。易與傅、孫同時，故兩書皆爲道園虞集所序。集序傅書，在至元二年丙子，孫書謝升孫序亦同，此書在至元五年己卯，後于傅、孫之書幾三年，不知道園序何以並不論及傅、孫兩家也。書首取劉因，與傅選合，而壓卷亦取《黄金臺》一篇，宜乎後世汲古之家或疑與傅選同科而略其傳述歟？今計劉因以下至二十七卷止，凡八十五家，人不逮傅、孫兩家之半，而甄録之詩幾倍之。故傅、孫於諸大家所録寥寥，此則選擇古體，較爲詳審。即同録一人一題之詩，題目字句各不相侔，如胡汲仲《題女直驄馬圖》，孫本「題」字下多「崔録事」三字；虞集《李伯時九歌圖》，傅本無「李伯時」三字，《送星上人歸湘中》，傅本無「歸湘中」三字；柳貫《和袁集賢上都雜詩》，傅本「和」字上有「同楊仲宏應舉」六字，諸如此類，不可勝舉。其餘字句，如揭傒斯《送淳直子朝發扶桑國》，傅改「扶桑」作「梁」；宋吴師道《黄金臺》「千里風塵馳駿馬」，孫改「風塵」作「强燕」；《銅雀臺》「漢家一片當時土」，孫改「當時」作「如膏」。蓋當日隨抄所得，而又出于各人點竄，不可拘于一律。至于每人篇尾，各著事寔，此則較傅、孫兩家爲勝，存之足以資考證之助。末三卷分雜編，亦與彼選體例略同。錢大昕著《元史·藝文志》，既載易著而復載《元風雅》八卷，注云：「無撰人名，或云宋褧。」至于傅、孫兩家所撰，别爲《元詩前後集》，不知何所據也。

揅經室外集卷五

東皐詩集五卷提要

元馬玉麟撰。按：玉麟，吴陵樊川人。仕元，官參知政事。著有詩集五卷，嘗自號東皐道人，故名其稿曰「東皐漫稿」云。此編成于元至正間，當時周伯琦、王宗堯皆爲之序。玉麟當元之末季，仕宦顯要，乃能躭工吟咏，時出清言，且又惕事感時，借抒經濟。今閲其古今體詩，率皆婉麗暢達，可謂有關于名教，有裨于諷諫者矣。卷末附録《東皐先生傳》一首，係洪武中王遜所作，記其生平行事甚詳。

周易新講義十卷提要

宋龔原撰。原字深甫，遂昌人。少與陸佃同師王安石，進士高第。元豐中爲國子直講，官至寶文閣待制。事蹟詳《宋史》本傳。宋《藝文志》稱原著《易傳》十卷、《續解易義》十七卷。朱彝尊《經義考》則云：「未見。」《東都事略》偁原著有《易傳》、《春秋解》、《論語孟子解》各十卷，并載有鄒浩一序。按：所云《易傳》，疑即是書。晁氏《讀書志》云：「宋王安石《三經義》，當時俱頒學宫，獨《易解》以爲少作未善，不專以取士，故紹聖後，又有龔原、耿南仲註《易》，並行塲屋。」考之宋楊時之説曰：「龔原本王學一派，其人其書似無足取。」惟宋時古笈傳世絶少，而此書完善猶存，李衡《義海撮要》、李簡《學易記》、趙汝梅《筮宗》多取其説，且耿南仲書已收《四庫》，兹編續出，亦未可偏廢矣。

通紀七卷續五卷提要

唐馬總撰。總有《意林》，《四庫全書》已著録。史偁總篤學，雖吏事倥偬，書不去前。所著有《年曆》、《通曆》，行於世。此書起自太古，訖于隋季，共十卷。中間歷代之事，粗陳其概，展帙瞭然。後荆南孫光憲者，復輯全唐洎五代事蹟十卷，以續總所紀，率多未寔。今自十一卷唐高祖起，閩王審知止，係孫氏所續，然宋時即僅存其五卷矣。晁氏《讀書志》云：「總書纂太古十七氏，中古五帝三王，及删取秦、漢至隋世紀興滅，又取虞世南《略論》，分系于末。」今書中自四卷至十卷，有「公子曰」、「先生曰」者，當即世南之《略論》也。惜前三卷已闕，無從補録。《玉海》所偁齊推序，更無可考矣。蓋總以史籍繁蕪，故上索《典》、《墳》，迄于隋季，以簡暢之筆，成兹一編，事簡而明，辭約而該，亦讀史者所不廢也。

諸葛武侯傳一卷提要

宋張栻撰。栻有《南軒易傳》，《四庫全書》已著録。此《傳》不載《南軒文集》，乃從宋刊單行本影寫。其闡發武侯生平，考證極確。自陳壽作《三國志》，尊魏斥蜀，使後世莫明正僞，且言武侯志大而短于用。司馬光作《通鑑》、朱子作《綱目》，乃正其非。栻更摭拾舊聞，成此一卷，具明才學過于管、樂，稱其有正大之體。

且《傳》中述前、後《出師表》，與今所傳，字句間有異同。其後跋云「徵自文獻，不敢存疑」，則其所見詳明，必有古書足據矣。

離騷集傳一卷提要

宋錢杲之撰。杲之，晉陵人。所註《離騷集傳》一卷，見《宋史·藝文志·楚辭類》。杲之以爲古詩有節有章，賦則有節無章，乃分《離騷》三百七十三句爲十四節。其名爲「集傳」者，以王叔師曾有《離騷注解》，杲之不敢同于王註也。然其註旁採《爾雅》、《本草》、《淮南子》、《山海經》等書，其旨一稟於叔師。惟不解昭明置《騷》於詩後之意，遂認《騷》爲賦，未免隅見。錢曾《讀書敏求記》中稱之如此。此册借宋板影抄得之。

策要六卷提要

元梁寅撰。寅有《周易參議》，《四庫全書》已著録。其門人黎卓序其文集云：「尚有《方策稽要》，曾鋟梓行世。」即此書也。寅于諸經皆有訓釋，史學亦頗考究。是書元元本本，能撮其要領，宜爲學者所重耳。

慎齋集四卷提要

明蔣主忠撰。按：主忠，字存恕，儀真人。與兄主孝皆以詩名，時稱景泰十才子者，主忠其一也。是集共四卷，詞旨清逸，致爲可誦。考之朱彝尊所著《明詩綜》，曾録其《芙蓉》一絶句，而此編古今各體計得二百八十餘首，已爲全稿無疑矣。

詩義指南一卷提要

宋段昌武撰。昌武，字子武，廬陵人，官朝奉郎。是編諸家目録均未收録，惟見朱彝尊《經義考》。昌武又有《叢桂毛詩集解》、《讀詩總説》二書。此册彝尊謂爲舉業發題而作，自《關雎》以至《鳧鷖》，或取詩中一章一節發其義，語簡而深，義約而盡。自《篤公劉》以下，惜未之及耳。

增廣鐘鼎篆韻七卷提要

元揚鉤撰。鉤字信文，臨江人。政和中，王楚始作《鐘鼎篆韻》，薛尚功已重廣之。鉤又博采金石奇古之蹟，益以《奉符黨氏韻》，增補兩家所未備。其篆則夏、商、周、秦之篆，而以象形奇字終之。自琱戈鈎帶以及碑刻古篆，莫不畢載。馮子政序稱「三代禮樂之古文奇字，盡在是矣」，洵不誣也。又云：「自唐開元時，以隸楷易漢本《尚書》，而學者自此不識古文。是書參訂博采，使古文奇字列列在目，可與薛氏書輔翼而行。」卷末有「洪熙侯書籍印」，蓋明時本也。

玉峰志三卷玉峰續志一卷提要

宋淩萬頃、邊實同撰。萬頃，字叔度，景定三年進士，本陽羨人，因其父壻於崑山顔氏，因家焉。邊實，陳留人，其高祖始遷崑山，詳《前志·邊惇德傳》，而《續志》又復爲《自序》一篇，誇其家世。玉峰本崑山地，宋南渡時始析爲縣，即今之嘉定是也。《志》中所載沿革、風俗以及人物、古蹟甚悉。宋、元時，崑山志乘世不多得，是册足備一方之文獻也。

長春子遊記二卷提要

元李志常撰。是編志常記其師邱處機西遊事蹟。孫錫序云：「凡山川道里之險易，水土風氣之差殊，與夫衣服、飲食、百果、草木、禽蟲之别，靡不畢載。」卷末附録則載當時詔勅等篇。處機，字通密，又號長春子，棲霞人。自幼住𤄊溪龍門者十有三年。金大定時，曾自終南召令赴闕，賜以巾冠，待詔天長觀，後放還山。及元太祖時，常召至雪山之陽，眷渥倍至，後復居燕之天長觀，年八十餘，著有《磻溪集》六卷。此册所載，足資考證。即處機各詩，亦清真平淡，多可誦云。

軒轅黄帝傳一卷提要

不著撰人名氏。見錢曾《讀書敏求記·傳記類》，曾于是編之前，載有《廣黄帝本行記》一卷，亦無著書人姓氏。案：注中引劉恕《外紀》、《蜀檮杌》等書，《蜀檮杌》爲張唐英所著，則此卷當是南宋人手筆。書中備載黄帝顛末及其子孫唐、虞三代相承世數甚悉，可補《皇王大紀》之闕。

養正圖解全卷提要

明焦竑撰。竑有《易筌》，《四庫全書》已著録。是編見黄虞稷《千頃堂書目》。萬曆間，竑以修撰爲皇子講官，編此進之。書中備採前言往行可爲則傚者，繪之於圖而詳爲之説。卷首有竑自序及祝世禄序，稱此書繪圖爲丁雲鵬，書解爲吴繼序，並一時知名之士也。

尉繚子直解五卷提要

《尉繚子》，《四庫全書》已著録。《直解》，明劉寅撰。寅所撰書，皆名「直解」，凡六種，見《林泉筆記》，此則六書中之一耳。每篇下各有小序，發明其義，注中所論，多精審處。如注《威戰》篇「妙勝」之論云「即孫子所謂未戰而妙算勝者，得算多也」，于「受命」之論云「即太公論立將之義」，于「踰垠」之論云「即太公所謂越江河、渡溝塹之義」。寅以兵家言注兵書，猶儒者之以經注經也。惟于《天官》篇「刑德」之説，而不用《淮南子·天文訓》「凡用太陰，左前刑，右背德」，及《兵略訓》注「刑謂十二辰，德十日」之語。又《將理》篇云「壻父曰婚，女父曰姻」，而不引《爾雅》「壻之父爲姻，婦之父爲婚」，未足爲據。然瑕瑜不相掩也。

關尹子言外經旨三卷提要

《關尹子》，《四庫全書》已著録。《言外經旨》，宋陳顯微撰，同時王夷録而傳之者。顯微序云：「《關尹》

一書，莊、列不能言，文、程不能道。其言簡，其義詳，似爲《道德經》作傳。」案：是編分上、中、下三卷，自「一字」以至「九藥」，莫不詳注而發明之。王夷所謂「因言悉旨，轉語明經，設喻以彰玄，反辭而顯奥，或指意于言前，或顯微於意外」也。尹喜書本屬依託之册，然在僞書中頗有理致，顯微經旨，吐屬亦復淵雅，可謂質有其文。

爲政善報十卷提要

宋葉留撰。留字景良，括蒼人。是編見《浙江通志》本傳，凡十卷，此其前編也。其書採取經史各説以及當時宦蹟，録其功在生民、慶留後裔者，以成一編，意取於官師相規，以爲有位者勸。用意忠厚，考證精詳，殊不多見。同時陳相爲注其出處。此從元人刻本過録，惜後編已佚之矣。

東漢文鑑二十卷提要

宋陳鑑編。鑑建安人，自稱石壁野人，殆南宋遺民歟？是編自光武迄獻帝，凡九朝，大半采從本傳，共得文二百三十餘篇。《宋史·藝文志》不載。惟明人《百川書志》、《千頃堂書目》、《絳雲樓書目》並載有「宋陳鑑《西漢文鑑》、《東漢文鑑》」，而《東漢文鑑》誤作「十九卷」。又《天一閣書目》亦載此書，乃明刻本。此從宋巾箱册録之，以存一代之藝文焉。

道德經論兵要義四卷提要二册

唐王真撰。案：真此書獨取《道德經》所論兵戰之要，摭拾玄微，本上、下二卷，後更分爲四卷，與鄭樵《通志》所載卷數合。元和間，進之于朝，唐憲宗嘗手詔褒美之，具載篇首。老子《道德經》五千言，備舉大道、至德、修身、理國之要數十章，後乃言及于用兵，其旨微，其言博。自河上公爲之訓釋後，若嚴氏《指歸》、開元《注釋》，固已發蘊指微，而真所著《要義》，獨于論兵之法經悉言之。夫真以朝議郎出領漢州軍事，久列戎行，而考其談兵意指，顧深求乎老子之説。唐人之書不多，是宜録也。

遺山樂府五卷提要

金元好問撰。好問有《續夷堅志》，《四庫全書》已著録。伏讀《御定歷代詩餘》載詞人姓氏云：「《遺山樂府》，錢唐淩雲翰編輯。」是編從舊鈔本依様過録，無雲翰姓氏，疑轉寫者誤脱耳。案：《錦機集》云：「僧李菩薩灑酒作花，開牡丹二株，遺山爲賦《滿庭芳》，傳誦一時。」是作今載集中。張炎偁其詞「深于用事，精于鍊句，風流藴藉，不減周、秦」，合觀諸作，良非虚美也。

招捕總録一卷提要

不著撰人名氏。是編藏書家未著録，蓋佚已久矣。此從舊鈔依様影寫。所記元代招捕事宜，起于世祖至元，迄于英宗至治。案：卷末云招捕不止此，是惟取其人名、地名及事與序相干者入注中，分二十九種。其事多不見於正史，而寔有關於正史。雖篇袟無多，而叙述典核，彌足爲信，是亦罕覯之秘笈矣。

詩義集説四卷提要

明孫鼎撰。鼎字宜鉉，廬陵人。永樂中，領鄉薦，任松江教授，擢監察御史，提督南畿學政。是編凡四卷，蓋采取《解頤》、《指要》、《發揮》、《矜式》等書，擇其新義，彙爲一編，仍分總論、章旨、節旨各類，展帙釐然，頗屬精備。其中所引，如彭奇《詩經主意》、曹居貞《詩義發揮》，朱彝尊則云「未見」，謝升孫《詩經斷法》則云「已佚」。考之黄虞稷《千頃堂書目》，知是書成於正統十二年，《經義考》曾列此書，而注云「未見」。此則從原刻影鈔，惜其序文已佚耳。

唐陸宣公奏議註十五卷提要

唐陸贄撰。贄有《翰苑集》，《四庫全書》已著録。是編惟有奏議，宋郎煜注。煜事蹟無考。卷首載《經進奏議表》，銜題「迪功郎紹興府嵊縣主簿」。煜又註《東坡文集事略》，題銜與此相同。此編所註，惟採經史爲多，無泛搜博引之失，不特選擇得當，節録亦多精審，使讀者易見端倪。兹從元至正甲午翠巖精舍重刊宋本影寫，亦讀史者所不廢也。

雲間志三卷提要

宋楊潛撰。見《宋史·藝文志》。按：雲間即今江南之華亭縣，在宋時兼今松江全郡之地。此志體例繁簡得中，不讓宋人會稽、新安諸志。書成于紹熙四年，而知縣題名載至淳祐八年而止，則張穎以下三十人是後人所續。又進士題名載至寶祐元年姚勉榜錢拱之而止，則慶元五年趙汝詒以下二十四人，亦後人續入也。又載樓鑰等記，並爲後人所增。考之元徐碩《至元嘉禾志》，華亭一縣全取是書中語，知潛此志爲當時所重矣。

司馬法直解一卷提要

明劉寅撰。寅有《三略直解》，《四庫全書》已著録。寅作《直解》共六種，見張綸《林泉筆記》。《司馬法》亦六書中之一也。寅自序云：「是書言辭古簡而義深，中間又有闕文誤字，儒家多不經意，學者由是不得其説，今姑爲之直解。」其言非無所見，而又能不妄改古書舊字，如《仁本》篇「會之以發禁者九」，註云：「『發』當作『法』，即《周禮·大司馬》九伐之法也。」《定爵》篇「變嫌推疑」，註云：「『變』當作『辨』，辨别人之所嫌也。」又「是謂兩之」，註云：「『之』當作『支』，謂兩相支持之道。」《用衆》篇「因其不避」，註云：「『避』當作『備』，因其不備即所謂乘其無備也。」又註《仁本》篇「正不獲意則權」云：「正者，萬世之常。權者，一時之用。湯、武仁義之兵，而濟之以權者。」尤爲切實近理之言矣。

楊氏算法三卷提要

宋楊輝撰，錢塘人。是書成於德祐間，分田畝、比類、乘除、捷法及算法通變本末爲上卷，乘除通變算法爲中卷，算法取用本末爲下卷，末附續古摘奇。於古《算經》若五曹、張邱建諸家，多疏通而證明之。如張邱建云「不患乘除爲難，而患分子母爲難」，則云：「分子母有二，本不爲難。較其多寡者，則用課分。均不齊之數者，則用平分。斤連銖兩、匹帶尺寸，非乘分除分不能治之。」又於《五曹算經》，亦多正其誤答之處。與秦九韶《數學九章》並爲習算術者之所宜究心者也。

松窗百說一卷提要

宋李季可撰。季可，永嘉人。摭拾古今事實，而各爲論説，凡百條。王十朋極稱賞之，謂其有益風教，比於唐之杜牧。紹興年間，尹大任爲之付梓。考之志乘及各藏書家，均未著録。書中直書所見，以采摭經史爲文，據正排異爲意。同時如葉謙、曾幾、趙居廣諸人，均有題跋。此從舊鈔影寫。

續墨客揮犀十卷提要

宋彭乘撰。乘有《墨客揮犀》十卷，《四庫全書》已著録。此其續編也。宋陳振孫《書録解題》則前、續二編俱載，共二十卷，而不著撰人姓氏。明商維濬刻《稗海》，題彭乘之作，蓋以書中所自稱名爲據。卷中所載軼事遺聞以及詩話文評，徵引頗爲詳洽，足補前編之所未備。其所議論，多推重蘇、黄，亦與前集相同，合之以爲完書。

陶靖節詩註四卷提要

宋湯漢撰。漢字伯紀，鄱陽人。淳祐間，充史館校書，官至端明殿學士，謚文清。人品爲真德秀所重，事蹟具《宋史》本傳。淵明詩文高妙，學者未易窺測。漢乃反覆研究，如《述酒》之作，讀者幾不省爲何語，漢能窺見其指，詳加箋釋，以及他篇有宜發明者，亦併著之，清言微旨，抉出無遺。馬端臨《文獻通考》以爲淵明異代之知己。其所稱説，多與世本不同，如《擬古詩》「聞有田子泰」句，《魏志》作「泰」，今本多僞爲「田子春」，惟此與《魏志》無異。其他佳處，尤不勝指。此從宋槧影寫，誠秘笈也。

貞一齋詩文稿二卷提要

元朱思本撰。思本，字本初，豫章臨川人。常學道于龍虎山中，貞一其號云。顧嗣立《元詩四集》稱：「思本嘗從吴全節居都下，博洽文雅，見稱於時。」所著詩文稿，世無刻本，僅存范梈、劉有慶、歐陽應丙、虞集、柳貫及全節六序，俱諸人手書，藏吴中劉損抑夫家。此本乃叢書堂吴寬手鈔，凡二卷，上卷爲雜著文，下卷則古近各體詩。思本好學遠遊，遍歷名山大川，幾半天下。嘗以昔人所刻《禹迹圖》、《混一六合郡邑圖》皆有乖謬，乃參閲《郡縣》、《九域》、《一統》等志，考訂古今，校量遠近，成《輿地圖》一書，計里開方之法，至思本而始備。今文稿内有《輿地圖》自序一篇可証也。大約思本之學，地理爲長也。

輿地紀勝二百卷提要

宋王象之撰。《四庫》未著録，惟有《輿地碑記》四卷，云：「象之，金華人，嘗知江寧縣。所著有《輿地紀勝》二百卷，今未見傳本。此即其中之四卷。」今于江南得影宋抄本二百卷，前有象之自序。象之，東陽人。略云：「余披括天下地理之書，參訂會粹，每郡自爲一編，以郡之因革見之編首，而諸邑次之，以及山川、人物、詩章、文翰皆附見焉。東南十六路，則傚范蔚宗《郡國志》條例，以在所爲首，而西北諸郡亦次第編集。」今考其成書之年，在南宋嘉定十四年，故其所指「在所」，以臨安府爲首，而一切沿革亦準是時。又「宫闕殿門」「壽康宫」下引《朝野雜記》云「寧宗始受禪」云云，則是作序在嘉定，全書之成又在理宗時矣。是書自卷一「行在所」起，至「劍門軍」訖，共府廿五、軍卅四、州一百零六、監一，共府軍州監一百六十六，内或有一府一軍而分爲上、下二卷，故與總數不合。其卷數全闕者，自十三至十六，又自五十至五十四，又自一百卅六至一百四十四，又自一百六十八至一百七十三，又自一百九十三至二百，共闕三十一卷。至其餘各卷内之有闕葉，又皆注明于目録卷數之下。

右提要五卷，計書一百七十五種。其中《元祕史》十五卷，因詞語俚鄙，未經進御。又趙元鎮《建炎筆録》三卷、《辨誣筆録》一卷，已見趙氏《忠正德文集》，即《欽定四庫全書總目》所云「筆録七篇」是也，亦未進呈。又《皇元征緬録》一卷、《招捕總録》一卷，乃《元文類》中所載，《征緬》、《招捕》二篇，並采訪者未覈其實而誤録之也。錢塘嚴杰附識。

《儒藏》精華編選刊即出書目（二〇二三）

白虎通德論
誠齋集
春秋本義
春秋集傳大全
春秋左氏傳賈服注輯述
春秋左氏傳舊注疏證
春秋左傳讀
道南源委
桴亭先生文集
復初齋文集
廣雅疏證
龜山先生語録
郭店楚墓竹簡十二種校釋
國語正義
涇野先生文集
康齋先生文集
孔子家語　曾子注釋
禮書通故
論語全解
毛詩後箋
毛詩稽古編
孟子正義
孟子注疏
閩中理學淵源考
木鐘集
群經平議

三魚堂文集　外集
上海博物館藏楚竹書十九種校釋
尚書集注音疏
詩本義
詩經世本古義
詩毛氏傳疏
詩三家義集疏
書疑　東坡書傳　尚書表注
書傳大全
四書集編
四書蒙引
四書纂疏
宋名臣言行録
孫明復先生小集　春秋尊王發微
文定集

五峰集　胡子知言
小學集註
孝經注解　温公易説　司馬氏書儀　家範
琴經室集
伊川擊壤集
儀禮圖
儀禮章句
易漢學
游定夫先生集
御選明臣奏議
周易口義　洪範口義
周易姚氏學